湖州年鑑

譚建丞題

2017

湖 州 市 人 民 政 府　　主办
湖州年鉴编纂委员会　　编

方志出版社
Publishing House of Local Records

图书在版编目（CIP）数据

湖州年鉴. 2017 / 湖州年鉴编纂委员会编. —北京：方志出版社，2017.11
ISBN 978 - 7 - 5144 - 2602 - 1

Ⅰ. ①湖… Ⅱ. ①湖… Ⅲ. ①湖州—2017—年鉴 Ⅳ. ①Z525.53

中国版本图书馆 CIP 数据核字（2017）第 260833 号

湖州年鉴（2017）

编　　者：湖州年鉴编纂委员会
责任编辑：顾　洁

出 版 人：冀祥德
出 版 者：方志出版社
地址　北京市朝阳区潘家园东里 9 号（国家方志馆 4 层）
邮编　100021
网址：http：//www.fzph.org
发　　行：方志出版社发行中心
电话（010）67110500
经　　销：各地新华书店
印　　刷：杭州余杭人民印刷有限公司

开　　本：787 × 1092　1/16
印　　张：28.5
字　　数：938 千字
版　　次：2017 年 11 月第 1 版　2017 年 11 月第 1 次印刷
印　　数：0001 ~ 1600 册

ISBN 978-7-5144-2602-1　　定价：150.00 元

4月1日，省委书记、省人大常委会主任夏宝龙（右三）在德清县考察平原绿化工作

7月9日，省委副书记、代省长车俊（右三）在湖州市检查指导防汛防台工作

1月17日，市委书记裘东耀（左一）走访调研联系企业永兴特种不锈钢股份有限公司

12月13日，市委副书记、市长陈伟俊（右一）在安吉县上墅乡刘家塘村实地考察美丽乡村建设工作

全国生态文明建设工作推进会议在湖州市召开

中共中央总书记习近平对生态文明建设作出重要指示强调，各地区各部门要切实贯彻新发展理念，树立“绿水青山就是金山银山”的强烈意识，努力走向社会主义生态文明新时代。中共中央政治局常委、国务院总理李克强作出批示。12 月 2 日，全国生态文明建设工作推进会议在湖州召开，中共中央政治局常委、国务院副总理张高丽在会上传达了习近平重要指示和李克强批示精神并讲话，进一步部署推进全国生态文明建设工作。

中共中央政治局常委、国务院副总理张高丽出席会议并讲话

与会代表在长兴县天能集团循环经济产业园考察

培育新型经营主体发展农业适度规模经营座谈会在湖州市召开

国务院副总理汪洋在座谈会上讲话

11月16日至17日，培育新型经营主体发展农业适度规模经营座谈会在湖州召开，国务院副总理汪洋出席会议并讲话。汪洋强调，规模化新型农业经营主体是农业现代化的引领力量，要认真贯彻落实党中央、国务院的决策部署，强化政策扶持，做好示范引导，创新体制机制，积极培育新型农业经营主体，发展多种形式适度规模经营，不断提高农业综合效益和竞争力。

中央和国家有关部委领导唐仁健、袁纯清、韩长赋、王侠出席座谈会，省委副书记、代省长车俊致辞。省、市领导孙景淼、裘东耀、陈伟俊等参加会议。

座谈会现场

10月17日，第九届国际电动车新型锂电池会议（ABAA）在湖州开幕

11月29日，全国旅游改革创新工作现场会在湖州召开

4月15日，全省“三改一拆”工作现场推进会在安吉县召开

5月25日，全省浙商回归工作现场推进会在湖州召开

11月27日，2016湖州市接轨上海推介会在上海国际会议中心举行

12月23日，2016湖州·北京科技金融产业对接会在京举行

2月24日，全市清淤泥治污泥工作现场会在湖州召开

5月24日，湖州市四大国企集团成立大会在湖州召开

第八届湖州 · 湖笔文化节

9月26日，由中共湖州市委、湖州市人民政府主办的第八届湖州·湖笔文化节在湖州大剧院开幕。第八届湖州·湖笔文化节突出文化产业发展、市场主体引领、人民群众参与，分为群众文化、产业推进和展览展示三个板块，涵盖《礼赞》交响合唱音乐会、《话说湖州》首发系列活动等18个子项目 。

9月26日，第八届湖州·湖笔文化节开幕式暨《礼赞》交响合唱音乐会在湖州大剧院举行

9月20日至10月20日，“世界丝绸之源·湖州——中国丝绸e购节”活动在湖州举行

9月26日，2016年湖州市影视产业投创会在湖州举行

9 月 27 日，《话说湖州》首发礼暨研讨论坛在湖州举办

9月至10月，在南浔区双林镇费新我艺术馆举办墨河左书——费新我书画特展

2016 中国（湖州）· 印度周活动

为深入对接“一带一路”，促进湖州与“一带一路”沿线国家的经贸合作和文化交流，由湖州市人民政府和印度驻上海总领事馆共同主办的2016中国（湖州）·印度周活动于10月31日至11月14日在湖州举行。活动期间，共同开展了中国（湖州）·印度商务投资论坛、印度美食节、印度歌舞艺术表演、“中国人眼中的印度”艺术展、印度电影节等多项经贸、文化和美食交流活动。

10月31日，印度驻沪总领事古光明（左三）、印度贸易投资促进司司长高志远（左一）与湖州市委常委、宣传部部长胡菁菁（左二）、副市长李建平（左四）共同出席开幕启动仪式

11月1日，印度驻沪总领事古光明（右二）与湖州市委常委、宣传部部长胡菁菁（右三）等参观“中国人眼中的印度”艺术展

双方签署商贸投资合作协议

湖州市委书记裘东耀（右）会见印度驻沪总领事古光明（左）

在中国（湖州）·印度商务投资论坛上，湖州企业代表与印度企业代表进行商洽交流

印度传统歌舞表演

4月8日，湖州市“转型升级会战年”重大项目建设战役推进大会暨太湖龙之梦乐园等项目集中开工仪式在长兴县太湖图影旅游度假区举行

12月4日，湖州市举办“宪法走近你我”为主题的宪法宣传日系列活动。图为市委副书记金建新（后排左三）等为获奖者颁奖

5 月 10 日，湖州市举行“碧浪英烈 · 湖州骄傲”——纪念辛亥革命“首功之臣”陈英士罹难100周年系列活动

9 月 11 日 7 时，高铁湖州第一趟始发车（湖州至杭州东）G7639 顺利发车

“美丽湖州”新貌

9月28日，湖州历史文化街区——状元街开街迎客。图为状元街夜景

10月1日，湖州中心城区首座儿童主题公园开园

10月20日，湖州太湖水厂建成并进行试通水

湖州南太湖湿地奥体公园

9 月 10 日，湖州仁皇山大桥建成通车

12 月 29 日，湖州万达广场开业

湖州仁皇阁

湖州市行政区划示意图

江
苏
省
安
徽
省
广德县
兴
县
煤山镇
水口乡
小浦镇
白阜
长潮
太傅
林城镇
泗安镇
管埭
天平桥
仙山
畎桥
里塘
G318
苕
梅溪镇
晓墅
天子湖镇
鄣吴镇
西亩
安
溪龙乡
安城
三官
孝源街道
南北庄
赤坞
溪
安吉县
递铺街道
昌硕街道
凤凰山
塘浦
吉
灵峰街道
永和
缫舍
孝丰镇
杭垓镇
天荒坪镇
下汤
上墅乡
报福镇
港口
县
章村镇
山川乡
杭
临
安
市

北
大雷山
太
湖
小雷山
夹浦镇
新塘
太湖街道
雉城街道
洪桥镇
横山
李家巷镇
滨湖街道
仁皇山街道
市政府
环渚街道
杨家埠街道
龙溪街道
凤凰街道
龙泉街道
爱山街道
飞英街道
月河街道
朝阳街道
吴
八里店镇
织里镇
吴兴区政府
道场乡
康山街道
南埠
兴
云巢
妙西镇
梅峰
区
青山
乔溪
东林镇
锦山
埭溪镇
溇西
东迁
南浔镇
南浔区政府
马腰
旧馆镇
长超
镇西
和孚镇
重兆
双林镇
横街
三长
南
浔
区
花林
下昂
新溪
莫蓉
菱湖镇
石淙镇
洪塘
善琏镇
练市镇
千金镇
含山
钟管镇
洛舍镇
新市镇
龙山
徵山
高林
士林
清
县
阜溪街道
德清县
秋山
下舍
乾元镇
新安镇
禹越镇
武康街道
雷甸镇
舞阳街道
上柏
下渚湖街道
江
苏
省
桐
乡
市
杭
州
市
图例
市所在地
县（区）所在地
乡镇所在地
村所在地
省界
省辖市界
县（市）界
此图界线不作划界依据

湖州市行政区划示意图

湖州城区图

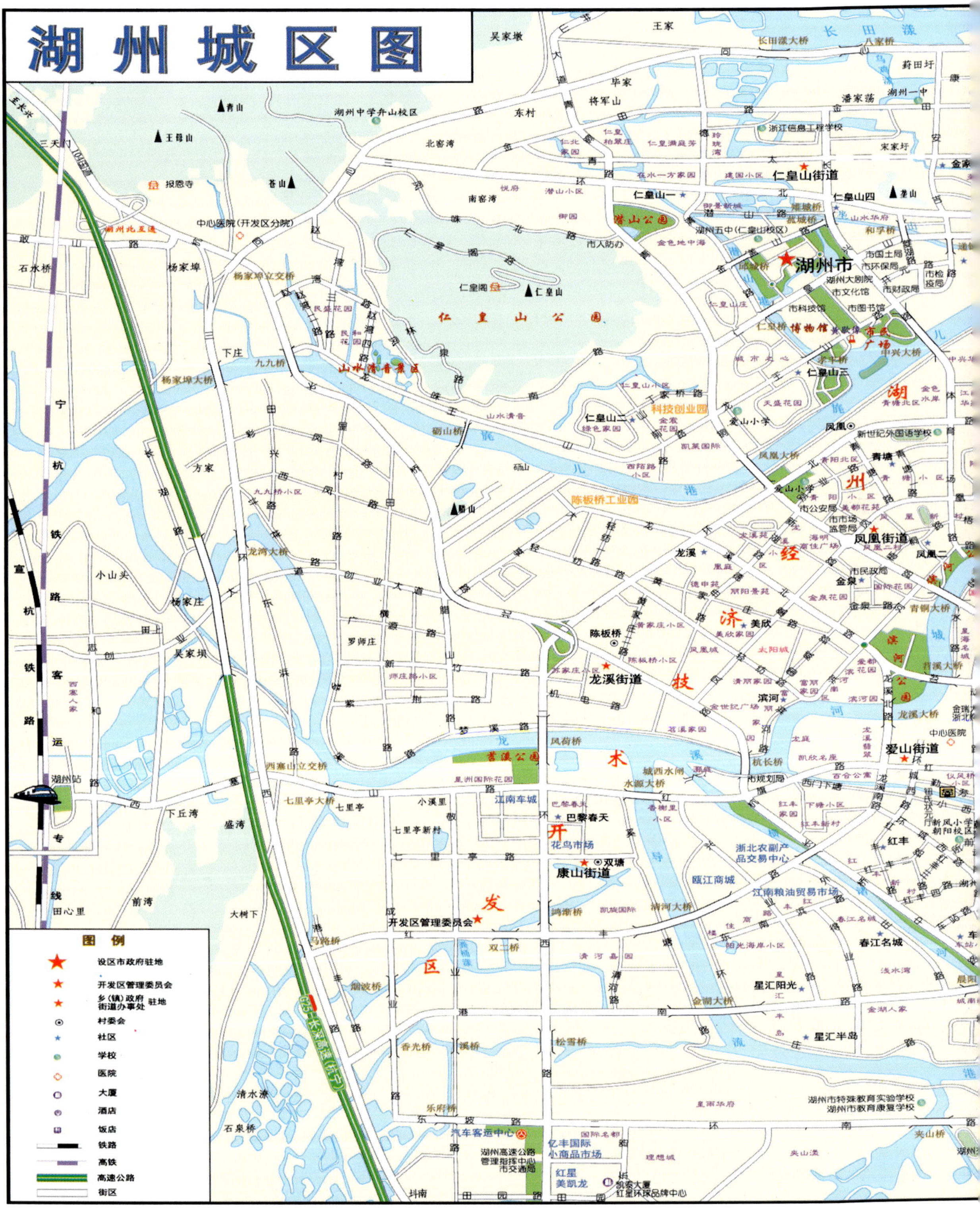
图例
设区市政府驻地
开发区管理委员会
乡(镇)政府街道办事处 驻地
村委会
社区
学校
医院
大厦
酒店
饭店
铁路
高铁
高速公路
街区
湖州市
仁皇山公园
仁皇山街道
凤凰街道
龙溪街道
康山街道
爱山街道
开发区管理委员会
经济技术开发区
湖州站
长田漾
潜山公园
湖州市大剧院
市文化馆
市图书馆
市科技馆
博物馆
市民广场
陈板桥工业园
科技创业园
山水清音景区
仁皇山
弁山
青山
王母山
报恩寺
中心医院(开发区分院)
杨家埠立交桥
杨家埠大桥
九九桥
砺山桥
凤凰大桥
龙湾大桥
西塞山立交桥
七里亭大桥
苕溪公园
风荷桥
城西水闸
水源大桥
杭长桥
清河大桥
金湖大桥
江南车城
巴黎春天
花鸟市场
浙北农副产品交易中心
江南粮油贸易市场
瓯江商城
汽车客运中心
湖州高速公路管理指挥中心 市交通局
亿丰国际小商品市场
红星美凯龙
宁杭铁路
宣杭铁路
湖州中学弁山校区
浙江信息工程学校
新世纪外国语学校
湖州市特殊教育实验学校
湖州市教育康复学校
星汇阳光
星汇半岛
春江名城
滨河公园
南太湖高速(苏宁)

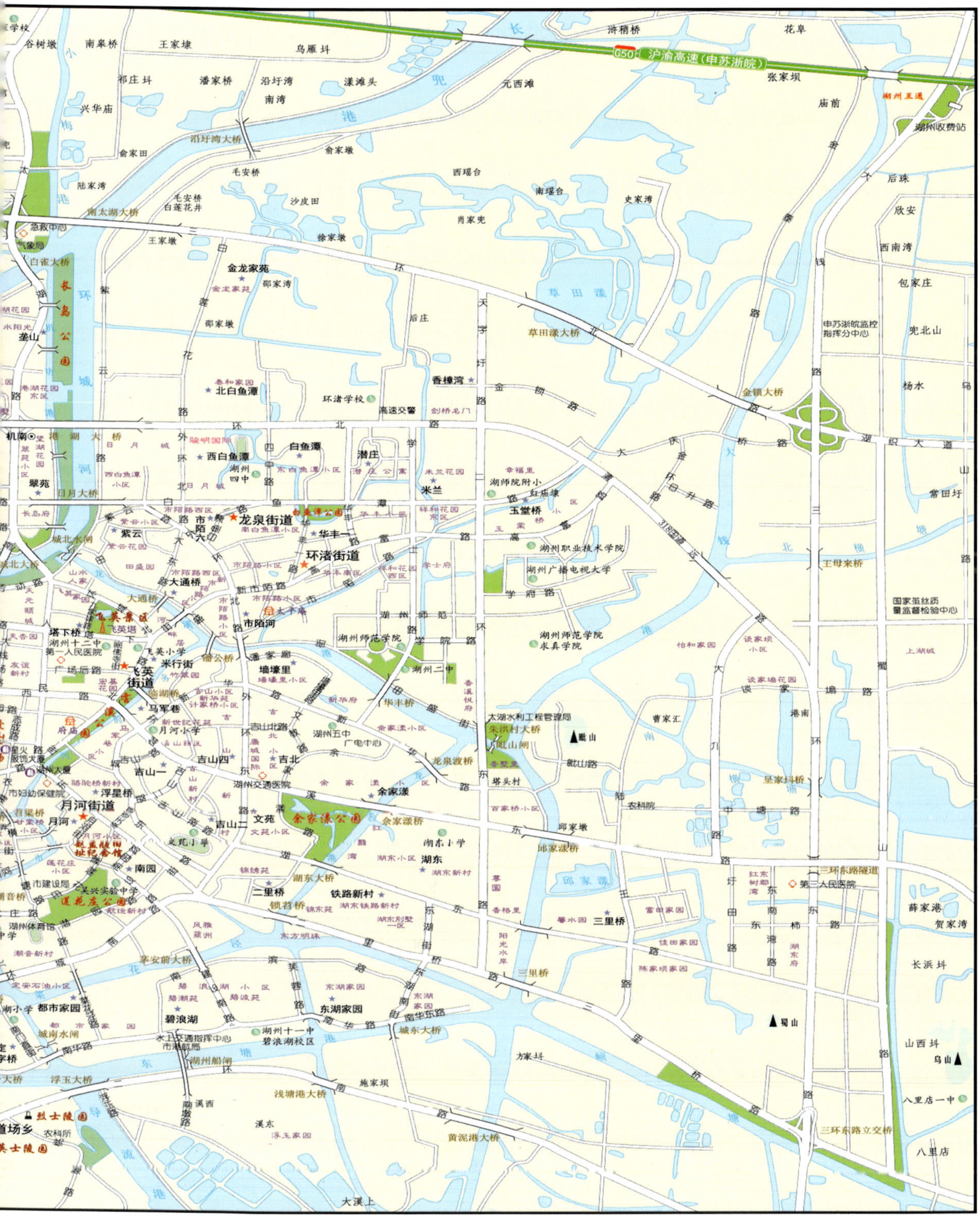
G50 沪渝高速(申苏浙皖)
湖州互通
湖州收费站
济稍桥
花皋
张家坝
元西滩
庙前
谷树墩
南皋桥
王家埭
乌雁圩
祁庄圩
潘家桥
沿圩湾
漾滩头
南湾
兴华庙
俞家田
俞家墩
沿圩湾大桥
毛安桥
西瑶台
南瑶台
史家湾
后珠
欣安
陆家湾
白莲花井
沙皮田
肖家兜
南太湖大桥
急救中心
气象局
王家墩
徐家墩
西南湾
包家庄
白雀大桥
长岛公园
金龙家苑
邵家湾
草田漾
草田漾大桥
申苏浙皖监控指挥分中心
兜北山
后庄
邵家墩
垄山
香樟湾
环渚学校
高速交警
金锁路
金锁大桥
杨水
北白鱼潭
机南
港湖大桥
西白鱼潭
白鱼潭
潜庄
湖州四中
翠苑
日月大桥
米兰
湖师院附小
红庙埭
玉堂桥
常田圩
龙泉街道
华丰一
环渚街道
紫云
城北水闸
湖州职业技术学院
湖州广播电视大学
王母亲桥
大通桥
飞英公园
塔下桥
湖州十二中
第一人民医院
米行街
飞英街道
湖州师范学院
湖州二中
湖州师范学院求真学院
国家茧丝质量监督检验中心
上湖城
潘公桥
墙壕里
太湖水利工程管理局
朱洪村大桥
曹家汇
马军巷
月河小学
湖州五中
龙泉渡桥
毗山
毗山闸
吉山四
吉山一
吉北
湖州交通医院
塔头村
余家漾
余家漾公园
浮星桥
月河街道
月河
吉山二
文苑
邱家墩
邱家漾桥
农科院
星家抖桥
三环东路隧道
第三人民医院
南园
湖东
湖东新村
铁路新村
二里桥
三里桥
莲花庄公园
湖州体育馆
湖东大桥
薛家港
贺家湾
长浜圩
碧浪湖
东湖家园
都市家园
城南水闸
湖州十一中
碧浪湖校区
城东大桥
蜀山
山西圩
乌山
南浔路
定字桥
浮玉大桥
湖州船闸
方家圩
施家坝
浅塘港大桥
八里店一中
烈士陵园
道场乡
农科所
南溪西
溪东
黄泥港大桥
三环东路立交桥
八里店
大溪上
湖州城区图

2016 年地区生产总值构成

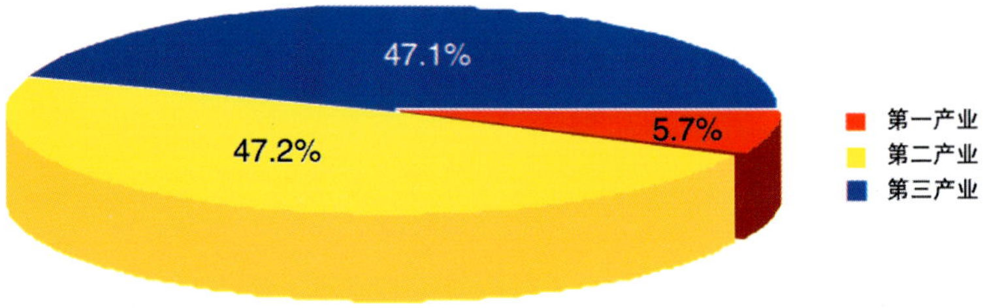

地区生产总值及增速

单位：亿元　　%

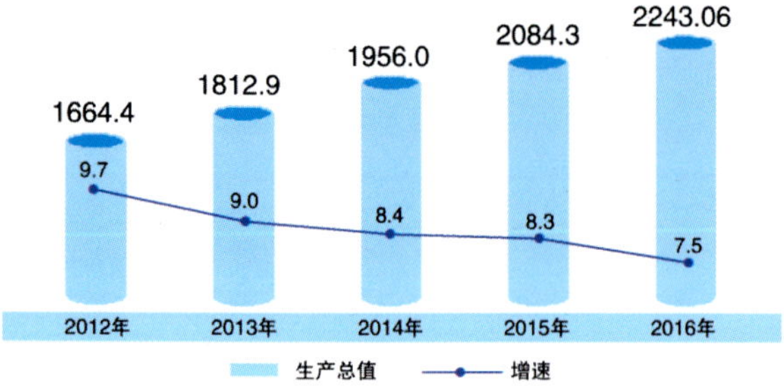

人均地区生产总值（按户籍人口）

单位：元

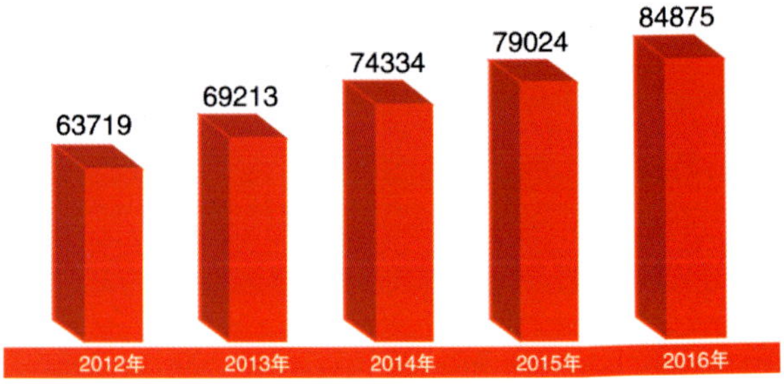

财政收入

单位：亿元

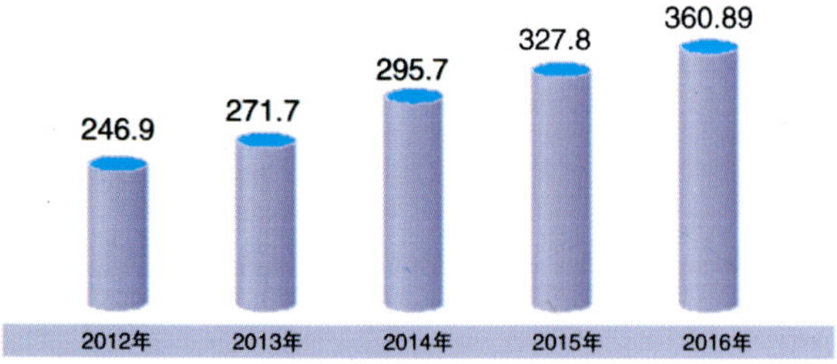

全社会固定资产投资总额

单位：亿元

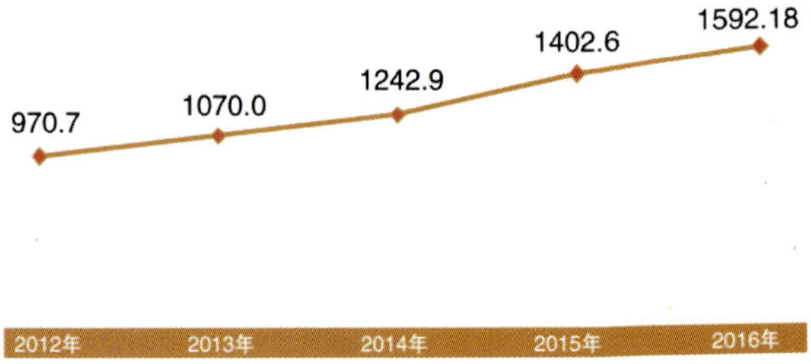

社会消费品零售总额

单位：亿元

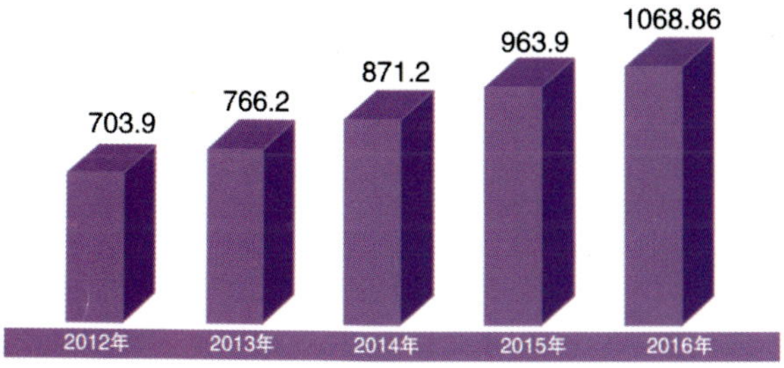

城市居民人均可支配收入与农村居民人均可支配收入

单位：元

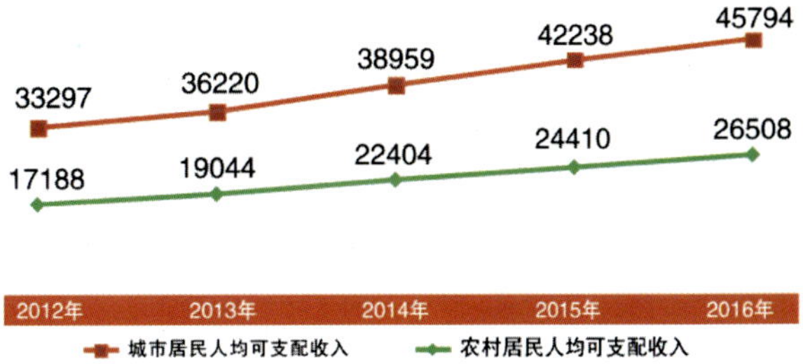

实际利用外资

单位：亿美元

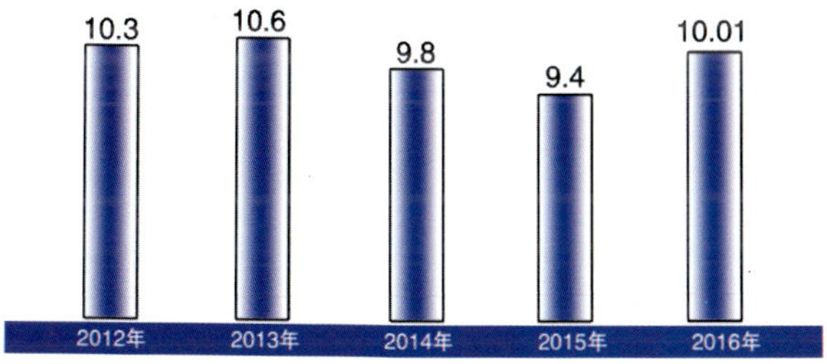

外贸出口额

单位：亿美元

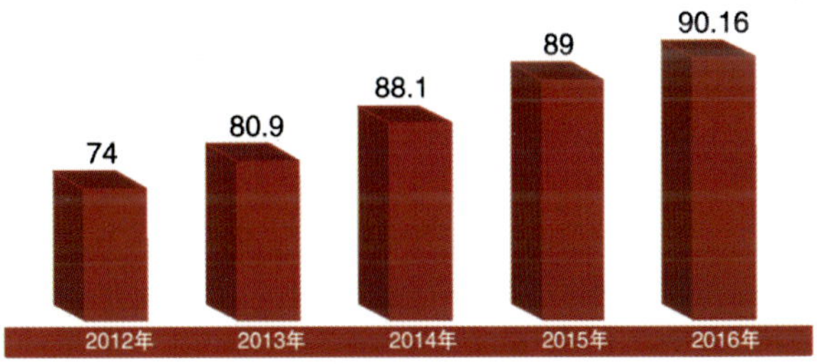

城乡居民人民币储蓄存款余额

单位：亿元

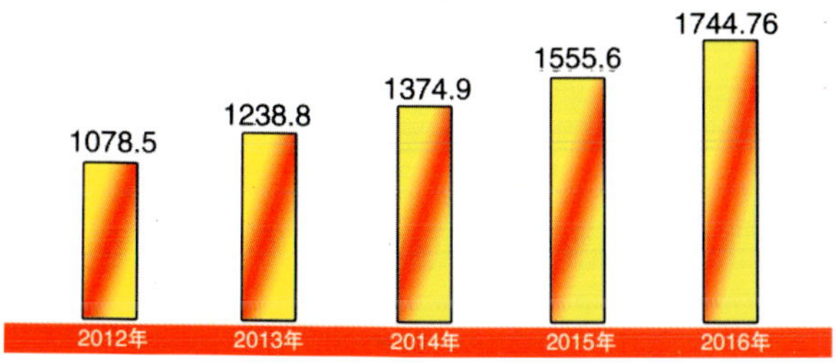

城镇单位在岗职工平均工资

单位：元

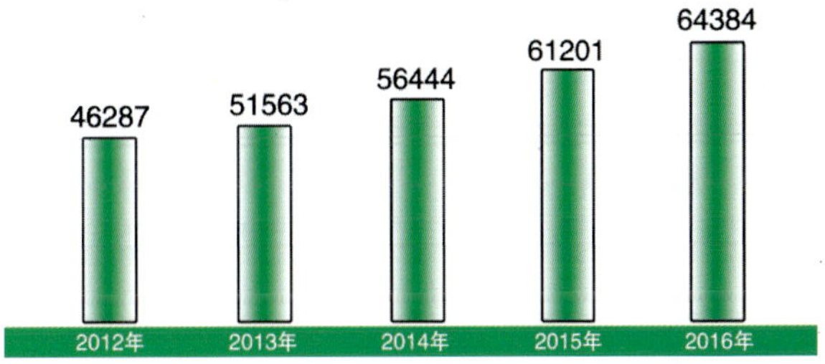

《湖州年鉴》编纂委员会

《湖州年鉴》主编　副主编

主　　　编：梅梓华　顾国良

常务副主编：张云峰

副　主　编：费新章　倪跃田　曹毅平　徐育雄

李红英　杜尉栋

《湖州年鉴》编辑部

主　　任：杨洪权

副 主 任：潘　良　吴振振　陆林宝

县（区）编辑室主任：

德清县：应聿央　　长兴县：胡连意

安吉县：袁学平　　吴兴区：邱丽佳

南浔区：周光宇

编辑说明

一、《湖州年鉴（2017）》以马克思列宁主义、毛泽东思想、邓小平理论、“三个代表”重要思想和科学发展观为指导，贯彻落实习近平总书记系列重要讲话精神和治国理政新理念、新思想和新战略，坚持辩证唯物主义和历史唯物主义的立场、观点和方法。旨在逐年全面、系统地记述湖州市行政区域中自然、政治、经济、文化、社会和生态文明建设等方面的情况，记载湖州市改革开放和现代化建设的历史进程。为宣传湖州、认识湖州、研究湖州、建设湖州提供服务。

二、《湖州年鉴（2017）》翔实地反映2016年全市人民在市委、市政府的领导下，认真贯彻落实中共十八届三中、四中、五中、六中全会精神，坚定不移地践行“绿水青山就是金山银山”重要思想，全面落实市委、市政府重大决策部署，扎实开展转型升级会战年、城乡一体提升年、文明创建攻坚年、基层组织加强年活动，保持了经济社会持续健康发展。同时，还记载了湖州市在前进道路上遇到的新情况和新问题，使此年鉴更好地为各级领导提供决策服务，为社会各界和海内外人士了解湖州提供信息资料。

三、《湖州年鉴（2017）》是《湖州年鉴》自1994年创刊以来连续出版的总第24卷，在编辑过程中，继续采用分类编辑法，保持卷首、百科、卷尾3个基本组成部分和类目、分目、条目3个层次的框架结构。卷首设特载、大事记和总述。百科部分设经济建设［包括农业、工业、服务业、邮政·电信、金融·保险、对外·开放、开发（园）区、城乡建设与管理、交通运输、科学技术、财政·税收、经济管理与监督］，政治建设（包括党政群团、政法、地方军事、外事·侨务·台务·民族宗教），文化建设（包括文化、新闻出版·广播电视），社会建设（包括教育、劳动保障·人力资源、民政、卫生计生·体育·生活），生态文明建设（包括综述、生态文明）以及县（区）6个大类目，22个小类目。卷尾设人物、统计资料、地方文件选编、名录。类目以下设分目，并以条目为记载资料的基本单位。类目和分目标题使用不同的字体、字号，条目标题一律以黑体字并加【　】号。

四、《湖州年鉴（2017）》内容按照年鉴编辑部的组稿意见和撰稿要求，由湖州市各有关部门、单位和各县（区）指定专人负责撰写并经主管领导审核，撰稿人姓名加括号列在条目后面。主要数据以湖州市统计局提供为准，保持了资料和数据的准确性和权威性。年鉴中凡使用“湖州市”“全市”，其范围包括德清县、长兴县、安吉县和吴兴区、南浔区，凡使用“湖州市区”“市本级”的，其范围包括吴兴区和南浔区。

目　录

特　载

大事记

总　述

经济建设

农　业

工　　业

服 务 业

邮政　电信

金融　保险

对外开放

开发（园）区

城乡建设与管理

交通运输

政治建设

党政群团

政　　法

地方军事

外事　侨务　台务　民族宗教

社会保障　人力资源

民　政

卫生计生　体育　生活

生态文明建设

生态文明

县（区）

人　物

统计资料

地方文件选编

名　录

特　　载

把握历史方位　加快赶超发展
为高质量建设现代化生态型滨湖大城市
高水平全面建成小康社会而努力奋斗

——在中国共产党湖州市第八次代表大会上的报告

中共湖州市委书记　陈伟俊

（2017年3月1日）

同志们：

现在，我代表中国共产党湖州市第七届委员会向大会作报告，请予审议。

中国共产党湖州市第八次代表大会，是在湖州改革发展处于关键时期、全面建成小康社会进入决胜阶段召开的一次重要会议。大会的主题是：高举中国特色社会主义伟大旗帜，深入贯彻习近平总书记系列重要讲话精神，统筹推进“五位一体”总体布局，协调推进“四个全面”战略布局，自觉践行五大发展理念，在省委的坚强领导下，动员全市广大党员和干部群众，把握历史方位，加快赶超发展，为高质量建设现代化生态型滨湖大城市、高水平全面建成小康社会而努力奋斗。

一、砥砺奋进的五年

市第七次党代会以来，面对严峻复杂的宏观环境和艰巨繁重的改革发展稳定任务，在党中央和省委的坚强领导下，市委团结带领全市人民全面落实党的十八大和十八届三中、四中、五中、六中全会精神，深入贯彻习近平总书记系列重要讲话精神，主动适应经济发展新常态，自觉践行新发展理念，抢抓机遇，应对挑战，扬长补短，攻坚克难，开启了赶超发展新征程，各项事业取得全面进步，胜利完成了市第七次党代会确定的目标任务。

坚持产业兴市、聚力转型升级，经济实力显著提升。坚定不移打好以“拆治归”为主要内容的转型升级系列组合拳，推动经济平稳健康发展。2016年，实现地区生产总值2243亿元，年均增长8.6%；财政总收入361亿元、地方财政收入211亿元，年均分别增长9.7%和10.1%。产业结构持续优化，三次产业比重5.7∶47.2∶47.1。现代农业稳步发展，农业现代化发展水平综合评价连续三年全省第一，成为全国第二个基本实现农业现代化的地级市。工业强市建设加快推进，传统产业不断改造提升，新兴产业加速培育发展，规上工业增加值年均增长9.2%，装备制造业销售收入突破千亿元，战略性新兴产业增加值年均增长12.6%，高新技术产业增加值占比达到42%。现代服务业提质发展，服务业增加值年均增长10%，国家级旅游度假区和5A级景区实现零的突破，被列为国家级旅游业改革创新先行区和国家全域旅游示范区试点城市。创新能力明显提升，全社会研发投入占地区生产总值比重达到2.6%，入选国家“千人计划”人数、万人发明专利拥有量均居全省第3位，被列为国家创新型试点城市、国家知识产权示范城市，湖州莫干山高新区晋升为国家级。

全面深化改革、扩大对外开放，发展动能加快转换。重点领域和关键环节改革实现新突破，供给侧结构性改革取得初步成效。加快简政放权，市级部门行政权力事项精减近六成。商事制度改革扎实推进，市场主体总量达到28.9万户。国企改革取得重大进展，组建了城市、交通、旅游、产业四大集团公司。加快城乡体制改革，推进“多规合一”试点，在全国率先完成户籍制度改革，农村“三权”改革全面推进，农合联建设走在全省前列，吴兴区织里镇被列为第三批国家新型城镇化综合试点，德清县莫干山镇入选首批中国特色小镇，全市10个省级特色小镇创建势头良好。加快转变外贸增长方式，启动综合保税区建设，

2016年外贸进出口额突破100亿美元。持续抓好招商引资，浙（湖）商回归创业形成热潮，太湖龙之梦、乐视汽车、百成锂离子电池、长龙山抽水蓄能电站等一批百亿级重大项目开工建设，五年实际利用外资超过50亿美元，新引进世界500强企业16家。主动对接“一带一路”、长江经济带建设等国家战略，鼓励企业对外投资，深度接轨上海，积极参与长三角城市群和杭州都市圈建设。扎实做好援疆、援藏、援青和援川等对口支援工作。

促进城乡统筹、建设生态文明，城乡面貌深刻变化。坚持城乡一体化发展，大力提升城乡规划、建设和管理水平，统筹城乡发展进入全面融合新阶段。增强城市功能，提升城市品位，打造了东吴国际、月亮酒店、奥体中心等地标性建筑，中心城市“百里外环线”建成通车，智慧城市建设有序推进。积极启动小城镇环境综合整治，美丽城镇建设走在全省前列。深化美丽乡村建设，省级美丽乡村先进县区实现全覆盖。加快重大基础设施建设，宁杭高铁建成通车，商合杭高铁动工兴建，湖苏沪高铁项目按计划推进，杭长高速北延工程建成使用，申嘉湖高速西延工程和杭宁高速湖州段改扩建工程开工建设。太湖治理四大水利工程加快推进，市本级城乡供水一体化基本完成，获批全国内河水运转型发展示范区。积极践行绿色发展理念，加大生态环境治理力度，全力以赴推进“三改一拆”“四边三化”“五水共治”、大气治理、矿山整治等工作，两夺治水“大禹鼎”，成为全省首批国家生态市，实现国家生态县（区）全覆盖。创建全国首个地市级生态文明先行示范区，安吉县成为全国“两山”理论实践试点县，圆满完成自然资源资产负债表编制等国家试点，初步构建起立法、标准、机制“三位一体”的生态文明制度体系。

保障改善民生、繁荣先进文化，群众福祉不断增进。加大民生投入，新增财力的80%用于改善民生。坚持每年办好十大民生实事项目，群众普遍关心的就学难、看病难等进一步缓解。城乡居民人均可支配收入年均分别增长9.6%和10.1%，城乡居民收入比缩小到1.73:1。就业创业服务体系不断完善，城镇登记失业率控制在3%左右。社会保险城乡统筹水平不断提高，新型农村合作医疗与城镇居民基本医疗保险制度实现并轨，市本级被征地农民基本生活保障制度与职工基本养老制度实现衔接，城乡居民基本医疗保险实现市级统筹。社会养老服务体系初步建立，城乡社区养老服务基本实现全覆盖。加大精准扶贫力度，全面消除家庭人均年收入4600元以下的绝对贫困现象。教育现代化建设扎实推进，教育改革全面深化，各级各类教育健康发展，全国义务教育发展基本均衡县（区）实现全覆盖。人群主要健康指标达到中高收入国家水平，公立医院综合改革稳步推进，分级诊疗制度逐步建立，“双下沉、两提升”工作全面推开，公共卫生综合发展指数和基本公共卫生服务水平位居全省前列，基层中医药服务和计划生育工作继续保持全国领先。公共文化服务体系标准化均等化深入推进，市方志馆开馆，市档案馆新馆建成，“文化礼堂”建设省级先进满堂红，“文化走亲”等品牌建设成效显著，文化发展指数位居全省前列，成为国家历史文化名城。成功申办浙江省第十六届运动会，“群众需求导向型”全民健身服务体系不断完善。妇女儿童、社会福利、慈善公益、志愿服务、社会救助、红十字和残疾人等各项事业全面发展。

创新社会治理、推进民主法治，社会大局和谐稳定。构建立体化治安防控体系，深化信访维稳机制，落实安全生产责任，提升食品药品安全保障水平，圆满完成G20杭州峰会、世界互联网大会等重要节点维稳安保任务，公众安全感和满意率位居全省前列，“平安湖州”创建有望实现“十连冠”。加强民主法治建设，依法治市水平全面提高，法治建设走在全省前列。积极支持市人大及其常委会依法行使职权，扎实推进人大工作法治化，提升监督、决定、任免和代表等工作的科学化水平，获得全省首批地方立法权，3部法规颁布实施。大力支持政协围绕大局履行职能，创新开展市委书记、市长与政协委员“面对面”等活动，推动协商民主广泛多层制度化发展。巩固和扩大爱国统一战线，加强与各民主党派、工商联、无党派人士的合作共事，深化非公有制经济领域统战工作，全面做好民族、宗教、侨务和对台工作。工会、共青团、妇联等群团组织的作用进一步发挥。加强法治政府建设，司法体制改革取得实效，依法行政、公正司法水平不断提升。圆满完成“六五”普法任务，全社会尊法学法守法用法的氛围进一步形成。坚持党管武装，深化国防教育、国防动员和军民共建，实现全国双拥模范城“七连冠”。

全面从严治党、加强党的建设，政治生态持续优化。牢固树立抓好党建是最大政绩的理念，切实履行管党治党政治责任。深入学习习近平总书记系列重要讲话精神，各级党组织和广大党员干部的“四个意识”不断增强。扎实开展党的群众路线教育实践活动、“三严三实”专题教育、“两学一做”学习教育，坚持“用脚步丈量民情”，形成一批在全省乃至全国叫得响的党建品牌。加强宣传思想工作，深入开展意识形态领域斗争，大力弘扬社会主义核心价值观，实施网络清朗行动，舆论引导和阵地管理水平不断提升。坚持好干部标准，聚焦战斗力核心，选好配强领导班子，加强教育培训和监督管理，湖州铁军建设有力推进。坚持“整乡推进、整县提升”，开展“百村示范、千村晋位”行动，实施两新组织“红色动力工程”，统筹抓好各领域基层党建，基层党组织的政治引领和服务功能明显增强。加强和改进新形势下党校工作。注重发挥党史以史鉴今、资政育人作用。深入落实全面从严治党“两个责任”，建立健全主体责任报告、拟提拔任用干部党风廉政建设“双审”等制度，全面完成省委巡视组反馈意见的整改，探索开展政治巡察。深化纪律检查体制改革，在全省率先实现市县两级党和国家机关派驻纪检机构全覆盖，完成县（区）监察委员会转隶组建工作。严明党的纪律，创新开展“党性党纪教育一刻钟”活动，积极实践监督执纪“四种形态”，高标准落实中央八项规定精神，持之以恒纠正“四风”，坚定不移惩治腐败，营造了良好政治生态。

五年的砥砺前行，充分展现了湖州干部群众昂扬向上的精神风貌，展示了全市上下团结拼搏的巨大力量。我们取得的一切成就，是党中央和省委坚强领导的结果，是历届市委继往开来的结果，是全市上下团结奋斗的结果。在此，我代表中共湖州市第七届委员会，向全市广大党员和干部群众，向所有关心和支持湖州发展的同志们、朋友们致以崇高敬意和衷心感谢！

奋斗的历程充满艰辛，创造的经验弥足珍贵。五年的探索实践，我们深深感到：

——只有增强四个意识，才能坚定正确方向。我们牢固树立政治意识、大局意识、核心意识、看齐意识，始终在思想上政治上行动上同以习近平同志为核心的党中央保持高度一致，不折不扣贯彻落实中央和省委的各项决策部署，使我们不断从胜利走向新的胜利。

——只有加快赶超发展，才能加速崛起进程。我们坚持发展第一要务，学习先进，自加压力，拉高标杆，全力赶超，近年来我市不少经济社会发展指标增幅位居全省前列，全国和全省一些重要会议相继在湖州召开，提高了湖州的知名度和影响力，充分展示了以五大发展理念引领赶超发展的强大力量。

——只有发挥自身特色，才能争创竞争优势。我们努力把生态文明、区位交通、城乡统筹等方面的特色优势转化为现实竞争力，有力打响了“两山”重要思想诞生地、美丽乡村发源地、美丽城镇先行地等特色品牌，从而进入了加速发展的快车道，展现出厚积薄发、滑跃起飞的崭新姿态。

——只有坚持以人民为中心，才能赢得群众拥护。我们始终坚持发展为了人民、发展依靠人民、发展成果由人民共享，团结带领全市人民为创造美好生活辛勤努力，推动发展成果更好更公平地惠及全市人民，人民群众的幸福感和满意度不断提升。

——只有强化党的领导，才能凝聚强大合力。我们坚持不懈地推进全面从严治党，充分发挥党总揽全局、协调各方的领导核心作用，充分调动各地各部门各方面的积极性、主动性、创造性，坚持一张蓝图绘到底、一任接着一任干，形成了全市上下一心一意谋发展、同心同德干事业的浓厚氛围。

在充分肯定成绩的同时，我们也要清醒地看到存在的问题。主要是：产业结构调整正处于关键期，做大经济总量、提升发展质效的任务十分艰巨；推进改革落地生根还需加大力度，对外开放水平亟待进一步提升，城乡规划建设管理中仍存在一些短板，美丽乡村建设继续“领跑”压力加大；保障改善民生、维护社会稳定还面临许多新情况新问题，需要我们付出更大的努力；少数党员干部的思想观念、担当精神、能力素质和工作作风与新形势新要求还不相适应，党的基层组织建设有待进一步加强，少数地方和一些领域仍存在消极腐败现象，等等。对这些问题，我们要高度重视，始终保持清醒头脑，采取有力措施，切实加以解决。

二、向着“两高”目标阔步前进

高质量建设现代化生态型滨湖大城市，全力打造创新创业先行区、特色产业集聚区、城乡统筹样板区、生态文明示范区、幸福民生和谐区，彰显“人生只合住湖州”的魅力；高水平全面建成小康社会，着力解决少数地方发展不全面、不协调、不均衡的问题，确保全面小康路上“一个不少、一户不落”，这是我市今后一个时期的总体目标。这个目标既与市第七次党代会和我市“十三五”发展规划确定的奋斗目标一脉相承，又全面贯彻了中央和省委的新部署新要求，体现了与时俱进、开拓创新。事业继往开来，使命催人奋进。让我们的发展更有质量、让人民的生活更加幸福、让湖州的知名度更加响亮，这是全市上下的共同愿望。重任在肩、责无旁贷，我们必须勇于担当、不辱使命。

站在新的起点，放眼未来发展，我们面临许多重大机遇和独特优势。从外部环境看，世界经济进入发展转型期，我国经济发展进入新常态，新的增长动能正在孕育形成，全面深化改革红利持续释放，为我们推进经济结构调整、促进产业转型升级提供了良好条件。从发展机遇看，国家建设“一带一路”和长江经济带、打造长三角世界级城市群等战略的实施，以及江浙两省宁杭生态经济发展带的打造，为我市扩大对外开放、参与区域竞争合作提供了新的机遇。从自身优势看，随着高速铁路、高速公路、内河航运等重大基础设施的不断完善，湖州枢纽城市和节点城市的地位更加凸显；全国生态文明先行示范区加快建设，“绿水青山”正加快转变为“金山银山”；加上文化底蕴深厚、城乡发展协调等优势不断显现，为我市加快赶超发展、实现弯道超越提供了坚实的保障。但是，我们也要清醒地看到，在新一轮的发展中还面临许多挑战。当今世界政治、经济格局正在发生广泛而深刻的变化，外部的诸多风险挑战与国内的改革发展稳定难题交织叠加，宏观形势更加复杂。我市保持经济持续增长的资源环境约束加剧，传统产业转型升级任重道远，新经济支撑作用发挥尚待时日，区域竞争更加激烈。总体判断，湖州的发展机遇难得、挑战严峻，但机遇大于挑战，仍处于可以大有作为的重要战略机遇期。全市各级党组织要顺势而为，趋利避害，开拓进取，奋发有为，努力创造经得起实践、历史、人民检验的业绩。

今后五年工作的指导思想是：高举中国特色社会主义伟大旗帜，以邓小平理论、“三个代表”重要思想和科学发展观为指导，深入贯彻习近平总书记系列重要讲话精神，紧紧围绕“五位一体”总体布局和“四个全面”战略布局，正确把握历史方位，坚定不移贯彻习近平总书记“绿水青山就是金山银山”重要思想和“一定要把南太湖建设好”指示精神，坚定不移以“八八战略”为总纲打好转型升级系列组合拳，坚定不移坚持一张蓝图绘到底，坚持以创新、协调、绿色、开放、共享的发展理念引领赶超发展，主动适应经济发展新常态，以供给侧结构性改革为主线，深入实施“生态立市、工业强市、产业兴市、开放活市”战略，扎实推进“六重”工作，高质量建设现代化生态型滨湖大城市，高水平全面建成小康社会。

深入贯彻习近平总书记系列重要讲话精神，是今后一个时期的首要政治任务。始终与以习近平同志为核心的党中央保持高度一致，首先要体现在认真学习、深入贯彻习近平总书记系列重要讲话精神上，真正做到学深悟透、入脑入心，学以致用、以用促学。未来五年，我们要深入学习、深刻理解习近平总书记系列重要讲话和党的十九大精神，切实用习近平总书记治国理政新理念新思想新战略武装头脑、指导实践、推动工作，并把它贯彻落实到赶超发展的各个领域，作为做好一切工作的根本遵循。

正确把握历史方位，是今后一个时期的工作前提。找准和把握我们当前所处的历史方位，是关系今后发展的重大问题。当前的湖州，正走在“绿水青山就是金山银山”的绿色发展之路上，必须持之以恒、开拓进取，为“两山”重要思想的生动实践提供更多的湖州素材、湖州经验；正处在以五大发展理念引领赶超发展新的历史起点上，必须自我加压、负重前进，走好新的“长征路”；正站在高质量建设现代化生态型滨湖大城市、高水平全面建成小康社会的关键节点上，必须抢抓机遇、乘势而上，如期实现既定奋斗目标。未来五年，我们要锚定历史方位，加快赶超发展，为“浙江的今天”和“中国的明天”多做贡献。

坚持以五大发展理念引领赶超发展，是今后一个时期的工作主题。加快赶超发展，是践行“创新、协调、绿色、开放、共享”新发展理念的实际行动，是践行“绿水青山就是金山银山”重要思想的现实途径，是践行“秉持浙江精神，干在实处、走在前列、勇立潮头”新使命的必然选择。未来五年，我们要调动各方因素，汇聚强大合力，加快赶超步伐，力争人均主要经济社会发展指标达到或超过全省平均水平，发展质量和效益稳步提高，经济社会发展的短板有效补齐，一些实践经验上升为制度成果，干部群众干事创业的热情充分激发，人民群众对改革发展有更多获得感。

深入推进“六重”工作，是今后一个时期经济建设的重要抓手。力推重大项目、重点工程、重大平台、重点产业、重大政策、重点要素“六重”工作，是确保我市“十三五”规划落地的最有效方法。未来五年，要以重大项目为牵引、重点工程为龙头、重大平台为载体、重点产业为根基、重大政策为支撑、重点要素为保障，坚持六位一体，健全推进机制，一步一个脚印抓好落实，从而增强发展后劲、促进结构调整、提升发展质效。

今后五年发展的具体目标是：

——经济实力更加壮大。地区生产总值突破3000亿元，人均生产总值突破10万元。财政总收入突破500亿元。服务业增加值占生产总值的比重超过50%。居民人均可支配收入超过5万元。现代产业体系基本形成，开放型经济竞争力不断提升，全要素生产率进一步提高。

——发展活力更加激发。建成国家创新型城市，争创国家可持续发展议程创新示范区，全社会研发投入占地区生产总值比重、发明专利授权量、人才资源总量等主要创新指标在全省排名保持前列。重点领域改革取得新突破，人才优先发展战略扎实推进，大众创业、万众创新的氛围日益浓厚。

——城乡区域更加协调。市域发展空间布局持续优化，中心城市能级不断提升，县城、小城市、中心镇和特色小镇协调发展，美丽乡村建设全面升级。城乡一体的基础设施和公共服务体系更加完善。市本级加快发展，城乡之间、区域之间发展差距进一步缩小。

——生态环境更加优美。环境保护和治理取得重大进展，突出环境问题得到有效解决，生态文明先行示范区建设形成一批可复制、可推广的制度成果，争创国家生态文明示范市。节约资源和保护环境的生产生活方式基本形成，资源保护与利用水平大幅提升，湖州的天更蓝、地更绿、水更净。

——文化事业更加繁荣。社会主义核心价值观深入人心，公民文明素质和社会文明程度显著提高，力争创成全国文明城市。公共文化服务体系更加完善，文化产业加快发展，文化精品不断涌现，历史文化名城保护工作扎实推进，文化强市建设富有成效。

——人民生活更加幸福。努力使百姓有更满意的收入、更好的教育、更稳定的工作、更可靠的社会保障、更高水平的医疗卫生服务、更舒适的居住条件、更优美的生活环境。城镇社区形成15分钟的医疗、文化、健身、养老等服务圈，城乡居民逐步享受到标准化均等化基本公共服务，享受到丰富多彩的精神文化生活。

——治理体系更加完善。“平安湖州”“法治湖州”建设深入推进，法治政府率先基本建成，公共安全体系更加健全，社会公平正义得到保障，诚信体系建设扎实推进，社会治理社会化、法治化、智能化、专业化水平明显提升，社会更加安定团结、文明和谐。

——管党治党更加严实。管党治党责任全面落实，各级党委执政能力和领导水平不断提升，基层党组织战斗堡垒作用、广大党员先锋模范作用充分发挥。党内政治生活更加严肃规范。选人用人更加科学。党员干部的能力素质明显增强，作风持续好转。全面从严治党向纵深发展，形成政治生态上的绿水青山。

加快赶超，实现“两高”，是大势所趋，发展所需，民心所盼。我们坚信，经过全市上下的共同努力、不懈奋斗，我们的目标一定能够胜利实现！

三、努力开创湖州经济社会发展新局面

把握历史方位，加快赶超发展，贵在行动，重在实干。全市上下要围绕奋斗目标，明确重点任务，抓住关键环节，全力推动湖州经济社会发展迈上新台阶。

（一）*着力争创产业竞争新优势*。坚持稳中求进工作总基调，牢牢把握供给侧结构性改革这条主线，加快发展动力转换，着力构建“4+3+N”现代产业体系，努力实现更高质量和更有效益的发展。

不断优化产业布局。按照全市“一盘棋”的思想，进一步优化生产力布局，促进各类资源要素高效配置，形成各县区分工合理、特色鲜明、功能衔接、优势互补的发展格局。做大做强中心城市极核，提升区域竞争力。壮大“十”字形经济发展轴，横轴串联318国道沿线经济发展重镇，接受上海辐射、承接产业转移；纵轴贯通宁杭生态经济发展带，建设绿色低碳产业高地。加快构筑滨湖特色发展带，形成南太湖生态经济产业集群。推进临杭特色发展带建设，培育国际休闲度假旅游产业。加快南太湖产业集聚区、湖州省际承接产业转移示范区、湖州开发区、长兴开发区等平台的整合提升，支持安吉开发区、南浔开发区争创国家级，进一步形成产业发展集中集约、特色产业差异发展的格局。加强产业发展的系统性前瞻性研究，提升产业规划水平，引导主导产业、优势产业集聚发展。加快服务业集聚示范区建设，争创省级服务业强县区。深化现代农业园区和粮食生产功能区建设，着力提升农村主导产业市场竞争力。

加快制造业转型升级。以争创中国制造“2025”试点示范城市为契机，围绕绿色制造和智能制造，加快培育一批千亿级集群、百亿级企业，打造一批行业“隐形冠军”，努力建设“智造强市”。突出龙头培育、创新引领、人才支撑、链条延伸、集群配套，大力发展信息技术、高端装备、生物医药等战略性新兴产业，改造提升金属新材、绿色家居、现代纺织、时尚精品等传统优势产业，培育芯片、地理信息、新能源汽车、通用航空、美妆等新的经济增长点。促进“两化”深度融合，建设一批智能工厂、智能车间，推动传统产业向价值链高端攀升。加大质量、标准、品牌供给，加快童装、木业、电梯、椅业、竹产业等传统块状经济向现代产业集群转变。发挥比较优势，落实减负措施，弘扬“工匠精神”，培育“百年老店”，全面振兴实体经济。鼓励企业充分利用资本市场开展并购重组，培育一批实力较强的“三名”“金象金牛”企业。深入实施小微企业三年成长计划，全面抓好“个转企、小升规、规改股、股上市”。

全力做大现代服务业。把加快服务业发展放到更加突出的战略位置，优化完善与创新驱动发展相适应、与制造业发展相融合、与城市发展相配套的现代服务业体系。提升发展信息、金融、物流、设计、创意等生产性服务业，加快发展休闲旅游、健康养生、影视文化、养老、家政、快递等生活性服务业。深化各类服务业改革试点，促进服务业发展规模化、品牌化、国际化。以国际知名、国内一流为目标，加快建设湖州太湖旅游度假区。支持南浔古镇、安吉灵峰创建国家级旅游度假区。切实发挥消费的基础作用，大力发展基于互联网的消费新模式、新业态，进一步重视农村电商、跨境电商的培育和发展。

大力推进农业现代化。深化农业供给侧结构性改革，加快转变农业发展方式，狠抓农产品标准化生产、质量监管和品牌创建，全面提升农业现代化水平，确保继续走在全省前列。优化农业产业体系、生产体系、经营体系和保障体系，提高农业综合效益和竞争力。推进农业绿色生产，提高农产品质量。大力发展生态农业、品质农业和休闲农业，推动一二三产融合发展。积极发展农业适度规模经营，大力培育农业龙头企业、专业合作社和家庭农场等新型农业经营主体。办好农民学院，加大新型职业农民培训力度。加快推进农田水利基础设施建设，提高农业物质装备和技术水平。

（二）*着力打造创新驱动新引擎*。坚持把创新摆在发展全局的核心位置，推动以科技创新为核心的全面创新，完善区域创新体系，着力建设国家创新型城市。

强化企业主体地位。完善创新型企业培育机制，建立覆盖企业初创、成长、发展等不同阶段的政策扶持体系，进一步推动创新资源向企业集聚。落实科技创新税收优惠政策，激励企业增加研发投入，推进企业研究院和研发中心建设，支持企业积极参与国家、省等重大科技计划。加大科技型中小微企业扶持力度，打造一批创新型示范试点企业、高新技术企业和科技型中小企业。

夯实创新平台基础。加快推进重大创新平台建设，做大做强湖州莫干山高新区、湖州现代物流装备高新园区等，全力打造湖州科技城，全面提升南太湖科创中心科技成果产业化水平，大力支持长兴建设全面创新改革试验区。构建以企业为主体、需求为导向、市场机制为保障的产学研合作长效机制，实现企业、高校、科研院所优势叠加，产业链、资金链、技术创新链紧密对接。大力引进名院名校设立研发机构，鼓励社会资本参与各类创新平台建设。

集聚各类优秀人才。坚持人才优先发展，深入实施“南太湖精英计划”，完善招才引智与招商引资联动机制，引进一批“国千”“省千”等高端人才。进一步加强本土人才培养，高度重视企业家队伍建设，充分激发他们的壮志豪情、创新热情和事业激情。统筹推进专业技术、社会工作和农村实用等人才队伍建设，全面提升各类人才素质。完善高层次人才服务保障措施，全力打造人才生态最优市。

营造创新创业氛围。增强创新创业制度供给，优化要素配置。深化科技体制改革，推动全社会加大研发投入，建立多元化、多渠道的资金投入体系。深化科技大市场建设，促进科技资源共建共享，推动科技成果商品化资本化产业化。加大知识产权保护力度，完善知识产权公共服务体系。着力营造尊重人才、尊重创造、鼓励创新、宽容失败的氛围，不断激发创新创业活力。

（三）*着力加大改革开放新力度*。坚持以解放思想为先导，加快推进体制机制创新，充分释放改革红利，努力补齐开放短板，为经济社会发展注入强大动力和活力。

深化重点领域改革。认真贯彻落实中央、省委各项改革部署，按照既定时间表、路线图，聚焦全局性、基础性、引领性的重点改革，突出抓好国家和省级重大改革试点，推动改革举措精准落地。大力推进供给侧结构性改革，落实“三去一降一补”任务。以经济体制改革为重点，全面深化“放管服”、投融资体制、价格机制、要素配置市场化等改革。全力推进“最多跑一次”改革，打造审批事项最少、办事效率最高、政务环境最优的城市。继续推进国有企业改革，推动主业做大做强，促进资产保值增值。继续鼓励、支持、引导非公有制经济发展，鼓励民营企业依法进入更多领域，拓展发展空间。深化以所有权、承包权、经营权分置为重点的农村土地制度改革和农村产权制度改革。加大社会领域改革创新力度，深入推进教育、医疗、社会保障等民生改革。统筹推进文化建设、生态文明、民主法治、党的建设等各领域改革任务。

提升对外开放水平。全力建设开放大平台，推进国际产业合作园建设，增强国家级开发区创新功能和社会功能，引导各类园区从产业集聚向能级提升转变，从政策优惠向体制创新转变。大力实施浙（湖）商回归工程，深化“谋划大产业、招引大项目”活动，瞄准世界500强、央企、大型民企，开展定向招商、精准招商，着力招引一批顶梁柱、旗舰型项目。推动出口产品结构和贸易主体结构“双优化”，大力发展服务贸易，加快创建海关特殊监管区和综合保税区，促进贸易便利化。主动参与“一带一路”建设，支持有条件的企业加快“走出去”，培育一批本土跨国经营企业。

促进区域合作发展。积极参与长江经济带建设，全面融入长三角城市群。主动接轨上海大都市圈建设，健全对接合作机制，积极承接先进产业转移，大力引进优质资源。以杭州都市经济圈转型升级综合改革试点为依托，加强与中国跨境电子商务综合试验区和国家自主创新示范区的合作，支持德清县、安吉县与杭州交通共联、平台共建、产业共兴。认真做好援疆、援藏、援青、援川等对口支援和帮扶工作。

（四）*着力构建城乡统筹新格局*。推进新型城市化和城乡发展一体化战略，努力促进城市与农村、平原与山区、市本级与三县协调发展，逐步实现城乡居民基本权益平等化、公共服务均等化、居民收入均衡化、要素配置合理化、产业发展融合化。

优化城乡空间布局。突出规划引领和刚性控制作用，坚持地上地下统筹、历史现实并重，综合考虑功能定位、自然保护、文化传承等因素，合理布局生产空间、生活空间、生态空间，推动城市和乡村特色发展、绿色发展、集约发展。精心修编新一轮市县城市总体规划，积极推动全域规划、多规合一。全力建设滨湖城市带，加快形成中心城市和长兴、南浔“一体两翼”组团发展格局。推进城市北进，加速滨湖崛起，完善东部新区，打造高铁新城，优化中心城市形态。支持湖州开发区打造产城融合示范区。推动德清、安吉组团与滨湖城市带协同发展，促进县域经济向都市区经济转型。坚持因地制宜，积极培育小城市、中心镇和特色小镇。

打造美丽宜居的城乡环境。加强城市规划、建设、管理，深化城市有机更新，塑造城市特色风貌，推进智慧城市建设，整治交通拥堵、市容市貌等，进一步彰显笔墨江南、清丽湖州特色。按照“打造样板、示范引领”的目标，大力实施小城镇环境综合整治。全面推进美丽乡村提标提质，打造美丽乡村升级版。加快城中村改造步伐，促进城市有机更新。加强传统古村落和历史文化名村保护，延续文脉，留住乡愁。

加快城乡基础设施建设。围绕建设长三角重要节点城市目标，实施综合交通“百个项目、800亿元投资”计划，积极推进湖苏沪高铁、商合杭高铁、申嘉湖高速西延、杭州绕城西复线德清段等重大项目建设，全面建成十字形高速铁路网，各县区全部实现通两条高速公路，形成到周边主要城市“一小时交通圈”和市县区“半小时交通圈”。坚持铁公水空协调发展，扎实开展国家内河水运转型发展示范区创建，大力推进通用机场建设，打造“四好农村路”全国标杆。启动城市轨道交通规划建设，加强城市地下空间开发利用，建设地下综合管廊和海绵城市。加强城市公交软硬件建设，提高出行分担率。实施百项千亿防洪排涝工程，完成总投资152亿元的20个重点项目建设，全面建成太湖治理四大骨干水利工程和三大后续工程，骨干行洪排涝能力全面提升至20年一遇以上，基本形成引排通畅、丰枯调剂的水利工程体系。

推进城乡一体化。全面统筹城乡建设发展，推进城乡要素平等交换、合理配置。坚持推进以人为核心的城镇化，切实巩固户籍制度改革成果，实现基本公共服务常住人口全覆盖。加快土地、住房、就业、社会保障等方面制度创新，促进城市优质资源向农村延伸，有序推进农业转移人口市民化，推动城镇化由注重速度向注重品质转变。全面实施新型居住证制度，让更多优质资源惠及新居民。

（五）着力扩大生态文明新成果。把生态文明建设摆在重中之重的位置，统筹推进生态环境保护、生态经济发展、生态文化培植和生态文明制度建设，努力走向社会主义生态文明新时代。

加大环境治理力度。以提高环境质量为核心，坚决打好环境整治攻坚战，绝不把违法建筑、污泥浊水和脏乱差环境带入全面小康。持续深化“五水共治”，严格落实“河长制”，开展河湖库塘清淤轮疏，强化河道生态修复，巩固“清三河”成果，确保市控以上地表水监测断面Ⅲ类以上水质比例稳定在95%以上。纵深推进“三改一拆”，全面消除违法建筑、全面整治城乡危旧房、全面改造城中村，确保各县区全部创建成为无违建县（区）。深入实施大气污染防治行动计划，切实改善大气环境质量。巩固国家森林城市创建成果，稳定森林覆盖率，提升城市公园、绿道和平原绿化水平。大力开展“四边三化”“两路两侧”行动，推进矿山减点控量，实施垃圾分类处理，搞好土壤污染修复。

健全生态文明制度体系。充分发挥市场机制促进生态保护作用，构建完善自然资源资产产权、碳排放交易和排污权交易等制度，鼓励引导更多社会资本参与生态保护与建设。建立资源环境承载预警机制，强化生态环境损害赔偿，形成奖优罚劣的生态补偿机制。深化自然资源资产负债表编制和领导干部自然资源资产离任审计试点，健全生态文明建设考核和责任追究机制。推进环保监测监察执法体制改革，实行最严格的环境监管和执法制度，绝不允许把污染成本转嫁给社会。坚持最严格的耕地保护制度和最严格的节约用地制度，加强耕地数量、质量、生态保护。

形成绿色发展方式。大力发展生态产业，全面实施“生态+”行动，推动国家旅游业改革创新先行区和全域旅游示范区试点工作，创建全国绿色金融改革创新综合试验区。积极推进经济生态化，建立绿色低碳循环发展产业体系，严格控制“两高一资”行业发展。大力推行绿色生产方式，扎实开展用能、排污和水资源消耗、建设用地等总量和强度双控行动，大幅降低单位产出的资源能耗强度。倡导绿色生活，鼓励绿色出行，形成文明节约、绿色低碳的生活方式和消费习惯。

（六）着力激发文化发展新活力。坚持社会主义先进文化前进方向，加快建设文化强市，弘扬优秀传统文化，培育创新创业文化，全面提升文化软实力，推动精神文明和物质文明协调发展。

培育和践行社会主义核心价值观。坚持用中国梦和社会主义核心价值观凝聚共识、汇聚力量，大力弘扬以爱国主义为核心的民族精神和以改革创新为核心的时代精神，坚定中国特色社会主义道路自信、理论自信、制度自信、文化自信，增强国家意识、法治意识、社会责任意识。深化拓展精神文明创建，推动志愿服务和诚信建设制度化，充分发挥家规家训传播正能量作用。切实加强社会公德、职业道德、家庭美德、个人品德教育，推动行风、校风、家风建设。强化公民人文素质教育，培育最美风尚，弘扬科学精神。

构建现代公共文化服务体系。加快文化基础设施建设，积极推进市美术馆、规划馆、世界丝绸之源博物馆等一批重点项目。坚持公共文化资源向基层倾斜，鼓励民间资本、社会力量参与公共文化产品和服务供给。深化“文化礼堂·幸福八有”工程，推进基层“六文”阵地和“文化走亲”“博物馆在行动”等一批特色文化品牌建设。深入实施文化精品工程，打造一批富有地域特色、深受群众喜爱的精品佳作，推动各艺术门类繁荣发展。

提升文化产业发展层次。发展壮大文化产业，改造提升文化用品等文化制造业，着力培育创意设计、数字动漫、影视文化、文化会展等产业。运用“互联网+”思维，促进文化与科技、金融、旅游、信息、体育等产业融合。加大政策扶持和资金投入，大力培育文化龙头企业，积极扶持文化小微企业。深化国有文化单位改革，推进文化产品交易平台、文化资本市场、文化产权市场和文化投融资体系建设。

彰显历史文化名城魅力。充分挖掘、传承和发展丝绸、湖笔、书画、茶等传统地域特色文化，保护、利用和展示古镇、古村、古街、古宅以及文物建筑遗存，推进考古遗址公园建设。强化湖州丝之源、茶之源、瓷之源等文化品牌带动，广泛开展各类艺术展览和科技经贸交流活动，提升城市影响力。推进钱山漾遗址、桑基鱼塘、溇港圩田等文化遗产及陆羽茶文化等非物质文化遗产的申报与保护。

（七）着力提升民生幸福新水平。始终坚持以人民为中心的发展思想，把增进人民福祉作为一切工作的出发点和落脚点，坚守底线、突出重点、完善制度、引导预期，实现经济发展与民生改善的良性互动。

努力增加城乡居民收入。实施更加积极的就业政策，鼓励以创业带就业，创造更多就业岗位，着力解决好结构性就业矛盾，实现更加充分、更高质量的就业。深化收入分配制度改革，实现居民收入增长和经济增长同步、劳动报酬增长和劳动生产率提高同步。规范收入分配秩序，保护合法收入，增加低收入者收入，扩大中等收入者比重，努力缩小城乡、区域、行业收入分配差距。完善强农惠农富农政策，加大精准扶贫力度，增强低收入群体自我发展能力。

健全完善社会保障体系。深化社会保障制度改革，加快推进各类养老保险制度衔接，推进年金制度发展，进一步提升医疗保险区域和城乡统筹水平。深入实施全民参保计划，推进参保精准扩面，推动基本养老、基本医疗保险实现法定人群全覆盖。稳步提高最低生活保障标准，适度扩大低保对象覆盖面。加强残疾人权益保障，加快推进残疾人全面小康进程。大力发展慈善事业和红十字事业。构建新型社会救助体系，提高社会福利水平。加快推进住房保障和供应体系建设，推动住有所居向住有宜居迈进。

大力发展各项社会事业。坚持教育优先发展，深化教育综合改革，优化教育布局和资源配置，建成教育强市，努力办好人民满意的教育。高水平发展15年基础教育，加快发展学前教育和继续教育，鼓励和规范发展民办教育，完善现代职业教育体系。推动湖州师范学院早日建成湖州师范大学，支持湖州职业技术学院办成区域性高职名校。切实把人民健康摆在优先发展的战略位置，坚持新时期卫生与健康工作方针，深化医药卫生体制改革，优化医疗资源配置，持续推进“双下沉、两提升”工程，全面提升医疗卫生软硬件水平，努力为人民群众提供全方位、全周期的卫生和健康服务。守护群众“舌尖上的安全”和用药安全，建设“健康湖州”，打造长三角“健康谷”。贯彻落实“全面两孩”政策，做好人口和计划生育工作。积极应对人口老龄化，完善以居家为基础、社区为依托、机构为补充、医养结合的养老服务体系，努力实现老有所养、老有所安。广泛开展全民健身运动，促进群众体育和竞技体育全面发展，发展体育产业，办好浙江省第十六届运动会。

（八）*着力迈出民主法治新步伐*。坚持党的领导、人民当家做主、依法治国有机统一，不断推进社会主义民主政治制度化、规范化、程序化，进一步形成生动活泼、安定团结的政治局面。

加强民主政治建设。坚持和完善人民代表大会制度，支持各级人大及其常委会全面履行法定职责，发挥人大在立法中的主导作用，健全讨论决定重大事项工作机制，坚持法律监督与工作监督相结合，规范人事任免工作，推进密切联系代表和群众常态化，切实强化改革发展的法治保障。支持人民政协切实履行政治协商、民主监督、参政议政职能，充分发挥协商民主重要渠道和专门协商机构的作用，不断提高人民政协协商民主水平，更好地协调关系、汇聚力量、建言献策、服务大局。大力发展基层民主，健全基层选举、议事、公开、述职、问责等机制，提高基层群众自治水平。

广泛凝聚智慧力量。加强党对统一战线工作的领导，巩固和发展最广泛的爱国统一战线。加强政党协商，积极为各民主党派、工商联、无党派人士发挥作用搭建平台。深入贯彻党外知识分子、民族、宗教、港澳台侨等政策措施，加强和改进对新的社会阶层人士、非公有制经济人士特别是年轻一代的工作，构建“亲”“清”新型政商关系。加大党外代表人士队伍建设力度。推动工会、共青团、妇联等群众组织改革创新，充分发挥文联、科协、残联等人民团体的桥梁纽带作用，加强新型智库建设，形成推动发展的强大合力。

全面深化法治建设。坚持科学立法、严格执法、公正司法、全民守法，让法治成为全社会的共同信仰。加强和改进地方立法工作，提高地方立法质量。加快法治政府建设，坚持依法行政，规范行政执法，让权力在阳光下运行。深化司法体制改革，保证审判机关、检察机关依法独立公正行使审判权、检察权，进一步提高司法公信力。扎实开展“七五”普法，抓住领导干部这个关键，运用法治思维和法治方式推动工作，带动全社会形成良好法治环境。加强党管武装工作，强化国防教育、国防动员和后备力量建设，推动军民融合深度发展。

（九）*着力巩固和谐稳定新局面*。坚持“防为主、防为上”方针，全面提升社会治理现代化水平，奋力冲刺“平安金鼎”，努力建设基础更牢、水平更高、人民群众更加满意的平安湖州。

完善社会治安防控体系。坚持精细管理、联动融合、开放共治，加快构建立体化、信息化、法治化的社会治安防控体系。把提高现代科技应用能力作为核心战斗力来抓，推动治安防控从人力密集型向科技集约型转变。加强信息资源的深度融合、集成运用，增强信息共享、合成作战能力。落实公民身份信息核查制度，努力实现社会管理要素全方位掌控。完善突发事件应急管理机制，提升应急处置能力。

维护社会大局和谐稳定。坚持问题导向、综合施策，依法治理影响社会稳定的突出问题。深入开展反间谍、反渗透、反窃密、反邪教斗争，确保社会政治稳定。坚持严防严控、严打严压、严抓严管，坚决打好反恐防暴主动仗。加强社会治安综合治理，依法严厉打击各类违法犯罪活动，进一步形成震慑、挤压犯罪。严格落实“党政同责、一岗双责”，加强安全生产监管，防止发生重特大安全事故。深化重大决策社会稳定风险评估机制，推进社会矛盾纠纷多元化解，加强信访维稳工作，维护人民群众合法权益。健全特殊人群服务管理和帮扶体系。加强网络安全管理，有序引导网络舆情。

筑牢基层社会治理根基。坚持把更多的人力、物力、财力投向基层，打好维护平安稳定的“桩脚”。完善乡镇（街道）指挥中心和综治工作、市场监管、综合执法、便民服务“四个平台”建设，深化“网格化管理、组团式服务”，深入推进“平安细胞”创建。统筹用好基层综治力量，协同治理基层各类社会矛盾和问题，形成联防、联治、联动局面。引导和支持社会组织有序承接政府职能转移，更好地参与社会治理。加强群防群治队伍建设，努力实现社会共建共管、共治共享。

四、坚定不移推进全面从严治党

事业发展，关键在党，关键在人。在加快赶超发展、实现“两高”目标的征程中，我们要坚决贯彻落实全面从严治党要求，敢管敢严、真管真严、长管长严，永葆党的先进性和纯洁性，以伟大工程保障伟大事业。

（一）*突出思想建党，坚定共同奋斗的理想信念*。坚持把加强思想政治建设摆在首位，扎实推进学习型党组织建设，教育引导广大党员干部深入学习贯彻习近平总书记系列重要讲话精神和治国理政新理念新思想新战略，牢固树立政治理想，正确把握政治方向，坚定站稳政治立场，不断增强政治意识、大局意识、核心意识、看齐意识，在思想上政治上行动上同以习近平同志为核心的党中央保持高度一致。深入推进“两学一做”学习教育常态化制度化，扎实开展新标杆新业绩新形象新征程主题实践，依靠文化自信坚定理想信念，促进广大党员干部牢固树立正确的世界观、人生观、价值观。加强宣传思想工作，落实党委（党组）意识形态工作主体责任，加快推进媒体融合发展，巩固壮大积极向上的主流舆论，筑牢高校、社科等思想阵地，牢牢掌握意识形态领域的领导权、话语权，为全市改革发展稳定营造良好的舆论环境。

（二）突出制度治党，落实全面从严的各项要求。深入贯彻《关于新形势下党内政治生活的若干准则》，旗帜鲜明地讲政治，严明党的政治纪律和政治规矩。坚决贯彻中央和省委决策部署，严格落实重大问题请示报告制度，确保令行禁止、政令畅通。落实领导干部调查研究、定期接待群众来访、同干部群众谈心等制度，完善民情体验、进村入户、在职党员进社区等直接联系服务群众机制，保持党同人民群众的血肉联系。认真贯彻民主集中制原则，完善党委全会、常委会、党组会议工作机制，提高科学民主依法决策水平。坚持“三会一课”制度，抓好专题民主生活会和领导干部双重组织生活会制度的落实，用好批评和自我批评这个武器，增强党内政治生活的政治性、时代性、原则性、战斗性。健全党内情况通报制度和情况反映制度，落实党代会代表任期制，完善党代表参与重大决策、参加重要干部推荐和民主评议等制度，切实发挥好党代表作用。

（三）突出作风过硬，打造奋力赶超的湖州铁军。认真落实《干部任用条例》，按照省委提出的“绝对忠诚、干事担当、干净自律、充满活力”的要求，着力打造一支在新的历史方位上奋力赶超发展的湖州铁军。深入实施领导干部素质提升工程，切实加强干部教育培训。深化干部人事制度改革，创新干部考核评价机制，坚持依事选人、人岗相适，不断提高选人用人科学化水平。统筹抓好年轻干部、女干部、党外干部的培养选拔，合理使用好各个年龄段的干部，规范非领导职务干部管理。健全干部能上能下机制，树立干事担当的鲜明导向。健全容错纠错机制，宽容干部在工作中特别是在改革创新中的失误，为担当的干部担当、为负责的干部负责。认真贯彻“三真”要求，开展“向组织说说心里话”活动，缓释干部情绪压力。老干部是党和国家的宝贵财富，要用心用情做好老干部工作。

（四）突出固本强基，构筑坚强有力的战斗堡垒。进一步加强基层党组织和基层政权建设，持续用力、久久为功，促进基层党建工作全面进步、全面过硬，使党的旗帜在每一个阵地上高高飘扬。精心组织实施村（社区）换届，选优配强村（社区）主职干部。深化“整乡推进、整县提升”，持续开展“百村示范、千村晋位”专项行动，发展壮大村级集体经济。加强两新组织党组织建设，抓好城市基层党建工作，实现党的组织和工作两个全覆盖。加强国有企业党的建设，推动党组织领导核心和政治核心作用组织化、制度化、具体化。从严加强党员教育管理，提高发展党员质量，完善党员关心关爱机制。创新基层“党建+”工作方式，拓展工作领域、创新工作载体、提升服务能力，推进党建工作与中心工作互促共进。

（五）突出正风反腐，营造风清气正的政治生态。保持战略定力，提高政治站位，坚持标本兼治，推动全面从严治党向纵深发展。严格落实“两个责任”，全面加强纪律建设，巩固不敢腐的成果，完善不能腐的制度，构筑不想腐的堤坝。持续加强党章党规党纪教育，深化“党性党纪教育一刻钟”活动，引导广大党员干部增强政治定力、纪律定力、道德定力、抵腐定力，筑牢拒腐防变的思想防线。坚持用制度管权、管人、管事，完善权力运行制约和监督机制，扎紧制度笼子。综合运用监督执纪“四种形态”，驰而不息正风肃纪，推动中央八项规定精神风化俗成。坚持无禁区、全覆盖、零容忍，有腐必反、有贪必肃，持续保持惩治腐败高压态势。加强农村基层党风廉政建设，严肃查处群众身边的不正之风和腐败问题，推动全面从严治党向基层延伸。加强廉政文化建设，教育引导各级领导干部注重家庭、家教、家风，以优良的党风政风带动民风社风。深化纪律检查体制改革，建立健全集中统一、权威高效的监察体系，充分发挥派驻机构监督作用，深化政治巡察，建设一支忠诚干净担当的纪检监察铁军，不断开创党风廉政建设和反腐败工作新局面。

同志们，湖州历史悠久、生态良好、人文荟萃。千百年来，勤劳智慧的湖州人民接续传承、苦干实干，创造了湖州发展史上的辉煌业绩，谱写了社会主义建设和改革开放的壮丽诗篇。今天，站在新起点、开启新征程，我们责任重大、使命光荣，必须不忘初心、继续前进，奋力书写湖州改革发展的崭新篇章，在赶超发展的伟大实践中创造新的辉煌。让我们紧密团结在以习近平同志为核心的党中央周围，在中共浙江省委的坚强领导下，团结带领全市广大党员和干部群众，继往开来、勇攀高峰，为实现“两高”目标、创造湖州人民更加幸福美好的生活而不懈奋斗！

湖州市人民代表大会常务委员会工作报告

——在湖州市第八届人民代表大会第一次会议上

湖州市人民代表大会常务委员会主任　朱坤民

（2017 年 4 月 24 日）

各位代表：

受湖州市第七届人民代表大会常务委员会的委托，我向大会报告工作，请予审议，并请列席会议的同志提出意见。

一、奋发进取创新有为的五年

过去的五年，是我市经济社会发展砥砺奋进、聚力赶超，取得显著成就的五年，也是我市人大工作与时俱进、开创新局，不断发展进步的五年。五年来，市人大常委会在中共湖州市委的坚强领导下，在历届打下的坚实基础上，全面落实党的十八大和十八届三中、四中、五中、六中全会精神，深入贯彻习近平总书记系列重要讲话精神，始终坚持党的领导、人民当家做主、依法治国有机统一，以干在一线的担当、履职为民的情怀、创新实干的作风，团结依靠广大代表，扎实履行法定职责，共召开常委会会议 35 次，制定地方性法规 3 部，听取和审议专项工作报告 89 项，开展重点执法检查 12 次，作出决议决定 45 个，任免国家机关工作人员 382 人次，顺利完成届期各项任务。

五年来，常委会准确把握人大工作的历史方位、本质要求和湖州实际，重点在十个方面取得新突破和新进展。我们积极推进基层人大建设，认真贯彻张德江委员长来湖考察指示精神，开展“六大行动”，建立“五联机制”，人大系统的组织优势和整体功能进一步强化。我们着力推动工作法治化，提出“五个第一”工作理念和“五个人大”奋斗目标，加快履职行权“五个转变”，形成新常态下人大工作新格局。我们坚持人民至上，推行联系服务群众“五个全覆盖”，对重大民生问题实施一督五年、每年必督，把群众关切纳入人大视野，让人大工作走进群众心里。我们成功获得全省首批地方立法权，积极探索“人大主导、政府主动、专家参评、社会参与、体现特色”的方法路径，立法工作实现良好开局。我们务实推进重大事项议而有决、决而有果，就加强与政府的沟通协调作出制度性安排，出台政府重大投资项目监督办法，决定权行使迈出实质性步伐。我们注重打好监督组合拳，制定一届监督规划，首创专项工作双重满意度测评，建立审议意见落实跟踪问效机制，监督绩效更加凸显。我们规范加强任免工作，全面实施任命干部宪法宣誓制度，创新政府工作部门主要负责人述职测评方法，开展法检“两官”履职评议，走出既任又管新路子。我们精心制定一届创新计划，推出 100 多项契合时代精神、法理要求和我市实际的创新举措，人大事业呈现蓬勃生机。我们尊重代表主体地位，打响“双岗建功”特色品牌，推动建议办理从重形式、重过程向重质量、重效果转变，代表作用充分发挥。我们高度重视自身建设，弘扬人大精神，坚持深学重干，强化文冶制治，实施履职考评，不断提高履职能力，依法有效开展工作，为加快建设现代化生态型滨湖大城市做出了积极贡献。

（一）坚持紧贴中心大局，着力推动全市加快赶超发展

五年来，常委会注重把握经济新常态，自觉践行新发展理念，精准发力，务实作为，奋力推动市委重大决策部署落实，有效促进全市赶超发展。

主动助力经济转型。密切关注新常态下全市经济走势，强化年度计划编制执行全过程监督，依法做好“十二五”规划中期评估审议和“十三五”规划编制审查工作，开展服务“六重”专项行动，支持政府加强经济运行调节，提升发展的质量和效益。着眼经济稳健增长，坚持年初开展“开门红”调研、年中听取政情报告、年底组织专题督查，审议发展实体经济报告，深化服务项目企业“双进双推”活动，促进经济稳中有进、稳中向好。聚焦调优经济结构，精选议题，持续用力，积极助推重大产业项目建设、“两化”深度融合、浙商湖商回归、做强现代服务业、提升生态循环农业、节约集约用地等工作，推动打好转型升级系列组合拳。突出强化创新驱动，从贯彻科技进步法、打造科创平台、培育“双金双高”企业、加强人才引育等方面重点督、着力督，促进大众创业万众创新。

全力支持深化改革。迅速响应中央和省市委号召，作出促进全面深化改革的决定，按照省人大部署发动代表查找不适应改革要求的法律条文，为蹄疾步稳推进改革提供法治保障。高度关注供给侧结构性改革，开展“合力找短板、聚力促发展”活动，调研淘汰落后产能、加快国企改革情况，听取金融新业态发展的专题汇报，推动“三去一降一补”取得成效。对农村“三权”改革情况实行一题两审，跟踪督查户籍制度和全国中小城市综合改革试点，助推城乡体制改革扎实开展。专项调研审议融入“一带一路”和长江经济带、利用外资、聚合涉侨涉外资源等工作，积极支持以开放促改革促发展。深入视察“四张清单一张网”建设，监督推进“最多跑一次”改革，促进政府优化行政审批、加快职能转变。

扎实推动城乡统筹。抓住规划龙头，听取城市总体规划修编情况的报告，通过湖州国家农业科技园区总体规划、历史文化名城和文化街区保护规划，支持政府推进多规合一，构建城乡功能互补新格局。密切关注滨湖一体化，作出专门监督意见，要求强化资源整合、加快产城融合、打响太湖品牌。围绕提升中心城市能级，加强对建设国际生态休闲度假城市的监督，现场调研50多个重大城建和交通项目，实地视察全国文明城市创建、“三改一拆”“四边三化”工作，督促政府创新城市管理，增强中心城市首位度和辐射力。跟踪问效美丽乡村建设，重点审议建设农业两区、壮大美丽经济、培育新型主体、发展农村电商、农民持续增收等报告，为打造美丽乡村升级版贡献人大力量。

持续聚焦生态建设。作出生态文明先行示范区建设决定，审查批准市区环境功能区划，设立生态文明日，从制度层面保障“两山”重要思想在湖州的深入实践。加强“五水共治”监督，抓住防洪排涝治污、骨干水利工程建设等重点，实行三级人大联动、千名代表行动、网络问政互动、重点项目带动和问责问效推动，组织开展剿灭劣Ⅴ类水专项监督，为我市三夺“大禹鼎”做出积极贡献。紧盯大气污染防治，扎实开展“九问治气”“四督治霾”和“一法一条例”执法检查，促进空气质量稳步向好。同时，统筹开展矿山整治、湿地保护、农业面源污染治理等监督，促使综合施策、依法监管、治污达标。

（二）坚持抓牢根本任务，着力推动法治湖州建设开启新征程

五年来，常委会始终以加强法治为己任，牢牢抓住获得立法权契机，综合运用法定方式，充分发挥职能优势，有力推进依法治市全面深入开展。

稳步开展科学立法。顺利启动立法，扎实做好组织领导、机构设立、人员配备等一系列承接准备，获得全省第一批地方立法权，我市法治建设翻开新的一页。注重规范立法，提请人代会通过制定地方性法规条例，建立了立法工作程序、立法技术规范等10项制度。抓实重点立法，制定全国首部生态文明先行示范区建设条例，将我市的成功经验、创新做法用法规形式固定下来，筑牢生态法治屏障；出台体例创新、条款务实的市容和环境卫生管理条例，将城市管理更好纳入法治化轨道；深入开展立法调研，打好工作基础。坚持开门立法，集中代表智慧，发挥部门优势，组织公开听证，开展立法协商，组建专家智库，建立13个基层联系点，增强了工作的科学性和民主性。我市立法得到了省人大和浙大法学专家评估组的充分肯定。

切实推进严格执法。牢固树立法律的生命和权威在于实施的理念，对35部法律法规执行情况开展调研、视察和检查，把推进执法与促发展、惠民生、保稳定结合起来，取得了良好的法律效果和社会效果。加强依法行政监督，在中央作出全面依法治国决定后，第一时间听取法治政府建设专项报告，上下联动检查行政诉讼法执行情况，深入部门调研规范执法工作，督促支持政府更好地做到法无授权不可为、法定职责必须为。抓实规范性文件备案审查，共审查215件，督促纠正5件，维护法制统一。

着力督促公正司法。统筹开展公检法司机关工作人员依法履职、公正司（执）法专项监督，深入视察123个基层单位，梳理提出94个需要整改的问题，并实行“一项议题、分口报告，综合审议、满意测评”，工作有声势、有力度、有影响。认真听取和审议“两院”关于司法服务中小微企业、加强行政审判、贯彻刑法刑诉法、反贪污贿赂等一系列报告，督促提高办案质量、增强司法公信。探索法官检察官履职评议，以点带面提出改进审判、检察工作的监督意见，推动“两院”更加注重队伍建设、更好做到公正司法。

深入推动全民守法。加强国家宪法日宣传，组织81名选举任命人员向宪法庄严宣誓，弘扬宪法精神，推动宪法实施。认真开展“六五”普法督查，作出“七五”普法决议，深化“人大法制工作进社区”活动，着力增强全民法治信仰。抓住关键少数，健全干部任前考法制度，监督落实“谁执法谁普法”责任制。召开法规颁布实施新闻发布会，检查法规实施准备工作，营造尊法、学法、守法、用法的良好氛围。

（三）坚持践行为民宗旨，着力推动人民群众共享美好生活

五年来，常委会自觉秉持民生情怀，主动回应社会关切，积极促进改革发展成果更好惠及全市人民，努力让广大群众有更多的获得感和幸福感。

密切关注公共服务均衡发展。持续监督义务教育、职业教育、学前教育发展情况，开展“关爱大学生健康成长”代表视察活动，推动办好人民满意的教育。专项审议医疗卫生、社会保障和养老服务体系建设报告，检查就业促进法实施情况，督促政府依法强化服务管理，不断提升普惠水平。顺应群众精神富有需求，作出“全民饮茶日”决定，提出完善公共文化服务体系、发展文化产业的审议意见，有效推进文化惠民。同时，运用多种监督方式，推动脱贫扶贫、全民健身、人口计生、民族宗教、职工维权、妇女权益维护、残疾人保障等社会事业健康发展。

有力促进民生实事落地见效。办好年度十大民生实事，是政府在人代会上向全市人民作出的庄严承诺。常委会高度关注、积极支持，建立“年初问安排、年中问进度、年底问效果”的工作链，切实打好听取专项报告、集中佩证视察、阳光问情部门、实行“月月巡”的监督组合拳，在本次大会上试行实事项目代表票决，推动政府更好地把实事办到人民群众心坎上。

积极推动社会关切问题解决。对事关群众健康的食品安全问题，专门作出决定，连续开展小餐饮整治、学生安全用餐、农产品质量安全专题监督，力促政府筑牢食品安全防护网。加强饮用水源保护执法检查，视察太湖水厂建设，组织“两级人大联动督、三级代表问供水”活动，推进城乡供水一体化。为提升群众安全感，开展安全生产执法大检查，听取和审议流动人口服务管理、社会治安防控等报告，积极参与G20维稳安保和防洪抗台救灾，全力助推平安湖州创建“十连冠”。同时，以督办涉法涉诉件为重点，加强人大信访工作，共受理来信来访1475件次，维护群众合法权益。

（四）坚持深化“双岗建功”，着力推动代表主体作用充分发挥

五年来，常委会始终坚持力量向代表工作集中、精力向代表工作倾斜、措施向代表工作强化。广大代表牢记使命、胸怀大局，满怀对人民群众的深厚感情认真履职，为推动全市经济社会发展做出了重要贡献。

主题活动广泛开展。积极探索代表履职的湖州路径，谋划开展贯穿本届的“双岗建功”主题实践活动，每年根据阶段性重点任务，组织“聚力四个年、岗位立新功”“创新驱动、带头建功”“履职做贡献、立法我助力”等系列活动，发动近5万人次代表就近、就便参与，推动解决6000多个实际问题。经过几年来的持续推进，“双岗建功”成为本届人大闭会期间效果最明显、社会影响最大的代表工作载体，全国人大刊物先后两次专题报道推广。

“两个联系”扎实推进。加强代表与群众的联系，在全省率先建成136个实体代表联络站和71个网上代表联络站，实现全市乡乡有站、代表人人进站、活动月月入站；开展代表“五进五访五查”活动，共计走访群众7万余人次，代表的桥梁纽带作用充分发挥。密切常委会与代表的联系，坚持接待代表日、结对联系代表制度，实现基层代表列席市人大常委会会议全覆盖，指导代表小组开展重点议题审前调研，组织2166人次代表参加立法论证、视察检查和审议询问，使常委会工作更好体现人民意志。

建议督办有效加强。梳理编制了办理大户、承办责任落实等7份清单，分类管理，综合施策，有序推进。实行主任会议成员领衔督办、专工委对口督办、代表工作机构日常督办，不断优化建议督办格局。开展人大、政府、主办单位三方会商，组织代表集中评分考核，适时开展“回头看”，推动提高办理质量。经各方共同努力，919件建议全部按期办结，届期问题解决率和基本解决率提高29.2个百分点，其中发展战略性新兴产业、加强保障房建设、加快申嘉湖高速西延等一批事关发展和民生的重点件，取得了良好办理成效。

服务保障提升优化。及时开展届初集中轮训、届中专题培训，积极推行菜单式选学，代表整体素质不断提升。稳步探索市人大代表向原选举单位述职，全面实行代表小组活动和代表个人履职“一帐一册”登记制度，每年评选表彰履职先进，充分激发代表热情。主动协调解决代表履职中遇到的困难，落实代表活动经费，营造代表地位得到充分尊重的良好氛围。

（五）坚持强化联系指导，着力推动县乡人大事业不断进步

五年来，常委会认真贯彻落实中央和省委、市委有关重要文件精神，切实加强联系交流、指导推动和工作协同，使基层人大在全局中有地位、工作上有保障。

积极推进规范建设。精心组织乡镇（街道）人大负责人专题培训，指导开展能力提升、规范机制、阳光预算、联系群众、助推改革、联动督水等专项行动，得到省人大充分肯定。连续两年开展专题调研督查，协助市委抓好上级文件的落实，推动县乡人大建设中的一些老问题有了新解法。确定14个乡镇（街道）人大开展规范化试点，加强典型示范，提升工作水平。

精心指导换届选举。在市委统一领导下，切实增强政治责任感，深刻汲取辽宁拉票贿选案等教训，及早进行调研谋划，依法作出相关决定，适时建立选举机构，指导县区规范开展名额分配、连任推荐、选民登记、组织投票等工作，分片联系督导换届纪律执行情况，整个换届选举风清气正、圆满完成，共选举产生市县乡三级人大代表4741名，代表的结构和素质进一步优化。

注重整合系统资源。就事关经济社会发展的重点法律法规，联动执法检查；抓住产业转型、环境保护和司法公正等重点工作，联动开展审议；对作出的重要决议决定和重点审议意见落实情况，联动跟踪督办；加强人大工作理论与实践的研究，联动学习调研；积极构建“一县区一委室一品牌”创新工作格局，联动创先争优，吴兴在规范代表联络站建设、南浔在打造履职信息化平台、德清在增强重大事项决定实效、长兴在建立代表述职机制、安吉在深化专题询问等方面，都形成了各自的特色，为全市人大工作的开展提供了有益借鉴。五年来，常委会工作得到了县区人大的有力支持，相互联系越来越紧密，工作协同越来越顺畅。

大力支持探索实践。制定乡镇民主参与式预算审查试行办法，指导开展预算审查、民主恳谈、公众听证，探索形成可复制、可推广的经验做法，目前已在全市推开。专门出台指导意见，稳步推行县乡民生实事项目代表票决制，到去年底，各地共计差额票决实事项目234个，通过196个，并已全部办结，形成了政府用心、代表支持、群众满意的良好局面，我市做法在全省现场推进会上作了介绍。

（六）坚持弘扬改革精神，着力推动工作创新发展提质增效

五年来，常委会主动顺应形势任务，大力弘扬改革精神，持续强化创新实践，确保人大工作更具时代

特色、更有创造活力、更富实际成效。

聚力探索重点突破。实行年度监督工作项目管理，做到监督项目化、内容数据化、绩效公开化，此举在地方人大系统尚属首次。制定讨论决定重大事项清单，在全省率先建立与政府的沟通协调办法，首次对1亿元以上政府重大投资项目进行审查，提升了依法决定的科学化水平。探索开展政府工作部门主要负责人年度述职测评，由代表抽签决定述职对象，在常委会会议上组织口头述职和投票测评，任后监督不断加强。落实全口径预算审查新要求，开展"阳光预算"法治年活动，试行预算听证，公开抽签决定重点审查部门，推动政府债务限额管理制度落实，促进审计查明问题整改，实现政府"四本预算"、所有市级部门预算全部提交人代会审查，督促部门调整项目400个、资金1.2亿元，让政府预算更好地在阳光下运行。

有效拓展方法载体。实施群众议、代表评、现场查、专题问、常态督相结合的"五步工作法"，推动"治霾318"攻坚行动扎实开展。运用"三进四督五促"、念好"问、评、改"三字经等方法，有力助推依法治农强农。深入开展"法治监督在一线"活动，对打击电信诈骗等51个项目进行督查问效，促进"一府两院"强化依法治理。组建专家顾问团、代表监督团、市民观察团，实行食品安全组团式、立体化监督，合力保障舌尖上的安全。创办"人大视窗"电视专栏，取得良好社会反响。

务实创新工作机制。实施监督议题差额票选制，共确定30项重点议题，确保抓重抓精、督准督实。推行专项工作双重满意度测评，由常委会组成人员测评政府专项工作，邀请代表测评常委会审议质量，形成正向激励和反向倒逼。每年年底集中听取重点审议意见落实情况汇报，进行无记名测评，加强再跟踪、再问效、再落实。建立常委会组成人员履职纪实考评制度，科学设立分值，年终考核通报，履职绩效不断增强。

（七）坚持突出深学重干，着力推动履职能力现代化建设

五年来，常委会切实强化一线担当，坚持务实奋进，树优作风形象，提升履职能力，保障了本届各项任务的顺利完成。

不断增强政治定力。以学习贯彻习近平总书记系列重要讲话为主要内容，扎实开展党的群众路线教育实践活动、"三严三实"专题教育、"两学一做"学习教育，精心组织人民代表大会制度建立60周年系列纪念活动、"人大一线"主题论坛，自觉做到不忘初心、提振精神、忠诚干事。

切实强化依法行权。以市委召开人大工作会议为契机，多方科学论证，突出法理要求，协助出台了推进人大工作法治化的意见，为依法履职提供坚实制度保证。坚持会前学法，举办27个法制辅导讲座，做到围绕一个议题、学好一部法律、推动一项工作。调整充实机构设置，配强法治专业力量，建立特聘专家智库，有效支撑各项法定职权的行使。

常态实施文治制治。高度重视文化引领，大力弘扬"深学重干、崇法为民、务实创新、清正和谐"的人大精神，组织实施文化建设"四心工程"，快乐工作、和谐机关、健康生活的氛围日益浓厚。扎实推进制度治理，按照"制度法理、制度体系、制度集成"的要求，抓好立改废工作，共新建、修订和整合了58项制度，常委会各项工作更趋规范高效。

重抓机关和队伍建设。推行常委会领导轮值主持月度工作，建立机关行政办公与民主议事制度，不断完善集体行权。加强委室建设，支持各委室发挥专业优势、合力推进工作。树立"民意为本、事业为重、实干为先"的用人导向，在市委的重视关心下，提拔和交流市管干部20名。开展机关干部"双联四员"活动，开设年轻干部业务学堂，实行基层弹性挂职，着力打造敬业奉献团队。

深入推进作风建设。自觉贯彻全面从严治党要求，始终把纪律和规矩挺在前面，及时出台若干规定，落细落小抓，持之以恒抓。深入开展走基层活动，形成20多万字的走基层日记和代表纪实，受到广泛好评。改进调研方式，完成118个领导领衔重点课题和公开招标课题。积极推进依法行权公开、机关管理公开、人文建设公开，人大工作的透明度不断提高。

各位代表，常委会各项工作取得的成绩，靠的是市委的正确领导，离不开市政府、市政协、"两院"和社会各界的大力支持，饱含着全体代表和常委会组成人员的辛勤付出。在此，我代表市七届人大常委会，向大家表示最衷心的感谢和最崇高的敬意！

在肯定成绩的同时，我们也清醒地看到，常委会工作还有一些不足，主要是：地方立法机制还需完善，充分有效行使重大事项决定权还需探索，法律监督和工作监督的统筹运用还需加强，服务保障代表履职还需优化，常委会履职能力还需提升，等等。我们相信，随着民主法治建设的深入推进、人大事业的发展进步，这些问题必将得到改进和解决。

二、五年探索实践的经验启示

五年辛勤耕耘，五年春华秋实。回顾五年来的实践和探索，我们深切地体会到：

——必须始终遵循党的领导这一首要政治原则，自觉做到坚决维护核心、坚守政治定力、坚定制度自信，保证人大工作在把牢正确方向中扎实稳步前行。党的领导是中国特色社会主义最本质的特征，是坚持和完善人民代表大会制度的根本保证。回顾五年来走过的历程，我们深深感到，常委会的工作之所以年年有发展、一届有进步，最根本的是有市委的高度重视、坚强领导、大力支持，是我们在依靠党的领导上头脑清醒、立场坚定、旗帜鲜明。我们牢固树立"四个意识"，在思想上政治上行动上同以习近平同志为核心的党中央保持高度一致。我们切实增强"四个自

信”，努力建设忠诚可靠的政治机关和民意机关。我们开展了“市委抓落实、人大督落实”“强责任优履职、服务四个年”等专项活动，市委有号召、人大有行动成为高度自觉。实践启示我们，只有毫不动摇地坚持党的领导，人大事业的前进道路才能越走越宽广。

——必须切实强化服务全市大局的责任担当，自觉做到主动作为、务实作为、有效作为，保证人大工作在崇尚实干导向中更好助推赶超发展。服务大局、推动发展，是人大工作的永恒主题。回顾五年来走过的历程，我们深深感到，人大工作涉及方方面面，要做精做好、做出成效，必须紧贴中心、聚力发展、务实重干，这是一项基本要求，也是一条重要经验。我们坚持谋全局、议大事、抓关键，制定一届监督规划，建立年度工作“一要点四计划”机制，做到届有主线、年有重点、月有安排。我们正确把握人大工作形式与内容、过程与结果的辩证关系，对看准的事、定了的事、要抓的事，建好履职工作链，打好监督组合拳，加强问效回头看，务求抓铁有痕、踏石留印。实践启示我们，只有超前想、一线干、敢担当，才能真正干出人大的特色、人大的水平、人大的境界。

——必须牢固树立以人民为中心思想，自觉做到为民担责、为民负责、为民尽责，保证人大工作在顺应民心所向中广泛赢得群众认可。全市人民对美好生活的向往，就是我们的奋斗目标。回顾五年来走过的历程，我们深深感到，人大的根基在人民，人大的主体是代表。我们始终尊重代表主体地位，充分发挥代表来自于民、植根于民的独特优势，积极引导代表当好群众代言人、唱响履职好声音。我们努力把联系群众的功夫下在平时、变为常态，多听群众心里话，多看群众身边事，多算群众生活账，使工作建立在广泛民意基础之上。我们着力推动解决群众最关心最直接最现实的问题，用履职为民的实际成效，赢得群众的真心点赞。实践启示我们，只有始终把人民放在心中最高位置，才能不断提高人大工作的群众满意度。

——必须不断加快工作法治化步伐，自觉做到站位法治一线、突出法理要求、维护法律权威，保证人大工作在突出法治指向中充分发挥职能优势。法治是治国理政的基本方式。人大要履行好推进法治的根本任务、第一责任，必须提升工作法治化水平。回顾五年来走过的历程，我们深深感到，言必讲法、行必依法、办事靠法，是人大有效履职行权的基本方法和重要保证。我们坚持用法治思维和法治方式来谋划推动工作，无论是实施立法和监督，还是开展决定和任免，都注重从法律视角切入、拿法律规定衡量、用法律语言建议。我们坚持依法建制、以制履职，致力把工作纳入规范化管理、制度化约束、程序化运作的轨道。实践启示我们，只有不断推进人大工作法治化，才能切实彰显制度优势、有效发挥职能作用。

——必须积极唱响改革创新主旋律，自觉做到与时俱进、因势而进、开拓奋进，保证人大工作在秉持创新取向中持续焕发生机活力。创新，标注本届履职鲜明特色。回顾五年来走过的历程，我们深深感到，改革创新是各项事业的动力之源，人大工作要发展进步，同样需要把握时代要求、激发创新力量。我们勇于解放思想，从确立“五个第一”履职理念，到提出加快“五个转变”工作要求，对新形势下人大工作规律的认识逐步深入。我们坚持先干不争论、先试不议论、实践作结论，制定了推动创新的专门意见、一届计划和年度清单，让矢志创先争优在人大系统蔚然成风。我们积极探索有利于提质增效的新招、实招和硬招，形成一批叫得响、有影响的特色亮点。实践启示我们，只有坚持探索实践不停步，人大工作才能常做常新、越做越好。

——必须充分汇聚加快事业发展的强大正能量，自觉做到民主议事、团结干事、和谐共事，保证人大工作在强化合力同向中不断开创新的局面。“积力之所举，则无不胜；众智之所为，则无不成”。回顾五年来走过的历程，我们深深感到，本届工作能够不断推进，很重要的一点就是注意整合资源、凝聚各方力量。我们大力倡导“人大是个家、工作靠大家”，有效强化集体行权、民主决策，不断增强常委会的团结统一。我们坚持寓支持于监督之中，加强与“一府两院”的沟通协调，形成在市委领导下和衷共济、共促赶超的良好局面。我们用全域湖州理念联系指导基层人大工作，聚合系统优势，强化联动共为，共同推动全市民主法治建设。实践启示我们，只有干事业一条心、抓工作一个调、谋发展一盘棋，才能形成强大工作合力、增强整体工作实效。

三、以“两高”目标引领人大事业不断前进

各位代表，市第八次党代会准确把握湖州当前所处的历史方位，对以五大发展理念引领赶超发展、实现“两高”宏伟目标作出了战略部署。新目标新任务对人大工作提出了新的更高要求。我们坚信，在市委的领导下，新一届市人大及其常委会一定能够继往开来、乘势前进，更好担负起历史和人民赋予的光荣使命。按照市委决策部署，我们建议着重做好以下五个方面的工作：

（一）*深入贯彻市第八次党代会精神，更好强化服务发展大局的履职担当。*要认真学习贯彻党代会精神，聚焦赶超发展，发挥职能优势，推动市委决策有效落实。着眼提升发展质量效益，加大对“六重”工作落实、实体经济振兴、新旧动能转换、现代产业培育的监督力度，推动发展向中高端水平迈进。督促支持政府深入推进生态文明先行示范区建设，把生态优势转化为发展优势。支持政府优化布局、完善规划，促进城乡一体发展。着眼强化发展内生动力，推动政府深化重点领域体制改革和制度创新，加快供给侧结构性改革，促进国家创新型城市建设，为发展增后劲添活力。着眼营造发展法治环境，着力推进“七五”普法，推动监察体制改革依法有序进行，督促支持依法行政、公正司法，发挥法治在发展中的引领保障作用。

（二）牢固树立人民至上价值取向，更好践行务实为民的履职要求。要恪守为民理念，贯彻群众路线，努力增进人民福祉。着力突出民意导向，完善议题征集、调研视察、基层走访等机制，探索建立工作绩效群众参与评价机制，厚植人大工作的民意基础。着力促进民生改善，回应社会重大关切，监督推动事关群众切身利益问题的更好解决，积极助推政府坚持“民生财政”，促进共享发展。着力推进履职公开，把审议监督、执法检查等作为公开重点，积极探索多元化公开路径，不断提升人大工作群众满意度。

（三）持续推进人大工作法治化，更好增强依法行权的履职绩效。要强化法治思维，突出法理要求，切实履行各项法定职权。更加有效行使立法权，坚持市委领导、人大主导、社会参与的立法格局，建立健全多元起草、论证协商、第三方评估等制度，保证所立法规精准管用。更加充分行使决定权，强化重大事项的调研论证和审议表决，抓好决议决定贯彻的跟踪督查，不断提高议决水平。更加扎实行使监督权，统筹开展法律监督与工作监督，加强对法律法规特别是我市已出台法规执行情况的检查，推进专题询问、专项工作满意度测评常态化，增强监督质效。更加规范行使任免权，进一步完善法律考试、供职发言、宪法宣誓、述职测评等机制，切实做到党管干部与依法任免有机统一。

（四）始终突出代表主体地位，更好发挥密切联系群众的履职优势。要始终心系代表、依靠代表、服务代表，充分发挥代表主体作用。围绕优化代表履职服务，有序组织代表初任培训、选学培训、专题培训，提高代表综合素质。完善代表联系群众常态化机制，加强代表联络站规范化建设，使人大工作深深扎根于人民群众。围绕激发代表履职活力，探索跨组联动、定向视察等形式，丰富闭会期间活动。改进督办方式，提高建议办理质量。探索实行代表履职分类补助，调动工作积极性。围绕加强代表履职管理，建立健全代表执行职务的行为规范、评价体系和公开机制，强化激励引导，更好为民尽责。

（五）注重加强自身建设，更好提升推动事业发展进步的履职能力。要以开展“四新”主题实践为动力，切实强化自身，打牢工作基础。重视加强思想政治建设，深入学习贯彻习近平总书记系列重要讲话和治国理政新理念新思想新战略，强化理论武装，保持政治定力，坚定制度自信。重视夯实基层基础，加强联系指导，注重整合资源，推动县乡人大建设，完善上下联动机制，增强整体工作绩效。重视提升履职水平，配强专业力量，系统推进创新，不断提高服务大局能力、依法行权能力和议事决策能力。重视强化作风保障，贯彻全面从严治党要求，严肃纪律规矩，弘扬实干导向，打造过硬队伍，以良好作风推动人大工作创新发展。

各位代表，乘风破浪潮头立，扬帆起航正当时！站在新的历史方位，让我们在市委的坚强领导下，不忘初心，继续前进，勇立潮头，依法履职，在高质量建设现代化生态型滨湖大城市、高水平全面建成小康社会的伟大征程中，奋力谱写湖州人大事业的崭新篇章，以优异成绩迎接党的十九大胜利召开！

政府工作报告

——在湖州市第八届人民代表大会第一次会议上

湖州市代市长　钱三雄

（2017年4月22日）

各位代表：

现在，我代表湖州市人民政府，向大会报告工作，请予审议，并请市政协委员和其他列席人员提出意见。

一、过去五年工作回顾

市七届人大一次会议以来，面对错综复杂的外部发展环境和艰巨繁重的改革发展稳定任务，市政府在省委、省政府和市委的坚强领导下，在市人大、市政协等各方面的监督和支持下，带领政府系统，依靠全市人民，主动适应经济发展新常态，自觉践行新发展理念，创新实干、埋头苦干，谱写了加快建设现代化生态型滨湖大城市的新篇章，湖州大地展现新的面貌，赶超发展开启新的征程。

——这五年，是经济发展奋力赶超的五年。综合实力明显提升，地区生产总值从2011年的1520亿元增加到2016年的2243.1亿元，年均增长8.6%，比全省快0.7个百分点，按常住人口计算，人均达到75715元；三次产业结构比例由7.7:53.8:38.5调整为5.7:47.2:47.1；财政总收入从219.1亿元增加到360.9亿元，其中地方财政收入从122.1亿元增加到211.2亿元，按可比口径计算，年均分别增长9.7%和10.1%，比全省快1.5和1个百分点。工业强市建设提速提质，规模以上工业主营业务收入由2902.1亿元增加到4217.4亿元，年均增长7.8%；增加值年均增长9.2%，比全省快2.6个百分点，其中战略性新兴产业、高新技术产业、装备制造业年均分别增长12.6%、11.7%和12.5%，比全省快4.3、2.6和4个百分点；长兴、德清相继跨入工业产值超千亿县行列，长兴成为全省工业强县试点和工业转型升级示范区试点；天能、超威、升华、巨人通力、佐力、泰普森、久立、大东吴成为“金象”企业，美欣达、金洲、永兴、德华、欧诗漫、桐昆恒腾成为“金牛”企业。服务业持续快速发展，2016年增加值迈上千亿元台阶，年均增长10%；社会消费品零售总额由609.9亿元增加到1068.9亿元，年均增长12.9%；旅游总收入由263.2亿元增加到882.5亿元，年均增长27.4%，省级旅游度假区实现县区全覆盖，太湖旅游度假区升格为国家级，南浔古镇成功创建国家AAAAA级景区；内河集装箱年吞吐量突破20万标箱，总量位居全省第一，我市获批全国首个内河水运转型发展示范区；德清和安吉入围全省首批服务业强县（区）试点。现代农业和现代林业发展走在前列，在全省农业现代化发展水平综合评价中连续三年位列第一，成为全国第二个基本实现农业现代化的地级市，县区和市级农民合作经济组织联合会相继组建成立，吴兴区在国家现代农业示范区农业改革与建设试点绩效评价中获得第一名。有效投资持续扩大，五年累计完成固定资产投资6278.5亿元，是前五年的两倍，在建百亿级重大产业项目实现县区全覆盖。创新驱动发展战略深入推进，成功创建国家创新型试点城市、国家知识产权示范城市，预计2016年全社会研究与试验发展经费支出相当于地区生产总值的比例达到2.6%，比五年前提高0.78个百分点；“高技术高成长”企业培育行动全面实施，高新技术企业由202家增加到683家；“南太湖精英计划”实施以来累计引进领军型创业创新团队和人才579个，“国千”“省千”人才分别达到38名和99名，累计建成院士专家工作站63家；湖州莫干山高新区升格为国家级，长兴县入列全省首批全面创新改革试验区。

——这五年，是改革开放全面深化的五年。“简政放权、放管结合、优化服务”扎实推进，“四张清单一张网”全面形成，市县区审批同权基本实现，市级部门行政权力事项精减近六成，项目审批提速普遍达到50%以上，全口径财政预算管理体系进一步健全，审计监督全覆盖有序推进，“阳光湖州服务指数”稳步攀升，有力促进了法治政府、服务政府、廉洁政府建设。顺利实施市本级经营性国有资产盘活重组，组建并运行城市、交通、旅游、产业四大国企集团。商事登记制度改革以来，新增市场主体10.9万户，累计达到28.9万户。资源要素配置市场化改革稳步推进，工业企业综合效益分类评价机制初步建立，湖州开发区“四破”试点取得实效，我市获评第三届全国国土资源节约集约模范市。金融和投融资体制改革迈出新步伐，金融机构存贷款余额分别达到3552.4亿元和2757.6亿元，是五年前的1.7倍和1.6倍，银行业信贷资产质量位居全省第二，直接融资规模连续两年超过银行新增贷款、2016年总量突破700亿元，金融新业态企业达到1310家、管理资本超过1000亿元，新增上市公司10家、累计达到23家。城乡体制改革深入推进，我市入列全国中小城市综合改革试点，德清县和吴兴区织里镇先后入列国家新型城镇化综合试点，省级小城市培育试点实现县区全覆盖，城乡户籍制度改革以及农村“三权”确权、赋权、活权改革率先实现突破，全市城市化率从59.5%提高到62.9%。对外开放水平不断提升，五年累计实到外资超过50亿美元，省外浙商回归到位资金937.4亿元；2016年外贸进出口总额达到679.9亿元，其中出口600.2亿元，年均分别增长4%和4.8%；累计同国外33座城市结成友好关系，企业“走出去”步伐明显加快；接轨沪杭、联通苏皖扎实推进，东西部扶贫协作和对口支援等重大政治任务取得优异成绩。

——这五年，是城乡品质持续提升的五年。基础设施建设力度不断加大，五年累计完成投资1439.2亿元，是前五年的2.4倍。杭宁高铁、杭长高速公路北延、中心城市百里外环线、318国道改建南浔段等建成通车，商合杭高铁、申嘉湖高速公路西延、杭宁高速公路改扩建、京杭运河航道整治、湖州铁公水综合物流园等全面开建，农村公路改造提升步伐切实加快；太嘉河、环湖河道整治工程基本完工，苕溪清水入湖、扩大杭嘉湖南排工程有序推进；能源、供水、环保、气象、信息化以及教育、卫生、文化、体育等领域一大批项目建成启用或开工建设。湖州中心城市功能品质不断提升，太湖水厂、市民服务中心、湖州儿童公园建成启用，小西街、状元街完成修缮整治，南太湖湿地奥体公园基本建成，湖山大道、浙北医学中心等加快建设，交通拥堵治理持续深化，生活垃圾分类收运处置全面推开。滨湖一体化发展扎实推进，滨湖区域从做基础、做环境向做功能、做产业转变，月亮酒店、龙之梦、影视城等一批项目集聚而来、拔地而起。东部新区、南浔城区、西南分区等发展能级加速跃升。德清、安吉分别入列国家“多规合一”和省级“多规融合”试点，长兴成为全省首批美丽县城试点县。综合行政执法体制改革深入推进，小城镇环境综合治理全面启动，农贸市场标准化改造提升和“放心市场”建设持续深化。美丽乡村建设领跑全省，市级美丽乡村建成率达到80%，省级美丽乡村创建先进县区实现全覆盖，安吉、德清分别以第一和第二名的成绩成为首批省级美丽乡村示范县，由安吉县主导制订的美丽乡村建设指南成为国家标准。“三改一拆”走在全省前列，累计改造旧住宅区、旧厂区、城中村超过1亿平方米，拆除违法建筑3890万平方米。产业平台加速集聚，承载能力切实增强，南太湖产业集聚区等管理体制和运作机制调整优化，全市新形成4个万亩大平台，10个特色小镇进入全省创建和培育名单，吴兴美妆小镇成为省级示范。

——这五年，是生态文明大步前行的五年。“绿水青山就是金山银山”发展理念深入人心，“生态+”绿色发展方式加快形成，生态环境质量不断提升，立法、标准、体制“三位一体”的生态文明制度体系建设全面推进，在生态省考核中连年获评优秀市，先后成功创建国家森林城市和国家生态县区全覆盖的国家生态市，成为全国地级市首个生态文明先行示范区和生态文明标准化示范区，安吉县荣膺“联合国人居奖”。生态环境治理和保护工作切实加强，五年累计整治关停“低小散”企业4520家，淘汰1182家企业的落后产能，印染、造纸、制革、化工、电镀、铅蓄电池等六大重污染高耗能行业得到大力度的整治和提升，生猪和温室龟鳖养殖业治理工作不断深化，黄标车基本实现清零，节能减排约束性指标全面完成。“五水共治”三夺“大禹鼎”，在全省率先消灭县控以上地表水监测断面劣Ⅴ类和Ⅴ类水质，Ⅲ类以上水质断面比例由88.2%提高到98.7%。2013年在全省率先开展大气复合污染防治，市区空气质量年优良天数从190天增加到240天，PM2.5年均浓度从每立方米74微克下降到47微克。矿山综合治理不断深化，建筑石料开采量从最高时的1.64亿吨压缩到4800万吨，获批全国绿色矿业发展示范区。耕地资源得到有力保护，连续二十年实现占补平衡。生态文明先行示范区建设条例、市容和环境卫生管理条例相继颁布施行，自然资源资产负债表编制和领导干部自然资源资产离任审计国家试点任务全面落实，自然资源资产保护与利用考核评价等办法制定出台，设立“湖州生态文明日”。美丽经济、绿色产业蓬勃发展，乡村生活、滨湖度假等形成特色品牌，新型动力电池和新能源汽车制造等形成先发优势。

——这五年，是人民生活不断改善的五年。民生投入力度持续加大，全市财政用于民生的支出五年累计达到850.8亿元，占到全部支出的73.9%，我市在第四届中国民生发展论坛上被评为全国地级市民生发展前十强。城乡居民持续增收，城镇居民、农村居民人均可支配收入分别从28993元、16367元增加到45794元、26508元，年均增长9.6%和10.1%，家庭人均年收入低于4600元的贫困现象全面消除。就业形势保持稳定，五年累计新增城镇就业34.6万人，2016年底登记失业率为2.52%。社会保障体系更加健全，保障水平逐年提高，被征地农民基本生活保障制度与职工基本养老保险制度实现衔接，新型农村合作医疗制度与城镇居民基本医疗保险制度实现并轨，城乡居民基本医疗保险实现市级统筹，最低生活保障实现城乡同标，职工医疗互助实现扩面提质。住房保障体系建设切实加强，五年累计竣工保障房72745套，完成农房改造7.5万户。城乡社区居家养老服务基本实现全覆盖，每千名老人拥有养老机构床位从21.4张增加到33.5张。基本公共服务均等化水平切实提升，国家义务教育发展基本均衡县区实现全覆盖，成功创建全国首批现代学徒制试点城市和国家特殊教育改革实验区，一类重点大学上线率由12.3%提高到18.2%，教育科学和谐发展业绩水平位居全省第二；我市被列为公立医院改革国家联系试点城市，公共卫生综合发展指数和基本公共卫生服务水平位居全省前列，人均期望寿命从78.3岁提高到80.3岁；“全面两孩”政策顺利实施，出生人口缺陷发生率持续下降；竞技体育和群众体育协调发展，连续举办一系列具有重要影响力的专业赛事，首次成功申办省运会。

文化强市建设深入推进，我市成为国家历史文化名城，大运河、“丝之源”、太湖溇港、桑基鱼塘等文化遗产保护和利用工作取得硕果，省级示范文明城市（城区）和文化礼堂建设先进县区实现“满堂红”，公共文化服务体系建设走在前列。社会治理水平不断提升，法治湖州建设全面推进，平安湖州建设实现“十连冠”，南浔、德清、安吉捧得“平安金鼎”，公共法律服务体系基本建立，统一政务咨询投诉举报平台项目获得全国首届法治信访进步奖，安全生产事故起数、死亡人数连续十一年保持下降，圆满完成G20杭州峰会等重大维稳安保任务。

五年来，全市政府系统认真落实全面从严治党要求，坚持讲政治、讲大局、讲激情、讲担当、讲实干、讲自律，切实加强自身建设，统筹推进各项事业。民族、宗教、侨务、港澳、对台等工作取得新成绩，档案、地方志等事业实现新发展，妇女、儿童、老龄、残疾人以及慈善、红十字、志愿服务等事业有了新进步，国防教育、动员、后备力量建设和人民防空、军民融合深度发展等工作得到新加强，实现全国双拥模范城“七连冠”。

各位代表！五年来湖州发展取得的成就来之不易，这是市委总揽全局、正确领导的结果，是市人大、市政协有力监督、全力助推的结果，是全市人民顽强拼搏、砥砺奋进的结果。在此，我代表市人民政府，向奋战在各领域的全市劳动者、建设者和投资者、创业者，向全体人大代表、政协委员、离退休老同志，向各民主党派、工商联、人民团体和社会各界人士，向驻湖人民解放军和武警部队官兵，向所有关心和支持湖州发展的海内外朋友，表示衷心的感谢，致以崇高的敬意！

奋斗曲折艰辛，历程弥足珍贵。实践告诉我们，干大事、创大业，必须敢于担当、勤勉尽责。五年来，全市政府系统紧紧围绕加快湖州赶超发展，强化忠诚、干净、担当，在压力和挑战面前不犹豫、不退缩、不懈怠，坚持改革创新，坚持真抓实干，开辟了各项工作的新境界。在今后的工作中，我们一定要全面强化责任担当，切实拉高发展标杆，不断创造一个又一个实实在在的新业绩。实践告诉我们，干好事、创好业，必须系统施策、精准发力。五年来，全市政府系统紧紧围绕最能够发挥的优势、最需要补齐的短板、最应该突破的瓶颈，把上级部署要求与湖州市情实际紧密结合起来，坚持系统谋划，坚持精准加力，争取了各项工作的主动权。在今后的工作中，我们一定要在把握全局中找准方向，在因地制宜中找对路子，在抓重破难中赢得先机。实践告诉我们，干成事、创成业，必须协同作战、久久为功。五年来，全市政府系统紧紧围绕加快建设现代化生态型滨湖大城市，一个调子喊到底，一张蓝图绘到底，把各方面的智慧和力量凝聚到谋发展、抓建设上来，坚持上下同欲，坚持共建共享，汇成了各项工作的大合唱。在今后的工作中，我们一定要切实增强战略定力，不断增进发展合力，确保各项事业无往而不胜！

各位代表，湖州已经站上赶超发展的历史新起点，但我们也清醒地看到，经济社会发展还面临不少困难，政府工作还存在一些不足。产业结构调整步伐亟待进一步加快，做大经济总量、提升发展质效的任务十分艰巨，引领性强、带动力大的重大产业项目还不多，集聚科技、人才等创新要素的能力还不强，一些企业生产经营仍然比较困难；优质教育、医疗、养老等公共资源供给不充分，空气质量还有不小差距，公共安全领域还有一些短板；转变政府职能、提升行政效能还有很大空间，少数政府工作人员担当精神和执行力还有差距，一些地方和领域消极腐败现象仍时有发生。对这些问题，我们一定高度重视、认真解决，努力把政府工作做得更好，决不辜负人民群众的期望！

二、今后五年工作重点

当前和未来一个时期，世界经济政治正在发生深刻变革，不确定因素明显增加；我国发展处在爬坡过坎的关键阶段，新旧动能正在加速转换；长三角以及全省各地都在铆足干劲、争当标杆，区域竞争更加激烈；我市区位、交通、生态等显性优势和均衡、和谐、文化等内在特质叠加在一起，正在持续释放更加强劲的发展动能，经济社会转型升级、赶超跨越步入十分重要的关口。在百舸争流、竞相发展的大潮中，我们一定要牢牢把握历史方位，咬定目标、抢抓机遇、厚植优势、补齐短板，奋力开创一个动力十足、加快赶超的新局面，建设一个活力迸发、充满希望的新湖州。

按照市第八次党代会作出的部署，今后五年政府工作的总体要求是：高举中国特色社会主义伟大旗帜，以邓小平理论、“三个代表”重要思想和科学发展观为指导，深入贯彻习近平总书记系列重要讲话精神，紧紧围绕“五位一体”总体布局和“四个全面”战略布局，正确把握历史方位，坚定不移贯彻习近平总书记“绿水青山就是金山银山”重要思想和“一定要把南太湖建设好”指示精神，坚定不移以“八八战略”为总纲打好转型升级系列组合拳，坚定不移坚持一张蓝图绘到底，坚持以创新、协调、绿色、开放、共享的发展理念引领赶超发展，主动适应经济发展新常态，以供给侧结构性改革为主线，深入实施“生态立市、工业强市、产业兴市、开放活市”战略，持续开展“四新”主题实践，扎实推进“六重”工作，高质量建设现代化生态型滨湖大城市，高水平全面建成小康社会。

围绕上述要求，重中之重要突出以下五个方面，努力开创发展新局面：

第一，在思想指引上，坚持“三个坚定不移”。坚定不移贯彻习近平总书记“绿水青山就是金山银山”重要思想和“一定要把南太湖建设好”指示精神，就是要高举“两山”旗帜，用好太湖资源，全域融入和全面参与宁杭生态经济发展带建设，以更宽广的视野、更高的站位，全力争取国家和省级重大战略的导入，不断提高湖州元素在全省发展中的影响力和话语权，为把“浙江的今天”建设成“中国的明天”做出更多贡献。坚定不移以“八八战略”为总纲打好转型升级系列组合拳，就是要坚持改革创新不动摇，坚持扬优势、补短板并举，以“拆治归”为基本招数，以创新驱动为核心要领，以有效投资为基础支撑，深入推进符合发展规律、契合区域实际的供给侧结构性改革，加快旧动能的改造提升和新动力的培育壮大，持续释放转型升级的叠加效应。坚定不移坚持一张蓝图绘到底，就是要大力发扬“钉钉子”精神，聚焦落实、落实、再落实，敢于担当、勇于攻坚，注重到位率、平衡性、精细化，困难面前不退缩、问题面前不回避、过错面前不推诿，在确保完成“十三五”规划确定的目标任务基础上，开启基本实现现代化的新征程。

第二，在目标任务上，聚力赶超发展，聚焦“两高”建设。始终把以新发展理念引领赶超发展作为根本任务，努力追求和实现更高质量、更有效率、更可持续的发展速度和发展规模。到届末，地区生产总值突破3000亿元，人均突破10万元，财政总收入突破500亿元，服务业增加值占生产总值的比重超过50%，居民人均可支配收入超过5万元，经济社会发展主要指标人均水平力争达到或超过全省平均。坚持把高质量建设现代化生态型滨湖大城市、高水平全面建成小康社会作为奋斗目标，着力打造创新创业先行区、特色产业集聚区、城乡统筹样板区、生态文明示范区、幸福民生和谐区，彰显“人生只合住湖州”的魅力，实现全面小康“一个不少、一户不落”。经过五年的奋斗，确保政府治理、要素配置等重点领域和关键环节的改革取得决定性突破，大众创业、万众创新的土壤更加肥沃，“4+3+N”现代产业体系基本形成，中心城市发展能级和首位度进一步提高，县域经济加快向城市经济转型，美丽城镇建设提档升级，美丽乡村建设继续领先，生态文明先行示范区建设形成更多可复制、可推广的成果，城市文化软实力明显提升，学有所教、劳有所得、病有所医、老有所养、住有所居持续取得新进展，努力让幸福洒落在每一个人身上，让平安洒落到每一处角落。

第三，在发展路径上，深入实施“生态立市、工业强市、产业兴市、开放活市”战略。深化环境整治和生态保护，决不把违法建筑、污泥浊水、“脏乱差”环境带入全面小康，同时加快生态文明制度创新，落实最严格的节能减排约束性机制，实行最严格的环境监管和执法制度，坚持最严格的耕地保护和节约用地制度，培育生态文化，壮大美丽经济，全面提升“生态+”绿色发展水平，努力率先走向社会主义生态文明新时代。深入贯彻实施《中国制造2025》，培育发展信息技术、高端装备、生物医药等战略性新兴产业，改造提升金属新材、绿色家居、现代纺织、时尚精品等传统优势产业，加快推动“四换三名”和“两化”深度融合，做大做精做强做优实体经济尤其是中高端制造业，努力建设更具实力和竞争力的工业强市。以新技术、新业态、新商业模式改造传统服务业，培育和壮大休闲旅游、健康养生、文化创意、智慧物流、金融新业态等新兴服务业，持续提升现代服务业发展水平。加快培育新型农业经营主体，提高农业科技水平，确保农业现代化发展继续走在前列。推进利用外资、对外贸易、外经合作、服务外包转型升级，深化接轨沪杭、联通苏皖，更好承接产业项目和提供配套服务，更多集聚人才、科技、教育、资本等高端要素，努力提升城市对外开放和国际化水平。

第四，在载体抓手上，持续开展“四新”主题实践，扎实推进“六重”工作，全力主攻高铁枢纽、滨湖一体、全域旅游、新能源整车制造、信息技术产业。以最坚决的姿态、最实干的作风、最担当的精神，纵深推进“四新”主题实践，对齐新标杆，创造新业绩，树立新形象，走好新征程，全力抓好经济、改革、民生、生态、平安、自身建设“六张报表”，努力开创各项事业新局面。以重大项目为牵引、重点工程为龙头、重大平台为载体、重点产业为根基、重大政策为支撑、重点要素为保障，深化和完善“六重”工作年度动态调整、责任分解、考核评估等工作机制，坚持“六位一体”，狠抓落地推进，真正把蓝图化为行动，努力把梦想变成现实。坚持铁、公、水、空协调发展和内畅外联、城乡并举，实施综合交通“一百个项目、八百亿投资”计划，重点打造由杭宁、商合杭、沪苏湖铁路组成的“十”字形高铁枢纽发展格局。以空间布局、规划设计、生态保护、产业协同、基础设施、体制机制“六个一体化”为引领，坚持中心城市和长兴、南浔“一体两翼”组团发展，深入推进滨湖一体融合发展，同时推动德清、安吉组团与滨湖城市带协同发展。以整市打造国家全域旅游示范区为抓手，把健康养生、文化体验、休闲生活深度融入乡村旅游和滨湖度假，持续推进旅游业跨越式发展，加快建设国际生态休闲度假城市。依托动力电池领域的技术先发、产业集群优势和汽车产业其他零部件领域的配套基础，加快引进和培育电机、电控等关键技术和项目，全力进军新能源智能汽车整车制造。继续培育、引进、扶持芯片设计和制造、新型半导体材料研发、地理信息服务等，切实加快产业化步伐，努力抢占新一代信息技术产业发展制高点。同时，突出城市轨道交通、市郊南部山林带规划建设和推动湖州师范学院建设湖州师范大学等，深度谋划和努力办成更多关乎长远的大事和要事。

第五，在导向追求上，践行以人民为中心的发展思想，让全市人民在共建共享发展中有更多获得感。按照人人参与、人人尽力、人人享有的要求，坚守底线、突出重点、完善制度、引导预期，增强政府职责，注重机会公平，保障基本民生，持续提高公共服务共建能力和共享水平，努力使全市人民享有更公平的教育机会、更充分的就业条件、更满意的经济收入、更可靠的社会保障、更舒适的居住环境、更优质的健康服务、更丰富的文化生活、更有力的法治规范、更稳定的公共安全。坚持教育优先发展，优化教育资源布局，深化教育综合改革，全面加快教育现代化建设。实施更加积极的就业政策，鼓励以创业促就业，着力解决结构性就业矛盾。深化收入分配制度改革，加大精准扶贫力度，增强低收入群体发展能力。深入实施全民参保计划，推动社会保障制度更加公平、更可持续。完善住房保障和供应体系，推动住有所居向住有宜居迈进。优化医疗资源配置，深化医药卫生体制改革，促进人口均衡发展，高水平推进健康湖州建设。积极弘扬优秀传统文化，大力培育创新创业文化，完善公共文化服务体系，提升文化产业发展层次。坚持政府带头，强化依法行政，大力推进法治湖州建设，不断提升社会主义法治化水平。坚持“防为上、防为主”，全面提升社会治理现代化水平，努力打造基础更牢、水平更高、人民群众更加满意的平安湖州。凡是广大老百姓牵肠挂肚的、劳心费神的、担惊受怕的、意见集中的公共事务，各级政府和各相关部门必须下更大力气、花更多功夫，查事由、找原因、想办法，努力解决得更好！

三、2017 年工作安排

2017年是党的十九大和省第十四次党代会召开之年，是推进供给侧结构性改革、打好转型升级系列组合拳的深化之年，更是新一届政府履职起步和深化“四个年”、开展“四新”主题实践之年，做好各项工作，意义重大、影响深远。综合考虑各种因素，全市经济社会发展主要预期目标为：地区生产总值增长7.5%以上，固定资产投资增长11%，社会消费品零售总额增长10%以上，外贸出口保持适度增长、提高占全省的份额，财政总收入、地方财政收入均增长7%，城乡居民人均可支配收入分别增长8%和8%以上，节能减排降碳完成省下达任务。工作中，一定要坚持能快则快、应高尽高，全力争取更好结果。

重点做好以下工作：

（一）聚焦产业升级，加快转换发展动能

加快工业经济转型升级。突出绿色制造、智能制造，全力争创“中国制造2025”试点示范城市。以新型电子元器件、地理信息等为重点，促进信息技术产业做大做强，以新能源汽车、物流装备、智能电梯、节能环保装备等为重点，促进高端装备产业做高做新，以生物医药、美妆时尚等为重点，促进现代健康产业做优做深，确保规模以上工业增加值增速快于全省，战略性新兴产业、高新技术产业增加值增速快于面上。以从严对标整治和加快入园集聚、加快改造升级、加快合作转移为路径，继续细分区域、细分行业推动传统产业转型升级。对无证无照、无安全保障、无合法场所、无环保措施的“四无”企业，全面实施专项整治，确保整治和淘汰“低小散”企业（作坊）1000家以上。实施军民融合产业发展三年行动计划，加快省级军民融合产业基地建设。

提升现代服务业发展水平。推进国家级旅游业改革创新先行区、国家全域旅游示范区、全国内河水运转型发展示范区、全国绿色金融改革创新综合试验区等改革试点，促进旅游、物流、金融等产业创新发展，力争旅游总收入突破1000亿元，内河集装箱吞吐量增长20%以上，绿色金融、现代保险业、金融新业态等培育和发展取得更大突破。大力实施放心消费行动计划，促进消费升级。牢牢把握“房子是用来住的，不是用来炒的”这个定位，继续加强房地产市场科学调控，加快推进非住宅类商品房去库存，着力培育总部型、结算型、创客型楼宇经济，促进房地产业平稳健康发展。大力发展定制经济、工业设计、文化创意和农村电商、跨境电商等，促进现代服务业与先进制造业、现代农业深度融合发展。

推进农业供给侧结构性改革。全面落实粮食安全责任制，积极构建高水平粮食安全保障体系。推进省级农业产业集聚区和特色农业强镇创建工作，推动农业产业结构调整和布局结构优化。加快培育新型农业经营主体，促进农业适度规模经营，培育和认定新型职业农民2000名，新增市级农业龙头企业10家以上、省级和市级示范性家庭农场各50家、示范性农民专业合作社（联合社）20家。推进农业科技创新，深化现代种业工程和农技推广联盟体系建设。大力实施农业机器换人示范工程，加快农业机械化、智能化。深入推进现代生态循环农业建设，深化“打造整洁田园、建设美丽农业”行动，加快畜牧业转型升级，全面淘汰商品龟鳖温室养殖模式，统筹抓好化肥农药减量、废弃农膜回收等工作。实施农业品牌建设三年行动计划，新增无公害、绿色、有机“三品”认证产地面积10万亩。

（二）聚焦实体经济，切实稳固发展根基

扶育实体企业。落实和深化降低要素成本、物流成本、税费成本等各项举措，清理和规范中介服务，扎实有力地帮助企业降本减负。完成小微企业三年成长计划，净增“个转企”800家、工业“小升规”135家、服务业“下转上”100家以上。统筹“金象金牛”大企业和“高技术高成长”企业培育，支持优势企业加大并购重组力度，打造更多行业龙头企业和“隐形冠军”。大力对接多层次资本市场，完成企业股改50家，新增上市公司5家、挂牌企业30家。深入推进“互联网+”“机器人+”“标准化+”，实施企业上云行动、工业机器人行动、质量提升行动，加快质量标准品牌升级，新增上云企业5000家、工业机器人1000台、“浙江制造”标准10个。

扩大有效投资。持续推进“谋划大产业、招引大项目”，围绕全产业链、中心城市功能提升链、培育新动能创新链、全域旅游链抓精准招商，力争实到外资9.5亿美元、省外浙商回归到位资金310亿元，新引进“大好高”项目150个以上，其中制造业项目80个。全面强化项目落地和建设工作，滚动实现“签约引进一批、落地开工一批、建成投产一批”，确保市重点建设实施类项目完成投资735亿元以上。鼓励发展混合所有制经济，积极推进政府与社会资本合作，加强预期引导，增强投资信心，确保民间投资占全部投资的比重稳定在70%左右。扩大重点领域社会投资，确保重大基础设施投资、重大产业项目投资、重点技术改造投资、生态环保投资均增长15%以上。

强化要素保障。拓展融资渠道，优化信贷结构，确保新增融资规模800亿元以上。加强政策性和市场化担保体系建设，推动金融机构加大对制造业、小微企业、“三农”等重点领域的支持力度。严厉打击恶意逃废债和非法集资，加快处置银行不良资产。积极发展股权融资，逐步降低企业杠杆率。运作好政府性产业投资引导基金，有效培育和扶持新产业、新技术、新业态、新商业模式。推进“多规融合”，加快空间拓展，完善基础配套，深化体制创新，不断提高南太湖产业集聚区等各类产业平台集聚化、差异化、特色化发展水平和效益产出。高质量推进特色小镇规划建设。加快实施“3256”耕地保护工程，扎实推进工矿废弃地复垦利用、坡地村镇建设等改革试点，确保新增建设用地指标1.8万亩，盘活存量建设用地6200亩，实施城镇低效用地再开发3500亩，消化批而未供土地7000亩，切实提升节约集约用地水平。

（三）聚焦优势厚植，努力增强发展后劲

扩大生态文明优势。围绕“夺鼎、提标、剿彻底、防反弹”目标要求，深入推进“五水共治”，突出截污纳管、清淤治污、源头防控、防洪排涝等重点治理任务，扎实开展“双千万”行动，全域彻底剿灭劣Ⅴ类水体，监测断面水质100%达到或优于Ⅲ类。深化河长制，健全常态长效管理机制。编制空气质量达标规划，提高雾霾治理科学化、系统化、精准化水平，全面加快用能结构调整，全面淘汰改造燃煤小锅炉，全面完成火电、热电企业清洁化排放提标改造和重点工业企业挥发性有机废气治理，全面加强机动车、船舶污染防治和建筑扬尘防控，全面禁止秸秆露天焚烧，坚决打好蓝天保卫战。从紧从严依法规范管理矿产资源，强化涉矿工程严格监管，加快废弃矿山生态修复，全域推进全国绿色矿业发展示范区建设。坚持预防为主、保护优先、风险管控、分类治理，全面推进土壤污染防治工作。抓好城乡生活垃圾分类收运处置，逐步实现垃圾减量化、无害化、资源化。深入实施“811”美丽湖州建设行动，持续抓好“两路两侧”“四边三化”，推进平原绿化和彩色健康森林建设，加强湿地生态保护和修复。积极探索自然资源产权制度改革，全面实行自然资源资产保护与利用绩效评价、领导干部自然资源资产离任审计和生态环境损害责任追究，加快推进生态文明领域标准化建设，深入实施“生态+”绿色发展行动计划，不断创新“两山”转化路径，持续扩大生态文明先行示范区影响力。

提高城乡统筹水平。开展新一轮城市总体规划修编工作，推动全域规划向乡镇延伸，完成所有村庄规划修编和中心村村庄设计。大力推进滨湖一体、片区融合、旧城有机更新和智慧城市、海绵城市建设，加快完善教育、卫生、文化、旅游、商贸等功能配套，不断提升中心城市宜居宜业宜游品质。推动三县进一步加大力度，加快打造各具特色的美丽县城。强化“8+X”项目载体，全面推进小城镇环境综合整治。深化综合行政执法体制改革，下移执法重心，增强管理合力，提高城市和城镇治理水平。加强住宅小区管理，打造美丽家园、幸福社区。推进市校合作共建新农村，加强农村基础设施建设、环境整治和长效管理，再创建一批市级美丽乡村、省级精品特色村和国家级宜居示范村。积极推动东部平原水乡的提升与发展。深化“三改一拆”和“无违建”县区创建，确保完成“三改”900万平方米、拆违600万平方米。加快城乡体制改革，开展农业供给侧结构性改革集成示范试点，完成农村土地承包经营权确权登记颁证，持续推动农村“三权”活权，促进“三位一体”农民合作经济组织有效发挥作用。

改善基础设施条件。开工建设沪苏湖铁路和杭州绕城高速公路西复线湖州段，加快建设商合杭高铁、申嘉湖高速公路西延、杭宁高速公路湖州段改扩建等工程，全线完成318国道南浔至吴兴段改建工程，推进京杭运河湖州段航道整治、长湖申航道西延等项目，加快农村公路改造提升。开工建设湖长二通道、内环快速路等工程，加快建设湖山大道、南浔三高连接线、五一大桥、苕溪东路拓宽改造等项目，基本完成市区城乡供水一体化建设。基本建成四大重点骨干水利工程，谋划实施苕溪清水入湖河道整治、太嘉河及环湖河道整治、环湖大堤三大后续工程，推进水利工程管理标准化建设。不断提升电力、环保、新能源、信息化等基础设施水平，加快建设长龙山抽水蓄能电站，扎实推动家庭屋顶光伏工程。

（四）聚焦改革创新，持续释放发展活力

深化制度创新。依法平等保护各类产权，大力构建“亲”“清”新型政商关系，让每一位民营企业家都能安心经营、放心发展。深化国企国资改革，推动市属四大国企集团做强做大和县区国有资产盘活重组，推进资产证券化，努力在关键领域发挥关键作用。以企业分类评价结果为依据，加快完善差别化用地、用电、用能、用水等制度体系，切实提高资源要素产出效率。统筹推进吴兴现代农业示范区农业改革与建设试点、南浔城乡发展一体化改革试验区、德清新型城镇化综合试点、长兴全面创新改革试验区、安吉“两山”理论实践示范县等国家级和省级改革试点，全力推动湖州开发区打造产城融合示范区。

推进科技创新。深入实施创新驱动发展战略，争创国家创新型城市、国家可持续发展议程创新示范区。全面建设湖州科技城，加快推进莫干山国家级高新区以及现代物流装备等省级高新区建设，切实提升科技企业孵化器、众创空间等创新平台建设水平。深入实施“双倍增”行动计划，新增高新技术企业70

家、科技型中小微企业290家以上。大力推动企业研究院、院士专家工作站等研发机构建设，促进产学研金深度合作，加快新产品、新专利等科技成果产业化。加大“南太湖精英计划”等重点人才工程实施力度，新引进领军型创业创新团队和人才150个左右。深化“9360”急需紧缺人才引进战略合作联盟建设，实施“金蓝领”高技能人才培养工程，出台支持大学生创业政策措施。完善对科技、人才的资金投入、政策保障和绩效评价机制。

加强开放创新。推动外贸品牌、模式、渠道创新，开展外贸“双超”企业培育行动。推进海关特殊监管区建设，提高通关通检便利化水平，加强出口信用保险、国际物流等服务供给，不断优化国际贸易促进体系。深度融入“一带一路”、长江经济带等国家战略，加快湖州铁公水综合物流园建设，整合港口资源，发展河海联运，同时鼓励有条件的企业建设全球营销网络，拓展境外工程市场，深化国际产能合作。深入对接宁杭生态经济发展带规划建设，围绕要素承接、产业发展、制度创新、基础设施共建、公共服务共享等领域，进一步加强与沪、杭、宁等城市的深度合作与融合发展。继续做好东西部扶贫协作和对口支援、友城交流等工作。

（五）聚焦民生改善，大力普惠发展成果

加强就业促进和社会保障。坚持以大众创业、万众创新促进充分就业，以加强职业技能培训促进高质量就业，确保城镇新增就业4.8万人以上，登记失业率控制在4%以内。加强和谐劳动关系建设，切实强化企业社会责任，大力培育工匠精神，促进就业稳定有序、工资稳定增长、企业稳定经营。实施集体经济薄弱村消除行动计划，着力补齐低收入农户增收致富短板。加快社会保险参保扩面，推动基本养老保险、基本医疗保险实现法定人群全覆盖，鼓励有条件的企业发展养老保险企业年金。全面实施全市统一的城乡居民基本医疗保险制度和大病保险办法，施行职工基本医疗保险个人账户家庭共济互助政策。加强各类社会救助资源的整合和联动，提高扶贫救困工作精准度。依法推进公益和慈善事业健康发展。实施养老机构规范化管理工程，推进医养结合健康发展。加强残疾人权益保障，加快残疾人共享全面小康进程。

加快社会事业改革与发展。决战全国文明城市创建，深化“最美”系列典型培育，大力弘扬崇德向善的社会风尚。推动教育布局调整优化，扩大优质教育资源覆盖面。加快实施学前教育扩容工程，高水平推进义务教育标准化建设。主动适应高考招生制度改革，不断提升高中段教育质量。推动高等教育、职业教育产教融合，增强服务经济社会发展能力。全面深化公立医院改革，稳步推进医疗机构布局优化。深化医保付费方式改革，深入推进“双下沉、两提升”，加快构建分级诊疗制度。大力发展中医药事业。加强计划生育服务，提高出生人口素质。推进文化场馆资源整合，深化“文化走亲”，积极创建国家公共文化服务体系示范区。加强钱山漾、毗山、龙山古城等遗址保护利用工作。全力筹办筹备第十六届省运会。加快建设浙江自然博物园、浙北医学中心、湖州美术馆、凤西中学、吴兴区人民医院等项目，加快推进双林庆同小学、递铺镇第三小学等一批迁建项目和德清县人民医院、长兴县人民医院等一批改扩建工程，建成湖东小学、滨湖小学、南浔区人民医院等，完成吴兴实验中学、长兴县太湖高级中学等迁建项目。推进医疗、文化、体育等产业多元化发展。

加强和创新社会治理。统筹协调和整体运作社区建设、社会组织建设和社会工作，推进乡镇街道综治工作、市场监管、综合执法、便民服务“四个平台”建设。深化平安细胞创建，畅通群众诉求反映渠道，加强公共法律服务，完善人民调解、行政调解、司法调解对接共融机制，注重矛盾纠纷的源头防范和多元化解。扎实开展“七五”普法，有效增强全社会法治信仰。打造立体化、信息化、法治化社会治安防控体系升级版，严密防范和严厉打击各类犯罪活动。深化户籍制度改革，推行新型居住证制度。深化安全生产体制机制创新，建立重点行业风险防控和隐患治理双重预防体系，确保安全生产形势持续平稳向好。全面实施“除险安居”行动，加快城乡危旧房屋治理改造和地质灾害隐患综合治理，推进防汛防台、防灾减灾体系建设。加快建立食品药品质量追溯制度，切实让老百姓吃得安全、用得放心。加强国防动员、国防教育、基层武装和人民防空建设，推进新一轮全国双拥模范城创建工作，扎实做好民族、宗教、侨务、对台等工作。

各位代表！增进人民福祉，是政府一切工作的出发点和落脚点。我们一定要从解决群众最关心、最直接、最现实的利益问题入手，竭力办好各项民生实事。今年，我们按照“群众提、代表定、政府办、人大评”的理念，在广泛征询意见建议的基础上，梳理形成十二个民生实事候选项目，提请本次大会票决选出其中十个。民生实事项目确定后，我们将紧扣目标要求，认真组织实施，确保高标准、高质量全面完成。

四、全面从严加强政府自身建设

事业关键在人，赶超根本靠干。站在历史新方位，开创发展新局面，迫切需要我们以对党、对人民、对湖州极端负责的精神，以深入推进“两学一做”学习教育常态化制度化、扎实开展“四新”主题实践为统领，全面从严加强政府自身建设，努力打造忠诚履职、依法行政、干净干事的法治政府、服务政府和廉洁政府。

（一）牢固树立“四个意识”，切实做到担当有为。全面增强政治意识、大局意识、核心意识、看齐意识，在思想上政治上行动上坚决同以习近平同志为核心的党中央保持高度一致，不折不扣贯彻省委、省政府和市委各项决策部署，大力提升政府执行力、公信力和创造力。坚持重实干、讲实绩、求实效，建立重点工作清单制度，完善政府绩效考核评价体系。加强政务诚信建设，撬动全社会信用体系建设。建立健全正向激励和容错纠错机制，加大对懒政怠政行为的追责问责力度，严厉整肃行政不作为、慢作为、乱作为和“圆滑作为”“模糊作为”，让敢于担当、善于担当蔚然成风，打造致力创新破难、奋力赶超发展的政府铁军。

（二）不断深化政府改革，大力提升行政效能。进一步加大“放管服”改革力度，大幅减少行政审批事项，大幅缩短审批服务时间，大幅下放行政审批权限，大幅提升网上审批能力，大幅降低审批服务费用。深化“两集中、两到位”和“互联网＋政务服务”，全面推进“最多跑一次”改革，确保今年底前全市“最多跑一次”事项覆盖率达到90%以上，其中“零上门”事项覆盖率40%以上。巩固和扩大“先照后证”改革成果，推动“区域能评、环评＋区块能耗、环境标准”逐步取代项目能评、环评，实现所有投资项目网上审批、核准、备案。全面推行“双随机、一公开”，杜绝多头执法、重复检查，形成“部门联合、随机抽查、按标监管”的“一次到位”机制。加快投融资体制机制创新，加强政府性债务管理。

（三）全面加强依法行政，加快转变政府职能。健全行政权力监督制约机制，自觉接受人大依法监督、政协民主监督和监察监督、司法监督，主动接受社会监督、舆论监督，切实加强政府内部层级监督和审计监督。严格执行重大行政决策程序规定，完善重大事项公众参与、专家论证、合法性审查等制度，充分发挥政府法律顾问、决策咨询等制度作用，加大政务公开力度，推进阳光政府建设。出台市政府规章制定程序规定，加强重点领域政府立法工作。全面落实行政执法责任制，推进行政复议体制改革。高质量完成政府职能转变三年任务，全面开展服务型政府建设行动，统筹抓好向社会组织转移职能、向社会购买服务工作。

（四）严格落实主体责任，深入推进廉政建设。牢牢抓住主体责任这一“牛鼻子”，坚持“一岗双责”、以上率下，层层传导压力，扎实推动全面从严治党向纵深发展，大力营造风清气正的良好政治生态。高标准落实中央八项规定精神，驰而不息正风肃纪，坚决防止“四风”反弹回潮。以公共资金、公共资源、国资国企、机构编制等为重点，全面加强规范管理，扎紧织密制度笼子。坚持政府过“紧日子”、让企业和群众过“好日子”，严格预算管理，优化支出结构，提高财政资金使用绩效。保持惩治腐败高压态势，全力支持纪检监察机关监督执纪问责，坚决查处侵害群众利益的不正之风和腐败问题。

各位代表！赶超的使命令人奋发，人民的重托催人奋进。站在新起点，建设新湖州，我们满怀信心、豪情万丈。让我们在中共湖州市委的领导下，万众一心，开拓进取，“撸起袖子加油干”，为高质量建设现代化生态型滨湖大城市、高水平全面建成小康社会而努力奋斗！

中国人民政治协商会议
第七届湖州市委员会常务委员会工作报告

——在政协第八届湖州市委员会第一次会议上

湖州市政协主席　吴水霖

（2017年4月21日）

各位委员：

我受政协第七届湖州市委员会常务委员会的委托，向大会报告工作，请予审议，并请列席会议的同志提出意见。

一、过去五年工作回顾

中国人民政治协商会议第七届湖州市委员会任期的五年，是我市经济社会全面发展、各项工作取得显著成效的五年，也是我市人民政协事业不断开拓创新的五年。五年来，在中共湖州市委的坚强领导下，市政协常委会牢牢把握团结和民主两大主题，紧紧依靠政协各参加单位和广大政协委员，按照“维护核心、围绕中心、突出重心、凝聚人心”的基本工作思路，集思广益助发展，凝心聚力促和谐，倾情履职惠民生，为我市经济社会发展做出了积极贡献。

——这五年，我们把牢政治方向、强化政治定力，多举措拉高政协标杆，形成了“同心、同向、同行”的政协工作格局。

高起点把握政协工作。深入学习贯彻中共十八大、十八届三中、四中、五中、六中全会和习近平总书记系列重要讲话精神，深刻领会统筹推进“五位一体”总体布局和协调推进“四个全面”战略布局的丰富内涵，牢固树立五大发展理念，自觉强化“四个意识”、增强“四个自信”，不断坚定政协工作的正确方向。始终坚持市委的坚强领导，坚持重大事项及时向市委请示、重要活动及时向市委报告、重点工作及时向市委汇报，推动政协履职与市委中心工作紧密对接、同频共振，做到“市委有号召、政协有行动”。市委常委会每年都专题听取政协工作汇报，研究部署政协工作。党政领导每年都参加政协全体会议，直接听取委员意见建议，共商全市发展大计。坚持把政协工作纳入县区年度目标考核体系，形成了“党委重视、政府支持、政协主动、各方配合”的良好氛围。

高标准推进履职尽责。认真贯彻落实中央和省、市委关于加强人民政协工作以及人民政协协商民主建设的部署要求，特别是习近平总书记在纪念人民政协成立65周年大会上的讲话和市委召开的全市政协工作会议精神，努力在更高起点上推进人民政协事业的新发展。积极创新政协履职的方法载体，务求政治协商更稳健、民主监督更深入、调研视察更扎实、界别协商更灵活、建言献策更精准，努力做到高站位谋事、高水准建言、高品质履职，不断提升献策的高度和深度、提高履职的层次和实效。五年来，先后围绕我市事关全局、影响长远、惠及百姓的重大问题，累计形成了12份建议案、27份协商纪要、35份调研视察报告、169份大会发言，得到市党政领导批示100余人次，使所献之策、所建之言，切实不表面、深刻不肤浅，与党政工作方向一致、目标一致、工作一致。

高质量开展理论研究。重视政协理论研究工作，精心选择健全协商民主机制、强化民主监督职能、发挥委员主体作用、厚植政协工作优势、加强政协统战功能、践行以人民为中心的发展思想等20多个主题，通过全市政协主席读书会、常委会议进行专题学习、研究部署和交流研讨，形成了一批具有实践应用性的理论研究成果，其中《关于协商民主的八个基本问题的研究》等30多篇理论研究文章在省级以上刊物发表，《关于民主监督的理论研究和实践构想》等5篇理论研讨论文连续五年获省政协评比一等奖，《关于人民政协履职能力现代化的实现路径》等6个理论研究课题入选《全国政协理论研究年度论文集》，为政协工作的创新发展提供了理论支撑和实践指导，使我市政协工作定位更加精准、思路更加清晰、目标更加明确。

——这五年，我们紧紧围绕中心、精心选择议题，多形式开展协商议政，呈现了“奋发、务实、有为”的政协工作成果。

围绕全市经济社会发展全局建睿智之言。精心选择全市经济社会发展中具有综合性、战略性、前瞻性的重大问题开展协商议政，先后就全面深化“法治湖州”建设、加强基层组织建设、“十三五”规划建议、“补短板”实施意见、第八次党代会报告等市委重大决策开展专题政治协商，提出意见建议，报送《协商纪要》。围绕“十三五”期间我市产业发展的重点选择与路径研究、促进文旅融合加快发展休闲度假旅游、科学布局突出重点建设中心镇、优化中心城区发展空间布局、上海自贸区对我市发展机遇与挑战、大力扶持和促进小微企业发展等课题，深入开展调研，召开政协常委会议和主席会议进行协商，报送的建议案和调研报告都得到党政主要领导的批示肯定，提出的建立文旅集团、发展休闲旅游、推进开发区扩容、加大接轨上海力度等许多有价值的建议，有的被“十三五”规划和相关的政策性文件吸收，有的直接落地见效。特别是围绕促进小微企业发展提出的对策措施，被市政府制定出台的《小微企业三年成长计划》《小微企业扶优发展十条》等采纳，助推了小微企业健康较快发展。

聚焦生态文明先行示范区建设献管用之策。为认真贯彻市第七次党代会提出建设“生态文明示范区”的要求，坚持以“水”为切入点，每年选择一个重点课题，先后就加强水资源保护和水环境整治、彰显山水清远建设美丽湖州、加快农村污水治理、大力加强湿地保护、加快推进海绵城市建设等开展协商议政。在此基础上，常委会每年还选择5—7个与水有关的“微议题”，通过大会发言、界别调研、视察监督、提案信息等方式提出意见建议、开展跟踪督查，形成“1+N”的推进体系。积极参与省政协组织的“三级政协联动、万名委员同行、助推‘五水共治’”专项集体民主监督活动。五年来，累计围绕“水”形成了5个重点课题报告、12份大会发言材料、89件政协提案、38期社情民意信息，3900多人次的政协委员参加“五水共治”民主监督、163名政协委员担任各级“河长”、向各级治水办和相关职能部门报送意见建议1200多条，努力做实做细“水”文章，其中《关于加强水资源保护和水环境整治，着力推进生态文明示范区建设的对策研究》荣获本届省政协优秀调研报告评选一等奖。与此同时，常委会还就矿山整治、小锅炉淘汰、大气复合污染防治、土壤污染治理等深入调研、深耕细作，精准发力、持续给力，为我市践行习总书记提出的“绿水青山就是金山银山”重要思想和创建全国首个地市级生态文明先行示范区贡献了智慧和力量，被《中国政协》评价为“开创了‘绿色履职’的先河”。

着眼助推党政决策部署落实尽精诚之力。紧紧围绕“三改一拆”“四边三化”、浙（湖）商回归、“两化”融合、产业转型升级、城乡一体、“四个年”活动实施、“六重”工作推进、平安护航G20等重大决策和重点工作开展调研视察、议政监督。按照市委统一安排，主席会议成员自觉强化“一线”意识，积极参与做好加快推进织里镇童装产业转型升级和小城市综合改革试点、担任“河长”、结对联系重点项目和企业、服务企业“百日专项”行动、“进村入企”大走访、督导重大决策贯彻落实和教育实践活动开展等各项中心工作。精心组织在湖省政协委员就省际产业平台政策扶持、湖苏沪铁路建设、杭长高速北延、重大水利工程设施、太湖水厂建设跨省协调、“桑基鱼塘”保护、理顺地方高校管理体制、湖州监狱移交省属管辖等开展视察调研，利用省“两会”契机提交提案，促进了不少议题的立项解决，其中关于“桑基鱼塘”保护的提案，有效助推了“桑基鱼塘”系统入选第二批中国重要农业文化遗产，为我市成功申报国家历史文化名城增添了重要的文化元素。

——这五年，我们真情履职为民、关注民生热点，多方法开展视察建言，彰显了“为民、利民、助民”的政协工作情怀。

及时反映民情民意。反映社情民意信息是人民政协一项富有特色的经常性工作。常委会通过加强信息员队伍建设、设立信息直报点、开展专题信息调研、探索信息“项目化”管理、健全完善制度机制等举措，不断拓宽信息反映渠道，提升信息工作质量。五年来，共编发各类《社情民意专报》732期，其中《关于优化太湖流域洪水调度方案，充分发挥调蓄功能的建议》《建议适当放宽湖羊等地方特色农产品对“一带一路”沿线国家的出口限制》等130多期信息被全国政协、省政协录用。建议规范设置农村公路交通标识、稳定农村社区医生队伍、健全工伤赔偿政策等96期信息得到省、市有关领导的重要批示。《建议我省农村生活污水处理设施电价采用农业排灌标准》等信息直接进入省政府决策程序、转化落实，为各级党委政府了解民意、汇集舆情、科学决策提供了重要参考。市政协反映社情民意信息工作走在全省政协系统前列。

积极建言民生民计。始终坚持人民政协关注民生、履职为民的根本宗旨，积极组织各界别的政协委员，围绕人民群众关心关注关切的就业创业、困难群体帮扶、学前教育布局、民办教育发展、公立医院改革、“失独家庭”救助、居家养老服务、城乡一体化供水、公交体系完善、农村集镇提升、老小区整治、E邮站推广、政府阳光热线运行、互联网信息安全、外来人口服务管理等问题，主动深入基层，开展调研视察，细心问需于民，积极为民发声、为民建言、为民代言，努力为党政决策提供民意支撑、民利协调、民智参考，推动了一批民生工程的落地实施，促进了民生事业的进一步发展。

真诚助解民忧民困。积极组织政协委员和机关干部参与慈善捐赠、希望工程、抗台救灾、扶贫结对、送温暖献爱心、党员干部进社区等社会公益活动。鼓励引导有条件的政协委员设立冠名慈善基金、教育基金、博爱基金等，回报社会、奉献爱心。深入开展结对帮扶少数民族村和集体经济薄弱村、定点定人联系帮扶困难家庭、开展走访慰问、认领“微心愿”等活动，热情接待群众来信来访。通过做好老百姓身边看得见、摸得着的关键“小事”、民生实事，让群众感到政协与自己很近，委员与自己很亲，真情架好党委政府与人民群众的连心桥，增添群众更多的获得感。

——这五年，我们坚持与时俱进、主动顺应趋势，多类型探索履职载体，构建了“创新、多层、系列”的政协工作品牌。

创设协商民主新载体。认真学习贯彻中共中央和省、市委关于推进协商民主建设的新要求，探索创新了市委书记、市长与政协委员“面对面”活动，分别围绕科学发展做强产业、加快科技创新、大力发展信息经济、加快发展健康产业、着力推进市本级经济社会快速发展、加快养老体系建设、积极参与“一带一路”和长江经济带建设等经济社会发展和人民群众高度关注的重大问题，连续五年举办了10期“面对面”活动，累计有500多人次的委员参加，有287名委员与党政主要领导“面对面”直接建言，提出了一系列有价值、能操作、可落地的真知灼见。比如“加快养老体系建设”“面对面”活动汇总报送的26条意见建议有23条被吸收到市政府《关于加快发展养老服务业的实施意见》中。五年来，常委会对每期“面对面”活动切实做到精选议题、精深调研、精心组织，不断打造“面对面”活动的“升级版”。“面对面”活动得到了全国政协和省政协领导的充分肯定和社会各界的较好评价，以排名首位入选全省政协系统协商民主“十大创新案例”，《人民政协报》在头版头条予以深度报道，被全国政协遴选为“协商民主的探索与实践”29个典型案例之一，成为我市推进协商民主的特色品牌。在此基础上，去年常委会又创新开展了双月界别协商活动，围绕发展民宿经济、降低实体经济企业成本、创新农村社会治理、发展家庭农场等6个议题，组织相关界别委员与有关职能部门进行协商，进一步推进了协商民主在我市的广泛多层制度化发展。

建立民主监督新形式。为了寻求政协民主监督与助推党政重大决策贯彻落实的结合点，常委会创新开展了委派民主监督小组工作，每年都由市委、市政府、市政协联合召开委派民主监督小组工作会议进行统一部署，成立8个民主监督小组，委派到有关职能部门，进行为期一年的定题定点式跟踪监督。先后就浙（湖）商回归、“四张清单一张网”改革推进、农村电商发展、建筑扬尘治理、保障房建设与分配、食品安全监管、农村危旧房改造、人民监督员制度落实等重点热点问题，向27个市级部门委派了民主监督小组，共形成31份《民主监督建议书》，报市委、市政府和相关部门，市委、市政府主要领导和分管领导23人次作出批示，有力助推了市委、市政府重大决策部署的贯彻落实和有关民生福祉问题的较好解决。

提升提案办理新机制。坚持市政府领导领办重点提案、专委会督办重要提案、同类提案集中办理、提案办理情况民主评议等方式方法的同时，在全省政协系统中率先创新建立了市委常委领办各民主党派、工商联集体重点提案机制。五年来，共提出提案1633件，其中65件重点提案由市委、市政府领导领衔办理，特别是市党政主要领导亲自带头领办、开展办理协商，有力推动了“五水共治”、新能源汽车产业发展、特色小镇规划建设、临港产业发展、农村公路养护、土地节约集约利用、PM2.5治理、合理布局市本级普通高中、推进分级诊疗、社会中介组织培育、“美丽乡村”公共设施后续管护等一批重点难点问题的解决。市委、市政府领导领办各民主党派、工商联集体重点提案机制得到了省委夏宝龙书记的充分肯定，要求在全省推广。全国政协提案委领导专程来我市调研，给予了高度评价，并将其写入《全国政协提案办理协商办法》之中。

探索为民服务新方法。在继承历届政协组织开展的文化、卫生、法律“三下乡”工作的基础上，创新开展了科技助民、医疗惠民、法律护民、文化利民、扶贫济民等为民服务“五大行动”。精心制定《湖州市政协系统为民服务“五大行动”实施纲要》，广泛动员市、县（区）两级政协1500多名政协委员，汇集各民主党派、工商联和各人民团体的智慧力量，深入城乡社区开展技术培训、医疗义诊、法律援助、文化帮扶、扶贫济困。五年来，累计走进城乡社区农村312个、举办各类活动300多场次、赠送图书和科普资料3.4万余册、捐助款项1100多万元、服务群众近10万人次，努力让改革发展成果惠及各界群众，让党委政府的关爱送抵每个困难群众家庭。为民服务“五大行动”被省政协树为“政协履职为民，委员服务群众”的十大品牌。

——这五年，我们发挥政协优势、扩大统战联谊，多渠道增进团结共事，展示了“合作、广泛、和谐”的政协工作特质。

全力深化合作共事。坚持市政协党组成员联系各民主党派、工商联制度，支持他们在政协履行职能、发挥作用、体现作为，努力营造团结民主、和谐共事的良好氛围。密切与港澳委员的联系，组织来湖参观考察经济社会发展成就。与市海外联谊会共同举办湖州港澳乡亲迎春团拜会，激发他们支持湖州建设发展的热情与动力。联合侨务和台办部门共同实施归侨侨眷关爱工程、开展台湾湖州同乡会故乡行、举办湖台青少年湖笔文化夏令营及赴台交流等活动，为拓展联络渠道、涵养各方资源打下良好基础。围绕《归侨侨眷保护法》执行情况，主动走访侨资台资企业，帮助协调解决生产生活中的困难。加强与民族和宗教界人士的联系，开展城市宗教工作、农村基督教堂情况等专题调研，反映他们的意愿诉求，大力促进民族和睦、宗教和顺、社会和谐。

努力拓展联络联谊。加强与在外湖州商会、浙（湖）商和来湖投资的外地企业家的交流合作，为他们在湖创业兴业牵线搭桥。组团赴港澳看望港澳委员，通报我市经济社会发展情况，听取他们对家乡建设的意见建议。重视发挥市政协之友社、书画联谊会、民营经济促进会等组织的积极作用。热情做好全国政协、省政协和外地政协来湖就转型升级系列组合拳落实、生态文明先行示范区建设、新能源电动汽车发展、历史经典产业传承、乡村旅游提升、健全残疾人权益保障制度等课题进行视察考察的服务保障工作。组织承办了五省十一市第51次政协工作交流会议、七省十二市政协书画联展、纪念撤地建市暨庆祝湖州·嘉兴两市政协成立30周年书画联展等一系列活动，不断拓展对外联谊合作和学习交流。

着力推动文化传承。发挥文史资料存史、资政、团结、育人的独特作用，围绕《回望湖州》《湖州市民营企业发展口述史》《湖州专业市场发展史》等编辑出版，深入采访为湖州经济社会发展做出突出贡献的建设者代表，用鲜活的口述史料，展现“湖州记忆”，为加快赶超发展增添精神动力。就非遗保护与传承、古村落保护与开发、太湖溇港水利遗产申遗与保护、陆羽《茶经》申遗、合力打响“丝绸文化之源”品牌等开展视察调研、献计献策，重现“湖州印记”。深入梳理湖笔、丝绸、书画、茶、山水、农耕、民国、观音等8类具有代表性的本土文化，编辑出版《湖州文化探源》丛书，彰显“湖州文化基因”，进一步提升我市地方特色文化的知名度和影响力。高度重视政协新闻宣传工作，加强政协门户网站建设，3次改版《湖州政协》刊物，提高《政协时空》栏目质量，大力宣传政协工作的特色亮点和政协委员的典型事迹，累计刊播新闻报道1000余篇（幅），其中《协商民主的“湖州样本”》《护美绿水青山的“绿色履职”》等20多篇报道在全国和省政协主办的《人民政协报》《联谊报》头版头条刊发，扩大了我市政协工作的社会影响。

——这五年，我们注重固本强基、强化自身建设，多路径提升履职能力，打造了“忠诚、担当、实干”的政协工作队伍。

充分发挥委员作用。坚持把发挥委员主体作用作为一项基础性工程来抓，对361名委员进行分期分批集中全员学习培训。主席会议成员每年都深入各县区和各界别，约谈走访委员，累计达800多人次。重大课题和重要活动都邀请委员参与，充分发挥委员的智慧和力量。建立委员履职考评机制，完善委员履职数据库，切实强化对委员的服务管理。通过表彰优秀委员和先进界别活动组组长、评选履职积极分子、设立“委员之家”“委员工作室”、举办委员迎新春联欢会、建立委员履职微信群（平台）等方式方法，进一步密切与委员的联系沟通，增强委员的责任感、使命感和荣誉感，不断提升委员“懂政协、会协商、善议政”能力，较好地发挥了广大委员在本职工作中的带头作用、政协工作中的主体作用和界别群众中的代表作用。

加强政协机关建设。在市委的高度重视和市政府的大力支持下，成立了委员工作委员会和研究室（与办公室合署），增设了各专委会专职副主任，完善了政协机关的内部设置和人员配备。认真组织开展党的群众路线教育实践活动、“三严三实”专题教育、“两学一做”学习教育、“四新”主题实践等。按照争做“团结的模范、民主的典范、和谐的示范”的要求，大力加强机关干部队伍建设，不断提高机关干部办文、办会、办事能力，市政协机关在全市“‘两学一做’公文写作与处理技能竞赛”中获得团体第一名。重视机关党建和老干部工作，老干部支部被评为省级先进支部。严格执行中央“八项规定”等省市一系列精神要求，认真落实“党性党纪教育一刻钟”制度，抓细抓常党风廉政建设，进一步营造了风清气正、心齐劲足、干事创业的良好氛围。

健全完善制度体系。认真贯彻全市政协工作会议精神，协助市委在全省率先制定出台《关于进一步加强人民政协民主监督的意见》和《关于加强人民政协协商民主建设的意见》，得到省政协乔传秀主席的批示肯定。制定出台和修订完善了工作规则、界别建设、委员管理、提案办理、调查研究、信息工作、廉政建设、日常管理、后勤保障等20多项规章制度，形成了相互衔接、上下贯通、综合配套、科学完备的制度体系，切实提高了政协工作的制度化、规范化和程序化水平，确保了政协工作有制可依、有规可守、有章可循。

五年来，各县区政协在当地党委的领导下开拓创新、务实进取，成效明显、亮点纷呈，如组织课题开放式招标调研、推进政协工作向基层延伸、举办“界别活动月”、建立提案立案三审制、开设“委员工作室”、举办民意恳谈会、创新大会发言方式、健全委员履职工作链等等，为推进我市人民政协事业发展做出了积极探索，提供了宝贵经验，使全市各级政协的日常工作呈现新气象、专项工作彰显新亮点、整体工作焕发新活力。

各位委员，同志们！回顾过去五年的工作，常委会较好地完成了各项目标任务。这是中共湖州市委坚强领导的结果，是市人大、市政府大力支持的结果，是市级各部门和社会各界积极配合的结果，是全市各级政协组织、政协各参加单位和广大政协委员不懈努力的结果。在此，我代表市政协常委会表示衷心的感谢！

五年来的工作实践，使我们深深体会到，要做好政协工作：必须坚持党的领导，始终做到严守政治纪律、严明政治规矩、增强政治定力，在维护核心中把握政治方向、找准工作方位；必须坚持服务大局，始终做到站位大局、融入大局、紧贴大局，在围绕中心中积极发挥作用、体现政协作为；必须坚持履职为民，始终做到自觉贴近民心、切实维护民利、着力助解民困，在服务民生中践行履职宗旨、彰显政治本质；必须坚持团结民主，始终做到团结各个阶层、汇集各界人士、凝聚各方力量，在凝聚人心中体现组织属性、发挥独特优势；必须坚持强化自身，始终做到以学习强素质、以机制促规范、以责任重担当，在履职尽责中拉高政协标杆、提升工作水平；必须坚持开拓创新，始终做到理论创新、工作创新、制度创新，在继承创新中不断与时俱进、永葆生机活力。只有坚持好以上这些基本原则和要求，我们才能准确把握人民政协的性质和方位、科学遵循人民政协的特点和规律，使我市政协工作真正做到长期有利、近期有效、社会有声、实践有形、民生有益。

回顾过去的五年，成绩来之不易，经验弥足珍贵。面对新形势新任务，常委会也清醒地认识到，我们工作中还存在着不少有待改进的问题和加强的环节，比如，建言献策的质量还有待提高，联系服务群众的途径还有待拓展，委员履职的能力还有待提升，界别作用的发挥还有待增强等等。建议新一届政协在今后的工作中，深入研究，积极改进，不断推动我市政协工作再上新台阶。

二、对今后工作的建议

各位委员，同志们！七届政协已圆满完成了历史使命，八届政协将开启新的征程。市第八次党代会提出了“高质量建设现代化生态型滨湖大城市，高水平全面建成小康社会”的总体目标，这对人民政协工作提出了新的希望、新的要求，也为人民政协事业发展提供了新的机遇、新的舞台。对此，建议新一届政协工作的指导思想是：高举中国特色社会主义伟大旗帜，以邓小平理论、“三个代表”重要思想和科学发展观为指导，深入贯彻习近平总书记系列重要讲话精神，紧紧围绕“五位一体”总体布局和“四个全面”战略布局，自觉践行五大发展理念，认真按照市第八次党代会提出的目标要求，在中共湖州市委的坚强领导下，积极履行政治协商、民主监督、参政议政职能，充分发挥协调关系、汇聚力量、建言献策、服务大局的作用，为加快赶超、实现“两高”做出更多更大贡献。

（一）强化“四个意识”，进一步坚定正确政治方向

做好新形势下的政协工作，必须增强“四个意识”，特别是核心意识、看齐意识，始终牢牢把握正确方向。建议新一届政协：坚持在思想上看齐，深入学习中共十八大和十八届三中、四中、五中、六中全会精神，深入学习习近平总书记系列重要讲话精神，特别是精心组织好中共十九大、省第十四次党代会和市第八次党代会精神的学习贯彻，切实把思想统一到十九大和省、市党代会精神上来，筑牢团结奋斗的共同思想政治基础，做到信念坚定不含糊。坚持在政治上看齐，讲政治是政协工作的根本属性，这是我国政治制度的基本框架和政协的基本性质所决定的，是任何时候都必须坚持的政治原则，不断提高政治站位、把准政治方向、站稳政治立场，做到政治清醒不动摇。坚持在行动上看齐，自觉把党的路线方针政策落实到政协工作的各个方面，做到中央提倡的坚决响应、中央决定的坚决执行、中央禁止的坚决不做，不折不扣地贯彻落实中央和省、市委的重大决策部署，做到行动一致不偏离。

（二）聚焦“两高”目标，进一步积极助推赶超发展

政协工作只有主动融入中心、积极服务大局，才能找准定位、积极作为。建议新一届政协：聚焦重大决策对标跟进，坚持把履行职能的眼光定位到建设“两高”的奋斗目标上，把协商议政的举措集中到深入推进“生态立市、工业强市、产业兴市、开放活市”的战略实施上，把资政建言的重点锚定到以五大发展理念引领赶超发展的责任使命上，做到党政中心工作推进到哪里，政协工作就聚焦到哪里、力量就汇集到哪里、服务就扩展到哪里，始终与党政工作同频共振、同轴运转、同步推进。有效对接重点精准献策，着重围绕推进“拆治归”、生态文明先行示范区建设、创建全国文明城市、“六重”工作、滨湖一体、全域旅游、培育发展新动能、提升发展实体经济、生态科技城建设等重点热点问题，真诚协商、务实监督、深入议政，多建诤言、多献良策、多出实招。助力民生改善建言立论，围绕提升民生保障水平、加快健康湖州建设、推进农村危旧房改造、加强社会治理等事关人民群众的切身利益问题，组织调研视察、及时反映民意、力促问题解决，让人民群众有更多的获得感、更高的满意度。

（三）坚持创新完善，进一步推进协商民主建设

人民政协是社会主义协商民主的重要渠道和专门协商机构。建议新一届政协：切实强化协商意识，积极协助市委、市政府制定年度协商工作计划，增强协商氛围，厚植协商文化，提高协商本领，坚持遇事多协商、真协商、深协商，努力做到协商不任性、建言不片面、监督不偏激，充分彰显人民政协协商民主的活力和生机。积极丰富协商形式，在认真总结市委书记市长与政协委员“面对面”活动、双月界别协商等基础上，围绕小微企业发展、“最多跑一次”改革落实、生活垃圾分类处理、小城镇环境综合整治等议题，更加活跃有序地探索对口协商、基层协商、网络协商等新载体，不断增加协商密度、拓展协商广度、加大协商力度。着力完善协商制度，积极顺应协商民主发展的新趋势新要求，健全完善协商民主的工作机制，不断扩大公民有序政治参与，努力构建起具有时代特征、政协特点、湖州特色的协商民主新机制，进一步推进协商民主在湖州的新实践新发展。

（四）彰显统战功能，进一步凝聚各界智慧力量

人民政协是我国最广泛的爱国统一战线组织，大团结大联合是统一战线的本质要求，是人民政协组织的重要特征。建议新一届政协：在合作共事上再深化，认真贯彻中央和省、市委关于统战工作精神，进一步为各民主党派、工商联和各族各界人士参政议政创造条件、搭建平台，切实把爱国统一战线巩固好、发展好，把中国共产党领导的多党合作和政治协商制度坚持好、完善好，把人民政协协商民主的独特优势运用好、发挥好。在联络联谊上再拓展，坚持以道相交同甘苦、以诚相交见肝胆、以志相交共奋斗，进一步加强与民族宗教界人士、港澳台同胞和海外侨胞的团结联谊，增进与非公有制经济人士、新的社会阶层人士和在湖投资企业家代表的交流合作，不断结交新朋友、不忘老朋友，扩大朋友圈、拓展团结面。在凝

心聚力上再加强，充分发挥人民政协联系广泛、渠道畅通、位置超脱的优势，积极围绕人民群众思想认识上的困惑点、利益关系上的交织点、社会矛盾上的易发点，主动协助党委政府做好理顺情绪、化解矛盾、团结鼓劲的工作，为改革发展增加共识度、汇聚正能量、画好同心圆。

（五）加强自身建设，进一步提升履职能力水平

人民政协要更好地履行职能，发挥作用，扩大影响，关键在于加强自身建设。建议新一届政协：充分发挥好委员主体作用，认真组织好委员的学习培训，不断探索发挥委员主体作用的新途径新方法，积极引导广大委员在立足本职和履职奉献中施展才华、建功立业。切实加强专委会和界别工作，完善专委会联系界别和委员的工作机制，强化人员的结构性配备，充分发挥好专委会的基础性作用；重视发挥政协界别的特色优势，拓展界别工作内涵，丰富界别履职形式，不断畅通界别民意的渠道，使界别活动更加经常、更加规范、更加有效。注重抓好政协机关建设，深入推进“两学一做”学习教育常态化制度化，扎实开展“新标杆、新业绩、新形象、新征程”主题实践，着力加强思想作风、业务能力和党风廉政等建设，努力打造信念坚定、忠诚担当、作风扎实、廉洁自律、充满活力的政协机关干部队伍，为提升政协履职能力现代化提供有力保障。

各位委员，同志们！海阔潮涌正当时，踏浪扬帆启新程。让我们更加紧密地团结在以习近平同志为核心的中共中央周围，在中共湖州市委的坚强领导下，同心同德、凝心聚力、开拓奋进、继往开来，努力以优异成绩迎接中共十九大和省第十四次党代会的胜利召开，为高质量建设现代化生态型滨湖大城市、高水平全面建成小康社会做出新的更大贡献！

词 语 释 义

1.“五位一体”：经济建设、政治建设、文化建设、社会建设、生态文明建设。

2.“四个全面”：全面建成小康社会、全面深化改革、全面依法治国、全面从严治党。

3.“四个意识”：政治意识、大局意识、核心意识、看齐意识。

4.“四个自信”：道路自信、理论自信、制度自信、文化自信。

5.“五水”共治：治污水、防洪水、排涝水、保供水、抓节水。

6.“三改一拆”：改造旧住宅区、旧厂区、城中村和拆除违章建筑。

7.“四边三化”：公路边、铁路边、河边、山边等区域洁化、绿化、美化。

8.“两化”融合：信息化和工业化的高层次深度结合。

9. 四个年：转型升级会战年、城乡一体提升年、文明创建攻坚年、基层组织加强年。

10.“六重”工作：重大项目、重点工程、重大平台、重点产业、重大政策、重点要素。

11.“一带一路”：丝绸之路经济带和21世纪海上丝绸之路。

12.“四张清单一张网”：政府权力清单、政府责任清单、企业投资负面清单、财政专项资金管理清单，政务服务网。

13.“三严三实”：严以修身、严以用权、严以律己，谋事要实、创业要实、做人要实。

14.“两学一做”：学党章党规、学系列讲话，做合格党员。

大 事 记

·2016年湖州市大事记·

1月

4日，省委、省政府以“1个省主会场+10个设区市分会场”视频会议的形式，举行全省扩大有效投资重大项目集中开工仪式。在湖州市分会场，市委书记裘东耀向省委、省政府报告湖州市重大项目开工情况并宣布湖州百成新型汽车电池产业园等80个项目开工。

是日，湖州市召开自然资源资产负债表编制和领导干部自然资源资产离任审计专题会议。

5日，湖州市召开2015年度湖州中心城区住房保障会议。会上，向住房保障户代表发放了住房保障资格证书。

6日，全国和全省安全生产工作视频会议结束后，湖州市继续开会。会议强调，春节期间，各地各部门要突出重点领域和重点部位，严格落实主体责任和监管责任，全面加强隐患排查和隐患治理，努力减少各类事故，坚决杜绝较大以上事故，确保人民群众安全过节，确保社会大局和谐稳定。

7日，全省打击治理通信网络新型违法犯罪专项行动推进会暨反虚假信息欺诈体系建设现场会在湖州召开。省委常委、省公安厅厅长刘力伟出席会议并讲话。

8日，市人大常委会组织由湖州市选举产生的省十二届人大代表开展会前集中视察。

11日，市委副书记、市长陈伟俊调研丝绸小镇规划建设，强调要深化认识、凝聚共识，积极主动对接重大战略、争取重大资源，强化产业要素集聚，加快打造丝绸特色小镇，推动经济转型升级。

12日，湖州市和浙江大学联合举行市校合作共建美丽乡村第九次年会。

是日，市委书记裘东耀在湖州思念食品有限公司、浙北购物中心和湖州日报社二期项目文化创意中心工地等实地检查安全生产工作。

是日，市委副书记、市长陈伟俊调研体育工作，强调要围绕“精彩难忘、和谐文明、平安节俭”的承办目标，集中力量、精益求精，高标准完成第十六届省运会各项筹备工作，为做大做强体育产业、持续发展体育事业打下坚实基础。

13日，省委常委、常务副省长袁家军在湖州召开座谈会，就省政府工作报告和“十三五”规划纲要征求意见建议。

是日，市委书记裘东耀与省级新闻单位驻湖机构和市级主要新闻媒体负责人座谈交流时希望省、市新闻媒体，以高度的政治责任感和历史使命感，当好湖州良好形象的传播者、社会主流思想舆论的引领者、改革发展的参谋者，用妙笔、镜头和声音，合力奏响传递湖州声音的交响乐。

是日，市政府和国家开发银行浙江省分行举行全面深化开发性金融合作签约仪式。

是日，市委副书记、市长陈伟俊调研公安工作，强调要主动适应经济新常态，积极落实发展新举措，全力推进公安工作再上新台阶，更好地为全市经济社会发展保驾护航。

是日，湖州市举行2016年湖州市文化产业投资洽谈暨文化媒介产品推介会。

14日，市委书记裘东耀主持召开会议，听取《湖州市工业强市建设“十三五”规划》《2016年度工业强市建设推进计划》和《全市“转型升级会战年”活动实施方案》情况汇报，研究完善有关规划和方案。

15~27日，市领导裘东耀、陈伟俊、金建新等分别走访慰问市级离退休老干部，代表市委、市人大、市政府、市政协，向大家致以新年的祝福，并通报湖州经济社会发展情况，听取老干部对市委、市政府工作的意见和建议。

16日，市委书记裘东耀在吴兴区调研平安维稳工作，强调要认真落实平安稳定各项工作措施，全力促进社会和谐稳定，不断提升群众安全感和满意度。

18日，浙江省召开全省紧急视频会议，对做好防御和应对雨雪冰冻天气进行动员部署。会后，湖州市继续开会，强调要切实把防御和应对雨雪冰冻天气的各项措施做实、做到位，齐心协力抗雨雪，全力以赴保平安，确保全市人民群众生命财产安全。

是日，湖州市举行2016年湖州市工商企业界人士新春联谊会。

是日，湖州市召开全市对口支援工作专题会议。

19日，市委副书记、市长、市国动委主任陈伟俊调研人民防空工作，强调要牢固树立协调发展理念，引领民防建设和经济建设融合发展，积极助推湖州赶超发展。

20日，市领导裘东耀、陈伟俊、金建新等在市气象台防灾减灾预警中心，了解天气情况，连线各县（区），听取防御应对工作落实情况，对抓好下一步防范措施进行再部署。

是日，副省长朱从玖在湖州调研绿色金融和政策性融资担保体系建设工作。

21日，湖州市召开市级领导干部年度考核会。

是日，市领导裘东耀、陈伟俊分别在各县（区）基层一线检查指导强寒潮和雨雪冰冻天气防范工作。

22日，省委书记夏宝龙在省指挥部连线各地，了解雪情冰情和防御工作落实情况。在连线湖州时希望，继续做好“保安全、保畅通、保供应、保民生”各项工作，全力夺取防灾抗灾减灾的胜利，确保人民群众度过一个欢乐祥和的春节。下午，市委书记裘东耀再次到基层一线，察看雪情，检查工作。

23～27日，湖州代表团在杭州参加省十二届人大四次会议。23日，举行代表团第一次全体会议，推选省人大代表、市委书记裘东耀为湖州代表团团长。24日，湖州代表团审议省长李强代表省政府所作的政府工作报告。省人大常委会党组书记、副主任茅临生参加湖州代表团审议并讲话。25日，湖州代表团继续审议省政府工作报告和“十三五”规划纲要（草案）。省委书记、省人大常委会主任夏宝龙到代表团看望出席会议的代表并讲话。省领导袁家军、陈金彪、茅临生等参加审议。26～27日，湖州代表团以集体和分组形式审议省人大常委会和省“两院”工作报告。省领导葛慧君、茅临生参加审议。

28～29日，市领导裘东耀、陈伟俊、朱坤民水霖等，到出席市七届人大六次会议和市政协次会议的人大代表和政协委员驻地，看望市和政协委员。

28～2月6日，省、市领导陈金彪、裘东耀伟俊、朱坤民、吴水霖、金建新等分别在各县（区）基层，走访慰问低保对象、优抚对象、困难党员、困难劳模、困难残疾人、困难职工、困难企业和福利院、敬老院等，向困难群众送上新春的祝福和问候。

29～2月1日，湖州市召开市政协七届五次会议。29日，举行开幕式，市政协主席吴水霖代表市政协常委会向大会作工作报告，市政协副主席沈琪芳向大会作市政协七届四次会议以来提案工作情况的报告。31日，举行第二次全体会议，听取委员大会发言。2月1日，举行第三次全体会议，以无记名投票的方式，增选刘姝姗、李红、汪少华为政协第七届湖州市委员会常务委员。会后举行闭幕式，市委书记裘东耀到会并讲话，市政协主席吴水霖主持并致闭幕词，会议通过了政协第七届湖州市委员会提案委员会关于七届五次会议提案收集初审情况的报告，通过了政协第七届湖州市委员会第五次会议决议。

30～2月2日，湖州市召开市七届人大六次会议。30日，举行开幕式，市长陈伟俊代表市政府作工作报告。31日，举行第二次全体会议，市人大常委会主任朱坤民作湖州市人民代表大会常务委员会工作报告，市中级人民法院和市人民检察院作工作报告。2月1日，市七届人大六次会议主席团举行第四次、第五次会议。2日，举行闭幕式，市委书记裘东耀到会并讲话，大会执行主席、主席团常务主席朱坤民主持并致闭幕词，大会通过了有关专门委员会组成人员名单；通过了关于政府工作报告的决议、关于湖州市国民经济和社会发展第十三个五年规划纲要的决议、关于湖州市2015年国民经济和社会发展计划执行情况与2016年国民经济和社会发展计划的决议、关于2015年全市和市本级预算执行情况及2016年全市和市本级预算的决议；通过了关于湖州市人民代表大会常务委员会工作报告、关于湖州市中级人民法院工作报告、关于湖州市人民检察院工作报告的决议；通过了《湖州市制定地方性法规条例》。

31日，市委书记裘东耀在市气象局防灾减灾预警中心，了解天气情况和雪情冰情，并连线各县（区）预警中心，对做好防雪防冰冻工作进行再部署。

2月

2日，湖州市召开市纪委七届五次全会。市委书记裘东耀到会并讲话，强调要准确把握全面从严治党的新要求，更好地肩负起管党治党的政治责任，扎实推进党风廉政建设和反腐败各项工作。会上，裘东俊分别与各县（区）党委、政府签订了2016廉政建设责任书。

日，市委副书记、市长陈伟俊带队到吴兴区开前夕安全生产检查。

3日，省委常委、秘书长陈金彪在湖州开展走访问。

是日，湖州市召开市委常委会“三严三实”专题民主生活会，市委常委作个人对照检查发言，开展批评和自我批评。省委常委、秘书长陈金彪到会并讲话。

4日，市委召开政法工作会议。

是日，湖州市召开全市公安工作会议。

是日，省公安厅党委书记、厅长徐加爱一行在湖州走访慰问基层公安民警。

是日，在参加全省安全生产工作视频会议后，湖州市继续开会，强调要进一步明确工作目标，强化忧患意识，突出工作重点，认真履职尽责，全力抓好春节期间安全生产，确保人民群众过上一个平安、快乐、祥和的节日。

5日，湖州市举行新春团拜会。

是日，湖州市举行市区离退休老干部迎春报告会。

6日，市领导裘东耀、陈伟俊、金建新等，深入基层一线，看望慰问坚守岗位的一线员工。

7日，市委书记裘东耀到敬老院、基层派出所和消防支队，看望慰问老人们和坚守岗位的基层民警、消防官兵。

14日，任泽民、茅临生、姒建敏、裘东耀、陈伟俊、朱坤民、吴水霖、金建新等省、市领导分别带队在湖州各地，调研新年度工作部署，看望慰问基层干部职工，指导帮助解决实际问题，全力助推省、市重点工作落实，努力实现经济社会发展“开门红”。

是日，市委副书记、市长陈伟俊在太湖旅游度假区看望干部职工并开展调研时强调，度假区是滨湖一体化发展的主阵地，新一年工作必须要以习近平总书记南太湖重要讲话为引领，站在新起点、抢抓新机遇，不断外塑形象、厚植优势、内增实力，再创南太湖发展新局面。

15日，湖州市召开全市“四个年”活动暨作风建设动员大会，全面部署转型升级会战年、城乡一体提升年、文明创建攻坚年、基层组织加强年“四个年”活动。

是日，市委书记裘东耀在湖州经济技术开发区调研，强调要主动拉高标杆，鼓足信心，铆足干劲，全力抓紧抓好抓实各项重点工作，努力在湖州“十三五”赶超发展的征程上勇当先锋。

是日，市委副书记、市长陈伟俊在吴兴区织里镇调研，强调要在继续保持良好发展态势基础上，立足赶超发展，着眼精准发力，借势造势，顺势而为，全面推动“四个年”活动各项部署落到实处。

16日，市委书记裘东耀在南浔区和孚镇召开基层党组织建设整乡推进座谈会，强调要以“基层组织加强年”活动为抓手，全面开展整乡推进工作，确保实现“全面进步、全面过硬”。

是日，市委书记裘东耀在吴兴区、南浔区等地检查推动东苕溪“河长制”落实情况，强调要坚持不懈抓好“五水共治”，进一步深化完善“河长制”，全力推动治水各项工作落到实处，促进水环境质量持续改善。

是日，市委副书记、市长陈伟俊在市金融办、市住房公积金管理中心、市烟草专卖局走访和调研，强调各部门各单位都要在供给侧结构性改革中找准坐标、精准发力，敢于担当、勇于创新、善于服务，为湖州赶超发展贡献更多力量、实现更大作为。

17日，市委、市政府召开全市农村工作会议。

是日，湖州市召开全市财政地税工作会议。

18日，省委副书记、省长李强在湖州市调研经济工作时强调，项目建设是做好经济工作的最重要、最实在的抓手，是转型发展、创新发展的重中之重，必须始终抓住不放、抓紧不放。要按照省委、省政府的决策部署，聚焦战略重点精准发力、持久加力，围绕创新驱动、产业升级、补齐短板，认真谋划项目，推进项目落地建成投产，充分发挥投资在经济增长中的关键作用，确保“十三五”经济开好局、起好步。

是日，全市重大工业项目集中开工仪式在吴兴高新区湖州老恒和古法酿造生态化产业基地项目现场举行。

19日，湖州市召开全市党建工作会议。

是日，市委书记裘东耀在市中级人民法院和市人民检察院走访调研，强调要牢固树立五大发展理念，大力弘扬改革创新精神，着力提升法院和检察院工作水平，全力维护社会公平正义。

23日，市委书记裘东耀在德清县调研G20杭州峰会入杭陆路检查站德清各卡点建设情况时强调要强化责任担当，强化设施建设，强化技术防范，强化队伍建设，强化组织领导，坚决打好峰会安保攻坚战，确保圆满完成各项安保任务。

24日，湖州市召开全市清淤泥治污泥工作现场会。

25日，湖州市地方立法工作领导小组召开会议，听取地方立法工作和《湖州市生态文明先行示范区建设条例（草案）》起草有关情况汇报。

是日，市委书记、市委全面深化改革领导小组组长裘东耀主持召开市委全面深化改革领导小组第五次会议。

是日，湖州莫干山国家高新区建设推进会在德清县举行。科技部副部长阴和俊，省委常委、常务副省长袁家军等出席会议。

26日，市委副书记、市长陈伟俊在德清县调研，强调做好2016年经济工作，实现“十三五”良好开局，要以供给侧结构性改革为引领，全力推动重点领域和关键环节改革落地见效，为区域经济转型升级提供强劲动力，让人民群众有更多获得感。

29日，市委副书记、市长陈伟俊主持召开2016年湖州市规划委员会第一次会议，研究市城市规划展览馆、市救助保护综合中心、枫叶国际学校湖州校区、浙江鑫达医院和健康城邻里中心等十个项目的规划设计方案。

3月

1日，市委副书记、市长陈伟俊调研社会治安防控体系建设，强调要坚持问题导向，夯实基层基础，健全防控网络，全力服务G20杭州峰会，确保社会大局和谐稳定，努力让人民群众在良好的社会环境中增强获得感。

是日，湖州市召开全市国税工作会议。

2日，湖州市召开全市审计工作会议。

3日，全省社会治安防控体系建设现场推进会在湖州召开。省委副书记、政法委书记王辉忠到会并讲话。会上，湖州市介绍了工作和经验。

7日，市委理论学习中心组召开扩大会议，听取中国人民大学世界经济研究中心主任、教授、博士生导师黄卫平作“十三五”规划与供给侧结构性改革专题辅导报告。

9日，由省委常委、省军区政委王新海率领的省考核组在湖州，对湖州市2015年度平安建设情况进行考核。

是日，由宣城市委书记姚玉舟率领的安徽省宣城市党政代表团在湖州考察。

是日，由省政协副主席孙文友率领的调研组在湖州，对湖州市丝绸产业传承发展开展调研。

10日，由省委常委、省军区政委王新海率领的省检查组在湖州，对湖州市2015年度党委履行党风廉政建设主体责任、意识形态工作主体责任和省委落实中央巡视组反馈意见十大整改行动整改落实情况进行检查。

11日，陈伟俊、朱坤民、吴水霖、金建新等市党政军领导和驻湖州部队官兵、市级机关干部、志愿者等共600余人在吴兴区环太湖路杨溇村段，参加义务植树劳动。

是日，湖州市召开市公安消防支队2016年度党委扩大会议。

是日，市委副书记、市长陈伟俊在市交通投资集团有限公司和市城市建设投资集团有限公司，就市级国有企业发展情况开展调研，强调市级国有企业要勇担历史使命，以加快供给侧结构性改革为导向，建立完善现代企业制度，不断推动企业创新发展，实现企业做大做强。

14日，湖州市召开浙（湖）商回归工作推进会。

16日，省人大常委会副主任毛光烈、省政协原副主席王玉娣一行在长兴县调研工业强县建设工作。

17日，湖州市召开双拥工作领导小组会议。

18日，湖州市召开全市安全生产工作电视电话会议。

是日，浙江（湖州）·印尼经贸投资洽谈会在湖州举行。

21日，市委常委会召开扩大会议，传达学习全国“两会”精神和省委要求，全面部署湖州市的学习贯彻安排。

22日，贵州省委副书记、政法委书记谌贻琴一行在湖州考察。省委副书记、政法委书记王辉忠陪同。

23日，副省长梁黎明一行在湖州调研外贸和旅游工作。

是日，省委“三项”工作检查组召开会议，向湖州市反馈市委2015年度履行党风廉政建设主体责任、落实省委十大整改行动、市委履行2015年度意识形态工作主体责任的重点检查情况。

24日，市委副书记、市长陈伟俊调研西苕溪“河长制”工作，强调要切实把思想和行动统一到省委、省政府和市委、市政府的决策部署上来，以深入落实“河长制”为抓手，推动“五水共治”再上新台阶。

是日，中国工程院副院长、院士刘旭带领中国工程院“农业发展方式转变与美丽乡村建设”课题组在湖州调研。

25日，湖州市召开全市生态文明建设暨治水治气治矿工作推进会。

是日，由青海省海西州党委副书记、州长诺卫星率领的党政代表团在湖州考察，进一步对接对口支援和产业合作工作。

26日，市委书记裘东耀在湖州经济技术开发区走访调研企业生产经营和项目建设情况。

27日，市委书记裘东耀以市级“河长”的身份在东苕溪沿线，检查指导清淤泥治污泥等治水工作，强调全市各级“河长”要切实担负起“河长”职责，进一步落实责任、强化举措、狠抓推进，以清淤泥治污泥为突破口，“真动大干”抓治水，确保“五水共治”不断取得新进展新成效。

30日，湖州市召开全市金融工作会议。

是日，湖州师范学院与湖州鑫远投资有限公司签署合作协议，共同建设鑫达国际护理学院项目。

是日，湖州市召开全市林业工作会议。

4月

1日，由副市长苏珊娜·维克赛德率领的奥地利林茨市经济代表团在湖州考察。

6日，市委副书记、市长陈伟俊在长兴县调研时强调要坚持发挥优势、彰显特色，强化以大项目支撑大产业、以大平台承载大发展的理念，着力培育发展新动能，促进产业转型升级。

8日，湖州市“转型升级会战年”重大项目建设战役推进大会暨太湖龙之梦乐园等项目集中开工仪式在长兴县太湖图影旅游度假区举行。副省长梁黎明宣布项目集中开工。

是日，由地委书记窦万贵和地委副书记、浙江省援疆指挥部指挥长徐纪平率领的阿克苏党政代表团在湖州考察。

10日，市委书记裘东耀在市级新闻单位调研，强调全市各级新闻单位和广大新闻工作者要认真学习、深刻领会、坚决贯彻习近平总书记在党的新闻舆论工作座谈会上的重要讲话精神和省委书记夏宝龙在省委加强党的新闻舆论工作座谈会上的讲话精神，切实把思想和行动统一到讲话精神要求上来，不断增强做好新闻舆论工作的责任感、使命感。

11日，湖州市召开全市建设平安湖州工作会议暨“平安护航G20”大会战动员大会。

是日，湖州市召开市委建设法治湖州工作领导小组会议。

是日，湖州市召开深化市级国有企业改革动员会。

15日，全省“三改一拆”工作现场推进会在安吉县召开。省委副书记、省长李强到会并讲话，强调各地各部门要切实把“拆”的进度、“改”的力度、“用”的深度、“控”的强度结合起来，以钉钉子精神深入推进“三改一拆”，打好转型升级的组合拳。

17日，市委副书记金建新以京杭运河（湖州段）“河长”的身份，带领南浔区、德清县及市级相关部门负责人，就京杭运河（湖州段）水环境综合治理工作进行再检查、再督促、再推进。

18日，湖州市召开全市一季度经济形势分析会。

20日，由主任章猛进和常务副主任王玉娣率领的省咨询委一行在湖州调研。

25日，云南省委书记、省人大常委会主任李纪恒，省委副书记、省长陈豪率党政代表团在湖州，就美丽乡村建设和农村生活污水处理工作进行考察。

28日，市委副书记、市长陈伟俊在新启用的市国税办税服务厅，就“营改增”工作开展调研，强调要紧扣5月1日这个时间节点，全力以赴、统筹协调抓好各项工作，确保“营改增”如期全面实施，更好发挥对全市供给侧结构性改革的撬动作用。

是日，湖州市举行纪念五四运动97周年“让青年走在转型升级前列”集中推进活动。

29日，湖州市“两学一做”专题党课暨学习教育部署会召开，市委书记裘东耀在会上讲专题党课。

是日，省政府召开抓好当前经济工作视频会议。会后，市委副书记、市长陈伟俊强调，要深入贯彻省委十三届九次全会和本次视频会议精神，按照市委作出的各项决策部署，综合施策，精准发力，狠抓各项工作落实，促进经济平稳健康发展。

是日，湖州市召开市委理论中心组扩大会议，专题听取中央保密办副主任、国家保密局副局长梁建生作的加强和改进保密工作专题辅导报告。

5月

2日，市委书记裘东耀在南浔区调研“补短板”环境整治工作，强调要按照全会的决策部署全面开展查补短板工作，重点补齐科技创新、交通基础设施、生态环境、低收入农户增收致富、公共服务有效供给、改革落地“六块短板”，为高水平全面建成小康社会提供有力支撑。

3日，市委书记裘东耀在中国铁路总公司联系对接湖苏沪高铁项目。

5日，省政协副主席汤黎路一行在湖州调研。

是日，市委副书记、市长陈伟俊检查防汛工作，强调各地各部门要立足于早、突出于严，严格落实好防汛防台各项措施，确保安全度汛。

6日，市委副书记、市长陈伟俊走进“12345”政府阳光热线接听室，为群众解答问题、解决困难。

是日，湖州市召开全市小微企业三年成长计划工作会议。

8日，市委书记裘东耀在国家发改委联系争取专项建设基金。

是日，市委副书记、市长陈伟俊在安吉县调研，强调要强化项目为王意识，进一步增强责任感和使命感，精准发力，狠抓比拼，穷尽招数谋项目，抓住机遇助赶超，加快经济平稳健康发展，确保“十三五”发展良好开局。

9日，市委召开老干部座谈会，征求对即将提交市委七届十次全会审议的市委关于补短板的实施意见的建议。

10～11日，由山东省淄博市委书记、市人大常委会主任王浩，市委副书记、市长周连华率领的淄博市党政代表团在湖州考察生态文明建设和科技创新等工作。

11日，市委副书记、市长陈伟俊在湖州开发区调研，强调要立足现有基础，拓宽发展视野，创新实干，奋发有为，勇当市本级做大做强的“急先锋”，为全市加快赶超发展做出应有的贡献。

是日，市委召开市级民主党派、工商联负责人及无党派人士座谈会，征求对即将提交市委七届十次全会审议的市委关于补短板的实施意见的建议。

11～12日，市委副书记、市长陈伟俊在市残联、市科协、市档案局、市委党史研究室（市方志办）调研，强调要坚持目标导向、问题导向，不断拉高工作标杆，认认真真查找短板，扎扎实实补齐短板，为湖州赶超发展贡献更多力量、有更大作为。

12～13日，省人大常委会副主任程渭山率组在湖州进行大气污染防治法执法检查和“五水共治”专项督查。

15日，市委书记裘东耀在湖州开发区调研“营改增”和项目推进工作时强调要按照减轻企业税负、发挥对经济转型升级助推器作用、有利于营造公平竞争市场环境的要求，扎实稳步推进“营改增”各项工作，确保发挥结构性减税促发展调结构的关键作用，切实增强发展新动能。

16日，第七届湖州生态（乡村）旅游节暨丝韵南浔文化旅游节在南浔古镇开幕。

18～20日，省林业厅副厅长王章明率领省督查组在湖州，就生态文明建设和“两美”浙江建设情况进行实地检查。

19日，市委副书记、市长陈伟俊在吴兴区织里镇调研小城市建设，强调要切实遵循“一尊重五统筹”的城市工作思路，在现有的基础上，进一步拉高标杆、提高标准，全面提升城镇综合功能和建设品质，努力打造全市新型城市化的生力军。

是日，湖州市举行吴兴区织里重大项目集中开工暨东尼科技产业园开工仪式。

19～20日，省人大常委会副主任刘力伟带队在湖州开展接待代表日活动，就省人代会上湖州市省人大代表提出的建议办理工作，听取各承办单位办理情况汇报，“面对面”征求代表意见。

22日，市委书记裘东耀以市级“河长”身份，在东苕溪湖州经济技术开发区段，实地检查指导治水工作，强调要继续拉高标杆、加大力度，找准短板、补齐短板，严格落实各级“河长制”，不断巩固提升治水成果，确保“五水共治”工作继续走在全省前列。

23～24日，全国农业综合开发工作会议在湖州市吴兴区召开。财政部副部长胡静林到会并讲话。

24日，湖州市召开中共湖州市委七届十次全体（扩大）会议。全会听取和讨论了市委书记裘东耀受市委常委会委托作的报告，审议通过《中共湖州市委关于补短板的实施意见》。

是日，湖州市召开四大国企集团成立大会，湖州市城市投资发展集团有限公司、湖州市交通投资集团有限公司、湖州市旅游投资发展集团有限公司、湖州市产业投资发展集团有限公司四大市属国企集团正式成立。

24～26日，省委副书记、政法委书记王辉忠在湖州、嘉兴调研G20杭州峰会维稳安保工作，强调要充分发挥环杭“护城河”工程作用，以高度的责任感、高昂的精神状态、务实的工作作风，扎实做好各种风险隐患防范化解工作，确保责任清晰、管理到位、监督有力，全力维护社会大局稳定，在杭州周边筑牢安全屏障。

25日，全省浙商回归工作现场推进会在湖州举行。省委书记、省人大常委会主任夏宝龙到会并讲话。

是日，在省政府召开的推进“浙江制造”品牌建设暨省政府质量奖表彰大会后，市委副书记、市长陈伟俊强调，全市各级各部门和相关企业，要认真学习贯彻本次视频会议精神，通过落实“浙江制造”品牌建设决策部署，推进质量标准品牌建设，提升湖州制造发展水平。

25～26日，省委常委、统战部部长王永康一行在湖州调研统战工作和产业集聚区发展。

27日，省政协副主席王建满率队在德清县调研“五水共治”和乡村旅游发展。

是日，吴兴区东部新城总部自由港首批基础性项目浙江微软IT学院、风雷创新基地两个项目正式启动。

29日，国家旅游局局长李金早一行在湖州调研。

6月

1日，湖州市召开全市旅游工作会议暨创建国家全域旅游示范区工作推进会。

1～3日，北京首都旅游集团党委书记、董事长段强和党委副书记、副总经理魏红涛一行在湖州考察。

2日，湖州市与圣马力诺共和国政府签署合作备忘录，决定由湖州经济技术开发区与圣马力诺圣意科技园合作，共建“湖圣意产业园”。圣马力诺共和国工业贸易和手工业部部长马可·阿齐利，副省长梁黎明等参加签约仪式。

2～3日，安徽省池州市委书记赵馨群，市委副书记、市长雍成瀚率领的党政考察团在湖州，就特色小镇、美丽乡村建设等工作开展考察。

3日，国家体育总局局长刘鹏一行看望正在长兴县备战里约奥运会的国家射击队。

是日，市委理论学习中心组召开扩大会议，观看警示教育片《镜鉴——湖南衡阳、四川南充“两案”警示录》，听取中央党校党的学说史教研室副主任张荣臣教授作“学习贯彻党章，做合格党员”专题辅导报告，并以“学党章党规、增强党性观念”为主题开展“两学一做”学习教育第一次集中学习研讨。

5日，市委书记裘东耀专题调研公路、铁路“两路两侧”整治和防汛工作，强调“两路两侧”整治，是践行“两山”重要思想的题中之意，是补齐环境治理短板、持续打好转型升级系列组合拳的重要内容，是提升城市形象的迫切需要。

6日，湖州市召开全市矿山综合治理推进会。

7日，沃克斯电梯（中国）有限公司与迅达集团举行合资签约仪式。

13日，市委副书记、市长陈伟俊调研主流媒体，强调要深入学习贯彻习近平总书记在中共新闻舆论工作座谈会上的重要讲话精神，坚定不移当好党的喉舌、反映人民心声、与时代同行，同时要强化机遇意识、领军意识，在湖州赶超发展的大局中找准定位、发挥优势，努力当好湖州文化产业发展的排头兵。

14～15日，省委副书记、省长李强在湖州调研时强调，实施“四换三名”工程是转型升级组合拳的重要一拳，是推进供给侧结构性改革的关键之举，要创新举措持续深入推进，推动新旧动能转换，提高产品的供给质量和供给效率，加快经济转型升级。

14～15日，省委统战部副部长张润生带领省委督查组对湖州市贯彻落实中央、省委关于统一战线一系列重大决策部署情况进行专项督查。

14～21日，省委常委、统战部部长王永康带队的省委督查组一行在湖州，就湖州市贯彻落实中央和省委关于统一战线系列重大决策部署情况进行专项督查。

16日，湖州市召开全市特色小镇培育创建工作现场推进会。

17日，省政协副主席陈加元率领省政协专项督察组在湖州，对全面推进户籍制度改革进行专项督察。

18日，二十国集团智库会议（T20）之一——“创新、新经济与结构改革”国际会议在安吉县举行。联合国教科文组织第38届大会主席、纳米比亚共和国工信部副部长斯坦利·穆通巴·西马塔出席。

20日，针对水库河网水位普遍上涨，部分站点已超警戒水位的汛情，市委书记裘东耀，市委副书记、市长陈伟俊等分别对防汛工作作出部署，要求全面落实各项防汛措施，全力以赴确保安全度汛。

是日，由河南省许昌市委书记武国定，市委副书记、市长胡五岳率领的许昌市党政代表团一行在湖州考察。

21日，由省委宣传部和省委组织部共同举办的“最美浙江人·时代的先锋”优秀共产党员先进事迹巡回党课报告团在湖州作巡回报告。

21～22日，省人大常委会副主任厉志海率督查组在湖州就《浙江省军人军属权益保障条例》执行情况和深化“四张清单一张网”改革工作开展督查。

22日，由宁波市委常委、鄞州区委书记胡军，鄞州区委副书记、区长陈国军率领的鄞州区党政代表团在湖州考察。

24日，湖州市举行庆祝中国共产党成立95周年大会。

是日，市委书记裘东耀在市防指检查部署防汛工作，强调各地各部门要把防汛抗洪作为当前头等大事，按照“不死人、少伤人、少损失”的目标，立足防大汛、抗大灾，全力以赴做好防汛抗洪各项工作，确保人民群众生命财产安全。

25日，市委书记裘东耀在市气象局了解全市各地雨量情况，在市防指召开全市防汛工作紧急会议，并赴基层实地检查防汛工作，强调要坚决贯彻落实省委、省政府领导重要批示精神，严格落实好批示和省防指通知有关要求，全面动员、严防死守，全力以赴把防汛抗洪各项工作落到实处，坚决打赢防汛抗洪攻坚战。

7月

3日，市委书记裘东耀在湖州经济技术开发区走访调研企业，强调各级各部门要当好“店小二”，切实增强服务意识和水平，自觉主动服务企业发展，助力企业抢抓机遇、做大做强，不断增强湖州综合实力。

5日，市委副书记、市长陈伟俊主持召开2016年市规划委员会第二次会议，研究中心城区市陌相关地块、中心农贸市场、西南小学（暂定名）等七个项目的规划设计方案。

6日，省防汛防台工作视频会议后，湖州市立即召开全市防汛防台工作视频会议，就贯彻落实全省会议精神，进一步抓好防汛防台工作作再部署。

7日，湖州市召开防台防汛工作会议，密切跟踪关注超强台风“尼伯特”走向，分析研判雨情、水情、汛情，再作防御措施部署。

是日，市委副书记、市长陈伟俊调研南郊和妙西片区时强调要以建设国际生态休闲度假城市为目标，坚持乡村旅游和滨湖度假两大业态特色发展、高品质发展，努力做优做强市本级旅游产业。

是日，第十七届华东地区禁毒协作会议在湖州召开。国家禁毒办副主任、公安部禁毒局副局长韩旭光出席会议并讲话。

是日，市委副书记金建新专题调研杭长高速湖州境内的“两路两侧”整治工作，强调要全面实施路边环境综合治理，全面提升沿线“三化”水平，全力打造“安全、畅通、舒适、优化、生态”的路边环境。

8日，省委副书记王辉忠在湖州检查防台防汛工作时强调，要把人民群众的生命财产安全放在首位，坚决克服一切麻痹思想和侥幸心理，全面准备、全力应对，确保防台防汛各项措施落实到位。

是日，市领导裘东耀、陈伟俊等在市防指召开全市防台防汛视频会议，听取有关部门情况汇报，连线各县（区）了解汛情水情和防御工作，对全市防台防汛作再动员再部署。

是日，市委理论学习中心组召开会议，认真学习习近平总书记在庆祝中国共产党成立95周年大会上的重要讲话精神。

9日，水利部部长陈雷，省委副书记、代省长车俊，副省长黄旭明和省军区司令员冯文平等分别在湖州市检查指导防汛防台工作。

10日，省委副书记王辉忠在省防指通过视频连线，听取湖州市雨情、汛情、灾情和各项工作落实情况的汇报，强调要发扬连续作战精神，打赢防汛防台硬仗。市委副书记、市长陈伟俊当即主持召开全市防汛防台视频会议，研究部署下一阶段工作。

11日，东部战区司令员刘粤军一行在湖州检查指导防汛工作。

12日，市委副书记、市长陈伟俊调研中心城市外环道路工程建设，强调要放眼全局、着眼长远，坚持快捷畅通、美化优化、效果效益的目标导向，加强城市交通道路的系统性规划研究，大力推进现代化综合交通体系建设，发挥湖州在交通、生态、区位上的叠加优势，不断增强城市综合竞争力。

是日，印度驻上海总领事馆总领事古光明一行在湖州访问。

14日，湖州市召开全市谋划大产业招引大项目工作会议。

19～20日，湖州市开展县（区）互看互学互比活动。裘东耀、陈伟俊、朱坤民、吴水霖、金建新等市领导和各县（区）、市级有关部门负责人等，赴吴兴、南浔、德清、长兴、安吉和湖州经济技术开发区、太湖旅游度假区，实地考察各县（区）“亮晒”出来的新建在建项目，对各地赶超发展的实绩进行看、学、比。

20日，市委书记裘东耀在市公安局检查G20杭州峰会安保工作，强调要不断增强政治意识、大局意识、核心意识、看齐意识，以良好的精神状态全力护航G20，确保圆满完成各项工作任务，为峰会举行做出应有贡献。

是日，全国和全省安全生产电视电话会议召开，安排部署下半年安全生产和当前汛期安全防范工作。会后，湖州市立即就贯彻全国和全省会议精神，落实安全防范各项工作，作出具体部署。

21日，湖州市召开中共湖州市委七届十一次全体（扩大）会议。全会紧紧围绕省委、省政府的部署要求，总结上半年工作，分析当前形势，部署下半年任务，确保“十三五”赶超发展开好局起好步。

是日，省委、省政府召开加强防汛抗洪和安全生产等工作视频会议。会后，湖州市立即召开全市加强防汛抗洪和安全生产等工作视频会议，就贯彻落实全省会议精神进行全面部署。

22日，省委、省政府以“1个主会场+11个分会场”视频会议的形式，举行全省扩大有效投资重大项目集中开工活动。市委书记裘东耀在湖州市开工仪式上宣布，湖州铁公水综合物流园区工程等77个重大项目集中开工。

是日，市领导裘东耀、陈伟俊、朱坤民、吴水霖、金建新等，率团走访慰问驻湖州某部，与部队首长王秀斌、秦树桐等座谈交流，共叙军民鱼水情，共话双拥新愿景。

25日，市委理论学习中心组召开学习贯彻习近平总书记“七一”重要讲话精神暨“两学一做”学习教育第二次专题学习研讨会。中国社会科学院马克思主义研究院发展研究部主任辛向阳作题为《习近平总书记“七一”讲话的六大新论断》的专题辅导报告。

是日，湖州市举行市党政领导军事日活动，邀请国防大学原战略教研部主任朱成虎作国家安全形势报告。

26日，由中国科学院科技促进发展局、中国兵器工业新技术推广研究所、中科院上海分院、浙江省科技厅、浙江省国防科技工业办公室和湖州市委市政府、湖州军分区联合主办的湖州市第七届政产学研合作大会暨首届军民融合促进大会在湖州举行。

是日，杭州都市圈第八次市长联席会议在绍兴柯桥召开。湖州市市长陈伟俊和杭州市市长张鸿铭、嘉兴市市长胡海峰、绍兴市市长俞志宏发表主旨讲话。

26～28日，市领导裘东耀、陈伟俊、金建新等带队在公安执勤站点、电力服务中心、企业生产车间、建筑施工现场等，看望慰问正在冒着高温酷暑坚守岗位的工作人员。

27日，市委书记裘东耀以市级“河长”的身份在东苕溪沿线，检查指导治水工作，强调全市各级“河长”要切实履行好“河长”职责，始终保持高度警惕，扎实做好河道除险加固、河道保洁、工程建设等各项工作，不断巩固良好的工作基础，努力推动“五水共治”工作不断取得新成效。

是日，副省长孙景淼一行在湖州调研美丽公路建设工作。

28日，湖州天心大思互联网软件有限公司揭牌，天心天思软件集团华东地区总部正式落户湖州市吴兴区。

29日，全国双拥模范城（县）命名暨双拥模范单位和个人表彰大会在北京举行，湖州市被命名为全国双拥模范城，荣膺全国双拥模范城“七连冠”。第一集团军政委秦树桐、市委书记裘东耀赴京受奖并得到习近平总书记亲切接见。

是日，湖州丝绸小镇规划发布会暨合作项目签约仪式在杭州举行。

8月

1日，市委书记裘东耀在德清县检查G20杭州峰会维稳安保工作，强调要切实把平安护航G20摆在重中之重的位置，以最佳状态、最高标准、最严举措、最细要求、最优保障、最强合力，全面落实好维稳安保各项工作，确保平安护航G20大会战取得全胜。

2日，市委书记裘东耀在南浔区检查G20杭州峰会维稳安保工作时强调要全面贯彻落实省市关于护航G20及平安建设各项要求，进一步提振精神、明确责任、实化举措、强化管控、加强领导、形成合力，着力夯实基层基础，切实把平安建设和安全生产各项工作落到实处，确保社会大局和谐稳定。

3日，市委书记裘东耀在市委宣传部网络舆情导控中心和市公安局互联网信息监控中心检查网络安全管理工作。

是日，市委副书记、市长陈伟俊履行一级路长职责，对G50申苏浙皖高速“两路两侧”环境整治工作进行专题调研，强调要以全面落实三级路长制为抓手，打好转型升级组合拳，以更高的标准、更实的举措，努力把G50申苏浙皖高速打造成为精品线、生态线和景观线，为全市“两路两侧”环境整治工作提供示范，以优质的生态环境服务保障G20峰会召开。

4日，市委、市政府召开全市网络安全和信息化工作座谈会。

是日，市委书记裘东耀在安吉县检查G20杭州峰会维稳安保工作，强调要真正落实G20安保责任，层层传递压力，确保人员、任务、责任全到位，全力以赴筑牢峰会安保“护城河”“防护圈”，夺取平安护航G20大会战的全面胜利。

是日，省政协副主席孙文友在湖州调研浙商回归项目推进工作。

5日，湖州市召开市领导干部自然资源资产离任审计试点进点会。

10日，总投资200亿元的乐视超级汽车工厂项目落户德清县，并举行项目启动仪式。省领导车俊、袁家军等出席相关活动。

11日，市委书记裘东耀和市委副书记、政法委书记金建新率队在湖州开发区、太湖度假区，检查G20杭州峰会维稳安保工作。裘东耀强调，各地各部门要切实增强政治意识、大局意识、核心意识、看齐意识，把主要精力向峰会聚焦，把主要力量向峰会聚合，进一步加强领导、落实责任、夯实举措、强化管控、形成合力，以决战决胜的姿态全力做好安保维稳各项工作，牢牢筑起峰会安保和社会稳定的铜墙铁壁。

是日，副省长熊建平率队在湖州调研村庄规划设计和农房设计落地试点及小城镇建设工作。

13日，浙江之信新能源汽车研究院成立暨之信新能源事业发展战略发布会在湖州举行。

14日，市委书记裘东耀在南浔区千金镇督查污水处理厂整改，强调全市各地各部门要立足本职、主动担责、尽心尽责，深入持续推进环境治理与保护，切实解决环境污染问题，着力补齐生态环境短板，为建设现代化生态型滨湖大城市、高水平全面建成小康社会提供有力支撑。

16日，省委副书记、政法委书记王辉忠调研G20杭州峰会环杭护城河安全检查站时强调，细节决定成败、落实决定成败，G20杭州峰会筹备工作已经到了关键时刻，各地要以严之又严、细之又细的作风，反复推敲每一个环节，精耕细作每一个步骤，认真落实每一项安保任务，全力确保峰会安全顺利举行。

是日，湖州市召开湖州莫干山高新区工作领导小组会议暨乐视超级汽车项目推进会。

17日，市委副书记、市长陈伟俊走访调研市属四大国企集团，强调在发展速度换挡、产业结构优化、增长动力转换的经济新常态下，要进一步抢抓机遇、创新发展，坚定不移做强做大国有企业，切实增强核心竞争力，更好地服务于全市赶超发展战略大局。

18日，湖州市召开G20杭州峰会环境质量保障暨大气污染防治和企业污染治理促进转型升级工作推进会。

是日，湖州市召开全市公务用车制度改革工作动员会。

19日，省政协副主席汤黎路在湖州调研经济社会发展情况。

21日，由水利部副部长周学文和总工程师汪洪率领的调研组在湖州，就推进新一轮太湖流域治理开展实地考察。副省长黄旭明等参加。

24日，市委书记裘东耀在油气电水等重点单位检查安全生产工作，强调各地各部门要时刻绷紧安全生产这根弦，切实做到认识到位、工作到位、措施到位，慎之又慎、细而又细、严而又严，全力抓好安全生产工作，确保广大企业和各类重点单位安全稳定运行。

是日，湖州市召开接轨上海工作座谈会。

是日，省委常委、宣传部部长葛慧君在湖州调研农村精神文明建设工作。

25日，市领导裘东耀、金建新等带队检查重点企业和单位的消防安全和安全生产工作，督促各地各部门要落实、落实、再落实，全力把安全生产各项措施落到实处，构筑起维护平安稳定和谐的铜墙铁壁。

是日，市委副书记、市长陈伟俊带队的检查组在德清县，实地检查重点区域、重点单位、重点企业的安全生产工作，强调要始终保持清醒头脑，牢固树立安全发展理念，从讲政治、顾大局、保稳定的高度抓好安全生产，推进平安湖州建设，努力为加快发展、改善民生营造良好环境。

26日，省委、省政府召开全省G20杭州峰会维稳安保决战阶段工作部署会议。会议结束后，湖州市召开全市视频会议对全省会议精神进行贯彻落实。

是日，省政协副主席王建满一行在湖州调研“五水共治”民主监督工作。

29～30日，由省人大常委会副主任厉志海、副省长冯飞率领的省督察组在湖州检查指导G20杭州峰会维稳安保工作。

31日，市委书记裘东耀一行在长兴县检查信访工作，强调各地各部门要深入贯彻落实中央和省委有关信访工作的指示要求，高度重视，强化担当，综合施策，着力解决群众合理合法的利益诉求，全力以赴做好信访工作，为经济社会发展创造和谐稳定的环境。

9月

1日，国家发改委主任徐绍史在湖州调研生态文明建设和自然资源资产负债表编制情况，听取自然资源资产管理和生态环境保护相关工作汇报。

是日，市委书记裘东耀检查食品安全工作，强调要坚决贯彻落实习近平总书记关于食品安全“最严谨的标准、最严格的监管、最严厉的处罚、最严肃的问责”的“四个最严”要求，全力以赴做好食品生产、流通、消费全过程的安全工作，确保食品绝对安全、万无一失。

是日，市委副书记、市长陈伟俊检查旅游景区安全生产工作，强调全市各级各部门要坚持以人民为中心的发展思想，牢固树立安全发展理念，严格落实安全生产主体责任，强化安全措施，狠抓安全管理，全力保障广大游客的人身财产安全，确保旅游产业平稳健康发展。

2日，市委书记裘东耀，市委副书记、政法委书记金建新等在德清县检查G20杭州峰会安保工作。裘东耀强调，“行百里者半九十”，峰会安保工作到了最重要最关键的阶段，各地各部门要切实打起十二分精神，以坚定的决心，发扬不怕疲劳、连续作战的顽强作风，坚决打赢峰会安保攻坚战，全力筑牢“护城河”，为峰会圆满举行做出应有的贡献。

4日，市委书记裘东耀，市委副书记、政法委书记金建新等在吴兴区、南浔区抽查有关企业的安全生产、环境保障等工作。

5日，市委书记裘东耀在长兴县检查企业安全生产工作，并视频连线各乡（镇），要求大家再接再厉全力抓好G20杭州峰会安保工作，以此为契机，进一步补齐工作短板、健全长效机制、夯实基层基础，确保社会大局和谐稳定，为经济社会又好又快发展营造平安和谐的环境。

7日，市委书记裘东耀会见平安保险集团副董事长、平安银行董事长孙建一一行，双方就进一步加强在金融领域的合作进行深入交流。

是日，省政府召开抓好当前工业经济和安全生产工作视频会议。会后，湖州立即召开会议，市委副书记、市长陈伟俊强调，全市上下要进一步聚焦经济工作，聚焦平安建设，确保工业生产有序推进，确保安全生产持续向好，确保工业供给侧结构性改革和转型升级取得重大突破，确保社会面长期稳定，为加快赶超发展奠定坚实基础。

8日，湖州市举行市政府与平安银行全面战略合作签约仪式。

是日，湖州市举行徐重庆珍藏资料捐赠仪式。

8~9日，市领导裘东耀、陈伟俊、朱坤民、吴水霖、金建新等相继在大中专院校和中小学校，走访慰问辛勤工作在教育一线的广大教师和教育工作者，代表市委、市政府向全市广大教师致以节日的问候和崇高的敬意。

10~11日，省委副书记、代省长车俊在湖州调研，向干部群众传达习近平总书记的亲切关怀，在慰问G20杭州峰会服务保障人员时强调，要以习近平总书记的亲切关怀为动力，放大峰会效应，勇于改革、强化创新、扩大开放，真正做到干在实处、走在前列、勇立潮头。

12日，省住房和城乡建设厅厅长钱建民率省督查组在湖州，就落实国务院第三次大督查重点内容和推进去产能去库存去杠杆降成本工作开展督查。

是日，市委书记裘东耀在长兴县调研“太湖龙之梦”项目建设情况，强调要以“六个一流”的标准，全面推进项目早日建成运营，为太湖旅游度假区增光添彩。

12~13日，在浙江的全国人大代表第一小组在湖州专题调研践行“绿水青山就是金山银山”重要思想、推进生态文明先行示范区建设情况。

13日，湖州市召开对接G20杭州峰会效应专题会议。

14日，市委书记裘东耀和市委副书记、市长陈伟俊分别在市防指召开会议，听取“莫兰蒂”和“马勒卡”台风情况汇报，分析全市防台防汛形势，研究部署各项防范工作。

是日，副省长孙景淼在湖州调研现代农业发展工作。

是日，副省长高兴夫在湖州调研交通运输工作。

14~19日，市委举行专题学习会，认真学习习近平总书记“七一”重要讲话精神、关于意识形态工作的重要讲话精神以及《中国共产党问责条例》，进一步把省委专题学习会精神落到实处，全力抓好经济社会发展各项工作，奋力开创湖州赶超发展的新局面。学习会采取先自学，后分组讨论，最后总结的形式举行。

15日，副省长孙景淼在省防指主持召开全省视频会议，听取台风情况汇报，连线各设区市了解工作情况、部署防台任务。市委书记裘东耀在市防指驻守，汇报湖州防台防汛形势和工作情况，并连线各县（区）对防台防汛工作进行再部署。

18日，市委副书记、市长陈伟俊在长兴县太湖资本广场调研，强调要积极对接资本市场，加快发展金融新业态，进一步培育发展新动能，全力助推经济加快转型升级。

22日，中共中央政治局委员、国务院副总理马凯在湖州考察浙江久立特材科技股份有限公司。

21~30日，市领导裘东耀、陈伟俊、朱坤民、吴水霖、金建新等分别率领督导组在各县（区）开展集中督导，实地了解各地贯彻落实省市重大决策部署，特别是“四个年”活动进展情况，进一步督促各地紧紧咬定全年目标任务，扎实抓好各项工作，全力以赴冲刺四季度，确保圆满完成今年各项目标任务，确保“十三五”开好局、起好步。

23日，市委书记裘东耀在湖州经济技术开发区调研工业经济发展，强调要完成全年目标任务，确保“全年红”，必须加满油、使满力，紧紧扭住工业经济不放松，全力冲刺、决战决胜，确保圆满完成各项目标任务，保持经济社会平稳较快发展，奋力实现湖州“十三五”开好局、起好步。

24日，市委书记裘东耀以市级“河长”身份，在东苕溪沿岸的吴兴区东林镇、埭溪镇，实地检查指导治水工作时强调要继续拉高标杆、常抓不懈，坚定不移地将“五水共治”进行到底。

26日，“笔墨江南·清丽湖州”第八届湖州·湖笔文化节在湖州大剧院隆重开幕。

是日，市委书记裘东耀在市“12345”政府阳光热线中心调研统一政务平台建设工作，强调要全力建好这一平台，进一步倾听民声、提升效能、服务群众、助推发展，确保平台建设继续走在全省、全国前列。

是日，市委副书记、市长陈伟俊召集市级相关部门负责人，专题研究加快生态文明制度建设。

28日，安吉县受17号台风“鲇鱼”影响遭受强降雨侵袭，市委书记裘东耀多次指示安吉县要把确保人民群众安全放在首位，及时做好危险区域的人员转移和次生灾害防范工作。晚上，在市防指和市气象局，传达省领导和省防指指示精神，听取台风和雨情汇报，分析防台防汛形势，再部署各项防范工作。强调，各地各部门要深入贯彻落实省委书记夏宝龙和省委副书记、代省长车俊及省防指的重要指示精神，全力以赴做好防台防汛抢险救灾各项工作，严防强降雨引发各类次生灾害的发生，确保人民群众生命财产安全。市委副书记、市长陈伟俊作出批示要求，各地要十分重视强降雨引发的灾害防治工作，全力排摸安全隐患，切实把省领导的批示精神落实好。

是日，湖州市召开2017年市级预算改革和编制工作部署会议。

29日，湖州市进入防台紧急状态，市委、市政府连续召开紧急会议，市委书记裘东耀，市委副书记、市长陈伟俊分别对当前和国庆期间的防台工作进行再部署再落实。

30日，在全国第三个“烈士纪念日”和第67个国庆节到来之际，驻湖州部队首长周夕根和裘东耀、陈伟俊、朱坤民、吴水霖、金建新等市四套班子领导出席烈士公祭仪式，寄托无限哀思，缅怀革命先烈，向湖州烈士们恭谨祭奠。

是日，湖州市召开全市护航G20杭州峰会总结表彰大会暨冲刺平安湖州“十连冠”推进会。

是日，市委副书记、市长陈伟俊带队在市区有关单位和场所，检查台汛防范和安全生产工作落实情况，强调各级各部门各单位务必牢固树立红线意识和底线思维，坚持以人为本、防范在前，细而又细、严而又严地落实好各项安全措施，确保人民群众度过一个平安、欢乐、祥和的节日。

是日，湖州市举行2016年度“百名法学家百场报告会”暨市委理论学习中心组扩大会议举行。会议邀请武汉大学法学院教授、博士生导师王树义作题为“美丽中国、生态文明建设与环境保护”专题辅导报告。

10月

3日，市委书记裘东耀利用国庆假期值班时间在德清县乾元镇等地，走访调研小城镇环境综合整治行动开展情况，强调要坚定信心抓整改，鼓足干劲促提升，深入开展好小城镇环境综合整治行动，决不把脏乱差带入全面小康，努力做到“干在实处、走在前列、勇立潮头”。

8～9日，绍兴市政协主席陈长兴率在绍兴市的省政协委员及绍兴市政协机关有关负责人一行在湖州考察特色小镇建设。

9日，市委副书记、市长陈伟俊调研文物，强调要切实加强文物的保护与利用，擦亮历史文化符号，进一步彰显文化特色，为深化国家历史文化名城建设添光增彩。

11日，市委书记裘东耀，市委副书记、市长陈伟俊率市党政代表团在上海对接交流进一步深化接轨上海等工作。中共中央政治局委员、上海市委书记韩正，上海市委副书记、市长杨雄等会见了党政代表团一行。

14日，国家发改委副主任胡祖才率调研组在湖州考察特色小镇建设等工作。

是日，湖州市召开“七五”普法动员大会。

17日，第九届国际电动车新型锂电池会议（ABAA）在湖州开幕。科技部原部长、中国发明协会理事长朱丽兰，浙江省人大常委会副主任毛光烈等出席开幕式。

19日，全省首个县级股权交易中心——浙江股权交易中心长兴科技板在长兴县开板。副省长朱从玖出席。

是日，“歌尔杯”第四届国际无人飞行器大奖赛暨2016安吉航空嘉年华活动在通航产业小镇安吉县天子湖镇开幕。中国航空学会名誉理事长朱育理宣布开幕。

是日，第四届中国民生发展论坛在北京举行。在论坛发布的“2016中国民生发展报告”中，湖州荣获2016年中国地级市民生发展十强，市委副书记、市长陈伟俊在会上作题为“让老百姓在共建共享发展中有更多获得感”的发言。

20日，省委副书记王辉忠在德清县调研小城镇环境综合整治和农村土地制度改革工作时强调，要深刻认识小城镇环境综合整治的重要意义，牢固树立以人民为中心的发展思想，以钉钉子精神抓好小城镇环境综合整治各项任务落实，努力把小城镇整治好、管理好，让广大城乡居民有更多获得感。

21日，市委、市政府召开全市科技创新大会暨三季度经济形势分析会。

是日，湖州市在南太湖湿地奥体公园项目竣工现场举行201个重大项目集中开（竣）工仪式。市委书记裘东耀宣布，南太湖湿地奥体公园等129个项目集中竣工；永昌电机等72个项目集中开工。

22日，市委书记裘东耀在市防指检查部署防汛防台工作，强调各地各部门思想上要高度重视，坚决贯彻落实省委、省政府和省防指的有关指示和通知精神，全力抓好各项防范措施落实，严防小流域山洪和山体滑坡、泥石流等次生灾害，加强城乡危旧房屋保安，全力保障人民群众生命财产安全。

25日，省政协主席乔传秀在德清县调研时强调，企业是创新主体，创新是企业持续发展第一驱动力，要把创新作为持续发展之道、市场制胜之要，坚持创新和转型升级不停步、不泄气，坚守主业和品牌不动摇、不移步。

是日，全国政协副主席陈元在湖州调研生态文明建设工作。

25～27日，由省林业厅厅长林云举率领的省委、省政府“清三河”工作专项督查组在湖州，围绕湖州“清三河”和城乡垃圾分类工作进行督查。

26日，市委书记裘东耀实地考察市老年大学和市委党校新建工程，现场研究协调推进工作时强调要着力加快市老年大学和市委党校的新项目建设，努力提升学校的软硬件环境，完善教学培训功能，着力打造高质量的老年大学和市委党校，为丰富老年人生活、推进老年事业发展和党员干部教育培训奠定坚实基础。

28日，浙苏皖省际区域物流中心暨铁路长兴南货场正式开业。

30日，省人民检察院党组书记、检察长汪瀚在德清县参加互联网金融司法论坛后，深入德清县乡村、集镇实地调研美丽乡村建设和小城镇环境综合整治工作。

31～11月14日，由市政府和印度驻上海总领事馆共同主办的2016中国（湖州）·印度周活动举行。10月31日，市委书记裘东耀会见印度驻沪总领事古光明等印度代表团一行。

11月

2日，市委书记裘东耀在湖州经济技术开发区开展调研，强调开发区要认真学习贯彻中共十八届六中全会精神，咬定目标、开足马力、对表对标、奋力冲刺，确保完成全年各项目标任务，确保实现“全年红”，为全市发展大局多做贡献。

3日，市委理论学习中心组召开学习《胡锦涛文选》暨“两学一做”学习教育第三次专题学习研讨会，认真学习《胡锦涛文选》，重点围绕践行科学发展观和五大发展理念、推动湖州赶超发展进行交流研讨。

4日，2016中国股权投资论坛在安吉县举行。

8日，湖州市召开市委城市工作会议暨全市小城镇环境综合整治行动动员会。

9日，省信访工作领导小组（扩大）会议在湖州召开。省委副书记、政法委书记袁家军出席会议并讲话。

是日，市委副书记、市长陈伟俊调研科技型中小企业，并同部分在湖州创业创新的“国千”“省千”人才进行座谈。

10日，湖州市召开市委七届十二次全会。会议审议通过《关于召开中国共产党湖州市第八次代表大会的决议》，决定于2017年2月在湖州召开中国共产党湖州市第八次代表大会。市委书记裘东耀主持会议并讲话。市委常委、组织部部长干武东向全会作《关于召开中国共产党湖州市第八次代表大会决议（草案）》的说明。市委委员、市委候补委员出席会议；市纪委常委，不是市委委员的县（区）委书记、县（区）长列席会议。

11日，省政府召开“除隐患、保安全、促转型”治危拆违攻坚战电视电话会议。会后，湖州市立即召开会议，就贯彻省政府会议精神、抓好工作落实作出部署。

14日，市委书记裘东耀在检查第三届世界互联网大会乌镇峰会安保工作时强调，各级各有关部门要深入贯彻落实省委、省政府有关要求，进一步强化领导、压实责任，以“最高标准、最严要求、最强措施”全力做好互联网大会维稳安保各项工作，筑牢环乌“防护圈”“护城河”，为大会的顺利举行做出积极贡献。

是日，市委副书记、市长陈伟俊调研中心城市垃圾分类收运处置工作，强调要积极探索和完善运行体系，进一步规范生活垃圾分类投放、收运与处置，加快垃圾处理产业化发展，促进城乡环境持续改善，为赶超发展大局提供有力支撑。

15日，市委书记裘东耀带队在吴兴区、太湖度假区开展公共安全集中督导。

16～17日，培育新型经营主体发展农业适度规模经营座谈会在湖州召开，中共中央政治局委员、国务院副总理汪洋到会并讲话。

16～18日，中共中央政治局常委刘云山在省委书记夏宝龙陪同下，在湖州和杭州的农村、社区、企业，就基层学习贯彻全会精神和基层党建工作进行调研。

17日，农业部部长韩长赋一行在南浔区调研现代农业发展情况。

是日，共青团中央书记处第一书记秦宜智一行在湖州调研从严治团、落实团干部联系青年“1+100”工作制等共青团工作。

18日，由安徽省宣城市委书记韩军和市委副书记、市长张冬云率领的宣城市党政代表团在湖州考察，两地举行座谈会并签订战略合作协议。

是日，市政府与民生银行杭州分行举行战略合作签约仪式。

22日，市委书记裘东耀在吴兴区、南浔区调研推动工业企业稳定增长工作，强调各地各部门要进一步统一思想、提高认识，切实增强紧迫感、责任感和使命感，坚定信心、迎难而上，精准对接服务，持续加大力度，确保全面完成工业经济发展年度目标任务，为推动湖州加快赶超发展奠定坚实基础。

是日，“2016天下浙商湖州行”投资环境推介会举行。来自全国近20个省市地区的浙商代表齐聚湖州，共商合作发展、对接洽谈项目。

是日，市领导陈伟俊、朱坤民、吴水霖、金建新等分别带队在县（区）开展公共安全集中督导，要求各地各部门要深刻认识安全生产工作的极端重要性，层层落实责任，进一步强化公共安全管理，坚决守住安全生产这条红线，把各项安全防范措施落实到位，确保全市社会和谐稳定，为湖州赶超发展奠定坚实基础。

24日，省人大常委会副主任王辉忠率队在湖州调研人大工作。

25～27日，丝绸之源·第五届南太湖诗会暨“丝路与诗路”研讨会在吴兴区举行。

27日，湖州市在上海国际会议中心举行2016湖州市接轨上海推介会，展示推介湖州优越的软硬环境，搭建合作交流平台，促成一批合作协议和重大项目签约。

28日，中国康复医学会烧伤与康复专业委员会转化医学学组成立暨湖州开发区与德普斯签约仪式在湖州举行。

29日，国家旅游局在湖州召开全国旅游改革创新工作现场会。国家旅游局副局长杜江出席会议。

30日，市委书记裘东耀在长兴“太湖龙之梦”重大项目建设现场，实地查看项目建设进度，检查项目建设安全生产，推动项目稳步顺利实施。

12月

1日，湖州市召开全市乡镇（街道）党委书记抓基层党建培训会。

2日，全国生态文明建设工作推进会议在湖州市召开。中共中央政治局常委、国务院副总理张高丽在会上传达了习近平总书记重要指示和李克强总理批示精神并讲话。省委书记、省人大常委会主任夏宝龙在会上发言。

5日，湖州市召开创建全国文明城市测评迎检会。

是日，市委书记裘东耀会见在湖州考察的阿里巴巴集团董事局副主席蔡崇信一行。

7日，市委常委会召开扩大会议，传达学习全国生态文明建设工作推进会议精神。

是日，市委书记裘东耀带队在吴兴区检查党风廉政建设责任制落实情况。

是日，市政府与国开行浙江省分行重点建设项目金融合作签约仪式举行。

7～8日，由国家安全监管总局党组成员、副局长李兆前带队的国务院安委会督查组在湖州，对安全生产工作进行综合督查。

8日，市委召开重点提案办理协商会，就民革湖州市委会在市政协七届五次会议上提交的《以“两化融合”强化供给侧创新助力湖州制造提升》的提案，进行协商办理。

是日，省人大常委会副主任程渭山率调研组在湖州调研人大换届选举工作。

10日，中国（国际）绿色能源产业峰会在长兴县举行，来自全球各地的相关行业协会、科研院所、企业厂商、金融机构齐聚一堂，围绕“创新、智造、生态”主题共同探讨绿色能源产业发展之路。省政协副主席孙文友出席。

12日，市委书记裘东耀在湖州经济技术开发区和安吉县调研全年工作完成情况和2017年工作思路安排，并实地走访企业、特色小镇等，强调各地各部门要深入贯彻落实省委十三届十次全会精神，按照“秉持浙江精神，干在实处、走在前列、勇立潮头”的要求，进一步对标对表、奋力冲刺，全力以赴抓好岁末年初各项工作，确保实现“全年红”。

13日，市委书记裘东耀在德清县有关乡（镇）和企业开展调研，并听取德清县明年工作思路和有关工作情况汇报，强调要扎实开展小城镇环境综合整治等治理行动，持续深入推进生态文明建设，努力打造美丽城镇样板和美丽乡村升级版，为生态湖州建设添砖加瓦。

是日，长兴县省级全面创新改革试验区建设工作动员会在长兴大剧院举行。省委常委、秘书长陈金彪出席。

是日，市委副书记、市长陈伟俊带领第二检查组赴安吉县检查党风廉政建设责任制落实情况。

是日，市委副书记、市长陈伟俊在安吉县调研，强调安吉县作为“两山”重要思想诞生地和中国美丽乡村发源地，一定要按照“干在实处、走在前列、勇立潮头”的要求，牢固树立“绿水青山就是金山银山”强烈意识，发挥优势，拉高标杆，高水平推进美丽安吉建设，努力打造中国最美县域。

14日，湖州市工商业联合会、湖州市总商会召开第七次会员代表大会，听取并审议市工商业联合会（总商会）第六届执行委员会工作报告，选举产生市工商业联合会（总商会）第七届执行委员会。在之后举行的市工商业联合会（总商会）第七届执行委员会第一次全体会议上，方新旗当选为市工商联（总商会）第七届执行委员会主席（会长）。

是日，湖州市成立农民合作经济组织联合会，并举行第一次会员代表大会，这标志着湖州市生产、供销、信用“三位一体”改革迈出了实质性的一步。

15日，市委理论学习中心组召开学习中共十八届六中全会精神专题研讨会。会议组织观看警示片，原文学习习近平总书记在中共十八届六中全会上的重要讲话，并进行交流研讨。

17日，中共湖州市委七届十三次全体（扩大）会议在湖州举行。全会深入学习贯彻中共十八届六中全会和省委十三届十次全会精神，听取和讨论裘东耀受市委常委会委托作的工作报告，深入分析湖州所处的历史方位，研究部署全面从严治党、加强干部队伍建设相关工作，审议通过《中共湖州市委关于从严加强干部队伍建设打造奋力赶超发展湖州铁军的实施意见》。裘东耀就意见（审议稿）向全会作了说明。

是日，省政协副主席王建满率省级有关部门负责人和省政协委员在湖州检查高速公路沿线广告牌整治情况。

19日，中心城市暨太湖旅游度假区生活垃圾分类收运处置启动仪式在湖城天际花园小区广场举行。除主会场外，吴兴区、南浔区、湖州开发区也同步启动生活垃圾分类收运处置。市委书记裘东耀在主会场宣布湖州中心城市生活垃圾分类收运处置正式启动。

是日，市委副书记、市长陈伟俊主持召开座谈会，专题学习贯彻中央经济工作会议和省委领导干部会议精神，研判2016年全市经济运行情况，研究2017年经济工作目标任务。

是日，市委副书记、市长陈伟俊就市方志馆、博物馆、科技馆、图书馆、档案馆等场馆的运营工作开展专题调研。

23日，2016湖州·北京科技金融产业对接会在京举行。北大青鸟（湖州）科技产业园等12个产业项目成功签约，总投资约240亿元。湖州开发区还分别与中国膜工业协会、中国生物发酵产业协会签订了战略合作协议。

24日，市委书记裘东耀在调研湖州市方志馆建设布展工作时指出，要建好用好方志馆，努力把它打造成为展示湖州历史文化的宣传窗口、市民喜欢的爱国主义教育基地，为增强湖州人的自豪感、激发推进赶超发展的壮志豪情提供强大的正能量。

25日，中科院上海硅酸盐研究所湖州碳化硅晶体试验线贯通仪式在湖州开发区举行。

28日，落户德清县的乐视生态汽车产业园项目正式开工建设。

30日，副省长冯飞率队在湖州召开座谈会，征求对省政府工作报告的意见建议。

总　　述

·历史沿革·

【概况】　湖州历史悠久。考古发现，大约在80万年以前，今之西苕溪流域已有远古人类繁衍生息；距今6000多年前，今之太湖流域已有人类生存活动。相传，夏代初（前21世纪），封禺二山之间（在今德清县三合乡）被大禹封为防风国。

周武王十一年（前1066），湖州地属吴国。周元王三年（前473），地属越国。周显王三十五年（前334），地属楚国。楚考烈王十五年（前248），春申君黄歇徙封于吴，筑菰城（今道场乡云巢窑头村下菰城），置菰城县。

秦王政二十五年（前222），改称乌程县，县治仍在菰城，隶属于会稽郡。

秦二世元年（209），项梁、项羽起兵于吴，并在乌程县建子城（即项王城，在今湖城中心一带）。汉高祖元年（前206），项羽自立为西楚霸王，领九郡，乌程县属西楚。西汉初，乌程县治由菰城迁子城。秦至汉400多年间，今之湖州市境内先后有乌程县与故鄣、安吉、原乡四县建置。

三国吴宝鼎元年（266），以乌程为郡治建吴兴郡。吴兴郡由原乌程、阳羡（宜兴）、永安（武康）、余杭、临水（临安）和丹阳郡的故鄣、安吉、原乡、於潜组成，共9个县，隶属于扬州。吴兴之称由此开始。

西晋太康三年（282），分乌程县，西乡地置长城（长兴）县，东乡地置东迁县，吴兴郡共辖11个县，遂成东南望郡。

南北朝梁敬帝绍泰元年（555），改吴兴郡为震州。太平元年（556），罢震州，复为吴兴郡。

隋开皇九年（589），东迁县复并入乌程县。隋仁寿二年（602），置州治，以滨太湖而名湖州，湖州之名由此开始。

唐太宗贞观元年（627），分全国为十道，湖州属江南道。永隆元年（680），分乌程置吴兴县，此为历史上首个吴兴县建制，不久即废。唐玄宗开元二十年（732），分全国为十五道，湖州属江南东道。唐肃宗乾元元年（758），置浙江西道，湖州属浙江西道。

南宋理宗宝庆二年（1226），改湖州为安吉州。南宋景炎元年（1276），升安吉州为湖州路安抚司，次年改为湖州路总管府，湖州路辖乌程、归安、长兴、武康、德清、安吉6县。

元顺帝至正十六年（1356），改置为吴兴郡。元顺帝至正二十六年（1366），朱元璋攻下吴兴郡，改设湖州府，直隶中书省。

明洪武十四年（1381），改隶浙江布政司。明弘治二年（1489），分长兴3个乡归安吉，分安吉9个乡置孝丰县，湖州府辖7个县。

清世祖顺治二年（1645），设浙江省巡抚，湖州隶属浙江省。乾隆十八年（1753），设杭嘉湖道，湖州府隶属于杭嘉湖道。湖州府辖乌程、归安、长兴、安吉、孝丰、德清、武康7个县的格局沿袭至清亡。

中华民国元年（1912），撤杭嘉湖道，废湖州府，并乌程、归安2县改称吴兴县，与长兴、安吉、孝丰、德清、武康同属浙江省管辖。中华民国17年（1928），浙江省分为12个县政督察区，吴兴区辖吴兴、长兴、德清、武康、安吉、孝丰6个县。中华民国24年（1935），浙江省分为9个行政督察区，湖地为浙江省第一督察区，辖吴兴、长兴、安吉、德清、武康、余杭、孝丰、临安、於潜、昌化10个县，专员公署设在吴兴县。

湖州解放后，1949年5月成立浙江省第一专区，辖湖州市、嘉兴市、吴兴县、嘉兴县、长兴县、嘉善县、桐乡县、崇德县、德清县、海宁县、海盐县、平湖县等12个县（市），专署驻地湖州市。1949年10月，专署移驻嘉兴，改称嘉兴专区。1950年5月，撤销湖州、嘉兴两县级市，嘉兴专区辖10个县。1951年5月，恢复湖州、嘉兴二市，嘉兴专区辖吴兴等市县和嘉兴、湖州二市。1953年2月，安吉、孝丰、武康、昌化、余杭、於潜、临安划入嘉兴专区，嘉兴专区辖19个县（市）。两年后，於潜与昌化、余杭与临安先后划归建德专区。1958年，湖州市、嘉兴市改为县属市，分别属吴兴县、嘉兴县管辖。撤销武康县并入德清县、撤销海盐县划归平湖、海宁二县，撤销孝丰县并入安吉县，撤销崇德县并入桐乡县，撤销嘉善县并入嘉兴县，嘉兴专区辖吴兴、长兴、德清、安吉、嘉兴、桐乡、平湖、海宁8个县，专署迁回湖州。1961年，恢复嘉善县、海盐县建置，嘉兴专区辖10个县。1978年，更名为嘉兴地区。1979年9月，恢复湖州、嘉兴二市，嘉兴地区辖12个县（市）。1981年1月，撤销吴兴县并入湖州市，撤销嘉兴县并入嘉兴市，嘉兴地区辖10个县（市）。

1983年7月，湖州、嘉兴二市升为地级市，吴兴县分为城区与郊区，湖州市辖德清县、长兴县、安吉县和城区、郊区。1988年11月，撤销城区、郊区，实行市直管乡镇体制，湖州市辖长兴县、德清县、安吉县和市区。1993年9月，市区建立城区、南浔区、菱湖区。2003年3月，撤销城区、南浔区、菱湖区，设立吴兴区、南浔区2个市辖区。此体制一直延续至今。

（姚国强）

·地理·

【地理位置和面积】 湖州市位于浙江省北部，地处长江三角洲中心地带，东接嘉兴桐乡市及苏州吴江区，南连杭州余杭市，西依天目山脉与安徽省广德、宁国两县毗邻，北濒太湖，与苏州市、无锡市隔湖相望，下辖德清、长兴、安吉三县和吴兴、南浔两区。地理位置介于北纬30°22′～31°11′之间，东经119°14′～120°29′。地域东西长度126公里，南北宽度90公里。土地总面积5818平方公里，占全省土地面积的5.72%，中心城市建成区面积99.2平方公里。

【地形地貌】 境内地势自西南向东北倾斜。西南部为山地丘陵，属天目山余脉，最高峰为安吉县境内的龙王山，海拔1587.4米。西部垄岗蜿蜒，构成大小不等的河谷平原。东北部属长江三角洲冲积平原，河港密布，平均海拔2.5米左右。其中山地丘陵占49.3%，平原占41.5%，水面占9.2%，概称“五山一水四分田”。

【河流湖泊】 境内河流属长江下游太湖流域水系，主要河流有西苕溪、东苕溪中下游、荻塘、双林塘、泗安塘等；境边南接东苕溪上游，北濒太湖，东连大运河及黄浦江。西苕溪和东苕溪是湖州市主要河流，也是浙江省七大水系之一。东苕溪发源于天目山南麓临安县南市岭，由南向北，由德清县三合乡进入湖州市境内，汇湘溪、余英溪和阜溪等支流。东苕溪主流长165公里，在湖州市境内59公里，河面宽度90米左右。东苕溪流域面积2267平方公里，在湖州市境内840平方公里。西苕溪发源于天目山北麓安吉县狮子山，上游称西溪，与南溪会合后，始称西苕溪。流向东北，纳大溪、浒溪、浑泥港、晓墅溪、和平港、妙西港，抵湖州市区杭长桥会合东苕溪人太湖。西苕溪主流长150公里，干流河面宽90～100米。流域面积2274平方公里。

（姚国强）

·气象特征·

【主要气象要素评述】 2016年，受超强厄尔尼诺影响，湖州市气候异常，极端天气气候事件多，出现了严寒冰雪、暴雨洪涝、高温干旱和台风等气象灾害，给工农业生产和人民生活带来严重影响。市、县平均年降水量2162.4毫米，为建站以来历史最多；大雨日25.5天，暴雨日7.3天，是常年的2倍左右；6月20日，湖州市日雨量达227.6毫米，创历史日雨量新高；平均气温为17.3℃，比常年偏高1℃，其中湖州市创历史新高；日照为1608.2小时，比常年偏少一成。1月至3月，冷空气影响频繁，1月，遭遇严寒冰雪灾害；4月至5月，持续多雨，河网水库水位普遍上涨；6月至7月中旬，多暴雨过程，河湖水库普遍满蓄，总体承纳能力近临界；7月下旬至8月，持续晴热高温，气象干旱发展；9月，台风带来暴雨大风天气；10月至11月，多雨寡照，出现寒潮；12月，晴多雨少，雾、霾偏多。

气温：市、县年平均气温17.1℃～17.5℃，与常年相比，湖州市、长兴县和安吉县显著偏高1℃～1.1℃，德清县偏高0.8℃，其中湖州市创历史新高。

湖州市平均气温：3月、4月、7月、8月、10月和12月，依次为11.6℃、17.4℃、30℃、29.8℃、19.8℃和8.4℃，比常年偏高1.5℃～2.5℃，其中3月、4月、8月、10月和12月均接近历史极端最高值；2月，为7℃，比常年偏高1.3℃；9月，为24.3℃，比常年偏高0.7℃；1月、5月、6月和11月，均正常。

市、县极端最高气温为39.1℃～39.9℃，出现在7月27日至28日，其中湖州市除2013年外为高温最高的一年。高温日数为23天～32天。市、县极端最低气温为－8.3℃～－11.7℃，出现在1月24日和25日，其中湖州市、德清县接近历史极端最低值。低温日数为24天～36天，比常年少5.5天～12.3天。

降水：市、县全年雨量2003.4毫米～2383.8毫米，与常年相比，长兴县异常偏多1088.2毫米，湖州市、德清县分别偏多812.2毫米和762.5毫米，安吉县偏多580毫米；市、县均创历史新高。全年雨日164天～175天。年内，市、县出现4次～11次暴雨，大暴雨个数分别为：长兴县3个、湖州市1个、德清县1个，其中6月20日，湖州市日雨量227.6毫米，创历史日雨量新高。

湖州市雨量：4月、5月、6月、9月和10月，分别为233.7毫米、242.6毫米、588.2毫米、280.1毫米和208.2毫米，比常年异常偏多129.4毫米～377.8毫米，其中4月、5月创历史新高；1月，为114.8毫米，比常年显著偏多38.4毫米；11月，为90.1毫米，比常年偏多26.3毫米；2月、3月和8月，分别为26.9毫米、55.8毫米和42.4毫米，比常年显著偏少51毫米～113.1毫米；7月、12月正常。

湖州市雨日：10月，为19天，比常年异常偏多10.2天；1月、5月、6月和11月，分别为18天、19天、22天和14天，比常年显著偏多5.2天～7.7天；4月，为17天，比常年偏多3.8天；2月，为5天，比常年显著偏少6.2天；3月、8月，为9天、7天，比常年偏少5.3天、6.3天；7月、9月和12月正常。

日照：市、县全年日照为1491.2小时～1762.5小时，其中长兴县为历史第四低值，湖州市为第五低值。

湖州市日照：2月，为174.8小时，比常年显著偏多66.6小时；8月，为276.7小时，比常年偏多76.7小时；10月，为45.9小时，比常年显著偏少112.4小时，创历史新低；1月、6月和11月，分别为76.6小时、103.2小时和85.9小时，比常年偏少38.3小时～52.3小时。3月、4月、5月、7月、9月和12月，均正常。

【气候事件及影响】 (1) 1月极寒天气冻害严重。1月20日至26日，湖州市遭遇历史罕见的严寒冰雪灾害，出现大到暴雪、严重低温冰冻和大风等恶劣天气。20日至23日，全市大部地区出现大到暴雪，最大积雪深度，平原为1厘米～10厘米、山区为10厘米～30厘米、高山区为30厘米以上。23日至26日，出现严重冰冻，最低气温，平原为－8℃～－10℃、山区为－10℃～－12℃，其中湖州市最低气温－8.8℃，为1980年以来最低值。本次极寒天气来势凶猛、强度强和极端低温低，太湖湖面出现多年未遇的结冰现象，给全市工农业生产及人民生活带来严重影响。(2) 春雨来势汹汹水位上涨。自4月起，降雨明显增多，并出现暴雨、雷雨大风等恶劣天气。4月至5月，市、县平均雨量488.5毫米，是常年同期的2倍左右，湖州市、德清县和长兴县创历史同期新高，安吉县为历史同期第二高值；市、县平均雨日35.5天，比常年同期多8.7天。主要连阴雨过程出现在4月下旬、5月上旬及下旬。受连续降雨影响，全市河网水库水位普遍上涨，东部平原均逼近或超过警戒水位、太湖水位比常年同期偏高。(3) 春夏季强对流天气多发。2016年，湖州市强对流天气多发，出现短时强降雨、雷暴、大风和冰雹等。4月16日，全市大部地区出现7～9级雷雨大风，局部地区达10级，造成个别地区房屋设施受损。6月1日，全市普降大到暴雨，局部大暴雨，最大长兴县达119.4毫米。6月6日、8日，局部地区出现冰雹。7月5日，大部地区出现短时强降水、强雷电和雷雨大风，其中南浔区旧馆镇1小时雨量达80.4毫米。7月14日，出现强雷电、强降雨及大风天气，最大安吉港口达118.3毫米。8月2日，出现较强雷雨天气，最大德清县筏头镇达195.8毫米。(4) 梅雨量翻倍强降水集中。2016年，湖州市6月11日入梅，7月5日出梅，入梅、出梅时间均比常年略偏早。全市面雨量416.7毫米，其中湖州市雨量522.1毫米，是常年的2倍，列历史第三高，共出现5次暴雨过程，其中6月20日湖州市日雨量创新高。造成市、县多处严重积涝、部分农田房屋被淹、堤出险、群众被困等灾情；河湖水库普遍满蓄，太湖流域发生超标准洪水，山体蓄水基本饱和，总体承纳能力近临界。(5) 高温少雨气象干旱发展。7月下旬至9月初，湖州市晴热少雨，尤其是7月下旬和8月中旬，连续晴热高温，土壤墒情下降，气象干旱发展。市、县平均高温日数为26天，比常年多4.5天，其中湖州市为26天，比常年多10.7天，德清县、长兴县、安吉县比常年多0.9～3.5天。市、县最高气温为湖州市39.6℃、德清县39.1℃、长兴县39.3℃和安吉县39.9℃，其中湖州市除2013年外为高温最高的一年。湖州市持续高温出现在7月20日至31日、8月12日至20日，其中7月26日至29日，连续4天最高气温超过39℃。(6) 台风外围影响风雨侵袭。2016年，有“尼伯特”“莫兰蒂”“鲇鱼”和“海马”4次台风外围环流影响湖州市，台风袭来时出现强降雨及大风天气。9月14日至16日，受台风“莫兰蒂”外围影响，全市普降暴雨，局部大暴雨，全市面雨量149.5毫米，最大为德清县横岭一带，超300毫米，并伴有5～8级大风。9月27日至30日，受台风“鲇鱼”外围影响，全市普降暴雨，安吉县西南山区大暴雨，全市面雨量134毫米，最大为安吉县章村、天荒坪一带，超350毫米，并伴有5～8级大风，造成安吉县部分乡(镇)不同程度受灾，出现山体滑坡、道路漫水等灾情。(7) 秋雨持续日照少影响秋收。10月中旬至11月，湖州市出现历史罕见的多雨寡照天气，日照少、雨日多、雨量大和气温高，其中湖州市日照之少、雨量之多居历史同期首位，对秋收冬种的影响较大。期间，市、县平均日照99.6小时，仅占常年同期四成左右，其中湖州市、德清县和长兴县创历史同期新低；雨量248.2毫米，是常年同期的2倍多，其中湖州市、长兴县创历史同期新高；雨日为28.8天，接近常年同期的2倍，其中德清县创历史同期新高。(8) 霾日明显下降强度减弱。2016年，市、县平均霾日49.3天，霾强度及日数均明显下降，以轻微霾为主，占总霾日的83.2%，轻度霾占16.8%，未出现中度、重度及严重霾天气；其中霾高发期主要集中在12月、3月。年内，降水较多，有利于霾日减少。

(盛　琼)

·行政区划·

【概况】 2016年，根据德清县提出的对其部分乡(镇)进行区划调整的方案，按照行政区划调整工作的有关规定，积极做好相关工作。德清县部分乡(镇)区划调整工作平稳有序完成，即完成撤销武康镇、三合乡建制，设立武康街道、舞阳街道、阜溪街道和下渚湖街道。撤销莫干山镇、筏头乡建制，组建新莫干山镇。至年末，在湖州市行政区域范围内，有市辖区2个、县3个，建制镇39个、乡6

2016年湖州市行政区划一览表

表1

地区	土地面积(平方公里)	户籍人口(万人)	镇(个)	乡(个)	街道(个)	城市社区居民委员会(个)	乡镇居民委员会(个)	村民委员会(个)
全市	5820	264.84	39	6	24	231	77	984
市区	1565	111.12	14	1	12	138	25	445
吴兴区	863	62.24	5	1	12	111	15	224
南浔区	702	48.87	9	0	0	27	10	221
德清县	938	43.88	8	0	4	23	9	150
长兴县	1431	63.24	9	2	4	30	37	220
安吉县	1886	46.61	8	3	4	40	6	169

个，街道24个，城市社区居民委员会231个，居民委员会77个，村民委员会984个。

【界线管理】 按照第三轮行政区域界线界桩联合检查工作的要求，完成省级界线“浙皖线”、县级界线“吴德线”的界线联检工作，形成联检报告，整理成档。建立省、市、县三级界线毗邻乡（镇）之间联席会议制度和定期走访制度，走访完成率达100%。开展全市陆域界线纠纷隐患问题自查工作，完成省、市、县三级行政区域界线11条，长度784公里的界线纠纷隐患问题排查，掌握情况，完善对策，健全制度。积极开展区划调研工作，进一步提高界线管理和平安建设水平。（郑 昊）

·人口分布·

2016年年末，湖州市户籍人口总数达到264.84万人，同比增长0.4%。分县（区），吴兴区人口62.24万人，增长0.8%；南浔区人口48.87万人，与上年持平；德清县人口43.88万人，增长0.4%；长兴县人口63.24万人，增长0.5%；安吉县人口46.61万人，增长0.4%。分性别，男性人口131.08万人，增长0.3%；女性人口133.76万人，同比增长0.5%。

2016年，全市出生人口24675人，出生率为9.34‰；死亡人口16974人，死亡率为6.42‰；自然增长人口7701人，自然增长率为2.91‰。分县（区），吴兴区出生人口6300人，出生率为10.16‰，死亡人口3525人，死亡率为5.68‰，自然增长人口2775人，自然增长率为4.48‰；南浔区出生人口3878人，出生率为7.93‰，死亡人口4225人，死亡率为8.64‰，自然增长率为－0.71‰；德清县出生人口3978人，出生率为9.08‰，死亡人口2743人，死亡率为6.26‰，自然增长人口1235人，自然增长率为2.82‰；长兴县出生人口5804人，出生率为9.20‰，死亡人口3550人，死亡率为5.63‰，自然增长人口2254人，自然增长率为3.57‰；安吉县出生人口4715人，出生率为10.14‰，死亡人口2931人，死亡率为6.30‰，自然增长人口1784人，自然增长率为3.84‰。

（王 熠）

·经济和社会发展概况·

【概况】 2016年，全市以“五大发展理念”引领赶超发展，以“四个年”活动为主载体，以“六重”工作为主抓手，统筹抓好各项重点工作，全市经济社会保持持续健康发展，年初确定的目标任务完成较好，实现了“十三五”良好开局。全年实现地区生产总值（GDP）2243.1亿元，按可比价计算比上年增长7.5%。分产业看，第一产业增加值127.8亿元，增长2.4%；第二产业增加值1058.1亿元，增长6.1%，其中工业增加值955.7亿元，增长6.5%；第三产业增加值1057.2亿元，增长9.6%。三次产业结构比例为5.7:47.2:47.1。按户籍人口计算的人均GDP为84875元，增长7.2%，折合12778美元；按常住人口计算的人均GDP为75715元，增长6.6%，折合11399美元。全年实现财政总收入360.9亿元，其中地方财政收入211.2亿元，分别比上年增长9.8%和9.9%。财政总收入占GDP的比重为16.1%。地方财政收入中，税收收入182.6亿元，增长7.9%，占比为86.5%；从主要税种看，增值税、营业税、企业所得税和个人所得税分别为59.5亿元、31.7亿元、20.9亿元和18亿元，分别增长5.5%、35.2%、下降2.9%和增长60.4%。全年财政支出288.6亿元，增长5.2%，其中民生改善支出216.6亿元，增长4%。全年城市居民消费价格总水平比上年上涨1.6%，其中服务项目价格上涨1.8%，消费品价格上涨1.4%。

【第一产业】 农业平稳增长。全年实现农林牧渔业总产值223.1亿元，比上年增长2.5%。其中，农业产值99.3亿元，增长0.8%；林业产值22.2亿元，下降2%；牧业产值36.5亿元，增长1.7%；渔业产值54.6亿元，增长8.3%。全年粮食播种面积8.97万公顷；经济作物播种面积7.66万公顷，其中蔬菜面积3.71万公顷，花卉苗木面积2.25万公顷。全年粮食产量63万吨；油菜籽产量1.8万吨；生猪出栏99.9万头，增长2.7%；肉类产量13.8万吨，增长6.7%；蚕茧产量0.7万吨，下降7.9%；家禽出栏3904.8万羽，增长7%；禽蛋产量4.7万吨，增长10.1%；水产品产量38.8万吨，增长7.6%。全市年末拥有现代农业示范园302个，其中省级113个；全年新建现代农业示范园30个，其中省级2个。年末拥有无公害水产品基地108个；拥有农业龙头企业236家；拥有省级无公害农产品基地7.97万公顷，无公害农产品864只，绿色食品228只。

【第二产业】 工业稳步发展。全年规模以上工业实现增加值828.3亿元，按可比价格计算，比上年增长6.2%，其中轻工业382.1亿元、重工业446.2亿元，分别增长8.3%和4.4%。33个大类行业中，有28个行业增加值实现增长，7个行业超过40亿元。其中，纺织业111.5亿元，增长5.4%；非金属矿物制品业71.3亿元，增长3.3%；电气机械和器材制造业70.4亿元，下降0.9%；电力、热力生产和供应业68.1亿元，增长12.7%；通用设备制造业54.6亿元，增长4.6%；家具制造业49亿元，增长7.8%；化学原料和化学制品制造业40.5亿元，增长10.5%。从重点产业看，高新技术产业347.4亿元，增长5.6%，占比为41.9%；战略性新兴产业179.9亿元，增长7.2%，占比为21.7%；装备制造业206.4亿元，增长5.8%，占比为24.9%。全年规模以上工业实现主营业务收入4217.4亿元，比上年增长2.2%；利税427.9亿元，其中利润282.8亿元，分别增长7.1%和10.6%。11个工业行业达到了“主营业务收入超100亿元、利税超10亿元”，共实现主营业务收入3175.3亿元、利税总额319.8亿元，分别占全部规模以上工业的75.3%和74.7%。8个行业利税超过20亿元。其中，纺织业54亿元，增长9.8%；电气机械和器材制造业45.1亿元，增长12.9%；通用设备制造业35.6亿元，增长2.8%；化学原料和化学制品制造业30.1亿元，增长23%；非金属矿物制品业29亿元，下降0.7%；木材加工和木、竹、藤、棕、草制品业24.8亿元，增长18.2%；电力、热力的生产和供应业24.8亿元，下降9.7%；家具制造业24.4亿元，增长22.5%。

【第三产业】 服务业提升发展。2016年，服务业增加值突破1000亿元大关，达1057.17亿元，占GDP比重47.1%，同比提高2.2个百分点。全年实现社会消费品零售总额1068.9亿元，比上年增长11.8%。其中，批发零售业949.6亿元，增长10.9%；住宿餐饮业119.3亿元，增长18.9%。限额以上批发零售贸易企业全年实现零售额377.1亿元，增长13.6%。其中，石油及制品类73.3亿元，增长2.1%；服装类50.7亿元，增长24.7%；食品类28.1亿元，增长42.3%；汽车类130.8亿元，增长7%；家用电器和音像器材类12.6亿元，金银珠宝类9.2亿元，分别下降2.8%和2.6%。全年接待国内外旅游人数8845.8万人（次），比上年增长25.1%。其中，国内旅游人数8750.19万人（次），增长25%；入境旅游人数93.6万人（次），增长33.2%。全年实现旅游总收入882.54亿元，增长26%。其中，国内旅游收入859.8亿元，增长26.1%；旅游外汇收入3.6亿美元，增长23%。全年旅游景区门票收入8.5亿元，增长21%。全市年末拥有星级宾馆42家，其中三星级以上宾馆37家。年末，全市公路通车里程达到7724公里，其中高速公路289公里、一级公路488公里、二级公路622公里。全年完成客运量5006万人，比上年下降15.9%；客运周转量17.9亿人公里，下降11.3%。完成货运量14526万吨，增长7.1%，其中公路8618万吨，增长10.2%，水路5908万吨，增长2.8%；货运周转量152.8亿吨公里，增长4.1%，其中公路65.8亿吨公里，增长9.3%，水路87亿吨公里，增长0.5%。全年内河港口货物吞吐量8664万吨，增长7.6%，内河集装箱吞吐量20.6万标准箱，增长11.5%。全市年末汽车保有量达64.2万辆，比上年增加8.9万辆，增长16.1%；私人汽车保有量58.9万辆，增加8.3万辆，增长16.5%，其中轿车41.8万辆，增加5.6万辆，增长15.4%。全年小型汽车上牌量10.3万辆，增长6.1%。全年实现电信业务收入32.6亿元，比上年增长4.2%；全市年末固定电话用户81.9万户，比上年减少7.3万户；移动电话用户456.2万户，增加5.9万户；年末，国际互联网宽带用户118.5万户，增加14.2万户。全市金融机构年末本外币存款余额3552.4亿元，比上年增长15%；本外币贷款余额2757.6亿元，增长8.8%；年末，全市本外币贷款余额比年初增加222.6亿元；其中，住户存款1756亿元，增长12.9%。年末，金融机构不良贷款余额为34.6亿元，比上年减少4.2亿元，不良贷款率为1.26%，比年初下降0.27个百分点。

【固定资产投资】 全年固定资产投资项目2460个，完成投资1592.2亿元，比上年增长13.5%。其中，基础设施投资468亿元，增长44.3%；非国有投资1125.2亿元，增长4.5%。按产业划分，第一产业投资11.3亿元，增长35.6%；第二产业投资679.7亿元，增长10.9%，其中工业投资678亿元，增长10.7%；第三产业投资901.2亿元，增长15.3%。全年完成房地产开发投资274.2亿元，比上年下降15.2%。全年房屋施工面积2125.7万平方米，下降11.3%；房屋竣工面积443.1万平方米，增长74.6%；商品房销售面积557万平方米，增长39.5%，其中住宅489.8万平方米，增长41.5%；商品房销售额386.9亿元，增长40.8%，其中住宅332.1亿元，增长40.1%。年末，全市拥有建筑企业256家，其中一级资质企业156家、二级资质企业95家。全年建筑企业完成建筑业总产值672.3亿元，比上年增长8.2%，其中建筑工程产值582.1亿元，安装工程产值55.5亿元，分别增长6.3%和10%；房屋建筑施工面积4009.8万平方米，下降3.8%；竣工面积2183.1万平方米，增长7.4%。

【对外经济】 全年实现外贸进出口总额679.9亿元，比上年增长6.9%。其中，出口600.2亿元，增长8.7%；进口79.7亿元，下降5%。按贸易方式分，一般贸易出口554.2亿元，增长10.6%；加工贸易出口40.1亿元，下降16.4%。按企业性质分，生产企业出口372亿元，增长19.6%；流通企业出口74.3亿元，下降3.1%；外资及港澳台资企业出口148.1亿元，下降8.3%。按主要产品分，机电产品出口220.8亿元，增长8.7%，纺织原料及纺织制品出口179.7亿元，增长2.7%。按主要市场分，北美洲出口增长较快，达13.5%；欧洲、亚洲、非洲、大洋洲和拉丁美洲分别增长8.3%、6.5%、3.2%、3.1%和1%。全年新批准及增减资利用外资及港澳台资项目180个。其中，外商投资企业110家，增资项目53个；总投资1000万美元以上项目76个。全年合同外资及港澳台资21.3亿美元，比上年增长28.2%。全年实到外资及港澳台资10亿美元，比上年增长6.3%。其中，第一产业0.5亿美元，增长255.4%；第二产业3.6亿美元，增长58.6%；第三产业3.5亿美元，下降31.5%。

【社会事业】 全年专利申请量23271项，比上年增长6.6%；专利授权量13695项，其中发明专利2544项，比上年增加897项，增长54.5%。全年经认定登记的技术成交项目197项，比上年下降17.9%；技术成交金额18亿元，增长5.3

倍。全市年末拥有省级高新技术研究开发中心258家，比上年增加35家；拥有国家级高新技术企业683家，增加233家。全年获设区市级以上政府奖的科技成果76项，其中国家级2项、省级23项。年末，全市拥有各级各类学校461所，全年招收学生11.71万人，在校学生42.32万人，毕业生11.31万人。高等教育毛入学率59.31%，比上年提高2.69个百分点；初中毕业升高中段比例99.11%，提高03个百分点；初中、小学入学率均为100%；十五年教育毛入学率99.42%，提高03个百分点。全市各类学校拥有专任教师2.85万人，其中中小学专任教师2.1万人；每百名中小学生拥有专任教师7人。全市年末拥有影剧院26个，文化馆、艺术馆6个，全年举办展览239个，组织文艺活动1444次；公共图书馆5个，总藏量246.52万册（件）；乡镇（街道）文化站94个；博物馆（纪念馆）36个；文物保护单位412个，其中国家级25个，省级41个。深化“文化走亲”“文化街景”“博物馆在行动”等文化品牌，推进公共文化服务均等化进程，全年新建文化礼堂88个、年末达408个。积极开展文化“五送”活动，全年引进高雅艺术演出278场，举办大型广场文化活动826场，组织基层文化活动5682场，开展电影下乡放映1.5万场（次）。全年出版各类报纸4076万份，其中《湖州日报》1624万份，《湖州晚报》2239万份，《湖州广播电视报》213万份。全年承办环太湖国际公路自行车赛、全国体操冠军赛、全国极限运动会、中美男子篮球对抗赛、OP级帆船冠军赛、全国射箭冠军赛、太湖图影国际马拉松赛、全国围棋甲级联赛、极限山地自行车速降赛和全国铁人三项赛等40余项国际性和全国性综合大型赛事。湖州市体育运动学校、长兴县少年儿童业余体校获得国家级高水平体育后备人才基地称号；全年向上输送优秀体育人才8名，派出运动员2726名参加了省级以上体育赛事58个大项258个小项的比赛，取得183金、212银和158铜的好成绩。完成体育彩票销售7.5亿元，为承办浙江省第十六届运动会打下了坚实基础。全市年末拥有医疗卫生机构1391个，其中医院54家、卫生院92家、妇幼保健院4家和社区卫生服务站658个；等级医院24家，其中三级医院8家；拥有医疗床位14113张，其中医院（含妇保院、卫生院）床位13661张；卫生技术人员21407人，其中执业医师6510人、执业助理医师1109人、注册护士8657人。按户籍人口计算，每万人拥有医院（含妇保院、卫生院）床位数53张，每万人拥有卫生技术人员数为81人，其中医生29人。全年婴儿死亡率、5岁以下儿童死亡率分别为1.96‰、2.73‰，分别比上年下降1.64和1.80个千分点。

【人民生活环境和质量】　统筹推进城市建设，南太湖湿地奥体公园基本建成，市民服务中心、太湖水厂建成投用，小西街、状元街完成修缮整治。“三改一拆”走在全省前列，交通治堵不断深化，城市精细化管理进一步加强。大力推进“五水共治”，连续第三年获得全省治水“大禹鼎”。全市全年地表水市控以上监测断面达到Ⅲ类以上标准的比例为98.2%，满足功能要求断面比例为98.2%，均比上年提高3.9个百分点；县级以上集中式饮用水源地水质达标率为100%；入太湖水质连续9年保持在Ⅲ类以上；市出境断面水质良好，水质达标率继续保持100%。市区PM2.5浓度均值为47微克/立方米，比上年下降19%，降幅居全省第一；市区空气质量优良率为65.6%，比上年提高6.4个百分点。全市年末户籍人口264.84万人，其中男性1318万人、女性133.76万人；城镇人口102.4万人；60岁以上人口63.48万人，占总人口的24%，占比提高0.9个百分点。全年出生人口2.47万人，出生率为9.34‰；死亡人口1.7万人，死亡率为6.42‰；人口自然增长率为2.91‰。全年新增城镇就业8.98万人，帮扶下岗失业人员再就业39万人；年末，城镇登记失业率为2.52%。据619户城镇居民家庭抽样调查，全年城镇居民人均可支配收入达45794元，比上年名义增长8.4%。其中，工资性收入增长8.4%，经营性收入增长4%，财产性收入增长10.4%，转移性收入增长13.8%。人均生活消费支出27731元，增长3.4%。据576户农村居民家庭抽样调查，全年农村居民人均可支配收入达26508元，比上年名义增长8.6%。其中，工资性收入增长8.9%，经营性收入增长6.1%，财产性收入增长11.3%，转移性收入增长15.7%。人均生活消费支出17609元，增长9.3%。按户籍人口计算的人均本外币住户存款余额达66304元。年末，全市参加城镇基本养老保险人数达135.55万人，比上年增加2.22万人；参加城镇职工基本医疗保险人数116.95万人，增加5.94万人；参加失业保险人数65.61万人，增加1.14万人；参加工伤保险人数78.33万人，增加2.45万人；参加生育保险人数66.33万人，增加3.49万人；参加生活保障和生活补助制度的被征地农民8.12万人，减少0.18万人。全市年末住房公积金正常缴存人数达30.47万人，比上年增加2.15万人；全年归集住房公积金43.22亿元，增长12%；当年发放个人住房贷款57.84亿元，增长40.3%。年末，全市农村特困对象人数为1467人；全年最低生活保障家庭22715户，人数36635人，其中农村30370人、城镇6265人；全市城镇和农村低保标准均为每人每月664元。全年销售社会福利彩票10.3亿元，筹集社会福利资金2.8亿元。

（孙洪波）

·体制改革·

【概况】　2016年，湖州市体制改革工作按照中央和省委全面深化改革的总体部署，立足湖州实际，以供给侧结构性改革为主线，以补短板为突破口，突出问题导向，突出精准发力，突出督察落实，全力推动重点领域和关键环节改革落到实处，为湖州赶超发展提供了强劲动力。

【经济体制改革】 1. 全面推进供给侧结构性改革。在全省率先出台《湖州市供给侧结构性改革总体方案》，全年全市淘汰落后产能企业115家，完成兼并重组项目26个，整治“低小散”企业1698家，减轻企业成本80亿元，完成低效用地再开发233.33公顷。2. 加快转变政府职能。行政审批制度改革加快推进，完成市、县行政审批层级一体化改革，率先在全省完成省、市平台的数据对接和纵向贯通。3. 国企、国资改革取得突破性进展。整合市本级43家企事业单位，涉及人员3000余人，形成城市、交通、旅游和产业四大行业板块，四大集团资产规模达800余亿元，比重组前增加300亿元。4. 国家创新型城市建设提速。湖州莫干山高新区、安吉科技创业园升格为国家级。发放创新券5293万元，使用2897万元，居全省前列。深入推进国家科技服务体系建设试点，长兴县被列入全省首批全面创新改革试验地区。5. 特色小镇培育创建成效明显。吴兴区美妆小镇被列入省10个示范特色小镇，并与长兴县新能源小镇一起被评为经信领域13个省级行业标杆小镇。6. 小城市培育试点和中心镇发展改革不断深化。中小城市综合改革试点推进情况及经验做法被国家发改委肯定，吴兴区织里镇被列入国家第三批新型城镇化试点。7. 绿色金融改革创新稳步推进，率先构建全国首个地方性绿色金融统计指标体系。8. 旅游业改革工作深入推进。扎实推进国家级旅游业改革创新先行区建设和国家全域旅游示范区创建，制订《湖州市国家全域旅游示范区创建实施方案》和《湖州市国家级旅游业改革创新先行区建设实施方案》，全国旅游改革创新工作现场会在湖州市召开。

【民主法制领域改革】 1. 推进基层法治机构标准化建设。根据规范村规民约、行政合同审查和党政规范性文件备案等工作要求，在南浔区试点探索法治员履行“六大员”（党政决策参谋员、文件合同审查员、村规民约备案员、复议诉讼协调员、行政执法监督员、基层法治促进员）工作机制。2. 开展轻微刑事案件及行政案件快速办理机制试点。市公安局依法快速办理刑事强制措施刑事案件，提升了办案效率，强化了办案质量和执法安全，促进办案法律效果与社会效果相统一。3. 创新政治协商与基层民主实施形式。市政协深化委派民主监督小组工作，创新开展双月界别协商，出台提案办理协商细则。市民政局制订《关于开展基层协商民主规范化试点工作的实施方案》，基层协商民主试点有序开展。4. 稳妥推进司法体制机制改革工作。完成首批员额制法官、检察官职务序列套改。市中级人民法院、市检察院制定司法体制改革实施方案，开展首批法官、检察官遴选工作。市司法局健全完善四级公共法律服务实体平台建设，开通“湖州公共法律服务网”。

【文化体制改革】 1. 传统媒体与新媒体深度融合成效明显。建立2016年度媒体融合发展项目库，推进融合项目13个。深化县级媒体融合发展，建立德清县新闻中心（县传媒集团），德清县、长兴县和安吉县实现融媒体新闻集团全覆盖。2. 公共文化服务标准化、均等化制度不断完善。出台《关于加快构建现代公共文化服务体系建设的实施意见》及《湖州市基本公共文化服务标准》。3. 探索创新社会力量参与公共文化服务机制。探索建立公共文化服务参与主体多元化的工作机制，制订《湖州市政府购买社会公共文化服务指导目录》。4. 文化产业发展体制机制健全完善。编制实施《湖州市文化产业发展“十三五”规划》，举办第八届湖笔文化节，成立湖州影视城服务工作小组，100余家文化企业入驻湖州影视城，总投资370亿元。成立市国有文化资产管理委员会，建立党委、政府监管国有文化资产的管理机制，有效探索管人、管事、管资产、管导向相统一的机制。5. 深化国有传媒集团企业化运作改革。出台新闻传媒集团年度目标责任考核办法，起草《关于市级新闻传媒集团企业化运作中深化干部人事制度改革的指导意见》。6. 推进文化管理体制改革。加快行政审批制度改革，对省委托下放的行政审批相关事项进行权限下放，进一步理顺市、县（区）两级审批权限和流程。市委下发《关于大力推进湖州新型智库建设的实施意见》，大力推进湖州新型智库建设。

【社会体制改革】 1. 惩治通信网络新型违法犯罪工作机制进一步完善，全省反虚假信息欺诈体系建设现场会在湖州召开。2. 推进社会治安管理改革。加强立体化社会治安防控体系项目建设，推广浙江警务工作平台派出所模块。3. 完成统一政务咨询投诉举报平台组建运行。将市“12345”政府阳光热线管理办公室从市行政服务中心整体划转至市信访局，建成全市统一政务咨询投诉举报平台。平台组建运行以来，群众的满意率得到提升。4. 完善社会保障体系。有序推进机关事业单位人员养老保险改革，出台《湖州市机关事业单位改制人员养老保险制度改革工作方案》，健全完善职工医保费用控制机制和管理机制，医保定点机构管理更加规范。5. 教育资源配置更加协调。深入推进义务教育、高中教育课程改革和职业教育、特殊教育改革，教育管理体系进一步健全完善。6. 进一步深化医疗卫生体系改革。出台《关于建立“双下沉、两提升”长效机制的实施意见》，引导优质医疗资源向基层流动，深入开展社会办医，公立医院改革有序推进。7. 人口长期均衡发展持续推进。稳妥实施全面两孩政策，推进流动人口婚育证明电子化改革和计划生育基本公共服务均等化。

【生态文明体制改革】 1. 牢固树立和深入践行“绿水青山就是金山银山”发展理念，坚持从立法、标准和制度“三位一体”推进国家级生态文明先行示范区建设，着力构建系统完善的生态文明制度体系，生态文明改革工作继续走在前列。全国生态文明建设工作推进会议在湖州召开。2. 编制自然资源资产负债表试点工作走在全国前列，完成2011～2015年全市及各县（区）自然资源实物量表编制任务，制定《湖州市自然资源资产保护与利用绩效考核评价暂行办法》，试点工作得到中央部委及省委、省政府的肯定。3. 完成领导干部自然资源资产离任审计试点工作，得到国家审计署的好评，形成《2016年湖州市党政主要领导干部自然资源资产离任审计试点报告》，制订《湖州市领导干部自然资源资产离任审计暂行办法》。4. 生态文明先行示范区标准化建设有序推进，明确32项生态文明标准导向目录，启动首批23项市级以上标准的制订与修订工作。4项国家标准和2项省级标准立项。5. 建立党政领导干部生态环境损害责任追究制度，起草《湖州市党政领导干部生态环境损害责任追究操作办法（试行）》。6. 有序推进长兴县排污许可证管理制度改革试点，《长兴县排污许可证“一证式”管理实施方案》获省环保厅批复同意。

【党的建设制度改革】 1. 加快推进干部人事制度改革。出台《关于从严加强干部队伍建设打造奋力赶超发展的湖州铁军的实施意见》，完善治理为官不为、推动干部能上能下和民主推荐干部等机制。2. 创新完善基层党建责任落实机制。建立领导联系、整乡推进示范乡（镇）制度，完善县（区）基层党建工作制度，推动基层党务工作者聚焦主业，健全落实机关党建工作责任制，在全省率先推行党群部门职责清单制度试点。3. 大力推进人才发展体制机制改革和政策创新。出台《关于深化人才发展体制机制改革支持人才创业创新的实施意见》，连续3年获评“全省人才工作目标责任制考核优秀市”。在市、县（区）高层次人才服务中心统一开设外籍人才“一站式”服务窗口，深化人才职称评审改革，完善人才奖励政策，创新人才流动机制。4. 扎实推进基层组织建设制度改革。创新基层“党建＋”工作制度，出台《关于创新基层“党建＋”工作方式的通知》，以红色引领推动绿色发展。构建“两新”组织党建工作管理新体系，出台《关于进一步加强社会组织党的建设工作的实施意见》、全省首个《社会组织党建工作规则》等文件，市、县（区）全部成立社会组织综合党委。

【纪律检查体制改革】 1. 深入推动“两个责任”（党委主体责任和纪委监督责任）落实。深化拓展主体责任报告工作，市、县、乡三级党委书记向上一级纪委、市县两级政府党组书记和乡（镇）长向上一级监察机关报告履行“第一责任人”职责和廉洁自律情况。2. 健全完善考核评价体系，开展重点考核和专项抽查，党委主抓直管责任机制基本形成。3. 强化上级纪委对下级纪委的领导。推动问题线索处置和纪律审查工作以上级纪委领导为主的具体化、程序化和制度化。4. 探索完善派驻监督全覆盖运行新机制。出台市纪委派驻纪检机构履职清单，探索建立市、县（区）纪委派驻机构联动监督机制，派驻机构的监督作用不断增强。5. 探索建立巡查制度。出台《湖州市党风廉政建设巡察工作实施办法》，探索开展巡察工作，完成对市、县（区）36个单位的巡察。6. 健全党风廉政建设法规制度。大力推进法规工作机构建设，在全省率先实现县（区）纪委法规工作机构全覆盖。

【农业和农村体制改革】 （1）深化完善生产经营改革。进一步理顺供销社体制，优化供销合作社联合社执行管理机构的职能配置、机构设置，市、县（区）、乡（镇）三级“农合联”全面建立。开展农村土地承包经营权确权登记颁证工作，全市859个行政村已开展确权登记颁证工作，完成承包土地测绘工作。（2）建立农房建设审批发证长效管理机制。在宅基地、农房发证实现应发尽发的基础上，建立农村不动产统一登记制度，做好农村宅基地和农房确权登记发证提升完善工作。（3）加大金融支持力度。积极创新涉农信贷产品，加大农村综合产权抵质押贷款创新力度，推广“地权贷”“林权贷”等贷款产品，确保确权后的各种农村产权实现有效抵质押。（4）规范提升农村产权交易平台运转。完善县（区）、乡（镇）、村三级交易平台建设，覆盖到全市所有乡镇。全年全市产权交易平台新增产权交易831笔、3.65亿元，累计交易2103笔、6.01亿元。完善产权交易体制机制，探索农村产权价值评估、处置等制度。（5）“城乡一体”改革影响力持续扩大，德清县、长兴县开展了农村承包土地经营权抵押贷款全国试点工作，吴兴南片农业综合改革试验区等试点经验加快推广，全国培育新型经营主体发展农业适度规模经营座谈会在湖州召开。（王　超）

·市、县（局）级机构及负责人名单·

2016年内担任以下所列职务的领导人全部开列在内。姓名后有*注号者，表明在2016年内已因退休、调职、免职、辞职等原因而去职；没有注号者，表明2016年年底仍在职。

中国共产党湖州市第七届委员会

书　记　裘东耀
副书记　陈伟俊　金建新
常　委　陈　浩　胡菁菁（女）
　　　　杨建新　高　屹
　　　　干武东　温永东
　　　　崔凤军　夏文星
委　员（按姓氏笔画为序，书记、副书记、常委均为委员，从略）
　　　　王　树（女）　王伯安
　　　　王志芳　方永庆

叶理中　吕志良
朱　鸿　朱坤民
刘剑虹　孙锦林
李建平　杨　柳
杨六顺　杨建明
吴水霖　吴继平
何国富　张兰新
陈亚明　罗安生
金民安　周建明
单锦炎*　胡国荣
钟　鸣　施会龙
施根宝　祝时伟
夏坚定　曹会明
董立新　喻运鑫
蔡小凡　蔡旭昶
熊全龙

候补委员(以得票多少为序)
沈铭权　沈志华
杨兴龙　石一婷（女）
房石磊　沈晓蓝（女）
臧学萍（女）

秘书长　高　屹
副秘书长　孙锦林　章旭东
朱荣章　沈昕耀
吴焱国　杨兴龙
喻运鑫　柳国强

市委工作部门及直属单位、派出机构

办公室
主　任　孙锦林
副主任　章旭东　杨伟民
陈　伟　董　平
室务会议成员　金淦英（女）
吴巨波*　李军*
闵旭锋　洪　流
沈康康　章国华
沈伟兵
纪检组组长　金淦英（女）
副　组　长　朱冶方*　柏建华

市委督查室
主　任　魏继东

组织部
部　　长　干武东
常务副部长　张兰新
副　部　长　王　树（女，兼）
邱见春（兼）
李晓良*　钱仲良
夏　冰（女，兼）
贺雪荣
部务会议成员
纪检组组长　赵　晖
副　组　长　马金长*　崔　侃

新经济与社会组织工作委员会
书　记　李晓良*　钱仲良
副书记　项侃文　陈　伟*
邵　坚（兼）
徐　娟（女，兼）*
王　枫（兼）

宣传部
部　　长　胡菁菁（女）
常务副部长　吴　伟
副　部　长　楼　婷（女）
何元庆　徐　新
王有娣（女）
部务会议成员　张西廷　丁　勋
徐林财
纪检组组长　丁　勋*　徐林财
副　组　长　丁　勋　王大洲*

市委统战部
部　　长　崔凤军
常务副部长　蒋晓勇
副　部　长　沈火江　任玉林
孙虎林（兼）
黄宝根（兼）
王　枫（兼）
部务会议成员　黄丹华
庞丽红（女）
施静龙
纪检组组长　黄丹华
副　组　长　庞丽红（女）

政法委员会
书　　记　金建新
常务副书记　喻运鑫
副　书　记　夏文星
杨建新（兼）
张伟林　马依群
委　　员　孔　璋　傅松苗
沈晓蓝（女）
佘光亮
裘明珠（女）
陈晓杰
委务会议成员　沈永余　沈利益
姚建荣　邓信学
纪检组组长　邓信学
副　组　长　曹根荣

市委维护稳定工作办公室
主　任　张伟林
副主任　陈晓杰　姚建荣

市社会管理综合治理委员会办公室
主　任　马依群
副主任　沈利益

农业和农村工作办公室
主　任　柳国强
副主任　姚红健　吴云妹（女）
张国强
室务会议成员　毛毓良

政策研究室
主　任　章旭东
副主任　李　军*　闵旭锋

台湾工作办公室（市政府台湾事务办公室）
主　任　黄宝根
副主任　余文祥　陆佩佩（女）
室务会议成员　沈美萍（女）
高　辉

市直属机关工作委员会
书　记　杨兴龙
副书记　唐　华（女）　王建祥
邵志强　姜　捷*
委　员　刘慧敏

纪工委
书　记　王根强

市委老干部局
局　长　夏　冰
副局长　陈慧敏（女）　陈宜明
熊永春（保留副局长级）
局务会议成员　王为民

机构编制委员会办公室
主　任　邱见春
副主任　吴国平　顾蔼慈
室务会议成员　杜李威

市委、市政府信访局
局　长　朱荣章
副局长　施建中*　陈立新
胡才明（兼）　沈建忠
汪　伟

市委党史研究室（地方志办公室）
主　任　沈昕耀
副主任　王智勇　梅锦连

市委党校
校　　长　干武东（兼）
常务副校长　刘宏伟
副　校　长　舒川根　史淦宝
王宏娟（女）*
施　经（女）
教　育　长　胡继妹（女）
校务会议成员　陈贤平

市社会主义学院
院　　长　崔凤军（兼）
常务副院长　刘宏伟

副　院　长　舒川根　史淦宝
　　　　　　王宏娟（女）*
　　　　　　施　经（女）

市行政学院

院　　　长　陈伟俊（兼）
常务副院长　刘宏伟
副　院　长　舒川根　史淦宝
　　　　　　王宏娟（女）*
　　　　　　施　经（女）

市社会科学院

院　长　查建华*

湖州日报报业集团（湖州日报社）

社务委员会社长　沈振建
社务委员会副社长　王伟锋
　　　　　　　　王欣欣
社务委员会委员　毕崇云
　　　　　　　　朱建飞
　　　　　　　　黄建东
　　　　　　　　谢占强
　　　　　　　　徐　敏
经营管理委员会主任　沈振建经营管理委员会副主任　王欣欣编辑出版委员会总编辑　王伟锋编辑出版委员会副总编辑　朱建飞
　　　　　　　　谢占强
　　　　　　　　徐　敏
党委书记　沈振建
副书记　王伟锋　毕崇云
委　　员　王欣欣　朱建飞
　　　　　黄建东　谢占强
　　　　　徐　敏
纪委书记　黄建东

中共湖州市
第六届纪律检查委员会

书　记　陈　浩
副书记　何国富　莫汝强
常　委　田立新　顾国琴（女）
　　　　沈日强　陈明新*
　　　　张国英（女）*

湖州市第七届
人民代表大会常务委员会

主　任　朱坤民
副主任　周　杰　方新旗
　　　　施荣耀　徐嘉华（女）
　　　　王　勤（女）　蔡福民
　　　　单锦炎*
常　委　王后明　王武良
　　　　石一婷（女）　叶白云
　　　　叶白云　朱　鸣
　　　　朱建民　朱新康
　　　　乔明军　许学锋
　　　　孙长志　杨海江
　　　　劳敏敏　吴　旭（女）
　　　　吴　斌　沈　斌
　　　　张兰新　陈　纯（女）
　　　　邵水荣　郁晓红
　　　　周美凤（女）　顾林祥
　　　　徐晓军　高兴江
　　　　黄俊慧　梁为民
　　　　董太群　楼黎静（女）*
　　　　臧学萍（女）　潘阿祥
秘书长　沈志华
副秘书长　吴宝宏*　吴　斌
　　　　　茅晋进*　许学锋
　　　　　沈晓蓉（女）

市人大常委会党组

书　记　朱坤民
副书记　周　杰
成　员　施荣耀　徐嘉华（女）
　　　　王　勤（女）　蔡福民
　　　　单锦炎*　沈志华

市人大常委会机关党组

书　记　沈志华
副书记　许学锋
成　员　徐晓军　孟正良
　　　　吕　平　孙长志
　　　　吴培林　费文晟*

市纪委驻市人大机关纪检组

组　长　吕　平*　孟正良
副组长　吕　平

市人大常委会办公室

主　任　许学锋
副主任　吴培林　沈晓蓉（女）*
　　　　顾云飞

市人大常委会研究室

主　任　黄俊慧
副主任　陆琪琪

市人大法制委员会

主任委员　杨海江
副主任委员　孙长志

市人大常委会法制工作委员会

主　任　杨海江
副主任　沈舟平*

市人大内务司法委员会

主任委员　王武良

市人大常委会内务司法工作委员会

主　任　王武良
副主任　汪　昊

市人大财政经济委员会

主任委员　周　杰
副主任委员　王后明　刘一闻

市人大常委会预算工作委员会

主　任　周　杰
副主任　张亚华（女）

市人大教科文卫委员会

主任委员　郁晓红（女）
副主任委员　陈　纯（女）

市人大教育科学文化卫生委员会

主任委员　郁晓红（女）
副主任委员　陈　纯（女）*

市人大常委会教育科学文化卫生工作委员会

主任委员　郁晓红（女）
副主任委员　费文晟

市人大民族宗教华侨外事委员会

副主任委员　汪有余

市人大常委会民族宗教华侨外事工作委员会

主　任　邵水荣
副主任　邵水荣*

市人大农业与农村委员会

主任委员　沈　斌
副主任委员　乔明军

市人大常委会农业与农村工作委员会

主　任　沈　斌

市人大城乡建设与环境资源保护委员会

副主任委员　劳敏敏

市人大常委会城乡建设与环境资源保护工作委员会

主　任　祝时伟
副主任　劳敏敏

市人大常委会代表与选举任免工作委员会

主　任　徐晓军
副主任　曹燕鸣（女）　陆　炜

湖州市人民政府

市　　　长　陈伟俊
常务副市长　杨建新
副　市　长　李建平　李上葵
　　　　　　董立新
　　　　　　闵　云（女）
　　　　　　杨六顺
党组书记　陈伟俊
副　书　记　杨建新
成　　　员　李建平　李上葵
　　　　　　董立新　杨六顺

施根宝　陈亚明
秘　书　长　陈亚明
副秘书长　徐晏平
王晓军（兼）
李世华*　汪蚕清
丁芳芳　鲍　鸿
徐旭萍（女）
龚　丁
忻忠华　沈斌章
饶亮明　鲁兴萌
倪跃田（兼）

市人民政府工作部门及直属事业、驻外机构

市政府办公室
主　任　徐晏平
副主任　许建跃*　沈虎根*
翁明皓（女）　陆利明
钟建林
党组书记　徐晏平
成　　员　孙国强　许建跃
沈虎根*
翁明皓（女）
陆利明　李　才*
顾国良　钟建林
黄骆意　张铁成

市政府纪检组
组　长　孙国强
副组长　徐　超

发展和改革委员会（物价局）
主　任（局　长）　胡国荣
副主任（副局长）　黄培林
金新根
倪跃田
费新章
曹毅平（女）
张云峰
李红英（女）
党组书记　胡国荣
副书记　黄培林
成　　员　胡明山　金新根
倪跃田　费新章
曹毅平（女）
徐育雄　张云峰
李红英（女）
纪检组组长　胡明山

湖州省际承接产业转移示范区管理委员会
主　任　胡国荣
副主任　倪跃田（兼）

市经合办、市对口办
主　任　黄培林
副主任　徐育雄

市第八批对口支援新疆阿克苏地区柯坪县指挥部
副指挥长　徐建学*　金　宁*

市铁路建设管理处
主　任　陆永春

经济和信息化委员会（中小企业局）
主　任（局长）　熊全龙
副主任（局长）　姬海荣
方安明
陈百民
周　勇
金　敏（女）
周亚平
潘自敏
金永和
党委书记　熊全龙
副书记　姬海荣
委　　员　方安明　陈百民*
周　勇　陈阿四
金　敏（女）
周亚平　潘自敏
王宏娟（女）
金永和　褚建荣*

工业行业办公室
主　　任　周　勇*
王宏娟（女）
纪检组组长　陈阿四

教育局
局　　长　潘　音（女）
副局长　许方明
钱　旻（女）*
朱建平　金毅伟
党委书记　潘　音（女）
副书记　许方明
委　　员　朱建平　金毅伟
王淦勤
纪检组组长　王淦勤

科学技术局
局　长　王志芳
副局长　张建乐（女）*
王　磊　沈欢良
徐建学
党组书记　王志芳
副书记　张建乐（女）*
成　　员　王　磊　沈欢良
徐建学　柏建华*
姚　勇　沈建良
纪检组组长　柏建华*　姚　勇

民族宗教事务局
局　长　沈火江
副局长　任玉林*
郑　峻（女）

公安局
局　　长　夏文星
常务副局长　沈利剑
副　局　长　孟正良*　徐志宏
徐伟明　沈连江
陈雄伟　梅旗华
党委书记　夏文星
副书记　沈利剑
专职副书记　李泽福
委　　员　张建乐（女）
孟正良*　徐志宏
徐伟明　沈连江
陈雄伟　梅旗华
朱有江　凌　冬
姚金泉
纪委书记　朱有江*
纪检组组长　张建乐（女）
副组长　朱有江　李龙华

监察局
局　长　何国富
副局长　陈明新　金顺明

民政局
局　长　姚广民
副局长　朱新芳*　沈建军
吴建英（女）　罗广平
徐　娟（女）*　周建荣
党委书记　汪少华*　姚广民
副书记　朱新芳*
委　　员　沈建军　罗广平
战召芳　徐　娟（女）
周建荣
纪检组组长　战召芳

司法局
局　长　沈晓蓝（女）
副局长　李　伟　俞　栋
何成华
党委书记　沈晓蓝（女）
委　　员　李　伟　俞　栋
何成华　毛建平
金晓星　盛新莲（女）

市财政局
局　长　周建明
副局长　屠培红（女）　张向阳
黄长泉
总会计师　孙倩如（女）
党组书记　周建明

副 书 记　屠培红（女）
委　　员　姚　温　钱汇丰
　　　　　王红明　张向阳
　　　　　黄长泉　袁学平
纪检组组长　王红明

市地税局

局　长　周建明
副局长　姚　温　钱汇丰
总经济师　袁学平

国税局

局　长　黄德超
副局长　陈利民（女）　沈振斌
　　　　章晓儿
总经济师　陆志华
党组书记　黄德超
成　　员　陈利民（女）　沈振斌
　　　　　曾月霞（女）　章晓儿
　　　　　陆志华　杨根荣
纪检组组长　曾月霞（女）

人力资源和社会保障局

局　长　王　树（女）
副局长　陆凤江　沈福群
　　　　丁会强　罗　芳（女）*
　　　　池丽萍（女）
党组书记　王　树（女）
副 书 记　陆凤江
成　　员　沈福群　吴云芳
　　　　　丁会强　罗　芳（女）*
　　　　　池丽萍（女）
纪检组组长　吴云芳

市社保局

局　长　施建永

国土资源局

局　长　朱仲华
副局长　龚西征*　傅自强
　　　　叶建新　徐建洪
党委书记　朱仲华
副 书 记　龚西征　傅自强
委　　员　项根宝　叶建新
　　　　　徐建洪　毕勤峰
正处级　汪俊国
纪委书记　项根宝

住房和城乡建设局

局　长　李全明
副局长　郭旭华　曹军民
　　　　沈应华　金　宁
　　　　朱荣伟*
总工程师　黄卫军*　杨　治
党委书记　李全明
副 书 记　郭旭华
委　　员　邵光明　曹军民
　　　　　沈应华　金　宁
　　　　　杨　治　朱荣伟*
　　　　　黄卫军*
纪检组组长　邵光明

规划局

局　长　戴　健
副局长　虞利民*　陈嗣栋
总规划师　陈嗣栋*　任　立
党组书记　戴　健
成　　员　虞利民*　钱艳萍（女）
　　　　　陈嗣栋　任　立
　　　　　钱　超　王俊杰
纪检组组长　钱艳萍（女）

交通运输局

局　长　房石磊
副局长　周　军　章宇强
　　　　陈元青　倪建国
　　　　孟立忠　陈振华（兼）
　　　　李向东
总工程师　沈建荣
党委书记　房石磊
委　　员　周　军　王武元
　　　　　章宇强　陈元青
　　　　　倪建国　孟立忠
　　　　　沈建荣　陈振华（兼）
　　　　　李向东
纪检组组长　王武元

水利局

局　长　罗安生
副局长　张树明　章瑛婴（女）
　　　　周志方*
党委书记　罗安生
副 书 记　张树明
委　　员　郭忆滨（女）
　　　　　章瑛婴（女）
　　　　　周志方*　吴继国
总工程师　吴继国
纪检组组　长　郭忆滨（女）

农业局

局　长　方　杰
副局长　朱建友　陶忠华
　　　　沈红星　王秀琴（女）*
　　　　张云威　凌跃锋
总农艺师　许建红
党委书记　方　杰
委　　员　朱建友　陶忠华
　　　　　沈红星　凌跃锋
　　　　　许建红　王　勇*
纪检组组长　王　勇*

林业局

局　长　黄文鑫
副局长　郑永敢　陈德会
　　　　唐建平
党委书记　黄文鑫
委　　员　郑永敢　陈德会
　　　　　唐建平　於国人

商务局

局　长　褚连荣
副局长　钱树春　沈康民
　　　　施群英（女）　周　军
　　　　王　坚　傅远超
党委书记　褚连荣
副 书 记　钱树春
委　　员　沈康民　施群英（女）
　　　　　周　军　顾仿勤
　　　　　王　坚　傅远超
纪检组组长　顾仿勤

文化广电新闻出版局（文物局）

局　长　宋　捷
副局长　许建跃　徐　新*
　　　　赵家义　俞立安*
　　　　胡培强
党委书记　宋　捷
副 书 记　徐　新*　许建跃
委　　员　沈新芳　赵家义
　　　　　俞立安*　胡培强
　　　　　纪检组
组　长　沈新芳

市卫生计生局

局　长　施会龙
副局长　潘人伟　魏　明
　　　　沈霞萍（女）　姜宝荣
　　　　徐林财*
党委书记　施会龙
副 书 记　潘人伟　徐林财*
委　　员　施梅轩　沈霞萍（女）
　　　　　姜宝荣　钱建莉（女）
　　　　　顾建明　钮富荣
纪检组组长　施梅轩

市红十字会

会　长
常务副会长　吴康丽（女）
专职副会长　朱冶方
党组书记　吴康丽（女）
成　　员　朱冶方　郭建根

审计局

局　长　童建华
副局长　费林海　丁颂辉
　　　　汤晓龙
总审计师　施　瑜（女）
党组书记　童建华
副 书 记　费林海

成　　员　丁颂辉　汤晓龙
钱艳萍（女）　何　斌
沈木荣　金翠萍（女）
纪检组组长　钱艳萍（女）*

环境保护局

局　长　饶如锋
副局长　余加伟*　朱荣伟
高　东*　娄显杰*
姚玉鑫　周　峻
吴张敏
党组书记　饶如锋
副书记　余加伟*　朱荣伟
成　　员　娄显杰*　姚玉鑫
周　峻　施　捷（女）
吴张敏　戴建国
唐国平
纪检组组长　施　捷（女）

统计局

局　长　梅梓华
副局长　闵新华　臧新昌
总统计师　钱中勇
党组书记　梅梓华
副书记　闵新华
成　　员　臧新昌　钱中勇
费百田

旅游委员会

主　任　干永福
副主任　何继红　覃　泓（女）
伍　毅　孙　军
党委书记　干永福
委　　员　何继红　覃　泓（女）
费　越　伍　毅
孙　军　邱丽华（女）
纪检组组长　费　越

安全生产监督管理局

局　长　章新泉
副局长　沈金山　蒋赪兵
曹伟龙
党组书记　章新泉
成　　员　沈金山　蒋赪兵
曹伟龙　孙小雄
傅文虎
总工程师　傅文虎
纪检组组长　孙小雄

城市管理行政执法局

局　长　闵山明
副局长　黄丹华*　沈国民
李忠奎　王桂林
徐伟明（兼）*
姚金泉（兼）
党委书记　闵山明
副书记　黄丹华*
委　　员　童锡方　沈国民
李忠奎　王桂林
徐伟明（兼）*
姚金泉（兼）
张红英（女）
纪检组组长　童锡方

市外事和侨务办公室

主　任　孙虎林
副主任　潘宇文（女）　徐汝忠
沈　列
党组书记　孙虎林
成　　员　徐汝忠　沈　列
蒋晓霞（女）

国有资产监督管理委员会

主　任　孔培康
副主任　胡劲平　施顺林
朱　辉　李鲁勤（女）*
党委书记　孔培康
委　　员　胡劲平　施顺林
沈建民　朱　辉
纪检组组长　沈建民

金融工作办公室

主　任　潘华明*　钱洪文
副主任　周昳文　蒋小明
党组书记　潘华明*　钱洪文
成　　员　周昳文　黄立忠

质量技术监督局

局　长　杨中校*　宋　波
副局长　金　伟　张杰华
徐兆辉　汪建标
总工程师　杨　凌
党委书记　杨中校　宋　波
委　　员　金　伟　张杰华
杨　凌　钱莲香（女）
徐兆辉　王红英（女）
汪建标
纪检组组长　钱莲香（女）

国家安全局

局　　长　佘光亮
党委书记　佘光亮

中国国际贸易促进委员会湖州市委员会

会　长　金　凯
副会长　蔡　丰
党组书记　杨宇澄
成　　员　蔡　丰　张海明

湖州广播电视传媒集团（总台）

台　长　陈发瑶
副台长　秦　敏（女）　陈　东
徐小平　潘　鸣
毛荐先　吴继任
金加宝
总编辑　秦　敏（女）
党委书记　陈发瑶
副书记　秦　敏（女）
委　　员　陈　东　汪东海
徐小平　潘　鸣
毛荐先　吴继任
金加宝　赵　星
纪委书记　汪东海

体育局

局　长　沈宝山
副局长　杨　颖　蔡　缨（女）
钟培方
党组书记　沈宝山
副书记　杨　颖
成　　员　蔡　缨（女）　钟培方

机关事务管理局

局　长　吴巨波
副局长　金江澜（女）　刘伦辉
黄定红
党组书记　吴巨波
副书记　金江澜（女）
成　　员　刘伦辉　黄定红

人民防空办公室（民防局）

主　任　凌伯勋
副主任　白和明　郑传刚
党组书记　凌伯勋
成　　员　白和明　郑传刚
程志明

市政府法制办公室

主　任　徐晏平
副主任　李　才　蒋育琴（女）

市政府研究室

主　任　徐晏平
副主任　顾国良

矿山企业综合治理办公室

主　任　李世华*　龚西征
副主任　韩新伟　张光评
徐伟明（兼）
沈金山（兼）
慎金星（兼）*
祝益民（兼）
姚玉鑫（兼）
徐建洪（兼）

行政服务中心

主　任　王晓军*　夏　威
副主任　庞娟英（女）　施建中
蒋夕根
党组书记　王晓军
副书记　夏　威　庞娟英（女）

成　　员　施建中　蒋夕根
　　　　　卓存定　任　立*

市场监督管理局

局　长　许　宏
副局长　邵　坚　陈丽霞（女）
　　　　顾吉生　袁菊林*
　　　　蒋国强　慎金星
　　　　刘克毅　徐刚勤（女）*
党委书记　许　宏
副 书 记　邵　坚　陈丽霞（女）
委　　员　顾吉生　袁菊林
　　　　　蒋国强　慎金星
　　　　　刘克毅
　　　　　徐刚勤（女）*
　　　　　曹颖青　丁治中
纪检组组长　曹颖青

市食安办

主　任　邵　坚
副主任　顾吉生

湖州经济技术开发区（南太湖产业集聚区）管委会

主　任　施根宝
副主任　凌建荣　丁泉观
　　　　徐惠荣　李　节
　　　　金卫亮　李　强
　　　　姚　星　部世通
　　　　潘郁泉　黄建丰
　　　　蔡胜权　池丽萍（女）*
　　　　徐建兵*
　　　　朱建祥（兼）*
党委书记　施根宝
副 书 记　凌建荣
委　　员　丁泉观　徐惠荣
　　　　　李　节　金卫亮
　　　　　王　艰（女）　李　强
　　　　　姚　星　部世通
　　　　　潘郁泉　陈共团
　　　　　黄建丰　蔡胜权
　　　　　池丽萍（女）*
　　　　　徐建兵*
　　　　　朱建祥（兼）*
纪检组组长　王　艰（女）

湖州南太湖产业集聚区管理委员会

主　任　施根宝
副主任　凌建荣　丁泉观
　　　　徐惠荣　李　节
　　　　金卫亮　李　强
　　　　姚　星　部世通
　　　　潘郁泉　黄建丰
　　　　蔡胜权　池丽萍（女）*
　　　　徐建兵*

南太湖科技创新中心

主　任　池丽萍（女）*　夏　阳

湖州太湖旅游度假区（湖州农业对外综合开发区）

主　任　葛　伟
副主任　徐建兵　计欣华（女）
　　　　佘国勤　张征红
　　　　梅根华　杨　倬
　　　　周　燕　沈建军*
党委书记　葛　伟
副 书 记　徐建兵　沈建军*
委　　员　计欣华（女）　张征红
　　　　　梅根华　杨　倬
　　　　　王　俊　王阿平
　　　　　张　曦（女）　赵江峰
　　　　　沈小强*
纪检组组长　沈小强*　王　俊

湖州出入境检验检疫局

局　长　梁　升
副局长　江小明　王晓峰
党组书记　梁　升
成　　员　郑蔚涛　江小明
　　　　　王晓峰
纪检组组长　郑蔚涛

湖州海关

关　长　吴春雷
副关长　朱忠荣
党组书记　吴春雷
成　　员　朱忠荣

档案局

局　长　张楼岩
副局长　张永才　马炼鸿
　　　　沈永明
党组书记　张楼岩
成　　员　张永才　马炼鸿
　　　　　沈永明

烟草专卖局（分公司）

局　长　龚一正
副局长　徐水春
经　理　龚一正
副经理　王　卫
党组书记　龚一正
成　　员　钱　瑛（女）　徐水春
　　　　　王　卫
纪检组组长　钱　瑛（女）

市委、市政府接待办公室

主　任　吴巨波*　沈康康
副主任　姚　勇*

市政府突发公共事件应急管理办公室

主　任　徐晏平
副主任　黄骆意　张铁成

市委、市政府信息中心

主　任　奚立明

市太湖水利工程建设管理局

局　　长　马建华
党委书记　徐学军

畜牧兽医局

局　长　朱建友*　裴兰顺

住房公积金管理中心

主　任　沈小龙
副主任　刘　斌　王　财
　　　　金培荣
党组书记　沈小龙
成　　员　刘　斌　王　财
　　　　　金培荣　沈勤伟
　　　　　蔡志蔚（女）*

市政府驻北京联络处

主　任　蒋德保
副主任　胡才明

市政府驻上海联络处

主　任　许金根
副主任　汤月良

中级人民法院

院　长　傅松苗
副院长　吴　云　费会平
　　　　胡新春　莫国繁*
　　　　何　新
党组书记　傅松苗
副 书 记　吴　云
成　　员　费会平　胡新春
　　　　　莫国繁　徐　力
　　　　　何　新　王　怡
纪检组组长　徐　力

人民检察院

检 察 长　孔　璋
副检察长　钟伟锋　沈　亮
　　　　　顾黎鸣*　吴拥军
　　　　　周晓杨
党组书记　孔　璋
副 书 记　钟伟锋
成　　员　沈　亮　方世民
　　　　　顾黎鸣*　吴拥军
　　　　　周晓杨　尹湘农
　　　　　陈　章*
纪检组组长　方世民

政协湖州市委员会

主　席　吴水霖
副主席　曹会明　沈琪芳（女）
　　　　夏　平　叶　鸣
　　　　魏　明　曹德平

钟　鸣　徐克强
高　东
秘书长　姚新兴
常　委（以姓氏笔画为序，主席、副主席均为常委，从略）
干梅林　方建平
左　军（女）
叶晓虹（女）
朱万里　朱唤山
朱建方　庄成鑫
纪广平　刘忠卫
孙虎林　汪少华
杜　英（女）
李　红（女）
李　钰（女）　李雪华
李鲁勤（女）　邱小永
沈坚强　沈金才
沈佳音　沈顺新
张　明　陆小平（女）
陈　洁（女）　陈　湘
梅会珠（女）　周少翌
周清泉　郑　勇
郑生华　单建明
闻晓明（女）
敖玲玲（女）
钱志远　黄立明
董黎明　龚景兴
屠永海　蒋晓勇
释界隆　虞炳泉
管仲良　滕凌云（女）
刘姝姗（女）　潘林荣
薛淦江
副秘书长　钮建新　杨兴荣
吴传侠（女）
周少翌（兼）
李　钰（女，兼）

市政协党组

书　记　吴水霖
副书记　曹会明
成　员　叶　鸣　钟　鸣
徐克强　姚新兴

办公室

主　任　钮建新
副主任　林型怀　李　莉（女）
刘　丽（女）

研究室

主　任　钮建新
副主任　陈华良

提案委员会

主　任　左　军（女）
副主任　王惠荣　沈虎根（兼）
庞娟英（女，兼）

人口资源环境委员会

主　任　丁阿娥（女）*
汪少华
副主任　虞伟瑛（女，兼）
陈元青（兼）

文史资料委员会

主　任　戎美勤（女）
副主任　吴建英（女）
徐育雄（兼）
龚景兴（兼）

经济科技委员会

主　任　沈金才
副主任　张晓春（女）
李鲁勤（女，兼）
朱延林（兼）
李家芳（女，兼）
沈欢良（兼）

教文卫体委员会

主　任　薛淦江
副主任　吴　瑶（女）
钱　旻（女，兼）
吴康丽（女，兼）
蔡　缨（女，兼）
董玉梅（女，兼）

社会法制委员会

主　任　滕凌云（女）
副主任　高卓华*
许淦林（兼）
裘明珠（女，兼）
沈利剑（兼）
姬海荣（兼）

港澳台侨委员会

主　任　闻晓明（女）
副主任　孙虎林（兼）
梁　军（兼）*
钱丽琴（女，兼）
邵　屹（女，兼）*

政协委员工作委员会

主　任　梅　成
副主任　张兰新（兼）
蒋晓勇（兼）
王　枫（兼）

市政协机关党组

书　记　姚新兴
副书记　钮建新
成　员　杨兴荣
吴传侠（女）
沈金才
戎美勤（女）
濮智辉　倪建平
陈明新　林型怀
陈华良

湖州军分区

司令员　许启富
政治委员　温永东
参谋长　董太群
政治部主任　刘忠卫
后勤部部长　周　忠

武警湖州支队

支队长　李向东*　陈　勇
党委第一书记　夏文星
党委书记、政委　黄永福*
徐良道
副支队长　陈尚宏
副政委　孟尧军*　潘利平
政治处主任　孟尧军

市公安局（武警）消防支队

支队长　郭奕贺*　王雄雄
政　委　李　勇
副支队长　张云峰*　徐国茂
江　伟
副政委　周衍挺
参谋长　江　伟*　赵　刚
政治处主任　周衍挺*　马义泉
后勤处处长　马振波
防火处处长　陆金侯*　周恩平
副参谋长　朱华昌*　聂林华
政治处副主任　汪泽辉*　何来春
党委书记　李　勇
副书记　郭奕贺*　王雄雄
委　员　徐国茂　孙永其
江　伟　周衍挺
马振波
纪委书记　孙永其*　周衍挺

群众团体组织

市总工会

主　席　钟　鸣
副主席　虞伟瑛（女）　张显东
王列兵　冯海英（女）
党组书记　虞伟瑛（女）
成　员　张显东　沈　宏
王列兵　陆佩佩（女）*
冯海英（女）

共青团湖州市委

书　记　石一婷（女）*　王剑峰
副书记　王剑峰　刘姝姗（女）
杨国志
党组书记　石一婷（女）*
王剑峰
成　员　刘姝姗（女）　杨国志

市妇女联合会
主　席　臧学萍（女）
副主席　吴媛华（女）
　　　　孙　晓（女）
　　　　梅会珠（女）*
党组书记　臧学萍（女）
成　　员　吴媛华（女）
　　　　　孙　晓（女）
　　　　　梅会珠（女）*

市文学艺术界联合会
主　席　竺　鸰（女）
副主席　马卫忠　杨静龙*
党组书记　楼　婷（女）
成　　员　马卫忠　卢　萍（女）
　　　　　杨静龙

市科学技术协会
主　席　董黎明*　高　东
副主席　周建祥　陆叙林
　　　　叶金云（兼）
　　　　胡世明（兼）*
　　　　王秀琴（女，兼）*
　　　　潘人伟（兼）
　　　　池丽萍（女，兼）*
　　　　顾志敏（兼）
　　　　姬海荣（兼）
　　　　夏　阳（兼）
党组书记　董黎明
成　　员　周建祥　陆叙林

市归国华侨联合会
主　席　孙虎林
副主席　沈　列　钱　凯（兼）
　　　　陆建新（兼）
　　　　徐　伟（兼）
　　　　温晓红（女，兼）
　　　　黄立明（兼）
　　　　吴淑英（女，兼）
　　　　张文华（女，兼）
　　　　胡立江（兼）

市社会科学界联合会
主　席　张西廷
副主席　沈梦月（女）
　　　　舒川根（兼）　管国平
　　　　周家健（兼）*　杨　柳
　　　　丁根林（兼）
　　　　查建华（兼）*
　　　　倪跃田（兼）

市残疾人联合会
理事长　李　红（女）
副理事长　陈　钢　潘永如
党组书记　车少宏*　余加伟
成　　员　陈　钢　潘永如

市工商业联合会
主　席　曹德平*　方新旗
副主席　王　枫　钱守仁
　　　　熊永春*　吴　静（女）
　　　　王振宇（兼）
　　　　姚锄强（兼）
　　　　朱新康（兼）
　　　　单建民（兼）
　　　　周志江（兼）
　　　　陈卫忠（兼）
　　　　夏士林（兼）
　　　　沈坚强（兼）
　　　　杨法庆（兼）
　　　　俞锦方（兼）
　　　　干梅林（兼）
　　　　朱柏荣（兼）
　　　　高兴江（兼）
　　　　郑生华（兼）
　　　　陈　忠（兼）
党组书记　王　枫
成　　员　钱守仁　熊永春
　　　　　吴　静（女）
　　　　　崔　侃*

企事业单位

市邮政管理局
局　长　陈振华
副局长　古月兵
党组书记　陈振华
成　　员　古月兵　闵　宏

中国电信股份有限公司湖州分公司
总经理　蒋运华
副总经理　嵇宇成　李　歆
　　　　　陈坤华*　章宏侃
工会主席　李　歆
党委书记　蒋运华
委　　员　陈　新　嵇宇成
　　　　　李　歆　陈坤华
　　　　　章宏侃
纪委书记　嵇宇成

中国邮政集团公司湖州分公司
总经理　蒋章有
副总经理　黄　勤　李象刚
　　　　　张　峰*
党委书记　蒋章有
副书记　张　峰*
纪委书记　黄　勤

国网湖州供电公司
总经理　李颖毅
副总经理　王晓建　王晓建
　　　　　方旭初　王　伟
　　　　　华国栋　张　浩
总会计师　吴要毛
党委书记　王晓建*　方旭初
副书记　李颖毅　蒋仁林
委　　员　王　伟　华国栋
　　　　　张　浩　吴要毛
　　　　　石　军
纪委书记　蒋仁林

供销合作社联合社
主　任　沈财根
副主任　沈兴元　陈鑫堂
　　　　杨洪亮　陆齐良
党委书记　沈财根
副书记　沈兴元
委　　员　陈金宝　陈鑫堂
　　　　　杨洪亮　陆齐良
纪委书记　陈金宝*

中国人民银行湖州市中心支行
行　长　郑锦国
副行长　刘红庆　喻晓岚（女）
　　　　郑晓虹（女）
党委书记　郑锦国
委　　员　刘红庆　喻晓岚（女）
　　　　　郑晓虹（女）　陈华明
纪委书记　陈华明

外汇管理局

局　长　郑锦国

中国银行业监督管理委员会湖州监管分局
局　长　徐卫国*　周明强
副局长　陈　杰　蓝春锋
　　　　冯　明*
　　　　金夏芬（女）*
党委书记　徐卫国*　周明强
委　　员　陈　杰　蓝春锋
　　　　　施晓霞（女）
　　　　　冯　明*　吕永香*
　　　　　金夏芬（女）*
纪委书记　吕永香*
　　　　　施晓霞（女）

中国工商银行股份有限公司湖州分行
行　长　阮云波*
副行长　李幼平　周　强
　　　　宋　军　张志平
　　　　徐艳波　王锦平
工会主席　许　勤*
　　　　　戴克英（女）
党委书记　阮云波*
副书记　李幼平　周　强

委　　员　宋　军　王锦平
　　　　　戴克英（女）
　　　　　张志平*　徐艳波
　　　　　许　勤
纪委书记　戴克英（女）

中国农业银行股份有限公司湖州分行

行　长　厉文世
副行长　吴　伟　胡　隽
　　　　詹丰杰*　陈　吉*
　　　　闵云忠　姚社锋*
行长助理　胡　旦（女）　唐　华
党委书记　厉文世
副书记　吴　伟
委　　员　胡　隽　詹丰杰
　　　　　陈　吉　闵云忠
　　　　　姚社锋　胡　旦（女）
　　　　　唐　华
纪委书记　吴　伟

中国农业发展银行湖州分行

行　长　董其江
副行长　陈铮铮　王　娟（女）
　　　　邵文广　周维庆*
党委书记　董其江
委　　员　陈铮铮
　　　　　王　娟（女）
　　　　　邵文广　周维庆*
纪委书记　陈铮铮

中国建设银行股份有限公司湖州分行

行　长　徐　刚*　李　冰
副行长　王卫成　王满儿（女）
　　　　季松林　沈桂芳（女）
　　　　刘志伟　沈桂芳（女）
　　　　合规官　曹金山
高级专家　王剑雄
党委书记　徐　刚*　李　冰
副书记　王卫成　王满儿（女）
委　　员　季松林　刘志伟
　　　　　沈桂芳（女）
纪委书记　王满儿（女）

中国银行股份有限公司湖州分行

行　长　杨水平（女）
副行长　钱建英（女）　姚备勇
　　　　阮　霄　牛雪松
党委书记　杨水平（女）
委　　员　钱建英（女）　姚备勇
　　　　　阮　霄　牛雪松
纪委书记　牛雪松

交通银行湖州分行

行　　长　蔡建军
副行长　张寒芳（女）
行长助理　吴坤华　沈　强
党委书记　蔡建军
委　　员　吴坤华　沈　强

湖州银行股份有限公司

董事长　路国民
行　长　应建国
监事长　张恩林
副行长　方锋杰　高煜民
　　　　俞吉人　周建良
　　　　郑国平
党委书记　吴继平
副书记　路国民　应建国
　　　　张恩林
委　　员　方锋杰　高煜民
　　　　　俞吉人　周建良
　　　　　郑国平
纪委书记　张恩林

中国人民财产保险股份有限公司湖州分公司

总经理　杨培根
副总经理　吴生强　朱　巍
　　　　　朱新明
党委书记　杨培根
委　　员　吴生强　朱　巍
　　　　　朱新明
纪委书记　吴生强*　朱新明

中国人寿保险股份有限公司湖州分公司

总经理　冯四明
副总经理　周　明　高于峰
　　　　　王洪铨
总经理助理　俞　锋
党委书记　冯四明
委　　员　周　明　高于峰
　　　　　王洪铨　俞　锋

中国太平洋财产保险股份有限公司湖州中心支公司

总经理　盛立松*　姚志伟
副总经理　李建华　陶祖民
党委书记　姚志伟
副书记　盛立松（主持工作）*
委　　员　李建华　陶祖民

中国太平洋人寿保险股份有限公司湖州中心支公司

总经理　方秀兰（女）
副总经理　刘培荣　李力华
　　　　　陈　炎
党委书记　方秀兰（女）
委　　员　刘培荣　李力华
　　　　　陈　炎　林　中
纪委书记　刘培荣

中国平安财产保险股份有限公司湖州中心支公司

总经理　李　帅*　吴　杰
副总经理　李延红　胡后锋

中国平安人寿保险股份有限公司湖州中心支公司

总经理　杜加卫
区经理　虞枫云（女）

中华联合财产保险公司湖州中心支公司

总经理　姜　萍（女）*　汪　斌
副总经理　杨志伟
助　　理　沈美华（女）
党委书记　姜　萍（女）*　汪　斌
副书记　汪　斌（主持工作）
　　　　杨志伟
委　　员　沈美华（女）
纪委书记　汪　斌*　杨志伟

气象局

局　长　朱　红（女）
副局长　杨咏钢　罗国军
　　　　钱光明*
党组书记　朱　红（女）
成　　员　虞　进*　钱光明*
　　　　　杨咏钢　赵小兰（女）
　　　　　罗国军
纪检组组长　虞　进*
　　　　　　赵小兰（女）

湖州师范学院

院　长　张立钦
副院长　陆永良　叶金云
　　　　沈建民　马志和
党委书记　刘剑虹
副书记　张立钦　黄建平
　　　　黄建平　蒋云良
　　　　杨　柳*
委　　员　陆永良　叶金云
　　　　　沈建民　朱　鸿
　　　　　马志和　何小青（女）
　　　　　杜　宁（女）
纪委书记　朱　鸿

湖州职业技术学院、湖州广播电视大学

院　长　胡世明*
副院长　丁继安　金　雁（女）
　　　　叶　主　李起潮
党委书记　周家健
副书记　胡世明*　丁根林
委　　员　丁继安　吴海燕

金　雁（女）　叶　主
曹金良　沈　楚
沈建红（女）
纪委书记　吴海燕

浙江税务干部学校（国家税务局培训中心）

校　长　沈建良
副校长　王　平　周祖良
闵　俊
党委书记　沈建良
副书记　王　平
委　员　周祖良　闵　俊

浙江省淡水水产研究所

所　长　顾志敏
副所长　宓国强　沈锦玉（女）
郑阿钦
工会主席　沈金火
党委书记　顾志敏
副书记　沈智华（女）
纪委书记　沈智华（女）

中国石化销售有限公司浙江湖州石油分公司

总经理　徐海荣
副总经理　朱哲明　沈礼文（女）
徐建荣
工会主席　朱哲明
党委书记　徐海荣
副书记　朱哲明
纪委书记　朱哲明

中国移动通信集团浙江有限公司湖州分公司

总经理　马守武
副总经理　周利民　朱宏伟
夏　斌
党委书记　马守武
委　员　周利民　朱宏伟
夏　斌

中国联合网络通信有限公司湖州分公司

总经理　沈飞波*　潘海峰
副总经理　吴继建　王建海
沈巍峰　林军辉*
党委书记　沈飞波*　潘海峰
委　员　王建海　沈巍峰
林军辉*
纪委书记　沈巍峰

市无线电管理局

局　长　尹金泉
站　长　沈　伟

市公路管理局

局　长　徐伟国
总工程师　王锡通
党委书记　芮振华*　杨少章
副书记　徐伟国
纪委书记　胡　益（女）

市道路运输管理局

局　长　刘　斌*　孟立忠
党委书记　沈　宏*　俞　正
副书记　刘　斌*　孟立忠
纪委书记　马贵根

市港航管理局

局　长　汪友余*　赵列克
副局长　黄国芳*　顾　军
桂立君（女）　薛建忠
冯　冰　史旭初
党委书记　赵列克*郑其良
副书记　汪友余*　姚金林*
书　记　毕春红

市交通建设管理局

局　长　周云龙
总工程师　沈志荣
党委书记　王　栋
副书记　周云龙
纪委书记　吴大鹏

湖州监狱

第一政委　沈晓蓝（女，兼）
政　委　毛建平
监狱长　张建平
副政委　费国民
副监狱长　丁天跃　黄登嵩
何振进
党委书记　毛建平
副书记　张建平

市强制隔离戒毒所

第一政委　李　伟（兼）
政　委　金晓星
所　长　易明安
党委书记　金晓星
副书记　易明安

湖州市城市集团、市交通集团、市旅游集团、市产业集团监事会

主　席　姜　捷

市城市集团、市旅游集团监事会

副主席　袁菊林

市交通集团、市产业集团监事会

副主席　蔡志蔚

湖州市产业投资发展集团有限公司

董事长　车少宏
副董事长　陈百民　潘自敏
王建强
总经理　陈百民
副总经理　潘自敏　王建强
党委书记　车少宏
副书记　陈百民
纪委书记　张　莉（女）

湖州市交通投资集团有限公司

董事长　孙跃简
副董事长　娄显杰
副总经理　朱建富　董训浩
王　岑（女）
党委书记　孙跃简
副书记　娄显杰
纪委书记　杨忠华

湖州市城市投资发展集团有限公司

董事长　周建新
副董事长　王建民　沈宏明
副总经理　王　鹏　潘一品
党委书记　周建新
副书记　王建民
纪委书记　沈小强

湖州市旅游投资发展集团公司

董事长　李晓良
副董事长、总经理　潘耕峰
副董事长、副总经理　姚世民
党委书记　李晓良
副书记　潘耕峰
纪委书记　褚建荣

德清县

县　委

书　记　项乐民
副书记　王琴英（女）　罗国建*
杨中校（挂职）*
杨卫东*　敖煜新
常　委　张林华*　杨明连*
谈　斌　罗　芳（女）
陆卫良　陈根三*
敖煜新*　陈亦平
蔡惠江　陈　健
胡梅奎（挂职）*
沈志伟

县人大常委会

主　任　朱法根*　罗国建
副主任　王仲义　方　芳（女）
杨文华　潘月山
孙政文　宋文金
姚夏林

县人大常委会党组

书　记　罗国建
副书记　王仲义

县人民政府

县　长　王琴英（女）
常务副县长　杨卫东*　陈　健

副县长　胡梅奎（挂职）*
陈佐平　王少华
周志方　闻洪泉
洪延艳（女）
程　佳（挂职）*
康忠立（挂职）
高敬东（挂职）
沈忠平（挂职）

县人民政府党组

书　记　王琴英（女）
副书记　杨卫东*　陈　健

政协德清县委员会

主　席　王顺章
副主席　杨永林　王法弟
崔永根*　王克林
嵇金星

政协德清县委员会党组

书　记　王顺章
副书记　杨永林

县纪委

书　记　谈　斌

长兴县

县　委

书　记　吕志良*　周卫兵
副书记　周卫兵*　杨中校
夏　威*
石一婷（女，挂职）*
高胜华
常　委　王庆忠*　高胜华*
宋　波*　郑振良*
沈秋伟　何文全
楼秋红（女）
沈玉龙*
詹茂伟（挂职）*
徐晓惠（女）　王　勇
何志强
沈孔鸿（赴新疆工作）
沈洪峰

县人大常委会

主　任　叶白云
副主任　杨福成
张群英（女，兼）
王春新　钱慧明
尚亿强　徐　骅

县人大常委会党组

书　记　叶白云
副书记　杨福成

县人民政府

县　长　周卫兵*
代县长　杨中校
常务副县长　高胜华
副县长　詹茂伟（挂职）*
徐晓惠（女）　史会方
何卫宏　何志强
王伟新　卢李东（挂职）
刘　卉（女，挂职）
应叶青（女，挂职）

县人民政府党组

书　记　周卫兵*　杨中校
副书记　高胜华*　楼秋红（女）

政协长兴县委员会

主　席　金树云
副主席　张加强　袁　健（女）
章玉坤　姚根泉
余双全

政协长兴县委员会党组

书　记　金树云*　潘华明
副书记　张加强

县纪委

书　记　楼秋红（女）*　王　勇

安吉县

县　委

书　记　单锦炎*　沈铭权
副书记　沈铭权*　陈永华
陆为民*赵德清
常　委　赵德清*　吴佩勋*
杨新初
王有娣（女）*　乐叶俊
杨长海（赴青海工作）*
钱洪文*　吕　立
孙邦军*　石西平（挂职）
任　烽　陆建卫
陈旭华（女）　赵怀君

县人大常委会

主　任　梁为民
副主任　周小平　杨路侠
王爱民（女，兼）
黄根凤（女）　孙　松
黄先国

县人大常委会党组

书　记　梁为民*　陆为民

县人民政府

县　长　沈铭权*
代县长　陈永华
常务副县长　钱洪文*
副县长　任　烽　陆建卫
任贵明　张云威*
何承明　杨建新
郦　东（挂职）*
张小莹（女，挂职）*
陈　瑶（女，挂职）

县人民政府党组

书　记　沈铭权*　陈永华
副书记　钱洪文*　乐叶俊

政协安吉县委员会

主　席　叶海珍（女）
副主席　朱玉成　侯献荣
曾庆山
梁　霜（女，兼）
伍水荣

政协安吉县委员会党组

书　记　叶海珍（女）

县纪委

书　记　杨新初

吴兴区

区　委

书　记　蔡旭昶*　吴智勇
副书记　吴智勇*　陈　江
石一婷（女）
常　委　陈永华*　周建新*
唐　华（女）*　茅利荣*
梅旗华*　宋建方
尹伟东*　朱建祥
张国英（女）　朱剑梁
温建飞　潘永锋
陈建良
杨继荣（挂职）*
洪　波（挂职）

区人大常委会

主　任　吴　旭（女）
副主任　陆永文（女）*　王元根
褚玉明（兼）　汤益培
杨华林　严安成
甘道民

区人大常委会党组

书　记　吴　旭（女）
副书记　茅利荣

区人民政府

区　长　吴智勇*
代区长　陈　江
常务副区长　周建新*　潘永锋
副区长　朱建豪　汪胜富
温建飞　韩新梅（女）
洪　波（挂职）
王秀琴（女，挂职）*
张文斌　王　青（女）
李立红（挂职）*
郑晓红（女，挂职）
张顺利（挂职）

区人民政府党组

书　记　吴智勇* 　陈　江
副书记　周建新*
政协吴兴区委员会
主　席　潘　华
副主席　束明德　姚志凌
　　　　王正泉
　　　　徐滟燕（女，兼）
　　　　周　峻*
政协吴兴区委员会党组
书　记　潘　华
区纪委
书　记　唐　华（女）*
　　　　张国英（女）

南浔区

区　委
书　记　叶理中* 　夏坚定
副书记　夏坚定* 　杨卫东
　　　　管会斌* 　徐昌军
常　委　梅爱祥* 　孙　军*
　　　　李　宁* 　徐昌军
　　　　徐　娟（女）　王建荣
　　　　朱德清　杨长海
　　　　马　骁　姚昌喜
　　　　孙根祥*
　　　　张春森（挂职）*
　　　　黄永庆　金荷新
区人大常委会
主　任　姚广民* 　叶理中
副主任　蔡建新
　　　　吕建蓉（女，兼）
　　　　魏海松　戴悦泉
　　　　华新民　潘金宝
区人大常委会党组
书　记　蔡建新* 　梅爱祥
副书记　蔡建新
区人民政府
区　长　夏坚定*
代区长　夏坚定* 　杨卫东
常务副区长　李　宁* 　姚昌喜
副区长　张春森（挂职）*
　　　　孙根祥* 　潘耕峰*
　　　　王　青（女）*
　　　　施小平　徐国华
　　　　佘国勤（挂职）*
　　　　黄卫军　沈雪芬（女）
　　　　秦　胜　胡　隽（挂职）*
　　　　阿　江（挂职）
　　　　陈先训（挂职）
区人民政府党组
书　记　夏坚定* 　杨卫东
副书记　李　宁* 　姚昌喜
政协南浔区委员会
主　席　马志祥
副主席　钱玉明　陈文龙
　　　　闵建国　王湘起
　　　　万子牛（兼）
政协南浔区委员会党组
书　记　马志祥* 　孙根祥
副书记　马志祥
区纪委
书　记　徐昌军*
　　　　徐　娟（女）

经济建设

农　业

·综　述·

【概况】　2016年，湖州市农村工作按照《湖州市美丽乡村建设“十三五”规划》和《湖州市美丽乡村2016年行动计划》、“四个年活动”实施意见的部署，强化“补齐短板、赶超发展”意识，以“两学一做”学习教育活动为动力，着力改革创新、真抓实干，确保“三农”各项工作有序推进。全市实现农业增加值134.8亿元，同比增长2.5%；农村常住居民人均可支配收入26508元，增长8.6%；城乡居民收入比1.728:1，比上年缩小0.002。湖州在2015年度浙江省农业现代化发展水平综合评价中得分87.53分，连续3年排名全省第一。2016年，全国培育新型经营主体发展农业适度规模经营座谈会在湖州召开，国务院副总理汪洋到会并讲话，唐仁健、袁纯清、韩长赋、王侠等中央和国家有关部委领导出席。中国工程院副院长刘旭院士带队的“农业发展方式转变与美丽乡村建设”课题组和中国社科院市校合作调研组等到湖州调研，并对湖州的农村工作给予肯定，形成《市校合作新农村建设的“湖州模式”及启示》等调研报告。

【大力推进农业供给侧结构性改革】　一是农业生产基本稳定。按照“稳定粮油、提升蚕桑，优化畜禽、做强水产，做特果蔬、壮大林茶，发展生产、富裕农民”要求，重点在加快淘汰落后产能、推进产业结构调整优化上下功夫，着力提升农业主导产业，稳定农业生产，全市全年实现农业总产值223.1亿元，同比增长2.5%。全年粮食播种12.78万公顷，比上年下降4.9%；强化高产示范，粮食总产86.09万吨，下降4.4%，基本完成省定粮食生产任务。水产养殖持续向好，水产品产量增长7.6%；蔬菜、水果产量分别增长6.5%、9.7%；肉类总产量与上年同期基本持平；茶叶产量下降0.5%。加快林业一产转型升级，长兴县出台花卉苗木产业转型升级指导意见，安吉县开展国家级毛竹生物产业基地创建，德清县的竹基复合材料得到市场认可。整市推进省级农产品质量安全放心县创建，德清、长兴县已成功创建；全市农产品质量安全抽检合格率保持在98.5%以上。二是融合发展全面推进。大力推进省市级示范性农业全产业链建设，创建1条省级、5条市级全产业链，累计达12条（其中省级7条）。被列入“一区一镇”省创建点的农业产业集聚区和特色农业强镇各为2个，培育森林“特色小镇”5个、“森林人家特色村”15个。大力发展休闲农业，规范提升农家乐乡村旅游业，安吉县剑山村被认定为第六批全国“一村一品”示范村，德清县五四村和安吉县横山坞村被推介为2016中国美丽休闲乡村，创建省级休闲农业与乡村旅游示范县（乡镇、点）10个和省级农家乐集聚村5个、精品村2个、特色乡镇4个和精品示范区2个，全年接待游客2329.64万人、直接经营收入35.58亿元，分别增长22.79%、24.58%；全国休闲农业和乡村旅游现场会在湖州召开，太湖溇港入选世界灌溉工程遗产名录。大力发展农村电子商务，培育38个市级电子商务专业村，建成414个农村电子商务服务站、累计1100个；推进安吉县农村电商创业省级示范县建设；培育农产品电子商务经营主体150个，全市农产品电子商务销售额30亿元，增长28%。三是要素保障持续强化。深入推进现代生态循环农业试点市建设，完成5个示范区、52个示范主体考核验收，整建制推进工作通过省级中期评估。积极推进永久基本农田划定保护工作，全市12万公顷永久基本农田、5.31万公顷示范区落实到田头地块，成为全省第一个所辖县（区）全部通过永久基本农田划定调整数据库质检市；出台《关于全面建立耕地保护补偿机制的指导意见》，全市落实补偿资金1.17亿元。新建粮食功能区134个、面积6166.67公顷，累计1002个、5.3万公顷。大力培育新型主体，认定市级示范性家庭农场67家、国家级农民专业合作社示范社1家，成立粮油类农民专业合作社联合社10家，认定市级以上农业龙头企业23家，农业龙头企业年销售收入510亿元，增长3.4%；完成农村“两创”（创新、创业）实用人才培训10138人，其中培训新型职业农民2229人，全省新型职业农民培育现场推进会在湖州召开。大力强化科技支撑，成立省农科院湖州农业工程技术研究中心平台，12个育繁推一体化种业企业通过市星级评定，确定农业物联网智能化农业园区培育对象13个；健全“农推”联盟体系建设，引进新品种173个、推广新技术70项。

【深化农村各项改革】　一是抓好试验试点。有序推进“三位一体”（农民专业合作、供销合作、信用合作）改革，市县（区）、乡（镇）“农合联”组建实现全覆盖，全市共成立1个市级“农合联”、5个县（区）“农合联”、58个乡（镇）“农合联”、2个特色产业“农合联”，共吸纳会员974个，其中市级“农合联”成为全省首个落实构建“三位一体”农民合作经济组织体系要求的设区市级“农合联”，长兴县在全省率先以农业产业为基础，跨区域成立农业特色“农合联”——长兴巨丰葡萄产业“农合联”。德清县集体经营性建设用地入市改革试点形成“一办法、两意见、五规定、十范本”制度体系，获得国土资源部肯定，新入市地块45宗、面积16.11公顷、成交金额0.49亿元，累计分别为86宗、40.98公顷、1.46亿元；德清县参与起草了国土资源部、银监会《农村集体经营性建设用地使用权抵押信贷业务指导意见》，集体经营性建设用地使用权抵押融资在全国率先实现突破，已有18宗地进行抵押贷款，抵押总额0.46亿元、贷款0.28亿元。全市14个项目入选省第二批“坡地村镇”建设用地试点，新增建设用地指标63.07公顷。南浔区城南试验区改革攻坚推进，城南社区二期完工交房、三期拟安置地块选址和土地征用已完成，开工建设稻作文化创意园项目，签订“乘梦南浔”文旅产业园、“南浔太子谷生态农业产业园”项目框架协议。二是抓好“三权”改革。全面推进农村土地承包经营权确权登记颁证工作试点，试点县德清县所有需确权村均已完成家庭承包土地明细调查、承包地块测绘任务，4个试点乡（镇）全部完成试点任务，全市已完成726个村测绘任务，占需确权村的83.7%。全面完成农村宅基地确权登记专项行动，全市调查农户47万户，累计完成发证农户42.41万户、确权登记46.27万宗，对符合条件的实现“应发尽发”。通过进一步加强硬件和相关管理制度建设，农村综合产权流转交易体系不断完善，实现三县两区乡（镇）产权流转交易中心全覆盖，建立起县级中心、镇（街道）分中心、村（社区）服务站、农户“四位一体”农村产权交易示范平台，实现统一平台建设、统一信息发布、统一交易规则和统一监督管理，推动产权市场化流转。县（区）制度建设逐步完善，细化工作流程，加强风险防范，产权交易数量不断增加。新增产权交易632笔、2.51亿元，累计交易1910笔、4.87亿元。配套跟进农村综合产权金融改革，积极推进德清、长兴县农村承包土地经营权抵押贷款全国试点工作，全市农村综合产权抵押贷款期末授信余额27.71亿元、贷款余额23.02亿元，分别比年初新增11.97亿元、10.22亿元。三是抓好金融保险支农创新。开展收益权质押贷款以及土地承包经营权抵押贷款试点工作，促进农业生产要素加快流转。市农业局与农业银行湖州分行签署战略合作协议，明确3年内农行湖州分行将优先配置30亿元的信贷规模用于支持现代农业建设；深化“金融创新与美丽乡村升级互促共进示范点”建设，进一步打响全国首创的“美丽乡村富民卡”品牌，重点面向全市创业农户、种养殖大户等发放富民卡8.16万张、贷款2188户、贷款额6.56亿元，办理惠农理财2.55亿元。全面推广德清县生猪无害化处理与保险联动经验，安吉县白茶低温气象指数保险参保茶农获赔款0.15亿元、获赔比例达90.7%。

【补齐农村增收短板】　一是高度关注农民增收。以大力补齐低收入农户增收致富短板为契机，切实加大对市促进低收入农户收入倍增“十二条”政策意见的落实力度，加快发展乡村休闲旅游业、农村电子商务和来料加工等适宜低收入农户参与的产业，落实市财政低收入农户扶持资金70余万元，通过“产业开发一批、培训就业一批、金融服务一批”等措施，让低收入农户在发展中实现增收；积极发挥慈善总会等组织的作用，加大对低收入农户的帮扶；市农办、民政、统计、残联等部门联合建立健全“消除4600”成果巩固机制，南浔区、长兴县、安吉县等高度关注上年已消除的“4600人口”，再次排摸情况、落实相关帮扶举措，做到“扶上马，送一程”；继续开展对全市低收入农户收入的统计监测工作，及时了解、掌握收入变动情况；国家旅游局将湖州列为国家乡村旅游扶贫工程观测中心，依据46项指标对全国153个观测点实施数据统计、分析和动态跟踪，为全国乡村旅游、旅游扶贫提供数据支撑。全市低收入农户人均可支配收入12509元、同比增长16.6%，其中省标收入11059元、增17%。二是不断优化农村民生。出台文化礼堂星级认定管理办法，深入开展“四季四赛”活动，持续推进“星期日活动”，大力推进农村“文化礼堂·幸福八有”建设，新建文化礼堂82个、累计402个；在全市5个中心镇试点推进“文化广场”建设，打造承载乡（镇）历史文化记忆、符合时代发展要求和满足群众文化需求的区域文化地标。德清县在创建为首批省教育基本现代化县的基础上，加快教育现代化县创建步伐，长兴县创建为省教育基本现代化县，南浔区通过省教育基本现代化区评估；完善扶困助学机制，“义务教育学生改善计划”标准由原每生每年750元提高至每生每年1000元。进一步完善基层卫生服务网络，新改扩建12家乡（镇）卫生院(社区卫生服务中心)，积极推进70家服务站改扩建，全市有66家乡镇（街道）卫生院（社区卫生服务中心）、704家服务站；全面推进基本公共卫生服务项目，有效提升基本公共卫生服务均等化水平，在省级考核中居第一名；出台《关于推进责任医生签约服务工作的实施意见》和《责任医生签约服务考核办法（试行）》，组建762个责任医生团队，与46.84万居民开展签约，规范签约率达17.78%；统筹城乡医保政策，深入研究全市统一的城乡居民基本医疗保险制度政策，制定全市统一的大病保险办法并启动招投标。深入实施被征地农民转职工养老保险，为0.9万人办理转移手续。居家养老照料中心完工并投入使用178家；政府购买居家养老服务扩面提质，有19139名老人享受政府购买居家养老服务，占全市老年人口的3.12%，购买服务资金0.16亿元。农村联网公路、桥梁加固与改造及大中修工程完成投资

9.62亿元。三是力促农村社会和谐稳定。广泛开展四大“最美”系列选、育、树、学活动，争做“最美湖州人”蔚然成风。推进“百村示范、千村晋位”行动，评定5个基层党建整乡推进示范乡镇（街道）党委、49个市先锋示范村；狠抓软弱落后村整转，3位市委领导和61名县（区）领导挂钩整转54个软弱落后村党组织，从市、县（区）机关选派“第一书记”驻点帮扶整转；深化“领头雁”工程，推选13名市美丽乡村带头人和37名省“千名好支书”，健全不胜任村党组织书记调整机制，研究制定优秀村党组织书记选拔进乡镇（街道）领导班子政策，调整38名村主职干部，新选拔12名进班子、累计达23名；全面建立县、乡、村三级党组织书记基层党建工作“三张清单一张表”，全面推行基层党建“日志式管理”。通过召开全市发展壮大集体经济现场推进会、出台市本级集体经济欠发达村村级物业经济项目立项验收办法、市、县（区）农办联动调研督促推进、多个职能部门到困难村现场施策等措施，多途径推进村级集体经济尤其是欠发达村加快发展，实现对集体经济欠发达村“造血”项目的全覆盖。完成市派第九批农村工作指导员任期延长及第十批农村工作指导员（第一书记）选派工作。深化农村党群创业互助会建设，推广乡贤参事会等做法，凝聚基层治理合力，平安护航G20杭州峰会，以“社区协商，共建共享”为主题的中国乡贤治理论坛在德清县召开。“阳光村务指数”发布实现所有行政村全覆盖。

【深化合作共建】 召开市校合作第九次年会，研究部署今后一个时期深化合作工作；通过举行季度例会、市校双方职能部门多次对接等，落实市校合作年度重点工作10个方面、29项；成立浙江大学湖州休闲农业产业研究院，开展休闲农业产业发展战略研究、项目投资策划、运营管理咨询、品牌创建服务和组建休闲农业产业行业合作平台等工作，为湖州成为全国休闲农业与乡村旅游首选之地提供技术支撑和新的动力；湖州农民学院与中国社科院农发所签约共建“研究生、博士后实践与研究基地”，并加大“学历+技能+创业”型农民大学生培养，在籍农民大学生达3033人，新增10家示范性农民大学生创业基地、总数达到58家。由20余名院士专家组成的全国首个农业文化遗产院士专家工作站，在南浔区和孚镇获港渔庄挂牌成立。深化林业厅市合作，龙王山自然保护区晋级为浙江安吉小鲵自然保护区，德清县加快建设全省首个现代林业经济示范区。安吉县与省农科院签订共同推进生态农业发展合作协议，成立安吉农业工程技术研究中心，开展技术创新、成果集成转化和人才培养；浙江工业大学德清校区项目获得省发改委批复。新增市校合作项目217项，其中与浙江大学合作57项，累计分别达到2094项、992项。

（毛毓良）

·粮　油·

【概况】 2016年，全市粮食生产总体稳定，完成粮食播种面积191.75万亩，粮食总产量86.09万吨，超额完成省下达的184万亩播种面积和85万吨粮食总产生产目标任务。其中，春粮生产表现“三减”（面积减、单产减、总产减）。全市春粮种植面积36.42万亩，比上年减少11.05万亩，下降23.28%；平均亩产285公斤，比上年亩产减少9.9公斤，下降3.36%；总产量10.38万吨，比上年减少3.62万吨，下降25.8%。春粮生产下降原因，主要是年初极端恶劣气候的影响。晚稻生产基本稳定。全市晚稻种植面积115.52万亩，比上年减少2.717万亩，下降2.3%；平均亩产545公斤，与上年持平；总产量62.96万吨，比上年减少1.48万吨，下降2.30%。旱杂粮生产保持增长。全市旱杂粮种植面积37.2万亩，比上年增加1.347万亩，增长3.76%；平均亩产359.1公斤，比上年亩产增加36.1公斤，增长11.2%；总产量13.36万吨，比上年增加1.78万吨，增长15.37%。2016年，全市油菜生产继续下滑，油菜种植面积17.18万亩，比上年减少7.04万亩，下降29.07%；平均亩产152.2公斤，比上年亩产减少2公斤，下降1.3%；总产量2.61万吨，比上年减少1.12万吨，下降30.03%。

【粮食生产】 一是出台粮食生产扶持政策。湖州市人民政府根据《浙江省财政厅浙江省农业厅关于印发浙江省农业三项补贴政策综合改革试点方案的通知》精神，在上年长兴县泗安镇试点成功的基础上，出台《湖州市人民政府办公室关于做好全市农业补贴政策综合改革工作的通知》，在全市全面推行农业三项补贴政策综合改革惠粮政策。二是继续开展粮食生产功能区建设。2016年，全市新建粮食生产功能区134个，面积9.3万亩，其中，市级示范性粮食生产功能区7个，面积6696亩。至年末，全市累计建成粮食生产功能区1002个，面积79.48万亩。为加快粮食生产功能区建设进度，开展粮食生产功能区建设推进行动。2月下旬，制订2016年粮食生产功能区推进行动计划，明确各县（区）各季度目标任务，抓紧组织实施，及时汇报建设进度。4月下旬，在南浔区双林镇召开2016年度全市粮食生产功能区建设推进行动现场会。为了切实加强粮食功能区的管理，对已建粮食功能区生产情况开展排查，重点调查粮食功能区内“非农化”“非粮化”所占面积及原因，并提出相关对策。三是开展粮食绿色高产创建活动和高产示范竞赛。建立省级水稻高产创建1000亩示范片30个，面积3.51万亩；建立100亩示范方72个，面积2.33万亩。市农业局组织测产验收小组对10个超级稻百亩示范方进行测产验收，随机选择30块田，实割面积40.82亩，平均亩产808.1公斤，比上年示范方平均亩产增加3.1公斤，增长0.39%。其中，南浔区严家圩省级粮食功能区，机插种植甬优1540示范方，面积250亩，平均亩产903.5

公斤；德清县新市镇加元村粮食功能区甬优538示范方，面积105亩，平均亩产863.2公斤；亩产水平最高田块为南浔区严家圩省级粮食功能区种植的甬优1540攻关田，验收面积1.74亩，亩产930.1公斤。四是大力发展旱粮生产，减少冬闲田面积。深入开展旱粮生产示范基地创建，促进旱粮生产区域化、规模化和特色化发展。充分利用山坡杂地、塘边堤地、田埂路边和各类园地等旱地资源，千方百计种好种足旱粮作物。

【耕地保护】 一是积极稳妥推进农业“两区”（粮食功能区和现代农业园区）土壤污染防治工作。2016年，农业“两区”土壤污染防治作为全市农业16项重点工作之一。市政府成立了土壤污染防治工作领导小组，出台《湖州市人民政府关于农业“两区”土壤污染防治三年行动计划》（2015～2017年）和年度工作推进计划，明确工作目标，量化工作任务。与省农科院开展科技项目合作，对全市1044个土壤样品开展土壤重金属污染评价，先后完成农业“两区”土壤重金属点位评价、耕地清洁度综合评价、农业“两区”土壤质量安全等级划区定界建议方案等4个初步报告，成为全省第一家市、县（区）两级掌握农业“两区”土壤污染情况的设区市。与市畜牧局、水产站合作，完成了全市鱼塘淤泥、猪粪和沼液等109个样品的重金属检测工作，并形成检测和分析报告。构建了土壤污染防治监测体系，对全市121个监测点（71个基本农田常规监测点和50个农业“两区”综合监测点）的地理位置进行核实与调整，完成监测点基础信息采集，并落实配套资金，落实专业人员。二是开展自然资源资产负债表编制试点工作。根据中共中央办公厅、国务院办公厅印发的《开展领导干部自然资源资产离任审计试点方案》和《编制自然资源资产负债表试点方案》要求，湖州市为首批试点之一。市农业局作为成员单位之一，全程参与了自然资源资产负债表编制的培训、研究及论证工作，负责耕地质量等级及变动表（表号Ⅱ503）的填写。市农业局成立自然资源资产负债表编制工作小组，由局长方杰担任组长、副局长沈红星担任副组长。为确定表格填写方案，在农业部和省农业厅培训指导的基础上，先后5次组织相关部门的农业专家、土肥骨干和基层代表等召开研究讨论会和专家座谈会，研究确定“Ⅱ503”表的填写方案。对表格中涉及国土部门的数据资料，如耕地占补矢量数据，加强沟通，及时收集与规整。三是深化测土配方施肥行动。加强田间试验，利用测土配方施肥大数据，借助智能机、触摸屏等先进技术，将测土配方施肥技术推广更加便利和实用。全市完成测土配方施肥推广面积328.53万亩。四是积极推广化肥减量增效工作。全市建立化肥减量核心示范方15个；水肥一体化示范点10个，以经济作物为主；缓控施肥示范点10个，以大田作物为主。全市推广商品有机肥8.1万吨，推广应用配方肥2.95万吨，减少不合理化肥施用2561吨，减少农药用量375.43吨。五是完善和强化标准农田占补管理。规范工作流程，严格实行“先补后占、占补平衡”制度。4月，市农业局和财政局组织对长兴县、安吉县、南浔区2011年标准农田质量提升项目进行全面评价工作。项目通过4年实施，全部达到一等田，达标率达100%；评价工作重点放在对项目地力培肥等技术措施及资金管理使用等方面做出规范和要求。

【种子管理】 一是加强宣传培训，积极贯彻实施新《中华人民共和国种子法》。2015年11月4日第十二届全国人民代表大会常务委员会第十七次会议对《中华人民共和国种子法》进行了修订，并于2016年1月1日起施行。为全面贯彻落实新《中华人民共和国种子法》，加快推进湖州市现代种业发展，组织《中华人民共和国种子法》学习专题讲座，邀请省种子管理站副站长阮晓亮作专题辅导，解读新《中华人民共和国种子法》修订的背景、内容。举办《中华人民共和国种子法》配套规章培训班，邀请省种子管理总站高级农艺师童琦钰和陈小央，分别对农业部《农作物种子生产经营许可管理办法》和《农作物种子标签和使用说明管理办法》二个配套办法修订的背景、修订的基本思路、修订的主要内容和实际工作中应该注意的问题进行解读。全市组织各类《中华人民共和国种子法》及配套办法培训班7期，参加培训人数900人（次），发放学习资料1000余份。二是加强种子市场监督管理，组织春、秋季种子质量抽检。4月上旬，组织开展全市春季种子质量扦样大检查活动，对辖区内种子企业经营的杂交水稻、常规晚稻、玉米和蔬菜等作物种子进行检查抽样，全市共抽取样品28个，代表58万公斤商品种子。10月中旬，组织开展秋季种子质量抽查，主要抽查小麦、油菜种子，全市共抽取样品15个。三是开展储备种子专项检查。根据《浙江省农业厅办公室关于开展2016年度农作物救灾备荒种子储备工作专项检查的通知》要求，组织全市储备种子专项检查。全市储备种子计划任务为64万公斤，其中，市本级25.6万公斤，安吉县11.4万公斤，长兴县20.5万公斤，德清县6.5万公斤。全市实际收储64.36万公斤。储备种子质量抽样检验结果显示，储备种子发芽率在85%以上，均达到合格要求。省种子储备工作检查组对湖州市储备种子进行抽检，对湖州市农作物种子储备工作给予肯定。四是深入推进现代种业发展，开展育、繁、推一体化种子企业培育。大力发展现代种业是2016年市农业局16项重点工作之一，作为现代种业发展重点工作推进小组成员，根据实施方案要求，组织开展全市农作物种业发展现状调研活动，调研种业企业、种子管理机构基本情况，以及种子企业布局、供种能力等情况，形成《湖州市农作物种业发展现状和存在问题调研》书面材料。为确保商品种子数量和质量安全，更好地为农业生产服务，有针对性的开展对二家种子企业培育，其中，一家为以粮油种子生产经营为主的育繁推一体化种子经营企业，另外一家为以蔬菜瓜果种子经营为主的育繁推一体化种子经营企业。五是做好农作物新品种展示示范。市瓜菜新品种展示示范中心于2014年、2015年连续2年被确定为中国·浙江瓜菜种业博览会瓜菜名特优新品种展示分中心，2016年，又被确定为第八届中国·浙江瓜菜种业博览会展示分中心，展示示范的瓜菜优势新品种85个，取得了较好的示范展示效果。（钱 屹）

·蚕 桑·

【概况】 受茧丝行情低迷影响，导致产业链上游的蚕茧价格下滑。2016年，湖州市蚕桑生产持续滑坡，蚕茧生产总量持续下降，蚕农对种桑养蚕的积极性再次受挫，严重影响到湖州市蚕桑产业的持续稳定。全市全年饲养蚕种151054张，同比减少11780张，下降7.2%。其中南浔区实养72946张，同比增加770张，与上年基本持平；吴兴区实养10272张，同比减少2042张，下降16.6%；德清县实养43000张，减少2166张，下降4.8%；长兴县实养19206张，减少1012张，下降5%；安吉县实养5630张，减少7330张，下降56.6%。全市春蚕种实养101666张，同比减少11691张，下降10.3%。其中吴兴区实养7160张，减少1955张，下降21.4%，南浔区实养49436张，减少1040张，下降2%；德清县实养28500张，减少1466张，下降4.9%；长兴县实养13100张，减少1200张，下降8.4%；安吉县实养3470张，减少6030张，下降63.5%。全市夏蚕实养2690张，减少238张，下降8.1%。全市“两秋”蚕实养46698张，减少149张，下降0.3%。其中南浔区实养23215张，增加2055张，增长9.7%；吴兴区实养3012张，减少109张，下降3.5%；德清县实养12450张，减少550张，下降4.2%；长兴县实养5871张，增加153张，增长2.7%；安吉县实养2150张，减少1300张，下降37.7%。全市全年平均张产51.7公斤，同比增加0.1公斤；总产蚕茧7807吨，减少595吨，下降7.1%；50公斤平均上茧收购价1659元，减少57元；蚕茧款收入25898.2万元，同比减少2780.9万元，下降9.7%。

【蚕业规模持续缩小】 由于春蚕上蔟期间持续阴雨，春蚕茧质量较差，而且春蚕茧收购价格创下10年来新低，蚕农养蚕积极性受挫，蚕种订购量持续减少。重点蚕区的南浔区练市、千金等镇生产规模继续缩小，如南浔区练市镇朱家兜村上年中秋蚕饲养蚕种300余张，2016年同比减少200张；安吉县全年饲养量连续2年减50%以上，并有继续下滑趋势。

【蚕茧张产成绩好】 年内，由于各期蚕发种时间布局较好，饲养期间气候适宜，全年无大的中毒事故，春、秋各期蚕种张产较高，春蚕平均张产在50公斤以上，“两秋”蚕平均张产在40公斤以上，属历史较好年份。秋蚕期没有明显高温气候，雨水调匀，秋叶生长较好，第四代桑螟虫害防治和秋蚕饲养环境较好，中秋蚕张产高、茧质好，养蚕成绩好于预期，有利于蚕农对来年养蚕信心的提高。

【蚕茧价格回升乏力】 年初，吨丝价格维持在32万元/吨左右，至春茧收购时下降至30万元/吨，因此春茧同比价格持续低下，严重影响到秋蚕饲养的积极性，秋期丝价再次下到30万元/吨左右，因此中、晚秋茧价格维持上年同期水平，多数蚕农将蚕茧用于自制丝棉，由于养蚕经济效益下降，严重挫伤了养蚕户的生产积极性，重点蚕区养蚕规模持续缩小，因此蚕种饲养量自然减少。

【蚕茧收购秩序混乱】 由于蚕茧非法经营者较多，部分丝厂委托收购十分普遍，市区蚕茧有50%外流，同时，早采毛脚茧、上次混茧和潮茧出售现象普遍，严重影响到蚕茧质量品位和新蚕品种推广，对行业持续发展造成严重影响。

【转换蚕种经营机制】 从下半年开始，市农业局下发《关于理顺湖州市本级蚕种经营权的通知》，蚕种经营由农业蚕业主管部门供种转换成蚕种生产企业直接供种，蚕种产销供种秩序逐步趋向正常。

（沈根生）

·蔬 菜·

【概况】 2016年，全市蔬菜播种面积3.73万公顷，总产量87.3万吨，总产值25.4亿元，比上年分别减少300公顷、增加2.74万吨和增加1.88亿元。其中播种面积居前10位的蔬菜品种为普通白菜3651.63公顷、茄子1834.62公顷、辣椒1810.2公顷、芹菜1791.56公顷、莲藕1549.02公顷、茭白1453.97公顷、黄瓜1446.45公顷、豇豆1377.23公顷、番茄1298.96公顷、大白菜1263.87公顷，合计播种面积1.75万公顷，占蔬菜总播种面积的46.7%；总产量47.5万吨，占蔬菜总产量的54.4%；总产值13.79亿元，占蔬菜总产值的54.3%。

【蔬菜产业发展】 一是设施蔬菜面积稳定，结构优化。2016年，全市设施蔬菜面积7647公顷，其中大棚4308.67公顷，占设施蔬菜总面积的56.34%，同比增加188.67公顷，提高2.87个百分点；中棚1056公顷，占13.81%，分别减少144公顷和下降1.76个百分点；小棚2282.4公顷，占30.95%，分别减少102.6公顷和下降1.11个百分点。2016年，设施蔬菜播种面积1.36万公顷，与上年持平；全市设施蔬菜产量36.32万吨，比上年增加1000吨，增长0.28%。二是特色蔬菜增加。2016年，全市特色蔬菜新增面积628.4公顷，达6379.33公顷，增长10.9%，其中水生蔬菜、山地蔬菜、野生蔬菜和芦笋分别增加446.67公顷、41.13公顷、15.07公顷和126.67公顷。在水生蔬菜中，南浔区新增莲藕面积186.67公顷，新增茭白面积66.67公顷；吴兴区新增莲藕面积133.33公顷。全市芦笋面积774公顷，其中长兴县芦笋面积700公顷，实际投产面积573.33公顷。全市芦笋平均产量2.01吨/公顷，同比下降1.3%；全年平均价格8.2元/千克，同比下降19.6%；平均每667平方米（亩）产值10988元，下降20%。

【蔬菜生产技术】 一是调整品种结构，满足市场需求。根据市场需求变化，适当减少大白菜、普通白菜、结球甘蓝、萝卜、茄子、菜豆等的播种面积，增加豇豆、辣椒、芦笋、番茄等的播种面积；在甜瓜生产中，适当减少厚皮甜瓜，增加薄皮甜瓜面积；在西瓜生产中，适当减少大中果型西瓜，增加“小兰”等小西瓜面积。在草莓生产中，“越心”品种示范种植取得初步成效，呈较快发展趋势。二是开展集约化育苗，应用和示范嫁接技术。在长兴县虹星桥镇、德清县乾元镇等地大面积应用西瓜嫁接苗的基础上，吴兴金农生态农业发展有限公司于2016年开始在茄子上进行嫁接苗的生产试验和示范，取得较好的增产、增收效果。三是示范推广水肥一体化技术。2016年，全市示范水肥一体化技术400余公顷，取得明显的省肥、省工、节本和增收效果。如长兴县和平镇许长蔬菜专业合作社等地在大棚芦笋上推广应用水肥一体化技术1500余公顷，结果使芦笋植株长势旺、芦笋色泽好、粗笋多，大棚内病虫害减少，农户全年施肥量减少20%，每667平方米（亩）增效1014元。四是示范推广菜稻轮作模式。南浔区示范大棚瓜菜稻轮作面积6.67公顷，水稻选择优质、高产品种“嘉58”和“南粳5055”，移栽后，大棚全防虫网覆盖，每667平方米（亩）全生育期用尿素15公斤，达到了稳粮增效、瓜菜优质高产、化肥与农药减量“一技三得”的目的。安吉县天子湖、梅溪等乡（镇）发展瓜稻轮作面积94.67公顷，全年每667平方米（亩）产值1.1万元左右，不仅增加了粮食产量和农民收入，有效地缓解了连作障碍，生态效益明显。五是示范种养结合模式。德清县阿华茭白专业合作社的8公顷茭鳖共生模式，双季茭全年每667平方米（亩）产量3150公斤，产值9170元，商品鳖产量105公斤，产值18400元，合计每667平方米（亩）产值27570元，纯收入达15470元。六是示范高效种植模式。南浔康源蔬菜专业合作社在菜稻轮作改良土壤的基础上，应用“甜瓜—樱桃番茄—莴笋”一年三茬种植模式，全年每667平方米（亩）产值达42800元。七是示范休闲采摘蔬菜。长兴县胥仓莲藕专业合作社通过种植200余个品种的水生植物，开发20公顷面积的休闲旅游观光园；德清县新田农业科技有限公司通过西瓜网架栽培，观光采摘吸引游客，增效明显；南浔区绿腾生态农业有限公司通过樱桃番茄、彩虹西瓜、优质甜瓜和草莓休闲采摘，结合蒙古包、野炊、向日葵等吸引游客，促进消费，增加了收入。

【自然灾害影响】 1. 严寒冰雪。1月20～26日湖州地区出现历史罕见的大风暴雪冰冻天气，最低温度达零下8℃～零下12℃，造成较严重的蔬菜冻害。据统计，全市蔬菜受灾面积1693.33公顷，其中绝收面积293.33公顷，产量损失4900吨；大棚倒塌面积3.47公顷，农膜破损36.8万平方米，瓜菜秧苗损失141万株，经济损失2400余万元。2. 寒潮。3月10～12日，气温出现了平原为零下1℃，山区为零下4℃的低温寒潮天气。部分园区因多层覆盖材料已被拆除，正处于旺盛生产期的立架栽培蔬菜、瓜果受到比较严重的冻害。3. 连阴雨。4～5月的春季连阴雨和9月中旬至11月下旬的秋季连阴雨，降水量分别是常年同期的1.3倍和2.6倍，雨日多，光照少，造成春季蔬菜病害多发、生长发育缓慢，始收期推迟，产量、效益下降，秋季露地蔬菜根系生长不良或死亡，收获面积减少，产量严重受损，并造成市场阶段性蔬菜价格较大幅度上涨。4. 暴雨水涝。在5月底至7月初期间，出现6次强降雨，导致多处地势较低的菜地受淹。特别是6月20日，全市普降暴雨和大暴雨，局部特大暴雨，全市有67站超100毫米，17站超200毫米，最大降雨量为长兴县泗安，达到283.9毫米，地势较低、排灌设施不好的蔬菜基地普遍受到水涝灾害，其中长兴县和平镇长城村100余公顷芦笋受淹，部分田块受淹时间长达3天以上，损失严重。据统计，全市蔬菜受灾面积1766公顷，其中绝收面积653公顷，产量损失3.69万吨，倒塌大棚40公顷，损毁秧苗240万株，经济损失9590.1万元。5. 高温干旱。7月下旬至8月中旬，长达26天气温超过35℃。其中，7月26～29日连续4天最高气温超过39℃，造成夏、秋季速生叶菜出苗困难、生产难度加大，秋季瓜类、茄果类蔬菜育苗困难，苗期生长不良。

【荣誉奖项】 5月19日，湖州市选送4个甜瓜生产企业参加“2016浙江农业之最甜瓜擂台赛”，获得3个奖项，其中南浔康源蔬菜专业合作社获得二等奖；德清依依农庄和德清新田农业科技有限公司均获得三等奖。（叶飞华）

·茶　叶·

【概况】 2016年，湖州市茶园总面积365171亩，采摘面积产茶11174吨，产值347271万元，比上年分别增加8315亩、减少770吨和增加6881万元。其中名优茶4629吨、产值327807万元，分别减少395吨和增加3333万元。2016年，出圃茶苗19400万株，增加2200万株。初制茶厂295家，与上年持平，茶产业从业人数272695人。湖州市茶产业以全省⅛的茶园面积，¼的茶叶产量，贡献了全省⅕的茶叶产值，茶叶总产值继续居全省首位。

【开采时间】 2016年，各县（区）春茶各个茶树品种均比上年提早开采。3月5日，长兴县的龙井43品种开采时间最早，比上年提前15天左右。德清县乌牛早品种于3月7日开采，比上年提早6天。安吉县白叶一号品种于3月20日开采，比上年提早8天。

【茶叶价格】 全市全年茶叶平均单价每公斤618元，比上年同期每公斤增加28元。全市名优茶平均单价每公斤708元，比上年同期每公斤增加62元；名优茶价格，安吉县最高，平均单价每公斤为1093元，最低为吴兴区平均单价234元。

【茶叶保险】 “茶叶政策性保险”模式稳步推进，为增强茶农抵御自然风险的能力，保障种植户生产稳定，促进茶产业健康持续发展，安吉县白茶保险试点扩面。2016年，安吉县白茶承保面积3万余亩，比上年新增2万亩，收取保费300余万元，涉及全县2290户茶农，茶农获得赔款1500余万元。

【茶事活动】 4月24日，湖州市举办第七届全民饮茶日活动；3月24日，安吉县组织召开茶商大会和2016中国安吉白茶博览会；4月10日，德清县举办第八届莫干黄芽茶王赛等。5月20日~23日，组织全市17家茶企参加省农业厅举办的第十一届浙江绿茶（西宁）博览会，“安吉白茶”和“莫干黄芽”品牌积极开展推介活动。5月26日，组织第三届浙江省茶艺师职业技能竞赛湖州市选拔赛。5月29~31日，组织安吉县、长兴县和德清县的3名选手参加了第三届浙江省的茶艺师职业技能竞赛，安吉县递一滴水茶艺馆的顾洲杰取得全省第4名的好成绩。10月20~21日，组织长兴县、德清县的2名炒茶厂参加浙江省首届茶叶加工工职业技能竞赛，获得全省第11名和第14名。

【技术培训】 湖州市依托浙江大学产业联盟，邀请中国农科院茶叶研究所、中国供销总社茶叶研究院、浙江大学和浙江省农业厅等专家，组织技术人员、生产大户、专业合作社举办产业形势分析、质量安全和采摘、加工标准化生产、霜冻抗灾措施等内容的培训班，全年举办培训班60余期、受训3500余人（次）。如3月6日，陈宗懋院士的《茶产业科技创新报告会》；3月9日，组织《浙江省茶产业“十三五”政策解读》《从市场变化谈今年春茶生产的注意事项》培训；9月8~10日，进行《茶叶先进生产技术及茶叶市场建设》等相关培训；12月22日，进行《茶产业转型升级》专题培训。

【品牌建设】 2016年，安吉白茶以31.74亿元的品牌价值连续7年获得品牌价值全国10强，跻身全国第6位，并成为最具品牌溢价力、最具品牌传播力的中国茶类区域公用品牌。2016年，国家茶叶产业技术体系茶产业经济研究室公布了全国264个茶叶主产县的产业综合实力评估和分析，安吉县排名全国第六，是浙江省唯一进入全国10强的茶叶主产县。长兴紫笋作为历史名茶品牌在茶界具有较大的影响力；莫干黄芽借助莫干山和“洋家乐”品牌知名度和美誉度不断提升。

【机器换人】 2016年，机采茶园面积15045亩，与上年持平，机剪茶园面积314782亩，同比增加13300亩。新增省标准化名茶厂3家，3条流水线。2016年，全市有省标准化名茶厂13家，流水线16条。

【电子商务】 2016年，全市乡级以上茶叶交易市场13个，交易量13505吨，产值407730万元。茶企涉足电商，借助淘宝、天猫和京东等平台，增加线上销售比重，让更多消费者能方便快捷买到原产地的湖州名茶。全国专卖安吉白茶的天猫旗舰店有26家，淘宝店1031家，年销售逾2亿元。9月，安吉龙王山茶叶开发有限公司和陆羽茶交所达成合作，“龙王山”牌安吉白茶将在陆羽茶交所上市，是安吉县内第一个安吉白茶品牌在该所挂牌，标志着安吉白茶创新营销方式又前进了一步，为其他茶企在安吉白茶示范、推广和品牌建设上开了先河。

【媒体宣传】 2016年，CCTV-7农业频道《聚焦三农》栏目组、CCTV-2《生财有道》《交易时间》《第一时间》等栏目组对湖州的茶产业进行了专题报道。新华社、人民网、光明网等众多媒体在春茶季对湖州茶产业进行报道。

【产品延伸】 年内，茶叶精深加工企业有9家，消化茶叶量39800吨，实现产值47510万元。积极拓展茶产业链，安吉县开发了茶饮料、茶含片、茶酒、茶食品、功能性产品等一批新产品，长兴县推出多种类茶品，德清县推出茶旅游路线等。

【科技与人才】 安吉县为浙江省茶产业团队技术项目（2016~2018年）区域试验站之一，进行《白叶茶优质高效生产技术的熟化集成》研究；长兴县、德清县为示范推广基地，分别进行《紫笋茶与白叶红茶质量提升技术示范与推广》《茶叶机采机制标准化技术示范与推广》的研究。《安吉白茶产业化配套技术研究集成与示范推广》项目分别获“全国农牧渔业丰收奖二等奖”和“2015年省农业丰收一等奖”。2016年，安吉县农业局种植业技术服务推广中心赖建红取得农业技术推广研究员资格，成为湖州第一个茶叶方面的正高职称人员。

【获奖情况】 2016年，湖州市在第八届“中绿杯”中国名优绿茶评比活动中获金奖6个；在第十一届浙江绿茶博览会，有6家企业获金奖；在第四届“国饮杯”全国茶叶评比中获特等奖5个、一等奖7个。安吉溪龙女子茶叶专业合作社的“溪龙仙子”品牌茶叶荣获“2016湖州市农产品质量奖”，浙江安吉宋茗白茶有限公司生产的宋茗牌茶叶复评通过2016湖州市农产品质量奖。安吉龙王山茶叶开发有限公司的“龙王山”安吉白茶荣获“第十四届中国国际农产品交易会暨昆明国际农业博览会农产品金奖”。

【霜冻影响】 受3月9日、10日的大范围降雪和3月11日、12日的低温霜冻天气影响，全市受损茶园面积达21.4万亩，产量损失117.2吨，减少产值16570万元。3月27、28霜冻，全市茶园又受损，面积达3万亩，产量损失38.45吨，减少产值达10440万元。2次霜冻受影响茶园面积累计达24.4万亩次，产量损失155.65吨，减少产值27010万元。 （柳丽萍）

·水 果·

【概况】 2016年，全市果园面积15600公顷，其中葡萄3866.7公顷，均比上年下降0.85%。水果总产量14.38万吨，比上年下降9.9%，其中桃、枇杷、樱桃等水果受灾严重，葡萄产量6.54万吨，比上年下降2.68%；水果产业总产值11.75亿元，比上年下降2.81%。其中葡萄产值4.75亿元，比上年增长0.42%。

【产业调研】 一是开展生产优质葡萄二次果的气候适宜度研究。湖州水果种类众多，以葡萄栽培面积最大，截至2016年年底，湖州葡萄栽培面积3866.67公顷。湖州是葡萄栽培的适宜区，但遇到异常恶劣的自然气候条件如梅雨、连续强降雨、台风等的影响，易造成葡萄大量减产，甚至绝收。葡萄二次果生产是挽救产量和经济损失的有效途径，研究表明，湖州是生产优质葡萄二次果较为适宜的地区，有生产优质葡萄二次果的气候条件，从葡萄果实生长发育来看，下半年（二次果生长发育的时期）的光热条件比上半年（一次果生长发育期）更佳。根据气候因子分析，湖州生产葡萄二次果，应在6月底至7月初对葡萄枝条进行短截促萌，在8月下旬至10月上旬能收获味美、甘甜的果实。二是积极参与省内外各类学术活动。为提升业务能力，组织专业技术人员赴金华市兰溪考察杨梅大棚促成栽培技术，赴内蒙古乌海市、河南开封市参加全国葡萄方面的学术研讨会，考察当地杨梅、葡萄和葡萄酒产业发展情况，扩充知识面，促进湖州水果产业紧跟全省、全国发展形势。派员参加浙江省农业高层次专业技术人员高级研修班。三是开展考察学习交流活动。全年组织3次规模较大的外出学习考察活动。6月，组织全市专业技术人员22人赴宁波余姚市考察杨梅避雨栽培技术、杨梅新品种、杨梅盐碱地根域限制栽培技术以及葡萄短梢修剪技术；10月，组织长兴葡萄种植大户25户赴嘉兴考察葡萄根域限制栽培技术；12月，组织全市葡萄种植大户20户赴江苏和嘉兴桐乡市考察葡萄新品种阳光玫瑰栽培技术。

【技术创新】 一是开展科研课题研究。2016年，主持或参与项目13项。主持申报湖州市现代农业产学研联盟创新团队项目；协助企业申报了浙江省果品产业技术团队项目《吴兴区桃“Y”字型整形技术试验示范》《长兴县葡萄品质提升技术试验示范》；主持市科技攻关项目《果桑“一树三产业”的配套技术及其产品开发研究》《庚村阳桃品种选育及其品质提升技术研究》；主持市科技一般项目《安吉县优新品种葡萄选育与栽培技术的研究》及市区农技推广项目《红地球葡萄优质高效栽培技术应用》。在长兴县建立国家葡萄产业体系杭州实验站长兴示范基地；在南浔国鑫农场开展市校合作项目、南浔区中央农业技术推广与服务建设计划项目。通过开展科研课题研究工作有效地提高了湖州市水果产业的科技水平，为湖州市精品水果的生产奠定了良好基础。二是推广新技术。引进梨连枝式棚架、平棚和纺锤形、果桑棚架、桃“Y”字型整形省力化栽培技术、葡萄架式改良、果园肥水同灌、葡萄控产提质、葡萄省力化短梢修剪技术和葡萄根域限制栽培等新技术10项。发布2016年湖州市主推技术6项，即水果避雨栽培技术、水果抗冻害技术、梨棚架栽培技术、葡萄根域限制栽培技术、桃大冠稀植栽培技术和桃“Y”字型整形技术。三是引进新品种。引进水果新品种17个，主要有葡萄新品种玫瑰香×自杂系列4个、寒香蜜、玉手指、新雅、天工2号、08~13、08~19、09~47、09~150；桃新品种金秋红蜜、澳引一号、雪里蕻、金美人，红美人柑橘等。发布2016年湖州市主推品种10个，即东魁杨梅、翠玉梨、湖景蜜露桃、锦绣黄桃、阳光玫瑰葡萄、巨峰葡萄、醉金香葡萄、白沙枇杷、红美人柑橘和红肉火龙果。四是引入新模式。大力推广果园套种（养）、葡萄、火龙果套种LED补光、葡萄与蔬菜套种或套养、桃园套种油菜、保温促成栽培等新模式。

【技术培训】 一是蹲点技术指导。多次派出专家、技术人员深入乡、村，全市走访指导企业、合作社、农户100余家，现场指导服务活动200余（次）。高校、院所教授贾惠娟、滕元文、研究员吴江等多次到南浔区、吴兴区、长兴县等地指导桃树夏季修剪、梨棚架栽培模式技术推广、葡萄安全生产技术，并进行桃树夏季修剪、樱桃夏季修剪微课拍摄。教授贾惠娟到湖州，都要在湖州各地的果园奔波忙碌一番，地区覆盖三县两区，全年在湖州工作日数超过70天。研究员吴江定点在长兴县、南浔区开展技术指导和培训，内容涵盖葡萄品种引进、花果管理、病虫防治和防灾减灾等多个方面，辅助葡萄种植户做大做强，力促葡萄产业转型升级。二是加强技术培训。2016年，组织举行葡萄、桃、樱桃等种植技术培训多次。3月2日，在长兴县画溪街道举办的葡萄春夏季管理技术培训，由浙江省农科院研究员吴江授课；6月15日，在吴兴区举办“夏季水果产业培训会”，由浙江大学贾惠娟教授、何水平老师分别作《桃树夏季管理要点》和《樱桃夏季修剪技术》的室内讲座培训和室外现场培训；10月12日，邀请上海交通大学教授、国家葡萄产业技术体系岗位科学家王世平到湖州作葡萄产业转型升级关键技术培训讲座，全市100余人参加培训；11月3日，贾惠娟教授在长兴浙大实验站开展“葡萄根域限制栽培技术”的专题培训，参加培训人数45人，培训效果明显；市经济作物技术推广站殷益明、王莉和长兴县农业局沈林章先后赴吴兴区、南浔区、湖州开发区授课10次。全市10余家企业、合作社已开始实施葡萄根域限制栽培技术。三是联合抗灾减损。2016年，极端气候灾害频繁，年初的霜冻、6月的连续强降雨和7月的高温，湖州水果产业遭受重大灾情。联盟专家恪尽职责，灾前，向果农发布防灾措施，灾中，冒雨下地指导抗灾，灾后，调研果园生产恢复情况，并发布恢复生产措施，上半年发布《葡萄涝灾后栽培管理关键技术》等抗灾技术措施6项，发放抗灾资料1000余份，灾害前、后走访葡萄种植业主体30余家；浙江省农科院吴江研究员还就葡萄涝灾后管理技术为主要内容，接受湖州电视台的采访；长兴县农业局沈林章坚持长时间在一线指导抗灾，被评为长兴县抗灾先进个人；各级农技部门还利用微信平台，及时指导果农开展抗灾减损工作。

【品牌建设】　一是举办湖州市第四届精品葡萄评比会。湖州市第四届精品葡萄评比会于8月3日在湖州举办，全市27家企业选送的43个样品参加评比。南浔鸿鹄生态农业专业合作社选送的“鸿湖缘升泰”牌‘夏黑’葡萄获得金奖；南浔国鑫家庭农场等3家企业获得银奖；长兴元景果蔬专业合作社等5家企业获得铜奖。二是参加全省水果评先评优。6月22日，在台州市仙居县举办的“浙江农业之最杨梅擂台赛”上，长兴渚山紫山红杨梅专业合作社的“夹山”牌杨梅获“荸荠种”组第二名。7月27日，在嘉兴市嘉善县举办的“2016年浙江精品葡萄评比”中，长兴四合园果蔬专业合作社的“太湖美珍”牌夏黑葡萄和浙江三生农业科技有限公司的“浙北三生”牌夏黑葡萄均获银奖。10月，方道东、姚新华2位种桃能手在浙江省新型职业农民农业技能大赛暨职业院校农业技能大赛上荣获三等奖。三是拓展技术指导方式。利用水果产业特色，充分开展“互联网+水果”活动，建立的“浙大湖州水果联盟”微信群，是专家与果农交流技术的平台，一个湖州水果生产技术的小课堂，使果农咨询问题更方便，专家指导更及时。

【特色亮点】　一是“江南冬枣”入选G20杭州峰会食材榜。“江南冬枣”是湖州启航冬枣专业合作社的品牌，是水果产业联盟科技成果转化的典范。合作社社长徐巍在推广市经作站项目——《冬枣引种筛选及优质高效标准化生产技术研究》的科技成果冬枣设施大棚栽培技术后，江南不仅可以生产冬枣，在年内还入选G20杭州峰会食材榜，彰显了科学技术推广对湖州水果产业多元化发展、品牌建设和提质增效的积极作用。二是开展湖州市育繁推一体化种业星级评定。长兴农园新景农业发展有限公司长期开展葡萄、火龙果等新品种育繁工作，2016年，经过市农业局评审委员会对企业经营规模、研发基础和生产基地等情况的评定，被确定为湖州市育繁推一体化一星级企业。

（殷益明）

·畜　牧·

【概况】　2016年，畜牧业在省、市“五水共治”和畜牧业转型升级决策部署的推动下，生猪、家禽产业继续改造提升，湖羊、蜂蜜业生产逐步优化发展。全市畜牧业产值36.62亿元（包括蚕茧产值2.36亿元），同比增长7.27%，占全市农业总产值的16.42%。全市肉类总产量13.44万吨，增长3.58%，其中猪肉6.95万吨，增长2.26%；禽肉5.59万吨，增长5.23%；牛肉251吨，下降44.29%；羊肉8358吨，增长7.58%；兔肉409吨，下降7.36%。禽蛋总产量4.21万吨，下降1.24%。牛奶产量5098吨，下降9.27%。兔毛产量89吨，增长16.34%。

【政策扶持】　贯彻落实国家和省支农惠农政策，全年落实各项支农惠农资金65.88万元。其中落实奶牛良种补贴资金2.03万元，补贴奶牛冻精1350份；落实后备奶牛补贴金额34.85万元，补贴后备母牛2户、697头；落实生猪良种补贴资金29万元，补贴精液2.9万支，涉及能繁母猪7300头。

【项目建设】　2016年，组织申报并审批立项畜牧类项目33个，其中国家生猪标准化养殖项目（原国家菜篮子项目）5个、湖羊产业振兴项目8个、蜜蜂产业振兴项目2个、绿色发展示范县项目15个和美丽牧场建设项目3个，争取到省级以上项目补助资金1895万元。积极推广标准化养殖，进一步创建国家级畜禽标准化规模养殖示范场，新创建标准化示范场2家。

【畜牧生产】　2016年，全市生猪饲养量121.65万头，同比下降19.69%，其中年末存栏26.75万头，下降50.66%，年内出栏94.9万头，下降2.42%；家禽年末存栏1046.23万羽，下降28.82%，家禽年内出栏3679.10万羽，增长0.80%；羊年末存栏37.73万只，下降0.81%，年内出栏40.86万只，增长2.51%；牛年末存栏2716头，下降16.71%，年内出栏1647头，下降3.68%；兔年末存栏23.54万只，下降26.37%，年内出栏29万只，增长1.22%。

【规模化养殖】　至年末，全市有畜牧类专业合作社119家、市级以上龙头企业51家。全市年出栏500头生猪以上的规模猪场（户）386户，出栏生猪66.53万头，占生猪总出栏数的75.17%；全市年出栏100只以上的规模羊场（户）424户，出栏羊20.90万只，占总出栏数的52.78%；全市存栏1万羽以上的规模蛋鸡场（户）31户，存栏81.92万羽，占蛋鸡总存栏数的74.56%；全市存栏2000羽以上的规模蛋鸭（种鸭）场（户）272户，存栏176.2万羽，占蛋鸭总存栏数的78.07%。

【畜牧价格】 2016年，由于供给量不足，生猪价格高位震荡，平均售价18.54元/公斤，同比增长19.85%，其中生猪（外三元）价格19.11元/公斤，增长19.61%；生猪（内三元）价格18.05元/公斤，增长19.93%；二元猪价格17.63元/公斤，增长20.79%。肉鸡市场消费不旺，后期受H7N9流感疫情影响，销售困难，价格下跌。黄羽肉鸡平均售价9.77元/公斤，下降7.57%，黄羽苗鸡均价1.59元/羽，增长10.43%；草鸡10.98元/公斤，下降8.92%；白羽肉鸡8.80元/公斤，增长7.21%；白羽苗鸡2.94元/羽，增长89.25%。商品鸡蛋平均批发价7.10元/公斤，下降6.73%。绍兴麻鸭价格低位震荡，平均售价为13.51元/公斤，下降16.05%；商品鸭蛋8.66元/公斤，下降19.21%。肉鹅市场均价34.43元/公斤，增长3.09%。全年以湖羊为主的食草动物市场需求不旺，价格低迷，其中湖羊（活羊）平均售价20.96元/公斤，下降4.19%；长毛兔兔毛118.63元/公斤，下降29.23%；商品獭兔40.25元/只，下降37.68%。全年饲料价格波动不一，玉米价格持续下降，平均进价2.03元/公斤，下降18.24%，豆粕价格持续上升，平均进价为3.05元/公斤，增长6.25%。

【生态畜牧业】 2016年，全市关停低、小、散养殖场户1332家、规模场743家，年末生猪存栏25.15万头，比实施生猪减量控污前下降76.7%。全市湖羊年末存栏35.72万只，比实施湖羊产业振兴计划前增长36.54%。对照国务院《畜禽规模养殖污染防治条例》，根据省、市畜禽污染治理指导性意见和验收达标要求，全市治理提升规模水禽场548家；建设标准化水禽场10家，累计36家；新建畜禽粪便收集处理中心4个，累计39个；落实生态消纳面积7746.67公顷，累计落实68673.33公顷，规模畜禽排泄物资源化利用率达98%以上。

【疫病防治】 规范科学防控，加强监测预警，健全应急机制，完善应急预案，全力保障畜产品公共卫生安全。2016年，全市免疫猪口蹄疫115.73万头，使用疫苗274.41万毫升；免疫禽流感5632.5万羽，使用疫苗2746.7万毫升，确保重大疫病应免畜禽免疫率达100%；兼顾高致病性猪蓝耳病、猪瘟和羊痘等疫病的预防免疫。全市监测血样7.62万份，其中禽流感免疫抗体合格率达86.92%，生猪口蹄疫合格率达81.35%，其他主要动物疫病免疫抗体合格率及人畜共患病等检测均达省级要求。加强H7N9流感、布病等人畜共患病的防控工作，共检测H7N9流感非免疫抗体8699份、奶牛结核病962份、湖羊奶牛布病18196份和耕牛血吸虫病738份。

【动物卫生监督】 推进动物卫生监督体系建设，在全省创新开展动物卫生监督示范窗口创建，评审认定4个市级动物卫生监督示范窗口，全市新增兽医28名，年内登记在册的兽医111名。在全市范围内实施生猪养殖保险与无害化处理联动机制，启用湖州市病死动物无害化处理监管信息平台，进一步完善病死动物无害化收集处理长效机制。全年收集处理病死猪16万头，其他病死动物1406.12吨，同比分别增长24.7%和150.4%。全市产地检疫生猪57.98万头，增长3%；产地检疫家禽2914.48万羽，下降25.1%；生猪定点屠宰检疫120.99万头，增长37.7%。全年全市5个省际公路动物防疫监督检查站查验生猪等牲畜92.21万头，增长33.6%；家禽1272.99万羽，增长106%；动物产品31.11万吨，下降4%；检查、消毒各类动物及动物产品运载车辆5.26万余辆（次）。开展冬春病死动物防控、动物诊疗、外来生猪“严查严管严打”、跨省调运种用乳用动物等各类专项整治行动；在生猪养殖及定点屠宰环节检测“瘦肉精”样品24.78万份（次），检测合格率达100%。进一步加大违法行为查处力度，全年依法查处违反动物防疫法律法规案件53起，比上年增长89.3%。全市通过国家执业兽医资格考试，获得执业兽医师资格证书10人、获得执业助理兽医师资格3人。

【畜禽屠宰监管】 多措并举推进畜禽屠宰行业监管，保障人民群众“舌尖上”的安全。配合市政府办公室印发《进一步加强畜禽屠宰管理工作的意见》，着力规范畜禽定点屠宰行为。深入推进生猪定点屠宰企业清理优化工作，关停17家定点屠宰场（点），全市生猪定点屠宰场（点）压减至13家；组织开展生猪定点屠宰企业提升改造、资质复核审查工作和生猪屠宰监管扫雷行动，强化屠宰环节病害猪无害化处理监管，促进湖州市生猪定点屠宰行业转型升级。2016年，全市生猪定点屠宰企业屠宰加工生猪121.04万头，县级以上生猪定点屠宰率达100%，乡（镇）生猪定点屠宰率达97.9%。大力推进家禽定点屠宰、“杀白”上市工作，督促定点企业坚持净膛“杀白”上市，严格执行掏膛工艺，强化检验检疫，规范施加检疫标识，确保把好家禽净膛“杀白”准出关。2016年，市本级家禽定点屠宰企业屠宰加工家禽570.89万羽。积极探索牛、羊屠宰管理工作，由县（区）政府明确集中屠宰场点，打击私屠滥宰，截至12月底，德清县牛、羊集中屠宰点、长兴县雉城肉牛集中屠宰点、南浔区练市国华湖羊屠宰中心已定点运营。 （陈巧妙）

·水产·

【概况】 2016年，全市渔业主管部门认真贯彻落实中央、省、市农村工作会议精神，按照“四个年”和“两学一做”活动的总体部署，紧紧围绕农业现代化建设目标，以加快转变渔业发展方式为主线，组织实施专项行动和重点工作，渔业经济实现稳定增长。全市养殖面积稳定，水产品产量和产值保持增长，水产品价格稳中有升，经济效益提高。常规鱼价格较稳定，多数名优水产品价格上涨，其中黄颡鱼、翘嘴红鲌、加州鲈鱼、青鱼和乌鳢价格上涨，青虾、罗氏沼虾、河蟹价格稳中有降。2016年，全市各类水域养殖总面积5.2万公顷，比上年增加800公顷，同比增长1.56%，其中，稻田养鱼面积2.63万公顷，增长3.54%。水产品总产量38.31万吨，比上年增加2.25万吨，增长6.24%，其中，养殖产量36.91万吨，增长6.12%；捕捞产量1.4万吨，增长9.4%。全年渔业经济总产出106.81亿元，增长5.96%，其中，养殖产出76.71亿元，增长6.9%；捕捞产出1.61亿元，增长18.38%；水产苗种产出3.66亿元，增长2.23%；涉渔工业和建筑业产出18.81亿元，增长8.98%；涉渔流通和服务业产出6.01亿元，下降12.13%，渔民人均收入18044元，增长17.1%。

【水产品养殖及市场】 2016年，鲢鱼、鳙鱼、草鱼、鲫鱼、鳊鱼和鲤鱼等常规鱼养殖产量11.29万吨，比上年增长4.06%；龟、鳖、虾、蟹和鲈、鳜、鳢、鲌鱼等名、特、优、新水产品养殖产量25.62万吨，增长7.06%，占养殖总产量的69.41%，比上年上升0.61个百分点。常规鱼市场价格稳定；名优鱼类市场价格多数品种有升，少数品种有降，其中，翘嘴红鲌、黄颡鱼、青鱼、加州鲈鱼价格上涨幅度达5%～10%，鳜鱼价格稍下跌，鲢鱼、鳙鱼、草鱼等常规鱼价格稳定，虾类价格稳中有降，青虾、罗氏沼虾、河蟹价格下跌10%～20%，多数龟、鳖品种价格继续下跌。由于饲料价格及其他生产资料价格稳定，水产养殖总体经济效益回升。全市名、特、优水产品专养面积3.16万公顷，比上年增长5.33%。受上年市场价格等因素影响，青虾等虾类养殖面积增加较多，加州鲈鱼、黄颡鱼的养殖面积增加，龟、鳖类池塘养殖减少，其他品种养殖面积稳定。

【水产种子种苗】 2016年，淡水苗种繁育量增加，鱼苗价格总体稳定。青鱼、草鱼、鲢鱼、鳙鱼四大家鱼苗价格稳中有降；翘嘴红鲌、花鱼骨、黄颡鱼和加州鲈鱼等名优产品苗种生产量及价格稳定。全市淡水鱼苗总量为77.24亿尾，比上年增长23.56%。虾类苗种生产量200.04亿尾，比上年增长22.05%，其中罗氏沼虾苗种生产量增加，价格下跌，总销售量100亿尾，比上年增长11.11%，产值3亿元，平均价格300元/万尾，比上年下降50元/万尾。由于受商品鱼价格上涨影响，黄颡鱼、青鱼和翘嘴红鲌等名优鱼类品种的鱼种价格上涨，其余部分品种冬片鱼种价格虽有上涨，但仍偏低。2016年，湖州丰盛湾水产有限公司等3家水产苗种生产骨干企业被列入省级水产优质种苗规模化繁育基地。至年末，累计有19家省级规模化繁育基地。

【无公害水产品生产】 2016年，新认定无公害水产品生产基地30个，面积1283.7公顷；新申报无公害水产品13个品种、33个产品。全市累计认定无公害水产品生产基地267个，总面积1.68万公顷，无公害水产品366个；3年有效期内无公害水产品生产基地108个，面积0.74万公顷。湖州浙北水产新品种繁育技术开发有限公司等3家企业被批准为农业部水产健康养殖示范场。至年末，示范场累计达到19家，面积940.78公顷。围绕“平安湖州”建设和护航G20杭州峰会活动，突出水产品质量安全监管体系建设。狠抓农产品质量安全监管，德清县和长兴县创建为省级农产品质量安全放心县。强化药残检测，认真实施主要水产品药物残留与质量安全监控计划，增加抽样频率，完成农业部、省级水产品药物残留监控497个水产品样本，合格率为100%；全市建立91个水产品质量安全追溯试点，把试点数据全部录入浙江省水产品质量管理平台。

【园区建设】 2016年，湖州裕源水产养殖精品区等7家市级现代农业园区（渔业）验收通过，建设面积170公顷。从2007年开始至2016年，湖州市累计建设市级现代农业园区（渔业）37家。

【渔技推广】 1. 主推技术及品种。2016年，推广应用5项主推技术，加州鲈鱼等配合饲料代替冰鲜鱼技术推广应用面积280公顷；池塘鱼菜和虾（蟹）菜共生面积3200公顷；稻（茭）鳖（蛙、鱼、虾等）共生技术推广应用面积633.33公顷；池塘加州鲈鱼等肉食性鱼类混养生态技术推广面积666.67公顷；青虾与罗氏沼虾等品种轮混养技术推广面积533.33公顷。主要推广品种有“优鲈1号”加州鲈鱼、“全雄1号”和杂交黄颡鱼、“南太湖2号”罗氏沼虾、“太湖1号”青虾、“长江1号”河蟹、台湾泥鳅。2. 开展渔业技术服务工作。举办全市性技术培训班5次，内容有水产品质量安全、池塘低碳内循环流水养殖技术、“优鲈1号”加州鲈鱼等新品种、新技术培训，参加培训350人。市水产站及市水产联盟5名专家参与农民学院组织的市新型职业农民培训授课，市区受训349人；各县（区）水产技术推广站结合渔技推广项目举办技术培训班10期，培训人数500人，水产养殖技术专家组织现场咨询服务550次。3. 新品种、新技术试验。多家养殖场引进沙塘鳢养殖，套养在青虾、河蟹养殖池塘中；引进应用池塘低碳内循环流水养殖技术，共建8个示范点，流水养殖水槽32条，养殖品种主要有黄颡鱼、加州鲈鱼等。

【渔业环境治理】 组织实施“温室龟鳖清零专项行动”，全市拆除温室龟鳖大棚165万平方米，创建7个生态化龟鳖养殖示范乡（镇）和15个标准化龟鳖养殖示范场。大力推进“生态养殖模式、生态养殖技术、养殖尾水处理”为主要模式的养殖池塘生态化改造，加大稻鱼共生（轮作）减排工程示范推广力度，加快生态渔业建设，全市完成水产养殖塘生态化改造2131.26公顷，推广稻田养鱼面积747.07公顷，划定禁、限养区面积650公顷。持续开展渔业增殖放流活动，全市组织开展增殖放流活动22次，放流各类淡水鱼苗22056余万尾，投入资金538万元。

【渔业宣传和管理】 建立涉渔联合执法协作机制。成立由市农业局、市公安局领导组成的涉渔联合执法协调小组，建立联席会议、联动协作、联合执法三大机制，组织涉渔违规行为大排查大整治、梅雨季节快艇电捕大整治和科技护渔能力提升“三大”行动。组织开展“春潮护渔”联合执法行动，开展联合执法行动10次，出动执法艇52艘，执法人员110余人，清理网具600余条，收缴电捕设备50套，巡查水面1000余公里，检查渔船1300余艘。启动渔业船舶“三证合一”改革，合并内陆渔业船舶检验证书、登记证书和捕捞许可证为内陆渔业船舶证书，实现渔船管理动态化。完善渔船监控系统，推进安全管理动态化。依托农民信息预警系统，推进安全提醒实时化。

（沈乃峰）

·农　机·

【概况】 2016年，湖州市农业机械化工作以农业转型升级三大专项行动和16项重点工作（农业转型升级“3+16”）为抓手，认真贯彻落实省政府办公厅《关于加快推进农业领域“机器换人”的意见》精神，充分发挥政策和市场的双重导向作用，着力提升农机装备水平、作业水平、服务水平、安全水平和管理水平，有序推进农业领域“机器换人”，农业机械化各项目标任务全面完成，“十三五”农业机械化发展取得良好开局。全市农机具继续呈新增、淘汰、更新和结构优化态势，至年末，全市新增农机具7093台（套），农业机械原值21.12亿元，农机总动力168.26万千瓦。水稻耕种收综合机械化水平达82.50%，其他产业机械化、智能化有效推进。农业领域“机器换人”的推进有力地助推现代农业发展，在全省农业现代化综合评价中连续3年居第一。

【补贴政策】 按照“总量控制、优化结构、突出重点、分级扶持、包干使用”的原则，结合湖州农业产业结构、农机化存量需求，建立健全工作制度、完善补贴政策操作程序。突出优化农机装备结构，重点针对提升粮食生产机械化链条和效益，确定补贴机具配套扶持对象与方式，提高补贴的精准性和指向性。至年末，全市受理申请补贴机具4516台，受益农业主体1648户，涉及中央和省级农机购置补贴资金1887.7万元；组织申报补贴设施大棚45.2万平方米，涉及中央补贴资金600万元；组织报废老旧、高耗能农业机械794台（套），落实补贴资金172.68万元，更新农机具184台（套）。各县（区）在农机购置补贴政策的基础上，出台相应政策，扶持发展先进适用现代农机装备，助力推进农业领域“机器换人”。

【农机助农】 一是做好农机质量宣传、质量调查、打假护农和投诉处理等工作。制订《2016年湖州市农机产品质量调查工作方案》，全面组织农机具适用性、安全性、可靠性、作业质量和售后服务情况督查，通过督查结果分析与运用，督促引导企业改进农机产品质量和售后服务，现场督查烘干机、微耕机145台（套）。二是组织农机作业用油“三优一免”惠农服务。加强与中石化、中石油等石油供应部门的联系和磋商，进一步明确“三优一免”农机加油卡的发放对象、办理方式、优惠幅度，以方便、就近为原则，组织发放农机加油卡，惠及农户169户。三是强化农机生产管理。认真做好农机化生产组织调度，引导农机具合理流动，促进农机服务供需对接，确保重要农时机械化作业有序开展。四是组织人员开展农机免费实地安全检验。为方便群众，掌握农机安全第一手资料，组织人员进村入户，现场检验各类农业机械1150台次。五是进一步推进金融支持农机化工作。建立健全与地方金融机构的沟通联系制度，开展政策性农业保险宣传，牵线搭桥，引导农保部分与农机企业、农机户的对接，完成农机保险38台，保额1300余万元，提高投保户抗风险能力。

【技术推广】 一是以活动推行动。组织开展农机化新技术推广现场演示、培训等活动，先后承办全市农业转型升级会战年暨粮食生产功能区建设与农业机械化生产现场推进会、浙江省优秀工业新产品与新技术新装备推介会暨农作物秸秆机械化收集利用专场、全省马铃薯机械化作业现场会、全国培育新型经营主体发展适度规模经营座谈会农机作业现场演示、全国南方片秸秆综合利用现场培训交流会农机作业现场演示等重大活动，举办全市农作物秸秆机械化收集利用现场会暨技术研讨会、全市马铃薯机械化生产现场会及技术培训、全市水稻机械化栽植技术培训班、全市秋收冬种农机化生产现场会、全市油菜移栽机械化现场会等活动。通过各类活动，营造推进农业“机器换人”氛围。二是以科技促行动。加强农机与农艺融合，分析存在的短板，先后组织联合调研活动，完成《湖州市水稻规模化生产及收获烘干机械化问题的调查与对策研究》《湖州市丘陵山区农机化发展调研报告》等调研报告，《粮食丰产更要丰收——对提升我市水稻机械化收烘能力的建议》报市委内部参阅，得到市委副书记金建新的批示。以科技为先导，以优质、高产和安全为目标，有序推进农业规模化、机械化和标准化生产，制定并发布《单季晚稻机械化直播栽培技术规程》市级地方标准和《甬优538籼粳杂交水稻机插栽培技术规程》《浙粳88水稻机插栽培技术规程》2个县级地方标准。三是以服务助行动。以春耕备耕、夏收夏种和秋收冬种等重要农时季节为重点，组织技术人员深入一线，开展水稻新品种、水稻生产新技术、水稻栽植机械化、油菜收获机械化、高效植保机械化和粮食烘干机械化等技术推广应用。为探索农机社会化新模式，制定《湖州市创新农机作业社会化服务运行机制方案》，成立湖州市首家农机服务专业合作社联合社，并在秋收冬种中发挥积极作用。至年末，全市推广应用各类农业机械装备7093台套；粮食批次烘干能力达到6960吨；新增水稻机械化栽植面积2800公顷，完成年度目标任务的140%，机栽面积达到27080公顷，水稻耕种收综合机械水平达82.5%；完成油菜机收1406.66公顷；新建智能化农业园区11个，总投资1171万元；新建农机综合服务中心4个、农机化服务中心15个和农机示范合作社5家。

【信息宣传】 全年全市通过电视、报刊、广播等新闻媒体，报道农机化新闻60余次。3月1日，中央电视台“朝闻天下”栏目报道湖州农机部门服务春耕备耕工作；《湖州日报》整版报道农机化新闻2次；《浙江农村信息报》以“‘机器换人’，风景这边独好——湖州加快发展农业机械化掠影”为题，整版介绍湖州市推进农业机械化、智能化做法；《积极引进试验示范 着力推进粮食生产全程机械化》典型材料在全省粮食产业“机器换人”现场会上交流，并刊登在《浙江现代农业》第8期；秋收冬种期间，湖州电视台连续播出农机化新闻3期。全年全市被有关网络媒体录用的农机化信息200余篇，悬挂宣传横幅、设立展板专栏等180余个，组织集中宣传活动86次，为农户现场咨询解答2890人次，发放各类宣传资料2.3万份。

【教育培训】 为开展新型职业农民培育及认定工作，制定《湖州市新型职业农民认定管理指导意见》和《关于发布湖州市新型职业农民认定专家库名单的通知》，明确新型职业农民资格认定要求。承办全省新型职业农民培育推进现场会，组织参加浙江省新型职业农民农业职业技能大赛，并取得团体第三名。农业广播电视学校教学工作有序开展，完成招生任务275名，职业技能鉴定513人。完善农业广播电视学校师资队伍建设，建立有131名教师组成的师资库。创建农民田间学校10所。联合市人社局、市总工会等部门，承办全省农机修理工职业技能竞赛，营造培育农机化实用人才氛围。组织开展各类农机技术培训班，培训学员2027人次。

【农机安全】 强化农机安全生产，夯实农机安全基础，以“安全生产月”、平安护航G20、“打非治违”等活动为抓手，组织开展农机安全专项整治和安全事故防控。一是加强牌证管理。设立专人负责制，确保考试、检验和发证等工作依法依规开展。全年全市检验上道路拖拉机2554台，组织新训及违章学习考试385人次，换发拖拉机、联合收割机驾驶证1353本。开展变型拖拉机档案清理和登记工作，全年全市收录变型拖拉机档案信息2433份。二是强化警农协作。以公安联络室为平台，加强日常道路交通安全管理，开展宣传检查与违法查处，针对节假日、G20杭州峰会等重要时间段开展专项治理，全市出动执法人员2570人（次），会同市交警部门查处违法载人、超载超速、假牌假证和非法改装等各类道路交通违法行为620余起，并对违法人员加强教育引导，营造疏堵结合的道路交通管理声势。三是及时开展安全预警及服务。根据不同时节农机安全工作特点及灾害天气情况，通过报纸、电视和农民信箱等信息平台，发布安全管理和技术服务信息4.8万余条。组织服务小分队，深入基层，指导开展农机防灾抗灾和普及安全操作常识。四是强化部门协同打假护农。立足提升农业领域“机器换人”质量和效益，联合市安监、交通运输、市场监管、质监等部门开展农机打假护农联合执法检查活动30余次，检查农机经营和农机维修网点124家，查处并纠正失效农机维修合格证10家。五是农机安全继续呈趋好态势。全市全年发生同等以上责任拖拉机道路交通事故28起、死亡10人、受伤18人、直接经济损失2.28万元，农业机械死亡事故0起。其中拖拉机道路交通事故死亡人数占全年控制指标28人的35.7%，农机事故死亡率3.7人/万台，占全年控制指标5.3人/万台的69.8%。（沈林安）

·林　业·

【概况】 2016年，全市林业系统紧紧围绕“绿水青山就是金山银山”的理念，按照“五年绿化平原水乡，十年建成森林浙江”的目标要求和《森林浙江建设责任书》，坚持建设“国家现代林业示范市”目标不动摇，深入推进林业改革创新，大力发展“生态、富民、人文”林业，林业各项指标实现“十三五”开门红。市林业局经省林业厅推荐，被评为“全国绿化先进集体”。

【林业生态建设】 一是平原绿化扩面提质。以全省平原绿化工作座谈会在湖州召开为契机，大力实施平原扩面增绿。全年全市完成造林更新783.4公顷、重点防护林527.33公顷、平原绿化967.07公顷，市本级9个林带林网项目、德清县42公里蚕乡古镇休闲观光带、安吉县黄浦江源精品观光带、长兴县乡村公路河道绿化提升、南浔区5条县（区）级以上公路景观绿化和吴兴区15公里滨湖景观大道等平原绿化重点工程进入收尾阶段。珍贵彩色健康森林建设有效推进，全年完成森林抚育6200公顷、彩色健康森林5720公顷、新植珍贵树139.9万株、封山育林7920公顷。二是关注森林活动持续深化。积极发动全民植树造林，在植树节期间，开展形式多样的植树活动，市、县（区）组织由当地主要领导参加的义务植树活动，全市有14.5万人参加、植树74.2万株。创建森林城市系列活动持续深入开展，市、县（区）继续通过政策鼓励营造浓厚氛围，全市有3个乡（镇）、81个村庄、13个单位分别开展森林城镇、村庄、单位创建。德清县和安吉县启动国家森林城市创建工作。市政协主要领导和市政府分管领导先后主持召开全市关注森林工作会议和全市林业工作会议，让发展林业是生态文明建设的理念深入人心。三是林业生态修复稳步推进。结合“五水共治”等工作，在引用水源地保护区、水源涵养区和生态功能脆弱区等重要区域组织实施生态修复工程，完成封山育林7920公顷。长兴县对合溪水库流域未纳入生态公益林的7253.33公顷商品林实施封山育林，并对库区周边宜林地段恢复森林植被24.4公顷，对周边333.33公顷苗木基地实施测土配方施肥。安吉县、德清县通过对域内茶园套种银杏、红枫和黄山栾树等阔叶乔木树种，在修复茶园生态功能的同时，形成独具特色的茶园景观。安吉县对赋石水库水源地内666.67公顷板栗低效经济林采取封育、管护和补植造林等措施改善提升森林生态功能。

【林业产业发展】 一是加速传统产业结构转型。推进笋竹产业和花卉苗木产业转型升级，开展《安吉县毛竹价格下降的原因及对策分析》调研，出台《关于推进长兴县花卉苗木产业转型升级的指导意见》，探索破解方式。安吉县开展国家级毛竹生物产业基地创建，探索毛竹林移动式集材道的开发和利用，在全市率先推进国家林业科技综合示范园区建设；长兴县实施新品种引进、种子种苗、精品苗木培育和前店后圃基地等10个示范基地项目建设，并鼓励苗农申报花灌木小苗、观赏梅和苗木林下复合经营等扶持项目，引导产业结构调整。同时，积极探索林下经济，大力推广林下套种杨桐、铁皮石斛和三叶青等多种经营模式，深化安吉县国家林下经济示范县建设，建设林下多模式融合经营示范点5个，发展林下经济19400公顷，全年林下经济产值达51.2亿元。二是拓宽林业市场销售渠道。立足传统产业，举办参加各类推介销售大会。年内，举办2016中国（长兴）花木采购大会暨湖州市花木推介会、2016中国（长兴）花木大会，助推花卉苗木产业转型。全年长兴县花卉苗木产业销售额达20亿元，同比增长41%。组织25家林业企业、138个展位参加第九届中国义乌国际森林产品博览会，分别获得优质产品金奖、优质产品奖8个和17个，达成意向订单115个，金额1111万元。加快电商换市步伐，通过政策补助、品牌授权等方式，引导林业企业、合作社、经营大户及林业园区开展林产品网上直销，安吉县竹博园有5家电子商务公司入驻。三是打造湖州生态金名片。结合生态优势，以森林特色小镇、森林人家为抓手，发展森林休闲旅游产业，推进第一、第二和第三产业产融合发展。重点培育别具特色的长兴县龙山森林养生小镇、安吉县天荒坪“两山”示范小镇等5个森林特色小镇和德清县后坞村、长兴县川步村、渚山村等15个森林人家特色村。年内，德清县以“省级现代林业经济示范区试点”为抓手，投资2000余万元，推进德清县莫干山镇香水岭片现代林业经济示范点建设，实现山上、山下联动，打造莫干山片高端森林休闲养生区；安吉县立足森林休闲养生建设试点县，成功获得“中国绿色示范县”“全国森林旅游示范县”“中国森林养生基地（杭垓镇）”和“中国慢生活休闲体验区（上墅乡）”等称号，扩大了品牌影响力。由省林业厅举办的最美系列评选中，德清县莫干山古道和安吉县独松关古道入围“浙江最美森林古道”，其中莫干山古道还获评“浙江十大风情古道”；“两山三谷”上榜“浙江最美山峰/峡谷”，分别为莫德清县干山、安吉县灵峰山入选“浙江最美山峰”，安吉县浙北大峡谷、九龙峡和深溪大石浪入选“浙江最美峡谷”，打响湖州生态旅游品牌。全年全市林业休闲产业产值达120亿元，接待国内外游客260万人次。

【森林资源保护】 一是森林消防安全保障能力逐步提升。全市森林公安森林消防工作以生态文明先行示范区建设为抓手，全年查处涉林违法案件339件，其中查处行政案件303件、侦破刑事案件36件，民警人均办案数和案件办理总数分别名列全省前列。全年发生森林火情24起，森林火灾1起，受害面积0.5公顷。G20杭州峰会期间，实现“零火情、零火灾、零事故”，市林业局被评为G20杭州峰会森林消防安保先进单位，森林公安局被记集体三等功，2016年，森林消防工作目标责任制考核居全省第一。二是林业有害生物监测防控成效显著。认真做好林业有害生物的监测调查，及时发布林业有害生物信息，开展“百名森林医生进千村”活动，指导林农及时做好防治工作。2016年，林业有害生物成灾面积988.4公顷，成灾率3.4‰，防治作业面积17883.87公顷，无公害防治作业面积17108.73公顷，实施产地检疫种苗面积5773.8公顷。重点做好松材线虫病防治工作，各县（区）精心编制年度防治方案，认真组织实施。全市全年累计完成除治面积12568.8公顷，清理病（枯）死松树73657株，疫木定点除害处理6543.2吨，焚烧828吨，投入防治资金723.5万元，全市枯死松树涉及松林面积比上年下降12.4%，枯死松树株数比上年下降35.5%。三是林业资源管理规范有效。严格林地征占用项目的审核审批，全市审核审批220项、1076公顷；完成林业自然资源资产负债表编制试点工作，有关实物量表和编制报告受到国家统计局和国家林业局的肯定；全面开展森林资源二类调查，完成外业调查工作，安吉县、吴兴区已通过省、市联合验收，总进度居全省第二；创新落实林区警长制，承办全省森林公安“林区警长制”工作现场会，林区警长制工作经验在全省推广；组织开展“利剑1号”清火、禁种铲毒等专项行动，查处各类涉林案件303件；按照“预防为主 积极消灭”的方针，严防森林火灾，全年全市仅发生森林火灾1起，过火面积0.5公顷；组织开展食用林产品安全隐患“三大一严”（大抽检、大排查、大整治、严打击）专项行动，完成春笋省级监测96批次，合格率达100%。四是野生动物、植物保护继续强化。注重古树、名木保护，全市投资225万元，对90棵一级古树进行保护与复壮，承办全省古树名木保护工程项目现场培训会。加强珍稀野生动物保护，以手机短信和知识竞赛等方式组织开展"爱鸟周""世界森林日"和"野生动物保护宣传月"活动，提高全民保护意识，承办全国野生动物救护现场会。德清县下渚湖朱鹮浙江种群重建与野外放归项目进展顺利，朱鹮数量已达222只，年内，自然孵育小朱鹮10只，存活率同比增长90%。扬子鳄保护区完成42座鳄岛生态修复等工作，扩建幼鳄生态池8个，筛选出70条扬子鳄进行野外放归。

【林业改革创新】 一是深化协作机制。继续深化落实由市政府与省林业厅签订的《关于共同深化湖州国家现代林业示范市建设合作备忘录》。年内，在备忘录为基础的框架上，通过谋规划、抓项目、建试点和创特色，湖州现代林业建设水平得到显著提升。通过合作，利用省林业科学研究院和省林业调查规划设计院等资源，编制完成《湖州现代林业"十三五"规划》；除常规项目资金外，年内，省林业厅向湖州森林特色小镇、现代林业经济示范区试点等林业建设项目新增财政补助3000余万元，并发文支持安吉县"两山"理论实践示范县创建，加大全省首个现代林业经济示范区试点——德清县莫干山镇的建设资金投入等。该项合作得到副省长黄旭明的批示肯定。二是加快推进林业综合改革。推进林权制度配套改革，做好林地经营权流转证发放和建立林业股份合作制工作，全年发放林地经营权流转证74本、面积233.33公顷；全市新增加股份制合作社9家，家庭林场5家。推进各项配套改革成果扩面增量，全市新增林地流转1333.33公顷；新增林权抵押贷款4000万元；森林政策性保险覆盖面积达21万公顷。探索林业综合执法改革，借助长兴县、安吉县为省级综合执法改革试点县契机，整合现有执法力量，解决执法权相对分散、多方执法的局面。长兴县成立县林业综合行政执法大队，整合森林公安、木材检查等力量，并开展联合执法。三是创新推广现代林业技术。以安吉县竹林碳汇实验示范区为抓手，借力、借智推进碳汇林业建设。《竹林经营碳汇项目方法学》开发成功并获国家发改委备案，为开发全国竹林经营自愿减排项目和实现竹林经营碳汇交易奠定了基础。据此，安吉县启动全国首个竹林经营碳汇示范项目，涉及1426.33公顷竹林。同时，还开展碳足迹研究和竹林碳汇展示馆建设。积极开展实用林业技术研究推广，全市组织申报省、市科研项目5个，铁皮石斛活树附生栽培试验和林下种植三叶青等技术在浙北地区首获成功，开展"一亩山万元钱"林技推广示范行动，全市建立示范基地面积159.53公顷、辐射面积453.33公顷。

【举办重大活动】 10月16日，2016中国·太湖明珠——长兴国际投资贸易洽谈会花木大会活动在长兴县泗安镇举行。浙江省政协副主席陈艳华，省林业厅厅长林云举、副厅长杨幼平，湖州市副市长杨六顺等领导出席。一年一度的中国（长兴）花木大会已成为湖州市扩大对外开放，开展对外合作的重要平台，为推进湖州现代林业发展提供了新的契机。（黄玲）

·水　利·

【防汛防台工作】 2016年，全市梅雨量是常年的两倍，6月20日单日雨量破历史极值；太湖发生仅次于1999年的特大洪水，连续25天超过保证水位；先后有"尼伯特""莫兰蒂""鲇鱼"等多个强台风影响，防汛防台形势异常严峻。全市水利系统及早准备，科学应对，实现了"大水之年无大灾"，有力地保障经济社会平稳发展。一是汛前准备扎实充分。以行政首长负责制为核心，逐条堤段、逐个工程落实防汛责任人1.9万人，落实各类防汛抢险队伍1242支、2.48万人。市、县、乡、村四级均开展大型抢险设备调查登记，储备袋类134万条、布膜类3.58万平方米、桩木1727立方米、水泵1953台套和防汛舟艇56艘。扎实做好工程度汛准备，制定太嘉河工程等16项在建重点工程的度汛方案和抢险预案，实施36公里水毁堤防应急加固；修订重要水利工程控运计划。开展市、县、乡、村四级联动防汛大检查，发现防汛隐患402处，均在主汛前全部整改到位。在南浔区开展防汛防台大演练，提升实战能力。二是防汛基础不断夯实。加强基层防汛、防台体系长效管理，德清县、长兴县、安吉县、吴兴区和南浔区均建成2个以上高标准示范村（社区），发挥示范引领作用。扎实推进防汛信息化建设，组织德清、长兴、安吉和吴兴4个县（区）。完成山洪灾害群测、群防示范乡镇（街道）建设，并通过市级初验，市级山洪灾害监测预警信息管理及共享系统通过竣工验收。完成浙西区、杭嘉湖区洪水风险图编制并投入试运行，12月上旬，通过浙江省水利厅组织的项目成果验收。加快推进水文测站标准化建设，水、雨情系统实行三级共享，遥测站落实分级分类管理，10个水文测站通过标准化管理验收。三是有效应对特大洪水。在太湖发生特大洪水、水位逼近历史最高值的情况下，全市落实超常规的防御措施。密切关注天气，每日会商汛情，超前调度工程，提前预降水位，腾出承纳空间。环湖大堤、东苕溪导流东大堤，全部落实"百米一人"AB岗24小时巡堤查险，力保大堤安全。紧急转移病险水库山塘影响区、低洼易涝区、山洪和地质灾害易发区等易灾地区人员37698人，劝返游客2万余人。长兴县、安吉县发生漫堤、倒圩险情时，各级领导、专家组第一时间赶赴现场，迅速抢险，转移危险区域群众1113人。树立大局意识，贯彻流域调度指令，开启导流5大闸，累计为太湖导流水量4.5亿立方米，相当于降低太湖水位0.19米，为流域防洪做出贡献。整个防御工作，获得省防指总指挥、副省长黄旭明批示肯定。

【水利建设工作】 2016年，全市深入贯彻浙江省委、省政府“聚焦防洪排涝、防灾减灾”和“把防洪排涝作为‘五水共治’的核心任务来抓”的新要求，以“千人万项”(2015年5月起，浙江省水利系统发扬浙江敢为天下先的精神，启动了“千人万项”蹲点指导服务水利建设行动，即全省1778名水利系统部门干部和专家蹲点指导1108项重点工程，带动上万项水利项目，通过调查研究、业务指导、解决困难，全力推进全省水利工程建设)“百项千亿”（2016年11月29日，全省水利工作暨百项千亿防洪排涝工作动员大会在金华召开。会议提出，要加快实施百项千亿防洪排涝工程138个项目。截至11月底，全市水利总投资完成33.1亿元，提前超额完成省下达的投资任务，投资完成率居全省第一。其中，完成2016年中央投资18亿元，完成率达98%，居全省第三。一是重大项目前期加速推进。在深入调研、民主决策的基础上，依托滨湖优势，谋划新一轮太湖治理“太嘉河及环湖河道整治后续”“苕溪清水入湖后续”“环湖大堤（浙江段）后续”三大工程，被列入流域和省“十三五”水利规划。并以“一天都不耽搁”的决心加快前期，建立“统一报批、分县实施”“谋批协同、动态调整”“业主提前介入、设计考虑建设”的工作机制。截至11月底，三大后续项目均完成“可研”报告和专家论证程序，报水利部审查。副省长黄旭明给予肯定。二是重点水利工程加速建成。把列入“172重大项目”的太湖治理“四大工程”（即太湖流域水环境综合治理涉及湖州的太嘉河工程、杭嘉湖地区环湖河道整治工程、苕溪清水入湖河道整治工程和扩大杭嘉湖南排工程德清部分）作为湖州水利“一号工程”，全力以赴加快推进。采取一系列超常规的施工举措，落实政府协调、督查通报和奖惩激励机制，加快建设步伐。截至11月底，“四大工程”完成投资20.82亿元。其中，太嘉河、杭嘉湖地区环湖河道整治2项工程已基本建成，实现“三年工期两年干”，在太湖高水位期发挥了重要作用。苕溪清水入湖河道整治、扩大杭嘉湖南排全线推进，提前超额完成省水利厅下达的任务，实现“四年工期三年干”。三是农田水利设施提档升级。围绕服务民生，深入开展农田水利建设，加速农田水利设施提档升级，取得显著成效。继申报第一至五批小农水重点县实现全市县（区）全覆盖后，年内，又积极申报第六至九批重点县，实现第二轮全覆盖。2016年，全市完成4座水库、60座山塘除险加固、9333公顷圩区整治和250公里渠道改造，新增高效节水灌区1167公顷，改善农村饮水人口7.33万人；完成6座小水电生态治理，均超额完成全年目标任务。5个县（区）全部获年度农田水利标准化建设考核优秀，其中4个县（区）获“十二五”期考核先进县（区），优秀比例居全省前茅。

【水环境治理工作】 2016年，借“五水共治”之势，以河、湖、库、塘清淤为突破口，扎实推进水环境综合治理，成效显著。全市在测的58个重要水功能区平均水质达标率为91.2%，比上年同期上升了7个百分点。(1) 河道清淤总量领先全省。发动全市各县（区）、乡(镇)、村掀起了清淤热潮，截至11月底，已投入5亿元，完成清淤2092万立方米，提前超额完成省下达的1800万立方米清淤任务，列全省第一。为解决淤泥出路问题，防止二次污染，积极探索“集中化、资源化、无害化”的处置方式，淤泥去向全部落实，建立“一河一档”。因地制宜采取三种处置方式：一是建设45个可循环利用堆场进行集中堆放，占比77%；二是培堤加固，占比7%；三是还桑肥田，占比16%。另外，也有一些淤泥采用资源化处置，如吴兴区的“真空预压法”“真空薄膜技术”和德清县的“分级分离固化干结技术”，效果良好，已投入生产。(2) 加快实施河道综合整治。完成德清、安吉、南浔三个全国中小河流治理重点县（区）的水系连通35个项目区收尾，开工建设德清县十字港、长兴县泗安塘2个中小流域治理项目，围绕美丽乡村开展河道连片整治，累计完成河道治理337.94公里，完成省下达任务的125%。出台《湖州市河道生态建设技术导则》，规范河道生态治理，建成一大批“水清、流畅、岸绿、景美”生态建设示范河道。德清县刘家桥港被评为“全省河道生态建设最佳示范工程”；南浔区车家兜港生态治理工程、长兴县合溪新港被省水利厅评为“优秀示范工程”。湖州全国水生态文明试点城市通过水利部太湖流域管理局组织的中期评估；安吉县水生态文明试点县通过省水利厅评估验收。(3) 深化水土保持水源保护。编制《湖州市水土保持规划》和《湖州市区水土保持规划》，由市政府批复实施，划定重点预防区和重点治理区并及时向社会公布。严格开发建设项目水土保持监督管理，全年审批水土保持方案132件，验收水土保持项目18个，征收水土保持设施补偿费2602万元。深入开展水土保持监督检查，对400余个项目进行水保监督检查1600余次。实施安吉县皈山等3条小流域水土流失综合治理项目，累计治理水土流失面积23平方公里。在老虎潭、合溪、对河口、赋石和凤凰等大、中型供水水库，健全完善水库水源地保护生态补偿机制，落实专项资金，用于水源保护区内镇、村的水源保护考核奖励、生态保护项目补助及污染企业整治补偿。全市主要供水水库水质稳定保持在Ⅰ类和Ⅱ类，县级以上集中式供水水源地水质达标率为100%。

【水利改革与行业管理】 一是水利工程标准化管理。强化政府主导，落实部门责任，全力推进水利工程管理标准化。市本级及各县（区）均出台水利工程管护经费保障政策，全年落实8539万元，保障率达100%。年内，列入标准化创建计划的59个水利工程，全面完成管理手册编制、确权划界和定人定岗，建立信息化平台，管理养护面貌得到改善，全部通过标准化管理验收，6个大、中型工程通过省级验收。其中，二界岭水库、对河口水库和东苕溪导流东大堤获得90分以上的高分，成为全市水利工程管理的示范和标杆。二是水资源管理日趋严格。深入落实最严格水资源管理制度，企业用水实行计划和定额管理，加强与市发改委衔接，积极落实规划水资源论证制度，试点水资源资产离任审计，推进节水型社会建设。全市用水总量、万元工业增加值用水量、农田灌溉水利用系数和重要江河湖泊水功能区等指标均提前达到省政府考核要求，连续以第一的成绩被省政府评为“优秀”。三是工程建设管理更加规范。修订完善水利工程招标、投标行政监督暂行规定和设计变更管理暂行办法，强化水利工程的招、投标及设计变更的过程监管。开展水利工程质量大排查、大整治，对四大工程开展全线质量检测，发现问题一律整改返工，确保工程质量。切实加大水利建设市场管理力度，严肃处理一批施工人员不到位、施工质量不过关和违规出借资质投标的行为，对5家施工企业和3家监理企业进行不良行为通报，有力地规范了水利建设市场秩序。印发《水利工程安全文明标准化工地管理办法》，全面推行标化工地，安全监管持续加强。四是水政执法管理继续强化。深入开展“三改一拆”“无违建县”创建活动，加大涉水违建的查处力度，全年累计拆除和清理码头、板房和养殖棚等各类涉水违章建筑61处、面积超过11万平方米，维护河道的生态健康。针对全市河道清淤全面实施的实际，着重加大了泥浆偷排入河的查处力度，上下联动开展专项执法检查，累计查处案件44起，遏制了泥浆偷排的势头。在全省水行政执法技能竞赛中获得团体二等奖。

（刘静华）

工　业

·综　述·

【概况】 2016年，湖州市工业和信息化系统紧紧围绕市委、市政府决策部署，始终坚持以工业强市建设为统领，以提高经济增长质量和效益为中心，积极应对严峻复杂的国内、外宏观经济形势，适应经济发展新常态，打好转型升级组合拳，着力稳增长、调结构、增后劲、抓改革、强创新和防风险，主要经济指标增速位居全省前列，工业和信息化工作保持了平稳健康发展，呈现稳中有进、转中向好和调中见优的良好态势。2016年，全市规模以上工业实现增加值828.3亿元，同比增长6.2%；全市高新技术产业、装备制造业和战略性新兴产业规模以上工业增加值分别增长5.6%、5.8%和7.2%；“3+4”产业实现规模以上工业增加值616.05亿元，占规模以上工业增加值的74.4%，增长8.2%，高于规模以上工业2个百分点。全市规模以上工业实现主营业务收入4217.38亿元，利税总额427.9亿元，其中利润282.8亿元，分别增长2.2%、7.1%和10.6%。工业对全市经济发展的支撑作用进一步凸显。

【工业经济平稳增长】 2016年，全市规模以上工业完成增加值828.3亿元，同比增长6.2%；完成规模以上工业出口交货值683.7亿元，增长9.3%；全市工业用电累计165.7亿千瓦时，增长9.6%，居全省第2位，高于全省平均2.99个百分点。2016年，规模以上工业实现利税总额427.9亿元，增长7.1%；利润总额282.8亿元，增长10.6%，年内，全市规模以上工业利税和利润持续保持较快增长态势。

【产业结构持续优化】 新兴产业持续发力，结构调整出现较大变化。2016年，全市战略性新兴产业、高新技术产业和装备制造业分别完成规模以上工业增加值179.9亿元、347.4亿元和206.4亿元，同比分别增长7.2%、5.6%和5.8%，分别占规模以上工业增加值的21.7%、41.9%和24.9%，其中高端装备产业实现规模以上工业增加值138.3亿元，增长5.7%；规模以上信息制造业完成工业增加值76.6亿元，同比增长6.3%。全市信息经济产业完成投资121.8亿元，9家企业入围2016年省电子信息产业重点企业名单。纺织建材占规模以上工业比重下降1.1个百分点。

【企业梯度培育成效明显】 2016年，湖州市工业大企业运行总体稳健，大企业培育工作取得明显进展。全年38家市级“金象金牛”培育企业完成主营业务收入2869.5亿元，同比增长16%，其中市内主营业务收入1308.97亿元，增长15.3%，占全市规模以上工业主营业务收入的31.06%；全市334家重点骨干企业完成主营业务收入2999.1亿元，增长9.5%，高于全市规模以上工业增幅7.3个百分点；实现利税252.3亿元，增长10%，其中利润169.1亿元，增长10.9%。超威集团、天能集团、升华集团、德华集团、永兴特钢、栋梁新材和大东吴集团7家企业入围2016年中国民营企业500强。11家企业入围2016年度中国民营企业制造业500强。新增永兴特钢、欧诗漫、老恒和3家企业被列入第三批省级“三名”培育试点企业。天能集团、超威集团、升华集团、巨人通力、佐力集团、泰普森、久立集团、大东吴集团8家企业被湖州市人民政府认定为2016年度“金象”企业；美欣达、金洲集团、永兴特钢股、德华集团、欧诗漫、恒腾化纤6家企业被湖州市人民政府认定为“金牛”企业。全市全年完成“小升规”企业222家，认定工业行业“隐形冠军”企业9家。

【创新能力明显提升】 实施湖州市“千企创新”行动计划，全市工业创新能力不断增强。2016年，全市规模以上工业新产品实现产值1669.8亿元，同比增长13.3%，产值率36.2%，贡献率115.6%，总量居全省第六、增幅居全省第七；新增省级工业新产品备案1369项，完成新产品鉴定验收329项，备案数居全省第一，省级优秀新产品17项、省内首台（套）6项、浙江制造精品19项。新增国家级企业技术中心1家、分别新增省、市级企业技术中心9家和38家。引进创新领军人才65位，其中“国家千人计划”2位、“浙江省千人计划”1位。

【信息经济加快发展】 创建为国家信息经济特色产业示范区，长兴县、吴兴区等5个县（区）创建为省级“两化”深度融合示范试点区域，率先实现省级示范试点在湖州市的“全覆盖”。新增实施60个市级“两化”融合重点项目，3家工信部“两化”融合管理体系贯标试点企业，新增培育企业首席信息官（CIO）58位。2016年，全市信息经济核心产业主营业务收入达589亿元，总量位居全省第4位。全市互联网出口带宽达1800千兆；固定宽带家庭普及率95%，移动宽带用户普及率113.6%，全市99%以上城市家庭具备100M光接入能力，累计投资11.3亿。

【绿色发展成效明显】 推进生态文明先行示范区建设，绿色发展取得新成效。2016年，全市淘汰133家企业的落后产能，腾出15.4万吨标准备煤的用能空间；完成“低小散”块状行业整治淘汰企业和作坊2618家。全市光伏装机容量达350兆瓦，提前完成三年300兆瓦光伏发电任务。全面实施企业分类综合评价，并实现了全市县“全覆盖”。

【工业强市建设稳步推进】 实施《湖州市工业强市建设“十三五”规划》《湖州市信息经济发展“十三五”规划》《湖州市高端装备发展“十三五”规划》，明确湖州市“十三五”期间重点发展信息技术、高端装备和生物医药三大新兴产业，改造提升金属新材、绿色家居、现代纺织和时尚精品四大传统优势产业。长兴县、德清县、吴兴区、南浔区和安吉县在浙江省2015年度工业强县（市、区）综合评价排名分别名列第19位、第27位、第44位、第46位和第52位。其中长兴县、德清县、吴兴区和安吉县4个县（区）的排名分别比2014年前移1位、5位、2位和7位。

【工业发展环境进一步优化】 制订《推动湖州市工业供给侧结构性改革十条工作意见》《关于补齐工业经济领域短板的实施意见》等，供给侧结构性改革初显成效。出台《湖州市降低企业成本减轻企业负担三十六条》，通过降低制度性交易成本、降低企业税费负担等8个方面36条，制订2016年企业减负春风行动工作要点，按季对落实政策情况进行情况通报，编印国家和省、市最新降成本减负担优环境政策汇编本一万册，并下发至全市所有规模以上企业及部分小微企业，全年全市减轻企业负担142.8亿元。加快行政审批制度改革。2016年，取消2项行政审批事项，并将外商投资项目核准、工程建设项目招标范围、招标方式、招标组织形式核准和固定资产投资项目节能审查3项行政审批权限下放至县（区）。深入推进“零土地”技改审批改革。2016年，全市完成“零土地”备案项目528个，总投资169.1亿元。

【工业投资逐步回升】 实施项目建设攻坚战，全市工业投资保持稳定增长，技改改造投资增长较快。2016年，全市完成工业投资678.03亿元，总量居全省第8位；同比增长10.7%，高于全省平均6.7个百分点，增幅居全省第2位，比2015年排名前移6位。完成以“机器换人”为主的技术改造投资543.30亿元，增长22.5%，增幅居全省第1位，比2015年排名前移3位；全市完成工业机器人推广1198台；全市装备制造业完成投资264.73亿元，增长14.3%，高于全市工业投资增幅3.6个百分点；全市工业投资“三百计划”完成投资247.8亿元。

【“大好高”项目引建】 按照市委、市政府“谋划大产业 招引大项目”战略部署，实施“服务大平台参与大招商”专项行动，从全市经信系统抽调12位业务骨干，分别入驻湖州经济开发区、吴兴高新园区和南浔经济开发区，重点围绕新能源汽车、生物医药、现代物流装备和电梯及核心配件等领域，参与产业招商，三年来签约项目35个，固定资产投资228亿元，成效明显。进一步完善工业“大好高”项目评审认定标准、工作网络和统计体系，加快形成上下联动、部门合力的项目引进推进机制，2016年，新增引进工业“大好高”项目80项，完成投资额203.48亿元；新开工项目84项，其中新引进项目开工58项，竣工投产项目54项。全市工业“大好高”项目引进建设明显加快，实现提升换挡。

【重点细分行业加快转型升级】 制订重点细分行业转型升级年度方案，利用信息化等新技术、新工艺、新装备和新材料，重点推进吴兴区砂洗印花、南浔区有机玻璃、德清县生物医药、长兴县非织造布、安吉县椅业、湖州开发区汽配6个细分行业。修订《重点细分行业转型升级考核评价办法》，加大对县（区）评价考核。完成德清县高端装备产业、长兴县新能源产业（新型电池）、安吉县椅业、吴兴区现代物流装备产业4个省级新型工业化产业示范基地申报。

【工业设计发展提速】 2016年，湖州国际工业设计中心省级特色工业设计示范基地重点开展了设计与制造对接，强化公共服务平台建设，截至年底，基地已集聚工业设计企业46家。有专职设计人员406人，设计服务收入达1.3亿元，设计成果转化产值达23亿元，在全省特色工业设计示范基地年度考核中居全省第3位。鼓励制造业企业建立工业设计中心，并争创国家和省、市级企业工业设计中心，已认定65家市级制造业企业设计中心，其中30家被认定为省级工业设计中心，浙江泰普森休闲用品有限公司被列入第二批国家级工业设计中心和省级重点企业设计院。积极开展工业设计与制造对接活动，举办中国设计智造大奖佳作巡回展湖州站，有200余件来自16个国家和地区的获奖佳作参展；安吉县举办第二届“安吉椅业杯”中国座椅设计大奖赛和“永裕杯”竹空间设计大奖赛等。积极组织工业设计企业参与中国优秀工业设计奖评比，有14件作品入围复评。“择良木”品牌的智能供应链平台项目入围中国智造大奖IDATOP200。

【企业创新平台建设加快】 编制实施智能制造新模式应用试点示范方案，推进91个重点企业智能制造示范试点项目建设，久立特材智能工厂等8个项目被列入省级智能制造示范项目，天能能源数字化工厂被列入国家级智能制造示范应用项目。老恒和、超威等8家企业申报工信部制造业单项冠军企业。南浔区智能电梯特色小镇成为首批省级智能制造示范区。2016年，新增永兴特钢为国家企业技术中心，新增怡达电梯、安达汽配等9家省级企业技术中心和培育38家市级企业技术中心；新增久立特材、佐力药业2家省级技术创新示范企业。全市工业企业的技术创新平台建设不断加快，企业自主创新能力不断增强。

【扶持小微企业发展】 制订《2016年度湖州市“小升规”工作推进计划》，建立221家“小升规”培育企业名单库，实行定期监测、定向服务，并按季对县（区）工作开展情况进行通报。吴兴区、长兴县被纳入全省管理提升和金融服务“小升规”深化试点县（区）。建立2016年市工业行业“隐形冠军”企业培育库81家并实时监测，引导中小企业走“专、精、特、新”发展之路。2016年，甄选入库培育企业59家。全年全市完成“小升规”222家，认定“隐形冠军”企业9家。全市小微企业发展环境得到进一步优化和提升。

【企业高端技术人才队伍建设】 全面落实市委、市政府《关于深化“南太湖精英计划”加快引进高层次创业创新人才的实施意见》《湖州市优化企业人才服务十条举措》等政策，引导企业引育创新人才。全年引进创新领军人才65名，其中“国家千人计划”2名、“浙江省千人计划”1名。

【信息基础设施建设】 签订《2016年通信基础设施建设目标责任书》，定期通报各县（区）基础设施建设情况。2016年，全市新建及改建铁塔基站1372个。编制《通信基础设施专项规划——通信基站布点规划》。落实《浙江省人民政府办公厅关于推进全省无线局域网（Wi－Fi）建设和免费开放的指导意见》《关于加快推进全省无线局域网（Wi－Fi）建设和印发相关标准规范的通知》等文件精神，提高公共区域免费Wi－Fi覆盖率。稳步推进公共场所免费Wi－Fi覆盖，全市免费Wi－Fi覆盖场所2500个，免费Wi－Fi开放AP总数达7561个。

【企业精细化管理和人员培训】 制定《湖州市工业企业精细化管理评价标准（试行）》，建立年度精细化管理培育企业库，认定湖州市精细化管理示范企业，浙江德宏汽车电子电器股份有限公司被认定为省管理创新示范企业；浙江天能能源科技股份有限公司等13家企业被认定为市精细化管理示范企业。2016年，全市工业和信息化系统培训企业干部职工15647人（次），举办培训班212期。与浙江大学联合举办的“湖州市第二期新生代企业家研习班”，有33位学员结业。

【完成节能降耗任务】 出台《2016年节能降耗工作推进计划》《湖州市推动电能替代工作的实施意见》。围绕“热电联产改造、窑炉改造、余热余压利用、电机能效提升、绿色照明”五大重点，推动重点节能工程，全年实施119项市重点节能技改项目。加快推进光伏发电，全市光伏装机容量达350兆瓦，提前完成三年300兆瓦光伏发电任务。单位工业增加值能耗下降率、单位GDP能耗下降率能源“双控”指标全面完成省定目标任务。

【淘汰落后产能】 严格实施《浙江省淘汰落后生产能力指导目录》《湖州市工业领域推进“五水共治”加快工业转型升级行动方案（2014～2017年）》和《湖州市工业领域大气污染防治工作方案》，以印染、铸造和化工等重污染高耗能行业为重点，通过企业综合评价，政策激励倒逼，加快推进落后产能淘汰。推动吴兴区童装、砂洗和南浔区木业、喷水织机等高污染、“低小散”行业整治提升。全年淘汰133家落后产能企业，腾出15.4万吨标准煤用能空间，全年整治“低小散”企业（作妨）2618家。全面完成工业领域高污染燃料小锅炉的淘汰改造全年目标任务。出台《湖州市处置“僵尸企业”工作实施方案》，明确县（区）年度工作任务，加大“僵尸企业”处置考核力度，全年处置14家“僵尸企业”。

【“禁黏”“禁现”持续深入】 2016年，全市关、停并拆除13座黏土砖瓦窑，完成省定目标任务。专题部署预拌砂浆推广和砂浆“禁现”工作，全市水泥产量为1272万吨，增长1.37%；散装水泥供应量为1118万吨，散装率达87.90%，继续保持全省前列；全市累计供应预拌混凝土881万立方米，增长14.61%；预拌砂浆应用量67.6万吨，同比增长10.5%。（蔡建明）

·高端装备产业·

【概况】 2016年，全市高端装备制造业以智能制造为主攻方向，以争创“中国制造2025”试点示范城市为契机，突出规划引领、创新引擎、龙头带动和做强规模，全力推进高端装备产业加快发展、高质量发展。全市高端装备产业实现规模以上工业增加值138.33亿元，同比增长5.7%，分别占全市装备制造业的67.02%和规模以上工业的16.7%。

【突出规划引领】 把高端装备产业列为全市“十三五”时期重点发展的“四大”新兴产业之一，出台《湖州市高端装备发展“十三五”规划》，确定重点发展新能源汽车、物流装备、智能电梯、动力电池、农业机械、节能环保装备、机器人与数控加工装备、通用航空装备和关键基础件九大领域。把新能源汽车、通用航空和物流装备三大领域作为重要新的经济增长点，编制单项规划，力争打造成为产值超1000亿元的支柱产业。出台《2016年高端装备制造业发展工作推进计划》，下达年度分解目标任务，并纳入年终县（区）考核。建立高端装备产业推进工作例会制度。依照《浙江省高端装备产业统计分类目录》要求，梳理出全市高端装备产业规模以上企业名单315家，确定重点推进工业投资项目66个和重点培育特色小镇名单5个，以点、线、面结合三维度推进，即“点”为重点企业、重点项目；“线”为特色小镇和九大重点领域，“面”为以县（区）为面推进。

【突出创新引擎】 2016年，高端装备产业领域，聚焦创新平台提升，高端装备领域。全年新增国家、省、市级企业技术中心分别为1家、5家和19家，新增省级企业研究院8家，其中重点企业研究院1家，新增省级研发中心16家；新引进25位“南太湖精英计划”创新领军人才，培育12个领军型创新团队；组织88位高端装备企业在职技术骨干，报考浙江大学工程硕士班深造学习。打好首台（套）、省级优秀新产品和湖州首创产品等创新载体组合拳，2016年，新增省级工业新产品400余项、装备制造业省内首台（套）6项、省级工业优秀新产品6项和浙江制造精品19项；组织举办微宏动力的“不燃烧锂电池”、星光农机的“秸杆打捆机”和智能电梯3场省级工业新产品推介会。组织实施100项“智能制造”重点项目，其中在建92项，竣工60项，完成投资19.7亿元；南浔区智能电梯特色小镇首批被列入浙江省级智能制造示范区，浙江久立特材科技股份有限公司“核电蒸发器用U形管数字智能化制造应用试点”等8个项目被列入省级智能制造示范项目，浙江天能能源科技有限公司的“新能源汽车动力电池生产智能化工厂”入选国家智能制造新模式应用项目。

【突出龙头带动】 开展“金象”“金牛”“高技术、高成长”企业培育工作，加快培育一批细分行业龙头企业、“单打冠军”企业、“隐形冠军”企业。2016年，新增星光农机等9家浙江省高端装备龙头骨干企业，新增3家工信部“两化”融合管理体系贯标试点企业；新增41家被纳入湖州市工业行业“隐形冠军”企业培育库；新增微宏动力、星光农机等9家省级高端装备制造业重点骨干企业。实施高端装备企业上市培育计划，主动对接主板、中小板、创业板和新三版等多层次资本市场，积极引导重点企业加快资产证券化步伐，做大做强企业。2016年，新增高端装备制造业主板上市企业1家、新三板挂牌企业9家，累计分别达9家和15家。制定实施《2016年度湖州市“小升规”工作推进计划》，建立高端装备“小升规”培育库（共29家）。2016年，有12家“新上规”高端装备制造业企业被评定为全省新上规企业“创业之星”，高端装备企业“小升规”达20家。

【突出做强规模】 2016年，全市高端装备制造业投资153.75亿元，同比增长39.5%，高于全市工业投资27.8个百分点，占全市工业投资24.5%，比上年同期提高2个百分点。全市高端装备制造业66项在建实施类重点项目，累计完成投资92.29亿元，实现销售收入711.6亿元，实现利税71.2亿元，其中8项前期报批类项目均已经开工建设，10亿元以上项目15个，比上年同期增加5个。落实市“大好高”项目引进推进工作要求，狠抓项目引进推进“双进”工作部署，全年新引进工业“大好高”项目34项，其中新引进项目开工22项，竣工投产项目5项，累计完成投资额86.3亿元。实施以“机器换人”为主要内容的技术改造的重点项目，在建95项、新开工42项、竣工49项，累计完成投资100.5亿元。南浔区电梯行业被纳入全省十大行业“机器换人”试点行业。（李永新）

·新能源汽车·

【概况】 2016年，全市拥有新能源汽车行业内企业82家，全年实现工业增加值31.48亿元，同比增长15.8%。实现主营业务收入160.9亿元，增长12.6%；完成利税16.99亿元，其中利润12.72亿元，分别增长3%和6.9%。

【行业龙头企业走势良好】 2016年，湖州市新能源汽车行业拥有5家国家高新技术企业、3家“金象金牛”培育企业、6家“双高”培育企业。其中，湖州市微宏、超威、天能、天丰4家动力电池企业均进入符合国家《汽车动力蓄电池行业规范条件》的企业目录。2016年，微宏动力有限公司实现销售收入15亿元，利税3.03亿元，其中利润2.3亿元；上缴税收1亿元。天能能源科技锂电产值5.6亿元，同比增长6.6%；超威创元锂电产值3.3亿元，增长46.3%。天丰电源实现产值1.42亿元，销售收入1.43亿元，利税1500万元。

【创新能力持续提升】 湖州市动力电池企业投入大量科研力量，突破正负极材料、能量密度、安全和隔膜材料等关键技术上的难题，提升企业竞争力。其中，微宏动力开启第三代“高能量密度(300瓦时/千克)、不燃烧电池”开发。超威作为浙江省首批“纯电动车产业技术综合试点企业”，承担动力锂离子电池及新型超级电容方面的省重大科技攻关项目，开发的电池单电芯比能量已达180瓦时/千克，电池模块的比能量超过160瓦时/千克，循环寿命可超过2000次。天能集团推出衡科技电池，以6大均衡科技使电池达到反应均衡、电位均衡、电解液均衡、结构均衡、温度均衡和氧复合均衡，让电池更加稳定可靠，减少故障发生，从而有效地保证电池使用寿命。

【重大项目成批落地】 2016年，湖州市引进和开工新能源汽车产业类项目27个，总投资368.71亿元，全年实际完成投资超39亿元，包括一期总投资113.84亿元的德清县乐视生态汽车年产15万辆纯电动乘用车涂装件和15万台动力总成生产项目，已于年底举办开工仪式；总投资35亿元的长兴县普朗特年产区域物流车车壳及汽车零配件10万台（套）建设项目，主体厂房已完工；总投资20亿元的南浔区达力科技年产100条动力电池全套生产线项目，已进行车间施工；总投资30亿元的湖州开发区微宏动力三期年产6.0GWh锂电池系统产业化项目，已完成部分基础施工。

【产业集聚特色明显】 湖州市已初步形成了涵盖整车生产、电池管理系统以及电池关键材料等领域的较为完备的产业链。长兴县依托天能和超威2大动力电池龙头企业，形成了涵盖整车、动力电池、安全气囊和底盘配件四大领域的新能源汽车产业链，并成为全省唯一的纯电动汽车及关键零部件产业发展基地，画溪新能源小镇被列入省级特色小镇创建。湖州开发区以微宏动力为中心，以整车制造为目标，集聚了百成客车、恩驰客车、创亚材料、远通电池和圣智电池等多家企业，2016年，湖州开发区智能电动汽车小镇被列入省级特色小镇培育。

【推广应用取得初步成效】 在加大产业培育的同时，湖州市坚持产用互动，加大对新能源汽车推广应用的力度。由同济大学的专家为湖州市量身定制了《湖州市新能源汽车推广应用规划（2016～2020年）》，并依据规划细分目标到年，印发《2016年湖州市新能源汽车推广应用实施方案》。为提升个人和企业对新能源汽车的使用意愿，湖州市出台《湖州市新能源汽车推广应用地方配套补助办法》，通过财政补助和差异化的交通政策来支持新能源汽车的推广应用。截至2016年年底，全市推广新能源汽车2490辆，其中纯电动公交车228辆、物流车454辆、出租车30辆、乘用车1778辆。

【充电设施网络搭建完善】 为破解新能源汽车里程焦虑，解决新能源汽车使用的后顾之忧，湖州市出台《湖州市充电基础设施建设运营暂行管理办法》，加大对充电基础设施建设的补助力度，引导和鼓励社会资本投入到充电设施建设中。2016年，全市建成15座充电站，1388个分散充电桩，全市较完善的充电设施网络已初步形成。

（潘力峰）

·生物医药产业·

【概况】 2016年，湖州市生物医药产业呈现稳步发展态势，部分行业发展较快，产业投资持续扩大，创新水平提升明显，大企业培育显现成效。2016年，全市有生物医药产业规模以上企业171家，实现工业增加值57.32亿元，同比增长12.5%，高于全市规模以上工业增加值平均增速6.2个百分点；规模以上企业实现主营业务收入303.43亿元，增长15.2%；实现利税37.99亿元，其中利润25.49亿元，分别增长18.3%和19.6%。

【县（区）产业发展较快】 各县（区）通过加大项目招引力度，加快企业创新步伐，优化发展环境，生物医药产业呈现较快发展态势。吴兴区生物医药产业增长势头强劲，全年实现产值47.1亿元，同比增长74.1%；德清县生物医药产业发展走在全省前列，全年产值达132.6亿元，增长8.4%，浙江省生物医药创新服务平台已落户德清县，企业创新能力和发展环境得到进一步的提升；湖州开发区生物医药业实现产值37.7亿元，增长12.5%，南太湖生物医药产业园已初具规模，产业呈现高速集聚态势；长兴县生物医药业实现产值36.2亿元，增长15.5%；安吉县生物医药业实现产值27.5亿元；南浔区生物医药业实现产值22.3亿元，增长4.1%。

【骨干企业培育加快】 2016年，在全市334家重点骨干企业中，有生物医药企业27家，占8.1%，完成主营业务收入162.59亿元，同比增长8.9%；实现利税23.37亿元，增长2.4%，其中利润17.43亿元，增长7.2%。企业通过加快产品创新，加大研发投入，逐步打开市场，盈利能力明显提升，如乌毡帽酒业年内利税、利润同比均增长60%以上；欧诗漫集团主营业务收入增长40%以上，销售收入超50亿元；展望药业利润增长20%，升华集团主营业务收入增长11%。

【项目建设加快推进】 2016年，全市投资5000万以上生物医药产业项目共46项，累计完成投资35.68亿元，其中1亿元以上项目34项，累计完成投资32.22亿元。一批重点项目推进平稳有序，老恒和酿造有限公司总投资56亿元古法酿造生态生产基地项目；特瑞思药业总投资10亿元年产3.2吨单克隆抗体类药物研发与生产项目；佐力药业总投资3.5亿元年产1600吨中药配方颗粒项目；核力欣健药业总投资额为5亿元的年产化药首仿药胶囊制剂10万粒和一类生物药片剂制剂20万片项目等陆续开工建设，带动了产业投资的快速增长。

【技术创新成效明显】 通过“南太湖精英计划”、“365创新团队计划”、人才引进战略合作联盟等，加强技术人才团队引进，同时，引导企业不断加大研发和新产品开发力度。2016年，全市有58个省级新产品通过备案，浙江欧诗漫的“珍珠高活性原生多肤修护生长因子”被列入“2016年度省级优秀工业新产品”；浙江硕华医用塑料有限公司研发的“血沉移液管”，实现了从简单的巴氏吸管到细胞生物高端实验耗材的跨越提升；浙江东方基因生物制品有限公司的“幽门螺旋杆菌（H.P）抗原检测试剂盒（乳胶法）的研发与产业化”项目被列入“浙江省重点高新技术产品开发项目计划”；浙江佐力药业股份有限公司被评为“2016年度省级技术创新示范企业”。

【特色小镇初见成效】 吴兴区美妆小镇被列入全省10大示范特色小镇，11月，被省经信委评定为经信系统行业标杆特色小镇（全省13个）。截至年末，小镇新引进优质项目22个，计划总投资65亿元。其中，国内外知名企业有韩国第三大化妆品企业韩佛、亚洲最大的化妆品包材企业衍宇、意大利知名品牌VIRIDIS、国内化妆品龙头企业上海上美，国内细分行业前20强企业有厦门上新、杭州心悦、苏州凌琳日化、东吴香精等。2016年，美妆小镇化妆品及相关产业完成规模以上工业产值29.92元，同比增长171.75%；入库税收1.57亿元，增长21.71%。（凌亚娭）

·金属新材产业·

【概况】 湖州市金属新材产业是支撑全市工业持续较快发展的重要产业，主要包括不锈钢棒、线材制造、不锈钢及其他金属材质工业用管道、电磁线和其他新型合金材料产品。2016年，行情总体清淡，全市184家规模以上企业实现工业增加值69.37亿元，同比增加1.1%；主营业务收入、利税、利润分别实现502.8亿元、32.1亿元、21.2亿元，利税占全市主导产业利税总额的11.3%，占全市规模以上工业利税总额的7.3%。

【产业布局】 金属新材产业发展日益集聚（主要集中在市本级），“一中心二基地”即在湖州经济技术开发区建设不锈钢坯、材供应中心及高端钢材；吴兴区以建设碳素钢、不锈钢为主的石油、天然气行业管道和不锈钢板、型材深加工全国性基地；南浔区金属新材主要包括金属管道及不锈钢、电磁线两大产业。2016年，市本级金属新材规模以上工业增加值占全市的76.2%（详见表）。

【龙头企业】 栋梁新材作为国内首家上市的铝型材生产专业企业，是湖州市本级首家超100亿元企业，是华东地区最大的铝型材粉末喷涂和氟碳喷涂生产基地。金洲集团生产的工业用管材达到国内领先水平，生产的燃气专用涂覆管获国家火炬计划产业化示范项目，是中国民营企业制造业500强企业。久立集团是专业生产工业用不锈钢管的大型企业，是国内不锈钢管行业中唯一一家上市公司，也是浙江省行业龙头骨干企业、湖州市明星企业，是中石化、中石油、中海油等大型企业不锈钢管的主要供应商。被列为2016年度湖州“金牛”企业、省技术创新示范企业、省级“两化”融合示范企业。永兴特钢是专业从事不锈钢棒线材研发、生产和销售的特钢企业，是国内不锈钢长材行业龙头企业、国家高新技术企业、中国民营企业500强、浙江省工业行业龙头骨干企业、浙江省高新技术企业50强、浙江省制造业100强企业、上市公司。2016年，被列为浙江省第三批“三名”培育试点企业、湖州“金牛”企业、国家企业技术中心、省级“两化”融合试点企业。

【技术创新成效明显】 2016年，金属新材行业中，永兴特钢的S32760超级双相不锈钢棒材、ER2209双相不锈钢焊接用线材获得2016年度浙江省优秀工业新产品（新技术）；久立特材的核电蒸汽发生器（SG2）U形管束装置获得2016年度浙江省装备制造业重点领域首台（套）；久立特材、永兴特钢均获得2016年度浙江省高端装备制造业骨干企业；久立特材的核电蒸发器用U形管数字智能化制造试点示范项目获得省智能制造示范项目；栋梁新材的立体式智能化仓储建设项目等一批项目被列为2016年湖州市行业“机器换人”十大示范项目。

【重点项目扎实推进】 2016年，金属新材产业实施投资6000万元以上重点项目13项，总投资53.8亿元，固定资产投资42.2亿元，完成投资25.5亿元。其中永兴特钢年产5万吨耐高温、抗腐蚀、高强度特种不锈钢深加工项目计划总投资达到13.55亿元，固定资产投资7.5亿元，年内已竣工。金洲管道年产25万吨高品质ERW钢管和新型螺旋焊接钢管和新型螺旋焊接管项目生产线项目开工建设。2016年，在湖州市100项重点“机器换人”技改项目中，永兴特钢年产25万吨高品质不锈钢和特种合金棒线项目，总投资8亿元，固定资产投资6.1亿元，年内进入厂房装修，设备安装阶段。

【行业发展重点和方向】 不锈钢棒、线材制造行业向“高端工艺、高端品质、高端产品”改造提升，着力开发耐热、耐蚀和高强度等高性能不锈钢棒材、线材。不锈钢及其他金属管材型材行业向“特色市场、特种行业、特种产品”改造提升，鼓励发展应用于电站（包括核电）、石化、页岩气和医药等领域

2016年湖州金属新材产业县（区）营业收入及增幅一览表

表2　　单位:亿元、%

	德清县	长兴县	安吉县	吴兴区	南浔区	湖州开发区
总产值	10.04	4.12	2.38	22.77	24.11	5.95
增幅	-15.5	25.4	-6.4	-3.6	13.7	-0.4

的特种不锈钢管道，开发舰艇、飞机、潜艇等高科技核心构件和军工用特殊钢材，发展可替代进口的不锈钢特种合金钢无缝钢管和焊接钢管。电磁线和特种电缆行业向“特种产品、特种领域、特色品质”改造提升，重点开发无公害电磁线、变频电机与仪器仪表专用特种电磁线、特种漆包铝圆（扁）线和耐压耐腐蚀电磁线等，发展低烟无卤环保电线电缆、核电电缆、海底电缆、轨道交通电缆和石油平台电缆及新能源电缆等。其他新型合金材料行业向“高新企业、高新产品、高新技术、特殊功能”改造提升，围绕航空、交通、电力和建筑等领域，大力发展新型铝合金材料、钛合金材料、铜合金材料等特殊功能材料。（黄伟祺）

·现代纺织·

【生产和销售效益大增】 2016年，全市规模以上纺织企业734家，完成主营业务收入881.83亿元，同比增长24.12%。全市规模以上纺织企业完成利税76.87亿元，增长14.89%，其中利润53.44亿元，增长24.1%。亏损企业35家，比上年增加了4家，亏损额1.45亿元，比2015年同期减少亏损1300万元。从行业小类来看，化学纤维制造业中的涤纶纤维制造利润增幅达157.72%。

【三个主要细分行业增长较快】 从现代纺织的三个主要细分行业来看，全年纺织业、服装服饰业、化学纤维制造业完成主营业务收入分别为559.13亿元、92.92亿元和229.78亿元，分别增长18.25%、13.86%和47.3%。三个主要细分行业分别实现利润37.88亿元、3.67亿元和11.9亿元，分别增长9.99%、下降7.28%和增长154.63%。

【亿元投资项目减少】 2016年，纺织行业新开项目1亿元以上在建项目有22个，比2015年同期减少4个，项目总投资61.43亿元，其中固定资产投资52.3亿元。

【重点骨干企业运行质量稳中趋好】 2016年，纺织行业被列入市重点骨干企业有66家，比上年同期减少4家，占整个纺织规模以上企业8.99%，完成主营业务收入403.86亿元，占规模以上纺织产业的45.8%，实现利润22.94亿元，占规模以上纺织产业的42.93%，其中纺织业有49家，完成主营业务收入197.14亿元，实现利润11.82亿元；服装服饰业有9家，完成主营业务收入23.07亿元，实现利润0.73亿元；化学纤维制造业有8家，完成主营业务收入183.65亿元，实现利润10.39亿元。

【化学纤维制造业加快发展】 2016年，一批大项目的投产增强了行业发展后劲。新凤鸣集团一期年产48万吨低碳超仿真涤纶纤维、桐昆集团恒腾差别化纤维有限公司二期年产40万吨差别化纤维项目等项目的投产，给行业增添了发展活力，2家企业全年完成主营业务收入99.72亿元，占纺织行业完成主营业务收入的11.31%，完成利税3.65亿元，实现利润6.54亿元。

【丝绸行业稳中有进】 全市规模以上丝绸企业有116家，占规模以上纺织企业的13.15%，主营业务收入67.12亿元，同比增长12.32%。实现利润3.48亿元，增长11.49%，亏损企业6家，亏损额690万元，比2015年同期增加亏损190万元。

【缫丝加工企业扭亏为盈】 2016年，受印度市场收购国内厂丝的影响，生丝价格从年初的32万元一吨左右持续走高到41万～42万元一吨左右，茧丝原料价格持续走高。在春茧收购时，茧成本不高，随着丝价的不断走高，缫丝企业摆脱了多年的困境，扭亏为盈。全市12家规模以上缫丝企业，主营业务收入5.88亿元，增长25.49%，实现利润0.28亿元，增长43.96%。

【白厂丝原料价格持续走高】 2016年，白厂丝行情维持高位，给织造、服装、蚕丝被、家纺等下游行业的成本压力明显大于往年。如丝绸织造企业，受国际经济复苏缓慢的影响，真丝绸贸易单子少，2016年以来白厂丝原料价格的过快上涨，使生产周期长的织造企业难以适应，未等面料提价，丝价涨了，导致规模较小的企业不敢接单的局面。随着4季度丝价走稳，全市93家规模以上绢纺和丝织加工企业完成主营业务收入52.82亿元，增长9.89%；实现利润2.58亿元，增长8.48%。

【丝绸行业纳入时尚产业发展重点】 2016年，在编制《全市“十三五”经济社会发展总体规划》《湖州工业强市“十三五”规划》中，市委、市政府明确把丝绸行业作为工业产业体系中提升发展的时尚产业的重点领域，通过改造提升真丝等行业，推进现代纺织时尚化、品牌化发展，提升丝绸产品的文化内涵。

【加快打造丝绸小镇】 2016年，湖州丝绸小镇（西山漾片区）建设工作进展顺利。已开发建设用地面积13.33公顷，完成固定资产投资额7亿元。有30余家丝绸相关龙头企业注册入驻。环境、公共管理进一步完善，建设公园绿地面积50万平方米、公园及休闲健身广场3个。公共Wi－Fi启动建设，实施数字化管理全覆盖，已有小镇公众号及官方微博，关注人数持续上升。

【规划建设丝绸产业园】 以加快建设“丝绸小镇”为契机，以产业链优势，吸引市外丝绸行业龙头企业入驻湖州，进一步提升丝绸产业链的竞争优势。7月29日，在杭州举行恒天湖州丝绸产业园规划发布会，该产业园作为湖州丝绸小镇建设重要的组成部分，规划面积1.7平方公里，计划总投资50亿元。

（陈　荫）

·绿色家居产业·

【概况】 湖州市绿色家居产业包括竹木制品、特色家具和装饰建材产业三个细分行业。2016年，有规模以上企业320家，实现规模以上工业增加值89.8亿元，同比增长9.4%；实现主营业务收入442.8亿元，增长7.3%；实现利税47.7亿元，增长14.8%，其中利润29.9亿元，增长17.8%。产业主要集中在南浔区木地板、德清县装饰建材产业、安吉县椅业和竹业。久盛地板、世友木业、德华集团、恒林椅业、永艺家具和永裕竹业等行业龙头企业，在全国具有较高的知名度和较强的市场竞争力。

【南浔木地板产业】 南浔木地板产业集群发源于20世纪80年代，先后获得“中国实木地板之都”“中国木地板之都”“中国木门之都”等称号，拥有“久盛”“世友”“格尔森”“康辉”等中国驰名商标和名牌。南浔区木地板产业集群主要集中在南浔区辖内的南浔经济开发区、南浔镇、旧馆镇三大区域，集群内各类木地板及相关企业600余家，其中规模以上企业65家，木制品相关制造企业1400余家，从业人员4万余人，拥有木地板生产线700余条，木地板淋漆线250余条。经过近30年的发展，南浔木地板产业日益发展成熟，实木地板的产销量占到全国的60%以上，地板产品已经辐射全国30个省、市、450余个县（区），基本形成了“中国实木地板看浙江，浙江地板看南浔”的格局。2016年，受房地产行情惨淡的后续影响，南浔木地板产业砥砺前行，保持了平稳发展的态势。全年规模以上工业增加值18.58亿元，同比增长2.2%，主营业务收入、利税和利润分别达到113.4亿元、11.6亿元、8亿元。

【安吉竹业】 “世界竹子看中国，中国竹子看浙江，中国竹子看安吉”。安吉县竹产业在国内外具有一定的影响力，安吉县的立竹量、商品竹年产量、竹业年产值、竹制品年出口额和竹业经济综合实力5个指标居中国第一，位列中国十大竹乡之首，是名副其实的“中国第一竹乡”。安吉县已形成以竹质结构材、竹质装饰材、竹日用品、竹纤维产品、竹质生物制品、竹木机械、竹工艺品和竹笋食品8大系列3000余个品种的产品格局。2016年，规模以上企业实现销售收入57.6亿元，同比增长2%，占全县规模以上企业销售收入总额的11.35%。截至2016年年底，竹产业企业达1630家，其中规模以上企业61家，1亿元以上企业达13家，产值5000万元以上企业29家。竹地板产量已占世界产量的60%以上，竹工机械制造业占据了80%的国内市场，并出口印度、越南及南非等10个国家。

【安吉椅业】 安吉是闻名中外的“中国椅业之乡”，是全国最大的办公椅生产基地。安吉椅业起步于20世纪80年代初，经过多年的发展，产品由原来的单一型发展到系列化生产，椅业已成为安吉县第一大支柱产业。安吉县无论从椅业生产规模、市场占有率还是品牌影响力，在全省、全国乃至全球，都具有领先地位。2011~2016年，连续被中国家具协会授予“中国家具优秀产业集群奖”“中国家具先进产业集群奖”；2014年，被中国家具协会认定为“中国家具重点产区转型升级试点县”（全国首个）；2016年，被工信部认定为“全国产业集群区域品牌建设椅业产业试点地区”。截至2016年年底，椅业企业达700家，其中规模以上企业144家，1亿元以上企业达43家。安吉县全年椅业总销售收入达317亿元，其中规模以上企业实现销售收入183.5亿元，同比增长5%，占全县规模以上企业销售收入总额的36.1%，利税贡献值在全县主要行业中排名第一。2016年，安吉椅业抢抓G20杭州峰会重大机遇、密切对接，经过持续跟踪、协调组织，突出企业主体、政府主导，使安吉椅、竹精品在G20杭州峰会的主要活动场所实现全覆盖，其中会议用椅、餐椅、沙发、午宴椅和会议桌椅等，产品有50款8000余件（套）。

【装饰建材】 德清县的装饰建材产业发源于20世纪90年代初，在经历了初创期和扩大期后，现正处于产业结构调整和转型升级的关键时期。洛舍镇被中国木材流通协会授予“中国木皮之乡”称号。2016年，有规模以上企业93家，工业产值、销售、利税和利润分别为309.5亿元、296.5亿元、27.5亿元和20.4亿元，在三大产业中分别占比 38.7%、39.6%、37.2% 和38.9%，利税占全县规模工业利税的26.2%。年内，德清县装饰建材产业涌现出一批行业龙头骨干企业，装备水平、技术研发水平、环保达标率等均居全国领先地位，对区域的影响力、行业振兴不断提升，对行业的发展具有一定的引领示范作用。2016年，在德清县装饰建材行业中，有销售收入超5亿元企业8家，其中超10亿元企业6家，有上市企业2家。德华集团、泰普森、五龙新材等10家装饰建材龙头骨干企业完成产值289.8亿元，同比增长19.8%，实现税利25.4亿元，增长11.5%。年内，德清县装饰建材已拥有国家重点扶持的高新技术企业23家、省级重点企业研究院1家、省级企业研究院3家、省级以上企业技术（研发）中心19家。拥有4件中国驰名商标、1个省级出口名牌、21个省级名牌和18个浙江省著名商标，在全国拥有1000余个直属门店和加盟店。

（黄伟祺）

·大企业建设·

【概况】 2016年，湖州市工业大企业运行总体稳健，大企业培育工作取得明显进展。2016年，38家“金象金牛”培育企业共完成主营业务收入2869.5亿元，同比增长16%，其中市内制造业主营业务收入1308.97亿元，增长15.3%，占全市规模以上工业主营业务收入的

31.04%；实现利税164.98亿元，增长8.39%；市内实缴税金57.95亿元，增长21.66%。超威集团、天能集团、升华集团、德华集团、永兴特钢、栋梁新材和大东吴集团7家企业入围2016年中国民营企业500强；老恒和、欧诗漫、永兴特钢3家企业新入围浙江省第三批“三名”培育试点企业。年内，湖州市有省级“三名”培育试点企业9家、市级“三名”培育试点企业暨“金象金牛”培育企业37家、县（区）级培育企业159家。

【加快培育“金象金牛”大企业】 自“金象金牛”大企业培育工作开展以来，各级各部门认真落实《湖州市“金象金牛”大企业培育三年行动计划》，紧紧围绕培育目标，加强组织领导和规划引领，加大政策扶持和服务指导力度，加快推进“金象金牛”大企业培育。不断完善企业动态培育机制，出台《进一步完善“金象金牛”培育企业推进机制的通知》，明确“金象金牛”培育企业的准入标准，完善动态培育机制，进一步强化政策激励机制。制订《2016年度湖州市“双金”及“三名”企业培育工作推进计划》，明确2016年度企业培育目标和六大工作任务。强化三级分级联动培育。推进超威、天能、泰普森、久立、德华、诺力6家省级“三名”培育试点企业的重点企业研究院建设，支持企业争创省级“三名”企业培育试点，欧诗漫、老恒和、永兴特钢3家企业被列入第三批省“三名”试点，年内全市有9家，居全省第五位。加大市“金象金牛”企业培育力度，以县（区）为培育主体，督促县（区）创新培育举措，鼓励更多企业争创“金象金牛”企业。健全市“金象金牛”及培育企业运行监测机制，启动网上直报工作。进一步夯实县（区）级企业培育基础，扩大培育范围，明确培育对象和重点，重新梳理县（区）培育企业名单。经过培育，天能集团、超威集团、升华集团、巨人通力、佐力集团、泰普森、久立集团、大东吴集团8家企业被市人民政府认定为2016年度“金象”企业，美欣达、金洲集团、永兴特钢股、德华集团、欧诗漫、恒腾化纤6家企业被市人民政府认定为“金牛”企业。

【企业创新能力持续提升】 2016年，引导企业加大对创新平台建设、创新人才引育和技术创新设计的投入，促进产品开发升级，增强创新能力，推动“双金”企业向智能化、绿色化、服务化和协同化发展。积极推荐“双金”企业产品申报省级优秀工业新产品、首台（套），提升智能化水平。永兴特钢被认定为国家级企业技术中心，年内有7家“金象金牛”及培育企业被认定为国家级技术中心。泰普森被认定为第二批国家级工业企业设计中心。久立特材智能工厂被列入省级智能制造示范项目，天能能源数字化工厂被列入国家级智能制造示范应用项目。择优推荐久立特材、老恒和、超威等企业申报工信部制造业“单项冠军”企业。

【企业兼并重组步伐加快】 2016年，出台《进一步促进企业兼并重组的实施意见》《市促进企业兼并重组工作领导小组办公室关于建立有关工作机制的通知》和《工业企业兼并重组鼓励政策的操作细则》，引导“三名”及“双金”企业实施兼并重组战略，做大做强。以政策激励引导企业开展兼并重组，久立集团兼并重组南方通信，盘活存量资产；佐力集团2.8亿元收购郡安里、德清御隆2家旅游开发公司；德华兔宝宝5亿元收购杭州多赢网络科技，组建“兔宝宝商城”，大力发展电子商务；星光农机出资10亿元收购湖北玉龙机械和江苏正工，大力实施“走出去”发展；诺力股份5.4亿元收购无锡中鼎，从卖产品向提供智能化物流解决方案的转变，迈出打造大物流平台的重要一步。

【提升企业家素质】 创新培育方式，努力培养一批扎根湖州、志在全球的新一代企业家。组织“三名”及“双金”企业高管考察国内知名企业、行业标兵企业，并赴美国等发达国家参观世界著名企业，聆听知名企业的创业过程、成功经验。组织“三名”及“双金”企业举办“工业4.0”与企业兼并重组高峰论坛、中欧论坛，组织“三名”企业参加健峰国际CEO论坛等活动，不断提升企业家眼界和素质。

【优化服务举措】 加大省“三名”培育试点企业的扶持力度，实施省、市、县（区）三级联动培育机制，指导老恒和、欧诗漫、永兴特钢3家企业制订并签订“三名”培育试点企业责任书，明确企业发展目标和各级政府的培育职责，给予优先要素保障和政策支持。积极落实省“三名”培育试点企业扶持政策，年内第二批省“三名”企业省级资金已全部拨付，市级资金已启动配套。推动各县（区）加大对市“双金”企业的扶持力度，实行个性化激励引导政策，德清县、长兴县实行“一企一策”，吴兴区积极为老恒和古法酿造生产基地项目争取到国家开发银行长期低息贷款1.33亿元。（李丽月）

·信息化建设·

【概况】 2016年，湖州市深入贯彻落实国家和省关于推进“两化”深度融合、加快发展信息经济的文件精神，按照《湖州市信息经济发展“十三五”规划》要求，围绕“两中心两示范”（全国地理信息产业中心，全省智慧物流产业中心，全国电子商务示范城市，全国智能制造示范区）目标，全方位提升全市信息化发展水平，并成功入选国家信息经济特色产业试点城市。

【抓好规划编制】 一是编制出台《湖州市信息经济发展“十三五”规划》，将信息经济作为全市“十三五”规划四大重点主导产业之首，将信息技术产业作为全市工业强市建设“十三五”规划三大新兴产业之首。二是制定《2016年湖州市信息经济工作要点》和《2016年湖州市“两化”深度融合推进计划》，明确全市信息经济和“两化”深度融合发展的年度目标和主要任务。三是指导和督促县（区）找准发展定位，明确发展重点。

【加快企业引育】 一是推进信息经济重点项目建设，狠抓信息经济100个重点项目建设，落实专人、定期督查和协调推进。二是加快信息经济重点企业培育，积极推进全市信息经济重点企业建设，加快培育一批发展潜力大、增长速度快的电子信息制造企业。长城电工等3家企业入选省电子信息制造业30家重点企业；久鼎电子等6家企业入选省电子信息50家成长性特色企业。三是推进信息经济重点园区建设。坚持县区联动，加强招才引智、招商引资和培大育强，积极创建一批特色信息产业园。

【力促融合发展】 一是围绕智能制造、“互联网+”应用，将物联网、大数据和云计算等贯穿于包括设计、生产等在内各个生产环节，促进个性化定制、按需制造、众包众设和异地协同设计等“互联网+”创新应用模式。二是加强“两化”融合试点示范企业建设，向示范企业大力推广数字化控制技术和加快先进制造技术在生产过程的应用，引导市级示范试点企业向省级和国家级示范试点企业发展。三是抓好省级“两化”深度融合示范试点县（区）创建，重点支持县（区）示范试点企业培育和重点项目建设。

【开展培训服务】 一是举办现场推进活动。突出重点行业、重点环节开展“两化”融合进县（区）、进企业系列活动。二是开展专业机构服务。邀请大专院校、科研院所和行业内专家，对物流装备行业等全市10个“两化”融合重点行业、50家重点企业进行“一对一”精准指导，为企业实施信息化提供决策咨询和技术支持。三是开展专业人才培训。组织全市首批市企业首席信息官培育人员开展培训，组织企业参加第三届世界互联网大会乌镇峰会等8场信息化交流大会，帮助企业了解新一代信息技术发展趋势。

【夯实通信基础】 一是加大基础设施建设力度。与各县（区）签订《2016年通信基础设施建设目标责任书》，明确全年全市信息基础设施建设工作要点。二是编制通信设施专项规划。加强通信基础设施规划编制工作指导，定期召开编制工作协商会，同步指导三县完成通信专项规划编制，《湖州市区通信基础设施专项规划——通信基站布点规划》已进入公示阶段。三是推进免费Wi-Fi建设。全市免费Wi-Fi累计覆盖场所1634个，AP数达6387个，完成年度覆盖AP数的75.65%。 （徐 英）

·电 力·

【概 况】 2016年，湖州全社会用电量首次突破200亿千瓦时，达222.2亿千瓦时，同比增长11.71%，增速居全省第二；其中工业用电165.73亿千瓦时，增长9.64%，增幅居全省第二；城乡居民生活用电26.19亿千瓦时，增长21.89%，增幅居全省第一。全社会最高用电负荷393万千瓦，增长14.97%。城网综合供电电压合格率达99.99%，城网供电可靠率达99.97%；农网综合供电电压合格率达99.52%，农网供电可靠率达99.92%。国网湖州供电公司贯彻省电力公司和市委、市政府的决策部署，落实省电力公司与湖州市委、市政府主要领导会谈精神，坚持“赶超发展，进位争先”的工作思

2016年湖州市全社会用电量按行政区域构成情况一览表

表3　　单位：万千瓦时

地　区	全年用电量	构成（%）	比上年增长（%）
合　计	2221980.50	100	11.71
吴兴区	494125.50	23	9.08
南浔区	409175.97	18	10.18
长兴县	682642.66	31	14.40
德清县	369051.73	17	7.37
安吉县	247701.81	11	13.22

2016年湖州市全社会用电量按行业构成情况一览表

表4　　单位：万千瓦时

用电分类	用电量	构成（%）	比上年增长（%）
合　计	2221980.50	100	11.71
（一）农、林、牧、渔业	44564.48	2	12.64
（二）工业	1657305.62	75	9.64
（三）建筑业	26017.70	1	-1.76
（四）交通运输、仓储、邮政业	22118.98	1	26.62
（五）信息传输、计算机服务和软件业	18387.31	1	13.17
（六）商业、住宿和餐饮业	95983.63	4	15.63
（七）金融、房地产、商务及居民服务	31231.46	1	27.23
（八）公共事业及管理组织	64499.35	3	16.51
（九）城乡居民生活用电	261871.97	12	21.89

路，担当尽责，奋发进取，各项工作取得显著成绩，得到国家电网公司领导，市委、市政府和省电力公司主要领导的肯定，国网湖州供电公司荣获省电力公司2016年度绩效考核进步单位、2016年度精神文明建设先进单位、2015～2016双年度对标工作先进单位三项荣誉称号；业绩对标居全省第四，创历史最佳，综合对标第二集团第一；被评为湖州市十大“群众满意单位”。

【电网建设】 2016年，湖州电网建设取得长足发展，完成电网建设投资11.89亿元，累计投产项目11个，线路长度173.64公里，变电容量97万千伏安。220千伏临杭输变电工程作为G20杭州峰会外围保供电项目，于6月竣工投运，220千伏甘泉变扩建工程迎峰度夏前按期投运，220千伏钮家变扩建工程年底前提前投运，110千伏洋北、高阳输变电等6个工程相继建成投产。220千伏林城、旧馆输变电、110千伏吴山输变电等工程有序推进。220千伏南浔输变电、110千伏康山输变电等工程前期工作顺利开展。截至2016年年底，全市有35千伏及以上变电所220座，总变电容量达1744万千伏安，35千伏及以上输电线路344条，总长度达5009千米。

【服务保障】 大力支持市中心城区北区块开发和市中心医院迁建项目，做好全省唯一“上改下”配套电网项目的前期工作；主动对接德清乐视“超级汽车”、长兴太湖“龙之梦”等重点项目，编制实施专项供电方案。主动融入全市小城镇环境综合治理，编制完成6个省级特色小镇“一镇一规划”和34个美丽乡村“一村一规划”，计划总投资3.13亿元；按照与各县（区）签订协议，完成全市59个小城镇（中心村）电网改造升级方案，投资1.48亿元，占全省该专项投资的10.5%。落实“三去一降一补”（去产能、去库存、去杠杆、降成本、补短板）要求，扩大电力直接交易用户覆盖面，从20户增至3945户，完成电力直接交易73.52亿千瓦时，累计降低企业成本2.74亿元，降低幅度超过全省平均水平，有力地推进了实体经济转型发展。

【清洁能源】 联合市发改委编制完成《湖州“十三五”太阳能、风能（发电）利用总体规划》，及时消纳清洁能源，积极服务光伏电站项目接入。全市可再生能源装机达62万千瓦，占比超过全市地方电厂总装机的60%，发电量超过10亿千瓦时，其中太阳能发电3.25亿千瓦时。服务绿色交通发展模式，开启“旅游景区+电动汽车”和“电动汽车高速一路通”行动，共投运6座高速公路服务区充电站和5座城市电动汽车快充站，建成湖州市高速快充网络，实现主要景区快充站部署。全省首家编制《湖州市“十三五”电能替代专项规划》，出台《电能替代项目快速响应和业扩报装绿色通道管理办法》，全面实施小锅炉“煤改电”工程，全年累计实施电能替代项目165个，减少煤炭使用量9.27万吨，减排二氧化碳38.92万吨、二氧化硫190.98吨和氮氧化物1013.5吨。 （刘承飞）

服务业

·综　述·

【概况】 2016年，湖州市服务业发展工作按照“总量扩大、结构优化、业态升级、产业集聚”的总体思路，扎实开展服务业“三进”（进集聚区、进工地、进企业）专项行动，紧紧围绕“六重”（重大项目、重点工程、重大平台、重点产业、重大政策、重点要素）清单，聚焦行业、平台、项目和企业，进一步健全工作机制、强化规划引领和创新服务载体，服务业各领域全面推进，有力地推动了全市经济结构加速优化升级。一是总量规模“破千亿”。全年全市服务业实现增加值1057.17亿元，突破1000亿元大关，同比增长9.6%，分别高出全市GDP增速（7.5%）和第二产业增速（6.1%）2.1个百分点和3.5个百分点，高出全省服务业增加值平均增速0.2个百分点；对GDP增长贡献率达58%，拉动GDP增长4.3个百分点。二是占比稳步提升。服务业增加值占GDP比重达47.1%，比上年同期提高2.2个百分点，与第二产业占GDP比重（47.2%）基本持平，第一、第二、第三产业结构比例进一步调整优化为5.7:47.2:47.1。三是发展后劲持续增强。全市服务业完成投资901.22亿元，同比增长15.3%，快于全省平均（14.6%）0.7个百分点，分别高于全市固定资产投资增速和第二产业增速1.8个百分点和4.4个百分点；服务业投资占全市固定资产投资比重达56.6%，拉动全市投资增长8.5个百分点，对投资增长贡献率达63.1%。四是发展平台快速提升。全市11家省级现代服务业集聚示范区在全省（100家）综合考核中，有4家跻身全省前20位。其中，湖州太湖旅游休闲集聚区居全省第三，创下湖州市在省级现代服务业集聚示范区考核中的最好排名。全年11家省级现代服务业集聚示范区完成投资125.48亿元，实现营业收入403.9亿元，增长25.7%，上缴税收7.23亿元；累计入驻企事业单位6393家，从业人员达40783人。五是税收贡献更加突出。全市服务业税收入库162.6亿元，增长24.17%，高于第二产业税收增幅27.2个百分点；全市服务业税收占总税收比重达49.41%。其中，地税组织收入中，服务业入库地税101.1亿元，占地税总收入的66.7%，国税组织收入中，入库服务业税收61.5亿元，增长55.1%。

【服务行业竞相发展】 一是重点行业稳步发展。“4+4+2”（着力发展信息服务、金融服务、现代物流和科技服务四大生产性服务业，提升发展休闲旅游、健康服务、文创服务和社区服务四大生活性服务业，创新发展现代商贸和房地产两大传统服务业）产业体系加速优化。以推进国家级旅游业改革创新先行区、全域旅游示范区试点为契机，全年休闲旅游业实现增加值154.83亿元，同比增长12.5%；全市接待国内外游客8476.84万人（次），实现旅游经济总收入882.55亿元，分别增长23.1%和26%，居全省前列。现代商贸运行势头良好、稳中有升，商贸流通业实现增加值367.09亿元，增长8.4%；实现社会消费品零售总额1068.86亿元，增长11.8%，限额以上批零贸易业销售总额2722.06亿元，增长20.7%，增速列全省第二。金融业稳步发展，实现增加值152.8亿元，增长7.6%；全市金融机构本外币存款余额3552.42亿元，增长15%；积极争创全国绿色金融改革创新综合试验区。物流业发展健康平稳，完成增加值79.1亿元，增长4.5%，完成货运周转量152.78亿吨公里，增长4.1%，比上年提高1.7个百分点。全市软件和信息服务业不断发展壮大，实现增加值32.09亿元，增长28.2%。房地产市场继续保持“量增价稳”态势，在“去库存”的同时，抓好防过热，房地产业实现增加值132.32亿元，增长10.2%；商品房销售面积557.01万平方米，增长39.5%。二是发展动能加速转换，“四新”（新技术、新产业、新业态、新模式）经济蓬勃发展。内河水运加快转型，湖州成为全国内河水运转型发展示范区，全年内河集装箱吞吐量达20.6万标准箱，同比增长11.5%，占全省内河集装箱吞吐量的56%，继续保持全国内河同类港口首位。全市电子商务发展良好，网络零售额实现308.16亿元，增长37.8%；快递业务量增长58.2%，收入增长48.2%。金融新业态培育发展成效明显，新增金融控股、融资租赁和投资基金等各类金融新业态569家，累计达1310家，注册资本及认缴资本721.19亿元，管理资本1081.76亿元，直接税收贡献5.93亿元。影视产业蓬勃发展，利用废弃厂房改造的湖州拉风影视城一期竣工投产，主打“民国风”，《建军大业》、《楼外楼》等多部影视剧在此拍摄。地理信息经济发展迅速，完成投资7.41亿元，增长56.3%；德清地理信息产业园已成为全国领先、华东地区唯一的地理信息产业基地。围绕打造长三角“健康谷”，健康服务业加速发展。

【县（区）服务业特色纷呈】 县（区）服务业保持较快增长，德清县、安吉县被列入全省首批服务业强县名单，德清和安吉县服务业增加值增速分别达10.2%和9.7%，均快于全市平均水平9.6%，发挥了示范引领作用；吴兴区的服务业增加值占GDP比重达53.7%，高于全市平均水平（47.1%），实现了“三二一”格局。在服务业的发展中，各县（区）创出各自的特色和亮点，如德清县提出“1466”（一个服务业强县目标、聚焦四大特色发展、主攻六大平台建设和实施六大重点工程）服务业强县建设重点工作，大力推进服务业项目“双进”（引进和推进）、加大服务业“双星”（“明星企业”和“成长之星企业”）企业培育，促进了服务业品质提升；以裸心谷、法国山居为代表的“洋家乐”享誉国内外，并发布了全国首个乡村民宿地方标准，成立全国首家民宿学校——莫干山民宿学院；以浙江地理信息产业园为核心的信息服务业快速发展，加快形成新的重要经济增长点。长兴县项目建设和企业培育成效明显，总投资200亿元的龙之梦乐园项目全面铺开，建设速度不断加快；全县3家服务业企业入选省级服务业重点企业名单，新增国家4A级物流企业1家、服务业标准化试点企业2家。安吉县创新服务机制，出台服务业破解“双停”（停业企业、停建项目）工作方案，制定倒逼考核机制；推进电子商务集聚发展，“两山”创客小镇依托生态资源优势，形成一支以“阿里系、浙大系、海归系、浙商系”为代表的创业队伍，打造全县电子商务核心平台；获“中国电商百佳县”23位。吴兴区狠抓项目建设引进，新认定服务业“大好高”项目11个，其中10亿元以上项目3个，居全市第一；新增限上服务业企业19家（不含批零贸易和住宿餐饮），28家服务业企业被评为2016年度市服务业优强企业；举办中国吴兴西塞山旅游度假区推介会，启动“世界丝绸之源走进珠三角”广州专场推介活动。南浔区南浔古镇文化休闲旅游集聚区品位提升，以AAAAA级南浔古镇景区为平台，举办第七届湖州生态（乡村）旅游节暨丝韵南浔文化旅游节等活动，进一步提升了南浔的知名度和影响力；南浔建材城通过强化提升集聚效益，成为浙北地区规模最大、品种最多和交通最便捷的建材类市场；鑫达物流获全市首家5A级物流企业。湖州经济技术开发区以南太湖金融产业园为平台，引进环太湖中植永兴达金融投资服务平台、赛伯乐湖州金融服务平台等服务业“大好高”项目；总投资近100亿元的铁公水综合物流园区项目开工建设。太湖旅游度假区以国家级旅游度假区为载体，在项目招引、工程建设和产业集聚等方面齐发力，喜来登月亮酒店成为湖州市两大地标之一；鑫远太湖国际健康城开工建设；举办第十七届全国极限运动大赛、全国OP青年帆船赛、汽车飘移嘉年华等活动，为度假区集聚了人气、扩大国内外影响力。

【重点工作成效明显】 一是编制出台服务业“十三五”发展规划。建立专门工作班子，抽调精干力量，完成编制《湖州市服务业发展“十三五”规划》并经市政府同意印发实施，为服务业领域编制各子规划提供了上位规划指标依据。二是培育企业做大做强。年内，全市7家服务业企业入选省级服务业重点企业名单；113家企业被评为2016年度全市服务业优强企业；湖州喜来登月亮酒店、东吴开元名都酒店2家企业年营业额均首次突破1亿元大关。继续开展服务业小微企业“限下转限上”，全年新增限上服务业企业68家（不含批零贸易和住宿餐饮企业）；制定《关于进一步促进服务业企业兼并重组的操作细则》。三是谋划实施服务业

"六重"清单。根据全市"六重"清单，进一步分门别类、汇总细化，制定服务业"六重"清单，即实施十大领域的125个重大项目，推进休闲旅游发展等6个重点工程，投资达1700亿元；搭建健康服务、文创服务业等8个重大平台；加快现代物流、金融等10个重点产业；制定"打造长三角'健康谷'"等17个重大政策；新增或培育7万高端服务业人才、5000公顷土地及1300余亿元资金等重点要素保障。为保障"六重"清单有效实施，专门制订年度推进计划，分解落实到县（区），并加强督查考核。四是"三进"行动成效明显。认真落实"转型升级会战年"活动要求，制订了"转型升级会战年"服务业组的细化实施方案，扎实开展服务业"三进"（进集聚区、进工地、进企业）专项行动。全年走访省级现代服务业集聚区36次、服务业项目工地356个和服务业企业498家；摸排到各类问题524个，其中涉及政府职责的问题412个，协调解决率达96.7%，获得企业主、项目业主等的好评。五是加快推进项目建设。湖州市32个省服务业重大项目完成投资77.2亿元；新引进服务业"大好高"项目51个，首期固定资产投资10亿元以上的大项目8个；年内新引进及结转的137个服务业"大好高"项目累计完成投资226.52亿元；120个服务业重点项目"双百计划"完成投资217.35亿元。长兴龙之梦、湖州铁公水综合物流园区成为全市重大项目集中开（竣）工仪式主会场地，湖州拉风影视城一期、万达广场和安吉中国白茶城等项目竣工投运，湖州铁公水综合物流园区、长兴龙之梦乐园等一批重大项目加快建设。六是积极向上争取资源。德清县、安吉县入选全省首批服务业强县培育名单（首批24个），入选数居全省第二；德清地理信息产业园挤入全省100家省级现代服务业集聚示范区，截至年末，湖州市有12家省级现代服务业集聚区，占全省（100家）总数的12%，占比居全省前列；32个项目被列入省服务业重大项目计划，占全省总数（216个）的15%，占比数居全省第二；争取到9128吨棉花、粮食等进口配额；服务业项目累计争取到国家专项建设基金15亿元；南浔古镇文化休闲旅游集聚区等获得省级专项补助资金510万元，资金补助额列全省第三。七是统筹推进服务业工作。对照全市服务业"春竞赛、夏攻坚、秋争收、冬决战"的推进计划，年初，开展"开门红"专项行动，为全年工作起好步、开好局；二季度，召开全市服务业力保"半年红"推进会，狠抓项目建设；三季度，制定服务业"百日攻坚"专项行动，并下达"冲刺四季度"奋斗目标，狠抓项目投产开业、入库增效；四季度，围绕企业入库、年度考核等，为全年目标任务的实现做好最后冲刺，力争实现"全年红"。不断建立健全"横向到边、纵向到底"的服务业工作网络，发挥牵头协调作用，多次召开有关市级部门参加的联席会议，共同探讨交流，推动服务业加速发展；通过"声、屏、报、网"等各种媒介宣传，多角度、全方位报道湖州市服务业的发展情况。（孙　瑗）

·商　贸·

【概况】　2016年，全市商贸工作以科学发展观为指导，牢牢把握经济发展新常态，紧紧围绕"拓市场、促消费，调结构、促转型，稳市场、促保障"主线，坚持谋创新、抓项目、惠民生和优环境，着力构建现代流通体系、消费促进体系和安全有序治理体系，全市商贸流通业总体保持了良好的发展势头。全市实现社会消费品零售总额1068.86亿元，同比增长11.8%，增速居全省第2位；限额以上批零贸易业销售总额2722.06亿元，增长20.7%，增速居全省第2位，商贸运行呈现出"增速稳中有升，增量潜力可挖"的新态势。商贸贡献率日趋增强，全市实现商贸业增加值367.09亿元，占全市GDP和服务业的比重分别为16.4%和34.7%，分别提高1个百分点和0.4个百分点，对GDP和服务业的贡献率分别为18.1%和31.2%，分别提高2.8个百分点和5.4个百分点。权重商品回暖向好，2016年，湖州市限额以上批发业和餐饮业分别实现销售额234.55亿元和20.10亿元，分别增长21.9%和23.7%，尤其是限额以上餐饮业增速一直处于全省第一位。电子商务发展良好，全市实现网络零售额308.16亿元，占全省比重2.99%，居全省第八位，增长37.83%，高于全省平均2.4个百分点，居全省第六位；网络零售额占社会消费品零售总额的比重达28.83%，比上年提升5.64个百分点；实现居民网络消费额212.33亿元，占全省比重4.04%，增长29.92%，实现顺差95.83亿元。2016年，全市编报实施类商贸建设项目75项，总投资704.55亿元，年内计划投资117.92亿元。全年全市商贸建设实施类项目完成投资156.70亿元。

【着力促进消费拓市场】　编制"十三五"商贸发展规划，根据湖州市经济发展的资源禀赋、现实基础、产业特点，"十三五"期间，以拉动消费为核心，制定湖州商贸流通业差异化、特色化发展规划，创新发展路径。加大政策扶持力度，积极搞活流通扩大消费，出台《湖州市关于支持城市共同配送的政策意见》《湖州市促进电子商务加快发展的十条扶持政策》等政策文件。创新开展消费促进活动，通过商圈联合促销、商旅文跨界合作和互动体验撬动传统消费等方式开展"消费促进月"和"金秋购物节"活动，据统计，活动期间全市组织各类促销活动60余场，直接参与单位1000余家（次），实现销售额118亿元，其间，还举办了"G20杭州峰会湖州风采展"，把提供给G20杭州峰会的120种湖州产品零距离面向市民，提升"湖州制造"和"湖州品牌"知名度。做好常态化促消费文章，指导企业把握节假日商机，年内，先后举办车博会、婚博会、购博会、音乐节、民俗节、美食节以及各类特色农产品采摘节等主题节会活动80余场，销售额达20亿元。加快特色街区建设，年内，“南太湖湖鲜商业特色街”被评为“浙江省商业特色街”，进一步促进了集聚消费。大力拓展国内市场，以南浔国际建材采购中心建设为载体，加强湖州市国内国际辐射能力；鼓励湖州市的食品、丝绸、羊绒制品等企业，通过总经销、开设连锁店和专柜等方式开拓省外市场，年内，市本级补助企业创新拓市场资金204万元，截至年末，全市重点商业连锁经营企业开设门店122个，同比增长110%，特别是浙江（湖州）老娘舅餐饮有限公司全年在全国新开设门店100家。积极推动商贸流通转型升级，引导商贸企业从传统“卖商品”转向卖“一揽子服务”，加快购物中心向体验型、主题型转变，引导商贸企业紧跟新兴消费趋势，积极搭建电商平台开展网络销售，通过网络销售平台对传统商业模式进行提升。提升商贸物流发展水平，按“1+3+4+N”（“一个工作方案”“三个承办项目”“四家承办企业”“向多领域拓展”）的工作思路，积极开展城市共同配送试点工作，年内，市本级设立末端配送网点628个、配送商品种类500余种，试点商贸流通企业集中配送率超过90%、试点第三方物流企业共同配送网点数增长20%以上；在全国地市一级首家通过中国信用保险公司的审核，为商贸企业提供国内信用保险，以保障其在物流配送费和上下游供应链应收账款资金安全，并基于中信保的保障，鼓励相关银行提供国内信用担保项下应收账款的融资便利。

【合理规划布局强项目】 完善农产品流通体系建设，组织开展对年销售额300万元以上农产品流通企业、种植面积3.33公顷以上农产品生产基地调查摸底，建立企业库，重点培育“湖州鲜绿多农产品有限公司”等30家农产品流通龙头企业。服务推进湖州市农产品物流集散中心一期项目建设；指导湖州鲜绿多、浙江愚公农产品流通冷链标准化建设；浙北大厦米兰店、湖州鲜绿多微市场“城市之心”店2家门店新认定为中心城区农产品“平价商店”，已累计创建“平价商店”6家。启动再生资源回收利用体系建设和融资租赁服务实体经济工作，培育再生资源回收利用体系的承办企业，印发《关于加快推进湖州市再生资源回收利用体系建设的实施意见》《关于加快推进湖州市再生资源回收利用体系建设的若干扶持政策》。根据《浙江省人民政府办公厅关于加快融资租赁业发展的指导意见》精神，结合湖州市实际，印发《关于进一步加快融资租赁业发展的实施意见》，积极培育市场主体及配套服务机构，促进融资租赁与实体经济全面对接，助力供给侧结构性改革。积极争取各类省级试点，年内，全市培育争创省级市场体系建设、“浙江名品进名店”和“老字号”发展模式创新试点工作，安吉县昌硕街道被列入首批浙江省现代商贸特色镇建设试点；湖州市本级、长兴县、安吉县被列入首批浙江省农产品市场体系公益性建设试点；吴兴区爱山智慧商圈被列入首批浙江省智慧商圈建设试点。合理规划布局，大力推进项目，全年全市被列入实施类商贸建设项目75个，总投资704.55亿元，年内，计划投资117.92亿元，全年实际完成投资113.78亿元。其中米皇国际商业广场、园彤电子商务仓储物流配送中心、嘉凯城·名镇天下双林城市客厅、安吉中国白茶城和万达广场5个项目已竣工并有部分项目已投入营业。

【着力推广电商应用促普及】 深化电子商务“四进”（“进企业”“进市场”“进农村”“进社区”）工程，2016年，全市新增744家规模以上工业企业和10个专业市场实现电子商务应用，培育2个省级农村电子商务示范村、13个淘宝村和30个省级电子商务专业村，新建414个农村电子商务服务站，105个“E邮柜”。深化电子商务服务内涵，加快完善市、县（区）、镇、村四级电子商务公共服务网络体系，成立“湖州市电子商务促进会”；举办创业大赛、技能大赛和讲师大赛等，积极组织境内外电商资源对接活动；深入实施电子商务培训“万千”计划，2016年，完成电子商务普及培训1.8万人，培训企业1000家；推动电子商务服务业发展，积极引进微软IT学院、唯品会、上海立到网络科技等市外优秀电子商务领军人才和高级职业经理团队落户湖州；加强电子商务政策扶持，出台《湖州市促进电子商务加快发展的十条扶持政策》。推动建材家居、纺织服装、新能源、美妆等特色块状优势产业和电子商务融合发展，现有本地自建自营电商平台60个，比上年新增17个；推动25个电商产业园区提升发展，德清电子商务产业园获评省级“电子商务创业创新基地”，微总部等入选国家级众创空间；推动跨境电商产业集群化发展，吴兴区的纺织服装（童装）产业、安吉县的绿色家居产业被列入浙江省产业集群跨境电子商务发展试点县（区）名单；全市有16个电子商务培训机构、27个电子商务实践基地以及47家电商服务企业入选省级名录；推动电子商务标准化建设，积极开展电子商务企业、产业基地的等级评定和分级管理工作，首批64家电子商务企业获评A级以上，其中AAAA级2家。

【着力市场供应强保障】 加强市场预警监测，湖州市被列入商务部、省、市样本企业100家，涵盖批发、零售、住宿和餐饮四大行业的各业态，覆盖三县二区，加强市场动态预警监测，年内，发布黄金周、台风和汛期等预警信息152条。落实“菜篮子”供应保障，制订《关于推进新一轮“菜篮子”工程建设的实施意见》，进一步明确政策支持发展方向，引导农产品生产基地和流通企业增加本地市场“菜篮子”大众商品供应，丰富品种，优化结构，完善农产品流通条件，加强直供、直销体系建设，促进“菜篮子”商品供求平衡、价格稳定、产销对接顺畅，确保市场“菜篮子”应急供应。年内，从“菜篮子”流通设施设备建设项目、“菜篮子”商品销售项目和“菜篮子”直营门店（摊位）项目等重点兑现菜篮子资金补助320万元，年内，基地商品通过产销直供等方式，销售本地大众商品占70%。强化市场应急保障。印发《湖州市灾害性天气市场供应应急保障工作方案》，并在年初强暴雪冰冻天气期间，组织实施市本级应急调拨储备生猪400头落实商业食品公司集中屠宰投放市场，落实浙北农批市场、鲜绿多、绿家欢等应急响应企业紧急调运蔬菜2417.47吨、白条猪1980头投放市场，保障了市场供应和价格平稳。保质保量完成储备任务，年初、年中2次组织落实省商务厅下达湖州市2800头省级储备猪肉调拨计划。规范做好市本级猪肉储备工作，与11家企业签订了2.8万头生猪活体、140吨冻肉承储合同，并加强动态管理。指导督促三县落实1万头生猪储备，同时，落实10家大型生活超市商业储备饼干、方便面、婴幼儿配方奶粉、饮用水、应急灯、手电筒、蜡烛和雨具等10个品种的生活必需品应急商品。

【着力树立标准强监管】 推进行业标准和自律，年内，湖州市新成立家政行业协会、二手车行业协会、电子商务促进会等商协会，改选市餐饮商会，通过协会开展相关商贸服务行业标准准入和规范化管理，并根据行业自律要求规范市场经营秩序。加强安全生产和行业监管，按管行业必须管安全的要求，年内，对网格化与重点监管企业由18家扩大至36家。在重大节日、冰雪汛期和G20杭州峰会等重大活动期间，对成品油经营企业、大型商场（超市）等进行重点隐患排查治理，检查单位805家（次），发现隐患83处，已整改到位81处。突出散装汽油管控工作。全年检查396家次，发现隐患15处，整改隐患15处，隐患整改率达100%。免费为湖州市重点商贸企业安装156套智慧用电设备，并向全市商贸行业进行推广。进一步优化环境，充分发挥市“双打”领导小组办公室牵头作用，以开展“平安商务”创建活动为载体，扎实牵头做好打击侵权假冒工作。针对重点主体、重点渠道和关键环节，着力开展“2016—云剑行动”“清风行动”等专项整治，大力打击各类制假售假、侵犯知识产权等违法行为，维护正常的市场经济秩序。加大商贸品牌建设和保护，加大对品牌的塑造和宣传，强化商家品牌竞争意识，引导社会品牌消费理念。开展为期3个月的诚信兴商宣传活动，期间，刊发各类报道43篇，电子屏、城市宣传画等户外宣传5000余幅；开展品牌信用培训5场，培训300余人（次）。凸显“老字号”品牌传承和创新，研究政策扶持和导向，加强湖州“老字号”培育和保护工作，组织王一品、永昌丝绸、震远同和诸老大等“老字号”企业参加义乌文博会、宁波食博会、香港浙江文化美食旅游节等境内外展会进一步扩大影响。年内，认定首批39家湖州“老字号”，截至年末，全市有中华“老字号”7家、省“老字号”39家和湖州“老字号”39家。积极支持“老字号”企业创新营销方式，湖州王一品等13个“老字号”品牌已入驻天猫、淘宝、一号店和京东等全国知名电商平台，湖州德泰恒自建了湖州市首个医药类电商平台。（孙　晔）

·供　销·

【概况】 2016年，湖州市供销社按照走在全省供销系统前列的目标，以“五大发展”（创新、协调、绿色、开放、共享）理念为引领，坚持改革发展主线，着力构建“三位一体”（生产合作、供销合作、信用合作）农民合作经济体系，打造社有经济和为农服务升级版，实现更高质量、更高水平的发展。

【改革发展迈出新步伐】 始终把改革创新作为第一动力，认真贯彻落实中央和省委有关深化供销合作社综合改革的文件精神，大力推进供销合作社综合改革，全市“三位一体”改革全面推开，各级供销社较好地发挥了主力军作用，市、县（区）“农合联”执委会依托供销社管理机构组建。率先在全省成立市级“三位一体”农合联，标志着“三位一体”改革迈出实质性的一步，在“三农”发展史上具有里程碑的意义。年内，市、县（区）、乡（镇）三级农民合作经济组织联合会架构全部完成（以下简称“农合联”），吸纳会员4191个，农民合作经济组织2800余个，完成市政府确定的年度重点工作任务。吴兴区、南浔区供销社管理体制取得突破，调整为当地党委、政府直接管理。市、县（区）供销社优化“三定”方案，增加编制，并给予人员经费和工作经费保障。市、县（区）农合联按照实体化、市场化要求，建立资产经营公司和农民合作基金，应用两个平台实施项目。各级农合联坚持顶层设计、基层创造，因地制宜，各具特色，逐步承担公共性服务和生产经营性服务职能。除统一转移的职能外，德清县农合联承接农药废弃包装物回收处置、农民合作社建设、农产品展示展销和农村实用人才培训等4项职能；安吉县农合联启动2666.67公顷笔架山现代农业园建设和再生资源回收工作；长兴县农合联组建葡萄、芦笋等10个产业“农合联”；吴兴区、南浔区农合联建设现代农业综合服务中心。各级“农合联”积极发挥生产、供销、信用“三位一体”融合的服务功能。

【基层组织建设实现新发展】 始终把建强基层组织作为第一基础，以资金为纽带，以利益为联结，加强指导和扶持，提升基层组织建设水平。一是推进基层供销社改造提升。连续8年召开现场推进会，继续实施项目奖励和经营业务奖励，按照《湖州市供销合作社关于进一步深化基层供销社重建、改造、提升的指导意见》，坚持开放办社，吸纳社会能人，带资金、建项目共同创业，基层供销社发展取得明显成效，实现乡（镇）全覆盖。大部分新型基层社与农业主体实行了资金联结、项目联结和平台联结，有力地提高了经营服务能力，参与乡

（镇）“农合联”建设。2016年，全市基层社销售总额达19.2亿元，同比增长51.7%，其中年销售额超1000万元的达32家，太湖度假区的白雀、德清县的新市、安吉县的良朋和杭垓4家全国百强基层社销售超1亿元。二是加强专业合作社（联合社）规范提升。利用供销社组织、网络和资金等优势，创新“合作社（企业）+基地+农户”新模式，推动农民专业合作社规模化、品牌化建设。至年末，全市供销社系统领办的农民专业合作社总数达324家，社员1.8万户，带动农户11.5万余户，种、养殖面积27000公顷。其中139家合作社经营收入超1000万元；已有207家合作社开展了标准化生产，通过无公害认证145个、绿色认证40个、有机认证32个；省级以上示范社达到42家。

【为农服务拓展新领域】 始终把为农服务作为第一责任，以开展产前、产中和产后农业社会化服务为主要内容，不断创新方式方法，提升服务能力。一是农业社会化服务能力进一步增强。创新农业社会化服务新模式，开展现代农业综合服务中心建设，培育了一批“农业基地+机械化服务中心”。全系统建成有供销社参股的20公顷以上各类农业基地15个，流转农田2700余公顷，种、养殖种类20余个，配套建立的全程机械化服务中心各类农机900余台（套），开展农资、育秧、机耕、测土配方、治虫、收割和加工等各类社会化服务7800余公顷。吴兴尹家圩粮油植保农机专业合作社在流转农田建设基地过程中，创新土地流转费支付方式，以“米票制”代替土地流转费，流转农田243公顷，既建设了粮油基地，又为周边提供了农业服务2000余公顷，走出了一条农业社会化服务的新路子，成为全国典型。二是现代城乡流通能力进一步增强。继续推进“新网工程”（新农村现代流通服务网络工程），依托浙北超市、华圣药业、农资公司等龙头企业，做强农资保障、生活日用品供应、医药零售、成品油经营、农产品购销和废旧物资回收等供销“六张网”，网点遍布全市城乡各个角落，总数达2406家，连锁销售额66.9亿元，同比增长8.1%。浙北超市、老大房超市设立的平价农产品商店、放心粮油店和慈善超市等受到群众好评。其中，农资供应网点845个，销售量占全市70%以上；电子商务迈出新步伐，浙北大厦公司新组建了电商公司，德清县、安吉县供销社牵头成立的淘宝网地方馆、1号店和乡村淘等运行良好，电商销售农产品增长363%，全系统年销售各类农产品27亿元。三是承接公益性服务能力进一步增强。积极参与全市“三改一拆”“五水共治”和生态文明建设等中心工作，组织开展农村废弃物回收工作，系统从上到下回收网络初步建成，从业人员500余人，基本实现了区域全覆盖。德清县、安吉县供销社年回收农村废弃包装物1000万只以上，回收率达82%，集中处置率达100%。秸秆利用1.5万吨。安吉县供销社还承担了全县废旧物回收利用工作。市农信担保公司发挥全市现代农业政府性融资平台作用，全年为“三农”企业担保1亿余元。落实省、市、县三级防汛物资储备任务，较好地完成了防汛抗台工作，全年调拨麻袋800余只，草包1.7万余条。开展“两送一推销”（送农资、送农技和推销农产品）下乡惠农服务活动，为吴兴区500余户低保农户赠送农资，与10余家涉农企业（合作社）达成超市销售意向。举办“全市供销社系统优质农产品平价展示展销”活动，受到城乡居民的欢迎，成为供销社为农服务的又一张名片。推进校企合作，积极开展农技和农民转移培训，全年培训庄稼医生、农产品经纪人和高级营业员等1000余人次。

【社有经济展现新动力】 始终把发展作为第一要务，依靠项目推动，着力抓转型、调结构，拓领域和占市场，挖潜力、扩增量，有效地培育了新的经济增长点。2016年，全市供销社实施项目24个，开工率86%，完成投资10.4亿元。其中，市本级实施项目15个，完成投资5.5亿元。全系统省级以上龙头企业、商号达27个，省级以上著名商标、名牌达18个。市本级11家企业销售额超过1亿元，全系统销售总额达到243亿元，同比增长8%；实现利润2.58亿元，增长4.2%。一是做强城乡商贸业。创新传统零售营销模式和内部管理相结合，打造“跨界混搭+线上线下融合”的商业综合体，湖州、安吉、长兴、南浔等地浙北大厦购物中心（广场）完成基本改造，更好地满足不同消费层次和多元化消费的需求。年内，建成城乡商业综合体20个，浙北大厦集团第12年获得中国服务业企业500强，商业零售占据全市主渠道。二是发展医药制造业。结合人民群众对医药健康越来越重视、越来越需要的新情况，支持生物制药领域企业发展。浙江爱诺药业股份有限公司和浙江中维药业股份有限公司实现了资本市场新突破，8月，在新三版挂牌上市。三是拓展石化零售业。抓住汽车时代和全民旅游时代到来的新机遇，支持系统3家石油企业，拓点建站，逐步形成规模，与中石油、中石化等中央企业紧密合作，提高油品综合竞争力。年内，全系统建成加油站31座，分别建成2.8万立方米和2.4万立方米油库2座，成品油经营前景看好，2016年，成品油销售额达10亿元。四是发展现代农业及加工业。引导系统企业在农业生产、乡村休闲旅游和农产品加工等领域投资创业，新恩实业公司引进25台意大利剑杆织机，年产绸缎120万米，产值同比增长20%；紫源食品公司加工紫苏出口日本；浙北大酒店输出酒店管理，服务旅游发展，德清县、安吉县社启动农业休闲旅游项目，全系统粮油、家禽、水产、果蔬、白茶、蚕桑和竹制品等10余个农业产业全面发展，2016年，农业产业收入50.6亿元，增长20%。 （潘德明）

·烟　草·

【概况】 2016年，湖州市烟草专卖局认真贯彻落实国家局、省局和市委、市政府决策部署，认真抓好年度各项工作目标任务的落实，继续保持“稳中有进、稳中提质、稳中有为”的良好发展态势。2016年，湖州市烟草专卖局获得全省卷烟营销、专卖管理2项特别贡献奖。实现了年初确定的进位争先工作目标。全市实现批发销售卷烟13.36万箱；实现税利16.77亿元。查处各类涉烟案件1637起；查获各类非法卷烟11.83万条。

【经济运行实现逆势增长】 面对年初市场需求不振、销量下滑加剧和结构提速放缓的不利局面，全市烟草系统牢固树立“全局一盘棋”思想，聚焦销量、税利等核心指标，主动调整状态、提振信心和全员营销，主要经济指标高于全省平均水平。在品牌供给上，实施引进和出清并举，充分尊重客户和市场选择，零售户盈利率保持在7%左右，盈利水平不断提升。在需求把握上，坚持合理定量和消化库存并用，社会存销比保持在35天左右，市场状态企稳好转。省外重点烟草品牌保持较好状态，定制卷烟培育工作得到上级职能部门肯定，市场状态好于全国、全省平均水平。2016年，全市完成卷烟批发销量13.36万箱，同比下降4.36%；重点烟草品牌销售12.29万箱，占总销量的91.96%，比重继续居全省第二；实现卷烟销售额59.66亿元，略有增长；单箱销售额4.46万元，居全省第三，增长4.61%；实现税利16.77亿元，增长5.53%，增幅居全省第一。

【外打内管实现提质增效】 坚持以卡口治理和对标管理为突破口，多领域打假打私，多手段强化监管，多部门协作发力。年内，部署开展“利剑二号”和“百日会战”专项行动，在打假打私和真烟治理领域不断发力、频频亮剑，从关键区域、关键节点上提高非法流通卷烟的治理效果，全力守卫主渠道市场空间。2016年，全市查获各类涉烟违法案件1637起，居全省第四；查获各类涉案卷烟11.83万条，居全省第五，增长39.04%，增幅居全省第一；查获假冒卷烟4423条，增长449%；查获涉案卷烟案值2960万元，增长45.94%。加大对标考核结果应用，引导基层单位将主要精力放在查获对本地市场有实际影响力的案件。查获5万元以上非法流通真烟案件160起，同比增长50.94%。破获网络案件4起，另有1起案件被列为部督案件。开展全市系统所有对外网站、订货平台、官方微博、微信公众号以及其他互联网媒介自查和抽查，未发现违法违规情况。

【一体化管理实现固本强基】 以挖潜增效为主线，全面挖掘“目标引领、对标支撑、达标考核”全环节潜力和“创新驱动、规范驱动、基础驱动”全要素助力，形成“一线三标三驱动”总体格局。稳妥完成德清县、长兴县物流中转站整合，“一级配一级送”比例提升至83%，优化送货线路4条，资源配置效率和标准化水平稳步提升。进一步加强全市资金统一集中管理，科学优化存款组合，完成省烟草专卖局（公司）下达的资金收益目标。加强成本费用核算和财务重点费用、物流费用的监控，重点费用下降16.21%，车辆运行费下降13.82%，物流可控费用同比下降8.1%。完善定点供应商采购规范管理，聚焦公开招标率、集中采购率和计划执行率三大指标，加速推动集中采购模式优化升级，全市公开招标率达94.7%，节约金额231万元。以上级对标工作要求为抓手，完善“两个季报”“两个月报”通报机制，形成专卖所队“分类精准对标”、营销“岗位对标转型”和配送“运行分析对标”三大特色，率先实现一体化绩效兑现。德清县局（分公司）QC课题获得全省系统“第六届优秀成果一等奖”。物流易地技改项目完成主体结构建设。（姚旭东）

·旅　游·

【概况】 2016年，紧紧围绕建设国际生态休闲度假城市和打响“乡村旅游第一市、滨湖度假首选地”品牌目标，一心一意谋旅游、聚精会神抓发展，全力构建发展平台、产业融合、市场营销、公共服务、行业监管和环境保障六大体系，扎实推进国家级旅游业改革创新先行区建设和国家全域旅游示范区创建，国家乡村旅游扶贫观测中心落户湖州，圆满承办了全国旅游改革创新工作现场会。2016年，全市共接待国内游客8750.19万人（次），同比增长25%；接待入境游客93.62万人（次），增长33.2%；全市旅游总收入882.54亿元，增长26%；全市旅游景区门票收入8.47亿元，增长21%；旅游业增加值173.63亿元，占全市地区生产总值的7.74%；占服务业增加值的16.42%。

【平台建设扎实推进】 坚持以“多规合一”为统领，组织召开全市旅游规划工作会议，积极推动市发改委、国土资源、交通运输、住建等部门规划与旅游产业规划有效衔接，全力抓好旅游各项规划制定和修编工作。完成《湖州市休闲旅游业发展“十三五”规划》《湖州市旅游交通专项规划》《湖州市旅游用地专项规划》编制，加速推进《湖州市旅游业发展总体规划》《湖州城市旅游专项规划》《湖州市乡村旅游发展规划》和“三个产业”规划修编。牢固树立“项目为王”的理念，继续抓好“领导联系、季度例会、督查通报、专题会商、项目预评、专项考核”六项制度落实，扎实推进旅游项目建设。吴兴西塞山前度假村、湖州影视城、南太湖旅游公共服务（集散）中心、红木房精品主题酒店、德清Discovery（探索）极限基地、郡安里·君澜度假区、长兴开元芳草地乡村酒店、上泗安隐居乡宿酒店、安吉阿丽拉度假酒店等一批“大好高”旅游项目和精品特色旅游项目竣工运营。吴兴区原乡假日小镇、美妆文化园、长田漾湿地景区、德清县竹隐舍得度假村、太湖龙之梦等项目按期开工。2016年，全市有在建旅游项目94个，其中省扩大有效投资“411”重大项目13个，省服务业重大项目10个，省重点建设项目28个，市重点建设项目36个，市服务业双百计划项目31个，市领导联系项目19个。94个在建旅游项目总投资989.51亿元，年内完成投资136.59亿元。引进“大好高”旅游项目10个，总投资86.18亿元。加快旅游度假区、旅游景区、乡村旅游集聚示范区、特色旅游小镇和重大旅游综合体五大平台体系建设，重点推进安吉景区灵峰旅游度假区、长兴图影旅游度假区创建为国家级旅游度假区，德清县莫干山国际旅游度假区和南浔区古镇旅游度假区创建为省级旅游度假区；新增省级生态旅游区2家，浙江省休闲农业与乡村旅游示范县区、示范镇5个，浙江省休闲农业与乡村旅游示范点5个；钱山漾景区等AAA景区8家。至年底，全市已创建国家级旅游度假区1个，省级旅游度假区5个，实现了全市县（区）全覆盖，为全省唯一；AAAA级以上旅游景区17个，其中AAAAA级旅游景区1个，AAAA级旅游景区16个；省级以上旅游小镇5个，其中省级旅游类特色小镇3个，省级旅游风情小镇2个。

【产业融合步伐加快】 围绕国家全域旅游示范区创建和旅游标准化建设，制订《湖州市全域旅游示范区创建实施方案》，出台《湖州旅游产业融合发展行动纲要》。积极做好“旅游+”文章，全面启动“211”产业提升工程（“2”为乡村旅游、滨湖旅游两大引领产业，“1”为生态旅游、购物旅游、宗教旅游、体育旅游、红色旅游、工业旅游、文化旅游、水上旅游、商务旅游、城市旅游十大重点产业，“1”为健康养生、温泉滑雪、邮轮游艇、自驾房车、低空旅游、研学旅游、情感旅游、探索旅游、演艺旅游、在线旅游十大新兴产业）。全力打造一批产业融合示范基地建设工作，新增一批省级运动休闲旅游精品线路、运动休闲旅游优秀项目和运动休闲旅游示范基地。新增培育省级工业旅游示范基地3家，省级中医药文化养生旅游示范基地3家，省运动休闲旅游优秀项目1个，中国乡村旅游创客示范基地1家，省级果蔬采摘基地6家。产业平台不断优化，乡村旅游“四大模式”个性更加明显，特别是德清、安吉、长兴县逐步形成了大众为主体和四个区多元发展的四大产业体系格局，建成德清县裸心堡、阡野、郡安里，安吉县阿里拉、大年初一，长兴县芳草地、绿野仙踪，吴兴区西塞山前、玲珑湾，南浔区获港渔庄等一批好的乡村旅游产品。服务管理不断优化，以《湖州市乡村民宿管理办法》和全市乡村旅游集聚区、示范村、示范农家、示范农庄和乡村民宿（洋家乐）五大认定标准为主体，县（区）相继全面规范了乡村旅游的服务和管理。不断打响特色品牌，国家乡村旅游扶贫工程观测中心落户湖州，并成功举办了国家乡村旅游扶贫工程观测中心授牌仪式暨信息填报业务培训会。组建浙江乡村旅游研究院和湖州国际旅游学院。

【市场营销不断创新】 围绕“乡村旅游第一市、滨湖度假首选地”统一旅游目的地品牌，以休闲度假为重点，进一步整合各县（区）旅游优势资源，全力打造全市“湖州2000——菰城之旅”特色产品和统一品牌；同时，会同市总工会出台《关于加快全市职工疗休养工作的实施意见》，以“1511”职工疗休养工程为载体，加快湖州市职工疗休养运作和服务中心、170家职工疗休养基地和十大主题精品旅游线路建设。组织评选2016年度湖州市职工疗休养优秀基地、优秀组织单位和优秀个人。全面抓好媒体营销、活动营销、形象营销和专业营销四大营销体系，深化培育全市十大品牌旅游节庆活动，组织第七届中国·湖州国际生态（乡村）旅游节、世界丝绸之源湖州走进珠三角、“旅游服务G20湖州百景（企）惠万民”等重大旅游活动；以“湖州旅游月月红”系列活动为载体，全市各县（区）策划举办了130余项旅游营销活动，推出了百叶龙、湖笔雕刻等民俗表演和蚕花庙会、喜庆打糍粑、年猪宴和开笔礼等地方特色民俗活动，创新推出了“以艺换宿”“航拍南太湖”“舌尖上的安吉”“玩水联盟”和“长兴旅游惠民卡”等特色旅游产品，构建了游客与全市市民主客共享发展格局。策划举办2016湖州（上海、北京、南京、杭州）旅游交易会以及“湖州·杭州放大G20效应旅游产品对接会”和“湖州·上海旅游产品对接会”等主题推介会；积极参与日本、柬埔寨、泰国、中国台湾、中国香港旅游促销、2016“诗画浙江”全媒体品牌推广活动、浙江省（上海）旅交会和2016中国·东盟博览会旅游展等10余项国内外市场营销推广活动。湖州旅游市场营销成效显著，年内，中央二套《消费主张》《经济半小时》《第一时间》和中央四套《国家档案》《走遍中国》等重要栏目及《浙江日报》、新华网等均对湖州旅游进行深度报道。制作完成“湖州2000——菰城之旅”12分钟电视专题片12期，“湖州旅游”微信推送684期。同时，湖州市协助拍摄大型纪录片《海丝寻梦录》《霞幕山飞》。以湖州旅游推广与营销中心为主体，全力实施旅游营销员队伍“十百千万”工程，组织举办全市旅游营销员后备领军人才培训班和全市职工疗休养基地培训班，充分发挥北京、上海、南京、杭州、郑州、南昌、苏州、无锡、常州、济南、合肥、广州、深圳、徐州、宁波、嘉兴16个客源地城市的湖州旅游推广与联络处作用，在北京、上海、南京、杭州、广州、深圳六大城市聘请了440名“三大员”（兼职营销员、媒体观察员、重点客源旅行社组织员），出台《加快建设湖州旅游推广与营销中心实施意见》《加快湖州旅游“三大员”建设的实施意见》和《2017年全市旅游推广与营销工作要点》等文件。

【公共服务不断健全】 按照《湖州市智慧旅游建设三年行动方案》，以“智慧旅游提升年”为载体，推动现代信息技术在旅游产业中的应用，启动湖州旅游大数据中心建设，全面构建智慧管理、智慧服务、智慧营销、智慧统计四大体系。年内，湖州市各县（区）推进数据库现场采集、录库、上地图等工作，为加快建成旅游大数据中心夯实了基础。遵循“主客共享”的理念，逐步形成以市旅游公共服务（集散）中心为龙头，市、县（区）和旅游产业平台三级旅游公共服务中心网络体系，加大以旅游厕所、通景公路、标识标牌、旅游绿道、旅游停车、景区环境和智慧旅游等为重点的公共服务配套设施建设，太湖度假区、安吉县、德清县、长兴县公共服务（集散）中心相继建成，湖州旅游公共服务（集散）中心（湖州旅游大厦综合体）已经启动，形成以中心为核心、以道路为纽带、以产业平台为节点的“点线面”公共服务全域化网络体系。围绕《湖州市旅游公共服务产业体系专项规划》和《湖州市旅游公共服务体系建设三年行动方案》，加快全市旅游公共服务（集散）中心建设，全力推进“1+5+6+1”（“1”即湖州市旅游公共服务中心为主体；“5”即旅游公共服务、旅游推广与营销中心、职工疗休养运作与服务、天下湖品旅游商品研发与管理、湖州旅游大数据中心；“6”即自驾服务、旅游客运、导游服务、信息数据、旅游购物和消费维权；“1”即培育运作主体提升旅游公共服务市场化运作水平）公共服务运作体系建设。大力实施旅游行业品质提升工程，加强旅游饭店和旅行社的“星级”动态管理。至2016年，4星级以上酒店13家，其中5星级酒店2家，4星级酒店11家；4星级以上旅行社20家，其中5星级旅行社2家，4星级旅行社18家。以全省“文明旅游伴我行”专项行动为主线，进一步提升“游客满意度测评工程”。

【行业监管力度加大】 全面落实《湖州市旅游度假区提升与管理办法》《关于加快提升旅游景区建设与管理的实施意见》《湖州市旅游饭店业提升与管理办法》《湖州市旅行社业培大育强实施意见》《湖州旅游休闲娱乐企业提升与管理实施意见》《湖州市旅游客运建设与管理办法》《加强旅游市场综合监管的实施意见》等15个行业监管制度和办法。按照“1+3+N”（旅游综合执法+旅游警察+旅游市场监管分局+旅游巡回法庭+N）旅游综合执法体系的建设目标，积极向上争取支持，多次与市编办、市公安局、市市场监管局、市中级人民法院等部门进行沟通协调，全力推进综合执法体制建设。在全省率先制订《关于建立湖州市旅游综合执法体制的实施方案》，在全国旅游改革创新工作现场会上，湖州市公安局旅游警察支队、湖州市市场监管旅游分局、湖州市中级人民法院旅游审判协调中心同时揭牌成立。加强旅游行政执法支队建设，进一步配强旅游行政执法力量，加大旅游执法力度，全市旅游市场秩序专项整治等活动有序推进，集中开展了“四打一整”（打击“黑社”“黑导”“黑店”“黑车”，整治“零负团费”）专项整治行动。全年开展旅游市场秩序检查出动184个检查组、305人（次），检查旅游企业381家，发现问题206个，向相关涉旅企业发出口头和书面整改意见280余条。畅通旅游投诉渠道，完善旅游纠纷处置机制，及时通过“12301”“96118”“12345”政府阳光热线等平台，以及微信、微博和来信来访等方式，第一时间掌握和有效处理游客投诉，把各种矛盾化解在萌芽状态。及时稳妥地处置了游客滞留江西婺源投诉旅行社和欢乐风暴投诉事件，对部门旅游企业超范围经营、未经许可经营旅游业务等行为实施行政处罚7起。

【改革创新不断深化】 紧紧围绕国家级旅游业改革创新先行区建设和国家全域旅游示范区创建，加快深化旅游管理体制机制改革步伐，进一步健全市、县两级旅游委员会统筹职能，推动南浔区和吴兴区加快建立旅游委员会，完善市旅游发展领导小组和联席会议制度，建立更加适合旅游业综合性产业特征的统筹协调工作体制，切实推进旅游部门职能从单纯的行业管理向综合协调管理职能转变，形成市、县（区）、乡（镇）、村四级旅游综合协调管理体系。以巩固深化省级乡村旅游提升发展专项改革成果为重点，进一步完善全市乡村旅游四级行政管理体制和四级行业协会自律体系。以长兴县省级旅游统计试点为重点，全面开展旅游统计和乡村旅游统计改革，科学开展旅游市场统计分析和旅游经济运行监测工作，探索建立旅游经济运行动态监测机制，逐步推动旅游统计从“接待国内游客人次、入境游客人次、门票收入、旅游经济总收入、过夜游客人次”传统指标向“旅游业增加值占GDP比重、旅游业增加值占服务业比重、旅游税收收入占地方财政收入比重、旅游业从业人员占全社会从业人员比重、城乡居民可支配收入”更加科学的现代旅游统计指标的转变，取得重大突破，并在全省推广。不断深化旅游用地改革，紧紧抓住低丘缓坡“坡地村镇”用地改革试点，实施建设项目用地“点状布局、垂直开发”，通过点状供地、盘活存量等一系列创新措施，有力推动吴兴区西塞山前度假村、知了国际帐篷露营基地、德清县裸心堡、安吉县Club Med度假酒店等一批“大高好”旅游项目的建设。编制《湖州市旅游用地专项规划》，制订《湖州市创建省级旅游产业用地改革试点工作方案》，积极开展《关于加快旅游盘活存量建设用地的若干意见》等政策的研究。（高　霄）

邮政　电信

·邮　政·

【体制改革】 2016年2月24日，德清、长兴、安吉三县邮政管理局同时挂牌成立，湖州市在全国率先实现了县域邮政监管机构设立全覆盖。湖州市三县邮管局组建速度快、配置保障强、工作成效大，为全国邮政体制改革提供了成功的实践案例。各县邮管局成立后，基础工作迅速开展、重点工作扎实推进、创新工作各有特色。12月30日，湖州市机构编制委员会印发文件，批复设立湖州市邮政业安全中心，为财政全额拨款事业单位。

【行业快速发展】 截至2016年年底，全市有邮政、快递企业74家、邮政局所82个、快递营业网点304个、村邮站1003个、末端投递点2643个，已全面实现“乡乡设所、村村通邮”的目标。全国20余个快递品牌在湖州市建网发展，拥有运营车辆2000余辆，服务制造业协议客户1.5万家，吸收直接就业人员6000余人，支撑电商就业6万人。2016年，全市邮政企业和全市规模以上快递服务企业业务收入（不包括邮政储蓄银行直接营业收入）17.24亿元，同比增长41.5%；业务总量40.81亿元，增长58.6%。其中全市邮政函件业务610.5万件，下降31.3%；报纸业务5146.7万份，下降16.9%，杂志业务202.2万份，下降41.2%；汇兑业务4.9万笔，下降47.7%。2016年，全市规模以上快递服务企业业务量1.87亿件，增长58.2%，快递业务量居全国第36位，最高日处理量超过160万件；业务收入14.12亿元，增长48.2%，快递业务收入居全国第46位。其中同城业务收入0.55亿元，下降17.4%；异地业务收入11.34亿元，增长54.0%；国际及港澳台业务收入0.94亿元，增长29.5%。

【行业发展环境显著优化】 积极争取各类优惠政策，最大限度为全市邮政业营造良好发展环境。一是强化顶层设计。《中共湖州市委关于补短板的实施意见》明确提出加快发展快递业；湖州市政府将大力培育物流快递列为年度重点工作任务；“E邮柜”建设项目连续2年列入市十大民生实事。二是加大政策落地。认真贯彻落实《浙江省人民政府关于促进快递业发展的实施意见》，先后与市综治办、物流办、经信委和商务局等部门联合下发文件，大力推进快递服务制造业、电商快递协同发展、重点企业培育扶持和寄递渠道安全监管等工作，安检机配置、新能源汽车购置等获财政资金扶持。三是坚持规划引领。《湖州市邮政业“十三五”发展规划》颁布实施，邮政业相关重点项目和多项内容纳入地方总体规划和交通运输、物流、现代服务业等行业规划。

【行业转型升级明显加快】 推动邮政企业加快改革创新，市、县两级邮政公司全面完成更名换牌工作，邮政网点标准化、信息化水平稳步提升。快递龙头企业培育扶持成效初显，行业集聚度不断提升，6月，顺丰速运（湖州）有限公司位于湖州开发区石泉桥路118号华安物流园的吴兴中转场（租用）建成使用，总投资2000万元。9月，湖州众乐速递有限公司位于吴兴区八里店镇织纺路718号的中通（浙北）电子商务仓储物流配送中心建设工程开始建设，投资1.3亿元。10月，湖州申通快递有限公司位于吴兴区八里店镇西环山路968号的申通（浙北）电子商务仓储物流分拨中心二期工程建成使用，总投资6000万元。10月，湖州韵达快递有限公司位于吴兴区织里镇中华西路699号的操作中心（租用）建成使用，总投资1000万元。各县加快培育行业龙头企业，德清县圆通、中通、天天，长兴县中通、百世，安吉县中通等多家县域快递企业实现“鸟枪换炮”。行业“营改增”工作推进顺利，2016年，全行业纳税超过2000万元，成为市优质税源。

【安全监管成效明显】 全市邮政行业保持稳中有进、安全平稳的发展势头。一是圆满完成G20杭州峰会等重大活动寄递安保工作。坚持重点、集中整治，在全市范围内先后部署开展了快递市场清理整顿专项行动，寄递业隐患大排查、大整治行动，邮政业安全生产专项整治等7大专项行动，确保安全管理工作取得实效。二是寄递渠道纳入全市立体化防控体系。3月4日，全省社会治安防控体系建设现场会在湖州召开，全省200余名政法委领导实地视察了湖州圆通操作处理场地。三是执法检查力度全面加强。对寄递安全的重要环节和重点部位开展“全覆盖、零容忍”式严格执法，出动执法人员1800余人（次），地毯式排查寄递企业及网点519家次，发现并整改问题隐患220余处，下达整改通知200余份，约谈35家（次），立案处罚16起，有效地整顿了市场秩序。四是全面落实寄递业三项制度。以推进寄递安全“收寄验视＋实名收寄＋过机安检”三项制度为重点，全面推广使用收寄验视实名制登记信息化系统，新增信息化手持终端3000余台，寄递信息全部上传省公安厅系统。新购置X光安检机48台，全国率先实现所有寄递企业、所有快递品牌X光机全覆盖。五是强化邮政普遍服务监督管理。市邮政管理局联合市文广新局文化执法大队联合开展“扫黄打非”专项检查。市、县联动推进普服合格检查，检查98处邮政营业网点，出动检查250人次。

【科技兴邮建设成效显著】 建成市、县两级邮政业视频监控中心，全市200余处寄递网点、1600余路监控视频已接入平台，实现了全行业电子化、全方位和无死角的实时监管。研发实行的湖州市邮政业政企OA系统，可实现公文收发、数据采集、情况通报和诚信管理等多种功能。开展全市寄递从业人员背景审查工作，会同市公安部门对全市4500余名寄递从业人员完成背景审查，纳入行业诚信档案，要求行业新入职人员必须落实岗前背景审查工作。

【文明创建成果显著】 市邮政管理局联合市总工会、市人社局、市快递协会联合举办全市首届快递业务员职业技能竞赛。推送的快递员团队（湖州申通小白团队）荣获第二届全国最美快递员50强、获全市职工最美班组和最美工人荣誉称号；快递业4个集体荣获市级“青年文明号”称号；机关党支部创建了“寄情对友”服务品牌，获得了湖州市“十佳机关党建服务品牌”提名表彰，获评2015年度市直机关党建工作优胜单位。

【在全国率先实现进出港快件双向安检工作要求】 在全国率先推行进出港快件“双向安检”工作要求，查获一批从外地寄到湖州地区的管制刀具、仿真枪和毒品等禁寄物品，消除了湖州本地安全隐患。其中，长兴县通过安检发现毒品500克，价值35万元，抓获9名犯罪嫌疑人；安吉县截堵并处置一批危险化学品，有效地避免了经济损失和人员伤亡。

【在全国率先实现寄递安全网格化管理】 按照项目、区域和品牌三个维度对监管工作职责进行网格化分解，推行重点工作项目化管理，由项目负责人牵头组织协调落实具体项目工作，确保每个项目都有负责人、牵头人，提升了监管成效和工作主动性。出台《湖州市快递服务企业安全生产主体责任规定》，全面落实寄递企业安全生产主体责任。全市70余家寄递法人企业、品牌驻湖州分公司设立安委会，各企业从上到下层层签订安全目标责任书，定期开展日检查、周巡查和月排查，构筑监管部门、企业主体、分支网点和安全员四个层面横向到边、纵向到底的安全管理网格。

【全国首条无人机邮路在安吉起航】 9月19日，浙江邮政首个无人机邮路在浙江省安吉县杭垓镇试点运行。该无人机邮路将在杭垓镇到七管村、大坑村，天荒坪镇到上墅乡董岭村，天荒坪镇到大溪村推出。

【首个无人售货智能报刊亭亮相湖州】 7月，市邮政公司将中心城区苕溪西路全民健身中心门前报刊亭，通过改造转型升级成为无人售货智能报刊亭，该报刊亭有格口100个，其中预留部分格口将书报刊产品进入自动销售程序，其他符合销售要求的带预包装的商品由供应商自己配货。

【举办纪念长征胜利80周年集邮巡展活动】 9月13日至10月27日，市邮政公司举办为期一个多月的“湖州市纪念长征胜利80周年集邮巡展”活动，邮展征集到湖州市近年来在省和全国获奖的优秀邮集9部、40框，赴安吉县南湖监狱、湖州市电力局、湖州市老干部活动中心、湖州师范学院、齐北社区服务中心和长兴电厂等地巡回展出。

（金晓林）

·电　信·

【概况】 2016年，中国电信湖州分公司深入贯彻中共十八大和十八届历次全会精神以及习近平总书记系列重要讲话精神，践行习总书记提出的“对党忠诚、勇于创新、治企有方、兴企有为、清正廉洁”要求，认真开展“两学一做”学习教育活动，落实党风廉政建设要求，以高质量建设现代化生态型滨湖大城市，以高水平全面建成小康社会为目标，以“四个年”活动为主载体，主动适应经济发展新常态，自觉践行新发展理念，接应集团“3.0战略”转型，做“领先的综合智能信息服务运营商”，助推网络智能化、业务生态化和运营智慧化。全面完成全年收入管控目标，实现“十三五”规划良好开局。

【战略合作开创新的局面】 2月1日，中国电信浙江公司总经理卢耀辉与湖州市人民政府市长陈伟俊签订了加快“十三五”期间信息化建设战略合作协议。4月8日，中国电信湖州分公司与各县（区）政府先后签订合作协议。根据协议，中国电信湖州分公司与各级政府双方将在“十三五”期间进一步加强合作，充分发挥湖州“两化”深度融合、电子商务和通信基础设施建设等方面的优势，进一步推进湖州市的信息化建设进程，为打造新型智慧湖州、光网城市提供新的动力。

【网络建设实现新突破】 继4G双百兆全光网络后，中国电信提出“千兆引领，百兆普及”目标任务。4G移动精品网络全面实现主城区、重点乡（镇）的网络深度覆盖，实现了3G、4G网络的城乡全覆盖。光网建设实现跨越式发展，实现全光网络城市建设，为打造“智慧湖州”奠定基础。

【安全保障形成新局面】 完成G20杭州峰会、世界互联网大会乌镇峰会等重大活动期间的网络信息安全保障。G20杭州峰会期间，根据市委、市政府的总体要求及省公司专业指导，强化各项安全措施。一是公司领导班子带班，24小时值守；二是重点机楼不间断巡查；三是强化演练，其中政府演练3次、故障演练9次、信息安全演练10次、应急供电演练8次；四是严格排查，梳理核实未备案IP用户清单，封堵8080端口，关闭黑网吧12个，排查安全隐患、完善各项应急预案。第三届世界互联网大会乌镇峰会期间，实现了第三届世界互联网大会信息化保障与G20杭州峰会保障“三个一样”（一样的目标、一样的效率、一样的作风）。积极履行责任，在全省扩大有效投资重大项目集中开工仪式、全省政法委工作会议、全省“三改一拆”工作现场推进会、湖州铁公水综合物流园区视频会议等重大活动中，确保通信保障、业务保障、信息安全等方面做到万无一失。在日常工作中，用信息化手段保平安湖州。加强视频监控，挖掘“云”潜力，建设全市互联网监控云平台，提升接入能力，利用“网”和4G光网优势，全市搭建专网高清监控，全面接入互联网平台监控；设立各层网站等保，查漏补缺，开展全市网站态势检测，强化网站接入电信态势感知监测平台，提供高质量安全服务。

【信息安全得到新保障】 积极打击通信信息诈骗，维护社会和谐稳定。围绕“6个100%”开展活动，一是落实实名登记100%，完成非实名用户补登工作，按要求关停因各种原因未完成补登的非实名用户；二是网络信息安全防护100%，建设防范打击通信信息诈骗管理系统，全网100%覆盖，提升用户终端安全防护能力；三是虚假码号整治率100%，不具备鉴权能力的做好改造、迁移工作，主叫鉴权实现100%，集中清理改号软件；四是相关业务规范率100%，核实100%出租专线的客户资质、使用用途、允许传送的主叫号码等信息，并定期抽查复核；五是代理渠道规范管理100%，社会营销渠道代理资质100%审核。严禁社会营销渠道转租转售语音专线等业务；六是强化监督，问责考核100%，成立打击治理通信信息违法犯罪工作领导小组及办公室。强化监督检查，出现问题，100%问责考核。

【服务水平达到新高度】 2016年，中国电信湖州分公司注重服务能力建设，努力提升服务水平。坚持主动跨前一步，有效解决热、难点问题；坚持强化服务意识，全面提高一线服务水平；坚持加强团队协作，提升触点满意度。电信湖州分公司在全省服务综合评定中排名第二，阳光指数满意率同城同业第一。倾力打造湖州阳光政务“12345”热线，以社会责任为第一服务要务，全面整合便民服务资源，构筑便企、利民绿色通道，通过市委、市政府考核。“智慧家庭”营造舒适家，以光网宽带、天翼4G＋网络为载体，在网速和应用上实现无缝对接，将丰富的信息应用向家庭延伸。天翼高清电视的应用，让视频节目的清晰度大幅提升。智慧家庭安防系统可提供家庭红外监测、高清视频监控等服务，并通过实时向手机推送报警短信、报警录像，打造安全、可靠的居家生活。

【业务转型开启新篇章】 一是量、收兼顾稳健经营。完成全年收入管控指标任务，宽带、4G、高清IPTV等重点业务实现同比和环比均持续提升，新兴业务占比不断攀升；二是强势推进行业应用。借力“两化”融合，推进行业应用。互联网＋政务服务、互联网＋智能制造和互联网＋现代农业等全面提升。翼支付品牌得到强化，“甜橙理财”等互联网金融月活跃率居全省第三，“掌上车管”交罚用户规模、活跃度及交易额持续提高；三是精确管理创新经营。通过精确管理和创新经营，业务工作取得显著成绩；在全面质量管理、创新管理项目上均有建树。其中凌建勤劳模创新工作室荣获2016年度省公司创新（服务）工作室。财务管理、审计监察、风险管控、信息安全和安全生产等多方面管理水平不断提升。

【企业文化塑造新价值】 以企业文化打造温馨、和谐、亲情和活力的工作团队；以创建“职工小家”为载体，做到企业文化建设进基层、进班组（支局）和进岗位，促进企业文化落地生根。组织“天翼杯”湖州市军民“两学一做”活动知识竞赛，湖州电信代表队获得全市第三名的优良成绩，充分展示湖州军民深度融合发展新风貌。组织开展远教进村、入户和文化礼堂建设，助推“文化礼堂”建设省级先进满堂红，“文化走亲”等品牌建设成效显著，文化发展指数居全省前列。

【获得荣誉】 2016年，电信湖州分公司被省公安厅评为省级安全示范单位；被省工商局评为省AAA重合同守信用单位；被省总工会评为省巾帼建功示范岗；被共青团浙江省委评为省级青年文明号；省质协QC成果发表会上，电信湖州分公司的QC成果分获一、二等奖；中国电信集团公司授予电信湖州分公司“数据集约分析领先奖”；苕溪路营业厅被电信浙江公司评为2016年度省级标杆厅；电信湖州分公司被市委组织部评为市级党建优胜单位；被市人民政府评为湖州市服务业百家优强企业；被市双拥办评为市爱国拥军模范单位称号，并实现七连冠；被市委宣传部评为湖州市文明机关；被市文明委评为省级文明单位；被市消费者权益保护委员会评为消费维权联络站优秀示范单位，湖州分公司、长兴分公司、德清分公司、安吉分公司、南浔营业厅为第十一届湖州市消费者信得过单位；被市护线领导小组评为2016年军警民保护通信设施护航G20杭州峰会宣传活动“先进单位”；被市内部审计协会评为湖州市内部审计工作优胜单位。（柏旭晟）

·移　动·

【概况】 2016年，湖州移动紧紧围绕打造“四个湖州”（实力湖州、活力湖州、美丽湖州、幸福湖州）、加快建设现代化生态型滨湖大城市的总目标，以“发展创优、转型创先”为目标要求，按照年初制定的“一五三”（一个目标：“两创”目标，即“发展创优，转型创先”；五大重点领域：4G发展、流量经营、数字家庭、智慧政企、网络运维；三大保障：基础管理保障、人才队伍保障、纪律和作风建设保障）总体工作思路，深化战略转型，坚持改革创新，凝心聚力，团结拼搏，继续保持了良好的发展态势，取得了较好的经营业绩，全年实现运营收入19亿元，用户数突破250万户，其中4G用户数突破170万户。

【夯实基础网络能力】 加快4G（TD－LTE）网络建设，2016年，新增投资5亿元，4G基站规模达5300余个，实现了湖州全区域的4G网络覆盖，高速、高铁等交通干线的4G覆盖率达100%，人口覆盖率达97%以上。在加快网络建设的同时，积极探索新技术应用，不断优化4G网络性能，室外4G平均下载速率达60兆位/秒室内4G平均下载速率达100兆位/秒。积极响应“宽带中国”战略号召，着力推进移动光宽带网络建设，新建驻地网接入37万户，2016年，新增驻地网建设投资1亿元，户籍覆盖率达100%，主城区宽带覆盖率达99%以上，100%实现光纤接入，互联网出口带宽达530G。加强统筹规划和资源储备，注重信息基础设施的构建和完善，截至2016年年底，光缆长度达73547皮长公里、管道达5742公里和杆路达13345公里。公司专注互联网运营，截至2016年年底，IDC机房面积900平方米，能满足240个业务机柜能力，提供运营级的信息安全防护和7×24小时的响应机制。

【切实实现信息惠民】 2016年，中国移动湖州分公司继续响应国务院“提速降费”的要求，针对现有流量资费进行调整，并推出流量满就送活动，不断优化流量资费，满足客户需求，改善客户流量感知，持续为客户提供价廉质优的产品和服务，截至年底，上网客户渗透率达81.9%，手机上网总流量达234.8亿兆，户均上网流量突破1.5G。着力改善4G客户的网络体验，着力推进4G智能终端普及，全年销售4G终端突破100万台，4G活跃用户突破170万，各种民用、商用和其他行业应用依托4G高速平台得到广泛应用，实现移动互联网的广泛普及，使广大市民享受到4G高速网络带来快速体验。全力推动智慧家庭业务发展，加速提升宽带规模，实施宽带提速工程，至年底，移动光宽带客户超过36万户，50兆及以上高速极光宽带成为主流。

【助推智慧湖州建设】 抢抓“万物互联”的机遇，积极践行大连接战略，为湖州信息化发展做好服务支撑工作。2016年，与湖州市人民政府签订《加快“十三五”信息化建设战略合作协议》，为政府机关和各行业提供各类个性化信息化服务解决方案，全力助推湖州市信息化进程。推进浙江省电子政务视联网项目建设，投入2600万元，覆盖全市近300个各级政府机关单位。深化湖州市“智慧城管”建设，先后投入1000万元开展湖州市智慧城管升级、南浔区智慧城管建设等项目，实现了手机客户端的城管日常办案处理功能，提升办公效率。发挥移动传输光网络和基站铁塔资源，推出城乡天眼高点监控业务，年内在全市建设140个城乡天眼带点位，极大地丰富了执法部门的执法监控手段。积极推进湖州平安城市信息化管理力度，建设吴兴区织里道路监控、中心城区老小区监控改造、长兴县乡（镇）治安监控建设等社会治安监控项目，项目投入1000万元，涉及摄像头800余路。与市公安部门合作，先后投入900万元，共同开展“公安天网二号”、城际卡口系统等项目，通过信令侦测等多种手段，增加治安刑侦智慧化手段。搭建吴兴区幼儿园平安校园平台，改善校园安全信息化管理手段，投入300余万元。积极推进智慧民生服务，在吴兴区智慧养老项目的基础上开发了智慧社区管理服务平台，以信息化促进社区服务的便民化。助力“健康湖州医疗服务平台”二期升级，投入200万元，进行服务平台升级，切实提高湖州市民寻医问病的便捷性。建设安吉县智慧公交智能运营系统，投入600万元，助力安吉县“合力打造绿色交通，幸福畅游美丽乡村”的生态目标建设。协助湖州邮管局落实湖州快递行业安全监管工作，建设起覆盖全市45家快递企业，超过200个营业网点，1200余路视频监控接入工作，项目投入100万元。

【提升客户服务水平】 深入贯彻“客户为根 服务为本”的理念，切实履行服务承诺，持续改善服务质量。开展纠风专项治理工作，7月，湖州移动成立以总经理马守武为组长的纠风工作领导小组，并下设以部门经理为组长的5个专项小组，由各专业口骨干与专家担任小组成员，落实“打击电信诈骗、严格执行实名制、加强信息安全与不良信息治理、规范业务流程、畅通社会监督、加强网络建设与优化、FH峰会通信保障”等七项重点工作，从内部流程、信息安全、社会监督和网络建设四大方面切实保障消费者权益。在各县（区）的24家主营业厅均设立消费者联络站，实时受理消费者投诉，对外承诺48小时回复、3个工作日解决的工作制度，全年处理1012件消费者纠纷，抽样回访满意率达95%以上。积极参与各项社会活动，如“3·15”大型广场服务活动、《行风热线》直播节目等，与消费者“面对面”沟通，接受大众监督。积极配合“12345”政府阳光热线工作，阳光服务指数保持在80以上，及时响应率、群众满意率、接单及时率、按时反馈率四个率均达90%以上。

【坚决依法惩治通信诈骗】 加强网络与信息安全管理力度，坚决落实手机实名制和客户信息保护工作，切实保护客户利益。配合市公安打击网络犯罪，营造绿色通信环境。成立“打击治理通信网络新型违法犯罪专项行动”工作小组，选派专业人员进驻市反诈骗信息中心，通过网络技术侦查，和市公安部门联动，依法惩治不法分子的嚣张气焰。自反诈骗中心运行以来，已配合市公安处理通信网络案件6670起，限呼1710个，惩治伪基站20例。严格推进实名制工作落地，新增客户100%落实实名制，高效有序地开展存量用户的实名补录工作，存量客户实名率达100%，在全省各设区市分公司中居首位。

【积极践行企业社会责任】 秉承“正德厚生 臻于至善”的核心价值观，践行“善知善行 维和维新”的工作文化，自觉承担社会责任。2016年，圆满完成FH网络安全保障、太湖图影国际半程马拉松赛、环太湖国际公路自行车赛、互联网大会乌镇峰会、乾元灯会、演唱会、商场庆典、音乐节活动等通信保障，为贯彻落实集团公司节能宣传周要求，积极向全社会传播绿色环保理念，彰显企业社会责任，组织开展“绿色和利旧，绿箱子走进社区”志愿者服务活动，以实际行动倡导低碳文明的环保理念和生活方式。热心社会公益事业，持续开展“慈善一日捐”“双千万结对帮扶”、文明劝导、爱心捐助、爱心慰问等活动，以实际行动诠释为民服务的最美内涵。

【获得荣誉】 2016年，湖州移动获得2016年全国安康杯竞赛优胜单位称号，2016年度浙江移动服务管理综合能力二等奖、2016年度浙江移动渠道管理优秀奖、2016年度浙江移动实名制攻坚奖、2016年度浙江移动服务管理最佳实践二等奖。在服务工作提升方面，湖州分公司市场部业务服务中心荣获2016年浙江省行风建设服务明星班组称号。在巾帼文明岗建设方面，吴兴分公司织里营销部、安吉分公司高禹营销部荣获浙江省巾帼文明岗荣誉称号。在质量管理和工作创新方面，《危废物核查以及管理技术服务》荣获省公司一季度“绿色行动计划”二等奖；《基于“8S短切换”方案提升VOLTE语音质量的研究》《基于ANR邻区优化提升VOLTE语音质量的研究》荣获省公司“活力新天地”一等奖；《4G用户感知的KQI和KPI关联分析研究》荣获省公司“活力新天地”三等奖。网络部网优中心《降低4G网络低速率小区占比》获全国第十四届海洋王杯QC发表赛一等奖；湖州分公司无线网优中心班组被评为2015～2016年度中国移动卓越班组、浙江省安康杯优胜班组以及2016年浙江移动集中优化团体奖三等奖。

（许　燕）

·联合网络通信·

【概况】 截至2016年年底，中国联合网络通信有限公司湖州市分公司（以下简称公司）下属15个部门，6个县（区）分公司，从业人员637人。公司全年实现主营业务收入4.51亿元，全市移动用户规模达53.26万户，固网宽带用户14.1万户。公司连续6年获得“湖州市服务业优强企业”称号，公司运行维护部“千里眼QC小组”连续7年获得“全国通信行业优秀质量管理小组”称号，并获得首届全国质量创新大赛二等奖。

【通信网络实现跨越式发展】 公司坚持4G引领，提升经营能力。4G用户规模不断提升，全年（总部口径）4G用户规模达到16.66万户，净增10.74万户，净增增幅181.46%，居全省第二，4G用户占总用户比率达41.26%，比上年年底提高26.8个百分点。全年发展中高端用户4.93万户，同比增长21.73%，在全省中高端发展劳动竞赛中列第一。坚持“百元包”，提升用户合约占比，卡类用户有效性持续改善。宽带光改提速初见成效，自有资源中光宽带用户规模达3.66万户，净增1.36万户，净增增幅58.85%，光改区域用户迁转率达65.31%，位居全省第五。大力发展宽带业务，推进与市广电部门的合作，探索与方正、长城等合作伙伴的业务合作，加大营销力量的组织。渠道扩面与效能提升，通过不同模式建设渠道，核心渠道规模稳定在200家，二级渠道规模稳定在300家。系统性推进存量用户价值提升，全年移动业务存量用户收保率达到84.36%，同比提高4.47个百分点。

【集客项目取得突破】 公司坚持以“大客户、大项目为中心，用服务促发展”的理念，充分发挥集客业务增收主力军作用。以产业互联网为引领，突破规模集团，行业收入贡献显著，签订“千万级收入”项目3个、“百万级收入”项目6个，在环保、军政等重点领域取得突破。以“独占资源+嵌入式营销”创新校园拓展模式，年内新增18所学校，其中中职院校市场占有率为34.5% ，高于全省平均水平26个百分点；新增沃派用户1.71万户，新增中小学校和幼儿园用户1.87万户。初涉创新业务领域，在物联网创新业务上寻找新的创收模式和规模效益，充分利用总部M2M平台优势，先后在多个物联网新兴产业领域开展合作，相关项目进行了业务测试与试运行。“德清云计算基地项目”作为湖州市政府信息经济重点项目，进入工程建设后期。

【网络升级步伐加快】 公司坚持聚焦“匠心网络”打造，加强资源共享合作。完善4G布局，提升移动网络竞争力，全年完成LTE无线网新建站点740个、室分楼宇1100幢，实现城区、乡（镇）及重要景区的全覆盖，交通干线的连续覆盖，4G人口覆盖率达83%。持续提速升级，全力推进光网络建设，全年完成光改区域93个、商企楼宇宽带接入1064幢，联通光宽带家庭覆盖率达35.95%。聚焦创新合作，推进共建共享，成立联合工作组，制订深度合作计划，明确工作机制，全年合作开通基站64个和室分楼宇24栋，进度完成率居全省第一。推进精细化装维管理，强化重要场景感知提升，开展住宅小区深度覆盖，全力保障重大活动，完成G20杭州峰会、世界互联网大会乌镇峰会和中高考等重大活动期间网络保障任务。

【深化体制机制改革】 公司坚持发挥体制机制改革的牵引作用。树导向，求共识。建立扁平化的比拼机制和与公司业绩挂钩的考核机制。抓队伍，提能力。通过下放绩效二次分配权、开展外包人员定向招聘、甄选年轻优才，培养梯队建设等方式激活一线。以省公司体系改革为契机，全面激发经营单元活力。

（俞　洲）

金融　保险

·金融改革与发展·

【概况】 2016年，全市社会融资规模首次突破1000亿元，达到1100.6亿元。其中，银行机构新增贷款222.57亿元；通过上市公司首发及非公开发行、各类企业债券等直接融资渠道，完成直接融资745.03亿元。多层次资本市场持续扩容，全市新增上市企业1家（德宏股份），新增“新三板”挂牌企业37家，新增浙江股权交易中心挂牌企业180家。金融新业态规范有序发展，稳步建设德清县金融后台服务基地、长兴县南太湖资本广场、湖州开发区南太湖现代金融产业园等一批集聚平台，金融控股、融资租赁和投资基金等金融新业态达1310家，注册资本及认缴资本721.19亿元，管理资本1081.76亿元，税收贡献5.93亿元。金融产业发展提速，金融增加值占GDP的比重提高至6.82%，增速居全省第1；金融业税收37.96亿元，同比增长51%，金融业税收占全市财政总收入的10.05%。

【资本市场建设成效明显】 在国家深化资本市场改革的政策背景下，市金融办建立“组团服务、上下联动、多方合力、协同推进”的工作机制，为企业上市挂牌提供全过程协调、服务和指导，企业对接多层次资本市场工作成效显著。一是上市挂牌稳步推进。2016年，全市新增股份制企业76家，新增境内上市企业1家，上市公司总数达23家；新增IPO报会企业6家，在境内外拟IPO待审核企业达10家；新增“新三板”挂牌企业37家，累计达72家，居全省第3位；新增浙江股权交易中心挂牌企业180家，累计达496家，居全省第4位。长兴县设立全省首个县级股权交易中心——浙江股权交易中心长兴科技板，打造面向科技型、创新型小微企业专业化和市场化区域股权市场，出台股改挂牌奖励、培训服务奖励和融资贴息奖励等10项配套政策支持，提供挂牌通、债股通等创新融资产品，项目融资路演、信息披露规范和股权转让定价等10项资本服务，首批挂牌62家企业。二是并购再融势头良好。2016年湖州市依托资本市场平台，以政策为引导，以资本为纽带，大力推进上市公司并购重组，全市上市公司实施并购重组项目29个，涉及金额204.46亿元；8家上市公司通过IPO及再融资，募集资金252.16亿元，比上年增长近5倍；15家“新三板”挂牌企业开展股权融资，募集资金5.83亿元，同比增长63.76%。上市挂牌企业借助资本市场平台的力量迅速聚拢人才和资金，整合技术、品牌、管理和渠道等优质生产要素，引领经济转型升级。三是债券发行再创新高。坚持债券申报与项目储备、债券发行与风险防范两手抓，努力扩大发债主体数量，扩大债券融资规模。重点扶持湖州市战略新兴产业、优势特色产业中的企业积极运用企业债、公司债、短期融资券和中期票据等债务融资工具进行债权融资。本地金融机构充分发挥与企业广泛合作的优势，开展债券承销业务。2016年，全市非金融类企业发行债券及债务融资工具46单，实现融资330.09亿元，增长265.95%。市城投公司在上年完成发行中期票据12亿元的基础上，年内又向上交所上报2单总计40亿元公司债的申请并获批发行，发行利率分别为4.5%和3.76%，为湖州市近年来获批通过的最大规模公司债券。

【金融改革创新不断深化】 一是绿色金融试点加快创建。湖州市陆续构建了“一规划、两方案、一体系”（“一规划”即编制《湖州市绿色金融改革创新五年规划》；“两方案”即出台《湖州市绿色金融改革创新2016年行动计划》《湖州市金融系统绿色金融改革创新2016年活动方案》，“一体系”即初步建立《湖州市绿色金融统计指标体系》）绿色金融政策框架，绿色金融改革创新工作被列入市“十三五”规划、“六重”工作清单和生态文明示范区建设考核目标任务，促进绿色发展理念在湖州金融行业的落地生根。4家银行机构启动绿色化改造试点，创新开发了“环保贷”“合同能源管理融资”等一批绿色金融产品；大力发展绿色直融，年内已发行绿色企业债1单（8.6亿元），申报2单（20亿元）。各银行积极争取总行对湖州绿色金融改革的大力支持，华夏银行在湖州设立了100亿规模的绿色专项贷款，兴业银行在湖州筹建100亿元规模的绿色产业基金。二是普惠金融服务创新优化。深入推进小微专营体系建设，全市已设立小微专营支行17家（另有2家在筹建），贷款余额15.31亿元，同比增长21.03%；贷款户数4032家，增长58.74%。农村金融积极推进，农村综合产权抵质押贷款授信余额达28.13亿元，增长78.72%；授信户数4969户，增长63.24%。出台全市政策性融资担保体系建设实施意见和市本级政策性担保机构组建方案，发挥政策性资金的引导放大效应，加强商业银行与融资担保机构的合作力度，年内，市、县两级政策性担保机构加快组建。三是科技金融深度融合。围绕科技和金融结合试点市建设，整合政府与市场两个方面的金融资源。组建科技银行，累计发放科技信贷超7亿元；全市累计发放保险金额112.6亿元。市本级建立首期规模为2000万元的科技金融风险补偿引导专项资金、与国开行浙江分行等单位合作设立的5亿元额度的科技型中小企业集合贷款、建立规模3000万元的天使投资引导基金、开展首期规模1亿元的科技型中小企业贷款保证保险专项等科技金融专项，鼓励金融资本、社会资本参与科技创新活动；县（区）先后成立累计额为5.86亿元的科技成果转化投资资金，引导创业投资和社会资本加大对科技型中小微企业的支持。

【特色金融产业加快发展】 2016年，湖州市围绕打造特色金融产业的目标要求，积极开展金融服务体系、产业空间布局和新型金融业态等方面的创新探索。一是业态引育进一步加强。各县（区）进一步完善配套、强化保障，组建专业化的金融招商队伍瞄准京、沪、杭、深等金融集聚地，开展精准化招商。同时，支持和鼓励市内上市公司、重点企业集团发起打造金融新业态，鼓励和推动地方金融组织创新发展。2016年，全市新增各类金融新业态569家，累计达1310家（其中基金管理公司1051家、财务管理机构153家、金融中介服务机构48家、其他金融新业态58家）；注册资本及认缴资本721.19亿元，税收贡献5.93亿元。二是业态发展进一步规范。年初，出台金融中介管理办法，着力强化业态导向，有扶有控、分类发展；严格规范准入程序，构建准入会商机制，规范名称登记；引导集聚发展，在金融新业态集聚平台之外，原则上一律不得实行“工位号注册”。湖州开发区南太湖现代金融产业园、吴兴区浙北金融中心、德清县金融后台服务基地、长兴县南太湖资本广场等一批集聚平台均被纳入市“十三五”重点规划盘子，进一步提升平台承载空间和层级。三是产融结合进一步深化。推动业态培育与实体融合，着力发展股权投资类机构，发展设立股权投资、基金管理和产业基金等机构，助推科技创新、科创型小微企业成长。全市金融业实现增加值 151.3 亿元，增长 8.32%；各类金融新业态管理资本达 1081.76 亿元；金融业实现税收 37.96 亿元，增长 51.03%。

【金融生态环境持续优化】 2016 年，全市针对非法集资、互联网金融、企业“两链”、交易场所和金融机构业务交叉性传导等 9 个领域风险，开展专项大排查行动，通过巡查、督导、演练、通报等形式，抓好跟踪落实，维护了金融防线的稳定，护航 G20 杭州峰会；继续保持打击恶意逃废债的高压态势，恶意逃废债得到有效管控。建立银行分类帮扶工作机制，定期组织梳理重点困难企业帮扶名单，督查银行机构逐户制订帮扶解困方案，帮助企业渡过难关。建立不良处置通报制度，督促各银行机构加快推进不良贷款的消化处置。通过惩治逃废、分类帮扶和不良处置等综合施策，不良风险实现“双下降”，截至 2016 年年末，全市银行机构不良贷款余额 34.63 亿元，比年初减少 4.15 亿元；不良率为 1.26%，比年初下降 0.27 个百分点；关注类贷款余额 84.75 亿元，关注类贷款率 3.07%，基本与年初持平。互联网金融领域总体保持平稳，专项整治活动共排查 1731 家，确定 11 家重点整治清理名单，14 家跨区域经营、重点风险监测名单；年内，重点整治名单中已有 5 家完成清理。

（吕　凡）

·金融业·

【概况】 2016 年，全市金融系统认真贯彻落实稳健的货币政策，加强金融风险防范，维护金融稳定，着力提高金融管理与服务水平，加强自身建设，强化内控管理，提升履职能力，为促进当地经济金融的发展做出了积极的贡献。

【融资规模稳步增长】 2016 年，全市社会融资规模增加 607.71 亿元，同比增加 214.57 亿元。其中，包括银行贷款、委托贷款、银行承兑汇票等间接融资规模增加 281.58 亿元，同比增加 70.96 亿元；包括债务融资及股票等直接融资规模增加 326.13 亿元，同比增加 143.61 亿元。2016 年，全市直接融资新增量占社会融资规模的比重达 53.67%，比上年同期提高 7.24 个百分点，直接融资在全市社会融资规模中的权重明显上升。2016 年，全市直接融资市场发展较为迅速，年内债券融资规模比上年增长 66.59%，上市融资规模增长 137.41%。2016 年，全市累计债券融资 252.13 亿元，同比增加 100.78 亿元。年内，企业平均发债成本维持在 6% 左右，比同期限基准贷款利率提高 1.25 个百分点，部分优质企业发债成本基本与基准贷款利率持平，加上相对宽松的资金用途限制，促成年内债券市场的快速扩张。同时，辖内上市企业在资本市场的定向募集资金现象显著增加，2016 年，全市 74 亿元的股票融资规模中，首次募集资金为 2.65 亿元，其余部分是企业增发募集资金，用于补充流动资金或企业转型升级需要。

【贷款呈现分段式增长】 2016 年，全市本外币贷款呈现较为明显的分段发展，经历一季度 2 位数增速后，4 月，骤降至 6.58%（政府性债务置换因素起决定性作用），此后开始缓慢复苏，12 月末，全市本外币贷款余额 2757.57 亿元，同比增长 8.78%，比 4 月份提高了 2.2 个百分点，增速列全省第二。具体体现为：一是德清县贷款增势领跑全市，长兴县、安吉县增幅低于全市平均水平。12 月末，全市本外币各项贷款比年初增加 222.57 亿元，其中，德清县比年初增加 53.17 亿元，占全市增量的 23.89%，权重比上年同期提高 3.59 个百分点。同时，长兴县与安吉县贷款增长乏力，分别增加 30.91 亿元和 22.02 亿元，贷款增幅分别为 6.2% 和 5.4%，分别低于全市平均 2.58 个百分点和 3.38 个百分点。二是住户贷款快速扩张，个人消费贷款成为当前信贷增长的重要推动力。12 月末，全市住户贷款余额 980.16 亿元，比年初增加 151.92 亿元，增量创历史新高，在全市贷款增量的权重达 68.26%，同比提高 8.96 个百分点。2016 年，全市个人消费贷款比年初增加 124.75 亿元，是“十二五”期间消费贷款增量的 85.24%，占全部住户贷款增量的 82.12%，权重比上年同期提高 18.03 个百分点。三是非金融企业及机关团体贷款发展缓慢，流动性资金需求显著下降。12 月末，全市非金融企业及机关团体贷款余额 1776.44 亿元，比上年同期提高 4.29 个百分点，同比增长 0.21 个百分点，年内，对公贷款增幅低于上年同期水平。12 月末，全市短期类对公贷款比年初减少 76.51 亿元，比上年同期减少 59.85 亿元，全市中长期对公贷款余额占比 45.6%，创年内最高水平。四是融资需求持续呈现结构性调整，小微企业融资环境得到改善。12 月末，全市制造业贷款余额 634.97 亿元，同比下降 2.03%，批发零售业 149.86 亿元，同比下降 15.89%。同时，受房地产市场调整影响，全市房地产业及建筑业类贷款同比分别下降 52.48% 和 13.37%。12 月末，全市小微企业贷款余额 908.38 亿元，同比增长 10.92%，高于各项贷款增幅 2.14 个百分点，其中，微型企业增幅达 24.36%。从微型企业贷款担保方式来看，抵押贷款权重持续降低，保证类贷款余额占比 48.52%，同比提高 4.15 个百分点，信用贷款占比 4.97%，同比提高 1.68 个百分点。

【存款总量呈波动式增长】 2016年，全市本外币各项存款维持两位数的增长态势，保持全省首位的位置。下半年，全市存款增长出现较为明显的波动，进入4季度，则呈现稳步攀升态势，存款增长尚不稳定。12月末，全市本外币存款余额3552.42亿元，比年初增加462.7亿元，同比增加180.63亿元，余额同比增长14.98%，增速列全省首位。具体表现为：一是安吉县存款规模实现大幅增加，活期存款权重持续处于高位。12月末，安吉县各项存款余额480.23亿元，比年初增加88.81亿元，同比增加41.3亿元，余额同比增速达22.69%，高于全市平均水平7.71个百分点。从安吉县存款增长结构来看，活期存款成为存款主要增长点，其中，增加住户存款的活期占比为60.34%，增加企业存款的活期占比为82.71%，平台债务置换期间的社会资本退出是造成这一现象的重要原因。长兴县各项存款比年初增加76.56亿元，同比增加33.4亿元，德清县新增42.84亿元，同比少增28.68亿元。二是存在居民储蓄存款的活期化倾向，增量活期占比达年内新高。12月末，全市住户存款余额1756.02亿元，比年初增加200.45亿元，同比增加71.06亿元。从增加住户存款的期限结构分布来看，2016年，全市住户活期存款增加116.26亿元，同比增加49.98亿元，占全部增加住户存款的58%，剔除年初存款冲量导致1月活期占比高的因素外，12月末活期占比创年内最高水平。三是非金融企业存款意愿回归保守，活期存款增量连续两月低于同期水平。12月末，全市非金融企业存款余额1203.1亿元，比年初增加195.91亿元，同比增加117.15亿元。12月末，全市企业活期存款比年初增加43.36亿元，同比少增6.99亿元。受企业投资意愿相对不足等因素影响，企业定期存款增势显著，2016年，新增152.55亿元，占增加企业存款的77.87%，权重比上年同期提升41.79个百分点。四是政府类存款增长波动性较大。12月末，全市广义政府存款余额550.24亿元，比年初新增60.96亿元，同比少增17.08亿元。2016年，全市财政性存款比年初增加18.31亿元，同比增加34.0亿元；机关团体存款比年初增加42.65亿元，同比减少51.07亿元。

【金融市场平稳运行】 一是信贷生态环境持续良好。2016年年末，全市银行机构不良贷款余额34.63亿元，比年初减少4.15亿元，不良率为1.26%，比年初回落0.27个百分点，不良率位居全省第二，不良信贷防控实现“双降”（不良贷款余额、不良贷款率降低）。2016年，全市银行系统建立多头授信管控机制，以“去杠杆”为手段，稳妥化解信贷风险，通过对556家地方骨干企业实施“授信总额+担保总额”双控管理，有效地化解了企业过度负债、过度授信的潜在风险。加快落后产能企业、“僵尸”企业市场化退出，全年累计压缩金融资源低端供给20.11亿元，存量信贷资产得到进一步盘活。2016年，全市贷款利率处于低位水平，尤其表现在季末、半年末等特殊时点，由于信贷投放较为集中，从而拉低贷款利率，造成年内利率水平呈现波动下行态势。12月，全市一般性贷款加权平均利率为5.76%，同比下降0.34个百分点，实体经济融资成本有效回落。个人住房贷款加权平均利率4.51%，同比下降0.22个百分点，金融支持房地产市场“去库存”作用发挥明显。二是证券交易快速回落，保险市场基本稳定。在经历上年的“井喷式”增长后，2016年，证券交易规模快速回落。截至2016年年末，全市股票交易额累计6162亿元，同比下降44.55%。证券投资基金交易累计225亿元，同比下降34.12%，融资融券业务784亿元，同比下降58.04%。货币市场基金略有增长，年内累计594.15亿元，同比增长1.61%。同时，保险市场保持稳步增长趋势，2016年，全市实现保费收入78.6亿元，同比增长19.41%，比上年提高15.31个百分点；保险赔款29.72亿元，同比增长16.5%，比上年提高15.54个百分点。

【推进绿色金融改革创新】 一是系统谋划，发挥人民银行主导作用。成立由市长任组长的湖州市绿色金融改革创新工作领导小组（办公室设在人民银行湖州市中心支行），推动绿色金融改革创新被列入市“十三五”规划、“八大经济体制”改革项目、生态文明示范区建设考核目标。二是争取试点，搭建政策框架体系。编制全国首个地方绿色金融五年发展规划、首套地方性绿色金融统计指标体系，制定湖州市绿色金融2016年行动计划和金融机构活动方案，建立工作协同机制和责任清单，全国试点创建进入最后批复阶段。三是先行实践，推动重点领域工作取得突破。联合市发改委建立绿色项目储备库，会同市金融办制订全市政策性融资担保体系建设实施意见和担保机构组建方案，联合市环保局制订环境污染强制责任保险实施方案，会同市林业局推动全国首个“竹林碳汇试验示范区（安吉）”平台建设。推动安吉农村商业银行成为全国首家建立绿色金融事业部的地方小法人机构，试点推出光伏贷转型贷、合同能源管理融资等产品创新。

【推动金融服务水平提升】 一是加快绿色支付体系建设。率先开展“电子支付应用示范村”创建工作，安吉县余村等10余个行政村成为全省首批“电子支付应用示范村”。在全省率先加入电子商业汇票系统和开办电票再贴现业务。稳步推动系统建设，前10个月ACS系统（中央银行会计核算数据集中系统）业务处理成功率达99.98%。推动移动金融和金融IC卡受理环境改造，全市销售终端流程优化率提高30个百分点，非接改造率达95%。二是加快征信服务体系建设。开展小微机构征信接入试点，指导德清湖商村镇银行联合会作为全国唯一村镇银行发起行一口接入征信系统，指导湖州市中小企业担保中心通过互联网接入征信系统。推行绿色信用引导机制，联合市电力、水务等部门建立信用建设合作机制；联合市食安办建立食品安全金融征信联合奖惩试点，印发试点方案，采集食品安全红榜信息522条、惩戒信息42条，并试点农产品企业联合惩戒。全年新开通平台用户283个，交易255笔，完成供应链融资2笔，总融资额逾86.2亿元。将诚信道德教育纳入全市中小学思想品德教育课程，与湖州师范学院联合打造“诚信高校示范基地”。三是加快现代国库体系建设。积极参与推动预算管理改革。与市税务、财政等部门建立协调推进机制，确保“营改增”、“金税三期”、政府非税收入收缴管理等重点项目落地实施。四是加快人民币管理体系建设。加强现金投放预测分析，制定残损币回笼指令性计划和小面额券别现金投放指导性意见，确保完成现金供应和残损币回笼计划。深入推进小面额纸币自助取款试点，全年布放6台小面额自助取款ATM，推动10元券投放量提高3个百分点。五是加快金融消保体系建设。首次依据新修订的《中华人民共和国消费者权益保护法》对金融机构予以处罚，切实维护了金融消费者合法权益。出台《金融消费权益保护“三站一团”建设深化方案》，深化农村、社区、校园服务站和宣讲团功能运用，2016年，新增消保服务站64家。加强金融消费者教育，扎实开展“3·15”“金融知识普及月”宣传活动。

【维护区域金融稳定】 一是防控结合，切实维护区域金融稳定。出台《存款保险工作流程及管理办法》，开展差别化存款保险现场评估。组织同业业务专项核查和不良资产真实性现场评估，整治不良资产违规代持、不良率失真等问题。加强利率自律约束，指导长兴联合村镇银行在全国首批加入利率定价自律机制，督促3家机构主动撤销违反全省利率定价自律要求的招投标行为。出台《湖州市法人金融机构利率压力测试实施管理办法》，在全省率先开展利率监测报备数据质量专项核查行动。探索特色监测机制，加强吴兴区织里镇小微企业监测平台体系建设，建立纺织、生物医药和旅游三大县域特色行业监测制度。对全市134家销售5亿元以上大型工业企业按月监测，四季度末，累计监测到出险企业111家，涉及银行贷款37.54亿元。二是严格监管，推动金融机构合规经营。加强反洗钱监管，推动全省农信系统首个反洗钱监测集中处理示范区建设。与市检察院建立反洗钱、反贪污贿赂协作机制，全年移送检察机关、公安机关可疑报告15份、涉恐融资人员58人。加强支付专项整治，重视防范电信网络新型违法犯罪工作，强化银行主体责任，加强警银协作，全年阻截电信诈骗450起、金额400万元。开展互联网金融专项整治行动，整治违规开展第三方支付、P2P业务企业12家。三是积极应对，着力化解系统性风险。参与推动南方通信集团破产重整，针对该集团出险涉贷8.03亿元、担保10.6亿元的实际，全力协助市政府推动该集团进入破产司法程序，推动其两家子公司实现债权重组。保持惩治恶意逃废债高压态势，出台《湖州市恶意逃废债务失信行为联动惩戒实施意见》，开展恶意逃废债专项整治行动。探索金融债权维权新机制，协调市中级人民法院设立金融法庭，推动吴兴农村合作银行在全省率先试点金融维权专案制，加快银行机构不良债权处置。引导银行机构探索互联网拍卖等处置手段，加大存量不良资产消化力度。年末，全市银行机构不良贷款余额34.63亿元，不良率1.26%，不良率由低到高位居全省第二。

【涉外金融服务便利化】 一是打好“扩控”攻坚战。通过鼓励早收汇、暂停转结汇、约谈劝导和设卡阻止等措施全力扩流入、控流出，劝诚巨人控股收入2.03亿美元的股权转让款转为外汇形式流入，带动全年结汇率提高3个百分点，劝导美都能源至异地付汇4亿美元，减少全年付汇量10个百分点，8月，跨境支出环比下降36%，创2011年2月以来的最低。二是深化外汇重点领域改革。推广全口径跨境融资宏观审慎管理，核定4家中资企业外债额度1.47亿美元，累计流入6013万美元。推动跨国公司外汇资金集中运营试点扩大至6家，支持太湖旅游度假区、长兴经济技术开发区境外发债业务。三是探索本外币协同管理。成立一体化管理工作委员会，协调本外币政策差异，强化监管合力。开展跨境人民币双向资金池试点业务，组织跨境人民币业务，促进湖州进出口稳定增长。

（吴辰怡）

·银行监管·

【概况】 2016年，湖州银监分局全力以赴服务实体经济，坚定不移守住风险底线，聚精会神推动改革转型，查补短板提升监管能力，各项工作得到银监会、浙江银监局和省、市各级政府领导的肯定。全年，中央级、省级主要媒体67次报道湖州银监分局各项重点、亮点工作，行风评议满意率达100%。2016年，湖州银监分局荣获浙江银监局“年度考核一等分局”“浙江银监局新闻信息工作先进单位”等浙江银监局系统以上集体荣誉5次。

【加大服务实体经济力度】 一是重点融资项目对接有效。通过建立重点项目清单、召开银企对接会和组织“百名行长进千企”活动等形式，推动辖区内银行对接重大产业、重大基础设施和重大民生项目建设，相关工作相继得到浙江省常务副省长袁家军等省、市领导批示肯定。截至12月末，银行业各项存款余额3552亿元，比年初增加463亿元，同比增长14.98%，增幅居全省第一；各项贷款余额2758.57亿元，比年初增加223.57亿元，同比增长8.78%，增幅居全省第二。二是分类帮扶工作全省领先。着力构建“双线报送”（由企业、银行双头报送，经信委、银行业协会分别对接）机制、“3+3”（3家副组长单位，分别为市金融办、市银监分局、市经信委；3家主要涉及单位，分别为属地政府、债权行及银行业协会）会商机制、“3+4+N”（3家主要涉及单位，分别为属地政府、债权行及银行业协会；4个协商单位和N个小组成员单位，4个协商单位是指银行业协会、相关债权银行、出险企业、属地政府；N个小组成员单位，是指根据具体情况，召集8家成员单位中的N家，如发改委、财政局、中级人民法院等相关执法部门或行业主管单位）帮扶机制，凝聚帮扶合力。通过全面摸底排查，出台2批81户分类帮扶企业名单。

【绿色金融工作亮点纷呈】 科学规划，搭建绿色金融监管框架，制定全省首个地方性绿色金融发展规划，建立72项绿色金融亮点工作库。创新绿色金融组织，引领安吉农商行创建全省首家法人银行机构绿色金融事业部，推动湖州银行组建全国城商行系列首家绿色金融管理中心。支持绿色金融信贷供给，指导辖区内银行业支持企业绿色转型升级重点项目27个，金额43.85亿元。构建全省首套地方性绿色金融统计指标体系和首个绿色银行评级体系，建立18项评级标准，配套设置308个监测指标。相关工作得到省、市领导批示肯定。

【支农支小提档升级】 一是建立金融支农“湖州品牌”。推动现代农业示范区金融服务多元化再上台阶。试点收益权质押贷款以及土地承包经营权抵押贷款产品，推进相关银行设立“三农”事业部和专营支行，发放农业产业链贷款2.73亿元。指导全国首笔支农转贷款落户湖州。截至12月末，辖区内涉农贷款余额592.33亿元，比年初增加44.20亿元，同比增长8.06%。相关工作得到副省长朱从玖、浙江银监局及市委、市政府领导批示肯定。二是小微金融服务上新台阶。联合市中小企业局搭建银企对接平台，降低小微企业融资成本；引导辖区内银行业机构小微服务持续下沉，筹建小微企业专营支行7家，相关工作得到副省长朱从玖批示肯定。截至12月末，全市银行业小微企业贷款余额1291.68亿元，同比增长11.19%，高于全部贷款增速2.27个百分点；贷款户数比上年同期增加10318户。

【风险防控能力明显提升】 一是妥善化解重点领域风险。不良贷款持续“双降”，年末，银行业不良贷款余额34.63亿元，比年初减少4.15亿元，不良贷款率为1.26%，同比下降0.27个百分点，信贷资产质量居全省第二。推进出台第二批打击逃废债名单，推动辖区内银行机构全面签署联动惩戒公约和细则。二是强化农金机构风险管理。“禁五慎三”（审慎开展与已获得3家以上5家以下银行授信企业的合作，不介入已获5家以上银行授信企业的信贷业务）多头授信户数和余额比年初实现“双降”。加强平台贷款动态风险实时评估和监测，有效防控平台贷款风险发生。三是着力遏制单体机构风险。建立风险“双主员”监管机制，完善监管指标“T+1”预警分析机制（监测数据隔日监测机制）。通过跨层级、跨地区和跨机构联动，帮扶3家重点风险监管机构脱险解困。四是“清雷防险”（银行业金融机构运营条线专项行动，目的在于有效发现并处置存量风险，对运营条线关键领域、关键环节的风险点，采取针对性的解决方案）成效巩固深化。构建飞行检查常态化机制，指导9家法人机构组建专门飞行检查队伍，开展内部飞行检查41次。选取9家机构开展集成式现场检查，发现问题130个，查处违规金额6.2亿元。

【银行业转型升级成效显著】 制订“助推地方金融新业态、促进自身转型升级”主题活动方案，组织召开全辖区内银行业动员大会，指导建立重点项目清单19项和机制建设清单21项，并按季通报进度。制订《湖州银行“转型升级起步年”主题活动工作方案》，就完善公司治理机制、推进业务和管理转型、加大服务实体经济力度等方面提出监管要求，督促农村中小金融机构科学制定转型升级五年规划，确定36项主要改革任务和18项精品工程。

【改革创新持续深化】 一是农商行股改工作全省领先。在全省率先取消资格股，使投资股占比提升至100%。长兴农商行、吴兴农商行顺利开业，率先在全省实现农商行股改全覆盖。二是村镇银行并表管理能力建设再上新台阶。推动2家农商行建立健全村镇银行管理总部机制，引导村镇银行将300万元（含300万元）以上贷款审批权限上收总行，探索建立村镇银行流动性互助机制。三是湖州银行改革创新取得突破。推动湖州银行与南京银行等机构合作，探索多元化资本补充渠道。创新“微粒贷”“移动快捷贷”等多类贷款品种，相关工作获得副省长朱从玖批示肯定。

【金融消保工作走在前列】 在全省首创综合性消费者权益保护掌上平台，开辟全省首家一站式消费者权益保护微信公众号“湖州大银家”，实现和消费者网上互动，投诉纠纷线上处理，第三方调解掌上对接，消费者权益保护知识掌上培训，相关工作得到浙江银监局局长熊涛、副巡视员张有荣批示肯定。率先在全省实现“专区双录”（理财专区和实现录音录像标准化建设）100%本地完成。建立第三方调解机制，成立湖州市银行业消费纠纷人民调解委员会，设立专家库。

（虞婷婷）

·中国工商银行湖州分行·

【概况】 2016年，工商银行湖州分行认真贯彻落实市委、市政府和上级行决策部署，紧紧围绕全市经济与产业转型升级主线，加强自身作风建设，深化绿色金融供给创新，致力于服务好重大项目、重点工程、重点产业、重点客户和民生、小微等领域，累计投放各项融资400亿元，实现了金融服务地方经济与自身全面转型发展的良性互动。

【做大规模扶持经济发展重点领域】一是支持重大、重点项目和客户。紧跟湖州市“六重”清单，强化项目对接，加大对基础设施、城市有机更新、文化旅游和特色小镇建设等重点项目的资金供给力度，着力扶持上市企业、“金象金牛”培育企业和产业转型升级。全年累计支持重大项目25个、金额94亿元；75家重点企业获得贷款支持，金额32亿元。二是做实小微金融服务。以“百名行长进千企”深化活动为载体，全年走访企业1200户，为其中89户企业新增贷款13亿元；积极对接全市“小微企业三年成长计划”，继续在信贷流程、授信核定、适用产品、业务权限设置和考核机制等方面进行差异化管理，全面实现小微金融工作的转型升级。三是服务民生领域。深入首套房、住房改善、家装、大件商品购买、日常消费和个体经营等民生领域，重点支持居民住房按揭贷款、个人消费和经营类贷款、分期付款等金融需求，相关信贷业务总量120亿元。

【做活创新增添经营转型发展动能】一是加强信贷与非信贷组合服务。充分发挥贷款、融资租赁、债券承销与投资、理财投资和产业基金等各类金融服务工具在促进企业转型升级中的重要作用，通过“信贷+保险”“信贷+租赁”“信贷+金融资产服务”等不同金融工具组合满足不同行业、不同发展阶段企业的全生命周期融资需求。全年累计发放表外、表表外融资50亿元。二是发展互联网金融业务。加快“融e购”电商、“融e联”即时通讯、“融e行”直销银行在金融服务领域的整合与延伸，积极利用银企互联方式将金融产品嵌入到企业的金融服务体系，提高信用网贷通、网络自助循环贷款、电子采购贷和电子保理等重点产品的渗透率。举办“中国丝绸e购节”，在服务好全市丝绸类企业的同时，满足了该类客户融资等业务需求。电子渠道业务量占全行总业务量的比例达85%，提升了服务效率。

【做优结构搭建绿色金融发展体系】一是加快绿色信贷投放。制定《2016年绿色金融改革创新活动实施方案》，主动推进信贷与投资结构调整，全年累计向绿色信贷客户发放贷款190亿元。二是加快绿色科技金融产品与服务创新。创新应用“小贷通”“商贸通”“快捷贷”“固贷通”“网贷通”“抵押物余值项下信用贷款”等小微特色产品，推动流动资金贷款网络化，为轻资产型绿色科技企业提供间接融资渠道。使用网络融资产品的客户数达400余户，占信贷客户的50%。三是加快退出产能过剩行业、出清“僵尸企业”步伐。通过破产退出和核销清收程序，妥善处置僵尸企业风险贷款，从而以优化结构的路径，为绿色金融提供发展潜能。累计退出产能过剩行业融资3.2亿元，处置僵尸企业风险贷款900万元。

【做小风险切实维护良好金融生态】贯彻“控制实质风险”的总体要求，打好资产质量的保卫战、攻坚战和持久战“三大战役”。保卫战做好防守，严格客户准入，从源头上把控风险。攻坚战抓好清收，加强专业力量，落实不良贷款、账销案存的清收处置。持久战练好内功，采取有效风险防控措施，提高信贷管理精细化水平。分析各类信用风险的产生原因，加强信贷从业人员职业操守教育，完善风险管理体制机制建设；依托上级行系统力量，根据综合贡献度，对不同客户给予差异化定价，并对定价进行风险动态调整。年末，不良贷款率控制在0.73%，为维护良好的区域金融生态做出应有贡献。

【做低成本认真践行大行社会责任】落实市政府《降低企业成本减轻企业负担三十六条》要求，通过创新融资方式、完善利率定价机制、公开规范收费项目和帮扶困难企业等方式，切实减轻企业负担。增强规范服务收费意识，按规定合理减费让利，坚决杜绝违反“七不准、四公开”“两禁两限”等行为。2016年，湖州分行公司贷款执行利率4.92%，比初下降0.5个百分点，其中小微企业贷款执行利率5.07%，比年初下降0.64个百分点，减轻了企业负担。

【发挥优势多元提升服务品质】一是开展“服务面貌专项提升季”优化服务。通过“服务面貌专项提升季”活动，辖属网点环境靓化率达100%，网点客户满意度保持99%以上，超时等候客户占比控制在4%以内，所有对外公布的投诉、求助等服务电话（含呼叫设备）15秒钟内接听率达100%，提升了全辖网点的服务环境、服务效率、服务态度和现场管理。二是深化线上线下服务新模式。结合“移动金融”“智慧金融”发展的新趋向，致力于提升服务承载力。至年末，湖州分行ATM机、自助终端、网银自助服务机和回单打印机800台，新增营业网点智能柜员机、智能打印机和产品领取机等智能设备87台，加上物理网点布局优化、手机银行等电子渠道跨越式发展，线上线下渠道的整合发展为服务改进提供了空间。三是完善服务监督机制。坚持“服务无止境，服务改进永远在路上”的经营理念，持续提升社会满意度。落实业务咨询和服务纠纷处理首问负责制，以及网点负责人作为第一责任人、支行行长作为最终责任人的相关机制。在营业场所公布投诉电话、投诉流程，设置意见箱（簿），聘任行风监督员，接受广大客户的监督，畅通投诉渠道。（张胜裕）

·中国农业银行湖州分行·

【概况】 2016年，中国农业银行湖州分行紧扣市委、市政府工作部署，强化担当，主动作为，在助推经济结构调整、促进动能转换上发挥了国有大行应有作用。年末，各项贷款余额274.88亿元，剔除政府债务置换、固定资产到期、不良处置等因素，各项贷款实际增加

23.45亿元。

【确保重大项目融资需求】 围绕重大基础设施和民生工程建设，主动加强对接，省、市、县行三级联动，高效确保项目审批落地和项目贷款资金按需投放。全年重点支持了水利建设、水资源管理、新农村建设、棚户区改造、古镇旅游开发等我市重大建设项目，共投放金额14.64亿元。

【大力发展绿色金融】 从促进地方经济结构调整、激发经济增长内生动力的角度，大力扶持信息经济、高端装备、休闲旅游、废物利用、清洁能源等绿色产业发展壮大，积极满足传统优势产业绿色改造资金需求，并对过剩产业、落后企业列入信贷减退范围，促进僵尸企业出清。全年绿色经济产业贷款新增7.75亿元。

【提升小微企业服务水平】 大力支持“大众创业、万众创新”，加快小微企业贷款的增量扩面，将辖内开发区支行作为科技银行专营机构试点，推出了“简式贷”“物业贷”“厂房贷”“前期贷”“自助循环贷”等一系列产品，在融资方式、还款期限、金额等方面满足不同成长阶段小微企业需求。年末，小微企业信贷客户1848户，比年初增加175户；贷款余额50亿元，比年初增加0.56亿元，同比增幅1.13%，高于全部贷款同比增幅4个百分点；小微总体申贷获得率95.76%，同比上升了4.18个百分点，实现“三个高于”目标。

【做实“三农”金融服务】 围绕我市打造美丽乡村升级版计划，创新推出美丽乡村建设专属产品，大力支持农村基础设施建设、农村人居环境治理项目，共发放贷款11.48亿元。出台新型农业经营主体专项信贷扶持计划，并考虑其抵押物不足的实际，成功引入政府增信机制。年末，各类新型农业经营主体新增贷款1.39亿元。大力推广金融自治村和“惠农通”村村通两大工程，定人定期“跑村”“驻村”，开展农户建档和农贷营销，全年新增农户贷款3.04亿元。依托农村金融互联网平台，创新推出惠农网贷产品，农户可在惠农通机具、微信平台上随借随还，并享受利率优惠、信用免担保等实惠。

【维护地方金融生态环境】 主动帮扶困难企业，对待出险企业不搞“一刀切”，“一企一策”加以帮扶处置，全年累计帮扶困难企业9户，帮扶金额1.26亿元。加大减负让利力度，2016年小微企业贷款平均利率同比下降0.59个百分点，小微企业经营性收费、收费率“双降”。全力做好信用风险管控，坚持一手抓源头防新增，一手抓清收抓处置，年末不良率0.88%，比年初下降0.33个百分点，不良余额下降1.02亿元，资产质量在同业和系统内领先。 （赵丽丽）

·中国农业发展银行湖州市分行·

【概况】 2016年，中国农业发展银行湖州市分行以“两学一做”专题教育为抓手，以提高经营质效为目标，以防控经营风险为指导，不断厚植政策优势、探索创新驱动、夯实经营管理和从严管党治行，进一步发挥农业政策性银行优势，切实提升服务地方农业经济能力。全年发放各项贷款30.48亿元，比上年增加2.8亿元，同比增长10.12%；收回贷款19.06亿元，其中债券置换7.95亿元。年末，各项贷款余额92.25亿元，比年初增加11.42亿元，增长14.13%；各项存款余额29.44亿元，比年初增加8.77亿元，增长42.43%；不良贷款继续保持零余额。

【聚焦支农重点】 面对错综复杂经济金融形势和艰巨繁重支农任务，农发行湖州市分行始终围绕上级行党委各项工作部署，正确研判形势，提早谋划布局，找准切入点，抓住突破点，做实结合点，加大对优质项目、重点项目的营销力度，不断做大做强信贷规模，在全力服务地方经济发展的同时，实现自身稳健有序发展。一是切实保障粮食安全。认真贯彻执行国家粮棉油收储政策，及时足额提供信贷资金，顺利完成粮食收购与储备任务。全年发放各项粮食收储贷款3.27亿元，支持轮入粮食16.87万吨，顺利完成粮食收购与储备任务；发放仓储设施建设贷款0.5亿元，用于支持县域改善粮食仓储条件。二是大力支持PSL（利率执行人行抵押补充贷款）贷款，积极发挥PSL贷款的政策优势，以棚改、水利和农村路网等项目为重点，不断加快营销力度。截至12月末，获批PSL贷款项目2个，获批棚户区改造贷款38亿元，已评估待批复PSL贷款项目3个，申报贷款17.2亿元，投放到位贷款5亿元。三是完成水利贷款投放任务。年初，上级行下达水利贷款投放任务后，农发行湖州市分行加强与水利贷款客户的协调沟通，加快贷前条件核实，克服规模紧缺的现实困难，优先对6个水利项目投放贷款5.5亿元。四是深入推进整体城镇化建设项目贷款。营销获批整体城镇化建设项目贷款15亿元，实现了辖区内所有机构城镇化建设项目均获批的良好格局。截至12月末，投放该项贷款15.05亿元；完成农发行浙江省分行评估、等待审批的整体城镇化建设中长期贷款4亿元。五是优化重点建设基金投向。充分认识中国农发支持重点建设基金工作的重要性，加大对基层行的督导力度，克服时间紧、要求高和任务重等实际困难，加快发展建设基金投资业务。全年完成重点建设基金项目6个，金额2.62亿元。自2015年开办基金业务至2016年以来，累计投放基金项目11个，金额5.32亿元，资金支付比例达到99.61%，较好地执行了国家拉动投资的政策要求。

【强化风险管控】 以“全面风险管理”理念为引领，以“贷后管理年”活动为抓手，深入贯彻“全员参与、全流程管理、全面覆盖各类风险”的工作要求，积极构建信贷管理长效机制。一是健全风险排查机制。落实常态化风险排查制度，适时开展各类专项检查，突出检查重点，查找风险隐患，强化担保管理，切实把风险防控工作落到实处。二是强化风险全流程管理。充分利用各类信息平台，发挥风险经理作用，加强跟踪监测；严格执行贷款风险分类制度，准确做好资产形态分级管理。始终把风险防控摆在突出位置，确保全年无新增不良贷款，不良贷款继续保持零余额。

【夯实管理基础】 在坚持社会效益优先、有效服务国家战略和“三农”发展的基础上，积极开展“补短板”工作，对照标杆，持续改进，补齐基础管理薄弱环节。一是强化内控合规管理。开展2016年内部控制评价工作，推动全行工作合规发展；扎实开展“两个加强、两个遏制”（加强内部管控、加强外部监管、遏制违规经营、遏制违法犯罪）回头看工作、案件风险排查等专项检查，严防经营风险，同时，积极开展“金融知识进万家”宣传服务月系列活动，不断提升金融服务水平。二是强化财会基础管理。落实厉行节约反对浪费有关规定，加强日常费用开支的监测，从严控制各项费用的开支；开展各类专项检查，强化岗位练兵，狠抓财会基础管理和素质提升；加强柜面管理，提升窗口服务规范和结算水平。三是强化综合服务管理。牢固树立“安全就是效益”的观念，增强安全保卫意识，落实安全保卫责任制，提升安全管理成效。

（徐玲丽）

·中国建设银行湖州分行·

【概况】 2016年，中国建设银行湖州分行积极落实监管要求，围绕业务发展、不良压降和案件防控三项主要工作，以“创新、协调、绿色、开放、共享”发展理念引领“班子建设、干部及核心人才建设、党建党廉、文化建设和业务转型发展”管理工作，强化业务基础、严抓风险控制，扎实推进各项工作，主要业务指标呈现良好态势，市场竞争力和服务水平进一步提升。至年末，在当地四大国有商业银行中，一般性存款日均余额占比25.26%、对公存款时点余额与日均新增均列第1位。全年各项贷款还原地方债置换因素后实际新增14余亿元。实现不良贷款额、不良率比年初的“双降”，完成“双控”目标，资产质量在全省建行系统内持续保持最优。南浔支行营业部荣获“中国银行业文明规范服务‘百佳’示范单位”称号；长兴支行营业部获“中国银行业文明规范服务‘千佳’示范单位”称号；南浔支行被评为“全国金融系统企业文化建设先进单位”。浙江省公安厅授予建行湖州分行“‘G20’杭州峰会安保工作先进集体”荣誉称号。

【支持地方经济发展】 中国建设银行湖州分行在信贷投放上持续优化信贷结构，进一步加大支持地方实体经济力度。一是加大对重点建设、PPP项目等支持力度。做实项目推进工作，介入服务助力湖州市省重点建设项目企业76家，对接PPP项目17个，16家A股上市公司在建行湖州分行开户；全年项目授信总额达91余亿元，投放16余亿元；二是积极支持湖州市特色小镇建设。有德清县地理信息小镇、南浔区湖笔小镇、安吉县天使小镇、长兴县新能源小镇4个小镇建设主体在建行湖州分行开户，小镇建设主体基础设施类贷款融资金额9亿元，其中德清县地理信息小镇投放贷款1.5亿元，是全省建行系统内首笔特色小镇贷款投放。三是加快发展绿色金融。坚持“绿色信贷”导向，主动对接绿色企业及项目，在水环境治理、污水处理、土地整治、新能源建设、现代物流、现代农业和旅游建设等领域储备相关项目授信金额53余亿元。四是鼎力支持小微企业。不断创新小微企业金融产品，积极搭建各类平台。全年新增“农乐贷”“上市贷”等创新产品，并完成首笔投放。五是促进个贷持续增长。加大融信贷、快贷、房抵贷等个贷新产品的推进，年末，个人贷款余额和新增额、在当地四大国有商业银行余额占比和新增占比4项指标均居首位。

【转型发展初显成效】 根据中国建设银行总行、省分行转型规划，制定湖州分行2016年转型发展规划实施细则，召开“学典型、促转型”专题研讨会，抓实先进案例落地。全行上下各条线、各机构认真对照，积极推进，转型发展初显成效。一是投行业务快速发展。进一步贯彻“大资管”经营思路，以新产品、新服务开拓市场，入池资产余额达23余亿元，在全省建行系统首家完成计划，实现了五大区块入池业务全覆盖；湖州南太湖集聚区产业基金完成投放15亿元；城区轻轨等重大基础设施建设产业基金、德清县城市建设发展基金、安吉县“两山”实践示范县绿色发展基金3个重点产业基金项目均有效推进；完成4户债券业务重点客户授信工作，总授信额度13余亿元；继续与外部机构保持良好合作关系，全年实现有效投融资总量52余亿元，其中通过第三方引入资金30亿元，推动了存款、结算等业务的发展。二是新兴业务亮点频现。在全省建行系统内，率先实现了“对公黄金积存”产品对公网点全覆盖；营销办理了首单“国际信用证福费廷自营”业务；首家推出创新产品存量公转商贴息贷款业务。在全市银行同业内，办理了首笔外债资金入池业务；与市公积金管理中心创新合作，率先推出增量公转商贴息贷款业务。跨境融资创新产品、外汇资金创新产品均实现突破，营销开立了4户跨国集团“外币资金池”账户；与同城银行业持续合作办理债券销售业务，“债券借贷”业务实现新突破；“银驾通”签约驾校31家，占全市驾校的53.4%。三是渠道转型推进有力。大力推广“智慧柜员机”服务渠道，在网点设置电子银行体验区，分流柜面业务，客户满意度不断提升，柜面业务迁移率由上半年的65%提升到年底的84.7%，在全省系统内名列前茅；

电子银行账务性交易量占比达97.39%，高于全省系统内平均水平；移动端（手机银行、微信银行）交易已达柜面交易的1.9倍，移动金融柜面替代率达65.28%，提升值达25.55%，提升值在全省系统内排名第3。（赵 宁）

·中国银行股份有限公司湖州市分行·

【概况】 2016年，中国银行湖州市分行贯彻市委、市政府决策部署，按照湖州市“十三五”规划，以支持实体经济为己任，加大信贷投放，采取切实有效措施，防范和化解金融风险，调整业务发展结构，进一步提升金融服务水平。至年末，各项存款余额168.63亿元，比年初新增15.96亿元；各项贷款余额179.27亿元，比年初新增21.32亿元，新增额居当地“四大行”首位；不良贷款余额1.73亿元，比年初减少0.28亿元；不良率为0.97%，比年初下降0.31个百分点，资产质量优于当地同业平均水平。系统内年度考核成绩为“A”，市人民银行综合评价成绩亦为“A”，在湖州金融机构考核中成绩排名第一，荣获市银监分局“平安金融单位”“小微企业金融服务先进单位”；获得市人民银行“跨境人民币业务优秀行”；获得市金融办“金融支持地方经济发展综合优秀奖”“行风评议先进单位”等多项荣誉和称号。

【支持实体经济转型升级】 在经济持续下行的大环境下，紧跟市委、市政府发展战略部署和省行发展战略要求，主动担当国有大行支持服务地方建设的社会责任，努力发挥银行信贷保障作用，把支持地方经济作为自身发展的基础和首要任务。重点围绕“发改委专项基金项目”“全省扩大有效投资项目”“411”重大项目“省、市重点建设项目”四张清单，加大对基础设施建设、民生消费和战略性新兴产业等行业的支持力度，特别是政府支持类项目。全年投放“十三五”“411”以及省、市重点项目24个，投放金额50亿元。坚持“抓大扶小”，进一步完善中小微企业融资平台，加大对中小微企业的“输血”。通过选择行业龙头作为核心客户，运用供应链金融等方式批量拓展一批成长性好、代表未来发展方向的优质中小企业客户。通过纳税服务与金融服务的互利对接，推出新版“税务通宝”，为纳税良好、经营稳定、成长性好和竞争力强的小微企业客户提供授信支持。同时，积极支持个人民生消费，通过消费金融稳定信贷质量，发挥消费对经济增长的拉动作用。为支持居民购房资金及时到位，叙做市公积金中心5亿元的信用贷款，是全省中行系统的首单。

【提升跨境金融服务水平】 充分发挥中行国际化、多元化的比较优势，加强海内外联动，提升服务水平，积极发展轻资产带动型中间业务，支持企业走出去。2016年，为进出口企业提供21.44亿美元的国际贸易结算服务，其中有近2000万元的贸易支付纠纷在中行湖州市分行的交涉下得以化解，维护了客户权益，在当前外贸环境不景气的大背景下，保持贸易融资的稳定，同时配套各种跨境人民币和外汇的套期保值增值产品，以专业服务帮助企业控制财务成本，降低汇率风险。特别是抓住政策开放机遇，积极开展跨境资金池业务的市场培育，支持跨国企业集团在境内外成员企业间开展跨境资金调剂和归集，降低资金成本，中行湖州市分行主动梳理目标客户，量身定制服务方案。年内，全市有6家跨境企业在中行湖州市分行辅导下完成监管备案，开始逐步尝试“全球资金可视、可控、可运用”全新体验。同时，加强省、市、县中行三级联动，多次邀请省行专家赴企业协助宣讲，对接贸易金融服务方案，努力提升企业服务水平。积极推广企业网银国际结算服务，提升客户体验。

【持续深化便民惠民服务】 继续做深社保卡项目，成立社保专业支行，无缝对接市人力社保局要求，满足广大社保卡持卡客户服务需求。全面推动“土保转职保一次性缴费”项目，主动承担资料收集整理、批量制卡、上门激活和批量扣款等烦琐工作，为政府有关部门减负，为百姓办理业务减少时间。积极配合市人力社保局做好社会保障卡综合应用试点工作，安排市本级、吴兴、南浔各机构加班加点深入政府机关及企业单位开展上门激活服务工作，努力推动社保卡金融功能激活率达标。与“96345”市民服务中心开展合作，搭建老年客户增值服务平台。通过大数据分析系统及社保卡平台，分析客户业务特点和需求，推出“社保信用贷”产品，在为客户提供便捷金融服务的同时，有效提升社保卡使用率。并根据湖州特色，创新开发安吉白茶金溯卡。通过白茶系统与银行卡系统对接，既满足茶农、茶企的金融需求，又实现交易数据的透明化以及茶叶质量的查询溯源，促进白茶市场健康发展，得到央视财经频道“交易时间”专题报道。（朱 律）

·交通银行湖州分行·

【概况】 2016年年末，交通银行湖州分行本外币存款131.67亿元，其中人民币存款为129.8亿元，人民币各项存款日均余额124.4亿元；全融资余额205.39亿元，其中人民币贷款为120.03亿元，剔除不良贷款打包、核销因素，至年末，贷款投放比年初实际增加5.91亿元，实现经营利润2.53亿元，全年上缴税收4489万元。

【服务地方经济】 保持信贷投放，积极投入全市“生态+”行动计划，主动对接“五水共治”“四边三化”等重点项目，发挥信贷资金杠杆作用，确保早投放、早见效。年内新增提款8.9亿元；年内新申报、批结授信项目11个，授信金额30.1亿元，已提款2.84亿元，年内提款3.9亿元；授信审批项目8个，授信金额44.5亿元；授信准备项目

6个，授信金额46亿元。

【加强支农支小】 抓住“农村三权”抵押贷款试点契机，积极推进农村承包土地经营权抵押贷款工作。至2016年年末，全行涉农贷款余额57.26亿元，占比为47.7%。围绕监管要求，认真服务中小微企业。至年末，全行“展业通”授信户数350户，其中有授信余额的264户，比年初增加10户；贷款类余额15.52亿元，比年初增加2亿元；申贷通过率89.4%，比年初提高4.35%。

【改善工作作风】 做好困难企业帮扶工作。对产品有竞争力、有市场和有效益的优质企业，继续给予信贷支持，帮助有前景的企业渡过难关。对资金周转出现暂时困难但仍具备清偿能力和有市场竞争力企业，采取调整贷款期限、还款方式、续贷重组、提高资产覆盖率和变更借款主体等手段缓解企业债务压力。全年重组化解风险资产2.08亿元，年内市第一批帮扶企业名单内领办行5家、协办行8家。

【加强风险管控】 以“信贷文化深化提升年”为抓手，加强信用文化建设。严格执行风险管理“二十条”、类信贷风险管理“十六条”及授信与风险政策纲要“三十六条”，落实常态化风险排查和减退工作，逐项腾挪资本占用。针对房地产、政府融资平台、“两高一剩”、民间融资、担保和集群式客户等重点风险管控领域，强化存续期管理和风险预警机制。

【加强资产清收】 2016年，交通银行湖州分行通过诉讼、重组、清收、核销和以物抵债等多种手段，加快不良资产清收处置进程。至2016年年末，全行清收化解风险资产7.37亿元，其中存量风险资产清收化解5.85亿元，包括现金清收1.18亿元，以物抵债313万元，重组化解5601万元，打包转让1.71亿元，核销3843万元，不良资产证券化1.98亿元。年内新增风险通过重组清收化解1.52亿元，实现“双降”目标。

【推进新型渠道建设】 2016年，交通银行湖州分行开展交行借记卡闪付乘坐K588公交车7.5折优惠活动。继续建设具有延时服务功能的普惠网点，年内已完成2家此类网点选址装修工作。开展与“支付宝”合作，完成湖州中学支付宝学费收缴试点，上线长兴非税系统支付宝缴费项目，并在交行省辖内首个成功落地“银校通”创新产品。丰富手机银行服务，推出“E动交行”3.0版，全年新增手机银行动户2万户。

【加强行风建设】 切实保护消费者权益，率先在全市开展理财销售“专区双录”工作。持续深化行风建设，继续参加“行风热线”节目，接受社会监督，以“走进交行、感受温馨”主题服务提升活动为主线，着力建设群众满意窗口，并针对前期反应较为突出的排队问题，在各网点开通弹性窗口，受到客户好评。 （潘颖谦）

·湖州银行·

【概况】 2016年，面对复杂的经济金融形势，湖州银行认真学习贯彻中共十八大和十八届三中、四中、五中、六中全会精神，深入贯彻习近平总书记系列重要讲话精神，主动适应经济发展新常态，紧扣转型升级，坚定改革创新，深耕本土市场，妥善应对风险，实现了“速度、质量、效益、责任”均衡发展。截至2016年年末，全行总资产378.39亿元，同比增长13.54%；总负债350.72亿元，增长13.96%；所有者权益27.68亿元，增长8.46%。各项存款余额为313.08亿元，增长12.56%，其中储蓄存款余额为124.30亿元，增长10.73%。各项贷款余额为217.60亿元，增长21.66%。不良率为1.25%，比年初下降0.01个百分点，低于全市同业和全省城商行。实现利润总额3.01亿元，剔除上年村镇银行股权收益因素，利润总额同比增加0.79亿元。2016年，湖州银行被市政府评为“金融支持地方经济发展综合优秀奖”。

【支持地方经济发展】 坚持立足地方，强化金融服务保障，努力支持地方经济转型发展。一是加强抱团合作，支持重大项目融资。充分发挥一级法人的优势，通过城商行合作平台，与南京银行等搭建固定合作模式，采取结构化融资等方式加大对湖州市重大项目的融资支持力度。二是积极对接“六重”（重新理念、重地位、重可持续、重质量、重体系、重市场）项目，有效支持“4+3+N”（信息经济、高端装备、健康产业和休闲旅游四大重点主导产业，金属新材、绿色家居和现代纺织三大传统优势产业，节能环保、地理信息、新能源汽车、生物医药、电子商务等“N”个新兴增长点）。产业。截至2016年年末，全行“4+3+N”产业贷款余额为63.79亿元，比年初增加17.89亿元，增长38.98%。三是坚持直接和间接融资一起抓，助推地方经济转型升级。在信贷支持的同时，通过认购政府投融资平台、经济开发公司和企业发行的公司债和企业债以及信托计划、资产管理计划等，加大对基础设施和重点产业项目的投资力度。四是持续发展科技金融。针对不同企业类型，制订符合企业发展特色的融资方案，并在做好投融资服务的同时，联合科技部门、风投机构，做好资本运作的早期辅导和对接工作。

【加大绿色金融建设】 从地方法人银行的定位出发，将自身战略转型发展和差异化品牌建设与促进全市生态文明建设和经济结构转型相结合，得到市人行、银监等监管部门的肯定，成为全市绿色金融创新试点行。一是在战略规划上，制定《绿色金融三年战略规划》，从机制、制度、考核等各方面制定发展目标，明确绿色金融推进计划。二是在组织架构上，成立绿色金融部，配备专职管理人员，管理全行绿色金融发展。三是在制度建设上，按照绿色信贷指引，制定绿色信贷管理办法，引导业务发展。四是在产品创新上，“五水共治”专项贷款、美丽乡村贷款、合同能源管理和分布式屋顶光伏发电按揭贷款等新产品相继推出，取得良好效果。截至2016年年末，全行相关绿色产业的公司贷款余额为47.94亿元，结构化融资28.6亿元，占全部公司信贷资产的40.09%。

【扶持小微企业成长】 把握区域经济特征，深耕本土市场，创新贷款产品，拓宽信贷模式，改进服务方式，开展“百名行长进千企”活动，推动贸易融资类贷款，大力发展零售业务，对接小微、个人金融需求。至年末，小微金融完成“三个高于”（小微贷款余额高于上年同期、小微贷款户数高于上年同期、小微企业贷款申贷率高于上年同期）指标，其中，小微金融同比增速高于各项贷款增速指标，高于全市平均15.36个百分点，拓宽了融资渠道，解决了小微企业融资难、融资贵问题。同时，不断加大“微粒贷”“房票贷”“快捷贷”等业务产品的推广力度，解决各方融资需求。至年末，个人贷款余额67.51亿元，比年初新增20.52亿元，增长43.47%，个贷余额增量位居湖州市银行业前列。

【强化风险防范化解】 关注和积极应对经济转型中的各类金融风险隐患，不断提高内部管控水平，全方位提升风险预警防范能力、市场反应能力和化解管控能力，坚决守住信用风险底线。一是加强“控新”（严控增量风险。）力度。针对授信企业，实施“分类管理，区别对待”信贷政策，按优质客户、一般客户、低效客户和风险客户，分别采取优先支持、适度支持、维持或压缩和淘汰退出策略。加强对授信企业授信、用信动态管理和关联企业统一授信管理。二是做好“降旧”〔压降（缓释）存量风险。〕工作。按照《2016年信用风险管控责任书》，制订不良贷款、逾期三个月以上贷款、潜在风险的“一户一策，四定方案，到月到户”计划。做好动态风险排查、化解和处置。注重潜在风险贷款和初显风险贷款的管理，保持质量管理的主动。三是强化信贷检查，及时发现问题，尽早纠错、纠偏，提高信贷管理水平；对违规行为，严肃进行责任追究。充分发挥非现场审计系统作用，对发现违规的机构和个人，抓住典型、人事并举，保持案防高压态势，抓好制度建设与执行、风险合规和案件防控三个“栅栏”的结合。

【提升金融服务水平】 从金融服务全覆盖和便民角度出发，不断拓宽金融服务渠道，提高金融服务能力。一是不断拓宽服务渠道。继续下沉服务网点，持续加强对城乡结合部小微企业、农户和农村居民提供金融服务，拓展服务小微企业和“三农”发展；推进电子金融渠道建设，做好物理网点智能化升级，加大非现金类自助设备的布放力度。二是启动“机器换人”工程。深入推进业务流程标准化工作，通过完善内控制度、规范操作流程，逐步将标准化的业务向机器分流，助推服务转型。三是加快网点转型，大力推进社区银行、小微支行的发展建设，提供更为人性化的社区、小微金融服务。（宋　莹）

·浙江省农村信用社联合社湖州办事处·

【概况】 2016年，湖州农信系统积极应对复杂严峻的经济金融形势，不断深化普惠金融发展和社区银行转型建设，坚持真抓实干、稳中求进，统筹推进各项重点工作，业务规模不断壮大，资产质量保持稳定，创新能力稳步提升，竞争实力逐步增强，实现了湖州农信系统“十三五”良好开局，为湖州全面建成小康社会做出了积极贡献。年末，存、贷款总额达到966.78亿元、629.71亿元，同比分别增长12.97%、6.21%，存、贷款市场份额达27.21%、22.84%，稳居全市金融机构首位。为340余万客户提供基础金融服务，为19万个人和小微企业提供信贷支持，发放全市⅓的涉农贷款和¼的小微贷款。实现财务总收入58.89亿元、账面利润15.42亿元，缴纳税收4.19亿元，地方入库税收居全市银行业首位。湖州农信系统在全省率先完成辖区内全部机构农商行改制工作，湖州办事处在省农信联社2016年度工作考核中居第四位，在“开门红”劳动竞赛活动中获二等奖，承办的省联社重点课题《浙江农信电子渠道发展策略研究》获得一等奖。辖区内德清农商行和安吉农商行被评为浙江农信普惠金融十佳先进单位；南浔农商行、德清农商行被省农信联社评为2016年度“普惠金融标兵单位”；安吉农商行被评为2016年度浙江农信系统优胜单位、“业务成长十佳银行”；德清农商行、安吉农商行、吴兴农商行、南浔农商行在“开门红”劳动竞赛中分别获二、三等及优胜奖；德清农商行、安吉农商行获得省农信联社和省财贸工会联合授予的先进单位称号；德清农商行、吴兴农商行获得浙江省财政厅颁发的小微企业信贷服务先进单位称号。

【持续深化普惠金融】 一是信用工程建设进一步提升。持续做好“信用乡镇”“信用村（社区）”和“信用户”的评定工作，夯实信用贷款发放基础。年末，新增农户小额信用贷款25.74亿元，同比增长41.21%；新增小微企业信用贷款4.46亿元，增长35.77%。全市农信系统信用贷款占比18.14%，比年初提升4.54个百分点。二是渠道建设进一步完善。在中心村（镇）、社区、商场等人口集聚区加快自助机具建设，ATM机、POS机和助农终端分别比年初增加78台、948台和188台。湖州办事处制定《湖州农信系统2016年丰收驿站建设工作实施规划》，加快推进“丰收驿站”建设，年内建成“丰收驿站”443家，占全市行政村总数的44.08%。加快丰收互联网金融建设，在丰收购电商平台上架40余类湖州地方名优土特产，参与省农信联社统一组织的各类促销活动7次。积极推进丰收家改版工作，已上线“山图水影，颐养太湖”“休闲大溪观景漂流游玩”等多条农村休闲旅游攻略。三是政银合作范围进一步拓宽。积极推进“三位一体”（生产、供销、信用“三位一体”农民合作经济组织体系）建设，湖州办事处成为全省首家市级农合联副理事长单位，辖区内5家行均为县（区）级农合联副理事长单位。扎实推广ETC业务，开办“一站式”ETC网点48个，签约客户数3.58万户。南浔、德清、安吉3家行已上线财政非税电子缴款业务系统。吴兴、南浔、安吉和长兴四家行已顺利上线法院案款系统。四是普惠金融工程进一步深化。全市农信系统在全面完成普惠金融三年行动计划各项指标任务的基础上，积极探索普惠金融长效机制建设，制定切实可行的提升工程实施方案，由市政府发文转发《湖州农信普惠金融提升工程五年行动计划（2016～2020年）》。

【切实加快创新步伐】 一是大力发展农村“三权”抵押贷款。积极盘活农村资产，促进农民增收致富。年末，“三权”抵押贷款余额达5.86亿元，比年初增加1.98亿元，增长51%。二是积极推进绿色金改工作。响应湖州市绿色金融改革创新综合试验区创建工作，在安吉农商行挂牌成立全省首家法人银行机构绿色金融事业部，推出“排污权抵押贷款”“锅炉整治改造贷款”“居民屋顶光伏项目贷款”等8项绿色信贷产品。年末，全市农信系统绿色金融贷款余额25.13亿元，比年初增加6.64亿元，增长35.91%。三是全面深化青年创业贷款。积极发挥办事处的引领作用，与团市委联合下发《金融服务青年五年行动计划（2016～2020年）》，全面推进青年创业贷款。年末，全市农村青年创业贷款户数达2449户，比年初增加209户，贷款余额4.97亿元，比年初增加4268万元。四是不断加大产品创新力度。德清农商行创新推出农村集体经营性建设用地使用权抵押贷款获副省长朱从玖批示。安吉、南浔、长兴三家行创新推出的“两山农林贷”、全员营销综合化建设项目、“链通乐”产业链融资服务分别获得浙江农信2016年创新大赛金、银、铜奖。五是持续优化业务办理模式。各行通过柜面引导、设点宣传等方式，努力培养客户在网银、手机银行、助农终端和微信等各类新型渠道上的小额贷款自助办贷习惯。年末，通过PAD银行办理各项业务达5万笔，客户信息采集建档3.8万户，移动办贷（审批）1万笔。

【主动加强风险管控】 一是提升风险控制理念。紧紧围绕从“防风险”向“控风险”转变这个关键，切实提高风险管理的主动性、前瞻性、预判性和科学性。牢牢把握支农支小支实的信贷投放原则，突出小额、流动、分散特点，从源头上控制风险。二是严格控制信贷风险。按照“摸清家底”的原则，密切监测本金或利息逾期90天以上贷款。坚持“做小做散”市场定位，不断优化贷款结构，重点压降3000万元以上大额贷款，年末，全市系统3000万元以上大额贷款户数和金额分别比年初减少4户和2.92亿元。创新不良贷款处置方式，积极探索市场运作机制，年末，全市农信系统清收处置不良贷款10.98亿元，不良贷款余额和比率分别比年初下降279万元和0.11个百分点，实现双降。三是严格规范内控管理。按照G20杭州峰会安保要求，落实安全生产目标责任制，确保平安经营。联合湖州银监分局做好全市农信系统“信贷操作风险大排查”和“清雷排险”专项检查工作，对德清农商行开展内部控制评价审计。辖区内各行均设立反洗钱中心，强化员工行为动态管理，组织开展员工依法合规意识和职业道德教育，落实重要岗位轮岗交流制度。 （陈 云）

·中国邮政储蓄银行湖州市分行·

【概况】 2016年，中国邮政储蓄银行湖州市分行（以下简称“湖州市分行”）紧紧围绕市委、市政府工作部署，认真践行“创新、协调、绿色、开放、共享”的发展理念，贯彻落实各项工作要求，创新提升服务质效，践行“支农支小”普惠金融，深化金融供给侧改革，强化实体金融保障，推进自身转型发展，维护金融稳定，履行社会责任。截至2016年年末，全行资产总额189.1亿元，各项存款余额178.9亿元，比上年增加36.9亿元，增长26.0%，各项贷款余额75.3亿元，比上年增加11.4亿元，增长17.9%。贷款不良率为0.61%，比年初下降0.24个百分点，资产质量优于湖州同业平均水平0.65个百分点。

【支持地方经济】 2016年，湖州市分行持续以“百名行长进千企”活动为平台，增强银企合作，全力支持地方经济和社会发展。2016年，支持社会发展的各类资金达120亿元。对接湖州“生态+”行动，全年湖州市分行为湖州绿色能源项目提供授信支持15亿元，包括长兴和平华电风力发电、中广核安吉风力发电和长龙山抽水蓄能电站3个项目，促进湖州新能源建设。落地湖州市首笔被纳入省财政厅管辖的PPP项目，投资南太湖一体化之太湖图影湿地PPP项目12亿元，促进南太湖一体化综合治理开发。

【推动支农支小】 2016年，湖州市分行通过多种渠道，重点在支持县域经济、小微企业和“三农”等方面扩大信贷投放。一是扩大小微信贷投放，主动搭建银企服务平台，帮扶困难企业，降低融资成本。至2016年年末，全行小微信贷余额34.6亿元，占全行各项贷款总额的50%，小微户数达3426户。开展“银税”互动，湖州市分行与市税务部门对接合作“税贷通”；湖州市分行与市经信委对接合作开展“小微企业信用评级活动”，对有技术改造和转型升级需求的部分企业给予信贷支持。扶持科创企业，湖州市分行与市科技部门对接合作科技金融小企业“助保贷”，长兴县支行被列入县科技银行行列，安吉县支行与县科学技术局、县国信担保有限公司达成合作。湖州市分行与团市委、市银监分局、市人力社保局合作“青年创业贷款”项目，并连续3年举办“5·28”青年创业贷款咨询对接会，被中央金融团工委评为“2015～2016年度全国银团合作优秀项目”，有效地解决了湖州青年创业难、贷款难问题。二是扩大“三农”信贷投放，试点“三农”机构专营，推广农村绿色支付，升级农村金融服务。至2016年年末，湖州市分行涉农贷款余额47.2亿元，新增6.9亿元，同比增长17%，惠及全辖区内3.8万农户及农村创业青年。聚焦湖州现代农业示范区，在辖区内建立德清县支行营业部、长兴县支行营业部和安吉县支行营业部3家总行级现代农业示范区专营支行。创新试点农村“两权”贷款，在长兴县支行试点土地承包经营权抵押贷款，在德清县支行试点农房抵押贷款，在安吉县支行创新“茶园贷”抵押贷款。拓宽“银保”合作，发放小额保证保险贷款1660万元，缓解农村担保难。针对偏远农村地区，坚守“自营＋代理”的特色化，加强与邮政协作，发挥双方在地缘、网络、物流和信息流等资源合力，努力填补农村末端金融服务空白。至2016年年末，湖州市分行在县城及以下农村区域布设74个营业网点、144台自助取（存）款机和35个助农取款服务点，构建“延伸城乡金融服务最后一公里”的便民支农服务体系。农村绿色支付结算体系项目荣获湖州人民银行2016金融助力湖州绿色发展创意大赛“好产品好项目”称号。

【强化风险管控】 2016年，湖州市分行极运用多种风险管控手段，全年案件零发生。一是完善案防机制建设。开展2016年“邮政金融转型发展提升年”活动。自主研发的“风险与内控管理系统”在全辖区网点得到推广运用。高密度、多维度地开展各类风险排查，包括“清雷防险”操作风险排查、旺季案防排查、“亮剑”行动、新型犯罪排查和防范非法集资排查等，网点检查覆盖率达100%。二是加强资产保全力度。积极协同湖州中级人民法院执行局加强合作，联合打击逃废债，落实保全分层责任督办制，制定“一户一策”，全年处置不良贷款8802万元，实现不良“双降”。三是加大诈骗防范力度。加入湖州市公安局的“湖州反诈骗中心”，全力惩治通信网络诈骗犯罪，全年冻结141个账户，涉及金额59.9万元，营造良好的金融生态环境。

【履行社会责任】 一是开展金融消费者权益保护系列活动。与社区结对，在湖州中心城区爱山街道利民社区、安吉县递铺镇郎里社区、德清县武康镇祥和社区、长兴县雉城镇北门社区建立“金融消费权益保护服务站”，在邮储网点建立“金融消费者保护示范基地”“金融消费者维权监督基地”，全年组织开展“3·15”金融消费者权益宣传服务、“有效服务实体经济 普及金融知识万里行”“金融知识普及月”“金融知识进万家”“打击治理电信网络犯罪”等宣传活动198次。二是积极投身社会公益事业。组织员工参与无偿“献爱心 自愿献血”“礼让斑马线”“慈善一日捐”“厚植绿色空间”绿色公益基金捐赠和“纪念红军长征80周年”等公益活动。2016年，湖州市分行荣获“湖州市（直属）工会五星级职工之家”称号。湖州市分行营业部被中国银行业协会评为“三星级文明网点”、被湖州银行业评为“文明规范示范单位”。吴兴区织里镇支行被中国邮政储蓄银行评为商贸结算特色支行。 （管史璇）

·浦发银行湖州分行·

【概况】 2016年，上海浦东发展银行湖州分行（以下简称湖州分行）紧紧围绕转型发展主题，深化客户关系、聚焦重点业务和增强风险管控，推动各项业务健康平稳发展。年末，湖州分行一般存款日均47.4亿元，比上年增加2.2亿元，增长4.87%。总资产余额102亿元，其中表内贷款71亿元，表外业务27亿元，类信贷资产5亿元，比年初增加10亿元。不良贷款余额0.65亿元，比年初减少0.2亿元；不良贷款率为0.88%，比年初下降0.65个百分点。逾期贷款比上年减少0.67亿元，下降44%。全年清收处置“后四类”贷款4.04亿元，处置力度创历史新高。全年，累计实现全口径营业净收入2.23亿元，同比增长19%。2016年，湖州分行获得年度湖州市金融系统“共青团重点考核优秀单位”、湖州市银行业金融机构“绿色支付”业务竞赛活动优胜单位荣誉称号，并连续2年蝉联外汇管理A类行。

【推动地方经济发展】 2016年，湖州分行以创新为驱动，明确工作思路和重点，积极推动业务发展，为湖州经济的发展贡献力量。一是湖州分行对政府类客户、重点项目、金融机构和上市公司4类客户进行重点跟进，政府类及重点项目客户新增达20户，与当地11户国内上市公司合作，合作覆盖率达64.7%。全年通过授信审批22个项目，授信金额37.15亿元，累计发放银团贷款11笔，金额达14.45亿元。二是加速对公目标客户批量拓展。借助交易银行多平台、多产品的特点，通过加载结算业务、现金管理和贸易金融等产品，择优做强，重点突破供应链客户和E企付客户。年末，湖州分行E企付收款人和付款人达到93户，交易量5.49亿元，供应链融资客户7户，融资金额2亿元。三是大力发展绿色金融业务。全年对接总行绿色金融债业务1.35亿元，并续做一笔银信银团，以表外融资对接绿色项目落地0.8亿元。四是积极推进零售客群增长。通过加大产品市场宣传、客户外呼营销和厅堂客户推介力度，全年白金钻客户新增1012户；信用卡活跃账户量新增1174户，按揭客户新增891户；消费贷款客户新增768户。

【强化业务转型发展】 打造“股、债、贷”三位一体的投资银行体系和“一体两翼”的交易银行格局；推动金融市场板块突破性发展，积极筹划市政府上市公司泛市值管理的营销，带动金融市场业务的发展；推进综合网点（营业部）转型实施，由单纯结算服务型向销售服务型转变；积极筹建南浔小微支行。一是发挥金融市场业务的作用。持续推进债权类资产的投放，重点推进各类银政合作基金，如产业引导基金、土地储备基金、基础设施建设基金、健康旅游发展基金和金控投资基金等，二是继续推进同业渠道建设。积极发挥湖州分行与同业合作的优势，实行全方位的业务合作。三是全力打造资本市场品牌。聚焦上市公司客户群，深入挖掘客户需求，在原有同上市公司广泛合作的基础上，进一步深化与上市公司的合作。四是推进网点转型有序发展。加快传统物理网点向轻型化、自助化和智能化方向转型，做好社区银行为重点的网点建设工作，以提高银行网点服务效率并降低运营成本。

【全力化解不良贷款】 一是加大清收力度。年末，湖州分行不良贷款余额0.65亿元，比年初减少0.2亿元；不良贷款率为0.88%，比年初下降0.65个百分点。逾期贷款比上年减少0.67亿元，下降44%。全年清收处置“后四类”贷款4.04亿元，处置力度创历史新高。其中现金清收0.92亿元，以资抵债0.02亿元，打包转让1.4亿元，核销1.7亿元（含常规核销0.94亿元和打包后核销0.76亿元）。二是持续结构调整。存量结构调整工作是风险管理的重要内容之一，通过存量客户的退出，降低新增不良贷款的隐患，提质增效。湖州分行全年调整存量信贷结构13.42亿元，其中“压”类客户现金清收4.41亿元，“退”类客户现金清收0.46亿元，“调”类授信优化8.55亿元，“压”“调”类调整均超额完成上级行下达的任务。

【营造企业文化氛围】 一是加大员工考核力度，努力营造良好的用人机制。按照年轻化、专业化、知识化和对浦发事业忠诚要求，选拔想干事、能干事和干成事的优秀员工进入湖州分行各级干部队伍，进一步加大公开竞聘力度；同时，加强湖州分行二级后备干部培训、培育和交流，不断提高后备干部队伍的素质。二是建立学习制度，提升创新业务能力。完善业务交流、指导、跟踪、通报和督查机制，严肃工作纪律，提高各机构、团队业务推进工作中的响应力、执行力。统筹安排学习时间，邀请上级行和有关专家辅导，提升员工专业化能力。提升岗位资格证持证比例，鼓励员工积极参加岗位资格考试。三是加强案件防范工作。根据上级行统一布置，全辖区内各机构、部门分别按机构、员工双线层层签订《2016年案件防控目标责任书》，厘清案防各部门职责边界，保证案防权责清晰、责任落实。同时，根据监管单位及总行相关规定，通过转发总行案件警示信息、督促全行员工网络培训、请专家员工进行案防教育、组织对新进行的客户经理开展案件防控培训、专题召开非法集资风险专项排查会议、全员签订非法集资承诺书和填写员工行为排查表等方式，持续开展全员案件防控知识教育，加强对员工异常行为的风险排查。四是注重文化建设。把业务的发展、制度的管理与企业的文化建设结合起来，用企业文化促进各项业务发展。 （姚正阳）

·招商银行湖州分行·

【概况】 2016年，招商银行湖州分行（以下简称分行）面对复杂多变的经济新常态，围绕打造“一体两翼、轻型银行”的战略目标，坚持走差异化发展道路，深化客户经营、突破重点领域、守住风险底线和提升管理能力，推动各项业务健康平稳发展。截至2016年年末，全行各项存款余额27.71亿元，比年初下降1.96亿元；各项贷款余额58.66亿元，比年初增加11.59亿元；年末，贷、存比高达215.74%；不良贷款余额0.68亿元，不良率1.16%。全年完成营业净收入2.15亿元，实现考核利润0.25亿元。全年无案件和责任事故发生。在当地股份制银行中，零售贷款余额及当年增量均跃居第一。在杭州分行5家异地分行考核中，分行名列前茅。2016年，分行员工杨丽萍被湖州银行业协会评选为“最美银行人”称号，并选为G20杭州峰会的形象大使。分行营业部再次荣获“中国银行业文明服务千佳示范单位”称号，并被浙江省银行业协会推选为“浙江省消费教育示范基地”。

【支持地方经济建设】 一是丰富品牌体验。新设社区支行、内置卡部，强化对区域内个人优质客户、特约特惠客户、小微贷款户以及个人结算账户客户的营销服务，更好地服务社区居民和小微企业。二是深入开展“困难企业帮扶”和“百名行长进千企”活动，出台帮扶政策，制订一户一策方案，帮助企业渡过难关。不断优化服务、善待客户，尽力帮助企业降低成本，助推进湖州城市金融建设。三是全力支持小微企业成长。积极充当小微企业好伙伴的探索者和实践者，努力为小微企业提供全面、优质和高效的金融服务。通过精耕细作、创新产品，做好服务，进一步降低企业借贷成本，贷款风险得到有效释放，制止了小微贷款持续下滑的态势，小微贷款余额、户数逐步企稳回升。

【转型升级亮点纷呈】 一是零售业务持续领先。2016年，分行始终坚持“夯实基础客群建设，以求加快零售信贷投放，深化零售业务转型”的目标不动摇，在湖州地区做优、做强分行的品牌——零售业务。二是优化信贷资产结构。围绕加大优质资产投放、做大做实资产规模，努力推进表内、外信贷规模的稳步增长。以政府大项目、上市公司和拟上市公司为主攻的核心客户群体，发挥业务优势，满足大客户的多元化信贷需求。积极调整存量资产结构和负债结构，进一步提升盈利空间。三是补足过往短板。通过努力，在投行业务与财富中收取得突破。全年累计审批通过中票、超短融和PPN等新兴融资业务总额达56亿元，在债券承销方面取得进展，实现过往投行业务零的突破。完成产能飞跃“铁三角”构架建设，以日常工作为抓手，全力提高理财产能。四是绿色金融创历史新高。年内，在战略性新兴产业中的新能源项目、绿色生态领域“五水共治”项目和节能环保的垃圾发电领域等方面取得了显著成绩。截至2016年年末，绿色信贷授信余额16.66亿元，涉及客户25户，绿色信贷达到历史新高点。“五水共治”项目、零售“金福计划”投入保持快速增，助推湖州地区经济发展。

【持续加强风险管控】 一是加强合规教育。加强重大决策和财务开支的监督，尤其加强对重点领域、重点业务、重要业务环节和要害岗位的监督。2016年，分行开展“勤学禁令铁律 坚守合规底线”的合规教育活动，通过一把手每月授课、员工异常行为排查、全行员工默写十项铁律和落实开展内控评审会等多种形式狠抓风险防控的落地。二是压降控险措施得当。分行通过推进“铁三角”作业，落实风险经理协同作业，强化贷后风险预警及检查督导等手段，全面提升风险管理能力。全年共处置不良贷款0.92亿元，不良贷款处理及时得当，资产质量稳定向好。 （王　薾）

·中信银行湖州支行·

【概况】 2016年，中信银行湖州支行按照“加大转型推动力度，加强风险管控，强化队伍建设，提升可持续发展”的工作思路，提总量、优结构，抓创新、促服务，强合规、严管控，努力打造“最佳综合融资服务银行”，有效地支持了地方经济的发展，各项工作成效显著。年末，全行各项存款余额89.7亿元，比年初增加12.25亿元；各项贷款余额99.8亿元，比年初增加22.65亿元；全行不良贷款率0.45%，比年初下降0.09%；2016年，全年实现税前账面利润2.38亿元，净利润1.2亿元；年内，无案件和重大责任事故发生。中信银行湖州支行获湖州市人民政府“2016年度金融支持经济发展社会责任奖”，被湖州银监分局评为“平安金融单位”；在人民银行湖州市中心支行对各银行业金融机构的年度综合评价中列A等行，在湖州银监分局对各家银行的风险评估中获评2B级，同比上调一个等级，在股份制银行中得分列第二。在中信银行系统内，中信银行湖州支行获杭州分行“2016年综合绩效考核优秀奖”和“风险管理考核优秀奖”，有2位党委班子成员分别获评“优秀分支行长”和“优秀风险主管”。

【支持地方经济发展】 年初，中信银行湖州支行确定全年新增融资总量40亿元（含表内、表外和表表外）的总体目标，用于重点支持高新技术产业和高端装备制造业，支持医疗、教育、养老、旅游等现代服务业及水利、环保、交通、城市公共设施等重大基础设施项目建设，大力支持地方经济发展。一是做大融资规模。主动对接“一带一路”“五水共治”“七大产业”和战略性新兴产业发展项目，积极介入德清县武康镇城东棚户区改造、杭嘉湖地区环湖河道整治、湖州中心医院迁建和湖州五一大桥改建等湖州市9大重点工程建设项目，全年向上级行争取到授信额度80亿元，年内，已投放13.2亿元，有效地保障了重点领域和重点项目的资金需求。二是优化信贷结构。认真贯彻落实深化金融供给侧改革、大力支持“4+3+N”产业发展以及推进绿色金融试点等重大决策部署，关注三大传统优势产业以及N个新兴增长点。至12月末，“4+3+N”领域贷款余额达27.08亿元，比年初新增7.8亿元，占全部新增贷款的34.44%。三是力推转型升级。通过股权融资等方式为美欣达集团投放3年期股权质押贷款1.25亿元，为久立集团提供授信1.5亿元技术升级专项资金，并积极向上级行申报超威集团、天能集团、尤夫股份和德华集团等龙头企业授信，助推传统产业技术改造升级。四是积极探索创新。通过投资债券、信贷资产证券化等表内、表外渠道，扩大融资总量。协助企业策划上市方案2个，承销企业债券金额9亿元，通过发债为企业降低融资成本金9450万元。通过还款方式创新服务企业64户，减轻企业融资成本164万元。五是完善小微金融服务体系。为小微金融开辟绿色审批通道，提供减负让利的优惠政策。年内，走访小微企业客户449户，为企业解决实际困难144个。截至12月末，全行小微金融贷款余额50.49亿元，比年初新增7.8亿元，同比增长18.27%。六是加大对困难企业的帮扶。年内，为51户企业办理多笔小额周转贷款4.5亿元，为13户企业办理展期1.5亿元，缓解了困难企业贷款到期周转的压力，做好领办和协办困难企业的帮扶工作。七是进一步降低融资成本。年内，新发放贷款平均利率比上年下降0.73%，贷款综合收益率比上年下降1.36%。对各项收费项目进行全面自查和清理，规范并减少了收费项目。

【加大内控合规工作力度】 认真落实上级行和监管部门的工作要求，强化内控合规工作，确保实现全行无案件、无重大责任事故和无重大违规事件的“三无”管理目标。一是强化对员工内控合规的教育培训，深入开展风险文化建设工作，进一步增强全面合规、全员合规和主动合规意识。二是强化内控管理工作基础，强化对业务流程和操作环节的管控，全面实施全辖会计授权集中、对公授信审批集中和放款集中。三是认真组织开展各类业务和操作风险排查及员工行为动态排查。年内，先后组织开展了“两个加强、两个遏制回头看自查”及“清雷防险巩固深化专项行动”等多项内部检查工作。运用个人征信检查、走访企业和通过公安联网系统查询等方式，全面排查员工动态行为，加大处罚问责力度，形成案防和内控管理的高压态势。

【多措并举清收化解存量】 通过严控增量、化解存量双管齐下的方针，严控信贷风险，实现不良贷款和不良率“双降”的工作目标。一是严把新增授信准入关，将信贷资产风险控制关口前移，严控增量风险，确保新增贷款的安全。二是全面、动态摸清存量不良贷款底数，落实存量风险清收化解“一户一策”，通过强化考核、加强督导等措施，加快清收化解进度。经过努力，全行信贷资产总体质量稳中有升，重大风险处置取得进展。全年累计处置不良贷款11097万元，其中现金清收7852万元，核销3245万元。（钱 峰）

·中国人民财产保险股份有限公司湖州市分公司·

【概况】 2016年，中国人民财产保险股份有限公司湖州市分公司（以下简称“湖州市分公司”）深入贯彻市委、市政府、各级监管部门和上级公司的各项要求，落实全面整改，聚焦改革创新，强化对标发展，积极把握发展机遇，推动释放政策红利，加快新产能、新渠道和新领域的拓展，进一步巩固了公司在市场竞争中的优势地位，实现了公司“十三五”发展良好开局。全年实现保费收入12.44亿元，同比增长8.27%，市场份额38.12%，上升0.39个百分点。作为湖州地区最大的财险公司，2016年，湖州市分公司向社会各界提供的保险保障金额达8116.61亿元，全年共向社会支付各类赔款7.93亿元，向地税部门上缴营业税金及附加1.3亿元，充分发挥了保险业在社会和经济发展中的“稳定器”“助推器”及“放大器”的保险效应，为地方经济社会发展做出了较大的贡献。

【提升发展能力】 车险抢抓机遇。紧盯市场，加强车险各项基础管理工作，强化车险销售渠道建设，细化续保工作管理，出台激励考核办法。财产险继续保持稳健增长。始终坚持效益为中心，深入开展承保风控与防灾、防损工作，管控成本费用支出。财产险产品线保费收入11451万元，同比增长2.35%，超过市场平均增速4.11个百分点；市场份额达48.06%，提升1.93个百分点。船舶货运险全市系统积极寻找保源。开展船厂源头展业、专业团队建设和船队业务跟踪等措施，努力保持船舶险业务的规模。船舶险市场排名居湖州市首位。工程险全市各经营单位积极与市交通运输、水利等主管部门沟通和对接，实行工程项目跟踪展业管理制，如申嘉湖高速项目、苕溪清水入湖等项目。意外险继续开拓农村小额意外险的保险覆盖面。责任险继续以团体客户为根本，确保雇主责任险、公众责任险和产品责任险等基础险种的稳步提升。实现全市文广系统公众责任险全覆盖。农险完善农网体系，发展特色险种。湖州市地方特色险试点县（区）达到全覆盖；政策性农房险承保面达100%。

【推进基层建设】 深入开展农业保险、应收保费、党风党纪、单证印章、宣传品和增值服务等各类专项检查，扎实推进“两个加强、两个遏制”回头看专项检查和全面整改年工作。组织开展“合规文化宣导月”活动，举办全市系统合规知识竞赛，开展内控综合测评、合规巡查等工作，进一步提升合规工作的针对性和有效性。深入推进学习型组织建设，不断完善教育培训体系机制建设，加大销售培训供应和送培训下基层力度，加强系统管理，持续深化学习型组织建设，为建设“品质浙江、价值强司”提供有力保障。湖州市分公司制作的课件“内河船舶险业务宣导”被评为总公司优秀课件。湖州市分公司获2016年度中国保险业“人才发展最佳实践案例（教育培训）”特等奖。公司员工卢轶在全国金融系统银行证券保险综合业务技能竞赛中荣获财产险项目一等奖，被授予“全国金融五一劳动奖章”。

【优化服务界面】 优化完善投诉处理流程，投诉件办理及时率达99.1%，案均处理时长0.72个小时。积极推进“浙江人保财险”微信公众号，通过整合增值服务资源，完善微信俱乐部服务模式，积极推广积分换服务项目。深入推进柜面一体化工作，网点功能得到加强。创新优化理赔处理流程，打造线上线下“一站式”车险理赔服务，大力推行远程定损、微信在线理赔，全面升级小额案件处理工作，车险2000元以下小额案件一日结案率达46.7%，5000元以下小额案件一日结案率达35.9%。（陈 绮）

·中国人寿湖州分公司·

【概况】 2016年，中国人寿湖州分公司（以下简称“分公司”）按照“稳中求进、转型发展、提高效益、防范风险”的工作思路，紧紧围绕分公司提出的发展规划，即努力将湖州分公司的经营效益提升至全省系统一类公司，业务平台提升至全省系统二类公司，人力成本降至全省系统三类公司。千方百计促增长，坚定不移抓转型，全力以赴提价值，围绕预算谋发展，内抓管理争排名，外看市场抢份额，取得较好工作业绩。全年分公司实现总保费收入14.98亿元，同比增长26.38%，市场份额32.6%，继续保持市场主导地位。

【各项业务再创历史新高】 2016年，湖州分公司坚定发展信心，抢抓预算进度，努力改善险种结构，业务发展呈现明显提速、加速转型的良好态势。分公司实现长期险首年标准保费收入1.57亿元，增长53.96%；新单保费（含短期险）收入6.33亿元，同比增长35.39%；期交首年保费收入3.49亿元，同比增长78.37%；10年期及以上期交保费收入1.92亿元，增长95.16%；短期险保费收入8488.58万元，增长17.55%。核心经营指标均达到并超越年度预算目标，期交、10年期等核心指标均实现超越75%的增长速度，预算达成率高于全省系统均值。所辖安吉公司、长兴公司和本级银拓3家机构，荣获省公司“五好单位”荣誉称号。

【销售队伍建设进一步改善】 坚持以队伍建设为核心，大力实施队伍驱动战略，强化措施，重抓执行，各销售渠道队伍建设有效改善。个险渠道坚持机制化增员和常态化增员相结合，启动人力发展三年规划，促进队伍扩量提质。2016年，个险在册人力达3273人，比上年末净增1263人；个险营销主管378人，比年初净增154人；月均增员率达9.08%，季均有效人力1526人。团险渠道以政保合作、法人业务和“三农”队伍为重点，加强团险拓展团队建设。2016年，团险销售总人力达334人，其中直销人力233人，“三农”主管14人，协保员87人。银保渠道多措并举，促进队伍扩量提质。2016年，销售总人力达460人，其中在册客户经理56人，保险规划师404人，比年初净增202人，季均达标人力实现较大幅度的增长。

【规范化管理持续推进】 分公司通过不断实践总结，推出系列规章制度，持续强化基础管理，着力提升管理效能。本着“精简高效、效能优化”的原则，分公司分别开展了中层干部、主管层面管理岗位的竞聘上岗和员工的双向选择工作，人均产能和工作效能得到实质性的改善。本着“向一线、向基层、向骨干”倾斜和重点奖励新增的政策，鼓励销售一线赶时间、抓进度和求突破，逐步形成你追我赶的发展态势。优化薪酬福利结构，改善员工总体福利水平，人均薪酬得到明显提高，努力让员工共享公司改革发展胜利成果。加大业务预算管理和费用管控力度，分公司陆续出台并完善了业务招待、宣传品、非制式培训、车辆管理、交流干部住房、员工出差管理、员工加班管理和员工差错管理等一系列制度，从制度层面上强化公司的规范管理。

【经营管理水平不断提升】 以严抓各项考核指标为中心，结合绩效考核办法和日常技能培训，以激励员工在完成好本职工作的基础上，不断提升工作质量与服务水平。积极开展客户健康服务、“服务伴你行”“国寿小画家”和金卡客户体检等系列活动，使客户经营特色活动有声有色。抓好党风廉政建设和反腐败工作，两手抓两手都要硬，做到依法合规经营，促进业务健康发展。以“合规提升年”为抓手，开展防范惩治非法集资风险排查和宣教活动，组织落实“两个加强、两个遏制”专项检查、客户分类评级、可疑交易分析、销售督察和风险预警排查，加强突发事件的应急管理，守住了不发生系统性、区域性风险的底线。

【发展氛围更加和谐通畅】 紧紧围绕“学党章、强信念；学讲话、重实践；写心得、化行动”的工作要求，深入开展“两学一做”教育实践活动，逐步形成“二线为一线、领导为群众、公司为客户”的服务意识和服务行为，作风更加务实，自律要求更高，氛围更加和谐。分公司大力推进“七个一”工程，重点加强拜访政府和相关部门的工作，大力提升内外宣传力度，塑造良好品牌形象；分公司积极开展城乡居民大病保险，避免让更多的家庭陷入“因病致贫、因病返贫”的窘境，市场口碑突出；稳步推进计划生育保险、老年人意外伤害保险、学生平安保险、残疾人保险和农村小额保险，群众反响良好；强化理赔服务，为特殊人群提供上门伤残鉴定，受到客户的一致好评，理赔服务满意度大幅提升。在重大突发事故中，开通理赔绿色通道，全力参与理赔和救助工作，充分发挥了保险业“社会稳定器”的作用。 （唐　勇）

对外开放

·外资及港澳台资·

【概况】 2016年，全市共批外资及港澳台资项目180个，完成合同外资及港澳台资21.32亿美元，同比增长28.2%；实到外资及港澳台资10.01亿美元，增长6.3%，两项指标总量均列全省第4。

【招大引强成效凸显】 坚持“招大、引强、选优”思路不动摇，进一步完善全市外资及港澳台资招引和“大好高”考评办法，全面抓好外资及港澳台资“大好高”项目引进推进工作。全年累计引进外资及港澳台资“大好高”项目31个；开工23个；竣工22个；合同外资及港澳台资9.63亿美元，新、老外资及港澳台资项目累计实到外资及港澳台资7.15亿美元。外资及港澳台资“大好高”项目实到外资及港澳台资占全市实到外资及港澳台资的71.4%。新引进总投资超5000万美元以上项目15个，合同外资及港澳台资7.77亿美元，占全市合同外资及港澳台资的36.4%，增长30.4%，其中超1亿美元项目8个，即浙江天籁之梦旅游发展有限公司总投资4.7亿美元、英纳威（浙江）新能源科技有限公司总投资1亿美元、湖州荣源科技城建设开发有限公司总投资1.5亿美元、湖州荣骅电子信息产业园建设开发有限公司总投资1.5亿美元、意梓（湖州）投资有限公司总投资1亿美元、湖州唯品会物流有限公司总投资1.5亿美元、微宏动力系统（湖州）有限公司总投资1.4亿美元（增资）、桐昆集团浙江恒腾差别化纤维有限公司总投资2.7亿美元（增资）。

【引资结构持续优化】 2016年，全市利用外资及港澳台资结构得到进一步优化。从产业分布看，全市第一、第二、第三产业新引进项目比、合同外资及港澳台资比，分别由2015年的1.6∶49.2∶49.2、1.3∶28.9∶69.8优化为2.8∶45.6∶51.6、3.1∶32.6∶64.3。服务业引资成效明显，新批项目93个，合同外资及港澳台资13.7亿美元，项目数和合同外资及港澳台资分别增长2.2%和18%。从产业导向上看，在引进总投资1000万美元以上的85个项目中，符合湖州市4大产业导向的有65个项目，占比为77.6%，其中高端装备31个；健康产业7个；信息经济18个和休闲旅游9个。从资金来源看，欧美日韩等发达国家优质直投项目增多，对湖州市直接投资达3.3亿美元，占全市利用外资及港澳台资的33%，比上年提高19个百分点。

【招商活动精准高效】 通过“请进来”“走出去”的方式，精准谋划、主动出击，组织参加“浙洽会”“厦洽会”和迪拜投资年会等重大投资活动，积极宣传湖州投资环境、推进合作项目。在“浙洽会”上湖州市有4个大项目现场签约，总投资逾74亿元；“厦洽会”吸引了80余家公司（机构）参与湖州市的项目撮合；通过迪拜投资年会，同阿联酋经济部和有关投资机构建立深度联系机制。县（区）先后举办了“长洽会”“吴洽会”“安洽会”等重大投资招商活动，并围绕招商路径，在境内外重点城市举办专场招商推介会。同时，邀请微软公司、湖州（美国）海外引才大使、海游集团等到湖州考察，引进微软IT学院、欧洲著名度假品牌Odalys、华夏幸福等项目落户。

【平台承载能力增强】 2016年，湖州市招商引资平台建设取得明显成效。出台全市开发区考评办法，指导开发区做好审核公告目录修订工作。全市各级开发区（园区）合同外资及港澳台资、实到外资及港澳台资分别占全市的74.3%和72.2%，在全市新批的15个总投资5000万美元以上的项目中，有10个落户在各级开发区（园区）。在国际产业园的建设中，园区基础设施建设步伐进一步加快，承接优质项目入园。长兴中德产业园、吴兴中韩产业园、湖州中美产业园、湖圣意产业园和安吉浙澳经贸合作区等园区框架正在拉开，引进了圣戈班新型建材、韩佛化妆品、药用真菌产业化、阿斯克新能源汽车和安吉港国际物流园等13个项目落地和签约园区。同时，德清中欧产业园和南浔中欧产业园也在积极创建中。（吴培中）

·外贸及港澳台贸易·

【概况】 2016年，面对复杂严峻的宏观经济形势，湖州市外贸工作以推进外贸领域供给侧结构性改革为重点，全力稳增长、调结构、转动能和育优势，全市外贸及港澳台贸易实现平稳较快发展。全市全年实现外贸及港澳台贸易进出口总额674.10亿元，同比增长6.5%，其中，出口594.37亿元，增长8.2%；进口79.73亿元，下降5.0%。

【精准施策稳增长】 围绕外贸及港澳台贸易“稳增长”工作，组织开展对外贸易“市场开拓攻坚战”专题行动，贯彻落实中央、省级促进外贸回稳向好文件精神，各级政策举措逐渐落地、生效，推动了外贸出口回稳向好。2016年，全市外贸及港澳台贸易出口600.21亿元，首次突破600亿元，同比增长8.7%，增速分别快于全国、全省出口总额11.7个百分点和5.7个百分点。出口占全省出口总额比重由2015年年末的3.2%提高到3.4%。

【培大育强促实体】 全市培育外贸及港澳台贸易进出口实绩新企业355家，累计达到2498家，比上年年末增加112家。本土制造业企业外向发展加快，全市生产企业外贸及港澳台贸易出口371.99亿元，同比增长19.6%，高于全市平均11.4个百分点。集中政策和资源要素做大做强外贸企业，泰普森、恒林椅业、天振竹木、永艺家具、高田汽车、久立集团、德欣时装、尤夫高纤、中山化工和诺力机械等15家企业年进出口额均超5亿元。

【多元发展拓市场】 大力推进出口市场多元化发展。2016年，全市对欧、美、日、港四大传统市场出口331.76亿元，同比增长10.6%，其中对美国、欧盟和日本分别出口157.36亿元、143.65亿元和26.95亿元，分别增长14.5%、8.1%和16.7%；对中国香港出口3.80亿元，下降42.8%。对新兴市场出口整体平稳，出口262.62亿元，增长5.4%。其中，“一带一路”沿线市场快速开拓，出口156.68亿元，增长11.7%。

【转型提升优结构】 开展外贸及港澳台贸易大产业培育计划，扩大高、新、优产品出口。2016年，全市机电、高新产品分别出口200.78亿元和19.10亿元，分别增长8.7%和9.2%，高于全市平均0.5个百分点和1个百分点。机电产品出口占全市出口总额的33.8%，占比提高0.2个百分点，稳居湖州市第一大出口产业。纺织行业出口179.66亿元，增长2.7%；农副产品出口46.15亿元，增长3%。进口方面，总量排名前3位的商品分别是机电设备及零部件、木及木制品和纺织原料及制品，分别进口24.82亿元、14.90亿元和9.35亿元。

【创新驱动育优势】 全力推进“浙江省创新驱动拓市场试点市（市本级）”和“浙江省外贸转型升级试点示范县（安吉）”等试点建设，积极探索新的外贸及港澳台贸易发展模式与拓展渠道。外贸及港澳台贸易综合服务平台加速发展，“宁兴云”和“中非经贸港”两大平台全年服务企业出口3.57亿元。自主品牌出口建设加快，新增“浙江出口名牌”5个，新认定“湖州市出口名牌”14个，累计分别达到54个和116个，27家企业摘得省级出口“名优特”产品牌子、10家企业获省首批“品质浙货”出口领军企业称号。

【强化预警防风险】 完善全市重点产业损害预警、监测等工作机制。加强对遭受贸易救济案件企业的指导工作，全年指导全市55家企业应对来自美国、欧盟、印度等14个国家及地区贸易救济案件19起，涉案金额2.09亿美元，增长39.3%。湖州市商务运行监测点被省商务厅评为“优秀监测点”，安吉县办公家具、吴兴区服装（童装）和德清县轻质金属户外用品3个预警点被省商务厅评为优秀预警点。（潘　虹）

·外经及港澳台经济合作·

【概况】 2016年，全市经备案的境外企业和机构55家，完成对外直接投资中方协议额2.08亿美元，同比下降82.7%（受2015年美都能源9.5亿美元高基数影响），实际投资5.23亿美元，增长121%；全市实现外经及港澳台经济合作营业额4845万美元，增长51%。

【“一带一路”沿线投资加快推进】 全市对“一带一路”沿线国家（地区）投资项目7个，投资金额7179万美元，同比增长11.5%。浙江金绫家居柬埔寨家具生产线项目（总投资3944万美元）被列为浙江省2016年“一带一路”国家投资建设重点项目。

【制造业对外投资大幅增长】 全市新批境外制造业企业15家，中方投资额9845万美元，占全市总量的47.3%，其中总投资超1000万美元大项目5个，涉及家具、服装、生物制药和电力产品制造等多个湖州市优势特色行业。浙江鼎力机械出资1567.7万美元收购意大利曼尼伸缩臂叉装车公司20%股权，进一步提升公司国际品牌地位。

【国际营销网络布局加快】 巨人控股、久立特材、永裕竹业等一批优势企业赴境外设立国际营销机构，全市新设境外营销网络项目45个，同比增长45%，累计实现境外带动出口额6亿美元。中山化工围绕产品目标市场出资1642万美元分别在坦桑尼亚、肯尼亚、玻利维亚等6个国家设立境外营销网点，走全球化经营路线。

【对外承包工程取得新突破】 培育和壮大对外工程承包主体队伍，浙江大东吴集团建设有限公司、浙江永达实业集团有限公司取得对外承包工程经营资质。支持浙江引拓建设有限公司参与哈萨克斯坦新首都阿斯塔纳市轻轨项目的营地建设工程，完成1200万美元的营业额，对外承包工程业务取得新突破。

【“走出去”氛围得到提升】 2016年，市委、市政府重视外经工作，首次将外经指标纳入对各县（区）政府经济目标责任考核并签订责任状，副市长李建平、董立新等市领导专门就一带一路沿线投资、国际产能合作等主题进行专题调研，进一步研究湖州市“走出去”产业合作方向、产业定位、合作重点及空间布局，明确湖州市加强国际产能合作路径方向。5月5日，副市长李建平主持召开全市对接“一带一路”战略、推动企业“走出去”座谈会，动员部署走出去工作，加快推动湖州市纺织、服装、轻工等传统优势行业剩余产能向境外转移，在全市形成浓厚的“走出去”工作氛围。

【“走出去”服务体系进一步健全】 加强与市发改委、经信委、外侨办、贸促会、外管局和中国信保湖州办事处等相关部门和行业协会的沟通联络，分别召开了对接“一带一路”战略，推动企业“走出去”座谈会、“一带一路”海外园区（湖州）推介会，邀请越南龙江工业园、柬埔寨西哈努克港经济特区到湖州推介。联合市经信委对全市重点工业企业和本年度出口额达到500万美元以上外贸企业开展入驻柬埔寨西哈努克港经济特区、越南龙江工业园和泰中罗勇工业园等境外经贸合作区意向调查，指导湖州市优势产业赴境外特别是“一带一路”沿线开展投资、并购、建营销网络等境外投资行为，形成上下左右共谋发展的良好氛围。（余　欣）

·区域合作·

【浙（湖）商回归】 2016年，湖州市浙（湖）商回归省外到位资金280亿元，同比增长17%。在2016年度全省支持浙商创业创新促进浙江发展目标责任制考核中，湖州市政府首次获得一等奖。一是注重责任落实，工作合力进一步形成。突出个性化责任清单，市、县（区）落实主要领导召开1次推进会、联系2家商会或盯引项目、服务3家企业的“1+2+3”工作责任，发挥了示范效应；市级有关部门落实项目认定、政策配套和项目服务等工作责任，发挥了联动效应；省外湖州商会落实搭建回归平台、组团回乡考察和引荐重大项目的工作要求，发挥了带动效应。二是注重谋划推介，项目招引更加精准。围绕“4+3+N”（信息经济、高端装备、健康产业、休闲旅游四大主导产业，金属新材、绿色家居和现代纺织三大传统优势产业，环保、时尚、金融、地理信息、新能源汽车等若干新兴增长点）产业新体系，依托湖州的区位、交通、生态和产业等优势，针对性谋划设计了258个重点项目，盯人、盯企开展推介。精心组织2016湖州市接轨上海推介会、2016湖州·北京科技金融对接会和2016天下浙商湖州行活动，总投资752.9亿元的36个产业项目集中签约。各县（区）加大驻点招商、小分队招商、展会招商和中介招商等工作力度，达成一大批浙（湖）商回归项目。三是注重服务保障，项目建设有序推进。强化供地保障，新增用地指标向浙商回归项目倾斜。积极抓好省浙商回归类重大产业项目土地奖励指标争取工作，湖州市入选2016年省浙商回归类重大产业项目单子数量占全省的37.8%。积极争取国家专项建设基金、中央预算内资金和国家先进制造业产业基金等，定期召开重点项目“银项”对接会，强化重点项目资金保障。深入贯彻在湖州召开的全省浙商回归工作现场推进会精神，认真开展浙商回归专项审计问题整改，按季组织全市扩大有效投资重大项目集中开工活动，太湖龙之梦等128个浙商回归项目新开工建设，微宏动力三期等一批省重大产业项目快速推进。四是注重感召氛围，回归声势进一步扩大。始终做好“情”字文章，利用省外湖州商会等组织平台强化与浙（湖）商的联系，以亲情、乡情和感情促进浙（湖）商回归发展。2016年，全市组织2016“浙（湖）商之春”新春座谈会等形式多样的浙（湖）商联谊活动16场。扩大媒体宣传，在《浙江日报》以2个整版专题对湖州市浙商回归工作主要成效、经验做法和典型项目进行集中宣传；湖州电视台每月专题报道浙商回归一次以上，《湖商》杂志每期刊发浙商回归工作总体推进情况和典型项目宣传，并寄送省外湖州商会。

【合作交流】 做好接轨上海工作。开展湖州市“十三五”时期深度接轨上海重点课题研究。起草《关于贯彻开放活市战略深度接轨上海工作的实施意见（初稿）》，提出了“4166”（加快推进四项重点工作，全力推动一个区域先行先试，组织开展六大接轨行动，建立落实六项合作机制）接轨工程，列出湖州市“十三五”时期接轨上海“六重”清单。10月11日，市委、市政府主要领导率湖州市党政代表团赴上海，和上海市委、市政府主要领导进行座谈交流，双方达成两地合作发展的多项共识。11月27日，“2016湖州市接轨上海推介会”在上海隆重举行，湖州市政府和上海市政府发展研究中心签署了战略合作协议；湖州市有关县（区）与上海市有关平台、机构、企业签订6项合作协议；会上还集中签约24个项目，总投资达512.9亿元。加快杭州都市圈建设。参加在绍兴市柯桥区召开的杭州都市圈第八次市长联席会议。全面对接、深度融入、主动服务“两会”“两区”，全力承接“两会”“两区”溢出效应。积极承接杭州都市圈产业转移和旅游产业共同发展。积极参与都市圈“一卡通”建设，推进社会民生共建共享。加强与杭州市相关部门的对接，协议推进“十三五”期间与都市圈城市的跨区域合作项目。会同杭州市经合办开展《协同发展促进幸福度提升研究——以杭州都市圈发展模式为例》课题研究。积极参与长三角合作。参加在金华召开的长三角城市协调会第十六次市长联席会议，根据市长联席会议精神，携手长三角城市开展“互联网+”行动。认真梳理总结湖州市近20年来在接轨上海、融入长三角方面所形成的工作机制、工作亮点、重要活动及取得的成效，形成《互利共赢 合作发展——湖州市参与长三角城市合作情况综述》。加快推进湖州太湖水厂建设，多次赴浙江、江苏两省发改委汇报对接，恳请省级层面协调解决太湖水厂取水口问题。全面推进省际合作。先后组织湖州市企业参加第20届“西洽会”、第19届“渝洽会”、2016“青洽会”、第16届“西博会”等重大展会活动，参展产品成交额1000万元。与安徽省宣城市签订战略合作协议。4月中旬，接待黑龙江省绥化市代表团到湖州考察，双方就加强在资源、能源方面开展合作进行探讨交流。12月23日，在北京举办“2016湖州·北京科技金融产业对接会”，会上有北大青鸟（湖州）科技产业园项目等12个产业项目签约落户湖州，总投资达240亿元。

【对口支援】 2016年，湖州市认真贯彻落实中央、省一系列重要会议精神，以年度援建项目计划为抓手，持续做好各项对口支援工作，两批援外干部人才轮换交接平稳过渡。一是援疆援藏援青“三援”工作扎实开展。援疆项目进展顺利，实施援疆项目14个，计划安排援疆资金7706万元，实际完成年度投资16402万元。全额投资项目柯坪县文体中心竣工并交付使用；安居富民工程提前完成年度建设任务，1000户农民已入住新房；新建农村文化礼堂11个。产业援助深入实施，坚持以“一县一品”湖羊繁育推广为主导，柯坪县引进湖羊1000只，已累计成功繁育“湖羊后代”5500余只；支持地方开展种羊杂交育种试验，成功繁育新品种二代羊250余只。“南疆红”新枣品种在示范基地内扩种200亩。有针对性地开展当地劳动力技能培训，完成12批（次）、587人当地劳动力技能培训，就业550人。智力支持积极开展，进一步完善援疆智力支持柔性帮扶机制，编制并下达《2016年对口支援新疆柯坪县需市级部门支持的工作计划》，实施自主性智力援疆项目7个，完成3名柯坪干部赴湖州市委党校青干班学习、6名柯坪教师到湖州进修和31名柯坪基层干部到湖州短期轮训。启动南太湖专家柯坪行及援疆干部人才传帮带工作，帮带当地专业技术人员60余人。援藏援青统筹推进，市领导带队赴青海乌兰县、西藏那曲地区考察并慰问湖州市援建干部，并代表湖州市委、市政府向青海乌兰县捐助100万元用于“8·19”洪灾水毁道路修复项目，向西藏那曲地区捐助100万元用于地区扶贫办救助点项目建设；协调湖州美欣达集团有限公司向青海乌兰县新民小学捐赠扶贫助学资金60万元。累计安排青海乌兰、西藏那曲各类培训班156人（次）到湖州培训。二是四川藏区三峡库区“双对口”工作有序推进。根据省下达的年度计划，援助四川藏区（凉山州木里县）1324万元，实施教育、产业和人才培训等项目6个；援助三峡库区（重庆涪陵区）147万元，实施教育、生态整治和人才培训等项目6个。两区三县“计划外”拨付重庆涪陵区相关街道（乡镇）援助资金145万元，实施农村道路、人畜饮水和环境整治等项目7个。累计培训当地县、乡（镇）、村三级干部500余人（次），有效地促进了藏区、库区干部（人才）在理论知识、业务素质等方面的提高。进一步健全四川广元、青川县灾后恢复重建的长效帮扶机制，组织部分原援建人员赴青川县进行灾后恢复重建回访活动，并拨付青川县灾后恢复重建设施维护专项资金30万元。三是两批援外干部人才顺利交接。提前谋划，充分考虑中央新的精神以及受援地的实际需求，进一步优化干部人才的队伍结构，加大专业技术人才的比例。新一批援疆援藏援青干部人才中专业技术人才17人，占比55%（比上一批提高了10个百分点）。围绕“无缝对接、平稳过渡”目标，开展“有情、有序、有效”对接，做好“责任、工作、财务、档案”移交，确保工作交接不漏项、前后衔接不脱节和项目建设不停顿。全市召开对口支援干部人才座谈会，两批援外干部人才60余人参加会议，实现了顺利交接。（潘丰华）

·检验检疫·

【概况】 2016年，湖州出入境检验检疫工作以“推进六项工程，实现六大目标”（一是在更高水平上推进改革创新工程，做大实力；二是在更高要求上推进管理提升工程，做细管理；三是在更高层次上推进依法治检工程，做严把关；四是在更高标准上推进能力素质工程，做强活力；五是在更高台阶上推进文明文化工程，做精特色；六是在更高层面上推进廉政勤政工程，做优服务）为工作主线，紧紧围绕“三个从哪里来”（我们的赶超优势和加速度从哪里来？强局地位和影响力从哪里来？内在实力和话语权从哪里来?），坚持改革当先、安全第一和质量为本，强化责任担当、奋力攻坚克难。牢牢把握内河运输业快速发展的机遇，以做优开放、做强外贸和做快物流为目标，助推临港经济发展。坚持依法行政，勇于改革创新，严格履职把关，服务科学发展，强化内部管理，提升地位形象，创新能力、服务能力、发展活力和社会影响力持续提高，开启检验检疫工作新征程，为湖州经济社会发展做出了新贡献。

【推动改革创新】 主动适应经济发展新常态，勇于创新，不断完善科学高效的检验检疫工作体系。安吉港上线首个内河、内陆查验系统，提升口岸监管信息化水平，并进行单兵视频分模块的探索，指导德清港开港，辖区内河、内陆口岸达到3个。业务向基层下沉，实行产地证属地管理和签证一体化，划拨59家企业至湖州检验检疫局安吉现场办公室管辖，方便县（区）企业办理业务；“一对一”帮扶国际商业机器公司旧服务器维修再制造项目，成为省内首家入境再制造企业；积极应对“蒽醌”（一种醌类化合物，欧盟认为其具有致癌性，将茶叶中蒽醌的限量标准定为0.02毫克/千克）技术壁垒，促进湖州出口茶叶重返欧洲市场；积极推动“两直”，浙沪、浙甬直放率分别达到96.1%和94.7%，居全省系统前列；广泛宣传中澳、中韩等“自贸协定”，扩大信用签证范围，2016年，签发区域性原产地证2.4万份，金额6.83亿美元，同比分别增长106%和77.6%，为辖区内企业减免进口国关税3416.9万美元。

【服务地方经济发展】 围绕地方政府中心任务谋划工作，赢得地方党委、政府的好评，不断增强事业发展后劲。一是质量宏观管理持续深化。与安吉县政府深化合作，创建国家级出口竹木草制品质量安全示范区；与南浔区政府合作，创建国家级出口电机产品质量安全示范区，并指导2家示范企业通过现场评审，与福建省宁德出入境检验检疫局建立全国首个跨区域的出口电机质量安全示范区合作机制；与德清县政府合作，促成特色乡村民宿“洋家乐”成为全国首个生态原产地保护的旅游产品。二是助推内河临港经济发展。围绕内河港发展，以做优开放、做强外贸和做快物流为目标，加快湖州创建国家级内河水运转型发展示范区建设，支持实施临港经济发展10项措施。深化与海关合作，大通关水平持续提升。2016年，南浔口岸木材进口创新高，全年进口22.43万立方米、金额9659.44万美元，同比分别增长71.21%和56.41%；安吉港受洪灾影响停航，但全年吞吐量仍达15.8万标装箱。

【健全机构建设】 深入推进业务下放，不断扩大对外影响，提高检验检疫工作持续发展的能力水平。编制湖州局“十三五”发展计划和内陆强局建设（2016年～2020年）行动计划，明确了发展方向和实现路径；做好质量管理体系文件换版工作，对内部规章制度进行全面清理，制定和修订了22项管理制度。生态安全、服务外贸发展等工作得到国家质检总局局长支树平肯定。积极建言献策，3篇政研专报得到市长陈伟俊等7位市领导批示肯定。积极融入生态文明先行示范区建设，推动构建外来有害生物联防联控工作机制，配合市府办起草相关文件，发挥部门的作用影响。地方财政支持力度持续加大，为检验检疫赢得发展新空间。2016年，累计获得国家质检总局、浙江检验检疫局和湖州市荣誉称号30项。

【推动依法治检】 围绕落实依法治国方略，加强制度创新，建立长效机制，不断增强检验检疫人员法治思维。一是加强执法力度。首次监督销毁1批不合格进口食品，首次退运2批不合格进口废纸，为长兴县某企业索赔回1000万元的进口不合格设备赔偿款。二是规范行政权力监督。先后对外发布“权力清单”“责任清单”和“公共服务事项清单”；强化内部监督，完成“放管服”（简政放权、放管结合、优化服务）改革、行政审批制度改革、多监管条件工作情况、驻点督察“回头看”、复验工作和检出率督察等专项检查；完善社会监督，畅通“12345”和“12365”热线，实现接听率和办结率均达100%。三是提升普法教育水平。总结“六五”普法工作经验，制定“七五”普法计划；坚持和完善党组中心组学法、科级干部任职前法律考试等制度，提高依法行政能力；“入境儿童推车未取得国家强制性产品认证案”被评为湖州市年度十大消费维权典型案例。

【加强技术保障能力】 在全省系统第一个上线中国电子检验检疫系

统主干系统，完善“E检通”信息化平台，实现资产管理、内部审批等全程电子化。更新升级部分视频会议系统，对信息化办公设备维修服务实行外包，技术保障更加专业高效。调整科技委成员，加大奖励力度，全年获得3项省部级、3项厅局级科技项目，作为主要完成单位参与1项国家公益性行业（农业）科研专项、1项国家质检总局科技项目。检科分院检测能力扩项276项，达到710项，设立“两室一部”（植物源性产品区域中心实验室、纺织品实验室和综合业务部），挂牌“市食品安全质量检测监测实验室”，接受企业使用“科技创新券”，与湖州师院共建实践教学基地，首次参与政府采购招标并中标。积极为社会提供检测技术服务，与吴兴区“美妆小镇”建立检测平台协议，持续深化与吴兴区织里镇童装检测业务合作。高级技术职称人才实现零的突破，1名技术人员首次入选湖州市“1112人才”工程，2人入选全省检验检疫系统中青年专业技术骨干，获全省检验检疫系统“科技兴检先进集体”“先进个人”荣誉称号。建成检疫实验室，并协助浙江检验检疫局完成粉蚧类昆虫的鉴定工作；全年截获外来有害生物1169种（次），其中检疫性有害生物176种（次），同比分别增长1.65%和4.76%，全省口岸首次截获球胸虎天牛、牙斑额天牛。（谢　颖）

·海　关·

【概况】 2016年，湖州海关主动把握和顺应新常态下海关工作的新特点、新规律，深入践行“四个年”活动，各项工作稳步推进。全年审核进出口报关单4.5万份，监管进出口货物142万吨，监管进出口集装箱15.6万标准箱，税收入库9.7亿元。

【深化通关改革】 继续深化通关一体化改革，加强与上海、宁波等口岸海关的联系配合，及时解决企业运输过程中存在的瓶颈问题；开展汇总征税改革，以“先放后税、汇总缴税”模式提升通关效率，缓解了企业资金压力；继续实施出口退税报关单证明联签发无纸化管理，出口结关数据通过海关总署直接向国家税务总局传输，企业可在第一时间退税；开展“一次申报、一次查验、一次放行”改革，湖州海关各监管现场实现报关、报检“一次申报”，并对一次查验和一次放行进行有益尝试；加快推进“双随机”（随机抽取被检查对象，随机选派检查人员）查验机制，由计算机系统自动进行风险识别，开展精准选查，集中力量对风险级别高的货物进行严格监管，而对低风险的货物实行快速放行。

【细化政策宣传】 组织召开报关、货代和码头企业等座谈会，“面对面”倾听企业诉求；在全市举办5场“赶超发展、政策先行”巡回宣讲会，针对当地产业特点宣讲区域通关一体化、报关单结构修改、主动披露制度、中美联合验证和加工贸易政策等海关最新的业务，全市350余家主要进出口企业参会；由海关领导带队，历时三个月，重点开展了“凝心送服务 聚力助转型”“百日百企”走访活动，进一步宣传贸易便利化、助推产业转型升级以及优化进出口环境等政策，听取企业对海关在进出口服务过程中有关意见和建议，对走访企业提出的问题与需求提供个性化服务，解决企业实际问题30余个。

【优化服务举措】 支持湖州市临港产业发展，主动参与铁路与水路及公路运输无缝对接的论证，拓展铁公水港口功能；组织赴上海海关监管处、太仓海关学习调研，了解卡口建设和大型车辆集装箱检查系统建设的情况，学习港口海关通关监管模式，提升湖州市内河集装箱运输的服务监管能力；主动向海关总署申请在安吉县上港码头配置通道式集装箱检查设备，提升监管场所智能化水平；积极推动德清县多功能港区海关监管场所申报工作，并协助完成验收；继续对湖州市重点项目建立主动上门服务、提前介入服务、全程跟踪服务和个性定制服务四大机制，对小微企业建立障碍响应、政策服务和减负放权机制；积极开展反走私综合治理工作和知识产权保护等工作，坚持公正执法、文明执法和理性执法。

（何耀琦）

开发（园）区

·湖州南太湖产业集聚区·

【概况】 2016年，湖州南太湖产业集聚区（以下简称集聚区）重点规划区内已投产“四上”（规模以上工业企业、资质等级以上建筑业企业、限额以上批零住餐企业、限额以上服务业企业）企业206家，比上年增加17家，全年实现规模以上工业总产值356.4亿元，同比增长19.68%；服务业营业收入95.4亿元，同比增长12.37%。完成产业增加值109.9亿元，同比增长23.76%。全年完成固定资产投资247.8亿元，同比增长16.34%。2016年，在全省15个产业集聚区综合考核中排名第4，获“招商引资”单项奖。

【深化体制改革】 以审批改革、“四破”（破僵尸企业、破围墙圈地、破低效利用、破既得利益）专项、服务保障为重点，实施一系列创新举措，激发集聚区发展活力。加大行政审批、中介服务和公共资源交易制度“三项”（自主招标制、招标会员制、资产交易制）改革，实行“一体化服务，一个章审批，一窗口照发，一窗口缴费”。总审批服务时限在75天以内，提速72.4%，政府投资项目审批时间压缩75%。2016年，为企业节省中介费用2600余万元，新增市场主体2570家。同时，聚焦中央“三去一降一补”（去产能、去库存、去杠杆、降成本、补短板）五大任务，以“四换三名”为切入点，加大“去产能”力度，并建立“红色引领”比拼机制，每月公示工作实绩，通过“面子、票子、位子”奖惩手段，动真碰硬比担当，着力建设比奉献、比贡献和讲担当、守规矩的过硬队伍。

【提升产业平台】 强化科学谋划，促进特色平台创建。加快打造产业特色小镇，核心区智能电动汽车小镇、南浔分区智能电梯小镇和度假区蜜月小镇均被列入省级特色小镇培育名单。丰富金融载体，锁定“金融企业集聚度更高、财政贡献度更大、产业关联度更强、区域知名度更响”目标，加快推进南太湖金融产业园建设，全年引进金融新业态企业200家，注册资本达220亿元，实现管理资本400亿元，完成税收2.15亿元，同时，重点围绕科技城、智能电动汽车产业园、铁公水综合物流园、特色小镇和南太湖金融产业园等重大产业平台拓展建设，强化平台互通互动，推进各区块道路桥梁、污水处理、基础配套和公园河道等重点建设和整治提升项目。

【强化规划引领】 强化规划引领，促进产业功能集聚，深度谋划“十三五”，完成《湖州南太湖产业集聚区发展“十三五”规划（送审稿）》。集聚区新能源汽车产业园、新材料产业园和鑫远太湖国际健康城等项目被纳入全省产业集聚区“十三五”重大项目计划，湖州科技城、中美合作产业园分别被纳入全省集聚区“十三五”重大科技平台和中外合作产业园。根据集聚区发展定位，主导产业调整为集中发展新能源运输装备产业，重点发展信息技术和健康产业2大特色产业。

【完善基础配套】 完善基础配套，促进产城融合发展。各片区道路工程和基础配套工程齐头并进。核心区104环线通车，志和中学落成投入使用，康山大道路基完成，湖州铁公水综合物流园一期建设启动；吴兴分区针对“物流谷”“农业园”发展规划，围绕项目分组分片有序拆改，确保提升一块、成型一片，爱山小学、戴山社区、郑港社区和科创路等多个基础项目开工，湖织大道拓宽改造工程等多个项目竣工；南浔分区平台框架向南进一步拉开，其中向阳路、联谊路2条连接主城区的主干道实现通车，“三高”（申苏浙皖高速、申嘉湖高速、练杭高速）连接线工程已开工建设；度假区滨湖小学、长兴铁路物流中心等重大基础设施项目加快建设，平台形象显著提升。

【加强招商引资】 始终坚持“项目为王”，以大招商引进大项目，以大项目培育大产业，以大产业支撑大发展。千方百计抓项目招引，锁定“产业图、招商图、路线图”，围绕区块主导产业，盯紧“北上广”等重点区域，坚持主要领导带头招商，部门比拼招商，项目招引取得新突破。全年，集聚区招引项目93个，总投资448.9亿元，同比增长15.1%。其中总投资5亿元至10亿元项目11个、10亿元至20亿元项目3个、20亿元以上项目8个。

【加快项目推进】 合力攻坚，狠抓项目推进。全年，集聚区内130个产业项目，完成投资160.9亿元。微宏动力、永兴特钢、科秉电子集成电路、骄阳太阳能光伏生产设备、富士美电梯、久立集团项目、西直门电梯、吉强电梯配件、中德物流设备和长兴综合物流园区铁路物流基地等项目均已竣工投产。迅鼎科技、铁公水综合物流园、精星物流、华为云计算基地、鑫达医院和普泰物流园区等一批重大项目开工建设。

【突出科技创新】 集聚创新资源，不断释放发展新动力。聚焦经济工作，强化组合发力，倒逼转型升级，加快助推产业转型发展。科技型项目加速推进，芯启源电子科技有限公司研发的USB3.0嵌入式系统通过国际认证，成为全球第五家、中国第一家通过该项国际认证企业；国内首个碳化硅4英寸晶片产业化项目和6英寸晶片研发项目落户集聚区；省膜法水处理中心的“PTFE高效膜蒸馏技术组合工程化应用”项目在第十八届全国科技工作者创新创业大赛上获得金奖。创新步伐不断加快，全年专利申请1296件，其中，发明专利申请数469件，同比增长98.73%。新引进培育“国千人才”2人、“省千人才”7人。微宏动力、永兴特钢2家企业创建为省级重点企业研究院，永兴特钢入选省级“三名”企业，微宏动力获评省重点创新团队。 （康　辉）

·湖州经济技术开发区·

【概况】 2016年，面对复杂多变的宏观经济环境，湖州经济技术开发区（以下简称开发区）深入贯彻落实中共十八大和十八届三中、四中、五中、六中全会以及省、市全委会会议精神，紧紧围绕省委、省政府转型升级系列组合拳部署和市委、市政府“四个年”活动要求，深度聚焦“项目、平台、产业、人才”四大重点，突出“补短板、强攻坚、敢担当、当先锋、服务G20”主题，坚持以“六重”推进为引领，深入开展“五大战役”（招商引资争夺战、平台完善歼灭战、项目落地突击战、转型升级攻坚战、环境整治大会战）、“五大行动”（项目落地责任行动、实体企业育强行动、平台能级优化行动、文明建设优美行动、招精引大强链行动），全面实施十大攻坚行动，经济社会发展持续稳定向好。全年完成地区生产总值（GDP）140亿元，同比增长7.5%；实现财政总收入28.73亿元，增长14.79%，其中地方财政收入16.98亿元，增长21.85%；完成工业增加值62.1亿元，增长8.1%；完成固定资产投资149.02亿元，增长15.1%，其中工业性投资42.35亿元，增长12.1%，服务业投资106.5亿元，增长16.1%，民间投资58.9亿元，增长13.5%。

【深化改革】 坚持向改革要活力、要红利和要竞争力，改革创新迈出坚实步伐。体制机制改出新活力，与湖州南太湖产业集聚区管委会合署办公以来，在市委、市政府的重视和市级部门的支持下，实现了“办事不出区”的目标。行政审批改革提速度，全面深化审批制度改革，实行“一体化服务，一个章审批，一窗口发照，一窗口缴费”，总审批服务时限在75天以内，提速72.4%，政府投资项目审批时间压缩75%，为企业节省中介费用2600余万元，新增市场主体2570家。探索实施“锁定标杆、挂图作战、擂台比拼、奖惩担责”考核比拼机制，实现街道、村和社区“第一书记”全覆盖，激发全体干部干事创业热情，加大“定期督查、每月通报、业绩排名、树立典型、治庸治懒”力度，通过“面子、票子、位子”奖惩手段，动真格、激活力，打造一支敢担当、善攻坚和乐奉献的“狮子型”干部队伍和“店小二”团队。

【主导产业】 围绕新能源汽车、生物医药、信息经济和现代金融服务业“3+1”主导产业，坚持调结构、促转型，着力提升经济发展质量。产业集群加速发展，产业结构不断优化。逐步形成以特瑞思、数康生物为核心的生物医药产业集群；以微宏动力、恩驰汽车和众帮汽车为核心的新能源汽车产业集群；以微电子产业园、迅鼎半导体和IP终端接口为核心的电子信息产业集群；以铁公水综合物流园、南太湖金融产业园和跨境电子商务产业园为核心的现代服务业集群。三大主导产业年产值达164亿元，占规模以上工业总产值的51%。全面助推企业进军资本市场，新增挂牌上市企业5家，实现了区内企业上市挂牌“零”的突破。各类内资市场主体13364户，资金总额738亿元，同比分别增长19%和39%。完成“个转企”68家，其中转公司46家，转公司率达68%。

【现代服务业】 全年开发区服务业保持良好发展态势。服务业增加值89.76亿元，同比增长8%；服务业占比64%。服务业投资106.5亿元，增长16.1%，占全区固定资产投资的71.5%。优势产业突出，服务外包产业异军突起，全年完成服务外包执行额3127.13万美元。其中，离岸执行金额1195.69万美元，在岸执行金额1931.44万美元。

【科技创新】 全区高新技术企业累计达58家，占全部规模以上企业的41.1%。高新技术企业实现营业收入87.4亿元，占全部规模以上企业的45.1%，实现利税11.4亿元，占全部规模以上企业的58.5%，实现利润8.5亿元，占全部规模以上企业的71.3%。战略性新兴产业、高新技术产业和装备制造业三项增加值分别增长19%、11%、22%，均居全市第1。高新技术产业对全区工业经济增长的贡献率达55.2%，比上年提高3.5个百分点。企业自主创新能力增强。全年专利申请1296件，其中，发明专利469件，同比增长98.73%。科创平台成果转化成效明显，50家产业化中心和入驻企业的销售收入和利税连续3年保持50%以上的增幅，2016年，实现产值7.9亿元，增长125.7%；销售收入7.9亿元，增长125.7%；实现利税7600万元，增长117.1%。开发区被中宣部遴选为全国“依靠提高自主创新能力，加快推进转变经济发展方式”的8个典型之一。

【人才引进】 全年全区引进各类专业人才2860名，其中硕、博士以上高层次人才165人、海外高层次领军人才35名，入选市“南太湖精英计划”（项目）团队20个、国家“千人计划”人才2人，浙江省“千人计划”人才5人；新入选市“1112人才工程”学术带头人13名；新建永兴特钢省级重点企业研究院；新建永兴特钢国家企业技术创新中心；新建博士后工作站2家；微总部创业创新基地入选省级优秀众创空间。全年组织申报“南太湖精英计划”项目32个，20个项目入选，其中创业团队10个、领军型创新团队2个，创新人才项目7个，院士专家工作站1家。阮炯明获得2016年留学人员科技活动项目择优资助优秀类项目；至年末，开发区有国家“千人计划”人才16人；浙江省“千人计划”人才37人；入选“南太湖精英计划”领军人才102人，分别占全市人才数的26.32%、24.24%和17.62%。

【招商引资】 全年签约项目82个，总投资443亿元，其中100亿元以上项目1个、50亿元以上项目2个、20亿以上项目2个、10亿元以上项目4个。完成合同外资及港澳台资2.94亿美元，实到外资及港澳台资1.95亿美元，浙商回归省外到位资金57.4亿元，引进总投资112亿元的远通新能源科技工业园、总投资52亿元的迅鼎半导体材料科技、总投资50亿元的建银城市建设管理项目和总投资30亿元的众帮新能源电池和专用车项目。金融新业态加速集聚，规模效应不断凸显，新引进平台企业150家、累计200家，新增注册资本120亿元、累计220亿元，管理资产300亿元、累计400亿元，实现税收2.15亿元。

【项目建设】 全年全区排定84个区重点产业化项目，完成投资93.5亿元，25个省重点项目完成投资36亿元，33个市重点项目完成投资88亿元。科秉电子集成电路、骄阳太阳能光伏生产设备、金仪盛世医疗仪器Gmp车间等一批重点项目相继竣工达产；微宏动力、永兴特钢等项目已投产运营，香飘飘、久盛电气等项目主体竣工。举办第九届国际电动车新型锂电池大会（ABAA9），彰显湖州形象，提升湖州知名度。

【产业平台】 围绕承载100亿元项目为目标，加快推进黄芝山智能电动汽车产业园、康山电子信息产业园、南太湖生物医药产业园、南太湖科创中心、高铁枢纽综合产业园和南太湖创意产业带六大平台建设，全力以赴打造产业大平台。全年完成农房拆迁1643户，完成土地政策处理615.93公顷，场地平整435.27公顷，新拓展平台4平方公里。92个基础设施项目完成投资65.06亿元，104环线改建工程全线通车，康山大道等骨干道路建设进展顺利，各区块基础配套建设全面推进，平台承载能力显著提升。

【综合治理】 “四破”（破僵尸企业、破围墙圈地、破低效用地、破既得利益）工作纵深推进，按照“1+7”（以“亩产论英雄”为导向的专项工作方案和工业企业亩产效益综合评价、低效利用土地市场化再开发、土地供应差别化管理、城镇土地使用税差别化征收等七个实施办法）的政策要求，围绕亩产论英雄标准，全面推进低效土地和闲置厂房的盘活重组。全年盘活土地118.2公顷、企业闲置厂房11.74万平方米，推动4个新建项目开工、24个租赁厂房项目进驻以及5宗土地分割转让，新增投资10亿元。实现房票改革全覆盖，新签约“房票”1112套，消化存量商品房面积15万平方米，消化待安置面积20万平方米，节约安置用地约17.87公顷。以“无违建区创建”为抓手，持续加压推进“三改一拆”，完成“三改”514.84万平方米，拆除违章建筑33.61万平方米。

【环境整治】 始终坚持“绿水青山就是金山银山”理念，坚持以生态促发展，统筹推进“五水共治”“四边三化”“两路两侧”等中心工作，全力打造“美丽新城”。全面推进97个治水项目，完成年度投资7.12亿元，完成河道清淤37.54公里，创建样板河道105条，全面消灭劣Ⅴ类水，5个市级以上水质功能区全部达到二类水质；大气质量持续好转，PM2.5浓度均值46微克/立方米，比上年下降17.9%，空气优良率达65.4%，比上年提升7.6%。全面推进总投资2亿元的罗师庄、九九桥和滨河南区等10个城中村整治提升工程，完成投资1.18亿元，彻底改变以往垃圾成堆、电线密布、乱堆乱放等现象。

【社会民生】 保障和改善民生，推进基本公共服务均等化。美丽乡村建设、农村环境综合整治取得新进展，完成1个省级美丽宜居示范村、3个市级美丽乡村、2个区级美丽乡村创建，全年投入建设资金4400余万元，农村人居环境明显改善。总投资5亿元的16条园区道路改造提升工程基本完工，整治蓝色屋顶面20万平方米，新增绿化100万平方米，高速南北出口、高铁站等门户形象显著提升。着力夯实基层组织建设基础，龙溪街道罗师庄新居民党支部荣获全国先进基层党组织称号。

【社会管理】 始终牢牢抓住“发展”与“稳定”二件大事，坚持两手抓两手硬。社会大局持续稳定，全年接待群众来访91批（次）、291人（次），同比分别下降33.6%和64.2%，信访总量连续3年下降。安全生产形势保持平稳，全年事故起数下降40.1%，死亡人数与上年持平，直接经济损失下降16.1%。阳光热线打造为民服务新品牌，切实践行以人民为中心的理念，全力解决人民来电、来信和来访问题，全年办理阳光热线8942件、满意率达88.32%，阳光指数居全市各县（区）第1。特别是“护航G20”期间，全员下沉在一线、全面排查在一线、全力整改在一线和严格督查在一线，实现无一人失控失联、无一起安全事故、无一人进京入杭和无一人拦截劝返。 （凌　晨）

·湖州省际承接产业转移示范区·

【概况】 2016年，湖州省际承接产业转移示范区（以下简称示范区）狠抓招商引资，加快项目建设，聚力转型升级，推进产城融合，各项工作取得显著成效。全年完成规模以上工业总产值167.4亿元，规模以上工业增加值33亿元、工业性投入53亿元，引进合同外资及港澳台资1.36亿美元、实到外资及港澳台资0.61亿美元。40个重点产业项目和37个重点基础设施项目分别投资42.4亿元和5.5亿元。

【招商引资取得新成效】 坚持招商引资“一号工程”不动摇，瞄准“大好高”项目，创新招商方式，一批优质产业项目相继入驻。示范区长兴分区西湖科创园投入营运；科创型项目引进取得突破，新认定科创型中小微企业14家；博易环保、巨余长兴等一批科技项目入驻，杭州求是膜、美斯特电子等5个“大好高”项目落地。示范区安吉分区引进中车互联运力、莫劳坞精品酒店和桑尼能源等43个项目，完成市定“大好高”项目6个，举办第二届国际无人飞行器大赛，被评为“中国航空学会科普教育基地”。

【项目推进取得新进展】 不断深化项目推进和项目服务机制，加快推动签约项目早落地、落地项目早开工和开工项目早投产。示范区长兴分区全年重点产业项目完成投资14.9亿元，美斯特、明华汽配和亿帆机械等项目开始基础施工；耀飞汽配、欧路德和锦瑞纤维二期等新开工项目基本建成；四达新材、惠通重工和华神消防等项目完成设备安装调试；荔禾材料、协昌锋盛、润格木业和布莱蒙机械等项目竣工投产。示范区安吉分区重点产业项目全年完成投资27.5亿元，中车互联运力、中机国能和捷达科技等9个项目开工；重兴电潜泵、冠林机械和华丰纸业等9个项目竣工；绿野锅炉、众源机械、杭力鼎盛和重兴电潜泵4个项目完成投产；总投资41亿元、产值达70亿元的中策橡胶项目投产。

【平台建设取得新突破】 推进基础设施建设，加快推进示范区区域转型升级和优化产业布局，平台承载力不断提升，“框架效应”逐步显现。示范区长兴分区全年完成重点基础设施投入3.2亿元，西湖科创园整体升级改造及室外配套一期投入使用；仙山湖景区基础设施及配套建设主体完成施工；220千伏林城输变电工程加快施工进度；泗安客运中心及周边道路工程完工并投入使用；林城1号路及支路建设完成路基施工；长兴县第二人民医院配套项目主体完工并加快建筑装饰施工。示范区安吉分区完成征地50公顷，拆迁200户，完成重点基础设施投入2.4亿元；临港区块临港大道园区段全面贯通，梅小线完成连通，梅林大道开工建设；晓南线完成绿化与美化；公用码头全面建成，“两纵两横一码头”平台框架全面拉开；天子湖区块北区“一纵一横”水电管网不断完善，拉开核心区块3平方公里框架；南湖监狱土地置换工作加快推进。

【企业转型取得新成绩】 积极引导企业开展技改、股改，全力扶持企业进军资本市场，企业规模不断扩大，技术水平加快提升。示范区长兴分区13个技改项目加快建设，加大“腾笼换鸟”力度，11家低效企业完成改造提升，盘活6家企业；红宇、四达2家企业完成挂牌，金鸟、西林和腾百3家企业加快股改步伐，益南、华宝和星盛等6家企业完成科技板挂牌。示范区安吉分区大力开展“破解双停攻坚年”活动，加快低效企业提升和闲置房产盘活，全年盘活18家企业，其中欧康、吉满盛和博耳等5家企业实现投产；全力扶持企业进军资本市场，新中法惠嘉生物、申吉钛业和杭摩等4家企业“新三板”挂牌，2家企业实现省股权中心创新版挂牌。

【产城融合取得新成果】 坚持产业发展和城镇建设两手一起抓，加强产城互通共融，人居环境不断优化，全面打造产业繁荣、环境优美和宜居宜业的示范区。示范区长兴分区区镇形态不断完善，第二人民医院建成并投入使用，客运中心启用，商住项目万禾欣城、丹桂公寓和凤凰城五期等房地产项目有序推进，泗安民宿经济蓬勃发展，仙山湖景区“一湖两园”开园，顺利推进中国长兴花木城二期工程。示范区安吉分区围绕建设临港新城和高铁新城目标，加大园区城镇改造力度，完成梅溪农贸市场迁建和“梅溪印象”灯塔改造；“清水入湖”工程深入开展，梅溪老街拆迁安置加快推进，完成拆迁801户，征地89.4公顷；天子湖互通成功启用；商合杭高铁有序推进；通用机场实现首飞；晓南线、西北线等城镇重点连接道路实现贯通。（项顺利）

·长兴经济技术开发区·

【概况】 长兴经济技术开发区（以下简称开发区）成立于1992年，总规划面积约47.5平方公里，基本实现“九通一平”。2016年，开发区围绕“两提”（提升贡献、提档发展）工作目标、“两重”（重要指标、重大项目）聚焦指标、“两区”（产业强区、城市新区）建设使命，全力开展产业招商、项目推进、企业培育、平台建设和要素保障。全年完成财政收入11亿元，首次突破10亿元大关；完成规模以上企业工业总产值198亿元，工业增加值22亿元；完成固定资产投资85亿元，工业性投入34亿元，现代化技改投入20.5亿元；完成自营出口4.1亿美元。完成“大好高”项目认定7个，引进科技小微项目53个。

【招商引资】 全年引进普朗特物流车、合利光电、德玛克自动化和上海航天动力电池等产业项目22个，总投资127亿元，其中三叶草生物制药、明翳医疗和科胜生物医药平台等科技型“大好高”项目3个；10亿元以上项目3个，30亿元以上项目1个。依托中德产业园建设，先后与仲量联行、美麟文化和浙江国际投资促进中心等11家中介机构和行业协会建立合作关系，全年接待外商82批（次），德国赛力克实业、澳大利亚风斯乐等实体外资项目签约落户；新中联、兰舍、塔恩和活性炭等优质项目进入终审评价。

【项目建设】 全年推进在建项目48个，其中工业项目35个、总部楼宇项目5个、商业项目8个。完成固定资产投资40亿元，其中工业性投入20.6亿元；完成新开工项目22个，竣工投产项目23个。建立项目引荐人全程服务制，畅通与业主沟通联系，打通项目落地前期政策处理、规划建设、报批服务和工程建设等工作环节，实现“零障碍”施工、“零距离”服务，助推八环轴承、恒星传动科技、优全护理用品、光普太阳能、中晶科技、德玛克机械和合利光电等项目顺利竣工投产。在“长洽会”上签约的三叶草生物制药、明翳医疗、视野机械和弘一液压部件等项目有序推进。

【企业培育】 引导企业通过对外合作，盘活项目用地、提高产出效益。鼓励引导海悦自动化和日本川崎机器人联合布局机器人生产线项目；德玛克机械、中晶科技、瑞高绿建和爱侣科技通过战略合作和风投注入，要素制约得到有效破解。开展低效、闲置用地的收回和盘活，全年收回友拓新能源、泽源植物、嘉城汽配、陶野科技和超威置业等项目用地7个，腾出用地空间19.73公顷；引进合利光电、航天动力电池、奥萨特和迈乔电动车等嫁接项目6个，盘活用地19.27公顷。全年培育高新技术企业5家、省级研发机构3家，完成省级以上重点项目2个，省级新产品80只，新增产学研合作项目17个，专利申请806件，其中发明专利278件；达峰汽车、威泰汽配和汉维通信等企业获批省级研究院和研发中心。

【平台优化】 中德产业园、国家大学科技园二期前期工作进展顺利。太湖资本广场全年投入5000万元，3楼餐饮配套和4楼会议中心、太湖路演中心以及6～8楼行业协会、13楼莱克能创空间等开始运营。浙北磨具加工中心对外运营，为县内20余家企业提供就近外协。浙北创业创新中心揭牌运行，得威电商、蚂蚁金服等各类电商企业40余家入驻。

【要素供给】 围绕重点项目建设

需求，完成征地42公顷，确保普朗特电动汽车、中德产业园、国家大学科技园二期、太湖博物馆、太湖街道公共卫生服务中心、开发区中心幼儿园等一批重点项目顺利推进。全年开展各类招聘会32场，组织企业赴市外招聘6次，新增校区合作基地3个，全年为企业引进员工3215人。重视“新工匠培树”，面向诺力机械、红旗仪表和海信空调等企业定向培养“新工匠”50名。全年引进“国千”人才1位，“省千”人才2位，入选“南太湖精英计划”4位，达峰汽车研究院团队、三叶草研发团队和科胜生物制药研发创新团队等先后入驻开发区。

【打造长兴资本市场“开发区板块”】 开发区对区内拟上市及挂牌企业实行快捷服务，帮助企业扫除障碍；对区内优质企业、电商企业和国家大学科技园的科技型小微企业，进行分层培育；与已挂牌企业共同研讨制定“一企一策”方案，明确三年目标与规划。全年完成新三板挂牌企业3家（海悦自动化、兴海能源、艾格生物），申报企业1家（加泰尔汽配）；四板成长板企业1家（爬爬蟹电商），长兴科技板企业20家；已启动股改6家，筹备主板企业2家（优全护理、美科沃华）。

【八环轴承（长兴）基地正式投产】 八环轴承是一家专业研发和生产摩托车、汽车、通用机、家电及特种精密轴承的高新技术企业，八环轴承（长兴）项目于2015年3月破土动工，总投资4.92亿元。3月26日，八环轴承（长兴）基地举行投产庆典仪式。

【明翳医疗眼科项目奠基】 10月28日，明翳医疗项目奠基仪式在开发区举行。项目占地2.77公顷，将建成国内最大的眼科产业化生产基地。明翳医疗通过收购、并购国内外眼科领域的先进技术，进行眼科医疗器械、眼科药品等的研发、生产和销售，全力把长兴建成中国最大的眼科产品生产基地，成为眼科领域的孵化器，进而推动中国眼科事业的发展。

【完善开发区市政配套设施】 全年开展地下雨污管网检测清洗40公里；完成开发区管网系统地理信息库编制；针对欧尚路口、滨河一街区等7个重点积涝地段，按县住建局统一标准进行改造升级。推进新开河路、钱家斗路和纵八路等建设；完成温州路交叉口改造、新开河路桥建设。累计投入资金2000万元，相继启动中央大道及站前大道、长州路、长城路、长兴大道、星龙湾区块和长洪公路等一批雨污水管网改造工程；投入资金1600万元，完成总长5公里的新塘花园专线和彭城社区高低压配电安装工程。 （张艳嫣）

·太湖旅游度假区·

【概况】 2016年，太湖旅游度假区（以下简称“度假区”）深入践行“绿水青山就是金山银山”的重要思想，深入开展“两学一做”学习教育活动，按照“四个年”活动要求，以“六重”工作为抓手，以实施度假区五大专项行动为载体，扎实推进“十件大事”和36个重点项目，重规划引领，推项目建设，从环境优化、功能完善、形象提升以及干部作风转变等方面做文章，不断外塑形象、内增实力、厚植优势。2016年，度假区13个市重点建设项目完成投资19.75亿元；市“大、好、高”项目完成投资11.93亿元；财政收入同比增长13.1%。

【项目建设持续推进】 2016年，度假区排定36个年度重点建设项目。完善度假区管委会领导联系项目制，成立项目组，明确项目组长及推进目标，加强沟通、有效服务，全力推进各重大项目建设。太湖健康·蜜月小镇全年投入14.35亿元。婚庆产业、影视文化产业、大健康产业内涵不断丰富，项目支撑不断强化，边际效益不断扩大。鑫远太湖国际健康城项目大规模铺开建设，确保鑫达医院2018年底主体竣工，护理学院年内开工建设；湖州影视城有160余家相关企业入驻，全年纳税2700余万元，2016年，有《楼外楼》《建军大业》等10余部影视作品在湖州影视城拍摄；“发现岛”主题乐园进入设备安装阶段；长田漾湿地公园项目东入口和三花岛区块基础设施已基本完成；杭州师范大学附属鹤和小学抓紧建设。

【招商引资持续突破】 2016年，度假区通过主动拜访、以节会商和以商招商等形式，进一步推动招商引资工作，全年新设立登记经济主体650余家，其中时尚、信息经济、环保、健康、旅游、金融和文化七大新兴产业300余家。总投资100亿元的棕榈园林投资长田漾项目工作组已入驻并开展前期设计等工作；湖州影视城二期已开工建设，项目三期也已签约；国医堂项目已正式签约；美欣达投资的top高尔夫项目设计方案已完成。

【旅游人气持续攀升】 2016年，以交通组织管理提升、放心餐饮示范工程、景区厕所改造提升和亮化改造提升工程四大专项行动为抓手，不断做优旅游环境、做精旅游产品、做活旅游市场和做强旅游经济。国家旅游局发布的“十一”国庆节旅游“红黑榜”中，度假区荣登“厕所革命最佳景区”红榜。度假区全年接待国内外游客616.8万人（次），同比增长12.1%；旅游总收入42.1亿元，增长15.3%。渔人码头餐饮企业收入1.94亿元，增长33.6%，春节期间，平均“翻桌率”超300%；奥特莱斯营业收入增长24.7%。月亮酒店、雷迪森温泉度假酒店、哥伦波城堡春节期间全部满房。组织金秋系列活动、第十七届全国极限运动大赛、全国OP青年帆船赛、环太湖国际自行车赛以及湖州影视投创会等系列活动为度假区集聚人气、扩大国内外影响力都起到了积极的推动作用。

【环境品质持续优化】 以全国文明城市创建、全国生态文明先行示范区建设和国家卫生城市复评“三大攻坚战”为抓手，对99公里河道、0.9平方公里湖漾实施河道保洁长效管理。2016年，累计出动7100余人（次），机械1260台（次），集中清理生活垃圾、建筑垃圾1.5万余吨，新建和修理围墙3800余米，新增绿化8.6万余平方米。全年城中村改造完成建筑面积50.89万平方米；征地拆迁签约486户，面积20.97万平方米；拆除违法建筑20.78万平方米。

【社会持续和谐稳定】 围绕元旦、春节和G20杭州峰会等重大节庆和敏感时期，全面排查社会矛盾纠纷和不稳定因素，把握重点，推进矛盾化解，促进社会和谐稳定。一是深化领导包案制度。根据排查出的矛盾纠纷和信访问题，由度假区管委会领导牵头包案化解，明确目标责任，落实管控措施，确保矛盾不升级，事件不扩大，化解有进展。二是有效化解信访矛盾。全年上报预警信息14条，提前发现、掌控5件涉众型信访。完成风险评估5件、重大活动安保方案4件，配合协调劳资纠纷68起，涉及1600余人（次），有效地防范和减少了涉及社会稳定和突发事件的发生。三是做好“12345”热线办理。以“12345”阳光政府热线为抓手，突出矛盾排查化解，2016年，受理群众来电3416件，按时响应率达99.99%、按时办结率达99.99%、满意率达88.24%，满意率居全市第二位。四是加强建筑施工领域生产安全监管。进一步落实责任，注重工程建设、道路交通和水上旅游等领域的安全监管，突出对餐饮、消防和道路等重点领域和人员聚集场所的安全监管，全年排查出各类隐患风险点215处，整治214处，限期整改1处。确保各类社会风险排查整治纵向到底、横向到边和全面覆盖，全年度假区未发生较大安全生产责任事故。 （朱 玲）

·湖州莫干山高新区·

【概况】 湖州莫干山高新技术产业开发区（以下简称高新区）前身为德清经济开发区，2010年6月，经浙江省人民政府批准增挂德清高新技术产业园区牌子。2015年2月，更名为湖州莫干山高新技术产业园区，是年9月，经国务院批准，升级为国家高新技术产业开发区，并于2016年2月揭牌。为贯彻落实国务院和省委、省政府指示精神，支持高新区加快发展，2016年7月，湖州市委、市政府印发《中共湖州市委 湖州市人民政府关于加快湖州莫干山高新技术产业开发区发展的若干意见》（以下简称《意见》）。《意见》提出，设立湖州莫干山高新技术产业开发区党工委，为市委派出机构，与德清县委合署办公；设立湖州莫干山高新技术产业开发区管理委员会，挂“浙江地理信息产业园管理委员会”牌子，为市政府派出机构，与德清县政府合署办公。撤销原浙江德清经济开发区管理委员会，以及德清科技新城、临杭工业区、场站新区的管理机构。园区核准规划面积6.65平方公里，管辖区域总面积74.74平方公里，包括城北高新园、康乾科教园、地理信息产业园和通用航空产业园。2016年，高新区主动适应经济发展新常态，以“一年全面整合，贡献持续提升”为奋斗目标，立足全新起点，补齐发展短板，全力推动重大项目落地、产业转型升级和平台建设提升等重点工作开展，进一步巩固高新区在全县乃至全市项目“双进”、经济发展主引擎地位，为创新型特色产业园区建设奠定坚实基础。全年完成财政收入18.88亿元，同比增长27.1%；完成规模以上工业产值444.2亿元，增长7.15%，其中，高新技术产业产值287.8亿元，占规模以上工业产值64.8%。完成规模以上工业增加值88.5亿元，增长13.6%，战略新兴产业增加值12.9亿元，增长9%；完成规模以上工业利税40.2亿元；完成新产品产值171.7亿元，增长8.51%；完成自营出口62.1亿元，增长4.3%；完成“小升规”企业12家，“下转上”企业10家。

【机构整合调整】 年初，完成原管辖区域的区划调整、社会事务管理职能与经济发展职能的有效分离，实现由社会综合管理向经济专项管理的平稳过渡。2月，科技部、省、市领导为国家高新区揭牌。经调研和论证，确定高新区“委托管理”和“一区四园”的管理模式，明确打造国内领先的国家创新型特色园区的总体目标。9月20日，高新区召开第一次干部大会，原德清经济开发区、科技新城和临杭工业区三平台正式整合，完成内设机构和派出机构“一办七局一中心”的职责分工、机构设置和人员配备，并平稳接收新归入企业400余家（规模以上企业79家）。

【三大平台亮点纷呈】 高新区工业发展核心区块的城北高新园，在项目“双进”、平台建设等方面都占据全县重要份额，实现总投资200亿元的乐视生态汽车产业园项目落地、北部园区特大项目零的突破，产业园项目得到了务实、高效推进。申报国家知识产权试点园区和国家级“规划环评+环境标准”清单式管理改革试点，改革试点工作走在前列；地理信息产业园是高新区经济发展的战略性区块，在科技创新、小镇建设等方面肩负着重要使命，地理信息小镇展馆建成启用，地理信息梦工厂、众创实验室入选国家级众创空间备案，“千人计划”产业园成为全市首家省级“千人计划”产业园，高新区未来地标永久会址主体结顶，地理信息产业发展和小镇建设受到中央领导的关注和肯定；通用航空产业园的特色小镇申报工程成果初显，机场建设卓有成效，上海至莫干山的成功首飞，提升了通航产业影响力，为通航智造小镇建设奠定了基础。

【全力以赴抓项目】 牢固树立“项目为王”理念，聚焦四大产业精准招商和产业链招商。加强与高端中介机构合作，加大“以企引企”和“以商引商”力度，扩大项目信息源。全年完成三次产业“大好高”项目16个（5亿元以上6

个，10亿元以上2个，20亿元以上1个）；完成外资及港澳台资“大好高”项目4个；实到外资及港澳台资2042万美元；完成人才科技项目56个，功能性机构20个，特别重大项目1个，到位省外资金29.58亿元。举办专题招商推介会8次，签约西力电表、千寻位置、坤泽和鼎力机械三期等重大项目122个，在谈储备项目41个。

【集中精力推项目】 建立项目动态跟踪制，当好服务项目“店小二”，做到一个项目、一套方案和一抓到底，全年完成固定资产投资103.32亿元，同比增长21.8%。其中，工业投资71.24亿元、服务业投资27.28亿元、基础设施投资4.8亿元。实现“重大百亿项目”新开工15个，竣工12个。实现正大青春宝、联通数据云和TCL等一批品牌知名度高的重点项目开工建设，确保欧诗漫珍珠生物产业园、通航机场和联合国地理信息国际论坛永久会址等一批重大项目快速推进。

【科技创新助力转型】 制定出台多项科技创新政策措施，引导企业提升自主创新能力和综合竞争力，全年新认定高新技术企业13家、省级科技型企业32家，新建省级企业研究院3家、省级企业研发中心5家。完善公共服务平台搭建，引育“国、省千人才”18人，新建省级院士专家工作站1家、省级博士后工作站1家，引进各类人才数在全县占比80%以上。承接国家知识产权试点工作，新认定国家知识产权优势企业2家、示范企业1家，新认定省级专利示范企业2家，完成专利申请1630件，获得省、市科技进步奖11项。

【产业引领加速转型】 及时调整以智能汽车、通用航空、地理信息和生物医药为主导的产业格局，大力发展战略新兴产业，加快培育经济发展新动力；加快推动淘汰落后产能，深入推进供给侧结构性改革和“亩产效益”评价机制，使资源要素向优强企业倾斜；加大小微企业扶持力度，引导企业实施“四换三名”“两化融合”，推动小微企业“小升规”“规改股”“股上市”。全年完成规模以上工业产值444.2亿元，增长7.15%，其中，高新技术产业产值287.8亿元，占规模以上工业产值64.8%；完成规模以上工业利税40.2亿元；完成规模工业增加值88.2亿元，战略新兴产业增加值13.1亿元；完成自营出口62.1亿元，增长4.3%；完成“小升规”企业12家，“下转上”企业10家。

【保障护航全面转型】 强化国土资源合理利用，完成供地1683.88亩，盘活供地790.23亩，复核验收137亩。开展安全生产社会化服务体系建设，完成G20杭州峰会期间安全保障护航任务，通过阿里杜巴工业园的安全隐患整治工作验收，关、停企业17家，确定“安全管家”购买企业81家、“智慧用电”安装企业36家；深入推进高新区“规划环评＋环境标准”清单式管理改革试点工作，完成预审批项目66个；完成所有在册小锅炉淘汰改造、金属表面处理企业专项整治工作，制定“一厂一策”整治提升方案企业9家，完成水和固废污染防治企业9家，投入酸雾收集处理设备企业1家，完成华澳合成、采丰木业的挥发性有机化合物整治工作；组织园区企业参加全县人力资源交流大会，提供工作岗位1000个；配合县公积金管理中心开展公积金扩面工作，新增缴存职工2000余人，新开户企业9家。（陈燕红）

·吴兴区工业园区·

【概况】 为进一步优化全区工业园产业发展及空间布局，推动经济转型升级，吴兴区紧紧围绕“经济强区、科技新城、生态家园、幸福吴兴”的总体目标，以“大平台提升拓展计划”为行动指南，加快提升平台承载能力，强化传统产业改造提升与新兴产业培育发展基础。牢牢把握“保稳促调、提质增效”的总基调，以“转型升级会战年”为主线，坚持问题导向、项目载体，推动工业经济发展方式加快由规模速度向质量效益、传统制造向智能制造和要素驱动向创新驱动转变，努力实现工业经济持续平稳健康发展。

【园区建设】 1. 织里工业园。位于中国童装名镇、品牌羊绒服装名镇和全国百强乡（镇）——吴兴区织里镇。园区总规划面积17.4平方公里，其中新规划新兴产业集聚平台织东新区6.05平方公里。园区内产业体系完善，形成了以特色童装、新型纺织、羊绒羊毛、铝合金型材和装备制造为支柱，电子信息、生物制药等综合发展的现代工业体系。紧紧围绕“中国国际童装之都、太湖南岸工贸新城”战略目标，在目标定位和空间布局上抓好“一个核心、两个平台、三个百亿”，统筹推进各项重点工作，经济社会发展取得了新进展新成效。园区有规模以上工业企业70家，全年规模以上工业企业主营业务收入147.5亿元。2. 湖州现代物流装备高新技术产业园区。西起三环东路，东至经九路，南起吴兴大道，北至外环北路，面积14.12平方公里。重点发展仓储物流装备、管输物流装备、装卸物流装备、智能化系统集成和关键部件及配套五大领域。锁定现代物流装备主导产业，拓展发展空间、招引高端项目、推动转型升级，全力打造“中国物流谷”。2016年，园区内规模以上工业主营业务收入141.14亿元，同比增长15.7%，园区内主导业规模以上销售收入完成90.91亿元，占比达64.4%。工业“大好高”项目投入20.08亿元，基础设施投入3.27亿元，全年1000万以上零土地技改完成12.61亿元。3. 八里店金属新材料产业园。位于八里店临港平台区块，规划总面积5平方公里。围绕“临港重装产业园”定位，重点发展数控机床、光机电一体化设备和机械制造和石油管道产业。2016年规模以上工业产值完成105亿元，销售收入104.11亿元。4. 青山机电产业园。位于吴兴区南部，由埭溪工业功能区和东林工业功能区组合而成，规划总面积15.49平方公里。2016年，“大好高”项目固定资产投入34.1亿元；基础设施投入1.8亿元。工业技术改造投入33.96亿元，盘活存量土地40.35公顷。

【平台拓展】 全年完成基础设施建设项目投入5.5亿元，拓展提升面积398.67公顷，完成征地拆迁1000户，园区承载力得到进一步提升。

【项目引进】 以“谋划大产业，招引大项目”目标为引领，加快项目引进。围绕“精准招商攻坚行动”，不断完善体制机制，全面优化服务举措，锁定物流装备、电子信息等新兴产业，以高新区、集聚区和特色生态产业园等为重点，坚持领导招商，强化驻点招商，深化委托招商，开展活动招商。

【项目落地】 坚持把加快重大工业项目建设作为重中之重，围绕省市、区重点项目，扎实开展“大项目落地提速”行动，加快项目前期、强化问题协调、主攻项目落地，扎实推进项目建设。全区44个省重点建设完成投资68.61亿元；48个市重点建设项目完成投资122.04亿元；17个“411”重大实施类项目全部开工，完成投资52.97亿元。60个区重点工业项目中老恒和、精星物流等31个重点项目实现新开工，科创园二期、德宏汽车等6个项目实现竣工，完成投资59.91亿元，省、市、区重点项目对投资带动作用明显。（沈琪泓）

·南浔经济开发区·

【概况】 2016年，南浔经济开发区紧紧围绕“大干苦干拼命干、全力争创国家级开发区”的工作目标和要求，攻坚破难、奋力拼搏，各项工作取得了良好成效。南浔经济开发区综合实力已进入全省省级开发区10强，南浔智能“电梯小镇”已纳入省级培育小镇名单，南浔经济开发区获得浙江省G20杭州峰会工作先进集体荣誉，获得全区2016年度镇、开发区综合考核优胜单位。全年完成规模以上工业总产值207亿元；规模以上工业增加值39.3亿元，增长1.3%；固定资产投资50.33亿元，增长11.8%；工业性投入30.84亿元，增长15.29%；完成国、地税收入9.97亿元，增长1.74%。完成实到外资及港澳台资1.6亿美元，增长334%；浙商回归省外资金到位16.95亿元，增长31.6%。全年完成“小升规”“新上规”企业24家。

【平台形象大提升】 征迁质量进一步提升。按照“东连、西拓、南进、北提”的要求，集中力量攻坚洋南区块扫尾，并加快推进马腰、东迁、新安区块征迁。全年完成拆迁305户，拓展平台173.33公顷，完成拆除违法建筑24.65万平方米。基础设施建设加速推进。全力加快南部工业平台13个重点基础设施工程建设，投入3亿元。重点推进南浔大道、联谊路、向阳路以及宏达学校周边的沈塘路、沈家港路等道路建设，平台形象日益提升。其中南浔大道（年丰路至联谊路段）西侧及中间绿化、亮化已全部完成；向阳路、沈塘路、联谊路和沈家港路全部通车。

【项目建设成效显著】 项目招引有成效。充分发挥电梯、电机等主导产业优势，瞄准上海、杭州等重点区域，大力实施“浙商回归、浔商回家”工程，强化以商引商、以企引企和产业链招商，着力引进产业关联度大和带动性强的龙头型项目。全年引进项目15个，其中20亿元以上项目2个，5亿元以上项目2个，完成市认定工业“大好高”项目8个。总投资76.7亿元，固定资产投资63.2亿元。项目推进有形象。实行“店小二”式全程专人跟踪服务制，采用一门受理、关口前移和清单服务的方式，优化项目审批、强化协调服务和强化工作保障。部门内部实行接力棒式认领服务机制，总账到条线，细账到个人，每周对账单。同时，采用项目报批倒逼机制，积极协调区国土、环保、规划、发改、商务局、工商、公安、质监、外管、国税、供电、银行、气象、水利、消防等部门，齐头并进，加快项目报批时限。全年完成竣工投产项目5个，主体厂房项目10个，新开工项目5个。

【环境面貌有效提升】 淘汰落后产能6家，实施节能、节水项目5个，建设污水管网16.58公里，完成农村生活污水治理300户，完成河道清淤4.02公里。“三改一拆”已完成64.18万平方米，“两路两侧”区定87个问题点已完成整治64个。养殖场整治已拆除97户。“低小散”整治关停小木业98家，全年淘汰小锅炉131台。

【综合保障扎实有力】 围绕创建“平安开发区”目标，进一步健全“网格长”管理制度和信访维稳机制，全力打赢护航维稳攻坚战。要素保障基本到位。成融资17.3亿元(其中新增13.8亿元，周转3.5亿元)，切实保障了南浔开发区发展和建设所需的资金。社会形势和谐稳定。通过动员各村党员群众开展大巡查、大整治，确保了G20杭州峰会期间“杭州不去人、本地不出事、环境创一流”；妥善处置南方通信后续问题，南方通信光缆厂和铜杆厂已恢复生产，集资款问题已妥善处置。安全生产形势平稳。加快火灾隐患整治，市挂牌督办东迁集镇一期220户棉布经营户火灾隐患整治已完成区级初验，二期整治已全面施工；马腰片区小木业三年整治计划已全面启动。（王新光）

·安吉经济开发区·

【概况】 2016年，安吉经济开发区（递铺街道）围绕“富裕、美丽、幸福”主线，以“比新高、拼全力”活动为载体，全力推项目、优环境和强保障，奋战“十三五”开局之年，保持了经济社会平稳发展。全年全区完成规模以上企业工业总产值196亿元、利税22亿元，同比分别增长2.5%和22.5%；全年全区完成财政收入23.37亿元，占全县比重达38%；全年全区完成38亿元工业性投入，完成合同外资及港澳台资1.1亿美元，实际利用外资及港澳台资7823万美元，内资实到注册资金7.5亿元；农村常住居民人均可支配收入2.6万元，增长10%。

【工业经济稳中有升】 一是招商引资再创佳绩。坚持走产业招商之路，围绕“3+1”产业体系，大力实施精准招商。全年全区新引进项目28个，总投资328亿元，其中投资5亿元以上项目8个，10亿元以上项目6个，30亿元以上项目5个。浙澳经贸合作区获省商务厅批复，3月29日，安吉港国际物流园区项目签约仪式在澳门地区举行，由澳门恒和集团投资的安吉港国际物流园区项目落户；钱唐融资租赁项目完成工商注册登记，取得省首个外商投资租赁营业执照；引进浙北汽配产业园、永艺工业“4.0”和天天快递物流装备制造等多个重大产业项目。二是项目建设加速推进。深化执行一张项目推进表、一次项目专题会和一个项目微信群的“三个一”推进机制，坚持问题导向，强化一线破难。信多达、舒尔雅、宝立重工和龙威家具等10个重点项目开工建设；颐达纺织、路联装饰等7个重点项目竣工投产。第三产类项目，省自然博物园主馆区顺利结顶；城北污水厂二期投入使用；科创园二期完成基础；省广电影视、盛步光伏等项目加快推进。采用“一企一策”推动“双停”企业盘活，全年收储土地39.33公顷，盘活停产企业20家，停建企业4家，成效显著。三是企业服务提质增效。秉承“关爱企业，用心服务”理念，为辖区内企业提供“一站式、保姆式”服务；强化服务工作执行力，不断提升服务效能和服务水平，督促联企干部走企业、跑园区，帮助企业解决生产融资、劳动用工和契证延期等实际困难；企业APP服务平台提档升级，以业主满意度为标准，让企业体会到开发区良好的服务软环境；天草生物于1月25日在“新三板”挂牌上市，洁美电子、恒林椅业和中源家居正处于主板上市培育中。四是平台配套优化完善。完成齐云路、申嘉湖高速西延征迁和省广电项目征地，破解包家多年遗留的拆迁难题，推进万亩凌家滩、双河方家上和省自然博物园区块整治；绕城北线、西线提升工程完工，绕城南线综合改造启动；打通天目北路、越都南路等断头路，园区路网进一步完善；新建10千伏线路30公里，满足园区企业用电需求；琥珀热电集中供热、阳光大道沿线污水管网完成改造，平台承载能力进一步增强；绕城东线、梅园路、浮玉路和阳光大道等主干道绿化工程完工，平台形象大幅提升。

【城乡面貌明显改善】 一是“三四五连动”强势推进。万亩、双河、三官区域性拆除违法建筑取得新进展，全年完成“三改”220万平方米，拆违22.7万平方米；加大重点道路沿线的整治和绿化提升，完成绕城环线重要节点改造80余处，工业园区道路沿线绿化整治3万平方米；农村生活污水治理6个村，埋设污水管网250公里，终端91座，受益农户2400余户，同时，工程质量提升明显，污水管网运行维护工作获得“湖州市先进集体”称号；畜禽养殖场整治提升14家，关停小规模养殖场85家，全面完成县政府下达的畜禽养殖场整治任务。二是“四美创建”全面铺开。落实“四美创建”工作，围绕干净、整洁、有序和便捷的总体目标，做好、做活、做透“美”的文章。出台“四美”创建步骤、考核指标和奖励办法。完成鲁家溪南北庄段、鲁家段的“最美河道”景观提升工程；完成鲁家大路桥，鹤鹿溪龙口、三边和马家水车湾“最美村落”创建工作；完成鲁家长思岭至“一湖三中心”、塘浦至鹤鹿溪、南北庄至鲁家的“最美村道”创建工作量的50%；完成赵家上小区、垅坝丁范的“最美小区”创建工作量的50%。三是美丽乡村“一村一品”。东山垓、兰田、横塘的美丽乡村精品示范村创建获得县一等奖。鲁家核心农场、“一湖三中心”基本建成，鲁家模式得到中央电视台、新华社等多家主流媒体争相报道；鹤鹿溪省级村庄规划启动，以乡村风貌特色塑造为重点，打造具有历史文化气息的美丽乡村；古城村依托古越文化开展精品村创建，龙山古城遗址被列入国家级大遗址项目，增添美丽乡村历史人文底蕴。四是小城镇整治正式启动。全面吹响小城镇环境综合整治攻坚行动号角，大力开展“三清”（清庭院、清厕所、清死角）行动，消除小城镇“六乱”（乱停车、乱堆物、乱摆摊、乱开挖、乱建筑、乱竖牌）现象。在建设“绿色、生态、美丽”小城镇的同时，充分挖掘老集镇文化底蕴，打造特色风情小镇，高品位规划万亩城市绿心，高标准打造三官商业地标，高质量挖掘安城古越文化，打造小镇治理的示范工程和精品工程，为最美县域建设提供支撑。

【创新工作亮点纷呈】 一是新型城镇化PPP项目签约实施。创新推出城市基础设施项目包，实施全县首个PPP项目，引入社会资本加快城镇化建设，在为城市基础设施提供强有力的资金保障的同时，提升公共产品供给质量；城镇化配套项目分2批相继实施，科创园二期、城北小学开工建设，自然博物园主馆工程结顶，绕城东线、阳光大道、梅园路和浮玉路绿化工程完工，城市形象进一步提升，产城融合获得有力支撑。二是控制债务成本，优化债务结构。积极与银行等金融机构对接，国银融资租赁、苕溪水环境整治等一批中长期低成本项目签订，全年累计完成低成本资金置换存量债务37.23亿元，节约成本1.05亿元，完成存量债务成本调整53.2亿元，节约成本1.77亿元。立项浙江省首单政府融资平台省“绿色债券”，发行总额8.6亿元的低成本的地下管廊专项债，债务结构有效优化。三是鼓励科技创新，推动转型升级。积极落实工业企业“零土地”技改“放管服”改革，先行、先试开展服务指导，协同各部门事中、事后监管，全年办理“零土地”技改项目备案38个，涉及总投资3.5亿元，14个技改项目已完成并投产，有效地激发了企业创新活力；“机器换人”全县领先，全年完成技改项目72个，技术改造投资7.6亿元，企业降低能耗20%以上，人均产出提升118%，产品合格率提升2%，实现了减员增效、减能增效。四是创新工作方法，破解发展难题。制定《城市规划区内危房、无房户农房审批内控管理办法》，有效地破解了控规区域区内急需建房与项目征迁逐年计划安排的实际矛盾；制订《递铺街道农贸市场考评实施意见》，农贸市场经营管理秩序大幅提升；修订实施《中介服务机构规范化管理办法》，全年完成测绘、招标代理等9大类、600余项考核，精细化管理进一步提升。

【各项事业持续繁荣】 一是农村经济稳步增长。通过“一村一策”扶持集体经济壮大，全年完成土地复垦9.73公顷，造田3.33公顷，启动旱改水32.4公顷；全年解决净土、长乐和吉庆桥等13个村留用地指标13.11公顷，留用地货币安置7000余万元；大力推动农林水基础设施建设，完成造林项目200公顷，生态修复100公顷，实施兰田高标准基本农田建设；西苕溪“清水入湖”工程完成征地118.01公顷，拆迁165户。二是民生工程稳步推进。三官中心幼儿园异地新建完成前期手续，社会福利院住宿楼扩建进入施工，安城护城河完成疏浚；农村道路提升改造6条、14公里，大中修5条、11.3公里；治理城西片中小河流13.5公里；改造农村危房22户；3处地质灾害点完成治理并通过验收。三是社会保障持续强化。积极探索实践计生特殊家庭帮扶工作，出台《计划生育特殊家庭及特殊人员关爱行动实施意见》《“生育关怀 暖巢行动”暨计划生育特殊家庭帮扶实施意见》，从精神慰藉、经济扶助和计生保险等方面入手开展各类集中帮扶和“一对一”个性化帮扶活动，受到失独家庭及社会各界好评；率先开展城乡医保卡签约工作，完成5万农户社保卡签约；继续关注保障低收入群体，核发低保金558万元，发放低保边缘户救助款28万元，发放残疾人生活补贴231万元；村级慈善工作站新增善款207万元，发放善款87.33万元，累计救助、慰问733人（次）。四是文体事业持续繁荣。全年开展各类文体活动70余场，培训文体骨干560人（次），落实奖励资金78万元；举办第四届排舞大赛和文艺人企晚会，承办“湖州市第七届南太湖音舞节”，举办社区首届“星光大道村晚”；组建18支队伍参加县第七届运动会，荣获乡镇（街道）第一；带领塘浦工业园区雷霆舞龙队参加省第三届舞龙锦标赛，获团体铜奖。五是平安创建持续发力。以实现“平安安吉”十二连冠为目标，深入推进平安创建。梳理重大疑难纠纷25件，分管领导包案稳控化解17件；全面推进社会稳定风险评估，通过购买社会服务，完成5个项目文本报备，评估资料录入“稳评系统”；广泛开展平安知识竞答等形式多样的平安法制宣传活动，平安“三率”普及再提高；进行社区戒毒矫正工作，递铺街道荣获“全市第一批乡镇（街道）戒毒社区康复示范点荣誉”称号；G20杭州峰会期间，开展为期一周的护航决战行动，所有干部驻村巡查，全面开展大排查、大巡防和大整治，圆满完成“护航G20”安保任务。（罗时波）

城乡建设与管理

·城乡建设·

【综述】 2016年，全市城乡建设系统围绕中央、省委和市委城市工作会议精神，按照“改革创新谋发展、科学适用抓建设、凝心聚力强管理、彰显特色绘新篇”的工作思路，狠抓“城乡一体提升年”“三改一拆”“治危拆违”“全国文明城市创建”等各项重点工作，全力推进城乡建设工作。

【城乡一体】 牵头开展“城乡一体提升年”活动，着力推进“五大提升”“六个一体化”（城乡交通、住房保障、供水、供气、污水处置、垃圾分类处置“六个一体化”），全市405项工程累计完成投资536亿元，城乡一体融合共进。一是基础配套不断完善。奥体中心、太湖水厂和市民服务中心等项目按时竣工；餐厨垃圾处理中心、西塞山天然气门站搬迁、浙江宏达南浔学校、湖州开发区铁公水综合物流园区等项目稳步推进；浙北医学中心、湖东小学和规划展览馆全面开工，城市功能和承载力不断提升。二是城市交通更加顺畅。外环线全线通车；城西大桥、仁皇山大桥和湖浔大道（新318国道南浔段）竣工；湖山大道开工建设，城市交通更加顺畅。三是城市特色日益彰显。中心城区万达广场、儿童公园竣工；中心城区状元街区顺利开街；中心城区小西街区修缮整治完工；长兴县东鱼坊历史文化街区、德清县八角井商业文化中心、安吉县苕溪清水入湖河道整治工程和太湖度假区拉风影视城等项目稳步推进，城市特色日益彰显。

【三改一拆】 坚持将“三改一拆”作为拓展城市空间、提升城市品质的重要措施来抓，保持力度不变、标准不降。一是“三改一拆”走在前列。全年“三改”完成5603万平方米，拆除违法建筑1246万平方米，拆后土地利用率达92.6%，荣获省综合排名第一，各项工作走在全省前列。二是“四边三化”洁美同步。深入开展“四边三化”“两路两侧”行动，全力实施路长负责制，全市383.83万平方米彩钢棚、95个省级重点和475个自查自纠问题点位全部整改到位，申苏浙皖高速长兴段和滨湖大道被评为第一批省级精品道路，城市洁美度显著提升。三是房屋征收有序落实。中心城区6个指导组完成签约953户，搬迁566户，苕溪东路中段道路改造、碧浪湖小区危房改造、清水入湖项目和市北29号地块等完成签约，为项目建设扫平障碍。

【美丽乡村建设】　以农村生活污水运维管理、传统村落保护利用为重点，推进美丽宜居示范村创建、垃圾分类等工作，提高宜居水平。一是美丽宜居乡村提档升级。新创建省级美丽宜居示范村15个，南浔区荻港村、安吉县大竹园村和吴兴区义皋村入选国家级示范村名单，全年创建99个省级、6个国家级美丽宜居示范村，省级示范村覆盖率和国家级示范村数量均居全省第一。长兴县上泗安村、南浔区港湖—新兴港村入选第四批中国传统村落（累计入选5个），乡村历史风貌得到存续。二是小城镇整治全力推进。按照省住建厅部署，率先启动小城镇环境综合整治工作，在全市115个镇开展“双百行动”（卫生整治“百日攻坚”行动、公路“道乱占”“车乱开”整治百日攻坚行动），首批33个小城镇整治全面铺开，全省第一次小城镇整治现场会于1月10日在德清县召开，小城镇整治走出湖州特色。三是农村污水运维终端加快移交。在全省率先出台《湖州市农村生活污水处理设施运行维护管理暂行办法》，创新农村污水智能化、精细化运管模式，全市5698套农村污水处理终端由各县（区）农办移交至住建部门，移交率达92%，实现农村生活污水运维“三个到底”（一个口子抓到底、一根管子通到底和一股清水流到底）。

【为民办实事】　从人民群众最关心、最切身的问题入手，全力推进住房保障、“治危拆违”等工作，谱写共建共享新篇章。一是保障房建设任务全面完成。出台《湖州中心城区公共租赁住房保障实施细则》等系列文件，公租房人均年收入标准提高至3.6万元/年，外来务工人员和新就业无房职工中的优秀人才保障渠道日益拓宽。全年全市棚户区改造新开工22593套，各类保障房建成21678套；竣工26429套；交付入住16370套，住房保障覆盖率达27%。二是“治危拆违”全面推进。全面开展“除隐患、保安全、促转型”治危拆违攻坚战专项行动，积极推进城中村改造和危旧房治理改造工作。城镇危旧房改造完成1079幢、39.1万平方米治理改造，分别达到省定年度目标的116.7%和113.4%。截至年底，全市农村排查出疑似危房5105户，后续等级鉴定、治理工作有序推进。三是智慧城建初步成型。紧跟“智慧城市”建设步伐，综合调研系统内现有信息化系统和业务需求，全面推进智慧城建大平台建设。公用中心、环卫处和智慧工地等200个视频点接入建设系统大平台，并与市公安局视频监控共享，初步具备应急协同能力。

【城市管理】　围绕“建设宜居城市”目标，不断创新思路、强效管理，确保城市平稳运行。一是城乡垃圾分类向全域覆盖推进。出台中心城市垃圾分类细则，建筑垃圾循环利用中心全面启用，大钱港垃圾中转站建成投产，餐厨垃圾处理中心建成。12月19日，举行湖州中心城市暨太湖度假区生活垃圾分类收运处置启动仪式，中心城市进入垃圾分类全覆盖时代。农村生活垃圾分类完成15个省级示范点，新增垃圾分类村150个，行政村覆盖率累计达31%，集中处置率达100%，垃圾分类梯次铺开、全域推进。二是扬尘治理全程管控。在智慧工地全时监控的基础上，开展高频次、高密度的集中整治和专项检查，施工扬尘污染防治增加费计提标准同比提高30%，对2000平方米以上项目落实水冲轮胎和7层以上喷淋全安装等措施，成功创建了77个市级绿色工地，实现生态效益和经济效益的双赢。三是安全运行全力保障。对全市建筑施工、供水、供气和道路桥梁开展3次安全生产集中大排查，瓶装燃气实名制全市域推进。“11·24”江西丰城电厂重特大事故发生后，加大对在建工程安全工作检查力度，检查在建工程833项（次），检查发现的3871个隐患点全部完成整改，有力地保障了G20杭州峰会、雨雪冰冻和台风期城市平稳运行。四是城乡环境全面改善。根据《湖州市市容和环境卫生管理条例》，完成《城乡环卫一体化作业规范》初稿，市住建局负责的183条、521.3万平方米道路均采取分时保洁模式，市场化保洁率达75%以上，机械化作业率达86%，保洁模式更加现代、高效。推行农村第三方专业化保洁模式，吴兴区织里镇、妙西镇、南浔区千金镇、善琏镇和湖州开发区杨家埠街道等全面实施，农村环境卫生保洁走向常态化、专业化。

【五水共治】　深入推进“五水共治”工作，不断提升城市功能和品质。一是保供水。建成总投资10亿元的太湖水厂，吴兴区八里店镇和南浔区和孚镇、长超镇等乡（镇）陆续接入优质太湖水，市本级城乡供水一体化格局基本成型。二是排涝水。中心城区建设口排涝泵站共有43座，总排涝能力达19.58万立方米/小时，移动应急排涝能力0.55万立方米/小时，城市新建区域防汛排涝能力达到30年一遇。三是治污水。污水处理第三方运营在全省率先实现全覆盖，中心城市污水集中处理率达95.47%，污泥无害化处置率达100%。四是抓节水。编制湖州市市区供水、节水管理办法，完成创建节水型小区11个，覆盖1.4万户家庭，覆盖率达5.36%。创建完成节水型企业（单位）26家，覆盖率达21.3%。完成屋顶集雨设施914处、节水器具改造8500套和一户一表改造7800户，超额完成省定任务，成功创建为“省级节水型城市”。

【行业管理】　围绕国家“营改增”“供给侧改革”等部署，坚定信心、强化监管，引导行业赶超发展。一是建筑行业试点突破。继续加大“走出去”和2个产业转型试点力度（工程总承包、建筑工业化），大东吴集团取得建筑工程施工总承包特级资质，实现零突破。天力建设集团等3家企业及湖东小学等9个项目被列入省第二批工程总承包试点，中天建设产业现代化有限公司德清基地获批国家住宅产业化基地。通过转型发展，在全国建筑业增速下降的情况下，全市建筑业年度产值达673亿元，同比增长8.2%，保持较好的增长态势。二是房产行业量升价稳。协助市政府出台《湖州市人民政府办公室关于进一步促进中心城市房地产市场平稳健康发展的若干意见》，通过合理供应、“房票”安置和“走出去”等举措去化库存，稳定房产市场。全年全市商品房销售备案面积559.42万平方米、均价7650元/平方米，分别增长42.92%和0.48%，销售量创历史新高。商品房可售面积574.33万平方米，其中住宅274.37万平方米，分别下降31.89%和48.51%，去化周期分别为12.3个月、7.1个月，位于合理区间。编制完成《湖州市物业管理条例》初稿，引导新小区物业管理提质增效、老小区物业管理基础完善，积极创建美丽社区。三是科技节能日新月异。全面推进海绵城市、绿色建筑和住宅全装修等前瞻性工作，出台《湖州市海绵城市工程导则》《加强湖州市区住宅小区室外排水工程管理的通知》等文件，在中心城区东部新区、仁皇山新区、市北分区和湖东西区试点推进海绵城市建设。采用可再生能源应用的建筑面积达680万平方米，完成省定目标的210%。核工业湖州工程勘察院获批工程勘察综合资质，实现全市该类资质“零突破”。

（龚辛陶）

·县（区）城乡建设·

【德清县城乡建设】 2016年，德清县按照建设“两美德清”的总体部署，紧紧围绕“大建设、大投入、展形象”目标，以“三大行动”和“补短板”为突破口，全力推进城乡规划建设管理工作。

一、规划引领绘蓝图，全力推动全域协调发展。纵深推进中心城区及各镇27个控规编制，深化、细化站场新区、城西片区等城市设计，编制完成16个整治镇的小城镇环境综合整治规划，指导开展村庄规划设计和村居设计，加快推进中心城市竖向专项规划等编制。“多规合一”协同平台在全省率先投入运行，累计审查通过项目219个、否定项目28个和暂停项目17个。“智慧德清”时空信息云平台国家试点项目总体设计通过国家测绘与地理信息局评审，完成“空中、地面街景、地图”三位一体的“全景德清”等成果展示平台建设。

二、“项目为王”促发展，不断加快美丽德清建设。一是美丽县城品质提升。按照功能美、形象美、整体美的工作思路，切实加快城西旧城改造、舞阳街东延和县人民医院二期等一批重大项目建设，全年完成投资13.7亿元。扎实推进美化、彩化、亮化和序化工作，营盘小区、吉祥小区等老旧小区改造成效明显，“三纵三横多节点”（三纵：104国道城区段、云岫路、双山路；三横：德清大道、千秋街、舞阳街）景观线基本形成。二是美丽城镇建设成效显著。加快推进乾元、莫干山等镇的230个美丽城镇项目建设，年内竣工178个，完成投资7.5亿元。同时，部署开展全县小城镇环境综合整治行动，以“1+6”专项行动为主抓手，全面推进小城镇环境综合整治工作。三是美丽乡村建设亮点突出。切实加快7个省级美丽宜居示范村建设工作，高质量完成农房改造1825户（其中农村危旧房改造171户），高标准建成防风湿地观光带一期工程。

三、强化整治优环境，坚决打好“三四五”攻坚战。一是“三改一拆”纵深推进。2016年，全县完成“三改一拆”1544.42万平方米。注重拆改结合、以拆促绿，完成复垦96.8万平方米，复绿24.2万平方米。二是“四边三化”持续深化。以“延伸法”纵深推进“两路两侧”和彩钢棚整治，完成彩钢棚整治118.4万平方米，杭宁高速德清段等6条精品道路可视范围“脏乱差”问题得到有效解决。三是“五水共治”加快推进。新建污水管网43.7公里。创新实施“五位一体”农村生活污水治理设施长效管理。东苕溪备用水源、104国道至莫干山集镇供水管道工程基本完工，6万立方米水厂项目完成主体工程，新建和改造供水管网84公里。完成城区五座泵站改造提升，新建排水管网22.7公里，改造积水点8处。一户一表改造1020户，供水管网漏损率控制在12%以内。

四、以人为本惠民生，全力抓好民生实事工程。一是推进燃气惠民。完成三莫线、春晖街等燃气管网建设16.2公里，完成新市和钟管等5个镇的特许经营权招投标工作。全面实行瓶装燃气实名制销售，二维码标签安装达6.33万瓶。二是着力住房保障。全年开工建设保障房2498套，基本建成2060套；竣工4065套；交付使用1546套，新增公租房保障家庭196户，经济适用房保障家庭77户，有力地解决了中低收入家庭住房困难。三是治理危旧住宅。加快推进城镇危旧住宅治理改造，建立城镇危旧住房安全防范机制，同步推进危旧住宅房屋保险和动态监测，全县完成城镇危旧住宅治理改造总任务的71.5%。

五、优化服务履职能，有力促进行业稳定发展。一是促进房地产业平稳发展。全县商品房开发投资完成29.87亿元，已取得商品房预售证，还未售出的商品房库存为41.1万平方米，去化周期为7个月。其中商品住房库存24.2万平方米，去化周期5个月。强化物业管理，创建1个市级和3个县级物业服务示范住宅小区。二是推动建筑行业转型升级。积极推动新型建筑工业化，有序推进建筑绿色节能，结合打造“全国最干净县”，开展建筑工地扬尘治理，完成在建工地扬尘治理142个、386万平方米，创建绿色工地27个（市级18个）。三是强化测绘行业管理服务。全县测绘资质企业达29家，其中新增6家。全年办理基础测绘成果使用审批51项，完成9项涉密、30项非涉密测绘成果审批和650项测绘项目备案审核。

（钱晓辉）

【长兴县城乡建设】 2016年，长兴县按照“城乡一体、功能完善、品质提升、内涵丰富、特色鲜明”总要求，统筹规划、建设、管理三大环节，切实加强行业管理，快速推进重点项目建设，努力提升生态环境质量，城乡建设各项事业取得显著成效，被列入国家智慧城市时空信息云平台试点县，荣获“全国农村生活污水治理示范县”称号，“三改一拆”工作年度综合排名居全省第一位。

一、规划体系更加完善。新一轮县域总体规划修编工作启动，美丽县城建设试点三年行动规划、中心城区绿地系统规划、中心城区景观风貌规划和中心城区排水防涝综合规划等完成专家评审，基础测绘“十三五”规划、户外广告专项规划、充电设施布局规划和夹浦、李家巷、洪桥和小浦4个分区规划完成报批。

二、推进美丽长兴建设。“三年行动计划”在建项目109个，竣工项目27个，完成投资101.5亿元。其中建设系统牵头实施的29个重点项目，完成投资15.29亿元。餐厨垃圾处理中心、长兴第一小学迁建工程投入使用；解放路、长安路改造竣工通车；太湖龙之梦、东鱼坊历史文化街区、太湖博物馆、中医院二期医疗综合楼和回龙山幼儿园等项目快速推进。美丽城镇建设开工项目66个、竣工项目11个，完成投资4.39亿元。创建为省级美丽宜居示范村项目4个，累计创建省级美丽宜居示范村项目16个，上泗安村被列入第四批中国传统村落名录。

三、城市管理成效显著。完成城区桥梁检测34座，改造城区积水点7个，市政基础设施完好率保持98%以上。中心城市环卫保洁总面积累计达1043万平方米，主要道路作业机械化清扫率达100%，次要道路作业机械化清扫率达85%。完成城区路灯LED改造3000盏，完成高铁站片区亮化提升工程，城市主要路段亮灯率保持98%以上。完成园林养护驿站和文化广场名人雕塑工程建设，新接管和睦塘公园南侧绿地1.9万平方米、中央大道绿地27.5万平方米，累计接管城区绿地32.3万平方米。中心城区全年完成供水总量3466.95万立方米。全县日处理污水量21.9万吨，平均负荷率达90.12%。新建天然气管道26公里，新增用户5000户，全年天然气供应总量达6500万立方米。纳入城区非居民计划用水管理单位124家。完成瓶装燃气实名制销售登记8.07万瓶。

四、民生事业再上台阶。全年新增各类保障性住房2700套，新开工棚户区改造安置用房1700套，新增商品房安置800套、经济适用住房货币补贴150户和低收入住房保障家庭租赁补贴50户。出台《长兴县城镇危旧住宅房屋治理改造实施办法》等文件，完成城镇危旧房治理改造131幢、10.88万平方米。全面落实第三方动态监测机制，人民群众的生命和财产安全得到有效保障。全年投入资金3074万元，完成农村困难群众危旧房改造160户。经初步调查，至年末，农村危房753幢、约10.5万平方米，后续等级鉴定工作有序推进。完成长广金水苑、金桂苑、金和嘉园一期和晨苑小区等7个老小区改造工程。投入资金6000万元，完成雉城街道、龙山街道和太湖街道19个城中村（社区）整治。

五、行业发展提质提速。出台《关于进一步促进长兴县房地产市场平稳健康发展实施意见的补充规定（试行）》，推出国有土地危旧房治理改造房票结算、鼓励农村居民进城购房和人才购房奖励等7条房产新政。全年销售商品房6927套、85.01万平方米，同比增长40.93%，实现销售额53.91亿元，增长47.86%。其中，销售普通住宅5965套、71.39万平方米，增长56.25%。全县实现建筑业总产值89.43亿元，增长12.6%。新建建筑节能审查通过率和新建建筑节能强制性标准执行率均达100%。创建为省级文明标化工地3个、市级文明标化工地7个和县级文明标化工地23个，获评“银杏杯”优质工程18个、“飞英杯”优质工程7个和“钱江杯”优质工程2个。出台《关于进一步促进现代物业服务业发展的若干意见》，完成物业服务企业资质核查和清理工作，全县三级以上物业资质企业超20家。新成立小区业委会5个，新增物业管理面积100万平方米，中心城区住宅小区物业管理覆盖率达84%。新成立县物业管理纠纷人民调解委员会，新建商品住宅小区物业规范服务达标率达95%、业主满意率达85%。防空警报试鸣鸣响率100%；警报通信出联率100%；联通率95%。浙能长兴电厂等24个重点目标单位和场所公安视频监控全部接入县人防指挥中心。全年竣工民防工程11个、4.14万平方米。

六、环境整治继续深化。投入资金300万元，建立集动态巡查、违建举报、违建查处和统计分析等8大核心功能于一体的防违、控违综合信息平台，全年完成“三改一拆”1211.6万平方米，其中，“三改”952.6万平方米、“一拆”259万平方米。全年完成县级以上“两路两侧”问题点位整改43个、路长制问题点位整改702个，整治“蓝色屋面”70.04万平方米，申苏浙皖高速长兴段、滨湖大道（环太湖公路）入选首批省级精品示范道路。新建污水管网42.35公里、排水管网18.6公里和供水管网31.65公里；改造供水管网21公里，完成雨污分流改造18.5公里。建立“四位一体”（日常办公、水质检测、档案存档、中控平台）的农村生活污水治理运维中心，并在全省率先完成2014～2015年竣工的所有终端设施移交和远程监控改造工作。建筑工地围挡、车辆冲洗、外脚手架安全网和现场主干道硬化等“8个100%”［施工现场围挡、工地砂土（沙场）覆盖、工地路面硬化、拆除工程洒水、出工地运输车辆冲净且密闭、暂不开发的场地绿地100%落实，外脚手架密目式安全网100%安装，以及100%禁止建筑垃圾高空抛洒］措施全面落实。

（时大威）

【安吉县城乡建设】 2016年，安

吉县深入践行“绿水青山就是金山银山”重要思想，以“比新高、拼全力”主题活动为抓手，坚持“优雅竹城、风情小镇、美丽宜居”立体发展格局，持之以恒推项目、优环境、强保障，全力打造生态文明全国示范、城乡统筹全国样板。

一、城乡面貌不断改善。以创建省级美丽县城为抓手，实施“优雅竹城百亿提升工程”，排定五大类105个项目（续建项目25项，新建项目80项），计划投资50.5亿元，新开工74项，年内完成投资49.3亿元。按照湖州市“四个年”活动要求，排定“城乡一体提升年”计划城市建设项目41项（续建项目35项，新建项目6项），计划投资总额29.4亿元，新开工项目41项，年内完成投资30.3亿元。旅游集散中心等一批城市休闲服务项目投入运营，半岛东路、雾山寺路和乌石坝路等一批断头路贯通，鼎盛路改造、石马港公园景观亮化提升、中心城区街头绿化建设、梅园路亮化和铜山港北段河道景观提升等一批改造提升工程完成，花木市场完成整体搬迁，进一步提升城市形象。风情小镇特色彰显，5个重点示范风情小镇全部完成建设任务，通过考核验收。美丽宜居品牌逐步打响，高家堂村顺利通过国家级美丽宜居示范村验收，横溪坞、鲁家、长林垓和唐舍4个村顺利通过省级美丽宜居示范村验收，其中鲁家村获得优秀村庄。昌硕街道双一村被住建部确定为全国第三批美丽宜居示范村庄。小城镇环境综合整治启动实施，制定出台整治方案，确定32个小城镇整治点，明确三年分批次达标计划和省级标杆示范乡镇，扎实开展环境卫生和道乱占、车乱开的“双百攻坚”行动。

二、民生工程扎实推进。住房保障体系逐步健全，完成经济适用房70户、公共租赁住房490户（其中实物配租120户，货币补贴370户），超额完成年度住房保障受益家庭300户的工作任务。保障性住房工程建设扎实推进。启动住房申请保障信息管理系统，实现住房保障申报、审批、公示和管理网上办公。老小区改造不断扩面，完成10个旧住宅区改造任务，其中昌硕街道5个、孝丰镇3个和梅溪镇2个，完成后寨片区雨污分流改造工程。危旧房加快综合治理解危，完成治理改造76幢，建筑面积1.82万平方米。完成农房改造1326户，其中农村困难群众危旧房改造145户，全面完成省、市农房改造年度任务。全年争取到上级各类补助资金1.37亿元。荣获“全国农村生活污水治理示范县”称号。

三、行业管理水平提升。行政服务水平逐步提升，在建筑工程施工许可证、民用建筑项目节能审查和二手房交易等10个常办事项达到全省最快的基础上，将建筑工程施工许可证审批材料从13项精简到8项，在资料齐全、信息完整的情况下，可实现即办即结。建筑业管理日趋成熟，深入开展工程质量治理两年行动，严格落实关键岗位和农民工实名制考勤制度，创新开设农民工工资专户管理，不断完善在建工地扬尘治理体系，确保“七个100%”（施工现场100%封闭围挡，砂、石100%覆盖，工地路面100%硬化，拆除工程100%洒水，出工地运输车辆100%冲净车轮车身且密闭无洒漏，暂不开发的场地100%绿化，外脚手架安全立网100%张挂）落实到位，认真做好“营改增”和各类保证金清理规范工作，全年评选出县标化工地11个，获得市“飞英杯”4个、市优胜标化工地5个，申报省级标化工地2个。房地产市场管理逐步完善，出台县支持房地产业健康发展的11条意见，深化落实“房票”新政，房地产业稳中有升。（高　峰）

【吴兴区城乡建设】　2016年，吴兴区坚持以科学发展观为指导，围绕区委三届十次全体会议提出“勇挑重担、争当排头兵”要求，紧扣加快城市化进程、服务新农村发展两大主题，进一步破解土地、资金和人力要素制约，全力推进城乡建设事业快速发展。

一、东部新城建设加速推进。以“东部新城崛起行动”为抓手，突出城乡一体化提升，全力打造湖州新型城市化东部时代。全年排定项目48个，总投资214.6亿元，年度投资13.4亿元。25个政府性项目全部开工，全年开工36个，开工率达90%。一是推动小镇建设，确立东部地位。小镇基础设施建设完成投资15.7亿元。丝绸小镇丝艺园、湿地公园堆坡造型至年底基本完工。蚕桑园、520公园启动建设；环漾路沿线亮化、智能化管理提升初成形象；钱山漾文化交流中心对外开放。二是突出“项目为王”，加速项目建设。万达广场项目对外营业，开创吴兴项目引进和工程建设史上“手续报批最快、项目开工最快、工程建设最快”新高。邦尔骨科医院、枫叶国际学校、吴兴实验中学、吴兴实验幼儿园、湖州第一幼儿园和区文体中心等一批优质教育、医疗、文化资源项目加快推进。三是致力城市营销，实现资源集聚。打造西山漾景区国家城市湿地公园品牌，举办西山漾元宵灯会、2016年东部新城项目集中开工仪式、西山漾郁金香展、第十三届科普节和“521”西山漾彩跑等系列活动，开展滨湖大道义务植树活动，央视1套新闻联播《治国理政新实践·浙江特色小镇启示录第一期》播出丝绸小镇建设经验；湖州电视台专题栏目《湖城向东看》持续播出23期；《吴兴新闻》栏目推出“东部新城战区日志”专栏；“湖城向东看”官方微信公众号上线，进一步扩大东部新城“湖城向东看”品牌的影响力和辐射力。

二、中心工作强势推进。围绕区委、区政府中心工作要求，全面参与“美丽吴兴”“五水共治”“扬尘治理”等重点工作。一是狠抓“五水共治”。以管网建设工程和湖漾清淤工程为重点，以东部新城为主战场，强势推进“五水共治”各项工作。完成污水管网32.99公里、供水管网35.85公里；新增排涝应急设备100立方米/小时；完成屋顶雨水收集系统70套、节水器具改造400套。二是狠抓“扬尘治理”。制定《吴兴区大气污染防治专项整治行动方案》和《建设工地扬尘防治作业指导书》，重点对东部新城范围24个在建施工工地及市政道路工程进行“一对一”专人负责制和不定期夜查相结合，严格落实“7个100%”扬尘防治措施和7层以上安装喷淋喷雾装置。三是狠抓美丽乡村建设。完成美丽宜居示范村建设省级验收5个、启动4个。开展市级星级村、区级先进村和垃圾分类试点村建设工作，强化考核监督机制，全面巩固提升农村生活垃圾集中收集处理体系。制订《2016年吴兴区农村环境长效管理考核实施方案》，完成对全区范围内121个行政村的全覆盖督查，定点定位重点整治“脏、乱、差”现象2000余个。抓好农村生活污水治理工作，完成2014年至2015年建成的68个行政村708座污水处理终端运维管理工作移交及对一期150个终端的改造和智能化运维信息平台建设。

三、行业管理不断优化。一是完善规划编制。以吴兴区全域规划及吴兴区村庄布局规划为切入点，指导各乡镇、高新区开展规划设计方案编制；指导埭溪、东林和妙西3个镇开展总规修编工作。年内，妙西镇总体规划在与省级旅游度假区充分协调的基础上已完成中期成果稿；埭溪、东林2镇总体规划完成初稿。二是加强质量安全监管。以保障“G20杭州峰会”为抓手，全面落实安全生产责任制，开展工程质量治理两年行动和14项专项检查。与全区90家建筑施工企业签订安全生产目标管理责任书，集中出动建筑施工质量安全隐患排查治理630余（次），发出整改单232份、停工令7份和联系单100份，提请行政处罚5个项目、10家单位，站内不良行为公示1个项目，通报批评2个项目。切实保障建筑领域农民工利益，全年受理调处上访、纠纷案件56起，涉及民工工资6000万元。三是完善住房保障和房地产管理。全年新开工保障性安居工程4个，4282套、70余万平方米，开工率达100%。严格执行商品房买卖合同备案、变更和撤销程序，已完成商品房买卖合同网上备案3732份、合同变更51份和合同撤销98份。加强辖区内物业管理，核准物业企业暂定资质5家、三级资质11家，完成农房改造3565户。

（吴勤丰）

【南浔区城乡建设】 2016年，南浔区围绕“奋战五年、再造南浔”和“重振南浔辉煌”总目标，以“城乡一体提升年”活动和“中心城区建设管理三年行动计划”为抓手，以“小城镇环境综合整治”为着力点，城乡统筹重规划、凝心聚力推项目，全区城乡面貌发生明显变化。

一、城乡规划管理。全面完成南浔城区塘北、塘南、东迁、古镇外围（浔东）和硬长桥等多个单元的控制性详细规划，完成浔练一体化地区、“新318”沿线片区管控和高铁片区综合研究等专项规划编制以及菱湖、双林省级历史文化名镇保护规划编制。以美丽乡村、农房集聚为切入点，通过引进国内知名设计机构和高端设计团队，提高规划等级、提升村镇品位，完成72个村庄规划设计。

二、房地产管理。全年建成保障性住房、棚户区（城中村）改造安置住房2360套、竣工750套，分配保障性住房、棚户区（城中村）改造安置房1680户。新开工保障性安居工程公租房294套、棚户区改造600户。结合农村土地综合整治和农房集聚建设工作，加快推进农村困难群众危房改造力度，全年共完成农村困难群众危房改造150户。完成洲城小区及背街小巷改造工程，完成投资1350万元。贯彻落实上级有关房地产市场调控的各项政策措施，开展房地产市场分析研究，监督指导全区房地产开发，加大房地产去库存工作力度。全年完成商品房销售9145套、销售面积82.24万平方米。发放商品房预售许可11宗，建筑面积31.89万平方米。

三、城市建设管理。围绕“城市兴区”战略目标，南浔中心城区全年实施41个项目，完成总投资13.1亿元。一是地标建设。南浔金融服务中心完成项目土建及外装工程，计划2017年4月建成。“三电”科技创业园完成投资2.5亿元，完成一期工程建设及二期土建工程。二是道路改造。完成嘉业路改造工程。南林路道路及景观提升、联谊路西延道路及景观工程等项目完成并通车。三是水体整治。南浔中心城区水环境综合整治全年完成投资2000万元，完成对小坝里港、陆家港和马家庄三条河段综合整治。四是桥梁整修。完成对南浔中心城区所有桥梁、市政设施的精细化排查和维修。五是绿化环卫。南浔中心城区全年新增绿化面积34.6万平方米。六是污水设施。完成2座公共厕所建设并投入使用，全区新增污水管网63.51公里，累计建成管网679.55公里，污水处理能力14万吨/日，日处理污水总量达12.14万吨，运行负荷率达86.71%，城镇污水处理率84.3%。启动南浔、善琏污水处理厂扩容及技改工程，进一步提高生化系统COD、氨氮等指标去除率。七是供水设施。完成太湖水厂一期建设，进入试运行，完成供水主管网建设，累计完成125公里，南浔、练市、双林、菱湖、和孚、善琏、旧馆和石淙8个乡（镇）已实现联网供水，并全面启动二、三级管网及户表改造。

四、建筑业管理。全面实施质检“提前介入”机制，对年内新开工的17个重大服务业和工业项目，提前介入服务，助推项目尽早开工落地。强化建筑施工安全管理，全年开展各类检查177次，落实整改各类安全隐患726处，发出整改通知书87个，发出停工通知书11个。全力推进“大气治理”，全年创建12个绿色施工工地，治理扬尘66万平方米。严格规范招投标监管工作，全年办理招投标工程项目154个，工程量18.82亿元。组织开展标化工地评比管理和创建“飞英杯”“钱江杯”活动，7个工地被评为区级标化工地，6个工地被评为市级标化工地，2个工地被评为省级标化工地。严格实施民用建筑节能审查备案工作，全年审查通过建筑节能项目34个。2016年，本地企业建筑业产值达16.18亿元。

五、村镇建设管理。按照“先点后面、循序渐进、全面覆盖”原则，完成全区“1镇、11点、21行政村”农村生活垃圾分类处理试点工作。以美丽乡村、和美家园和美丽宜居等创建村为重点，加大巡查力度，落实农村环境长效督查机制。在全区建成和在建的10个美丽宜居示范村中，荻港村、射中村、重兆村、车家兜村、民当村和荃步村6个村通过验收，其中荻港村荣获“国家级美丽宜居示范村”称号。小城镇环境综合整治全面启动，制订《南浔区小城镇环境综合整治实施方案》，并按照整治方案和“8+X”的具体要求，全力推进21个行政村整治，和孚镇星光大街综合整治等38个项目开工。

（丁有法）

·市政公用事业·

【概况】 2016年，市政公用事业围绕“建设宜居城市”目标，以“五水共治”、交通治堵、“节水型城市”创建和“河长制”等重点工作为抓手，加快道路综合改造，强化市政设施维护，提升污水处理设施的管理水平，城市环境基础设施进一步完善。中心城市水质综合合格率达99%以上；路灯亮灯率达98%以上；污水处理率达95.47%；生活垃圾无害化处理率达100%；粪便无害化处理率达100%，市区主要道路实行20小时保洁制。

【桥梁维护管理】 完成中心城区88座桥梁常规检测，12座桥梁结构检测。实施华丰一路桥梁改造工程，拆除老桥，新建预制空心板单跨简支桥，跨度8米，桥宽11.7米。结合日常巡查进行桥梁零星维修，翻铺人行道2248平方米、翻修平侧石42米、清理伸缩缝7557米、清理泄水孔655个、栏杆更换20米和栏杆油漆765平方米。对朱洪村等5座桥梁两侧设置限高门，完善桥梁附属设施。完善桥梁管理档案资料，“一桥一档”信息坚持每月更新，桥梁应急处突演练资料及时归档，全面完善归整桥梁维护年度台账。

【道路及市政设施维护】 完成南街、三环北路和红旗路等78条病害路面维修，维修面积2.4万平方米。修复苕溪东路、人民路等81条道路人行道板，面积2.1万平方米；更换道路检查井、雨水井盖615个。完成吉山片区、飞英片区和朝阳片区等易积水路段的雨水管道疏通工作，处理各类窨井堵塞约821起，疏通红旗路、环城东路等70余道路排水管道112.3公里，清捞雨水井4432余眼、检查井2866余眼。

【中间整治】 建设毗山水闸至三里桥1.54公里绿色生态慢行道，完成杭长桥路与红旗路交叉口、环城南路绿色车站处2个交叉口渠化，增加专用右转车道。对莲花庄、飞英公园内景观水池进行清淤，同时，打通飞英公园荷花池与龙溪港的进水通道，引龙溪港水盘活公园池塘。

【环卫建设】 2016年，道路总清扫保洁面积为521.31万平方米，其中机械化清扫道路面积440.67万平方米，机扫率达85%；市场化保洁道路417.82万平方米，市场化率达80%。环卫实行定时定点道路洒水工作，预防中心城区183条道路扬尘，重点针对市中心68条主要道路，实行精细化作业机制。大钱港垃圾中转站、建筑垃圾循环利用中心已于年底相继建成完工，投入运行。

【城市供水】 中心城市全年供水量9595.85万立方米，湖州市区城乡供水一体化项目基本完工。建设项目包括新建太湖水厂、一级输水管网、乡（镇）二、三级管网和户表改造。新建太湖水厂工程投资5.53亿元。总规模为40万立方米/日，其中一期为20万立方米/日，位于南浔经济开发区东迁村，10月29日，通水试运行。太湖水厂一级输水管网包括吴兴区、南浔区乡（镇）的7个片区供水管道工程，总投资4.3亿元，管网长度为145.6公里。乡（镇）二、三级配水管网改造包括南浔区所有乡（镇）、吴兴区部分乡（镇）以及中心城区周边各村进行配水管网升级改造，并对农户用水按一户一表进行改造。其中，二级配水管网改造1200公里，三级配水管网改造4000公里，一户一表改造16.7万户。对各乡（镇）水厂配水站进行改造，项目总投资6亿元，至年底，累计完成投资1.32亿元。

【城市燃气】 市本级全年完成中低压管网敷设283公里，其中中压113公里、低压170公里；全年中心城区天然气供气总量1.936亿立方米。

【城市亮化】 完成中心城区、仁皇山区域路灯和亮化的维修与维护。一是路灯维修。更换各类灯泡4800只，LED灯具300套，镇流器860只，触发器880只，增补路灯盖板590块，更换路灯井盖360块，砌筑井盖座130套，检修路灯控制箱130套，补缺、更换各类型电缆约8700米，处理线路故障180次。对市陌、华丰等老小区路灯及霅溪公园、大桥公园等庭院路灯光源进行LED改造，更换LED球泡3800余套。二是亮化维护。对城北大桥、项王公园、城北水闸和天元颐城等项王公园周边亮化设施予以大修提升，对龙溪港游船线沿河、仁皇山区域等重要节点亮化设施维养，更换LED廊亭模块灯8500套、LED投光灯960套、洗墙灯860套和LED护栏管1580套，补缺各种类型电缆1.36万米，处理故障134次。

（颜　亮）

·园林绿化·

【概况】 2016年，完成南太湖湿地奥体公园、儿童公园景观工程、吴兴区丝绸小镇浪漫花海、南浔区垂虹公园和104国道杨鹿线道路绿化等79个园林绿化工程项目，中心城市新增绿化面积265.86万平方米，绿地率达44.19%，绿化覆盖率达49.31%。

【南太湖湿地奥体公园】 南太湖湿地奥体公园北望太湖，西靠弁山，南接仁皇山，东依小梅港。景观工程总投资2.86亿元，景观场地用地面积18.9万平方米。依托区域内大面积的湿地肌理，以实现场地功能多元化为重点，以湿地与运动完美结合为特色，打造一个漂浮于湿地之上具有体育运动、生活休闲、生态展示和文化娱乐等功能的现代奥体公园。

【儿童公园】 儿童公园位于湖东分区，是一个水陆相结合的公园，其中绿地总面积为4.42万平方米。根据园内不同功能区域将景观绿化分成密林、疏林草地、广场、水岸空间和休闲漫步道5种空间布置形式。通过多种空间的有机结合，构成公园多物种、多形态、多层次和多季相的种植特色。其中密林空间园区外围密植高大乔木，仿自然群落，林下满铺缀花地被；疏林草地空间与周围城市道路衔接的区域以及内部空间的大部分绿地，以体现自然风貌的开放式结构种植，形成丰富的层次和开阔的视线。以适当密度的中型乔木为背景，林下及林前种植不同高度、品种的灌木，丰富视觉效果，灌木前带状栽植木本或宿根花卉；水岸空间沿水岸种植柳、杉林、水生和湿生植物等，柔化岸线，营造生态野趣的田园景观。中心湖面四周采用的驳岸形式以体现亲水性为主，通过自然缓坡、缀石草坡、亲水木平台和硬质滨水广场等形式穿插结合，构成丰富的景观岸线。休闲漫步道结合大钱港防护驳岸修筑景观漫步道，搭配以落叶及常绿乔木、常绿灌和地被植物，丰富视觉层次。

【中心城区沿河绿色生态慢行道贯通工程】 为打造城市居民休闲、锻炼及沟通的平台，结合城市重要水系景观轴，全面实施中心城区沿河绿色生态慢行道贯通工程，塑造一条西起杭长桥、东至三里桥的10公里绿色生态慢行道，利用沿河绿地设置亲水步道及绿道，部分路段结合现状园路布置，利用桥下、桥段等空间位置设施亲水平台及休闲广场，对沿河小区外围绿化进行提升改造。完成毗山大桥至三里桥段1.54公里提升改造。

【南浔垂虹公园】 建设园路、广场等硬地铺装面积1.3万平方米，绿地面积1.15万平方米，景观水池面积563平方米，改造驳岸630米，新建笔亭、浔楼、碑廊和雕塑等景观小品1.36万平方米，地下车库1.95万平方米。在整体空间上结合周边泰安路、永安路交通区位条件设置公园出入口，方便游客及市民入园，充分体现开放的公共属性。结合内部游步道和景观轴线的构造，设置便于游客和市民参与、体验的景点，并提供游憩休闲的场所。公园建筑采用青砖、灰瓦、花墙和玻璃的海派建筑风格，充分展现民国时期南浔建筑特有的中西合璧的风韵与质感，建筑与自然水环境紧密融合，展现南浔精致、开放的文化特质。

【绿化养护管理】 中心城区绿化养护主要由市公用中心负责，园林绿化养管项目及范围主要包括12个公园广场绿地面积70万平方米、道路与沿河等公共绿地面积347万平方米和老社区绿地59万平方米，绿地总面积476万平方米。行道树2.5万余棵。绿化养护管理采用市场化公开招标模式，并按照绿地不同种类确定养护管理标准和考核。

（颜　亮）

·勘察设计与建筑节能·

【概况】 2016年，湖州市有勘察设计单位51家，其中甲级资质单位9家（核工业湖州工程勘察院获批建设部综合甲级资质）、乙级资质单位28家、丙级资质单位10家和设计施工一体化单位4家。施工图审查企业3家，全部为施工图审查一类企业。节能评估机构4家（一类3家、三类1家）。有专业技术人员1706人，其中高级职称340人。全年实现产值6.6亿元，其中湖州市单位5.76亿元、市外单位0.84亿元。

【勘察设计管理】 一是开展专项检查。2016年，组织全市年度建筑节能实施与勘察设计行业情况大检查2次，挖掘建筑节能工作和勘察设计中的亮点。全市新建建筑节能设计率达100%，竣工项目达标率达98%，均高出全省平均水平。二是加强技术指导。充分发挥市勘察设计专家库人才、技术优势，组织专家现场踏勘、抢险，解决各种技术难题，保障工程顺利实施和质量安全。2016年，组织专家对58项深基坑设计方案进行专家论证，从设计源头把牢基坑安全、政策关。三是规范勘察管理。深入贯彻《浙江省住房和城乡建设厅关于进一步加强工程勘察质量管理的意见》文件精神，开展清理挂靠勘察资质行为、实施勘察作业外业见证制度及土工试验就位制度，确保勘察资料真实、可靠。年内，全市勘察作业全面实施外业见证制度，外业见证人员通过规范培训后持证上岗，现有17家单位的9个专业、146名技术人员获得勘察外业见证资格，确保勘察外业见证工作的人员、技术配套。四是严把审查关口。全面开展建筑工程施工图审查工作，审查率达98%以上，全年审查390项、1122万平方米，纠正违反强制性条文、安全性条款和建筑节能条款等697条。

【评优评奖】 2016年，市建设科技与勘察设计协会定期组织专家讲座、参观和考察，学习建筑设计和建筑节能新观念、新思路。依照《湖州市优秀勘察设计评审细则》，开展全市勘察设计行业评优活动，全年评出一等奖5项、二等奖5项、三等奖9项、优秀节能评估专项4项、优秀论文23篇和表扬论文36篇。其中，浙江天和建筑设计有限公司设计的东吴国际广场项目、安吉县风情小镇旅游综合体项目分别荣获省“钱江杯”优秀勘察设计一等奖和二等奖。

【建筑节能工作】 2016年，全市

建筑项目的建筑节能标准执行合格率达98%。新建建筑节能设计率达100%，竣工项目达标率达98%。继续开展民用建筑项目建筑节能设计评估审查，从源头上对项目建筑节能把关，充分发挥设计管理的核心环节作用，进一步提升民用建筑节能科学性。截至年底，全市通过审查的可再生能源应用面积达680万平方米，采用太阳能等可再生能源应用面积达到350万平方米。全市完成公共建筑节能改造项目7项，建筑面积达17.9万平方米。安吉县目莲坞村农村太阳能一体化改造试点顺利完成，吴兴区妙山村完成农村太阳能一体化改造，为推广太阳能一体化改造积累宝贵经验。

【绿色建筑】 浙江省《绿色建筑条例》自5月1日起实施，按照条例要求全市审查项目全部按一星级及以上绿建标准实施。全年确定绿色示范工程7项，其中包括总投资20亿元的浙北医学中心工程。湖州市城市规划展览馆、苍山南坡地块均已按三星级绿色建筑要求进行设计。金都阳光家园、湖州万达广场项目获得绿色建筑设计标识。海洋城休闲旅游等4项目确定为用能监管示范项目。（朱汉峰）

·建筑业·

【概况】 2016年，湖州市建筑业贯彻落实《浙江省人民政府关于加快推进建筑业“走出去”发展的若干意见》和市政府《关于加快推进建筑业转型升级的意见》，实施“大土木建筑”战略，进一步加大对企业资质升级、创优夺杯、税收贡献和市外产值等奖励力度，着力培育一批具有较强市场竞争力的建筑企业，加快推进全市建筑业转型升级。同时，不断提高工程施工质量和安全管理质量，提升自主创新能力，提高装备水平，培养和引进人才，不断增强企业自身竞争力。2016年，市政府兑现财政贡献奖、工程总承包奖、规模产值奖、资质升级奖、人才奖、市外产值奖、质量奖和科技创新奖和技术装备奖9个奖励项目，奖励金额573.5万元，有效地调动了全市建筑企业“创业创新”热情。

【行业发展】 深入贯彻中央城市工作会议精神，按照省住房和城乡建设厅统一部署，推进新型“建筑工业化”基地和项目建设。协助市政府出台《关于加快推进新型建筑工业化的实施意见》，明确新型“建筑工业化”项目从项目立项、规划审批、初步设计审批、施工图审查、招标投标、施工许可核发、质量安全监管、工程验收、预售许可证领取和扶持政策享受申请等环节的操作程序，进一步规范建筑工业化项目确定的制度化流程，有效地解决了项目落地难问题。全市新开工装配式建筑面积为70.78万平方米，其中新开工装配式住宅和公共建筑面积20万平方米。积极推广工程总承包，湖州市被省确定为工程总承包模式试点地区，6家企业、12个项目被省评为总承包试点企业和试点项目。全年完成建筑业总产值672.34亿元，同比增长8.2%，其中市外产值191.04亿元，增长10.7%。全市完成总产值10亿元以上的企业有16家，其中10亿元至20亿元有9家、20亿元至40亿元有4家、超40亿元有3家。

【资质资格】 建筑业企业资质顺利过渡并不断提升，行业综合竞争力进一步增强，完成新旧资质过渡期的资质换证工作。浙江大东吴集团建设有限公司晋级建筑工程施工总承包特级资质，实现全市建筑施工特级企业零突破。全年有7家建筑业企业经核准资质升级，晋升专业承包一级资质企业4家、二级资质总承包企业2家。截至年底，全市具有资质的建筑施工企业321家，一、二级资质建筑施工企业分别为56家和75家，建筑施工资质专业门类、专业结构日趋合理，行业规模水平不断提高。行业中介机构实力日益壮大，新增代理暂定级企业2家、乙级监理企业1家和晋升造价咨询甲级企业1家。截至年底，全市有工程监理企业17家（综合资质1家、甲级5家）、招标代理机构15家（甲级企业2家）和造价咨询企业15家（甲级企业10家）。

【市场管理】 建筑工程招投标市场管理进一步加强。推行全过程电子招投标，为配合全流程电子招投标的推广及运行，牵头编制招标文件示范文本、制订统一招投标评标办法和开评标流程。自7月18日起，完成15项工程建设项目全流程电子招投标。强化学习，规范招标代理机构的行业水准，牵头组织对全市38家招标代理企业的416名人员进行岗位教育培训及考核，有348名代理人员取得上岗证书，为全市招标代理行业实现项目“定人定岗”管理、提升招标代理服务水平奠定良好基础。全年共受理招投标备案工程236个，工程造价33.23亿元，中标造价31.48亿元，节约率达5.26%，其中应公开招标工程223个，工程造价32.86亿元、中标造价31.14亿元，实现应进尽进。对3家招标代理公司在代理过程中存在错误或差错的代理机构和代理人员进行诫勉谈话、扣分。受理招投标投诉4起，维持原判2起、处罚2起；发现串标行为13起，分别给予行政处罚，严厉惩戒失信行为，净化市场环境。组织协调处理招投标过程纠纷10余起，切实履行好招投标监督管理职责。

【安全生产】 贯彻落实国务院安委会办公室、住房和城乡建设部、省住房和城乡建设厅和市委、市政府系列文件精神，围绕“工程质量治理两年行动”和护航“G20杭州峰会”，集中开展安全隐患排查治理、“打非治违”和安全生产大排查等一系列重点工作，严肃查处非法违规建筑施工行为，督促建设各方落实主体责任。精心组织全年建筑工程安全大检查，采取重罚、市场限制等手段遏制事故苗头，全方位、多手段惩治安全生产违规行为。全年市本级直管区域有6家施工、监理企业和6名相关人员因安全生产问题被不良行为记录和公示。全市建筑施工安全生产考核责任范围内发生1起生产安全事故，死亡1人，安全生产形势总体平稳。市住房和城乡建设局2016年全省安全生产目标管理责任制考核为优秀，与衢州、舟山2市住房和城乡建设部门并列第一。市质量监督站被评为全国“建设工程质量监督系统先进单位”称号；全市有72项工程被评为市级标准化工地，77项被评为绿色施工工地；25项工程获评省级标准化工地；1项工程获评全国AAA级安全文明标准化诚信工地；3项工地获得2016年度市级“平安工地”称号，“平安工地”创建覆盖率达100%。

【质量监管】　建筑工程质量总体呈上升趋势。全市建筑质量监管工作按照《湖州市住房和城乡建设局关于实施质量强市建设加强建设工程质量管理的意见》和《湖州市住宅工程质量通病防治规定》等文件要求，严格实行住宅工程质量分户验收制度、建筑物明显部位设置永久性标牌制度，进一步落实主体责任，继续加大对保障性安居工程加大检查力度和加强检查频次，对保障性安居拟创优工程予以重点支持和强化服务指导。住宅工程质量分户验收制度覆盖率达100%。有62项工程获湖州市建设工程“飞英杯”奖（房建工程55项，市政工程4项，电力工程1项，援疆工程2项），其中有11项工程获得2016年度浙江省“钱江杯”优质工程奖。

（王跃晖）

·房地产·

【概况】　2016年，全市完成房地产开发投资274.22亿元、同比下降15.2%，全市商品房销售备案面积559.42万平方米、增长42.92%，全市商品房竣工面积443.1万平方米、增长74.6%。市本级完成房地产开发投资157.42亿元、下降5.29%，市本级商品房销售备案面积312.97万平方米、增长43.27%，市本级商品房竣工面积171.48万平方米、增长19.47%。

【房地产行业管理】　加强房地产行业管理，规范房地产市场交易秩序，保持房地产行业持续平稳健康发展。一是出台新政，促进行业发展。按照中央、省经济工作会议化解房地产库存要求，出台《湖州市人民政府办公室关于进一步促进中心城市房地产市场平稳健康发展的补充意见》，通过进一步加大财政支持、深化征迁安置方式改革和增加商业办公去化政策等举措，对住房消费予以支持，全市房地产市场保持量升价稳的良好态势。二是多方合力，全力去化库存。针对房地产市场形势变化，牵头组织市国土资源、物价、市场监管和统计等部门建立房地产形势会商制度。加强房地产市场研判分析，通过调整土地供应节奏、量化“房票”安置比率和加大对外推介力度等方式，积极去化房地产库存。三是规范经营，维护市场秩序。组织中心城市所有房地产开发企业，召开规范房地产开发企业行为部署会，贯彻住房城乡建设部《关于进一步规范房地产开发企业经营行为维护房地产市场秩序的通知》文件精神，签署规范房地产开发企业经营行为的倡议书，统一思想、强化自律。四是加强推介，帮扶企业发展。通过发放服务企业联系卡、走访调研和召开座谈会等方式，梳理企业存在困难和问题，并提出解决方案。延续上年节俭办会理念，举办春、秋两季房地产（展示）交易会，促进房产销售去化库存。推动“走出去”战略，力促湖州房产接轨上海。制作《品居湖州》杂志，整合太湖度假区、仁皇山新区及东部新区等项目予以推广，打响南太湖休闲度假房产、健康养老房产品牌。

【住房保障】　围绕“保基本、惠民生、强管理、促发展”工作思路，不断加快完善城乡住房保障体系，促进社会和谐。一是全面完成住房保障目标。全年全市实现棚户区改造新开工22593套，基本建成21678套，竣工26429套，交付入住16370套，新增公租房租赁户补贴508户。二是完善住房保障政策。制订《中心城区急需人才、优秀人才公共租赁住房保障实施意见》，加强面向外来务工人员和新就业无房职工中优秀人才住房保障，年内保障255户。三是提升公共租赁房保障水平。在公租房、廉租房并轨的基础上，将公租房人均年收入线从3万元提高至3.6万元，让部分低收入退休职工得到住房保障。四是提升住房保障便捷化服务。利用信息化技术，不断加快分配审核效率，将申请端口延伸到各社区，采取“常年受理、一季一审、先发补贴、集中摇号”方式，方便群众申请。同时，完善审核软件，实现电脑自动比对，减少群众等待时间。五是实施阳光分配。将保障房申请涉及的“政策标准、房源数量、申请程序、审核信息、摇号结果”全方位公开，接受社会各界监督，做到公开、公平、公正。全年分配公共租赁房3468户，未发生一起因分配不公引起的上访事件。截至年底，全市住房保障覆盖率达27%，有力地改善了困难家庭居住条件。

【物业管理】　进一步加强物业管理，促进物业行业健康发展。一是加强物业管理调研立法等工作。完成《加强小区物业管理，建设宜居家园》课题，开展《湖州市物业管理条例》起草工作。同步梳理物业管理配套政策。从物业竣工交付入手，督促物业企业按规定做好承接验收手续，完成天河理想城、金色水岸等21个住宅小区竣工验收和物业承接验收备案。贯彻《湖州市中心城区住宅小区机动车停放服务管理暂行办法》，在住宅小区竣工验收时，督促开发商与物业服务企业签订《小区停车位租赁委托协议书》，避免竣工满2年后，开发商对地下车位车库只售不租情况发生。开展年度物业服务示范（优秀）小区、大厦评比，全市有15个项目报名参评，其中国贸仁皇等3个项目被评为物业服务示范住宅小区，馨水园等9个项目被评为物业服务优秀住宅小区（大厦）。二是做好资质及备案管理工作。加强资质核准、估价分支机构备案和估价师初始延续变更注册。核准物业服务企业21家、预审物业二级资质6家和一级资质1家。协助浙江省房地产估价师与经纪人协会预审房地产估价师初始、延续和变更12人（次），房地产估价分支机构备案初审4家。开展房地产中介市场专项整治工作，出台《湖州市住房和城乡建设局关于加强中心城市房地产经纪机构备案等事项的通知》，办理房地产经纪机构备案20家。三是加强“两金”管理工作。收到天河理想城、小西街历史文化街区等29个项目缴存物业保修金6825万元，根据“湖十二条”办理缓交物业保修金项目8个。办理美欣家园、金色地中海一期、山水阳光及百合公寓保修期满退还保修金项目4个、使用保修金项目5个。对2009年以来欠缴“两金”的项目全面清理，办理补缴保修金项目5个、补缴专项维修资金项目8个，学士府、长岛府和望湖花园项目房产保修金缓交抵押及房屋委托出售等手续已办理完毕。四是做好信访稳定工作。办理物业管理、房屋质量和危旧房屋方面政府阳光热线来信、来访182件，做到不等、不靠、不推诿，满意率达85%以上。全年办理“两会”提案、议案主办件18件，满意率达100%。

【危旧房治理改造】 按照“两控一应”（日常巡查制度、动态监测制度，应急处置预案）机制，通过“腾”“拆”“修”“控”手段，全力推进危旧房治理改造工作。全年全市完成治理改造1079幢（“腾”232幢、“拆”444幢、“修”127幢、“控”276幢）、39.1万平方米，按幢、按面积计算，分别完成三年治理改造任务的81.7%和79.4%（三年治理改造任务：全市完成1321幢、49.24万平方米）。建立完善全覆盖、常态化和网格化巡查排查制度，对有疑似危房的丙类房屋和已鉴定为C、D级尚未治理改造的危旧住宅房屋进行动态监控。特别是上年10月10日温州鹿城区倒房事件后，全市各县（区）紧急开展房屋安全隐患大排查。全市范围排查城镇房屋29177幢，排查出新增疑似危房625幢。

【房产交易管理】 适应职能转变，全力做好交易管理工作。一是做好不动产统一登记衔接工作。按要求完成人员、资产和数据划转移交工作，保障不动产统一登记工作顺利推行。积极协调沟通业务流程再造和数据共享，反馈在共享、交互等过程中发现的问题，助推数据质量提升。二是履行交易管理职能。加强房产交易管理和服务，全年办理存量房交易确认2.2万余件、商品房备案5.3万余件和租赁备案38件。做好省委组织部管理干部的房产核查工作，年核查量3627件。三是积极开展有关调研工作。组织开展中介机构调研，召开中介工作座谈会，为开展存量房买卖网签工作奠定基础。会同市人民银行，牵头开展存量房交易资金监管工作调研，起草《湖州市中心城市存量房交易资金监管办法》(征求意见稿)。四是加强交易管理信息化工作。调整个人住房信息系统联网模式和数据采集方式，统一数据统计规则。积极与省住建厅和有关部门保持沟通联系，为更换全省统一交易管理信息系统做好准备。（周旭东）

·村镇建设·

【概述】 2016年，全市村镇建设工作围绕湖州市生态文明示范区建设，结合“三改一拆”“五水共治”“四边三化”等中心工作，以“三个到底”（一个口子抓到底、一根管子通到底、一股清水流到底）推进农村生活污水运维、多措并举提档升级农村环境长效管理、点面结合提质美丽宜居示范村建设和统筹谋划在全省率先开展小城镇环境综合整治，各项工作取得明显成效。

【村镇规划编制】 坚持以规划为龙头，进一步强化规划引领作用，加强规划编制修编。完善美丽宜居示范村规划编制审查，完成16个省级美丽宜居示范村的规划编制审查。在全省率先开展美丽宜居示范带规划研究，市本级溇港文化美丽宜居示范带被列入省级规划建设试点。

【着力打造村镇建设亮点】 申报省级美丽宜居示范村15个，吴兴区义皋村、安吉县大竹园村入选国家级美丽宜居示范村，累计创建省级美丽宜居示范村99个，国家级美丽宜居示范村6个，国家级示范村数量居全省第一。积极推进村镇历史文化遗存保护。立足历史遗存保护和文化传承，长兴县上泗安村、南浔区港湖—新兴港村入选第四批中国传统村落，全市累计入选中国传统村落5个。

【农房改造建设工程】 2016年，全市完成农房改造1.32万户，其中困难群众危房改造750户。结合“治危拆违”专项行动，组织开展农村危旧房排查工作。截至年底，全市农村排查出疑似危房5105户，开展后续鉴定、治理工作。

【农村环境卫生长效管理】 完善“户集、村收、镇运、集中处置”的垃圾集中收集处理体制，逐步扩展长效管理职责范围，统筹实现对村庄水域、公共绿化和公建设置管理维护。围绕提升农村人居环境为导向，构建“多位一体”管理机制，鼓励乡（镇）“一把笤帚扫到底”模式，推广采用第三方专业化保洁。2016年，全市实现农村生活垃圾集中处置率达100%。吴兴区全域推行“四位一体”（镇区、公路、河道、村庄）商业化保洁机制，南浔区千金镇、善琏镇和湖州开发区杨家埠街道等顺利推行第三方商业保洁。全市启动垃圾分类处理村305个，行政村覆盖率达30.8%。强化监督管理，市、县（区）各级主管部门开展农村环境长效专项督查，解决实际问题2604个。全年市本级创建23个“星级村”，通过“扩面、提升、深化”，促使村庄从人居环境条件改善转向生态环境优化，实现农村环境的提档升级。

【农村生活污水治理】 2016年，按照“全域覆盖、全面推进”的理念，在全省率先出台市级农村污水运维管理办法，搭建运维监管平台，构建“五位一体”（县政府为责任主体、县住建局为管理主体、乡镇为实施主体、各行政村为落实主体以及第三方专业服务机构为服务主体）责任体系和“三方”运维、三级监管运维模式。全市5698套设施完成移交，移交率达92%。农村污水治理“五位一体”管理体系成为全省样板，走在全省前列。全年全市各级财政投入农村生活污水运维管理经费4000万元，市级财政投入570余万元。湖州在2016年度设施运维工作省级考核中获得优秀，居全省第二；“五水共治”相关评分获得满分。

【小城镇环境综合整治】 2016年，按照省委、省政府统一部署，11月8日，召开市委城市工作会议，全市115个小城镇整治工作全面启动。全面铺开规划引领、卫生乡（镇）创建、“道乱占”“线乱拉”“车乱开”和“低小散”块状行业治理，环境卫生和“道乱占”“车乱开”2个“百日攻坚”全面推进，小城镇面貌得到改善。（沈旭晟）

·城市规划·

【概述】 2016年，湖州市规划工作以“高质量建设现代化生态型滨湖大城市”为目标，深度参与谋划湖州市加入上海大都市圈规划研究，全力完成新一轮控规编制，建立智慧规划管理信息系统。全面贯彻落实“一尊重五统筹”（即尊重城市发展规律；统筹空间、规模、产业三大结构，提高城市工作全局性；统筹规划、建设、管理三大环节，提高城市工作的系统性；统筹改革、科技、文化三大动力，提高城市发展持续性；统筹生产、生活、生态三大布局，提高城市发展的宜居性；统筹政府、社会、市民三大主体，提高各方推动城市发展积极性的城市发展思路），坚持“规划谋深谋实，设计做精做美，地信强基提速，短板找准补齐”的工作标准，突出以转型提质发展为核心，创新规划编制方法，继续坚持“全域湖州”规划理念，深入展开“多规合一”新工作，强化规划管理服务，加快地理信息产业发展，全面推进依法行政，规划（测绘）在建设高质量现代化生态型滨湖大城市中的作用更加凸显、地位有效提升。市规划局被省住建厅评为全省设区市建设行业主管部门责任制考核优秀单位、“六五”普法先进单位、行政复议工作先进集体；被市评为理论学习中心组优秀单位、城乡一体提升年先进集体、转型升级会战年先进部门、重点建设和重大项目前期工作优秀服务奖。市城市规划设计研究院建筑所副总建筑师被评为浙江省“最美建设人”。

【创新建设】 开工建设市首个规划展览馆。建立第一个智慧规划管理信息系统、地下管线管理信息系统。在市级部门中第一个建立局领导进驻窗口接件、接待日制度。成立市首个小城市规划研究所、规划学会。建立市首个地理信息产业单位名录库。开展第一个历史文化街区保护立法工作。

【规划编制】 一是坚持以“一体化发展”为核心，高质量推进南太湖滨湖区域规划建设。深入推进市委、市政府提出的“湖州经济社会发展的重要战略支点”的决策部署，滨湖一体化工作取得实质性进展。制订并发布《关于推进南太湖滨湖区域一体化规划建设管理的实施意见》。把滨湖65公里（纵深约5公里）、面积266平方公里，包括图影度假区、太湖旅游度假区、高新区等7个主体作为统一整体，强化新建区域的城市设计，加强对沿港、沿湖和沿路两侧的城市设计管控。将长兴太湖图影旅游度假区、湖州太湖旅游度假区和高新区大钱港以西片区（面积约56平方公里）作为核心区，统一按国家级旅游度假区标准规划设计。突出生态管控。统筹推进太湖弁山生态旅游风景区、山图水影景观风貌等概念性规划编制，开展生态红线研究，把弁山区域作为湖州城区和长兴城区的“绿心”科学管控、主动引导。滨湖区域内的奥体中心、仁北小学和拉风影视城等一批项目竣工投运，太湖龙之梦、鑫远健康城和长田漾湿地景区等项目快速推进，浙北医学中心、湖长二通道和湖山大道等项目前期工作基本完成。二是启动新一轮总规修编。完成对现版总规执行情况的评估、新一轮总规招标等工作。通过与中标单位中国城市规划设计研究院深入对接、开展专题调研、组织相关人员参与住建部、中国规划学会的培训和规划年会等，做好技术准备。通过市委、市政府同意，组建总规办等领导工作机构，制订工作方案，启动新版总规修编。同时，三县县域总规修编有序推进，德清、安吉县已完成初稿，长兴县将与市同步修编，“多规合一”德清县模式获住建部认可。三是认真贯彻历史文化名城名镇名村保护条例。向市人大报告贯彻国务院《历史文化名城名镇名村保护条例》情况，接受市人大的执法检查。完成《湖州历史文化名城保护规划》《湖州小西街历史文化街区保护规划》编制工作，《湖州历史文化名城保护规划》已获省人民政府批复。推进南浔区、菱湖镇和双林镇等古镇保护规划编审，开展吴兴区大钱、伍浦和义皋等传统村落的保护规划编制，加快毘山遗址公园、丝绸之源遗址规划和古溇港保护规划等工作，逐步形成历史名城—街区—名镇—名村的保护体系。中心城区小西街保护性修缮基本完成，状元街区开街。指导推进南浔古镇复兴工程，安吉县孝丰镇被列入湖州市第3个省级历史文化名镇，新增双一村、鹤鹿溪村2个省级历史文化名村，助推太湖溇港入选世界灌溉工程遗产，完成第三批历史建筑初步认定。四是进一步完善城乡规划体系。全力推进控规编制和审批，中心城市66个控规单元完成编审，实现法定控规全覆盖。配合相关部门完成《中心城市养老设施布局规划》《中心城区停车场专项布局规划》《中心城区慢行系统规划》等专项规划，重点解决中心城区停车难现状，完善综合交通组织。三县二区完成全域规划编制，推进南浔区练市等小城市总规修编，做精特色小镇规划设计，指导吴兴区埭溪镇、妙西镇等城镇完成总体规划修编。五是推进百名规划师联系服务百个传统村落（特色村）活动，开展村镇规划。以“全域规划、全域管理”为目标，全面覆盖市域乡（镇）地区，优化提升城乡规划设计水平，强化村镇规划管理能力。“一村一名录”已全面完成、“一村一规划”全面开展和“一村一指南”有序推进，逐步形成可操作、可复制和可推广的先进经验。完成313个村的村庄规划、119个中心村的村庄设计工作，“城乡一体提升年”工作中明确的55个、总投资8600余万元规划编制全部完成。“浙北水乡民居”专项研究取得进展，编制了一批具有地域特色和时代风貌的农居设计图集。

【规划审批】 启用规划管理系统，进一步规范审批流程、提升审批效率。中心城市〔包括湖州开发区、吴兴区（含织里）、太湖度假区和南浔区〕建设项目全部核发“一书三证”，其中规划选址意见书74件，总用地面积173.76公顷，其中市中心17件，用地面积27.93公顷；湖州开发区23件，用地面积49.14公顷；吴兴区（含织里）17件，用地面积45.46公顷；太湖度假区6件，用地面积40.84公顷；南浔区11件，用地面积10.4公顷。规划条件128件，总用地面积335.55公顷，其中市中心22件，用地面积28.69公顷；湖州开发区31件，用地面积121.92公顷；吴兴区（含织里）43件，用地面积130.02公顷；太湖度假区5件，用地面积25.53公顷；南浔区27件，用地面积29.38公顷。建设用地规划许可证146件，总用地面积468.88公顷，其中市中心29件，用地面积99.58公顷；湖州开发区30件，用地面积127.73公顷；吴兴区（含织里）61件，用地面积181.71公顷；太湖度假区5件，用地面积22.43公顷；南浔区21件，用地面积37.43公顷。建设工程规划许可证190件，总建筑面积407.44万平方米，其中市中心37件，建筑面积81.27万平方米；湖州开发区53件，建筑面积105.67万平方米；吴兴区（含织里）67件，建筑面积164.93万平方米；太湖度假区10件，建筑面积11.83万平方米；南浔区23件，建筑面积43.75万平方米。

【规划管理】 一是严格规划审查。履行好市规委会办公室职责，谋深谋细城乡建设，全年召开市规划委员会会议4次，完成43个项目评审，推出中心农贸市场、老年大学、万达广场和外庄中学等一批民生实事项目，有效满足区域内居民医疗、商业和教育等需求。召开评审会50余次，审查各类规划方案93项，核发选址意见书74项、用地许可证146项和工程许可证190项，出具土地出让规划条件128项、完成规划核实182项，推进湖山大道、湖长第二通道、申嘉湖西延和铁公水综合物流园等一批重大项目。二是推进审批改革。落实市十大民生实事项目、三星级绿色生态建筑标准，开工建设湖州市首个城市规划展览馆。升级规管系统，推进以机器管人、管审批和管数据。规范工业建筑屋面颜色。全过程、全方位实施规划公示制度，对595个项目进行公示。

【规划监督】 针对历年下发的各类规范性文件进行梳理，核定各类继续有效和作废的文件，明确规范性文件目录清单，为依法行政打下制度基础。按照《湖州市人民政府关于推行行政规范性文件三统一制度的通知》的规定，审查代市政府办公室起草的《湖州市控制性详细规划管理规定》《湖州市城乡规划管理技术规定》等有关规范性文件的合法性，出台《湖州市城乡规划公示办法》《湖州市规划局（测绘局）规划编制项目和测绘项目招投标管理暂行办法》《湖州市规划局（市测绘与地理信息局）行政许可案卷制作细则》等多个操作层面的办法制度，细化规范各项行政执法行为，确保各项行政审批行为的规范化、制度化、程序化和公开化。积极引入公众参与、专家论证、风险评估、合法性审查和集体讨论等依法决策机制，完善“处室内审、公众参与、专家评审、局务会审核、规委会审定”的五级规划决策体系；听取各方意见，引导公众参与到行政审批工作中，促使审批决策更加透明、公开和合法。认真贯彻落实《中华人民共和国政府信息公开条例》，按照深化政务公开、加强政务服务的总体要求，推进行政权力运行程序化和透明化。充分利用门户网站（南太湖规划网），及时、准确和全面公开群众关心的重要信息、政府工作报告，解读规划政策，介绍市规划局行政许可工作的职责内容，满足社会公众知情办事方面的需求。统一规范各职能处室的批前公示和批后公告程序。加强推进审批过程和结果政府信息公开，重点做好单元控规和项目建设许可批前批后的信息主动公开，完善公示内容的合理性和合法性。协调处理好涉及民生、跨部门单位的申请事项，强化对申请公开工作中复杂疑难问题的研究，健全和完善相关制度，更好地满足公民、法人或其他组织对政府信息的特殊需求。完成建设项目竣工验收规划核实182件，总建筑面积619.98万平方米，其中市中心70件，建筑面积243.92万平方米；湖州开发区36件，建筑面积171.74万平方米；吴兴区（含织里）43件，建筑面积119.45万平方米；太湖度假区11件，建筑面积25.04万平方米；南浔区22件，建筑面积59.83万平方米。开通“南太湖规划”微信，开辟“规划早知道”专栏，梳理、分析市“两会”议案提案办理、阳光热线的建议意见，44件会办件、7件主办件见面率、满意率、按时办结率均达100%，受理122件“12345”政府阳光热线，建立“指尖上的阳光规划”体系。开展国家版图和《中华人民共和国测绘法》

宣传日活动，组织“美丽中国”少儿手绘地图大赛，加强《中华人民共和国测绘法》宣传、贯彻，充分发挥测绘地理信息服务国计民生的作用。

【提升服务水平】 重点推进“城市修补、生态修复”工作，开展“海绵城市”专项规划编制，落实“海绵城市”建设要求，以南太湖区域为重点，紧抓市北分区、弁山区域和南郊片区等功能定位和城市设计，落实区块内排水防涝、地下管廊建设等。研究二环南路、湖苏沪铁路之间区块的规划设计，加强中心城区辐射长兴县、吴兴区、南浔区轨道交通和内环快速路的研究。研究外立面规划管理技术、电动汽车充电基础设施管控标准等。深化“规划有矩，服务无距”的品牌，对太湖龙之梦等重点建设项目实施“一对一”服务，深入推进“店小二”“处方式”服务，围绕“察实情、找短板、解疑难、送服务”，持续开展“走访服务月”活动，强化面对面服务，深入一线主动服务。为补齐小城镇规划短板，对南浔区旧馆镇等重点解剖，指导完成三年品质提升规划，加强小城镇规划研究、管控和建设，以点带面深入推进小城镇环境整治。

（黄永生、俞建芳、姚震骅）

·测 绘·

【概况】 截至2016年年底，湖州市有测绘单位54家，其中甲级资质单位5家、乙级资质单位18家、丙级资质单位16家和丁级资质单位15家。2016年，湖州市测绘地理信息工作紧紧抓住“地信强基提速，短板找准补齐”主线，按照围绕大局、服务民生、改革创新的总要求，继续推进测绘管理机构建设，充实管理人员，落实市、县基础测绘计划体制和财政经费保障机制，强化测绘统一监督管理，开展国家版图教育，加强地图市场、测绘市场、测绘成果和测绘质量监督管理，促进了湖州市测绘事业持续、健康发展。

【机构建设】 2016年，完成吴兴区测绘与地理信息局挂牌，并完成吴兴区、南浔区两个市辖区行政职能和下划事权工作。德清、长兴、安吉县与南浔区测绘与地理信息机构建设已健全，德清、长兴、安吉县均成立了测绘与地理信息中心。市本级已成立独立的测绘与地理信息处，德清、长兴、安吉县相继成立了内设机构和地理信息中心，配备了相应的管理人员，进一步提高了全市测绘行政管理水平，为全面推进基础测绘、提高测绘基础保障能力和公共服务水平提供了有力保障。

【基础测绘】 按照《湖州市基础测绘“十三五”规划》，湖州市进一步完善基础测绘计划体制和投入机制。各县按照各地基础测绘“十三五”规划和年度计划，认真探索和完善市、县（区）基础测绘项目统筹规划、分级实施、共同出资、联动建设和资源共享的新机制，为政府部门和社会无偿提供大量基础测绘数据。一是完成全市基础测绘规划、计划和经费预算工作。市、县结合各自基础测绘“十三五”规划安排，认真编制上报2016年基础测绘年度计划，至6月底，市本级和三县基础测绘年度计划全部被列入当地国民经济和社会发展年度计划，测绘经费3191万元。二是完成多项基础测绘项目。2016年，市本级主要完成的基础测绘项目有：中心城区1:500增量更新15平方公里，南浔区和吴兴区1:500更新57平方公里，地下管线更新200公里，地名地址外业数据采集96平方公里，数字湖州公共服务平台数据更新和天地图数据融合，地理国情监测，国家2000坐标系控制成果和库体数据转换（基础测绘项目和规划成果全部使用了2000国家大地坐标系），5个地理信息系统（基础地理信息数据库、城市地下管线信息系统、电子地图、三维地图、GPS跟踪站系统）的维护等基础测绘项目，2016年，湖州市还启动了似大地水准面精化项目。

【地理国情普查】 支持国家普查时点更新，全面推进地理省、市、县情普查。一是国情普查。配合省测绘与地理信息局开展国情普查的标准时点更新，积极提供湖州市变化专题资料。二是省、市、县情普查。在完成建成区普查“两率”普查的基础上，市、县情普查也基本收尾。

【数字城市建设】 一是平台智慧升级。德清县和长兴县智慧城市时空信息云平台均被列入国家建设试点，总投资9852万元。“智慧德清”和“智慧长兴”项目总体设计书均已通过国家测绘地理信息局组织的评审，并与国家测绘地理信息局、省测绘与地理信息局和县人民政府签订了三方合作协议。二是平台应用推广。截至年底，全市新增应用19个，应用数量累计达105个，应用质量大幅提升。三是政务地理信息资源报送。截至年底，市本级报送4750条信息，47个部门参与报送；长兴县报送2533条信息，55个部门参与报送；安吉县报送2305条信息，参与报送部门46个；德清县作为全省政务地理信息资源采集共享工作试点县城，已完成此项工作。四是交换共享。年内，市测绘与地理信息局与市财政局、国土局、水利局、民政局等12个市级相关部门签订空间信息共建共享合作协议，并在数据、平台和项目等方面开展广泛合作。另外，德清、长兴和安吉县分别与县级21个相关部门签订了空间信息共建共享合作协议。

【测绘质量监督】 为了加强测绘质量管理，加大国家、地方技术标准贯彻执行的监督检查力度，根据《浙江省测绘管理条例》《浙江省测绘质量监督管理办法》，市测绘与地理信息局组织对17家测绘单位开展测绘质量监督检查工作。

【测绘资质和市场】 5月至12月，市测绘与地理信息局开展测绘资质单位专项巡查工作，主要对湖州市54家持证测绘单位的从业人员、仪器设备、业务范围、项目备案、质量管理、招投标、项目分包、合同履行、产品质量和市场信用等情况进行统一检查，完成对54家测绘单位资质自查和31家丙、丁级测绘单位资质巡查工作，完成测绘项目备案6759件。对湖州市测绘单位情况进行全面摸底，为加强湖州市测绘行业和测绘市场管理打下了扎实的基础。

【地图市场】 为维护国家版图的尊严，正确使用中国地图，7月至10月，市本级和三县对地图市场进行了全面检查。检查的场所主要包括新华书店、报亭、售楼处、小商品市场、工艺品商店及地图网站等。主要检查是否存在无编制单位、无出版单位和无地图审核号的“三无”地图，是否存在涉密隐患地图，是否存在漏绘中国南海诸岛、钓鱼岛和赤尾屿等重要岛屿，错绘的国界线以及中国台湾省及地图内容不符合使用目的、地图质量低下等情况，特别是对中小学教辅类地图用品，包括地球仪、地图拼图等实施重点检查。有针对性地检查了34家地图相关单位及25家网站，对3家房地产开发商违规行为作出行政处罚。通过此次地图市场检查，促使湖州市地图市场健康持续发展。

【保密检查】 按照省测绘与地理信息局、省国家保密局《关于开展2016年全省涉密地理信息保密检查工作的通知》，6月至10月间，在湖州市范围内开展了涉密测绘成果保密检查工作。在此次涉密测绘成果保密检查过程中，自查单位93家，其中测绘与地理信息生产单位51家，涉密测绘成果使用单位42家。抽查单位70家，其中测绘与地理信息生产单位44家，涉密测绘成果使用单位26家，抽查单位占全市用图单位的75.2%；检查计算机352台；销毁涉密测绘成果纸质图件153张，电子光盘1张。

【学习宣传】 深入学习贯彻国务院和省政府关于加强测绘工作的意见，实施《中华人民共和国测绘法》《地图管理条例》和《浙江省测绘管理条例》，落实全省测绘工作会议精神。一是开展国家版图意识宣传“三进”（进学校、进社区、进媒体）活动，发放宣传品7500余份，解答社区居民疑惑500人（次）；二是利用“8·29”测绘法宣传日和“12·4”法制宣传日活动，深入宣传《中华人民共和国测绘法》《地图管理条例》，市本级和三县在公共场所悬挂、张贴国家版图意识宣传教育的宣传标语和横幅8条，向社会公众发放国家版图知识相关的宣传资料或图片1500余份，制作展示有关国家版图知识和测绘法的展板85张，向民众讲解国家版图知识、测绘知识、提供咨询服务350余人次，利用手机短信平台向政府机关部门、乡（镇）干部和民众发送测绘公益短信近1000条；三是测绘宣传工作有了质和量的提高。截至年底，湖州市在省测绘与地理信息局网站上发表通讯132篇，国家级报纸杂志上发表12篇，省、市级报纸杂志上发表13篇，县级报纸杂志上发表82篇，2016年，湖州共计通讯和报道239篇，制作《地图管理条例》宣传视频2部，强化了测绘地理信息宣传，测绘地理信息意识得到进一步普及。

（吴新民）

·住房公积金管理·

【概况】 2016年，湖州市住房公积金管理中心（以下简称中心）本着服务全市经济发展大局、服务百姓住房消费的理念，不断提升服务、开拓进取，较好地完成了各项目标任务。中心先后被浙江省委、湖州市委授予“优秀基层党组织”称号；被省总工会授予省级“五一劳动奖状”；中心直属业务部被评为市“三八红旗集体”和市“最美窗口”；中心被明确为“两学一做”省、市领导联系点；中心直属机关党委被列为10个市直机关单位党建示范点之一。年内，中心在支持住房消费方面的创新做法得到省、市领导的肯定，副省长熊建平、市长陈伟俊、常务副市长杨建新均作出批示，新华网、《中国建设报》等主流媒体对中心的做法进行专题报道。

【主要指标创历史新高】 2016年，全市住房公积金业务保持快速的发展势头，主要业务指标均超额完成全年目标任务，全市放贷量、提取量和归集额均创历史新高。存贷比达135.26%，居全国第一；连续19年年末保持贷款零逾期，保持全国最好水平。2016年，全市归集住房公积金43.22亿元。全市归集总额达295.90亿元，归集余额达121.55亿元。全市支持住房消费88.36亿元。发放贷款57.84亿元，贷款总额达276.67亿元，贷款余额142.01亿元。全年全市提取住房公积金30.52亿元，提取占当年缴存额的70.62%。

【用好用足公积金】 2016年，中心继续打好支持住房消费“组合拳”，加快释放公积金制度红利。经中国人民银行湖州分行、市财政局批准，中心在全国地级市城市中首家发行银行间债券市场公积金贷款，支持证券产品5.14亿元；在全省首家推出存量公转商贷款业务，已到位资金1亿元；充分发挥公转商贷款融资主力军作用，全年受理公转商贷款20.36亿元；异地贷款已覆盖全国12个省、市，发放贷款4.6亿元。截至12月，中心累计筹集资金70.01亿元，年末，个人住房贷款市场占有率28.43%，比上年同期提高0.85个百分点。

【着力推进缴存覆盖】 2016年，中心着重把握“五个点”（明确着重点、挖掘增长点、突破薄弱点、紧贴关注点、扩大发力点），深入推进扩面建制工作。全市新增缴存职工66576人；净增缴存职工26635人。截至2016年年底，全市累计缴存职工64万余人，活跃缴存职工突破30万人。创新开展住房公积金服务向乡（镇）延伸有关工作，在南浔区10个乡镇（开发区）设立住房公积金服务站（所），探索公积金延伸新路径。

【强化管控确保安全】 2016年，中心以“抓机制促规范”为主，着重抓规范缴存和规范存放。全市公积金缴存比例高于12%的原64家单位、5152名正常缴存职工全部调整规范到位。通过规范缴存比例、困难企业阶段性降比和缓缴、低门槛缴存等综合举措，全年为企业减负1.1亿元。出台市《住房公积金资金竞争性存放实施细则》，对2单5500万元进行招投标工作。出台《公积金贷款信用审核规定》和《二手房贷款价格评估政策》等。内审方面，中心内部开展楼盘配套公积金贷款专项审计和系统内资金安全大检查活动。外审方面，接受省财政厅、住建厅，市纪委、市审计局等专项检查，各相关部门肯定了中心的规范运作成效。

【转型升级惠民便民】 2016年，中心新一代信息系统于11月上线运行，新一代信息系统在客户服务、稳定安全和流程优化等方面有较大的提升。年内，中心在全市公积金系统中铺开服务贯标工作，进一步提升窗口服务水平。2016年，网上办事大厅以提升使用率为重点，各主要业务网上办理率为66.92%。中心在省政务服务网上审批事项数量为全市各部门排名第一，达6.56万件，占全市审批总量的78.6%。中心在全市阳光服务指数中，年度总评为第一。（严加健）

·综合行政执法·

【助推中心工作】 一是全力开展城市“双创”工作。根据市“文明创建攻坚年”活动部署，重点协调抓好湖州经济开发区罗师庄、城南丝绸城等几个重点区域的市容秩序整治工作；市国家卫生城市复评迎检工作领导小组办公室交办的602个问题全部得到整改，如拆除市中心城区东湖家园小区门口擅自搭建开设各类经营店的违法建筑，清理东湖路5家废品收购店长期占道堆放的废旧物品；做好“双创”宣传工作，新设置公益广告版面372处。二是积极参与城市拥堵治理。加大人行道违法停车查处力度，全市录入违法停车信息11.03万辆（其中市本级6.31万辆），实施行政处罚8.08万辆（其中市本级4.86万辆）；联合开展交通秩序整治行动45次，查处纠正道路交通违法行为4350起，有效地规范了交通秩序；全市施划人行道停车泊位8703个（其中市本级1879个）、非机动车辆停放标线3650米，有效地缓解了停车难问题。三是加大“三改一拆”力度。全力助推“无违建创建”行动，按照“新增清零、暂缓清零”的原则，加大日常巡查力度，层层落实查处目标责任，坚决查处各种违法建设和“野蛮”装修行为。全年组织、配合拆违行动60余次，拆除各类违法建设面积12.7万平方米。

【强化城市管理】 一是扎实推进示范街巷创建。充分发挥市城管办协调、督查、考核的作用，以中心城区示范街巷创建工作为工作载体，积极整合部门资源，形成齐抓共管合力。对中心城区11个街道范围内明确的12条示范创建街（城市主干道）和11条示范创建巷（背街小巷）开展9次专项巡查，巡查督办问题690个，反馈690个，办结690个，反馈率和办结率均为100%。通过专项巡查督办，发现的有关市容环境、市政设施和交通秩序类问题得到有效解决，各项工作有序推进，取得显著成效。二是工程车“三化”（公司化、本地化、专业化）行动全面完成。开展联合执法2230人（次），暂扣车辆218辆，强制性割裂栏板171辆；开展夜间执法965人（次）。对中心城区的工程车辆实施“三化”（公司化、本地化、专业化）管理，12家运输公司购进新车535辆。对新工程运输车辆全部办理建筑垃圾处置许可证和临时准入证，并全部安装北斗定位系统。制定中心城区工程车辆后续管理规定，联合市公安交警部门对工程运输车辆实施“黑名单”制度，列入黑名单车辆52辆。三是餐饮油烟治理成效明显。全面开展餐饮油烟专项整治，对区块内的餐饮经营单位进行摸底排查，建立汇总台账；做好油烟净化器安装工作，全市新增有证餐饮企业836家，安装油烟净化装置836家，安装率达100%；建立健全制度，加强长效管理，及时记录油烟净化设施运转和维护情况，确保设备正常运转，督促全市23家未规范使用已安装的油烟净化装置的餐饮单位，完成整改并投入使用；对3家油烟超标排放的餐饮企业立案查处；对全市机关事业单位和国有企业509家食堂进行油烟净化器安装，安装率达98.42%；开展烧烤店占道烧烤行为和流动烧烤摊夜间集中整治行动，引导烧烤店进店规范经营140余家，取缔露天烧烤摊137处。四是户外广告设施监管查控并举。做好户外广告（店招）设置的行政审批工作，全年受理行政申请116件，准予许可85件，不予许可31件。与市规划设计院沟通联系，协调做好中心城区户外广告设置专项规划修编的相关工作；户外广告拍卖工作有序进行，完成3次公共户外广告设施拍卖；完成高速公路沿线户外广告第三轮专项整治，高立柱广告设施24处；拆除各类违法设置户外广告设施386处，面积1.19万平方米。五是燃气、供水执法管理深入推进。组织学习《城镇燃气管理条例》《浙江省城镇燃气管理条例》和国务院《城市供水条例》《浙江省城市供水管理办法》等法规，提高执法办案能力。加强与市级相关业务单位的沟通对接，建立日常协作机制；进一步摸清底数，加强日常监管，对湖州市中心城区29个瓶装燃气供应站进行专项检查；加强对重点路段盗用公共消火栓用水行为的查处，全年查处盗用公共消火栓用水案7起。六是加强人力客运三轮车监管。牵头组织市相关部门开展执法工作，依法暂扣并处罚违法加装动力装置人力客运三轮车177辆；人力客运三轮车按期退缴工作有序进行，全年中心城区退缴22辆；抓好车容车貌管理，对三轮车集中营运点进行了20次检查，对全市402辆三轮车顶篷破损、变色等进行更新，确保车容车貌干净、整洁。

【推进依法行政】 一是积极参与立法。成立专门立法工作领导小组，抽调人员开展条例起草工作；整理汇编参考资料，广泛征集立法建议和意见，通过在系统内部征集、在各大媒体网络发布、向市人大代表、政协委员寄送征求信函等方式，收集各类意见和建议45条；多次召开座谈会，并赴各县（区）进行立法调研，对文稿进行反复研究、论证修改；抓好《湖州市市容和环境卫生管理条例》实施前相关工作，深入开展《湖州市市容和环境卫生管理条例》学习宣传，组织开展各类专项执法活动，制定配套制度、规定，强化检查督导，确保《湖州市市容和环境卫生管理条例》顺利实施。二是大力推进阳光政务。认真落实“四张清单一张网”工作要求，及时调整权力清单和责任清单，在浙江政务网上公布；推进执法信息公开，做到行政处罚结果和行政许可结果实时公开，全年公开各类行政行为172件；严格审批程序，每个环节由窗口受理员、业务处室负责人、分管领导分别审核签字，共同承担审核责任。三是不断规范执法行为。开展全系统依法行政工作督查，对行政许可、行政处罚、行政许可结果公开和“双随机”抽查等情况进行实地督查，提出工作意见，督促整改到位；加强对建设项目违法违规现象的监管和核查，牵头开展市中心城区项目联合竣工验收11次；组织开展基层执法规范化建设专项行动，制定标准规范，注重试点带动，推动基层中队执法业务、执法场所、执法装备、执法应急管理规范化建设；全年办理各类案件317件，其中一般程序案件99件、简易程序案件218件，全年无一起诉讼败诉，无一件复议撤销。

【完善体制机制】 一是执法体制改革有序推进。根据省、市推进综合行政执法体制改革工作的要求，积极做好上下、左右的联络沟通工作，提请市政府办公室印发相关配套制度文件；调整部分事项划转顺序，将与城市管理比较密切的市容环境卫生等5个方面原定后续划转的事项调整为首批划转，241项事项全部划转到位；完成机构更名及设置，重新规定综合行政执法部门及下属单位主要工作职责、内设机构及人员编制；市综合行政执法局在湖州经济技术开发区、太湖旅游度假区设置派出机构，进一步理顺中心城区综合执法管理体制。二是智慧管理平台不断优化。加快数字城管向智慧城管的转型和建设。注重平台运作，加强案件处置。全年发现城市管理方面的问题31.4万件，结案30.5万件，结案率97.17%，按期结案数27.7万件，按期结案率94.43%；优化采集手段，加强采集力度，添置无人机采集设备1套，完成无人机操控培训，安装车载移动摄像实时传输平台，加强对道路设施的采集监管；完成数字城管子系统升级，完成无人机、移动车载与大屏系统的连接，完成基础地理信息地图更新，扩宽地理信息图层覆盖面；初步实现与县（区）数字城管平台的联网，建立市、县（区）城市管理数据信息共享机制；完成智慧城管升级建设项目相关系统方案的论证、评审和立项申报工作，并制订调整相关标准规范。三是日常管理机制进一步健全。充分发挥市城管办的协调功能，不断加强市中心城区网格化管理工作，以“路长制”“门前三包责任制”为工作抓手，定期牵头组织各有关部门、辖区路长单位以及志愿者队伍参与路长巡查、教育劝导和市容整治等工作；不断完善局领导带班巡查督导制，形成巡查督导制度化、常态化；进一步发挥治安机动大队作用，探索建立属地保障机制，下派警力纳入各分局统一管理使用，积极畅通城市管理行政执法部门和各公安分局之间的沟通渠道，及时排查、了解不稳定因素，配合做好矛盾纠纷化解工作等，使执法活动运转更顺畅。

（姚建丽）

交通运输

·综　述·

【概况】 2016年，全市交通运输系统主动融入“一带一路”“长江经济带”等国家战略，围绕全市生态文明建设目标，持续推进“五个交通”（网络交通、秩序交通、民生交通、智慧交通、阳光交通），把“大干快上”“补齐短板”作为核心任务狠抓落实，全市交通运输生产呈现稳中求进、稳中向好态势。

一是绘就综合交通发展宏伟蓝图。根据部、省、市“十三五”规划编制的总体要求，深入开展《湖州市综合交通运输发展“十三五”规划》编制并通过市委常委会议、市政府常务会议审议，明确了“5321”［“5”指网络交通、秩序交通、民生交通、智慧交通、阳光交通五个交通；“3”指基础设施网络、运输服务体系、行业治理能力三大现代化体系；“2”指打造形成周边省市主要城市“1小时交通圈”和市县（区）“半小时交通圈”；“1”指到2020年，湖州综合交通运输率先基本实现现代化］总体战略，为“十三五”综合交通指明了发展方向。在此基础上，认真查找湖州交通运输存在的主要短板，制订《关于补齐交通运输短板加快赶超发展的工作方案》并经市政府同意发布实施。

二是推进“六重”“十百千”交通项目。2016年，全市综合交通完成投资100.4亿元，交通年度投资额首次突破100亿元大关，连续4年创历史新高。年内，全系统上下以项目为核心，倒排工期、挂图上墙，全市交通基础设施建设取得显著成效。申嘉湖高速西延、杭宁高速改扩建、湖山大道、京杭运河湖州段整治等项目开工；杭长高速北延项目全面建成；市区“百里外环线”全线贯通；318国道南浔至吴兴段、104国道德清段和104国道湖州五一大桥改建工程等项目扎实推进；杭州绕城高速西复线、长湖申航道西延等项目前期工作取得重大进展，为下阶段全面打响综合交通建设大会战奠定了坚实基础。

三是国家“内河水运转型发展示范区”获批。示范区工作相继得到国务院、交通运输部、省政府、市委、市政府领导的批示肯定，并被列入2016年省、市《政府工作报告》。10月，交通运输部正式批复湖州市成为全国首个，也是唯一一个“内河水运转型发展示范区”。围绕“示范区”创建，年内，深入实施内河水运转型示范十大工程，扎实推进铁公水综合物流园区等重点项目建设，安吉港国际物流园区获批成为全市首家省级跨境电子商务园区，南浔鑫达物流获批全市首家5A级物流企业；全市全年完成内河集装箱运输吞吐量20.6万标准箱，总量和增幅均居全省第一位。

四是“四好农村路”建设成为全国标杆。以交通运输部建设“四好农村路”（把农村公路建好、管好、护好、运营好）为标准，深入实施“提升美丽农村路”建设行动，全市全年完成农村公路投资13亿元，改造提升农村公路288公里。安吉县被交通运输部确定为全国“四好农村路”建设示范县，为全省唯一，“安吉经验”在全国范围推广。

五是城市交通拥堵治理多措并举。全市全年新增更新公交车171辆，其中纯电动公交车148辆，新辟优化公交线路69条，建成公交首末站5个，新改建城市道路89.8公里，新增停车位2万个，城区公交分担率、群众满意率进一步提高。启动实施中心城区客运场（站）布局调整工作，完成浙北高速客运中心整体搬迁，中心城区调整形成“二枢纽七中心”的客运场（站）格局。安吉县成为全省唯一一个“游运一体化”试点县，全市城乡客运一体化发展水平综合评价达到5A等级。

六是平安、生态、智慧交通建设成效显著。上下联动，圆满完成G20杭州峰会期间交通安保任务，被交通运输部通报嘉奖，全行业安全生产形势稳中向好。扎实推进绿色交通城市建设，绿色物流、PPP公交等重点支撑项目推进有序，全年争取到部、省配套资金3432万元；深入开展路域环境整治和高速广告牌“清零”行动，“美丽公路”建设成效得到省政府领导的批示肯定；加大纯电动运力推广力度，公交电动化、电动出租车2个项目被确定为市级运营示范工程。

七是交通运输综合改革持续深化。围绕综合交通“规划一张图、建设一盘棋、管理一体化”的目标，积极争取市四套班子领导和各县（区）党委政府、市直相关部门的重视和支持，据统计，全年全系统有13项工作被列入市委常委会、市政府常务会议等会议议题，数量和层次均为历史最高；市人大组织省、市人大代表集中视察交通基础设施建设，并制订专题审议意见，全市上下合力抓交通的氛围不断浓厚，工作机制得到进一步完善。同时，积极协助做好原市交投集团的盘活重组工作，组建新的市级交通投融资平台，并实现平稳过渡；主动顺应“互联网+”形势，稳步推进出租车市场改革，制定2个实施意见并提交市政府审议通过。

【公路基础设施建设】 一、高速公路建设。全面推进杭长高速公路北延、杭长高速公路天子湖互通、杭宁高速公路洛舍互通和申嘉湖高速公路湖州鹿山至安吉孝源段等工程，开工建设杭宁高速公路拓宽湖州段工程，计划投资32.27亿元。1. 杭长高速公路北延，路线全长30.2公里。双向四车道高速公路标准建设，设计速度100公里/小时，概算投资40.42亿元。2014年6月开工。截至12月底，累计完成投资40.42亿元，占总投资的100%，其中年内完成13.39亿元。2. 杭长高速公路天子湖互通，增设互通式立交1处，主线长1.4公里，匝道长2.9公里，设互通收费站1处及相应的房建设施，概算投资1.54亿元。2015年5月开工，2016年11月建成。截至12月底，累计完成投资1.54亿元，占总投资的100%，其中年内完成1.04亿元。该项目已完成交工验收。3. 杭宁高速公路洛舍互通，增设互通式立交1处，主线长1.1公里，匝道全长2.19公里，设互通收费站1处及相应的房建设施，概算投资1.21亿元。2015年4月开工。截至12月底，累计完成投资1.2亿元，占总投资的100%，其中年内完成6341万元。该项目已完成交工验收。4. 杭宁高速公路拓宽湖州段，全长约98公里，其中湖州段86公里，全线拓宽为双向六车道，设计速度120公里/小时，概算投资26.5亿元，2016年开工。截至12月底，累计完成投资5000万元，占总投资的1.89%。年内，初步设计获交通运输部批复，先行段施工图获省交通运输厅批复；完成先行施工段施工及施工监理招投标工作，并开工建设；父子岭收费站拼宽车道已实施改建。5. 申嘉湖高速公路湖州鹿山至安吉孝源段，路线全长48.57公里，按高速公路标准建设，概算投资76.36亿元。全线设桥梁10687米/35座；隧道4926.5米/3座；枢纽互通2处，一般互通4处，服务区1处，管理分中心1处，互通收费站4处，隧道管理站1处，养护工区1处及相应的管理用房等沿线设施。同步建设妙西互通连接线长0.73公里。2016年7月全线开工。截至12月底，累计完成投资19.55亿元，占总投资的25.6%，其中年内完成16.52亿元。

二、干线公路（大型桥梁）建设。全面推进104国道湖州五一大桥改建、104国道德清段改建、318国道南浔至吴兴段、09省道秋山互通至乾元段二期、S306省道安吉椅子塔至王家庄公路整治及干线公路养护等18项新建、续建工程，计划投资22.97亿元。1. 104国道湖州五一大桥改建工程，路线全长2公里，跨长湖申航道，按一级公路标准设计建设，双向八车道，两侧引桥高架路段双向六车道，设计速度60公里/小时。概算投资7.5亿元。2014年9月开工。截至12月底，累计完成投资4.3亿元，占总投资的

57.3%，其中年内完成2.04亿元。2. 104国道德清段改建，全长19.8公里，按一级公路标准兼顾城市道路设计，概算投资25.6亿元。2015年10月开工。截至12月底，累计完成投资3.98亿元，占总投资的15.2%。其中年内完成1.8亿元。3. 318国道南浔至吴兴段改建及配套工程，全长36.3公里，其中主线一级公路32.9公里，支线二级公路3.4公里，设计速度100公里/小时，概算投资26.87亿元。2013年8月开工。截至12月底，累计完成投资20.75亿元，占总投资的77.2%。其中年内完成4.2亿元。年内，K8+300—K26+350段18公里已通过交验。4. 09省道乾元至秋山段改建二期，全长3.9公里，设计速度80公里/小时，概算投资为6.62亿元。2014年9月开工。截至12月底，累计完成投资4.22亿元，占总投资的63.8%，其中年内完成1.02亿元。5. S306省道安吉椅子塔至王家庄公路整治工程，全长10.6公里，设计速度80公里/小时（局部路段60公里/小时），概算投资为3.7亿元，2016年开工。截至12月底，累计完成投资1000万元（主要是前期工作费用），占总投资的2.7%，其中年内完成1000万元。年内已完成施工前各项准备工作。6. 南浔申苏浙皖至练杭高速连接线工程，主线全长25.4公里，整治段（K0+000～K3+540段）采用原技术标准；新改建段按双向六车道一级公路技术标准设计，设计速度80公里/小时，概算投资18.22亿元。2014年开工。9月30日，申苏浙皖高速公路南浔出口至湖盐公路段已启动实施。截至12月底，累计完成投资4亿元（含征迁和先行段工程），占总投资的21.95%，其中年内完成3.6亿元。7. 湖州吴兴杨渎桥至南浔菱湖公路（湖山大道），主线全长23.7公里。项目主线按双向六车道一级公路标准设计，设计速度为80公里/小时，概算投资21.99亿元，2016年开工。2015年11月30日先行段（k4+480－k5+180）已开工建设，截至12月底，累计完成投资2050万元，占总投资的0.9%。其中年内完成2050万元。年内已完成“代建+监理”和全线四个标段的施工招标。8. 湖州综合枢纽至11省道连接线，全长10.7公里，其中一级公路7.27公里、二级公路3.44公里，概算投资12.52亿元。2014年3月开工。截至2016年12月底，累计完成投资10.48亿元，占总投资的83.7%，其中年内完成3.31亿元。9. 安吉县S306省道与康山大道立交工程，主要建设内容为下穿S306省道的路基路面、桥梁涵洞、管线及相应的绿化亮化、交通安全设施等配套工程，设计速度为80公里/小时，概算投资为8570万元，2015年开工。截至12底，累计完成投资8570万元，占总投资的100%，其中年内完成4000万元。此项目已完成交工验收。10. 水口至夹浦公路，全长7.48公里，二级公路标准，总投资1.03亿元，2014年开工。截至2016年12月底，累计完成投资1.04亿元，占总投资的100%，其中年内完成3400万元。此项目已完工。11. 南浔至含山（南浔至姚家庄）公路改建工程，全长15.9公里，按三级公路标准设计建设，设计行车速度40公里/小时，2016年开工，总投资1.3亿元。截至12月底，累计完成投资2100万元，占总投资的16.2%，其中年内完成2100万元。12. 保戈线西旺桥至沈家墩段公路，全长5.5公里，二级公路标准，总投资2.08亿元，2014年10月开工。截至2016年12月底，累计完成投资8065万元，占总投资的38.8%，其中年内完成2460万元。13. 湖州鹿山至双林公路吴兴八里店段建设工程，全长12.2公里，二级公路标准，总投资2.27亿元。2014年开工，截至12月底，累计完成投资1.88亿元，占总投资的82.8%，其中年内完成2110万元。14. 湖州南太湖产业集聚区长兴分区码头至吕山公路工程，路线全长6公里，总投资2.62亿元，2016年开工。截至12月底，累计完成投资1.14亿元，占总投资的43.7%，其中年内完成1.14亿元。15. 西亩至北林场公路，全长6.8公里，按二级公路标准设计建设，路基宽10米，设计行车速度60公里/小时，概算投资9060万元，2015年开工。截至2016年12月底，累计完成投资9000万元，占总投资的99.3%，其中年内完成5000万元。项目已完成交工验收。16. 黄金坝至麻皮坑公路，全长3.5公里，二级公路标准，总投资7000万元，2015年5月开工。截至12月底，累计完成投资7000万元，占总投资的100%，其中年内完成3300万元，项目已完成交工验收。17. 李家弄至赋石公路，全长3.2公里，二级公路标准，总投资3700万元，2016年4月开工，计划2017年10月建成。截至12月底，完成投资3300万元，占总投资的89.2%，其中年内完成3300万元。18. 国、省道公路养护工程，24公里大中修、9座病害桥桥梁修复等，年内计划完成投资5000万元。截至12月底，累计完成投资1.66亿元。其中干线公路路面大中修累计完成11625万元，农村公路安保工程累计完成1055万元，国、省道危病桥梁修复改造工程累计完成3498万元，隧道维修改造及照明设施增设工程累计完成411万元。

三、农村公路建设。全年建成80公里的农村联网公路，完成40座桥梁加固与改造、220公里农村公路大中修，推进县、乡公路等建设任务。年内，完成投资13亿元，其中县、乡公路完成投资8.28亿元；联网公路完成投资9010万元；桥梁加固与改造完成投资6825万元；农村公路大中修工程完成投资3.13亿元。

【水运基础设施建设】 2016年，全市水运基础设施建设完成投资8.24亿元，建成300吨级及以上泊位10个，开工建设航道养护工程。一、港口建设。启动《湖州港总体规划》修编，整合提升湖州港岸线资源利用水平。全面开展港口岸线普查，全年关闭小散码头43座，整改提升码头203座。继续推进大型公用码头、专业化码头建设，全年完成港口建设投资3.58亿元，建成

300吨级及以上生产泊位22个，新增港口年通过能力1331万吨。1. 德清临杭物流园区Ⅱ区码头作业区工程，建设14个500吨级件杂货泊位，总投资4.1亿元，2014年开工，至2015年年底，码头主体工程已通过验收并投入试运行，项目2016年全部建成，累计完成投资4.1亿元，占总投资的100%，其中年内完成投资1.9万元。2. 德清多功能港区，建设7个300吨级多用途泊位，总投资3.59亿元。2013年开工，至2015年年底，码头主体工程已通过验收并投入试运行，项目2016年全部建成，累计完成投资3.59亿元，占总投资的100%，其中年内完成投资6700万元。3. 湖州南方物流有限公司码头工程，建设10个500吨级散货泊位，总投资3.1亿元。2014年开工，2016年累计完成投资3.1亿元，占总投资的100%，其中年内完成投资1.32亿元。

二、内河航道建设。1. 京杭运河湖州段三级航道整治工程。工程建设Ⅲ级航道43.6公里，其中土方工程量为416.8万立方米，新建护岸34.1公里，加固护岸41.5公里，改建桥梁12座，新建综合服务区2处、锚泊区2处。全线总投资17.86亿元。2015年已完成新型板桩护岸试验段建设，2016年7月全线开工，累计完成投资4.33亿元，占总投资的24.2%，其中年内完成3.93亿元。2. 长湖申线航道西延工程，航道全长66.55公里，分为2个航段，其中梅湖线阳光坝至长兴港口水文站段航道长36.64公里，按天然内河Ⅳ级航道标准建设；长兴港口水文站至湖州船闸段航道长29.91公里，按限制性Ⅲ级航道标准建设。主要建设内容是水上开挖土方、疏浚土方、新建护岸、炸礁石方和航道护坡，改建桥梁11座（含2座铁路桥）、新建安吉老龙坝服务区1处以及相应的配套工程。项目估算总投资22.11亿元，宣杭铁路抬道桥跟商合杭铁路重合部分工程2016年开工，累计完成投资1000万元，占总投资的0.45%，其中年内完成1000万元。全线“工可”已批复，其中宣杭铁路抬道改造方案“工可”获上海铁路局批复，初步设计已通过上海铁路局审查。3. 制定《湖州市航道养护“十三五”发展规划》并启动实施，航道绿化、疏浚、清障和新建加固护岸等，计划总投资5000万元，年内实际完成投资6857万元。

【客运场站建设】 全面推进农村三级以下客运站、港湾式停靠站建设；开工建设德清汽车总站工程。1. 德清汽车总站，建筑面积3.5万平方米，总投资3.2亿元，2016年开工，累计完成投资5000万元，占总投资的15.6%。其中年内完成投资5000万元。2. 农村三级以下客运站、港湾式停靠站（长兴泗安客运站、图影客运站、龙山客运站和250个港湾式停靠站）。2015年开工，计划2017年建成，年内完成投资2053万元，其中客运站累计完成448万元，港湾式停靠站累计完成1605万元。3. 中心城区客运场站布局调整，制定客运场站布局方案，明确“二枢纽七中心”总体规划目标；扎实做好浙北高速客运中心隐患治理工作，并于11月10日完成搬迁，启用高铁汽车客运总站，调整完善汽车东站，基本建立中心城区“一主一副、东西两翼”的综合客运服务体系。

【重点物流基地建设与物流龙头企业发展】 一是重点物流基地建设。扎实推进德清升华临杭物流园区Ⅱ区公共服务中心、德清港国际物流园（一、二期）项目和申通（浙北）电子商务仓储物流分拨中心重点物流基地建设；开工建设长兴综合物流园区。1. 德清升华临杭物流园区Ⅱ区公共服务中心，建筑面积136402平方米，总投资4.13亿元，2013年开工，2016年底累计完成投资3.52亿元，占总投资的85.3%，其中年内完成投资3200万元。2. 德清港国际物流园（一、二期）项目，占地面积22.6万平方米，建筑面积19.2万平方米，总投资10亿元，2013年开工，累计完成投资4.3亿元，占总投资的43%。其中年内完成投资1.2亿元。3. 申通（浙北）电子商务仓储物流分拨中心，占地面积2.7万平方米，建筑面积3万平方米，总投资1.2亿元，2014年开工，2016年底累计完成投资1.23亿元，占总投资的103%。其中年内完成投资4200万元。4. 长兴综合物流园区（含制造业配送中心主体建设和A区提升建设项目、长兴南铁路货场工程、普泰集团长兴物流园项目），建筑面积301.3万平方米，总投资15.14亿元，2016年开工，年底累计完成投资4.5亿元，占总投资的29.7%。

二是物流龙头企业发展。2016年，全市2A级以上物流企业已增至37家，其中5A级1家，4A级3家。鑫达物流争创成为湖州首家5A级物流企业，实现了“零的突破”。

【工程质量安全监督与造价管理】 2016年，全市在监交通工程项目52项，未发生一起质量事故，全市在建交通工程质量整体处于受控状态。一是工程质量监管。全年受理长和公路改建工程、国、省道干线养护工程等36个项目的交（竣）工质量评定备案，其中国、省道干线公路养护工程19项，备案合格率达100%。组织开展全市在建交通工程2016年度综合执法大检查以及全市农村公路及水运工程质量安全督查2次，共下发质量监督抽查意见书90份，责令返工11次、责令停工2次，约谈有关单位2次，报废处理梁板2块、立柱2根，退场处理粗集料1起。大力推进质量标准化建设，在重点项目上落实“三集中”“三智能化”“小型预制构件集中生产制”的施工要求，在104国道德清段等新开工项目进行推广应用，有效地提高了工效和预制构件质量管理水平。制订“品质工程”实施方案，确定申嘉湖西延等项目作为示范点，组织全市部分路面工程参建单位在杭长高速公路北延工程路面标施工现场召开路面水稳基层标准化施工现场会，全面提升全市路面施工标准化管理水平。对湖州市综合交通枢纽至11省道连接线工程第三合同段下发黄色重点监管告知书，并对各参建单位提出严格要求，确保工程施工质量达到规范和设计要求。

二是施工安全管理。加强安全监管力度，全年全市交通建设工程未发生安全生产事故，安全生产形势保持稳定。组织开展岁末年初安全生产“大排查、大整治、大宣传”“落实施工安全专项方案”“交通建设工程安全生产攻坚行动”等专项活动，发出安全抽查意见书74份，排查出安全隐患330余处。及时召开灾害天气应急工作紧急会议，调整应急响应等级，加强防范地质灾害措施，及时发布预警信息，合理安排值班值守，加强信息沟通，未发生人员伤亡和财产损失情况。加强安全生产宣传教育。以“安全生产月”“防灾减灾周”等活动为载体，开展“打造本质安全，共享平安交通”“安全专项方案落实”、交通建设工程安全管理培训班、“安康杯”安全知识竞赛等系列主题宣传教育活动，进一步加强各参建单位的安全意识，落实安全主体责任。深入平安绿色交通建设。在总结上年“平安工地”示范创建工作基础上，进一步完善“建设单位主导、施工单位负责、监理单位督促、政府部门监管”的安全生产管理体系，初步形成“平安工地”理论体系。继续推广施工班组安全生产标准化，全面开展交通建设工程施工企业安全生产标准化达标考评。严格落实扬尘治理工作要求，督促业主与监理单位、施工单位签订扬尘治理责任书，要求各参建单位根据工程实际情况制定相应措施，落实到位。贯彻落实G20杭州峰会安全保障工作，下发《G20峰会湖州市交通建设工程安全生产保障工作方案》《G20峰会湖州市交通建设工程环境质量保障工作方案》，制订《湖州市交通建设工程行业反恐安保专项行动方案》，成立相关领导小组，层层落实责任，并形成常态化监管，进一步丰富“标化工地”“平安工地”“美丽工地”创建内容。

三是造价与合同管理。全年组织开展国、省道概算审查4项，审查金额39.91亿元，核减1917.38万元，核减率为0.48%；已备案的新改建项目及国、省道养护项目的工程量清单预算15项次，备案金额11.53亿元，核增319.34万元，核增率为0.28%。强化实施阶段造价与合同管理工作，组织对18个受监项目工程实施阶段专项造价与合同监管情况开展检查，重点检查《浙江省公路水运工程施工分包管理实施细则》实施的有关情况，检查覆盖率达100%，发出抽查意见书36份。持续做好造价信息统计分析工作，签订2016年度材料价格调查责任书，按时上报材料价格季报4次，月报12次，造价统计报表4次，并作为全省3个设区市之一率先进行造价信息调查系统测试，委托浙江工程咨询公司对杭长高速公路北延工程的生态草毯补充定额进行测定，协助省交通建设工程造价管理站开展矮T梁补充定额测定工作。

【城市公共交通服务】 围绕“公交优先示范城市”创建目标，注重顶层规划设计，修编完成《市区公共交通综合规划》，形成中心城区公交线网系统性调整方案和新一轮公交成本规制方案，·建立政府购买公交服务绩效评价体系，切实提升财政资金使用效益。全市新增更新公交车71辆（其中新能源、清洁能源车辆70辆），新辟优化常规公交线路39条，开通定制公交线路37条，新增公交线路里程62公里，进一步提升了公交线网覆盖广度和深度；全市建成织里、泗安等4个公交首末站，推进仁皇山、叶堤漾等5个场站建设，新增公交站点261个（其中港湾式停靠站228个），进一步改善了公交乘车候车环境；强化公交专用道管理，查处机动车违法使用公交专用道行为61989起；深化推进“纯电动公交示范运营”，建成高铁站、南浔泰安路车站、时代广场等4个场站配套充电设施；完善公共交通监管平台功能，初步实现了城市、城乡公交运营状况的可视、可测。推进城乡客运发展，全市城乡客运一体化发展水平经评价均达5A等级。加快城市道路、停车设施建设，全市新改建城市道路56.5公里，打通联网路11条，新增停车位1.74万个。

【全行业安全生产形势】 2016年，全市交通运输行业安全生产总体态势保持平稳。深入开展“安全生产规范年”和“平安护航G20”系列创建活动，推进“平安交通”创建，全面落实各项工作措施，全力做好G20杭州峰会及第三届世界互联网大会乌镇峰会期间维稳安保工作，保持了行业安全生产形势总体稳定。全市辖区受理水上交通事故31起、死亡1人，全市道路运输企业行车事故共发生14起（其中9起一般事故，5起轻微事故），死亡10人，受伤8人。全系统未发生较大及以上事故、危险品运输事故、在建工程死亡事故和火灾事故。全年市交通运输局共召开11次局长办公会议，其中6次研究安全生产工作，组织开展安全专项检查9次，从岗位职责的梳理、制度责任的执行、岗位职责的教育培训、检查考核的落实四个环节入手，形成各司其职、各负其责，层层抓安全的工作局面；坚持安全生产责任追究制度，通过行业内通报，针对问题及时约谈、处罚企业，有效地督促了行业管理部门监管责任和企业主体责任的落实。强化日常隐患排查治理，全年全行业排查行业企业3650家（次），排查整改一般隐患2232项。强化日常执法监管，开展营运车辆动态监管“1号行动”、道路客运专项整治“2号行动”、货运场站专项整治“3号行动”、全市客运秩序综合治理行动、危险货物道路运输违法行为专项整治行动、高速公路服务区联合整治和驾培行业专项整治。强化部门联动执法，下发《湖州市交通运输局、湖州市公安局、湖州市城市管理行政执法局关于开展联合整治非法营运专项行动的通知》，成立联合整治非法营运专项行动领导小组，召开联席会议，建立联合执法通讯录和案件移送机制。提高科技和信息化水平，建成公路、航道网监控视频点326个，道路运输视频监控点70个，覆盖全市主要公路、航道、客货运场站；全市营运客车、公交车、危险品运输车辆GPS安装率达100%；全市长途班线客车、公交、旅游包车视频监控安装率达100%。强化车辆联网联控。G20杭州峰会交通运输保障有力，1月，制订《湖州市交通运输行业“迎国际峰会、保交通平安”反恐安保专项行动方案》，开展“十大专项行动”；制订《全市交通运输行业G20峰会安全生产保障工作方案》，部署隐患排查、打非治违和宣教培训工作要求。8月，举行了备战G20杭州峰会全市综合交通应急演练。公路方面，开展重点路段和公路安防设施专项整治，落实全市境内484座普通国、省道桥梁的安保措施。查处各类涉路违章行为2865件，检测车辆114862辆（次），查处违法超限车辆4412辆（次）。道路运输方面，以客运公交安保、客、货运实名制为重点，自4月25日开始，在全市13个跨县及以上班线客运站实行实名制售票，全市6个主要客运站安装“旅客身份信息实名核查系统”进行身份信息查验比对，做到旅客“人、票、证”合一乘车；主要客运站进出站口、安检口、检票口、停车场和售票厅“三口一场一厅”重点部位安防监控全覆盖。制定《湖州市道路货物运输托运查验和登记工作细则》，与全市700余家货运企业签订托运实名制责任书。对市本级1204名公交从业人员进行全面排查（其中驾驶员887名），对5名曾涉毒驾驶员调离驾驶工作岗位。水上交通方面，在实施三级水上交通管控期间，投入执法巡逻艇421艘（次），出动执法人员1412人（次），累计办理入浙船舶专项签证3360艘（次），采集船员信息1087人（次）。G20杭州峰会保障期间，全市交通运输行业安全生产形势平稳，交通运输保障工作得到上级肯定，被交通运输部评为峰会保障工作集体嘉奖单位，被省交通运输厅和市委、市政府评为“峰会保障先进集体”。

【生态交通建设】 根据交通运输部和省交通运输厅要求，结合“绿色交通城市”创建工作实际，对“绿色交通城市”重点支撑项目进行中期调整，下发经交通运输部批复的《湖州市绿色交通城市重点支撑项目年度计划表》，配合第三方审核机构完成重点支撑项目审核，完成中央补助资金和省交通运输厅绿色交通发展资金的拨付。积极开展节能减排和大气污染防治工作。1. 围绕“G20杭州峰会”，落实保障措施，拟定《全市交通运输系统“G20峰会”环境保障方案》，召开专题会议部署落实相关工作，认真实施保障措施。2. 加强组织领导，完善工作网络。建立由“一把手”为组长、分管副局长为副组长、三县二区及局属各单位主要领导和有关处室为成员的湖州市交通运输局绿色交通建设和节能减排工作领导小组，下设办公室负责相关工作；各县（区）交通运输局以及局属各单位都相应调整充实领导机构，强化绿色交通建设和节能减排的管理职责和协调力度。3. 制订工作计划，落实目标责任。印发《湖州市绿色交通考核评分表》《2016年绿色交通绩效目标分解表》《2016绿色交通重点任务分解表》，对全年工作任务进行明确、分解和责任落实，并将绿色交通和节能减排工作纳入各单位年度考核目标，做到层层有责任，逐级抓落实。4. 调整运力结构，推进节能减排。2016年，新增、更新新能源公交车50辆，在新增或更新的公共汽车中，清洁能源汽车占比达100%。新增、更新天然气出租车76辆，清洁能源和新能源出租车在行业占比达85.48%。积极推进内河船型标准化工程，引导水运业主淘汰老旧落后产能，发展大吨位船舶，前三季度，全市注销船舶273艘、4.3万载重吨，新增船舶55艘、5.6万载重吨，新建船舶平均吨位达到1089载重吨，远超全航区单船平均吨位。推进低碳绿色水运，鼓励水运业主经营内河集装箱、散装水泥船等特种船舶运输，全市特种船舶拥有量310艘、15.8万载重吨，分别占全省内河特种船舶总量的51.1%和57%。5. 实施大气污染防治攻坚行动。印发《湖州市交通运输局2016年大气污染防治工作实施方案》，紧紧围绕公交优先发展、清洁能源推广、车船尾气防治和公路码头扬尘治理四个整治重点，以节约资源、提高能效、控制排放和保护环境为主要目标，确保2016年全市交通运输行业大气污染防治工作有序开展。在全省范围内率先在公路养护作业中采用吸尘技术，推进公路扬尘污染防治；力推船舶清洁能源应用，开展LNG动力改建和新能源纯电动（电容+电池）动力运输船舶应用研究；推进码头整治，优化港口资源，全市关闭淘汰小、散码头41座，完成整改提升110座。

【交通科技】 2016年，全市交通运输系统实施省交通运输厅下达的科研项目11项。其中，要求在2016年年底前结题的5项。1. 波形钢腹板PC组合箱梁桥关键部位结构分析与设计研究，项目由湖州交通规划设计院承担，投资60万元，省交通运输厅已组织鉴定，因依托工程因素延期结题。2. 建筑废弃物在道路工程中的资源化利用技术研究，项目由湖州南浔交通水利投资建设有限公司承担，投资110万元。受依托工程进度影响，延期结题。3. 东南丘陵农、林交错带生态公路建设关键技术研究与示范，项目由浙江长宜高速公路有限公司承担，投资50万元。因项目变更，延期结题。4. 湖州市绿色出行评价指标体系研究，项目由湖州市交通学会承担，投资48万元。正在结题验收。5. 新能源纯电动（超级电容+动力锂电池）推进系统在千吨级以下内河船舶应用技术研究，项目由湖州市港航管理局承担，投资120万元。已结题验收。6. 大跨连续梁桥中超高性能混合梁研究，项目由湖州市交通建设管理局承担，投资150万元。7. “弯桥直做”小半径曲线桥预制T梁装配式模板研究，项目由浙江长宜高速公路有限公司承担，投资70万元。8. 基于互联网+的公路养护和路政数据挖掘与决策管理研究，项目由湖州市公路管理局承担，投资50万元。9. 美丽公路实施指南，项目由安吉县公路局承担，投资65万元。10. 三层式微表处与橡胶沥青开普封层体系的研究与应用，项目由安吉县交通运输局承担，投资80万元。11. 装配式刚接空心板梁桥技术研究及其性能监测与评价，项目由南浔区交通运输局承担，投资63万元。

【交通行政执法】 市交通运输局荣获“2015年度全省交通运输行政执法评议考核优秀单位”“2015年全市法治政府建设（依法行政）先进单位”“交通运输部和省交通运输厅‘六五’普法先进集体”称号，被市法制办评选为“2015年度依法行政工作考核先进单位”。1. 印发2016年度交通法制和普法工作要点。根据省、市有关法制和普法工作重点，制定并下发《2016年全市交通运输法制工作要点》和《2016年全市交通运输普法与依法治理工作要点》，明确全市交通运输系统2016年度在法治政府部门建设、依法行政和普法教育等方面的重点工作内容。2. 加强执法监督，强化规范文明执法。按照《关于全面推进湖州法治交通建设的实施意见》，加快推进法治政府部门建设，进一步落实交通行政执法责任制，明确2016年度交通行政执法工作重点，加强全系统行政执法监督，根据年度交通工作会议精神，紧紧围绕年度中心工作，签订《交通行政执法责任书》，组织开展系统内部的行政执法评议和案卷评查活动，完成迎接省交通运输厅组织的行政执法评议考核。积极推动行政处罚窗口安装应用POS机，全年办理行政许可8428件，办理行政处罚案件14936件。3. 全力做好“四张清单一张网”相关工作。积极推动“四张清单一张网”创新试点，及时修订完善权力清单和责任清单，进一步理顺政务服务网上的事项设置、流程设定和人员配置等环节，互联网申报率和访问量稳步提升，浙江政务服务网应用工作总体情况良好。4. 深入推进简政放权，推动审批事权下放。加快推进交通运输全面深化改革的步伐，深入推进简政放权工作，促进政府职能转变，切实提升便民服务水平，将55项行政审批事项和相关事权以市政府规范性文件形式下放（或委托下放）到县（区）部门，切实简化行政审批环节，减少审批层级、环节和前置条件，优化行政审批流程，缩短行政审批时限，全力推进行政审批事项提速增效，全市交通行政审批事项办理提速率达70%，进驻审批中心的事项即办率达12%，实现五星级审批事项占比38.6%，四星级审批事项占比34.1%。5. 深入推进基层执法站所“三基三化”（基层执法队伍职业化、基层执法站所标准化、基础管理制度规范化）建设。加强执法队伍职业化建设，开展执法人员全员轮训，严格执法人员、执法证件和执法车辆管理；加强基层执法站所标准化建设，全面落实执法场所外观改造，积极落实全省交通运输执法装备配置标准，规范基层站所内务管理，在全市65个交通基层执法站所中，除2个新站房正在建设外，其余已全部完成“四统一”（统一执法标识、统一执法证件、统一工作服装、统一执法场所外观）规范建设；加强基础管理制度规范化建设，及时调整行政执法程序和自由裁量权基准。积极推行说理性执法文书。加快推进交通运输行政执法信息化、现代化建设。6. 组织开展“七五”普法启动工作。印发《湖州市交通运输系统法治宣传教育第七个五年规划（2016～2020年）》，征订《法律服务浙江经济转型升级组合拳系列丛书》20套。7. 加强行政规范性文件管理。进一步规范全市交通运输系统的行政规范性文件管理，开展规范性文件梳理和督查工作。联合市公安局发布《关于联合打击非法营运维护正常客运经营秩序的通告》，报请市政府发布《关于加快推进道路沥青路面旧料循环利用的实施意见》。

【交通文化建设】 1. 着力推进文化品牌建设。对交通“文化品牌”开展实施“6＋3”项目督促机制，即对安吉“5·26”爱路日、湖州水运文化陈列馆、市交通设计院启标创新（服务）工作室、德清“一路风情一路歌”景观带、市长运“丁晓春车队”爱心服务和市交通学校的“桥文化”工程系列的6个成形品牌。安吉“5·26”爱路日推出了为期一个月的全公路系统爱路护路主题活动，安吉县人大确定“5·26”为法定活动日；德清“一路风情一路歌”品牌文化，以德清县西部环莫干山异国风情线为主，从公路项目、公交出行和文化节点优先考虑文化品牌综合包装，得到中央、省、市参观领导的肯定。2. 全面抓好文化阵地打造。以出台《关于交通系统实体媒介同步宣传的办法》为契机，认真抓好全市交通车载、LED滚动显示屏等直接面向社会宣传的实体媒介主阵地建设，全年完成交通宣传标语30余条、播发6万余频次；制作《平安交通、幸福湖州》电视专题片，在湖州电视台制作并滚动播发《护航G20，交通在行动》《交通让生活更美好》等宣传片，完成《大道之行——湖州综合交通2012～2016年建设纪实》大型电视宣传片的拍摄制作。3. 积极开展作家协会活动。成立湖州市交通作家协会，出版《湖州水运文化》和出版报告文学《水运湖州》；举办“5·26”爱路日采风活动暨公路文化座谈会，30余名诗词爱好者参观了S201、S205、梅灵路、白缸线等“美丽公路”，撰写了反应交通巨变的诗篇300余首；推荐65篇文学作品和37幅摄影、书法、绘画作品参加第三届浙江交通文学艺术“梅花奖”评奖，获奖数量和等级均居全省前列；与湖州文学院、省交通作家协会和市作家协会联合主办“湖州梦·交通情”主题征文，收到来自全省各地的诗歌、散文、小说、报告文学等389篇。

（宋圣伟）

·公路管理·

【公路里程和技术等级】 截至

2016年年底，全市公路总里程达7724公里，其中国、省道干线公路763公里，占公路总里程的10%；农村公路6961公里，占公路总里程的90%。等级公路7721公里，占总里程的99.96%。全市有高速公路5条、289公里，一级公路488公里、二级公路622公里。公路密度达到132.71公里/百平方公里和29.29公里/万人。

【建设“美丽公路”】 坚持“修一条路，造一片景，富一方百姓”的理念，编制完成《湖州市美丽公路总体规划》，对全市美丽公路创建进行规划和部署。以设施美、环境美、秩序美、服务美和行风美为重点，全面推进美丽公路建设。2016年，全省美丽公路现场推进会在安吉县召开。S306鹿唐线安吉段建成为全省首条“会吸尾气”的公路。2条国、省道被评为全省“十大”最美公路；2条道路被评为省级精品示范道路；7条道路入选“浙江最美绿色通道”。

【干线公路养护管理】 坚持“路况至优”理念，出台《湖州市公路养护管理“十三五”发展规划》《湖州市普通干线公路养护管理“十三五”发展规划》。以“提质量、稳路况”专项活动为抓手，提升小修保养水平和养护工程质量。以“提速、提质、提标”为目标，加快“二改一”（二级公路改建成一级公路）建设步伐，加大日常养护投入。实施大中修工程72.6公里，完成危桥修复改造14座，改造平交叉口12处、封闭中分带开口7处和整治视距不良路段4处。推进公路绿色养护，深化扬尘治理，推广“四新”（新材料、新工艺、新技术和新设备）技术研究和应用，2项科研项目结题。全市14个大中修工程、9个桥梁维修加固工程实现市场化运作。出台《湖州市“十三五”普通公路服务站实施意见》，利用公路站场、加油站、停靠站和高速互通出口等场地，建设公路驿站，打造布局合理、覆盖面广和凸显特色的公路服务体系，全市建成普通国、省道驿站10个，农村公路驿站13个。履行高速公路行业管理职责，督促业主单位保证养护投入及养护质量，落实路政例行巡查服务区制度，开展桥梁专项整治，指导高速公路星级服务区创建工作。加强电子不停车收费系统建设，全年发展用户4.53万户，新增一站式服务网点48个，完成“ETC”二通道建设任务、车道总数达58条，“ETC”服务网点、用户规模和车道数均比上年翻一番。

【农村公路养护管理】 围绕“四好农村路”（建好、管好、护好、运营好农村公路）建设目标，健全农村公路养护工作机制，加大农村公路大中修和桥梁改造力度，加快农村公路管理站规范化创建进程。2016年，实施农村公路大中修360公里、危病桥梁改造60座，创建规范化乡级农村公路管养站8个。安吉县“四好农村路”建设获得交通运输部、省、市等各级领导的批示与肯定。

【路域环境治理】 在全市开展“两路两侧”百日环境整治专项行动，深入实施“三级路长制”，对14条公路实施市级“路长制”。按照上级统一部署，对全市高速公路沿线广告牌开展“清零”行动，拆除高速公路沿线广告牌129块。在为期100天的穿越小城镇公路“道乱占”“车乱开”整治行动中，对发现的135个问题进行全面整治。狠抓公路保洁、洒水和施工抑尘，确保在建养护工程施工工地扬尘治理措施达到“五个100%”（施工现场围挡100%、工地砂土覆盖100%、工地路面硬化100%、拆除工程洒水100%、出工地运输车辆冲净且密闭100%）。

【安全应急保障】 以G20杭州峰会保障工作为重点，开展国、省道桥梁专项检查，推进重点领域安全整治；落实护航G20—严查超限、超载百日专项行动和决战G20—“利剑”治超专项行动，严把“入浙、入杭”主要通道。开展公路安全生命防护工程专项排查，统一建立公路安全隐患基础数据库；以全市境内国、省道高边坡、高挡墙和高路堤等易发灾毁塌方路段为重点，组织开展公路隐患排查行动。加强公路应急防范工作，组织开展公路“三防”抢险、“公路塌方应急抢险”“公路桥梁应急抢险”等应急救援演练9次，积极参与湖州市交通综合应急演练。以提高公路安全畅通保障能力为核心，以强化应急处置效能为重点，以应急指挥平台建设为抓手，初步建成“应急准备、监测预警、应急响应、公众沟通”四轮驱动的公路应急处置新格局。全市国、省道监测覆盖率、一般灾害下公路应急救援时间和抢通时间等多项指标居全省领先水平。

【桥隧养护管理】 落实桥梁安全运行10项制度，全面推行“一岗双责”责任制，开展桥梁小修保养和预防性养护，完成桥梁定期检查和隐患排查。建立并落实桥梁分级监控和分级响应管理体系，强化国、省道危病桥隧治理项目的督办工作。

【路政执法】 贯彻落实交通运输部《超限运输车辆行驶公路管理规定》，深入开展“省际联动、路地联动、路警联动”联合执法，落实超限信息抄告制度，完成7套非现场执法系统建设。全年检测车辆100.6万辆，查处9400辆，卸载车辆8900辆，卸载货物9.36万吨。全市高速公路平均超限率下降至2%以下，干线公路平均超限率下降至4%以下，应卸载货物卸载率达100%。

【事业单位改革】 筹建设立湖州市公路管理局高速公路分局，与湖州市公路路政管理支队高速公路大队合署办公，下设7个科室、5个中队及3个省际治超站。主要工作职责包括贯彻执行全市公路路政管理的法律法规及政策，负责全市高速公路路政管理工作；全市高速公路不停车收费服务管理；监督全市高速公路养护行业管理、收费管理；督促全市高速公路行业安全生产工作，协调全市高速公路管理国防交通保障工作；督促全市高速公路行业精神文明建设工作及上级交办的其他有关工作。

【精神文明建设】 启动全国文明单位创建工作，以开展最美行业创建完善年为契机，开展“我爱路·我行动”公路文化月活动，推进各类文明细胞创建。2016年，湖州市公路管理局被评为“浙江省‘十二五’交通战备先进单位”；湖州市公路管理局被评为“湖州市绿化先进集体”；湖州市公路路政管理支队高速公路大队被评为“G20杭州峰会交通运输服务保障工作先进单位”；长兴G318公路管理站、安吉递铺公路管理站、德清县公路路政管理大队武康路政中队、安吉县公路路政管理大队递铺路政中队、申苏浙皖高速公路长兴超限运输检测站、湖州市公路管理局信息服务与应急指挥中心、申苏浙皖高速公路长兴服务区和杭长高速公路安吉北收费站被命名为浙江省首批公路行业“最美示范窗口”；德清县公路局武康公路站站长章翔、安吉县公路局递铺公路站站长黄为农、吴兴区路政大队八里店路政中队中队长郑金芳、湖州市高速路政大队杭宁中队中队长钟亮、南浔区路政大队练市中队中队长徐军泉、杭长高速公路安吉北收费所副所长计智丽和长兴县公路局路政服务中心工作人员沈水行被授予2016年度浙江省“美丽公路人”荣誉称号。

（唐秀文）

·道路运输管理·

【概况】 2016年，全市完成公路旅客运输量4925万人，旅客周转量17.83亿人公里，同比下降16.24%和11.31%；完成公路货物运输量8618万吨，周转量65.82亿吨公里，增长10.22%和9.27%。全市汽车驾驶员培训完成招生量10.4万人（次），各车辆综合性能检测站（企业）检测车辆4.12万辆。全年道路运输安全形势平稳，发生道路行车事故14起，死亡10人，受伤8人，直接经济损失190万元，分别比上年同期下降30%，上升42.9%，下降38.5%，上升30%。

【圆满完成G20杭州峰会安保任务】 2016年，以全员化参与、全行业覆盖、全天候出勤和多方式执法为主要手段，坚持“两个全部、两个24小时”工作机制，全体干部职工连续奋战40天，出动执法人员5776人（次），检查车辆1.39万余辆（次），检查企业1300余家（次），整改隐患94处，查处案件2296件，全力以赴守好浙江北大门。涌现出省级先进个人1名、市级先进个人2名、省厅（局）先进集体8个、先进个人23名。

【中心城区客运场站布局调整】 制订客运场站布局方案，明确“二枢纽七中心”总体规划目标；扎实做好浙北高速客运中心隐患治理工作，并于2016年11月10日完成搬迁，启用高铁汽车客运总站，调整完善汽车东站，基本建立中心城区“一主一副、东西两翼”的综合客运服务体系。

【深化出租汽车行业改革】 有效处置出租汽车非正常聚集事件，制定湖州市《出租汽车行业改革实施意见》和《网络预约出租汽车经营服务管理实施细则》，确保行业发展稳定有序。

【公共交通】 一是注重顶层设计。编制完成《市区公共交通综合规划》《“十三五”治理城市交通拥堵规划》和《智慧公交系统规划》，提出了打造“便捷”“生态”“智能”“美丽”“可持续”五个公交发展模式，构建“一主二副三廊”公交发展框架，形成“层次清晰，功能分明”的公交线网体系，“高效品质，低碳智能”的公交服务体系和“公平透明，标准规范”的公交管理体系。二是突出生态智能。全市新增更新公交车辆103辆，全部为清洁能源车辆，其中纯电动公交83辆，占比达81%，安吉县投放全省首批35辆纯电动“复古铛铛车”；推广创建绿色守时公交线路6条、车厢文化线路3条；构建完成面向政府、面向企业和面向个人的三位一体的“1C5S”智慧公交系统，实现了公交管理的可视、可测、可查可控。德清县成为全国首个实现支付宝扫码乘坐公交的县。三是讲求科学优化。制订中心城区“米字型沿环放射”快线网+“五横五纵一环”干线网+三层支线网的公交线网结构，全市新辟优化公交线路60条，新建公交场站5个、港湾式停靠站250个。

【现代物流】 一是科学谋划发展路径。编制完成《湖州市现代物流业发展“十三五”规划》，提出构建“一核、两带、双组团”空间布局和打造“四平台、六驱动、八横九纵”网络支撑体系的发展目标。二是强势推进重点项目。全市13个重点物流项目完成投资18.87亿元。三是加快培育龙头企业。全市2A级以上物流企业增长至37家，鑫达物流争创为全市首家5A级物流企业，实现零的突破。四是试点启动共同配送。首批验收通过祥瑞物流等4家试点企业，全市设立配送网点628个，集中配送率达90%，共同配送网点数增加20%以上。五是合力推进多式联运。安吉港国际物流园区获批成为湖州市首家省级跨境电子商务园区。六是全面推广清洁能源。全市完成黄标车报废1100余辆，新增LNG新能源货车60辆，新增节能环保厢式车303辆。

【行业监管】 一是确保行业安全稳定。扎实推进“道路运输平安年”建设各项活动，认真落实二级以上客运站封闭管理及实名制售票，强化物流运输实名制管理，全面开展行业安全生产大检查。全年全行业未发生较大及以上事故，道路运输安全形势保持平稳态势，长兴县连续3年没有发生死亡事故。二是全面开展专项整治。相继开展了泛长三角地区春运执法联动，营运车辆动态监管“1号行动”，驾培行业专项整治，道路运输专项整治“2号”“3号行动”以及高速公路服务区联合整治等稽查活动，全市立案各类违章案件3369件，结案率达96.3%，有效地净化了道路运输市场秩序。三是切实加强综合监管。建立执法资源实时调度机制，充分利用现场监控和事后回放等手段，实现行业动态预警；建立动态监控派单机制；下发《动态监管工作规范》《客运、危货监管工单处置流程》等规范性文件，拓宽非现场执法新领域；积极推广应用移动稽查APP软件。

【运输服务】 一是城际客运持续优化。全市新建农村客运站3个，全市城乡客运一体化发展水平综合评价达到5A等级。二是诚信维修有序推进。全面贯彻落实交通运输部2016年第1号令，确保车辆技术管理平稳过渡，市本级一类维修企业全面推广维修过程监管联网系统。三是阳光驾培提档升级。全面推行“先培后付、计时收费、学员评价”学驾新模式，全市完成率达100%；加快实施驾培系统升级改造，启用学员二代身份证验证系统，推进驾培监管平台和网络教育平台建设。四是窗口服务便捷高效。实施行政服务窗口前移，行政许可业务实现网上受理、内部流转和邮寄送达。

【获得荣誉】 3月，市运管局公交大队女子稽查队被浙江省交通运输厅授予“最美示范窗口”称号；8月，市运管局公交大队女子稽查队荣获“全国交通运输行业文明示范窗口”称号；8月，市运管局荣获浙江省交通运输系统“六五”普法先进集体称号；9月，孟立忠同志被省委、省政府评为浙江省G20杭州峰会工作先进个人；10月，市运管局、市运管局吴兴分局被浙江省交通运输厅授予“G20杭州峰会交通运输服务保障工作先进集体”称号；“丁晓春车队”被评为浙江省道路运输行业最美服务品牌。

（赵　俊）

·港航管理·

【内河水运转型发展示范区创建】 2016年10月31日，交通运输部批复同意湖州市创建内河水运转型发展示范区，湖州成为全国首个内河水运转型发展示范区的地级市，内河水运、临港产业和生态城市融合发展的“湖州模式”将成为全国内河水运转型发展的“标杆”。《湖州市创建内河水运转型发展示范区实施方案》通过省交通运输厅、湖州市政府联合组织的评审。

【服务水运经济发展】 在全省范围内率先编制实施《湖州市临港产业发展规划》，为临港产业发展提供战略指导，规划已由市政府批准发布。加快水运市场诚信体系建设，3家企业通过省级“诚信企业”复评，年内新增5A级物流企业1家，实现航区5A级物流企业零的突破。积极推进船舶交易、船舶保险和行业信息发布等航运服务业的发展，全年完成船舶交易325艘、交易金额达1.1亿元。

【航道建设】 2016年，长湖申航道扩建工程小浦闸上游2.5公里航道尾留工程完成交工验收，至此，全线实体工程（除杨家庄老桥拆除工程）已全部完工，工程档案验收、工程决算等竣工验收相关准备工作加快推进；京杭运河湖州段三级航道整治工程全面开工建设，年内完成投资3.93亿元。长湖申航道西延工程完成初步设计审查；浙北高等级航道网集装箱运输通道建设工程完成项目建议书批复。

【航道养护】 制定《湖州市航道养护“十三五”发展规划》并启动实施。2016年，专项养护工程完成投资7300万元，杭湖锡线德清段护岸完善四期工程、杭湖锡线德清段航道疏浚工程、思练线支线航道养护工程等6个项目完工。例行养护完成投资1545万元，其中骨干航道投资1314万元。

【港口建设管理】 启动《湖州港总体规划》修编，整合提升湖州港岸线利用水平。全面开展港口岸线普查，普查成果通过省港航局组织的验收。2016年，关闭小散码头43座，整改提升码头203座。继续推进大型公用码头、专业化码头建设，全年完成港口建设投资3.58亿元，建成300吨级及以上生产泊位22个，新增港口年通过能力1331万吨。德清临杭物流园码头作业区完成竣工验收，湖州南方物流有限公司码头工程完成交工验收。湖州铁公水综合物流园等项目启动实施，为构建多式联运体系奠定了基础。

【港航规费征收】 全年征收港航事业费897.82万元，同比下降66.34%；浙北干线航道通行费4354.29万元，下降8.89%；船舶过闸费593.53万元，增长0.56%。积极做好船港费、船检费和浙北干线航道通行费的减免工作，累计减免金额2256.72万元。

【资产管理】 规范资产采购、报废和出租等手续，确保国有资产保值增值。严格按照市财政部门的要求和程序购置、处置和出租资产，物业出租收入按合同兑现。完成固定资产清理核对工作，确保固定资产三账相符。将交通工程处等国有资产划入交投集团，完成清产核资和交接工作。

【内河集装箱运输】 全市新增集装箱船舶16艘、846标准箱，新增运输线路2条，全年完成内河集装箱吞吐量20.61万标准箱，同比增长11.5%，吞吐量和增幅均位居长三角同类型内河港首位，占全省内河集装箱吞吐总量的56%。其中，安吉上港国际港务有限公司、长兴捷通物流有限公司、南浔鑫达物流有限公司和德清多功能港区分别完成集装箱吞吐量15.87万标准箱、1.67万标准箱、1.94万标准箱、1.13万标准箱。

【水上客运旅游】 全市拥有水路

客运企业6家，客船72艘、2256客位。全年完成水路客运量80.92万人（次）、旅客周转量456.58万人公里，同比分别增长14%和9.1%，水路客运量绝对值创历年新高。其中，市本级、德清县、长兴县分别完成客运量11.32万人（次）、31.09万人（次）和38.51万人（次），同比分别下降5.2%和增长4.8%、31.1%。

【船舶运力】 扎实推进船型标准化工程，年内，注销船舶368艘、6.35万载重吨，其中拆解淘汰符合国家补助政策的老旧小吨位船舶55艘、9844总吨。截至12月底，全市拥有特种船舶313艘、16.7万载重吨，分别占全省内河特种船舶数的51%和58%；拥有200吨级以上船舶3590艘、177.7万载重吨，分别占全市总运力的84.3%和95.6%；全市水运企业41家，34万载重吨，企业运力占比18.3%；单船平均吨位444.4载重吨，同比增加112.8载重吨。

【港口生产和运输】 港口生产自2013年以来首次止跌回升，全年完成港口货物吞吐量8664万吨，其中出港5183万吨、进港3481万吨，同比分别增长7.6%、下降5%和增长34.1%。完成水路货运量5908.2万吨、货物周转量87亿吨公里，分别增长2.8%和0.5%。

【水上交通安全管理】 全力做好G20杭州峰会和乌镇互联网大会期间水上安保工作，圆满完成保障任务。在5～6月历史最长汛期水上交通管制期间，扎实做好涉水安全生产管理、重点物资运输保障、水上应急救援、船舶停泊秩序维护和滞留船员生活保障等工作，确保汛期水上交通安全稳定和重点物资运输的平稳有序。完善专业应急搜救队伍，并与市消防支队、民间救援组织建立合作关系，联合开展应急搜救和培训，提高水上突发事件应急处置能力。建成全省首个内河船舶驾驶模拟器，全面应用于船员培训考试，全年培训、考试船员928人（次）。扎实推进船舶监管模式改革，全面部署船舶自动识别系统终端的安装和使用，启动实施船舶电子签证。全年航区受理水上交通事故31起、死亡1人、直接经济损失27.52万元。

【船舶污染防治】 建立船舶污染物接收处置新机制并有效运作，2个船舶油污水接收点和油污水接收船已投入试运行，全年接收油污水70吨。扎实开展船舶污染物接收上岸以及船舶倾倒垃圾和排放油污水专项整治。

【清洁能源应用】 完成《新能源纯电动推进系统在千吨级以下内河船舶应用技术研究》课题，全省第一艘纯电动货船研发试航成功，同时，启动纯电动内河集装箱船型研究。完成港口码头环境管控清单、大气污染源排放清单调查编制，内河水域港作机械清洁能源替代比例明显上升。加快推进岸电设施建设，5个基层站所建成智能岸电桩并投入使用。

【港航智慧监管】 扎实开展船联网示范工程建设，在全国内河率先开发船舶进出港智慧监管平台，建成6个船舶自动核查系统，实现船舶证书、缴费和违章等信息的不停航监管。建成浙江省内河航道运行管理系统，在全省推广应用。启动全国首个网状渠化电子航道图建设，完成干线航道绘制288公里，领先全省。开发并应用湖州港航综合数据平台，及时反映行业发展动态。进一步完善水上交通指挥信息平台，有效地提升了船舶指挥调度能力。推出网页版船舶动态监管系统，建成可视化对讲指挥系统，启动水上交通指挥中心升级改造和直属分局监控分中心建设。

【行政执法】 完成全省交通运输系统《行政许可行为规范》《水路交通行政许可文书制作规范》和《水路交通行政许可文书示范文本》的编制。组织开展执法记录仪操作培训、船舶安全检查员和船载船舶自动识别系统原理与操作检查培训，提高执法人员业务技能。全面开展执法队伍美丽指数“隐形人”评价（交通运输领域执法队伍管理部门或委托第三方民调机构，采用电话调查、短信调查、在线调查、书面调查、实地走访等科学调查方法，向执法区域内的市民群众，采用匿名的方法取得民意反映，获得群众对交通运输执法工作和队伍建设的真实感受和评价），提升基层站所行政执法和管理服务水平。加强执法监督，做好案卷质量评查，加强优秀案卷评选，全年办结行政处罚案件1107件。在全省交通运输行政执法评议考核中，市港航管理局被评为“2016年优秀基层站所”。2件执法案卷分别被省交通运输厅评为“十佳优秀处罚案卷”“十佳优秀许可案卷”。1件执法案卷被省港航局评为“2016年度全省水路交通行政处罚优秀案卷”。1件执法案卷被市法制办评为“行政执法优秀处罚案卷”。

【行政服务】 加快推进行政审批网络化服务，完成政务服务网相关内容调整更新，全年完成网上审批92件。积极推广应用省港航管理局综合管理与服务平台，运政、港政、航政已全面实现网上受理和内部网上审核流转。全力推进交通运输综合改革试点工作，3个项目通过省交通运输厅验收。做好“12345”政府阳光热线办理工作，全年完成交办事项106件，群众满意率达98.5%。

【水环境治理】 进一步加强主干航道绿化、疏浚、清障和护岸修复，全年维修护岸2.35万平方米、清理碍航物57处、疏浚土方12.56万立方米、缺棵补植2.73万平方米、绿化养护123万平方米、新建加固护岸20.34公里和开挖陆上土方4.2万立方米，疏浚水下土方125万立方米。杭湖锡线“河长办”完善“河长”工作机制，严格执行集体巡河和月度通报制度，年度治水任务圆满完成。

【获得荣誉】 市港航管理局、直属分局、安吉县港航管理局3家单位保持“省级文明单位”荣誉称号；市港航局被中共湖州市委、湖州市人民政府、湖州军分区评为湖州市爱国拥军模范单位；市港航管理局被中共湖州市委办公室、湖州市人民政府办公室评为湖州市“五水共治”工作先进集体；市港航管理局、德清县港航管理局被浙江省交通运输厅评为G20杭州峰会交通运输服务保障工作先进集体；湖州市港航管理局直属分局团支部被共青团浙江省委办公室评为省级先进团支部；直属分局太湖港航管理检查站被湖州市委宣传部、湖州市文明办评为湖州市“最美窗口”，被省交通运输厅评为省“交通运输行业百名最美”，被省港航局评为浙江港航行业“十大最美窗口”；直属分局菱湖港航管理检查站被省港航管理局评为全省港航管理系统基层站所行风竞赛优胜单位。

（戚　慧）

·铁路建设·

【概况】 2016年，全市铁路建设工作紧紧围绕年度铁路建设工作的目标任务和要求，攻坚克难、精心组织、稳健推进，取得了较好成绩。

【沪苏湖铁路项目前期工作】 1. 项目概况。沪苏湖铁路被列入国家《中长期铁路网规划（2008年调整）》和《铁路“十二五”发展规划》。根据中铁第四勘察设计院编制的“可研”报告（初稿），该线为高铁客运专线，起于浙江湖州，经江苏吴江、上海松江，接入虹桥枢纽站，全长计划163.544公里。其中，浙、苏、沪里程分别为46.464公里、52.35公里和64.73公里；项目估算总投资417.9亿元（浙江段总投资为77.1亿元）。2. 前期工作进展。一是在省、市的共同努力下，沪苏湖铁路被列入中国铁路总公司2016年新开工项目计划，完成项目设计招标、投标。3月，中国铁路总公司组织召开该项目可行性研究报告审查会。二是沪苏湖铁路浙江段规划选址、“稳评”、地质灾害和压覆矿评估等前置工作均完成，土地预审已报省国土资源厅，环评、水保等评审前期工作已启动。三是根据8月18日省发改委召开的铁路项目推进计划会议精神，要求提前做好初步设计、施工图设计等。年内，中铁第四勘察设计院已经完成湖州先行开工段的初步设计报告（待审查）。四是中国铁路总公司牵头完成了沪苏湖铁路“可研”上报会签稿（走青浦方案），浙江省已经会签同意；上海市、江苏省已经分别向中国铁路总公司发函反馈意见。由于上海段技术方案尚不确定，影响“可研”向国家发改委报批进度。五是12月初中国铁路总公司组织经上海松江到虹桥站方案审查，由于方案安全等原因，要求中铁第四勘察设计院专题研究经松江到虹桥段的施工组织方案和安全评估。

【商合杭铁路征迁工作】 1. 项目概况。商合杭铁路等级为高速铁路，行车速度350公里/小时。该项目起自河南省商丘，经安徽省亳州、阜阳、淮南、合肥、芜湖、宣城，浙江省湖州至杭州，线路全长796.9公里。其中，合肥北城站至合肥站段23公里为合蚌客专在建工程，合肥站至肥东站段19公里利用既有线，芜湖至宣城段71.3公里为已立项皖赣新双线工程，湖州至杭州段67公里利用既有宁杭客专。该项目实际建设长度为613公里，项目总投资960.8亿元，建设工期5年。商合杭铁路浙江段全长51.5公里，全部在湖州市境内，总投资约77.5亿元。于2015年11月30日开工建设。该铁路为中国铁路总公司和地方合资项目，浙江段项目业主为宁杭铁路有限责任公司。该项目资本金占总投资的50%，浙江省地方政府负责征地拆迁出资，经审核后计入项目资本金。浙江省资本金部分由省交投集团承担30%，其余70%由湖州市承担。湖州段的施工单位分别为中铁十七局和中铁二十四局。其中，中铁十七局负责从安吉县的杭长高速公路到湖州开发区路段的施工；中铁二十四局负责从皖、浙省界（广德县）到杭长高速公路路段的施工。湖州市安吉县、长兴县、湖州开发区分别负责征地拆迁和工程协调、配套建设等工作。2. 工作进度。一是红线内土地交付98.8%，拆除农房100%，其中安吉段、长兴段红线范围均100%交付施工单位；湖州开发区红线内除个别企业外，已完成全部农房拆迁及金洲管道工业有限公司补偿协议的签订工作。全年累计完成投资13.34亿元；二是抓住国家扩大有效投资的机遇，经过争取和协调，分二次争取到中央专项建设基金5亿元。三是协调解决工程建设中遇到的重（难）点问题，重点协调解决施工临时用地、耕地表土剥离、施工临时用电、弃（堆）土场选址和特种养殖等一系列问题，为施工建设创造良好环境。湖州市征迁工作的做法与经验，在上半年全线征迁工作列会上，作典型经验介绍，并在全线推广。

【宣杭铁路电气化改造工程前期工作】 1. 项目概况。该项目线路起于湖州长兴县泗安镇，终点为杭州乔司站。正线里程144公里，其中湖州段110公里。项目总投资23亿元。项目主要以原宣杭复线电气化改造为主，零星征地建设变电等配套设施。项目业主为上海铁路局杭州铁路枢纽工程建设指挥部。2. 前期工作进展。2016年，湖州市配合铁路部门完成“可研”、初步设计和施工图设计批复，达到年内具备开工建设条件；为争取湖州利益最大化，对于历史遗留、沿线反映强烈的“涵洞小、桥梁损、噪音大”等53个问题，逐一得到解决和落实。12月中旬，完成施工招标，中铁十七局电气化公司已进场开展项目驻地建设和施工图复核工作。

【城市轨道交通建设规划编制工作】 1. 完成城市轨道交通建设规划设计招标程序，排定工作推进计划，开展客流调查和资料收集工作。2. 完成城市轨道交通建设规划有关制式、预选线路比选方案，为市领导决策当好参谋。3. 指导协调杭州~德清和杭州~安吉城际等重大交通项目纳入省都市圈城际轨道交通近期建设项目。4. 由于省发改委正在编制浙江省都市圈城际轨道交通二期建设规划，湖州市编制城市轨道交通建设规划相关工作暂缓，以便与省发改委编制的浙江省都市圈城际轨道交通二期建设规划相衔接。

【做好铁路相关工作】 1. 根据《湖州市“两路两侧”环境整治工作“路长制”实施方案》有关部门职责的要求，认真做好全市铁路沿线“三化”问题的排查、整改工作的牵头指导工作。开展不定期巡查，发现问题及时反馈，促使责任单位及时整改，形成每个县（区）建立一个整治“示范区”；同时，结合省、市“两路两侧”、“四边三化”专项行动，认真开展铁路沿线问题排摸和全市彩钢房（棚）专项整治，排查问题14个，已100%完成。2. “G20”杭州峰会期间，会同铁路部门优化高铁湖州站进站安检方案，增设安检通道，增加安保人员，保障旅客安全有序出行。“G20”杭州峰会后，根据湖州市政府有关领导的意见和要求，委托上海铁路局嘉兴车务段完成湖州站进站门厅改造及进站硬隔离与单向门安装工程，方便市民进站候车安检。3. 通过加强与上海铁路局的沟通协调，自9月11日开始，开通湖州至杭州首列始发通勤高铁列车（G7639）次，结束了湖州市无始发列车的历史，让湖州市民在“高铁时代”下共享与杭州的“同城生活”。 （林世全）

科学技术

·综　述·

【概况】 2016年，全市科技创新工作深入贯彻落实中共十八届五中、六中全会精神，全国、全省科技创新大会、省市科技创新大会精神，以建设国家创新型城市为目标，以提升自主创新能力为重点，进一步深化科技体制改革，在创新环境营造、创新主体培育、创新平台建设、科技成果转化和知识产权战略实施等方面取得了新的进展，为全市奋力实现赶超发展提供了有力的科技支撑。湖州市成为全省第1个国家知识产权质押融资试点城市，被省委、省政府评为“市、县党政领导科技进步目标责任制考核优秀单位”。一是创新创业环境持续优化。据省统计监测，2015年湖州市科技进步变化情况综合评价居全省第3位，全市研究和试验发展（R&D）经费占GDP比重为2.55%，高出全省平均0.19个百分点，占比居全省第3位。二是创新主体培育稳步提升。新认定省级科技型企业351家，累计达1527家；新增国家高新技术企业180家，累计683家；新认定省级企业研究院17家，累计50家；永兴特种不锈钢、尤夫高分子材料和华莹微声晶体材料3家企业研究院成为省重点企业研究院，累计14家；新认定省级高新技术企业研发中心35家，累计258家。三是创新平台建设不断推进。湖州莫干山国家级高新技术产业开发区挂牌。5家众创空间国家级备案，10家众创空间省级备案，其中2家获评省级优秀众创空间。安吉县科技创业园升为国家级，“两山”创客小镇孵化器被列入省级科技企业孵化器。全市省级以上科技企业孵化器达8家，其中5家为国家级。四是创新资源集聚成效显著。新立省级以上科技计划项目59项，争取到省级以上科技项目经费1.5亿元。举办第七届政产学研合作大会暨首届军民融合促进大会，签订科技合作与成果转化项目（平台）60项，签约金额29.8亿元，项目总投资39.26亿元。全市技术合同总成交额达20.7亿元。五是知识产权工作再创佳绩。全市专利申请总量达23271件，同比增长6.64%，其中发明专利申请量6662件，增长7.57%；发明专利授权量2544件，居全省第3位，增长54.46%，增幅居全省第1位。每万人有效发明专利拥有量达20.91件，居全省第3位。

【优化科技创新环境】 深入开展科技试点示范工作，加大科技宣传力度，营造良好的创业创新氛围。一是强化科技创新工作部署。3月7日，召开全市科技创新工作会议暨国家创新型城市试点工作推进会，强化重点工作部署与责任落实。8月11日，召开全市科技工作半年度会议暨高新技术产业发展推进会。10月21日，召开全市科技创新大会。出台《湖州市科技创新“十三五”规划》和《关于补齐科技短板加快创新驱动的十二条意见》。二是完善科技创新服务体系。完成2015年度科技贷款贴息项目的申报工作，启动开展首期规模1亿元的科技型中小企业贷款保证保险专项，全年全市参加科技保险的高新技术企业42家，保险总金额达10.6亿元，同比增长25.2%，财政补助40.4万元。长兴县被列入全省首批全面创新改革试验区，安吉县通过国家可持续发展实验区建设验收。三是营造创新创业良好氛围。出台《湖州市科技创新券实施管理办法》，全市发放创新券6495.73万元，确认使用4658.55万元，均居全省第2位。湖州市2家企业参与完成的科研项目，分别荣获国家科学技术进步二等奖和国家科学技术发明二等奖。评选出市级科技进步奖51项，其中获得一等奖1项、二等奖10项、三等奖40项。

【培育科技创新主体】 加强创新主体培育力度，着力构建科技企业“微成长、小升高、高壮大”的梯次培育机制。一是大力推进“双高”企业培育。制订2016“双高”培育工作计划及考核办法，建立健全联席会议协调推进制度、市领导联系服务制度、企业导师帮带制度以及监督考核通报制度。针对全市300家“双高”培育企业，开展调研走访服务活动，解决难题126个。全年全市300家“双高”培育企业实现主营业务收入490.12亿元，同比增长23.4%；实现净利润34.95亿元，增长15.3%，上缴税金25.43亿元，增长18.1%。二是积极贯彻有关优惠政策。重点抓好《湖州市全面实施创新驱动发展战略二十二条政策》落实，指导湖州市科技型中小企业充分享受相关税收减免政策。继续贯彻落实高新技术企业15%所得税政策和企业技术开发费用150%加计抵扣等鼓励企业技术创新政策，联合市高新技术企业协会，邀请专家开展了4期科技政策解读培训，320余人（次）参加。2015年，全市高新技术企业减免企业所得税6.25亿元，企业研发费用加计扣除27.94亿元，分别增长20.19%和115.75%。三是助推高新技术产业发展。围绕六大高新技术产业领域，针对产值等相关指标同比下滑比较严重的50家企业，深入调查研究，梳理并及时解决企业在推进高新技术产业发展过程中的突出问题，开展高新技术产业百日攻坚行动。全年全市高新技术产业实现工业增加值347.43亿元，增长5.6%；高新技术产业投资额223.52亿元，增长22.3%。

【推动创新平台建设】 推进大众创业、万众创新，进一步集聚科技资源，强化科技服务，点面结合支持各级创新创业平台的建设和运营。一是推进高新园区建设。推进莫干山国家级高新区建设，督促园区制订完善《湖州莫干山高新区建设三年行动计划》，牵头制订《关于加快湖州莫干山高新技术产业开发区发展的若干意见》，并由市委、市政府下发。加快湖州高新园区和现代物流装备高新园区建设。二是推进科技城建设。积极与上级部门沟通，摸清相关要求及政策，引导湖州开发区根据高新技术产业发展需要，结合现有产业基础，编制湖州科技城的建设规划。年内，已完成湖州科技城规划建设重点调研课题，组建科技城建设推进领导小组和工作班子，《湖州科技城概念性规划》已通过专家论证。三是扶持发展众创空间。8月19日，在德清县召开全市推进众创空间建设现场会。出台《湖州市人民政府办公室关于发展众创空间推进创新创业的实施意见》和《湖州市众创空间认定管理办法（试行）》，首批认定13家市级众创空间。微总部、金融客吧被认定为首批省级优秀众创空间。

【加速科技成果产业化】 加强协同创新，加强技术市场体系建设，深入推进科技合作，打通科技成果转化“最后一公里”。一是深化拓展政产学研合作。7月26日，举办第七届政产学研合作大会暨首届军民融合促进大会，湖州市人民政府与中国兵器工业新技术推广研究所签订《共同推动军民融合创新发展合作协议》。首次把军民融合主题纳入政产学研大会的常规议程，举办军民融合产业政策法规培训暨“军转民”项目发布会。在2016中国浙江军民融合科技合作促进大会上，全市6个企业项目参展，5个项目现场签约，成交金额达2213.5万元。二是组织开展科技对接交流。组织150余人（次）参加2016年科技成果春季、秋季竞价（拍卖）会和第十八届深圳高交会等大型科技成果展示交易活动，参展项目8项，达成意向合作项目12项。湖州市蓝德能源和诺力机械等64家企业通过多轮竞价拍得中科院兰州化学所、上海交通大学等高校、科研院所和企业科技成果30项，最终成交价4466万元，成交项目数和金额居全省前列。三是全力推进湖州科技大市场建设。完成网上信息数据库和实时信息发布系统，累计遴选科技成果2000项以上，征集企业技术需求450余项，收集可转让专利800余项，同时，网下增加科技成果展示的内容，湖州科技大市场通过省科技厅的验收。引进各类科技中介服务机构13家。组织开展第三期技术经纪人培训班，94人通过考试。全市累计引进中航通飞研究院有限公司和浙江理工大学等合作共建中航通飞研究院浙江分院和丝绸小镇创新研究院等26家科技创新载体。

【大力发展民生科技】 全面深化以项目实施为主体，平台建设和企业培育两翼齐飞的发展格局，大力提高农业和社发科技进步的贡献率，不断推进科技富民和科技惠民。一是推动农业科技平台建设。进一步加强国家农业科技园区建设管理，强化建设考核和数据监测。新立国家农高园区科技创新创业服务项目1项。浙江大学长兴县农高园区和南太湖农高园区完成省级农高园区“十二五”创建工作绩效考评。3家“星创天地”在科技部备案，安吉星“星创天地”被确定为浙江省第一批“星创天地”创建单位。二是推动农业创新主体培育。培育和发展新型农业科技创新主体，新认定浙江省农业科技型企业18家，累计237家。对全市109家省级农业科技企业研发中心进行考评，评定12家优秀研发中心。新认定省级农业企业科技研发中心17家，累计126家。鼓励、引导和支持企业申报省、市级重点研发计划项目和公益性项目。3人被评为浙江省农业科技先进工作者。三是推动科技服务民生。持续推进“生态科技3310行动”（即实施“科技治水、科技治霾、科技治土”3大生态科技行动，推广应用30项生态治理先进技术以及建设10个生态科技示范工程），设计“工业污水处理技术研究示范”和“农业农村污水处理及废弃物处理技术研究与示范”等市级生态文明建设专项。举办2016年湖州市暨吴兴区科技活动周和第十三届科普节活动。湖州市三县两区实现地震监测台网全面覆盖、地震应急桌面推演全面落实和防震减灾社会服务能力全面提升。

【深入实施知识产权战略】 贯彻落实《湖州市关于加快实施专利战略推进创新驱动发展二十三条政策》，激发知识产权创造运用热情，加大知识产权保护力度，发挥知识产权引擎作用。一是推进示范城市建设。发布《湖州市知识产权“十三五”发展规划》，下发国家知识产权示范城市工作要点、《湖州市加强知识产权人才队伍建设工作实施意见（2016～2020年）》和《湖州市建设国家知识产权质押融资试点城市工作方案》。湖州市获评国家知识产权示范城市工作先进集体和全国专利系统先进集体。开展第五届“优秀发明人”评选。莫干山国家级高新技术产业开发区被列入国家级知识产权试点园区，吴兴实验中学被列入国家级知识产权教育试点学校。二是提升企业专利运用能力。获批国家知识产权示范企业1家，优势企业10家；新认定省级专利示范企业27家，居全省第1位；新认定市级专利示范企业47家。举办知识产权贯标内审员培训、“新形势下专利强企”培训班和企业知识产权贯标培训。率先在全国举办首期“专利挖掘与布局”中级班培训。6项发明获第十八届中国专利奖，获奖数创历史新高，居全省第2位。全年全市63家企业开展专利权质押贷款，完成专利权质押项目74笔，获得贷款金额4.19亿元，同比增长15.43%。三是加大专利保护力度。积极开展流通领域打击假冒专利专项行动，对流通领域经营人员进行培训。全年立案处理专利案件1093起，其中专利侵权纠纷案件826起，涉嫌假冒专利案件267起。（沈建良　张　敏）

【科技项目实施情况】　2016年，全市科技计划按照围绕产业链部署创新链、围绕创新链完善资金链的总体部署，以提升自主创新能力为目标，强化企业创新主体地位，逐步优化科技计划体系，为湖州市创新型城市建设和创新驱动发展提供支撑。

一、省级以上科技项目实施情况。2016年，全市实施省级以上科技计划项目464项，其中新上项目59项，结转项目405项。新上项目中，国家级和省级项目分别为8项和51项，主要包括：自然科学基金项目25项，省重点研发计划项目12项，省公益性技术应用研究项目17项，技术市场成交产业化项目5项。2016年，全市争取省级以上科技计划实际到位资金15800.5.万元，按经费来源分：中央级资金1116万元，省级资金14684.5万元。项目围绕湖州市重点产业和战略性新兴产业组织实施，不断凸显科技支撑发展的重要作用，促进了科技成果产业化，推动了全市经济转型升级。

二、市级科技项目组织实施情况。2016年，全市实施市级科技计划项目489项，其中新上项目194项，结转项目295项。按照市委、市政府加快构建“4＋3＋N”产业体系要求，加快对重点产业发展的支持，围绕先进装备（现代物流装备）、新能源和生物医药三大战略性新兴产业及科技惠民领域发展组织实施市重点研发计划项目。在项目组织上，加强主动设计并与市、县（区）科技部门联动，深入调研和广泛征集，发挥专家组的咨询和指导作用，新启动实施新材料专项。贯彻落实中央、省科技计划体制改革精神，将原有的“重大科技专项”优化整合为“重点研发计划”，并规定除部分民生科技领域外，重点研发计划项目承担主体，原则上要求以企业为主。在项目立项上做到根据产业导向、先进性和产业化前景等多重目标严格筛选，择优立项；在经费安排上，向重大项目进行倾斜，根据预算改革要求，对公益类项目由“分期补助”调整为“一次性补助”；在管理上，加强对项目的全过程管理，对实施良好的项目，要求列入省级以上重点研发备选名单库，予以优先推荐。进一步强化企业创新主体作用，促进产学研用紧密结合，实行平台优先、人才优先和投入优先等“五个挂钩”原则。进一步引导企业加大科技创新投入。对2016年新立的194个项目统计表明，项目预计研发总投入1.13亿元，项目实施期内预计可实现产值4.19亿元，实现利润5700余万元，上缴利税2500余万元。可发表核心期刊论文160余篇，一级期刊40余篇，可申请专利166件，其中发明专利67件；可获得专利授权92件，其中发明专利25件。可形成省级新产品30多个，制定企业标准16项。（曹雄飞）

【高新技术产业】　2016年，湖州市高新技术产业运行平稳，全市高新技术产业工业增加值达347.4亿元，同比增长5.6%；实现主营业务收入1812.8亿元，增长0.4%；实现利税212.4亿元，增长11.3%；实现利润146.4亿元，增长12.3%。高新技术产业工业增加值占规模以上工业增加值比重达41.95%。高新技术产业领域规模以上企业达818家。从全省11个设区市比较，湖州市高新技术产业增加值占规模以上工业比重居全省第5位，比全省平均增加值高1.81个百分点。

一、各领域高新技术产业发展情况。全市从新能源及节能、生物医药产业、新材料、光机电一体化、电子信息和资源与环境六大领域来看，2016年，除新能源及节能外，各领域工业增加值同比均呈现增长态势。其中生物医药领域增幅最大，新能源及节能领域增幅最小。一是电子信息领域。该领域产业规模不大，2016年，实现工业增加值17.6亿元，同比增长11.1%；主营业务收入98.1亿元，增长15.9%。实现利税10.2亿元，增长25.2%；实现利润7.3亿元，增长31.8%。二是新材料领域。2016年，该领域实现工业增加值173.3亿元，增长6.5%；主营业务收入932.4亿元，增长3.7%。实现利税102.6亿元，增长12.6%；利润达69.7亿元，增长14.7%。三是生物医药领域。2016年，该领域实现工业增加值31.4亿元，增长11.7%；主营业务收入130.6亿元，增长12.7%；实现利税23.4亿元，增长20.9%；利润17.2亿元，增长25.7%，利税及利润增长较快。四是光机电一体化领域。2016年，该领域实现工业增加值84.3亿元，增长6%；主营业务收入383.6亿元，下降1.1%。实现利税50亿元，增长1.7%；利润35亿元，增长4.3 %。五是新能源及节能领域。2016年，该领域实现工业增加值34.3亿元，下降9.3%；主营业务收入237.58亿元，下降18.3%；实现利税23.7亿元，增长10.3%；利润15.2亿元，下降3.0%。六是资源与环境领域。该领域产业规模最小，2016年，工业增加值6.4亿元，增长8.6%；主营业务收入30.5亿元，增长7.4%；实现利税2.6亿元，增长62.1%；实现利润1.9亿元，增长77.7%。

二、全市高新技术产业发展呈现以下主要特点：1. 高新园区创新能力进一步提升。2016年，湖州莫干山国家高新区实现工业增加值51亿元，同比增长10.1%；园区内高新技术产业增加值33.8亿元，增长13.8%；实现工业新产品产值117.8亿元，增长2.7%。园区已形成以生物医药、先进装备、地理信息、精细化工和新材料等为主的特色产业。2016年，湖州高新技术产业园区实现工业增加值46.3亿元，增长11.4%；园区内高新技术产业增加值27.2亿元，增长9.8%；工业新产品产值126.8亿元，增长15%。园区内已初步形成新能源、生物医药、新材料、环保设备和电子信息等主导产业。湖州省级现代物流装备高新技术产业园区，2016年，实现工业增加值65.5亿元，增长7.3%（全省12家创建型省级高新园区排名第6位），园区内高新技术产业增加值31.7亿元，增长8.6%；工业新产品产值212.0亿元，增长10.5%。2. 高新技术特色产业基地产业充分集聚。全市拥有德清生物与医药、长兴无机非金属新材料、南浔特种电磁线、安吉竹精深加工、德清木质装饰新材、吴兴特种金属管道、南浔智能电梯、吴兴物流装备8家国家级火炬计划特色基地。拥有长兴电动车用蓄电池、德清涂装、南浔特种不锈钢管、吴兴羊绒制品、南浔特种小功率电机、吴兴光电产业、南浔木地板、德清数控装备制造、长兴即热型电热水器、安吉生物与医药、南浔光整研磨、长兴电子电容、安吉高端功能坐具、德清休闲用品、德清地理信息、安吉装备制造16家省级高新技术特色产业基地。2016年，全市24家省级以上高新技术特色产业基地实现工业增加值175.6亿元，增长11.4%；实现产值978.1亿元，增长11.8%；实现利税95亿元，增长12.5%。3. 科技创新平台建设加快推进。推进科技创新平台的建设和运营，集聚科技人才和技术。一是创新创业体系逐渐完善。2016年，安吉县科技创业园升格为国家级，安吉县“两山”创客小镇孵化器认定为省级孵化器，全市国家级科技企业孵化器达5家，省级以上科技企业孵化器有3家。全市8家省级以上科技企业孵化器在孵企业总数达601家。贯彻落实《湖州市人民政府办公室关于发展众创空间推进创新创业的实施意见》及《湖州市众创空间认定管理办法（试行）》。湖州市各类众创空间20余家，已获国家众创空间备案5家，省级众创空间备案10家，其中微总部、金融客吧被认定为首批省级优秀众创空间（全省共23家，其中非杭省级优秀众创空间共10家），认定13家市级众创空间。二是区域创新平台建设加速推进。浙江长兴绿色动力能源集成创新、南浔木业、安吉椅业、织里童装等省级公共服务平台建设运行正常。2016年，湖州市新认定17家省级企业研究院（累计50家），永兴特种不锈钢、尤夫高分子材料和华莹微声晶体材料3家企业研究院成为省重点企业研究院（累计14家），认定35家省级高新技术企业研发中心（累计258家）。4. 科技型企业加快培育。重点围绕装备制造、新材料、生物医药、新能源和节能、资源与环境等领域，加快实施创新型企业梯度培育计划。一是加快高新技术企业培育认定。邀请知名企业家、创业投资专家和行业专家等担任火炬创业导师，为创业者开展有针对性的创业教育和培训辅导。2016年，组织召开5期高企培训班，全市科技型企业有685人（次）参加培训。全市认定180家国家重点扶持高新技术企业，累计683家；新增省级科技型企业351家，累计达1527家。二是突出“双高”企业培育。开展集中走访“双高”培育企业活动，重点选取100家重点培育企业，联系相关部门，深入了解企业生产经营现状及面临的突出问题等，全年为“双高”培育企业解决难题126个。全年全市300家“双高”培育企业实现主营业务收入490.1亿元，增长23.4%；实现净利润34.9亿元，增长15.3%；上缴税金25.4亿元，增长18.1%。5. 产业创新环境进一步优化。一是创新扶持政策加快落实。出台《湖州市科技创新“十三五”规划》《关于补齐科技短板 加快创新驱动的十二条意见》，继续贯彻宣传高新技术企业15%所得税政策和企业技术开发费用150%加计抵扣等鼓励企业技术创新政策，2015年全市高新技术企业减免企业所得税6.25亿元，企业研发费用加计扣除27.94亿元。二是强化科技创新工作部署。3月，召开全市科技创新工作会议暨国家创新型城市试点工作推进会，强化重点工作部署与责任落实。8月，召开全市高新技术产业发展推进会，开展“加快高新技术产业发展百日专项服务行动”，加快促进全市高新技术产业发展。三是不断创新科技金融结合模式。加快国家科技金融试点城市建设，围绕创新链配置资金链，不断深化科技金融合作，针对科技型企业的资金需求，启动开展首期规模1亿元的科技型中小企业贷款保证保险专项，全市参加科技保险的高新技术企业42家，保险总金额达10.6亿元，增长25.2%。市本级14家企业的20个科技项目贷款获贴息86万元。 （张　澜）

·科技创新与成果·

【政产学研合作与交流情况】 2016年，湖州市政产学研合作坚持政府引导、市场主导、企业主体三位一体的工作模式，通过抓对接、抓平台、抓市场和抓中介等措施，全力推进技术市场建设，加速推动技术成果交易转化。

一、开展科技对接活动。一是组织企业院校行活动。累计征集科技成果400项、湖州企业技术难题和需求134项，经遴选后，组织相关企业赴中科院沈阳自动化所、长春应化所、长春光机所、香港大学浙江研究院、中国兵器新技术推广研究等中科院系统相关院所、军工院校和企业开展对接交流，达成意向合作项目15项。二是组织举办对接交流活动。举办湖州市第七届政产学研合作大会暨首届军民融合促进大会，湖州市人民政府与中国兵器工业新技术推广研究所签订《共同推动军民融合创新发展合作协议》；签订科技合作与成果转化项目（平台）59项，签约金额29.8亿元，项目总投资39.26亿元，预计年新增产值达60.56亿元。此外，组织举办各种形式的小型专场对接活动20余场（次）。三是组织参加国内科技交流活动。组织150余人次企业代表，参加了2016年科技成果春季竞价（拍卖）会、2016中国浙江网上技术市场活动周暨秋季科技成果竞价（拍卖）会、第十八届深圳高交会、2016上海工博会合作促进大会和湖州市接轨上海活动等大型科技成果展示交易活动，参展项目8项，达成意向合作项目12项。此外，湖州市64家企业通过多轮竞价拍得中科院兰州化学所、上海交通大学等高校、科研院所和企业科技成果30项，最终成交价4466万元。

二、引进高校、院所共建创新载体。引进俄罗斯圣彼得堡彼得大帝理工大学、长三角绿色制药协同创新中心、北航投资有限公司、中国药科大学等国内外高校、院所和企业合作共建浙江长兴中俄新能源材料技术研究中心（院）、协同绿色化学制药研究院、湖州星空众创空间等29家科技创新载体，其中政府为主体引进12家，企业为主体引进17家，主要涉及生物医药、新能源、新材料、新型纺织和健康产业等领域。据统计，29家科技创新载体计划总投资6.31亿元，已引进高层次人才288人，其中副高职称61人，高级职称（含博士）90人；完成研发项目39项，产生经济效益5.4亿元；申请和授权专利67项，其中发明专利18项。截至年末，湖州市累计引进高校、院所共建科技创新载体268家。

三、培育科技中介机构。重点培育湖州科技大市场、安吉县“两山”创客小镇孵化器、长兴科金投资管理有限公司、德清浙科企业技术转化服务有限公司、重庆中之信知识产权事务所（普通合伙）湖州分所等35家科技中介服务机构，主营业务涵盖技术转化咨询、技术成果转让、科技信息咨询、专利代理、投资管理、创业孵化、电子商务、信息咨询和文化创意等。拥有专业人员994人，其中硕士以上242人；2016年，累计签订服务合同761项，合同金额4.3亿元；促成技术转让和开发项目156项，技术合同成交金额9486万元；主营业务收入6891万元，其中科技中介服务收入3066万元 。

四、推动技术市场繁荣。湖州科技大市场依托中科院湖州中心，有效整合现有10个专业中心的优势资源，实现了成果交易、技术成果拍卖、科技金融、管理咨询、法律服务、知识产权服务和检验检测等“一站式”和“一条龙”科技服务。建立完成网上信息数据库和实时信息发布系统，累计遴选科技成果2000项以上，征集企业技术需求450余项，收集可转让专利800余项。年内，组织举办第三期技术经纪人培训班以及高新技术企业申报培训，累计培训220余人（次）。举办“金属材料与不锈钢”“天然产物萃取”“项目与投资对接”等多场富有实效的专场对接会。解决企业技术难题32项，实现技术成果交易额1702万元。

五、推动科技成果转化。2016年，湖州市认真学习领会中央关于实施创新驱动发展战略的精神，深入贯彻落实《加快推进“一转四创”建设“互联网+”世界科技创新高地行动计划》和《关于加强技术市场体系建设促进科技成果转化产业化的意见》等文件精神，始终坚持政府引导、市场主导、企业主体三位一体的工作模式，通过抓活动、抓市场、抓平台、抓中介、抓奖励和抓国合等措施，积极引导企业与中科院系统相关院所、武汉大学、奥地利因泰克特种冶炼技术公司等66家国内外高校、院所和大型企业开展全方位、深层次的科技合作。通过成果竞价（拍卖）、技术转让、委托研发、联合攻关和引进消化再创新等多种形式，累计实施科技成果转化项目164项，新增产值33.98亿元，新增利税8.41亿元。据统计分析，先进装备制造项目27项，占比22.56%；新增产值6.447亿元，占比18.97%；生物医药项目13项，占比7.93%；新增产值6.01亿元，占比17.68%；金属新材等新材料项目28项，占比17.07%；新增产值6.03亿元，占比17.74%；新能源及节能环保项目18项，占比10.98%；新增产值4.94亿元，占比14.53%；绿色家居项目18项，占比10.98%；新增产值4.48亿元，占比13.17%；新型纺织项目12项，占比7.32%；新增产值2.48亿元，占比7.29%；电子通信及信息技术项目14项，占比8.54%；新增产值1.98亿元，占比5.81%；现代农业及健康产业项目11项，占比6.71%，新增产值0.51亿元，占比1.5%；其他项目13项，占比7.93%，新增产值1.12亿元，占比3.29%。

【科技进步奖励情况】 为深入实施科教兴市战略，提高自主创新能力，进一步鼓励广大科技人员充分发挥自己的聪明才智，根据《中华人民共和国科学技术进步法》《浙江省科学技术奖励办法》和《湖州市科学技术奖励办法》的规定，2016年，全市对51项科技成果授予湖州市科技进步奖。其中浙江三一装备有限公司的“SCC5000A型500吨履带起重机技术开发与应用”获一等奖，湖州市农业科学研究院和浙江省农业科学院作物与核技术利用研究所联合实施的“湖州市晚粳稻系列新品种的选育与推广”等10项成果获二等奖，中国人民解放军第九八医院的“复杂胫骨平台骨折序惯性检查与治疗的系列研究”等40项成果获三等奖。51个奖励项目中，工业38项，占获奖数的74.51%；农业4项，占获奖数的7.84%；社会发展9项，占获奖数的17.65%。获奖单位68家，获奖科技人员400人，颁发政府奖金140万元。这些项目已授权专利276项，其中授权发明专利106项；获得软件著作权22项，商标权6项，在国内外期刊上共发表论著和论文192篇。

湖州市23项成果荣获“2016年度浙江省科学技术奖”。湖州市作为第一完成单位获奖的有17项，其中二等奖7项，三等奖10项，获奖项目数创历史新高。

湖州市长兴东方梅园有限公司参与完成的“三种特色木本花卉新品种培育与产业升级关键技术”荣获2016年度国家科学技术进步二等奖，浙江东睦科达磁电有限公司参与完成的“低功耗高性能软磁复合材料及关键制备技术”项目荣获2016年度国家科学技术发明奖二等奖。 （赖一虹　汪　平）

·农业与社会发展科技工作·

【概况】 2016年，湖州市农业与社会发展科技工作全面深化以项目实施为主体，平台建设和企业培育两翼齐飞的发展格局，大力提高农业和社发科技进步的贡献率，不断推进科技富民和科技惠民，为现代农业发展和国家生态文明先行示范区建设提供支撑。

【推进农业科技进步】 1．建设科技创新平台，集聚农业科技资源。一是持续推进农业科技园区建设。加强国家农业科技园区建设管理，在落实好园区总体规划的基础上，明确各个产业发展重点，以规划引领园区建设。坚持项目带动，科学谋划一批园区建设项目，加强科技合作和示范引领。完成农业高科技园区数据监测，科学运用监测结果，充分发挥园区对推进湖州市农业现代化和社会主义新农村建设的带头作用。新立国家农业科技园区科技创新创业服务项目1项，完成浙江大学长兴农高园区和南太湖农高园区2个省级农高园区“十二五”创建工作绩效考评。新申报1家省级农业科技园区——安吉溪龙农业科技园区。二是积极创建省级农业“星创天地”。为加快推动湖州市农业农村“大众创业、万众创新”，推荐安吉星“星创天地”为国家级星创天地，安吉星、极白安吉白茶、阿鲁阿家乡土乐园3家“星创天地”被列入科技部“星创天地”备案，并纳入国家级科技企业孵化器的管理和服务体系。安吉星“星创天地”被确定为浙江省第一批“星创天地”创建单位；极白安吉白茶“星创天地”、安吉阿鲁阿家乡土乐园“星创天地”被确定为浙江省“星创天地”培育单位。2．加快培育创新主体，提升自主创新能力。一是加快建设企业研发中心。为引导企业进一步重视研发中心建设，加大研发投入，针对全市109家省级农业科技企业研发中心进行了考评及评优工作，全面掌握运行情况，并新认定12家优秀农业企业研发中心。新认定浙江省农业科技型企业18家，省级农业企业科技研发中心17家。叶金云、赖建红等3人被评为浙江省农业科技先进工作者。二是大力实施农业科技项目。设计《现代农业专项》，加大对农业企业科技研发的支持力度，促进特色产业的发展壮大，重点支持农产品精深加工及农业资源高效利用、智慧农业技术研究及产业化和现代农业装备开发及产业化等领域。鼓励、引导和支持企业申报省、市级重点研发计划项目和公益性项目。新立省级重点研发计划项目4项、省级公益性项目3项、市级重点研发计划项目4项、市级攻关类项目8项和市级公益性项目11项。

【开展社会领域科技创新】 1．强化民生科技发展，推进生态文明建设。一是持续推进“生态科技3310行动”（即实施“科技治水、科技治霾、科技治土”3大生态科技行动，推广应用30项生态治理先进技术以及建设10个生态科技示范工程）。设计“工业污水处理技术研究示范”和“农业农村污水处理及废弃物处理技术研究与示范”等市级生态文明建设专项，开展关键技术攻关。深入实施国家级、省级科技惠民计划等重点项目，开展技术成果应用示范。新立省级重点研发计划项目3项，新立省级公益性项目7项、市级重点研发计划项目3项、市级攻关类项目2项和市级公益性项目4项。举办2016年湖州市暨吴兴区科技活动周和第十三届科普节活动。二是加快健康领域技术进步。按照《浙江省临床医学研究中心建设与管理试行办法》等有关要求，省科技厅开展了第一批浙江省临床医学研究中心建设试点核心层单位申报工作，市中心医院上报了肺部疾病、肝胆胰疾病、胃肠疾病和心脑血管疾病4个领域的省临床医学研究中心核心层单位申报书。2016年，新立省级医卫类公益性项目22项，新立市级医卫类公益性项目114项。2．推动防震减灾工作，加强防御保障能力。深入贯彻落实以确保“城市安全”为主题的防灾减灾工作相关要求，全面、依法和规范履行防震减灾各项工作职责，进一步明确工作任务、细化工作责任和加大工作力度，为全市经济社会发展提供地震安全服务。归纳起来为“五个首次”“四个重视”“三个全面”“两个创新”和“一台一路”。五个首次：一是首次形成湖州市防震减灾工作体系图并上墙；二是首次建立起地震趋势月会商视频会议工作机制；三是首次联合多部门进行地震监测台站保护备案；四是首次打造一批省级防震减灾科普教育基地；五是首次派员参加全省地震速报竞赛并获奖。四个重视：重视加强领导、重视人才培养、重视学术交流、重视基础工作。三个全面：一是全面实现湖州市三县两区地震监测台网覆盖；二是全面落实湖州市三县两区地震应急桌面推演（纳入政府考核目标）；三是全面提升防震减灾社会服务能力（矿震处理，G20地震应急专项预案，机关志愿者上公交护航G20）。两个创新：在市级防震减灾科普示范学校和地震安全示范社区推广“地学书吧”和“微缩地理园”建设，创新示范学校、示范社区建设的形式；结合“平安中国”活动，创新防震减灾宣传教育和科普的形式。一台一路：开展围绕协

商解决沪苏湖高铁线路建设运行干扰湖州地震台相关测项观测环境问题的危机处理、对话机制构建等一系列工作。（陈小瑛）

·专利工作·

【概况】 2016年，全市专利工作以“量质并重、质量优先”为原则，推动专利申请、授权结构进一步优化，专利申请总量和发明专利申请总量分别达23271件和6662件，同比分别增长6.64%和7.57%，发明专利申请占专利申请总量比例达28.63%；专利授权总量达13695件，下降17.76%；发明专利授权总量2544件，增长54.46%，居全省第1位；每万人发明专利拥有量20.91件，居全省第3位。

【进一步深化试点示范创强】 在深入推进湖州市国家知识产权强县试点示范的同时，积极推动德清县湖州莫干山高新技术产业园创建为国家知识产权试点园区，湖州经济技术开发区、长兴经济技术开发区创建为省级知识产权工作示范园区。积极推动德清县成为浙江省重大经济科技活动知识产权评议试点县。长兴县作为全省首个省重大经济科技活动知识产权评议试点县通过验收。获得“2015年度国家知识产权示范城市工作先进集体”和“全国专利系统先进集体”荣誉称号。

【进一步加强专利保护工作】 2016年，全市立案处理专利行政执法案件1093起，同比增长33.78%，其中涉嫌假冒专利案件267起，专利侵权纠纷案件826起，诉调对接3起。完善电商执法制度；按照浙江省2016年度惩治假冒专利行为专项行动明察暗访工作要求，与杭州、嘉兴两地联合进行交叉执法；开展流通领域假冒专利自查培训班，建立微信群，提高自查效率；培养拥有专利行政执法资格人员10名，全市专利执法队伍不断壮大。下发《关于充分发挥法律服务职能作用全力服务保障创新驱动的实施意见》，开展知识产权法律服务进企业活动。获得“2015年度全国知识产权系统和公安机关知识产权执法工作成绩突出集体”。在全省专利行政执法和维权援助绩效评价中再获“双优”。

【进一步突出企业主体地位】 2016年，企业专利申请量和授权量分别为21205件和12354件，占全部申请和授权的比重分别为91.12%和90.21%。获得6项中国专利优秀奖，4项浙江省首届专利优秀奖，获奖总量均居全省第2位。25家企业、49个项目参展第九届“国际发明展览会”，其中参与评奖项目15项，获得8项金奖（其中3项专项奖）和5项银奖。全市49家企业开展企业知识产权管理规范贯标工作，新通过贯标认证企业17家；获批国家知识产权示范企业1家（累计2家），国家知识产权优势企业10家（累计16家），省级专利示范企业27家（累计122家），市级专利示范企业47家（累计272家）。

【进一步推动知识产权运用】 2016年，积极申报国家知识产权质押融资试点城市并获批，严格落实《湖州市专利权质押贷款贴息管理暂行办法》，做到精准发力，市本级新增贴息备案企业13家，推动专利权质押融资7300万元，全年发放专利权质押贷款贴息补助金额117.36万元，受惠企业17家。全市全年新增专利权质押企业63家，质押融资贷款74笔，放款总额41863万元。全市新增投保企业32家（次），投保专利84件，投保总额度336万元，保费金额15万元。

【进一步提升宣传培训服务】 2016年，知识产权公共服务平台全年完成审核695家企业专利费用减缓申请，接听受理咨询电话2060起、服务企业7263人（次），审查2016年市本级专利授权奖励的5473项申请；全年完成32笔专利权质押登记申请，总质押金额2.91亿元。制订《高标准推进国家知识产权示范城市建设宣传工作方案》。报纸、电视、网站等各类媒体共宣传报道100余篇。省级以上政务信息录用87条。下发《湖州市加强知识产权人才队伍建设工作实施意见》，并针对不同培训对象分层、分类制订并印发全市2016年度知识产权人才培训计划，培养企业知识产权“贯标”内审员114人，培养企业专利挖掘与布局初、中级实战人员分别为73人和30人。开展第五届“湖州市优秀发明人”评选活动，遴选出突出发明人10名，优秀发明人10名。注重校园专利工作，在湖州职业技术学院推行高校知识产权管理规范，吴兴实验中学获得全国中小学知识产权教育试点学校。

（王君碧）

·科技信息·

【网上技术市场建设】 中国浙江网上技术市场（湖州市场）建设工作立足于湖州地区的科技与人才优势，不断加强与高校、科研院所和企业的沟通交流，广泛征集可交易项目。在实践研究中探索出以企业需求为导向，高校、科研院所为源头，技术转移服务为纽带，产学研相结合的平台发展新思路，取得了新的工作成效。2016年，全市收录上网企业252家，网上企业总数达6262家；发布技术需求876项；发布技术成果27380项；网上合同登记项目116项，合同金额2.98亿元。全市科技成果登记再上新台阶，全年登记376件，同比增长20.5%；其中已授权的专利数达581项，增长9.4%，全年登记的科技成果实缴税金4.59亿元，净利润7.25亿元。

【科技宣传工作】 2016年，全市科技宣传工作紧紧围绕创新驱动发展战略，坚持以“五大发展”理念引领赶超发展，以宣传国家创新型城市建设为重点，完善科技宣传工作机制、打造科技宣传平台、扩大科技宣传效应和加强科技宣传队伍建设，为建设现代化生态型滨湖大城市提供强有力的科技舆论支撑。

一是加强领导，完善机制，着力提高科技宣传质量。切实加强对科技宣传工作的领导，建立由主要领导牵头、分管领导具体抓落实的分工明确、责任清晰的宣传工作体系，确保科技宣传工作稳妥有序地开展。实行科技宣传工作季度例会制度，每季度召开全市科技系统宣传工作会议。健全科技宣传考核机制，将科技宣传相关指标纳入市对县（区）党政领导科技进步目标责任制考核体系中，形成各县（区）领导重视、专人负责的科技宣传网络格局。同时，对照省科技厅对市、县科技宣传工作的相关考核指标，制订好相关计划举措，并由专人负责落实。统筹科技宣传目标任务和经费保障，围绕市委、市政府和科技创新中心工作，及早部署年度科技宣传工作，拟定计划、设定渠道和明确重点，做好宣传经费预算。二是整合资源，拓展阵地，着力打造科技宣传平台。利用新兴媒体开辟阵地，为及时有效深入开展科技创新宣传工作，2月初，推出《湖州科技》微信公众号，推进信息公开、发布重大政策、聚焦科技热点、倡导创新创业和引导科学生活，同时，结合重大活动开展知识竞赛、公众投票等互动活动，全年推送信息642条。继续加强《湖州科技》和《湖州科技宣传》2大微博平台的建设，全年发布信息780条。做强传统媒体形成特色，精心策划《湖州科技》期刊主题，紧跟科技发展前沿，围绕重点、亮点工程，改进版式，创新内容，不断提升质量，营造良好的科技创新舆论氛围。改进《科技周刊》宣传模式，充分利用专版进行深度专题报道，围绕即时热点、重点工作在做深、做透上下功夫，在版式上求创新，增强科技宣传的鲜活度。加强科技信息网和知识产权网的建设，对网站进行改版升级工程。借助其他媒体扩大宣传，与湖州电视台合作开展创新型城市建设系列报道，围绕科技创新促赶超、知识产权示范城市建设、政产学研合作、最美科技人和科技创新“十三五”等展开专题报道，全年完成8个专题40篇系列报道。同时制作“创新引领发展，科技赢得未来”等公益宣传片进行宣传。借力国家、省、市相关新闻媒体大力宣传湖州科技创新工作，《湖州日报》头版刊发科技类稿件在市级部门中名列前茅。1名企业家被列入第七届科技新浙商、1名企业家荣获“科技小巨人”称号。三是围绕中心，突出重点，着力扩大科技宣传实效。围绕科技创新重点工作，策划“十二五”回顾、“十三五”展望、聚力赶超、聚焦成果转化和关注知识产权发展等一系列宣传主题。以湖州新闻联播视频宣传，《湖州日报》头版、科技周刊和科技期刊图文宣传及微信、微博、网站即时推送等方式进行全方位布局宣传，在全社会营造关注创新、尊重创新和参与创新的良好氛围。为弘扬社会主义核心价值观，营造良好的大众创业、万众创新环境，3月，启动湖州市“最美科技人”评选活动，在层层申报、推荐的基础上，经公众投票和专家评审，评选出10位“最美科技人”和9位“最美科技人”提名奖，举行隆重的颁奖仪式并对获评人物进行了集中宣传报道。年底，组织开展年度10大科技事件评选活动并进行通报宣传，有效地提升了科技创新工作的影响力。围绕全市经济工作会议、知识产权活动周、科技活动周、第七届政产学研合作大会和全市科技创新大会等重大会议活动，制订宣传方案，进行会前预热、会场直播及会后跟踪等宣传报道，为重大活动的开展营造了浓厚的氛围。

【科技服务工作】 积极推进科技项目网上申报系统的建设工作，全年完成申报科技项目373项，其中重点研究计划项目47项，攻关计划项目96项，自然科学资金项目32项，公益性应用研究项目198项。配合完成2期“南太湖精英计划”答辩工作，协助做好第七届浙江省（湖州）·中科院政产学研合作大会暨军民融合促进大会的服务工作，汇编《2016年全国部分高校院所专家信息汇编》《企业技术需求》等5类成果手册。全年完成科技查新委托211项，收录引用委托8项，服务企事业单位109家。举办“科技项目申报与科技文献查新检索培训班”，参会人数达120余人。

（朱　雯　华云飞　陈　俊）

·科　协·

【概况】 2016年，湖州市科协全面贯彻落实中共十八届六中全会、党的群团工作会议、中央科技“三会”（全国科技创新大会、两院院士大会、中国科协第九次全国代表大会）精神，深入学习贯彻习近平总书记系列重要讲话精神，团结带领广大科技工作者，围绕主题主线，突出重点工作，团结协作，务实创新，各项工作都取得了新的成绩。湖州市科协被中国科协、中组部等国家九部委授予《全民科学素质行动计划纲要》“十二五”实施先进集体称号；同时被评为“2016年度全市人才目标责任制考核优秀单位”；下属事业单位——市科技咨询中心（市院士专家服务中心）荣获全国“2016年院士专家工作站建设示范单位”称号。

【科协事业呈现新亮点】 学习贯彻中央科技“三会”精神，重点学习习近平总书记等中央领导同志的重要讲话，推动中央、省、市委的新精神、新部署，编制科普事业“十三五”规划和《全民科学素质行动计划纲要实施方案（2016年～2020年）》。全市各级科协紧紧围绕“三会”精神、群团改革精神和市委全委会精神，组织“科协人讲科技话”活动，领导带头开展调研，并形成调研报告，如长兴县科协的《“拉高标杆补齐短板”的思考》、安吉县科协的《使洪荒之力 插科技翅膀 持续推进安吉县院士专家工作站建设》和德清县科协《审时度势 奋发有为 努力开创科协事业新局面》等引起共鸣，带动学习型科协机关建设。德清县政府与省科协签订全面战略合作协议，共同打造科技协同创新平台。

【院士专家工作站建设与管理】 全年开展18次“院士专家企业行活动”和“院士专家德清行”大型活动，新建院士专家工作站13家，2家院士专家工作站被认定为省级院士专家工作站。天能集团、超威集团和久立特材院士专家工作站荣获“2016年全国示范院士专家工作站”。完善建站认定评审机制，将院士专家工作站的认定纳入“湖州市南太湖精英计划”项目评审工作体系。全市院士专家工作站开展各类合作项目141项，其中省级以上项目55个。

【服务区域经济发展成效显著】 全市各级科协组织与学会通过创新驱动助力工程、“企（村）会协作”和金桥工程等，开展多种形式的产学研用协同创新工作，年内有37个项目成功开展。长兴县科协与省、市机械工程学会积极对接合作建立了“创新驿站”。吴兴区科协结合“丝绸小镇”筹建省级学会服务站。开展科协服务企业创新项目——科技信息服务（专利信息服务），为湖州市124家企事业单位进行专利信息数据库的推送，由上年的20余家企事业单位发展到现在的124家，实现了数量上的飞跃。

【巩固和提升学会活力】 市科协着力推进学会建设创新，加强学会组织建设和能力建设，促进学会创新发展。调整《市级学会星级管理标准》，完成市星级学会的评定工作。完成学会的票据年检、社会组织年检登记和初审工作，并指导有关学会的换届工作，指导9个学（协）会完成换届。根据国务院《社会团体登记管理条例》《浙江省社会团体管理办法》的有关规定，市科协完成2016年度社会团体的检查工作，年检通过率达98%以上。继续实施市科协学会能力提升行动计划，立项资助了42个服务创新项目，资金分配聚集度进一步增强。全年市级学会已开展学术交流活动280余次。市科协指导各学会为开发园区相关企业开展针对性的科技服务和共性技术联合攻关，完成产业经济技术调研报告2个，开展技术培训2次，专家、企业对接会2次，园区多家企业与相关专家团队形成初步合作意向。四期《科技工作者建言》得到市领导的批示。组织开展“科学文化进村入企”活动，市护理学会、市健康促进协会、市反邪教协会等学会为农村和社区及企业送去科学文化大餐。市各级学会结合自身特点，发挥人才优势，组织各领域专家面向社会开展科普宣传活动，自行组织开展活动100余次，发放相关科普资料2万余份。长兴县借助省级技术创新体系试点县建立的“企业首席科技官”队伍，成立以企业科技工作者和科技官为主体的“长兴县企业科技官协会”，更加精准地开展科技交流合作、学术能力提升和会员人文关怀，推进企业科技进步和技术创新，促进企业转型升级。

【强化人才举荐表彰制度】 积极推荐本地科技工作者参与中国科协、省科协优秀科技工作者评比和湖州市“最美科技人”评比。市护理学会举办第七届湖州市卫生系统“十佳护士”表彰大会。市级学会举办继续教育、技术培训300余次，培训科技工作者1.4万人（次）。开展首届自然科学优秀学术奖评选，42个单位的171项学术成果参加评审，最终确定获奖成果45项。

【全面贯彻落实《纲要》】 在全社会的共同努力下，“十二五”末，湖州市公民具备基本科学素质比例达到9.24%，完成了“十二五”目标任务。德清县、安吉县再次获全国科普示范县。因贯彻落实国务院办公厅《全民科学素质行动计划纲要》工作成绩显著，得到国家、省肯定，副市长李上葵代表湖州市政府在全省电视电话会议上作典型交流发言，安吉县余村村代表浙江在全国农民科学素质论坛上作典型交流发言。

【主题科普活动扎实开展】 举办2016湖州市科技活动周暨第十三届科普节，通过各种形式的活动，发放各类科普书籍80余种、7万余份，参与公众10万余人（次），充分展示与人民生活相关的科技创新成就，彰显科技创新和科普事业的发展水平。全国科普日期间，各级科协组织开展了丰富多彩、贴近群众的科普活动。据统计，组织100名特困优秀学生免费畅游科技馆、中科院老科学家报告团进校园活动等各类特色科普活动121项。各类科普活动内容丰富、形式多样、成效显著，参与人数达90余万人（次）。全年科普大篷车进学校55场，4万余名师生从中受益，活动做到事前有衔接，事中有互动，事后有报道，深受学校师生欢迎，效果良好。

【青少年科普教育有效推进】 “玩转科学·创新无限”科普实践活动继续实施，10项重点活动有序开展。市科协举办湖州市第十三届青少年科技创新大赛，并推荐优秀作品参加第30届浙江省青少年科技创新大赛，在省青少年科技创新大赛上，湖州市获科技创新项目一等奖3项、机器人创意项目一等奖1项，并以小学组第一名的成绩代表浙江省参加全国创意机器人大赛，获全国二等奖。组织并参加全国高校科学营、省“青少年科学玩家”挑战赛和省青少年机器人竞赛等一系列活动，提升了全市青少年的科学素质。

【科普公共服务能力显著提升】 巩固“一看一听一扫”为重点的科普新载体建设成果，丰富由“听《科普加油站》，为科学生活加满油”“看《科普一点通》，助科学生活事事通”“扫《菰城科普》二维码，享科学生活新方式”3种宣传载体组合而成的科普新媒体传播网。全年有126个电视话题、110个广播话题及586条科普微信推送，并编印《菰城科普漫画集》，把科普与漫画有机地结合起来，全方位多形式宣传科普工作。为满足公众多样化、个性化获取科普信息的要求，推动科普中国在湖州的建设力度，在全市建设科普e站14个，加大对公共场所科普宣传推送频率，提高科普传播覆盖面。各级科协组织积极投身基层科普行动计划，14个单位被省科协认定为第九批浙江省基层科普示范单位。安吉县科协实施农村科普“三个一”（一站一栏一员）规范化建设、与上海普陀区科协建立“山海合作”关系2项探索性工作，得到省科协党组书记郑金平的批示。

【院士资源与科普工作有机结合】 邀请中国科学院院士陈旭、殷鸿福、沈树忠就湖州市的自然遗迹与资源保护、地质公园建设和科普知识传播向湖州市机关干部、中小学校长和各学会负责人作专题报告，受到与会人员的热烈欢迎和高度评价。2016年，重新梳理湖州籍院士信息，制作湖州籍院士视频和《中国院士与湖州》一书，让湖州市年轻科技人员和青年学生更加了解院士、学习院士坚韧不拔的科学精神和百折不挠的爱国精神，更广泛地汲取各方面的知识。德清县科协编写了《一个80后眼中的院士》等展现院士人格魅力与学识风采的传记文章，出版了《院士专家风采录》等图册，记录院士专家治学与为人方面的独特故事，宣传院士专家奉献科学的精神。（钱玮彦）

财政　税收

·财政地税·

【概况】 2016年，全市财政总收入完成360.89亿元，同比增长9.8%，其中一般公共预算收入211.18亿元，增长9.9%；市本级财政总收入148.70亿元，增长13%，其中一般公共预算收入87.83亿元，增长12.2%。全市地税部门组织各项收入298.44亿元，增长10.2%，其中税收收入为151.53亿元。全市地方政府非税收入完成167.94亿元，同比增长9.3%。2016年，全市一般公共预算支出288.62亿元，增长5.2%；市本级一般公共预算支出127.92亿元，增长5.4%。全市和市本级财政实现收支平衡。

【依法组织收入】 按照全市“一盘棋”的理念，充分预判宏观经济形势，结合税收效应分析，合理确定年度收入目标。建立健全市、县和分局三级财政税收纵向协调机制，科学分解收入任务，做实做细组织收入预案，及时、有效指导全市组织收入工作。强化税收精细化分析，突出对重点行业、重点企业和新兴行业的动态跟踪和对非即期收入、一次性收入的定量分析，及时掌握收入变化趋势，牢牢把握组织收入工作的主动权。下发《关于进一步做好税收收入预测工作的通知》，严肃预测工作纪律，提高收入预测对组织收入工作的指导作用。巩固优化税、费征收管理，推进重点税源监控和深化税收风险管理。平稳推进“营改增”改革，开展营业税专项清理，全年实现营业税入库36.64亿元，同口径增长59.7%。严格落实清欠计划，累计清欠入库税款13.06亿元。强化国地合作，联合开展税收风险应对、大企业税收风险管理等行动，充分发挥国、地税各自部门优势，形成工作合力。依靠党委、政府的支持，强化税收社会保障和涉税信息共享机制，初步构建起全社会的协税、护税网络体系。全面落实税收专项检查和重点税源企业检查工作，加大稽查执法力度，依法惩治涉税违法行为，全年共查处涉税案件205件，入库金额4081万元。2016年，全市地税部门组织各项收入298.44亿元，增长10.2%。收入结构持续优化，公共财政预算收入占财政总收入比重为58.52%，公共财政预算收入中税收收入为151.53亿元，占比71.75%。加强政府非税收入管理，建立和完善涉企收费监管机制。全市地方政府非税收入完成167.94亿元，同比增长9.3%。

【助推经济发展】 严格贯彻落实党中央、国务院“三去一降一补”（即去产能、去库存、去杠杆、降成本、补短板五大任务）重大决策部署，强化政策引导和资金扶持，努力减轻企业负担，扎实推进“个转企”“小升规”、浙（湖）商回归等工作，服务实体经济发展。认真落实结构性减税和“清费减负”政策，加大税费政策扶持，全年实现各项税、费减免24.73亿元。其中，减免高新技术企业、小微企业企业所得税20.57亿元，其他地方税费1.01亿元。落实“亩产税收”优惠政策，减免房产税、城镇土地使用税3.15亿元。全面落实工业强市战略和“六重”（即重大项目、重点工程、重大平台、重点产业、重大政策、重点要素这六个方面）工作部署，支持创新驱动发展战略，打造湖州工业经济升级版。积极发挥财政资金导向作用，以推进高端装备、新能源汽车、生物与医药等新兴产业和金属新材料、绿色家居、现代纺织、时尚精品等传统优势产业为目标，落实《工业强市政策十八条》、电梯行业培大育强等政策措施，突出对重点项目、重点产业的政策倾斜。积极筹措市工业强市建设发展资金，并加快省、市工业专项资金安排进度，提振企业信心，推进项目建设。2016年，安排工业口省、市资金达2.01亿元。落实《湖州市关于补齐科技短板加快创新驱动的十二条意见》等扶持政策，鼓励新产品、新技术开发，加快产业共性技术突破，引导企业加大科技投入，重点支持重大科技项目、高新技术产业项目。安排科技专项资金，重点支持科技创业创新平台及研发中心建设、科技成果转化与产学研合作、重大科技项目以及高新技术产业、科技型初创企业等。2016年，对74家企业完成高新技术企业认定初审，77家企业完成新申报市专利示范企业初审，拨付各类科技型专项资金和补助经费达3267.58万元，惠及200余家科技型企业。落实《湖州市支持和鼓励开放型经济发展二十条》政策，鼓励、引导企业积极参与对外经济技术合作。安排开放型经济发展资金，用于支持和鼓励外资、外贸、外包、外经联动发展，促进开放型经济发展。大力支持现代纺织（童装）、新能源、高端装备、绿色家居、电梯等特色优势产业境外宣传、市场营销、企业抱团参展以及开拓“一带一路”沿线市场，积极推动海外市场拓展。支持企业积极防范国际贸易摩擦和外贸风险，对市本级上年度出口额300万美元以下的中小外贸企业统一投保全风险覆盖险。2016年，累计拨付相关的各类专项资金达4314.69万元，惠及500余家外贸出口企业。创新财政支持发展方式，制定出台《湖州市政府产业基金管理办法》，积极探索建立产业投资引导基金，截至2016年年底，全市已批准设立政府产业基金14个，总规模达41.12亿元。批准设立子基金24个，总规模达159.23亿元，其中政府产业基金出资31.78亿元，撬动社会资本127.45亿元。支持服务业加快发展，推进服务业产业体系建设。整合政策资源，发挥政策效应，着力提升开放型经济发展水平。建立国家现代农业示范区专项资金，加快推进国家现代农业示范区建设。

【提升民生保障水平】 坚持公共财政优先保障民生的理念，切实加大财政保民生、惠民生的工作力度。2016年，全市完成一般预算支出288.62亿元，其中用于民生支出216.61亿元，占财政总支出的75.05%。认真落实退休人员待遇调整工作，惠及市本级企事业单位退休职工13.4万人。加大政府投入，稳固提高城乡居民保障水平。一是提高城乡低保家庭的基本生活保障水平，低保标准由人均每月580元提高至664元，并实现城乡同标。二是实现市区新农合制度与城镇居民医保整合，建立统一城乡的居民基本医疗保险制度。筹资标准提高到每人每年880元，其中财政补助590元，确保政策范围内报销比例稳步提高。三是稳步提高城乡公共卫生服务水平。由每人40元提高至45元，更好地满足了公共卫生服务需要。四是提高医疗救助经费标准，政府安排的社会救助资金由上年人均15元提高到18元。大力推进公共服务均等化，安排资金1.15亿元用于推动城乡供水一体化和二、三级管网改造工程。制定公交、出租车油价补贴政策，建立渔业油价补贴新机制。安排落实促进就业资金，着力稳定和扩大就业。支持养老服务业发展，推动养老服务体系建设。落实财政教育投入各项政策，安排资金用于完善教育部门维修改造、设备更新项目库和保障教育券、营养券、中职免费、国家助学金、义务教育免教科书等各项政策的执行，确保教育投入达到考核目标比例。加大文化事业投入，推动文化强市建设。支持“南太湖精英计划”实施，促进人才强市建设。加大“三农”投入，2016年，全市安排资金121.04亿元，用于支持美丽乡村建设，切实改善农民生活质量和环境。推进农业三项补贴改革试点工作，配套建立粮食补贴整合机制。完善支农政策体系，重点扶持粮食生产适度规模经营、美丽乡村建设和农林生态环境保护等重大支农项目。支持全国生态文明示范区创建工作，推进“五水共治”“治霾318”等中心工作开展，全力打好大气治理、城乡治水攻坚战。支持水环境综合治理，2016年，安排“五水共治”各类市级资金6.65亿元，比上年增长18.75%；支持“三改一拆”“四边三化”“四大行业整治”“双清”等专项工作，推动城乡统筹发展和产业转型升级。安排财政资金1.3亿元，用于保障黄标车淘汰、城镇生活污水管网建设、垃圾回收利用处理等重点项目。制定《湖州市生态文明财政政策》，明确环境质量奖惩办法，调动县（区）生态文明建设积极性，推进国家生态文明先行示范区建设。

【健全财税运行机制】 完善预算改革制度总框架体系，出台《关于加快建立现代财政制度的实施意见》。按照“四单一网”（四单即：政府权力清单、企业投资项目负面清单、财政专项资金管理清单、责任清单；一网即：政务服务网）建设要求，完善专项资金清单，加快项目库建设和管理，推进全过程项目支出绩效管理。不断深化专项资金和转移支付改革，结合专项和转移支付项目库管理，提升预算执行进度。积极盘活财政存量资金，坚持结余结转资金“一年一清理”。对存量资金进行全面清理盘活，结余资金全部收回财政统筹，用于建立产业发展引导基金、民生和基础设施建设、调入预算稳定调节金。对存量债务进行清理甄别，及时拟定置换方案，加快政府债券置换存量债务。2016年，全市置换355.85亿元，市级地方政府债券置换存量债务136.15亿元，有效地降低了政府融资成本。推动市政府下发《关于进一步加强融资平台公司债务管理的通知》，规范融资平台公司的融资行为。建立PPP市项目库，积极推进项目试点。全市征集96个项目组成市项目库，其中51个项目予以公开推介，并有17个总投资177亿元的项目通过审核纳入财政部全国PPP项目综合信息服务平台，9个项目入选省第三批PPP推荐项目，1个项目入选国家第三批PPP示范项目。深入推进政府购买服务改革试点工作，全市政府购买服务58584.12万元，出台《湖州市进一步深化政府购买服务改革试点工作方案》，编制第一批市政府职能向社会组织转移事项目录和社会组织承接政府转移职能的购买服务推荐性目录，探索建立科学的评价指标体系和评价标准。加强内控制度建设，建立由1个基本制度、8个专项内部控制办法和若干内部控制操作规程组成的“1+8+X”内部控制制度体系。深化财政资金绩效管理，对1455个项目分类开展绩效管理工作，涉及财政资金25.39亿元。加强政府投资项目评审，完成各类审核项目63个，审核金额91.31亿元，核减10.43亿元，核减率达11.43%。对全市部分单位法人预算执行情况进行抽查，发现违规金额4486.16万元。针对全市污水治理等3个专项资金开展项目资金检查，发现违规金额765.71万元。从严控制行政经费和一般性支出，压缩“三公”经费和会议费，全年全市“三公”经费支出同比下降16%，其中接待费下降22.4%。

（朱晨龙）

·国　税·

【概况】 2016年，全市国税系统始终围绕“干好税务、带好队伍”，深入践行“明法、厚德、乐业、税和”的湖州国税精神，以绩效管理和数字人事为抓手，各项工作取得明显成效。年内，市国税局被评为“全国模范职工之家”、德清县国税局在全国纳税人满意度抽样调查中列全国县（区）国税系统第1位。连续2年获得“湖州市工业强市建设先进单位”称号。

【依法组织税收收入】 面对经济下行压力较大、减税效应不断增加的复杂形势，全市国税系统坚持“依法征收、应收尽收、坚决不收过头税，坚决防止和制止越权减免税，坚决落实各项税收优惠政策”的组织收入原则，全面加强税源监控，精准开展堵漏增收，积极强化风险应对。全市全年入库国税收入196.6亿元，同比增长15.18%。剔除“营改增”新扩围四大行业增值税，全年入库国税收入176.66亿元，增长3.49%，调库依存度为5年来最低，退库进度为近年来最快，实现了组织收入的平稳增长和税收质量的稳步提升。主动对接供给侧结构性改革，不折不扣落实各项税收优惠政策。全年落实各类税收优惠政策累计减免36.97亿元，纳税人受惠面达85%；累计办理出口退（免）税75.57亿元，全市固定资产累计申报抵扣进项税额14.44亿元。

【不断深化税制改革】 面对标准高、节奏快和强度大的税制改革任务，全市国税系统坚持统筹谋划，有序推进各项改革任务落地。一是全面推进“营改增”试点。全市国税系统新增2个办税场所、69个办税窗口。全市仅用43天完成了3.6万户建筑业、房地产业、金融业及生活服务业“营改增”纳税人的税制转换工作。截至2016年年底，全市共有“营改增”纳税人5.96万户，累计入库“营改增”增值税28.52亿元；其中四大行业纳税人3.75万户，入库增值税19.95亿元。全市企业因“营改增”减税20亿元。二是深化国税、地税征管体制改革。推动市政府牵头成立由市长任组长的推进国税、地税征管体制改革工作领导小组，制订《湖州市深化国税、地税征管体制改革实施方案》。联合市地税局制定落实征管体制改革任务清单和《合作规范3.0版实施意见》。年内，在62项征管体制改革任务中，市、县级任务已全部落实；51项国税、地税合作项目中，除“联合与纳税人签订委托划缴税款协议”外，其余市、县级合作项目均已落实。三是纵深推进“放管服”改革。扎实开展“五证合一、一照一码”和个体工商户营业执照、税务登记证“两证整合”改革。深入推进税务行政审批制度改革，强化清单管理，统一行政许可流程、文书制作和公章应用等，推进7项行政审批标准化和规范化建设，并做好行政许可和行政处罚“双公示”工作，实现行政制度改革“放管服”配套运行。进一步下放出口退（免）税审批权限。四是推进“金三”上线。及时制定双轨、单轨运行方案，做好硬件准备、数据清理、实战演练和人海压力测试等工作，实现新旧系统平稳过渡，办税秩序良好。

【持续优化纳税服务】 全市国税系统扎实开展“便民办税春风行动”，有序推出10项、40个具体服务措施。11月，在全省首批试点办税事项省内通办，健全内部管理制度，推行“办税服务厅导税员+青年突击队+科长+局长”四级导税制，开发微信公众号“畅通指数查询”功能，方便纳税人办税。加强大企业服务管理，完善“服务即时通”工作机制，快速响应个性化需求。构建“多元化纳税人学堂”，积极拓展“一站三微”（官方网站、微博、微信、微电影）新媒体税宣平台，加强与市地税部门合作，联合开展税收宣传工作。主动对接市地税部门，联合促进国税与地税服务深度融合、执法适度整合、信息高度聚合。在全市国税系统22个办税场所中，有17个实现联合办税，占比达77%，并在全省率先推行“一窗一人一机一系统”联合办税模式。推动市政府牵头健全全市税收保障信息交换机制，联合市地税与市公安、质监、民政等17个部门签订《税收保障合作协议书》，实现涉税信息共享和及时传递。联合市财政、住建和交通等部门，推动市政府制定《关于加强外来建筑业税收保障工作的通知》，实现对外来建筑企业全流程管理。

【推动诚信法治建设】 深化“纳税人诚信度监控管理机制”，在全国率先推行个体工商户和其他类型纳税人纳税分类管理，填补纳税信用评价的空白。309户守信纳税人通过“银税互动”获得信用贷款4.16亿元，联合市公安、金融等部门实施联合惩戒749户（次）。建立依法治税（行政）工作领导小组常态化工作制度，成立公职律师办公室，积极开展法治税务示范基地创建。加强增值税管理，构建以“五制”（办税实名制、实地查验制、双高领票法人约谈制、风险排查比对制、发票核查快速联动制）管理为抓手的商贸企业增值税一般纳税人风险防控体系。强化企业所得税核定征收和优惠事项备案管理，深化汇算清缴后续审核、重点税源管理和高风险事项团队管理。探索稽查检查模式创新，通过部门协作，严厉惩治涉税违法行为，深入推进打虚打骗工作，全年查补入库税款1.88亿元，同比增长4.09%；其中100万元以上大要案33件，1000万

元以上和500万元以上大要案各1件。（陆迪颖）

经济管理与监督

·国有资产管理·

【概况】 2016年，市国资委按照市委、市政府总体部署和年初确定的工作目标，牢牢把握“深化改革、依法监管、优化服务、提升素质”的主线，扎实做好年初确定的重点工作，保持了国有经济平稳增长、国有企业健康发展和国资监管工作加强的良好态势。根据市委、市政府有关市属国有企业外派监事会文件精神和组建四大市属国企集团的实际，于2016年6月组建了市属国有企业外派监事会，设外派监事会主席1名（正处级）和副主席2名（副处级），与市国资委合署办公。截至年底，市国资委监管并纳入统计的国有企业资产总额1301.94亿元、净资产总额587.71亿元、营业收入45.70亿元、利税15.05亿元。全年实施基础设施和民生保障工程重点项目76项，完成投资额142.29亿元。

【推进国有资产整合重组】 一是整合重组新建4大市属国企集团。4月11日，市委、市政府召开深化市级国有企业改革动员会，全面部署启动国有资产盘活重组工作。5月24日，市委、市政府召开市4大国企集团成立大会，新组建4家主业突出、竞争力强和对全市经济社会发展带动作用明显的市级国有资本投资运营公司，形成城市、交通、旅游、产业四大行业板块，湖州市国企国资盘活重组工作取得阶段性进展。二是强力推进县级国有资产改革重组。市国资委主要领导带队走访调研德清、长兴和安吉三县，推进县级国资改革重组工作，得到各县政府的大力支持，三县拟定了国企改革重组初步方案。

【加强制度建设】 根据中央和省、市关于深化国有企业改革的意见，以国企整合重组为契机，新制定和修订完善《关于加强市属国有企业董事会建设的意见》等10项制度文件，进一步建立健全国有资产监督管理制度。

【健全国资监管基础工作】 规范国有资产处置行为。加强国企财务监管和风险防控。完善国企考核与薪酬管理，配合市人社部门出台湖州市国有企业薪酬改革制度，起草《湖州市市属国有企业负责人经营业绩考核与薪酬管理暂行办法》。加强资本经营预算和收益收缴工作，上缴红利、租金等预算收入1311.08万元。做好国有股权移交工作，完成17家国有股权无偿划转工作。

【加强国资系统干部队伍建设】 按照《党政领导干部选拔任用工作条例》，严格组织程序和组织纪律，结合市属国有企业盘活重组工作，参与4大集团领导干部的任职考察，对纳入整合重组的10家国有企业原任领导人员职务进行了免职。调整浙江南太湖控股集团公司、湖州西塞山开发建设公司、湖州聚源城市建设发展公司领导人员，选优配强国企领导。

【积极稳妥做好安全维稳工作】 协调处理浙北高速客运中心资产处置工作，达成按股权收购方式（由交通集团收购）开展客运中心资产处置工作的原则共识，年内，资产交接、场站调整等事项已基本完成。妥善处理中心农贸市场产权问题，通过明晰中心农贸市场产权，由城投（市场发展公司）独家经营，以确保中心农贸市场改造顺利进行。（方　忠）

·固定资产投资·

【概况】 2016年，湖州市固定资产投资工作紧紧围绕省委、省政府转型升级“组合拳”决策部署，按照市委、市政府工作要求，全市上下牢固树立“项目为王”理念，围绕“增长11%，完成固定资产投资1570亿元”的年度目标，持续打好项目攻坚战，较好地促进了固定资产投资稳步增长，有效地发挥了扩大有效投资对拉动经济增长的关键作用。全市全年固定资产投资完成1592.18亿元，同比增长13.5%，高于全省平均水平2.6个百分点，增速居全省第三。一是投资结构明显优化。第一产业完成投资11.3亿元，增长35.6%，占全部投资比重达0.7%；第二产业完成投资679.7亿元，增长10.9%，占全部投资比重达42.7%；第三产业完成投资901.2亿元，增长15.3%，占全部投资比重达56.6%，拉动全部投资增长8.5个百分点，对投资增长贡献率达63.1%。四项结构性指标全部达15%以上，其中，重大基础设施项目增长54.5%；重大产业项目投资增长26%；高新技术产业投资增长22.3%；生态环保投资增长135.6%。二是工业技改投资实现较快增长。湖州市工业科技创新力度不断增强，工业技改投入持续加大。全年全市完成工业技改投资543.3亿元，增长22.5%，增速居全省第一，技术改造投资占全部工业投资的比重达80.1%。三是新开工项目数量多增长快。全年全市新开工项目1623个，比上年增加177个，增长12.2%，占全部投资项目数的66%；完成投资685.2亿元，增长23.1%。1亿元及以上新开工项目291个，比上年增加71个，占全部新开工项目数的17.9%，投资384.2亿元，增长35.1%，占新开工项目投资56.1%。四是服务业项目投资增长贡献大。2016年，湖州市服务业项目（不含房地产开发项目）投资627亿元，增长36.8%，增速高于全部投资增长23.3个百分点。服务业项目投资对投资增长贡献大的主要原因是湖州市重大服务业项目数量多、增长快。2016年，5亿元以上服务业项目116个，增长63.4%，完成投资315.1亿元，增长57.7%，占服务业项目投资的50.3%。五是县（区）投资增速基本平衡。从区域结构来看，2016年，高于全市投资平均水平的德清县、安吉县、长兴县、吴兴区、湖州开发区和太湖度假区分别增长13.7%、13.6%、13.5%、13.9%、15.1%和16.3%，总体较为均衡；南浔区低于全市增幅，增速为10%，低于全市平均水平3.3个百分点。

【“411”重大项目投资超额完成年度目标】 2016年，湖州市被列入省“411”重大项目建设行动计划项目中，对湖州市考核实施类项目有110个，年度计划投资413.4亿元。全年全市110个实施类“411”重大项目实际完成投资511.86亿元，完成年度计划的123.9%。从项目推进情况看，73个项目完成或超额完成年度投资计划；在44个新开工项目中，除1个项目因诸多因素被取消实施外，其余项目均实现开工，新项目开工率达97.7%。桐昆长兴恒腾年产80万吨差别化低碳纤维项目、织里童装产业园一期及配套工程和吉阳恒基太阳能电池及组件生产线项目等11个重大建设项目竣工或基本完工。

【谋划实施“六重”清单】 一是创新开展“六重”清单谋划工作。湖州市在编制“十三五”规划《纲要》过程中，列出了重大项目、重点工程、重大平台、重点产业、重大政策、重点要素“六重”清单365项，涵盖了经济社会发展的重点领域。二是围绕“六重”清单谋划生成项目。把“重大项目”列为“六重”清单之首，安排284个重大项目，“十三五”期间，计划投资5992亿元，约占“十三五”期间固定资产投资总额的60%左右。提出了信息经济、高端装备和幸福民生等十大“五百亿”工程，“十三五”期间，计划投资5000亿元以上，约占“十三五”期间固定资产投资总额的50%左右。三是建立“六重”清单推进机制。制定印发《湖州市“十三五”规划和“六重”清单主要目标任务分解落实总体方案》，建立责任分解、年度推进、动态调整和考核评估四大工作机制。按照“一重一办法”（六重分别制定六个实施办法）思路，提出6个实施办法，把四大工作机制细化、具体化到每个“重”，推动“六重”事项一桩桩、一件件落到实处。

【创新投融资机制】 一是深化审批制度改革。持续推进简政放权、放管结合和优化服务改革，不断深化“四张清单一张网”建设，深入推进市、县行政审批层级一体化改革，全面实施投资项目“全流程”快速审批，下放事项249项，精减权力事项近六成，项目审批时限普遍提速50%以上。市、县（区）投资在线审批监管平台建设全部按省要求完成节点目标，实现与省平台、同级横向部门数据贯通，实现全网运行。二是推广PPP合作模式。建立市2016年社会资本参与公共设施建设PPP项目库，着重围绕公开推介、跟踪协调和对接服务等关键环节，推动一批PPP项目落地。年内，湖州市已签约类项目有34项，总投资443.5亿元；正在洽谈类项目11项，总投资61.5亿；重点推介类项目51项，总投资581.9亿元。三是推进要素高效配置。充分发挥政府资金的杠杆撬动作用，建立产业引导基金，与国家开发银行成立200亿元的基础设施基金。大力推进政府投融资平台整合提升，城市投资发展集团有限公司等新组建的四大国有企业集团挂牌成立。积极推广湖州开发区“四破”（破“僵尸企业”、破围墙圈地、破低效用地、破既得利益）试点经验，不断提高资源要素市场化配置效率，全年新盘活存量用地332.13公顷。不断优化营商环境，出台《湖州降低企业成本减轻企业负担三十六条》《关于促进民间投资健康发展确保完成全年目标任务的通知》《发展众创空间推进创新创业的实施意见》等，全年减轻企业负担150亿元，其中政策新增减轻企业负担20亿元。

【重大前期项目推进有力】 根据省发改委统一部署，开展重大项目前期攻坚行动。一是被列入省重大项目前期攻坚计划的4个项目，至12月底，已完成节点目标36个，完成率达65.5%。二是编制印发《2016年湖州市重大项目前期攻坚计划》，全市排定50个项目，总投资598.3亿元，已完成节点数100个。三是各县（区）排定并印发各50个重大项目前期攻坚计划，总投资771亿元。至12月底，全市305个重大前期项目，已有94个项目完成备案，40个项目完成“可研”批复，13个项目完成初步设计批复，30个项目参加1月3日全省扩大有效投资重大项目集中开工仪式。一批上报国家、省审批的重大项目前期工作取得阶段性成果，杭州“二绕”湖州段工程获得省发改委“可研”批复；铁公水综合物流园项目已获中国铁路总公司项目建议书批复；太嘉河及杭嘉湖地区环湖河道整治后续工程、苕溪清水入湖河道整治后续工程已获得省发改委出具的受理通知书。

【要素资源争取居全省前列】 主动做好与国家、省工作衔接，积极向上争取项目要素资源。2016年，市发改系统争取到国家、省各类项目数量均位居全省前列，为项目在用地指标、融资筹措等方面创造有利条件。在资金上，抓住国家发展银行专项建设基金机遇，全市争取50个项目（三批）被列入国家专项建设基金计划，获得基金额度达54.25亿元，资金总量比上年翻一番。截至2016年年底，国家已发放七批专项建设基金项目，湖州市争取到项目85个，获得基金达81.57亿元。同时，积极争取国家和省对项目的资金支持，2016年，市发改委争取到中央和省各类资金8.08亿元，缓解了项目资金压力，得到了市委、市政府的肯定。在项目上，101个实施类项目被列入省扩大有效投资“411”重大项目计划，37个项目被列入省与央企合作项目计划，19个项目被列入省重大产业（第一批）项目库，项目数居全省第一。

【投资领域值得重视的问题】 2016年，从总体看，投资增长趋好，投资结构趋向优化，但也存在着不少实际困难和问题。一是民间投资增速回落。下半年以来，受市场不确定性因素影响，民间投资回落明显。全年全市民间固定资产投资完成1048.4亿元，同比增长2.8%，高于全省平均水平0.7个百分点，比上半年、三季度分别回落8.4和2.8个百分点。同时，湖州市工业企稳回升基础不牢，传统实体经济发展面临困境，企业投资信心不足，不敢投、不愿投现象仍存在。房地产投资，受市场调整和去库存加快影响，自上年8月以来，已连续16个月负增长，全年全市房地产投资增速同比下降15.2%，分别比上半年、三季度下降8.8和3.6个百分点，低于全社会投资增速28.7个百分点。二是投融资模式有待完善。各级投资主管部门掌握的投融资通道、可撬动资金，与推动完成固定资产投资、加快重大项目建设的任务不相匹配。政府导向、社会资本流向和金融机构投向的信息之间还不够对称，政府投资项目的引导和带动作用还需增强。PPP项目推广力度还需加大，投资项目融资难、融资贵的问题仍然较为突出，融资渠道还需进一步拓宽。

（劳　动）

·审　计·

【概况】　2016年，全市审计机关完成审计项目313个，查出主要问题金额222877万元，其中违规金额1453万元、损失浪费金额474万元、管理不规范金额220950万元；损益（收支）不实5292万元；审计处理、处罚金额155476万元，其中应上缴财政1453万元、应减少财政拨款或补贴119846万元、应归还原渠道资金19080万元、应调账处理金额14814万元；审计发现非金额计量问题618个；审计期间整改金额18763万元，审计促进整改落实有关问题资金202419万元，其中增收节支174508万元、已调账处理金额27912万元，审计后挽回（避免）损失130744万元。移送司法机关、纪检监察机关和有关部门处理事项42件，落实处理事项37件，处理人员17人。出具审计报告和专项审计调查报告378篇，被批示、采用127篇（次）。提出审计建议710条，提交审计信息493篇，被批示、采用353篇（次）。向社会公告审计结果135篇。

【政策落实情况审计】　继续组织对国家、省、市重大政策措施和宏观调控部署落实情况的跟踪审计，围绕宏观政策要稳、产业政策要准、微观政策要活、改革政策要实和社会政策要托底的部署，关注去产能、去库存、去杠杆、降成本和补短板任务落实，推动各项政策措施落实到位；对德清县县域经济体制综合改革推进情况进行审计调查，总结经验做法、揭示存在问题，促进改革政策措施有序推进；根据省审计厅统一部署，派出审计组赴衢州市开展浙商创业创新政策执行和回归项目落地情况审计调查，配合舟山市审计局对湖州市浙商创业创新政策执行和回归项目落地情况进行审计调查。

【财政预决算审计】　结合新修订的《中华人民共和国预算法》和各项财税体制改革的新要求，以预算执行、资金分配和行政审批为着力点，加强预算执行和财政决算审计，全市完成预算执行审计和审计调查项目47个、财政决算审计项目13个，查出主要问题金额62806万元。市、县（区）审计机关对2015年市、县（区）本级预算执行情况进行审计；市审计局对德清县2015年财政决算进行审计，按市人大要求，开展对市本级重点审查部门预算单位2015年预算执行结果专项审计调查，向市人大常委会提交了市本级预算执行及其他财政收支审计工作报告，报告得到人大常委会的肯定。通过审计，促进落实新的《中华人民共和国预算法》和《中华人民共和国预算法实施条例》，推进财政存量资金和政府债务的有效统筹，维护预算的法律严肃性，发挥预算的约束力。

【专项资金审计】　围绕关系民生福祉的重点领域，加强重点资金、项目的审计监督。全市完成专项资金审计和审计调查项目19个，涉及专项资金总额276293万元，查出主要问题金额4935万元，完成社会保险基金类审计项目1个。完成2015年度保障性安居工程跟踪审计，揭示动态管理机制不完善等问题，引起政府的重视，分管副市长、湖州开发区管委会主任分别批示，要求积极整改审计发现问题；开展水污染防治资金专项审计和“五水共治”政策措施落实跟踪审计，重点关注饮用水水源保护区污染防治情况，医疗废物的收集、运送、贮存、处置及监督管理情况等，促进加强水源地保护和医疗废物处置管理；开展基本医疗保险基金和医疗救助资金审计，提出加快推进城乡居民医保省内异地联网结算等建议，促进医保机制体制完善；开展学前教育政策落实情况专项审计调查，反映幼儿园园区建设、师资等方面问题，推动政策措施落实到位；完成市慈善总会捐赠款、物收支管理情况审计，促进慈善捐赠款物管理的规范化水平和公开透明程度提高。

【经济责任审计】　围绕领导干部守法、守纪、守规、尽责情况，加强领导干部经济责任审计，全市对64名领导干部进行经济责任审计，查出主要问题金额14920万元，其中主管责任1088万元、领导责任13831万元。积极探索领导干部自然资源资产离任审计，协助市委、市政府做好审计署对湖州市开展审计试点的准备、联络、配合工作，提请出台《湖州市领导干部自然资源资产责任审计暂行办法》，组织县（区）审计机关对7个乡（镇）开展试点审计。按照党政同责、同责同审的原则，对市道路运输管理局原党委书记和原局长进行经济责任同步审计，在审计组织方式、审计重点内容、责任界定界线和结果报告格式等方面进行了探索。

【投资建设项目审计】　全市完成

政府投资建设项目跟踪审计、竣工决算审计201个，涉及项目投资总额110亿元，通过审计核减工程款121065万元。市审计局对南太湖湿地奥体公园工程建设项目等5个重点工程进行跟踪审计，及时揭示项目建设管理中存在的问题，有效地促进了工程项目规范管理。德清县审计局开展积案清理行动，吴兴区审计局开展遗留问题“清零”行动，加快工程结算审计中久审不结问题清理。

【公务支出和公款消费审计】 继续在全市开展公务支出、公款消费审计，通过三年轮审，实现了一级预算单位公务支出、公款消费全覆盖。湖州市、县（区）审计局组织全市333家一级预算单位对2015年度公务支出公款消费情况进行了自查。在自查基础上，全市审计机关对126家一级预算单位2015年度的公务支出、公款消费情况进行专项审计，重点审计因公出国（境）费、公务接待费、公务用车购置及运行维护费、会议费、培训费，并对164家下属单位、主管协会等进行了延伸审计。

【推动审计整改】 制定出台“审计整改落实年”活动实施方案和审计整改督查工作操作办法，明确审计整改督促、检查各环节的工作及要求，加强对审计发现问题整改的督促落实；积极争取上级机关支持，推动审计整改落实到位，市人大常委会对本级预算及其他财政收支审计情况工作报告单独出具审议意见，要求加强审计整改督办，市政府将审计结果及审计整改情况公告纳入了对县（区）政府、市级部门法治政府考核内容；注重促进边审边改，实行审计发现问题整改清单制和销号制，加强审后跟踪回访检查，督促被审计单位及时整改审计发现问题。

【推进方式创新】 加强审计分析平台建设，完成财政组织预算数据分析系统和审计整改督查管理系统部署，长兴县审计局搭建项目进度推进、领导批示展示、项目整改进度和信息投录用平台，强化动态管理；开展大数据审计运用，建设经济责任审计对象库，丰富审计数据中心资源，加大数据集中力度和大数据综合利用力度；提升数据分析成效，如公务支出、公款消费审计中，根据公务支出和公款消费相关约束性政策制度的规定，创新审计分析模型，提升计算机审计查核问题的效率；创新审计组织方式，对政策落实情况、浙商回归、公务支出公款消费审计和审计调查等大项目，结合其他审计项目，统筹组织力量，由牵头处室负责，各处室配合，有序推进大项目审计工作的实施。

【提升成果运用】 围绕审计价值标准，积极采取措施，强化审计成果运用，推进审计价值提升。积极推进“老大难”问题解决，市审计局对吴兴区织里童装产业消防隐患整治项目审计中发现的2010年投入使用的8幢厂房一直未通过消防验收，存在严重火灾隐患的问题，及时上报审计专报，出具移送处理书，多次跟进督促问题解决，年内8幢厂房已通过消防验收。深入分析审计发现的问题，研究机制、制度上存在的不足和缺陷，提出针对性的建议，推进机制、制度完善，如针对保障性安居工程审计中发现的问题，推进《湖州中心城区公共租赁住房保障实施细则》《保障性住房申请审查部门职责》等制度修订完善；在“五水共治”跟踪审计中，针对农村生活污水治理设施运行维护管理工作存在的问题提出建议，市政府常务会议专题研究，出台《湖州市农村生活污水治理设施运行维护管理暂行办法》。依法移送相关违法违纪线索，推进问责追责，在湖州师范学院经济责任审计中问题线索移送后，1人被判刑、2人进入司法程序，13人（次）受到党纪、政纪处分；市文广新局针对审计移送的下属单位的违规问题，对该单位时任主要负责人给予行政警告处分。

【强化审计管理】 加强制度建设，会同市有关部门出台《湖州市领导干部任前经济责任告知办法》，制定《湖州市领导干部经济责任审计责任界定操作细则》等制度，进一步推进经济责任审计工作规范化。聘请常年法律顾问，开展审计执法检查、审计项目评优，加强对审计措施、审计行为的合法性审查、法律风险评估和法律论证，规范审计执法行为。深化内部管理，制定《重大事项报告实施办法》《“日志式”管理平时考核办法（试行）》等，落实省审计厅、市委组织部等对加强内部管理的要求。推进内部审计工作，对20余家单位内审工作开展情况进行调研，探索内部审计与国家审计的有机融合、联动发展，提升审计工作效率；安吉县应建内审机构的32家部门、乡镇均建立内审机构并配备专兼人员，实现了全覆盖。（仇　捷）

·国土资源管理·

【概况】 2016年，湖州市国土资源系统紧紧围绕赶超发展大局和“五水共治”“三改一拆”、浙（湖）商回归和生态文明示范区建设等中心工作，以推进供给侧结构性改革为主线，以扎实开展“两个年”活动、深化“三个国土”建设为总抓手，全面落实最严格的耕地保护制度和最严格的节约用地制度，开拓创新，真抓实干，较好地完成了年度各项目标任务，争创为“全国国土资源节约集约模范市”，实现了“十三五”国土资源工作良好开局。全年全市取得新增建设用地指标28673亩；消化批而未供土地11846亩，盘活存量建设用地7130亩，实施城镇低效用地再开发4970亩；供地30934亩（含单独选址项目11275亩），其中经营性用地6216亩、合同价款107.46亿元；农村土地综合整治拆旧复垦4800亩，垦造耕地8464亩，建成高标准基本农田14.01万亩，全面划定100万亩永久基本农田、88.8万亩示范区。市国土资源局被评为全省“国土资源工作目标责任制考核和党风廉政建设责任制考核优秀单位”和全市“群众满意单位”。

【用地服务保障】 保障合理用地需求。抓好土地利用总体规划调整完善工作，根据需要开展规划修改工作，落实重大项目规划空间。认真排摸重大基础设施、重大产业项目和民生项目等用地需求，建立县（区）三年滚动项目储备库。主动协调商合杭高铁、申嘉湖高速西延和京杭运河航道整治等重大项目的征地拆迁、占补平衡等工作，确保项目顺利推进。通过争取，全市取得各类奖励用地指标4252亩，省留专项指标13152亩，盘活存量挂钩指标1925亩。加强土地供应管理。贯彻工业强市战略，出让工业用地8784亩。开展工业用地调查，夯实建设用地精细化管理基础。规范有序推进土地储备和出让，建立市级土地出让协调决策机制，全年会审供地项目30个；市区出让经营性用地1721亩、合同价款40.61亿元。深化节约集约用地。开展全国国土资源节约集约模范市创建工作，提请市政府召开全市节约集约用地工作现场会，全面推行“四破”（破僵尸企业、破围墙圈地、破低效用地、破既得利益）做法，倒逼低效用地退出。落实新增建设用地计划分配与存量土地盘活挂钩制度，根据新制度分配用地指标1925亩，促进存量土地盘活；利用存量建设用地完成技改投资464.6亿元，按2016年新增工业用地平均投资强度（281万元/亩），相当于节地1.65万亩。抓好“坡地村镇”建设。全市14个项目入选省第二批“坡地村镇”建设用地试点，新增建设用地指标815亩。继续做好第一批5个试点项目的农转、供地等工作，项目总体进展顺利。

【加强耕地保护】 推进永久基本农田划定保护工作。根据永久基本农田划定成果，逐步落实到田头地块，全面开展建档、建桩和立牌等工作。认真贯彻省国土资源厅等三部门通知要求，市国土资源局与市农业局、财政局联合下发《关于全面建立耕地保护补偿机制的指导意见》，各县（区）也相继出台具体实施方案，全年全市落实补偿资金1.17亿元，安吉县发放保护补偿资金1413万元。启动实施“3256”［计划到2020年年底，全市完成垦造耕地3万亩、农村土地综合整治2万亩（含矿地复垦）、高标准基本农田耕地质量提升56万亩］耕地保护工程。2016年，立项实施“旱改水”项目30个、面积5539亩；剥离耕作层面积2958亩，并将耕作层剥离利用与土地整治、土地复垦等工作结合起来，进一步提高耕地质量。德清县积极探索废弃矿地造水田，有效增加耕地面积，改善生态环境，满足占补平衡需求。开展保护资源“亮剑行动”。针对全市排摸上报的2461宗未依法处置违法用地，因地制宜、分类处置，采取不同举措进行整改，年内，完成整改（包括提出分类处置方案）2459宗、5537亩，领先全省平均水平；全面清理历年审批临时用地，全市47宗、842亩违法违规临时用地完成整治，并通过省级验收。严格土地执法。抓好动态执法监管系统运用，加强日常巡查工作，及时发现并制止各类违法用地373起；立案查处违法用地253件、面积1183亩。认真开展土地卫片执法监督检查工作，提请市政府召开2015年度土地卫片执法检查违法重点乡（镇）警示约谈会，对7个乡（镇）（街道、园区）主要负责人进行警示约谈。借力“三改一拆”拆除违法用地1000余宗、面积1834亩。

【矿产资源管理】 完善管理制度。根据矿政管理新形势，在认真调研的基础上，提请市委、市政府出台《从紧从严依法规范管理矿产资源十条规定》和《涉矿工程项目矿产资源管理办法（暂行）》两个文件，进一步强化矿山管理。会同市矿治办联合出台《关于加强矿产资源储量监管的通知》，制定6条监管制度。推进绿色矿业发展示范区建设。争取到国土资源部将湖州市列入全国绿色矿业发展示范区建设试点，及时制定市级绿色矿山建设地方标准。全市新建成绿色矿山5家，新增省级绿色矿山2家，全市绿色矿山建成率达84%。深入推进“两路两侧”“四边三化”专项整治行动，完成25个废弃矿山治理工作。加强矿山监管。严格落实“减点、控量”要求，年内，关停资源开采到量矿山3个。开展“十三五”矿产资源规划编制工作，湖州市在全省率先完成规划编制。扎实推进矿山粉尘防治专项行动，全市42个生产（固体）矿山全部达标运行。推进矿产资源勘查开采信用监管工作，提高矿产资源管理水平。全市全年立案查处非法开采案件40起，收缴罚没款296万元，扣押设备56台。抓好工矿废弃地复垦利用。全市完成5个工矿废弃地复垦利用项目，复垦耕地330亩，治理复绿436亩。

【服务民生工作】 抓好G20杭州峰会期间信访维稳和环境保障工作。制订《服务保障G20峰会工作方案》，部署开展地质灾害、废弃矿山安全专项整治和环境质量保障工作，并抓好落实。全力做好信访维稳工作，全市国土资源系统全年受理信访235件，同比下降36%，均按时办结；办理行政复议和行政诉讼案件80件，实现案结事了；及时办理“12345”政府阳光热线交办件547件。加强地质灾害防治。做好地质灾害隐患点的排查、巡查和监测工作，提请市政府出台《加快推进地质灾害隐患点处置的实施方案》，全年完成19个地质灾害隐患点治理工程，避让搬迁20户、106人，对10个地质灾害隐患点开展应急排险治理，湖州市连续9年实现地灾零伤亡。规范征地拆迁工作。对全市2015年以来批准的征地拆迁项目进行专项检查，针对发现的问题，及时下发《关于进一步完善市区征地“两公告”程序的通知》，完善征收土地公告内容，保护被征地农民合法权益。深化农村土地民主管理。提请市政府召开农村土地民主管理现场会，全面推行德清县农村土地民主管理的经验和做法，进一步发挥村级集体经济组织和农民在土地管理中的主体作用。全市解决2886户农村无房户、危房户建房问题。落实保障性安居工程用地2432亩，实现应保尽保。

【深化改革工作】 做好自然资源资产负债表和领导干部自然资源资产离任审计试点工作。完成全市土地资源资产负债表编制工作，配合做好领导干部自然资源资产离任审计工作。参与制订《湖州市自然资源资产产权制度改革工作方案》。推进土地制度改革。德清县入市交易集体经营性建设用地51宗、296.61亩，成交金额5625.77万元；德清县累计完成集体经营性建设用地入市100宗、750.36亩；另有29宗地块进行抵押贷款，抵押总额5749.18万元，改革工作走在全国前列。全面实施不动产统一登记。从7月25日开始，在全市范围实现不动产统一登记。全市累计颁发不动产权证书51823本、不动产登记证明92243份。市不动产登记服务中心结合实际编制了操作指南，规范办理流程，推进多项便民服务；积极开展调研，提出历史疑难问题处置建议。推进国土资源供给侧结构性改革。优化配置土地资源，全年分别供应“大好高”项目和战略性新兴产业用地4340亩，科技企业孵化器（众创空间）标准厂房等用地2317亩，一批新产业新业态用地得到保障。全市通过降低用地履约保证金，减轻企业用地成本1.74亿元。 （施乐乐）

·物价管理·

【概况】 2016年，湖州市价格主管部门认真贯彻落实《中共中央国务院关于推进价格机制改革的若干意见》和《中共浙江省委浙江省人民政府关于推进价格机制改革的实施意见》，充分发挥价格机制改革的突破性和先导性作用，坚持以新发展理念为引领，以“降成本、推改革、优服务、强监管”为主线，切实为湖州建设现代化生态型滨湖大城市提供保障支持，为经济发展提供持续动力。湖州市价格监测中心被评为“2016年全国价格监测工作先进单位”。

【清费减负成效明显】 一是下调非居民用天然气价格。从4月20日起，下调非居民用天然气最高销售价格，下调后，湖州市非居民用天然气最高销售价格为3.22元/立方米，明显低于毗邻的江苏省苏州市、无锡市等周边地区。仅此一项，全市年减轻企业负担3.36亿元，并对所有煤改气企业实行优惠价格。二是落实企业用电价格下调政策。自1月1日起，一般工商业用电价格每千瓦时降低4.47分钱，自6月1日起，大工业和一般工商业及其他用电价格每千瓦时降低1分钱，全市全年减轻企业电费负担2.82亿元；积极参与直供电交易试点工作，扩大直接交易的电力用户，参与范围采取普惠制，全市直供电交易企业从2家增加至3954家，全市减轻企业负担2.7亿元。三是完善涉企收费公示制度。湖州市各级价格部门均建立行政事业性收费、涉企行政事业性收费、政府定价管理的涉企经营服务收费目录清单，并实行动态管理；各行政事业性收费单位在各自门户网站公示收费目录清单，进一步提高收费透明度。四是积极参与降成本政策制定和督查。将清理涉企收费、落实电价、气价调整政策等降低企业成本的价费政策措施建议，纳入湖州市政府降低企业成本减轻企业负担“二十六条”。重点对行政审批中介服务收费政策情况开展检查，进一步取消了部分收费项目、合并降低了部分收费标准。将涉及湖州市的国内植物检疫费、拖拉机号牌（含号牌架、固定封装置）及安全技术检验费等6项行政事业性收费免征范围从小微企业扩大至所有企业。同时，加强政策落实情况的督查，确保降成本措施落实到位。

【价格改革扎实推进】 一是推进污水处理收费改革。湖州市区居民生活污水处理费标准自8月1日起，由0.60元/立方米调整为0.95元/立方米，成为全省第二个完成污水处理费改革任务的设区市。并指导三县两区调整到位，全面完成改革任务。二是推进城乡供水一体化水价改革。及时制订2016年城乡供水一体化水价改革工作方案，开展供水价格调整方案前期调研，完成成本监审，制订水价调整方案，启动水价调整程序。三是推进医疗服务等价格改革。开展医疗服务价格改革调研，听取一线医务工作者对医疗改革的意见和建议，推进湖州市医疗服务价格改革，长兴县、德清县被省列为医改综合试点县。以市政府名义出台《湖州市各类事业单位统一登记管理试点单位收费管理办法》，推进民办教育收费市场化改革试点。全省首个出台电动汽车充电服务收费标准。完成公共租赁房租金、跨县交通客运价格和驾驶员考试场地训练收费等价格政策的制定。

【价格监管有序有效】 加大价格违法案件的查处力度，全市全年共查实价格违法案件32件，涉案金额517.50万元，实施经济制裁41.08万元，罚款16.37万元，退还消费者0.49万元。一是加强市场价格监管。组织开展雨雪冰冻天气、G20杭州峰会和重大节假日期间市场价格巡查，全市出动检查人员642人（次），检查各类企业单位151家，当场作出责令整改31家，保证了重大活动节庆期间的市场价格秩序。二是运用提醒告诫管控市场价格行为。组织商贸、驾驶培训学校等129家企业单位负责人召开9次价格政策提醒告诫会，重点宣传价格法律法规和政策，曝光、剖析典型案例，倡导价格诚信，督促企业依法经营，引导消费者理性消费，正确维护价格权益。三是开展景区门票价格整治和督查。实行市、县（区）联动，对全市所有景区门票价格进行整治、督查，重点抽查AAA级景区4家，对景区内超市、商店和饭店规范明码标价行为3家、限期整改2家，促进景区价格行为规范。四是组织开展涉农涉企收费专项检查和涉企收费优惠政策落实情况的督查。对67家行政事业单位、111项涉企收费项目和30家物流企业进行了督查，总体情况良好。

【价格调控基础趋向稳固】 2016年，湖州市价格运行稳定，CPI同比上涨1.6%，分别低于全国、全省0.5个百分点和0.3个百分点。一是建立“菜篮子”价格直报制度。市区推出“菜篮子”99个品种价格数据报送市主要领导，全年报送12期数据，7篇动态分析；生产成本收益调查拓展春茶、小麦等新品种，为领导决策提供参考。二是强化价格监测预警。加强价格监测点工作质量管理和巡查，全年完成各项商品价格监测上报数据879期、分析128篇。年内，针对生猪价格持续上涨和菜价波动较大等情况，及时做好调查和监测分析，发送生猪成本收益预警卡片572张。三是平价商店建设进一步推进。市区新增2家平价商店，扩大群众受益面，开展日常巡查，督促经营规范。运用掌握的市场价格动态，协同有关部门做好商品供应，维护市场价格稳定。

【价格服务惠及各方】 一是加强价格信息服务。定期在《湖州日报》《湖州广播电视报》、湖州电视台及本委门户网站、微博和微信等平台发布价格信息和分析，2016年，发布各类信息材料743期，为农业生产提供决策参考，引导经营者合理制定价格、消费者理性消费。二是强化价格宣传。完成《价格改革》《服务民生》专题宣传，取得良好社会效果。开展降成本政策宣传，使更多企业了解政策、享受政策红利；开展价格服务进街道（社区）活动，解答百姓关心的价格问题，回应群众价格关切。三是做好价格投诉举报工作。全市受理各类价格投诉咨询463件，实施经济制裁金额2.9万元，退款3.25万元。办理“12345”政府阳光热线工单181件。四是加强价格成本调查监审。完成城市供水、污水处理和市内短途管道运输等定期成本监审项目，做好市区城乡供水一体化成本、生均培养成本和机动车停放服务成本等定调价成本调查监审项目，为科学定价提供依据。五是依法独立开展价格认定。客观公正地做好涉案、涉纪财物价格认定工作，价格认定服务质量和效率进一步提升，全年完成价格认定657件，涉案金额3938万元，案件复核维持率100%。 （张　伟）

·市场监督管理·

【概况】 2016年，全市市场监督管理系统贯彻党中央、国务院和市委、市政府以及省工商局、省食品药品监督管理局的一系列重要会议精神，主动作为、敢于担当、勇于创新和锐意进取，实现了“十三五”市场监管工作的良好开局。

【助推企业转型升级】 1．以“两降三补四育”（降低小微企业准入门槛、降低经营负担；补齐小微企业金融、科技、人才三块“短板”；培育“小产业、小平台、小企业、小项目”）为抓手，在全市开展小微企业“提升发展服务年”活动。一是明确将“小微企业三年成长计划”作为全市三个梯度培育企业发展格局之一。编制全省首份《小微企业成长分析报告》，开展小微企业创业创新示范点建设，共建成示范点15个。举办全市服务小微企业成长暨民企“双对接”（现代科技、金融“双对接”）活动周，通过搭建“1+4+15”（1个主活动、4个专场、15个分活动）平台。二是重点围绕制约小微企业发展的金融、科技和人才三大突出短板，进一步打好创业创新、企业减负、用工保障和人才招引“四张牌”，助推小微企业成长。三是重点培育小产业、小平台、小企业和小项目“四小元素”，以创建特色小镇为依托，进一步加大政策支持力度，整合利用闲置资源，抓好企业主体升级。四是发挥政府、骨干企业和社会专业力量等作用，打造“三微”（小微企业专属期刊《企航》、“湖州小微企业之家”公众微信号、湖州小微企业线上综合服务平台）公共服务平台，激发小微企业发展活力。年内，全市在册小微企业5.7万余户，2014～2016年平均每年以22%左右的增幅快速增长，小微企业主体呈现结构优化、数量增加的良好态势。特别是从3月起，小微企业新设量突增，平均每月新设量达1350户，同比增长50%以上。湖州市获评全省“小微企业三年成长计划”工作优秀市，长兴县、德清县、吴兴区获评全省优秀县（区）。全市优秀小微企业代表受邀参加市委、市政府新春团拜会，被列入全市深化“四个年”动员大会颁奖项目。长兴县与浙江股权交易中心联合打造的“长兴科技板”项目，荣获“2016年浙江省十大服务小微企业优秀项目”；安吉县市场监督管理局作为全市服务小微企业先进单位在全省现场会上进行经验交流。湖州市落实“小微企业三年成长计划”作为全省唯一的典型，被纳入省委政研室《全省转型升级系列组合拳材料汇编》。2．以“四品一械”（食品、药品、保健品、化妆品和医疗器械）为重点，组织开展全市系统健康产业发展三年助推计划。召开全市系统动员大会，通过“三年五联”（部门联企，着力优化政策服务体系；企业联合，着力构建质量保障体系；协会联动，着力打造诚信自律体系；平台联营，着力强化技术支撑体系；监管联通，着力健全风险管控体系），助推健康产业发展。一是推动产业集聚。以现有的德清生物医药产业园、安吉健康医药产业园、南太湖生物医药产业园和吴兴中国美妆小镇等平台为载体，进一步整合资源、健全功能和完善服务，培育一批具有湖州特色的健康产业集群。二是推动创新发展。充分发挥科研院所和高校的资源，加快建立集研究开发、技术创新和中介服务等于一体的公共创新服务平台。年内，已与南京农业大学食品科技学院签订了产学研基地合作协议书，挂牌成立了“食品加工与质量控制”专家工作站，组建“5+1”（食品、药品、保健品、化妆品、医疗器械和食品药品检验）专业服务小分队，助推健康产业发展。三是推动精准服务。充分发挥健康产业联席会议成员单位优势，着力推进健康产业发展的市场准入、监管与服务工作，在项目招引和项目推进等方面，全程做好项目跟踪服务。3. 围绕降低门槛、提高效率和完善服务，深入推进商事登记制度改革。一是市场主体升级深入推进。建立“个转企”工作常态化、规范化和长效化机制，一手抓存量、一手抓增量，深入推进“个转企”扩量提质。全年全市个转企1419家，其中公司制企业1064家，占比达74.98%。全市累计经济主体289398户，同比增长12.7%；新设经济主体42809户，增长18.3%。二是审批制度改革力度加大。先后实施“五证合一、一照一码”“工位号注册”“先照后证”“两证合一”等改革措施，持续激发市场活力和创造力。全年累计办理“五证合一、一照一码”营业执照39579份。食品生产许可行政审批权限下放，各县（区）累计办理食品生产许可证150家。三是企业退出机制探索推进。全面启动企业注销程序简易化，进一步简化手续，办理环节由原来3个减少至1个。全年办理企业简易注销692件。4. 围绕区域产业发展特点，着力在品牌培育、产业对接以及精准服务等方面下功夫。一是“商标品牌+N”行动成效显著。重点围绕“商标品牌+小微企业、+产业集聚区（园区）、+农业、+制造业、+服务业”五个领域，全力推进商标品牌培育工作。新认定驰名商标4件，新认定省著名商标24件，占全省20%。开展商标权质押贷款企业59家，贷款总额3.87亿元，质押登记备案户均授信额全省第一。新认定省商标品牌示范县1家，示范乡镇1家，示范企业3家。该项工作先后得到副省长朱从玖、市委书记裘东耀和副市长李建平的批示。二是民企“双对接”服务常态化。围绕全市七大产业，搭建“双对接”活动服务信息发布、供求信息服务和驯服信息发布等三大平台。进一步深化地板行业对接网络科技平台“双对接”专题，举办中国地板企业家峰会暨太湖论坛，着力推动地板行业做大做强。按照“精准对接、精准服务”要求，主动走访市级国有企业集团，提供便利化服务。全年全市举办“双对接”座谈会、培训会165场（次），参加企业6883家（次）。三是非公党建标准化建设扎实推进。推进个体工商户和商品交易市场非公党建工作，开展“互查互学互促”专项行动，全面推动、提升全市市场党建标准化建设，推出7家非公有制企业党建标准化市场。

【加强市场监督管理工作】　一是全力做好重要时节的保障任务。将保障G20杭州峰会期间食药安全和市场安全作为全局工作的重中之重，抽调精干力量，健全领导小组，制订严密工作方案，全面落实维稳安保各项任务。以平安建设为载体，全力开展食品安全、金融领域的各类专项整治行动，突出惩治违法传销，强化特定行业监管，开展火柴销售专项整治等。按照G20杭州峰会期间保障最高要求，全面梳理出平安“护航G20”十项重点内容、81项问题清单，一项一项抓落实，一个漏洞一个漏洞查补，全面查实辖区内供应杭州食品生产企业110家，供应G20杭州峰会食品生产企业5家，逐家监督评审，确保不留死角，圆满完成G20杭州峰会保障任务。德清县作为全市唯一峰会安保核心区，顺利完成各项安保任务。二是民生实事项目全面完成。深入开展农贸市场改造提升工作，全市19家省级“放心市场”通过验收，累计投入资金近1000万元。城区农贸市场质量追溯体系和快速检测体系“双体系”建设顺利推进，全市完成“双体系”建设达标农贸市场22家；68个乡镇、52个监管所、51个农贸市场建立了快速检测室，建成率达80%。开展大型、特大型餐饮企业和学校、养老机构食堂阳光厨房创建工作，新建阳光厨房121家。开展小餐饮整规和示范创建工程，创建示范街19条、示范店120家，小餐饮持证率从77.1%提升至91.8%。食品安全工作信息平台建成并投入使用，共配备移动终端1508台，基层上报数据信息2万余条，异常信息400余条，全部指派处理。三是消费维权力度不断加大。围绕“放心消费在湖州”主题，积极开展放心消费示范区创建，全面落实消费教育基地规范化建设，创建示范区8家。推进消费维权示范点建设，创建首批景区消费维权分中心5家。着力推动大型商超、重点景区和垄断行业等消费集中场所消费争议快速处理绿色通道建设，新增31家。建立消费环节经营者先行赔付制度企业16家。开展重点领域消费评价、调查、体验和比较试验4次，如“学区房”、黄酒等消费调查，得到消费者的肯定。建立金融消费维权服务站12家，完成培育示范金融消费维权服务站5家。“12315”热线电话与“12345”政府阳光热线顺利整合，“12315”全年受理热线电话13915件。四是安全保障水平显著提升。时刻紧绷安全这根弦，以零容忍的态度严厉惩治违法犯罪行为，努力营造公平竞争、安全放心的市场环境。全年开展相关食品安全专项行动、餐桌安全治理三年行动计划、食品仓储单位（冷库）专项整治、大众消费品专项整治、“红盾网剑”、违法广告专项整治、网络订餐平台整治、药品GMP和GSP飞行检查和医疗器械领域专项整治等20余项专项行动。为进一步净化网络销售市场，单设网监稽查大队，对网络平台进行分类核查，全市已建档涉网经营主体8603家。坚持以案说法、以案树威，狠抓案件查处，全年查处案件2630件，大要案785件，罚没款4348万元；移送公安机关120件，抓获犯罪嫌疑人130人。其中省食品药品监督管理局督办案件7件，2起案件被评为“全省食品药品领域十大典型案件”。

【创新市场监督管理方式】　一是以项目化管理统筹全局工作。为进一步推动全年重点工作落实，年初，对全局42项重点工作分解责任，并实行项目化管理，编制责任清单，实行季度督查与检查通报制度，推动全年工作目标任务有效落实。对各县（区）市场监督管理局实行目标责任制考核，突出重点工作量化指标超额完成加分和奖励加分，努力在全系统营造比学赶超、奋勇争先的工作氛围。进一步强化信息宣传工作，政务信息宣传稳步提升，对外宣传实现新的突破，不断提升市场监管的知晓度和影响力。完善应急管理体系建设，组建市、县（区）及基层三级专业应急队伍，完善应急预案，强化舆情监测和预警能力。积极探索食品安全突发事件应急演练桌面推演，提升监管能力。二是以一体化监管构建诚信体系。强化事中事后监管，率先在全省出台《湖州市关于“先照后证”改革后加强事中事后监管的意见》，加强年报、企业备案等信息归集分析。督促对企业主体责任落实，推动建立政府协作、部门联合和企业自律的“多位一体”责任落实体系，全面推进“双随机”抽查机制。全年完成公示信息334078条，列入经营异常名录企业12140家。推进企业诚信建设，下发《湖州市食品安全金融征信体系建设试点工作方案》，着力推进企业金融诚信体系建设，已实施信用评定38家。强化技术支撑服务。深化药品质量信用体系建设，日常监管与信用等级评定、规范化药房复评挂钩等。完成“湖州市食品安全检测实验室改造项目”，食品检验项目从原有的552项增加至1064项。全面推进食品药品研究院与省食药研究院、湖州师范学院三方共建省食品药品监督管理局“食品药品微生物检测和安全控制实验室”平台建设。三是以社会化共治创新治理模式。针对食品药品监管方面存在的安全隐患，在强化风险隐患排查的基础上，积极探索社会化共治的现代化治理模式。通过抓整治、抓平台、抓机制和抓试点，积极推进企业主体责任落实，探索智慧监管，努力实现从人防向技防的转变。深化食品安全责任保险，全市已有投保单位8486家，参与保险机构11家，投保金额14.3亿元。同时，引入第三方监管机制，注重发挥新闻媒体、人大、政协、检验机构、行业协会和社区基层等监督作用，使企业主体责任的履行情况置于全方位、立体式的监督之下，形成社会共同治理模式。如开展对大型超市食品质量社会化评价；试行行业专家参与餐饮量化评定，有效地促进了各餐饮单位内部自查工作向精细化、标准化延伸；约谈网络订餐第三方交易平台，督促其做好入网单位资质审查；深化完善药品经营企业互查工作机制，有效搭建企业互相交流、互相学习、互相监督平台。（孙建新）

·质量技术监督·

【概况】 2016年，全市质量技术监督系统认真贯彻落实市委、市政府决策部署，坚持以“五大发展理念”（创新、协调、绿色、开放、共享）为引领，合心聚力打好“六场战”（“三大升级行动”收官战、生态文明标准化建设大会战、质量强市持久战、特种设备和产品质量安全保卫战、电梯管理使用立法攻坚战、党风廉政问题防御战），积极助力加快赶超发展，较好地完成了全年各项目标任务。年内，湖州市质量技术监督局被国家质检总局评为G20杭州峰会保障工作突出贡献集体，在省质量技术监督局年度工作评价中获得优秀等次。全年无行政复议案件、行政诉讼案件，实现“湖州市法治政府建设（依法行政）先进单位”七连冠。

【“三大升级行动”出成效】 围绕工业企业质量标准品牌升级行动三年目标任务，制定并落实年度推进计划，出台县（区）考核办法，狠抓责任落实，各级政府通过“政府购买服务”等方式，促进工业企业质量、标准、品牌升级，全市规模以上工业企业先进质量管理方法有效导入比率、主导产品采用国际标准或国外先进标准比率、市级以上工业品牌企业产值占规模以上工业企业总产值比率分别达到86%、63%和50%，完成和超额完成三年目标任务。全市新增导入先进质量管理方法企业333家（其中导入卓越绩效管理企业121家）、采标企业202家，培训规模以上企业负责人1350人（次），新增参与制定或修订国际、国家和行业标准41项。指导推动长兴县、安吉县获批创建全国质量强市示范城市，长兴动力蓄电池获批创建“全国知名品牌示范区”。组织21家企业申报市政府质量奖，5家企业获奖；54个产品申报浙江名牌、获评22个，86个产品申报湖州名牌、获评66个；42家企业被认定为湖州市工业“三强”企业。

【“浙江制造”县（区）试点率先全覆盖】 德清县、长兴县、安吉县和吴兴区被列入全省第二批培育试点，加上列入第一批试点的南浔区，湖州市在全省率先实现“浙江制造”品牌培育试点县（区）全覆盖。市委、市政府高度重视“浙江制造”品牌培育工作，市政府主要领导亲自主持召开会议，专题研究部署，市政府出台《湖州市“浙江制造”品牌建设三年行动计划》，明确“四个一批、五个全覆盖”（“四个一批”：制定一批“浙江制造”标准、培育一批“浙江制造”品牌企业、形成一批“浙江制造”品牌产品、培养一批质量建设人才；“五个全覆盖”：全市50家列入“浙江制造”品牌培育的企业实现导入卓越绩效管理，采用国际标准和国外先进标准，为主或参与制修订国际标准、国家标准、行业标准，拥有自主知识产权，拥有名牌产品、驰著名商标、出口名牌等省级以上品牌全覆盖）的工作目标和“深化三大升级行动、实施七项重点计划”（“深化三大升级行动”：深化质量升级行动、深化标准升级行动、深化品牌升级行动；“实施七项重点计划”：标准提档计划、质量提升计划、创新能力提升计划、品牌培育计划、对外交流合作计划、技能人才培养计划、品牌宣传计划）的主要任务。各县（区）落实配套奖励政策，对起草“浙江制造”标准企业、通过“浙江制造”认证企业分别给予10万元至30万元不等的奖励。强化对企业的指导和培训，深化“一企一导师”帮带制，组织专家入企开展“浙江制造”标准研制、质量提升和品牌创建活动，组织24家培育企业参加“浙江制造”品牌训练营，全年培训人员720人（次）。加强与媒体合作，广泛开展“浙江制造”主题宣传，全年省级以上媒体报道达20余篇，并在《中国质量报》上刊登整版报道。以新型电池、特色机电、智能电梯和物流装备等行业为培育主导，全市建立50家企业“浙江制造”培育库，相关企业牵头制定并由省“浙江制造”品牌建设促进会发布“浙江制造”标准10个。

【以标准化为手段助推生态文明建设】 经主动对接争取，生态文明标准化工作列入湖州市首部地方法规《湖州市生态文明先行示范区建设条例》，并列入2016年度湖州市生态文明先行示范区建设考核指标，纳入市政府对县（区）政府综合考核。对照湖州市生态文明先行示范区建设方案，依据标准需求状况，发布《湖州市国家生态文明标准化示范区建设2016～2017年推进计划》，排定重点领域生态文明标准制修订清单，明确时间安排。编制完成《湖州市生态文明标准体系表》及《湖州市生态文明标准体系指南》，全市梳理生态文明相关标准4858个，为主和参与制定生态文明领域设区市以上标准13项，完成首批23个设区市生态文明标准化示范点创建，3个国家级和1个省级标准化试点示范项目通过验收并获优秀项目。出台《湖州市专业标准化技术委员会管理办法》，推动全省首个设区市专业标准化技术委员会（湖州市旅游标准化技术委员会）获批成立。“标准化+”主题宣传活动深入开展，举办湖州市生态文明标准化知识培训会，全年组织人员培训500余人（次）。

【特种设备和产品质量安全有保障】 全市质监系统将平安护航G20杭州峰会作为压倒一切的重大政治任务，做细工作，牢牢守住“不出事”底线。借G20杭州峰会安保之势，在全市范围内开展“地毯式”特种设备大普查，借助乡镇（站）所、检验机构的力量，一手抓在库设备清理，一手抓库外设备清查，全面摸清特种设备数量、分布和使用等状况，全市共清查特种设备使用单位16724家，新纳入库外未登记设备584台（套），更正和清理重复登记、错误登记和无设备企业1239家，注销僵尸设备3200余台（套）。对单位、设备和人员责任实施清单式管理，全市梳理出重点区内特种设备使用单位495家、设备5759台（套），由市特检院负责完成设备提前检验914台（套）、保障性检验1082台（套），督促落实大型游乐设施提前检验25台（套），完成现场全面检查495家单位，查出一般安全隐患487项，重大安全隐患39项，强化隐患整改跟踪监督，一家一家抓落实，逐项逐项改到位，工作任务完成率和隐患整改到位率均达100%。将预警、提示和防控产品质量风险摆在突出位置，严把许可关口，严格监督检查，严肃整治规范，力保全市产品质量安全不出问题，促进区域产品质量水平不断提升。2016年，全市生产许可发证104家，实施证后监督检查68家，开展定期抽检58种产品、851批（次），批次不合格率4.6%，质量比对工作和“我检你选”“我检你点”专项监督检查持续深化，危化品、食品相关产品获证企业监管不断加强，吴兴区电线电缆、长兴县即热式电热水器整治规范工作成效明显，南浔区木地板质量提升示范区项目建设扎实推进。计量监管工作机制持续完善，以民生计量、生态计量、能源计量和安全计量为重点，计量监管工作督查深入开展，通过计量能力比对等手段，有效推动法定计量机构技术能力不断提升。加强强制性产品认证、有机认证、质量管理体系认证等自愿性认证监管，规范认证市场行为。做好检验机构资质认定工作，全市新增（复评）32家机构通过资质认定评审。加强检验机构证后监管，规范检验检测行为。以特种设备和重点消费品为重点，保持打假治劣的高压态势，全年全市系统出动执法人员8132人（次），检查生产经营单位3585家，立案查处违法案件234起，涉案货值1018.5万元。受理市本级“12345”政府阳光热线交办单22件，即时响应率、按时反馈率均为100%。对照依法、科学和高效监管要求，主动适应经济发展新常态，积极探索监管方式转变和方法创新。结合市领导领办重点提案办理，加快湖州市电梯地方立法进程，《湖州市电梯安全条例》被列入市人大立法计划一类项目；加强部门联系，市电梯应急救援指挥中心经市编委批准同意设立；围绕民用液化气瓶安全监管，在全省率先提出并实施“一瓶一码”数字化监管；第三方责任保险在湖州市特种设备安全领域得到广泛推广使用。（姚　杰）

·安全生产管理·

【概况】 2016年，全市安全生产工作以防控较大以上生产安全事故为主线，健全责任体系，强化源头管理，加强隐患整治，夯实基层基础，多措并举综合施策，全力做好G20杭州峰会和世界互联网大会乌镇峰会期间的安全生产保障工作，全市安全生产形势持续稳定向好。各类事故指标实现了“十一连降”，在省政府安全生产目标责任考核中实现了“十连优”，成为全省唯一连续10年获得优秀等次的设区市。中共中央、国务院《关于推进安全生产领域改革发展的意见》出台后，国家安监总局在全国选择两个地级市（浙江湖州市、甘肃庆阳市）作为改革发展联系点。

【健全安全生产责任体系】 市委、市政府高度重视安全生产，将安全生产工作与各项中心工作共同谋划、统筹推进，推动安全生产责任全面落实。一是建立“1+8”责任体系。探索建立“1+8”安全生产责任体系（在原有的安委会框架内，选择安全生产工作任务相对较重的行业领域设立专业安委会）。截至2016年年底，各专业安委会开始运作。各县（区）也建立了相应安全生产责任体系。二是充分发挥安委办协调作用。发文明确瓶装燃气、企业自建天然气储罐和有限空间作业安全管理相关行业部门监管责任。协调解决区域性、行业性安全生产重大问题。三是推动落实企业主体责任。开展落实企业安全生产主体责任3年行动，分常规走访、重点走访和建设性走访三个层次开展，同时，加大执法力度。截至2016年年底，常规走访企业11046家（次），重点走访企业1942家，其中安全生产规章制度等公示上墙963家，创建样板企业99家，取消标准化称号49家。

【推进各类隐患排查整治】 以“消除存量、控制增量”为原则，大力消除各类隐患，严防较大以上或较大社会影响事故。一是开展区域隐患集中整治。市政府对德清县阿里杜巴中小企业园区等7处危险性较高或较典型的区域性安全生产隐患挂牌督办，年内均完成整治验收，整改各类隐患3799条，投入资金5120.3万元。实施重大隐患分级挂牌督办制度，年内，省级挂牌2家工矿企业重大隐患和2个单位重大火灾隐患均完成整治并销号，市级挂牌督办的17家重大隐患整治单位，除1家由于需经省发改委协调解决同意延期外，其余均完成整治验收。二是开展行业隐患专项整治。工矿商贸领域，完成重大危险源企业自动化安装和改造，实现重点风险区域远程监控。对生物颗粒生产企业粉尘作业场所开展专项整治。消防领域，推动实施劳动密集型作业场所空间物理隔离技术工程，排查并整改“三合一”（将人员住宿场所与加工、生产、仓储、经营等场所在同一建筑内混合设置）场所1470家。道路交通领域，通过实施公路安全防护工程，完成631处农村道路隐患、60个“坡改平”路口和9个市级交通事故多发点段治理。建筑施工领域，完成所有丙类房屋安全鉴定工作，按照“腾、拆、修、控”等治理改造方式，累计完成治理改造1060幢、建筑面积37.44万平方米。三是推动企业隐患排查治理。以南浔区、德清县被国家安监总局、国际劳工组织列为企业可持续发展（SCORE）项目试点为契机，将企业安全生产标准化建设、隐患排查治理体系建设与该项目工作结合，督促企业建立由主要负责人牵头的安全团队，健全一线员工安全生产合理化建议征求机制，完善安全管理体系。

【夯实安全生产工作基础】 以“守住红线、压实底线”为目标，大力做好各项基础工作。一是推进安全生产源头治理。将安全生产纳入全市整治提升“低小散”块状行业专项整治，全面推进喷水织机、丝棉加工、蓄电池、耐火材料、工业炉、竹业、膨润土加工、童装、砂洗和木业等重点块状行业整治提升，至年末，关停“低小散”企业507家。二是提升应急救援管理能力。动态更新修订全市应急预案及各条线应急预案，建立政府、企业和救援队伍之间应急处置与协调联动机制。完善专业队伍网络布点建设，建立1支省级、2支市级专业应急救援队。加强应急实训，利用浙江长广应急救援中心、德清县钟管镇应急实训基地等平台，开展应急演练比武和队伍实训培训。三是强化安全生产宣传效应。在湖州电视台、《湖州日报》中开设安全生产专栏或专版，形成品牌栏目。利用“安全生产月”等重要时间节点，通过开展“安康杯”知识竞赛、“安全卫士”演讲比赛、“湖州安监”微信公众号线上活动等形式，加强安全生产法律法规宣传贯彻。发挥全国安全教育实验区平台优势，全市有454所学校、9452名老师和32万余名学生开通账户，完成2.6万余课时学习。

2016年湖州市事故分类情况一览表

表5

类　别	事故起数（次）	死亡人数（人）	受伤人数（人）
工矿商贸企业	61	61	2
道路交通	223	168	68
水上交通	2	1	1

2016年湖州市各类事故死亡人数控制指标完成情况一览表

表6

类　别	省下达控制指标（人）	实际完成指标（人）	为控制指标的（%）
各类事故死亡人数	368	230	62.5
工矿商贸企业死亡人数	108	61	56.48
道路交通死亡人数	243	168	69.14
水上交通事故死亡人数	17	1	5.88
渔业船舶事故死亡人数	0	0	0

2016年湖州市较大事故控制指标完成情况一览表

表7

类　别	省下达控制指标（次数）	实际指标（次数）	为控制指标的（%）
一次死亡3~9人事故	2.4	0	0

【提升安全生产治理能力】 着力优化工作手段，提升监管能力，实现全市安全生产工作水平持续提升，适应新常态、新形势下的新要求。一是推进科技兴安。借助全省智慧式用电安全现场会在湖州召开，全面推广“智慧用电”项目，年内全市安装“智慧式用电隐患排查系统”共10671套。市政府发文明确通过三年时间，全市系统安装数达到3万套，市财政对市本级落实518万元专项资金用于以奖代补。试点地区电气火灾起数同比下降53.4%。开展矿山企业“机械化减人、自动化换人”加工机组改造试点，取得初步成效。全市危险化学品企业、矿山企业作业现场视频系统安装率达100%。着力开展“智慧工地”“智慧用水”等工作。二是推进社会化服务。市政府出台《推进安全生产社会化服务工作实施意见》，采取政府购买服务方式，完成20家危险化学品企业安全控制间距规划编制及评估工作，完成26家涉及危险化学品“两重点一重大”（重点监管的危险化工工艺、重点监管的危险化学品和重大危险源）企业危险与可操作性（HAZOP）分析。发文开展生产经营单位投保安全生产责任保险试点。德清县和南浔区分别探索“电力托管”“安全顾问”等模式。初步形成融政府购买服务、企业委托服务、企业互助服务、行业协会服务和保险参与服务于一体的安全生产社会化服务供给模式。三是加强能力建设。强化人员力量配备，吴兴区和南浔区组织对辖区乡（镇）安监队伍建设情况进行督查，分别增配专、兼职人员13人和10人。强化队伍素质建设，市安委办与市委组织部联合在国家安监总局培训中心举办全市领导干部安全生产研讨班，分三期对全市乡镇安全监管人员进行轮训。

【完成重大活动安保工作】 制订方案，召开会议，全面部署G20杭州峰会、世界互联网大会乌镇峰会等重大活动期间安全生产保障工作。建立实行定期会商研究判断“日报告、零报告”和全员驻点等制度，加强应急值班值守，狠抓责任措施落实。全市在G20杭州峰会、世界互联网大会乌镇峰会等重大活动期间未发生较大社会影响安全生产事件。

【各类事故指标情况】 2016年，全市发生各类生产安全事故（包括工矿商贸企业、道路运输、水上运输、渔业船舶事故）286起、死亡230人，按可比口径同比分别下降8%、6.9%。无较大以上生产经营性事故发生。全年发生火灾708起，直接经济损失2115.3万元。

（潘斯源）

·行政审批和监管·

【概况】 2016年，全市行政审批服务平台累计办理各类项目275.2万件，同比增长32.2%，其中市级平台办理各类项目148.9万件，按时办结率达100%，群众满意率保持在99%以上；全市公共资源交易平台累计交易1.3万批（次），增长24.5%，交易额339.7亿元，与上年基本持平，节约（增值）资金33.6亿元，其中市级平台累计交易6650批（次），交易额159.6亿元，节约（增值）资金17.6亿元；全市政府信息公开平台通过门户网站公布各类政务信息13.3万条，与上年基本持平，其中市级平台通过门户网站公布各类政务信息9857条。

【推进审批制度改革】 围绕“放、管、服”改革主线，突出“便民高效”主题，不断推进行政审批制度改革工作走向深入。一是启动层级改革“放”到位。根据省政府电视电话会议精神，下发湖州市《关于推进市县区审批服务层级一体化改革的实施方案》，会同市编委办、市法制办等部门和各县（区），以行政审批事项清单为基础，形成市级放权目录并向社会公布。市级以直接下放、委托下放、服务窗口前移和下放受理审核权等形式向县（区）下放139项，保留需全市统筹、跨区域或上级委托的行政许可43项，基本实现了市、县审批同权。制定权力清单和职责清单管理办法，对行政权力事项实行动态调整。通过开展培训指导、强化互动协作和建立监管办法，切实提高县（区）承接能力。根据实际需要和法律、法规规定，初步探索制定随机抽查事项清单、市场主体名录库和执法检查人员名录库，并全方位推进配套制度建设，加强事中、事后监管。二是完善网络建设强功能。采取市、县（区）通盘联动、统一标准和统分结合的工作思路，按照“行政许可—其他权力—行政处罚”的顺序，分步推进全市行政权力事项网上实施。年内，除规定的特殊情形外，全市行政许可和其他七类权力事项均与浙江政务服务网数据有效对接，全年累计办理165.5万件，按时办结率达100%。全面推进政务服务网向基层延伸工作，基本实现市、县（区）、乡镇（街道）、村（社区）政务服务“一网运行、四级联动”。加紧实施行政处罚事项，基本实现湖州市行政权力事项“一站式”网上运行和“全流程”效能监察。会同市地理信息部门，建立省、市、县三级联动的政务地理信息资源采集、更新、发布和共享机制，实现政务地理信息资源的跨部门共享利用。推行会计证等51项“网络+快递”服务事项和交通违法罚款缴纳、社保信息查询等民生实事在线服务，开展办事流程优化再造，积极拓展优化网上办事功能。三是优化服务机制提效能。确定安吉县为试点单位，围绕“统一编制报告、统一审批、统一委托园区办理”的“三统一”要求，探索产业园区前置审批“化零为整”改革。年内，安吉县首批取消审批前置39项，分类取消审批前置10项。积极推进投资项目在线监管平台建设，持续优化在线平台各项功能，横向联通多个市级部门，实现用户互认、信息共享。同时，将投资项目从登记赋码到竣工验收全过程的审批监管事项进行认真梳理并纳入平台统一管理，涉及各县（区）、市有关部门投资项目审批和监管事项1000余项。6

月，投资项目在线审批监管平台投入试运行以来，已完成审批、核准和备案项目1778个。优化投资项目代办服务，推行投资项目“专家式”代办服务、“容缺审批”等，推动市、县建立联动代办机制，服务全市重点项目建设，全市各级代办中心全年累计受理代办项目1937个，代理服务事项8540件，涉及投资额8983亿元。各窗口结合自身工作实际，继续推进文明、优质和高效服务，全年累计推出创新举措30余项，并在省、市组织的各种明察暗访中没有发现有责投诉现象；市财税窗口、环保窗口、运管分中心、出入境分中心、国税直属分中心获得2016年度全市“最美窗口”荣誉称号，不少窗口和工作人员获得企业、群众颁送的锦旗或表扬信。四是规范中介服务有推进。组织实施行政审批中介服务管理办法和行政审批中介服务机构信用等级评价管理办法，修订完善行政审批中介服务机构行业监管制度及信用评价考核细则。继续完善审批中介服务平台，制订新大楼中介服务大厅建设方案，积极打造中介服务“网上超市”，企业和群众可以随时在网上查阅相关服务项目和信息并“下单”，通过资源整合优化，湖州市中介服务时限进一步压缩，市级一般政府投资项目和工业投资项目的中介服务时限分别提速49.2%和64.6%。会同各中介行业主管部门开展编制市中介服务事项及收费清单（2016版）工作。继续引导审批中介规范服务行为，重点整治审批中介服务时限长、收费高和质量差等突出问题，规范中介机构运作。

【优化公共资源配置】 围绕建设公共资源交易统一平台，着力提高交易平台公正度和信息化水平，更好地发挥市场在资源配置中的决定性作用。一是创新体制机制强监管。以破解公共资源交易监管难为主要任务，专门组织人员赴先进地区学习考察，并结合湖州市近年来的实践经验进行专题研究，形成了实施公共资源交易集中监管的建议方案以及相配套的机构职能设置、交易目录和法律依据，以此促进湖州市公共资源交易监管体制创新，强化全市公共资源交易的统筹、协调和监督工作。协调行业主管部门，探索优化交易服务方式，推行项目总承包制度和“PPP”“EPC”等模式，做好政府购买服务、公款竞争性存放、PPP项目和特许经营等新型交易项目的交易服务工作。推行年度保证金联保、招标采购文件免费下载等一系列新举措，助推企业降成本、减负担。二是升级电子平台保公正。严格按照国家发改委《电子招标投标办法》的相关规定，研发有本地特色的电子交易系统，实现全流程无纸化电子交易。4月，市建设工程电子交易系统上线试运行；6月，小车号牌正式开展网上竞买；政府采购、国有产权等交易系统积极研发和完善，并将陆续上线运行。年内，有400余副小车号牌通过网络实施公开竞拍，10余个建设工程项目完成全流程网上交易。积极运用网上报名、保证金银企快线、电子签章加密、远程评标和专家语音抽取通知以及电子评标等一系列电子技术手段，全面屏蔽招标采购过程中的各节点信息，最大程度避免人为数据泄露。同时，全面实现省、市、县三级信息平台互通互联，县级平台发布的交易信息实时同步到省、市级信息平台，并最终汇入全国公共资源信息平台，更加方便招投标主体和相关人员快捷获取交易信息。三是强化内部管理促规范。积极推进环境权益交易中心建设，出台用能、排污权等相关交易办法，进一步规范和加快环境权益交易市场建设。对参与公共资源交易平台交易的各方制订更为严格的管理制度，出台包括监管人员、评标专家、代理机构、投标人和招标人五类从业人员的考核办法，深化完善“一项一评”跟踪记录考核，切实加强交易项目的现场监督管理。加强与市公安部门的协作配合，严格落实内部安保措施，特别是对重大项目、焦点项目和敏感项目实施联动防控，确保项目顺利开评标。

【加强政务公开工作】 围绕国务院和省政府对政务公开工作提出的新部署、新要求，明确工作责任，加强督促检查，力求在平稳运行基础上整体提高。一是注重结合实际强责任。按照省政府统一部署，出台《2016年全市政务公开工作要点》《关于全面推进政务公开工作的实施意见》，细化落实政务公开工作任务。进一步强化行政审批、行政处罚、财政预决算、“三公”经费、征地拆迁、环境保护、食品药品安全和社会保障等方面信息公开要求，明确相关部门工作职责，确保公开责任落实到位。认真落实省政府对法治政府建设工作的考核要求，10月，对全市年度政府信息公开工作进行全面督查，及时发现、整改存在的问题。二是围绕热点重点抓落实。坚持以公开为常态、不公开为例外，强调落实主动公开的目标要求，除涉及危害国家安全、公共安全、经济安全和社会稳定的内容外，一律要求各部门主动公开，年内，各部门公开的内容更趋多元化，公开的时效性进一步提高。全面推进决策公开、执行公开、管理公开、服务公开和结果公开五大公开，积极引导社会公众参与政务公开工作的监督。创新政策解读方式，通过提供新闻通稿、召开新闻发布会、依托官方信息平台和组织专家解读等有效方式，主动回应社会关切，积极扩大公众参与。三是加强协调统筹促公开。坚持以“答复及时、内容完整、格式规范”为标准，不断完善政府信息公开申请登记、受理、审查、补正、处理、答复以及保存备查等环节流程，强化工作规范。进一步健全完善部门间协调机制，认真受理和答复人民群众要求公开政府信息的申请，协调处理好涉及民生的依申请公开事项。（何剑雨）

政治建设

党政群团

·中共湖州市委·

【市委全委会议】 5月24日，湖州市召开中共湖州市委七届十次全体（扩大）会议。全会认真学习贯彻中共十八大和十八届三中、四中、五中全会精神，紧紧围绕省委十三届九次全会作出的决策部署，专题研究部署湖州市的补短板工作。全会听取和讨论了市委书记裘东耀受市委常委会委托作的报告，审议通过《中共湖州市委关于补短板的实施意见》。市委常委会主持会议。市委书记裘东耀讲话。市委副书记、市长陈伟俊，市委副书记金建新等出席会议。市委委员43名、候补委员7名出席会议。

7月21日，湖州市召开中共湖州市委七届十一次全体（扩大）会议。全会全面贯彻党的十八大和十八届三中、四中、五中全会精神，认真学习习近平总书记"七一"重要讲话精神，紧紧围绕省委、省政府的部署要求，总结上半年工作，分析当前形势，部署下半年任务，确保"十三五"赶超发展开好局起好步。市委常委会主持会议。受市委常委会委托，市委书记裘东耀作工作报告并讲话。市委副书记、市长陈伟俊部署下半年经济工作，市委副书记金建新等出席。出席全会的市委委员43名、候补委员5名参加会议。

11月10日，湖州市召开中共湖州市委七届十二次全会。会议审议通过《关于召开中国共产党湖州市第八次代表大会的决议》，决定于明年2月在湖州召开中国共产党湖州市第八次代表大会。市委书记裘东耀主持会议并讲话。市委常委、组织部部长干武东向全会作《关于召开中国共产党湖州市第八次代表大会决议（草案）》的说明。市委委员、市委候补委员出席会议；市纪委常委，不是市委委员的县（区）委书记、县（区）长列席会议。

12月17日，湖州市召开中共湖州市委七届十三次全体（扩大）会议。全会深入学习贯彻党的十八届六中全会和省委十三届十次全会精神，听取和讨论了市委书记裘东耀受市委常委会委托作的工作报告，深入分析湖州所处的历史方位，研究部署全面从严治党、加强干部队伍建设相关工作，会议审议通过《中共湖州市委关于从严加强干部队伍建设打造奋力赶超发展湖州铁军的实施意见》。市委书记裘东耀就意见（审议稿）向全会作了说明。市委常委会主持会议。市委书记裘东耀讲话。市委副书记陈伟俊、金建新等出席会议。市纪委委员；市人大、市政府、市政协党组成员，市中级人民法院院长，市人民检察院检察长，湖州师范学院院长，湖州职业技术学院党委书记，南太湖产业集聚区管委会主任；市委、市人大、市政府、市政协党员副秘书长；各县（区）委书记、县（区）长，县（区）纪委书记；湖州开发区党委副书记、纪检组组长，太湖旅游度假区管委会主任、纪检组组长；市直属各单位党委（党组）书记和党员行政主要负责人；部分市党代表等参加会议。市各民主党派、工商联和市级部门非中共党员主要负责人应邀参加会议。出席全会的市委委员44名、候补委员7名。

【市委常委会议】 1月11日，市委书记裘东耀主持召开七届市委第104次常委会会议。会议传达学习贯彻《中国共产党地方委员会工作条例》精神，传达学习贯彻全国全省安全生产电视电话会议精神；会议听取关于《政府工作报告》《湖州市"十三五"规划纲要》《湖州市2015年国民经济和社会发展计划执行情况与2016年国民经济和社会发展计划草案》《2015年全市和市本级预算执行情况及2016年全市和市本级预算草案》的汇报；关于《湖州市中级人民法院工作报告》《湖州市人民检察院工作报告》的汇报；关于开展查找"短板"专项工作的汇报；关于2016年建设口工作的汇报；关于成立市委老干部党校的汇报。

1月18日，市委书记裘东耀主持召开七届市委第105次常委会会议。会议传达学习贯彻全国党校工作会议精神，传达学习贯彻十三届省纪委五次全会精神；会议听取关于2015年度市委班子总结报告、市委常委会专题民主生活会对照检查材料的汇报。

2月1日，市委书记裘东耀主持召开七届市委第106次常委会会议。会议传达学习习近平总书记在中央政治局"三严三实"专题民主生活会上的讲话精神，传达学习习近平总书记重要讲话和十八届中央纪委六次全会精神，传达学习中纪委和中组部《关于加强换届风气监督的通知》精神，传达贯彻中央和省委政法工作会议精神，传达贯彻全国公安厅（局）长会议和全省公安工作会议精神，传达贯彻全省宣传思想工作会议精神，传达贯彻全省档案工作会议精神，会议听取关于党建工作的汇报；关于全市"四个年"活动暨作风建设动员大会筹备工作的汇报；关于美丽乡村建设的汇报；关于万名群众评议机关的汇报；关于县区综合考核的汇报；关于评选美丽乡村建设优秀带头人的汇报。

2月25日，市委书记裘东耀主持召开七届市委第107次常委会会议。会议传达学习习近平总书记、中央政治局常委刘云山在省部级主要领导干部学习贯彻党的十八届五中全会精神专题研讨班上的重要讲话精神，传达学习习近平总书记在党的新闻舆论工作座谈会上的重要讲话精神，传达贯彻全国、全省信访局长会议精神，传达贯彻全省组织部长会议精神，传达贯彻全省统战部长会议精神，传达贯彻省纪委派驻机构全覆盖工作动员部署会议精神；会议听取关于湖州市地方立法工作的汇报；关于全面深化改革的汇报；关于推进市委市政府重点工作的汇报；关于在全市各级机关推行“日志式”管理的汇报；关于加快市本级科技创新平台整合提升的汇报；关于自然资源资产负债表编制和领导干部自然资源资产离任审计试点的汇报；关于2015年度市委书记抓基层党建工作述职评议情况的汇报；关于人才工作的汇报；关于乡（镇）换届工作的汇报；关于市委常委会2016年工作要点的汇报；关于部分机构领导职数调整工作的汇报；会议还讨论了干部工作；会议书面通报了《2016年市委、市政府重点调研课题》，省委主要领导批示和全省防范处理邪教工作会议精神及湖州市贯彻建议，全国、全省法院院长会议精神及湖州市贯彻建议，全国、全省检察长会议精神及湖州市贯彻建议，2015年市直机关党建工作基本情况和2016年主要工作任务，终止王则康中国共产党湖州市第七次代表大会代表资格等有关情况。

3月12日，市委书记裘东耀主持召开七届市委第108次常委会会议。会议传达学习中共中央办公厅《关于在全体党员中开展“学党章党规、学系列讲话，做合格党员”学习教育方案》，传达学习省委建设法治浙江工作领导小组第十五次会议精神；会议听取关于贯彻执行中央“八项规定”精神、省“28条办法”和市“24条办法”的汇报；关于进一步规范执行公务出差等待遇标准的汇报；关于“十三五”规划纲要和“六重”清单分解落实总体方案及2016年“六重”清单推进计划的汇报；关于湖州市2016年生态文明建设和治水治气治矿工作的汇报；关于降低企业成本减轻企业负担的汇报；关于促进企业兼并重组的汇报；关于促进房地产市场稳定健康发展的汇报；关于修订《湖州市党风廉政建设巡察工作实施办法》的汇报。会议书面通报了全省对台工作会议精神，全省社会治安防控体系建设现场推进会精神及湖州市贯彻意见，省委常委、省军区政委王新海在市委“三项”工作和湖州市平安创建与综治工作情况汇报会上的讲话精神及2016年市领导联系重点建设项目情况。

3月25日，市委书记裘东耀主持召开七届市委第109次常委会会议。会议专题传达学习了习近平总书记在党的新闻舆论工作座谈会上的重要讲话和省委书记夏宝龙在省委加强党的新闻舆论工作座谈会上的重要讲话精神，研究部署了贯彻落实工作。

4月1日，市委书记裘东耀主持召开七届市委第110次常委会会议。会议传达学习习近平总书记在政协民建工商联界别委员联组会上的重要讲话精神，传达学习全省建设平安浙江工作会议暨G20杭州峰会维稳安保工作动员大会精神，传达学习全省平原绿化工作座谈会精神；会议听取关于G20杭州峰会环境质量保障工作的汇报；关于盘活重组市本级经营性国有资产的汇报；关于市属国有企业领导人员管理办法的汇报；关于统一政务咨询投诉举报平台的汇报；关于县（局）级领导班子和领导干部考核工作的汇报；会议还讨论了干部工作。

4月29日，市委书记裘东耀主持召开七届市委第111次常委会会议。会议传达贯彻省委十三届九次全会精神，传达贯彻中央和省委“两学一做”学习教育有关精神，传达学习中央办公厅关于部分党员领导干部在谈话函询中不如实向组织说明情况典型案例及其教训的通报，传达学习省委、省政府关于岱山县岱东镇何家岙猪场超标污水直排问题处理情况的通报；会议通报了省委组织部反馈湖州市2015年度干部选拔任用民主评议结果情况；会议听取关于干部纪律处分的汇报；会议书面通报了市委落实省委“三项工作”检查组反馈意见的整改方案及下一步工作建议、全省中小学德育工作电视电话会议主要精神及湖州市贯彻意见。

5月18日，市委书记裘东耀主持召开七届市委第112次常委会会议。会议传达学习中央有关文件精神；会议听取了关于开展党纪教育一刻钟的汇报；关于市委全会筹备工作的汇报；关于湖笔文化节筹备工作的汇报；关于县（区）综合考核工作的汇报；关于推荐省“两优一先”的汇报；会议还讨论了干部工作。会议书面通报了习近平总书记在全国宗教工作会议上的重要讲话精神、《中国共产党地方委员会工作条例》、全省党中央治国理政新理念新思想新战略重大主题宣传第二阶段工作专题会议精神及湖州市贯彻意见、国家和省信访系统扎实开展“两学一做”学习教育深入推进信访积案化解电视电话会议精神及湖州市贯彻建议、全省重大项目情况汇报会精神及湖州市贯彻意见、《关于加强全市决策咨询工作的意见》起草情况、《湖州市农村生活污水治理设施运行维护管理暂行办法》起草情况。

6月5日，市委书记裘东耀主持召开七届市委第113次常委会会议。会议传达贯彻全省“三改一拆”现场会精神；会议听取了关于省委“注重基层导向 培养年轻干部”专题调研组到湖州调研各项准备工作的建议，并做了研究。

6月17日，市委书记裘东耀主持召开七届市委第114次常委会会议。会议组织开展了党性党纪教育一刻钟，认真学习《中国共产党党章》；会议传达了贯彻全省学习贯彻习近平总书记哲学社会科学工作座谈会讲话精神专题会议主要精神，全国、全省宗教工作会议精神，省委副书记、省长李强到湖州调研时的重要讲话精神；会议听取了关于G20杭州峰会安保工作；关于市中级人民法院、市人民检察院司法体制改革；关于工商联换届工作；关于建立推进“六重”工作框架；关于补齐环境治理短板和企业环境污染专项治理；关于矿山综合治理；关于推行党群部门职责清单制度工作；关于加强换届风气监督工作；关于开展纪念建党95周年系列活动；关于公务用车制度改革；关于干部纪律处分；会议还讨论了挂职干部工作。会议书面通报了全省社会组织党建工作推进会主要精神及湖州市贯彻安排建议、完善机关事业单位工资制度和津补贴实施工作、市区国有建设用地使用权到期处置若干规定建议、推进市、县行政审批层级一体化改革实施方案、湖州市中心城区居民污水处理费调整方案、湖州市加强基层中医药工作规划暨实施方案（2016～2018年）、建立市属国有企业外派监事会制度、建立市领导联系商会和非公有制经济代表人士制度的意见等有关情况的汇报。

7月1日，市委书记裘东耀主持召开七届市委第115次常委会会议。会议组织开展党性党纪教育一刻钟，认真学习2006年8月2日习近平总书记（时任浙江省委书记）在南太湖调研时的重要讲话精神；会议传达贯彻全省市县领导班子换届工作部署会精神；会议听取了关于上半年经济运行分析的汇报；关于推进湖州市“浙江制造”品牌建设的汇报；关于构建现代公共文化服务体系的汇报；关于加快推进残疾人全面小康进程的汇报；关于部分机构设置和领导职数调整的汇报；会议书面通报了《2016年度党风廉政建设主体责任量化考核办法》起草情况；会议还讨论了干部工作。

7月8日，市委书记裘东耀主持召开七届市委第116次常委会会议。会议学习习近平总书记“七一”重要讲话精神；会议听取了关于当前防汛防台工作的汇报；会议讨论了干部工作。

7月18日，市委书记裘东耀主持召开七届市委第117次常委会会议。会议传达学习《中国共产党问责条例》，传达学习省委常委会关于当前经济运行、社会稳定形势的分析判断和下一步的工作要求，传达贯彻全省县、乡两级人大换届选举工作学习会精神，传达贯彻全省哲学社会科学和党校工作会议精神，传达贯彻全省防范抵御宗教向校园传教渗透工作会议精神；会议听取了关于全省网络安全和信息化工作座谈会精神的汇报，关于市委全会筹备工作的汇报。

8月2日，市委书记裘东耀主持召开七届市委第118次常委会会议。会议开展党性党纪教育一刻钟，认真学习习近平总书记在省部级主要领导干部学习贯彻党的十八届五中全会精神专题研讨班上的讲话；会议传达学习全国双拥模范城（县）命名暨双拥模范单位和个人表彰大会精神，传达学习外交信息通报（增刊）悉尼建设国家大都市面临的突出挑战及应对；会议听取了关于省委统战工作专项督查整改的汇报；关于加快推进农业现代化的汇报；关于党委巡察工作的汇报；会议书面通报了全省律师工作会议精神及湖州市贯彻建议，全省G20杭州峰会宣传工作动员会主要精神及湖州市贯彻建议，创建浙江省食品安全市县（区）暨争创国家食品安全城市试点工作方案、2016年度“五水共治”考核工作及深化落实“河长制”工作等情况。

8月8日，市委书记裘东耀主持召开七届市委第119次常委会会议。会议开展党性党纪教育一刻钟，认真学习《习近平总书记重要讲话文章选编之“下大力气破解制约如期全面建成小康社会的重点难点问题”》；会议传达贯彻全省各级人大常委会主任读书会精神；会议听取了关于市容和环境卫生管理工作的汇报；会议书面通报了法治浙江建设十周年纪念大会暨“七五”法治宣传教育部署会精神及湖州市贯彻建议的情况；会议还讨论了干部工作。

8月15日，市委书记裘东耀主持召开七届市委第120次常委会会议。会议开展党性党纪教育一刻钟，认真学习优秀宣讲稿《适应新规范，十个怎么办》；会议传达学习省委关于习近平总书记“七一”重要讲话和《中国共产党问责条例》专题学习会精神；会议听取了关于G20杭州峰会维稳安保和安全生产工作的汇报；关于“811”美丽湖州建设的汇报；关于工业强市建设“十三五”规划的汇报；关于“1+X”安全生产责任体系的汇报；会议书面通报了开展“七五”普法、制定加快湖州莫干山高新技术产业开发区发展若干意见等情况。

8月22日，市委书记裘东耀主持召开七届市委第121次常委会会议。会议开展党性党纪教育一刻钟，认真学习《习近平总书记重要讲话选编》之《在文艺工作座谈会上的讲话》；会议传达贯彻全省“三位一体”农民合作经济组织建设现场会精神；会议听取了关于G20杭州峰会湖州采访线的汇报；关于市直单位机关纪检组织建设的汇报；会议书面通报了全省深化“两学一做”学习教育暨党员志愿服务推进会精神及湖州市贯彻落实建议、《G20杭州峰会期间湖州市工业企业停限产工作方案》、第九届国际电动车新型锂电池会议筹备工作、制定出台《湖州市国家全域旅游示范区创建实施方案》和《湖州市国家级旅游业改革创新先行区建设实施方案》等情况；会议还讨论了干部工作。

8月29日，市委书记裘东耀主持召开七届市委第122次常委会会议。会议开展党性党纪教育一刻钟，认真学习《习近平总书记重要讲话选编》之《加快从要素驱动、投资规模驱动发展为主向创新驱动发展为主的转变》；会议传达贯彻全省市级领导班子换届考察部署会精神，传达学习《中共浙江省委办公厅关于在换届中把好人大代表、政协委员人选质量关，防止涉法涉罪人员“带病当选”的通知》文件精神，传达贯彻全省检察工作会议精神；会议听取了关于市委工作总结的汇报。

9月7日，市委书记裘东耀主持召开七届市委第123次常委会会议。会议开展党性党纪教育一刻钟，认真学习《习近平总书记重要讲话选编》之《在十八届中央政治局第十六次集体学习时的讲话》节选；会议传达学习了《中共中央国务院转发〈国家发展和改革委员会关于上半年经济形势和做好下半年经济工作的建议〉的通知》，传达贯彻全省推进供给侧结构性改革、加快推进工业转型升级座谈会精神；会议还讨论了干部工作。

9月12日，市委书记裘东耀主持召开七届市委第124次常委会会议。会议开展党性党纪教育一刻钟，认真学习《习近平总书记关于从严管党治、强化作风建设的重要论述摘编》；会议传达学习了十三届省委常委会第178次会议关于G20杭州峰会有关情况的议题精神，传达学习省委副书记、省长车俊在湖州调研重要讲话精神，传达学习了《中共中央关于辽宁拉票贿选案查处情况及其警示教训的通报》；会议听取了关于全面深化改革工作的汇报。

9月17日，市委书记裘东耀主持召开七届市委第125次常委会会议。会议讨论了干部工作。

9月22日，市委书记裘东耀主持召开七届市委第126次常委会会议。会议讨论了干部工作。

9月26日，市委书记裘东耀主持召开七届市委第127次常委会会议。会议开展党性党纪教育一刻钟，认真学习《习近平总书记重要讲话选编》之《毫不动摇坚持我国基本经济制度推动各种所有制经济健康发展》；会议传达学习了《中共中央办公厅关于部分中管干部违反中央八项规定精神问题及其教育警示的通报》，传达贯彻G20杭州峰会浙江省总结大会精神，传达贯彻全省党委系统办公室工作会议精神；会议听取了关于市党政领导班子实绩考核工作的汇报；关于市委、市政府有关重点工作推进情况的汇报；关于支持人民法院解决执行难问题的汇报。

9月27日，市委书记裘东耀召开七届市委第128次常委会会议。会议讨论了干部工作。

10月8日，市委书记裘东耀主持召开七届市委第129次常委会会议。会议开展党性党纪教育一刻钟，认真学习《习近平总书记重要讲话文章选编》之《关于切实维护国家安全和社会安定》《党员干部都要按照“三严三实”要求鞭策自己》节选；会议传达贯彻全省各市人大常委会主任会议精神，传达贯彻全省统一战线读书会主要精神；会议听取了关于市第八次党代会筹备工作的汇报；关于前三季度经济形势分析的汇报；关于补齐科技创新短板的汇报；关于支持人才创业创新的汇报；关于市属四大国有集团盘活重组的汇报；会议书面通报了中心城区客运场站布局调整及浙北客运中心资产处置有关情况。

10月15日，市委书记裘东耀主持召开七届市委第130次常委会会议。会议听取了关于县（区）党代会工作有关情况的汇报，关于市城市管理行政执法局领导班子及其成员职务更名的汇报。

10月24日，市委书记裘东耀主持召开七届市委第131次常委会会议。会议传达学习了习近平总书记在纪念红军长征胜利80周年大会上的重要讲话精，学习了《胡锦涛文选》，传达贯彻省政府促进民间投资健康发展座谈会精神；会议听取了关于市八届人大换届选举工作的汇报；关于自然资源保护利用办法的汇报；关于“南太湖精英计划”的汇报；关于基层党建七项重点工作的汇报；关于市管国有企业负责人薪酬改革的汇报；会议书面通报了2016年度粮食安全责任制落实意见的有关情况。

10月31日，市委书记裘东耀主持召开七届市委第132次常委会会议。会议讨论了干部工作。

10月31日，市委书记裘东耀主持召开七届市委第133次常委会会议，会议专题传达学习党的十八届六中全会和全省领导干部会议精神，结合湖州实际对贯彻落实会议精神进行部署。会议强调，全市各地各部门和广大党员干部要认真学习贯彻党的十八届六中全会精神，紧密团结在以习近平总书记为核心的党中央周围，全面推进党的建设，加快推动湖州赶超发展，为加快建设现代化生态型滨湖大城市、高水平全面建成小康社会做出新的更大贡献。

11月7日，市委书记裘东耀主持召开七届市委第134次常委会会议。会议开展党性党纪教育一刻钟，认真学习习近平总书记关于党员干部家风建设的重要论述。会议传达学习习近平总书记和中央政治局常委刘云山在全国国有企业党的建设工作会议上的讲话精神，传达贯彻全省美丽乡村和农村精神文明建设现场会精神；会议听取了关于省督查组督查湖州市“清三河”工作情况的汇报；关于市第八次党代会筹备工作的汇报；关于城市规划建设管理和小城镇环境综合整治的汇报；关于《浙江新闻联播》栏目落地湖州电视频道的汇报。会议书面通报了市第八次党代会筹备工作领导小组下设机构及职责、县（区）公共安全有关工作集中督导方案。

11月18日，市委书记裘东耀主持召开七届市委第135次常委会会议。会议开展党性党纪教育一刻钟，认真学习习近平总书记在中央经济工作会议上的讲话节选；传达学习了全国全省有关会议精神，听取有关工作汇报，并做了研究。

11月29日，市委书记裘东耀主持召开七届市委第136次常委会会议。会议传达学习了省委、省政府有关会议精神并就下一步工作做了研究。

12月7日，市委书记裘东耀主持召开七届市委第137次常委会会议。会议开展党性党纪教育一刻钟，认真学习《党委（党组）讨论决定干部任免事项守则》；会议传达学习了全国有关会议精神，听取有关工作汇报，并做了研究。

12月21日，市委书记裘东耀主持召开七届市委第138次常委会会议。会议开展党性党纪教育一刻钟，认真学习习近平总书记在学习《胡锦涛文选》报告会上的重要讲话；会议传达学习了中央和省有关会议精神，听取有关工作汇报，并作了研究。

12月26日，市委书记裘东耀主持召开七届市委第139次常委会会议。会议讨论了干部工作。

12月26日，市委书记裘东耀主持召开七届市委第140次常委会会议。会议专题传达学习中央经济工作会议和省委领导干部会议精神。

【市委重要专题会议】 1月12日，湖州市和浙江大学联合举行市校合作共建美丽乡村第九次年会。浙江大学党委书记金德水、市委书记裘东耀分别讲话，浙江大学校长吴朝晖和市领导陈伟俊、金建新、胡菁菁、高屹、干武东、李建平、李上葵、闵云、杨六顺等出席年会。

1月18日，湖州市召开全市对口支援工作专题会议。市委书记裘东耀到会并讲话，市委副书记、市长陈伟俊传达了中央第六次西藏工作会议、全国第五次对口援疆工作会议和省对口支援工作领导小组会议精神，市领导杨建新、高屹、干武东、单锦炎等参加会议。

2月2日，湖州市召开市纪委七届五次全会。市委书记裘东耀到会并强调，要准确把握全面从严治党的新要求，更好地肩负起管党治党的政治责任，扎实推进党风廉政建设和反腐败各项工作。市委副书记、市长陈伟俊主持，市领导朱坤民、吴水霖、金建新等出席。会上，裘东耀、陈伟俊分别与各县（区）党委、政府签订了2016年度党风廉政建设责任书。市委常委、纪委书记陈浩作工作报告。

2月3日，湖州市召开市委常委会“三严三实”专题民主生活会。省委常委、秘书长陈金彪到会并讲话，市委书记裘东耀主持会议，市委常委依次作个人对照检查发言，开展批评和自我批评。

2月4日，市委召开政法工作会议。市委书记裘东耀到会并强调，全市各级政法机关、广大政法干警要主动聚焦“服务发展、服务群众、服务峰会”，统筹推进政法各项工作，确保圆满完成G20杭州峰会维稳安保任务，确保实现平安创建“十连冠、满堂红、优秀市”。市委副书记、政法委书记金建新作工作部署；市领导杨建新、高屹、夏文星、徐嘉华、单锦炎、徐克强和市中级人民法院院长傅松苗、市人民检察院检察长孔璋等出席会议。

是日，湖州市召开全市公安工作会议。市委书记裘东耀到会并强调，全市公安机关和广大公安民警要始终把服务全市发展作为第一要务、维护社会稳定作为第一责任、加强队伍建设作为第一保障，进一步振作精神、拼搏实干，不断开创湖州公安工作的新局面。市领导金建新、高屹、夏文星等参加会议。

2月15日，湖州市召开全市“四个年”活动暨作风建设动员大会，全面部署转型升级会战年、城乡一体提升年、文明创建攻坚年、基层组织加强年“四个年”活动。市委书记裘东耀到会并讲话；市委副书记、市长陈伟俊主持并部署“四个年”活动；朱坤民、吴水霖、金建新等市四套班子领导和其他市级领导出席会议。

2月17日，市委、市政府召开全市农村工作会议。市委书记裘东耀到会并讲话，市委副书记、市长陈伟俊主持会议，朱坤民、吴水霖、金建新等市四套班子领导出席，杨六顺作工作部署。

2月19日，湖州市召开全市党建工作会议。市委书记裘东耀到会并讲话，市委副书记、市长陈伟俊主持会议，市领导金建新、陈浩、胡菁菁、高屹、干武东、崔凤军等出席会议。市委常委、宣传部部长胡菁菁，市委常委、组织部部长干武东，市委常委、统战部部长崔凤军分别对宣传思想工作、组织工作和统战工作进行了部署。

2月25日，湖州市地方立法工作领导小组召开会议，听取湖州市地方立法工作和《湖州市生态文明先行示范区建设条例（草案）》起草有关情况汇报。市委书记裘东耀主持会议，陈伟俊、朱坤民、吴水霖、金建新等市四套班子领导出席。

是日，湖州市召开市委全面深化改革领导小组第五次会议。市委书记、市委全面深化改革领导小组组长裘东耀主持，市委副书记、市长、领导小组副组长陈伟俊，市委副书记、领导小组副组长金建新出席会议。

3月7日，市委理论学习中心组召开扩大会议，听取中国人民大学世界经济研究中心主任、教授、博士生导师黄卫平作“十三五”规划与供给侧结构性改革专题辅导报告。陈伟俊、朱坤民、吴水霖、金建新等市委理论学习中心组成员，市委、市人大、市政府、市政协副秘书长和市直属各单位党委（党组）主要负责人参加会议。

3月21日，市委常委会召开扩大会议，传达学习全国“两会”精神和省委要求，全面部署湖州市的学习贯彻安排。市委副书记、市长陈伟俊传达了省委书记夏宝龙在全省领导干部会议上的重要讲话精神并就全市下一步学习贯彻工作提出要求。市领导朱坤民、吴水霖、金建新等出席会议。全国人大代表、市政协副主席沈琪芳传达全国“两会”精神；全国人大代表王月英介绍了参加全国“两会”的感想与体会。

4月11日，湖州市召开全市建设平安湖州工作会议暨“平安护航G20”大会战动员大会。市委书记裘东耀到会并讲话，市委副书记、市长陈伟俊主持会议，朱坤民、吴水霖、金建新等市四套班子领导出席。

是日，湖州市召开市委建设法治湖州工作领导小组会议。市委书记裘东耀主持会议并讲话，市领导陈伟俊、朱坤民、吴水霖、金建新、杨建新、夏文星和市中级人民法院院长傅松苗、市人民检察院检察长孔璋等参加会议。

是日，湖州市召开深化市级国有企业改革动员会。市委书记裘东耀到会并讲话，市委副书记、市长陈伟俊主持，朱坤民、吴水霖、金建新等市四套班子领导出席会议。

4月29日，湖州市召开全市“两学一做”专题党课暨学习教育部署会。市委书记裘东耀在会上讲专题党课。陈伟俊、朱坤民、吴水霖、金建新等市四套班子领导，市直各单位党委（党组）主要负责人、各县（区）负责人等参加会议。市委常委、组织部部长干武东主持会议并作工作部署。

5月24日，湖州市召开四大国企集团成立大会，湖州市城市投资发展集团有限公司、湖州市交通投资集团有限公司、湖州市旅游投资发展集团有限公司、湖州市产业投资发展集团有限公司四大市属国企集团正式成立。市委书记裘东耀到会并讲话，市委副书记、市长陈伟俊主持会议，市领导朱坤民、吴水霖、金建新、杨建新、高屹、李建平、李上葵、董立新等参加会议。会上，裘东耀、陈伟俊为四大国企集团揭牌。

6月3日，市委理论学习中心组召开扩大会议，观看警示教育片《镜鉴——湖南衡阳、四川南充“两案”警示录》，听取中央党校党的学说史教研室副主任张荣臣教授作“学习贯彻党章，做合格党员”专题辅导报告，并以“学党章党规、增强党性观念”为主题开展“两学一做”学习教育第一次集中学习研讨。陈伟俊、朱坤民、吴水霖、金建新等市委理论学习中心组成员及市直属各单位党委（党组）主要负责人等参加会议。

6月24日，湖州市举行庆祝中国共产党成立95周年大会。市委书记裘东耀讲话，市委副书记、市长陈伟俊主持，市领导朱坤民、吴水霖、金建新等出席大会。

7月8日，市委理论学习中心组召开会议，认真学习习近平总书记在庆祝中国共产党成立95周年大会上的重要讲话精神。市委书记裘东耀出席并讲话，陈伟俊、朱坤民、吴水霖、金建新等市委理论学习中心组成员参加会议。

7月25日，市委理论学习中心组召开学习贯彻习近平总书记“七一”重要讲话精神暨“两学一做”学习教育第二次专题学习研讨会。中国社会科学院马克思主义研究院发展研究部主任辛向阳作题为《习近平总书记“七一”讲话的六大新论断》的专题辅导报告。市委书记裘东耀主持会议并讲话；陈伟俊、吴水霖、金建新等市委理论学习中心组成员参加会议；朱坤民、胡菁菁、干武东、温永东、崔凤军、闵云等围绕学习贯彻习近平总书记“七一”重要讲话精神，紧密联系思想和工作实际作了发言。

7月26日，由中国科学院科技促进发展局、中国兵器工业新技术推广研究所、中科院上海分院、浙江省科技厅、浙江省国防科技工业办公室和市委、市政府、湖州军分区联合主办的湖州市第七届政产学研合作大会暨首届军民融合促进大会在湖州举行。市委书记裘东耀到会并致辞。省军区副司令员周少锋、省科技厅厅长周国辉和中科院科技促进发展局局长严庆、中国兵器工业新技术推广所所长陈海英等出席会议。市委副书记金建新主持。市领导高屹、温永东、李上葵、董立新和有关科研院所、省、市有关部门及相关企业负责人等参加会议。

8月4日，市委、市政府召开全市网络安全和信息化工作座谈会。市委书记裘东耀到会并强调，全市上下要认真贯彻落实习近平总书记和省委书记夏宝龙关于网络安全和信息化工作的重要讲话精神，自觉把思想和行动统一到中央和省委的部署要求上来，进一步强化网络生态治理，推动网络与实体经济深度融合，着力夯实网络安全，全力营造清朗的网络空间，推动湖州市网信事业更好发展。市委副书记、市长陈伟俊主持会议，市领导金建新、胡菁菁、高屹、温永东、夏文星、董立新等出席会议。

8月5日，湖州市召开市领导干部自然资源资产离任审计试点进点会。市委书记裘东耀到会并讲话，市委副书记、市长陈伟俊作述职报告，市委常委、常务副市长杨建新主持会议，市领导朱坤民、吴水霖、金建新、高屹、干武东、崔凤军、李建平、董立新、闵云、杨六顺等参加会议。

8月15日，市委常委会召开扩大会议，听取全市G20杭州峰会维稳安保和安全生产工作情况汇报，对峰会维稳安保工作进行再部署。市委书记裘东耀主持。

9月6日，市委、市政府召开平安稳定形势研判会，市委书记裘东耀主持，会同市级各有关部门一起分析平安稳定形势，连线各县（区）了解有关情况，研究部署下一阶段平安建设工作。市委副书记、市长陈伟俊，市委副书记、政法委书记金建新和市委、市政府有关领导等参加。

9月12日，湖州市召开市委全面深化改革领导小组第六次会议。市委书记、市委全面深化改革领导小组组长裘东耀主持，市委副书记、市长、领导小组副组长陈伟俊，市委副书记、领导小组副组长金建新出席会议。

9月14日至19日，市委举行专题学习会，认真学习习近平总书记“七一”重要讲话精神、关于意识形态工作的重要讲话精神以及《中国共产党问责条例》，进一步把省委专题学习会精神落到实处，全力抓好经济社会发展各项工作，奋力开创湖州赶超发展的新局面。市委书记裘东耀在19日下午举行的总结大会上讲话。陈伟俊、朱坤民、金建新等市委理论学习中心组成员，市直有关部门主要负责人、各县（区）委书记等参加学习会。学习会采取先自学，后分组讨论，最后总结的形式举行。总结大会前，举行了2016年“慈善一日捐”活动启动仪式，裘东耀、陈伟俊、朱坤民、金建新等市领导带头和参加会议的全体人员一起进行了现场捐赠。

9月30日，湖州市举行2016年度“百名法学家百场报告会”暨市委理论学习中心组扩大会议举行。会议邀请武汉大学法学院教授、博士生导师王树义作题为“美丽中国、生态文明建设与环境保护”专题辅导报告。裘东耀、陈伟俊、朱坤民、吴水霖等市委理论学习中心组成员及市直属各单位党委（党组）主要负责人等参加会议。

10月12日，湖州市召开统一战线读书会。市委书记裘东耀出席会议并与湖州市各民主党派新一届领导班子成员座谈交流。并强调，市各民主党派要深入学习、深刻领会全省统一战线读书会精神，特别是省委书记夏宝龙的重要讲话精神，充分认识中国特色社会主义政党制度的巨大优越性，进一步增强中国特色社会主义道路自信、理论自信、制度自信、文化自信，坚定不移走中国特色社会主义民主政治发展道路，不忘初心听党话，继续前进跟党走。市委副书记、市长陈伟俊通报了全市经济社会发展主要情况。市领导金建新、高屹、干武东、崔凤军、李建平和市各民主党派负责人等出席会议。

10月21日，市委、市政府召开全市科技创新大会暨三季度经济形势分析会，认真学习贯彻全国、全省科技创新大会和省委常委扩大会议精神，总结科技创新工作，分析经济运行情况，研究部署下一阶段各方面任务，动员全市上下继续大力实施创新驱动发展战略，决战决胜四季度，全力推动经济社会持续健康发展，奋力夺取“全年红”。市委书记裘东耀主持会议并讲话，市委副书记、市长陈伟俊讲话，朱坤民、吴水霖等市四套班子领导出席。

11月3日，市委理论学习中心组召开学习《胡锦涛文选》暨“两学一做”学习教育第三次专题学习研讨会，认真学习《胡锦涛文选》，重点围绕践行科学发展观和五大发展理念、推动湖州赶超发展进行交流研讨。市委书记裘东耀主持会议并讲话。陈伟俊、朱坤民、吴水霖、金建新等市委理论学习中心组成员参加会议。

11月8日，湖州市召开市委城市工作会议暨全市小城镇环境综合整治行动动员会。市委书记裘东耀到会并讲话，市委副书记、市长陈伟俊主持会议，市领导朱坤民、吴水霖、金建新、杨建新、崔凤军等出席会议。

11月16日至17日，湖州市召开培育新型经营主体发展农业适度规模经营座谈会，国务院副总理汪洋到会讲话并强调，规模化新型农业经营主体是农业现代化的引领力量，要认真贯彻落实党中央、国务院的决策部署，强化政策扶持，做好示范引导，创新体制机制，积极培育新型农业经营主体，发展多种形式适度规模经营，不断提高农业综合效益和竞争力。中央和国家有关部委领导唐仁健、袁纯清、韩长赋、王侠出席座谈会，省委副书记、代省长车俊致辞。省、市领导孙景森、裘东耀、陈伟俊、金建新、杨六顺等参加会议。

11月27日，湖州市在上海国际会议中心举行2016湖州市接轨上海推介会，深入展示推介湖州优越的软、硬环境，搭建合作交流平台，促成一批合作协议和重大项目签约。市委书记裘东耀、上海市政府发展研究中心主任肖林出席会议并致辞。市委副书记、市长陈伟俊主持。市人大常委会主任朱坤民、上海市政府发展研究中心副主任周国平、省政府驻上海办事处副主任徐建刚、老挝驻上海总领事馆总领事西沙美·銮珍达翁、波兰信息与外国投资局驻华总代表尤德良、中科院上海硅酸盐研究所所长宋力昕和市领导杨建新、高屹、李建平、曹德平等出席会议。

11月29日，市委召开常委（扩大）会议，传达贯彻省委十三届十次全会精神。会议强调，学习宣传贯彻省委十三届十次全会精神是一项重要的政治任务，全市各地各部门要迅速传达学习、深入理解领会、把握精神要义，把思想和行动统一到省委全会精神上来、统一到省委的部署要求上来，自加压力、艰苦奋斗、砥砺前行，努力把新使命转化为推动湖州赶超发展的新动能，自觉践行好“秉持浙江精神，干在实处、走在前列、勇立潮头”的新要求。市委书记裘东耀主持会议并讲话。市委副书记、市长陈伟俊传达省委十三届十次全会主要精神。

12月1日，湖州市召开全市乡镇（街道）党委书记抓基层党建培训会，认真贯彻中共十八届六中全会精神和省委十三届十次全会精神，全面落实从严治党政治责任，切实加强换届后乡镇（街道）党委书记队伍建设，不断开创湖州市基层党建工作新局面，打造勇立潮头的湖州铁军，为加快赶超发展提供有力保障。市委书记裘东耀出席会议并讲话。市委常委、组织部部长干武东主持。

12月2日，湖州市召开全国生态文明建设工作推进会议。中共中央政治局常委、国务院副总理张高丽在会上传达了习近平重要指示和李克强批示精神并讲话，进一步部署推进全国生态文明建设工作。指出，在以习近平总书记为核心的党中央坚强领导下，全国生态文明建设取得了重大进展和积极成效。但总体上看全国生态文明建设水平仍滞后于经济社会发展，生态环境恶化趋势尚未得到根本扭转。要切实贯彻新发展理念，坚持绿水青山就是金山银山重要思想，把党中央、国务院关于生态文明建设的决策部署落到实处，开创社会主义生态文明新时代。省委书记、省人大常委会主任夏宝龙在会上发言，陈金彪、徐加爱、熊建平出席会议。浙江省、福建省、江西省、贵州省、青海省和国家发展改革委、环境保护部负责人作会议发言。中央和国家机关有关部门、各省区市和计划单列市、新疆生产建设兵团负责同志等参加会议。市领导裘东耀、陈伟俊、金建新、高屹、夏文星、杨六顺等参加会议或陪同考察。

12月5日，湖州市召开创建全国文明城市测评迎检会，对文明创建工作进行再部署、再推进、再落实。市委书记裘东耀在会上强调，文明城市创建的过程，就是不断提升城市发展品质和人民群众生活品质的过程。全市各级各部门、广大党员干部群众要进一步统一思想、提高认识，坚持问题导向，精准发力、狠抓落实，以志在必得的信心、誓不罢休的决心，全力打好文明创建攻坚战，真正通过文明城市创建不断提升城市文明程度，增强发展的软实力和竞争力。市委常委、宣传部部长胡菁菁作工作部署，市领导杨建新、徐嘉华、闵云、叶鸣等出席会议。

12月7日，市委常委会召开扩大会议，传达学习全国生态文明建设工作推进会议精神。会议强调，要深入贯彻落实习近平总书记的重要指示、李克强总理的重要批示和张高丽副总理的重要讲话精神，切实把思想和行动统一到党中央、国务院的要求上来，按照“秉持浙江精神，干在实处、走在前列、勇立潮头”的新要求，持续深入推进湖州市生态文明建设，确保生态文明建设继续走在前列，努力为全省、全国提供“湖州样板”“湖州方案”。市委书记裘东耀主持会议，市委副书记、市长陈伟俊作传达。

12月15日，市委理论学习中心组召开学习党的十八届六中全会精神专题研讨会。市委书记裘东耀主持会议并讲话，陈伟俊、朱坤民、吴水霖等市委理论学习中心组成员参加会议。会议组织观看了警示片，学习了习近平总书记在党的十八届六中全会上的重要讲话，并进行了交流研讨。杨建新、崔凤军、周杰、曹会明和傅松苗、孔璋等作了书面或口头交流。

12月21日，市委常委会召开扩大会议，传达中央经济工作会议和省委领导干部会议精神。会议强调，要深刻学习领会中央经济工作会议精神，切实把思想和行动统一到中央和省委的部署要求上来，准确把握明年经济形势和经济工作总体要求，坚持稳中求进，认真抓好经济转型升级、创新驱动发展、全面深化改革等各方面工作，切实以五大发展理念引领湖州加快赶超发展。市委书记裘东耀主持会议并讲话。（金　奇）

·湖州市人民代表大会·

【市七届人大六次会议】　市第七届人民代表大会第六次会议于2016年1月30日至2月2日举行。会议应到代表355名，实到代表342名，列席人员177名，并邀请20名公民旁听会议。

会议的指导思想是：高举中国特色社会主义伟大旗帜，坚持以邓小平理论、“三个代表”重要思想、科学发展观为指导，深入学习贯彻习近平总书记系列重要讲话精神，认真贯彻落实党的十八届五中全会和省、市委全会精神，在市委的领导下，积极履行宪法和法律赋予的职责，依法审议和决定湖州市国民经济和社会发展第十三个五年规划和2016年各项主要工作，动员和团结全市人民振奋精神，开拓进取，团结一致，真抓实干，为加快建设现代化生态型滨湖大城市，高水平全面建成小康社会而努力奋斗。

会议的主要议程是：1. 听取和审查湖州市人民政府工作报告；2. 审查、批准湖州市国民经济和社会发展第十三个五年规划纲要；3. 审查市发展和改革委员会关于湖州市2015年国民经济和社会发展计划执行情况与2016年国民经济和社会发展计划草案的报告，审查、批准湖州市2015年国民经济和社会发展计划执行情况的报告与2016年国民经济和社会发展计划；4. 审查市财政局关于湖州市2015年全市和市本级预算执行情况及2016年全市和市本级预算草案的报告，审查、批准湖州市2015年市本级预算执行情况的报告及2016年市本级预算；5. 听取和审查湖州市人民代表大会常务委员会工作报告；6. 听取和审查湖州市中级人民法院工作报告；7. 听取和审查湖州市人民检察院工作报告；8. 审议《湖州市制定地方性法规条例（草案）》；9. 通过关于设立湖州市第七届人民代表大会有关专门委员会的决定；10. 补选湖州市中级人民法院院长1人、湖州市人大常委会委员7人；11. 通过湖州市第七届人民代表大会有关专门委员会组成人员名单。

1月29日，举行预备会议，选举46名成员组成大会主席团，选举周杰兼任大会秘书长，通过大会议程。

市七届人大六次会议共举行3次全体会议，5次主席团会议。经按电子表决器的方式表决，会议通过了关于政府工作报告等6项决议。会议收到代表10人以上联名提出的议案47件，其中，政治法律类2件、财政经济类14件、基础设施类7件和社会事业类24件。大会主席团按照地方组织法和代表法有关规定，决定将47件议案全部作为建议件处理。大会还收到代表对各方面工作的建议、批评和意见149件。至12月底，这些建议、批评和意见已由各承办部门基本办理完毕，并答复了代表。

【市七届人大常委会第28次～33次会议】　2016年，市七届人大常委会共举行常委会会议6次，制定3部地方性法规，听取和审议专项工作报告17项，作出决议、决定和审议意见18项，依法任免国家机关工作人员31人（次）。

第28次会议于2016年2月26日举行。会议的主要议程是：审议《湖州市生态文明先行示范区建设条例（草案）》。

第29次会议于2016年4月27日至28日举行。会议的主要议程是：1. 审议通过《湖州市生态文明先行示范区建设条例（草案）》；2. 听取和审议市政府关于湖州市2016年政府重大投资项目计划（草案）的报告；3. 听取和审议市政府关于交通重点基础设施建设情况的报告；4. 听取和审议市政府关于加快科技创新平台建设、推动大众创业万众创新情况的报告；5. 人事任免事项。

第30次会议于2016年6月30日举行。会议的主要议程是：1. 审议《湖州市市容和环境卫生管理条例（草案）》；2. 听取和审议市人大常委会执法检查组关于贯彻大气污染防治“一法一条例”检查情况的报告；市政府关于贯彻大气污染防治“一法一条例”情况的报告（书面）；3. 听取和审议市政府关于打造美丽乡村升级版、促进“两美”湖州建设情况的报告；市人大农委关于打造美丽乡村升级版、促进“两美”湖州建设情况的调研报告（书面）；4. 听取和审议市政府关于《湖州市土地利用总体规划（2006～2020年）》（2015年调整完善版）调整完善情况的报告；审议通过关于批准《湖州市土地利用总体规划（2006～2020年）》（2015年调整完善版）的决议；5．听取和审议市政府关于湖州市利用涉侨涉外资源、深化对外开放合作情况的报告；市人大民宗侨外委关于湖州市利用涉侨涉外资源、深化对外开放合作情况的调研报告（书面）；6．审议通过市人大常委会代表资格审查委员会关于市七届人大代表变动情况和代表资格的审查报告；7．人事任免事项。

第31次会议于2016年8月23日至24日举行。会议的主要议程是：1．听取和审议市政府关于上半年工作和下半年安排的政情报告；2．审议市政府关于2016年上半年国民经济和社会发展计划执行情况的报告（书面）；审议市政府关于2016年上半年全市和市本级预算执行情况的报告（书面）；3．听取和审议市政府关于2015年全市和市本级财政决算草案的报告，审查和批准2015年财政决算；4．听取和审议市政府关于2015年度市本级预算执行及其他财政收支审计工作情况的报告；5．审议《湖州市人民政府关于提请审议批准2016年市级政府债务限额的议案》；6．听取和审议市政府关于“六五”普法工作开展与“七五”普法规划情况的报告；审议通过关于开展第七个五年法治宣传教育的决议；7．审议《湖州市市容和环境卫生管理条例（草案）》；8．审议通过市人大常委会代表资格审查委员会关于市七届人大代表变动情况和代表资格的审查报告；9．人事任免事项。

第32次会议于2016年10月28日举行。会议的主要议程是：1．传达学习全国人大和省人大有关会议精神；2．听取和审议市政府关于推进全市重大产业项目建设、促进产业转型升级情况的报告；市人大财经委关于推进重大产业项目建设、促进产业转型升级情况的调研报告（书面）；3．听取和审议市人大常委会执法检查组关于贯彻实施《中华人民共和国循环经济促进法》、加快推进生态循环农业发展工作检查情况的报告；市政府关于贯彻实施《中华人民共和国循环经济促进法》、加快推进生态循环农业发展工作情况的报告（书面）；4．听取和审议市人大常委会执法检查组关于贯彻实施《中华人民共和国行政诉讼法》、促进依法行政工作检查情况的报告；市政府关于贯彻实施《中华人民共和国行政诉讼法》、促进依法行政工作情况的报告（书面）；5．审议通过关于湖州市第八届人民代表大会换届选举有关事项的决定、关于成立湖州市选举工作委员会的决定；6．听取和审议市政府关于市七届人大六次会议代表建议、批评和意见办理工作情况的报告；市人大常委会代表与选举任免工委关于市七届人大六次会议代表建议办理情况的报告（书面）；7．人事任免事项。

第33次会议于2016年12月23日举行。会议的主要议程是：1．听取和审议市人大常委会执法检查组关于湖州市贯彻实施《浙江省历史文化名城名镇名村保护条例》、加强历史文化名城保护和利用工作检查情况的报告；审议市政府关于贯彻实施《浙江省历史文化名城名镇名村保护条例》工作情况的报告（书面）；2．审议市政府关于2015年度市本级预算执行和其他财政收支审计查明问题整改情况的报告（书面）；3．审议市人大常委会2016年工作总结（书面），审议通过市人大常委会2017年1～4月工作安排和5～12月工作建议；4．人事任免事项。

【立法工作】 制订《湖州市人大常委会2016年立法计划》，出台《湖州市地方性法规草案起草工作指引》《湖州市地方立法技术规范》《湖州市人大常委会年度立法计划编制和实施细则》《湖州市人大常委会关于市人大代表参与立法工作的若干规定》《湖州市人大常委会立法听证规则》等8项制度。制定出台《湖州市制定地方性法规条例》《湖州市生态文明先行示范区建设条例》和《湖州市市容和环境卫生管理条例》3部地方性法规。开展南太湖滨湖区域一体化建设、河道保护管理、历史文化名城名镇名村保护、美丽乡村建设管理、电梯安全管理5个二类项目的立法调研。

【讨论决定重大事项和任免工作】 市人大常委会立足全市工作大局，依法讨论决定重大事项，作出《湖州市人大常委会关于批准〈湖州市土地利用总体规划（2006～2020年）〉（2015调整完善版）的决议》《湖州市人大常委会关于开展第七个五年法治宣传教育的决议》《湖州市人大常委会关于湖州市第八届人民代表大会换届选举有关事项的决定》等8项决议、决定。坚持党管干部和依法任免的有机统一，认真贯彻市委意图，切实规范任免程序，坚持任前法律知识考试、与常委会组成人员见面和供职报告等制度，组织被任命干部向宪法宣誓，认真做好国家机关工作人员的任免工作。

【监督工作】 市人大常委会主动适应新常态，自觉践行发展新理念，从5个方面加强监督工作。围绕监督促进创新发展，专项听取及审议政情报告和重大产业项目建设、加快科技创新平台建设、农村电商发展等专项报告，开展贯彻《中华人民共和国循环经济促进法》以及发展生态循环农业的执法检查，调研推动“三去一降一补”（去产能、去库存、去杠杆、降成本、补短板）、信息经济发展、“四大集团”组建等工作，跟踪督察“四张清单一张网”（行政权力清单、政府责任清单、投资负面清单、财政专项资金管理清单和浙江政务服务网）进展、“双高”企业培育等情况，组织开展“深入企业、深入项目，助推工业开门红”活动；围绕监督促进协调发展，开展《浙江省历史文化名城名镇名村保护条例》执法检查，听取打造美丽乡村升级版、“三改一拆”等专题汇报，实地调研土地利用总体规划落实、奥体公园建设、浙北医疗中心建设等工作。围绕监督促进绿色发展，开展大气污染防治“一法一条例”执法检查，专题听取政府加快四大重点水利工程建设、矿产资源规划编制等情况汇报，专题视察“治霾318”工作，专项督查污水处理设施和管网建设、“清三河”（黑河、臭河、垃圾河）等工作，对有关“五水共治”审议意见进行“回头看”，继续开展“代表监督已治理的河流”活动，认真履行练市塘“河长制”职责。围绕监督促进开放发展，组织部分全国、省、市三级人大代表集中视察重点基础设施建设情况，并听取和审议政府专项报告；常委会领导积极推动做好商合杭、湖苏沪高铁项目的向上争取、横向沟通、前期推进等工作；密切关注、认真调研对接“一带一路”情况，就深化区域合作、有效利用外资、加快产业融合等提出意见和建议；专项审议利用涉侨涉外资源、深化对外开放合作工作，督促支持政府精心汇集侨心侨力、精细服务侨企侨商、精准对接产业项目。围绕监督促进共享发展，组织开展《浙江省社会养老服务促进条例》、《中华人民共和国食品安全法》执法检查，调研残疾人保障法律法规执行、学前教育第二轮“三年行动计划”实施、档案服务、少数民族增收情况，专项督查生猪定点屠宰、医疗卫生服务体系建设等情况，专题听取宗教场所安全管理的工作汇报，通过年初介入选题、年中监督进度、年底视察收官，全程推动十大民生实事38个子项目办实、办好。

【人大代表工作】 市人大常委会坚持力量向代表工作集中、精力向代表工作倾斜、措施向代表工作强化，从3个方面加强服务保障，不断提升代表工作实效。优化服务保障，继续实施菜单式选学培训，组织代表参加3期学法讲座；认真指导代表小组围绕重点议题开展审前调研；坚持常委会组成人员联系代表、代表接待日等制度，推进基层一线代表列席常委会会议全覆盖，邀请137人代表参加立法、监督等活动；扎实推进“五进五访五查”[代表进社区、访居民，查一查食品安全监管到不到位；进农村、访农民，查一查“五水共治”举措到不到位；进车间、访工友，查一查职工基本保障到不到位；进选区（选举单位）、访选民，查一查群众来访答复到不到位；进困难家庭、访贫困人员，查一查救助帮扶措施到不到位]。各级代表联系走访群众1.86万余人（次），收集意见和建议2200余条（次）；稳步推进网上代表联络站建设，至年末，全市已建成71个。深化主题活动，开展“聚力四个年、岗位立新功”主题活动，引导广大代表继续保持一线状态，紧扣中心履职、助推法治履职、贴近民生履职，在“四个年”活动中做好示范、当好表率；开展“履职作贡献、立法我助力”专项行动，发动全市各级人大代表积极参与立法项目征集、草案起草、论证调研等活动，争当法治湖州建设的推动者、参与者和实践者；开展“人大代表走进校园宿舍、关爱大学生健康成长”主题活动，组织代表深入走访高校学生和教师，及时梳理反馈问题，推动相关方面提升校园管理与服务水平，促进高等教育事业发展。强化建议督办，实行办前定向管理机制，强化办中过程控制机制，优化办后评分考核机制，确保建议办理更加规范有序；排出6件事关发展和民生的重点建议件，实行常委会领导牵头督办，选择10件相关专业性较强的建议件，由专工委开展对口督办，对面上部门办理工作，由代表工委进行动态跟踪、分类指导，更好地形成重点督办、专业督办、跟踪督办的工作格局；继续通过清单管理抓督办、全程纪实抓督办、三方会商抓督办等方法，推动承办单位提高办理的效率和质量，代表建议办理解决率逐步提高。全年共督办代表建议196件，整体解决率51.5%，比上年提高11个百分点。（董　涛）

·湖州市人民政府·

【市政府常务会议】 2016年，市政府召开了七届第63次至81次常务会议。

七届第63次常务会议于1月6日举行，会议听取了市发改委主任胡国荣关于《湖州市2015年国民经济和社会发展计划执行情况与2016年国民经济和社会发展计划草案（送审稿）》的汇报；听取了市财政局局长周建明关于《2015年全市和市本级预算执行情况及2016年全市和市本级预算草案（送审稿）》的汇报；听取了市建设局局长李全明关于2015年建设口重点项目建设进展情况和2016年思路的汇报。会议书面通报了关于制定出台湖州市临时救助实施办法、关于制定出台加快推进现代社会组织建设实施意见、关于拟推荐第七批省级文物保护单位等有关情况。

七届第64次常务会议于1月20日举行，会议听取了市政府副秘书长、市生态文明办主任李世华关于自然资源资产负债表编制和领导干部自然资源资产离任审计实施意见的汇报；听取了市发改委主任胡国荣关于2015年全市固定资产投资、重点建设项目完成情况及2016年计划安排建议的汇报、关于2015年四次全市重大项目集中开（竣）工活动“回头看”情况的汇报；听取了市委副秘书长、市农办主任柳国强关于全市美丽乡村建设“十三五”规划和2016年行动计划有关情况的汇报；听取了市政府咨询委秘书长罗景华关于市政府咨询委2015年工作情况及2016年工作思路的汇报；听取了市发改委副主任金新根关于出台加快特色小镇培育创建实施意见有关情况的汇报；听取了市建设局局长李全明关于全省危旧住宅房屋治理改造工作电视电话会议精神及湖州市贯彻意见的汇报；听取了市科技局局长王志芳关于加快市本级科技创新平台整合提升的情况汇报。会议书面通报了制定实施引领经济新常态助推工业开门红活动方案的情况，全省财政地税工作会议主要精神及湖州市贯彻意见，2015年安全生产工作情况及2016年安全生产工作安排，农业“两区”土壤污染防治工作情况，建议调整机关事业单位编外用工转业士官待遇情况，2015年湖州市政府质量奖评审情况，给予德清县公安消防大队和方杰、周峰2名同志行政奖励建议的情况，公建民营合办湖州绿康残疾人康复中心的情况，长兴县采矿权设置审核情况和市商业食品有限公司土地收储项目补偿方案的情况。

七届第65次常务会议于1月29日举行，会议听取了市政府秘书长陈亚明关于2015年度“大好高”项目指标完成情况、县（区）考核结果和2016年度工作安排建议的汇报；听取了市经信委主任熊全龙关于2016年湖州市工业强市建设推进计划有关情况的汇报；听取了市发改委副主任曹毅平关于2015年全市服务业发展情况及2016年推进计划制订情况的汇报；听取了市商务局局长褚连荣关于2016年商务工作主要指标计划安排的汇报；听取了湖州开发区管委会副主任潘郁泉关于湖州铁公水综合物流园区筹建工作情况的汇报；听取了市发改委主任胡国荣关于省政府贯彻落实习近平总书记重要批示精神高质量加快推进特色小镇建设工作会议有关情况及我市特色小镇培育创建进展情况的汇报。会议书面通报了2016年审计项目计划安排。

七届第66次常务会议于2月23日举行，会议集中学习了《居住证暂行条例》。会议听取了市政府副秘书长、办公室主任徐晏平关于制定《湖州市生态文明先行示范区建设条例（草案）》有关情况的汇报；听取了市交通运输局局长房石磊关于《发挥内河航运优势加快临港产业发展》课题有关情况的汇报；听取了市环保局局长饶如锋关于市区清淤泥治污泥工作情况的汇报；听取了市人防办主任凌伯勋关于湖州市贯彻新修订的《浙江省实施〈中华人民共和国人民防空法〉办法》意见建议的汇报；听取了市农业局局长方杰关于推进湖州市区生猪定点屠宰场点清理优化工作的汇报；听取了市纪委副书记莫汝强关于市纪委监察局电教信息中心迁建工作的情况汇报。会议书面通报了全国全省信访局局长会议精神及湖州市贯彻建议、推进责任医生签约服务工作、市工伤生育保险费率调整、全面推进农业投入品废弃包装物回收和集中处置指导意见、市区餐厨垃圾资源化综合利用和无害化处置项目、湖州市领导干部任前经济责任审计告知办法、2016年度市政府常务会议学法计划等有关情况。

七届第67次常务会议于3月4日举行，会议听取了市发改委主任胡国荣关于湖州市“十三五”规划纲要、“六重”清单主要目标任务分解落实总体方案和2016年度推进计划有关情况的汇报；听取了市政府秘书长陈亚明关于市政府第五次全体会议暨廉政工作会议筹备情况的汇报；听取了市监察局局长何国富关于全市政府系统2015年党风廉政建设工作情况及2016年工作安排建议的汇报；听取了市政府副秘书长、市生态文明办主任、市矿治办主任李世华关于全市生态文明先行示范区建设、矿山综合治理2016年工作安排的汇报；听取了市环保局局长饶如锋关于2016年全市“五水共治”和大气污染防治工作安排的情况汇报；听取了市发改委副主任李红英关于2016年市本级政府投资项目计划（预算）情况的汇报；听取了市科技局局长王志芳关于制定出台发展众创空间推进创业创新实施意见的情况汇报；听取了市建设局局长李全明关于房地产市场有关情况的汇报。会议书面通报了全国和全省民政工作会议精神及湖州市贯彻意见。

七届第68次常务会议于3月31日举行，会议集中学习了《中华人民共和国工会法》。会议听取了市发改委主任胡国荣关于全市一季度经济运行情况的汇报；听取了市编委办主任邱见春关于深化全市统一政务咨询投诉举报平台建设有关情况的汇报、关于深化权力清单和责任清单工作的情况汇报；听取了市水利局局长罗安生关于2015年全市水利工作情况及2016年计划安排的汇报，听取了市国税局局长黄德超关于落实国地税征管体制改革及全面推进“营改增”工作的情况汇报；听取了市环保局局长饶如锋关于G20杭州峰会环境质量保障工作有关情况的汇报。会议书面通报了国务院、省政府廉政工作会议精神及湖州市贯彻意见，盘活重组市本级经营性国有资产，全省科技奖励大会精神及湖州市贯彻意见和建立市属国有企业外派监事会制度等有关情况。

七届第69次常务会议于5月4日举行，会议听取了市政府副秘书长、办公室主任徐晏平关于《湖州市人民政府重大行政决策程序规定（送审稿）》起草情况的汇报；听取了市经信委主任熊全龙关于湖州市电动汽车充电基础设施建设运营管理暂行办法和2016年重点工作任务情况的汇报；听取了市建设局局长李全明关于《湖州市农村生活污水治理设施运行维护管理暂行办法（送审稿）》起草情况的汇报；听取了市经信委主任熊全龙关于制定出台全市重点工业平台监测评价办法的情况汇报；听取了市委副秘书长沈昕耀关于《2016年度县区综合考核办法（送审稿）》修订情况的汇报。会议书面通报了省政府抓好当前经济工作视频会议精神及湖州市贯彻意见、制定出台加快建立现代财政制度的实施意见、完善机关事业单位工资制度和津贴补贴实施工作、全市百日环保执法专项行动方案、成立市政府立法咨询专家库等有关情况。

七届第70次常务会议于5月31日举行，会议听取了市政府副秘书长、办公室主任徐晏平关于《湖州市市容和环境卫生管理条例（草案）》起草情况的汇报；听取了市国卫复评办主任施会龙关于国家卫生城市复评工作进展及下阶段安排的情况汇报；听取了市环保局副局长姚玉鑫关于2016年低小散重污染企业环境整治促进转型升级行动有关情况的汇报；听取了南浔区常务副区长姚昌喜关于南浔区有机玻璃行业关停淘汰和旧馆镇全域综合整治提升工作有关情况的汇报；听取了市金融办主任潘华明关于全市银行业机构加大信贷投放和风险管控促进经济金融健康发展指导意见及加强金融中介管理暂行办法的情况汇报；听取了市建设局局长李全明关于全省“三改一拆”现场会精神及湖州市贯彻意见的情况汇报；听取了市安全监管局局长章新泉关于今年以来安全生产工作情况及下阶段工作安排的汇报；听取了市交通运输局局长房石磊关于市本级出租汽车行业改革有关情况的汇报。会议书面通报了推进浙江制造品牌建设暨省政府质量奖表彰大会精神及湖州市贯彻意见，全国旅游业改革创新先行区工作会议、全国全域旅游创建工作现场会两个会议精神及湖州市贯彻意见，全国全省禁毒工作电视电话会议主要精神及湖州市贯彻意见，湖州市绿色金融改革创新2016年行动计划等有关情况。

七届第71次常务会议于6月14日举行，会议听取了市发改委主任胡国荣关于建立推进“六重”工作框架有关情况的汇报；听取了美丽湖州办主任饶如锋关于加快补齐环境治理短板实施方案有关情况的汇报；听取了市矿治办主任龚西征关于进一步推进矿山综合治理工作情况的汇报；听取了市国土资源局局长朱仲华关于市区国有建设用地使用权到期处置建议的汇报；听取了市车改办主任胡国荣关于全市公务用车制度改革有关工作情况的汇报；听取了市审改办主任王晓军关于推进市、县行政审批层级一体化改革实施方案起草情况的汇报；听取了市商务局局长褚连荣关于湖州市促进电子商务加快发展十条扶持政策有关情况的汇报。会议书面通报了湖州中心城区居民生活污水处理费调整方案、制订《湖州市加强基层中医药工作规划暨实施方案(2016～2018年)》的情况。

七届第72次常务会议于6月30日举行，会议集中学习了新《中华人民共和国立法法》。会议听取了市发改委主任胡国荣关于上半年经济形势和下一步对策建议的汇报；听取了市质量技监局局长杨中校关于加快推进湖州市“浙江制造”品牌建设三年行动计划的情况汇报；听取了市安全监管局局长章新泉关于湖州市推进智慧式用电安全隐患监管服务系统建设三年行动计划有关情况的汇报；听取了市残联理事长李红关于制定出台加快推进残疾人全面小康进程实施办法的情况汇报；听取了市文广新局局长宋捷关于制订湖州市加快构建现代公共文化服务体系实施意见的情况汇报。会议书面通报了开展各类事业单位统一登记管理试点工作有关情况。

七届第73次常务会议于7月29日举行，会议听取了市农业局局长方杰关于加快转变农业发展方式推进农业现代化若干政策意见的情况汇报；听取了市市场监管局局长许宏关于创建浙江省食品安全市、县(区)暨争创国家食品安全城市试点工作方案的情况汇报；听取了市环保局副局长、市治水办专职副主任朱荣伟关于2016年度“五水共治”评价考核工作及深化落实“河长制”工作的情况汇报。会议书面通报了《湖州市人民政府立法工作年度计划编制和实施规定（送审稿)》、全国全省全市安全生产电视电话会议精神和近期全市安全生产工作、开展“双下沉、两提升”工作、全省“四队”兼备应急力量建设观摩会主要精神及湖州市贯彻意见、湖州市水污染防治行动计划编制工作、制定出台《湖州市见义勇为人员奖励和保障实施办法》等情况。

七届第74次常务会议于8月12日举行，会议学习传达了省政府第八次全体会议精神；研究部署了护航G20杭州峰会有关工作。会议听取了市经信委主任熊全龙、市发改委主任胡国荣关于工业强市建设及信息经济、高端装备、新能源汽车产业发展“十三五”规划编制情况的汇报；听取了市政府副秘书长丁芳芳关于第九届国际电动车新型锂电池会议筹备工作情况的汇报；听取了市科技局局长王志芳关于制订加快湖州莫干山高新技术产业开发区发展若干意见的情况汇报；听取了市司法局局长沈晓蓝关于开展“七五”普法有关情况的汇报；听取了市委副秘书长、市农办主任柳国强关于全省“三位一体”农民合作经济组织建设现场会精神及我市贯彻建议的汇报；听取了市安全监管局局长章新泉关于湖州市建立“1+X”安全生产责任体系有关情况的汇报；听取了市审计局局长童建华关于2015年市本级预算执行和其他财政收支审计情况的汇报；听取了市财政局局长周建明关于全市和市本级2015年度财政决算和2016年上半年预算执行情况的汇报。会议书面通报了G20杭州峰会期间湖州市工业企业环境保障工作方案有关情况。

七届第75次常务会议于8月31日举行，会议听取了市政府秘书长陈亚明关于《市政府领导班子工作总结报告》起草情况和主要内容的汇报；听取了市经信委主任熊全龙关于全省推进供给侧结构性改革加快推进工业转型升级座谈会精神及湖州市贯彻落实建议的汇报；听取了市旅委主任干永福、市国土资源局局长朱仲华关于《湖州市创建省级旅游产业用地改革试点市方案》的汇报；听取了市国资委主任孔培康关于国有企业经营业绩考核和职工工资总额管理工作有关情况的汇报。会议专题研究了当前全市安全生产工作。会议书面通报了全省科技创新大会精神及湖州市贯彻意见、启动新一轮湖州市城市总体规划修编工作、补齐交通运输短板加快赶超发展工作方案、苕溪东路(北街—环漾路段）三期改造工程项目房屋征收工作、制订《湖州市畜禽屠宰管理工作指导意见》、出台支持城市共同配送政策意见等有关情况。

七届第76次常务会议于9月29日举行，会议听取了市发改委主任胡国荣关于前三季度经济运行情况的汇报；听取了市金融办主任潘华明关于推进湖州市政策性融资担保体系建设实施意见和市本级政策性融资担保公司组建方案的汇报；听取了市委组织部副部长、人才办主任贺雪荣关于深化人才发展体制机制改革支持人才创业创新实施意见起草情况的汇报；听取了市科技局局长王志芳关于制定出台补齐科技短板加快创新驱动十二条意见有关情况的汇报；听取了市国资委主任孔培康关于市属四大国企集团公司组建方案有关情况的汇报；听取了市交通运输局局长房石磊、市国资委主任孔培康关于中心城区客运场站布局调整及浙北客运中心资产处置有关情况的汇报；听取了市委副秘书长、政研室主任章旭东关于《中共湖州市委 湖州市人民政府关于进一步加强城市规划建设管理工作高质量建设现代化生态型滨湖大城市的实施意见》起草情况的汇报。会议书面通报了湖州市大病保险市级统筹情况、2016年调整退休人员基本养老金有关情况。

七届第77次常务会议于10月20日举行，会议听取了市发改委主任胡国荣关于省政府促进民间投资健康发展座谈会精神及湖州市贯彻建议的汇报；听取了市统计局局长梅梓华、市审计局局长童建华关于制定湖州市自然资源资产保护与利用绩效考核评价暂行办法和领导干部自然资源资产离任审计暂行办法有关情况的汇报；听取了市国土资源局副局长徐建洪关于不动产统一登记面临政策性疑难问题及其处置建议的汇报；听取了市政府副秘书长龚丁关于南浔区要求实施渔民转产转业有关情况的汇报；听取了市商务局局长、市粮食安全工作协调小组办公室主任褚连荣关于全市2016年度粮食安全责任制落实意见的汇报；听取了市编委办主任邱见春关于起草《湖州市各类事业单位统一登记管理试点工作实施方案》和配套文件等情况的汇报；听取了市人力社保局局长王树关于市管国有企业负责人薪酬改革有关情况的汇报；听取了市政府秘书长陈亚明关于市八届人大一次会议政府工作报告起草工作安排的汇报。会议书面通报了《市政府行政规范性文件征求意见工作实施办法（送审稿）》起草情况、2016第七届环太湖国际公路自行车赛湖州赛区筹备工作情况。

七届第78次常务会议于11月15日举行，会议听取了市交通运输局局长房石磊关于《湖州市综合交通运输发展“十三五”规划》编制情况的汇报；听取了市环保局局长饶如锋关于《湖州市生态环境保护“十三五”规划》编制情况的汇报；听取了市旅委主任干永福关于《湖州市休闲旅游产业发展“十三五”规划》编制情况的汇报；听取了市质量技监局副局长金伟关于《湖州市质量发展“十三五”规划》编制情况的汇报；听取了市建设局总工程师黄卫军关于湖州中心城市生活垃圾分类收运处置工作、湖州市污水处理厂建设运行管理有关情况的汇报；听取了市经信委主任熊全龙关于湖州市市本级新能源汽车推广应用地方配套补助办法的情况汇报；听取了市国土资源局局长朱仲华关于加快推进全市地质灾害隐患点处置工作的情况汇报。会议传达学习了近期中央领导同志关于进一步做好安全生产工作的指示、批示精神，以及全省安全生产工作会议、全省“除隐患、保安全、促转型”治危拆违攻坚战电视电话会议精神，并就湖州市进一步抓好贯彻落实工作进行了研究部署。会议书面通报了调整湖州市机关事业单位基本工资标准、奖励湖州市参加第九届全国残运会获奖运动员等有关情况。

七届第79次常务会议于12月8日举行，会议进行了集体学法，专题学习《浙江省安全生产条例》。会议听取了市发改委副主任、生态文明办主任倪跃田关于全国生态文明建设工作推进会议主要精神及湖州市贯彻意见的汇报；听取了市农业局局长方杰关于全国培育新型经营主体发展农业适度规模经营座谈会主要精神及湖州市贯彻意见的汇报；听取了市商务局局长褚连荣关于湖州市开放型经济发展“十三五”规划编制情况的汇报；听取了市发改委主任胡国荣关于湖州市健康产业“十三五”规划编制情况的汇报；听取了市交通运输局局长房石磊关于创建全国内河水运转型发展示范区及《湖州市临港产业发展规划（2016～2020年）》有关情况的汇报；听取了市治水办常务副主任饶如锋关于2016年度“五水共治”工作情况的汇报；听取了市市场监管局局长许宏关于全省小微企业三年成长计划现场推进会精神及湖州市贯彻意见的汇报；听取了市水利局局长罗安生、市农业局局长方杰关于全省水利工作会议、全省畜牧业转型升级现场会主要精神及湖州市贯彻意见的汇报；听取了市编委办主任邱见春关于全面推行“双随机一公开”抽查监管工作和开展政府职能向社会组织转移试点有关情况的汇报；听取了市审计局局长童建华关于2015年度市本级预算执行及其他财政收支审计整改情况的汇报。会议书面通报了建立健全湖州市生态文明建设财政政策、湖州市第十七届哲学社会科学优秀成果评审等有关情况。

七届第80次常务会议于12月20日举行，会议听取了市发改委主任胡国荣、市统计局局长梅梓华关于2016年主要指标预计完成情况和2017年主要指标初步安排的汇报；听取了市建设局副局长郭旭华关于《湖州市城乡建设事业“十三五”规划》有关情况的汇报；听取了市水利局局长罗安生关于全国全面推行河长制视频会议精神及湖州市贯彻落实情况的汇报；听取了市公安局副局长、市户改办主任徐伟明关于全省户籍制度改革推进会精神及湖州市推进新型居住证制度有关情况的汇报；听取了市市场监管局局长许宏关于制定湖州市落实“先照后证”改革加强事中事后监管实施意见（试行）的汇报；听取了市国土资源局局长朱仲华关于湖州市区基准地价更新工作情况的汇报；听取了市气象局局长朱红关于湖州市建设工程防雷许可优化调整有关情况的汇报；听取了市政府秘书长陈亚明关于2017年元旦春节期间困难群众生活安排和走访慰问工作方案的汇报。会议书面通报了《湖州市全面推进农家乐规范提升发展的意见》、2017年春节期间中心城区有限燃放烟花爆竹等有关情况。

七届第81次常务会议于12月29日举行，会议听取了市教育局局长潘音关于《湖州市教育事业发展“十三五”规划》编制情况的汇报；听取了市卫生计生局局长施会龙关于《湖州市卫生和计划生育事业发展“十三五”规划》编制情况的汇报；听取了市发改委副主任黄培林关于《湖州市能源发展“十三五”规划》编制情况的汇报；听取了市金融办主任钱洪文关于《湖州市金融业发展“十三五”规划》编制情况的汇报；听取了市经信委主任熊全龙关于《湖州市促进军民融合产业发展三年行动计划》的情况汇报；听取了市发改委副主任黄培林关于制订《湖州市加快家庭屋顶光伏工程建设的实施意见》有关情况的汇报；听取了市国土资源局局长朱仲华关于盘活存量建设用地有关政策及工作建议的汇报；听取了市人力社保局局长王树关于建立全市统一的城乡居民基本医疗保险制度和法官、检察官及司法辅助人员工资制度改革有关情况的汇报；听取了市卫生计生局局长施会龙关于加快推进湖州市公立医院综合改革工作的情况汇报。

【市政府全体会议】 3月8日，市政府召开第五次全体会议暨廉政工作会议，贯彻落实中央和省、市委决策部署以及省、市“两会”等会议精神，以重大项目、重点工程、重大平台、重点产业、重大政策、重点要素为抓手，统筹推进各项重点工作。市委副书记、市长陈伟俊强调，赶超要看行动，“六重”要见成果。政府各级各部门要把“六重”牢牢扛在肩上、紧紧抓在手里，全力以赴推进全年各项工作落到实处，同时要坚持“严”字当头、“实”处着力，以廉洁从政来确保为民勤政和高效施政，在“十三五”赶超发展征程中迈出开局之年坚实的一步。陈伟俊指出，“六重”是经济发展新常态下湖州推进供给侧结构性改革最有力的工作抓手。抓“六重”就是抓“三去一降一补”，抓“六重”就是培育新动能、改造旧动力，抓“六重”就是把全面深化改革推向纵深，抓“六重”就是致力赶超发展、推进“四个年”活动的细化和具体化。陈伟俊强调，要全力以赴推进今年“六重”事项的落地落细落实。要坚持实体产业、基础设施、城乡统筹、生态环保、公共服务“五炮齐发”，坚持对外招引、本土培育、项目推进“三管齐下”，坚持县（区）、部门共同发力、协同作战，全力打响重大项目头一炮；要建立工作推进体系，细化工程建设方案，做到长计划、短安排，合力推进重点工程大会战；要着力提升产业发展平台贡献率、科技创新平台融合度、开放合作平台竞争力、公共服务平台公益性，努力激活重大平台高能量；要建立统计监测评价体系，针对四大重点主导产业和若干个引领未来发展的新增长点实施定向培育和定向招商，针对三大传统优势产业深化转型升级系列组合拳，加快构建“4+3+N”现代产业新体系；要突出深化完善一批、启动实施一批、向上争取一批的工作导向，切实优化重大政策精准度；要引进和培育并举抓好人才保障，挖潜和开辟并举抓好土地保障，直融和间融并举抓好资金保障，管理和建设并举抓好能源保障，全面汇聚重点要素保障力。陈伟俊强调，任务已经敲定，关键在于实干。要切实加强政府自身建设，把责任担当放在首位，把依法行政推进到位，把纪律规矩挺在前面，把立说立行落到实处，以政府自身建设的积极有为、奋发进取，为抓好“六重”事项和推动赶超发展提供坚强保证。陈伟俊要求，各级政府党组书记及班子成员，部门单位党委（党组）书记及班子成员，都要主动认真地履行好全面从严管党治党的政治责任尤其是党风廉政建设主体责任。“一把手”要坚持主抓直管、做好表率，班子全体成员要真正履行好“一岗双责”，切实以为民、务实、清廉的实际成效推动发展、取信于民。

【人大代表建议和政协提案办理工作】 市政府高度重视人大代表建议和政协提案办理工作，自觉接受人大、政协等各方面的监督，认真办理落实代表、委员提出的建议、提案，办理工作取得显著成绩。2016年，由政府系统承办的190件代表建议和260件政协提案均已按期顺利办结，办结率、面商率和满意率均为100%，两案办理工作得到了人大代表和政协委员的充分肯定。

【民生实事项目】 让全体市民共享改革发展成果，是政府一切工作的出发点和落脚点。围绕群众急需、急盼，市委、市政府经过广泛征集和认真筛选，确定了大气治理、城乡治水、食品安全、居住环境、交通建设、养老敬老、医疗服务、教育文体、就业帮扶、公共服务十方面的民生实事项目，十方面民生实事项目高质量完成，向全市人民交出了一份满意答卷。

【市政府其他会议】 2016年，市政府召开的其他全市性会议有：全市职业教育工作会议、全市财政地税工作会议、全市审计工作会议、全市国税工作会议、全市安全生产工作会议、全市土地储备出让年度会议、全市金融工作会议、全市国土资源工作会议、全市生态文明建设暨治水治气治矿大会、全市非公有制企业家圆桌会议、国企改革座谈会、全市建设平安湖州工作暨“平安护航G20”动员大会、全市特色小镇建设现场推进会、全市“两学一做”专题党课暨学习教育部署会、全市旅游工作会议暨创建国家全域旅游示范区动员大会、全市矿山综合治理推进会、全市节约集约用地暨农村土地民主管理现场会、“谋划大产业、招引大项目”工作推进会、接轨上海工作座谈会、全市科技创新大会暨三季度经济形势分析会、科技型企业和创新型人才调研座谈会、全市补齐环境治理短板暨大气污染防治工作推进会、政府工作思路座谈会、全市治危拆违攻坚战暨中心城市生活垃圾分类处置动员部署大会、全市水利工作会议暨百项千亿防洪排涝工程推进会等。

【市政府重要文件】 1月，市政府发出的文件：《湖州市人民政府关于印发湖州市临时救助实施办法的通知》《湖州市人民政府办公室关于印发湖州市防汛防旱应急预案的通知》。

2月，市政府发出的文件：《湖州市人民政府关于公布2015年湖州名牌产品名单的通知》《湖州市人民政府关于给予德清县公安消防大队记集体二等功和方杰等2名同志记个人二等功的决定》《湖州市人民政府关于公布2015年湖州市政府质量奖获奖企业名单的通报》《湖州市人民政府关于公布2015年度湖州市纳税大户名单的通报》《湖州市人民政府办公室关于公布湖州市2016年度市级政府集中采购目录及标准的通知》《湖州市人民政府办公室关于印发湖州市农业“两区”土壤污染防治三年行动计划（2015～2017）的通知》《湖州市人民政府办公室关于建立湖州莫干山高新技术产业开发区工作领导小组的通知》《湖州市人民政府办公室关于公布2015年度优秀咨询研究成果的通报》《湖州市人民政府办公室关于加快推进新型建筑工业化的实施意见》《湖州市人民政府办公室关于表彰2015年度湖州市工业行业隐形冠军等先进集体和先进个人的通知》《湖州市人民政府办公室关于建立市级有关临时性机构的通知》。

3月，市政府发出的文件：《湖州市人民政府关于加快特色小镇培育创建的实施意见》《湖州市人民政府关于公布2015年度县（区）耕地保护责任目标考核结果的通报》《湖州市人民政府关于给予邱清明等4人记二等功并分别授予湖州市见义勇为先进人物荣誉称号的决定》《湖州市人民政府办公室关于印发2016年市重点建设项目计划的通知》《湖州市人民政府办公室关于推进责任医生签约服务工作的实施意见》《湖州市人民政府办公室关于印发湖州市加强环境监管执法实施意见的通知》《湖州市人民政府办公室关于印发2016年湖州市工业强市建设推进计划的通知》《湖州市人民政府办公室关于公布2015年度全市政务信息工作考核结果和政务好信息的通报》《湖州市人民政府办公室关于公布2015年度“三改一拆”及“无违建乡镇（街道）”创建工作先进集体和先进个人名单的通报》《湖州市人民政府办公室关于全面推进农业投入品废弃包装物回收和集中处置的意见》《湖州市人民政府办公室关于印发市政府2016年度十大民生实事项目的通知》《湖州市人民政府办公室关于印发2016年湖州中心城区“三改一拆”专项行动工作方案的通知》《湖州市人民政府办公室关于印发湖州市农村电子商务工作实施方案的通知》《湖州市人民政府办公室关于印发2016年湖州市服务业发展工作推进计划的通知》《湖州市人民政府办公室关于印发2016年政府工作报告重点工作责任分解的通知》《湖州市人民政府办公室关于公布2015年度湖州市重点骨干企业名单的通知》《湖州市人民政府办公室转发市发改委关于2016年湖州市国民经济和社会发展计划的通知》《湖州市人民政府办公室关于公布2015年度湖州市法治政府建设（依法行政）考核结果的通报》《湖州市人民政府办公室关于发展众创空间推进创新创业的实施意见》《湖州市人民政府办公室关于印发进一步促进企业兼并重组的实施意见》《湖州市人民政府办公室关于印发降低企业成本减轻企业负担三十六条的通知》《湖州市人民政府办公室关于进一步加强和规范风电开发建设管理的意见》《湖州市人民政府办公室关于进一步促进中心城市房地产市场平稳健康发展的补充意见》。

4月，市政府发出的文件：《湖州市人民政府关于印发湖州市国民经济和社会发展第十三个五年规划纲要的通知》《湖州市人民政府关于聘请徐祖远 王德宝为市政府顾问的通知》《湖州市人民政府办公室关于加快推进道路沥青路面旧料循环利用的实施意见》《湖州市人民政府办公室关于全面推行水利工程标准化管理的实施意见》《湖州市人民政府办公室关于印发湖州市政府部门权力清单管理实施办法湖州市人民政府部门职责管理办法的通知》。

5月，市政府发出的文件：《湖州市人民政府关于建立市政府立法咨询专家库的通知》《湖州市人民政府关于公布2015年度计划生育工作目标责任制考核结果的通报》《湖州市人民政府关于加快建立现代财政制度的实施意见》《湖州市人民政府办公室关于印发2016湖州市法治政府工作要点的通知》《湖州市人民政府办公室关于印发湖州市深化统一政务咨询投诉举报平台建设实施方案的通知》《湖州市人民政府办公室关于2015年度南太湖产业集聚区各分区综合考评结果的通报》《湖州市人民政府办公室关于公布2013～2015年度全市无偿献血先进集体和先进个人名单的通报》《湖州市人民政府办公室关于公布第九批市级现代农业园区及2015年度监测合格市级重点农业龙头企业示范性农民专业合作社的通知》《湖州市人民政府办公室关于调整失业保险有关政策的通知》。

6月，市政府发出的文件：《湖州市人民政府关于印发湖州市人民政府重大行政决策程序规定的通知》《湖州市人民政府办公室关于下达2016年度湖州市商务工作目标计划的通知》《湖州市人民政府办公室关于印发全市重点工业平台监测评价办法的通知》《湖州市人民政府办公室关于印发2016年湖州市新能源汽车推广应用工作实施方案的通知》《湖州市人民政府办公室关于印发2016年湖州市道路交通事故多发点段治理工作方案的通知》《湖州市人民政府办公室关于印发湖州市农村生活污水治理设施运行维护管理暂行办法的通知》《湖州市人民政府办公室关于印发湖州市“无违建县（区）”创建四年行动计划（2016年～2019年）的通知》《湖州市人民政府办公室关于推进安全生产社会化服务工作的实施意见》。

7月，市政府发出的文件：《湖州市人民政府关于印发湖州市加强基层中医药工作规划（2016～2018年）的通知》《湖州市人民政府关于印发加快推进残疾人全面小康进程实施办法的通知》《湖州市人民政府办公室关于印发湖州市创建浙江省节水型城市工作方案的通知》《湖州市人民政府办公室转发市发改委关于湖州市2016年度山海协作工程工作任务安排的通知》《湖州市人民政府办公室关于印发湖州市促进电子商务加快发展十条扶持政策的通知》《湖州市人民政府办公室关于印发湖州市涉矿工程项目矿产资源管理办法（暂行）的通知》《湖州市人民政府办公室关于成立湖州市创建中国制造2025试点示范城市工作领导小组的通知》《湖州市人民政府办公室关于印发湖州市智慧式用电安全隐患监管服务系统建设三年行动计划的通知》《湖州市人民政府办公室关于推进南太湖滨湖区域一体化规划建设管理的实施意见》《湖州市人民政府办公室关于印发加快补齐环境治理短板实施方案的通知》《湖州市人民政府办公室关于印发2016年湖州市政务公开工作要点的通知》《湖州市人民政府办公室关于公布2015年度区域建设用地集约利用综合评价考核结果的通报》《湖州市人民政府办公室关于印发湖州市“4+3+N”产业统计监测工作方案的通知》《湖州市人民政府办公室关于印发湖州市互联网金融风险专项整治工作实施方案的通知》《湖州市人民政府办公室关于〈湖州市爱国卫生管理办法〉等文件调整意见的通知》。

8月，市政府发出的文件：《湖州市人民政府关于印发〈湖州市人民政府立法工作年度计划编制和实施规定〉的通知》《湖州市人民政府关于印发湖州市水污染防治行动计划的通知》《湖州市人民政府关于加强和改进行政应诉工作的实施意见》《湖州市人民政府办公室关于印发2016年度法治政府建设工作责任分解的通知》《湖州市人民政府办公室关于开展2016年度法治政府建设（依法行政）考核评价工作的通知》《湖州市人民政府办公室关于印发2016年质量强市建设行动计划的通知》《湖州市人民政府办公室关于印发湖州市促进电动汽车充电基础设施建设运营办法（暂行）的通知》《湖州市人民政府办公室关于印发湖州市人民政府2016年立法工作计划的通知》《湖州市人民政府办公室关于印发湖州市见义勇为人员奖励和保障实施办法的通知》。

9月，市政府发出的文件：《湖州市人民政府 湖州军分区关于表彰2015年征兵工作先进单位和个人的通报》《湖州市人民政府关于建立“双下沉、两提升”长效机制的实施意见》《湖州市人民政府办公室关于印发2016年度湖州市商务工作排名考核办法和2016年度湖州市省级以上开发区考评办法的通知》《湖州市人民政府办公室关于印发湖州市创建浙江省食品安全市、县（区）暨争创国家食品安全城市试点工作方案的通知》《湖州市人民政府办公室关于印发湖州市安全生产委员会组织结构设置及工作规则与组成人员名单的通知》《湖州市人民政府办公室关于印发湖州市全民科学素质行动计划实施方案（2016~2020年）的通知》《湖州市人民政府办公室关于切实抓好当前工业经济稳增长和安全生产工作的通知》《湖州市人民政府办公室关于进一步加强畜禽屠宰管理工作的意见》。

10月，市政府发出的文件：《湖州市人民政府关于印发湖州市大病保险办法的通知》《湖州市人民政府关于印发湖州市全面深化公立医院综合改革试点实施方案（20216~2020年）的通知》《湖州市人民政府关于印发湖州市供给侧结构性改革总体方案的通知》《湖州市人民政府办公室关于印发2016年湖州市深化“四张清单一张网”改革推进简政放权放管结合优化服务工作要点的通知》《湖州市人民政府办公室关于印发湖州市科技创新“十三五”规划的通知》《湖州市人民政府办公室转发市交通运输局关于补齐交通运输短板加快赶超发展工作方案的通知》《湖州市人民政府办公室关于补齐科技短板 加快创新驱动的十二条意见》《湖州市人民政府办公室关于印发湖州市产业投资发展集团有限公司组建职责及发展方向的通知》《湖州市人民政府办公室关于印发湖州市城市投资发展集团有限公司组建职责及发展方向的通知》《湖州市人民政府办公室关于印发湖州市交通投资集团有限公司组建职责及发展方向的通知》《湖州市人民政府办公室关于印发湖州市旅游投资发展集团有限公司组建职责及发展方向的通知》《湖州市人民政府办公室关于印发湖州市各类事业单位统一登记管理试点单位登记管理办法等4个文件的通知》《湖州市人民政府办公室关于印发湖州市各类事业单位统一登记管理试点工作实施方案的通知》。

11月，市政府发出的文件：《湖州市人民政府关于给予张奇等7人记二等功并分别授予湖州市见义勇为先进人物荣誉称号的决定》《湖州市人民政府关于印发湖州市残疾人事业发展“十三五”规划的通知》《湖州市人民政府办公室转发市总工会等8部门关于在全市广泛开展“创业创新添活力 赶超发展谋新篇”建功立业“十三五”活动意见的通知》《湖州市人民政府办公室关于推进政策性融资担保体系建设的实施意见》《湖州市人民政府办公室关于印发湖州市区城市供水管理办法和湖州市区节约用水管理办法的通知》《湖州市人民政府办公室关于印发市政府行政规范性文件征求意见工作实施办法的通知》《湖州市人民政府办公室关于启用市综合行政执法局和市综合行政执法支队机构印章的通知》《湖州市人民政府办公室关于加强外来建筑业税收保障工作的通知》《湖州市人民政府办公室关于建立和调整市级有关临时性机构的通知》《湖州市人民政府办公室关于印发湖州市加快推进地质灾害隐患点处置实施方案的通知》。

12月，市政府发出的文件：《湖州市人民政府关于印发湖州市妇女发展规划（2016~2020年）和湖州市儿童发展规划（2016~2020年）的通知》《湖州市人民政府关于公布2016年湖州市科学技术进步奖获奖项目的通知》《湖州市人民政府关于公布湖州市第十七届社会科学优秀成果的通知》《湖州市人民政府关于建立全市统一的城乡居民基本医疗保险制度的意见》《湖州市人民政府办公室关于印发湖州市“除隐患、保安全、促转型”治危拆违攻坚战行动方案的通知》《湖州市人民政府办公室关于印发湖州市全面推行“双随机一公开”抽查监管实施方案的通知》《湖州市人民政府办公室关于印发湖州市综合行政执法配合协作机制等6个文件的通知》《湖州市人民政府办公室关于进一步加强湿地保护管理工作的意见》《湖州市人民政府办公室关于印发湖州市质量发展“十三五”规划的通知》《湖州市人民政府办公室关于印发湖州市开展政府职能向社会组织转移试点工作实施意见的通知》《湖州市人民政府办公室关于印发湖州市乡村教师支持计划（2015～2020年）实施办法的通知》《湖州市人民政府办公室关于推行新型居住证制度的通知》《湖州市人民政府办公室关于印发湖州市加强金融消费者权益保护三年行动方案（2016～2018年）的通知》《湖州市人民政府办公室关于转发湖州农信普惠金融提升工程五年行动计划（2016～2020年）的通知》《湖州市人民政府办公室关于全面推进农家乐规范提升发展的意见》《湖州市人民政府办公室关于印发湖州市落实“先照后证”改革加强事中事后监管的实施意见（试行）的通知》《湖州市人民政府办公室关于印发湖州市基本公共服务均等化“十三五”行动纲要的通知》《湖州市人民政府办公室关于印发湖州市生态环境保护“十三五”规划的通知》《湖州市人民政府办公室关于推进湖州市家庭屋顶光伏工程建设的实施意见》《湖州市人民政府办公室关于印发湖州市“十三五”金融业发展规划的通知》《湖州市人民政府办公室关于印发湖州市分级诊疗工作实施方案（试行）的通知》。　（朱志杰）

·政协湖州市委员会·

【政协第七届湖州市委员会常务委员会第十六次至第十八次会议】 政协第七届湖州市委员会常务委员会2016年共举行3次会议。

市政协七届十六次常委会议在市政协七届五次会议（2月1日）期间召开。会议听取了市政协七届五次会议小组讨论综合情况的汇报；审议通过市政协七届五次会议选举办法（草案）、常务委员候选人名单（草案）、大会选举监票人名单、总监票人建议名单和市政协七届五次会议提案收集初审情况报告（草案）和会议决议（草案）。

市政协七届十七次常委会议于5月5日在湖州召开。副市长杨六顺应邀出席会议。会议听取了市政府关于湖州市“五水共治”工作和关于当前湖州市工业经济发展情况的通报。会议决定免去丁阿娥市政协人口资源环境委员会主任职务；同意邵屹辞去七届市政协委员职务，免去邵屹市政协港澳台侨委员会副主任（兼）职务；撤销许坤良七届市政协委员资格；决定汪少华任市政协人口资源环境委员会主任。市政协主席吴水霖就如何发挥优势、彰显特色，切实做好人民政协工作作了专题讲话。

市政协七届十八次常委会会议于8月3日至4日在湖州召开。会议主要议题是协商讨论“关于加快推进海绵城市建设的对策研究”常委会重点协商课题调研报告和建议案。市委副书记、市长陈伟俊应邀出席会议，并代表市政府通报了上半年全市经济社会发展情况、下半年重点工作安排及供给侧结构性改革推进情况。会议围绕课题进行协商讨论，提出尽快形成建设思想共识、系统制定建设规划、因地制宜推进建设和着力强化建设保障等意见建议。在充分讨论的基础上，会议审议通过了《关于加快推进海绵城市建设的建议案》。会议决定免去高卓华市政协社会法制委员会副主任职务；免去梁军市政协港澳台侨委员会副主任（兼）职务。市政协主席吴水霖就“共识共为共享”作了专题讲话。

【政协第七届湖州市委员会第五次会议】 政协第七届湖州市委员会第五次会议于1月29日至2月1日在湖州召开。市政协在湖州历届主席、副主席，在湖州的十一届省政协委员，市直有关单位负责人，在湖州的省文史馆馆员、市黄埔同学会主要负责人，市政协之友社正、副理事长和秘书长，各县（区）政协秘书长，市政协特邀委员和在外湖州商会会长列席了会议。29日上午，市政协七届五次会议开幕，市党、政、军领导，市中级人民法院、市人民检察院和湖州师范学院、湖州职业技术学院、南太湖产业集聚区管委会的主要领导以及有关老干部代表到会祝贺。会议听取了市政协主席吴水霖代表七届市政协常委会所作的工作报告和副主席沈琪芳所作的提案工作情况报告。会议期间，与会人员列席了市七届人大六次会议，听取并讨论了市委副书记、市长陈伟俊所作的政府工作报告和其他重要报告，围绕湖州经济社会发展中的重大问题和群众关心、关注的民生福祉问题，认真协商议政，广泛献计出力。30日下午，市委常委、副市长分别参加了联组讨论，听取委员们的意见和建议。31日上午，举行委员大会发言，市委、市政府有关领导和相关部门负责人到会听取委员们的大会发言。会议期间，市政协先后举行了第三十六次主席会议和第十六次常委会议，分别审议通过大会有关事项。2月1日下午，举行大会选举，以无记名投票和等额选举的办法，选举刘姝姗、李红、汪少华为七届市政协常务委员；之后举行闭幕会，审议通过市政协提案委员会关于七届五次会议提案收集初审情况的报告，审议通过政协第七届湖州市委员会第五次会议决议。市委书记裘东耀和市政协主席吴水霖在闭幕会上分别讲话。

【协商民主和民主监督】 2016年，市政协紧紧围绕全市经济社会发展大局和市委、市政府中心工作，认真履行职能，积极建言献策，充分发挥协商民主重要渠道和专门协商机构作用。选择“继续深化改革，加快市本级经济社会发展”和“发挥优势，加快发展健康产业”2个重大问题，分别举办市委书记、市长与政协委员“面对面”专题协商活动，提出的协商建议得到市委书记裘东耀和市委副书记、市长陈伟俊的重视，5位市领导先后作出重要批示，部分意见和建议被市委、市政府采纳。围绕市委七届十次全会作出的关于补短板的实施意见，召开专题政治协商会议，从加快产业结构调整、提升自主创新能力和加快行政审批制度改革等方面提出意见和建议。市委书记裘东耀参加会议，听取委员发言，并给予高度评价。会后报送的《协商纪要》，有许多建议被市委采纳。

探索专题协商、界别协商新形式，学习借鉴全国政协双周协商座谈会和省政协“民生论坛”的做法经验，创新开展双月界别协商活动，由专委会牵头，组织有关界别的政协委员，并邀请基层群众代表参加，与市政府分管领导和市级相关职能部门主要负责人，围绕发展民宿经济、降低实体经济企业成本、创新农村社会治理、加强城市小区管理、加强非物质文化遗产保护与传承和大力发展家庭农场6个议题进行协商，促进有关问题的解决，取得较好的成效。委员提出的《关于规范行业协会收费，减轻企业负担的建议》，整理成社情民意信息报送后，被全国政协办公厅采用并转报给国家有关部委。

积极参与省政协开展的“三级政协联动、万名委员同行、助推‘五水共治’长效机制建设”专项集体民主监督。市、县区两级政协组织105个督导工作组、1116名委员，联合开展“千百行”活动，精心组织开展“四随”（随查、随拍、随记、随传）和“我为‘五水共治’献良策”活动，联动实施“河长制”专题监督调研，有效地助推了“五水共治”长效机制的构建。深入做好委派民主监督小组工作，组建8个监督小组，就防治建筑施工扬尘污染、加快河道清淤、加强城区餐饮油烟治理、推进国有产权交易阳光操作、公共体育设施向社会开放、推动禁毒工作、加强种粮大户扶持力度和打造美丽乡村建设升级版等问题，委派到8个市级部门，开展定期、定点的跟踪监督，分别形成《民主监督建议书》，积极助推党、政重大决策部署的贯彻落实和人民群众切身利益问题的有效解决。主席会议成员紧紧围绕“四个年”活动、“六重”工作等重大决策部署的推进，就产业转型升级、重大项目引建、生态文明建设、城乡统筹发展、社会治理创新、低收入居民增收和“三改一拆”“两路两侧”“四边三化”等湖州市赶超发展中的重点、难点、热点问题，广泛开展专题视察和议政监督，为党、政重大决策推进聚智出力。组织在湖州的省政协委员就协调太湖水厂取水审批和水源地保护事宜、支持湖州打造全省新能源汽车特色产业基地、加大对新一轮太湖流域水环境综合治理项目支持力度和合力打响“世界丝绸之源”品牌等问题视察调研、提出提案，推动有关问题的立项解决。

【提案工作和反映社情民意工作】 2016年，市政协收到以提案形式提出的意见和建议297件，经审查立案281件，其中集体提案58件、委员提案223件。提案所提建议被采纳或基本采纳、部分采纳或列入计划采纳的有279件，占99.3%。市政协常委会进一步完善市委、市政府领导领办各民主党派、工商联集体重点提案机制，继续做好重点提案遴选与督办、同类提案集中办理和提案办理民主评议等工作，281件提案全部办复，《关于以“两化融合”强化供给侧创新，助力湖州制造提升的建议》《关于政府引导与企业主体联动，加快湖州推进特色小镇培育创建的建议》和《关于加快发展农村淘宝的几点建议》等一批重点、重要和专题提案得到较好的办理落实，推动了有关政策的落实和工作的改进。

2016年，市政协进一步加强特邀信息员队伍建设，深入推进信息直报点工作。围绕“三去一降一补”（去产能、去库存、去杠杆、降成本、补短板）、“营改增”、农村低保等问题，创新开展专题信息调研，不断拓宽信息来源渠道，提升信息工作质量。年内，收到事关就业、医疗、住房、教育、食品安全、社会保障和生态环境等一大批社情民意信息，编发《社情民意专报》等115期，其中有38期被全国政协和省政协采用。市政协反映社情民意信息的数量和质量进一步提升，在全省政协系统信息工作评比中获一等奖。

【其他重要工作】 深入开展“两学一做”学习教育。按照中央和省、市委的统一部署，把开展“两学一做”学习教育作为一项重大政治任务来抓，市政协主要领导亲自作动员讲话并上专题党课，依托“三会一课”等组织生活制度，以支部为单位开展三个专题交流研讨，通过学习教育，使广大党员进一步增强“四个意识”，坚定“四个自信”，保持对党忠诚、勇于担当作为。

组织开展为民服务行动。广泛组织市、县（区）两级政协委员，深入基层、深入群众，开展科技助民、医疗惠民、法律护民、文化利民和扶贫济民的为民服务“五大行动”，为基层群众排忧解难。结对帮扶少数民族村和集体经济薄弱村。积极动员政协委员和机关工作人员参与慈善捐赠、希望工程和扶贫慰问等公益事业。年内，全市两级政协举办科技服务、医疗义诊、文化下乡、法律宣传等各类活动425场（次），捐助款项939.75万元，惠及群众8.4万人（次），受到各方好评，使人民群众感到政协与自己很近、委员与自己很亲。

加强理论学习研究。组织召开全市政协主席（扩大）读书会，围绕“厚植优势、力补短板，积极助推湖州市的赶超发展”深入开展研讨。认真开展人民政协理论研究，有12篇理论文章在《中国政协理论研究》《人民政协报》《联谊报》等各级各类报刊上发表，其中有1个理论研究课题入选《全国政协理论研究会年度论文集》。《关于创新人民政协协商民主机制的理论思考与对策研究》获得省政协理论研究成果评选一等奖，市政协成为全省政协系统中蝉联理论研讨"五连冠"的设区市政协。

做好经常性工作。精心组织力量，深入调研和进行梳理，编辑出版《湖州专业市场发展史》丛书。创新提高《湖州政协》办刊质量，办好《政协时空》栏目，加强政协门户网站建设，加大政协工作宣传力度。加强与港澳委员、特邀委员和在外湖州商会会长的联系，与市海外联谊会共同举办湖州港澳乡亲迎春团拜会。走访外地湖州商会，为浙（湖）商回归牵线搭桥。联合市侨联开展一月一主题的"侨之家"活动，组织归侨侨眷了解湖州，帮助侨资企业反映和协调解决实际困难。重视发挥市政协之友社、书画联谊会、民营经济促进会等组织的作用。参加八省十四市政协横向联系工作交流和九省十四市政协第十三届书画联展，宣传湖州经济社会发展成果，努力扩大湖州市对外影响。配合全国政协和省政协到湖州就高新技术产业、茶产业、文房产业发展、丝绸产业传承发展、特色小镇建设、科技创新推进、浙商回归、民宿经济发展、乡村旅游提升、户籍制度改革和城乡社区服务等课题开展调研视察。加强委员学习与培训，通过加强联系指导、邀请专家作辅导讲座、组织"小分队"调研和开展座谈交流等形式，不断提升委员履职能力。按照争做"团结的模范、民主的典范、和谐的示范"的要求，加强机关干部队伍建设，充实专委会力量，注重年轻干部培养，进一步优化队伍结构，激发工作活力，在全市"服务'四个年'公文写作与处理技能竞赛"中获得团体第一名。严格执行中央"八项规定"、省委"28条办法"和市委"24条办法"，切实做好机关党风廉政建设和反腐败工作，进一步营造风清气正、心齐劲足和干事创业的良好氛围。

（谢正刚）

·纪检监察·

【第七届市纪委第五次全体会议】 2月2日，中国共产党湖州市第七届纪律检查委员会第五次全体会议在湖州召开。会议深入学习贯彻十八届中央纪委六次全会和省纪委十三届五次全会精神，总结2015年工作，研究部署2016年党风廉政建设和反腐败工作。市委书记裘东耀出席会议并讲话，强调要深入贯彻落实中央和省委关于加强党风廉政建设和反腐败工作的任务要求，准确把握全面从严治党新要求，更好地肩负起管党治党的政治责任，扎实推进党风廉政建设和反腐败各项工作，为推进湖州赶超发展提供强有力的纪律和作风保障。市委副书记、市长陈伟俊主持会议。市委常委、市纪委书记陈浩代表市纪委常委会作工作报告。副市级以上领导干部，市纪委委员，各县（区）、市直各单位主要负责人等参加会议。

会上，裘东耀、陈伟俊分别与各县（区）党委、政府签订了2016年度党风廉政建设责任书。

【强化政治监督】 把严明政治纪律和政治规矩作为首要任务，严肃执纪问责，督促各级党组织和党员干部自觉同以习近平总书记为核心的党中央保持高度一致。加强对党中央和省、市委重大决策部署贯彻落实情况的监督检查，推动政策落地，确保政令畅通。强化换届风气监督，严格落实"九严禁"纪律要求，审核各级"两代表一委员"人选21160人（次）。严把选人用人政治关、廉洁关，各级纪检机关回复党风廉政意见征求函6193人（次）。认真抓好《关于新形势下党内政治生活的若干准则》《中国共产党党内监督条例》等党内法规的学习宣传，深化"党纪教育一刻钟"活动，全市党员干部接受教育29.7万人（次）。坚持重大节假日向党员领导干部发送廉政短信，定期编发廉文荐读，充分发挥警示教育基地作用，办好市纪委网站，着力营造全面从严治党良好舆论氛围。

【压实"两个责任"】 把落实全面从严治党政治责任作为"牛鼻子"来抓，认真落实省委关于党委（党组）主体责任和纪委（纪检组）监督责任清单，层层签订个性化责任书，组织开展重点检查考核和专项抽查，党委（党组）主抓直管工作机制全面形成。市委书记裘东耀带头履行"第一责任人"职责，市政府党组书记、市长陈伟俊重视抓好政府系统党风廉政建设，市委常委结合分管工作全面落实"一岗双责"。市人大常委会、市政府、市政协党组认真履行主体责任，全面加强党风廉政建设。深化拓展主体责任报告工作，市、县、乡三级党委书记向上一级纪委、市、县两级政府党组书记和乡（镇）长向上一级监察厅（局）报告履行"第一责任人"职责和廉洁自律情况。探索建立市、县两级党风廉政建设"双审"制度，对22名拟提拔为正处级、70名拟提拔为正科级领导干部的个人廉洁自律和履行"一岗双责"情况进行审查。落实谈话提醒制度，各级纪委负责人同下级党政主要负责人谈话1906人（次），开展领导干部任前廉政谈话1133人（次），实施诫勉谈话140人（次）。探索开展巡察工作，市本级对6家市直单位开展巡察，发现各类问题69个，同时，指导各县（区）同步推进。加大问责力度，实行"一案双查"，全市25名党员领导干部因落实"两个责任"不力、失职渎职受到责任追究。

【深化作风建设】 高标准落实中央"八项规定"精神，紧盯重要时间节点，驰而不息正风肃纪，不断释放越往后执纪越严的强烈信号。全市全年查处违反中央"八项规定"精神问题38起，处理党员干部54人，给予党政纪处分40人，并对46起违反中央"八项规定"精神、28起损害基层群众利益的典型案件进行点名道姓通报曝光，形成持续震慑。扎实推进公款竞争性存放工作，全市纳入竞争性存放管理公款227.78亿元，利益回避32人。深入清理领导干部在公务出差等方面享受超标准待遇问题。加大对侵害群众利益问题查处力度，组织开展农村基层作风巡查，巡查行政村385个，移交问题线索277件，查处157人，给予党政纪处分27人，推动全面从严治党向基层延伸。

【实践“四种形态”】 坚持把纪律挺在前面，积极实践监督执纪“四种形态”（经常开展批评和自我批评、约谈函询，让“红红脸、出出汗”成为常态；党纪轻处分、组织调整成为违纪处理的大多数；党纪重处分、重大职务调整的成为少数；严重违纪涉嫌违法立案审查的成为极少数），抓早抓小、动辄则咎。坚持以“零容忍”态度惩治腐败，有腐必反、有贪必肃。全市各级纪检监察机关全年受理信访举报2185件（次）；处置反映问题线索844件；初步核实180件（次）；谈话函询253人（次）；了结114件（次）；立案721件；给予纪律轻处分333人、纪律重处分373人，其中县处级10人、乡科级55人；挽回经济损失1934.48万元，并为215名党员干部澄清了问题。充分发挥各级党委反腐败协调小组作用，健全协调机制，形成工作合力。发挥信访举报主渠道作用，加强对问题线索集中管理和处置，规范核实性谈话工作。建设监督执纪问责信息系统，实现市、县两级全覆盖。转变执纪审理方式，注重纪、法衔接，对涉刑案件移送司法机关前先行处理到位。用好处分决定书和纪律检查建议书，强化对处分决定执行情况的监督检查，执纪审查的政治、法纪和社会效果进一步提升。在中央纪委华东片区纪律审查工作会议上，市纪委作为唯一设区市单位作大会交流。

【深化纪检体制改革】 根据中央和省委统一部署，启动国家监察体制改革试点工作。严格执行四个“提名考察办法”，以市纪委为主提名考察县（区）纪委书记、副书记、派驻纪检组长和市管企业纪委书记97人（次），以县（区）纪委为主提名考察乡（镇）纪委书记、副书记和派驻纪检组长233人（次）。巩固派驻机构全覆盖成果，出台市纪委派驻纪检机构履职清单，探索建立市、县（区）纪委派驻机构“1+5”联动监督机制，派驻机构的监督作用不断增强。健全县（区）纪检监察工作例会、基层纪委书记落实监督责任工作季度交流会等工作机制，每季度“面对面”听取派驻机构发现问题线索情况汇报，强化上级纪委对下级纪委的领导。加强机关纪检组织建设，实现对机关党员监督全覆盖。

【加强纪检监察队伍建设】 在全市纪检监察系统组织开展“两学一做”学习教育，聚焦忠诚干净担当，深入查找补齐“短板”。加强能力建设，实施纪检监察干部成长助推计划，组织派驻机构干部全员参加轮训，干部队伍能力素质不断提升。拓宽选人视野，加大交流力度，优化纪检监察队伍结构。扎实推进县、乡两级纪委换届，选优配强县（区）纪委领导班子，指导县（区）完成乡（镇）纪委换届任务。认真做好全国和全省纪检监察系统先进集体、先进个人评选推荐工作。加强纪检监察机关党建工作，推动系统内部“两个责任”落实。牢固树立执纪者更要严格守纪、监督者更要接受监督的意识，严明审查、巡察、信访、保密等纪律。制定出台反映纪检监察干部问题线索处置管理实施办法，严格执行纪检监察干部重大事项报告制度，发挥纪检监察干部监督机构作用，防止“灯下黑”。（邱云飞）

·组织工作·

【概况】 2016年，全市组织系统深入贯彻落实中共十八大、十八届三中、四中、五中、六中全会精神，特别是习近平总书记系列重要讲话精神，着力培养选拔好干部、夯实基层基础、引育各类人才，为加快湖州市赶超发展提供了坚强的组织保证和人才支撑。全市组织工作得到中央、省委领导批示13条（次），省级以上新闻媒体报道847条（次），省级以上工作简报刊发信息152条（次），基层党建述职评议考核继续居全省前列，连续3年获得全省人才工作目标责任制考核优秀市，先后有24个省（区、市）99批、1928人次到湖州学习考察基层党建和组织工作，农村基层党建、“党性体检”经验做法均入选中组部组干学院教学案例。11月16日，中共中央政治局常委、中央书记处书记刘云山调研视察德清县五四村、地理信息小镇，对湖州市基层党建工作予以充分肯定。

【“两学一做”学习教育】 牢牢抓住“两学一做”龙头任务，精心组织，周密安排，推动学习教育扎实深入开展。传承红色基因、“党性教育一刻钟”“千堂党课进基层”、创新人才精准服务机制和推行公务员“日志式”管理等经验做法，分别在中央党建领导小组《党建要报》、新华社内参清样、中组部《组工通讯》《组工信息》《中国组织人事报》等刊发，以“五进”弘扬好家规、家风做法在全省党员干部家风家规建设现场推进会作经验介绍。一是坚持抓在“要”处。制定全市学习教育实施方案和“1+8”系列工作方案，以党组织书记讲专题党课开局，纵深推进学习教育。坚持领导示范，4月29日，市委书记裘东耀带头上专题党课，市委常委会带头作出“五个表率”“六个带头”承诺，带头落实领导干部双重组织生活制度。注重强化督导，专门组建3个督导组，实现对5个县（区）、77个市直单位党委（党组）督导全覆盖。二是坚持学在“深”处。实施“千名书记进党校”，对1263名村（社区）党组织书记、682名两新组织党组织书记和80名市直机关基层党组织书记进行集中轮训。实施“千堂党课进基层”，30名市级领导、77名市直部门“一把手”带头下基层讲党课。开展“千个支部结对学”，组织机关事业单位、高校，与教育资源缺乏、老弱党员参学难的基层党组织结对共享共建。探索建立“党性教育一刻钟”制度，将“两学一做”学习教育纳入支部“固定活动日”内容，切实把学习教育融入日常经常。三是坚持做在“实”处。围绕“争当合格党员、争创一流业绩”，深入开展“我是党员我承诺”“我是党员我示范”“我是党员我争先”等活动，推动党员走在前、做在前。全面推行96345党员志愿服务，招募12.6万名党员志愿者护航G20杭州峰会。精心组织纪念建党95周年系列活动，评选表彰99名市优秀共产党员、50名优秀党务工作者和50个先进基层党组织。四是坚持改在“短”处。着眼补齐短板，全面开展党费收缴工作专项检查、违纪违法党员清理排查和党员组织关系集中排查等7项专项清理，整治农村党员干部“三违”问题221例。注重建章立制促长效，进一步健全完善“三会一课”、每月固定活动日、闪光言行考评、党内关爱基金、党性体检和不合格党员处置等制度。

【干部队伍建设】 制订《关于从严加强干部队伍建设打造奋力赶超发展的湖州铁军的实施意见》，突出打好“上、下、管、育、爱”组合拳，努力锻造“四个铁一般”的湖州好干部。一是统筹推进县、乡换届。牢牢把握重视基层、实干当先、群众公认用人导向，圆满完成县乡换届工作，换届中组织提名人选全部高票当选，县（区）党政领导班子中具有乡镇（街道）党政正职经历的达58.7%，乡（镇）党政班子“本土化”比例达53.2%，择优选拔85名优秀村干部、大学生村官和事业编制“三类人员”进乡（镇）领导班子。认真完成市党代会和“两会”各项筹备工作，全面开展代表、委员资格条件联审和组织考察，探索试行初步人选个人有关事项报告公示制度，坚决防止“带病当选”。选优配强市直部门和4家市属国有企业领导班子，扎实做好民主党派、工商联和团委、妇联换届工作。二是提升干部教育培训实效。紧扣党委、政府中心工作，设置五大发展理念“1+5课程体系”，举办“六重”工作、“创新推动赶超发展”等主体班次22期。突出深化理论教育和党性教育，坚持中共十八大和十八届历次全会精神、习近平总书记系列重要讲话精神进教学计划、进课程体系、进课题研究，12月8日至16日，分4期开展县（处）级干部学习贯彻十八届六中全会精神集中轮训。以“新四军苏浙军区纪念馆”“钱壮飞纪念馆”2个展馆为重点，建立湖州党性教育现场教学基地带。三是提振干部干事创业精气神。坚持以实绩论英雄，探索推行市直部门实绩导向型年度考核、乡镇（街道）领导干部实绩纪实公示公议。规范县（处）级非领导职务干部管理，选派58名干部参与13项市委、市政府中心工作。实施年轻干部成长助推计划，加强对“85后”优秀年轻干部、专业型干部和乡镇（街道）团委书记后备人选“三支队伍”培养，选派691名优秀年轻干部参与“项目建设”“治水治气”和服务保障“G20”等重点工作，选派62名优秀年轻干部到国家部委、省级部门挂职锻炼，定向浙江大学等10所知名高校择优录用14名硕、博研究生到乡镇（街道）历练。四是加强干部日常监督管理。着力加强领导干部履职绩效监督，全市对69名领导干部进行经济责任审计，并对其中24名领导干部实施“三责联审”。扎实做好选人、用人“一报告两评议”工作，严格执行干部选拔任用事前预审、事后备案制度，提前完成超职数配备干部整治工作，按时完成干部人事档案专项审核。建立健全国有企业领导人员管理体制，设立市属国有企业外派监事会。深入推进新提任领导干部个人有关事项公开，全年对6批、188人（次）干部组织实施公示。全面推行公务员“日志式”管理平时考核，周密组织全市公务员招考录用工作。五是营造风清气正换届环境。加强换届风气监督，组织全市4696名干部签订严守换届纪律承诺书，开展各类谈心谈话10800余人（次）。定期编发严肃换届纪律学习短信，组织全市党员干部学习《严肃换届纪律文件选编》，观看警示教育片《镜鉴》《警钟》。实现市、县（区）两级“12380”联网互通，会同市纪委对5个县（区）开展两轮换届风气巡回督查。

【基层组织建设】 坚持大抓基层工作导向，扎实开展“基层组织加强年”活动，落实责任、固本强基。中央组织部组织二局局长石军到湖州市专题调研“两学一做”学习教育和基层党建工作，给予肯定评价。一是大力推进“百村示范、千村晋位”专项行动。落实“整乡推进、整县提升”要求，坚持整乡规划、一村一策，市委书记裘东耀直接联系指导整乡推进示范乡镇创建单位南浔区和孚镇，全市评选表彰5个基层党建整乡推进示范乡镇（街道）党委、49个市先锋示范村，吴兴区妙西镇党委在全省农村基层党建工作会议上作经验交流。深入实施“五年强村计划”，村均集体经济年增收10万元，大力推进54个软弱落后村整转，实现“第一书记”派驻全覆盖。二是全力打造过硬基层“带头人”队伍。深化“领头雁”工程，评选出13名市美丽乡村优秀带头人和60名省“千名好支书”，举办全市乡镇（街道）党委书记抓基层党建专题培训会，全面推行村干部“四诺”履职制度。新选拔12名优秀村（社区）书记进乡镇领导班子，累计有23名进班子。探索创新电教远教工作，深化“远教入户”扩大试点工作，探索开发“两学一做”系列微动画，开发教学课件54部，拍摄《奉献》51期。三是创新推行“党建+”工作方式。以“党建+生态”践行“两山”思想，全面开展“扮美家园、争当先锋”行动。以“党建+创业”引领赶超发展，推广建立“红管家”“爱游”党员志愿服务驿站，建立810个党群创业互助会，落实650万元“困难党员群众创业帮扶基金”，帮扶困难党员群众脱贫致富。以“党建+治理”促进基层和谐，在村（社区）推广建立党组织领导下的“乡贤参事会”。以“党建+文化”弘扬核心价值，全方位强化基层阵地红色元素，推行优良家风家规“五进”机制。四是不断提升“两新”党建工作整体水平。深入推进“两新”组织“双覆盖百日攻坚”专项行动，新建“两新”组织党组织141家，6个省级特色小镇全部建立园区党组织。启动实施“红色动力工程”，持续推进“党员人才工程”三年行动计划，建成“红领学院”47家、创建“党员专家工作室”27家、“党员创新示范岗”1138个、结成“红色师徒”1401对，打造17条“两新”党建示范带。深入推进社会组织党建“四季行动”，在全省率先出台社会组织党建工作规则和分类评估标准。实施行业党建“领头雁计划”，培育行业领军“两新”组织党组织53家、县（区）级以上“党建强、发展强”“两新”组织332家，在全省率先建成“两新”组织党建工作目标责任考核体系。五是创新完善基层党建责任落实机制。健全基层党建定期分析研判机制，市委常委会每半年一次、县（区）常委会每季度一次研判基层党建工作。实行“一季一次专项督查、一次现场助推”，全年围绕基层党建重点任务、“百千”行动、“基层组织加强年”等集中暗访4次。完善基层党建述职评议考核制度，建立市委“两新”工委成员单位和县（区）“两新”党建工作年度考核制度，全面推行基层党建“日志式管理”，建立县、乡、村三级党组织书记基层党建工作“三张清单一张表”，76名县、乡党委书记领办党建项目152个。

【人才工作】 紧紧围绕人才强市和创新驱动发展战略，坚持党管人才原则，充分调动人才和用人主体积极性，增强人才工作区域竞争力。中组部人才局、国家外专局和新华社等专程到湖州调研、采访人才工作。一是大力引进急需紧缺高层次人才。扎实推进“南太湖精英计划”系列引才工程，全年新引进海内外高层次人才1713人，其中入选“南太湖精英计划”166个，入选“国千”人才9名、“省千”人才25名，居全省第3位，“国千”“省千”人才总数分别达38名和99名。组团赴美国、加拿大、日本招才引智，签约引进41个海外高层次人才项目、新聘任2名海外引才大使、建立4家海外引才工作站。推进“9360”急需紧缺人才引进战略合作联盟建设，建立人才办主任分片联系高校制度，引进急需紧缺人才2666人。加快集聚院士专家智力，新建市级院士专家工作站13家、入选省级工作站2家，省级站入选数居全省第2位。二是积极优化人才创业创新环境。深入实施“南太湖精英计划”项目成长助推行动，举办多层次资本市场专题研修班和南太湖创业创新大赛，新增“新三板”挂牌企业6家，省股权交易中心挂牌企业总数达58家，实现直接融资6100万元。完善“湖州服务绿卡”功能，开设外籍人才“一站式”办事窗口。加强人才平台建设，“微总部”“金融客吧”等5家众创空间被评为国家级“众创空间”，德清县成功创建成为全省第四家“千人计划”产业园。2016年，“南太湖精英计划”创业项目产值、销售收入、利税和利润分别同比增长90%以上。三是深化人才发展体制机制改革。出台“湖州人才新政”和全市“十三五”人才发展规划，加快推进职称评审改革、人才贡献奖励年金和股权分红激励等创新项目实施。完善“南太湖精英计划”项目绩效评估指标体系，组织第三方专业机构对319个人才项目实施年度绩效评估和资金拨付评估。四是统筹推进各类人才队伍建设。加强企业经营管理人才培养，分层、分类对1.56万名企业经营管理人才开展专题培训。加大企业技能人才培养，实施“金蓝领”高技能人才培养工程，新增高技能人才1.7万人。深入推进“1112”人才培养工程，选拔培养和后备人选153人，入选省“151”人才12人。加大宣传文化队伍建设，评选“345”优秀创新团队14个、“文化领军人才工作室”15家。加大农村实用人才培养力度，培训农村“两创”实用人才10138人。加大社会工作机构和社会工作带头人培育力度，新增社会工作专业人才333人，新建民办社会工作服务机构14家。加强教育人才队伍建设，新建“名师名校长”工作室42个，培养“名师名校长”115人。深入推进医疗卫生“135”优才工程，引进培养硕、博士医疗人才127人。

【自身建设】 扎实开展部机关“两学一做”学习教育活动，切实增强“四个意识”，着力建设模范部门、打造过硬队伍。一是着力优化干部作风形象。制订部机关“两学一做”学习教育实施方案，开展部机关“下基层、找短板、送服务”蹲点调研活动，全年走访慰问783个村、社区和企业等基层单位。制定部机关“日志式管理”平时考核工作方案，严格落实保密工作责任，全面开展廉政风险点自查和重点防控项目梳理。加强对干部的关心关爱，开展部机关“家风尚”竞赛活动，定期开展谈心谈话、文体活动。二是注重提升队伍能力素质。突出落实“安专迷”要求，在全市组工干部中开展“聚精会神抓主业、争当组工活字典”活动，举办组工干部专题培训班，开展组织工作政策法规业务知识测试，定期开展组工论坛，探索建立组工干部市委党校主体班次选学制度，促进组工干部成长成才。注重调研创新，年内，有4个课题分别获中组部和全国党建研究会优秀调研成果一、二等奖；5个课题获全省组织系统优秀调研成果奖，2项工作获评全省组织系统特色工作。三是持续深化“阳光组工”建设。举办第5次“开放日”活动，在《湖州日报》上刊发“阳光组工”专版，进一步增加组织工作透明度。继续走好“网上群众路线”，打响“天天微心愿”服务品牌，发布困难党员群众微心愿近百个，认领率、办结率均为100%。打造指尖上的党建服务新平台，开通“湖州组工”微信公众号，累计发布130余期。

（陈　程）

·宣传工作·

【概况】　2016年，全市宣传思想文化战线认真学习贯彻习近平总书记系列重要讲话精神、中共十八届六中全会以及省、市委全会精神，牢固树立“四个意识”（政治意识、大局意识、核心意识、看齐意识），着眼“两个巩固”（巩固马克思主义在意识形态领域的指导地位，巩固全党全国人民团结奋斗的共同思想基础）根本任务，奋发有为、求真务实、开拓创新，在服务大局中追求卓越，在把握规律中砥砺奋进，在重点突破中整体推进。主要在六个方面取得明显成效：一是全力服务保障G20杭州峰会，市委宣传部被省委、省政府评为G20杭州峰会服务保障先进集体；二是以“文化车间”为载体推进核心价值观在基层企业落地生根的创新举措，获评第五届全省宣传思想文化工作十大创新奖；三是文明城市创建扎实推进，全市三县两区实现省级示范文明城市（城区）创建“满堂红”；四是文化民生工程普惠百姓，三县两区实现省文化礼堂建设先进县（区）“满堂红”；五是道德高地建设初见成效，十年“浙江骄傲”评选湖州年年榜上有名；六是文化发展水平持续快速增长，在最新发布的浙江“文化发展指数（CDI）”测评中，湖州名列全省第二。

【强化理论武装工作】　坚持用党的最新理论成果武装头脑、指导实践、推动工作。理论学习教育扎实深入。以党委（党组）中心组学习为龙头，广泛组织学习中共十八届六中全会和习近平总书记系列重要讲话精神，努力在深化学习、深入阐释和广泛普及上下功夫。市委中心组率先垂范，全年专题集中学习17次，全市县处级以上中心组专题学习600余场（次）。持续深化“三百两千”（即组织全市百个县处级中心组举办百场专题报告会，在市级及以上报纸杂志上推出百篇理论学习文章，组织千个基层党组织开设千场微型党课）学习活动。以深化理论宣传阐释为重点，扎实推进党中央治国理政新理念新思想新战略主题宣传，引导广大党员干部进一步增强中国特色社会主义的道路自信、理论自信、制度自信和文化自信。基层理论宣讲鲜活生动。深化“百姓百人讲百事”活动，培育优秀百姓宣讲员15名、百姓宣讲工作室10个，积极构建“153”（即每个行政村至少培养1名百姓宣讲员，每个乡镇选拔培养5名左右骨干巡回宣讲员，并与3个市内其他乡镇结对开展宣讲走亲活动）村镇宣讲网络，长兴县施小荣被评为全国基层理论宣讲先进个人。全年围绕中共十八届六中全会精神和省、市委重大决策部署等开展理论宣讲1200余场（次），举办“十三五、话担当”微党课1000余场。推进理论宣传教育阵地建设，制订《关于加强和改进报刊网络理论宣传工作的意见》，构建全媒体覆盖的理论宣传矩阵；建成“六有”（即有达标场地设备、有师资队伍、有正常办班教学、有“三联三进”活动、有经费保障、有长效管理制度）规范化基层党校31所；市委宣传部与湖州职业技术学院新建“马克思主义讲习所”，打造理论大众化与高校思想政治工作有机融合新阵地。市委、市政府主要领导赴两所高校作形势政策报告，高校思想政治工作不断加强。社科研究普及积极有效。制订大力推进湖州新型智库建设的实施意见，开展课题研究75项。深度挖掘“百坦文化”正能量，讲好湖州故事。历时4年完成摄制播出52集大型人文社科系列片《话说湖州》，并举办“精神的家园”——《话说湖州》首发系列活动，《话说湖州》图书荣获全国优秀科普读物，有效探索人文社科知识普及的新形式。吴兴、南浔两区成立社科联，实现三县两区社科组织全覆盖。通过“社会科学普及周”“南太湖人文大讲堂”等载体，切实加强人文社科普及，全年举办“南太湖人文大讲堂”6场、下基层宣讲40场。“话赶超、谋赶超、比赶超”宣传研讨掀起热潮。以凝聚赶超发展共识为重点，以“短板补齐 优势更优”为主题，召开“着力补齐短板，加快赶超发展”理论研讨会，组织“‘一把手’谈赶超、党员干部说赶超、社科专家论赶超”，围绕五大发展理念在湖州的生动实践、推动湖州加快赶超发展和补齐短板确保如期高水平建成全面小康社会等重大课题，开展专题学习研讨70余场（次），汇集论文48篇，精心推出“以五大发展理念引领赶超发展”系列报道，9万余名网友踊跃参与新媒体互动专题“湖州冲冲冲”。切实凝聚全市上下抢抓发展机遇、加快赶超发展的思想共识。

【增强舆论引导能力】　积极发挥主流舆论鼓舞士气、凝心聚力、成风化人的作用，广泛传播“好声音、正能量”。全力唱响湖州发展好声音。把握新闻宣传“时度效”，围绕市委、市政府“转型升级”“浙商回归”“五水共治”等中心工作，推出“树标杆 补短板 谋新篇”“聚焦赶超发展”“走美丽乡村 看美丽经济”等主题报道4000多篇，紧扣主旋律，传播好声音，激发正能量，全年47次得到省领导和市委主要领导批示肯定。拓展主流价值传播新途径，湖州在线、“湖州发布”“爱湖州”等新媒体集群发布重大主题报道图文信息1000余条，新媒体大型采访活动“践行之路”点击阅读量突破20余万人（次）。根据市委指示精神，组织开展各类舆论监督报道400余次，问题整改率达100%，发挥建设性舆论监督推动中心工作的作用。充分展示美丽湖州新形象。主攻“大报大刊、头版头条、要闻内参”，主动与中央和省主流媒体开展合作，全面展示湖州新亮点、新成果。组织“湖光山色看湖州”“梦想进行时 湖州有故事”“大美湖州”易地采访等重大主题外宣活动30余项，中央、省级主流媒体刊播湖州稿件2700余篇（条），其中头版、头条稿件240篇（条），制作播出专题片48部，央视《新闻联播》专题报道湖州62条，在全省设区市中位列第一。湖州市生态文明先行示范区建设、特色小镇建设的成果多次得到《人民日报》、央视《新闻联播》专题报道，央视《走遍中国》围绕民间越野救援队、道德医院、平安面馆和圆梦工作室等“最美”主题，为湖州精心制作10部专题片，国内各大知名网站进行了报道和转载。全面展示湖州经济社会发展新亮点、新成果。有效引导网络舆论热点。坚持“正能量是总要求、管得住是硬道理”，落实属地管理责任，深化“十百千”网军队伍建设，积极引导和妥善处置“浙北客运中心危房事件”等网上涉及湖州舆情40余件。规范完善舆情研判预警机制，编发《舆情专报》29期、《网上信息》4期、《每日网络信息动态》233期，全年收到上级网络管理提示1.5万余条，并不折不扣地加以落实，整改违规网站5家。建设首批市级“网上文化家园”10个，广泛传播网络正能量。G20杭州峰会宣传保障工作扎实有效。成立G20杭州峰会宣传服务保障工作领导小组，下设网络舆情管控组、播出安全和外来记者接待组。实施“‘环杭护城河’网络净化攻坚战”，落实宣传部门和网信办24小时双人双岗值班、网络安全每日“零报告”等9项制度，组织13支网评员分队，新增网上预警点26个，梳理重点微博微信账号、移动客户端1000个，落实上级管理网络舆情提示近万条，稳妥处置社会热点舆情40余件，营造了清朗的网络舆论环境。精心策划“相约G20·空中看浙江”活动，全媒体展示湖州好形象，充分展示了湖州出彩故事。精心组织德清洋家乐、安吉美丽乡村两条采访线，得到60余名境外媒体记者的一致好评。高质量高水平地服务保障了G20杭州峰会。宣传践行“两山”重要思想影响广泛。大力宣传湖州市全国生态文明先行示范区建设，全力服务保障好全国生态文明建设工作推进会。深入开展“矢志不渝‘两山’路 太湖南岸再先行”新闻行动，出版画册《笔墨江南 清丽湖州》，摄制专题汇报片《绿水青山就是金山银山——浙江湖州生态文明建设工作纪实》和宣传片《照着这条路走下去》，全方位多角度展示湖州市推进生态文明建设、发展美丽经济，有效转化“绿水青山”为“金山银山”的生动实践和丰硕成果，得到中央领导肯定。

【社会主义核心价值体系建设】 以争创全国文明城市为总抓手，紧紧围绕“市民素质”“城市品质”两大提升工程，不断提高公民文明素质和社会文明程度，推动社会主义核心价值观落细落小落实。全国文明城市创建攻坚克难。以争创全国文明城市为总抓手，扎实推进“文明创建攻坚年”活动，出台湖州城市文明程度和街道（镇）公共文明指数测评体系，实施“双十”行动、落实五大保障制度。全年整治背街小巷98条、各类小区300个，创建成10个文明示范农贸市场、25条文明示范街（巷）、50个文明示范小区、100个文明示范窗口和500个文明示范楼道。在市级以上文明单位广泛开展“六个一”（“一堂”——深入开展道德讲堂建设；“一队”——建好学雷锋志愿服务队。“一牌”——设置一批公益广告宣传牌；“一带头”：带头开展“礼让斑马线、文明过马路、排队守秩序、礼仪待宾客”活动；“一传播”——利用网络传播文明风尚；“一参与”——积极参与全国文明城市创建活动）和“百千结对·共建文明”活动，推动文明单位创建融入全国文明城市大创建。广泛开展礼让斑马线、文明过马路、排队守秩序和礼仪待宾客活动，印发文明宣传册23万份、新增公益广告5万余平方米，编印“文明有礼十要十不要”宣传折页和《做文明有礼湖州人宣传手册》8万册。市民文明素质有效改观，中心城市文明程度指数得到显著提升，吴兴区新创建成省级文明区。学做“最美湖州人”蔚然成风。扎实开展第二届市级道德模范和最美人物、最美窗口、最美班组和最美家庭等“四美”创评活动。湖州市有1户家庭入选第一届全国文明家庭，1人入选“中国好人榜”、43人（次）入选“浙江好人榜”，4个典型入围“全国学雷锋志愿服务‘四个一百’”。推进民间设奖善举，完善道德典型关爱帮扶机制，湖州市“好人有好报”慈善关爱基金超过1000万元，大力褒扬善行义举，弘扬社会正气。未成年人思想道德建设扎实推进。切实加强中小学德育工作，推动出台全面加强中小学德育工作的实施意见，深入开展文明校园创建。组织推动“万名好人进校园”，结合未成年人德育测评，深入推进校园宣传普及社会主义核心价值观和文化环境净化工作。围绕“我的中国梦”，结合庆祝中国共产党成立95周年和纪念中国工农红军长征胜利80周年，深入开展“网上祭英烈”“学习雷锋、做美德少年”“童心向党”歌咏大赛等主题实践活动，南浔区建成全国首个“红军长征追踪馆”并对外开放。持续深化“开学第一课、毕业加一课”“万名好人进校园”“成长快乐”“春泥计划”等未成年人德育工作的有效载体。创新社区未成年人德育平台“青柚空间”——湖州市红领巾社区德育工作站，整合全社会力量共同关心关怀青少年德育工作。

【丰富人民精神文化生活】 坚持文化惠民、文化利民，不断丰富人民群众的精神文化生活。公共文化服务基础有效夯实。加大基层文化基础设施建设力度，文化礼堂、文化广场、文化车间和文化校园等基层“四文”阵地建设扎实推进，“文化礼堂·幸福八有”建设连续三年成为市政府十大民生实事项目，2016年新建文化礼堂92家，全市累计已建成411家，广泛开展“四季四赛”和“星期日活动”等2500余场，网上文化礼堂正式上线运行，开展“星级文化礼堂”评选活动，完善“理事会负责制”，形成群众阵地群众建、群众用、群众管的新局面。总结推广长兴县泗安镇经验，建设乡镇“文化广场”试点

5个，打造承载乡（镇）历史文化记忆、符合时代发展要求、满足群众文化需求的区域文化地标。以“员工天地· 心灵港湾·精神家园·文化乐园”为主题，以“六有一建”为主要内容，建成30个“文化车间”示范单位，推动核心价值观在企业落地生根。“文化校园”创建在全市中小学校全面推开。文艺精品力作不断涌现。贯彻落实全国、省、市文艺工作座谈会精神，突出“中国梦”“最美湖州人”和“纪念建党95周年、红军长征胜利80周年”等主题，扶持文艺精品项目31个，电视连续剧《楼外楼》在湖州影视城开机，“徐迟报告文学奖”颁奖地永久落户南浔。丰富群众文化活动，举办第三届群众艺术节、第七届“南太湖音乐舞蹈戏剧节”“湖州礼赞”合唱音乐会和全民读书节系列活动，吴昌硕奖全省篆刻大赛和“墨河左书——费新我书法特展”分别在安吉县、南浔区双林镇举办。全市全年共开展“文化走亲”500场，举办基层文艺演出2000余场，送图书下基层8.5万册，为群众放映公益电影1.3万场。

【全面深化文化体制改革】 以深化改革为动力，着力推动文化产业事业做大做强，文化强市建设迈出新步伐。重点改革任务扎实推进。全面推进“传统媒体与新媒体深度融合”等3个年度文化体制改革重点突破项目和“深化国有传媒集团企业化运作”等8个重点改革项目。成立湖州市国有文化资产管理委员会，完善党委和政府监管国有文化资产的管理体制和运行机制，推动实现管人、管事、管资产、管导向相统一。推动传统媒体与新媒体深度融合，建立2016年度媒体融合发展项目库，推动创新项目14个，推进市级媒体集团“事业性质、企业化运作”改革。湖州广电集团打造“五位一体 跨屏融合”创新团队，加快“中央厨房”二期扩建，成立全媒体新闻集散中心。湖州日报集团建立重大新闻报道联合指挥中心，健全集团全媒体供稿机制，“96345”平台荣获中国报业发展项目十佳创新奖。各县（区）结合本地实际深化县级媒体融合发展，德清县新成立德清县新闻中心(县传媒集团)，全市3个县实现融媒体新闻集团全覆盖，走在全省前列。制订《关于加快构建现代公共文化服务体系建设的实施意见》及《湖州市基本公共文化服务标准》等政策文件，建立“文化有请、专家有约”公共文化服务网络平台，改革调整农村电影放映结构，积极探索适度竞争、择优扶持的机制，将促进文化消费纳入文化产业“十三五”规划，积极探索社会力量“办文化”机制。文化产业整体实力发展壮大。精心编制实施《湖州市文化产业发展“十三五”规划》，努力构建“一圈三带四板块”的文化产业发展空间布局。紧贴“转型升级会战年”活动，狠抓重点产业、重大平台、重大项目和重点要素，全力培育湖州特色现代文化产业。编制2016年度40个文化产业重点建设项目，完成总投资额117.06亿元。加快湖州影视城、“丝绸小镇”“美妆小镇”等文化产业平台建设，100余家文化企业入驻湖州影视城。全市文化产业发展势头喜人，根据省统计局最新公布的数据，湖州市文化产业GDP占比名列全省第四。湖笔文化节活动圆满成功。顺利举办第八届湖州·湖笔文化节，重点组织了湖笔文化节开幕式暨《礼赞》交响合唱音乐会、影视产业投创会和中国丝绸E购节等8项活动，充分展示湖州文化发展新成果。其中，影视产业投创会上，30多位国内著名编剧，围绕“正剧的突围之路”展开深入对话，解答影视创作难点，探讨影视发展之道；中国丝绸E购节融e购线上平台突破交易笔数8000笔，销售额突破1亿元。

【宣传文化干部队伍建设】 着眼新形势、新任务、新要求，牢牢抓住“两学一做”学习教育有利契机，不断深化基层加强年活动，切实增强干部能力素质。“两学一做”学习教育深入开展。按照“基础在学，关键在做”的要求，组织实施“专题学习增强党性、转变作风服务群众、聚焦问题补齐短板、立足岗位创先争优、健全机制强化管理”5方面、26项措施。组织全市宣传文化系统各单位认真学习习近平总书记在党的新闻舆论工作座谈会、网络安全和信息化工作座谈会、哲学社会科学工作座谈会等会议上的重要讲话精神，切实提升政治意识、大局意识、核心意识和看齐意识。意识形态工作责任制有效落实。及时转发中央、省委关于落实党委（党组）意识形态工作责任制的实施细则，举办全市落实意识形态工作责任制主体班次，46名县（区）、部门、高校和媒体负责人参加专题研讨班，进一步强化使命担当，形成齐心协力做好意识形态工作的强大合力。认真开展《推动基层落实意识形态工作责任制的实践与思考》课题研究，组织对各县（区）和70余个市直单位进行专项督查，推动各级党委（党组）落实意识形态工作主体责任。坚持守土有责，加强对媒体、论坛、讲座、课堂等意识形态阵地的管理，做到决不让错误思想有传播空间。宣传文化干部人才队伍建设气象更新。坚持党管干部原则，积极协助市委选优配强市级宣传文化系统领导班子，不断完善干部队伍结构，深化部机关“文化凝聚力”工程，着力打造一支得过硬、打胜仗的“狮子型”宣传文化干部队伍。深化“基层工作加强年”活动，落实基层宣传思想文化工作“四张清单”，规范乡镇（街道）宣传委员任职并开展专题培训。切实加强宣传文化人才培养，建成“文化领军人才工作室”15家，评选第三批宣传文化优秀创新团队14个，三年培育52个，顺利完成创新团队培育目标任务，坚持部领导联系优秀文化人才制度，扶持基层文艺团队29支。

（陆　翔）

·老干部工作·

【概况】 截至2016年年底，全市离休干部总数为700人，比上年减少63人。按单位性质分：党政机关

240人、事业单位200人、企业单位260人。按职级分：地市级及享受地市级待遇15人、县（处）级及享受县（处）级待遇349人、科级336人。按入伍时期分：抗战前期17人、抗战后期121人、解放战争时期562人。其中市本级（含吴兴区、南浔区）离休干部400人。按单位性质分：党政机关109人、事业单位139人、企业单位152人。按职级分：地市级及享受地市级待遇11人、县（处）级及享受县（处）级待遇218人、科级171人。按入伍时期分：抗战前期9人、抗战后期63人、解放战争时期328人。此外，异地安置在市本级的离休干部22人。

【加强离退休老干部的教育引导】 进一步完善制度、丰富载体和创新模式，切实加强离退休干部思想政治建设和党支部建设，不断提高老干部工作水平。一是在丰富学习教育载体上下功夫。积极搭建教育引导载体，注重统分结合，抓好中共十八大和十八届三中、四中、五中、六中全会以及中央3号文件精神的学习贯彻。在每月开设“老干部大讲堂”集中组织老干部学习的基础上，开展“送理论学习营养餐上门”等活动，通过制订“理论学习营养餐菜单”，不定期给集中居住的离休干部“加餐”。全年对年老体弱、居住集中的老干部开展送学服务8次、500余人（次）。二是在创新党建引领模式上下功夫。积极探索“党建+”服务模式，分别在老干部日常服务工作中推行“党建+服务管理”，在市老年大学建设中推行“党建+文化养老”，在发挥老干部作用中推行“党建+志愿服务”等模式，推动老干部工作与党建元素互融共促。依托市老年大学建立市委老干部党校，重点办好离退休干部理论学习班、离退休干部党支部骨干培训班、离退休干部党建研讨班等三大主体班次。同时，注重把“两学一做”的学习教育内容融合贯穿到党校教学活动中，深入开展“党性教育进课堂”“红色精神进课堂”“传承红色基因”等系列活动。全年举办各类学习培训班10期，培训离退休干部党员骨干600余人（次）。

【扎实推进正能量活动】 创设平台载体，在全市各级老干部工作部门以上下联动方式，实施“银领三行动”，深入推进正能量活动。一是深入实施“银领同心向党”行动。以纪念建党95周年和红军长征胜利80周年为契机，组织开展全市离退休干部书画、摄影、集邮作品联展，展出书画、摄影等作品270余幅。开展“百千比学”活动，组织100余个离退休干部党支部和1100余名离退休干部党员进行党史、党规、党纪知识竞赛活动。10月初，通过举办“银领同心向党”全市离退休干部庆祝新中国成立67周年暨红军长征成立80周年文艺会演，将“银领同心向党”行动推向高潮，得到社会各界的广泛赞誉。二是深入实施“银领最美风采”行动。通过开展“走基层、看变化、促发展”活动，分层、分批组织广大离退休干部深入美丽乡村、“五水共治”现场、创新型企业等基层一线，喜看发展变化、点赞美好生活和畅谈感想建议。全市各级老干部工作部门开展“走看促”活动30余次，参与者达1500余人（次）。通过开展“争做最美老干部”活动，全市培育13个（以离退休干部个人或团体为骨干力量）有阵地、有特色服务项目、作用发挥较好的“最美老干部工作室”。深入开展“最美老干部系列”巡回展示活动，在全市巡回展示“最美老干部集体”4个，“最美老干部个人”10名。积极传承红色基因和红色精神，启动解放战争时期参加过战斗的离休干部“红色典藏”行动，对市区解放战争时期参加革命工作离休干部进行逐一排摸，对老干部的红色故事、红色史料进行抢救性整理。三是深入实施“银领志愿服务”行动。探索建立以市关心下一代工作委员会、老科协等涉老专业团体为核心，以离退休干部党支部和老年大学为两翼，以多点服务社区居民为重点的“一核两翼多节点”银色人才志愿服务体系。市、县（区）联动开展“助力G20、服务四个年”建言献策、“我看从严治党新气象”“我看湖州四个年”专题调研以及“点亮微心愿”和“邻里守望相助”社区志愿服务等活动。全市“银领志愿行动”累计开展社区医疗、文化下乡、惠农服务和资政育人等各类志愿服务50余次，参与者达2000余人（次）。

【加强和改进服务管理工作】 离休干部服务管理工作始终着力于抓重点，求实效，坚持在“深入细化”上下功夫，不断提升服务保障水平。一是注重政策落实，共享改革成果。认真抓好新出台政策的贯彻落实，提高解放战争时期参加革命工作离休干部的医疗待遇，确保老干部共享改革发展成果。二是注重统筹兼顾，健全沟通联系网络。按照覆盖全体、突出重点和关注个体的原则，不断加强走访联系沟通。6月，开展覆盖市本级全体老干部的“三进”（进家庭、进医院、进支部）走访慰问活动，对500余位老干部进行集中走访。在元旦、春节等重大节庆日期间，对住院老干部、特困老干部、易地安置老干部以及有关老干部遗属等进行走访慰问，送去组织关怀。坚持每月10日、25日开展“局领导接待日”活动，通过个别接访，关注老干部个体思想状况，协调解决实际困难。三是注重个性需求，突出高龄关爱。全面推进利用社区资源服务老干部工作。与市财政部门协调，落实专项经费，利用“96345”市民服务热线开展政府购买服务，为老干部居家养老提供便利。制定《“四就近”服务工作实施细则》，加强对县（区）的“四就近”工作进行督查，听取情况介绍，指导开展工作，确保“四就近”工作在全市统筹推进。

【着力强化阵地建设】 实施“党建领航”工程，以党建工作引领离退休干部文化养老工作。一是巩固离退休干部党建阵地。通过建立老年大学临时党组织等形式，不断巩固离退休干部党建阵地。同时，以融入社会服务社会、凝心聚力促发展为主题设立“党建活动日”，通过组建老党员服务团队，深入学校、社区举办摄影书画展、文艺演出和便民服务等活动，积极开展各类党员志愿服务，进一步增强党建阵地凝聚力和影响力。二是积极推进“党建+”模式。通过“党建+文化活动”，组织老干部围绕“庆祝建党95周年暨红军长征胜利80周年”主题，开展知识竞赛、作品联展等活动，及时向老干部宣传中央和省、市委重要会议、重大决策部署精神，引导老干部增强政治意识和看齐意识。通过“党建+老年教育”，注重把党建元素融入老年大学教学管理中，每学期第一周设立“红色教育周”，集中组织开展政治理论学习、党史、国史教育等活动；市老年大学秋季学期在校学员2500余人，其中离退休党员670余人，通过班级宣传栏开展“亮党员身份、作示范表率”活动，引导老党员在班级管理中发挥模范带头作用。三是推进市老年大学新建项目工程。市委、市政府重视老年大学建设，将新建市老年大学纳入湖州市“十三五”发展规划统筹推进，并列入2016年民生实事项目。裘东耀、陈伟俊等市领导高度重视老年大学建设，通过专题调研、听取汇报和亲自协调等形式，积极推进项目建设工作。年内，老年大学新建项目正抓紧推进前期工作。

【着力强化老干部工作的自身建设】　按照“优秀老干部工作者、优秀党务工作者”目标要求，加强自身队伍建设。一是抓好集中学习教育。按照市委的统一部署，认真开展“两学一做”学习教育，通过领导干部讲党课、微党课比赛和开展专题学习研讨等形式，扎实推进学习教育。同时，坚持“问题导向”，开展查短板、找差距和促整改专项行动，全体党员查摆问题52条，制定“三张清单”，建立“三对机制”，确保整改落实取得实效。二是强化统筹协调和项目化管理机制。建立健全重点工作项目化管理机制，将年度重点工作细化为3个方面、6大项目，落实分管领导和牵头处室，并按季度上墙公布推进情况。同时，建立“3+1”重点工作市、县（区）联动推进机制，协同推进“银领三行动”和“双优队伍培育”等工作，做到年初有部署、年中有推进、年底有考核，着力提升全市老干部工作整体水平。三是加强老干部工作宣传。通过建立“湖州老干部之家”微信公众号、编辑出版《湖州老干部时报》等平台，加强对外宣传，微信公众号全年推送发布信息41期、86条次；出版《湖州老干部时报》4期，进一步推动形成全社会重视、关心、支持老干部工作的良好氛围。

（高　丹）

·机构编制·

【概况】　2016年，市编委办认真贯彻落实中共十八大和十八届三中、四中、五中和六中全会精神，坚持围绕中心、服务大局，着力深化体制机制改革，规范机构编制管理，狠抓队伍自身建设，各项工作取得明显成效，年内，多项工作走在了全省机构编制系统前列。

【特色创新工作】　着眼构建更为科学高效的职能体系，推动精准化管理，打造湖州机构编制新品牌。一是深化统一政务咨询投诉举报平台建设。在全省率先完成管理体制调整，坚持“应整尽整、统一接听”，5月底将市“12345”政府阳光热线管理职能调整到市信访局后，合力将“12315”消费者投诉举报热线、“12333”人力社保热线、“12328”交通热线、“12329”住房公积金热线等10条情况比较复杂的热线整合到位，年内，完全整合非紧急政务热线45条，与“12345”有机联动实行双轨运行的热线电话107条。持续深化完善运行机制，不断提升办理的统一性和规范性，平台建设工作走在全省前列，被省有关部门确定为示范点，全省现场会在湖州召开。二是积极探索党群部门职责清单制度。深入市级相关部门和各县（区）开展调研，并赴深圳市学习考察，编制工作指南，扎实有序推进，以系统为单位制成24个统一模板，累计主要职责210项，具体工作事项982项。完成第一批12家部门的职责清单和所有部门的职责边界事项编制工作。三是精心编制违规违纪问题清单。对全市机构编制违规违纪问题进行全面梳理与分类，形成问题清单，出台《湖州市机构编制违规违纪问题分类处理办法》和《湖州市机构编制监督检查实施办法（试行）》，进一步强化机构编制的严肃性、权威性，推进机构编制工作的规范化、制度化。

【体制机制改革】　认真落实全面深化改革相关要求，致力增强群众获得感和满意度。一是持续深化权责清单工作。在全省率先实现乡镇（街道）、开发区（园区）权力清单和责任清单全覆盖。指导完成全市77个乡镇（街道、园区）、1188个村（社区）网上服务站点建设。以市政府办公室名义印发权力清单和责任清单管理办法，推动清单管理规范化。取消和调整无法定依据权力事项57项，对省指定的8个系统的权力事项提出修改建议429条，此项工作在全国中小城市综合改革试点座谈会上作经验交流。二是推进综合行政执法改革。根据中央和省有关文件精神，做好改革衔接，及时印发市实施方案，公告首批划转事项，及时函复各县（区）方案，以市政府办公室名义印发《关于建立湖州市综合行政执法配合协作机制的实施意见》等6个配套文件。市综合行政执法局（市综合行政执法支队）按时挂牌运作，理顺内部执法资源配置，加强人员力量，并将原市城市管理行政执法第一支队和市城市管理行政执法服务中心的职责和人员编制整体下放至吴兴区。三是建立莫干山高新区管理体制。争取省编办支持，设立湖州莫干山高新区管理委员会。出台《关于加快湖州莫干山高新技术产业开发区发展的若干意见》，按照

“应放尽放、能放则放”的原则，确定下放5个方面、11项事权。撤销原各功能区管理机构，明确相关机构设置工作，理清莫干山高新区和市级有关部门、县和乡镇（街道）的职责关系，构建“一区多园”（高新技术产业开发区、城北高新园、康乾科教园、地理信息产业园、通用航空产业园）的行政管理体制。三是稳步推进各类事业单位统一登记管理试点。建立联席会议制度，在深入梳理分析全市民办教育、医疗卫生机构有关情况及现行政策，并广泛听取意见和建议的基础上，出台试点工作实施方案及试点单位登记管理办法等4个配套文件，在员额管理、出资人奖励和收费制度等方面取得一定的政策突破，积极推动社会力量兴办公益事业。指导县（区）初选有需求、有条件、有代表性的3家学校和2家医院作为首批试点单位。四是统筹推进相关领域改革。深入开展调查研究，广泛听取各方面意见和建议，顺利推进乡（镇）“四个平台”（综治平台、市场监管平台、综合执法平台、便民服务平台）建设、“双随机一公开”（随机抽取检查对象，随机选派执法检查人员，抽查情况及查处结果及时向社会公开）抽查监管、政府职能向社会组织转移和统一社会信用代码赋码，以及农村生产、供销、信用合作“三位一体”改革等重点工作，均取得预期成效。

【机构编制管理】 坚守机构编制政策红线，确保实现“财政供养人员只减不增”目标。一是强化机构编制政策执行。会同市纪委等5个部门联合印发《湖州市领导干部任前经济责任告知办法（试行）》，将机构编制管理责任作为领导干部任职期间履行经济责任的主要内容之一，推动机构编制政策的有效执行。参与做好市级部门和各县（区）领导干部的三责联审工作。二是狠抓编制总量控制。对照省考核办法，着力控制各类编制总量，并开展消化工作。进一步规范局级机构设置，按照全省局级机构总量控制视频会议和《关于湖州市局级机构总量控制工作有关事项的通知》相关要求，对县（区）局级机构控制数进行测算，报省编办备案。完成市、县（区）控编减编专项督查自查工作，持续开展控编减编专项督查，形成长期紧控态势。三是加强实名制管理应用。做好实名制系统日常维护，组织开展全市数据核查，通过县（区）自查、县（区）互查、设区市互查，进一步完善机构和人员信息，优化了系统运行。出台实名制管理工作联席会议制度，实现与市委组织部、市人力社保局、市财政局和市审计局等部门的数据共享，进一步发挥实名制数据库的作用，在公车制度改革中，为精确掌握人员、机构信息提供支撑。坚持从严把关，进一步规范用编核准和编外用人核准工作。

（陈永全）

·民主党派　工商联·

【综述】 2016年，湖州市各民主党派、工商联深入学习中共十八大、十八届三中、四中、五中、六中全会和习近平总书记系列重要讲话精神，紧紧围绕市委、市政府工作中心，发挥优势、尽心履职，为全力助推湖州市实现赶超发展，高质量建设现代化生态型滨湖大城市、高水平全面建成小康社会做出积极贡献。

【完成政治交接】 9月至12月，市民革、民盟、民建、民进、农工党和九三学社6个民主党派市级组织和市工商联先后召开代表大会，选举产生新一届领导班子，顺利实现新老交替，完成政治交接。新一届领导班子平均年龄49.2岁，具有高级职称或研究生以上学历28名，占57%，年龄层次、知识结构和界别分布等均得到进一步优化，为巩固和发展湖州市多党合作的政治格局奠定了坚实的组织基础。换届后，各组织召开以“薪火相传，不忘初心，积极为湖州市赶超发展凝聚智慧和力量”为主题的读书会，进一步提升新一届班子成员的“五种能力”（政治把握能力、参政议政能力、组织领导能力、合作共事能力、解决自身问题能力）。

【助力赶超发展】 充分发挥智力密集、人才荟萃和联系广泛的资源功能优势，以“知名非公经济人士湖州行”“金苹果”等活动为抓手，积极为湖州市引资、引智贡献力量。2016年，组织承办“广东商会湖州行”等多次活动，邀请400余名境内外客商到湖州投资考察，推介洽谈投资项目24个。贯彻落实习近平总书记关于构建“亲”“清”新型政商关系的讲话精神，继续深化“非公有制经济代表人士圆桌会议”品牌活动，围绕“构建新型政商关系、护航非公经济发展”等主题举办圆桌会议3次，着力搭建政企互信、平等对话和互动交流的有效平台。助力非公有制经济转型升级。推动市发改委等部门出台《湖州降低企业成本减轻企业负担三十六条》等8个文件，为企业转型升级、加快发展提供政策支持和法治保障。

【思想政治引领】 继续深化推进坚持和发展中国特色社会主义学习实践和非公经济人士理想信念教育实践活动，民革市委会以纪念孙中山诞辰150周年为契机，邀请民革中央副主席郑建邦到湖州作“中国现代政党制度的发展之路”专题报告；民盟市委会组织举办纪念中国民主同盟成立75周年大会及文艺演出；民建市委会开设“民建大讲堂”；民进市委会编印《纪念俞善吾同志文集》；农工党市委会举办“走进基层、贴近党员，培育和践行社会主义核心价值观”百场主题宣讲；九三学社市委会创作拍摄《湖州梁希纪念馆》，市工商联举办“艰苦创业 勇克难关”理想信念教育实践活动座谈会，教育引导广大民主党派、工商联成员传承弘扬老一辈与中国共产党同心奋斗的优良传统，筑牢共同思想政治基础。

【履行参政职能】 全年市级各民主党派、工商联参加市委、市政府召开的各类情况通报会、协商会8次，就《政府工作报告》、“十三五”规划及重要人事安排等发表意见和建议。积极建言献策，在2016年的市“两会”上，各民主党派、工商联成员提交人大领衔议案（建议）51件，集体提案47件，个人提案116件。其中《以“两化融合”强化供给侧创新 助力湖州制造提升》等9件提案被列为重点提案。积极参加市政协、市委统战部组织开展的“社情民意”“金点子”“微点子”等活动，为党委、政府科学民主决策提供有益参考。组织各民主党派、工商联成员积极参与各项民主监督活动，为“三改一拆”“五水共治”等市委、市政府中心工作的有效落实献计出力。

【打造社会服务品牌】 民革市委会充分发挥“一站”“一会”“一基金”平台力量，鼓励广大党员开展“百名教师牵手乡村学校”“百名医生牵手基层医院”活动；民盟、民建、九三学社市委会分别依托“求是慈善基金”“爱心送教”“助残圆梦”“九三爱心基金”等服务载体，为扶贫济困尽责出力；民进市委会积极探索“一支部一服务品牌”长效发展机制，吴兴区民进爱心妈妈团队、德清县基层委“联高校资源、送科普宣传”等社会服务活动影响不断扩大；农工党市委会以“第28届国际科学与和平周”等社会服务活动为载体，积极为基层群众提供医疗、卫生、法律和科技等方面服务；市工商联组织开展“千企联千村 合力治污水”和“千企帮千村精准扶贫”行动，组织广大非公经济人士通过捐助、投资和认建等形式，积极参与农村污水治理和环境优化，推进生态文明建设，全年全市非公经济人士参与治水认捐财物价值1.6亿元。（陆旭峰）

【中国国民党革命委员会湖州市委员会】 2016年，民革市委会认真学习贯彻中共十八大和十八届三中、四中、五中、六中全会精神和习近平总书记系列重要讲话精神，贯彻中央统战工作会议精神，以政治交接为主线，顺利完成市委会换届工作。9月12～13日召开民革湖州市第七次代表大会，王伟敏、冯坚、朱文潮、闵云、张云威、沈建忠、宋战英、李超、周少翌、於丽、顾连梅、黄文华、蒋小明、蔡永美、管仲良当选为民革湖州市第七届委员会委员；在市委会七届一次全会上，闵云当选为主任委员，周少翌、蒋小明、张云威、黄文华当选为副主任委员，周少翌兼任秘书长。换届后，民革市委会领导进行工作分工及联系基层组织，同时，成立参政议政工作委员会，社会服务与法制工作委员会，祖统联谊工作委员会和学习、妇女、离退休4个工作专委会，为更好地履职奠定扎实基础。深入开展坚持和发展中国特色社会主义学习实践活动，以纪念孙中山诞辰150周年为契机，邀请民革中央副主席郑建邦到湖州为全市统战系统干部和民革党员骨干作“中国现代政党制度的发展之路”专题报告；组织党员参加市委统战部召开的“坚持和发展中国特色社会主义学习实践活动中期推动会暨学习辅导会”，主委闵云作交流发言。民革市委会领导参加全市统一战线读书会，主委闵云和副主委周少翌分别在会议的两个阶段作题为“始终不忘初心 助力超越发展”和“加强自身建设 提升能力水平”的交流发言。扎实有序推进组织建设。全年发展新党员26人，自然减员2人，至年末，全市有党员340人。全年有17人（次）参加省、市统战部门和社会主义学院组织的学习、培训活动；12月，民革市委会举办新党员学习班一期，35人参加培训。民革市委会机关编辑《凝心聚力 同心筑梦》——湖州民革60周年纪念画册，副主委周少翌荣获“民革全国机关工作先进个人”称号。

认真履行参政党职能。民革市委会在市政协七届五次会议上，提交4篇大会发言、8件集体提案，委员提交个人提案22件；在市七届人大六次会议上，提交个人议案6件；在县（区）“两会”上，提交议（提）案40件。集体提案《以“两化融合”强化供给侧创新 助力湖州制造提升》《优化环境，减少污染，提倡发展绿色物流》《关于加快太湖水厂建设 推进我市城乡供水一体化的建议》被列为2016年市政协重点提案，分别由市委书记裘东耀，市委常委、组织部部长干武东，市委常委、副市长杨建新领办。有4名党员参与“政协委员与市委书记、市长面对面”活动，并进行专题发言。开展“金点子”和社情民意活动，全年上报“金点子”、社情民意80条（次）。至年末，在市委统战部组织的“金点子”活动评比表彰大会上，民革市委会荣获组织二等奖；荣获2015～2016年民革省委会参政议政先进集体二等奖，闵云、张静波获民革省委会参政议政先进个人二等奖。组织政协委员参与各项民主监督活动，为“五水共治”献计出力。

广大党员立足本职建功立业，以“博爱牵手”活动为载体，广泛开展社会服务活动。王建荣获“全国五一劳动奖章”；胡可易获2015年度“全国绿化奖章”。鼓励广大党员开展“百名教师牵手乡村学校”“百名医生牵手基层医院”活动，全年有72名党员参加活动，送教、送医90人（次）。湖州民革企业家联谊会积极作为，赴安徽省与民革六安市委会就基层组织建设进行工作交流，考察本会党员在皖企业；筹集善款6000元资助吴兴区贫困老人。11月，湖州市法律援助中心民革工作站与市司法局在市武警支队一中队联合举行法律援助活动，就涉警法律问题开展专题讲座并进行现场法律咨询。民革“爱心基金”向结对吴兴区上强小学梅峰校区的25位贫困生送上每人600元助学金；“六一”儿童节前夕，民革市委会与湖州特殊教育学校开展联谊活动，向学校捐赠价值2万元住校生床上用品；“爱心基金”向丽水市遂昌县泥石流灾区捐款2万元。参与帮扶安吉县少数民族村（郎村村）的活动，为郎村村贫困家庭送上价值1.8万元的奶粉。发挥民革党员专长和资源优势，参加民革省委会教育、经济和法律等服务团，常年开展面向基层群众的社会服务活动。

正确把握祖统工作新方向，推进涉台类参政议政工作。提交大会发言《把握机遇 进一步推进湖台经贸文化交流发展》，开辟参政建言新思路。5月，民革市委会与中共湖州市委统战部联合开展“碧浪英烈 湖州骄傲——纪念辛亥革命‘首功之臣’陈英士罹难一百周年”活动，民革中央副主席郑建邦到湖州参加纪念活动并为位于南郊碧浪园内的湖州民革祖统联谊基地揭牌；5月，副主委周少翌受邀赴杭州参加浙江大学举办的陈英士逝世100周年座谈会及英士大学图片展活动；9月，民革全省秋季骨干培训班50余位学员到湖州祭扫陈英士墓、参观民国文化馆。年内，民革市委会接待民革中央副主席修福金参观莫干山民国风情小镇、湖笔文化馆；接待安徽省六安市委会、杭州市委会到湖州参观张静江故居、湖州民国历史馆和陈英士墓。

（奚真真）

【中国民主同盟湖州市委员会】 2016年，民盟湖州市委会深入学习贯彻习近平总书记系列重要讲话精神和治国理政的新理念、新思想、新战略，认真贯彻中央和省、市重要会议精神，继续扎实开展坚持和发展中国特色社会主义学习实践活动，不断增强“四个自信”，提高“五种能力”，切实履行好参政党职能。

加强思想建设，继续深入开展学习实践活动。习近平总书记发表的重要讲话，中央和省、市召开的重要会议和下发的重要文件精神，第一时间组织学习领会，坚定贯彻落实，引导全市民盟组织和广大盟员把握政治方向，增强政治定力，以实际行动强化自觉“看齐意识”。领导班子成员率先垂范，开展专题学习，主要领导撰写题为《画好同心圆，再谱新篇章》的体会文章。市委会认真学习贯彻落实中央统战工作会议精神、《中国共产党统一战线工作条例（试行）》以及省、市有关实施细则，深入推进中国特色社会主义学习实践活动。长兴县基层委员会荣获“全盟学习实践活动先进集体”。开展主题活动。3月18日，市委会举行纪念中国民主同盟成立75周年大会及文艺演出，市委常委、统战部部长崔凤军到会并讲话，使广大盟员进一步加深对中国共产党领导的多党合作制度优越性的认识。做好盟史资料汇编。市委会编写《同心之旅：湖州民盟1985～2016年》纪念册，在回顾总结中凝聚共识，推动盟务工作发展。用好宣传平台。市委会充分利用湖州民盟网站、《湖州民盟》报、湖盟QQ信息群和微信群等盟内宣传阵地，做好学习实践活动的宣传报道，推动思想建设。

真情履职，做好参政议政和民主监督工作。认真参与政治协商。围绕“十三五”规划、《政府工作报告》、干部队伍建设和党风廉政建设等议题进行协商。参加市“两会”履好职。在2016年的市“两会”上，市委会作《加快发展众创空间，推动全社会创新创业》的大会发言和《关于“十三五”时期我市深化实施创新驱动发展战略的建议》书面发言。会议期间，市委会递交《关于加快湖州市文化创意产业人才队伍建设的建议》等10件集体提案。其中，《关于“十三五”时期湖州市深化实施创新驱动发展战略的建议》被列为重点提案，由市委常委、纪委书记陈浩领办。盟员人大代表、政协委员提交人大议案6件、政协提案13件，内容涉及生态、医疗、文化、旅游、金融、交通和食品安全等事关湖州市经济社会发展，切实履行职责，发好民盟声音。出好“金点子”“微点子”。围绕湖州市“十三五”规划起好步、开好局建言献策主题，市委会通过各级基层组织宣传、发动，动员全市广大盟员积极参与到活动中来，选准角度、有效切入，认真开展调查研究，积极建言献策，努力形成有价值的意见、建议，全年上报“金点子”60个，其中被市委统战部“金点子”专辑录用6个，并获一等奖1个，三等奖1个。市委会荣获“金点子”组织二等奖。认真反映社情民意信息。切实关注民生，反映民意，为党委、政府做好协调关系、化解矛盾工作提供有价值的信息。全年上报各类反映社情民意信息51篇，多篇信息被市委办、市政协和民盟省委会录用。组织开展调查研究。4月13日，市委会召开参政议政工作会议，印发参政议政选题指南，面向各支部征集调研课题，开展调研课题申报立项工作，全年有19个课题获批立项，有16个课题结题。围绕市委、市政府确定的“十三五”时期经济社会发展主要目标，关注“十三五”规划实施中的重点、难点问题，积极建言献策。重点就补经济转型升级短板、发展民宿经济、健康养生产业和新能源汽车等组织开展调查研究。组织民盟界别委员参加市政协“双月界别协商”活动，围绕保护和弘扬湖州市非物质文化遗产举行调查研究，提出意见、建议。配合民盟省委会开展以“加强基础教育师资队伍建设”和“助推供给侧结构性改革，聚焦激活民间有效投资”为主题的“盟声·议政”论坛活动。参加省、市、县三级政协联动，助推“五水共治”民主监督活动。参加市政协委派民主监督小组进驻市住房和城乡建设局，就“建筑工地扬尘治理”进行民主监督。

做好换届工作，进一步加强组织建设。民盟市委会换届工作是年内市委会的一项重点工作，也是一项重要的政治任务。为确保换届工作如期完成，市委会召开换届动员、届末述职评议等各个层面的工作会议，严格贯彻落实中共湖州市委、民盟浙江省委关于市级组织换届工作的指示精神，周密部署，精心组织。从制订方案、思想动员、人事协商、文件起草到代表大会的召开，都有条不紊地进行，顺利完成换届工作，平稳实现新老交替、政治交接。9月26至27日，中国民主同盟湖州市第八次代表大会在湖州召开，参加大会的代表130人，大会选举产生由14名委员组成的民盟湖州市第八届委员会和8名出席民盟浙江省第十二次代表大会的代表。在第八届委员会第一次全体会议上，竺鸽当选为主任委员，李雪华、龚景兴、余国勤、蔡椒通当选为副主任委员，高炯任秘书长。以换届为契机，对领导班子成员分工作了调整，对市委会议事规则等作了修改完善。把好人员“入盟关”，注重提高组织发展质量。全年发展新盟员19名。平均年龄为36.58岁，大学以上文化程度占94.7%，研究生学历占31.6%。选送4名盟员骨干参加省社会主义学院学习培训，选送10名盟员参加市社会主义学院学习，不断提高盟员的履职能力和水平。开展庆祝“三八节”“老人节”等节日活动，加强盟员之间的联系，增强组织的凝聚力。

整合资源，做好社会服务工作。依托民盟求是慈善基金平台，拓展资金项目活动。2月17日，市委会将2万元爱心善款送到“农村教育烛光行动”教育基地（安吉县良朋中学）的9名贫困家庭学生手中，开展慈善助学。结合社会热点，积极行动。G20杭州峰会期间，市委会号召盟员积极参与平安巡防、环境整治和志愿服务等活动，投身峰会服务。吴兴区基层委员会开展护航G20平安志愿者大巡防活动。发挥优势，开展文化下乡和义诊等活动。1月28日，市委会在长兴县泗安镇举行送春联为民服务活动。同时，各基层组织也积极开展各类服务社会活动：德清县支部赴莫干山老年乐园开展夏日送清凉活动；安吉县支部牵手“浙江省关爱留守儿童”项目走进安吉，成功举办两场夏令营活动；吴兴区基层委员会走进东湖家园社区开展暑期社会服务活动；南浔区支部携手医卫支部在南浔镇百间楼社区为社区群众开展义诊活动，并为丽水市遂昌县灾区捐款2700元等，树立了民盟的良好形象，助推了社会和谐发展。（高　炯）

【中国民主建国会湖州市委员会】

2016年，民建市委会围绕市委、市政府中心工作，积极履行参政议政职能，在湖州市政协七届五次会议上提交大会发言材料2份、集体提案6件；个人建议案、提案21件。市委会有2件提案被列为市政协重点提案，其中《关于允许工业用地分割转让、优化土地资源配置的建议》由市委常委、统战部部长崔凤军领办，市政协副主席叶鸣督办；《关于加强电梯监管体系，维护电梯运行安全的建议》由市委常委、市公安局长夏文星领办，市政协副主席徐克强督办。《关于加快推进“特色小镇”建设的建议》在2016年省政协会议上作为团体提案，并被评为2016年度省参政议政优秀成果二等奖。积极反映社情民意。全年编发《湖州民建信息》151期，其中，1条信息被全国政协采用；17条信息被省委会采用；5条信息被市政协采用；2条信息获市领导批示。全年上报市委统战部“金点子”82个、“微点子”30个，分别获得一等奖1个、二等奖1个、三等奖1个。市委会被市统战部评为2016年度“金点子”活动组织一等奖。全面参与协商民主。民建界别政协委员分别参加市委书记、市长与政协委员“面对面”座谈会，建言履职，有关发言内容得到重视。

重视思想建设。继续深入推进坚持和发展中国特色社会主义学习实践活动，市委会通过举办“民建大讲堂”、2015～2016年新会员培训班、基层组织主委培训班，选派20余人（次）参加全国基层组织主委培训班、省委会参政议政研讨班、青年企业家培训班、全省基层组织主委培训班和全市各民主党派骨干培训班，加强政治理论学习，增强广大会员对中国特色社会主义道路自信、理论自信和制度自信。认真开展宣传工作。发挥会刊和会网主阵地作用，全年编辑《湖州民建》12期，编辑出版《同心谱华章 携手创未来》（2006～2016年）、《建言集》（2011～2016年）、《会员风采》丛书，展示了民建市委会发展成果。全年被浙江民建网站和《浙江民建》刊物录用稿件236篇，市委会获2016年度《浙江民建》会刊先进集体三等奖、浙江民建网站先进集体二等奖和浙江民建新闻宣传先进集体三等奖。积极开展理论研究，《发挥界别优势，参与政党协商——新时期民建参与政党协商路径分析》获民建省委会理论优秀成果二等奖，《提高民主党派领导班子解决自身问题能力探讨》获优秀成果鼓励奖。

稳步推进组织建设。9月中旬，召开民建湖州市委会第九次代表大会，16位市委委员候选人当选为委员。在九届一次全会上，金凯当选为民建湖州市第九届委员会主任委员，李钰、裴兰顺、朱柏荣当选为副主任委员。换届后，强化专委会建设。在原有专委会基础上，新增3个专委会，专委会平台数量达到8个，分别为：参政议政工作委员会、社会服务工作委员会、文体工作委员会、女会员工作委员会、老龄工作委员会、信息工作委员会、企业家协会服务委员会和纪律监督委员会。市委会制定和修订了《市委委员工作职责》《基层委员会考核办法》等21项制度，编印《民建市委委员、基层组织主委工作手册》。市委会推行“五公开”（职责公开、财务公开、会务公开、考核公开、绩效公开）制度，提升工作能力，提高服务效率。组织发展量质并重。2016年，发展会员24人，平均年龄34.6岁，其中大学以上学历21人；中、高级以上职称7人；经济界人士13人。截至12月底，全市有会员435名，平均年龄50.3岁，其中大专以上学历会员246人；中、高级以上职称23人；新社会阶层人士178名；经济界会员284名。组织活动丰富多彩。2016年，市委会举办大型综合性活动“太湖大道健身行”“翰墨飘香”书法大赛等，进一步增强会员知情参政意识与健身意识，展示民建蓬勃向上的精神风貌与活力，营造和谐、团结氛围。

扎实开展社会服务。全年民建会员通过各种途径扶贫帮困、捐资助学、参与社会建设及各项社会事业款项与实物价值达283.75万元。10月，丽水市遂昌县北界镇村上村发生山体滑坡，市委会发起捐款倡议，筹集8万元的善款汇往灾区。持续推进“爱心助学”“助残圆梦”品牌。2016年，与湖州电视台“阿奇慈善援助行动”合作开展“我来帮你上大学”活动，共募得爱心捐助款16.8万元，为贫困学生实现大学梦；结对扬帆特殊青少年发展中心，成立“民建扬帆手鼓队”，为扶贫助残尽责出力。发挥会内智力优势，开展法律援助、教育培训和医疗卫生等社会服务项目，做大做强“会校合作”“会企合作”“爱心送教”等服务品牌。加强对民建企业家协会管理，以“服务发展、服务民生、服务会员”为宗旨，进一步优化协会结构，深入推进交流互访工作。继续做好老龄委和女工委工作，组织开展老会员“重阳节”、新春团拜会及女会员“三八节”活动。（吕　丽）

【中国民主促进会湖州市委员会】 2016年，民进湖州市委会全面贯彻中共十八大和十八届五中、六中全会精神，深入学习习近平总书记系列重要讲话精神，根据民进中央和省委会总体部署，以深入开展坚持和发展中国特色社会主义学习实践活动为主线，以参政议政为主题，以市委会换届为重点，围绕中心，服务大局，全面加强自身建设，不断提高履职能力，各项工作取得新进展，较好地完成了全年各项工作任务。

加强学习，不断凝聚思想共识。市委会十分重视思想政治建设，以坚持和发展中国特色社会主义学习实践活动为主线，进一步夯实思想基础。市委会领导班子带头落实，安排学习内容，带领各级组织和广大会员深入学习中共十八届五中、六中全会精神和习近平总书记系列重要讲话精神，认真学习统战工作会议和市委全会精神，真正做到与中国共产党思想上同心同德、目标上同心同向和行动上同心同行。市委会采用多种形式组织学习民进会史会章、优良传统，学习民进全国参政议政工作会议精神和民进省委会有关会议精神，并结合换届，编辑印发《纪念俞善吾同志文集》，让会员了解湖州民进会史。同时，认真组织市委委员参加市委统战部读书会，精心选送骨干会员参加省、市社会主义学院培训，与民进基层领导班子成员开展谈心、谈话活动，加强对每位新会员的约谈教育，积极创建学习型组织，不断提升民进会员对多党合作制度和民进优良传统的认识，凝聚政治共识，坚定理想信念。

精心组织，完成换届工作。根据民进省委会《关于市级组织换届工作的意见》和市委统战部《湖州市各民主党派市委会关于做好市级组织换届工作座谈会纪要》要求，民进市委会早谋划、早安排，先后召开各类大小筹备会议10余次，参与考核、推荐和考察等环节的会员400余人（次），做到组织到位、程序到位，组织召开民进湖州市第八次代表大会。换届后，全市有民进会员516名，基层委员会4个，覆盖全市三县两区35个基层支部。新一届市委会领导班子留任8人，新提名9人，界别结构情况为：教育界5人，医卫界2人，经济界1人，文化界1人，新社会阶层1人，机关7人（其中市委会机关1人），17名市委委员平均年龄46.8岁，特色明显，结构合理，充满活力。新一届市委会建立市委委员、专委会等各类微信群，加强互动联系，工作效能不断提升。全年召开市委会议4次，市委委员会议2次，修订完善市委会的议事规则，严把入会关，健全专委会、联谊会等工作机构，启动教育、文化经济、卫生民生、青年和社会法制五大专委会工作。出台《市委委员联系基层组织工作制度》，密切联系基层组织，加强与县（区）及高校统战部的沟通，着力推进民进组织建设工作。

集智聚力，切实增强参政议政成效。围绕民进中央参政议政主题年工作部署，市委会组织民进界别政协委员在市政协七届五次会议上积极履职，向大会作《关于加快推进特色小镇培育创建的建议》和《发挥优势，大力推进健康产业发展》的发言及《整合资源，推进康复医疗事业发展》和《关于加强美丽乡村公共设施后续管护的建议》书面发言，同时，提交集体提案6件、个人提案23件。其中《关于特色小镇培育》和《美丽乡村公共设施后续管护》的2件提案被市政协列为重点提案。各级人大代表和政协的民进委员均活跃在参政议政舞台上，积极参与和市委书记、市长“面对面”活动、双月协商座谈会及重点提案办理工作汇报会等，发出民进好声音。市委会副主委潘林荣荣获“民进全国参政议政工作先进个人”称号，有3名委员获“民进会省参政议政工作先进个人”称号。市委会编印《民进湖州市第七届委员会参政议政成果选编》，分发到会员手中。同时，加强对专委会和县（区）基层委参政议政工作指导，调整和充实专委会成员。出台主委联系专委会制度。专题召开参政议政工作会议，提升会员参政议政意识和能力。积极推荐参政议政骨干为新一届市政协委员候选人及省民进代表。

搭建平台，着力提升服务社会水平。市委会继续深入实施“爱心助学”、与上海虹口区委会共建等活动。积极探索“一支部一服务品牌”长效发展机制，吴兴区民进爱心妈妈团队、德清县基层委“联高校资源、送科普宣传”等社会服务活动影响不断扩大。开明画院举办“丽象开图”书画特展，庆贺市委会“八代会”胜利召开并编印画册宣传民进。企联会积极开展活动，丽水市遂昌县山体滑坡发生后，会长沈雄翔响应民进省委会号召，第一时间向灾区捐款1万元；市直第一医院和湖州二中等支部也积极参与捐款救灾、奉献爱心活动。积极倡导和践行“服务就在身边，人人可以参与”理念，发挥会员优势，组织开展多种形式“微公益”，开设医疗健康、教育咨询、社会法治等“微讲堂”，整合会内外资源，全力服务社会。（汤洪波）

【中国农工民主党湖州市委员会】 2016年，农工党湖州市委会以习近平总书记系列重要讲话为指导，学习贯彻党的十八大和十八届三中、四中、五中、六中全会和农工党十五大会议精神，按照中国特色社会主义参政党的基本要求，统筹谋划，汇聚力量，紧密围绕市委、市政府的工作大局，有思有行、集智聚力、顺势而为和开拓创新，增强全体党员的责任心和使命感，各项工作都得了新的成绩。

思想政治基础不断夯实。市委会以开展坚持和发展中国特色社会主义学习实践活动为契机，以中心理论学习组为抓手，进一步加强学习型参政党建设。先后组织党员干部参加学习习近平总书记的“七一”重要讲话、十八届六中全会精神、中央统战工作会议精神和省、市统战系统读书会等专题学习会。坚持不懈地引领党员把握中国特色社会主义理论体系的科学内涵和精神实质，始终坚持正确的思想观念。借助《湖州农工》党刊平台，主动与市委、市政府相关部门对接，加强沟通交流，加大宣传报道力度。全年市委会累计向各级刊物、公众号等媒体投稿达100篇，扩大了党派的影响。市委会抓住各类活动契机，开展好主题教育活动。举办老年节座谈会，为驻湖的部队送医送药，为南浔区含山小学教师举办中医养生知识讲座，春节前夕看望部分离退休老人，举办农工党“走进基层、贴近党员，培育和践行社会主义核心价值观”百场主题宣讲活动，持续开展中国特色社会主义理论、统战理论和多党合作理论等各类主题教育活动，凝聚人心，强化合力。

组织建设能力不断加强。召开中国农工民主党湖州市第七次代表大会，经民主选举产生农工党湖州市第七届委员会，魏明当选为农工党湖州市第七届委员会主任委员，张明、王丹、吴巍、周燕当选为副主任委员，梅红任秘书长。修订、完善自2004年以来的各项工作制度，与时俱进，推陈出新。通过完善各项制度，狠抓落实，以“星级支部考核”为抓手，市委会和各支部的自身建设工作得到提高，各项工作呈现良好态势。至11月底，市委会直属基层组织17个，其中县（区）基层组织5个、市直基层组织12个。有党员474名，其中主体界别225名，占47.47%（医卫界206名，占43.46%，新主体界别19名，占4%）；具有中、高级职称及中层以上职务的党员451名，占95.15%。发展新党员30名。

参政议政水平不断提升。市委会在市政协七届五次会议上分别作《提升基层医疗服务能力 着力夯实健康湖州基础》的发言和《加强监管 提高固废处理处置效率》的书面发言，2名委员分别代表农工党市委会在会上做即兴发言。提交集体提案9件，委员个人提案22件。在市七届人大六次会议上，市委会的市人大代表递交建议案6件。集体提案《生态绿城理念推动中心城区农贸市场长效管理机制建设》被列为重点提案，由市委常委、宣传部部长胡菁菁领办，提案办理成果得到有效落实，对不断完善农贸市场长效监管的保障机制，提升城市品质效果显著；集体提案《推动法治政府建设 进一步完善“12345政府阳光热线”考核机制》《加快食品安全信用平台建设 推动食品安全社会共治》被评为市政协2015年度优秀提案，《激活基层组织细胞 推动民主党派健康和谐发展——民主党派基层组织发展问题研究》被评为2012~2015年度全市政协系统优秀调研报告二等奖。积极组织党员参与市委统战部的“金点子”和市政协的“社情民意”活动。截至11月底，累计上报“金点子”“微点子”和社情民意85篇，被市政协采用15条，省政协采用4条，市委办采用2条，市委统战部采用7条，农工党中央采用1条，省委会采用14条。在统战部的“金点子”活动中荣获组织一等奖，4篇“金点子”分获一、二、三等奖。其中《关于营改增后合理额定物业企业纳税基数和抵扣税项的建议》《关于排除种苗源头障碍 确保珍贵树种落地生根的建议》分别获得国家领导人和省委领导批示，展现欣欣向荣的参政议政态势。

社会服务形式不断创新。年内，市委会积极响应农工党中央号召，带领各基层组织开展坚持和发展中国特色社会主义学习实践活动，以“健康中国、美丽中国”为切入点，群策群力，合力建设美丽乡村。省、市、县三级联动，共同揭牌位于德清县莫干山镇勤劳村的“坚持和发展中国特色社会主义学习实践活动基地”。助力推进结对帮扶联系村——吴兴区妙西镇后沈埠村的美丽乡村建设，市委会组织市区基层支部开展送医、送文化下乡活动。携同市、区红十字会向16户困难户送上价值1.6万元的慰问品、慰问金，并为村民开展医疗咨询、义诊活动以及高血压防治讲座。开展第九届中国环境与健康宣传周活动，市委会（市中医药文化研究会）发挥自身优势，联合市卫计局和市中医药学会，邀请农工党南京市委会主委、南京中医药大学教授黄煌在南太湖中医论坛开讲中医经方“柴胡类方的应用”。同时，基层支部也发挥各自优势，开展义诊、慢性病防治知识宣传、环境与健康知识和“五水共治”展板进社区等活动，并举办宣传周系列活动。响应农工党党中央号召，按照上级组织的部署，立足湖州实际，加强与贵州省毕节市大方县的联系，发动企业界党员，精准对接，为农工党的帮扶对象提供力所能及的帮助，为国家的扶贫攻坚工作添砖加瓦。举办了第二十八届“国际科学与和平周”活动，主委魏明、副主委张明、志愿者服务队副队长吴巍带领党员为湖州先登控股集团股份有限公司的100余位工人提供免费诊疗服务和法律咨询；积极参与多场市社科普及周暨社科专家下基层活动，充分展示农工党员的风采；在丽水市遂昌县山体滑坡救灾捐款活动中，市委会第一时间组织各基层积极响应，短时间内筹集捐款4万余元。

党员个人风采不断彰显。农工党人才荟萃，成果累累。党员爱岗敬业，众多党员在各自岗位上被评为优秀或先进个人，医卫、教育、社会和经济等多界别的多位党员工作业绩突出，各行各业彰显风采。市委会副主委王丹荣获湖州市“首届统一战线十大优秀人物”；湖州师院支部褚玉明获“中华人民共和国国务院政府特殊津贴”；由科技支部张展忠担任总监的湖州市太湖湿地奥体公园体育场钢结构工程，获得中国钢结构金奖（国家优质工程），个人获得“全国优秀监理工程师”的荣誉称号；由科技支部王恺主管的境外设计项目“非洲乌干达20万平方米民居”获浙江省勘察设计协会“民宿创意设计”一等奖。据统计，党员中主持国家自然科学基金面上项目1项，省级多项；湖州师院支部褚玉明、市一院支部王翔等SCI论文36篇；湖州师院支部刘利民、市中心医院钱晓冬等发明专利14项；指导学生获得国家级大学生创新创业训练计划1项。

（梅　红）

【九三学社湖州市委会】 2016年，九三学社湖州市委会以换届为契机，加强政治理论学习。一是召开九三学社湖州市第八次代表大会，选举产生了高东为主委，陈洁、李节、李庆峰、朱建方为副主委的九三学社湖州市第八届委员会，任命徐俊丽为秘书长。新一届社市委委员平均年龄47岁，其中女性7名，拥有高级职称9名，全部具有大专以上学历，其中研究生学历8名。换届工作中，部署周密，操作规范，程序到位。新组建各专门委员会，修订完善各项制度。二是有序推进学习实践活动，组织学习习近平总书记在庆祝中国共产党成立95周年大会上的讲话和中共十八届六中全会等重要会议精神，贯彻社中央主席韩启德关于全面提升九三学社的组织动员能力的重要指示，3篇社员论文获省政协理论研究会第八次理论研讨会优秀奖及入选市统一战线理论研究会招标课题；1位社员获全国十佳征文，并参加社中央举办的全国青年论坛交流。三是组织专题读书会，继续推进社史教育。进一步夯实中共领导的多党合作制度的政治共识，强调民主党派不忘初心，坚定不移走中国特色社会主义民主政治发展道路。社市委机关认真参加统战系统“两学一做”等学习活动。全年接待全国39批次、900人（次）的九三社员到湖州参观学习交流。

参政议政创实效。一是依托市“两会”平台努力建言。2016年，在省“两会”上，社内省政协委员在省“两会”上提交提案3件。在市“两会”上，人大代表领衔提交建议案14件；社市委提交大会发言4件、集体提案5件、政协委员个人提案22件，其中《关于加快发展农村淘宝的几点建议》《补齐湖州市牛羊定点屠宰管理缺失短板》2件提案被确定为重点提案，分别由市委副书记金建新和副市长杨六顺领办，《关于进一步推动湖州市工业设计产业发展的建议》被确定为专题提案，由相关部门重点跟踪落实。3人分别获评市政协优秀界别组长、优秀政协委员。县（区）基层委（支社）在县（区）“两会”上，领衔提交人大建议案7件，政协大会发言、集体和个人提案71篇。二是在议政、监督和调研中发挥作用。社市委召开参政议政座谈会，组织骨干社员赴江苏南通市、常州市等地实地调研，牵头组织“民宿经济发展面临的问题和对策”双月界别协商活动，参与“创新农村社会治理，提高农村治理水平”和市委关于补短板实施意见专题政治协商会。9名社员参与市政协开展的市委书记、市长与政协委员“面对面”活动。三是广纳意见，传递民意。社市委全年上报社情民意信息（含“金点子”）196条。其中被社中央录用3条、省政协录用2条、社省委录27条、市政协录用7条。在市委统战部“金点子”活动中，社市委上报“金点子”62个，“微点子”19个，获2016年度“金点子”工作组织二等奖。社市委被社省委评为2016年度信息工作先进集体和参政议政工作先进市级组织，2人被聘为2017年、2018年特邀信息员。4篇调研报告分别获社省委2016年度参政议政调研成果一、二、三等奖。3人（次）获省参政议政和信息工作先进个人。2人成为市网联会成员。

创新社会服务形式。一是依托“九三爱心基金”助学帮困，基金全年支出6.7万元，结对湖州师范学院、湖州职业技术学院特困生，除了经济资助，还组织九三社员长期与学生“一对一”结对帮扶，取得明显效果；丽水市遂昌县发生山体滑坡事故后，社市委从爱心基金中拨付5000元救援资金。二是“九三讲堂”全年举办公益主题讲座6次。各基层组织纷纷开展办讲座、组织义诊和结对特困生等扶持工作。社市委被社中央评为“2011～2015年社会服务先进集体”，被社省委评为“2014～2015年度全省社会服务工作先进集体”，2人被评为社中央社会服务和组织工作先进个人。吴兴区支社、农业支社、市一院支社获“2014～2015年度全省社会服务工作先进基层组织”称号，2人获“2014～2015年度全省社会服务工作先进个人”称号。

长兴县基层委积极争取项目和资金，落地2个省级农技项目。德清县基层委结对德清阳光生态园，组织社员赴上柏小学开展“送教下乡”服务。安吉县基层委联合社省委、社杭州市委等为安吉县民工子弟学校开展暑期支教服务。湖州师院委员会为安吉县梅园学校捐赠学习用具、图书以及运动器材。春节前夕，文澜书画院开展送春联活动，义务赠送春联、福字1000余幅。

夯实自身建设基础。一是组织建设稳中求进。截至年末，全市有社员464名，其中高级职称244名，占53%。女社员176名，占38%，平均年龄55岁。全年发展新社员15人，新社员平均年龄35.8岁，其中硕士以上学位4名。二是社员活动彰显活力。社市委组织“三八节”、老年节纪念活动；各基层组织举办书法班、合唱班以及各类学习讲座等，进一步丰富组织活动，提升组织凝聚力。三是社员在本职岗位上建功立业。2名社员参加省委党校干部培训班，1人参加社中央专职干部培训班，1人参加省委统战部全省党派特邀信息员培训班，3人参加社省委参政议政工作研讨班，10人参加全市民主党派成员培训班。社市委举办2期新社员入社座谈研讨会，做好初始教育引导。社市委机关朱辉担任市诗词楹联协会会长，积极弘扬民族传统文化，多次参与市电视台文化访谈类节目。（朱　辉）

【湖州市工商业联合会】 2016年，湖州市工商联深入学习贯彻中共十八大、十八届三中、四中、五中、六中全会和习近平总书记系列重要讲话精神，围绕各项中心工作，以五大发展理念为引领，着力促进“两个健康”（非公有制经济健康发展和非公有制经济人士健康成长），为助推“十三五”规划开好局、起好步做出贡献。

围绕中心大局，积极创新有为。认真学习贯彻落实习近平总书记3月4日在全国政协民建、工商联界别委员联组会议上重要讲话精神，在广大非公经济人士中就构建“亲”“清”新型政商关系和“五个着力”开展大讨论。出台相关文件，得到全国工商联和省工商联的肯定。通过市“两会”“金点子”“社情民意”等渠道，积极反映非公有制经济发展的热点、难点问题，为湖州市经济社会发展建言献策。进一步深化“非公经济人士圆桌会议”活动，全年举行圆桌会议4次。市主要领导分别参加，取得良好成效。

推进创业创新，服务转型升级。组织北京湖州商会、广东湖州商会等10余批在外浙（湖）商回乡考察。据统计，仅北京湖州商会、上海湖州商会会员企业已回乡投资10余个回归项目，总投资额达50余亿元。认真实施小微企业成长计划，为企业开展政策信息、金融、法律、科技和人才等综合服务。加强与西澳中华总商会、南非浙江总商会和香港贸发局等机构的对接交流，组织30余家民营企业赴境外考察。积极与全联美容化妆品商会、城市基础设施商会联系湖州市美妆小镇建设和海绵城市建设项目。

强化教育引领，弘扬湖商精神。制订《关于在全市非公有制经济人士中深入开展以“守法诚信、坚定信心”为重点的理想信念教育实践活动实施方案》，并认真组织实施。邀请市委党校教授为全市新生代企业家作“听党话、跟党走”党建专题讲座。选派部分新生代企业家参加市管领导干部进修班培训。组织20名新生代企业家赴福建古田县开展红色教育活动，引导新生代企业家继承发扬听党话、跟党走的光荣传统。深入推进“千企联千村，合力治污水”和“千企帮千村精准扶贫”行动。据统计，全市非公经济人士参与治水认捐财物价值1.6亿元。2016年，开展第18期光彩助学活动，助学基金出资12万元，为20名贫困学生圆梦大学。

圆满完成换届，努力争优创先。12月14日，市工商联（总商会）第七次会员代表大会召开。选举产生新一届执委会和市工商联（总商会）领导班子。加强县（区）工作指导，德清县工商联和长兴县工商联被评为省“五优”工商联；长兴县工商联被评为全省工商联系统先进单位；湖州市、吴兴区工商联亮点工作被评为全省工商联系统“十大亮点工作”。新成立南京市湖州商会等4家异地商会和市绿色科技产业商会等2家行业商会。加强基层商会工作指导，提升商会管理规范化和科学化水平。市新湖商商会和科技装备商会被评为“全省规范化建设示范商会”。

切实强化党建，提升综合素质。市工商联党组和市总商会党委分别制定“两学一做”学习教育实施方案，上好专题党课。市工商联党总支组织党员领导干部讲党课9次，每季度围绕一个专题开展研讨。年内，新成立商会支部1家，推荐2家商会党支部为四星级党组织，1家商会党支部为“党建强、服务强”党组织。在商会所属支部中，评选出15名红色经营示范户，充分发挥党组织战斗堡垒作用。加强党风廉政建设，严格纪律、守好规矩，营造机关风清气正的良好氛围。（张丹峰）

·工　会·

【概况】 2016年，全市基层工会累计8217家，比上年增加17家；会员85.84万名，新增2.4万名。全市各级工会认真贯彻党的群团工作会议精神，围绕增强“政治性、先进性、群众性”，去除“机关化、行政化、贵族化、娱乐化”目标，把握发展和谐劳动关系主线，推进“劳动激励、素质提升、维权服务、自身建设”工作体系建设，强化基层基础，创新工会工作。市总工会获省总工会重点工作考核优秀等次，连续第5年被市委、市政府授予“群众满意单位”称号。

【市总工会七届二次全委（扩大）会议】 3月8日，市总工会七届二次全委（扩大）会议召开。会议总结2015年度全市工会工作情况，部署2016年度工作任务，下发《湖州市“争创先进职工之家、争做优秀工会干部”活动五年规划(2016～2020年)》《全市工会服务职工十方面实事》《关于进一步深化劳动关系预警调处机制建设工作的意见》等。

【强化思想引领】 2016年，继续深化“劳动光荣、创造伟大”主题教育实践活动。一是强化工会干部政治引领。学习贯彻习近平总书记系列重要讲话和党的十八届六中全会精神，市总工会全年组织各类学习研讨活动20余场（次）。二是突出工会舆论宣传引领。确定“十三五”规划、社会主义核心价值观等10个主题，加强与主流媒体合作，发挥工会自有媒体作用，在广大职工中开展形势任务教育。三是弘扬劳模精神引领。开展“赞美劳动、颂扬劳模”宣传活动，宣传劳模先进典型65名。组织开展“劳模宣讲进校园、劳模技术进企业、劳模品牌进社区”活动。召开庆“五一”劳模表彰大会，评选五一劳动奖章（状）全国级4个、省级8个、市级25个。四是践行湖州职工精神引领。开展“湖州职工精神”学习宣传工作，组织学习讨论、读后感评比等活动。五是开展生态文明实践引领。围绕“我为美丽湖州立新功”主题，开展“文明创建·治水治气，我有份”“我为节能降耗减排做贡献”和“低碳生活绿色行”等实践活动。

【团结广大职工助推赶超发展】以市政府名义下发《关于在全市广泛开展“创业创新添活力、赶超发展谋新篇”建功立业“十三五”活动的意见》。一是推进重点工程立功竞赛。联合市发改委在全市重点建设项目中广泛开展重点工程立功竞赛活动，推进活动向基层延伸。市政府在全市工业强市大会上表彰了立功竞赛先进集体和个人；在市委、市政府召开的重大项目建设战役推进大会上，市长陈伟俊对重点工程开展立功竞赛作出了部署，并为12家省、市级示范工程授旗。二是开展企业“五小”劳动竞赛。紧紧围绕企业生产经营，积极开展小发明、小创造、小革新、小设计、小建议“五小”劳动竞赛，全市参赛乡（镇）67个，规模以上企业1670家，征集合理化建议4.27万条、先进操作法105条。培育示范型创新工作室15家，实现公关项目23个。三是弘扬工匠精神，广泛开展技能培训。围绕全市重点产业和新兴行业，完善练兵、比武、培训、晋级和创新“五位一体”职工技能提升体系建设。各级工会全年组织开展岗位练兵、技能比武活动950余场（次），参赛职工13.41万人（次），实现晋级9860人（次）；开展各类技术培训1021场（次），参与职工10.82万人（次），实现晋级2.14万人（次）。四是深化“工人先锋号”创建。坚持以班组建设和服务窗口为重点，全市新培育省、市级“工人先锋号”29家，举办班组长培训班39场（次），培训班组长2776人。评选市级“最美班组”“最美工人”各10个（人）。五是开展技术志愿服务。组织52支技术志愿服务队深入企业，全年开展技术巡查415场（次）、技术服务1685人（次），解决生产难题353项。开展“职工技术服务月”活动，实施“一对一”精准服务。

【推进和谐劳动关系发展】一是深化预警调处机制建设。出台《关于进一步深化工会劳动关系预警调处机制建设的意见》和《关于完善劳动关系预警调处机制助推“平安湖州”建设的通知》，加强劳动关系矛盾和职工思想动态分析报告以及劳动关系研判分析，完善市、县（区）、乡镇（街道）、企业“四级联动”“月报”和“专报”结合、预警调处衔接、季度分析研判的工作机制。市总工会与市律师协会建立律师志愿者队伍，开展“工会送法律下基层”活动100余场（次）。二是推进劳动关系和谐企业创建。下发《关于进一步规范劳动关系和谐企业（工业园区）创建工作的意见》，不断深化劳动关系和谐企业创建活动。推进以职代会为基本形式的企事业民主管理和工资集体协商工作。三是开展“担当主力军、助力G20”专项行动。开展全市被管控和欠薪隐患企业职工队伍稳定情况专项预警以及治理拖欠农民工工资问题专项行动，并向市政府提出《企业关停重组处置劳动关系中急需关注的几个问题和几点建议》，受到市长陈伟俊的批示。四是推进工会劳动法律监督。通过举办专题辅导报告会、组织送法进社区和开展专项监督等活动，在全市广泛宣传《浙江省工会劳动法律监督条例》。推动县（区）政府出台《支持工会开展劳动法律监督办法》相关文件。

【拓展职工帮扶和服务工作】一是努力提升帮扶工作实效。制定困难职工帮扶实施方案和市本级困难职工申报认定办法。开展“送温暖”“春风送岗位”“技能培训促就业”“金秋助学”“爱心透析”等传统帮扶活动，首次把困难职工家庭初、高中子女列入助学对象。帮助2.32万名外来务工人员平安返乡，组织500名外来务工人员子女“小候鸟”观湖州新貌；新建“妈咪暖心小屋”15家；市区完善环卫工人休息点50个。二是着力拓展普惠服务覆盖面。全市参加职工医疗互助保障人数达25.83万人，参与重大疾病互助19.9万人；享受职工医疗互助10248人，金额1032.65万元；与市慈善总会设立工会会员大病救助基金1000万元，援助生大病会员。推进企业职工疗休养，市委书记裘东耀、市长陈伟俊分别对《2016年1～5月份全市职工疗休养运行分析报告》和《2016年上半年湖州市职工疗休养工作开展情况及有关建议》作出批示。市总工会与相关部门联合出台实施意见，全市参加职工疗休养7.72万人，“本地行”专项奖励资金支付146.99万元；全市疗休养基地接待各地职工63.92万人（次）。全市69支工会志愿者队伍开展各类志愿服务活动100余次，发放工会“惠员卡”8万张，举办“鹊桥网”青年职工交友联谊活动60余场（次）。三是切实加强劳动保护工作。深化“安康杯”竞赛，组织开展“百万职工齐参与、安全隐患大排查”专项行动，首次与市安监局联合开展“安全示范车间”“标杆班组”“岗位标兵”创建活动。积极参与“安全生产月”活动，开展各类安全宣传活动378场（次），征集安全合理化建议1.2万条。四是广泛开展职工文体活动。举办市第十二届“五一”职工歌会，培育“文化车间”暨基层职工文化示范阵地30家。注重发挥产业工会和工人文化宫、职工文体协会的作用，举办多种形式的职工文体活动。

【夯实基层基础和自身建设】一是广泛深入开展“双争”（争创先进职工之家、争做优秀工会干部）活动。制订“双争”活动五年规划和年度考核办法，突出非公企业重点，全市“双争”活动创建面达65%。台资企业建会有新进展。组建市四大国有集团工会。开展乡镇（街道）工会干部队伍建设落实情况“回头看”，深化乡镇（街道）工会规范化建设“争优晋位”活动。二是积极探索改革创新举措。市总工会换届中新增2位来自基层的常委；讨论通过工会法治化建设意见；探索工会代表大会代表任期制。三是切实加强市总工会自身建设。加强工会经费收缴和财务、资产及经审工作。坚持全面从严治党要求，严格落实党风廉政建设责任制，认真开展“两学一做”学习教育，深化“树三风、强三力”主题机关作风建设。工会企事业进一步发展，市工人文化宫社会效益和经济效益进一步拓展；市职工中专服务工会主业意识不断增强。

（蒋华杰）

·共青团·

【概况】 2016年，团市委围绕中心、服务大局、真抓实干，各项工作取得新进展。在全省考核中获优秀等次；召开市第七次团代会，成为全省首个完成团市委领导班子专、兼、挂改革的设区市；突出工作重点，志愿服务、帮扶青年就业创业和基层团建等工作被省级以上新闻媒体报道40条（次）；市平安志愿服务总队被评为“G20杭州峰会志愿服务先进集体”，一个项目获全国青年志愿服务项目大赛银奖；团中央书记处第一书记秦宜智、中央综治委预防青少年违法犯罪专项组分别到湖州调研并给予肯定。

【共青团湖州市七届二次全委（扩大）会议】 2017年3月16日，召开共青团湖州市七届二次全委（扩大）会议。会议确定，全市共青团工作的主要任务是：认真学习贯彻中共十八大和十八届三中、四中、五中、六中全会精神，深入学习贯彻习近平总书记系列重要讲话精神，全面贯彻落实市第八次党代会精神，围绕市委和团省委的决策部署，回顾总结2016年工作，谋划部署2017年任务，团结带领全市团员青年为湖州奋力赶超发展，建设现代化生态型滨湖大城市、高水平建成小康社会贡献力量。

【青少年思想引领得到新加强】 深入开展“青春中国梦”系列主题教育实践活动，举办“读经典·学做人”核心价值观诵读、“童心向党”歌咏比赛等活动800余场（次），选拔树立“赶超发展青春建功标兵”“最美志愿者”等各领域青少年先进典型656人。开展“青网”行动，举办“我为核心价值观代言”“我与团旗团徽合个影”等主题舆情引导实战演练1050场（次）。积极建设“青年之声”“团聚湖州”“青柚湖州”等网络、新媒体平台，平台影响力居全省前列。推出“七彩童心路”青少年校外道德实践项目，建立首批“青柚空间”——市红领巾社区德育工作站6个。

【服务转型升级体现新作为】 着眼青年创业融资需求，推出“微信贷（1万～10万）、微创贷（10万～30万）、微业贷（30万～100万）”青年系列信用贷款产品，举办“5·28”青年创业贷款现场对接会，全年发放小额贷款2108笔、2.3亿元。举办农村青年创业大讲堂112场、“青年电商集训营”56场（次），服务青年8300余人（次）。柔性引进32名浙江大学青年教师到湖州来挂职企业管理咨询师和特色小镇发展顾问。实施“十园百点”创建工程，建成南太湖青年电子商务创业园等10个青年创业示范园和108个青年互联网创业示范点。组织青工岗位技能比武113场，选拔树立青年岗位能手165名，创建市级青年岗位能手工作室10家，评定市级青年文明号145家，新建青年科技创新工作站48个。开展大学生暑期“千人实习计划”，对接上岗实习2800余人。

【参与社会治理取得新突破】 围绕志愿护航G20杭州峰会，组织全市平安志愿者开展治安巡逻、安全检查和矛盾化解等。认真做好全国生态文明建设工作推进会、全国培育新型经营主体发展农业适度规模经营座谈会和ABAA—9等重大赛会的志愿服务保障工作。实施社会组织公益项目创投计划，分期推介公益项目32个，资助资金156万元。依托社会组织常态化开展“交通文明，你我同行”文明劝导、“寻找身边的问题”“两路两侧”志愿服务、“四边三化”环境整治等活动。建立市、县（区）、乡镇（街道）三级“青年民间河长制”，服务区域河道监督治理。广泛开展“律动青春·健走古道”户外徒步行、“我与青春有约”青年郊友汇等活动，倡导绿色低碳健康生活。

【维护合法权益有了新进步】 依托市青少年权益工作领导小组，推出青少年权益“十大实事项目”“十大重点活动”，“五类”重点青少年群体帮扶结对率达99.72%。完善“共青团与人大代表、政协委员面对面”制度，聚焦青年创业创新等课题深入开展调查研究，提交提案建议8件，涌现优秀调研成果30余篇。广泛开展青少年心灵花园体验、“12355”助力中、高考阳光行动等，覆盖青少年8700余人（次）。深化“希望工程·圆梦行动”，全年资助贫困大学生470人、中小学生548人，金额355.51万元。围绕自护教育、亲情陪伴和感受城市等，开展公益夏令营、冬日暖阳和流动少年宫等关爱活动283场（次），帮扶低收入家庭青少年2.8万余人（次）。推进“一核多点”青少年综合服务平台建设，建成各级平台60个，创建全国示范平台1个、省级示范平台4个。

【团的自身建设开拓新局面】 大力推进“青春党建·活力团建”，新建“两新”团组织232个，实施“百个示范青春社团引领计划”，切实激发活力。加强团（队）干部教育提升，累计培训基层团（队）干部4000余人（次）。联合市委组织部选拔第三批乡镇（街道）团委书记后备人选10名，建立成长档案，实行跟踪培养。稳步推进共青团改革，团市委机关新配备2名兼职副书记和1名挂职副书记，优化团市委委员会、常委会人员结构，常委会委员、全委会委员和团代表中基层一线青年比例分别达44%、73%和91%。深化团干部直接联系青年制度，全面推行“三联双百”（每名专职团干部联系1个社会组织、1名本土能人、1批团员青年，每年走访百名青年、征集解决百个问

题）工作法，各级团干部走访联系青少年1万余人（次），帮助解决实际问题5000余个。（沈建兰）

·妇女联合会·

【概况】 2016年，全市妇女组织以“汇聚巾帼力量、助力赶超发展”为主题，以“两学一做”学习教育为动力，以“重心下移、力量下沉、服务下沉”专项工作为抓手，深入实施“女性成才、巾帼创业、家庭创建、维权保障、固本强基”五大计划，夯实基础、查补短板、谋划创新和奋力作为，团结引领妇女投身经济社会建设，不断开创全市妇联工作新局面。市妇联获得2016年“全国维护妇女儿童权益先进集体”“省实施妇女儿童发展规划先进集体”“市信访工作目标管理考核优秀单位”“市优秀党组理论学习中心组”等荣誉称号。

【建设美丽家园】 深入实施“生态文明巾帼行动”，开展“‘三千’巾帼力量、助力拆违治水”宣传教育活动，推广“家庭护水公约”，推进美丽乡村样本户创建，评选“最美巾帼护水队”，分批展示“美丽湖州是我家、美丽家园我来拍”作品，组织巾帼志愿者参与植树护绿、环境整治和河道清淤等活动，带领妇女共建美丽家园。

【服务创业创新】 实施“十万妇女职业技能培训计划”，举办“百名女性创业能力开发”培训，全年开展巾帼电商、巾帼民宿和妇女家政等培训713期，培训妇女10.23万人（次）。深化妇女创业小额贷款和贴息政策，全市发放小额贷款4.08亿元，市本级财政贴息28.5万元、妇女来料加工奖补20.6万元。开展“春风送岗位、服务得实惠”行动，组织女性招聘会26场，帮助4866名妇女实现就业。深化巾帼岗位建功，全市评选10名“最美巾帼带头人”和20名“最美巾帼文明岗岗长”。

【促进维权维稳】 开展“迎接G20，湖州女性讲文明”“服务G20，岗岗展风采”系列活动，开设“执勤民警子女暑期陪伴课堂”，主动服务G20杭州峰会。加强“家暴协助救助中心”等维权机构建设，广泛开展反家暴宣传活动，落实《湖州市家庭暴力告诫制度实施办法》，全市出具家庭暴力告诫书55件、人身安全保护令6张。扎实做好妇女信访工作，全年处理信访1936件（次），办结率达98%。加大困难妇儿帮扶，年筹资金326万元，帮扶4512人（次），建立“留守流动儿童之家”48所。深化“平安家庭”创建，开展“珍爱生命、共创平安、不让毒品进我家”广场宣传等系列活动，新命名市级“平安家庭示范户”30户。

【加强教育引领】 围绕“巾帼心向党·扬帆新征程”主题，扎实开展“党的女儿话初心”“党史故事接力传播”系列活动，凝聚妇女拥护党的核心、维护党的核心共识。加强新媒体宣传，全市建立妇联网评网宣队11支，开通微信、微博82个，建立工作QQ群和微信群2024个，累计发布信息2.8万条，粉丝量达11.6万人。举办“汇聚巾帼力量、助力赶超发展”主题活动，点赞各行各业的优秀女性，出版《20个美丽妈妈》励志书籍，全面展示妇女和家庭在弘扬社会新风、推进文明建设中的积极作用。开展“美丽典型游美丽湖州”“女艺术家进基层送文化”活动，传递巾帼正能量。

【推进家庭建设】 深化“立家规、传家训、树家风、圆家梦”主题，编辑《暖暖的港湾》好家风书籍，开展“树廉洁家风、创最美家庭”活动，举办“最美家风故事”宣讲会、评选“我最喜爱的家训”，举办领导干部家属“立家规正家风”廉洁教育培训班等，不断深化“最美家庭”创建。全市新涌现全国文明家庭1户、全国“最美家庭”2户、全国“五好文明家庭”2户、全国“五好文明家庭标兵户”1户、省级“最美家庭”20户和市级“最美家庭”50户。

【注重家庭教育】 深化“家教知识进万家”活动，召开全市家庭教育学会年会，举办《全国家庭教育指导大纲》解读专题讲座，实施“心系家庭微课堂”公益项目，开设家庭教育网络微课堂9个，广泛传播科学家教知识。推进未成年人体验教育，举办“心手相牵、让爱飞翔”义卖活动。加强阵地建设，新认定市级示范家长学校24所，推进德清县、安吉县家教指导服务体系建设试点工作，市妇联“侨爱童星乐园项目”启动使用，开展早教、家教和留守流动儿童指导服务等工作。

【深化市校妇女组织合作】 依托“浙大女教授湖州科技服务团”“市妇女创业科技服务联盟”，深入开展“带科技、带项目、带信息，进企业、进基地、进农户”“三带三进”活动。召开合作十周年总结交流会，签订新一轮五年合作框架协议。举办“全面两孩政策实施背景下女性发展论坛”，借助浙大人才、科技等资源优势，累计开展学习培训、技术指导活动174场，实施合作项目133个。

【夯实基层基础】 启动基层妇联组织改革试点，出台《湖州市关于开展妇联基层组织“激活升温创优”示范项目实施方案》，通过“激活”神经末梢、“升温”妇女阵地和“创优”服务能力三项举措，推进基层组织改革创新。全市16个村完成妇代会改建妇联试点工作，27个乡镇（街道）增设兼职副主席56名、增加妇联执委129名，新建乡镇（街道）女性团体会员75个、村功能性妇女小组1078个。实施“女性社会组织培育计划”，新培育女性社会组织32个。开展妇女儿童家庭公益服务项目创投活动，成立“TA为她”公益家社会组织服务联盟，开展“助力赶超发展基层行”活动14场（次）。在宗教场所设“妇女工作联络站”20个，为信教妇女群众开展“送家教、送科技、送健康”活动。

【优化工作作风】 扎实开展“两学一做”学习教育和“重心下移、力量下沉、服务下沉”专项工作，市、县、乡镇（街道）、村（社区）四级妇联干部定向联系118个基础薄弱村（社区），累计开展调研、送服务项目活动362次，直接联系服务妇女群众1.12万人次。深化党风廉政建设，开展廉政风险防控项目化管理和“党纪教育一刻钟”教育活动，建立中层以下干部和下属单位班子成员廉政档案库，落实派驻纪检组巡回驻点监督制度，切实增强廉政勤政意识。加强机关党的建设，将市妇联党总支升格为直属机关党委，并顺利召开换届大会。

【加强队伍建设】 举办全市基层妇联主席培训班、女书记与女大学生村官联谊会培训班和全市妇联干部培训班等，鼓励妇女工作者参加心理咨询师、婚姻家庭咨询指导师和社会工作师“三师”学习，增强妇联干部工作能力。组织妇联干部与省内外妇联开展工作交流，不断拓宽视野。着力打造专、兼、挂相融合的干部队伍，在全省率先设兼、挂职副主席。

【认真总结谋划】 认真总结实施市妇女儿童发展“十二五”规划完成情况，以市政府名义出台《湖州市妇女儿童发展“十三五”规划》。编撰完成《湖州妇女运动史》。召开市第七次妇女代表大会，总结市第六次妇女代表大会以来的工作，向全市妇女发出“巾帼建功‘十三五’、携手扬帆新征程”的号召，提出今后五年全市妇女工作要以五大发展理念为引领，以改革创新为动力，紧紧围绕湖州市“十三五”规划确定的目标任务，着力构建组织活力提升、女性成才支撑、美丽家庭建设、核心价值引领和妇女权益保障“五大”体系目标。

（张文霄）

·湖州市文学艺术界联合会·

【概况】 2016年，湖州市文学艺术界联合会（以下简称文联）认真贯彻落实中共十八届四中、五中、六中全会和省、市委历次全会精神，学习贯彻习近平总书记在第十次全国文代会开幕式上的重要讲话精神，坚持正确方向，强化作风转变，认真履职尽责，紧密团结广大文艺家和文艺工作者，坚持以人民为中心，以社会主义核心价值观为引领，在服务中心大局、促进创作繁荣、实施文艺惠民、培育人才队伍等方面取得了新进展、新成效。

【学习贯彻习近平总书记系列讲话精神】 2016年，第十次全国文代会召开，习近平总书记在开幕式上发表重要讲话，对文艺工作作出全面部署，对文艺工作者提出殷切希望，对文联工作提出明确要求。湖州市文联把学习贯彻习近平总书记重要讲话精神作为重要政治任务，及时制定下发学习习近平总书记开幕式上讲话精神的通知，部署全市文联系统开展学习宣传贯彻活动。通过集中学习、专题研讨及广泛宣传等方式，深刻学习领会讲话精神，引导广大文艺工作者更加准确地把握了中央关于繁荣发展文艺的新思想、新理念和新要求，进一步坚定文化自信，增强政治自觉、思想自觉和行动自觉。同时，把学习贯彻习近平总书记重要讲话精神与推进各项文艺工作紧密结合起来，着力在强化、深化和转化上下功夫。

【文艺活动】 围绕助力特色小镇建设，湖州市作协赴“美妆小镇”吴兴区埭溪镇采风创作，赴“湖笔小镇”南浔区善琏镇开展“作家写湖笔”活动；市美协、书协和摄协围绕“生态文明”“五水共治”“三改一拆”等主题分别开展创作采风；湖州市摄协分赴南浔区含山蚕花节、德清县莫干山赏花节等节会进行“美丽湖州”主题采风；湖州市作协、音协赴新疆湖州援建地柯坪县交流采风，对该县文工团进行艺术指导，并汲取素材进行创作，在《南太湖》杂志上推出“新疆采风”专栏；湖州市音协举办最美的歌献给G20杭州峰会专场音乐会；市民协承办“江南天池第五届风筝文化节”；湖州市音协、舞协和戏协与市文化馆合作举办“第七届南太湖音乐舞蹈（戏剧）节”等。利用浙江展览馆修缮开馆契机，在省文联和市委宣传部的支持下，策划举办以“笔墨江南·清丽湖州”为主题的美术书法摄影作品进省展。湖州市文联和相关协会集中力量做好筹备工作，切实抓好部署发动，围绕展览主题，开展深入采风创作活动；切实抓好精准创作，根据文艺门类特点及文艺家个人特长，潜心创作，多彩呈现；切实抓好指导加工，邀请省专家来点评指导，对作品进行打磨加工。遴选240余件美术、书法、摄影作品和部分紫砂、湖笔工艺作品参展。参与举办“墨河左书——费新我先生书法特展”；举办第三届全市中小学生创意写作大赛、第二届市民手机摄影大赛和首届大学生手机摄影大赛等。广泛开展“走在春天里”系列文艺惠民活动。走进城市文化公园，连续3年举办“漫步长岛·与艺术家相约”活动；联动省、市、县三级文艺家共同走进安吉县刘家塘村展示展演，开展文艺志愿服务；组织湖州市文联各团体会员选送精品节目，走进吴兴区八里店镇前村欢乐广场举办大型文艺演出；湖州市书协积极开展“书法村”建设，分赴安吉县迂迢村、德清县后坞村等地进行书法辅导，为当地农村文化礼堂书写作品；组织书法家骨干到南浔区和孚镇荻港村、湖州开发区仁皇山社区等多个乡村（社区）开展送福、送春联活动，让老百姓在喜庆的日子里接受传统文化的熏陶；湖州市摄协赴吴兴区潞村开展摄影服务，为村民拍摄全家福等。这些文艺志愿服务深受基层群众欢迎和赞誉，密切了文艺家与人民群众的感情，获得了服务人民和提高自身的双丰收。县（区）、行业文联活动精彩纷呈，形成了一批特色品牌。德清县文联积极参与“文化车间”创建，进企业开展“书画家牵手小候鸟”等活动；继续开展文艺家服务电商活动，《人民日报》等多个国家级媒体给予关注，形成品牌效应。长兴县文联培育“少年作家”“长兴艺术馆”和“画溪合唱团”文艺名片；举办“和美长兴风情太湖”全国诗歌征集活动并出版诗集《长兴歌》；出版了十六年来师生文学大赛获奖作品精选《花开十六》小学卷、中学卷。安吉县文联承办了“中国竹乡·生态安吉”全国摄影大展；联合省书协共同举办“吴昌硕奖”第五届浙江省篆刻大展暨“吴昌硕与中国印学”安吉论坛学术研讨会，出版作品集和论文集。吴兴区文联承办第四届南太湖诗会，30余名全国知名诗人汇聚吴兴区进行“丝绸之源”诗歌创作，从文学创作角度结合“一带一路”国家战略大力宣传特色小镇建设。南浔区文联在春节等传统节日组织开展送春联、猜灯谜、学剪纸及民俗风情展等民俗文化活动，着力打响“轧蚕花”“菱湖灯谜会”等民间文艺品牌。湖州市公安文联在全市公安机关组织开展寻找“文化好家庭”评选活动，将公安文化建设向家庭延伸，用文艺讲述湖州公安“好故事”，传播湖州公安“好声音”。湖州市检察官文联举办省检察系统英模大讲堂暨“致青春·我们的检察故事”——全市检察机关纪念“五四”青年节演讲比赛和“一样的月光，永恒的正义”中秋诗会等。

【文艺创作】 文学影视。高锋编剧的《天下粮田》(《天下粮仓》姊妹篇）电视连续剧已拍摄完成，同名大型历史话剧已由天津人民艺术剧院排练进行公演。“80后”女作家流潋紫创作的《如懿传》已出版并开拍。寇丹小说集《壶里乾坤》、张加强文化散文《太湖传》、王麟慧散文集《来不及长大就老了》等20余位作家的个人专著相继出版。数十位作家的作品在全国重要文学刊物上发表。汪群散文获“2016年度中国散文年会”一等奖；李建平诗歌获第十一届作家报全国文学艺术大奖赛诗歌类一等奖；严明卯诗歌获“中华散文网”全国诗歌散文联赛诗歌类一等奖；张林华杂文获第一届“鲁迅杂文奖”金奖；刘树元专著《小说的审美本质与历史重构》获市第十七届哲学社会科学优秀成果奖二等奖等。美术书法。美术作品全年有120余件作品在省级以上展览中获奖入选。刘祖鹏作品在马来西亚参加“2016年国际书画精品展”；冯汉江作品在美国参加“2016美国纽约国际艺术博览会”；钟锦芳作品入选全国首届水彩粉画展、全国水彩优秀作品展；沈红泉作品入选全国第十一届水彩人物画展；吴迈前作品入展2016全国中国画展；胡韵作品入选第三届南京国际美术作品展等。浙江省首届水彩粉画写生展13件作品入选，其中钟锦芳、王伟荣、戴炼兵3人作品获优秀奖；2016浙江省版画展15件作品入选，其中张新江、沈旦音2人作品获优秀奖；浙江油画提名展12件作品入选，其中李雪嵩作品获优秀奖；浙江省小幅油画展18件作品入选，其中姚起作品获优秀奖等。书法作品获奖入展也收获颇丰。杨建民作品获第五届性灵派全国书法展最佳创作奖；杨宇力、骆炜、杨建民3人作品入展“首届‘沈商文化杯’全国书画作品展”；钱伟泉作品入展浙江省第七届“陆维钊奖”中青年书法篆刻展；董云等22人作品入展第九届沙孟海奖全浙书法展，另有3人作品入选；周跃飞作品获“吴昌硕奖”第五届浙江省篆刻大展三等奖，另有3人作品入展、6人作品入选；骆炜等7人作品入展第四届温泉杯浙江书法展，另有9人作品入选；孙武先作品入展浙江省群星视觉艺术大展；杨宇力、骆炜入围浙江省书协创作委员会主办“富春墨韵桐庐雅集十人书法展”等。音乐舞蹈摄影：朱承创作、汪洋辅导的歌曲《湖笔小镇》获浙江省新作大赛银奖；朱丽娜演唱、郁丹辅导的村歌《清香尚书》和《幸福余村》分别获浙江省第二届村歌大赛获奖作品展演表演兰花金奖、银奖等。邓珞雅创作的群舞《四月天》获浙江省群众舞蹈（舞台舞蹈）兰花金奖，卢卓慧创作的舞蹈《孕的协奏曲》获浙江省群众舞蹈比赛兰花银奖，潘晓敏创作的舞蹈《宛若初见》获浙江省大学生文艺会演金奖，陈康兴辅导的《破晓》、方红霞辅导的《甜蜜冲刺》均获浙江省排舞大赛金奖等。浙江省第十六届摄影艺术展览，支江、冯亚婷2人作品获评委推荐奖，邱建申等4人作品入展；庆祝建党九十五周年“绿水青山魅力浙江”全省摄影大赛，方俊等6人作品入展；第十六届平遥国际摄影大展，秦盰丰、桂国华、金玉香、冯亚婷4人作品入展；“中国竹乡·生态安吉”全国摄影大展，林雁等38人的78幅作品入展；“美丽乡村·锦绣德清”全国摄影大展，朱伟等31人的56幅作品入展；高成军作品入展“一带一路”国内地名文化摄影展；马六升作品获“感动典藏”全国摄影比赛月度佳作；张小卫专题作品发表在《大众摄影》2016第6期。戏剧曲艺和民间文艺。“湖州三跳”《英台担水》获浙江省群星奖并入围全国群星奖复赛，获中国牡丹奖表演提名奖和作品入围奖；湖剧折子戏《陆雅臣·求岳母》参加浙江省十大城市戏曲大赛获团体金奖、个人金奖；越剧小戏《规矩》获浙江省小戏群星奖，并参加“中华颂”第七届全国小戏展演，获得优秀剧本创作奖、优秀导演奖、优秀音乐设计奖和优秀演员奖等多项荣誉；大型湖剧《赵孟頫》完成剧本创作。金月强组织湖州风筝队参加“第二届浙江省体育社团运动会风筝比赛”获2金、5银、2铜。

【文艺队伍】 一是扎实开展“两学一做”学习教育活动。健全完善理论学习中心组、机关集中学习日和支部学习会等各类学习制度，采取党课辅导、专家讲座和专题讨论等多种形式，组织党员干部认真学习。开展机关党员手抄党章活动，体现文联特色，组织发动多位艺术家创作了形式多样的手抄党章艺术作品。围绕“学党章党规，增强党性观念”“始终不忘初心，增强文化自信”“坚持以知促行，助力赶超发展”等主题开展专题研讨。坚持领导带头、以上率下，把深入开展学习教育活动与加强机关作风建设、推进落实年度各项工作目标任务有机结合，确保学在平常，融入日常，全面提升文联干部和文艺人才队伍素质。二是切实抓好党风廉政建设。认真落实“两个责任”和领导干部“一岗双责”，把从严治党、从严教育和从严管理的任务落到实处。注重加强领导班子和党组织建设，持续开展“党纪教育一刻钟”活动，加强政治纪律、组织纪律和廉政纪律教育。认真执行党组中心组学习制度、深入基层调研制度、密切联系和服务文艺工作者制度。严格执行中央八项规定要求，严格执行各项规章制度。改版《南太湖》杂志，持续办好湖州文艺网和政务微博，强化信息发布平台，加大文艺宣传力度。不断提升文联机关干部服务大局、服务人民和服务文艺界，勇于担当、主动作为的能力和水平，进一步增强文联组织的凝聚力和影响力，努力打造温馨和谐的文艺家之家。根据《湖州市文联优秀文艺作品奖励办法》，对2015年度的优秀文艺作品项目进行了奖励。持续抓好文艺创新团队建设，“笔道书友会”“湖韵悠扬”湖州摊簧传承与创新、“湖州音画”创作与表演等团队培育建设工作有序推进，“湖州新视觉”美术创新创作团队等入选湖州市第三批文化艺术创新团队培育计划。大力培育湖州市文化领军人才工作室，笔道石风工作室和张新江版画工作室入选。少年作家陈逸聪获浙江省少年文学之星奖。推荐青年作家蓝泽入选省作协第四批“新荷计划青年作家人才库”。推荐市戏协戴育莲参加“新松计划”第三届浙江省中青年创作人才（导演）高研班学习，市舞协邓珞雅、卢卓慧、陈康兴参加浙江省优秀文化艺术紧缺人才高研班（舞蹈编导）学习，近100名文艺家参加了省级以上的研讨班专业培训。各文艺家协会分别举办赛（展）事推出人才，湖州文学院和市作协组织开展了第三届湖州市青年文学优秀作品奖评选，湖州市美协举办第十一届油画展，湖州市书协举办赵孟頫奖第五届全湖书法篆刻展，市摄协举办“美丽湖州”摄影大赛，市戏协举办2016戏曲票友大赛等，一批文艺人才在大赛展览中脱颖而出。鼓励文艺家走出去访问、学习或交流，支持文艺家出书办展。加强文艺人才数据库建设，完成省级以上会员的整理入库。各协会积极做好会员发展工作。据统计，截至2016年年底，各文艺家协会新增市级会员145人、省级会员51人和国家级会员16人。年内，全市市级会员总数2637人，其中省级会员868人，国家级会员178人，文艺家队伍逐年扩量提质。

（黄其恕）

·社会科学界联合会·

【概况】 2016年，湖州市社科联以中共十八届三中、四中、五中、六中全会精神为指导，深入学习习近平总书记在哲学社会科学工作座谈会上的重要讲话，以“四个全面”战略布局为统领，按照省、市委对社科工作的部署要求，动员组织广大社科理论工作者坚定文化自信，不断创新工作载体，提升工作品牌，在加强理论研究、组织学术交流和开展社科普及等方面积极开展工作，为高质量建设现代化生态型滨湖大城市，高水平全面建成小康社会贡献智慧和力量。

【理论武装】 1. 召开理事扩大会。3月9日，市社科联召开六届五次理事会（扩大）会议。市委常委、宣传部部长胡菁菁出席会议并讲话。大会动员广大社科工作者“坚定文化自信、引领赶超发展”，不断创新工作载体，提升工作品牌，在加强理论研究、组织学术交流等方面积极开展工作，为高质量建设现代化生态型滨湖大城市，高水平全面建成小康社会贡献智慧和力量。2. 举办理论研讨会。6月24日，市社科联在市委党校举办学习习近平总书记5月17日在哲学社会科学工作座谈会上的重要讲话座谈会，30名社科工作者代表参加了会议。通过学习，与会代表深受鼓舞，表示要按照习近平总书记的要求，深刻把握新形势下中国哲学社会科学的地位与任务，把社科研究、思想水准提升到新水平，用中国特色社会主义理论凝聚思想共识，不负时代使命。11月10日，市社科联在湖州职业技术学院召开学习中共十八届六中全会精神座谈会，20余名社科工作者结合实际，踊跃发言，并递交学习中共十八届六中全会精神体会文章。3. 组织“百坦”（湖州方言）评论。12月，按市委部署和要求，组织社科专家，撰写“百坦”系列评论文章，在当地媒体连续刊发，在社会上、特别对思想界产生强烈影响，为挖掘和弘扬湖州传统文化正能量做出贡献，被写入市委第七届十三次全体（扩大）会议主报告。4. 开展主题纪念征文活动。2016年是中国共产党成立95周年暨红军长征胜利80周年。为动员广大社科工作者，重温党的光辉历程，讴歌中华民族实现伟大复兴中国梦的奋斗历程，缅怀革命先辈的丰功伟绩，深入研究和弘扬长征精神，充分发掘长征精神的历史内涵与时代价值，根据省社科联要求，市社科联结合湖州实际，与市委宣传部、湖州日报社联合举办“中国共产党成立95周年暨红军长征胜利80周年纪念活动”。活动收到征文88篇。根据专家评审，评定一等奖3篇、二等奖6篇、三等奖9篇，在《湖州日报》理论版开设专栏，选登部分优秀文章。市社科联围绕市委、市政府提出的“话赶超、谋赶超、比赶超”活动主题，与市委宣传部联合开展“话赶超、谋赶超、比赶超”征文活动。组织动员广大社科专家撰写理论文章，活动收到征文主题48篇。评出一等奖3篇、二等奖6篇、三等奖9篇。5. 征集“中国梦”南太湖大讲堂优秀讲稿。“中国梦”南太湖大讲堂历时3年，每年有100余场社科宣讲活动，为巩固成果，年初，市社科联开展

《“中国梦”南太湖大讲堂》优秀社科讲稿的征集活动，征集出版了《“中国梦”南太湖大讲堂》选集。选集分政治、人文、社会和企业四辑，合计25万字，集中展示“中国梦”南太湖人文大讲堂27位专家和学者的优秀理论成果。5月20日，在国网湖州供电公司举行《“中国梦”南太湖大讲堂》选集首发式。

【学术研究】 坚持立足湖州实际，突出重点，积极组织开展现实问题研究，努力提高社科研究成果的质量。1. 规划立项课题。按照党的十八届五中全会提出的“创新、协调、绿色、开放、共享”的理念，围绕习近平总书记系列重要讲话精神，结合湖州实际，加强湖州发展重大现实问题研究，根据年度工作计划安排，年初，通过调研，确定31个哲学社会科学导向题目，明确申报条件和有关要求，所属社团和有关单位接到通知后，积极组织力量做好申报工作，据统计，有97个个人和单位申报了规划立项课题。5月，97个课题经专家学术小组评审，立项48个课题，最终完成47项，比上年扩大了研究单位和研究人员的范围，内容涵盖政治、经济和文化等领域，突出对湖州市“四个湖州”（实力湖州、活力湖州、美丽湖州、幸福湖州）建设的深度研究，具有科学性、可行性和创新性。经全国哲学社会科学规划办公室批准，湖州市师范学院申报的“全国生态文明先行示范区建设理论与实践研究：以湖州市为例”获批2016年度国家社会科学基金特别委托项目，资助研究经费80万元。该立项实现了湖州市国家社科基金重大项目“零”的突破，也是湖州市实施人文社科繁荣计划、成立中国生态文明研究院以来一个重要的标志性成果。2. 优秀成果评奖。市哲学社会科学优秀成果评奖活动每2年开展一次，2016年是第十七届。为确保评奖能够公开、公平、公正，市社科联对评奖范围、申报条件、申报方法以及奖励办法反复进行研究，在坚持原有评奖办法的基础上，对个别条款进行修改，力求做到更加完善。3月，下发《关于开展湖州市2014～2015年度哲学社会科学优秀成果评选活动的通知》，收到报送成果70项，资格初审时剔除不符合评选条件课题5件，最后参与评审课题65件。评审工作分“专家评审”与“综合评审”两个步骤完成。专家评审与综合评审的结果，按4:6的比例进行测算，并按得分高低排序。根据《湖州市哲学社会科学优秀成果评选暂行办法》规定，经评审，评出湖州市第十七届哲学社会科学优秀成果一等奖5件、二等奖10件、三等奖30件和特别奖4件。由湖州市人民政府发文公布。3. 组织《湖州历史文化丛书》出版。5月中旬，第七辑《湖州历史文化丛书》初稿送浙江古籍出版社审核。为保证丛书的出版质量，8月2日，市社科联组织召开《湖州妇运史》《湖州新闻史》《湖州医学史》《湖州廉政史话》四部书稿评审会。邀请浙江古籍出版社负责人和丛书作者等相关专家参会，明确修改目标，保质按时完成。4. 社科配套奖励。2016年，湖州市立项课题中符合《扶持奖励办法》规定条件的项目为16项，其中国家社科基金扶持2项、省规划立项扶持14项。为充分发挥哲学社会科学资金的示范引导作用，11月22日，召开湖州市哲学社会科学发展规划领导小组会议，专题讨论修改《湖州市优秀社会科学研究项目扶持奖励办法》。5. 文化专题研究。年内，市社科联紧密结合湖州实际，先后参与“吴宝康生平与档案文化”“以优秀传统文化服务当今湖州经济社会建设”“浙北银杏文化”“久立之道”等专题讨论会。同时，按市长陈伟俊和市委宣传部部长胡菁菁批示要求，组织有关专家，于5月19日召开“西塞山地名之争研讨会”，汇集了5项优秀成果，得到有关部门好评。

【社科普及】 1.《话说湖州》推介活动。《话说湖州》是由湖州市委宣传部主办，湖州市社科联、湖州广电集团联合摄制的大型人文社科系列片。从2013年下半年开始摄制，到2015年12月完成。为做好《话说湖州》推介活动，上半年，组织《话说湖州》社科人文图书的出版，作为湖笔文化节的一个子项目，9月27日，举行首发式。浙江省社科联副主席陈先春致辞，湖州市委常委、宣传部部长胡菁菁讲话并为书钤印。湖州市领导徐加华、闵云、高东等出席。《话说湖州》纸质版被评为“全国优秀科普作品”。2. 社科普及周活动。省委宣传部和省社科联联合下发开展“科普周”活动的通知后，市社科联认真组织了学习，深刻领会“科普周”的重要意义，并进行周密的筹划和部署。成立了由市委常委、宣传部部长胡菁菁为组长的领导小组。为确保“科普周”的针对性，市社科联秘书处从7月起便深入农村社区召开座谈会，了解基层群众对社科知识需求方向。在调查了解的基础上，策划研究“科普周”工作。专门召开由三县两区社科负责人参加的常务理事会，进一步统一思想，明确任务。在此基础上，制订“湖州市2016年社会科学普及周活动开幕式暨《话说湖州》首发式”方案，对“科普周”活动做了详细的部署和安排。10月12日，“坚定文化自信，引领赶超发展”2016湖州市社科普及周暨社科专家下基层活动在南浔区南浔镇举行。24位社科专家通过咨询、宣讲和献爱心等活动，充分展示了人文社科的魅力；10月13日，市社科联组织9家学会的20名专家到南浔区菱湖古镇开展咨询活动，宣传社科知识，展示各自优势和特色，受到居民欢迎与喜爱；10月14日，市社科联8家学会的18名专家到吴兴区八里店西山社区广场，为社区居民带来丰盛的社科大餐。2016年，开展社科专家下基层现场咨询活动，市邓小平理论研究会、市法学会、市人口学会、市远程教育学会、市文博学会、市中医药文化研究会和市政研会9个学会的30名专家参与了本次咨询活动，送出资料5000余份，图书1500本。3. 南太湖人文大讲堂。3月23日，“南太湖人文大讲堂”邀请中国美院教授、版画艺术大师李以泰主讲《怎样欣赏中国画》；4月27日，邀请上海交通大学公共管理系教授、博士生导师徐家良主讲《慈善法与社会组织发展的新机遇》；7月19日，邀请浙江大学博士生导师、中国工程院院士谭建荣主讲《中国制造业如何走向未来》；8月5日，邀请《中国地理杂志》执行主编单之蔷主讲《谁也阻挡不了我们对海洋的向往》；9月26日，邀请《经济日报》常务副总编罗开富主讲《红军长征追踪》；12月7日，邀请人民大学博士生导师、教授黄朴民主讲《孙子兵法》战略文化与现代启示。在组织形式上采取与市科协、市民政局、市有关学会合作，将南太湖人文大讲堂深入到社会多个层面。4．“中国梦”南太湖大讲堂。为发挥“中国梦”南太湖大讲堂作用，明确南太湖人文大讲堂的形象标识，采取集中宣讲与菜单式点题结合，推进大讲堂小众化服务，进一步体现公益性、亲民性和开放性的特色，做到“有形、有声、有品”。如6月8日，“中国梦”南太湖大讲堂牵手湖州经济学会的专家到天能集团举行“社会主义核心价值与天能企业文化”主题宣讲会；11月9日，“中国梦”南太湖宣讲团走进（德清）安泰时装有限公司，举办“红色动力与企业文化”主题宣讲会；12月2日，“中国梦”南太湖大讲堂来到长兴超威集团，举办“企业文化与红色动力”主题宣讲会。全年完成宣讲100余场，其中50场为社科专家进“两新”项目，更加体现“三贴近”（贴近实际、贴近生活、贴近群众）原则。5．社科普及基地建设。以开展“南太湖大讲堂进社科基地”为平台，推动各级社科普及基地建设。4月8日，市社科联与南浔区委宣传部联合召开经验交流会。市、区级14家社科基地负责人出席会议并交流了“社科讲堂进基地”经验，并参加在荻港村举办的“家风家训与社会主义核心价值观”现场主题宣讲活动。根据《浙江省社会科学普及示范基地建设实施办法》，省社科联开展第六批“浙江省社会科学普及基地”的申报命名工作，湖州市的长兴县档案馆、安吉县生态博物馆晋升为省级社科普及基地。

【社科管理】 1．开展“蹲点基层找短板”。为完善社科学会管理制度，2月17日，市社科联领导到南浔区开展“蹲点基层找短板”专项活动。加强社科管理理论研究，配合市“两新”工委完成社科组织党建工作普查，完成“社会组织党建工作有关情况统计表”，开展“新形势下民营企业思想政治工作的问题与对策”和“新形势下加强社会组织党建工作的实践探索”两项课题研究。配合市民政局进一步加强对社会组织的调研和引导，同时，进一步加强对学会的指导，做好湖州市陆羽茶文化研究会换届指导工作，总结市妇女研究会参与政府购买服务活动实践，逐步推进学会工作的社会化、经常化和制度化，塑造学会品牌形象。2．社会组织评估检查。转发《关于做好社会组织评估工作的通知》《关于开展2015年度市级社会团体年度检查工作的通知》《关于印发湖州市社会组织党建工作标准化建设分类论证和星级评估实施办法的通知》，配合市民政局以《浙江省社会团体管理办法》为依据，以学会规范化建设为导向，全面开展社会组织评估工作和市级社会团体年度检查工作。全市55家社科学会（协会）、研究会，通过年检30家，免检25家。据全市社会组织评估，市社科联又有2家学会（协会）升级。其中，湖州市警察协会为5A级社会组织、湖州市检察学会为3A级社会组织。3．社科学会骨干培训。11月18日，湖州市社科联2016年学会秘书长培训会议在安吉县举行。市社科联所属学会、研究会及高校、县区社联秘书长70人参加培训。省社科联副主席邵清就如何做好学会、研究会秘书长工作作辅导报告。会上，湖州市邓小平理论研究会、安吉县鄣吴镇（省级社科基地）负责人分别介绍了工作的亮点，并对2017年学会、社科基地工作思路进行交流。其间，实地考察安吉县生态博物馆、鄣吴镇2个省级社科基地。4．开展社科成果交流。8月17日，江西省生态文明建设制度研究中心教授花明一行到湖州市调研生态文明制度建设基本情况。市社科联组织相关专家召开了座谈会，并参观市社科基地湖州市博物馆。8月19日，广东省江门市社科联带着课题到湖州考察。其间，与湖州市社科联座谈，交流社科工作经验，探讨当今社科工作面临的问题。10月18日—21日，市社科联组团参加全国大中城市社科联第27次工作会议，总结社科工作的新收获、新体会，探讨智库建设、平台建设、科普宣传和课题研究等方面的新思路、新做法。市邓小平理论研究会、市收藏协会被授予“全国先进社科组织”称号，沈梦月、沈江龙获得“全国社科工作先进个人”称号。市社科联秘书长张前方撰写的《将社会主义核心价值观融入到社科工作中去》和《整合社会资源、唱响时代主题——“中国梦”南太湖大讲堂的实践与思考》2篇文章入选大会论文集。5．提升社科期刊质量。2016年，《湖州社会科学》的办刊质量稳步提升。作为内部交流刊物，刊发工作始终坚持以中共十八大、十八届三中、四中、五中、六中全会和习近平总书记系列重要讲话精神为指导，坚持立足湖州，围绕中心、服务大局，坚持致力于组织优质稿源、打造品牌栏目、加大审稿力度和提高编校质量，坚持提升办刊质量与层次。全年刊发6期，发表优秀社科文章100余篇，刊物社会影响力不断提升。6．加大社科组织建设。2016年，随着吴兴区和南浔区社科联的成立，全市实现了市、县（区）社科联组织全覆盖。德清县、长兴县、安吉县和吴兴区社科联力量得到进一步调整和充实。（张前方）

·残疾人事业·

【概况】 2016年，全市残联系统认真贯彻落实中央和省、市委重大决策部署，补齐短板，强化保障，加快推进残疾人全面小康进程，残疾人全面小康实现程度达到91.79%，列全省第五，省残联对湖州市残联考核评价结果为优秀。

【惠残政策】 出台《湖州市人民政府关于加快推进残疾人全面小康进程的实施办法》，全市三县两区均出台可操作的实施办法。协助市民政局制定《湖州市困难残疾人生活补贴实施细则》《湖州市重度残疾人护理补贴实施细则》。编制湖州市残疾人事业“十三五”规划，并由市政府批准发文。

【民生保障】 全市对9263名残疾人实施基本生活保障工程，全额发放低保金、低保补助金5707.5万元；对16583名残疾人发放困难残疾人生活补贴；对14792名残疾人发放重度残疾人护理补贴，其中享受一类护理3035人、二类护理5359人、三类护理6398人；投入资金128.3万元，对396户残疾人家庭进行无障碍设施改造；全市为56775名残疾人购买意外伤害保险，保费金额126.05万元；落实残疾人社会保险补贴政策，对832名残疾人进行了基本社会保险补贴，补贴金额240.73万元。各级残联及有关单位、个人走访慰问残疾人4751人，慰问资金和物资价值421.3万元。

【教育就业】 全市对932名残疾学生和残疾人家庭子女开展助学补助，补贴金额277.5万元；投入资金240.73万元，帮扶残疾人就业创业3653人；按比例就业人数5630人，全年残保金征收总额1.95亿元，同比增长13.4%；在全省率先组织残疾人单招、单考公务员工作，市人力社保局录用1名残疾人为公务员；促进工疗庇护机构辅助性就业，全市62家残疾人庇护中心共为1248名残疾人提供辅助性就业（庇护性服务），对48家经批准的残疾人工疗庇护机构发放补贴218.52万元。承办省残疾人工匠大赛湖州赛区3个项目的比赛活动，举办全市残疾人职业技能竞赛，并组团参加省工匠大赛，取得全省团体总分第三的好成绩。实施电子商务助残计划，出台《湖州市促进残疾人电子商务创业就业十条优惠政策》，培训残疾人参与电商创业就业646人。

【公共服务】 全年完成“助听、助明、助行”康复服务1263例，听力言语、智力、脑瘫、孤独症儿童康复训练、人工耳蜗手术和辅具适配等基本康复服务284例；为4411名精神残疾人实施送医、送药和医疗康复救助，精神残疾人门诊服药实现全额保障；将残疾儿童、精神残疾人和“三瘫一截”（主要指脑瘫、偏瘫、截瘫以及截肢）等成年重度残疾人纳入基层责任医师签约服务范围，并落实个人自费部分给予全额补贴；积极推动市本级康复中心项目纳入健康产业和2016年市重点建设项目，完成概念性设计方案；利用市残疾人康复中心现有设施与“浙江绿康”合作开展残疾人康复服务，实施社区康复“直通车”服务项目，每日进村入户为市直街道有康复价值的重度残疾人提供上门服务累计2560人（次）；加强残疾人服务机构安全管理，市残联与下属事业单位及6个直属街道分别签订安全工作责任书，结合平安护航G20杭州峰会行动，组织各级残联对全市121家残疾人服务机构进行安全检查，妥善解决夕阳红托老所C级危房历史遗留性问题；举办全市残疾鉴定医师培训班，加强残疾人证的核发管理。

【社会参与】 开展“浙江最美残疾人”及“湖州市最美残疾人”评选活动，组建残疾人先进事迹报告团在市本级及三县开展巡回报告，其中市本级首场报告会通过传媒湖州网和爱湖州手机客户端进行同步直播，网络直播与转播浏览量达4万余次；深化市级新闻媒体宣传，在《湖州日报》上推出“强者之路”残疾人典型事迹栏目；将残疾人文体活动开展情况与工作考核紧密结合，制定《湖州市开发区、度假区所属街道残疾人文体活动补助办法》；开展志愿助残服务，全市现有注册志愿者1988人，全年为残疾人提供亲情陪护、慰问照料、文体服务、家政服务、免费义诊、咨询服务、会场服务和手语翻译等公益服务达10000人（次）以上；深化部门联动，与市民政局、人力社保局联合举办全市首届福利企业残疾人专场招聘会，与市教育局、特教学校及民办康复机构联合举办特殊儿童康复教育培训班，推动残疾人事业发展；加强上下联动，精心指导县（区）残联组织好各项大型活动，安吉县残联承办2016年世界坐式排球洲际赛，来自18个国家的28支队伍共350位运动员在安吉县进行为期10天的比赛，得到中残联、中国特奥委员会和省残联的高度评价。

【组织建设】 全市残联认真落实“基层组织提升年”工作要求，结合“两学一做”学习教育活动，深入推进作风建设，强化基础管理。加强对基层残联工作督导，重点对县（区）《关于加快推进残疾人全面小康进程的实施意见》的起草对接情况、“两项补贴”制度的落实情况等进行督查；制定《湖州市乡镇（街道）残疾人工作规范》，举办专职理事长培训班，加强乡镇（街道）残联的规范管理；重视基础数据管理，认真完成残疾人基本服务状况和需求数据动态更新工作，全年全市培训骨干1683名，完成59146名残疾人的登记，入户率达97.45%；扎实开展残疾人就业培训实名制调查，及时完成30758名残疾人的就业培训需求调查和数据录入，并对调查中发现的有需求的残疾人落实适需服务。切实维护残疾人合法权益，实施市残联领导干部接访日制度，各部室（中心）均签订《2016年度信访工作目标责任书》，全年共处理残疾人来信、来电、来访224件，办理“12345”政府阳光热线工单13件，办结率达100%，加强残疾人司法救助，确保残疾人的合理诉求得到妥善解决，全年无残疾人进京、赴省上访事件发生。（徐 婕）

政　法

·公　安·

【概述】　2016年，湖州市公安机关围绕提升“三感三度”（党委政府的信赖感和满意度，人民群众的安全感和满意度，公安队伍的荣誉感和满意度）总目标，坚持“防为主、防为上”工作方针，完成G20杭州峰会、第三届世界互联网大会乌镇峰会等重大活动安保任务和25批（次）警卫任务，刑事案件发案数、交通事故发生数和火灾事故发生数同比下降26.27%、10.18%和33.74%，移送起诉数、治安处罚数上升10.58%、9.76%，全市公安监管场所连续11年实现安全无事故。全省社会治安防控体系建设现场推进会、全省反虚假信息欺诈体系建设现场会、全省公安特警处置劫持人质案件现场会和全省公安机关加强党风廉政建设主体责任层级管理工作现场会在湖州召开。市公安局等3个单位被省委、省政府评为在服务保障G20杭州峰会工作中作出突出贡献集体。“守青山、护绿水”专项工作被新华社《国内动态清样》深度报道，城乡一体化户籍制度改革和民警马长林分别入选法治浙江建设十周年（2006～2016年）“十大法治事件”和“十大法治人物”。安吉县公安局被命名为新一轮“全国公安机关执法示范单位”，长兴县公安局被确定为全国首批“警察书屋”建设示范点。1个集体和2名个人荣立一等功，16个集体和43名个人荣立二等功，14个集体和114名个人荣获省级以上先进荣誉。市公安局在全市“万名群众评议机关”活动中，总得分居全市78个社会评议类单位第一，创10年来最好成绩，连续第四年被评为湖州市“群众满意单位”。在省公安厅抽样调查和问卷调查中，人民群众对湖州公安队伍的满意度达98.15%，居全省第一；湖州市、县、乡（镇）三级党委政府对公安工作和公安队伍的总体评价获双百分。湖州市公安局在时隔33年后再次荣记集体二等功。

【完成G20杭州峰会安保工作】
G20杭州峰会安保期间，湖州市公安机关正确处理平时和战时、前线和后院以及外圈、内圈和核心圈的关系，制定峰会安保工作总体方案和19个配套子方案，成立“一办六组”，组建市公安局援杭警力管理团队。开展24次“护卫平安”集中统一行动及“春雷”“清雷”“净雷”行动，建成10个“环浙入杭”和5个“环嘉入乌”公安陆路检查站。8月10日至9月6日期间，全市10个省级陆路检查站、35个临时检查站和11个源头安检通道，核查车辆39.7万辆、人员128万人（次），发现存疑人员6.9万人，拦截人员555人，查获违法嫌疑人453人，抓捕15人；查缴气枪仿真枪6支、气枪弹212发、管制刀具606把、危险化学品10084千克和存疑物品5000余件，实现入杭人、车、物100%“三干净”。在2个省级应急分流点、5个诱导分流管控点、6个定点管控点、4条环德清主要道路执勤点和中心城区外围道路安排警力24小时管控巡逻，在22个高速公路出入口派驻民警定点分流疏导，劝返车辆1.38万辆。德清县上柏双燕检查站被公安部记集体一等功。

【完成第三届世界互联网大会乌镇峰会安保工作】　11月中旬，第三届世界互联网大会乌镇峰会安保期间，湖州市公安机关坚持“防为主、防为上”工作方针，围绕“八个决不发生、三个确保”工作目标，树立“强化同样的思想认识、形成同样的工作格局、落实同样的管控力度、构建同样的网络屏障”观点，对照G20杭州峰会安保标准，守住“第八防区”（南浔区南浔、练市2个镇范围5个行政村43个自然村方圆6.8平方公里），实现“不给举办地惹事、不让警卫线有事、不在本地出事”，完成安保任务。

【开展“当好护航员、助推‘四个年’”活动】　2月，湖州市公安局围绕中心、服务大局，制定出台《全市公安机关“当好护航员、助推‘四个年’”活动实施方案》，助推全市转型升级会战年、城乡一体提升年、文明创建攻坚年和基层组织加强年活动，护航经济社会赶超发展，确保“十三五”良好开局。

【全省社会治安防控体系建设现场推进会在湖州召开】　3月3日，全省社会治安防控体系建设现场推进会在湖州召开。省委副书记、政法委书记王辉忠到会并讲话；省委政法委副书记、省公安厅党委书记、厅长徐加爱主持会议；省委政法委副书记、省平安办主任马以等出席会议；市委副书记、市长陈伟俊致辞，市委副书记、政法委书记金建新介绍湖州工作和经验，市领导胡菁菁、杨建新、高屹、夏文星等参加。

【维护经济金融秩序】　2016年，湖州市公安局开展“猎首”“猎狐”“云剑”等专项行动，惩治传销、恶意逃废债和地下钱庄等违法犯罪，破案172起，其中，破获省公安厅督办案件5起、市督办案件13起，破案率达71.67%；抓获犯罪嫌疑人213人；挽回经济损失1.98亿元，追缴率达49.01%。开展金融风险排查，梳理经侦涉稳案（事）件19起，涉案总金额4.3亿余元。

【优化公安窗口服务】　2016年，湖州市公安机关58个户籍窗口开展户籍“出诊”式上门服务1112次，受理异地居民身份证申请1899张、居民身份证挂失申报27347张；各县（区）公安（分）局开展户口迁移网上流转核验。年内，市区公安机关出入境窗口新增自助填表机7台、自助受理机2台和自助发证机2台；全市受理量达158481人（次），短信评警回访量59506人（次），群众满意率达99.43%。4月，市外籍人才“一站式”办事窗口成立，为18家企业、130余名涉外高层次人才和投资者办理外国人居留证件或“永居证”。为185个重大项目开设消防审批“绿色通道”，为316家重点企业开设办理车驾管业务办理“绿色通道”。

【打击“黄赌毒”违法犯罪】2016年，湖州市公安机关打击“黄赌毒”违法犯罪，破获刑事案件373起，惩治处理718人，查获吸毒人员2250人，强制隔离戒毒448人，社区戒毒797人，破获长兴“8·4”持枪贩卖毒品案和公安部督办“12·10”特大网络赌博案。开展惩治网络“黄赌毒”犯罪专项行动，破获网络招嫖刑事案件3起，刑拘3人；破获网络传播淫秽视频刑事案件7起，刑拘11人。惩治“黄赌毒”宣传率达100%，对群众举报、投诉线索查处率达100%。

【强化道路交通安全管理】2016年，湖州市公安局开展预防道路交通事故“三规范一提升”（即：规范通行秩序、规范重点车辆管理、规范隐患治理、提升群众安全感）行动，查处交通违法行为271.61万起，同比上升31%，现场查处酒驾、醉驾、开车使用手机、违法变道和社会车辆占用公交专用道等12类重点违法行为24.59万起，上升11.82%。其中查处酒驾4711起、醉驾1712起和毒驾15起；查处斑马线前不礼让行人4.2万起，上升55.12%；查处行人和非机动车违法行为20.54万起，上升58.48%。市中心城区治堵重点道路机动车、非机动车和行人平均守法率为98%、92%和91%。推进停车、行车诱导系统建设，市中心城区8个交通诱导屏实时显示路况和18个高点监控实时截图。全市557辆危化品车、378辆公路客车、218辆旅游客车、16辆营转非大客车和558辆校车等重点车辆，检验率、报废率均达100%。全市校车连续7年实现接送学生“零伤亡”。

【强化合成作战中心建设】2016年，湖州市公安局及各县（区）公安（分）局均建成合成作战中心。12月上旬，按照保密项目对市公安局合成作战平台自行验收合格，并在安吉县公安局试用该平台，实现预警情报快速推送一线实战部门。

【推进精确警务建设】2016年，湖州市公安局推进以精确预警、精确控制、精确惩治、精确防范、精确指挥和精确处置为主要内容精确警务建设，与公安部第一研究所签订战略合作框架协议，扎实推进大数据实战应用平台建设。推广浙江警务工作平台·派出所模块。在德清县、安吉县和南浔区环杭、环乌镇沿线，建设视频监控、高空鹰眼，受到公安部科信局肯定。在市中心城区、公开场所安装应急广播150套。按照“城市再加密、农村全覆盖、全域都联网”要求，新增视频监控点位4677路。开发启用旅客身份信息实名核查系统、寄递业实名登记系统、民用爆炸物品管控平台及剧毒化学品、易制爆化学品流向登记报备管理平台。

【强化消防安全管理】2016年，湖州市公安机关推行消防安全“一张网”（消防安全管理网格与安全生产、基层社会治理等网格融合纳入“一张网”）管理，调整“一张网”基层网格员账号2176个，发现安全隐患4万余条，落实消防安全重点单位“户籍化”管理1551家。开展消防设施“大提升、全覆盖”行动，建成消防安全重点单位微型消防站376个，社区微型消防站193个，安装独立式感烟火灾探测报警器1.2万个，配备消防器材15361件，开展业务训练5367次，实地演练5367次。全市设有自动消防设施公众聚集场所305家，持有消防控制室上岗证1372人。深化重大火灾隐患专项整治，省、市、县三级挂牌督办27家重大火灾隐患单位全部完成整改。开展常态化火灾隐患排查，排查单位20037家，发现和督促整改火灾隐患41050处，办理行政处罚案件1157起，罚款924.8万元，责令“三停”276家，临时查封162家，拘留446人。全省“智慧用电”安全现场会在吴兴区织里镇召开。

【强化单位内部治安保卫工作】2016年，湖州市公安局认真落实《关于进一步加强和改进单位内部治安保卫工作的意见》，制订《治安保卫重点单位安防标准“三十条”和治安保卫一般单位安防标准“十条”》，确定市、县（区）重点单位670家，建成单位内部治安保卫落实主体责任示范单位100家；检查单位24713家（次），发出隐患整改建议书3281份，发出责令限期整改通知书1829份，行政处罚374家；开展内部治安保卫业务培训2519场，受训49486人；应急演练997场，参演55728人。全市单位内部安防合格重点单位2465家，一般单位8546家。

【深化法治公安建设】2016年，湖州市公安机关推进“三位一体”执法办案体制，安吉县、吴兴区、湖州开发区公安（分）局案管中心和全市66个派出所案管室规范运行。安吉县公安局完成省公安厅受立案制度改革试点任务，其余县区（分）局均结合信访室设置受案大厅（席位）。实施轻微刑事案件、行政案件快速办理机制试点工作，长兴县公安局纳入快速办理通道，行政、刑事案件快速办理占比91.2%和40%。湖州市公安局出台《建立“警律合作”机制指导意见》和《湖州市公安局法律顾问工作规则》，吸收律师参与接访38人（次）、调解550余次，化解疑难信访件185件。组织54名公安公职律师无偿为26家企业提供法律咨询115次。

【开展“服务企业和护航发展”行动】2016年，湖州市公安局出台《服务保障非公有制经济健康发展的意见》，开设“涉企服务”信息化平台，跟踪办理企业反映问题，反馈率达100%。帮助和督促企业把好用人关，涉及不放心人员身份信息核查率、反馈率达100%，受服务企业满意率达95%以上。围绕全市“六重”（重大项目、重点工程、重大平台、重点产业、重大政策、重点要素）工作，落实项目警官制，梳理排摸“六重”项目315个，确定项目警官388名。长兴县公安局和南浔区公安分局确定有关局领导担任项目警官；吴兴区公安分局在“中国美妆小镇”“中国丝绸小镇”及东部新城建设项目中设立项目警务室，项目警官入驻办公。年内，走访重大项目、重点工程和重大平台1780家，排查和调处各类涉企矛盾纠纷1062起。

【开展“净空气和优水质”助力行动】 2016年，湖州市公安局严查涉水涉气违法行为，收缴非法烟花爆竹10842箱，捣毁非法储存仓库23处，查处违规燃放烟花爆竹案件293起、违法储存和运输案件19起。4月，市中心城区成立12家专业化工程运输公司，530辆新型全封闭智能城市渣土车上路营运，市中心城区新型全封闭智能城市渣土车更新率达85.51%；625辆以外地号牌为主超标工程运输车退出运输市场。至5月26日，淘汰黄标车及老旧车8071辆，连续3年走在全省前列，得到副省长熊建平等批示肯定。布建“河道警长”公示牌，全市有“河道警长”530名，7373条河道“河道警长”信息公示覆盖率达100%。

【开展“食药环”安全护卫行动】 2016年，湖州市公安机关破获“食药环”犯罪案件184起，其中破获公安部督办案件2起，省公安厅督办案件6起，抓获犯罪嫌疑人430名，移送起诉破坏环境资源保护类犯罪嫌疑人356名，同比升106.98%。

【开展惩治传销和非法集资专项行动】 2016年，湖州市公安机关查处传销违法犯罪案件16起，捣毁传销窝点188个，遣散传销人员665名，打击传销犯罪“猎首”行动绩效考核居全省第一。破获特大“1040”传销案，捣毁传销窝点146个，查获传销人员420名，受到公安部副部长孟庆丰和省委常委、公安厅长徐加爱批示肯定。惩治网络非法集资，排查投资咨询类公司1192家，破获互联网金融非法集资案9起，涉案金额2.88亿元，抓获犯罪嫌疑人12人。

【开展道路交通管理“便民提速”行动】 2016年，湖州市公安局开展道路交通设施“三优化”（优化交通信号配置、优化路口渠化、优化交通标志标线设置）专项行动，完成840个路口信号灯配时、路口渠化和交通标志标线设置优化，全市14条城市交通主干道改造提速，高峰时段平均车速同比提升10%以上。全市10个交通事故快速处理保险理赔服务中心处理事故22043起，处理率达90%以上。节假日流动服务车进社区、机关和企事业单位上门服务137次，办理有关业务6405笔，发放宣传资料2万余份，解答业务咨询6000余人（次）。

【开展乡村旅游“安全防范大提升”行动】 2016年，湖州市公安机关完成631处农村道路隐患、60个“坡改平”路口和9个市级交通事故多发点段治理。全市“农家乐”、养老福利机构和老旧小区居住出租房等安装独立式感烟探测器42612个，2006家“农家乐”安装旅馆业治安信息系统或农家乐手机APP登记系统。

【强化公共娱乐场所治安秩序整治】 2016年，湖州市公安局破获涉黄刑事案件30起，抓获犯罪嫌疑人44名；立案侦查赌博刑事案件84起，抓获犯罪嫌疑人184人。滚动检查走访娱乐和经营服务场所1.1万家（次），整改处罚场所370家，禁毒宣传、业主及从业人员培训、禁毒责任书签订和巡查制度落实率均达100%。全市254家娱乐场所派驻保安。

【开展群众安防素质提升行动】 2016年，湖州市公安机关开展安全体验活动1493次，参与体验青少年28.9万人次。制定《湖州市公安局平安志愿者积分奖励办法》，联合市委组织部等下发《关于推进平安志愿服务工作的实施意见》，全市新发展平安志愿者194958人，总登记在册数24万余人；开展各类平安志愿活动4200余次，直接或协助公安机关破获各类案件494起。联合市委宣传部、市禁毒办等13家单位印发《湖州市贯彻落实浙江省青少年毒品预防教育规划（2016～2018年）实施意见》，建成启用市级禁毒宣传教育基地，将禁毒知识纳入2016年中考内容，开展禁毒微视频大赛、禁毒宣传进学校、校园禁毒“五个一”（上一堂禁毒课、开一次禁毒主题班会、参观一次禁毒展览、观看一部禁毒电影、开展一次禁毒征文比赛）、省级禁毒示范学校创建等活动。

【聚焦能力建设】 2016年，湖州市公安局开展所长、警种和教官大比武，举办公务用枪、卡点查控、单位内保、反恐防暴和缉枪治爆等45期培训。“萌警团——互联网+平安微校”获全国公安首届改革创新大赛银奖，“智能互联靶具射击训练系统”“城市智慧消防管理系统”获全省公安改革创新大赛一等奖。在全省特警突击队比武考核和全省国保机动侦察实战比武考核中夺冠，在“护航G20”封控拦截实战演练中获全省第二。警犬基地受到公安部南京片区表彰，市公安局刑科所通过刑事技术机构省级资质认定。民警执法资格基本级、中级通过率99.7%、74.4%，8名民（协）警通过国家司法考试。政府信息公开总量连续3年居市直机关第一。

【落实从优待警新举措】 3月，湖州市公安局出台《关于进一步爱警暖警惠警护警全面依法从优待警的实施意见》。5月，与市红十字会合作建立“湖州红十字爱警资金”；成立湖州慈善总会公安分会。7月，与市慈善总会合作建立“湖州市慈善爱警基金”，帮扶民警、辅警和消防官兵46人，发放慰问金30.88万元。7～8月，开设民警子女暑期班，全市426名民警子女参加。12

月，在共享省公安厅警医合作资源基础上，与市级7家医院及大浙北健康管理公司合作，共建上海、省级、市级医院民警伤病救治“绿色通道”。实行战时“火线奖励”，开展“送奖上门”，为50余名个人和20余个集体“送奖上门”。组织评选从优待警“十佳单位”和“十佳项目”。办理民警和协辅警维权案件91起。

【加强基层所队建设】 2016年，湖州市公安局坚持不懈加强派出所建设，全市日均有效接警量15起以上派出所全部设立人民调解工作室，县区（分）局警车更新指标全部用于派出所执法执勤车辆，派出所民警津补贴享受当地乡镇（街道）干部同等待遇和收入高于机关同职级民警10%要求全部落实到位。修订《交警中队建设规范》《交警中队等级评定实施办法》，新建成3个交警中队。长兴县公安局13个交警中队实行每人每月基层补助，安吉县公安局5个交警中队享受派出所乡（镇）工作补贴，织里公安分局交警大队实行与派出所合署办公、联勤联动。深化“110”社会应急联动工作，对非紧急类求助移车警情移交“12345”政府阳光热线，对非警务警情指派联动单位联动出警，最大限度减轻基层接处警负担。建成“美丽警营”优秀（示范）单位32家，新申报第三批“生态警营”创建工作优秀（示范）单位42家。

【实施织里公安分局警务改革】 2016年，湖州市公安局全面实施织里公安分局职能调整警力下沉工作，着力夯实基层基础，提升警务效能，积极探索维稳创安新路子。改革一年来，织里公安工作和治安面貌发生前所未有变化，该镇辖区内没有发生大规模群体性事件、重特大安全生产事故，呈现警情发案率大幅下降、惩治、破案率大幅上升态势，接处警48013起，立刑事案件2288起，同比下降45.1%、20.1%；抓获犯罪嫌疑人643名，移送起诉575人，上升40.7%、62.4%，人均打处数达全市平均水平的2.4倍；5分钟首批警力集结从20人增至100人左右；流动人口登记数36.1万、在册数26.78万，增长95.1%、32.5%；完成144个道路交通安全隐患治理，交通事故死亡数同比下降40.9%；办理消防案件681起，拘留396人，上升150.4%、647.2%；清理“僵尸车”10218辆，查处违法占道经营16189起，扣车2986辆，上升163.5%，查处电动车违法载人17182起，上升1751%，交通现场纠违32975起，上升717.4%，人均交通违法查处量居全市第一。

【强化纪律作风整治】 2016年，湖州市公安机关严格落实党风廉政建设“两个责任”，制定实施《推进领导干部能上能下实施办法》《对中层领导干部进行提醒、函询和诫勉操作规程》《工作督导制度》，组织民警观看《警钟》《永远在路上》等警示教育片，推行市公安局机关日常管理考核计分等制度，长兴县公安局党风廉政建设主体责任层级管理工作做法在全省推广。推进外借人员清理工作，组织开展反恐、安全生产等警务部署专项督察，以及正风肃纪“大扫除、大清理、大整顿”等活动，正确运用监督执纪“四种形态”（经常开展批评和自我批评、约谈函询，让“红红脸、出出汗”成为常态；党纪轻处分、组织调整成为违纪处理的大多数；党纪重处分、重大职务调整的成为少数；严重违纪涉嫌违法立案审查的成为极少数），对科级以上干部函询谈话11人（次），提醒谈话205人（次）。

【强化专业人才建设】 2016年，湖州市公安局面向全市公安机关公开遴选优秀青年民警12名，完成刑事科学技术中高级职称7名及技术侦察高级职称1名评审，产生“85后”中层干部2名。出台《市局机关民警到派出所锻炼若干规定》，制定《市局机关新提任副科职干部到局信访办接访锻炼工作制度》，组织第17、18批（次）机关民警到派出所锻炼，安排12名新任中层副职到信访岗位工作3个月。

【加强先进典型培育】 2016年，湖州市公安局组织开展“防范之星”评选，评出“防范之星”100名。开展“千名好民警”推选活动，入围“全省千名好民警”专栏97名；评选2016湖州公安“百名好民（协）警”（马长林式社区民警）111名。湖州开发区公安分局民警马长林入选中宣部、公安部联合推出的全国公安民警重大先进典型集中表彰和宣传对象，先进事迹在《人民日报》和央视《新闻联播》《焦点访谈》等中央媒体（包括栏目）集中报道。长兴县公安局民警董平以全国文明家庭代表身份受到习近平总书记接见。南浔区公安分局菱湖派出所被共青团中央和公安部命名为“全国青少年维权岗”，市公安局特警支队飞鹰突击队女子突击组被授予“浙江省巾帼文明岗”荣誉称号。（许政华）

·检　察·

【概况】 2016年，湖州市检察机关紧紧围绕“五大发展理念”引领湖州赶超发展总要求，以绿色司法为引领，以“三个坚持三个优”（坚持执法办案法治化规范化，实现优秀检察业绩；坚持检察队伍专业化职业化，实现优良检察队伍；坚持检务保障科学化信息化，实现优质检务保障和检务环境）巩固提升年为目标，以“一个周”（精准找短板、发力补短板专题调研周）、“一个月”（基层组织建设服务月）、“三个年”（转型升级优化环境服务年、检察队伍建设推进年、检察改革推进年）活动为抓手，以查补短板为重点，依法履行检察职能，各项工作取得新进展。

【全力保障经济社会发展】 一是维护国家安全和社会稳定。牢固树立总体国家安全观，以平安护航G20杭州峰会为重点，深入推进平安湖州建设。会同市公安局出台《关于对履行G20峰会维稳安保职责加强法律监督的实施意见》，督促各职能部门严格履行法定职责，针对车站安检、瓶装液化气管理和重点部门消防安全等问题发出检察建议8份，均得到采纳。依法稳妥办理重大敏感案件，完善指导督办机制，市人民检察院挂牌督办热点案件6件、29人，确保此类案件法律效果、政治效果和社会效果的有机统一。着力化解社会矛盾，妥善处理各类群众来信827件，接待群众来访1181人（次），办理刑事申诉案件29件，开展司法救助3件。二是服务经济转型发展。制订《关于补齐“短板”服务湖州市赶超发展的工作意见》，切实提升与中心工作的融合度。主动适应非公经济发展需求，开展“赶超发展检察伴你行”活动，制定《检察人员联系服务非公企业十条规定》，构建“二张清单一张网”（检察机关保障非公企业发展的政策清单、联系清单、服务清单和检察机关对非公企业的服务网）服务体系。平等保护各类市场主体合法权益，严厉惩治侵犯企业知识产权、向企业敲诈勒索等犯罪。妥善办理涉企案件，制定《湖州市检察机关办理涉企案件十条规定》，准确把握法律政策界限，建立风险评估、绿色通道等机制，办理的废机油系列污染环境案评为2016年度全省检察机关践行绿色司法优秀案例。三是促进社会治理法治化。组织开展“基层组织建设服务月”活动，走访基层组织380余个，开展检察宣讲9场，发放服务手册1400余份，提高基层干部、群众法制意识。加强工程建设领域同步预防监督工作，部署京杭运河（浙江段）三级航道整治工程湖州市区段等4个重点工程为全省检察机关“百个重点工程”专项预防项目。向社会提供行贿犯罪档案查询955次，助推社会诚信体系建设。德清县检察院预防职务犯罪年度报告被评为全国检察机关“百优年度报告”和全省检察机关“十佳年度报告”。

【全面履行法律监督职能】 一是认真履行批捕起诉职能。2016年，全市检察机关依法批准逮捕犯罪嫌疑人2379人，提起公诉6371人，决定不批捕548人、不起诉581人。继续开展环保检察、金融检察、惩治恶意逃废债等专项检察工作和破坏环境资源、危害食品药品安全犯罪专项立案监督活动，加大惩治电信网络诈骗等新型犯罪力度，切实维护民生民利。推进以审判为中心的诉讼制度改革，制定《湖州市检察机关公诉案件证据审查负面清单制度实施办法（试行）》《审查起诉阶段听取辩护人意见工作规则（试行）》《办理未成年人刑事案件听取法定代理人及辩护律师意见工作规则》，切实加强人权司法保障。二是坚决惩治职务犯罪。全年依法立案查处贪污贿赂犯罪51人，渎职侵权犯罪8人。加强对重点领域和行业性、系统性职务犯罪的查处力度，查办生态环境资源领域职务犯罪7人、涉农领域17人、科技创新补贴领域3人、电力系统6人、医疗系统6人。开展保障律师会见权和文明办案两个专项整改活动，出台《湖州市检察机关关于适用指定居所监视居住措施规定》《关于自侦办案保障律师权利的规定》《自侦办案工作（保密）手机使用暂行规定》，提高规范文明办案水平。办理的2件案件被评为全省检察机关“反贪践行绿色司法精品案件”。三是统筹推进诉讼监督。全年监督侦查机关立案、撤案111件，追加逮捕18人，追加起诉263人，立案监督、追捕、追诉案件被判处三年以上有期徒刑63人。依法提起或提请刑事抗诉16件、民事行政抗诉6件，发出再审检察建议40件、行政执法监督检察建议50件。依法审查监管场所呈报减刑、假释和暂予监外执行3612件，纠正不当294件，开展“判实未执”和“财产刑执行”专项监督工作，监督执行收监21人，监督履行财产刑353人。办理的4件案件分别被评为“全国检察机关羁押必要性审查优秀案件”“全省检察机关优秀刑事抗诉案例”“全省检察机关精品民行监督案件”。

【促进建立检察工作新格局】 一是树立绿色司法理念。举办绿色司法主题征文活动，召开环太湖绿色司法检察论坛，开展绿色司法优秀案例评选，举办以“践绿色司法理念、展湖检英模风采”为主题的“浙检英模大讲堂”活动，组织绿色司法主题全员培训，引领和推动全市检察干警自觉践行绿色司法理念，提升规范、理性、文明的司法办案意识和能力。二是创新绿色司法工作机制。以保护性司法理念为引领开展未成年人检察工作，吴兴区人民检察院“一站式”询问未成年被害人办案模式和南浔区人民检察院涉罪未成年人“人格甄别”被列为省检察院试点项目；长兴县人民检察院成立心理援助基地；南浔区人民检察院未检科被评为对全省未检工作做出突出贡献的先进集体，“春燕工作室”的经验做法得到省委领导批示肯定。积极开展律师参与化解和代理涉法涉诉信访案件工作，进行轻微刑事案件快速办理机制试点，组织拟作不起诉案件公开听证20次，开展批捕案件公开审查13次。三是深入推进“阳光检察”。开展举报宣传周、检察开放日和“未检30年”等活动，主动向市人大代表、政协委员和社会各界通报全市检察机关工作开展情况。在全市范围高水平建设检察服务大厅，实现控告申诉、举报受理、业务咨询、案件受理、信息查询、律师接待、行贿犯罪档案查询等职能的“一站式”服务。综合运用各类媒体全面加强检察法治宣传工作，与湖州电视台合作开办“阳光检察”专题节目并播出20余期，实现全市检察机关“两微一端”（微博、微信、今日头条新闻客户端）全覆盖。

【持续夯实检察发展根基】 一是稳妥推进司法改革。全面推进检察司法体制改革，制定全市两级院司法改革实施方案和现任检察官入额考核办法，完成全市315名检察官的入额考核工作，首批选任员额检察官154名。积极配合支持国家监察体制改革试点工作，做好人员及职能转隶和衔接工作。二是坚持建设过硬队伍。深入推进“两学一做”学习教育，开展“信仰法治、守护公正”主题教育活动，全年涌现出“省级文明接待示范窗口”“省级示范基层检察室”等一批先进集体和全国法制宣传教育模范个人、全省优秀检察官等一批先进典型，34个集体和53名个人获市级以上表彰。大力推进办案骨干、专业人才培养，1名干警得到最高人民检察院通报表扬；1名干警被评为首批全国检察机关调研骨干人才；10余名干警在全省检察机关业务竞赛中获得“标兵”“能手”称号。严格落实从严治检，制定《关于从严治检“六个一律”规定》《加强检务督查工作十条规定》，落实日志式管理制度，确保检察干警依法履职。三是加强基层基础建设。坚持重心下移，不断开创基层检察院建设新局面，吴兴区人民检察院被评为全国先进基层检察院，2个县（区）人民检察院被评为全省先进基层检察院。加大科技强检力度，实施电子检务工程，部署应用数据云平台，安吉县人民检察院研发的案件质量控制系统被评为全省检察机关七项创新成果之一，不断提升检察工作信息化水平。

（曹　烨）

·法　院·

【概况】 2016年，全市两级法院受理各类案件72738件，办结72365件，同比分别增长5.73%和8.76%。其中，市中级人民法院受理审判、执行案件3708件，办结3855件，分别增长16.17%和23.08%；办结减刑、假释案件4058件。

【守护社会安定和谐】 护航G20杭州峰会。出台《重大国际峰会维稳安保工作实施方案》，成立由市中院“一把手”任组长的领导小组，院长与班子成员、基层院长分别签订维稳安保工作责任状，层层抓工作落实。在全市6家法院中有5家被省高院评为G20杭州峰会专项先进集体、2名干警被评为先进个人，另有1家法院、1个基层院执行局和1名干警被省高院授予二等功。宽严相济惩治犯罪。全市两级法院新收一审刑事案件4794件，审结4844件，分别上升7.88%和8.32%，判处罪犯6449人，同比上升14.87%。重拳惩治电信网络诈骗犯罪，审结该类案件47件、涉案金额1463万余元。落实好通知和申请辩护制度，市中级人民法院刑事被告人辩护率达100%。坚持和完善未成年人罪犯的特殊审判和特色帮教工作，全市未成年人犯罪率为2.39%，低于全省平均水平，南浔区法院“温暖工作室”经验获省委副书记、政法委书记王辉忠批示肯定。依法维护交易安全。充分发挥商事审判对市场秩序、交易规则的维护作用，新收一审合同类案件22662件，审结22827件，分别下降1.63%和上升7.49%，标的金额139.39亿元。妥善审结民间借贷纠纷案件6842件，标的金额31.68亿元。加大金融风险协同处置力度，与市人民银行共同签订《合作框架协议》。充分发挥金融审判职能作用，审理金融纠纷2666件，标的金额52.38亿元。积极参与社会治理。推进“大立案、大服务、大调解”机制建设，突出法院立案、诉讼服务和诉调对接等功能。加大依法救助力度，为126起案件中生活困难的当事人、被害人发放救助金345.46万元，对违法信访人员追究刑事责任2人（次）、移送侦查2人。积极参与普法与法治宣传工作，制定“十三五”法院普法工作规划，开展公众开放日和观摩庭32次，邀请社会各界人士到法院现场参观旁听800余人（次），组织法律宣讲活动60余次，编写发放《青少年普法宣传典型案例选》300余册，为湖州新风小学200余名学生上法治课。及时总结审判实践中反映的社会管理问题，发送司法建议7件。

【坚持能动司法依法服务大局】 服务保障赶超发展。出台《关于为湖州市赶超发展提供司法服务和保障的若干意见》，提出20条意见。保障“六重”项目和中心工作推进。与市国土资源局开展涉国土违法积案清理活动，保障“三改一拆”等重点工作顺利开展。促进经济转型升级。新收（含旧存）破产案件40件，审结9件，通过司法程序化解银行不良资产17.48亿元，盘活企业存量资产17.52亿元，释放土地资源71.79公顷、房屋建筑面积59.05万平方米。抓好大要案审理，港城置业破产清算案涉案资产以4.68亿元成功拍卖，溢价11.34%；南方通信破产清算案引入战略投资者对破产债权实施收购。安吉县法院运用执行转破产程序审理的“同泰皮革城”破产清算案被最高人民法院评为人民法院推进供给侧结构性改革、审理破产案件十大典型案例。加强知识产权审判工作，连续第6年举办“知识产权周”活动，主动走访联络湖州市31家大型进出口企业。助力生态文明先行示范区建设。在全省率先实现环境资源审判庭“全覆盖”，探索实行环境资源民事、刑事和行政案件“三审合一”。全年审结污染环境犯罪案25件，判处罪犯98人，审结环保机关申请强制的非诉行政执行案件131件。

【全力维护民生权益】 降低群众诉讼成本。加强法律援助配套机制建设，全年裁定允许困难当事人缓、减和免交诉讼费502.3万元。降低保全成本，允许7家保险机构为诉讼财产保全提供担保，自6月1日起施行，截至2016年年底，适用该机制的案件达405件，为当事人减少2.1亿元的资金占用。出台《关于律师车辆进院停放的管理规定》，向到法院进行诉讼业务的律师开放院内停车位。出台《关于规范评估费用预交和结算的意见》，确立评估收费“就低不就高”原则和“基本费制度”，减轻群众评估成本。出台《关于部分简易程序案件减半预收诉讼费用的规定》，对占比80%的7类民商事案件减半预收诉讼费。强化涉案民生保障。严惩危害群众生命安全和身体健康的食品、药品等领域的犯罪，全年审结该类案件51件、114人。注重通过调解、和解等方式多元化解民事纠纷，新收一审民商事案件33531件，审结33814件，同比分别下降1.01%和上升5.22%，民商事案件调解撤诉率达59.89%。出台统一全市法院机动车交通事故案件、医疗损害纠纷案件中城乡居民相关赔偿标准。对遭受家暴风险的人员及时发出“人身保护令”。切实保护行政相对人合法权益。全年新收一审行政案件420件，审结456件，同比分别下降19.85%和1.72%，行政机关败诉率13.38%。深化行政诉讼相对集中管辖试点工作，将集中管辖法院从1家调整为2家，管辖期限调整为2年。市中级人民法院连续第7年发布行政审判白皮书。

【有效解决执行难问题】 积极争取党委的重视和支持。在全省率先争取到市委政法委转发《关于全市法院用两年时间基本解决执行难问题的工作方案》，专题召开解决执行难工作会议。全市法院招录特保辅警人员53名，专门用于执行工作。落实主体责任，确保工作到位。市中级人民法院出台《基本解决执行难问题责任分解》，明确执行工作为“一把手”工程、班子工程。出台《破产案件审理纪要》，进一步理顺“执行转破产”程序。提升执行强制性，提出“六个必须”（对立案执行后三个月内未履行完毕的被执行人必须纳入失信名单予以曝光；对在执行通知书指定的期间内未履行完毕的被执行人必须采取限制出境措施；对在执行通知书指定的期间内未履行完毕的具有公务员、党员、人大代表、政协委员等身份的被执行人，必须通报有关部门；对涉民生案件的被执行人经传唤拒不到庭的，必须进行布控；对逃避、妨害执行的被执行人和拒不履行协助义务的协助执行人必须实施司法制裁；对涉嫌构成拒执犯罪的，必须移送公安机关追究刑责），抽调全市法院31名骨干组建突击队攻关难执行案件；开展主城区腾房、打击恶意逃废债、涉特殊主体专项执行等多个专项行动。加强执行联动，凝聚执行合力。在全省率先建成覆盖全市的不动产“点对点”网络查控机制，自7月底开通至年末，已协助全省法院查询93390次，查到不动产4230处。与市公安局联合出台《关于对被执行人机动车辆进行查扣的会议纪要》，实现城市路面车辆的全面布控。主动走访市残联，恢复残疾人执行救助基金。落实市公检法联合出台的《关于办理涉金融类刑民交叉案件的指导意见》，在G20杭州峰会召开前，对沈俊良非法吸收公众存款案执行追赃8142万元，并向216名受害者分发追欠赃款。抓好与市公检法联合出台的《关于办理拒不执行判决、裁定刑事案件有关问题的法律适用意见》的运用，移送追究刑事责任21人。强化宣传引导，赢取理解支持。召开解决执行难新闻发布会，宣传执行不能与执行难的区别，促进社会各界理性、客观和正确看待执行难问题。

（刘　云）

·司法行政·

【概况】 2016年，全市司法行政系统以“为经济发展保驾护航、为平安稳定尽心履职”为主题，以助推“四个年”“四大服务行动”（助力转型法律护航行动、助推创建法治护航行动、服务峰会平安护航行动和固本强基晋位提升行动）和“两学一做”学习教育为载体，努力提升全市司法行政法律服务竞争力、司法执法管控力、平安建设保障力、普法教育创新力、公共服务生命力和干警队伍战斗力，职能作用不断彰显，队伍面貌焕然一新，全年全市司法行政系统31个集体和76人（次）受到市以上表彰，市司法局先后荣获“全国‘六五’普法先进集体”“全省社会治安综合治理先进集体”“全省司法行政综合考核优秀单位”和“市G20杭州峰会安保工作先进集体”等荣誉称号。

【紧贴中心服务大局】 紧紧围绕市委、市政府“四个年”活动要求，制定《关于开展四大行动服务助推“四个年”活动的实施意见》，开展“四大行动”，确定全年8个重点工作项目、6个推进工作项目，并纳入县（区）综合考核内容，实施“两月一督查、季度一分析、定期一通报”，确保任务精准落地、目标全面完成。平安护航G20杭州峰会安保，提出“一个最大限度、五个零”工作目标，设立6个工作组，制订7个专项安保子方案，各项工作任务落到实处、明到细处和见到微处，全力确保G20杭州峰会期间的和谐稳定。服务经济转型升级，实施服务“六重”（即重大项目、重点工程、重大平台、重点产业、重大政策和重点要素）法务精品工程，成立湖商律师服务团和涉外法律服务团，举办律商合作论坛，与市金融办联合开展企业上市法律服务培训，与市科技局共建法律服务保障创新驱动大平台，与市中小企业局联合成立法律服务小微企业志愿者总队，组织开展法律服务小微企业暨2016年民企“双对接”活动，邀请企业家参加律师业创新发展论坛。2016年，全市律师结对28个重点项目、涉及投资795.64亿元，14家企业“新三板”挂牌、协助融资138.2亿元，23家企业破产重组、涉及债权167.68亿元，其中8家企业顺利复工和重整，多个律师事务所拯救危企案例得到各级领导的肯定。

【狠抓主业提质增效】 高起点启动“七五”普法工作，联合市委宣传部开展“宪法宣传湖州行”主题宣传活动。创新推进社会力量参与法治宣传，与团市委、市志愿者协会联合成立市普法志愿者支队，湖州“微力量”志愿服务团承接实施社区普法志愿服务项目。积极推进“互联网+法治宣传”行动，“湖州普法——懂点法”全年推出253期，先后26次跻身全国司法行政微信影响力排行榜，9条微文进入全国司法行政十大热文排行榜。举办以“铭记前辈先贤，投身法治创建”为主题的沈家本法治文化系列宣传活动，开拍《修律大臣沈家本》微电影，举办“沈家本与中国法治之路”论坛，市普法项目“‘沈家本法治文化’品牌影响力提升工程”获得全省“六五”普法创新项目一等奖。拓展升级“湖州市律师信息管理系统”，市律师协会建立道德与纪律委员会，市公证协会建立维权与惩戒委员会，完善业内自身监督体系。全面开展律师案件倒查“回头看”，督查基层法律服务所办案质量，完善长效监管机制。与市检察院就保障律师执业权利座谈交流，联合组织刑事业务研讨会，出台《关于检察院办理自侦案件中保障律师权利的意见》。与市人民法院联合开展法官与律师互评互议，进一步规范律师与法官的相互关系。与市公安局建立“警律合作”机制，签订全面合作协议，选派律师事务所进驻公安派出所、交通事故处理（调解）中心。全年全市律师、公证、司法鉴定和基层法律服务办案分别增长11.6%、17.4%、44.5%和1.96%。

【保障稳定促进和谐】 2016年，湖州监狱投入资金1100万元建设封闭式仓储物流中心、狱内区域隔离等12项重大安防基础设施。市人大对“狱务公开”进行司法监督。年末，监狱在押1694人，连续12年又10个月保持安全稳定无事故。市戒毒所完成100平方米回归指导专属区建设。在全省率先实现出所人员“必接必送”。截至12月底，在戒373人，场所实现“六无”（即无所内毒品流入、无戒毒人员逃跑、无戒毒人员非正常死亡、无所内发案、无重大生产安全事故和无重大疫情）安全目标。推进社区矫正执法规范，创新建立“一牵引两规范三联动”（即建立一套考核办法牵引，完善两项工作制度规范和构建三种协作机制联动）机制，实施“12345”工程，截至12月底，矫正在册1923人，未发生社区服刑人员重大刑事案件，重新犯罪率等各项指标均低于省控指标。加强监地衔接，“回家的路”新型监地衔接模式得到省委副书记王辉忠批示肯定。加强县级人民调解委员会和专职人民调解员队伍建设，全市发展专职调解员101名、同比增长20.2%，在全市47个乡镇（街道）人民调解委员会配备专职调解员54名、覆盖率达74%，同比分别增长34.3%和22.7%。创新人民调解工作模式，同步推进电视调解、网上调解，开展“名牌调委会”“金牌调解员”“品牌工作法”培育命名活动。全年调处矛盾纠纷29055件，调解成功率达99.02%，涉及调解赔付金额6.26亿元。

【改善民生措施有力】 公共法律服务体系建设深入推进，针对落实政府公共服务体系建设新要求，市委办、市府办联合下发《关于加快推进覆盖城乡居民公共法律服务体系建设的实施意见》，设立公共法律服务专项资金，全部落实到村（社区）法律顾问经费补助，全市已建成标准化、规范化运作的乡镇（街道）服务站52个、村（社区）服务点1023个，建成运行市公共法律服务网。优化保障基层基础建设，推进星级规范化司法所创建与公共法律服务体系建设优势互补。加大信息化建设力度，加强人员配备和资金投入，全面完成视频系统省、市、县（区）三级联通，司法考试基地建设进一步完善并全面运用人脸识别系统。进一步加强专编的管理和使用，全市招录17名专编人员并全部向基层一线倾斜。市委办、市府办出台《关于进一步完善法律援助制度的实施办法》，全面推行法律援助“双选制、点援制”，创新实施法律援助案件补贴差别化机制，召开全市军人军属法律援助工作推进会，《人民日报》《解放军报》《法制日报》等媒体先后报道。全年办理案件7839件，受理来电、来访18214人（次），帮助农民工讨回欠薪4874.1万元。

【创新创业增添活力】 根据全省律师业名品、名所和名律师“三名工程”建设新任务，协调市委组织部、市公安、市人民检察院、市人民法院、市财政等6部门开展调研，研究制定进一步加快律师业发展的政策措施。在“名所”建设上，引导全市律师事务所转型升级、做大做强，先后引进多家国家、省级优秀所在湖州设立分所或开展合作所，推进本地强所实施结构性改革。在“名品”培育上，制定62项政府购买类和107项市场购买类法律服务产品，通过各种渠道向社会发布13项公益法律服务品牌和10项市场购买类法律服务产品。在“名律师”培育上，组建法律服务高级人才库并举办法律服务高级研修班，成立湖州市律师辩论队，开展青年律师执业技能比武，一批优秀律师迅速成长。为提高普法教育服务重点工作的实效性，围绕浙（湖）商回归、“五水共治”“三改一拆”、创新驱动、生态文明建设和平安建设等省、市中心工作，建立专项法治宣传服务团队，先后探索总结出社会参与法、领导带头法等“普法服务重点工作十法”。结合湖州市生态文明先行示范区建设，指导安吉县委托中国计量大学研究制定全国首个民主法治村创建县级地方标准，12月20日《浙江日报》头版显著位置予以报道。市司法局、市检察院联合在全省率先下发《市级人民监督员选任工作实施细则》《市级人民监督员管理考核办法》《市级人民监督员经费使用管理办法》，召开人民监督员工作座谈会，举办人民监督员实务培训班，开展人民监督员案件监督现场模拟活动并拍成专题片。全年选派人民监督员51人（次）监督案件24件。（沈海建）

地方军事

·军　事·

【概况】 2016年，全市武装工作坚持以“强军筑梦在浙江”十大工程为牵引，围绕“三当三创”（海上动员当先锋、应急救援创一流，党管武装当样板、军民融合创示范，法制军营当领跑、智慧国防创品牌）和“赢在起跑线上”等建设要求，按照“铸牢军魂、聚焦打赢、稳中求进、创新发展”的工作思路，突出重点，狠抓落实，保持了稳中有升、全面发展的良好势头。

【政治工作】 湖州军分区党委认真贯彻落实军委国防动员部和省军区的部署要求，牢牢把握政治建军、改革强军和依法治军总要求，针对军队调整改革开启、省军区系统转隶和护航G20杭州峰会等现实考验，始终坚持把思想政治建设摆在首位，为确保军分区安全稳定和各项重大任务完成发挥了有力的保证作用。认真组织党委中心组带机关理论学习，突出学习习近平主席系列重要讲话精神，集中收听收看习近平主席在纪念建党95周年和纪念长征胜利80周年大会上的讲话，邀请市委党校教授宣讲十八届六中全会精神，着力强化广大官兵职工政治意识、大局意识、核心意识、看齐意识。持续开展“百题调研”活动，军分区班子成员和团级单位主官同步展开13个重、难点课题调研，深化理论学习成果转化运用。突出抓好改革强军主题教育，广泛开展“新体制、新职能、新使命”大讨论，组织“学党章党规、学系列讲话、做合格党员”学习教育，认真落实理论学习、党课教育、承诺践诺和组织生活等环节，狠抓肃清郭伯雄、徐才厚案例流毒影响，广大党员践行“四讲四有”（讲政治、有信念，讲规矩、有纪律，讲道德、有品行，讲奉献、有作为）要求更加自觉。突出抓好“四反”（反渗透、反心战、反策反、反窃密）工作落实，定期走访市公安、国安和网信等部门，组织民兵网评员开展涉军舆情引导，配合做好复退军人思想稳控工作，建立完善军地“反窃密、防泄密”工作机制，联合组织重要军事设施保密专项检查，确保军分区高度集中统一和纯洁巩固。

【军事工作】 积极适应新赋作战任务需求，认真抓好战备工作落实，按要求完成全区民兵情报信息网组建，分层组织情报信息员业务培训，先后2次迎接东部战区司令员刘粤军战场和防汛勘察，并得到肯定。认真抓好年度演训任务落实，先后组织全市专职武装部部长业务集训，完成专职武装干部和民兵连长基础训练，承担全省民兵无线通信骨干跨区联训，组织民兵兼职“四会”教练员培训的做法被省军区转发。全区重点应急连“一个过程”跨区机动和对抗考核成效明显，持续组织民兵训练比武竞赛的做法在《中国国防报》头版头条报道。围绕濒海地区防卫作战，组织参加省军区“网上指挥对抗演练”，达到“打一仗、进一步”的训练目的。积极组织民兵参加防抗台风“尼伯特”、排除重大内涝险情等急难险重任务，在G20杭州峰会安保工作中，组织全区民兵在相关陆路通道全时设卡，在重点企事业单位驻点巡防，担任危险品源现场管护，为完成峰会安保任务发挥积极作用。

【后装建设】 一是经费预算管理较好落实，物资集中采购进一步规范，组织全区后勤科长和财务人员业务培训，开展财务大清查问题整改“回头看”，协调地方组织搞好军分区营房整修，全面停止军队有偿服务工作按计划有序推进。二是积极推进“智慧仓库”建设，仓库安防设施更加完善，民兵装备信息化管理水平进一步提升，先后迎接全军、军委国动部和省军区安全检查，均得到肯定。

【国防动员和后备力量建设】 突出国防动员和后备力量建设，认真抓好民兵整组工作落实，完成全区民兵分队“三个现地”（现地组织点验、现地明确任务、现地组织训练）演练任务，扎实开展基层武装部“评星挂牌”活动，有序推进“四队兼备”（专业队、战斗队、工作队、宣传队）应急力量建设，车载式厢装化应急器材运输车改装试点任务得到省军区首长肯定。协调市委、市政府将推进军民深度融合发展纳入“十三五”规划纲要、召开全市军民融合产业发展座谈会和首届军民融合促进大会，认真开展潜力数据调查，持续推进“双百共建”（百连结对百村，百家名企进军营）和社会化拥军活动，崇尚军人荣誉的社会氛围进一步浓厚。

【安全管理】 认真学习贯彻上级关于安全管理工作的指示精神，扎实开展“条令学习月”“护航G20百日安全竞赛”和“百日安全活动”，按照“三停四查”（停车、停工作、停活动，查精神状态、查履行职责、查作风纪律、查教育管理）要求集中开展安全教育整顿，在全区上下开展倡导“‘十不’行为规范”活动，定期组织安全常识和保密教育，官兵职工安全意识和纪律观念得到强化。深刻吸取上级通报的多起事故教训，常委会先后4次召开安全形势分析会议，及时研究安全措施。围绕重大节日、重点目标和重要时段，突出加大人、车、枪、弹、密等安全防范力度，结合G20杭州峰会安保工作，牵头组织驻湖州部队隐患大排查，联合军地开展涉军打假专项行动。建立军人自有车辆信息库，完善军人驾驶地方车辆审批，为全区在编车辆安装北斗定位系统，加大车辆安全管控力度。认真落实保密工作“八个规范”清理整治，承接省军区保密集训和现场观摩工作得到肯定。

【征兵工作】 全市各级人民政府和兵役机关坚决贯彻执行省政府、省军区《关于2016年征兵的命令》，军地密切协作，深入宣传发动，严格审查把关，完成了年度新兵的征集任务。年初，结合人事变动，及时调整征兵工作领导小组及办公室，各级公安、卫生、宣传、教育、纪检和民政等有关部门密切配合协作，抽调精干力量，充实征兵工作队伍。注重加强高校征兵工作领导，在湖州市2所高校挂牌成立征兵工作站，并将校领导纳入同级征兵工作领导小组成员。结合开展网上兵役登记，市征兵办联合市教育局下发《关于做好2016年学校征兵工作的通知》，各级兵役机关会同公安部门落实登记，突出抓好在校生网上登记和应征报名工作。坚持把征兵宣传融入全民国防教育体系，发挥《湖州晚报》国防动员专刊宣传平台，加大市政府、军分区《关于加强和改进新形势下征兵工作的意见》，下发《大学生参军入伍优惠政策》宣传手册，确保征兵政策家喻户晓。全面推开征兵体检信息化系统建设，下发《征兵体检工作指导手册》，按照封闭式体检要求，规范设置县（区）征兵体检站，市中心体检组组织逐个单位巡查指导，共同把好体检质量关。坚持三级政审和区域联审制度，统一组织走访调查，切实摸清入伍动机。军分区党委常委分别参加挂钩县（区）定兵会，及时张榜公示定兵名额和已定、预备兵员名单，自觉接受群众监督。市、县（区）分别召开新兵欢送会，各级军地领导亲自欢送并致辞，营造了一人参军、全家光荣的良好社会氛围。

【国防教育】 坚持“报、刊、网、电”四位一体，依托主流媒体深入普及国防教育，连续5年创办《湖州日报·湖州国防》专刊，依托《湖州晚报》推出了《国防动员》专刊和“湖州国防”微信公众号，开辟“八一光荣榜”专栏，集中宣传55名立功受奖官兵，广泛开展“传承红色基因、共建巩固国防”知识竞赛活动，积极推进国防教育主题公园建设，有效地强化了全民国防观念。认真落实军人子女入学、随军家属就业等优待政策，持续推进随军家属就业安置工作，为9名驻湖州部队军人子女协调办理了中考优待，进一步浓厚崇尚军人荣誉的社会氛围。按照省军区扶贫开发“十大行动”要求，拨出专项经费保障救助军属、助学兴教和定点帮扶等活动，持续深化“双百共建”和社会化拥军成果，继续协调开展“慈善暖军心”活动，取得了较好的社会反响。

【“两学一做”学习教育】 4月以来，军分区党委按照上级统一部署要求，坚持把“两学一做”学习教育作为年度重大政治任务来抓，结合实际筹划部署、紧扣关键环节、紧抓真学实做，围绕强化党委统揽主体责任、抓好真学深学基础环节、突出解决问题导向、扭住强固党性内在引领和笃定践行见效关键要求等，督导各单位按照“三个基本”要求，认真抓好理论学习、党课教育、承诺践诺和组织生活等“规定动作”落实，引导广大党员结合遂行对抗比武、峰会安保和抢险救灾等重大任务，自觉践行“四讲四有”要求，充分发挥模范作用，促进学习教育落地见效。

【湖州市党政领导过军事日活动】 7月25日，在湖州举办了市党政领导军事日活动。湖州市四套班子领导、秘书长和副秘书长，市国防动员委员会、市国防教育委员会全体成员，市直属各单位负责人，各县（区）联系武装工作的党政副职领导、人武部主要领导，湖州经济开发区、湖州太湖旅游度假区党委书记、主任；湖州军分区首长、机关干部；基层专武部长等参加了军事日活动。活动邀请国防大学战略教研部原主任朱成虎少将围绕中国安全形势作了报告。

【组织民兵分队党支部书记集训】 9月20日至23日，在军分区教导队组织了湖州市第三期民兵分队党支部书记集训。全市乡镇（街道）应急排党支部书记参加了集训。集训按照抓书记、带班子和强民兵的思路，以乡镇（街道）应急排党支部书记为重点，区分安全形势怎么看、支部堡垒怎么建、战备训练怎么搞和全面建设怎么抓等4个专题，采取法规学习、辅导授课、讨论交流和现地观摩等形式，突出学习基本法规、熟悉基本业务和掌握基本技能，着力提升书记队伍“务党”“务军”的素质能力，筑牢了履职尽责的基本功。

（宋华清）

·人民防空·

【概况】 2016年，湖州市民防工作以中共十八大和十八届三中、四中、五中、六中全会精神为指导，深入学习贯彻习近平总书记在会见第七次全国人民防空会议代表时的重要讲话精神和李克强总理重要讲话精神，着力在夯实基层基础、推进融合发展、坚持依法行政、统筹规划体系、强化实战演练和提升队伍素质等方面下功夫，全市民防各项建设稳步推进。2016年，湖州市人民防空办公室（民防局）荣获“2016年度全省人民防空工作先进单位”称号；安吉县、南浔区人民防空办公室荣获省国防动员委员会“‘十二五’人民防空先进单位”等称号。

【组织指挥体系建设】 以补齐短板和解决重难点问题为主题，组织开展“金盾—16”实战化演练，以演练促工作推进、促能力提升，有针对性地提高民防系统指挥、防护和保障能力。按照街道对镇、社区对村、居民对农户的疏散方案，市民防局联合吴兴区民防局组织仁皇山街道和妙西镇开展人口临战疏散与接收安置对接演练，街道、镇、社区和村150余人参加演练，市民防运输专业队和医疗救护专业队全程保障。“5·12”全市警报试鸣，组织开展防空地下室开设暨人员紧急疏散演练。演练准备阶段，组织中心城区飞英街道所属8个社区干部和辖区内负责小区民防工程维护管理的物业公司工作人员，采取理论讲座与现场教学的方式开展培训，为组织开展演练奠定基础。5月中旬，组织市、县（区）机动指挥车开展跨区域应急通信保障演练，锻炼全市民防综合应急通信保障能力。利用某公园民防工程，组织开展民防工程平战转换演练，探索民防工程平战转换的方法和步骤。

【重点目标防护】 扎实开展重点目标防护工作，协调各重点目标单位按照“七有”（有组织机构，有办公场所，有制度预案，有专业队伍，有应急物资，有防护演练，有信息网络）的标准开展规范化建设，进一步推动目标单位主体责任的落实。认真抓好按纲施训的落实，组织市水务集团开展民防共同训练课目业务培训，市民防局局长凌伯勋作“居安思危、有备无患”专题讲座。结合G20杭州峰会安全保障任务，在某研究所组织开展防护演练，分别演练了警报发放、安全警戒、人员疏散、伪装和消防灭火等课目。G20杭州峰会召开前夕，市民防局联合市消防、安监、水务等部门（单位），以空袭后火情蔓延及管网破裂为模拟背景，开展重点目标防护联合应急演练。组织市民防局工作人员走进重点目标单位开展“两学一做”结对共学。

【应急救援体系建设】 不断加强应急救援体系建设，结合全市民兵整顿工作，开展专业队整组工作，把人员编强、编实，组织民防运输专业队和医疗救护专业队参加疏散对接演练。采取统筹建设方式，利用现有民防教育基地资源，在安吉县中小学生素质教育实践中心挂牌成立湖州市民防综合训练基地。安吉县按照“七有七抓”（即有组织抓好内部整合、有队伍抓好技能训练、有平台抓好应急准备、有预案抓好联动反应、有技能抓好方向定位、有规范抓好基础管理、有宣传抓好使命落实）落实民防工作，梅溪镇民防志愿者队伍规范化建设稳步推进。德清县、安吉县分别与山鹰、龙山民间救援力量开展合作，借助专业力量开展宣传活动，实现资源共享。

【指挥场所建设管理】 县（区）民防指挥场所持续推进，2016年，德清县民防应急救援指挥中心项目建成并投入使用；安吉县民防指挥中心项目进展顺利。南浔区民防指挥中心信息系统已完成设计。不断加大对重点镇指挥平台建设的考核力度，长兴县在和平镇召开乡（镇）民防指挥平台建设现场推进会，完成泗安镇指挥中心建设。安吉县孝丰民防应急救援指挥中心指挥通信系统完成设备安装。南浔区完成善琏镇、菱湖镇、千金镇3个镇级应急指挥中心的建设任务。

【信息系统建设】 完成民防信息采集车通信设备建设，具备北斗通信、4G通信、短波通信和视频信号采集等功能，组织参加全省机动指挥通信跨区域演练。市级移动指挥车改造已完成方案设计。实施完成市民防指挥控制系统改造。组织技术力量开展“送知识、送技术、送服务”走基层活动，对镇指挥平台建设开展业务指导。完成市民防值班室建设任务，制定规章制度，开通专用通信网和值班软件，接入市公安系统视频监控、重点目标和自建工程视频监控等资源平台，实现24小时实时监控。

【通信警报建设】 为扩大警报无线统控范围，完成警报中转站搬迁工作，进一步提高报知的有效性和可靠性，全市固定警报全部实现无线遥控。在“5·12”防灾减灾日和“9·18”防空警报试鸣日期间，全市分别组织防灾警报和防空警报试鸣，试鸣中完好率和鸣响率均达100%。进一步丰富试鸣形式和拓展新型宣传阵地，协调利用湖州报业集团6块大型户外LED城市电视屏幕和60块户内城市电视屏及平安浙江视频联播网800台户内外电视终端发放警报，扩大民防警报试鸣的效果和影响力。探索开展民防警报智能化管理系统建设，实现警报管理“民防”和“技防”双保险。

【自建工程建设】 自建工程有序推进，除民防指挥工程按计划有序推进外。湖州市某公园民防工程主体施工基本完成，正在进行幕墙安装。民防公共安全教育中心布展组织概念性方案征集，完成设计招标。长兴县某停车场民防物资库工程完成初步设计评审。

【结建工程建设】 民防结建政策法规严格依法办理，全年审核民防工程初步设计项目同比增长6.6%。民防工程竣工项目同比增长27.2%。民防易地建设费的征收工作平稳，全市依法征收的人防易地建设费与上年基本持平。

【工程质量监督】 为进一步加强民防工程质量管理、提高质监工作效率，落实权力下放，与市住建局联合制订《关于人防工程质量监督工作实行属地分级管理的通知》，新申报民防工程质量监督的项目推行县（区）属地管理。为严格落实《浙江省人民防空工程防护设备质量检测管理细则（试行）》文件精神，全面推行第三方检测，通过政府买服务方式，对辖区内防护设备企业和部分重点民防工程开展质量大检查。

【工程维护管理】 市区全面启动民防工程物业化管理工作，与市住建局联合召开了民防工程物业化维护管理工作部署会，年末，市民防部门会同市建设主管部门对住宅小区民防工程维护管理进行检查考核。结合护航G20杭州峰会，组织开展全市民防工程“三清三查三确保”专项检查，全市民防系统均成立领导机构，抽调人员组建巡查小组，对所有自建、结建工程进行有效全面清查，确保民防工程内无违规人员居住、无易燃易爆物品、无工程质量隐患。

【依法规范管理】 规范民防行政审批工作，认真贯彻落实新修订的《浙江省实施〈中华人民共和国人民防空法〉办法》，以市政府办公室名义印发关于贯彻实施《浙江省实施〈中华人民共和国人民防空法〉办法》有关执行事项的通知，细化规范了在湖州市范围内的具体执行事项。结合《浙江省防空地下室管理办法》的学习贯彻，研究落实措施，拟定《湖州市防空地下室和兼顾人防工程平时使用管理与战（灾）时转换管理规定》，确保湖州市的民防工程依法依规建设管理。结合民防系统工作实际，完善和动态调整民防权力和责任清单，进一步理清和规范民防行政工作职能。加强事中、事后监管，建立民防行政执法“双随机”（随机抽取被检查对象、随机选派检查人员）抽查机制，开展“双随机”抽查检查，对防护设备生产企业、民防工程监理企业、施工图审查机构和民防工程平时使用等按规定比例进行抽查。

【基层民防工作】　加强与市民政局和减灾委的合作，结合综合减灾示范社区创建，抓好民防进社区工作，民防工作被纳入城乡社区工作要点。坚持以活动促创建，组织召开中心城区社区民防工作座谈会，研究部署社区民防工作，开展民防宣讲进社区活动，组织大学生志愿者走进24个社区开展民防知识宣讲，结合警报试鸣，在社区开展2次广场宣传活动，在2个社区组织“护航G20民防我先行”民防宣传晚会，中心城区竹翠苑、安定书院、玉堂桥等8个社区组织开展人员疏散演练。全市有9个社区被纳入全省综合减灾示范社区公示名单。

【宣传教育工作】　抓住“3月1日国际民防日”、“5·12”防灾减灾日、“9·18”防空警报试鸣日等重要时间节点，利用广场宣传、网络媒体和微信公众号等多种形式广泛开展民防宣传活动。国际民防日期间，开展“五个一”宣传活动，即开展一场“关注民防、平安生活”为主题宣传活动；开展一次民防宣传图板巡展活动；开展一周媒体宣传活动；结合“两学一做”活动，开展一次在职党员进社区送知识活动；走进一次“行风热线”节目直播活动。在湖州师范学院举办3期“中小学生防空防灾教育师资培训班”，来自全省各中小学校和教育实践基地的300名教师参加培训。与市教育局联合下发《关于深化学校人防教育工作的意见》，开展小学民防教育课例评选活动，收到课例11件，经评选向省推荐3件。组织开展党校民防教育互观互检，市民防局领导分别为市委党校、德清县委党校和安吉县委党校100余名学员上民防教育课。与市工商联合作，开展女企业家走进民防活动，组织30余名女企业家参观民防工程，听取民防知识讲座。组织编写民防空训练参考教材《湖州市城镇居民防空防灾简明读本》；建成吴兴区织里镇中学、长兴县齐北社区、安吉县广场社区维多利亚小区和安吉县网络宣传4个“五进”（进机关、进学校、进社区、进企业、进网络）工作示范点。制作完成民防宣传专题片1部，完成民防教育场所宣传长廊内容更新。全新改版湖州民防网站，发布信息217篇，政府门户网站公开信息190篇，湖州智慧人防微信公众号发布信息48篇。　（杨郑成）

·武　警·

【概况】　2016年，武警湖州市支队以学习贯彻党的十八届六中全会精神和习近平主席重要讲话精神为主线，以强军目标为统领，坚持举旗铸魂、聚焦中心、转变作风和狠抓落实，各项任务圆满完成，部队内部安全稳定，全面发展呈现出向上向好的势头。

【思想政治建设】　坚持用党的创新理论武装官兵头脑，把学习习近平主席重要讲话精神作为首要政治任务。深入开展“两学一做”学习教育和“知法、知戒、知畏”教育整顿活动，教育整顿的经验做法被武警省总队转发。全面彻底肃清郭伯雄、徐才厚案件不良影响，严密组织部队学习教育和信息清查，深刻开展思想剖析。扎实推进改革强军主题教育，组织开展强军故事会、改革辩论赛、主题征文、主题演讲和参观见学等系列活动。每月落实拒腐防变经常性教育，扎实抓好网纪、网德专题教育，严密组织“扫黄打非·清源2016”专项行动，组织法纪图片展3次，观看教育警示片12部，强化官兵法纪道德观念。举办心理骨干网上培训，组织心理教育、心理巡诊和心理行为训练，全面筑牢官兵思想根基。在G20杭州峰会安保等重大任务中，强力推动任务中政治工作“八个到现场”（政治教育和思想工作到现场、组织发展到现场、立功奖励到现场、文化活动到现场、心理疏导到现场、当兵代职到现场、总结经验、树立典型到现场、解决困难问题到现场）落地见效。持续加强文化阵地建设，投入资金60万元，完善营区政治环境、建设网上史馆（荣誉室）、配发1700册实用图书，编撰《警营圆梦》励志丛书，编印下发《当好一个兵》口袋书，营造浓厚的学习氛围。

【执勤训练】　牢记习近平主席“干好维稳这件大事”的政治嘱托，紧紧围绕“能打仗、打胜仗”要求，紧贴中心任务需求，大抓实战化训练。认真贯彻“湖北会议”精神，深入开展勤务专项整顿、勤务法规学习和执勤隐患治理活动，扎实推进“五防一体化”（人防、物防、技防、联防、犬防一体化）建设，推开执勤方式优化改革试点，支队连续保持30年执勤安全无事故。以军事训练“八落实”［人员、内容、时间、质量、弹药、摩托（飞行）小时、教练员、训练场地］为标准，严格落实训练10项制度，以考促训，提升能力。加强力量体系建设，组织116名教练员、冲锋舟驾驶员、水上抢险骨干、预备特战队员集训和应急班轮训、特勤排驻训，每季开展“魔鬼周”极限训练，循序渐进抓好新兵训练，打牢官兵能力基础。强化实战化战备演练，与市公安、气象、信访等部门建立情报信息互通研判机制，组织“卫士—16”演习，完成了抗台抢险、武装押解、联勤巡逻等临时勤务153起，受到上级的肯定，支队被总队评为“G20杭州峰会安保先进集体”。

【部队管理】　紧紧扭住厉行法治抓基层，严格按条令条例抓正规、促安全和保稳定，坚决守牢底线。广泛开展“条令法规学习月”“暑期百日安全”和“冬季隐患大排查”等活动，每月开展安全教育，定期组织观看《人生警戒线》，在营区醒目位置设置安全警示标语，官兵条令意识、自律意识和安全意识显著增强。突出抓好重点时段、重大节日期间的人、车、枪、弹管控，深入抓好手机管控和防间保密工作，坚决防范重大安全问题发生。以武警总部安全工作交叉检查为契机，刚性落实“八个基本规范”，全年组织16次安全大检查和“回头查”，排查整治隐患176处，建立系统的安全工作挂账销号制度。严密组织“治三松、严纪律、保安全”作风纪律整顿和“爱岗尽责、遵规守纪、模范带头”士官教育整顿，扎实开展安全工作“五个一遍”（法规学习教育一遍、思想底数摸排一遍、执勤隐患治理一遍、新兵“第二适应期”要求检查一遍、重难点问题排查一遍），投入资金130万元，抓好“一墙两库三台”重点隐患整治，部队安全防线更加稳固，连续18年实现“三无”（无行政责任事故、无执勤事故和无刑事案件）。

【基层建设】 坚持精力投放向基层、工作落实到基层、检验绩效在基层，全面打牢部队建设基础。深入开展“大走访、大谈心、大交流”活动，做到了解情况到一线、跟踪指导到一线和解决问题到一线。制订《按纲服务指导基层计划》和《“一队一策”精准帮扶措施》，督导基层抓好经常性工作落实，正规“四个秩序”。组织党支部书记和预任基层主官培训，召开军事、政工例会以会代训，开展“四会”政治教员考评，一中队班长张继月、八中队指导员张民被武警省总队表彰为“十佳政治教员”。抓好“两大群众组织”（团支部和军人委员会）建设，举办“两大组织”负责人培训，召开第10次军人代表会议。扎实开展基层风气专项整治活动，对涉及官兵切身利益的敏感问题，坚持公开、公示，官兵满意度高。采取党委成员分片、支队主官包干的方法，落实蹲点指导和重点帮扶等工作制度，全年安排5批工作组、86人（次）下基层蹲点，解决困难问题36个。在基层党组织中大力开展创先争优活动，完善量化考评细则，二大队、二中队、四中队、七中队、八中队和安吉中队均被上级评为先进单位，其中四中队被武警省总队表彰为标兵中队，四中队党支部被武警省总队表彰为先进党支部。为特困官兵发放困难补助33.68万元，帮助解决官兵家庭涉法问题4起，党委承诺的10件实事全部兑现。

【双拥共建】 支队双拥工作深入贯彻习近平主席“以人民为中心”重要思想，按照军队群众工作的方针原则，紧紧围绕“同呼吸、共命运、心连心”的时代要求，积极适应当前社会发展和部队建设需要，支援驻地经济建设和社会发展事业，为地方经济发展和社会稳定做出新的贡献。警地共同开展以“法律服务进警营”“警营生活体验”为主题的实践活动，开设普法教育专栏，制作法律知识宣传专栏12期，发放普法教育书籍900余册。利用节假日等契机，与共建单位联合开展读书育人、技能培训、文化联谊和体育竞赛活动，全年联合举办晚会12场。支队一中队连续11年组成护鹭队定期巡逻，有效地保护了营区周边生态环境。开展“扶贫济困”活动，引导基层单位积极与当地民政局联系，主动与孤寡老人、失学儿童和驻地敬老院结对子。利用学雷锋日、助残日、重阳节、春节和“八一”建军节等时机，组织部队进街道、学校，为民办实事，做好事。组织150名官兵参加路面清除积雪活动。出动130名兵力赴长兴县泗安镇抗洪抢险，搬填沙袋5000余包，加固堤坝170米，封堵管涌1处，有效地保护了驻地百姓生命财产安全。全年出动兵力800人（次）开展拥政爱民活动，为结对乡村、福利院打扫卫生16次，清除垃圾305吨，为孤寡老人送医送药13次，义务提供医疗服务40人（次），捐助善款32000元。

【后勤建设】 按照“后勤变前勤”要求，大抓后勤综合保障效能提升，加强“一组五队”拉动演练，着力打造实战型、服务型、法治型、创新型、融合型和廉洁型后勤。拓展非实物储备范围，与17家地方单位签订应急保障协议。结合“卫士—16”演习和G20杭州峰会安保工作，实施“医食住行”伴随保障，在实战中摔打队伍、检验能力。扎实抓好医疗服务，开展卫生健康知识讲座7次，派出医疗小分队下基层巡诊16次，投入资金14万元，配齐基层常用药品，协调2名干部参加总部疗养，组织316名官兵进行健康体检。指导基层搞好伙食保障、抓好农副业生产，官兵满意率高。组织93名卫生员定期培训、驾驶员分批复训和后勤专业兵集训，选送22名修理工、卫生员和驾驶员参加上级业务培训，年内，培养具备上岗资质的后勤专业兵53名。 （汪泽琦）

外事 侨务 台务 民族宗教

·外　事·

【概况】 2016年，湖州市外事工作以中共十八大和十八届历次全会精神以及习近平总书记系列重要讲话精神为指引，突出服务国家总体外交战略和地方经济社会发展两个大局，积极主动作为，努力创新实干，各项工作取得新的进展，在“十三五”开局之年迈出了坚实的步伐。

【服务国家总体外交】 一是全力护航G20杭州峰会。将平安护航G20杭州峰会作为全年压倒一切的头等大事，全力筑牢涉外维稳防护圈，助力全市G20杭州峰会安保维稳工作。抽调6名外事干部参与土耳其代表团、世贸组织代表团的接待与境外媒体接待工作，圆满完成峰会期间各项服务保障任务，得到上级部门肯定和好评，荣获省、市先进表彰。做好G20杭州峰会期间境外媒体德清县、安吉县两条采访线的全程安排和接待工作，向来访外媒充分展示浙江风采，助力G20杭州峰会外宣工作取得好效果。二是主动融入“一带一路”战略推进。积极参与“‘一带一路’海外园区（湖州）推介会”“2016浙江（湖州）·印尼经贸投资洽谈会”“2016中国（湖州）·印度商务投资论坛”等一系列活动，深化与东盟及南亚地区国家的互利合作。推动湖州师范学院与阿塞拜疆语言大学共建海外孔子学院，海外孔子学院于2016年6月揭牌并有序开展设立汉语课堂、筹建文化艺术班等各项工作。深入推进与江苏南通、新疆乌鲁木齐、海南海口等7个城市共同创建的“一带一路”地方外侨办联动合作机制，以推进“一带一路”为目标建立友城、侨务和引才引智三大联盟，有效地实现了资源共享和优势互补。与以色列、新加坡、乌克兰、乌兹别克斯坦和老挝等多个“一带一路”沿线国家驻沪领馆开展交流活动，通过密切与使领馆交往，将外交资源更多地引入到服务“一带一路”战略上。三是积极服务周边外交。组织友好代表团赴日本冈山市参加第18届中日韩三国地方政府交流会议，就“加强地方政府交流，促进东北亚地区活力”主题与中日韩三国参会城市进行广泛交流，并在会上作《加强环境保护，以良好生态促进乡村旅游业发展》的专题发言。

【服务地方转型发展】 一是努力打造“经济外事”。全程参与在湖州市举行的“第九届世界锂电池大会”“2016世界地板业工商峰会”等国际性会议，为全市产业发展提供外事支持。围绕市委、市政府中心工作，特别是全市“六重”工作谋划和保障出访任务，推动出访团组取得良好效益。市长陈伟俊率团出访意大利与圣马力诺共和国，就设立于湖州市开发区辖内的“湖圣意国际科技产业园”项目工程作实质性推进，推动了欧菲诺医药、阿斯科新能源汽车等项目的洽谈进程。副市长李建平率团赴阿联酋出席2016迪拜国际投资年活动，与阿联酋经济部、阿中国际集团等进行深度对接，促进双边经济互动，使迪拜成为湖州在中东地区招商引资的重要平台。副市长董立新率团出访韩国，在韩举办“中国化妆品生产基地·湖州招商发布会”，有效地推动了吴兴区美妆小镇的招商引资工作。市委组织部组团赴美国、加拿大、德国、法国与日本等国招才引智，取得签订41个人才项目合作协议，聘任“海外引才大使”2名和新建海外引才工作站4家的良好成果。在高层出访的引领带动下，各县（区）和市级各部门的组团均取得明显成效，促成了一批项目的洽谈成功，内容涵盖养生旅游、生物医药、先进装备制造和特色小镇建设等多个领域。二是积极助推企业“走出去”。组织34家企业与访问湖州市的摩洛哥菲斯——梅克内斯工商会开展座谈交流，就投资、贸易领域多个项目进行对接。深入实施服务民企“走出去”三项制度和APEC（亚太经合组织）商务旅行卡推广计划，为加快企业“走出去”参与国际竞争与合作畅通渠道、提供便利。全年办理APEC商务旅行卡62批、85人（次），代办因私签证276批、577人（次）。

【拓展对外友好交往】 一是持续推进国际友好城市工作。起草“一带一路”沿线国家友好城市拓展方案，进一步明确国际友城工作目标，突出重点，完善发展思路。深入推进与奥地利林茨市、美国圣地亚哥市、蒙古罕乌拉区和爱尔兰戈韦尔市等城市的友好洽谈进程。2016年，湖州市分别与奥地利林茨市和美国圣地亚哥市签订建立友好交流关系意向书。围绕经贸、科技、环保和旅游等领域的交流，湖州市与国际友城间实现互访13批、115人（次），城市间的务实合作取得新的突破。湖州市政府友好代表团访问以色列尤其尼姆利特市，与该市就推动科技创新合作进行深入探讨并达成初步意向。瑞典卡尔马地区委员会组团访问湖州，就瑞典林奈大学与湖州师范学院的教育合作项目达成意向。美国圣地亚哥市与湖州市经济技术开发区合作成立“中美生物医药产业园”，并成功签约3个医药产业化项目。韩国灵岩郡与湖州市的青少年交流项目不断向纵深发展，灵岩郡喜获全国人民对外友好协会颁发的2016对外友好城市交流合作奖。二是多元开拓人文交流。与印度驻沪总领馆合作举办“2016中国（湖州）·印度周”，在“印度周”期间，安排印度文艺表演、美食节、电影节和艺术展等系列活动，让湖州市市民足不出户领略到南亚文化，在加深交流的同时，丰富湖州人民的文化娱乐生活。统筹协调全市各类对外民间交往活动的开展，包括韩国全罗南道与浙江湖州青少年国际交流项目、2016中美职业篮球对抗赛湖州站比赛、第30届瑞士日内瓦国际书展“德清日”主题活动、莫干山探索极限基地全球推广活动和“锦绣德清 琴系香江”洛舍钢琴走进香港活动等，促进对外民间交往焕发新活力，为全方位对外开放格局添墨加彩。

【提升涉外管理水平】 一是切实加强因公出国（境）管理。认真贯彻落实全省加强新形势下因公出国工作会议精神，围绕市委、市政府中心工作，加强因公出国工作的整体规划，在严控党政机关和参公管理事业单位因公出国总量的同时，确保全市经贸、科技、教育和文化等领域对外交往的健康、有序发展。严格按照“有事才去，因事定人，完事即回”的原则把好审核、审批关，优先保障实施“走出去”战略，推进“一带一路”建设、推动国际产能合作和中东欧合作，严禁一般性考察、重复考察、一般性访问和无实质性内容的业务交流。2016年，全市派出因公出国（境）团组233批、560人（次），其中自行审批和确认团组47批、120人（次）。出访团组中执行经贸洽谈任务的有56批、164人（次），教科文卫交流56批、142人（次），人员培训38批、64人（次），友城交流7批、39人（次）。二是努力营造平安稳定涉外环境。与市公安、安全等部门保持紧密联系，合力加强在湖州外国人管理服务与境外非政府组织在湖州管理工作，妥善处置一澳大利亚留学生失联等3起涉外事（案）件。积极参与“湖笔文化节”“第七届环太湖国际公路自行车赛”等全市性的大活动，承担翻译与礼宾接待任务，做好服务保障工作。提高防范意识，制定《G20峰会期间湖州市加强邀请外国人来华管理工作的若干措施》，切实把好外国人来华关，全年共办理邀请外国人来华422批、618人次。

（蒋晓霞）

·侨　务·

【概况】　2016年，市侨务部门以服务地方经济社会发展统领全局，牢牢抓住“补短板、谋赶超、促发展”为工作主线，积极主动作为，努力创新实干，有效地推动了全市侨务工作取得新进展，在“十三五”开局之年迈出了坚实步伐。

【努力服务“双创”工作】　一是大力推进浙（湖）商回归工程。年初，邀请10位从事文化产业的侨商到湖州参加“2016年文化产业推介会”，对接湖州重点文化产业项目，经牵线，促成浙江艺路向东文化创意有限公司参与打造“中国3D彩绘特色乡村”。市“两会”期间，组织港澳委员、特邀委员参加了“浙（湖）商之春”新春座谈会，为浙商回归工作建言献策。6月下旬，举办“2016新加坡浙商协会代表团湖州行活动”，期间，召开新加坡—湖州两地企业家座谈会，双方就发挥新加坡浙商协会在大健康产业、金融投资高端人才等方面的优势，积极推进与湖州的深度合作，引荐和促进更多的项目到湖州对接洽谈达成共识。向海外“浙江省侨商回归和引进工作联络处”发布湖州市招商引资有关信息，邀请意大利米兰华侨华人联谊会、迪拜台州商会等到湖州对接项目。组织侨商代表团赴江苏省南通市参加2016“海外知名侨商南通行”活动，与来自美国、韩国、日本以及东盟、英国、哈萨克斯坦等“一带一路”沿线国家和地区的侨商进行广泛交流，建立联系。积极参与“浙洽会”和2016中东欧国家侨商宁波峰会，在加大侨务资源涵养力度的同时，做好湖州市重点招商项目的推介。全年全市侨务系统邀请1000余名境内外客商到湖州投资考察，引荐洽谈涉及通用航空、民宿旅游、智能制造和跨境电商等领域项目34个，协议利用外资1.01亿美元和内资15.5亿元。湖州市外侨办荣获“湖州市支持浙（湖）商创业创新工作先进单位二等奖”。二是挖掘资源，深化招才引智工作。通过微信、邮箱等途径，向200余名重点海外高层次人才开展2016年度“南太湖精英计划”引才公告的发布和推介。全市侨务系统共引荐19个项目申报“南太湖精英计划”，其中12个已签约落地。主动探索搭建与浙江大学侨联的合作平台。依托高校做好创新科研项目、人才的招引，积极开展柔性引才活动。7月，与吴兴区侨联联合举办浙江大学高层次人才吴兴行暨战略合作签约活动，其间，湖州市侨联与浙江大学侨联、吴兴区侨联签订了战略合作协议，包括6名国家“青年千人计划”入选者在内的17名高层次人才与湖州市的15家企业进行了“一对一”对接，并就如何实现“产学研用”达成初步意向。在湖州籍旅美博士张晓明的引荐下，举办“海外大数据高层次人才湖州行活动”，筛选了18位博（硕）士大数据海外高层次人才赴湖州开发区、吴兴区和德清县等地有关创业平台开展项目交流。有3位专家申报“南太湖精英计划”项目，并有一位博士落户吴兴区。7月，市侨联和长兴县侨联联合承办“2016高层次留学回国人才为国服务志愿团湖州行活动”，邀请来自省内8所高校的19位博士、专家为长兴县发展把脉献策，专家们表示将以此次活动为起点，进一步加强高校与湖州市各个产业、企业之间的联系，为助推湖州建设贡献智慧。三是引导和服务侨资企业发展。组织召开湖州市侨商会年会暨新春联谊会，邀请市发改委作《湖州市“十三五”规划若干重大问题的思考》主题讲座。联合相关单位举办财务税务筹划培训，邀请浙江青泰税务师事务所所长叶青英作专题讲座。邀请浙江省侨商会代表团赴安吉县考察，走访会员企业，了解当地投资环境、经济社会发展情况。6月，湖州市侨商会组团参加了第十四届东盟华商会，与中泰经贸、中缅经贸等合作项目开展对接洽谈，寻求商机。湖州市侨商会网站开通“侨商之家”QQ互动平台，为广大侨商及时提供各种咨询服务。主动配合湖州市人大开展关于利用涉侨、涉外资源深化对外开放合作情况专题调研，努力营造良好的投资软环境。

【拓展海外联谊】　一是突出湖州籍海归联络。在全市启动50位湖州籍重点海归人士的联系排摸工作，掌握海归人士在湖州发展的基本情况。发挥湖州市留学人员和家属联谊会骨干联络优势，进一步扩大湖州籍海归创业人士队伍，培养和吸收一批新生力量，建立定期联络制度。浙江和也健康科技有限公司总经理胡立江荣获第六届“中国侨界贡献奖（创新人才）”，并参加“中国侨联新侨创新创业成果展”；推荐虞畅、干胤杰等优秀留学人员作为省委统战部重点联系对象，推荐湖州籍优秀留学生参加省侨联举办的第二届“海燕集结行动计划”，助力海外学子健康成长，服务留学人员创业创新，营造“大众创业、万众创新”的良好氛围。二是深化侨界新生代工作。4月底，举办“2016海外侨领湖州行活动”，邀请美国、法国和意大利等16个国家的40余位青年侨领参加活动。在湖州期间，海外侨领先后考察南浔区南浔古镇、吴兴区东部新城、南太湖高新区等地，听取湖州及吴兴区有关情况介绍，详细了解湖州市社会经济发展情况。通过活动，建立并加深了与海外侨团青年侨领的感情，为拓展湖州市海外侨务工作领域涵养了资源。以出访欧洲为契机，广泛接触当地的侨团、侨胞，大力宣传湖州的投资环境和吸引留学人员回国创业的新举措。努力开辟与访问国的侨务联络渠道，建立与希腊华侨华人总会、捷克青田同乡会和欧洲青年联合会等重点侨团的联系。三是以文化为媒扩大宣传。5月，邀请来自美国、法国、西班牙、澳大利亚、日本等21个国家和地区的50余家主流海外华文媒体负责人走进湖州安吉县，参加“2016海外华文媒体负责人湖州行活动”。在座谈中，媒体代表们围绕湖州的生态环境、旅游开发和对外开放等话题开展了热烈的讨论。纷纷表示，希望能进一步与湖州开展合作，通过自身在海外的平台和优势，把湖州市基础工作扎实、发展势头良好和社会和谐稳定等情况推介给世界，用现代媒体架起湖州与海内外沟通交流的桥梁，达到以文化为媒，扩大宣传的效果。9月，举办“翰墨情怀大美湖州”绿色环保笔会。湖州、宁波两地20位侨界画家以文会友，相互切磋，现场创作书画作品40件。画家不仅用手中的笔墨，勾勒出了旖旎的南太湖风光，而且携手倡导共建生态文明、共享绿色未来。

【依法维护侨益】 一是打造侨界“五送”品牌。联合市相关部门开展“送科技、送文化、送医疗、送法律、送温暖”进侨村（社区）、侨企和侨户活动。春节前，走访慰问困难归侨侨眷64户，送上慰问金78300元；携手吴兴区侨联，邀请浙江衡汉律师事务所主任、吴兴区侨联法律顾问冯康年先生，为飞英街道余家漾社区归侨侨眷和侨务工作人员举办法律知识讲座；组织农业园艺、水果等有关专家赴湖州开发区芦山村实地考察农户栽培、种植大户的情况，耐心传授科技知识，进一步提高农户依靠科技致富的积极性；组织为侨服务医疗队赴长兴县上泗安村进行义诊，受到村民的好评；为满足侨村广大群众对文艺活动的期盼，与市有关部门联合组织文艺演出队走进吴兴区芳山村，在表演间隙，主持人还通过互动，向村民普及侨法知识。不断创新和丰富市侨之家“一月一主题”活动形式和内容，先后举办集体生日会、海外见闻交流、法律知识讲座、爱国主义教育和技能联谊等活动，丰富归侨、侨眷业余文化生活。宣传和弘扬中华优秀传统文化，组织侨眷书画爱好者参加第三届世界华侨华人美术书法展。二是夯实国内侨政工作。年内接待侨界群众关于维权、华侨回国定居、“三侨生”加分和计划生育等事宜来电、来访155件，按照规定审批办理5件华侨回国定居，3件“三侨生”和1件华侨身份确认。按照《浙江省华侨捐赠条例》及有关法律法规的规定，开展全市捐赠项目使用管理情况清查登记工作，共排查捐赠教育、交通、医疗和公共设施建设等项目109个，涉及捐赠金额3724.4万元。11月，经湖州市外侨办牵线，由澳中友协副主席鲁家贤先生捐资200万元建造的湖州市妇联侨爱童星乐园启用，并作为全省首个“海峡两岸家庭教育协作示范基地”，为湖州市家庭教育创新发展、培养祖国的下一代健康成长发挥示范引领作用。建立健全为侨法律服务工作机制，指导县（区）开展“为侨法律服务工作站”创建活动，吴兴区侨办荣获全省首批“为侨法律服务工作站”称号。指导市侨商会维权委员会为侨商提供法律咨询和法律援助12人（次），协调解决侨资企业纠纷3起。市“两会”期间，引导侨界人大代表、政协委员围绕湖州市转变经济发展方式、加强生态保护和改善投资环境以及侨界群众关注的热点问题提交提案16件。三是深化社区侨务工作。开展“进侨家、访侨情、结侨亲”走访调研活动。分别赴吴兴区飞英街道余家漾社区、龙泉街道白鱼潭社区和月河街道马军巷社区调研社区侨联工作，共同探讨新时期侨联工作新特点，与余家漾社区联合举办“迎端午、包粽子”友谊赛。指导开展“全国社区侨务工作示范点”创建工作。吴兴区余家漾社区荣获“全国社区侨务工作示范单位”称号。通过创建工作的开展，切实提高侨联干部做好社区侨务工作的能力和水平，努力实现加强社区侨务工作阵地建设，提供更全面的为侨公共服务。

【夯实组织根基】 一是加强侨务干部队伍建设。为全面提高侨务干部涉侨事务办事能力，举办全市涉侨政策培训会，邀请省侨务部门、市教育局、市出入境管理局等有关业务单位负责人现场辅导，对政策把握、操作流程等内容给予详细解答。配合中国侨联，开展向从事侨联工作20年以上的工作者颁发荣誉证书活动，推荐7名侨务工作者入选，进一步增强侨联组织的凝聚力和吸引力，促进了侨联事业的蓬勃发展。二是努力夯实基层组织建设。赴吴兴区织里镇等基层侨联开展走访调研，了解乡（镇）侨联工作开展的情况和面临的问题。全年指导县（区）成立11家乡镇（街道）基层侨联组织，使侨务工作网络在乡镇（街道）得到进一步延伸和拓展。 （沈 列）

·台湾事务·

【概况】 2016年，市台湾事务办公室认真贯彻落实党的十八大和十八届三中、四中、五中、六中全会精神，认真学习习近平总书记系列重要讲话精神，按照中央、省委对台工作决策和具体工作部署，扎实工作，创新突破，努力推进对台工作上新台阶，为加快建设现代化生态型滨湖大城市做出新贡献。

【推进对台经贸合作和服务】 围绕全市“生态立市、工业强市、产业兴市、开放活市”发展战略，积极推进台资企业转型升级，着力吸引台湾优势产业、技术人才向湖州市转移。按照“同等待遇、服务优先”原则维护台资企业合法权益。一是梳理各项“同等优先”政策措施。为明确对台资企业“同等待遇、服务优先”政策，对现有政策措施进行梳理，包括台资企业在技术创新、装备改造、产业转型、收购兼并与创投、农业合作和企业减负等十大方面的“同等优先”政策，引导台资企业创业创新，鼓励台资企业技术改造转型升级投资。二是推进台资项目落地。赴上海、江苏省苏州市及昆山市和台湾等地拜访台资企业总公司或母公司，协助市相关部门开展招商引资工作。促成台资“绮丽华美妆制品”“台湾中石化30万吨纳米尼龙”“台湾三益集团现代农业产业园”和“迅鼎半导体材料”项目的落地，总投资达6.2亿美元。其中，“迅鼎半导体材料项目”被列入浙江省特别重大产业项目。三是拓展两地产业合作。按照湖州在“十三五”期间加快构建“新型产业体系”的重要战略举措，积极推进湖州市与中国台湾优势产业精准对接。邀请台湾中石化、台湾中华两岸台商服务总会、两岸智慧城市交流联盟和台湾仁本集团等企业高层到湖州考察洽谈，为寻求湖台两地经贸合作拓展了领域和空间。四是优化服务工作。落实台办系统干部联系台资企业制度，协调组织市相关部门开展分类指导、精准施策。开展“法律服务进台企”和“台商服务月”活动，定期召开片区台资企业负责人座谈会，摸清企业底数，实行定向、定点服务，积极为台企排忧解难。年内，协调处理各类涉台纠纷求助案件6件，办结率100%。五是培育创业基地。根据中央、省关于在各地创建“台湾青年创业就业基地”的要求，结合实际，制订推进方案，并与台湾中华两岸合作交流协会、台湾青年创业总会建立了良好的合作关系，确定吴兴区科技创业中心为湖州市台湾青年创业就业基地，完成“青创基地”前期基础性工作。

【助推两地人民心灵契合】 注重发挥资源优势，做好湖州台湾同乡会工作，广泛开展青少年、基层交流和社会各界别的交流往来，进一步增强两地民众的“心灵契合”度。全年办理因公赴台交流团组21批、201人（次），企业商务赴台21批、31人（次），学生和教师交流团16批、80人（次）；接待台湾佛教界人士6批、170人（次），基层民众13批、426人（次），台湾各高校青年学生25人（次）。举办以“传承中华文化、凝聚两岸亲情”为主题的湖州、台湾两地青少年湖笔文化夏令营和为期15天的暑期实习活动、以“同源同心、共建共享和美家园”为主题的第四届湖台邻里节暨首届两岸村主任论坛活动、以“乡音难改、乡情难舍”为主题的台湾湖州同乡会回乡参访活动，同时，支持台湾同乡会在台湾开展联谊活动6场。2016年，有2个交流项目被国台办定为“国台办2016年度重点交流项目”。一是切实服务好赴台学生。组织赴台学生及学生家长召开寒、暑假期座谈会，开展信息咨询服务及行前教育工作，联合市委防范办、市国安局等相关单位，为赴台就读新生开展行前教育。同时，建立日常联系平台，帮助学生及时解决在台湾学习期间遇到的疑难问题。二是加强台湾湖州同乡会联谊。注重从基础抓起，不断建立完善台湾湖州同乡信息库。突出对基层台办的工作指导，督促各县（区）台办立足各自实际，把与台湾同乡的联系纳入日常对台工作当中，加强与台湾同乡的联系联络。指导基层台办先后举办台湾安吉同乡会（高雄）联谊活动、台湾吴兴同乡会（台北）中秋联谊活动。三是做好台属联谊会工作。德清县台联组织台属开展“同心同行、绿化德清”植树活动；长兴县组织台联界政协委员赴太湖图影开展“五水共治、民主监督‘千百行’”活动；吴兴区台联开展联谊活动，南浔区台办开展台商台属新春座谈会活动等。同时，安排财政资金5.5万元，用于慰问生活困难的台属。

【提升湖州美誉度和知名度】 围绕G20杭州峰会、浙台合作周、湖笔文化节、台湾青少年夏令营、湖台邻里节和环太湖国际公路自行车骑行等活动，策划组织对台宣传工作，不断提升湖州对台工作的影响力。2016年度，湖州市台办获评“中央台办‘两刊’对台宣传工作先进单位”。一是认真开展涉台活动宣传。围绕台湾青少年夏令营活动、台湾青少年暑期实习活动和湖州、台湾邻里节等基层交流活动，精心策划宣传手段、要点和目的，使每项活动能体现两岸关系和平发展、“两岸一家亲”的重要思想。二是努力增强湖州对台工作的影响力。加强与本地、省、国台办网站、国台办《两岸关系》杂志社、《中国台湾网》和中央电视台4套《中国新闻》等新闻媒体的合作，不断扩大湖州对台工作的影响力。年内，中央电视台4套《中国新闻》播出湖州涉台活动新闻2件、《两岸关系》和《台湾工作通讯》录用湖州涉台工作综合稿1件和单项工作稿5件。湖州涉台新闻还分别被新浪网、华夏经纬网和凤凰网等大型网媒转载，收到了较好的宣传效果。三是认真做好对台宣传工作。紧密结合深入台湾基层开展交流活动的契机，精心准备各类宣传片、宣传资料等1800余份，向台湾基层民众发放，不断扩大湖州在台湾的影响力。四是加强涉台教育，筑牢对台工作基础。以广大台属、台商、青年学生、涉台工作人员和赴台公务人员为重点，深入开展中央对台方针政策宣传教育，使党的对台方针政策深入人心。年内，组织开展涉台形势报告2场、辅导讲座21场。

【挖掘湖州对台历史文化资源】 贯彻落实习近平总书记在担任浙江省委书记时所作的对有关陈英士、陈立夫等近现代湖州名人进行研究的重要批示精神，设立“湖州市民国史研究院”，加强对湖州民国史研究的领导、管理、指导和协调，挖掘湖州对台工作历史文化资源，凸显湖州在对台工作中的特殊地位，并通过湖州近现代历史研究，推进湖州台湾两地近现代历史研究成果交流，增强台湾同胞对“一个中国”的历史认同、文化认同和民族认同。一是科学定位明确方向。研究院从机构的职能、档案整理、学术研究和研究成果运用等方面精准定位，区别于高校和研究所等教学及纯学术的机构。以“湖州市近现代史”作为研究的重点领域，组织开展有关湖州在1911～1949年间的经济发展、社会变迁等方面的史料收集及学术研究。承担湖州近现代史研究规划制定、湖州台湾两地学术交流活动策划、成果著作出版和研究管理等业务。二是走访调研打牢基础。走访武汉华中师范大学中国近代史研究所、南京第二档案馆、湖州博物馆、图书馆、地方志馆和档案馆，听取相关建议和意见，并建立了资源共享、合作交流的良好关系。组织开展“辛亥革命与湖州研讨会”，湖州近现代史研究专家座谈会，邀请福建社会科学院教授陈秀惠到湖州指导工作。同时，邀请35位两岸近现代史研究领域学者成为专家组成员，其中博导6位、博士后1位、博士7位和院校教授16位。聘请中国近代史研究专家章开沅、葛剑雄为名誉院长，长期指导学术研究工作。三是及时推出研究成果。为使研究成果尽快在两岸历史研究交流中发挥作用，为两岸专家、学者的近现代史研究提供参考和依据，创立《湖州民国史》期刊，每双月一期，印量500册，分发给各专家组成员和相关机构。以《湖州民国史》为载体，引起台湾历史学者及各院校历史工作者的共鸣，增强台湾同胞的历史认同。（高　辉　沈　鑫）

·民族宗教·

【概况】 2016年，全市有少数民族46个，少数民族人口8.46万人，其中常住人口1.9万人，暂住6个月以上的外来流动人口6.56万人。全市开放的宗教活动场所319处，其中佛教137处、道教63处、天主教6处、基督教112处和伊斯兰教礼拜点1处。

【民族工作】 以“两个共同”（共同团结进步，共同繁荣发展）为目标，努力做好新形势下的民族工作。一、推进“幸福畲村”结对帮扶行动计划。推进“幸福畲村”四年行动计划，“多层次结对、全方位帮扶、项目化落实”的结对帮扶工作机制日益完善，各项工作有序推进。帮扶民族村的工作举措和成效先后在《中国民族报》和浙江卫视中刊播。一是完善基础设施。全年争取到中央、省、市专项资金155万元，县、乡两级补助资金680万元，结对帮扶资金80万元。指导安吉县报福镇中张村重点抓好村庄环境提升、凤凰文化园等建设项目12个，总投入995万元；指导安吉县章村镇郎村村实施畲族祠堂布展、双鹊桥修复等建设项目18个，总投入867万元。通过一个阶段集中推进一个重点项目的方式，集中力量办大事、办实事，年内，指导少数民族群众在村域范围内大量种植桃树苗、樱花、黄山兰和银杏树，打造十里桃花景观带与彩色健康森林园。推动特色村寨建设工作，2016，中张村入选第二批“中国少数民族特色村寨”名录，使湖州市两个少数民族村（中张村、郎村村）全部成为中国少数民族特色村寨。二是培育特色产业。通过专题召开结对帮扶工作现场推进会，进一步激发少数民族村的内生动力，促使其因地制宜培育特色产业。坚持发挥民族村优势和借助外力相结合，对接落实各类帮扶资金900余万元，开设“创业大讲堂”，帮扶民族村青年创业创新，大力发展民族村特色产业。指导中张村做好杨桐产业发展，流转土地3.33公顷，建立“安吉县杨桐培育研发中心”，林下种植杨桐53.33公顷。坚持多业共赢发展模式，引进汉唐园艺、苏州“董茶”等项目，推广竹狸养殖产业，带动发展特色农业，2016年，中张村村集体经济收入320万元。郎村村继续推进乡村旅游发展，通过盘活牛牯坳风情园、“1+1汽车旅馆”及漂流项目，提升黄浦江源精品观光带，村集体经济收入250万元。2016年，中张村和郎村村少数民族村居民人均可支配收入分别达27702元和26734元，实实在在提高了畲族群众的幸福指数。三是弘扬民族文化。大力挖掘和传承民族村特色文化，新建了中张村畲族文化礼堂、水家弄畲寨文化园，以实物、文字和图录等形式对畲村文化、生产生活方式等进行传承和展示。发挥湖州师范学院的专长，组织文艺专家帮助民族村培育并发展貔貅舞、竹竿舞和村歌《美畲村》等具有代表性的畲村文体项目。提炼具有民族特色的文化符号，较好地展现在民族村建筑、雕塑、灯饰、廊柱和围墙等方面，更好地烘托畲村少数民族文化氛围。举办少数民族特色活动，以“三月三”“九月九”等重要节日为节点，全年举办3次大型民族风情节文化活动。全力助推两村打造“畲族风情+休闲农业+乡村旅游”乡村经营模式，逐步使民族村整体实力跨入先进村行列。

二、深入开展民族团结进步创建活动。一是扎实开展“六进”工作。加强民族政策和中央、省、市民族工作会议精神贯彻落实。把握“重在平时、重在交心”的理念，2016年，德清县美生橱柜有限公司、安吉县灵峰寺、长兴县李家巷小学等12家单位被认定为全市首批民族团结进步创建示范培育点。开展少数民族非遗技艺展示、少数民族传统体育项目展示交流、民族政策法律宣传、法律咨询和义诊等便民服务，实现民族工作“进机关、进企业、进社区、进乡镇、进学校、进宗教场所”的全覆盖。二是认真贯彻落实民族优扶政策。做好少数民族成分变更和高考加分政策的宣传解释工作，按政策、及时依法办理少数民族成分变更6件；完成2016年中、高考少数民族考生身份认定和加分手续办理工作，全年为223名少数民族考生办理加分手续。重视少数民族群众来信、来访工作，为穆斯林群众解决生产经营、宗教生活和子女入学等方面的困难，妥善处置矛盾纠纷10余起，帮助少数民族群众更好地融入湖州。三是推进城市少数民族工作社区化。市民宗局发动市、县民宗部门以及各帮扶单位开展多层面的扶贫帮困活动，建立65户少数民族困难家庭档案。德清县结合少数民族的特点，在少数民族流动人口相对集中的社区建立“少数民族之家”“少数民族服务站”16个，开展“三送三帮”（送培训，帮助提高工作技能；送文化，帮助活跃业余生活；送温暖，帮助困难群众）活动，组织少数民族群众闹元宵、中秋联欢；长兴县整合社区组织、辖区老党员、社会工作者和巾帼志愿者等各方力量参与到民族工作中来，开展了“端午节包粽子”“困难家庭微心愿”等活动，实现各族群众共居、共学和共乐的氛围；吴兴区按照“街道有品位、社区有特色”的要求，建立乡（镇）民族服务站、社区少数民族工作点和民族知识宣传长廊，开展“一对一”“多对一”结对互助活动。通过开展民族团结进步宣传教育活动，为湖州市创建全国文明城市增添了一张多彩名片。

【宗教工作】 以“四个必须”（积极引导宗教与社会主义社会相适应，必须坚持中国化方向、必须提高宗教工作法治化水平、必须辩证看待宗教的社会作用、必须重视发挥宗教界人士作用）为指引，以服务保障G20杭州峰会为中心，切实加强宗教事务规范化管理。

一、推进宗教活动场所规范化管理。一是构建标准管理体系。在上年出台《湖州市佛教场所标准化管理规范》的基础上，强化典型示范引路，注重对标狠抓落实，有力地推进了宗教事务的规范化管理与法治化建设。率先以湖州佛教寺院的管理制度建设研究为突破口，导入ISO国际质量管理体系等标准化管理机制，出台《湖州市佛教活动场所标准化管理规范》。此项工作在国内尚属首创，填补了国内佛教寺院标准化管理的空白，为推进佛教寺院管理的法治化、规范化和制度化提供了标准与模版。工作得到国宗局、中佛协的肯定，在《中国统一战线》杂志2016年第5期亮点工作板块上刊登。二是打造示范管理样板。按照“示范引路”的工作思路，选择法华寺、铁佛寺、灵峰寺和寿圣寺等一批重点佛教场所，开展“宗教活动场所规范化管理”的试点工作。通过在网站开辟专栏、印发交流材料等形式，宣传推介其在建设管理、教风学风、人才培养、生态保护和公益慈善等方面的经验，引导其他场所学习借鉴。及时召开全市宗教活动场所标准化管理工作现场经验推广会，组织全市宗教活动场所负责人现场参观，交流经验，取长补短，确保宗教活动场所规范化管理工作有序推进。

二、深入开展宗教文化研究和交流。深入挖掘宗教文化中的和谐资源，主动服务大局、服务社会，形成一批独具特色的文化成果。一是深化宗教文化研究。与市咨询委合作，聚焦湖州观音道场建设、观音信仰传承、观音文化流传及其发展的综合定位，完成“太湖观音”文化的课题研究项目，提出建设具有湖州特色的“太湖观音”文化品牌的初步建议；《湖州佛教文化丛书》已定稿送审，等待出版发行；合力推进宋刻本《思溪藏》的再刻出版事宜。长兴县佛教协会成立佛教文化研究会，深入挖掘“和文化”内涵，积极开展“重阳敬老”等慈善公益活动；长兴县弁山药师文化园项目规划设计已完成，正在进一步修改完善。二是打造宗教文化品牌。市佛教协会定期开设佛教文化大讲坛，并对两年来的讲座内容进行整理，汇集成册。安吉县利用“灵峰讲堂”平台，在为市民提供免费阅读的同时，开展专题讲座30余次，内容涵盖佛学、生活美学和家庭伦理等，办出特色，传播了正能量。德清县启动赵紫宸神学思想研究，建立赵紫宸纪念园，收集整理有关历史资料。长兴县办好禅茶文化节、诗词书法图片展等系列活动，树立了特色品牌。市佛教协会、市道教协会和市基督教“两会”（市基督教三自爱国会和市基督教协会）举办的讲经讲道交流活动，突出体现湖州宗教特色，提升湖州宗教界的影响力。三是扩大对外交流、交往。年内，市佛教协会接待了越南曹洞宗到湖州寻祖访问团4批次、83人（次），湖州也组团赴越南回访交流，为中佛协与越南佛教会交流、交往牵线搭桥。长兴县、安吉县佛教协会分别组团赴印度、日本、中国台湾考察交流。慈满法师受邀参加凤凰网宗教栏目访谈，与国内外80万名网友互动交流。湖州有多名法师应邀赴山东、贵州等地参加讲经交流等活动，扩大了湖州佛教在国内外的影响力。

三、加强宗教团体自身建设。以贯彻落实全国、全省宗教工作会议精神为契机，切实加强宗教团体和宗教人才队伍建设。一是抓思想政治引领。通过开展各级领导联系交友、统战民宗调研走访、组织红色之旅实地体验以及集中培训、轮训等活动，引导宗教团体和宗教界人士与党和政府同心同行，增强爱国爱教的自觉性，做政治上的明白人。对宗教团体班子成员，实行一月一谈、一季一会和一年一考“三个一”考评监督机制，并将考评结果作为宗教界代表人士培养教育和安排使用的重要依据。同时，突出民主管理、财务监管和安全责任等重点，制定和落实切实有效的保障措施。探索实行宗教场所负责人聘任制度，不断加强宗教场所选人、用人机制建设。二是抓人才队伍培养。有序推进“宗教界高层人才培养计划”，分层、分类、分级组织实施。年内，全市举办各类培训班16期，培训人数930人（次）；举办佛教文化大讲坛6期，受众1500人（次）；同时，探索开展首期“六人行”辨经活动，为人才成长进步提供锻炼和交流学习的平台。市基督教“两会”举办全市场所负责人培训班，并与浙江神学院合作开办了90人参加的基督教教职人员函授班；吴兴区与江苏扬州鉴真佛教学院合作，举办佛教场所负责人培训班；德清县佛教协会举办4次佛学进修班，邀请专家授课。全年全市举办宗教界中青年骨干培训班、中青年后备人才读书会和各类进修班、研讨班30期。三是鼓励宗教界开展慈善公益活动。年内，全市各寺院主动参与唐山大地震四十周年等纪念活动，举办各类祈福活动。佛教界加大跨省扶贫力度，弁山报恩寺、安吉灵峰寺、南浔福田寺和灵济寺对贵州、四川、青海等地学校的结对帮扶捐款、捐物价值600余万元。安吉灵峰寺率先在安吉县天子湖镇敬老院建立慈善服务基地，签订长期帮扶合作协议。湖州穆斯林礼拜点首次组织30家拉面店主走进市社会福利院，现场为福利院的老人和小孩制作了150余份“爱心拉面”，加强了民族融合。德清县广泛开展“爱国爱教爱乡”主题教育活动，积极参与最干净场所创建等社会公益活动。一些具有湖州特色的宗教慈善工作，如湖州佛教协会主办的“让生态文明与慈悲携手同行”为主题的大型公益放生活动、部分寺院开展的“腊八粥送温暖”、为出租车司机送清凉等活动，已经成为知名公益品牌。全年全市宗教界为“五水共治”、敬老助困等捐款、捐物价值200余万元，受到社会各界的广泛赞誉。

【民间信仰】 以“登记管理”为抓手，稳步推进民间信仰事务管理工作。一是巩固成果抓监管。对首批纳入登记管理的300处民间信仰场所开展“回头看”，重点检查班子建设、制度建设以及安全责任等是否落实到位，确保民间信仰活动健康正常、安全有序，以此推动和巩固登记编号工作的成果，带动未登记场所整改提升。二是整改提升抓登记。对保留下来的民间信仰场所，坚持高标准严要求，明确民间信仰场所在管理组织、文化传承、建筑物、民间信仰活动和消防安全等方面的具体条件下，做好整改提升，符合条件再登记。2016年，全市上报确认201处场所予以登记。三是实践探索抓典型。启动民间信仰优秀民俗文化征集工作，安吉县专门设立35万元的专项资金，对有文化传承、代表性强和影响广泛的民间信仰活动，重点予以指导，推动其成为弘扬中华优秀传统文化的重要载体。如德清县的新市蚕花庙会、下渚湖防风庙会和安吉县每年举办的尚书文化节等活动亮点纷呈，吸引上海社科院历史研究所的专家、学者慕名前来调研采风。

（姬诚诚）

文化建设

文　　化

·综　述·

【概况】 2016年，全市文化工作紧扣市委、市政府中心工作，坚持“以文化人、以文惠民、以文兴业、以文铸城”，以守正创新、固本强基、传承保护和转型跃升为重点，以“赶超有我，文化加油，做一名合格的文化工作者”主题教育活动为抓手，圆满完成了全年各项工作。据“浙江省文化发展指数（CDI）”统计显示，湖州在全省排名第二。

【扎实推进公共文化服务体系建设】 出台《湖州市关于加快构建现代公共文化服务体系的实施意见》，制订《湖州市基本公共文化服务标准（2016～2020年）》，成立湖州市公共文化服务体系建设协调小组，成为全省唯一由市委常委担任组长的设区市，为全面推进湖州市现代公共文化服务体系建设，打下扎实基础。加大基层文化基础设施建设力度，“文化礼堂·幸福八有”建设连续三年成为市政府十大民生实事项目，累计已建成408家。积极推进湖州美术馆、太湖博物馆和吴兴文体中心等重大文化设施建设。加快图书馆、文化馆和博物馆等文化阵地拓展，持续打造城市“15分钟文化服务圈”和农村“20分钟文化服务圈”。扶持特色小镇建设，“丝绸小镇”“湖笔小镇”“地理信息小镇”等成为浙江省第一批文化特色小镇。

【举办经常性的群众文化活动】 精心组织开展纪念“庆祝建党95周年、纪念红军长征胜利80周年”等系列文化活动，举办第八届湖笔文化节开幕式暨“礼赞”大型交响合唱音乐会、第七届“南太湖音乐舞蹈戏剧节”、第三届群众艺术节、第六届农民文化节、戏曲会演和排舞比赛等群众性文化活动，丰富市民精神文化生活。配合开展中国（湖州）印度文化周活动，完成印度文艺演出、电影节和艺术展等。同时，传统文化品牌活动有声有色，除继续开展“湖城春晓”“全民排舞大赛”“农民文化节”“迎新春视觉艺术展览”等活动外，传统节日期间的群众文化活动同样精彩纷呈，如“闹元宵”系列活动、含山清明“轧蚕花”、重阳节系列文化活动和湖州老照片展等。送“文化活动进礼堂”持续开展。市文化馆以“文化暖阳”为题开展送戏下乡活动，全年完成40场送文化活动进文化礼堂。德清县的“三礼一歌”、长兴县的文化礼堂活动、安吉县的“两山”文化活动都取得了很好的社会效益。

【完善公共文化服务供给方式】 依托文化馆、图书馆和电影公司等优势，积极开展送戏、送书、送电影下基层等文化“五送”活动。全年全市完成“基层文艺演出”2080场，“送书下乡”8.5万册，“送展览讲座下乡”480场，“送电影下乡”12985场，开展文化走亲457场。在完成文化“五送”年度任务的基础上，承办省“百名回乡教授进文化礼堂”启动仪式，为全市文化礼堂提供了新的活动载体。拓展公共文化设施服务领域，市图书馆与市社保部门联合开通“社保卡”借书功能，使全市280余万人口共享图书借阅便利。市图书馆还在城区创建了五峰山运动度假村、湖州市星火百货等21家“爱书吧”。“爱书吧”在物理时空、服务功能、服务模式、管理主体和建设机制等方面实现突破，使读者感受到“爱书吧”的多样阅读环境，延伸了休闲阅读的时空，进一步紧密了图书馆与社会的联系，在拥有更多社会资源的同时，推进了图书馆公共服务的均等化发展。2016年，市图书馆全年总到馆达175.72万人（次），借阅量180.14万册（次）（含社区分馆、流通点、爱书吧），新办卡6195张。

【持续打造文化品牌】 一是“文化走亲”助推基层文化建设。“文化走亲”是湖州市原创的文化服务品牌，从2009年开始创建已有8年时间，在持续开展市级、县级“文化走亲”的同时，从2014年开始，重点在农村基层开展“文化走亲”活动，2016年开展镇、村两级“文化走亲”活动300场（次）。另外，在继续保持和省内兄弟设区市“文化走亲”的基础上，积极拓展跨省走亲活动，市文化馆视觉艺术部门与山东枣庄市和江苏连云港市成功实现了跨省视觉艺术文化走亲活动，深化了“文化走亲”品牌内涵。二是政府购买推进“文化街景”建设。进一步引导社会力量参与“文化街景”建设，公共财政投入35万元，以竞争性采购的方式，购买10支社会团队进驻“文化街景”示范点，进一步增加了“文化街景”的活力，来自民间的文艺骨干在政府资金的支持下，以每周一次或两次的频率定期、定时和定人开展活动，全年开展活动250余场。三是创新营造全民阅读氛围。由市文广新局会同市文明办、教育局等10余家单位共同主办，市图书馆联合县（区）图书馆，于4月23日首次尝试开展“图书馆之夜”活动，以举办“图书馆十年”专场发布会的形式，拉开2016阅读节的帷幕。开展3D打印体验、阅读Cospaly、书海闯关、少儿全家拼图秀和“漫谈湖州藏书文化”精品沙龙等十余项活动的“读者嘉年华”，赢得读者青睐。全民阅读节共设置了经典相伴、基层惠民、数字体验、多维展演和七彩童年五个板块20多个项目，为湖州中心城区市民营造一场视听书香盛宴，激发市民参与阅读活动的兴趣，营造全民阅读的良好氛围。四是推进城市文化联盟，开展社会文艺团队展演系列活动。湖州市以城市合唱团为中心，组建“城市文化联盟”。“联盟”各成员发挥各自优势，在“文化街景”“市委、市政府新春团拜会活动”“文化暖阳”送戏下乡等活动中，有效地补充了文化服务中的短板，发挥了重要作用。

【加大公共文化网络化建设力度】 “文化有请·专家有约”公共文化服务网于4月成功开通，至年末，300余条服务信息免费提供给城乡居民。仅市文化馆开展的“文化坦生活”全民艺术课堂就举办了123个班，授课2800余次，受众人数达1.5万余人（次），为市民搭建一个免费学习文化艺术知识、提升文化修养和丰富文化生活的平台。三县二区文化单位和市图书馆、博物馆等单位，通过平台提供相当数量的公益服务项目，使人民群众真正享受到便捷、均等的公共文化服务。年内，湖州数字图书馆建成多媒体阅读中心，打造阅览区、平板区、休闲区、有声读物区、3D影音体验室、创客空间、3D打印体验区、自助复印区和信息发布区等几大板块，为读者提供时尚方便的数字阅读环境。

【加强文艺精品创作】 一是舞台艺术创作有新高度。重点开展第七届“南太湖”音乐舞蹈戏剧节系列活动，分别在南浔区、德清县、安吉县举办舞蹈、戏剧、音乐三个大类的比赛，有39件新创舞台作品入围，呈现表演创作金奖12件、银奖24件。以此为契机，创新办赛方式，配套举办舞台艺术作品展示会和全市艺术论文征集，进一步提升全市业务干部理论水平。创新开展大型音乐诗画《湖州礼赞》以及广场舞示范版《湖州礼赞》的创编工作。二是精品创作有新深度。深入挖掘湖州历史文化资源，围绕“绿水青山就是金山银山”“特色小镇”等主题，组织专业人员创作了舞蹈作品《风吟竹动》《白鹭缘》、歌曲《江南古村我的家园》《绿水青山就是金山银山》、戏曲作品长兴“摊簧”《龙船吉祥》和小戏《甜果》等文艺精品创作。湖州“三跳”《英台担水》参加第九届中国曲艺节曲艺大赛，获得入围奖。越剧小戏《规矩》代表浙江省参加了在北京举办的全国“中华颂”优秀小戏展演。四是视觉艺术创作有新进展。美术、书法和摄影三条线围绕视觉艺术大展项目、“苕上七子”视觉大展项目、双年展项目、四季沙龙项目、公益季项目、沙龙等活动41项、29个展览。组织参加“浙江省纪念中国共产党建党95周年中国画大展”“浙江省‘五水共治’书法大展”“2016第十一届艺术节全国美术作品展”等省级以上大展，取得了佳绩。四是广电创优有新成效。组织完成年度全市广播电视政府奖（新闻奖）评选工作，全市有92件作品获奖，其中一等奖21件，二等奖34件，三等奖37件；完成湖州市送省参评广播电视政府奖（新闻奖）作品的推荐报送工作，共获省级政府奖作品40件，其中一等奖7件，二等奖15件，三等奖18件。

【加强文化遗产保护和利用】 一是扩大“世界丝绸之源”品牌。在“钱山漾文化”考古命名的基础上，邀请省考古所在钱山漾遗址进行考古发掘，进一步丰富丝绸文化内涵。举办钱山漾世界丝绸之源研讨会暨钱山漾遗址发现60周年，开展慎微之先生诞辰120周年系列活动，提升“世界丝绸之源”品牌力，举办《中国养蚕法——在湖州的实践与观察》首发式。协调并指导《太湖溇港文化展示馆》的布展工作。二是文物维修项目顺利推进。顺利完成南浔区、吴兴区田野古桥广济桥、报恩桥、仁寿桥、后兴桥、张安桥和弥陀桥6座古桥的修复和验收工作。至年末，市财政已经投入800余万元，修复古桥50余座。南郊风景区省保单位纯阳宫玄帝阁、多宝塔等重点维修项目有序推进。龙山古城入选国家大遗址公园，安吉古城遗址、昆山遗址等入选省级遗址公园项目，形成大遗址公园“1+2+X”格局。三是保护宣传氛围浓厚。大力开展文化遗产日、国际博物馆日等活动，利用展览展示、艺术表演和媒体传播等形式推动文化遗产保护宣传。举办第40个国际博物馆日系列纪念暨“风华清漪——颐和园藏文物特展”开幕活动，开展“我心目中的‘文化景观’”全市讲解员比赛优秀代表风采展示以及民间达人代表推介南太湖“文化景观”活动，并评选出湖州八大文化景观。在全国第11个文化遗产日活动期间，与湖州电视台共同组织了“2016文化遗产电视宣传季”活动，拍摄并播映了《湖剧缘》《绫绢情》《美食府》《龙之舞》《笔中道》《古街韵》6部电视专题纪录片。四是非遗项目提质增量。实施湖州市第六批市级非遗名录评选，共计48个项目进入市级非遗名录库。积极申报浙江省第五批非遗名录评选，全市有7个项目进入省级非遗名录库，为湖州市推进非遗建设奠定扎实基础。组织发动羽毛扇、紫砂和泥塑等项目参加省非遗产品设计大赛。组织召开湖剧大戏《赵孟頫》作品论证会。复排湖剧折子戏《陆雅臣．求岳母》，参加浙江省地域特色文化符号（民间戏曲）代表性作品展演，浙江省十大城市戏曲联唱比赛，并取得优秀组织奖、个人比赛和团体总分金奖的好成绩。整理出版《湖州非遗大观》。

【推进文化产业发展】 牵头实施文房产业标准，积极助推“湖笔小镇”发展。组织全市48家文化企业参展第十一届中国义乌文交会。组织丝绸、湖笔等地方特色鲜明的文化企业参加各地文博会。支持配合完成湖州文化集团重组合并工作。参与落实年度市委、市政府重点产业项目服务计划，对湖州影视城项目实行“一对一”重点深化服务，积极争取上级主管部门的指导和支持，项目已完成3亿元投资，并成为“十三五”全省文化产业重点培育发展的四大影视产业基地之一。指导、组织文化企业参评参选各类奖项，积极争取政策支持。2家文化企业获评省级文化产业示范基地，2个项目获得中央文化产业发展专项资金。落实第十一届中国义乌文交会组织参展工作，组织全市48家文化企业参展，并打造300平方米中国吴兴“丝绸小镇”特装展区。4天展会，湖州展团吸引近1万人（次）参观，现场实现交易金额31万元，签订意向协议28份，协议额超300万元。参展的文化产品获工艺美术奖一金、两银、两铜的成绩。同时，把中国义乌文交会组展参展与特色小镇建设紧密结合，丝绸、美妆和湖笔等特色小镇集体亮相文交会，积极进行项目推介招商。9月，又组织丝绸、湖笔等地方特色鲜明的文化企业参加西安西部文博会，为湖州文化产业走出去、搭建交流招商平台创造更多机会。积极做好湖州影视城项目的审批服务工作。截至年底，全市审批准许设立的影视制作公司有27家，其中湖州影视城占15家。

·文物保护·

【概况】 2016年，全市文物工作认真贯彻国家文物局、省文物局相关文物工作会议要求，积极落实市级文物行政部门的主体责任，充分调动市、县（区）各级文物部门和文博单位的主观能动性，各项工作扎实推进，年度工作目标基本完成，全市文博工作稳步发展。

【可移动文物普查成果丰硕】 截至年底，全市国有可移动文物收藏单位58家，保管人员91人，库房面积13241.1平方米，可移动文物数量总计43086件（套），所有文物的数据登录与审核工作全面完成。市普查办成立了第一次全国可移动文物普查验收小组，并于10月11日、12日分别对南浔区、长兴县、德清县和安吉县进行实地验收工作，第一次可移动文物普查市级验收完成，结论为合格。

【“世界丝绸之源”文化品牌进一步巩固】 为进一步打造“世界丝绸之源”品牌，市政府和中国丝绸博物馆联合举办《中国养蚕法——在湖州的实践与观察》首发式，此书的发行，是中国和意大利农桑文化交流在湖州的结晶，对推动丝绸产业转型升级，打造东方丝绸之都具有积极的意义。在“钱山漾文化”考古命名的基础上，邀请省考古所在钱山漾遗址进行考古发掘，进一步丰富丝绸文化的内涵。配合丝绸小镇、中国丝绸博物馆及相关文化创意机构，联系开展“钱山漾文化交流中心”内部陈列设计及布展，该项目已对外开放。市博物馆联合市文保所联合开展“纪念钱山漾遗址考古发掘60周年暨慎微之诞辰120周年”系列活动。由中国先秦史学会和湖州师范学院联合主办的首届“丝绸之源·太湖文明”全国学术研讨会在湖州师院学院召开。

【文物保护利用扎实有效】 一是文保基础工作稳步推进。完成省级文物保护单位子城城墙遗址、潮音桥、源洪桥等文保档案的修订工作，国家级文物保护单位毘山遗址档案荣获“浙江省文物保护单位优秀记录档案”，完成第七批省级文物保护单位推荐的审查工作。下菰城遗址保护规划、钱山漾遗址保护规划编制启动实施，毘山遗址考古公园建设规划已经省级专家论证，新四军苏浙军区旧址群保护规划获国家文物局批复立项，《德清原始瓷窑址保护总体规划》编制完成。安吉八亩墩大墓的抢救性考古发掘工作被列入国家文物局“十三五”期间重点项目。配合省考古所完成毘山遗址田野勘探、钱山漾遗址考古试掘等。对市水利建设项目南浔区石淙镇银子桥村出土的宋元时期文化遗存、湖州开发区康山街道邵南夫妇墓出土的明代丝绸遗存进行保护与研究。其中，邵南夫妇墓出土的明代丝绸，经中国丝绸博物馆专家初步鉴定，丝绸保存较好、组合完整，为近年浙江出土丝绸中的重要部分，具有极高的研究价值。二是文物维修项目顺利推进。完成古桥维修及立项计划。完成南浔区、吴兴区田野古桥广济桥、报恩桥、仁寿桥、后兴桥、张安桥、弥陀桥6座古桥的修复工作。省级文物保护单位幻溇古桥群、纯阳宫玄帝阁维修项目顺利完成并通过验收；省级文物保护单位源洪桥维修方案、施工图编制完成，招投标程序完成并启动了维修工程。完成南浔古镇万古庵、金氏承德堂等文物修缮工程，多宝塔维修工程顺利完成并通过验收。三是文物安全保障取得实效。提高密度，强化巡查。截至年底，已顺利完成全年文物保护巡查，巡查各级文物保护单位160处（次），比上年同期增长20%；对破坏文物案件频发的重点乡（镇），采取不定期、高密度巡查检查方式，并建立“发现即记录、记录即反馈、反馈即处理”的文物安全处置制度模式。市文物部门积极配合市有关执法部门打击、惩处危害文物安全的各类违法犯罪行为。全年协助市公安机关打击发生在吴兴区道场乡、东林镇、埭溪镇和妙西镇等乡（镇）的盗墓案件4件（次），抓获嫌疑人2名；文物行政执法处置了在国家级文物保护单位、省级文物保护单位保护及建控范围内擅自违规建设案件2件（次）。积极开展实施文物平安工程，市文保所建成文物安全中心监控平台，打造天地一体的安防系统，初步验收文物标本库房、毘山遗址安保工程项目；德清县9处国家级文物保护窑址、安吉县7处省级以上文物保护单位均已安装实时监控设施，做到动态巡查、实时传输、及时掌控，开启了大数据时代的文物安全管理新模式。四是文物的利用有新突破。长兴县与传媒集团联合推出大型新闻公益活动《寻访长兴古宅》，增强社会各界对古建筑、古村落的保护意识，并在省文物保护单位朱氏宗祠内开辟《家规家训》主题特色陈展，配合县纪委拍摄大型系列纪录片，与长兴第八小学合作建立朱氏宗祠校外教育基地；德清县在文治藏书楼设立陆放版画藏书票馆，对公众免费开放，被评为省不可移动文物保护利用优秀案例；市级文物保护单位义皋茧站经维修后辟为太湖溇港文化展示馆，国家溇港申遗考查小组对此予以充分肯定，对溇港申遗成功起到重要作用；南浔区刘氏求恕里作为市级文物保护单位利用试点，年内正在进行主题客栈内部装修。

【博物馆事业良性发展】 充分发挥博物馆的文化平台优势，通过展览展示、教育拓展和培训讲座等形式，不断丰富市民的精神文化生活。全市国有博物馆全年开展各类展览40余场，各类教育拓展活动、讲座培训80余场（次），观众累计100万人（次）。一是国有博物馆硬件持续改善提升。太湖博物馆（长兴县博物馆）新馆项目开工建设；长兴县博物馆现有文物库房完成升级改造；陆放艺术馆（德清县博物馆分馆）于12月底落成开馆；新四军苏浙军区司令部旧址完成展陈提升工程；市博物馆完成房屋楼顶侧墙漏水、电梯移位沉降、临展厅灯光改造、双回路电源改造、中央空调管道清洗除菌和采暖设备改造、电梯外立面维修及报告厅局部改造等项目维修工程。二是博物馆品牌建设持续推进。开展博物馆在行动第二季，以“博物馆融入现代社会生活”为主题，积极探索“博物馆+”建设新理念，真正发挥博物馆在服务社会、推进行业发展及社会变革中的积极作用。市博物馆联合吴兴区研训中心，推出“吴兴赋”微课征集活动，并实施“专家在行动”100人（次）。举办全市首届讲解员业务比赛，有23名来自全市各个博物馆、纪念馆的讲解员参赛，评选出一、二、三等奖6名。由湖州市博物馆、德清县博物馆、德清陆有仁中草药博物馆联合推荐的“本草之源——中草药标本陈列”荣获第十届全省博物馆陈列展览精品项目优秀奖；举办第40个国际博物馆日系列纪念暨“风华清漪——颐和园藏文物特展”开幕活动，开展“我心目中的‘文化景观’”全市讲解员比赛优秀代表风采展示以及民间达人代表推介南太湖“文化景观”活动，并评选出湖州八大文化景观。2016年，市博物馆联络、策划和组织实施了临时展览10场，引进的展览中，在充分利用外部资源的同时，策展时增加丰富的本土元素；7月，赵延年版画艺术展在温岭市王伯敏艺术史学馆交流展出，11月，赴宁波天一阁博物馆展出。“美的教育”品牌项目进一步丰富。全年，美育巴士开出20车（次），服务市信息工程、聋哑学校等院校10所。三是博物馆志愿者建设创新发展。市博物馆积极探索志愿者队伍建设发展，志愿者队伍扩展为25人。2016年，召开2次博物馆志愿者座谈会，10月，成立湖州博物馆志愿者委员会，设立秘书长，主任、副主任，分设活动组、宣讲组和日常服务组。志愿者委员会的成立，为博物馆与志愿者搭起了沟通的桥梁。

【助推经济建设富有成效】 一是服务区域经济发展。通过深入调研、摸清底数、分析问题和提出对策等措施，撰写《加强文化遗产保护传承，助推生活方式绿色化》《发挥文化“内核”作用，助推特色小镇建设》2个调研子课题，为湖州市社会经济发展提供文化支撑和智力支持。对丝绸小镇所在的西山区块进行考古调查，提出建设意见，命名文保单位。对湖州丝绸文化内涵进行挖掘整理，提供小镇的规划和决策参考。在湖笔小镇的规划推进中，多次派专家赴善琏镇进行对接指导，并邀请中国建筑设计院、浙江省古建筑设计研究院等省内外专家现场指导。同时，将南浔区善琏古镇的古桥列入2016年度古桥维修计划。二是服务投资项目建设。积极推进太嘉河、环湖河道整治和清水入湖三大水利工程建设，配合省考古所做好相关地下遗址的考古工作，实施地面文物的迁移和维修工作。完成申嘉湖高速西延、申苏浙皖高速湖州段枢纽（湖长二通道）、湖苏沪高铁和湖州城市轨道交通4个重大交通项目提供文物数据和沿线文物调查报告，并做好与省文物局的对接沟通工作。为湖州铁公水综合物流园、阿波西禾30WM农光互补和南浔古镇保护修缮等5个市重点项目提供服务指导，实现文物保护和社会发展双惠双赢。三是服务溇港申报世遗。着力提升太湖溇港的保护级别，以推荐第七批省级文物保护单位为契机，推荐将18条溇港升格为省级文保单位。同时，调整、扩大和完溇港圩田体系的保护范围与保护内容，将古桥、碑刻等更多的溇港圩田遗产纳入保护范围。在吴兴区义皋村古村落修缮方案、历史建筑和文物建筑维修、古桥的异地迁建等方面给予大力支持和帮助。指导维修建筑10余处，协调并批复迁建古桥2座。抽调专业力量，认真协调并指导“太湖溇港文化展示馆”的布展工作。多次召开协调会、座谈会，广泛听取水利、文物、民俗、农业等专家的意见和建议，在展馆选址、义皋茧站维修、确定展览主旨、撰写陈列大纲和展品与照片征集等方面给予大力支持。

·文化市场管理·

【概况】 2016年，全市文化市场管理工作认真贯彻中央、省、市有关文化市场管理和“扫黄打非”工作的决策部署，以高度的政治责任感和大局意识，完成G20杭州峰会、第三届世界互联网大会乌镇峰会期间文化市场维稳和安全保障工作和全国文明城市创建迎检任务。全年市、县（区）级文化市场综合执法机构出动检查人员8592人（次），出动执法检查2885次，检查各类文化经营单位16455家（次），办结一般程序案件141起。通过高频率巡查、高强度查办案，及时排查、有效化解各类安全隐患及社会矛盾，文化市场未发生安全责任事故、未发生引发社会热点的事件。

【完成中心工作】 围绕护航G20杭州峰会中心工作，各地各部门部署周密、行动一致，紧紧围绕目标任务，主动担当、自我加压、丰富和创新监管方式，形成一系列好做法、好经验。整个行动期间实施不间断、全天候巡查，确保了文化市场的稳定有序。4～9月，在全市范围内开展了3次大规模的地毯式排查，有效整改各类安全隐患和管理漏洞，为G20杭州峰会护航和全年文化市场的管理奠定了坚实的基础。整治行动中，形成了“一人一网吧现场值守制”“场所安全隐患整改不过夜”等好做法和经验。

【重点问题得到遏制】 市文化、公安、市场监管等部门以借力护航G20杭州峰会为契机，对“黑网吧”等文化市场顽疾进行整治，成效明显。期间，市文化部门作为牵头部门，紧紧依靠市公安、市场监管、电信、乡镇（街道）等部门力量，对全市排查出的138家“黑网吧”予以取缔。同时，采取边整治边排摸、回头看等措施，确保不死灰复燃。据统计，在整治期间，吴兴区召开11次联席会议，集中分析情况，研究方案，执行联合执法37次。长兴县由乡（镇）牵头，多部门协作，召开联席会议8次，组织29次联合巡查，确保“黑网吧”顽疾如期得到遏制。

【网络管理不断加强】 坚持网下清查与网上净化相结合，全面深入开展“净网2016”“护苗2016”“秋风2016”等系列专项行动。针对线上市场，重点关注“两微一端”，持续清理宣扬淫秽色情、血腥暴力等有害内容的网络出版物及信息，抓好涉未成年人网络环境整治。德清县、安吉县、南浔区公安网警部门查处3起涉嫌传播网络淫秽色情信息案件，分别抓获犯罪嫌疑人4名。针对线下市场，重点做好传统出版物、印刷市场监管，继续做好“四区两站”惩治非法出版物专项整治。全年收缴非法出版物15500余册，非法音像制品3000余片。在省扫黄办的直接督办下，成功破获南浔区“戴某从事非法出版物发行”案件，查缴涉案出版物3000余册，此案被列为全国“扫黄打非”重点督办案件。

【创新监督管理机制】 全面实施“双随机”抽查监管工作，制定并公开《湖州市文化市场“双随机”抽查监管细则》，详细列出文化、广电、新闻出版行业随机抽查事项清单、随机抽查对象名录库和执法检查人员名录库及抽查实施办法，实现文化市场“双随机”抽查监管全覆盖。同时，探索建立文化市场黑名单管理制度，逐步研究推进失信的黑名单应用，对接市金融办做好许可、处罚双公开；将守信激励、失信惩戒与市场准入、日常监管相结合，进一步提高文化市场监管效能，营造良好信用环境，促进我市文化市场健康有序发展。

【拓展行政执法方式】 推进“扫黄打非”进基层工作，将整体监管能力、工作责任制和义务监督体系建设融为一体，通过创新举措切实解决基层属地管理责任落实和执法力量薄弱的问题。在乡（镇）领导小组设立、义务监督员队伍建设等方面，全市100%乡镇有领导小组、100%行政村有义务监督员的建设目标已完成。加强科技监管服务的运用。安吉县委托研发网吧预警监测告警系统，将全县所有网吧经营场所的监控设备通过互联网技术接入综合监管平台，从而实现远程监测，不仅实现了执法力量最优化，也为及时、有效处置场所内有关事故提供了技术保证。 （梅 菊）

·公共图书馆·

【概况】 2016年，全市图书馆认真履行公共文化服务职能，完善传统服务，创新服务手段，创建服务品牌，积极打造智慧型、大众性和服务型文化阵地。

【夯实基础业务】 一是基础工作稳步推进。湖州市图书馆全年新办“一卡通”7256张；年接待读者164.48万人（次），同比增长6%；分编入库图书20214种、39692册；征集地方文献2456种、3235件；流通书籍218.38册（次）。南浔区图书馆年接待读者50万余人（次），馆藏图书年增13814种、24131册。德清县图书馆新办证4159张，直接惠民人数95.87万人（次），同比增长21.30%，图书借、还73.07万册（次），同比下降5.58%。长兴县图书馆年入库图书10619种、20059册，城区注册读者8万余人，占县城总人口的40%。安吉县图书馆全年接待到馆读者12.3万人（次），借阅图书14.1万册（次），办理新证1265张，采购新书8991册，“好人馆”接待参观人员3904人（次）。二是升级借阅服务。7月，湖州市图书馆全面开通社保卡读者证功能，统筹解决市民多卡在手、重复浪费和用管不方便等问题，开通社保卡借书功能2962张。南浔区图书馆读者可借图书册数由4册调整为6册，借期由21天延长至30天。长兴县图书馆上门为乡（镇）各单位、学校以及社区免费办卡，读者可借图书从2册调整为4册，全年办卡量达1.3万张，同比增长100%。三是优化阅读环境。湖州市图书馆增设咖啡休闲吧，新建成800余平方米面积的多媒体阅读中心，内设3D影音体验室、创客空间和3D打印体验区等八大板块，为读者提供现代时尚的数字阅读。南浔区图书馆引进图书消毒机、自动售卖机，更换报告厅电子屏，配置纯净水设备，打造健康舒适阅读环境。德清县图书馆被文化部列为第六次评估定级8家试点图书馆之一，新媒体创客空间启用运行，有38位创客入驻。安吉县图书馆重新启动新馆建设项目。

【重视员工素质建设】 一是提升员工素质。湖州市图书实施馆员素质提升计划，先后召开员工座谈会、组织演讲比赛、撰写读书心得体会和参加各类业务知识竞赛活动等，提升馆员素质，在中国图书馆学会第四届全国馆员书评征集活动中，4名馆员获奖，市图书馆荣获优秀组织奖。利用获得的“巾帼文明岗”“最美班组提名奖”等荣誉，发挥楷模作用。南浔区图书馆定期开展馆员业务技能比武，参加各级图书馆学会组织的业务培训。长兴县图书馆通过“勤学治懒优服务”竞赛活动，提升服务意识。二是吸纳社会力量。湖州市图书馆完善志愿者服务招募制度，为少儿和成年读者提供服务岗位，吸纳100名社会各界读者参与到图书整理、读者咨询和文化活动等工作中来。长兴县图书馆发放书友证150余本，开通书友微信群、图书馆QQ、短信平台、小区广播和微信等平台，组织“读者阅读推广会”，搭建公益性读书交流平台。德清县图书馆组建“德图书友会”“视听会”“朗诵团”，读者积极参与其中。

【数字图书馆服务升级】 2016年，湖州市数字图书馆全面建成，完成硬件主机房、软件和网络建设等，精心选购电子书、音视频等数字资源，可用数字资源（自建、已购、共享）达80TB。建成本地特色的湖州古桥数据库，对包括湖州本地地方志以及一些馆藏古籍文献等纸质图书资料进行数字化。长兴县图书馆充分利用微信、手机图书馆和市民学习中心，结合中国图书馆学会开展“扫码读书，百城共享”和省图书馆“21天阅读计划”等数字资源阅读活动，微信公众号有2.3万关注量，比上年增加110%。德清县图书馆利用微信公众号、借阅图书APP软件，提供图书、报刊、视频和公开课等内容，增进数字阅读趣味性。首次对“春晖讲堂”实行微信直播，直播6场，线上观看量达94028人次。

【拓展公共图书馆服务内容】 一是聚力开展全民阅读节。4月23日，湖州市图书馆联合县（区）馆，首次尝试开展“图书馆之夜”活动，举办“图书馆十年”专场发布会、“读者嘉年华”、书海闯关、少儿全家拼图秀和“漫谈湖州藏书文化”沙龙等10余项读者活动。持续开展“你点书、我买单”活动，现场著录、加工图书1387册，4000余人（次）参与。南浔区图书馆策划“春在南浔”“爱在南浔”“乐在南浔”等四大主题活动，大力推进“书香南浔”建设。4月，德清县图书馆推出“德清阅读节”，荣获“浙江省全民阅读节系列活动年度优秀组织奖”。长兴县图书馆举办“书香长兴”全民读书节；“图书馆就在我身边”征文和“图书馆随手拍”摄影在全省比赛中均获得优秀奖。3月至6月，安吉县图书馆开展“图书馆之夜”阅读推广、“书香有爱、梦想相伴安吉”大型图书展等多项活动。二是扩大宣传，提升影响力。湖州市图书馆积极利用《图书馆报》《湖州日报》《湖州晚报》和湖州电视台、湖州广播电台等传统媒体以及微信、微博等新媒体，将图书馆的服务向广大市民推介，并通过“文化有请、专家有约”平台提供活动预约。南浔区图书馆与有关单位强强联合，整合社会资源，扩大活动规模和影响力。在全国出版界图书馆界全民阅读年会（2016）上，德清县选送的德清县图书馆“驻馆作家”活动模式获得案例一等奖，有关情况被新华网、人民网、新浪网和《杭州日报》等媒体报道。长兴县图书馆先后利用《长兴时报》《太湖晨报》《长兴新闻报》等各类媒体宣传图书馆服务创新等新闻80余篇。

【注重品牌建设】 一是传统品牌力推精品。全年湖州市图书馆“韵海讲坛”举办公益讲座28场，内容涵盖慈善、文学、湖州地域文化、戏曲和插花等多个方面，借“南太湖人文大讲堂”“南太湖讲堂”“九三学社大讲堂”等成熟品牌拓展合作范围，丰富合作内涵。“韵海展窗”举办公益展览24场，其中《美丽的“丝绸之源”与“丝绸之路”——关乃平教授湖州画展》等书画展受到业内人士高度关注和一致好评。“韵海影院”全年播放电影125场，观众达18750人次。举办“庆新春猜灯谜活动”，已连续开展16年。南浔区图书馆全年开展大小活动50次，播放电影33场；培训讲座10场；展览14场。优化“浔图小课堂”“嘉业讲堂”和“百姓声音”等贴近居民生活的品牌，自主创办“艺术世家——南浔金氏图书、影像、史料展”“‘亲’若嘉业——南浔藏书、雕版文化的今与昔”等专题展。全年德清县图书馆开展各类阅读推广活动283场，开展“驻馆作家（春晖讲堂）”6期，邀请当代作家王家新、德国汉学家顾彬等驻馆。举办“春晖讲堂”15场，开展“乡土阅读”5场，“裸心阅读”6场，裸心阅读时间达1822小时。长兴县图书馆加强“长兴大讲堂”品牌建设，全年举行专家讲座40次；播放视频讲座100余场；举办展览30次；“真人图书”活动26场；书友会18场。安吉县图书馆邀请浙江电视台原节目主持人亚妮带着她的新书《没眼人》与竹乡读者近距离接触、“面对面”交流，讲述她与“没眼人”的10年幕后故事，现场赠书200册。二是深入发掘特色资源。湖州市图书馆精心挑选经典红色书籍1000余册，建立“红色书屋”，配合播放“红色电影”30余场，传扬红色文化。编辑完成《丝之源——湖州丝绸媒体报道》专题汇编。联合县（区）图书馆完成《湖州人著作联合目录》。南浔区图书馆多途径征集地方文献，聘请10余位专家担任征集顾问，广发征集函，征集到文献938册，其中征集到旅居美国的南浔“八牛”后裔邢清远以及“七十二金狗”之一的李氏后人捐赠的家族文物和图书文献，实现南浔馆馆藏文物零的突破。主动与藏有涉浔文献的图书馆取得联系，实现了南浔最早镇志等珍贵文献“归浔”。三是阵地服务有序拓展。湖州市图书馆新建五峰山运动度假村、湖州市星火百货等7家“爱书吧”，“爱书吧”总数达22家。全年向分馆流通点送书22次，配备图书1万余册；举办送春联送福字、插花和新年登高等文化活动30次。南浔区图书馆积极构建区图书馆——乡镇（企业）图书分馆——村（社区、学校）图书流通点（农家书屋）的图书服务网络体系，已建成图书馆分馆8家，图书流通点107个，覆盖读者群10万余人。建立分馆图书流通库，每季度更换图书，确保每年平均流通图书在1万册以上。德清县图书馆乡（镇）主题特色分馆建设是省第三批公共文化体系建设示范项目，2016年，莫干山民国图书馆开放运行，接待读者79841人（次）、图书借还1568册（次）。开展“民国图书馆之夜”、真人图书馆项目和莫干山作文公益夏令营活动，成为莫干山麓有特色、有亮点的文化单位。长兴县图书馆对乡（镇）分馆建设提供业务指导和技术支持，“送书下乡”采取文献资源统采统编、统一配置，2016年，为各农家书屋、文化礼堂、企业图书分馆和社区图书室配送图书4万余册（次），比上年增长了120%。安吉县图书馆为乡（镇）、社区、学校和企业等送书7000册。四是关注未成年人成长。湖州市图书馆于每周六举办“泡泡鱼童话屋”绘本讲读，全年举办45期（总第128期），4500余人次参与。举办“爱书吧·体验之旅”活动，邀请来自四川、湖南等地的新湖州人家庭探寻湖州历史文化“老家底”。在第十二届浙江省未成年人读书节暨浙江省未成年人“戏曲阅读经典”大赛决赛中，湖州市图书馆选送的作品《金绣娘》获得“中学组三等奖”。长兴县图书馆与少年作家协会、龙山幼儿园和长兴青少年书法艺术院等合作，开展“包罗万象”“巧手课堂”“蝶宝宝绘本馆”“静美的绘本会说话”等系列活动，丰富少儿阅读。安吉县图书馆开展“阅读点亮童心”主题活动，诚邀著名儿童文学作家杨红樱举行小读者见面会，参与者达2000余人次，活动现场售书签名3000余册。

（吴小娟）

·档案管理·

【概况】 2016年，全市各级档案部门认真贯彻落实全国、全省和全市档案工作会议精神，紧紧围绕市委、市政府各项决策部署，以省档案局“五档共建”（建设法治档案、智慧档案、民生档案、平安档案、活力档案）为抓手，以全面提升档案服务中心大局、服务民生能力为着力点，突出资源建设和开发利用，加大档案信息化建设力度，凝心聚力、主动作为、求真务实、创新破难，“十三五”档案事业发展实现良好开局。

【夯实档案馆（室）基础】 一是综合档案馆建设进展顺利。市档案馆新馆土建工程按时竣工，办公用房完成装修并交付使用；安吉县档案馆新馆建成并搬迁。全市综合档案馆建设率先在全省实现“满堂红”。二是专业档案馆建设有新突破。德清县档案局继民政专业馆建成后，在探索实践基础上，与相关职能部门协同新建了林业专业档案馆，为专业档案科学化管理探索新路，夯实了工作基础。三是基层档案室规范化管理有序推进。以目标管理认定、数字档案室创建为抓手，督导基层档案室建立健全并严格执行各项规章制度，经常性开展档案安全保密巡查工作，及时发现和排除隐患，提升基层档案室规范化水平。年初，组织召开档案协作组组长会议，开展档案业务培训，指导市直、县（区）级机关部门及乡镇（街道）、国有企事业单位做好档案规范化管理工作。市档案局成立3个专项督查组，对30余家市直单位的档案室建设情况进行检查指导并落实相关整改措施。德清县档案局建立以乡（镇）为核心的行政村档案巡查和考核机制，创新基层档案治理模式。安吉县档案局在全县乡镇（街道）开展“审计式”行政执法检查，乡（镇）档案管理规范化取得显著成效。

【提升档案服务水平】 全市各级档案部门围绕中心，服务大局，发挥档案的资政惠民功能。一是服务重大活动和重点项目。积极参与“五水共治”“三改一拆”等重大活动相关成果布展方案设计及资料的征集工作，2016年，全市整理形成“五水共治”档案1426卷、4870件；“三改一拆”档案742卷、9863件。围绕“湖州市生态文明先行示范区”建设，指导并协助市生态文明办公室完成全市自然资产负债表的编制及档案管理工作的落实。开展对71项政府投资的重点工程项目档案工作的服务指导，完成对湖州经济开发区杨家埠至丘城公路改进工程等13项重点工程和产业化项目的档案专项验收，验收合格率达100%。二是服务企业管理。贯彻落实国家档案局《企业文件材料归档范围和档案保管期限规定》，加快推进市属国有企业档案规范管理，主动服务民营企业档案管理。吴兴区档案局开展档案干部驻企服务活动；长兴县档案局推出企业档案工作“点餐”服务活动，多形式指导企业开展产权、品牌、科研和合同等相关文件资料的归档工作，协助企业档案工作逐步走向规范化管理。三是服务社会民生。全力参与政府机构改革档案管理，完成湖州经济开发区原杨家埠镇历史遗留土地、婚姻档案的清理和移交。部署并全程紧盯不动产登记建档，完成市不动产中心历史数据的移交接收。参与全市农村土地承包经营权确权登记颁证工作，规范土地确权登记档案的整理和资源整合。持续深化民生档案资源建设，做好出生医学证明、婚姻档案等民生档案资源的清理、数字化和移交进馆等工作。截至2016年年底，市档案馆（包括吴兴区档案馆、南浔区档案馆）清理并接收1996年至2013年出生医学档案1919卷，涉及新生儿14.8万人；长兴县档案局指导县民政局加强优抚档案管理，对区域内3603名享受抚恤补助的重点优抚对象统一建档。持续完善查档利用机制，规范和拓展惠民绿色服务通道。2016年，全市档案馆接待1.71万人次，提供档案8.43万卷（件），为落实政策待遇、工龄计算、婚姻和干部档案审核等工作提供了相关原始档案依据。

【推进档案信息化建设】 一是加快数字档案馆（室）建设。2016年，全市新增省级示范数字档案室27家，市级规范化数字档案室27

家。截至2016年年底，全市累计建成省级示范数字档案室82家，市级规范化数字档案室172家。二是加快存量档案数字化和增量档案电子化步伐，全市各级综合档案馆馆藏档案资源数字化占比平均达到馆藏总数的60%。全市形成各类档案电子条目800万余条、数字化全文4000余万页。三是继续拓展完善“湖州市数字档案资源共享平台”，通过“智慧档案”建设，实现民生类档案信息的“一站式”服务。年内，共享平台建立了内容涉及知青档案、精简人员档案和婚姻档案等13个民生专题数据库，共享文件条目2194662条，全文872755件。四是主动对接湖州市政务网建设，在全市率先开展市级机关无纸化办公平台搭建和文件在线归档试点。

【加强档案业务建设】 一是开展档案征集和接收进馆工作。2016年，市档案馆完成了市人力资源和社会保障局等18家单位共17502卷、46345件档案的接收任务，征集各类图书资料503册。截至2016年年底，累计接收档案369725卷(件)，图书资料47768册，馆藏资源进一步丰富。二是积极开展“美丽乡村”档案数字典藏工作。制订“美丽乡村”建设文件资料归档范围和专题数据库建设规范，以安吉县为试点，开展“美丽乡村”专题档案数据库建设。年底，共形成“美丽乡村”专题档案2514件，完成了18个文化古村落的“千村档案”数据库建设。吴兴区档案局收集了“丝绸小镇”“美妆小镇”2个“特色小镇”档案资料2000余件，数据3.56GB，确保“特色档案”的及时归档和规范管理。三是积极开展馆藏民生档案鉴定开放利用工作，对知青档案、破产企业档案和精减人员档案等6类、48万件民生档案进行鉴定并全文挂接到共享平台上，实现了全市6个综合档案馆的资源共享。四是爱国主义教育基地建设稳步推进。市档案馆新馆爱国主义教育基地项目展厅概念设计工作有序推进；德清县档案馆通过省级爱国主义教育示范基地测评；长兴县档案馆省级社科普及示范基地和安吉县档案馆地方史料中心向社会开放利用。

【加大依法治档力度】 一是明确工作职责，规范权力运行。开展权力清单、责任清单的清理工作，梳理出8项主要职责、47项具体工作事项，并明确了责任处室。进一步规范运行政务服务网行政审批流程，梳理政务网上行政处罚事项，实现审批项目、行政处罚事项的网上全流程处理。同时，全面推行“双随机”抽查监管工作，建立“一单二库一细则”（随机抽查事项清单、监管单位名录库、执法检查人员名录库、双随机抽查工作细则）的工作机制。二是依法依规开展档案指导和督查工作。继续深化档案行政监管工作，完成2016年度机关档案年度行政执法检查工作，并针对在督查中发现的安全隐患及时对接、督促整改。

【创新档案安全管理模式】 市档案局创新档案安全管理理念，深入推动实施“三位一体（人防、物防、技防）、三维覆盖（馆内馆外、实体信息、线上线下）、三措并举（创建平台、坚持制度、构建网络）”的档案安全“三三策略”，有效地提升了档案安全管理水平。实施“数据安全检测预警及保全平台”的开发及应用，并以此推动各县（区）档案数据安全管理。市档案馆已实现将馆藏平台、湖州市数字档案资源共享平台和登记备份平台等重要档案数据全部纳入安全监管平台，对各管理平台和局网站发现的安全漏洞及时整改，确保档案信息数据的安全。全市档案安全体系建设阶段成效得到省档案局肯定，8月，市档案局负责人在召开的全省档案安全体系建设会上作了交流发言。

【彰显档案文化魅力】 一是打造档案文化精品。市档案局主动记录全市深化改革发展实践，编制完成“湖州记忆”·2015丛书，同期制作2012～2014年“湖州记忆”电子书，并实现在“湖州档案信息网”在线阅读。长兴县档案局完成首部《档案工作年鉴》出版发行，吴兴区档案局围绕“两美吴兴”建设，完成《吴兴山水》编纂工作。二是创新档案文化宣传。围绕重大题材、重要节日组织开展“国际档案日”、档案文化进村文化礼堂等多样化的档案宣传活动。德清县档案局利用《德清方言词典》在德清县电台每天播出“德清方言我来说”方言竞猜节目，让方言传承更鲜活生动。南浔区档案局制作完成《新中国档案教育开拓者吴宝康纪录片》，并荣获“全国电视纪录片、专题片三等奖”。（袁玉武）

·党史研究·

【概况】 2016年，湖州市委党史研究室按照“史料库、研究室、宣传队、智囊团”的总体定位，突出重点，合理布局，创新举措，扎实工作，在党史研究、资料征集、资政宣教和队伍建设等方面取得明显进展。

【出台党史工作五年规划】 5月12日，市委副书记、市长陈伟俊调研湖州史志工作时要求，史志工作既要发扬和传承史志工作的优势，把历史的脚印深深地留下来，以“昨天”启迪“今天”，以“今天”启迪“明天”，更好地把研究历史与服务现实紧密结合起来，记录好、研究好和服务好中国特色社会主义在湖州的实践，更好地发挥存史、资政和育人的要求，根据中央和省委党史研究室相关规划，结合湖州实际，制订《湖州市2016～2020年党史工作规划》（以下简称《规划》），并于11月15日以中共湖州市委办公室通知的形式印发。《规划》明确今后五年全市党史工作的指导思想、总体目标和基本要求，努力实现党史基础研究提升水平、资政服务提升实效、资料征编工作和党史宣教工作深化拓展、自身建设进一步加强的“两提升、两深化、一加强”工作目标，始终坚持党史姓党、科学求实、服务大局和传承创新的基本要求，不断提高党史工作科学化水平，为高质量建设现代化生态型滨湖大城市、高水平全面建成小康社会做出应有贡献。

【强化党史资政】 为迎接市第八次党代会的召开，对市第七次党代会以来市委的系列重大决策部署和具体实践进行研究总结，撰写《风鹏正举谋赶超、克难奋进谱新篇——市第七次党代会以来湖州市委科学决策推动发展纪实》资政课题，得到市委、市政府主要领导批示肯定，以《党史研究参考》形式印发，并获得2016年度市委办公室优秀调研报告一等奖。总结近年来编写执政纪事的经验和做法，出台全省首个《市委、市政府年度科学决策、推进发展纪事编写规范（试行)》。完成《2015年市委、市政府科学决策推进发展纪事》《从地方党史中汲取精神力量》等文章，在《湖州通讯》上刊发。《绿水青山就是金山银山——湖州探索生态文明建设实践纪实》被评为湖州市第十七届社会科学优秀成果三等奖。

【深化党史研究和业务培训】 持续推进湖州党史二卷编写工作，完成湖州党史二卷第四编征求意见稿，修改完善第一编、第二编。积极推进湖州党史三卷编写工作，完成湖州党史三卷第1章至第4章初稿。根据省委党史研究室的统一部署，参与《红军挺进师在浙江》部分章节撰写工作。11月21~25日，省委党史研究室在湖州获港渔庄举办全省地方党史三卷编写工作培训班，中央党史研究室、四川省委党史研究室、浙江省委党校和省委党史研究室等专家、领导作专题辅导。

【紧扣主题开展党史宣教】 为纪念红军长征胜利80周年，3月17~20日，央视七套《军事纪实》栏目清明特别节目摄制组和湖州籍隐蔽战线英烈钱壮飞长孙钱泓夫妇一行到湖州，拍摄反映钱壮飞事迹的纪录片《怀念战友——隐蔽战线英烈祭》第二集，并于4月4~8日在央视一套、七套相继播出。撰写《湖州籍参加过长征的开国少将姚醒吾》专题文章，在浙江在线、《浙江日报》、《湖州日报》、《足迹》杂志等主流媒体登载。围绕市委“两学一做”教育活动安排，积极参与由市委组织部牵头开展的红色基因传承活动，服务筹建钱壮飞纪念馆市委党校现场教学基地，推进红色书籍进基层，累计赠送各类党史书籍220余册，组织党史宣讲团赴基层宣讲20余次。

【党史资料数字化与征集管理】 为推进党史资料规范化管理，出台《市委党史研究室图书资料征集与管理办法》。持续推进党史资料数字化工作，完成《中共湖州党史》(第一卷)《钱壮飞》《湖州英烈》《浙西抗日根据地》以及《湖州党史资料通讯》等书籍、期刊共60余万字的数字化存档。强化对现存资料的分类管理与保管，重点对700余张老照片进行分类登记。完成湖州新四军老战士史料抢救工作，出版《湖州市新四军老战士访谈录》。广泛征集湖州改革开放时期档案资料，查阅复印400余份档案资料，完成1978至1990年嘉兴地委和湖州市委文献资料300余万字稿的三轮校对工作，并编印《中共嘉兴地委文献选编》2册、《中共湖州市委文献选编》5册，为湖州党史三卷和改革开放专题的研究编写打下基础。 （沈慧烨）

·地方志工作·

【概况】 2016年，市方志办认真学习贯彻落实《全国地方志事业发展规划纲要（2015~2020年)》和《浙江省关于推进地方志事业发展的实施意见》精神，坚持“存史为基、资政为要、育人为本”理念，按照发挥“史料库、研究室、宣传队和智囊团”作用的总要求，立足当前谋长远，面对挑战勇担当，抢抓机遇促发展，统筹推进地方志各项工作，完成方志规划编制和市方志馆布展工作，二轮修志走在全省前列，方志地情研究、开发利用宣传、信息化建设和队伍建设等方面取得较好成绩。

【科学谋划地方志事业发展】 组织学习贯彻国务院总理李克强重要批示、副总理刘延东重要讲话和《全国地方志事业发展规划纲要(2015~2020年)》《浙江省关于推进地方志事业发展的实施意见》精神，按照全国、省地方志工作会议要求，将谋划今后五年全市地方志发展作为年度重点工作，在广泛开展调查研究、全面分析发展现状的基础上，对照《规划纲要》和《实施意见》要求，结合工作实际，形成《湖州市全面推进地方志事业繁荣发展的实施意见（征求意见稿)》(以下简称《实施意见》)，先后召开全办干部会议、县（区）史志办主任会议和地方志老专家座谈会，广泛征求市级各部门和各县（区）的意见建议，在史志网上公开征求意见，及时对规划内容进行修改完善。《实施意见》明确了今后五年全市地方志工作的指导思想、基本原则、总体目标、主要任务和保障措施，研究确定了“十三五”期间地方志事业发展十项重点工作。

【湖州方志馆建成开馆】 湖州市方志馆按照“精准、精致、厚重、典雅”的要求，精心抓好深化设计，精细抓好工程管理，着力打造文化工程、精品工程、安全工程、满意工程和廉洁工程。方志馆布展工作得到市领导的充分肯定，市长陈伟俊召集市有关部门主要负责人到方志馆现场召开座谈会。在方志馆的布展中着重抓了以下工作：一是挖掘文化内涵，打造特色鲜明的文化工程。对湖州近五千年的文明进行系统梳理，提炼文化内涵，精炼出丝绸之府、鱼米之乡、文化之邦等8大文化主题24类文化、80位历史人物，通过图片、场景、实物以及动漫、沙盘、雕塑和道具等组合，在有限的空间内尽最大可能较为全面、系统、深入和直观地展示湖州深厚的历史文化，努力实现“给我一小时，还你五千年”的展陈效果。二是严格过程控制，打造质量优良的精品工程。始终坚持质量第一，高标准、严要求把质量管理落实到施工全过程。先后召开20多次专家研商会，对布展内容进行深入研究反复论证，做到方向正确、史实精准；始终抓住设计这个龙头，做到不想明白不设计、设计不满意不施工，不体现精气神必改、专家有意见必改和与传统形象不符必改，生动形象地展示历史；成立了工程建设4人工作小组，建立每周一次四方会议等管理制度，先后与监理方就施工质量问题会谈5次，向设计方发函3次，发出质量整改函20余份，采取强力措施抓好瓦当、油漆、地胶、木雕和玻璃膜等的整改。三是加强现场管理。安全巡查、节假日重点检查，确保项目施工安全生产无事故；认真做好防台、防水等各项防灾准备工作，及时落实防灾措施，确保了不进水、不出事；加强与消防、供水等单位联系，接通消防用水和备用水箱，改造消防设施，达到消防要求。四是抓好运行管理，打造实效明显的满意工程。早谋划、早安排，认真做好开馆运行前的各项准备工作，组织到市博物馆、科技馆和赵孟頫纪念馆等6家场馆实地学习考察，招聘工作人员，落实物业服务单位；制订方志馆宣传教育计划，编写解说词和宣传册，拓展网上方志馆等延伸阵地；制定一系列管理制度、岗位职责和考核办法，使每一项工作有章可循，实行制度化管理、规范化运作。

【二轮修志扎实推进】 始终坚持把二轮修志工作作为首要任务，在全面完成市二轮修志的基础上，加强对三县志书修编工作的服务和指导，全力推进三县二轮修志工作。一是抓进度。按照省方志办提出的市、县到2018年基本完成二轮志书修编的要求，加大督促指导和推进力度。《德清县志（1986～2005）》已出版，6月27日，举行首发式；安吉县志编纂工作已完成复审工作；长兴县志完成总纂，全市整体进度位居全省前列。二是抓质量。建立县（区）联络员制度，组织方志办退休专家赴县（区）举办培训、进行业务指导，按照志书质量管理规定要求，实行全程指导，加强过程管理，严把志书质量审核关，组织专家对安吉县志进行复审，全省市、县二轮志书主编研讨会在长兴县召开，长兴县在会上作了经验交流。三是创精品。《德清县志（1986～2005年）》被选入省精品志书工程计划，在省、市方志办的指导下，启动了新修《南浔镇志》入选《中国名镇志》的有关工作。同时，按照省方志办要求，完成《中国地方志年鉴》湖州部分内容的编辑等工作。完成《湖州年鉴》方志内容整理编辑。《湖州市交通志》经市志办审核后由方志出版社出版发行。

【资料库建设得到加强】 把资料库作为方志馆建设的基础和重点，建立健全地情资料征集制度，实施“志书回家”工程，推进地方志数字资料库建设。一是广泛征集地情资料。通过向全市各机关、企事业单位发函，利用湖州史志网、湖州发布微信公众号发布征集启示，向社会广泛征集地方文献资料，征集各类新旧志书、年鉴和地情资料1000余册。二是实施“志书回家”工程。根据《湖州方志提要》记载，搜集了散藏于各地图书馆、档案馆的古代湖州志书54部、600余卷，整理复制翻印成册，极大地丰富了馆藏。三是建设方志数字资料库。方志馆设立电子志书一体机，史志网开设数字方志栏目，落实专人管理，建立了集历代志书42部和各类地情资料的数字方志库，并设置了多种检索功能，供方志爱好者和社会各界查阅。同时，加强资料库建设与管理，做好剪报等日常资料搜集整理工作。

【方志宣传形式多样】 充分发挥“一网一刊”作用，借助各类新闻媒体，利用纪念日等节点，开展各类宣传活动。一是办好“一网一刊”。充分发挥志史网的平台作用，及时更新网站内容，丰富网上地情资料，确保史志网站运行安全、作用充分发挥。做好期刊《湖州史志》的组织编辑工作，全年完成编辑4期、共40万字，反响良好。开展《发挥地方志三大平台宣教功能》课题调研，完成调研报告。二是做好地方志重大节庆宣传纪念活动。2016年是国务院《地方志工作条例》颁布十周年暨湖州市地方志事业发展三十周年，以此为契机，制订方志工作宣传方案，编辑出版了史志研究成果集，召开了由市、县（区）地方志机构和部门、乡（镇）方志工作者参加的座谈会，举办湖州市地方志事业发展三十周年成果展等系列活动，大力宣传史志工作。三是拓展资源开发利用。与湖州日报社合作，开设读城栏目，发表10余篇方志系列文章。做好“湖州记忆——历史上的这一周”短信宣传工作，每周按时向领导发送信息；新志书出版，及时赠送领导参阅，受到好评。支持乡村文化礼堂建设，为吴兴区道场乡菰城村、南浔区和孚镇荻港村、吴兴区东林镇南山村等10余个乡村文化礼堂建设提供服务。（姚国强）

新闻出版 广播电视

·新闻报刊·

【概况】 2016年，湖州日报报业集团（以下简称“湖报集团”）以中共十八届四中、五中、六中全会精神和习近平总书记系列重要讲话为指导，紧紧围绕市委、市政府工作大局，聚焦赶超发展，提供强大舆论支持。同时，以“直面挑战、深度发力、行走新路”为主线，全力实施传媒产业的转型升级，积极探索新常态下文化传媒产业又好又快发展的新路子。2016年，湖报集团改革得到新推进，发展取得新成效。在市委宣传部、市财政局对湖报集团2016年度目标责任制考核中，较好地完成了新闻宣传、经营发展和自身建设的目标任务。主要体现在以下十个方面：一是党媒自信形成共识。湖报集团新一届领导班子从当前报业面临的形势、挑战和自身发展现状出发，审时度势，提出了新时期要树立党媒自信，党媒自信成为全体干部职工的思想共识和行动指南。二是主题报道出新出彩。《湖州日报》（“八八战略”的湖州印记）系列报道得到省、市新闻宣传出版部门的充分肯定，全国新闻界核心期刊《中国记者》给予专题介绍。《湖州晚报》（空中看赶超）系列报道，首次尝试将航拍技术运用于重大主题报道，受到广泛好评。全年湖报集团的新闻报道工作受到市领导书面表扬达13次，创历史新高。三是精品创作成绩喜人。全年有15件新闻作品被评为省新闻奖，其中一等奖3件，二等奖3件。在全省新闻奖获奖总量减少⅓的情况下，湖报集团的获奖数维持不减，在全省设区市报社中名列前茅。四是内参外宣再创佳绩。全年刊发内参12篇，市领导批示12篇。批示率达100%，其中市委、市政府主要领导批示7件，批示率达58.3%。组织专题外宣活动6次。完成外宣稿件265篇，其中国家级媒体发稿116篇，省级媒体126篇。五是媒体融合乘势而上。推进媒体融合“两盟两体”（湖州微信联盟、湖州微博同盟，APP共同体、网站联合体）建设，建成湖州发布“二微一端”（微信、微博、客户端），其中微信粉丝6.5万人，微博粉丝34万人，APP用户1.5万人，首批核心成员公众号29个，累计用户66万，日均发布信息100条。六是民生服务群众满意。省新闻名专栏“一周一心愿”全年策划公益活动40余场，服务困难群众2000余人（次）。《湖州晚报》的“法律帮帮团”“健康帮帮团”和名师帮帮团全年服务读者8000余人次。“96345”市民服务中心全年服务市民100多万人次。荣获中国报协融合发展项目“十佳创新奖”。七是广告经营有效止滑。在全国市、地报业广告经营普遍以40%左右的速度下滑的严峻形势下，湖报集团坚持党报自信，着力攻坚克难，努力守住底线，有效地制止了广告业务连年下滑的势头。全年总收入达1.943亿元，其中广告收入达0.95亿元，总资产收益率达4%以上，与上年基本持平。广告信用指数综合排名在全省设区市报社中名列前茅。八是产业拓展新添平台。投资1.2亿元、建筑面积2.4万平方米的报业二期工程（文创中心）基建工程完成，全面进入招商引资阶段。合资联营的湖州茶博物馆基本建成，即将对外开放营业。五个文创项目分别荣获省报业创新项目二、三等奖。九是队伍建设成效显著。贯穿全年，扎实开展“两学一做”学习教育活动。认真实施“查找短板、补齐缺板”的补短板工作，推进湖报集团均衡发展。启动优秀干部遴选。试行内部综合考核。完成社保、医保、G20安保“三保”任务。十是党风廉政持续向好。建立中层干部廉政档案制度、重大事项报告制度，层层签订党风廉政责任书，深化“一岗双责”。全年开展“党纪教育一刻钟”教育10余次，谈心谈话30余人（次）。对南浔分社、长兴分社开展内部审计。全面规范内部员工停车，中午用餐时间、挂牌上岗和按时上下班等行为，抓细抓早抓牢。全年未发生一起严重的违纪违规违法行为。

【唱响新闻宣传主旋律】 唱响主旋律，打好主动仗，重大主题报道、中心工作宣传、民生报道和媒体融合等都上了一个新台阶。一是抓重大主题报道。认真筹划部署中共十八届六中全会精神和治国理政新理念、新思想、新战略宣传报道。其中系列报道“‘八八战略’的湖州印记”，得到上级新闻出版部门、省、市委领导和社会各界的普遍关注和肯定。G20杭州峰会宣传报道，《湖州日报》《湖州晚报》共刊发各类原创报道300余篇、湖州在线新闻网站发布报道600篇、湖州发布“两微一端”发布信息330余条。同时，积极做好“七一”“八一”和纪念长征胜利80周年等重大报道。认真组织做好“两学一做”学习教育宣传。二是抓中心工作宣传。“四个年”活动宣传报道紧扣赶超发展理念，《湖州日报》《湖州晚报》共推出报道300余篇，湖州在线、湖州发布推送各类信息1000余条。“营改增”和“降成本”图解报道分别得到市委副书记、市长陈伟俊和市委常委、宣传部部长胡菁菁的书面批示表扬。治水拆违宣传报道奏响生态文明好声音。社会主义核心价值观的宣传报道凸现湖州“最美”。深化《行进湖州、精彩故事》主题采访活动，《从“被抢救”到“去抢救”——受伤住院医生闻声救人的故事》的典型报道得到市委书记裘东耀的书面批示表扬。《湖州晚报》刊发相关报道1500余篇，新挖掘身边人物典型60余个。三是抓民生报道。在突发灾害报道中，全方位做好新闻报道和信息服务工作。《湖州晚报》7月9日头版大篇幅形象直观的防台知识图解受到市委常委、宣传部部长胡菁菁的批示表扬。《微证》栏目针对网络上似是而非的观点、话题，通过热线记者的采访，最终澄清事实，提升了党报的公信力。晚报形成了一个名专栏、二个俱乐部和三个帮帮团“123”民生服务格局。“一周一心愿”全年策划公益活动40余场（次），获得中国报业协会颁发的新闻社会活动奖三等奖。“96345”进社区活动累计服务市民100余万人（次）。湖州在线新闻网站以《小凡帮忙》为主要品牌，与湖州“12345”阳光热线进行合作。四是抓媒体融合。湖州在线在新浪、腾讯、人民网、新华网四大网站上每日发布新闻信息、回应网民关注和反映自身动态。先后与市公安局、市安监局合作推出资讯版、专题版。5月，湖州发布发起成立湖州市首个微信联盟，首批成员单位50家，累计新媒体用户达66万，总微博数达55万条，粉丝总数635万。湖州发布客户端对市“两会”等重大会议进行了10余场现场“微直播”。策划推出“降成本去产能去库存”相关专题。

【产业经营取得新成绩】 以党媒地位自信、品牌自信、实力自信的理念，脚踏实地攻坚克难。2016

年，湖报集团基本制止了连续多年的广告经营下滑势头，成为设区市中少数几个经营下滑幅度相对较小的报社之一。通过重组、盘活国有资产，拓展多元产业，实现了国有资产的保值增值。在第五届浙江报业创新项目奖中，“互联网+”新媒体公众服务平台、传统工艺的丝绸印刷分别获二等奖，湖州市大型活动互联网平台、湖州广告创意产业基地分别获三等奖。一是强化责任意识。压力之下任务不减、困难面前信心不减。建立健全经营工作例会制度。组织“湖城向东看”大型商业策划活动，传统媒体与新媒体融合作战，推介湖城东部的文化商业发展现状和趋势，取得良好的社会效益与经济效益。二是试行模式管理。先后制定《关于加强国有出资企业监督管理办法》《商品广告置换办法》《统分结合强化管理稳健发展提增效益的广告经营考核办法》《考核办法的实施意见》等一系列规章制度。推出“产业创新奖”的评比标准，完善重大经营活动、经营支出授权、申报和审批流程。发动干部员工开源节流，实行银行存款竞争性存放以获得更好的收益。申报项目专项补助、政府补贴资金250万元，对接财政政策减免税收550万元。开展经营性收支专项检查，加大应收款回收力度。全面启动湖报集团库存物资、房产的拍卖变现，盘活国有资金，提高经济效益。三是推进赶超发展。加大沟通协调力度，开设了一大批合作性专版专刊节目。《湖州日报》通过“南浔乡村旅游节”“湖州太湖国家旅游度假区2016移居南太湖”等主题活动提升品牌效应。《湖州晚报》通过“走读美丽乡村”“理财帮俱乐部”等活动，达到传播与市民互动、经营与百姓互利的效果，其中“理财帮俱乐部”实现线上交易5亿元。城市电视策划自采自制合作性专题29个。一品传媒五大杂志扩大市场空间。湖州在线推出《名医面对面》《名师面对面》等栏目，并开设了舆情监测服务项目。“湖州发布”和“掌上湖州”APP客户端推出“美食中国、湖州味道”“乐享生活+”等活动。“96345”在服务中引入互联网O2O思维改造，形成了“互联网+民生服务+新闻传播”为代表的生态链，推出215项标准化生活服务业务。文创中心加大招商引资力度。茶文化博物馆内部布展工作紧锣密鼓地展开。湖州日报集团印务公司进一步加大对外业务承接力度；文化传媒中心对接物流市场，加大物流配送业务；浙江赢家公司积极开拓房地产线上线下联动营销力度。

（吴　昊）

·广播电视·

【概况】 2016年，湖州广播电视传媒集团（以下简称总台）全面贯彻落实中共十八大、十八届六中全会和省、市委全会精神，深入贯彻落实习近平总书记系列重要讲话精神和在党的新闻舆论工作座谈会上提出的“48字”（48字：高举旗帜、引领导向，围绕中心、服务大局，团结人民、鼓舞士气，成风化人、凝心聚力，澄清谬误、明辨是非，连接中外、沟通世界）要求，紧紧围绕市委提出的“以五大发展理念引领赶超发展”的总体目标，坚持围绕中心，服务大局，大力推进宣传创优、经营创收和工作创新，实现了湖州广电“十三五”各项工作的良好开局。

【新闻宣传】 2016年，总台始终坚持“新闻立台”，发挥媒体宣传优势，把牢正确舆论导向，坚守舆论宣传阵地，进一步提升主流媒体的传播力和引导力。一是坚持舆论导向，明确责任。紧紧围绕中央和省、市委对新闻舆论工作的部署和具体要求，始终把坚持正确舆论导向作为落实意识形态工作的一项重要内容。6月，首次出台《中共湖州广播电视传媒集团（总台）委员会坚持正确舆论导向工作责任制的有关规定》，把工作职责落实到新闻采编、节目编排和审核发布等各个环节，形成党政齐抓共管、各宣传平台有机协调和有关部门分工负责的工作格局，促进了新闻舆论工作的规范化、制度化，确保高质量、高标准完成总台各项舆论引导工作。二是主题报道突出创优创新。总台围绕市委、市政府中心工作，主动改进宣传方式，提升报道策划能力，使主题报道形式更新、视角更广和内容更活，切实提高主题报道的宣传效果。全年重点策划推出“树标杆·补短板·谋新篇”“扎实开展‘四个年’，赶超发展新实践”“引领经济新常态”“全面深化法治湖州建设”等重大主题报道6300余篇；专题1400余期（档），较好地把市委、市政府的重大决策、重大部署，化为群众易于接受的画面声音，有效发挥主流媒体助力中心工作的作用。其中，《“图”间行走 看“两山”风景》获得省重大主题策划创新奖，涉及“清淤治污”“工业强市”“浙商回归”等内容的8篇宣传信息和5篇舆情信息得到市领导的批示肯定。三是舆论监督精准到位，成效明显。坚持以《联播调查》《12345阿奇工作室》《湖州在行动》三大常设性舆论监督平台为依托，紧紧围绕市委、市政府“清淤泥治污泥”“三改一拆”“文明创建”“环境卫生”等阶段性重点工作，开展建设性舆论监督报道。8月，将《联播调查》栏目从每周二期增加到每周三期，不断加大舆论监督力度，全年推出舆论监督报道80余篇，办结率达98%。《12345阿奇工作室》新闻热线受理2000余条，帮助老百姓解决环境污染、社会管理和矛盾纠纷等问题200余件。5月30日，央视四套《走遍中国》栏目播出了“有事找阿奇”专题节目，对阿奇工作室进行持续关注。首次对每月舆论监督报道情况进行梳理分析，编撰形成8期《舆情报告》，及时报送市领导和相关部门，加快问题处理速度，切实发挥“用新闻的力量推动进步”的作用。四是媒体融合多元合作，加快推进。按照构建“一核五翼三集群”（“一核”：新媒体中心建设为核心。“五翼”：广播电视报纸、传媒湖州网、广电微博微信圈、“爱湖州”手机客户端、网络电视台等五大传播平台。“三集群”：打造权威发布集群、视频新闻集群、便民服务集群等三大用户群。）新型媒体的发展目标，总台积极实施“跨屏工程”，努力把总台新媒体打造成为权威发布、视听新闻和便民服务的重要平台。爱湖州手机客户端和微信总用户数达28万户，比上年增长60%；全年发布各类稿件信息52944条，举办各类线上线下活动50余次，进一步抢占新媒体宣传阵地，提升新媒体推送能力。同时，加快“中央厨房”二期扩建项目的推进速度，11月初，成立全媒体新闻集散中心，通过柔性管理、双重考核的方式，组建70人的第二批全媒体记者团队，强化对手机客户端（微信公众号）、广播两个平台的首发要求，不断尝试全媒体传播新机制。五是多举措并举，外宣工作亮点频现。始终将提升外宣效果、扩大湖州对外影响力作为一项重要工作。年初，制定《新闻外宣“跨越奖”办法》，取得明显成效。全年在中央级媒体播出新闻129条，包括央视《新闻联播》播发稿件14条，其中头条2条、单条3条，比上年同期增长50%；在《焦点访谈》中播出2条；在中国之声《新闻和报纸摘要》《全国新闻联播》中播出11条，比上年增长10%；在省级媒体（含上海）播发稿件519条，其中省卫视《浙江新闻联播》《新闻深一度》和《今日评说》栏目播发稿件190条，《浙江新闻联播》头条播放首次达到19条，头条数与上年相比增长5倍，实现了新闻外宣“优化结构、提升总量”的新跨越。六是多地协同，联合报道影响深远。4月，为全力做好G20杭州峰会的宣传报道工作，坚持以小联大、联小成大，联合全省11家城市台共同开展“相约G20·空中看浙江”全省城市台新媒体联合报道活动，牵头成立浙江省广电新媒体联盟。活动期间，征集到各城市图文、视频报道1470篇，推送稿件569篇，总浏览量突破8000万次，其中湖州台在新华社客户端和新华网推送73篇，总浏览量超1200万次，稿件数量及阅读量均为11家城市台新媒体之首，得到各级领导的好评。七是多媒体联动，公益行动彰显魅力。1月，总台与中央人民广播电台浙江记者站、南浔区委宣传部联合发起“梦在路上——关注大山里的孩子们”大型新闻公益行动，得到社会各界广泛关注和积极参与。首次采用全媒体网络“微直播”方式进行全程实时滚动跟踪报道。24小时不间断发布信息，连续一周内容无缝链接，在广播电视播发稿件50余篇，在传媒湖州网、爱湖州手机客户端和微博等新媒体平台播发稿件390余篇，点击量达25万人（次），新华网、中央人民广播电台官方网站、浙江之声和贵州省各级新闻媒体也对此次活动进行持续关注，进一步扩大了新闻公益行动的社会关注度和影响力。八是多方位支持，精品创优成绩斐然。始终把精品创优作为全面提升新闻宣传质量的重要抓手，鼓励多出精品力作、多办精品节目栏目，从而使节目栏目在提质量、创品牌方面取得新突破。在省精品创优各项评比中，总台有14件作品获得省级奖项，包括《“图”间行走看“两山”风景》等3件作品获得省级一等奖，《遥远的山——解读德清“洋家乐”现象》等10件作品获得省级二等奖，《湖州民宿，一张床铺的生态附加值》等5件作品获得省级三等奖，获奖数量突破上年同期水平。特别是文化娱乐频道创作的作品《长城谣的故事》首次获得省政府文艺专题作品一等奖，实现了文艺专题“零”的突破。

【产业经营】　面对严峻形势和发展困境，总台始终贯彻“立足主业、多元拓展、注重业态”的经营方略，巩固拓展传统产业，大力发展文化产业，不断参与市场竞争，全力打好经营提质、产业增效两大攻坚战。一是抓住重点，经营管理举措新。调整广告经营构架，根据广告经营形势及总台广告经营实际，合并广告中心市内部和市外部，实行统一经营的广告中心制，进一步整合优势资源、减少人员成本和激发内部活力，更好地激发了经营工作动力。强化媒体联动与互动，出台《“双屏互动”产品的运作方案》，将电视与手机的“双屏互动”作为一项新的融媒体产品加以整体开发与打造，进入实质化运作阶段。试行“为节目点赞”“摇电视·赢大奖”等双屏互动活动，吸引更多的受众群，取得良好的收视拉动效应。加强广告监播管理，加大广告监管力度，严格审批流程，强化监审监看，确保广播电视广告品味良好、导向正确，广告信用指数不断提升。广告信用指数为100分，在全省12家设区市媒体排名第一。二是合作共赢，经营创收有新进展。总台始终将与市级部委办局的合作作为经营创收新的突破口和增长点，强化个性化服务方案的策划。3个频道充分利用自身优势和社会资源，积极寻求合作，年内，与有关市级部委办局合同签约量达1648万元，同比增长47.41%。新客户开发后劲稳健，各经营平台坚持从维护客户关系、深度挖掘本地资源入手，瞄准新客户，抓住新重点，积极拓展优质新客户。5月，与吴兴区东部新城管委会合作启动《湖城向东看》节目，6月，与市级公立医院启动直播互动节目《健康直播间》，以拉动公立医院的广告投放。梅地亚中心作为广电文化产业的重点项目，依托区位优势，继续加大招商力度。全年新引进休闲体育、生活服务、精品零售和餐饮等业态的商户17家，新招商面积达2317平方米。开业商户达35家，完成整个招商面积的99.1%。产业主营项目稳步推进，梅地亚银河电影城、梅地亚少年宫和电子竞技馆三大主营项目先后开业，为梅地亚广场积聚人气、业态推广和增加效益发挥了重要作用。年内，梅地亚影城票房收入超过1100万元，梅地亚少年宫培训课程收入83.6万元，电子竞技馆通过举办浙江省高校电子竞技联赛秋季总决赛，全年广电梅地亚文化传媒有限公司销售收入突破2000万元，梅地亚广场的品牌价值不断显现。宣传片制作势头良好，广电发展公司所属梅地亚公司艺术中心始终坚持“做精品、提效益”的经营理念，不断提升宣传片拍摄质量，提高经营创收水平。三是创新合作，经营模式进行新尝试。积极打造电台汽车俱乐部，针对车主听众群，组建成立“湖州电台汽车俱乐部”，获得湖州中心城区20家商家加盟，初创成员达5000人，社会影响力有效提高。主动参与社会资本运作，充分利用自身的媒体优势和湖商创投、浙江政信宝两家公司的渠道优势，由梅地亚公司参与组建浙江政信资产交易中心有限公司，股份占比达15%，尝试运作资产包项目，主动开拓广电产业发展的新渠道。合作尝试跨境电商项目，经过市场调研和项目考察，6月，总台启动运营湖州首个媒体跨境电商平台——“湖州海淘”项目，尝试新的合作方式，打造新的创收平台，积极探索把受众视为用户、把用户作为伙伴的传统媒体转型发展之路。

【科技事业】 总台始终坚持抓好技术平台、传输平台和播出平台等重要环节的安全保障工作，完善安全播出制度，健全技术保障体系，确保系统安全运行。至年末，广播电视累计完成节目播出6.63万个小时，完成了G20杭州峰会、世界互联网大会乌镇峰会、全国和省、市“两会”等重要播出保障期的安全播出任务，承担了全国培育新型经营主体发展适度规模经营座谈会、2016年环太湖自行车赛和全市重大项目开工仪式等10余场重要直播和录制工作，均未出现重大安全播出突发事件、无人为安全播出责任事故，实现了零差错、零停播的“双零”目标。（林　平）

社会建设

教　　育

·综　述·

【概况】 2016年，湖州市有各级各类学校和幼儿园461所，在校生42.32万人，其中普通高校3所，成人高校1所，在校生4.21万人；普通高中25所，在校生4.17万人；中等职业学校12所，在校生2.84万人；技工学校1所，在校生1200人；初中95所，在校生6.93万人；小学126所，在校生15.79万人；特殊教育学校5所，在校生415人；幼儿园193所，在园幼儿8.23万人。2016年，全市中小学校教师申报晋升正高级教师9人，评审通过7人；申报晋升中小学高级教师338人，评审通过184人；申报晋升中专高级讲师5人，评审通过4人；申报晋升中小学校教育管理副研究员3人，评审通过3人。申报晋升中小学一级教师1127人，评审通过497人；申报晋升中专讲师26人，评审通过10人；申报晋升、转评教育管理助理研究员10人，评审通过9人。初评中小学一级教师15人、中专讲师6人。评定初级资格967人，其中初评资格955人、晋升和转评资格12人。举办市第三届"我最喜爱的老师"评选活动，表彰"我最喜爱的老师"及入围奖获得者各10名。

【荣获省教育科学和谐考核"优秀单位"称号】 2016年，市教育局重视科学和谐发展业绩考核，贯彻党的教育方针，推进教育创新，促进城乡教育均衡发展，较好地完成了年初制订的各项目标任务，全市教育事业得到了长足发展。湖州市教育局以全省第二名的成绩又一次获得浙江省教育科学和谐发展业绩考核"优秀单位"称号；德清县教育局与长兴县教育局均获2016年度浙江省教育科学和谐发展业绩考核"优秀单位"称号。

【全面启动"十三五"发展规划】 坚持以率先实现教育现代化为统领，制定《湖州市教育事业"十三五"发展规划（2016～2020年）》，全面启动中职教育、特殊教育、教育人才队伍建设、教师专业发展和"智慧校园"建设等五大行动计划，全面提升教育普及化、均衡化、信息化、国际化和个性化、终身化水平，为湖州市高质量建设现代化生态型滨湖大城市、高水平全面建成小康社会培养合格建设者和可靠接班人。

【教师队伍建设】 2016年，全市有中小学和幼儿园专任教师26449人，其中普通中学10097人、小学8800人、中等职业学校2192人、特殊教育124人和幼儿园5236人。开展中小学教师专业发展全员培训、优秀骨干教师培训和网络教育培训等多种形式的继续教育，完善"择优、竞争、公平"的教师招聘机制，强化教师岗位管理，教师队伍整体素质不断提高。中小学专任教师学历合格率与上年相比，略有提高。初中教师合格学历达99.94%，同比提高0.03个百分点；普通高中达99.45%，提高0.1个百分点；中等职业学校达到97.60%，与上年基本持平；小学达99.99%，提高0.01个百分点；幼儿园合格学历为99.92%，与上年基本持平。专任教师高学历比例，初中96.62%，提高0.85个百分点；普通高中6.45%，提高0.02个百分点；中等职业学校7.81%，提高1.13个百分点；小学97.94%，提高1.42个百分点。幼儿园高学历比例达97.75%，提高1.6个百分点。

【民办教育】 2016年，全市全日制民办学校36所，民办幼儿园87所，民办培训机构168所，托儿所25所。鼓励和引导社会资本进入教育领域，湖州帕丁顿双语学校、上海外国语大学附属浙江宏达南浔学校和湖州枫叶国际学校等优质民办学校落户湖州。进一步规范民办培训学校办学行为，市批民办培训学校均签订了《2016年市批民办培训学校安全工作目标管理责任书》。认真开展民办教育机构的年度检查工作，推进全市民办教育健康持续发展。

·基础教育·

【概况】 2016年，全市有普通中学120所，在校学生11.09万人。其中初中95所，全年招生2.28万人，在校学生6.93万人；高中25所，全年招生1.37万人，在校学生4.17万人。小学126所，全年招生2.79万人，在校学生15.79万人。特殊教育学校5所，全年招生66人，在校学生415人。幼儿园193所，全年招生2.94万人，在园幼儿8.23万人。

【学前教育】 2016年，全市有幼儿园193所，其中一级幼儿园36所、43个园区，二级幼儿园83所、92个园区，等级幼儿园覆盖率达97.5%；在园幼儿82249人，学前三年入园率达99.27%；全市幼儿园专任教师5043名，幼儿教师持证上岗率98.8%，大专以上学历达97.7%。2016年市、县（区）认真落实省督查考核补齐公共服务有效供给短板工作要求，制定并实施幼儿园扩容工程和薄弱幼儿园改造工程，通过加大投入、改善办园条件、提升幼儿教师工资待遇、增加幼儿园公办编制和强化幼儿教师全员培训等办法，较好地完成了《湖州市第二轮发展学前教育三年行动计划（2014～2016年）》的目标任务。市教育局会同市发改委等部门联合下发了《湖州市住宅小区配套幼儿园建设管理办法》，保障配套幼儿园与住宅小区同步规划、同步建设、同步验收和同步交付使用。积极开展以“幼小协同、科学衔接”为主题的第五个全国学前教育宣传月活动，充分利用多种传媒，创新宣传方式，搭建宣传平台，组织专家、园长、校长和有经验的教师为家长答疑解惑，提供有针对性的指导。组织开展市第四届幼儿教师职业能力大赛，为幼儿教师提供展示才华的平台。

【义务教育】 2016年，全市小学入学率和巩固率均达100%，小学毕业升初中率达100%；初中入学率和巩固率均达到100%。深入调研，稳步前进。4月，市教科研中心开展为期1个月的义务课改工作督查工作。5月27～28日，浙江省深化义务教育课程改革巡查组开展巡查工作，巡查组充分肯定了湖州市课程改革工作。9月，开展初中实验教学与管理工作检查，督查促动改革。全面推进，典型示范。11月2日，市教育局召开深化义务教育课程改革推进会。12月6日，召开座谈会，对湖州市深化义务教育课程改革工作进行总结，部署下阶段工作。建立湖州市深化义务教育课程改革专题研究课题组，开展多种形式的调研。开展推荐义务教育先进典型工作案例，共推荐了28个案例。深入推进“一师一优课，一课一名师”工作。6月，召开湖州市2015～2016年度“一师一优课 一课一名师”工作推进会。9月，接受省“一师一优课、一课一名师”活动巡回检查。完成2015～2016年度上报工作，报名教师5909人，晒课6605节，参与晒课教师比例达31.71%，超过省教育厅预定晒课教师20%的目标。

【普通高中教育】 积极适应高考招生制度改革，全面深化普通高中课程改革。加强选课走班教学常规管理，探索建立行政班班主任、教学班教师、成长导师“三位一体”的管理体系和定教师、定班干部、定座位的教学班学生“三定”管理办法。积极开展包括学业生涯、人生生涯和职业生涯在内的生涯规划教育，各学校制订学生职业生涯规划指导手册，增强职业规划的实效性。召开全市普通高中教学组织形式变革与综合素质评价现场推进会，紧密结合学校课程体系建设和新高考方式下学生选课走班等因素，探索构建多元化、多样化和校本化的评价体系。认真开展省级特色示范高中争创工作。年内，成功创建省一级特色示范高中2所、省二级特色示范高中7所，全市省一级、二级特色示范高中分别达到7所和15所，省级特色示范高中占全市普通高中总数的88%。全力提升教育质量。先后召开市直和全市普通高中高三教学工作会议，科学部署2016年高考迎考工作。扎实开展市直普通高中“补短板 促发展”专项督查工作，有效地提升了普通高中教学管理水平。2016年，一类重点大学上线率达18.24%，首次突破18%。全市文理科第一名分别由湖州中学和长兴中学获得，并分列全省裸分第三名和第一名，全市文理科第一名在全省排名首次同时进入前三甲。湖州中学有116人（次）通过全国高校“三位一体”自主招生，位列全省第一。

【特殊教育】 全市有特殊教育学校5所，随班就读试点学校23所，建有33个资源教室。认真落实《湖州市“国家特殊教育改革实验区”实施方案》，重点开展医教结合、送教上门等方面的实验改革，加快医教结合“三位一体”（即医教结合的行政管理机制、专业服务机制和特殊学校现代化管理机制）管理机制和“四送合一”（即教育部门负责“送教上门”、卫生部门实施“送医上门”、残联部门开展“送康复上门”、民政部门组织“送温暖上门”）协作共同体建设，构建特殊教育改革发展支持体系，确保实验区工作顺利开展。构建多元融合教育体系，推动特殊教育与普通教育相互融合，年内，全市共建成特殊教育卫星班2个。

【德育工作】 认真贯彻《中共湖州市委办公室关于转发〈浙江省党委（党组）意识形态工作责任制实施细则〉》，切实做好中小学意识形态工作，牢牢掌握意识形态工作的领导权和主动权。深入贯彻落实习近平总书记系列重要讲话精神，围绕立德树人，扎实开展“我的中国梦”、清明祭英烈、学习和争做美德少年、童心向党、“G20与你我他”“听长辈讲创业故事”“劳模”“好人”进校园等系列主题教育实践活动。加快省“心灵港湾工作坊示范点”创建步伐，并在全省“心灵港湾工作坊”建设现场会上作交流发言。成立市青春健康教育指导中心，举办“护航青春·寄语花季”青春健康知识讲座，引导广大青少年健康成长。制订《湖州市教育局关于进一步加强家庭教育工作的实施意见》，召开全市中小学家校联动推进会，加快家庭教育工作制度化建设。深入实施“美丽校园行动计划”，形成了湖州中学的“四气”（即正气、大气、和气、灵气）精神、湖州二中的“卓越”文化等一批有一定知名度和影响力的特色文化校园品牌。湖州中学、吴兴区新风实验小学教育集团等4所学校被评为首批“省中小学美丽校园”，德清县高级中学等3所学校被评为“省中小学美丽校园提名学校”。浙江信息工程学校、湖州艺术与设计学校被评为“省中职学校美丽校园”，长兴县职业技术教育中心学校被评为“省中职学校美丽校园提名奖”。与市文明办联合下发《关于深入开展文明校园创建活动的通知》，扎实推进学校精神文明建设工作，进一步优化校园育人环境。

【生态文明教育】 2016年，围绕生态市、生态文明先行示范区建设，坚持“绿水青山就是金山银山”重要思想，开展“三改一拆”“四边三化”“五水共治”教育宣传，积极推进生活方式绿色化工作。2月，评选第一批生态文明教育精品课程，评选出15门精品课程。开展市生态文明教育示范学校展示评比工作，有21所学校申报参加展评。开展生态文明教育主题班会评比活动，共有99件作品参赛，35万余人（次）参与网络投票，有效扩大了生态文明教育参与面。组织创建第八批省级绿色学校，共有16所学校申报。11月，接受省环境教育协调委员会考核，得到专家一致好评。

【禁毒教育】　2016年，继续将禁毒相关课程纳入整体教学计划，将毒品预防教育纳入学生始业教育内容，精心组织开展好以“五个一”（上一堂禁毒课、开一次禁毒主题班会、参观一次禁毒展览、观看一部禁毒电影、开展一次禁毒征文比赛）为主要内容的毒品预防教育活动。各县（区）制订2016年秋季开学在校学生毒品预防教育工作计划，明确分工并确定专人负责。各县（区）教育局和各级学校充分利用本地的禁毒教育基地、禁毒教育园地、强制隔离戒毒所和学生实践教育基地等场所，组织学生开展禁毒主题教育活动。深入开展“禁毒教育校园行”活动，各校组织学生观看禁毒教育宣传影片《与死神共舞》《中华之剑》《湄公河行动》等，并将宣传片上挂到“湖州教育网”专栏中，累计21万余人（次）观看或点播，在学生中产生良好的教育效果。

【中考情况】　2016年，全市初中毕业人数24389人，升入高中学校的24172人，其中升入普通高中12958人、升入中等职业技术学校11214人，升学比率达99.11%。全市中考政策坚持“总体稳定，略有调整”的原则，继续实行初中毕业学业水平考试和综合素质评价、体育考试和省重点高中招生计划的50%定向分配等政策，全市统一实行中考网上评卷。切实加强体育考试、文化课考试等考务管理，强化考试安全工作，考试与招生工作平稳有序。体育考试进行了多项改革，增加选测项目游泳并顺利实施，长跑允许每位考生考2次，给考生更多的测试机会；立定跳远改人工测试为机测，更公平、公正。施行非本市户籍进城务工人员随迁子女中考报考新政，符合条件的与本地户籍考生同等待遇。科学学科中考成绩从150分调整为160分，进一步强化中考评卷管理。市区提前招生与特长招生工作平稳有序进行，分别有2所普通高中和中职学校实行提前招收保送生和涉农专业提前招生，招生人数共775人；有7所普通高中参与特长招生，特长招生人数27人。继续推行“职普融通”招生模式，并扩大规模，其中浙江信息工程学校和湖州五中联合招收150人，湖州交通学校与湖州一中联合招收120人。进一步加大“阳光招生”政策执行力，严肃招生纪律，全市各高中学校招生规范，秩序良好。

【安全工作】　2016年，全市安全工作再上新台阶。先后获得市服务保障G20杭州峰会先进集体、2016年度湖州市安全生产目标管理责任制考核优秀单位、2016年度消防工作先进单位、2016年消防安全管理目标责任制考核优秀等荣誉。德清、长兴、安吉三县继吴兴、南浔两区之后创建为全国安全教育实验区，实现全市安全教育实验区全覆盖。南浔区教育局完成省级校园周边治安综合治理信息化建设试点工作。全年全市学校非正常死亡10人，未发生一起重大安全事故、安全责任事故和群体性事件。进一步落实平安校园建设责任体系，强化教育部门监管责任，学校主体责任。层层签订责任状，确保安全工作“事事有人管，人人有事干”。持续加大校园安全经费投入。全市建有校园警务室532个，专职保安1886名，年内，保安经费投入7000万元，确保了学校专职保安100%全覆盖，100%持证上岗。全市有校车565辆，每天接送34198名学生上下学，接送率达99.7%，高于省定标准1.7个百分点，高标准完成G20杭州峰会维稳安保工作。4月初，下发《湖州市教育系统平安护航G20峰会工作方案》，各级各校采取有效的防控措施，逐个落实对重点领域、重点部位、重点时段和重点人群的精准防控。加大校园安全工作宣传报道力度，先后有《浙江湖州校校都有“警务室”》《（指尖上）的校园反欺凌》两篇报道被《中国教育报》刊登，《湖州率先实现校园警务室全覆盖》在《浙江教育报》中刊登。11月2日，《浙江政务信息（专报）》刊发《南浔区学校安全教育管理工作走在全国前列的主要做法》。全面加强安全教育，提高师生安全意识和技能。组织开展第21个全国中小学生安全教育日或教育周活动。及时下发教育部致全国中小学生家长一封信，实际发放328561封，收到回执328531封，回收率达99%。扎实开展“中小学生安全千万家”教师家访活动，全市教师走访91324个家庭，做到留守儿童家庭、外来务工人员子女家庭100%全覆盖。

【语言文字工作】　2016年，精心组织湖州市青少年中华经典诗文诵读活动暨“我爱诵诗文”诵读大赛。4所学校代表湖州市参加省“我爱诵诗文”第十届青少年中华经典诗文诵读大赛，分获中学个人组一等奖，小学个人组二等奖和集体组三等奖。湖州市教育局被大赛组委会评为“优秀组织奖”。扎实开展推广普通话宣传周活动，转发教育部等九部门联合下发的《关于开展第19届全国推广普通话宣传周活动的通知》，对第19届全国推广普通话宣传周活动提出明确要求。全市中小学积极开展“啄木鸟行动”，加强社会用字、校园用字的规范化检查，增强师生语言规范意识和普通话应用能力，为构建和谐校园、和谐社会营造良好的语言环境起到积极的推动作用。

【教育科研工作】　2016年，市教科研中心把教育科研工作作为提高教育质量、全面育人的重要工作来抓，并且把教育科研的成果推广应用到教育教学工作之中，助推学校教育教学质量提升。全年全市有19项课题被列为省规划课题，234项课题被列为市规划课题，33项课题被首次列为市属级规划课题。努力抓好省规划课题和市级立项课题负责人培训，积极开展省级教科规划课题开题论证指导活动，组织专家对一批重点课题进行全面课题开题指导，做好精品成果培育工作。注重教育科研典型引领，激发教师开展教学研究、撰写教学研究论文的积极性。加强市级课题结题、评奖工作，201项课题成果被评为市2015年度教育科研优秀研究成果奖，其中一等奖课题55项、二等奖课题73项，三等奖73项。在2015年度浙江省教育科学研究优秀成果奖评奖中，获省二等奖4项，三等奖11项。

【心理健康教育】　深入贯彻湖州市《关于进一步推进全市心理健康教育的实施意见》精神，努力提供优质的、适合学生发展需要的心理健康教育，推动心理健康教育向心理健康服务转型。市教育局“心海导航”热线被授予浙江省心灵港湾工作坊示范点。聚焦亲子关系和危机识别与干预两个方面，开展全市心理健康教育论文及个案评比。并在省心理健康教育成果评比中，获省一等奖3人，二等奖9人，三等奖13人，创历史新高。

【教学研讨活动】　2016年，市教科研中心在紧扣质量主题，服务质量提升；围绕课改母题，指导课改深化；抓住教师前提，提高专业素养等方面组织开展多项教科课题研究（调研）及全市性教科研活动，全年开展形式多样、凸现学科特色的教学研讨活动380余次，教师参与活动2万余人次。各学科教学研讨活动注重打造和优化品牌活动，提升教研活动效益。通过项目化方式，加强对学科教研活动的管理，所有教研活动做到有计划、有内容、有反馈和有总结，强化教研活动的规范性和辐射力。高中段教研紧扣教育质量提升重点，深入调研学校深化课改、全面实施新高考方案的落实和教学质量管理情况，切实指导学校高三高考复习迎考和高一、高二教学工作。通过学科基地培育、高中教师专业成长协作体、名师工作室和第一层次名师培养等载体，促进老师教学理念与业务水平的提升。加强大数据背景下的考试、质量评价与保障体系建设研究，创新评价手段。通过集体调研、分科主题研究、分年级主题活动等形式，促进高中课堂形态变革，优化教学模式，提升教学质量。义务段教研工作立足学科核心素养培养与学教方式变革，全力助推“学为中心”生本课堂建设。2016年，义务教育段累计调研学校31所，举办拓展性课程开发与实施、小组合作、“幼小衔接”等课题研究成果推广会8次，有效地推进了全市义教段学校育人模式转换，探索以人的全面发展为核心的完整教育质量增长方式。市教科研中心《区域推进“去小学化”教研策略的研究》等2个项目，被省教研室评为2016年度教研工作亮点（全省共20个），彰显了湖州市教研系统提升“新教育质量”水平的全省影响力。全市学前教育致力于研究游戏课程，秉持“以幼儿为本”“以游戏为主”的理念，尝试践行“幼儿园应以游戏为基本活动”的探索，形成了幼儿园游戏组织与实施的一系列策略、方法、途径和形式，自主游戏活动研究成果在全国范围内引起广泛关注。“安吉游戏”已引起世界学前教育界的关注，已有美国、澳洲和德国等10余个国家学者到安吉县考察研究。

【教师专业发展】　2016年，积极开展“教师素质强化年”活动，全年举办各类教师专业培训30个班次，共培训教师5057人（次）。组织选拔120名骨干教师参加国家级培训，选拔78名骨干教师参加省级培训。加快教师发展学校建设，全市74所学校（幼儿园）与浙江工业大学等6所高等院校签订教师发展学校建设协议。开展市直首批20个名师工作室年度工作考核，召开名师工作室导师工作交流会，开展市第五届“教学明星”评选工作，不断加强名优骨干教师队伍建设。修订《湖州市直学校名师名校长年度业绩量化考核细则》，引导和促进名师、名校长充分发挥其示范引领辐射作用。

【学生阳光体育运动】　扎实推进《湖州市中小学校体育工作三年行动计划（2014～2016年）》，积极开展中小学生阳光体育活动，确保学生在校期间体育锻炼每天不少于1小时，湖州中学等7所学校被评为省首批全国学校体育工作示范校。下发《省教育厅等6部门转发〈教育部等6部门关于加快发展青少年校园足球的实施意见〉的通知》，召开湖州市青少年校园足球工作总结表彰暨校园足球定点、特色学校校长及教练员培训会议，吴兴区被评为国家级校园足球试点区，吴兴高级中学等18所学校被评为国家级校园足球特色学校，德清县第一中学等30所学校被评为省级校园足球特色学校。全市学生体质健康监测成绩提高速度居全省第一，合格率居全省第三。

【认真组织高雅艺术进校园】　2016年，邀请省内、外有关艺术团体进校园（或集中在剧院）演出5场，学生观众3000人（次）。丰富学校艺术教育资源，改善学校艺术教育机制，提高学生人文素养和艺术修养。

【参与省中小学生艺术节】　根据《2016年湖州市中小学生艺术节活动实施方案》，指导各县（区）和学校开展全体同学参与的中小学生艺术节活动，组织市级评比并择优推荐参加省中小学生艺术节比赛。2016年，全市中小学生艺术节活动共收到表演类节目71个，其中合唱43个、合奏28个；美术类作品463件，其中绘画112件、书法88件、摄影101件、平面设计79件和立体造型83件。湖州中学等4所学校的8个节目获得省一等奖。

·职业教育与成人教育·

【概况】 2016年，湖州市职业教育深入贯彻落实国家、省、市职业教育工作会议精神，全面贯彻落实创新、协调、绿色、开放和共享的发展理念，坚持面向市场、服务发展和促进就业的办学方向，以立德树人为根本，以做精专业、服务企业、做强产业、保障就业和鼓励创业为导向，以改革创新和开放合作为动力，不断深化校企合作、产教融合，促进学生全面和可持续发展，为区域经济社会发展提供了坚实的人才支撑和智力支持。在2015年度省财政补助与市、县职业教育发展挂钩考核中，湖州市本级、长兴县获发达地区三等奖，安吉县获欠发达地区一等奖。2016年，全市中等职业学校占地面积202.67公顷，学校产权建筑面积93.77万平方米；生均占地面积和建筑面积分别为61.76平方米和30.06平方米。实习仪器设备价值3.72亿元，生均实习仪器设备价值11911元，均居全省前列。安吉职教中心、湖州市现代农业技术学校顺利通过首批省中职教育改革发展示范学校验收。德清县成为第一批国家级农村职业教育和成人教育示范县创建合格单位，安吉县被省教育厅推荐申报第四批国家级农村职业教育和成人教育示范县。在省政府教育督导委员会职业教育专项督查中，得到督查组充分肯定。

【专业和基地建设】 2016年，全市推荐申报省“中职教育质量提升行动计划”项目40个，申报通过39个，通过率达97.5%，创历史新高。浙江信息工程学校、长兴职教中心、德清县职业中专和湖州艺术与设计学校4所学校被评为省级中职名校立项单位，德清县职业中专的杨月明等5位老师被评为省级中职名师及名师工作室立项单位，德清县莫干山大酒店有限公司的李林生等6人被评为省级中职大师及大师工作室立项单位。德清县职业中专中餐烹饪、湖州市现代农业技术学校的果蔬花卉生产技术、湖州交通学校的物流服务与管理、安吉艺术高中的工艺美术、长兴技师学院的机电技术应用5个专业被评为省级中职品牌专业立项单位，湖州艺术与设计学校的童装设计与制作、浙江信息工程学校的电梯制造与维护、德清县职业中专的旅游服务与管理（民宿服务）、安吉职教中心的旅游服务与管理（亲子游）、长兴职教中心的新能源汽车运用与维修5个专业被评为省级中职优势特色专业立项单位。制定《湖州市“中等职业教育现代化工程”实施办法》，启动学生技术工作坊、理虚实一体化实训室、智能技术实训室（基地）和现代学徒制4个项目的申报工作，最终立项建设31个项目。其中，浙江信息工程学校的“互联网+”技术工作坊等8个项目被确认为市级中职学生技术工作坊建设项目，浙江信息工程学校的数控技术体验中心等6个项目被确认为市级中职理虚实一体化实训室，浙江信息工程学校的工业机器人应用于维护实训基地等4个基地被确认为市级中职智能技术实训室（基地），湖州艺术与设计学校的酒店服务与管理专业等13个项目被确认为市级中职现代学徒制项目。做好2016年市中职教育“六项行动计划”（即示范学校建设行动计划、骨干专业建设行动计划、教师队伍素质提升行动计划、学生综合素质提升行动计划、服务产业发展行动计划、成人继续教育行动计划）项目申报、评审工作，确定立项建设项目60个，圆满完成市中职教育“六项行动计划”。对2015年实施的市区职业教育“六项行动计划”专项资金建设项目开展绩效评价工作，认真总结提炼，挖掘典型与亮点，形成绩效评价报告，相关工作得到市财政等部门好评。至年末，全市中职学校建成市级专门化特色学校2个，市级骨干专业12个、市级特色（新兴）专业8个、市级品牌实训基地11个、市级信息化实验学校8所、市级深化课程改革实验学校9所、市级立项精品课程58门、市级学生职业能力培养实训基地10个、市级中职学校一级心理辅导站11个、市级中职校园文化示范学校12所、市级中职教育校外实习示范基地23个和市级职业教育开放实训中心12个。

【校企合作】 2016年，不断深化校企合作、产教融合，激发职业教育活力，不断增强职业教育服务地方经济社会发展水平。召开全市中职学校现代学徒制推进会，联合市人社局出台《关于加强中职学校现代学徒制“双导师”管理工作的意见》，下发《现代学徒制试点任务书》。8月，湖州市现代学徒制试点任务书顺利通过教育部备案审核。截至年末，全市共有注册学徒588名、合作企业52家、指导教师93人和带教师傅328人共同参与试点。《区域推进中职现代学徒制的探索与实践》获2016年省职业教育教学成果二等奖。对市属中职学校157名学徒进行第三方考核，合格率达97.4%，完成第三方考核工作。长兴县、安吉县成为省级现代学徒制试点县，浙江信息工程学校、湖州艺术与设计学校和德清县职业中专3所学校成为省级现代学徒制试点中职学校。市教育局和浙江信息工程学校在全省现代学徒制培训会上作交流发言，长兴县的现代学徒制试点任务书在省专家评审中获A等，并在全省现代学徒制试点单位现场交流会上作交流发言，得到省教育厅领导的肯定。参加教育部首批现代学徒制试点单位经验交流会。11月，由市中职教育学会组织，市、县教育局、职教教研室、人力社保局、职业技能鉴定中心和各中职学校相关负责人一行36人赴上海参加“课证融通、证岗衔接”试点工作培训。《中国教育报》《浙江日报》《浙江教育报》报道了湖州市现代学徒制试点工作。至年末，全市13所中职学校与1052家企业签订长期合作协议，其中大中型企业473家。参与职教集团23个，紧密型职业教育集团14个，本校牵头成立的职业教育集团10个。全市有7所中职学校开展“双证融通”试点，涉及27个专业。

【教学改革】 2016年，全市在推行以“小组合作学习”为主导的课堂教学改革的基础上，全面推进中职选择性课程改革。建立具有湖州区域特色的“二模二基三群”〔“二模”即各专业的“核心课程模块”和“选修课程模块”；“二基三群”即“文化基础课程（必修）、专业基础课程（必修）和专业拓展课程群（限定选修）、创新创业课程群（自由选修）、人文素养课程群（自由选修）”〕课程体系。与绍兴市、嘉兴市职教教研室组成职教教研联盟，借力发展，开展课堂教学观摩活动，效果良好。充分发挥教研员的作用，参与和指导各专业课改方案的制定，开展课改工作教师培训，定期召开课改工作例会，通过现场观摩、工作调研等手段督促各中职学校整体推进选择性课程改革，并完善选择性课改实施计划，开展选修课程资源库建设等。积极参加全省中职学校课程改革现场推进会，湖州市有1所学校进行交流发言，4所学校的材料进行书面交流。2016年，全市13所中职学校均整体推进课程改革，积极推行选课走班，参与学生24527人，其中高一年级参与课改学生数占比达99.1%。全市组织开发选修课程844门，开设选修课程650门，开发校本教材162本。出台《湖州市中职学校教学诊断与改进工作执行方案》，整体推进教学诊改工作。浙江信息工程学校成为全国教学诊改工作试点学校（浙江省仅3所），德清县职业中专、长兴技师学院和安吉艺术高中3所学校为省级教学诊改工作试点学校。召开中职学校教学工作会议，部署启动教学诊改工作。组织和指导全市7所国家级中职改革发展示范校、国家级重点中职学校撰写2016年度学校教育质量报告，在此基础上，撰写全市2016年度中职教育质量报告，并向社会公布。

【技能竞赛】 2016年，继续支持和推进师生参与国家、省和市组织举办的各类大赛。参赛教师获省级奖项44人，获市级奖项151人。在中职学生技能大赛中，参赛学生获国家级奖项15人，获省级奖项65人，获市级奖项396人。其中，在2016年全国职业院校学生技能大赛（中职组）中，浙江信息工程学校的陈金龙荣获装配钳工技术项目一等奖第一名。安吉技工学校（安吉职教中心）被确定为第44届世界技能大赛“管道与制暖”项目中国集训基地，学生杨运政入选国家集训队。在中职学生“文明风采”大赛中，17件作品获国家级奖项，2所学校获优秀组织奖，27件作品获省级奖项，113件作品获市级奖项；在中职学生创新创业大赛中，25件作品获省级奖项，46件作品获市级奖项。2016年，全市中职学校获得省级以上荣誉37项，开展教育科研324项。

【社会培训】 2016年，全市成人非学历教育培训达70.64万人（次）。其中，农民转移就业培训7.25万人，企业职工岗位培训6.84万人（含务工农民岗位培训3.37万人），家政培训8300人，其他各类培训32万余人，培训后取得职业资格证书1.71万人。全市减少文盲人口26609人。积极引导乡（镇）成校组织开展农业科技项目的推广培训，德清县雷甸镇成人文化技术学校《中药植物营养胶提高草莓品质的技术示范》等9个项目被评为湖州市百万农民素质提升工程暨第十四批农科教结合项目，德清县武康镇成校《茭白田养殖甲鱼技术的应用与示范》等5个项目被评为湖州市百万农民素质提升工程暨第七批农科教结合优秀示范项目。扎实开展社区教育，德清县新市镇、长兴县夹浦镇、安吉县天荒坪镇、南浔区善琏镇等被确认为全国农村优秀学习型乡镇（街道）；德清县雷甸镇中兴社区、德清县阜溪街道五四村、长兴县李家巷镇石泉村、长兴县小浦镇中山村、安吉县孝源街道尚书干村和湖州开发区龙溪街道杨家庄村等被确认为全国农村优秀学习型村居（社区）；德华集团控股股份有限公司、安泰（德清）时装有限公司和浙江永裕竹业股份有限公司、湖州威达集团股份有限公司、安吉祖名豆制品有限公司等被确认为全国优秀学习型乡（镇）企业。

·高等教育·

【概况】 全市有高等学校4所，即湖州师范学院、湖州师范学院求真学院、湖州职业技术学院和湖州广播电视大学。高等教育自学考试全日制自考助学机构1个，即浙江宇翔外国语专修学院。2016年，全市高等教育招生12423人，在校学生42062人，毕业学生12853人，专任教师2066人。高等学校占地面积210.87公顷，建筑面积103万平方米。湖州师范学院、湖州师范学院求真学院和湖州职业技术学院有副高以上教师563人。高等教育毛入学率达59.31%。

【湖州师范学院】 2016年，学校密切关注高等教育发展形势，始终把握高等教育发展规律，抢抓机遇，错位发展、特色发展，进一步为有特色、高水平的区域性大学建设打下坚实基础。

深化人才培养模式改革。出台《深化校地共育人才培养模式改革的实施意见》，成立创新创业学院。新建教师发展学校95所，并与诸暨市签订教育战略合作协议。获省高校“十三五”优势专业建设项目2个。获省首批精品在线开放课程建设项目4项，省高校青年教师教学技能竞赛一、二、三等奖各1项，省高教教学成果一等奖1项、二等奖2项，省高教教学改革项目8项、教改项目20项。在省教育厅本科院校办学业绩分类考核中，湖州师范学院得分居教学型和综合性教学型本科院校两个第一。

不断提高人才培养质量。出台《学生学科竞赛管理办法》，修订《大学生科技创新与学科竞赛奖励办法》。学生获国家级学科竞赛一等奖1项、二等奖6项、三等奖6项，获省级学科竞赛省级一等奖12项、二等奖40项、三等奖69项。获国家级大学生创新创业训练计划项目20项、省“新苗人才”计划项目32项，获省“挑战杯”创业计划银奖2项、铜奖4项，其中一项被评为“百里挑一”十佳公益创业项目。2016届毕业生初次就业率达96.62%，14个专业就业率达100%，就业率96%以上的专业45个。

进一步加强科学研究。2016年，获国家级项目18项、省（部）级项目41项、市厅级项目93项。教师出版学术著作9部，发表三大检索及一级期刊学术论文211篇，发明专利授权30项。获省科学技术奖一等奖1项、二等奖1项、三等奖2项，省第十八届哲学社会科学优秀成果二等奖1项、三等奖2项，2015～2016浙江省民政政策理论研究优秀成果2项。启动两轮校重点学科遴选工作，年内，已遴选出4个重点学科和6个重点（特色）学科。

积极服务地方发展。对接湖州市和各县（区）“十三五”产业发展布局，完善《“10+10”重点科技、人文社科服务地方团队》。组织“百名专家下基层”专项行动，深入100余家企事业单位开展科技攻关、联合开发、咨询服务和人才培训等服务。加大成果转化力度，签约横向科研项目129项，总合同经费1750万元。新建10个产学研合作示范基地。湖州市第三人民医院和解放军第九八医院成为湖州师范学院附属医院，与吴兴区人民政府共建东部新城大学科技创业园和浙江省首家平安学院。与湖州鑫远投资有限公司签约合作共建国际护理学院，与天能集团开展产学研全面战略合作。1人被授予“十佳浙江省优秀科技工作者”、2人获“十二五”期间省农业科技先进工作者，2人获2016年湖州市“最美科技人”荣誉称号，5项研究报告获得市级领导批示。

大力实施人才强校战略。全年引进专任教师47名，其中学科方向负责人4名、正高2名、副高4名、博士研究生29名，生师比16∶1。新聘、续聘和返聘外聘教授或客座教授29名，其中共享院士2人、“长江学者”讲座教授1人、国内知名学者7人。新增“国家千人计划”4人、省突出贡献中青年专家1人、省高校优秀教师1人和市“1112”培养人员5人和后备人员7人。师资队伍不断优化，博士占比达7.6%。

扎实推进“平安校园”建设。出台《校园交通安全管理暂行规定》和《关于改扩建装修工程实施技防和消防备案的管理规定》。加强物（技）防建设，新装监控探头145个，重点部位全覆盖。加强治安管理，举行“杨警官有约”16期，开展新生消防培训32场。

着力打造校园文化特色。志愿者工作获全国校园文化品牌建设优秀奖、第二批全国学雷锋活动示范点（省内唯一）等。“君子之风”教育实践活动被评为2016年度湖州市宣传思想文化工作创新项目。举办第四届胡瑗文化节，“胡瑗大讲堂”邀请知名学者、专家来校讲学。沈行楹联艺术馆通过“爱国主义教育基地”复评，获市爱国主义教育基地“先进单位”称号。1个文化工作室入选市“文化领军人才工作室”，2支团队成为第三批市宣传文化优秀创新团队，2支文艺团队成为2016年市优秀文艺扶持团队。

国家社科重大项目实现“零”的突破。“全国生态文明先行示范区建设理论与实践研究——以湖州市为例”获批2016年度国家社会科学基金特别委托项目，资助研究经费80万元，实现了国家社科基金重大项目“零”的突破，也是湖州师范学院实施人文社科繁荣计划以来一个重要的标志性成果。

省一流（重点）学科数量创历史纪录。中国语言文学、数学、物理学、机械工程、计算机科学与技术、护理学、药学和水产8个学科成功获批“十三五”浙江省一流学科，省财政资助经费171万元/年，顺利完成湖州师范学院“十三五”规划目标。与同类地方高校相比，立项数排名第一。

成功获批首个百万元“中英痴呆症科研项目”。学校与英国普利茅斯城市学院、普利茅斯大学联合申报的老年痴呆护理项目获英国大使馆文化处批准，并获得英国大使馆和英国校方共同提供的10.5万英镑（约100万元人民币）资助经费，标志着学校在国际联合科研项目上获得重大突破。

正式启动首个国际联合实验室。学校与加拿大魁北克大学里姆斯基校区共建水生生物与环境研究国际联合实验室，标志着学校国际学术交流与合作迈上新台阶。

【湖州职业技术学院·湖州电大】 2016年，湖州职业技术学院科学谋划和实施《学校“十三五”事业发展规划》，编制《浙江省优质高职院校建设方案》，完成省优质高职院校的申报工作。强化学校“名特”专业的建设与培育，建筑工程技术等4个专业入选省高校“十三五”优势专业，4门课程获批教育部第一批“国家级精品资源共享课”。出台《关于深化教育教学改革 提高人才培养质量的若干意见》，2016年，教学工作与业绩考核居全省48所高职院校前列。成立创业学院，积极推动创新创业教育改革，开设“怡亚通创业班”等创新创业试点班，努力打造创新创业教育“升级版”。年内，师生参加省级以上各类技能竞赛共获奖179项，其中获国家三等奖以上29项，省级一等奖33项。

坚持人才强校，2016年，引进硕士以上教师37人，其中博士4人，专任教师总数达383人。截至年底，学校硕士及以上人员占专任教师数的81%，副高及以上职称130人，新增“一联一”工程教师19人、“双师素质”教师11人，“双师”教师占专任教师的76.86%。8人入选湖州市“1112”人才，6人赴国（境）外进修访学。制定《名师培育管理办法》。

加强校地、校企合作力度。与湖州市旅委协同创立湖州国际旅游学院；与湖州市质监局、市特种设备检测研究院、市电梯行业协会“政校行企”合作共建湖州市电梯职业技能测试培训中心。推进学历与非学历教育。学校被评为“全省电大办学先进单位”；制定《湖州农民学院“十三五”发展规划》，全年培训新型职业农民2211人，新认定10家农民大学生创业基地，新增农民大学生429人；社区大学举办“公益大讲堂”讲座50场，启动湖州老年开放大学试点工作。全年举办各类培训班218期，培训总规模达1.25万人（次）。

办好民生实事。积极拓展大学生服务中心“一站式”功能，方便学生办事。全年学校基本设施改造维修（含大学生创业园项目）累计投入1630万元，其中教学科研设备采购950万元。加强数字校园建设，积极推进各地校友会换届工作。

【教育类考试】 2016年，全力推进高考招生综合改革，切实维护考试安全公平公正，以人为本，科学管理，依法治考，从严治招，主动服务广大考生，确保考试招生各项工作任务圆满完成。全市普通高校报考人数为16658人；新一轮高考招生综合改革全面实施前的最后一次“三项考试”顺利收官，报考人数为14379人；新高考方案下学考与高考选考考试科目科类多，时间长短不一，考生参差不齐，在2种考试并存且参考人数及报考课次均创新高的情况下顺利完成，全市有69542人报考，报考科次为184116；高考艺术类美术专业统考905人；全市有22312名考生参加中考文化课考试，全部实行初中毕业生体育考试；成人高考、硕士研究生招生考试分别有5487人、1393人报考；自学考试总报考人数为3617人，报考7796课次；自学考试毕业生审核1151人；非学历考试顺利进行，全年组织剑桥少儿英语、全国英语、全国计算机、大学外语和高校计算机等等级考试各两次，共有51872人报考；报考省艺术特长B级水平测试考生有928人；组织国家教师资格考试笔试和面试各两次，共有5950人参加笔试，3924人参加面试；普通高校专升本考试共有158人报考；浙江省政法干警招录笔试和高职职业技能理论考试各有463和1756人报考。各科类每场考试都按照要求规范操作，严格管理，实现了“考前无试卷试题失泄密，考中无群体性舞弊，考后答卷回收不失少”的全年平安考试的工作目标。

·办学条件·

【概况】 2016年，全市学校办学条件持续改善。小学：生均校舍建筑面积为8.34平方米；生均图书为25.73册；每百名学生拥有计算机台数小学由上年的18.23台增加至18.44台；小学体育运动场（馆）面积达标校数的比例为99.21%，比上年提高3.09个百分点；体育器械配备达标校数比例为100%，提高3.1个百分点；音乐器材配备达标校数比例为100%，提高2.33个百分点；美术器材配备达标校数比例为100%，提高2.33个百分点；数学自然实验仪器达标校数比例为100%，提高1.55个百分点；建立校园网的学校数比例达99.21%，提高2.31个百分点。初中：生均校舍建筑面积为21.15平方米，比上年增加2.42平方米；生均图书为48.72册，比上年增加5.84册；每百名学生拥有计算机台数初中由上年的30.56台增加至32.91台；体育运动场（馆）面积达标校数的比例为98.95%，提高0.03个百分点；体育器械配备达标校数比例为98.95%，提高0.03个百分点；音乐器材配备达标校数比例为97.89%，提高0.04个百分点；美术器材配备达标校数比例为97.89%，提高0.04个百分点；理科实验仪器达标校数比例为97.89%，提高0.04个百分点；建立校园网校数比例为98.95%，提高1.1个百分点。普通高中：生均校舍建筑面积26.6平方米；生均教学仪器设备值0.58万元；生均图书44.51册。普通高中体育运动场（馆）面积达标校数比例为100%；体育器械配备达标校数比例为100%；音乐器材配备达标校数比例为100%；美术器材配备达标校数比例为100%；理科实验仪器达标校数比例为100%；建网学校比例为100%。中等职业教育（包括职业高中、普通中等专业学校、成人中等专业学校）：生均校舍建筑面积26.97平方米，比上年增加1.95平方米；生均图书29.32册，比上年增加1.42册；生均仪器设备值0.9万元，比上年增加0.12万元。

【助学工程】 2016年，全市城乡义务教育段学生免除杂费5615.46万元，免费提供教科书金额5971.02万元；对义务教育阶段贫困家庭学生提供免费营养餐，惠及1.6万人（次），金额816.87万元；对家庭经济困难的中小学生发放“助学教育券”，惠及学生0.19万人（次），金额272.26万元；0.57万人（次）普通高中学生和0.78万人（次）中职学生享受国家助学金，金额1341.1万元；5.71万人（次）中职学生继续享受中等职业教育学费减免政策，金额9457.92万元。对家庭经济困难的学前幼儿给予保育费资助，惠及幼儿450人（次），金额52.87万元。根据《浙江省人民政府关于进一步完善城乡义务教育经费保障机制的通知》精神，从2016年秋季学期起，湖州市对城乡家庭经济困难寄宿生给予生活补助。全年全市秋季学期义务教育学校城乡家庭经济困难寄宿学生即“一补”人数为377人，补助资金22.46万元。

【现代教育技术装备】 以多媒体技术、网络技术为主体的教育技术装备发展迅速，主要指标比上年均有明显提高。三县二区全部建成以市教育信息中心机房为核心的教育城域网，所有公办学校均建立校园网并千兆接入省教育计算机骨干网，“校校通”目标基本实现，计算机有效生、机比达5:1，多媒体班套比达1:1。

【湖州教育网】 2016年，市教育局门户网站——“湖州教育网”综合实力得到提升。日均浏览量2万余次，全年发布信息2.1万条，其中政务公开信息380条、工作动态888条、校园快讯15631条和教育时空视频60条，在市信息中心推出的湖州网站群排名中一直居市属单位第一名。湖州教育网开发的“湖州教育党建专栏”“湖州市市直名师工作室”“湖州市教育纪检监察专栏”“学校安全”等专栏，受到广大师生、网民的欢迎，其中湖州市微课资源网站在全市范围内征集了微课程作品183门（1063个知识点学习资源），共享省级资源网的微课资源，和市名师工作室、教师网上个人空间等构建了湖州教育资源共享大平台，有力地促进了全市教育现代化水平。

【学校建设】 2016年，深入实施《湖州市区教育设施布局专项规划（2014－2020年）》，认真调研各县区和市直学校基础设施建设情况并制定初步建设方案。完成市直学校基建维修改造项目29个，投资2333万元。把标准化学校建设、塑胶跑道建设等教育重点工作列入为民办实事内容，全市有8所学校新建塑胶跑道，义务教育标准化学校创建率达95%，居省前茅。学校用水城镇管网接入率达100%，义务段学校直饮水设备覆盖率达100%。

（沈新方　肖　亮）

社会保障　人力资源

·就业与社会保障·

【就业创业合力推进】 2016年，市人力资源和社会保障局认真贯彻落实“十三五”规划目标和任务，坚持把稳定就业作为保障民生首要任务，大力实施就业优先发展战略，将扶持创业与促进就业有机结合，积极助力大众创业、万众创新，全年全市城镇新增就业8.98万人、城镇失业人员再就业3.09万人，其中帮扶就业困难人员再就业5484人，城镇登记失业率2.52%。一是政策扶持扎实有效。根据国家和省、市关于支持大众创业、促进就业实施意见，制定大学生创业扶持政策、一次性创业社保补贴、创业租金补贴和创业导师管理办法等配套政策，加强政策解读，强化督促问责，推进一系列促进就业、创业政策落地见效，切实将政策用好用足。二是创业带动成效明显。深化完善创业帮扶体系，建立健全创业导师与创业者“一对一”帮带机制，推进创业示范园等平台建设，举办第三届高校毕业生（青年）创业大赛、创业典型评选等活动，广泛开展“双创”宣传，全年协助发放创业贷款287笔、7207万元，贴息194笔、357万元，积极助推高校毕业生创业创新，全市新增大学生创业3360名，创办各类企业3125家，带动就业8700人，高校毕业生首次就业率达96.6%。大力助推农村电商创业，推进安吉县农村电商创业省级示范县建设，全市完成农村电商培训9408人、新增农村电商创业3118人、带动就业1.16万人。三是企业用工保障有力。强化就业、失业动态监测，全市监测点增至1451家，围绕工业经济“开门红”“小微企业三年成长计划”等用工保障，组织举办春、秋季系列招聘会等公共就业专项活动69场（次），推出就业岗位8.52万个（次），达成就业意向3.78万人（次）。举办浙江省技能人才校企合作洽谈会浙北分会，现场签订校企合作协议34份，为湖州市重点产业培养输送技能人才8457名。四是就业帮扶力度加大。落实企业吸纳就业困难人员、职业培训和失业保险援企稳岗等补贴政策，全年为企业和灵活就业的困难就业人员等发放各类社保、岗位补贴2.4亿元、援企稳岗补贴7687.53万元。建立健全精细化、长效化就业困难人员实名制管理和零就业家庭帮扶机制，零就业家庭保持“动态归零”。积极帮扶劳动年龄段内有劳动能力和就业意愿的低收入居民就业创业，帮扶就业率达82%。

【社保统筹不断提升】 坚持以更加公平更可持续为目标，注重加大社会保险统筹力度，不断推动全覆盖、保基本、多层次和可持续的社保体系建设。一是社保制度统筹落实。全面实施机关事业单位工作人员养老保险制度改革，推进制度政策和改革实施方案落地运行，组织完成相关业务经办工作，全市机关事业单位参保率、在职人员参保率和退休人员社会化发放率分别达98.85%、88.72%和93.73%，居全省前列。出台《关于建立全市统一的城乡居民基本医疗保险制度的意见》和全市统一的大病保险办法，城乡居民医保政策实现市级统筹，待遇得到提升。推动企业年金发展，指导市管国企建立高层次人才“集合年金”制度，安吉县被列为人才“集合年金”全省试点。二是扩面提标平稳有序。实施全民参保计划，加强全民参保登记动态管理机制建设，全面运行动态管理系统，全市新增养老保险、基本医疗保险参保人数分别达9.6万人和9万人，参保人数累计分别达199.67万人和264.48万人，参保率分别为80.87%和96.62%。深入实施被征地农民转职工养老保险，为1.48万人办理转移手续。平稳实施机关事业和企业退休人员基本养老金首次同步调整，企业和机关事业单位退休人员月人均养老金分别提高至2357元和5741元（月增资分别为154元和319元）。三是经办服务水平不断提升。加快信息一体化和“市集中”步伐，扎实开展社会保险标准化建设全国“先行城市”创建，拓展“智慧社保”APP功能，推进网上办事服务大厅建设，抓好南浔区练市、双林、菱湖三镇基层业务经办试点建设，推动经办业务向网络上延和基层下沉。加强社保卡管理建设，提升社保普及应用和综合承载能力，全市累计制发社保卡287.3万张。推动医保“两点”单位互联互认，市、县79家定点医药机构实现同城互认并刷卡结算。四是社保基金监管持续强化。制定并实施定点医药机构协议管理办法，全市有903家定点医药机构签订医保服务协议。建立完善社会监督机制，建成全市集中式阳光医保智能监管平台，进一步完善医保总额预算管理，完成医保基金审计，通过第三方审计完成以口腔门诊为重点的40家定点医疗机构审计工作，组织开展养老保险退休审核审批等社保基金专项检查。五是减负政策有效落实。围绕降低企业成本，严格执行失业、工伤和生育保险等费率调整及阶段性降低职工医保费等政策，全年为企业减负4.2亿元。

【劳动关系日益和谐】 坚持站在维护社会和谐稳定的高度，加强劳动关系综合治理、源头治理、依法治理和系统治理，深入推进和谐劳动关系的构建。一是源头预防及时到位。深入学习党中央、国务院和省委、省政府关于构建和谐劳动关系文件精神，制订湖州市贯彻实施意见。认真组织《浙江省劳动人事争议调解仲裁条例》宣传贯彻工作，广泛开展“双爱”、劳动关系和谐指数测评等活动，不断加大劳动关系源头治理力度。举办劳动保障监察实务、调解仲裁业务培训班，加强劳动执法和调解仲裁队伍规范化建设。二是监察执法有力有效。组织开展“三春”（整治非法用工惩治违法犯罪的“春苗”行动，清理整顿人力资源市场秩序的“春雷”行动，排查农民工工资支付情况的“春雨”行动）专项行动、用人单位遵守劳动用工和社会保险法律法规情况专项检查，书面审查用人单位2万余家，涉及职工55.96万人。开展建筑领域农民工实名制管理和工程款、工资款两条线支付试点，抓好涉企欠薪隐患排查整治，全年立案处理欠薪案183件，为2.23万名劳动者追偿工资等报酬2.43亿元，涉嫌拒不支付劳动报酬犯罪案件移送公安机关36件，立案处理13件。三是调解仲裁依法有序。积极构建劳动人事争议大调解格局，加强争议调解仲裁正常化、制度化和规范化建设，推进仲裁派出庭建设和省示范仲裁庭创建，全市建立基层调解组织4950家，各级仲裁机构立案1949件，结案1853件、结案率为95.1%，结案金额1.55亿元；调解结案1482件，调解率达79.98%。四是G20护航安全稳定。围绕G20杭州峰会维稳安保任务，严格落实定期、定时形势研究判断以及值班、值勤等制度机制，严密抓好人力资源和社会保障领域矛盾纠纷排查，强化涉企欠薪、社保利益群体等重点人群和重点风险隐患的稳控管理，确保G20杭州峰会期间全市人力资源和社会保障领域的安全稳定。 （江一帆）

·人事人才·

【人才支撑持续发力】 坚持创新发展理念，积极发挥政府人才工作综合管理部门职能，湖州市连续三年获得全省人才工作目标责任制考核优秀市，持续为湖州市创新驱动发展和产业转型升级提供强有力的人才要素支撑。一是高端人才精准引育。按照“4+3+N”（产业统计范围为“十三五”期间湖州市要重点培育的现代化产业发展新体系，即信息经济、高端装备、健康产业和休闲旅游四大重点主导产业，金属新材、绿色家居和现代纺织三大传统优势产业，节能环保、时尚、特色金融、地理信息、新能源汽车、生物医药、现代物流、文化创意、电子商务、休闲农业等“N”个新兴增长点）产业发展需求，新引进“南太湖精英计划”领军型创业团队62个、领军型创新团队26个、创新人才长短期项目65个、院士专家工作站13个，引入3家评估机构对319个人才项目实施年度绩效和资金拨付评估。加强对“双金”（金象金牛）“双高”（高级经营管理人才与高级专业技术人才）等企业人才需求调查并制订引才目录，优化“9360”（围绕湖州市现代物流装备、新型动力电池等6大重点行业技术创新需要，与北京、上海、广州等9大重点城市约30余所高校、约60余个专业建立紧缺急需人才引进战略合作联盟）校地战略合作联盟平台，对接上海交通大学、复旦大学和中国地质大学等高校，开展项目洽谈、建设实习基地，全年全市新引进各类人才2.47万人（其中紧缺急需人才2524人、高层次人才1713人）。组团赴美国、加拿大和日本招才引智，举办海外高层次人才智力项目洽谈会、国家创业导师和“千人计划”专家湖州行等活动，达成人才和项目合作意向97项。深化高层次人才培育，入选国家“千人计划”9人、省“千人计划”25人，列全省第三；入选享受国务院政府特殊津贴2人、省有突出贡献中青年专家2人，入选省“151人才工程”第一、二层次培养人员12人（创历年新高），3名外国专家获西湖友谊奖，选拔市“1112人才工程”培养及后备人选153人。德清县创建全省第4家省级“千人计划”产业园。全市新设省级博士后工作站16家，新进站博士15人，获省博士后择优资助7人。二是技能人才不断壮大。主动参与特色小镇、乐视超级汽车产业园等重点项目建设，优化技能人才校企合作模式，全年全市培训鉴定技能人才5.13万名，新增高技能人才1.8万名。实施技能人才素质提升工程，评选第四届湖州市首席技师暨南太湖新技师10名，举荐50余人参加“金蓝领”国（境）外培训，举办电子商务、电焊工等技能比赛22项。深入推进工程、交通2所技师学院筹建，安吉技工学校申报为第四十四届世界技能大赛管道与制暖国家级集训基地，新建技能大师工作室17家（其中省级2家）。组织白茶栽培等国家级职业标准开发，推进湖笔、紫砂等非遗技能人才直接认定，全市新增技能人才自主评价企业578家。三是人才体制机制创新发展。深化人才评价机制，突出能力业绩和产业化导向，开展企业创新型人才中级直接评审，晋升工程师259人；向重点骨干企业、行业协会下放轻纺、机械、能源等职称评审权限，指导微宏动力、天能集团、市电机动力学会等9家重点企业（学会）开展人才自主评价工作，晋升工程师218人。深化人才激励机制，研究高层次人才绩效工资管理办法，建立健全更加科学、更为合理并适当向教育、卫生等领域倾斜的绩效工资分配机制，有效引导各类急需、紧缺人才向社会事业发展领域流动。深化人才流动机制，制定南太湖创新发展研究院支持湖州开发区人才管理改革试验区建设实施办法，支持湖州开发区通过创新人才专项事业编制引进高层次人才5名。四是人才服务更加优化。立足吴兴区总部自由港，签约第三方专业运营机构，推进人力资源服务产业园建设。开设外籍人才“一站式”服务窗口，运行高层次人才服务网站，举办“南太湖精英计划”项目成长助推行动等各类高级研修班11期，组织人才交流联谊活动208场，服务各类人才2400余人（次），解决各类难题172个。拓宽“湖州服务绿卡”功能，扩大服务对象范围，年内，新制发绿卡186张（累计423张）。

【人事管理全面加强】 一是事业发展统筹谋划。认真抓好人才发展、就业和社会保障“十三五”规划编制工作。围绕全市“六重”（重大项目、重点工程、重大平台、重点产业、重大政策、重点要素）工作，研究制订人力社保年度工作“五重”清单。贯彻落实市委关于补短板的意见，深入开展人力社保领域查补短板工作。二是法治人力社保建设深入推进。市人力社保局与市中级人民法院建立法治工作联席会议机制，规范社保基金违法案件查处工作流程，开展劳动保障监察行政处罚（处理）案卷评查，切实提高行政执法水平。年内，办理行政应诉案件25件、行政复议案件7件，保持“零”败诉。组织完成工伤认定7001人、劳动能力鉴定4034人（次），办理特殊工时审批46件、未成年工备案8件、劳务派遣行政许可3件。三是阳光政务不断深化。推进“两张清单一张网”和“放管服”改革工作，积极抓好人力社保阳光政务和政府政务服务两网融合建设，累计梳理公开部门权力清单事项354项、内部管理事项241项、公共服务事项155项，推进网上办事，完成网上办件3.8万件，切实方便群众。认真办理人大建议、政协提案、阳光热线等工作，全年完成市人大代表建议和政协委员提案58件（其中重点件1件），承办“12345”政府热线799件，满意率达96.95%（春季指数列全市第一），受理“12333”咨询服务热线43.3万个，满意率达99.1%。 （江一帆）

民　　政

·社会救助·

【最低生活保障】 2016年，全市在册低保对象39694人，其中城镇在册低保对象33009人、农村在册低保对象6685人。全市低保人数占户籍人口的比例达1.51%。全年发放低保资金17114.38万元，其中城镇发放3248.12万元、农村发放13866.26万元。全市低保标准达到城乡统一，市区城乡低保标准每人每月为664元；县城乡低保标准每人每月为615元，城、乡人均月补差分别为469.36元和420.28元。出台支出型贫困家庭基本生活救助办法（试行）。拓宽困难群众救助渠道，加强对支出性贫困人群救助力度，将因医疗、就学等刚性支出费用较大造成生活困难的家庭纳入救助，为困难群众提供更广泛、完善的救助保障，较好地缓解了困难群众的生活困难，切实保障了困难群众基本生活权益。截至2016年年底，全市有支出型贫困对象3624人，救助306.27万元。

【医疗救助】 会同市人力社保部门，对医保结算系统进行完善，增加民政医疗救助一站式结算模块。市区特困供养对象、低保户和低保边缘户在医疗机构看病实现即时结算，有效地减轻了困难群众负担，切实缓解困难群众看病难问题。截至2016年年底，实施医疗救助26.21万人次，支出医疗救助资金5774.74万元，同比增长86.4%，人均筹资标准从上年15元提高至21.9元。

【临时救助】 出台《湖州市临时救助实施办法》，完善社会救助政策，结合湖州市实际，将所有遭遇突发性、紧迫性和临时性基本生活困难的家庭和个人，不论户籍、不分城乡，只要符合条件，都给予救助，使突遇不测者得到周急之助，因病、因灾者生存无虞。截至2016年年底，救助2.02万人（次），支出资金2301.57万元，同比增长19.21%，人均筹资标准从上年4元提高至5元。

【救助核对】 加强民政核对与核对信息提供部门业务沟通，对核对工作程序、部门职责和信息交互等进行完善，并有针对性开展救助信息共享及部门委托核对受理工作。完善提升核对平台，实现数据共享“三连通”。实现全市社会救助平台与核对平台数据连通共享；在全市范围内实现跨县（区）、多部门核对信息连通共享；实现与省核对平台连通共享。截至2016年年底，核对工作实现10个部门、22类信息比对，其中自动比对19类，自动核对比例达85%以上。在民政临时救助、医疗救助、支出型贫困救助和低保边缘救助等专项救助中引入社会救助家庭经济状况核对程序。开展部门间委托核对工作，受理市住房和城乡建设部门住房救助、市残联两项补贴发放等委托核对工作。

【减灾救灾】 全市有各级避灾安置场所1166个，其中县级7个、乡镇级91个、村社区级1068个，乡镇（街道）级避灾安置场所覆盖率达100%，村（社区）级覆盖率达80%以上，避灾安置场所标志牌、指示牌设置率达100%。组织市减灾委相关成员单位在市中心爱山广场开展“5·12”防灾减灾日宣传活动。利用专版、专栏和微信扫一扫有奖问答等开展形式多样的宣传报道。开展首次救灾应急桌面推演活动。创建27个减灾示范社区，其中国家级10个，省级17个。加大培育力度、重点扶持和设施装备支援，成立德清县山鹰救援队、长兴县百灵志愿者服务工作室、安吉县龙山公益救援队、南浔区和孚镇抢险救灾队和吴兴区移沿山救援队等。

【救助管理】 2016年，全市救助流浪乞讨人员2612人（次），其中女性466人，护送返乡155人，提供医疗救治184人。响应民政部号召，开展“未成年人社会保护”“保障G20杭州峰会社会稳定”等专项行动。成立专项行动领导小组，召开联络员会议，对湖州中心城区的职业乞讨人员进行整治，巡查繁华地带、桥梁涵洞、废弃楼房和城乡结合部等处，对长期滞留湖州市的外地职业乞讨人员开展集中劝导，对劝导入站的职业乞讨人员实行跨省护送返乡。开展“夏日高温送清凉”“寒冬送温暖”活动。加强流浪精神病人员的救治、护送和安置工作。开展“流浪乞讨人员救助管理主题宣传月”活动，全市救助管理机构同日开展“开放日”活动。稳妥开展站内综合大楼重点项目工程建设。

·老龄工作·

【概况】 截至2016年年末，全市60周岁以上老年人口达63.5万人，占总人口数的23.96%，其中70周岁以上老年人26.14万人，80周岁以上老人9.26万人，分别占老年人口数的41.17%和14.58%，人口老龄化程度居全省第三位；南浔区、吴兴区、德清县的老年人口数位列前三。

【养老服务】 截至2016年年末，全市有各类养老机构140家，其中公办69家、民办71家，有床位21241张，其中公办8949张、民办12292张。护理型床位8505张。2016年，新增床位3223张，新增护理型床位2674张。长兴县和平镇、洪桥镇社会福利中心，安吉县递铺镇社会福利中心，吴兴区社会福利中心，吴兴区环渚街道、八里店镇社会福利中心6家公办养老机构实行公建民营。出台《湖州市养老服务机构消防安全规范管理实施办法》，继续开展每半年一次的安全督查，对全市养老机构消防设施及机构许可情况进行全面排查，摸清底数，确保机构安全运行。农村“五保”集中供养水平持续提高，全市集中供养1286人，供养率保持在100%，供养标准人均达14878元/年。全市累计建成城乡社区居家养老照料中心1085家（含13家区域性照料中心），其中城市162家，农村923家。继续实施政府购买居家养老服务，全市享受政府购买居家养老服务老人19414人，占老年人口数3.1%，比上年底提高0.5%。积极发展智慧养老，扶持培育南太湖智慧养老服务中心，首家智慧养老体验馆在吴兴区居家养老服务中心投入使用。委托湖州师范学院开设护理（老年护理）专科班，完成第二批32名定向委托培养生招录并开班；依托现有9个养老护理员培训基地，开展专业培训，全年培训11388余人（次）；在全市140家养老机构中，具有执业资格的医生、护士415名，具有初级以上养老护理员职称的710名，护理人员持证上岗率达80.54%。

【各项创建】 积极开展省级老年友好城市创建，安吉县作为全省老年友好城市创建县，接受省评审组的评审工作。深入开展“敬老文明号”创建，30个单位获得市级“敬老文明号”，2个单位荣获全国“敬老文明号”、3名个人荣获全国“敬老爱老助老”模范人物，营造了良好的社会敬老氛围。发展老年电大教育。全年招收老年学员64857人（次），比上年增长9%。表彰命名20个市级老年电大示范教学点。推进市、县（区）分校实体化办学，市级分校、德清县、长兴县、安吉县和吴兴区分校均实现了分校实体化办学。

【基层老年组织建设】 城市社区已建老年人协会177个，占城市社区总数的93.16%；符合规范化建设标准177个，占已建协会总数的100%，依法登记的20个，纳入备案管理的118个；农村社区已建老年人协会1004个，占农村社区总数的100%，符合规范化建设标准922个，占农村社区总数的91.83%，依法登记的21个，纳入备案管理的887个。

【老年精神文化活动】 建有老年电大分校7所，教学点491个，老年大学4所，老年学校114所，有老年文艺团队884个，参加活动的老年人26582人；组建老年体协330个，参加人数94013人；有老年体育团队711个，参加人数53657人。建有各类老年活动中心（室）1258所，年内新建25所，各级投入资金830万元；有星级老年活动室1031个，其中四星级老年活动室7个、三星级384个、二星级640个。开展系列文化联欢活动。开展全市首届老年人排舞大赛。全市老年文体活动不断开展，有效地推进湖州市老年文体教育健康有序的发展。

【维护老年人合法权益】 2016年，各级法院受理涉老案件1083起，其中审结案件710起，完成率达65.56%；执行401起，占审结案件总数的56.48%；全市有维权机构209家，从事法律工作人员337人；建立老年法律援助中心77家，提供咨询、援助涉老案件990起。

【构建关爱服务体系】 实施老年人意外伤害保险，市区采取政府和个人承担办法，保费18元，由个人出资7元，政府补贴11元；三县采取县、乡两级政府承担的办法，保费30元。全市参保老人57.1万人，参保率达93.3%。开展独居老人“暖巢行动”，通过与市慈善总会设立慈善关爱基金、政府购买服务的形式，委托社会组织为独居老人定期敲个门、打个电话，提供关爱服务、紧急协助，保障独居老人的安全。深化农村“银龄互助”，全市有1119个老年人协会开展银龄互助活动，帮扶老人1.14万余人。

·社会福利·

【儿童福利】 落实儿童福利保障制度，制定印发《关于调整市区孤儿基本生活费的通知》，及时调整孤儿及困境儿童生活费补助标准，确保孤儿、困境儿童基本生活得到保障，市本级散居孤儿生活费标准从上年每人每月805元提高至985元，机构养育孤儿从每人每月1160元提高至1641元；三县散居孤儿最高调整为每人每月935元，机构养育孤儿提高至每人每月1635元。享受困境儿童生活补助人数3668人，发放基本生活费1334万元。依托乐善康复中心开展“添翼计划”养育康复，经过筛选评估，确定康复对象，举行“添翼计划”项目启动仪式，全年参加养育康复儿童58人（次），该项目自实施以来，社会反响较好，取得良好的社会效益。加强农村留守儿童排查摸底工作，健全基层数据台账，实施动态管理，全市有农村留守儿童970人，积极开展社会结对帮扶。落实市培训县（区）、乡镇（街道）督导员，县（区）培训村（社区）督导员的制度，加强督导员队伍建设，提升督导水平。全年举办培训班7批（次），培训人员350人（次）。

【慈善事业】 加强慈善宣传，以《中华人民共和国慈善法》颁布实施为契机，结合第一个中华慈善日，组织开展南太湖大讲堂——《中华人民共和国慈善法》讲座，印制《中华人民共和国慈善法》宣传册3000份。召开全市县（区）慈善总会会长联席会暨《中华人民共和国慈善法》学习座谈会，深入贯彻落实《中华人民共和国慈善法》。依法募捐，各级共募集款、物价值13931万元，受助6852人（次）。有序开展慈善关爱送万家、见义勇为责任保险、关爱贫困母亲、造血型湖羊扶贫基地、慈惠特教、困难道德模范、急难救助和困难党员创业帮扶等关爱救助项目，救助支出308万元。

【福利企业管理】 依法规范福利企业管理，保障残疾职工合法权益，积极促进残疾人集中就业，全市福利企业整体情况发展平稳。2016年，全市有福利企业118家，安置残疾职工4596人，占残疾职工总数的34.5%。福利企业残疾职工月平均工资2487元，同比增长3.4%；残疾职工月人均投保额879元，增长7.6%。

【福利彩票发行】 2016年，湖州福彩发行工作继续秉承“扶老、助残、救孤、济困”的宗旨，坚持“公开、公正、公平、公信”的原则和“安全运行，健康发展”的工作方针，以践行社会责任为己任，不断开拓市场、加强宣传和规范管理。2016年，面对复杂严峻的经济形势和G20杭州峰会对湖州福利彩票市场的影响，湖州市彩票销售继续保持了稳定、健康发展，全年销售福利彩票10.31亿元，同比增长3%，为国家筹集公益金2.77亿元，有力地促进了社会福利事业的发展。

·社区与社会组织管理·

【城市社区建设】 推进老小区社区工作服务用房集中配置。全市城乡社区服务中心建设覆盖率达99.7%，2016年，新建10个城乡社区服务中心，改造提升全市26个城市社区、57个农村社区服务中心。深入推进城乡社区建设“对口见学”活动。全市1185个村（社区）参与城乡社区“对口见学”活动，覆盖率达99.3%。湖州市地方标准规范（DB3305/T 38－2016《社区服务热线管理与服务规范》）于10月10日起实施。加强社区信息化建设，实现全省“96345”社区服务热线联网工程。安吉县积极开展村事务运行清单及运行信息系统平台开发。吴兴区启动智慧社区建设，已在月河街道和龙泉街道的社区试点开展。

【农村社区建设】 深入推进村规民约、社区公约制定、修订和宣传工作。按时发布“阳光村务指数”，基本实现“阳光村务”信息进村入户全覆盖。严格执行“阳光村务”发布程序，及时公开政务、财务和党务工作。安吉县农村社区建设经验做法，先后在全国社区治理创新成果应用与转化研讨会、全国农村社区建设示范创建能力培训暨经验交流会、全国农村社区服务体系建设推进会上代表浙江省唯一县级单位作交流发言。2016年，安吉县成功获批省首批社区治理和服务创新实验区。

【基层民主政治建设】 探索完善基层民主协商和民主决策形式、程序和责任追究制度。对涉及村民切身利益的村级重大事项坚持民主集中制。深入推进“五议两公开”，即党员群众建议、村党组织提议、村务联席会议商议、党员大会审议、村民（代表）会议决议、表决结果公开和实施情况公开民主决策机制，保障群众的知情权、参与权和监督权。以“三社联动”（指通过社区建设、社会组织培育和社会工作现代化体制，形成资源共享、优势互补、相互促进的良好局面，加快形成政府与社会之间互联、互动、互补的社会治理新格局）为载体，进一步创新基层社会治理。出台《湖州市委办公室湖州市人民政府办公室关于推进“三社联动”创新基层社会治理的实施意见》，所辖三县两区均以“两办”名义出台“三社联动”文件。开展全市统一战线推进基层协商民主试点工作，首批在德清县三林村、长兴县丁新村、安吉县桃园社区、吴兴区余家漾社区、南浔区息塘村和百间楼社区等试点探索。德清县“培育乡贤参事会，构建农村协商新模式”的做法被民政部和省、市领导批示肯定，并在《浙江民政信息》上交流转发。中国乡贤治理论坛、全省城乡社区治理和服务创新工作培训班先后在德清县举办。制定下发《关于培育发展乡贤参事会创新基层社会治理的指导意见》，在全市铺开。

【社会工作】 指导县（区）做好社会工作者考试的宣传、发动和组织工作。2016年，全市报名参加社工考试人数1289人，其中新考生789人，老考生500人。举办社工职业水平考试考前培训，全市有337人通过国家社会工作者职业水平考试（累计1119人），通过人数和通过率均创历史新高。注重领军型社工人才培养。与湖南省长沙民政学院合作，开展为期一年的社会工作人才实务能力建设督导培训，重点对全市30名社工进行系统培训。着力培养一批具有一线实务技能的专业社工人才和培育发展专业化社会组织。平台建设进一步推进。严格按照“五有”（有标识、设施设备、人员、经费、场地）标准规范化建设社区社会工作室，社工室配备社会工作师（助理社会工作师）和若干有专业特长的志愿者组成服务团队，向所在社区的老年人、青少年等特定人群提供针对性的专业服务。新建社区社会工作室317个（累计655个），实现社区社会工作室城市社区覆盖率达100%，农村社区覆盖率达46.4%。支持民办社工机构的培育和发展，全市登记民办社工机构15家（累计44家）。社会工作评优激励进一步加强。德清县获评第二批全国“社会工作服务示范地区”；长兴县龙山街道齐北社区等4个社区获评第二批全国“社会工作服务示范社区”；德清县乾元镇蒲公英社会工作服务社获评第二批全国“社会工作服务示范单位”。湖州市社会组织服务中心、德清县晨曦社会工作服务中心、长兴县社会服务发展中心3家机构获评省首批社会工作专业人才实训基地。另有7人获评全省首批社区工作领军人才。举办全市社工论坛，评出奖项22个。

【社会组织管理】 推进政府购买社会组织公共服务工作。完善监管体制，建立社会组织自律、社会监督、政府监管和法律监督综合管理体系。开展社会组织登记、年检和评估工作，截至年底，全市累计登记注册社会组织共2209家，其中社会团体1275家、民办非企业单位929家和基金会5家；直接登记203家，年检率达98%以上，参加评估社会组织112家，其中3A以上59家，参评率达68.6%。加强管理创新，减少前置审批程序，继续开展行业协会商会、科技、公益慈善和城乡社区服务四类社会组织直接登记工作。出台《关于加快推进现代社会组织建设的实施意见》《关于进一步加强社会组织党的建设工作的实施意见》等文件。开展政府职能向社会组织转移试点工作，出台《湖州市开展政府职能向社会组织转移试点工作实施意见》，并确定在市经信、教育、住房和城乡建设等12个部门先行试点，完成社会组织承接政府转移职能和购买服务推荐性目录编制工作，全市有345家社会组织被列入2016年度推荐性目录。启动社会组织协商民主工作。联合市委统战部出台《关于开展社会组织协商民主试点工作的实施方案》，召开社会组织协商民主工作启动会议，在农业、工业和服务业三个领域开展社会组织协商民主试点工作。启动行业协会商会与行政机关脱钩工作。加大社会组织培育力度，截至年底，市、县（区）两级社会组织服务中心入驻公益组织42家。入驻组织开展活动达1000余场（次），服务群众达45000人（次）。2016年，在入驻市社会创新园的18家机构中，有9家机构获得市级以上集体荣誉称号13个，有9人获得个人荣誉称号。引进专业社工机构入驻市社会组织服务中心担任督导顾问。鼓励社会组织参加彩票公益金项目申报，全市资助社会组织公益项目184个，资助资金958.9万元。启动湖州市首届社会组织公益创投活动。资助项目63个，资助资金225万元。重点扶持为老服务、助残服务及社区服务等五大领域。加强社会组织队伍建设，开展各类社会组织培训工作，提高社会组织自我运行能力和管理水平，开展14次系列督导培训活动，参与培训人员达1200余人次。

·双拥优抚安置·

【双拥工作】 湖州市实现创建全国双拥模范城“七连冠”；长兴县首次荣获“全国双拥模范县”荣誉称号。八一建军节前夕，第一集团军政委秦树桐少将和市委书记裘东耀赴京参加全国双拥模范城命名表彰大会，受到习近平总书记等党和国家领导人的亲切接见。召开庆祝第七次荣获全国模范城暨市双拥模范单位和个人表彰大会。开展纪念建党95周年、红军长征胜利80周年活动。发挥榜样作用，宣传救火擒凶英雄涂烨、一家四代拥军周松兰、优秀军嫂谈燕、退伍老兵丁晓春和拥军大姐钱立玲等先进事迹。全市投入资金2100余万元，为部队解决道路交通、水电通信和基础设施等10个方面的实事，其中市级部门投入资金70余万元，帮助部队改造通信线路、给水工程和电力设施；吴兴区投入资金660万元，支援部队基础设施建设；湖州开发区投入资金560万元，拓宽武警某部的战备通道；德清县投入资金78万元，补助部队伙食费和拥军办实事；长兴县投入资金590万元，解决某机场的供水问题，安排190万元，帮助部队建设战备设施。市政府抽调乡镇（街道）40余人组成工作组，协助第一集团军做好钱山漾养殖场、忠良花卉场等承租户清退工作。加大就业生活帮扶，2016年，定向招录2名军属到社区工作者岗位，17名随军家属应聘上岗就业，安置随调家属5人，发放随军家属未就业困难生活补贴23人、28.6万元，发放随军家属一次性就业安置费21人、42万元。逐步完善“慈善暖军心”基金救助机制，提高救助标准，全年救助军人军属286人（市本级227人、德清县3人、长兴县33人、安吉县23人），发放救助金146.6万元。办理涉军援助案件86件、民事纠纷129起，为军人军属挽回经济损失538万余元。

【优待抚恤】 全面落实各项抚恤优待政策，及时调整和发放各类优抚对象抚恤补助金。2016年，发放重点优抚对象定期抚恤补助金10323.3万元、医疗补助金872.7万元、义务兵家庭优待金5562.1万元。春节前夕，继续开展生活困难优抚对象走访慰问工作，全市发放慰问金和慰问物品价值121.3万元。完成首次465名“三属”（革命烈士、因公牺牲军人、病故军人家属）优待证发放工作，“三属”定期抚恤金实现城乡同标。全年有150人被评定或调整伤残等级，新认定带病回乡退伍军人26人，新认定60周岁以上农村籍退役人员883名。全面开展重点优抚对象身份信息录入和优抚对象数据核查工作。积极开展“关爱功臣、永葆光荣”长效活动，组织150名重点优抚对象短期疗养。以试点先行的方式，开展引导社会力量参与优抚服务，提高民政优抚对象服务水平。先后吸纳政府购买社会组织服务20家，投入资金129万元，参与试点乡镇（街道）13个，被服务对象3780人，服务内容涉及生活帮扶、政策解答、法律维权和精神慰藉等多个方面。开展第三个国家烈士纪念日纪念烈士系列活动。钱壮飞纪念馆被湖州市委组织部确定为全市党性教育现场教学基地。安吉县孝丰烈士陵园被民政部批准为第六批国家级烈士纪念设施。做好优抚政策宣传与解答工作，全年回复来信18件，接待来访62批次、480人次。

【退役士兵安置】 2016年，全市接收2015年秋冬季退役士兵996人（吴兴区193人、南浔区167人、湖州开发区和太湖度假区56人、德清县169人、长兴县226人、安吉县185人），其中城镇兵270人、农村兵726人。做好退役士兵档案审查和接收报到工作，接收安置率达100%。以考核考试、择优选岗的方式，完成54名（市本级17人、德清县8人、长兴县23人、安吉县6人）符合政府安排工作条件退役士兵安置工作。发放自主就业退役士兵经济补助金3951.5万元，发放符合政府安排工作条件退役士兵一次性安置补助金427.1万元。协调市教育、人力社保部门和承训学校，组织开展退役士兵职业技能培训工作，全市707人参加培训，占退役士兵总人数的71%，支出经费531.4万元，退役士兵政策知晓率、推荐就业率达100%。

【军休干部工作】 2016年，按照“成熟一个，接收一个”的原则，接收军休干部和士官4人（军休干部2人、士官2人），及时办理入户、工资、医疗和组织关系转移手续。军休干部政治待遇和生活待遇得到全面落实。及时调整军休干部年度生活待遇标准，全年发放护理费91.7万元。妥善做好军休干部病故善后工作，及时办理和报领丧葬费、抚恤金等。集中开展军休干部居住点安全排查和住房整修工作，改善军休人员居住环境。组织军休人员健康体检。组织军休干部开展纪念长征胜利80周年纪念活动。落实“六及时、六上门”（六及时：急病救治及时、水电维修及时、重要文件传达及时、参与社会相关活动及时、信息反馈及时、化解矛盾及时；六上门：物资发放送上门、医疗服务走上门、征求意见寻上门、有病住院看上门、文件宣讲跑上门、信息沟通传上门）服务，定期走访慰问，为老干部提供个性化服务。组织开展军休干部申请老年电大工作。完成173名民政代管退休人员和无军籍职工津补贴调整和补发工作。

·社会公共事务管理·

【殡葬管理】 加大生态安葬奖补力度，生态安葬奖补政策全市覆盖率达100%。新创建市示范性乡村公益公墓（含骨灰堂）19个，奖补资金89万元。围绕“文明祭扫、生态安葬”主题，加强清明节期间群众祭扫活动管理。2016年，清明节期间全市接待祭扫人员106万余人（次），祭扫车辆15万余辆（次），清明祭扫活动文明有序。安吉县举办第二届“竹之韵”生态竹林葬，免费为11位逝者骨灰举行生态安放仪式，实现了最文明、最环保和最生态的不占地葬法。积极开展“鲜花换纸钱”活动，清明期间，全市免费发放鲜花40余万支。积极发动社会组织力量参与文明祭扫劝导。举办全市“推行节地生态安葬培训班”。长兴县、安吉县先后开展文明治丧环境，取缔非法经营电子炮车及乐队等送葬队伍50余支，实现了文明治丧不扰民，减轻了群众丧葬负担，治理成效显著，群众满意，社会好评。深入实施“811”生态文明和生态市建设，加强“四边三化”坟墓治理工作，根据市委办、市府办联合印发《湖州市深化“四边三化”行动方案（2015～2020年）》的精神，制订《湖州市“四边区域”“青山白化”治理实施计划》，2016年，全市治理“三沿五区”坟墓6256穴。全市新批乡村公益性公墓29个。开展公墓年检，抽查合格率达100%。全市生态葬法覆盖率达98%以上，公墓绿化率达85%以上。

【殡仪服务】 加强殡葬服务专项治理，着力推进殡仪服务单位依规文明办事。继续深入开展殡葬惠民政策，全市全年减免对象19512人，减免费用1822万元。德清县、长兴县、安吉县均在“四项”（遗体接运、存放、火化和骨灰寄存）基本惠民殡葬的基础上再免费提供价值300元以内骨灰盒一只。加快殡葬设施建设的步伐，完成市殡仪馆改扩建一期工程并投入使用，对3台火化炉安装了尾气处理装置。安吉县殡仪馆改扩建工程一期工程进展顺利，至年底，已完成整个工程量的80%。长兴县殡仪服务中心启动建设。

【婚姻收养登记】 2016年，全市办理婚姻登记27528对，其中结婚20326对、离婚7202对。办理收养登记243件，婚姻收养登记合格率保持在100%。各县（区）开展婚姻收养工作规范化自查自纠活动，德清县3A级婚姻登记机关复核通过。长兴县率先开展收养评估工作。举办全市婚姻收养登记业务培训班，进一步提升登记员业务水平。

【地名管理】 积极推进第二次全国地名普查工作，稳妥开展不规范地名清理整治。切实加强地名文化研究与保护，配合长城影视公司做好《大地有名》地名文化纪录片在湖州市的拍摄工作；出台地名文化遗产保护名录认定办法，各县（区）建立、公布首批地名文化遗产保护名录，德清县新市镇入选浙江省首批“千年古镇”地名文化遗产；地名文化故事编纂工作初见成效，德清、长兴、安吉三县分别出版地名故事集《德清县地名故事集》《寻梦乡愁》《乡名源记》；德清县拍摄的公益微电影《德清若水》分别获第四届亚洲微电影大赛金海棠奖优秀作品奖、2016中国梦浙江微电影大赛二等奖，同时，获得中宣部社会主义核心价值观主题微电影征集展示三等奖。

【水库移民安置】 至2016年年底，全市建成大中型水库11座。移民后期扶持人数89764人，其中直补到人62247人、项目扶持27517人。包含富春江、新安江和三峡等水库外迁移民在内，湖州市水库移民分布在三县两区、湖州开发区、太湖度假区的70个乡镇（街道）、643个村（社区）。全年发放后扶直补资金3649.6万元，投入专项资金5414.92万元、实施各类后扶项目173个。2016年，全市移民工作注重创新，突出相对困难移民（村）的帮扶；注重融合，突出移民后扶项目的成效；注重安全，突出移民项目资金的监管。以湖州市生态文明先行示范区和“美丽乡村”建设为契机，改善库区和移民安置区生产、生活条件，不断引领移民创业致富。（俞　洁）

卫生计生
体育　生活

·卫生和计划生育·

【概况】 2016年，全市卫生计生工作紧紧围绕建设“健康湖州”总目标，以查补短板为主线，深化医药卫生体制改革，持续完善医疗卫生服务，稳妥实施“全面两孩”政策，全市居民健康水平持续提升，主要健康指标达到中高收入国家水平；公立医院综合改革得到国家卫计委主任李斌肯定，“双下沉、两提升”（城市优质医疗资源下沉和医务人员下基层、提升县域医疗卫生机构服务能力和群众就医满意度）长效机制建设得到省领导批示肯定；国家卫生城市复评顺利通过；基本公共卫生服务项目考核获全省11个设区市排名第一，省级以上卫生乡（镇）创建比例位列全省首位，为建设现代化生态型滨湖大城市构筑了坚实的健康保障。

【医药卫生体制改革有新推进】 一是公立医院综合改革稳妥推进。2016年，湖州市被列入公立医院改革国家试点市，国家卫计委主任李斌专程到湖州调研，对湖州公立医院改革工作给予充分肯定。2016年，全市二级以上医疗机构药费占比为36.64%，同比下降4.47个百分点；门、急诊和出院病人均次费用分别为129.4元和7776.5元，继续处于全省最低水平；二级以上医疗机构住院病人平均住院日为8.65天，同比减少0.23天；二级以上医疗机构和三级医院基本药物使用比例分别为40.34%和36.01%，分别提高4.72个百分点和5.88个百分点。市级医院药费占比为35.06%，下降2.6个百分点。二是“双下沉、两提升”工作得到省政府领导批示肯定。出台建立“双下沉、两提升”长效机制的实施意见，组建以市中心医院和市第一医院为龙头的2大“医联体”；浙医二院、上海一院等沪、杭名医院与县级医院建立紧密合作办医关系，县、乡、村一体化管理率达89.4%。2016年，各级专家下沉基层达1000余人。市级医院托管的5家县（区）级医院住院病人数、手术台次和业务收入分别比上年增长18.3%、11.4%和9.9%。湖州市探索建立“双下沉、两提升”长效机制、健全基层医疗服务体系的做法得到副省长郑继伟的批示肯定。三是分级诊疗工作进展有序。以国家分级诊疗试点市为契机，在各“医联体”和县、乡、村一体化管理的紧密型合作办医中率先推行双向转诊。全年开展县、乡合作办医的乡（镇）卫生院向上转诊病人9885人（次），市、县级医院向下转诊病人2494人（次）。县域内医疗机构门、急诊病人239.3万人（次）、住院病人32.4万人（次），比上年同期分别增长7.36%和12.93%。县域内就诊率达83.48%。四是责任医生签约服务规范推进。出台推进责任医生签约服务实施办法，以“预约门诊—基层首诊—双向转诊”为主要路径，全面推进责任医生签约服务，通过“团队化运作、组团式服务”，为群众提供基本医疗、基本公共卫生和个性化健康管理等服务内容，实现全过程、全方位健康管理，让签约医生成为签约居民的“家庭医生”和贴身健康顾问。2016年，全市组建742个责任医生签约团队，落实2253名医务人员，为62.42万名群众配备了“家庭医生”，重点加强签约对象常见病、慢性病诊治，及时处理签约对象健康救助事宜，帮助签约对象选择适宜就医路径等。全市基层医疗机构开展签约服务覆盖率达100%，规范签约率达23.73%。五是社会办医发展势头良好。贯彻落实湖州市关于促进民营医院加快发展的政策措施，加强对签约项目的指导和服务，探索推进公立医院股份制改革，吴兴区中西医结合医院、德清三院、安吉三院和长兴二院完成了改制。截至12月底，全市有民营医疗机构504家，其中2016年新增58家（民营医院33家）；实际开放床位3146张，占全市医疗机构总床位数的22.05%，同比提高1.45个百分点，增速居全省第一。

【计划生育工作有新发展】 一是加强计划生育组织管理。市委、市政府召开了全市计划生育工作专题会议，调整完善市人口和计划生育领导小组成员单位职责，层层签订“一把手”负总责的计划生育目标管理责任制。计划生育管理服务网络不断完善，县（区）卫生计生局专门增加1名计生协会专职副会长领导职数并落实协会“三定”方案，市、县、乡（镇）三级妇幼保健与计划生育机构整合全面完成，吴兴区和南浔区成立了妇幼保健与计划生育管理机构，德清县所有乡镇均设立了卫生计生办公室。二是“全面两孩”政策稳妥实施。认真贯彻落实中央决定，对生育假期、独生子女证发放、社会抚养费征收、生育证件办理和计划生育奖励制度等政策衔接作出统一规定。加强政策宣传和舆论引导，组织开展政策法规培训、目标人群调查、生殖健康和优生优育知识讲座、“5·29会员活动日”等系列活动，倡导群众按政策、负责任生育。2016年，全市户籍人口出生28258人，同比增加11661人，增长70.26%；二孩及以上出生比例为40.77%，提高7.81个百分点；出生性别比（以女性为100）为106.81，连续第27年保持正常范围。三是妇幼保健服务持续改善。加强出生人口监测，及时调配产科和儿科服务资源。建立全市危重孕产妇、危重新生儿、早产儿和低体重儿等3个救治中心，强化高危妊娠管理和急救能力建设。加强出生缺陷三级防控，做好优孕优生优育服务，全面落实妇幼公共卫生服务项目。全市户籍孕产妇死亡率、婴儿死亡率、5岁以下儿童死亡率分别为4.55/10万、1.96‰和2.73‰；同比分别下降7.71%、69.67%和62.88%，长兴县创建为国家级妇幼健康优质服务示范县（全省3个）。出生缺陷发生率13.63‰，同比下降9.44个千分点，呈现高龄产妇和出生人口大增、出生缺陷发生率下降的良好局面。四是计划生育服务深入推进。健全生育登记服务制度，简化办理流程和手续，推行婚育情况承诺制、服务代办制等便民措施，为群众办理生育登记提供便利。加大对计生特殊困难家庭的帮扶力度，联合市级6部门出台《进一步完善计划生育特殊家庭扶助关怀政策的意见》，采取10项措施帮助解决计生特殊家庭生活保障、养老照料和精神慰藉等特殊困难。认真落实农村部分计划生育家庭奖励扶助制度和计划生育家庭特别扶助制度，开展生育关怀行动，举办青春健康大讲堂，走访慰问困难计生家庭，着力提升计生家庭发展能力。2016年，全市发放奖扶金4591.10万元，特扶金2036.76万元；帮扶救助计生困难家庭5860户，发放慰问金和慰问品价值207.38万元。

【医疗卫生服务有新提升】 一是医疗卫生资源配置不断优化。调整中心城区医疗卫生资源配置布局，市中心医院迁建项目顺利开工；县（区）人民医院建设项目有序推进；中心城区社区卫生服务中心开工建设（装修），全市新改扩建乡（镇）卫生院（社区卫生服务中心）5家、社区卫生服务站（村卫生室）63个。南浔区“15分钟医疗服务圈”在中央电视台4套和新华社《浙江领导专报》上报道。二是基层服务能力不断改善。全市有7家基层医疗机构被推荐为“国家级群众满意乡镇卫生院”，14家乡（镇）卫生院开展了“浙江省中心镇卫生院服务能力提升项目”建设。中医药服务实现城乡全覆盖，“治未病”中心建设全面推进。全年全市基层医疗机构门、急诊量占总门、急诊量的44.06%，同比提高6.42个百分点，床位使用率为57.66%，提高3.9个百分点。三是改善医疗服务行动持续推进。坚持以病人为中心，全面开展改善医疗服务行动计划。市级医院在门诊区域安装自助终端，使社保结算系统、银行结算系统和“一卡通”管理系统有效连接，患者在医院排队等候时间缩短80%。探索开展电话、网络和诊间等多种预约诊疗服务，2016年，市级医院预约诊疗率达46.08%，有效分流就诊患者。加强医疗安全管理和质量控制，二级以上医疗机构开展临床路径病例占出院总数的42.4%，日间手术占总手术总例数的24%，三级医院于6月1日前全面停止门诊静脉输注抗菌药物。落实市委、市政府民生实事项目，全年开展“进村入企”医疗服务341场，派出专家2011人（次），为5.8万名群众提供义诊和健康咨询服务，受到群众的欢迎和好评。四是学科人才建设不断加强。深化市、校医学合作与接轨沪、杭工作，建立3个院士工作站，并与上海、杭州等地8家医院建立协作关系，进一步推动湖州市22个医学重点支撑学科建设。全市医学科研立项103项，其中国家级3项，省部级12项，获得厅局级以上科技奖13项，发表SCI（美国《科学引文索引》）论文36篇。新增享受国务院政府特殊津贴专家1名、省突出贡献中青年专家1名，市“1112人才工程”培养人选和后备人选10名。五是智慧健康服务不断优化。在全省率先实现电子病历库、健康档案库和全员人口库“三库融合”，基本建立居民“健康大数据”。全市范围内各级医疗机构实现电子健康档案和电子病历共享互阅，实名挂号率达84.2%，区域影像诊断系统实现县（区）全覆盖。“医银通”项目试点推广，挂号排队时间可缩短80%；“健康湖州”平台预先挂号人（次）同比增长169%。

【公共卫生保障有了新加强】 一是疾病防控不断强化。传染病联防联控、监测预警和风险评估机制进一步完善，各类传染病防控策略严格落实。实验室检测能力不断加强，生活饮用水达到106项全指标检测能力，食品安全风险监测设备配备率由85%提高至95%。卫生应急“一案三制”（应急预案、应急管理体制、应急管理机制和应急管理法制）建设切实加强，人感染H7N9禽流感、登革热等传染病疫情及时处置。2016年，全市无甲类传染病报告，甲乙类传染病报告发病率为167.19/10万。二是血液安全有效保障。全市献血服务网络不断健全，中心城区劳动路献血屋投入使用，各县（区）固定献血屋实现全覆盖。市中心血站通过全省执业技术审查，血液实行全省集中化核酸检测，血液安全保障进一步加强。2016年，全市人口献血率为10.69‰，同比提高1.12个千分点；临床用血902.23万毫升，同比增长9.12%。三是院前急救能力切实加强。全面启用新的“120”信息调度指挥联动系统，分类、分步在急救车辆上配备担架工，全市院前急救能力和服务水平有了新的提升。2016年，市120救护车出车13792次，同比增加699次；急救平均出车时间和平均反应时间分别为1.45分钟和12.97分钟，急救患者院前处置率达91.34%。四是依法行政不断强化。全面推进行政审批“两集中、两到位”〔将部门行政审批职能向一个内设机构相对集中，将集中履行审批职能的内设机构向政务服务中心集中。部门将行政审批权向政务（行政）服务中心窗口授权到位，行政审批事项在政务服务中心办理到位〕改革。探索实施医疗废物“小箱进大箱”改革试点，智能化监管水平走在全省前列。2016年，全市完成卫生行政许可事项（不含计生审批事项和省下放事项）6392件，省级下放行政审批事项2516件，行政管理事项64件，无行政复议情况。五是爱国卫生巩固提升。按照市委、市政府“四个年”活动的部署安排，对国家卫生城市复评工作进行重点攻坚，制订实施《湖州市城乡环境卫生整洁行动实施方案》，组织实施背街小巷清洁环境、公共场所亮证服务等七大专项行动，制约国家卫生城市复评和影响城市形象的重点、难点问题得到有效整治，环境卫生和市容秩序得到全面改善，国家卫生城市复评考核顺利通过，省级年度综合评估排名比上年提升5位；全市新增加国家卫生乡（镇）4个，省级以上卫生乡（镇）占比达76%，占比居全省第一。（常　乐）

·体　育·

【概况】 2016年，湖州市体育工作以中共十八届六中全会精神为指导，紧紧围绕市委、市政府总体部署和年度工作目标任务，以筹备和备战浙江省第十六届运动会为重点，深化群众体育、竞技体育和体育产业改革，各项工作有序推进并取得较好成效。

【省运会筹备工作循序渐进】 明确任务，全力推进省运会筹备工作。一是各级领导重视、调研督促省运会筹备工作。年内，省体育局局长孙光明、副局长吕林多次到湖州市了解省运会筹备相关情况，探讨存在的问题和解决方法，并就浙江省第十六届运动会相关筹备情况进行专题调研；市长陈伟俊在召开第一次筹委会的基础上，将全面展开筹备第十六届省运会和引入2022年亚运会部分项目赛事在湖州举办作为政府的重点工作；副市长闵云主持召开筹备及备战工作座谈会；市政府副秘书长徐旭萍多次召集市发改委、财政局等部门负责人，召开专题协调会，解决场馆建设和引进运动员户口迁移等问题；市体育局局长沈宝山多次带班分赴各县（区）进行调研摸底，督查各县（区）筹备工作。二是场馆建设稳步推进，确保按时保质完工。4个省运会新建的主要场馆（市奥体中心、太湖度假区帆船帆板基地、安吉县的皮划艇赛艇基地和吴兴区文体中心），年内市奥体中心即将、竣工验收；太湖度假区把帆船帆板基地与游艇码头结合起来，先期完成港池等工程，筹集资金建干舱和工作用房；安吉县皮划赛艇训练比赛基地建设，充分利用现有赋石水库管理局闲置房，减少资金投入，缩短建设工期，加快推进比赛场馆建设；吴兴区文体中心于3月动工，进展顺利。三是积极承办大型赛事，组织裁判员培训，积累办赛经验。为承办省运会各项目比赛打下坚实基础，从人力、物力、财力等方面做好准备，全市积极承办全国、全省相关竞技类赛事。据统计，年内全市主要承办的省级以上赛事主要包括：全国体操冠军赛、全国极限运动大赛、OP级帆船冠军赛、全国射箭冠军赛、全省青少年跆拳道、摔跤、女子篮球和场地自行车等项目比赛。四是加强指导培训、提高业务水平。为全面提高湖州市各项目裁判员的业务水平，全年全市举办排球、游泳等17个项目500余名的裁判员培训班，为湖州市承办省运会储备一批辅助裁判，提高了专业水平。同时，分别组织足球、田径、羽毛球等5个项目300名教练员的培训，丰富了广大教练员的理论水平和实践经验。

【群众体育蓬勃发展】 不断完善“群众需求导向型”全民健身公共服务体系，推进全市体育健身设施建设和利用，大力开展群众体育活动。一是高质量做好全民健身公益大培训。培训项目已连续第三年被列入市政府十大民生实事项目，年内培训超8万人（次），新增送科学健身大讲堂下基层30场、送体育骨干技能培训下基层30场。全年新增健身气功新功法、东岳太极拳、武术长拳和太极推手等培训项目，以丰富群众健身运动方式。与市总工会联合举办职工工间操公益大培训，为14家单位上门开展培训。二是积极推进基层体育骨干队伍建设。抓好各级社会体育指导员的培训工作，全年全市完成培训一级社会体育指导员210人，二级社会体育指导员630人和三级社会体育指导员1656人。为树立典型、表彰先进和鼓励基层体育骨干积极性，在全市开展“最美社会体育指导员”评选活动，全市有61名基层一线社会体育指导员被评为“最美社会体育指导员”。三是出台新一轮全民健身实施计划。根据国家体育总局2016年群体工作计划的要求，浙江省全民健身实施计划发布以后，市体育局组织各县（区）体育局分管局长和群体科长对浙江省全民健身实施计划进行学习解读，邀请上海体育学院教授李建国对社会治理背景下的群众体育工作进行指导。在湖州市全民健身实施计划制定和发布过程中，随时与各县（区）保持联系与沟通，及时督促各县（区）研究出台相应实施计划。四是推进城乡基层便民体育设施建设。按照因地制宜、分类指导的原则，加强全民健身设施工程建设，推进全民健身设施提档升级。全年全市申报创建省、市两级中心村全民健身广场28个、市级中心村休闲体育公园16个，全市建设100个小康体育提升工程、12条健身步道和8个社区多功能运动场、14个笼式足球场、7个拆装式游泳池以及2个乡镇（街道）全民健身中心。全年中心城区新增18个社区健身点，并对中心城区所有健身器材进行全面整修和保养。五是营造氛围，大力开展全民健身活动。年内，组织举办第三届市民运动会，调整运动会项目后，最终确定了8个“千人活动”，即千人太极拳、千人瑜伽、千人骑游、千人排舞、千人健步走、千人木兰扇、千人游泳和千人武林大汇。通过千人系列活动，扩大全民健身影响力，为迎接省运会造势。年内，8个“千人活动”已全部完成。六是各县（区）群众体育活动丰富多彩。德清县举办2016德清（国际）竹海马拉松比赛；长兴县举办第二届图影马拉松、仙山湖铁人三项赛、长三角健身健美比赛、城山沟的自行车速降赛，安吉县举办第六届“中国美丽乡村”桥牌混合团体赛、美丽乡村山地跑；吴兴区举办休闲运动节；南浔区举办华东寻找最美古村落定向寻宝比赛和南浔区民俗运动会等，各县（区）均举办了精彩纷呈的群众体育活动。六是重视体育社团培训。改进和创新体育文化下乡的内容和形式，通过选派相关协会“名师名家”下县（区）进行健身技能指导，各县（区）也选派优秀骨干下乡（镇）进行培训，采用“一传一”向下渗透的方式使体育健身方式惠及广大农村，全年组织社团培训112场。

【**竞技体育稳步推进**】 为不断提升竞技体育实力，扎实做好省运会备战工作。一是抓好队伍建设。针对湖州市竞技体育人才储备不足，项目开展不全的现状，加大引进运动员力度，全市引进各类运动员93人。上半年，湖州市完成21个项目、547名运动员的首次注册、1403名运动员注册确认、89名运动员的重新注册工作，通过注册工作扩充了参加省级各项目比赛的队伍规模。年内，全市完成组队90%以上的目标。二是强化训练、积极参赛。以当好东道主，积极备战2018年浙江省运动会为契机，全市各训练单位积极训练、苦练内功。全市有1000余名运动员参加2016年夏训，年内，全市派出726人参加全省田径、游泳等22个大项、28个分项的锦标赛，取得63金、62银、63铜和总分2200分的好成绩。三是拓宽渠道，输送和安置相结合。全年全市通过向上输送优秀运动员，获得金牌19枚。年内全市通过安置退役运动员，完成安置金牌10枚。四是出台保障政策，推进备战工作。市、县（区）均设立备战专项资金，每年投入专项资金600万元，主要用于支付外聘高水平教练员工资、引进运动员费用和邀请专家到湖州指导辅导费支出等。健全运动员安置保障体系，完善优秀退役运动员进入体育事业、体育教师、社会体育指导员等优惠政策。为调动教练员积极性，增加市体校、市网球中心在编教练员寒、暑假加班费，为备战工作奠定基础。五是注重常规，确保全市竞训工作稳步提升。精心办赛，推进全市中小学生阳光体育活动开展。年初，会同市教育部门下发《2016全市阳光体育各项比赛的竞赛规程》。据统计，全市全年有3500余名学生参加了田径、游泳等10个项目的比赛。湖州市第四届青少年校园足球联赛顺利举办，全市有36所学校共46支队伍参赛，推动了全市青少年校园足球工作；细心指导，基地创建工作有序推进。年内，又迎来新一轮创建国家体育后备人才基地，湖州市自2013年实现基地创建工作满堂红以来，这项工作一直常抓不懈，坚持以基地创建工作为抓手，促进全市竞技体育工作。加强对省级各基地的申报复评工作，安吉县少体校、德清县少体校、市网球中心3家单位具备相关基地的申报要求，等待省级专家组的验收；体教结合，业余训练常抓不懈。为扩大业余训练基础，在上一轮市青少年业余训练基地运行的基础上，对新一轮基地进行了重新申报，命名湖州新风小学等19家单位为新一轮的业余训练基地。

【**体育产业日益壮大**】 以政策落实、规划编制为统领，项目服务、产业基地建设、品牌体育赛事和体育彩票销售持续推进。一是强化政策引导，项目服务实现新提升。在浙江省体育产业发展资金项目申报工作中，湖州市的浙江久祺自行车运动（德清）、长兴县城山沟桃源山庄和安吉县莱开森等11个企业参加申报，经项目申报、省级材料审查和省级专家评审，湖州市有10个项目通过初审，最终有9个项目被列为2016年度浙江省体育产业发展资金项目库入库项目，获得省体育产业发展资金441.3万元。同时，在浙江省运动休闲旅游示范基地、精品线路和优秀项目的申报认定工作中，湖州市获评2个示范基地即浙江德清发现探索极限基地、安吉江南天池度假村（复评）；一条精品线路即长兴图影生态湿地文化园；三个优秀项目即德清山浩户外丛林探险项目、长兴龙山绿道自行车骑行项目和安吉龙王湖国际垂钓项目。此外，安吉中南百草园集团有限公司和安吉江南天池度假村有限公司被认定为2016年浙江省体育服务业示范企业。二是体育产业项目调查工作全面展开。根据《体育总局办公厅关于做好2016年全国体育产业专项调查工作的通知》要求和国家开展全国体育产业专项调查的统一部署，省体育局在全省范围内开展体育产业专项调查工作。市体育局于8月底前完成了274家体育产业相关单位的名录库核查工作；10月初，完成200家体育产业相关单位的入户调查工作。三是体育产业基地建设呈现新局面。积极拓展体育产业形态，德清县引进发现探索极限基地、浙江大成足球俱乐部、久祺国际骑行营、户外运动星空营基地和裸心体育发展有限公司等项目。其中，德清县发现探索极限基地入围2016中国体育旅游精品“十大创新示范项目”；长兴县以自行车运动为抓手，争创“中国自行车运动示范基地”。安吉县中南百草园被评为“浙江省第二届最受欢迎运动休闲地”，并被列入国家体育产业示范单位。四是品牌体育赛事得到新发展。充分发挥区位、资源、阵地和人才优势，精心策划和组织开展国际、国内重大体育赛事，通过环太湖国际公路自行车赛、太湖图影国际马拉松赛、全国极限运动大赛、全国围棋甲级联赛和铁人三项赛等国内外大型赛事的举办，将赛事宣传、活动营销与城市营销紧密结合，打响湖州市运动休闲品牌的知名度、美誉度。其中环太湖国际公路自行车赛新增安吉赛段，赛事更加丰富，由世界最大的体育节目独立分销商IMG全程直播，覆盖全球100余个国家和地区。五是体育彩票销售稳步发展。2016年，全市完成各类体育彩票销售7.53亿元，超额完成省体育彩票中心年初下达6.33亿元的目标任务，同比增长25.17%，增幅居全省第五。（王　森）

·居民生活·

【概况】 2016年，面对严峻复杂的外部经济形势，湖州市以“五大发展理念”引领赶超发展，全市经济运行总体保持平稳态势，城乡居民收入稳步增加，生活质量持续改善。

【城乡居民收入同步协调发展】 一是全体居民人均可支配收入稳步向好。2016年，湖州市全体居民人均可支配收入37193元，同比增长8.6%，基本同步GDP发展；从走势看，从1季度的7.8%回升至4季度的8.6%，呈平稳向好态势。二是城乡居民收入比位居全省第3。分城乡来看，城镇常住居民人均可支配收入45794元，增长8.4%；农村常住居民人均可支配收入26508元，增长8.6%。农村居民收入增速略高于城镇居民，城、乡收入比保持在1.73∶1，在全省设区市中位居第3。

【城乡居民增收亮点纷呈】 一是惠民政策促增收。全体居民人均转移净收入4350元，同比增长14.4%，增幅居“四大块收入”之首，其中城镇常住居民人均转移净收入6750元，增长13.8%，农村常住居民人均转移净收入1370元，增长15.7%。转移净收入的快速增长主要得益于政府对养老、医疗和失业等各项保障的财政投入力度加大。同时，随着社会保障范围的扩大，享有基础养老金的居民数量增加，加之失地农民养老保险的转轨，养老金待遇从335～550元提高至1400元左右，每月增收1000元左右，各项惠民政策的落实，有力地促进居民家庭转移净收入快速增长。二是改革创新利增收。全体居民人均财产净收入2906元，增长10.8%，成为居民家庭增收的新亮点，其中城镇常住居民人均财产净收入4511元，增长10.4%，农村常住居民人均财产净收入913元，增长11.3%。随着深化农村改革的推进，湖州市在活权增收工作上进行了积极探索和大胆实践，取得良好成效，农村“死产变活权、活权生活钱”“三权”抵押贷款实现扩面增量，带动农村居民集体分红、经营权转让所得以及其他红利收入增长。三是稳就业保增收。全体居民人均工资性收入21724元，增长8.7%，占可支配收入的比重为58.4%，对收入增长的贡献率达58.9%，其中城镇常住居民人均工资性收入25224元，增长8.4%，农村常住居民人均工资性收入17376元，增长8.9%。随着产业转型升级的推进和高新技术“机器换人”对城乡居民就业增收带来一定影响，但政府部门多措并举，力促就业保持平稳。2016年，全市举办春、秋季系列招聘会等公共就业专项活动69场（次），城镇新增就业8.85万人，城镇失业人员实现再就业3.09万人，其中帮扶困难人员再就业5484人，全社会的稳定就业奠定工资性收入平稳增长的基础。四是企业减负助增收。全体居民人均经营净收入8212元，增长4.9%，其中城镇常住居民人均经营净收入9310元，增长4.0%，农村常住居民人均经营净收入6848元，增长6.1%。2016年，围绕降低企业成本，政府部门通过降低失业保险费率、落实社保费率调整及阶段性降费等政策，为企业减负 3.5 亿元。但经济新常态发展对企业发展提出更高要求，城乡居民家庭个体经营也面临新的形势和压力，家庭经营净收入总体稳中有增，但增速较为平缓。

【居民收入水平与全省比较】 一是收入水平排位保持稳定。从全省 11 个设区市的绝对值比较看：全体居民人均可支配收入 37193 元，低于全省平均 1336 元，绝对值居全省第 7 位，比上年前移 1 位。其中，城镇常住居民人均可支配收入 45794 元，低于全省平均 1443 元，绝对值居全省第 9 位；农村常住居民人均可支配收入 26508 元，高于全省平均 3642 元，绝对值居全省第 6 位；城乡居民收入绝对值在全省排位与上年持平。二是收入增速快于全省。从全省 11 个设区市的增幅排位比较看：全体居民人均可支配收入增长 8.6%，增幅列全省第 5，高于全省平均 0.2 个百分点。其中，城镇常住居民人均可支配收入增幅 8.4%和农村常住居民人均可支配收入增幅 8.6%，均居全省第 5 位，分别高于全省平均 0.3 个百分点和 0.4 个百分点。

【居民消费质量持续改善】 随着居民收入的提高，城乡居民的消费观念和消费方式开始发生改变，尤其是农村居民逐渐转变“省吃俭用”的消费观念，生活消费支出增长快于城镇居民家庭。2016 年，全市全体居民人均生活消费支出 23217 元，同比增长 5.4%；其中城镇常住居民人均生活消费 27731 元，增长 3.4%；农村常住居民人均生活消费支出 17609 元，增长 9.3%。一是食品消费稳步上升。2016 年，全市全体居民人均食品支出 7137 元，增长 6.3%，其中城镇居民人均食品支出 8533 元，增长 4.6%；农村居民人均食品支出 5402 元，增长 9.5%；居民家庭日益重视营养均衡与健康，注重膳食结构的合理性，愈来愈倾向绿色保健的饮食观念，谷物、肉禽类消费量减少，水产品、蔬菜和干鲜瓜果等的消费支出呈现较快增长态势。二是家用汽车消费热度较高。对生活便捷程度的追求，私家车在百姓人家呈现普及的趋势，尤其农村居民家庭汽车消费热情高涨。2016 年，全市全体居民人均交通通信支出 3789 元，增长 7.5%，其中城镇居民家庭人均交通通信消费支出 4276 元，增长 4.1%；农村居民家庭人均交通通信支出 3183 元，增长 13.3%。三是文娱消费渐成为亮点。随着居民家庭物质生活的改善，逐步向文教娱乐、休闲旅游等精神消费领域拓展，“吃喝玩乐”逐渐成为居民家庭重要的休闲生活方式。2016 年，全市全体居民人均文教娱乐消费支出 2409 元，增长 12.6%，其中城镇常住居民人均文教娱乐服务消费支出 3086 元，增长 10.5%；农村常住居民人均文教娱乐服务消费支出 1568 元，增长 17.4%。 （费丽娟）

生态文明建设

生态文明

·综　述·

【概况】　2016年，湖州市深入践行“绿水青山就是金山银山”重要思想，按照“四个年”活动总体部署，密切配合、攻坚克难，扎实推进生态文明先行示范区建设，取得显著成效。重大制度创新实现突破，“生态+”绿色发展向纵深推进，生态环境质量明显改善，绿色生活方式深入普及，全市生态文明建设跃上新台阶。通过承办全国生态文明建设工作推进会，湖州市“四地一区”（“两山”重要思想诞生地、中国美丽乡村发源地、“生态+”发展的先行地、太湖流域生态涵养地和全国首个地市级生态文明先行示范区）品牌享誉全国，生态文明建设影响力和美誉度显著提升。

【承办全国会议】　12月1日至2日，全国生态文明建设工作推进会议在湖州召开。习近平总书记作出重要指示，国务院总理李克强作出重要批示，国务院副总理张高丽出席会议并作重要讲话。会上，省委书记夏宝龙介绍了浙江坚持不懈实施“八八战略”和“两山”重要思想、经济社会发展和生态文明建设的情况，浙江、福建、江西、贵州、青海5个省和国家发改委、环保部2个部委负责人就生态文明建设作交流发言，甘肃省和湖州市、深圳市、承德市以及镇江市5个省、市作书面发言。会议期间，还安排与会代表赴安吉县天荒坪镇余村、长兴县天能循环经济产业园、微宏动力系统（湖州）有限公司、南太湖水环境综合治理等考察点现场考察，与会代表考察后，对湖州市10年来太湖水环境综合治理、产业绿色转型、推进生态经济化等成果给予充分肯定；对湖州市“四地一区”的品牌内涵印象深刻，赞赏有加。同时，中央媒体对湖州市生态文明建设和经济社会发展成就做了全面宣传，进一步提升了湖州在全国的知名度和美誉度。

【完成两项国家级试点】　认真做好党中央、国务院交给湖州市编制自然资源资产负债表和开展领导干部自然资源资产离任审计两项试点工作，出台《关于开展湖州市自然资源资产负债表编制和领导干部自然资源资产离任审计试点的实施意见》。编制完成2011～2015年全市及各县区自然资源实物量表，制订了一套比较系统、完整的编制方法和技术方案，为国家建立自然资源资产负债表编制方案提供了有益经验，自然资源资产负债表编制试点工作得到了中央全面深化改革领导小组办公室督察组以及国家发改委、环保部、国家统计局等部委的充分肯定。积极配合审计署南京特派办、上海特派办做好领导干部自然资源资产离任审计试点工作，形成审计意见。深化两项试点的成果应用，出台《湖州市自然资源资产保护与利用绩效考核评价暂行办法》和《湖州市领导干部自然资源资产离任审计暂行办法》，进一步强化了各级领导干部自然资源资产管理和生态环境保护责任。

【推进生态文明立法】　有序推进“1+X”（“1”为《湖州市生态文明先行示范区建设条例》，“X”为生态文明领域其他专项法规）生态文明建设领域立法，将生态文明建设纳入法制化轨道，为守护绿水青山、实现绿色发展提供法律保障。5月27日，《湖州市生态文明先行示范区建设条例》（以下简称《条例》）经浙江省第十二届人大常委会第二十九次会议批准，自7月1日起施行，是湖州市首部实体法，也成为全国首部生态文明先行示范区建设的地方性法规。为抓好《条例》的贯彻落实工作，制定《湖州市生态文明先行示范区建设条例》主要工作任务分解方案。加快生态文明领域的其他专项法规制订工作，《湖州市市容和环境卫生管理条例》已颁布实施，《城乡河道管理条例》和《美丽乡村建设管理条例》等加快调研起草。

【开展生态文明标准化建设】　推进生态文明标准化建设，湖州市成为全国唯一经国家标准化管理委员会批准的生态文明标准化示范区。积极探索标准化工作有效支撑生态文明建设的机制和路径，出台《湖州市国家生态文明标准化示范区建设2016—2017年推进计划》，明确32项生态文明标准导向目录，启动了首批23项（其中国家标准8项、地方标准15项）市级以上标准的制订、修订工作，其中，4项国家标准、2项省级标准成功立项，4项市级标准完成了征求意见程序。开展20个生态文明标准化示范点创建，成立全市首个市级专业标准化技术委员会和市生态文明标准化研究中心，为巩固生态文明建设成果奠定了基础。

【推进生态文明体制改革】　制订《湖州市党政领导干部生态环境损害责任追究实施细则（试行）》，积极探索党政领导干部生态环境损害责任追究制度。推进智慧能源在线监测平台建设，完成年耗能5000吨标准煤以上的重点用能企业智慧能源系统接入工作，实现重点用能企业在线监测全覆盖。推进环评审批制度改革，湖州莫干山高新技术产业开发区被列入全省“规划环评+环境标准”改革试点。深化林业体制机制改革，推进林业综合执法改革，省级试点县长兴县成立县林业综合行政执法大队，安吉县新增为省林业综合执法改革试点。制订《湖州市自然资源资产产权制度改革工作方案》，积极探索自然资源资产产权制度。

【引导全民参与】 运用《湖州生态文明》杂志、各地各部门门户网站等媒体，广泛开展生态文明宣传教育活动。组织开展第二个“湖州生态文明日”活动，进一步引导广大市民树立生态文明意识，积极参与生态文明建设。挖掘弘扬地域优秀生态文化，太湖溇港入选世界灌溉工程遗产名录，为湖州市生态文化又增添了一张金名片。推动生活方式绿色化，完成生活方式绿色化对策研究课题，形成推行生活方式绿色化行动计划。加强生态文明理论研究和经验总结，中国生态文明研究院申报的《全国生态文明先行示范区建设理论与实践研究：以湖州市为例》课题获2016年国家社会科学基金特别委托项目。与中央党校合作开展《湖州在绿色发展中先行》课题研究，成果报告被《学习时报》上刊发。（沈越霄）

·环境保护·

【概况】 2016年，湖州市生态环保工作圆满完成各项目标任务，工作成效明显。湖州市获得全国唯一国家生态县（区）全覆盖的国家生态市荣誉称号，美丽浙江考核获得优秀，“五水共治”荣获省优秀市大禹鼎（实现“三连冠”），年内，PM2.5降幅居全省第一，省市环保局局长目标责任制考核优秀。

【美丽湖州建设走在前列】 把美丽湖州建设作为厚植未来发展优势的核心内容谋篇布局，在全省率先调整成立市委、市政府美丽湖州建设领导小组，出台《“811”美丽湖州建设行动方案》，细化成员单位的牵头责任和参与责任，切实把各级各部门的工作任务责任化、网格化和具体化。湖州市和吴兴区、南浔区分别被环保部授予国家生态市、国家生态区荣誉称号，湖州市成为全国目前唯一一个国家生态县（区）全覆盖的国家生态市。安吉县被环保部列为“绿水青山就是金山银山”理论实践试点县，并荣获全国首届“中国生态文明奖”。深入推进绿色细胞创建，创建省级生态文明教育基地2家、省级绿色企业9家。湖州市在2016年度美丽浙江首年考核中获得优秀。

【“五水共治”成为标杆】 按照省委、省政府“决不把污泥浊水带入全面小康”的决策部署和市委、市政府“坚持不懈抓治水、全力再夺大禹鼎”的年度目标，聚焦重点、补齐短板、精准发力，打赢“清三河”防反弹保卫战、清淤治污攻坚战和截污控污阵地战三场硬仗，治水成效逐步显现。全市78个县控以上地表水监测断面全面消灭Ⅴ类和劣Ⅴ类水质，Ⅲ类及以上断面比例达98.7%，被列入国考的13个断面100%达到目标要求，省交接断面水质考核居优秀等次，入太湖水质连续9年保持在Ⅲ类水质以上。通过“五水共治”，治出了秀水美景，治出了发展后劲，治出了干部新风，治出了百姓口碑。湖州市获得省“五水共治”“大禹鼎”三连冠。

【大气治理成效明显】 聚焦国家“气十条”（国务院发布的《大气污染防治行动计划》）工作要求，坚持立足当前、主攻内因，全面推进重点攻坚和完成阶段性任务。市区PM2.5浓度均值为47微克/立方米，同比下降19%，下降幅度居全省第一；市区空气质量优良率达65.6%，同比上升6.4个百分点，优良率比例和改善幅度均为历年最高。在全省率先完成黄标车、老旧车省定年度淘汰任务，多次得到省领导的批示肯定，省环保厅将湖州市做法在全省推广。

【土壤防治持续深化】 编制《湖州市危险废物和污泥集中处置设施建设规划（2016～2020年）》，加快补齐“十三五”各类固体废物处置缺口。实现固体废物处理设施全覆盖，医疗废物收集处置网络覆盖到各村（社区）卫生所，建立病死害动物无害化处置中心和乡（镇）收集点，实现污泥无害化处置项目县（区）全覆盖。推进危险废物源头精细化管理，全市17家危废国控重点监管企业及危废（污泥）处置单位被纳入全过程监管信息平台。

【服务发展水平有效提升】 强化源头管控、过程监管双管齐下，切实提升党委、政府管发展要管环保、管行业要管环保和管区域要管环保的责任意识，以环境政策、环保标准助推绿色发展。严把空间准入、总量准入和项目准入三个关口，全市全年审批建设项目环评文件2439个，涉及项目总投资1278亿元，其中环保投资14.9亿元。通过提前介入，全市对27个不符合环保要求的项目予以劝退，涉及投资21.4亿元。编制《湖州市“十二五”环境质量报告书》《湖州市生态环境保护“十三五”规划》，进一步明晰全市环境资源配置利用的方向和路径，为领导科学决策提供依据，围绕“六重清单”（重大项目、重点工程、重大平台、重点产业、重大政策、重点要素），畅通绿色通道，做好全市重大建设项目环评审批服务，实施审批流程再提速。

【环境执法监管全面加强】 实行环境违法行为“零容忍”。深入开展“天网”系列环保专项行动和环保执法百日专项行动，全市检查企业2.86万家（次），处罚环境违法企业441家、处罚金额2592.54万元，其中查封扣押102家、限产停产24家、移送适用行政拘留环境违法案件84件、涉嫌环境违法犯罪25件、行政拘留51人和刑事拘留31人。加大环境违法典型案件公开曝光力度和后督查工作，公开曝光反面典型案件8批、80件。有效落实全防全控措施，完成G20杭州峰会、第三届世界互联网大会乌镇峰会等重大活动期间环境质量保障工作。加大对重点区域、重点环节、重点部位的监督检查，狠抓重点污染源治理、《今日聚焦》曝光环境问题整改等落实工作，有效地保障了区域环境安全。

【改革创新进一步深化】 以改革创新破解影响环境保护的深层次问题。在全市范围开展补齐环境治理短板工作，着力解决4个方面、23个具体问题，推进精准治理、综合治理和持续治理。开展企业环境污染治理促进产业转型升级专项行动，深化6大重污染、高耗能行业和低小散重污染块状行业的整治提升，全年完成整治747家、关停淘汰962家和集聚入园357家，为新兴产业发展腾出空间。深化工业企业“零土地”技改项目环评审批制度改革，对符合条件项目实行承诺备案制，全年办理环保备案项目97个、涉及总投资12.54亿元，工作走在全省前列。开展环评审批制度改革试点，湖州莫干山高新技术产业开发区被列入环保部产业园区规划环境影响评价清单式管理全国试点及浙江省“规划环评+环境标准”改革试点。修订排污权有偿使用和交易管理办法及实施细则，稳步推动排污权有偿使用和交易常态化，2016年，新增有偿使用和交易91笔、526万元。拟定《湖州市党政领导干部生态环境损害责任追究办法实施细则（试行）》，细化分解部门责任清单，明晰目标任务、责任要求和追责情形，实行领导干部生态环保“一票否决制”和环境损害责任终身追究制。

【环境宣教推陈出新】 深化公众环保理念，开展“今天我环保了吗”实践体验活动等10大公众环保活动，策划推出第二届湖州市“最美环保人”评选活动，对21位美丽环保人进行表彰，成立湖州绿色环保协会，突出“六五”世界环境日等重要时段的集中宣传，深入开展联动普法、局领导“送法到一线”、重要时段宣传等宣传活动，社会各界积极参与、反响强烈、引起共鸣。市环保局荣获2016年度全国绿色传播最具影响力奖。（倪丽萍）

·美丽乡村建设与管理·

【概况】 2016年，湖州市按照打造美丽乡村升级版要求，深入谋篇布局，完善工作载体，提升建设标准，强化政策支撑，深入推进美丽乡村建设的各项重点工作，美丽乡村建设基础不断夯实、形象不断提升、群众获得感不断增强，全市美丽乡村建设的品牌影响力持续提升。全年创建市级美丽乡村34个、累计571个，规划区外覆盖率达80%。

【建设目标有新提升】 全市各级把握发展需求，更加突出把美丽乡村建设作为优化区域发展环境、促进经济转型升级的重大战略来抓，纳入经济社会发展一盘棋考虑，在目标定位、战略谋划和建设支撑等方面着力体现赶超争先、奋力引领的要求，明确“十三五”期间美丽乡村继续走在前列、彰显品牌魅力的总基调。主要体现在：一是力争全市整体示范。坚持在推进机制、整治建设、成果转化和改革创新等方面联动互促，提出打造“统筹城乡升级版、美丽乡村升级版、休闲农业升级版、农村改革升级版”，确保湖州美丽乡村建设继续走在全国、全省前列。二是推动县（区）创优争先。组织县（区）以争创省美丽乡村示范县（区）为抓手，全力推进美丽乡村建设各项重点工作，形成“三县确保争先晋位、二区奋力赶超发展”的态势。组织德清、长兴、安吉三县以2016年和2017年、吴兴、南浔两区以2018年为时间节点，细化目标任务，落实项目载体，推进升级示范打造。

【建设体系有新完善】 立足弥补短板、打造亮点，把握“县区创省示范县（区）、乡镇创示范乡（镇）、村创美丽乡村、农户创美丽庭院”“四级联创”工作载体，突出“抓点、连线、成片、扩面”建设任务，围绕到2020年“全市70%的乡（镇）创建成示范乡（镇）、100%的宜建村建成美丽乡村、10%左右的村建成美丽乡村精品村、全面展示22条美丽乡村示范带新形象、新风采”具体目标，进一步抓布局、抓推进和展形象。在总体布局上，德清县编制《德清县美丽乡村建设战略规划（2016~2020年）》，布局“个、十、百、千、万”（一个示范县创建、十线十镇十景、百个精品村特色村提升、千家乡村民宿和千家农业经营主体、万个美丽家庭创评）工程建设。在重点片区打造上，吴兴区围绕南郊旅游开发、溇港文化申遗、西塞山省级度假区创建，确定道场、滨湖、妙西三大片区进行倾力打造。南浔区确定临乌（乌镇）区域11个行政村，实施“一年整治关停基本到位、三年配套建设基本完成、五年转型发展基本实现”的“一三五”行动目标。在美丽乡村受益面覆盖上，按照“环境高标准整治、设施规范化配置”的要求，扎实推进市级美丽乡村创建和已创建村增点扩面工作，年度创建市级美丽乡村34个，排定498个项目，投资1.7亿元，年内全市累计创建市级美丽乡村达到571个，约占城镇规划区外行政村数80%。安吉县到年底基本完成已创美丽乡村增点扩面，实现规划保留自然村美丽乡村创建全覆盖。在串点连线推进风景长廊建设方面，围绕已规划的22条美丽乡村示范带，持续做好延伸、提升和成网文章，截至12月底，年度重点推进的8条美丽乡村示范带年度投入7.41亿元。安吉县重点推进黄浦江源精品观光带提升，涉及70余公里、大小节点50余个、投资1亿元。

【建设内涵有新丰富】 牢牢把握三次产业融合发展、城乡融合发展的新态势，进一步树立“产村融合”发展理念，以美丽乡村精品创建为示范引领，推动美丽乡村从整洁美向风貌美、从外在美向人文美和从建设美向经营美转型，不断聚集要素资源，促进美丽经济发展。在规划引领上，组织创建村由以往单纯的制定村庄整治方案向编制美丽乡村建设规划转变。按“产村融合”的要求推进村庄景区化改造，努力把村庄打造成休闲产业配套服务基地、创业就业基地和旅游功能拓展基地。首批确定42个行政村组织创建。尤其是安吉、德清、长兴县一批“有主题、有韵味、有业态”的美丽乡村精品村已经展露形象。在人文发掘上，一方面坚持把历史文化村落保护利用作为精品村建设的重要内容，打造一批“记得住乡愁”的魅力村庄，全市第二批4个历史文化重点村已基本展示形象，第三、四、五批共6个重点村进展顺利。另一方面，组织各村在整治建设，充分挖掘、融入人文元素，充分展示地域特色、乡村特质和人文特点，彰显村庄魅力、品位。同时，把文化礼堂建设作为传承乡村特色文化的重要阵地，全市累计建成文化礼堂384家；“十三五”时期末将计划建成文化礼堂600个。在村庄经营上，通过依托现有景区、村域资源和现有业态，确定村庄发展定位，做好业态引进、整合、融合、提升和转型文章，积极创新美丽乡村建设、经营模式，初步形成了景区依托型、农事体验型和村庄休闲型等美丽乡村经营模式。

【重点治理有新进展】 牢牢抓住农村生活污水治理、农村垃圾有效收集处理两项推进农村生态环境建设的基础工程，突出有效治理，抓质量、抓长效，确保真正取信于民。在农村生活污水治理上，以“保质量、保运行”为核心，围绕“新增治理、回头看整治、运维管理”三大工作重点，力求取得实效。2016年，全市累计完成203个行政村的农村生活污水治理工作，新增受益农户52195户。对已建项目排查整改持之不懈，据统计，市、县（区）两级年内共组织“回头看”检查424次，累计发现问题点位31977个。已建项目运维管理基本纳入正轨，前两年全市完成治理村563个已全部由县（区）运维主管部门接管，涉及终端6193个已移交第三方运维6009个，市、县（区）均制定出台运维管理办法、落实补助政策［市按100元/户对各区补助，县（区）按250元/户标准对乡镇考核补助］，市、县（区）均建立智能化管理平台并已实现市、县（区）联网，对10吨以上处理终端进行全时段督查。在农村垃圾分类上，全市已启动垃圾分类村305个，行政村覆盖率达30.8%。德清、安吉县年内垃圾分类村累计达到101个、133个。编制《市本级十三五农村生活垃圾减量化资源化分类规划》，建立以城市处理中心覆盖一批、小城镇整治带掉一批、村级建站完成一批的三位一体处理方式，统筹解决市本级443个村的垃圾分类推进工作。各试点村多措并举宣传引导，强化农户源头分类，处理设备有效运行，通过高效发酵机制造的有机肥肥效安全优质。

【推进保障有新加强】 全市各级各部门围绕工作落实，不断强化组织领导、考核督查力度；在加大财政扶持力度的基础上，积极探索社会力量参与美丽乡村建设新模式、新路径；建立标准规范引导、规划设计引领和专家现场指导的技术保障机制；营造全力抓保障、合力抓推进的良好氛围。在资金保障上，市财政明确在每年7400万元美丽乡村建设专项资金的基础上，再新增2385万元专项资金进行补助，对市本级美丽乡村示范镇、精品村创建进行奖补（示范镇市补助200万元/镇、区配套100万元，精品村市补助300万元/村、区配套300万元）。德清县明确对精致小村（核心村）、精品村、美丽乡村增点扩面村分别按照2000万元/村、1000万元/村、1500元/人的标准进行补助。

（毛毓良）

·节能降耗·

【概况】 2016年，单位工业增加值能耗下降0.5%；全社会用电量222.2亿千瓦时，同比增长11.71%，其中工业用电量165.73亿千瓦时，增长9.64%；完成省下达的能源“双控”年度目标任务。

【节能技改及节能技术推广】 围绕“热电联产改造、窑炉改造、余热余压利用、电机能效提升、绿色照明”五大重点节能工程，全年实施119项市重点节能技改项目，总投资5.9亿元，年节能4.7万吨标准煤。实施《湖州市地方燃煤热电联产行业综合改造升级方案》，推进燃煤热电联产企业综合改造升级。全市10家地方燃煤热电联产企业全面启动了清洁化、高效化和信息化改造工作。大力推进光伏发电项目建设，全市累计建成光伏发电项目465兆瓦，其中分布式电站155兆瓦，地面电310兆瓦，全年光伏发电量3.5亿千瓦时。

【淘汰落后和“低小散”行业整治】 以钢铁、水泥、平板玻璃、造纸、印染、铸造、医化和砖瓦窑等高耗能重污染行业为重点，强化行业整治、政策激励，差别化资源政策倒逼，推进高耗能重污染落后产能的淘汰，全年淘汰133家企业的落后产能，腾出15.4万吨标准煤的用能空间。通过淘汰关停一批、改造提升一批和搬迁入园一批的思路，全力推进“低小散”行业整治，全年完成“低小散”行业“三个一批”整治企业和作坊2618家。全面完成“治霾318”专项行动工业领域高污染燃料小锅炉淘汰任务，全年淘汰工业小锅炉2253台。

【工业循环经济】 贯彻落实《国务院关于实行最严格水资源管理制度的意见》，加快推进节水型企业培育和创建。在印染、造纸和电力等重点用水行业积极推进水平衡测试、水循环（梯级）利用、中水回用及再生水利用，全年新增省级节水型企业18家。结合“五水共治”、应对大气污染等工作，推进重污染、高耗能企业开展清洁生产审核工作。全年通过清洁生产审核验收的企业86家，实施“中高费”方案269项，完成投资额2.2亿元，节能1.04万吨标准煤，节水471万吨。浙江天能电池集团有限公司、湖州长广浩天电源有限公司、长兴新大力电源科技有限公司和浙江超越动力科技股份有限公司实施的铅削减清洁生产项目，有效地降低了废水、废气中总铅的排放量，获得中央财政专项资金1279万元。大力培育绿色企业，华茂（湖州）保健品有限公司等7家企业被评为“省级绿色企业”。

【能源要素市场化配置改革】 深入推进能源要素市场化配置改革工作，继续以德清县为试点开展用能总量指标有偿使用和交易。对年综合耗能1000吨标准煤（等价值）或年耗电200万千瓦时以上的工业企业，以及被列入交易范围企业新增用能项目实施用能总量指标核定、有偿使用和交易，并对超额用能部分执行差别化收费。全年完成34家企业的用能总量指标交易，交易用能总量8.17万吨标准煤（等价值），交易总价为595.49万元。加快推进电力直接交易试点工作，2016年，全市参与电力直接交易试点用户有3984家，直接交易电量68.39亿千瓦时，占全市用电量的39.6%。继续实施差别电价，2016年，对造纸、铸造等高耗能行业执行差别电价849万元。

【创新手段强化管理】 开展区域节能评估改革试点工作，德清县被列为全省区域节能评估工作试点单位。选择德清县莫干山高新技术产业开发区为试点区块，编制区域节能评估报告，探索推进园区内工业固定资产投资项目“能源‘双控’+分类管理+能效标准”的节能评估审查模式。应用信息技术提升能源管理工作的智能化水平，开通湖州市智慧能源在线管理平台，实现企业用能定额管理、能效分析、县（区）节能目标管理和企业用电实时反应等功能。强化节能监察，开展节能评估后续监管工作。对5家新上企业开展节能监察，对10家新上高能耗项目进行后续督察，重点对用能替代方案落实情况进行检查；完成对80家工业企业和10家大型建筑物节能监察工作，其中涉及能效限额的企业30家，提出整改建议300余项，可直（间）接实现节能1万余吨标准煤。

【加大节能宣传】 以政策宣传、典型报道、节能知识普及和节能产品推广为主要内容，以节能“三进”和低碳宣传系列活动为重要载体，面向机关、农村、学校和社区家庭大力开展节能宣传，倡导节能低碳的生产方式、消费模式和生活习惯，努力营造节能降耗工作的良好社会氛围。宣传周期间，组织5场现场节能宣传和咨询活动，张贴节能宣传画1000余套，发放各类节能宣传资料和宣传品、环保袋等节能宣传产品2万余份。 （石 杨）

·循环经济·

【科学制定规划和计划】 根据市府办《关于印发湖州市“十三五”规划编制目录的通知》，编制印发《湖州市循环经济发展“十三五”规划》，提出未来五年大力推进循环经济“一十双百”行动计划，努力争创国家循环经济示范城市。在总结湖州市近10年来循环经济推进工作经验的基础上，编撰完成《湖州市循环经济典型模式与范例》。印发《湖州市节能环保产业发展“十三五”规划》，出台《湖州市节能环保产业发展2016年工作推进计划》。

【全面推进示范试点建设】 安吉县获批国家循环经济示范县创建单位，在今后中央项目资金安排中予以优先支持。完成吴兴工业园区创建国家级循环化改造试点申报和评审工作，以本批次全国第2名被列入国家重点支持名单，获得1.1亿元中央财政资金支持。完成省级餐厨垃圾综合利用示范城市申报工作，湖州市区以全省第一名被列入首批试点对象，获得首批440万元的省财政专项支持。成功争取湖州开发区列入第四批省级园区循环化改造试点。审核批复德清工业园区市级循环化改造实施方案。指导南浔开发区、长兴开发区制订“园区循环化改造试点工作整改方案”并加快项目实施。

【全力争取资金支持】 全市全年组织申报中央预算内资环类重点项目11个，通过省里初选、国家备案和省里终审的层层竞争，有6个项目最终通过，获得补助资金1610万元（其中，南浔区2个项目为天聚木业、双宏新型建材，吴兴区1个项目为久立特钢，度假区1个项目为LED亮化改造，安吉县2个项目为天振竹木、天草生物），项目数居全省第一。年初被列入2015年省循环经济“991”计划追加支持项目15个，获得省财政专项资金1065万元，资金数居全省第一；谋划包装、组织申报73个2016年度“991”计划重点项目。组织开展2016年度市级循环经济发展专项资金的项目申报、专家评审、现场核查和资金安排工作，年内市级循环经济发展专项资金实际安排353万元，支持15个项目，其中产业类12个、非产业类3个。指导、督促资环口获得省级以上支持的各类项目资料录入省资环数据库补充、调整工作，加强重点项目实施管理。

【积极应对气候变化】　完成2015年度市级和县（区）级温室气体清单送审稿编制工作，组织对各县（区）2015年度温室气体清单进行评审论证。按照全省部署，全力推进碳排放权交易市场建设相关工作，完成拟纳入全国碳交易市场的第一阶段重点企业情况摸底，组织新增12家拟纳入第一批碳交易重点排放企业和150家非碳交易重点排放企业开展技术培训，指导、督促完成碳排放重点企业年度数据报告，组织实施年度数据报告复查。参与省级低碳试点相关基础调研工作，组织编制省级低碳试点实施方案，会同省气候低碳中心进行初审并向上申报，吴兴区织里镇创建为首批“省级低碳试点城镇”。6月14日，实施全国低碳日“低碳创新”主题宣传活动，创新组织方式，通过现场宣传、移动互联网参与等形式，扩大影响面。

【培育节能环保产业】　对全市150家节能环保制造业规模以上企业相关基础情况进行调研。提出节能环保产业专门统计体系建设方案。会同9个市级相关部门，起草《湖州市节能环保产业推进工作方案》，推动建立湖州市节能环保产业发展部门联席会议制度。2016年，全市节能环保产业完成固定资产投资70.4亿元，同比增长54.2%；拥有规模以上企业231家，实现主营业务收入450.64亿元、增加值88.86亿元、利税总额54.95亿元，分别增长11.3%、13.4%、14.7%，完成省对市下达的节能环保产业增加值增长10%目标任务。　(张武斌)

·气　象·

【气象监测预报预警与服务】　受超强厄尔尼诺影响，2016年，天气复杂多变，先后经历了雾霾、极寒暴雪、连续强降水、高温热浪和台风等极端天气频繁影响，刷新多项历史纪录。面对异常气候和极端天气，围绕G20杭州峰会等重大活动以及重要天气过程，市气象局做到预报早、汇报勤、服务快和发布广。2016年，启动气象灾害应急响应10次，发布预警信号90次，编制发布各类气象服务材料300期。通过微博发布气象信息490条，微博粉丝数增加至16余万人。气象网站点击率达116余万次，发布短信521条，受益120余万人（次）。与市相关部门开展联合会商56次，联合发布地质灾害预警短信28条。气象服务工作得到市委、市政府领导批示肯定。

【气象生态服务保障】　深化与市环保局联合会商和预警信息发布机制，修订完善发布细则，定期召开会商会议，对空气污染气象条件和空气质量趋势进行预测，提前预判空气质量变化趋势，为政府和相关部门提供决策依据，2016年，与市环保局联合发布霾预警信号17次。建立环境气象服务平台，可实时查询PM2.5、PM10和AQI等空气污染要素实况信息、各模式预报结果以及周边地区相关信息。在省气象科学研究所的大力支持下，深化湖州大气扩散能力及其影响因子研究工作。组织完成全市人影作业装备年检和全市55名人影作业队员培训考核工作，其中森林消防人员8名。完成G20杭州峰会和全国生态文明示范区建设推进会议保障任务，得到会议筹备领导小组的肯定。2016年，组织人工增雨作业7次，发射火箭弹30枚。

【气象现代化建设】　完成市级雨雪冰冻项目建设和中央山洪灾害防治项目的相关任务。市、县完成县域暴雨精细化监测预报预警项目立项，并完成暴雨公式修订；完成《气象事业发展“十三五”规划》编制工作，并与市发改委联合发文。新一代天气雷达完成现场验收并投入使用。市气象影视节目实现由标清向虚拟高清的转换。

【为农气象服务工作】　加强农业灾害防御服务，通过气象协理员手机短信网、村村通广播网和农民信箱等渠道及时向农户发布。充分发挥农业专家联盟作用，联合开展灾害调查和评估工作。2016年，制作发布为农气象服务材料101期。安吉县气象局出台全省首个地方标准《美丽乡村气象防灾减灾建设规范》，《农业气象防灾减灾建设规范》在国家标准委立项并被纳入湖州生态文明先行示范区标准体系建设内容。德清县气象局出台《气象为农服务社会化发展试点推进方案》，气象被纳入政府购买服务指导性目录。

【拓宽气象服务产品发布渠道】　开通“湖州气象”和“南太湖天气”2个微信号，微博粉丝17万人。全市实现了电话、电视、电台、报纸、短信、网站、微博、微信、手机APP、电子显示屏和农村应急广播气象信息发布全覆盖。与湖州华数签订智慧气象战略合作框架协议，市、县气象局全部接入农村应急广播。规范气象新闻发布管理工作，与市委宣传部联合下发《关于进一步做好气象防灾减灾宣传工作的通知》。组织召开媒体记者座谈会并建立气象与公共媒体微信群。改进公共服务一体化业务平台，提升产品加工和分发的自动化程度。深化与市电力、交通、港航等部门的合作，服务产品更加贴近用户需求，与市环保局联合发布天气质量预报预警，新增旅游景区预报产品。

【全面深化气象事业改革】　推进气象业务改革，开展预报预警产品制作平台和预报分析支撑平台建设，推进市、县预报业务一体化。改革业务技术人员培养机制，健全培训学习与考核制度，建立预报、防雷和观测等创新团队。推进防雷体制机制改革，市、县均设立气象防灾减灾中心或气象灾害防御技术服务中心，18名自收自支事业编制转为差额拨款，市防灾减灾中心转为公益一类事业单位，成立湖州防雷安全检测有限公司，并承接业务，实现了职能、机构和人员的“三个转变”。推进专业气象服务集约化、规模化发展，出台《湖州市专业气象服务集约化改革方案》，各县专业气象服务由市气象局统一开展，完成“96121”和部分县气象局影视节目制作向市气象局的集约。

【科技人才队伍建设有新成效】 全市气象行业技能竞赛被纳入常态化工作。开展省、市、县气象局之间干部上挂下派工作，安排干部挂职和横向交流6人，援疆1人。建立高级工程师结对联系制度，6位高级工程师与8位业务技术骨干结对培养。按市人力社保局要求，做好4名“1112人才工程”后备人选年度考核工作。2016年，组织参加各级各类培训班24个、82人（次）。科研项目立项8项，验收12项，办理科技成果登记3项。27篇（次）论文学术交流，5篇被评为优秀论文。1项科研项目获得“湖州市科学技术进步奖三等奖”，2人（次）获得“湖州市自然科学优秀学术奖”。（徐钊颖）

县（区）

·德清县·

【概况】　2016年，德清县全面贯彻中央和省、市各项决策部署，以“三大行动”（“聚焦好项目，培育新动力”“服务G20，展示新形象”“创新提效能，强化新担当”）为抓手，攻坚克难，主动适应引领经济发展新常态，坚定不移打好转型升级组合拳，统筹推进经济社会发展。全年实现地区生产总值425.2亿元，同比增长8.3%；财政总收入72.8亿元，增长8.9%，其中地方一般公共预算收入42亿元，增长8.6%；城乡居民人均可支配收入37429元，其中城镇居民和农村居民人均可支配收入分别为46444元和27140元，分别增长8.9%、8.8%。

【经济运行总体平稳】　“三次”产业协调发展。“三次”产业结构比重由上年的5.3∶54.0∶40.7调整为5.1∶52.0∶42.9，实现第一产业增加值21.8亿元，同比增长3.1%；分别实现规模以上工业产值和增加值1166亿元、208亿元，同比增长5.6%、8.3%；实现服务业增加值182.3亿元，增长10.2%。有效投资较快增长。完成固定资产投资304.7亿元，增长13.7%，居全市第二；其中工业投资152.5亿元，增长12.6%，居全市第二；完成服务业投资148.5亿元，增长14.8%。其中县“重大项目百亿工程”完成投资135.7亿元。竹隐舍得度假村、德清通用航空机场等49个重大项目新开工建设，中特智能装备、多功能港区等41个重大项目竣工。金融信贷稳健运行。新增全社会融资总量400.3亿元，增长98.2%，人民币存贷款余额增长16%，银行不良贷款率为0.63%。

【创新驱动引领发展】　创新引领发展，加快转型升级步伐，德清县获批国家科技成果转移转化示范县，研究与试验发展经费支出占地区生产总值比重达2.72%，比上年提高0.13个百分点。动能转换持续加快。分别实现高新技术和战略性新兴产业增加值100.7亿元、45.6亿元，同比增长8.6%、5.3%，占规模以上工业增加值比重分别达48.4%、22%；实现新产品产值371.6亿元，增长10.9%，新产品产值率达32%。实施200万元以上“机器换人”项目173项，完成投资56.8亿元，其中设备投资32.6亿元。莫干山国家高新区体制机制进一步完善，成功创建为国家知识产权试点园区，地理信息小镇获评2015年度良好特色小镇，累计入园地理信息企业108家。新业态新模式蓬勃发展。全域化旅游带动效应进一步凸显，莫干山国际旅游度假区获批省级旅游度假区，跻身中国国际乡村度假旅游目的地。全年接待国内外游客1630万人次，增长17.3%，实现旅游总收入178亿元，同比增长33.8%；实现电子商务网络零售额37亿元；完成企业挂牌31家，其中“新三板”企业7家；新引进培育各类金融业态52家，以上市或集团公司牵头设立规模以上10亿元的产业基金2个、转贷中心1家、互联网金融公司1家及投资公司1家，新引进泰隆银行、浙商银行2家小微企业专营支行。选商引资工作成效明显。举办“德洽会”和第七届游子文化节，引进“大好高”项目73个，签约总投资200亿元的乐视超级汽车等一批重大项目，浙商回归到位省外资金60.9亿元。大众创业万众创新深入推进。新增省级国家级（备案）“众创空间”等创新创业平台各2个。全面落实“人才新政十一条”，新引进培育“千人计划”人才20人（其中自主培育国家“千人计划”人才1人，省“千人计划”人才2人），“南太湖精英计划”人才及团队27个。新授权发明专利698项，新认定省级企业研究院6个（其中重点2个），省级科技型企业78家。

【重大改革取得新进展】　以改革促发展，先后承担国家和省级各项改革试点49项，改革红利加快释放。重大改革取得实质性进展。城乡体制改革提前完成；出台《德清县国家新型城镇化综合试点工作方案》，莫干山镇入选首批中国特色小镇，德清县成为全国特色小（城）镇经验交流会议现场考察点。“农地入市”和农村产权制度改革加快推进，累计入市地块92宗、成交金额达1.52亿元。集体经营性建设用地使用权抵押贷款5749万元、涉及土地29宗。构建五级联动的农村综合产权流转交易体系，累计完成农村产权交易1114笔、金额3.22亿元。供给侧结构性改革成效显著。新增直接融资314.2亿元，同比增长91.3%。去产能目标提前完成，淘汰落后产能企业13家，处置“僵尸企业”5家，整治提升“低小散”企业（作坊）361家，淘汰高污染燃料小锅炉956台，腾出用能空间4.8万吨标准煤。出台《关于进一步促进房地产市场健康平稳发展的补充意见》，实行“房票”制度改革，去库存化效果明显。出台《关于进一步降低企业成本优化发展环境的若干意见》，累计为企业减轻负担30亿元。政府服务效能不断提升。加快推进企业投资项目承诺制改革试点工作。“多规合一”成果加快运用，规划协同平台累计录入项目444个，其中办结290个，初步实现多规信息大集成，阳光标准速评价。

【生态文明建设成效明显】 以打造“全国最干净县”为抓手，大力推进环境治理和全域美丽建设，2016中国美丽休闲乡村发布活动暨全国休闲农业和乡村旅游现场会在德清县召开。“美丽德清”建设加快推进。“美丽县城”提档升级，城西旧城改造、长虹街东延等重大项目加快建设，完成投资14.6亿元；“美丽城镇”扩面增效，乾元、新市、洛舍、禹越、莫干山等第一批美丽城镇改造共计178个项目竣工，完成投资7.5亿元；“美丽乡村”引领示范，获评全省首批美丽乡村示范县，二都村、曲溪村分别入选省第四批（2016年度）历史文化村落保护利用重点村和一般村。“美丽田园”魅力彰显，大力实施“生产用房整洁、畜禽四棚整规、温室龟鳖整治”行动，投入资金6.95亿元，完成农业生产管理用房整治7599幢，复垦土地418公顷。环境整治工程全面提升。严格落实“河长制”，推进清淤泥治污泥等重点工作，连续三年夺得“大禹鼎”；完成“三改一拆”1672.5万平方米，重点打造“杭宁高速德清段、申嘉湖杭高速德清段、304省道、三莫公路、下仁公路和杨禹公路”六条精品道路，完成立面改造38.5万平方米；加大治气治霾工作，AQI优良率76.2%，PM2.5日均浓度43微克/立方米，在全市居第1位；生态补偿资金从2000万元提高至5000万元；农业面源污染治理成效显著，生猪存栏量减至4.8万头，温室龟鳖养殖全面清零。

【社会保障水平稳步提高】 以提高百姓获得感和幸福感为出发点，努力为民办实事办好事。社会事业全面发展。编制文化体育、教育、医疗卫生、养老等领域“十三五”规划，完善公共服务基础设施布局。新增养老床位500张，完成新（改）建居家养老服务照料中心50家，新建幸福邻里中心15家；实施积极就业政策，新增就业16932人，城镇登记失业率2.61%；迁建电大德清学院、求是高级中学和华盛达外语学校，莫干山世界外国语中学签约落户德清，获评首批全国农村职业教育和成人教育示范县；新文化馆、德清大剧院开工建设，陆放艺术馆建成开放，镇（街道）图书分馆建设项目被列入第三批省公共文化服务体系示范项目，“驻馆作家”活动获全国2016全民阅读案例一等奖，成功举办德清县第十二届运动会；县人民医院二期扩建和德清医院迁建工程开工建设，分别成为上海交通大学附属第一人民医院医疗集团德清分院、杭州师范大学附属医院德清分院。平安基础不断夯实。食品药品安全形势持续向好，安全生产重点领域专项整治扎实开展，未发生影响社会稳定的重大群体性事件和重大安全生产事故，圆满完成G20杭州峰会、世界互联网大会乌镇峰会等重大活动维稳安保和环境质量保障任务，“平安德清”创建实现十二连冠。以创建全国社区治理和服务创新实验区为契机，推动和完善城乡社区治理体系。国防动员、双拥、民族、宗教、侨台、外事、统计、供销、邮政通信、新闻传媒、气象、老干部、关心下一代、慈善、红十字、老年体育、档案、史志和机关事务等各项工作都取得新成效。

（吴传玉）

·长兴县·

【概况】 到2016年年末，全县辖9个镇、2个乡和4个街道；全县户籍人口63.24万人，其中男性31.70万人，全年人口自然增长率3.52‰。2016年，面对经济下行压力不断加大、改革转型任务日益繁重的严峻形势，全县紧紧围绕建设“太湖望县、锦绣长兴”总目标和“五个第一”（发展第一要务、项目第一工作、民生第一目标、稳定第一责任、党建第一保障）总要求，真抓实干，攻坚克难，全县经济社会实现平稳健康发展。全年实现地区生产总值499.1亿元，同比增长8.0%；财政总收入79.1亿元，增长6.3%，其中地方财政收入45.46亿元，增长5.2%；规模以上工业产值1248.54亿元，增长4.3%；规模以上工业增加值220.3亿元，增长8.2%；固定资产投资407.8亿元，增长13.47%，其中工业性投入182.8亿元，增长10.05%；社会消费品零售总额231.8亿元，增长11.6%，城镇和农村居民人均可支配收入分别达到46026元、26909元，分别增长8.2%和10.9%。全年进出口总额140.33亿元，增长17.2%，其中出口总额119.04亿元，增长18.6%，进口总额21.29亿元，增长10.1%。全年合同外资及港澳台资3.73亿美元，实到外资及港澳台资1.14亿美元。年末，金融机构本外币各项存款余额和贷款余额分别为547.04亿元和529.82亿元，分别增长12.4%和6.2%。2016年，长兴县争创省全面创新改革试验区、省流通业综合改革试点等省级以上试点，荣获“全国双拥模范县”“全国最佳金融改革创新示范县”等荣誉称号。

【综合实力不断提升】 持续推进“大好高”项目。坚持精准招引项目，深入实施谋划大产业、招引大项目三年行动计划，紧扣高端装备制造、新能源汽车和现代服务业等重点产业，举办“长洽会”、科技型小微企业招商推介会等活动。年内，新引进“浙商回归”重大项目5个、科技型企业170家，新认定省重大产业项目8个、市“大好高”项目36个。强力推进项目建设，扎实开展“六个一批”（六个一批、达产一批、竣工一批、开工一批、‘机器换人’一批、‘腾笼换鸟’一批、提能效促转型一批）“集中开竣工”等专项行动，健全落实项目例会、现场办公等机制，每月召开项目引进推进例会和重点攻坚谈判项目例会，太湖龙之梦乐园、超威区域物流车和英纳威新能源等一批重点项目加快推进，中节能光伏一期、八环轴承、博泰电子等一批项目建成投产。拓展平台建设，中德（长兴）产业合作园、南太湖—吕山矿地利用平台等启动建设，科创森林杭州飞地孵化园、泗安西湖科创园等开园。推动工业做强，全省工业转型升级示范区试点建设扎实推进，获批“浙江制造”试点县和全省唯一新能源汽车项目产业化基地，获评“全国耐火材料行业转型升级示范区”，“腾笼”企业44家、“换鸟”项目34个，淘汰落后装备884台（套），腾出能耗3.47万吨标准煤，“两化”融合应用指数进入全省第一梯队，新增新三板挂牌上市企业14家（累计29家，居全省第一），企业挂牌上市协会正式成立。推动服务业不断优化，获批“资本集聚转化平台”省级试点，水口乡茶文化景区核心区块、八都岕十里银杏长廊整治等全面推进；“铁公水”多式联运模式积极构建，铁路长兴南货场开业运营，浙苏皖省际区域物流中心着力打造；房地产业加快去库存。推动特色农业发展，“农园新景”实验示范带沿线亮点提升工程基本完成，举办“湖羊节”“葡萄节”等农事节庆活动，新发展和提升农业七大特色产业1666.6公顷，新建成粮食功能区1333.33公顷万亩，获评“省级农产品质量安全放心示范县”。

【改革创新激发活力】 狠抓改革落地，扎实推进8个方面、52项年度重点改革项目，全国农村承包土地经营权抵押贷款、国家知识产权强县工程示范县、省技术创新体系建设等试点深入推进，“四张清单一张网”、个体工商户“两证合一”、公务用车制度、“三位一体”新型农村合作体系等重点改革工作有效实施，全国军民融合发展示范区等争创工作扎实推进。重抓科技创新，深入推进全省技术创新体系建设试点各项工作，入选全省首批全面创新改革试验区，“科创委”“科技券”“科技镇长团”“首席科技官”等作用充分发挥，“1+5+N”（1个核心平台——太湖资本广场；国家大学科技园、画溪创业谷、煤山青创园、泗安西湖产业园、和平科技园5个主体园区；其他乡镇、总部经济园区以及社会资本等建设的创业苗圃、创新工场、创业咖啡屋等多种形式的众创空间）科技创业孵化平台体系不断完善，“金融+技术+实体”模式积极运作，科技类基金规模达到6.4亿元，新增省级企业研究院3家。

【生态文明更加巩固】 坚持“绿水青山就是金山银山”的理念，持续不断优化县域生态环境。推进“五水共治”，新建污水管网41.4公里，区块纳管改造9个，清淤河道284.9公里；新建改造供水管网48.5公里、排水管网18.6公里，整治圩区2800公顷，池塘生态化改造496.67公顷；农村生活污水治理实现全覆盖，获评“全国农村生活污水治理示范县”；“十三五”期间重大水利工程建设加紧谋划和推进，有关项目加快前期准备和开工建设。推进大气治理，扎实开展道路粉尘污染整治、城市扬尘污染防治、机动车尾气污染防治、烟尘污染企业整治和挥发性有机废气企业治理等工作，全年完成10蒸吨/小时以上燃煤（油）锅炉清洁化改造17台，治理挥发性有机废气企业24家，秸秆综合利用率达94.8%，PM2.5平均浓度同比下降18.2%。推进生态创建，深入实施全国生态文明先行示范区建设，完成“三改一拆”面积866.2万平方米；“四边”绿化道路24.5公里、面积32.87万平方米。

【美丽长兴提升品位】 坚持城乡一体化，统筹推进美丽县城、美丽城镇和美丽乡村建设。县城建设紧紧围绕全国文明城市创建和省级美丽县城试点任务，深入实施美丽县城建设、中心城区建设和全国文明城市创建等三年行动计划，申嘉湖西延、杭长北延和若溪清水入湖河道整治等重点工程以及东鱼坊历史文化街区、长兴太湖博物馆等重点项目加快推进；“大环卫”“大园林”“大路灯”等体制不断健全，“路长制”“河长制”“里弄长制”严格落实，“数字城管”“智慧警务”“智慧交通”等加快完善，获批国家智慧城市时空信息云平台建设试点县；3个街道、32个村（居）社区城中村整治全面启动。建设美丽城镇，按照“一镇一定位、一镇一方案、一镇一特色”要求，城镇建设加快打造工业强镇、农业大镇、商贸重镇，画溪新能源省级特色小镇16个重点项目全年完成投资13.5亿元，夹浦江南布艺、水口乡村民宿、图影太湖演艺、龙山森林养生等特色小镇争创工作扎实推进。乡村建设坚持“一村一品、一村一韵”特色，7个省美丽宜居示范村、17个美丽乡村创建扎实推进；农房建设管理全面加强，拆除“一户多宅”1276户，整治蓝色屋面61.4万平方米；村庄规划、村庄设计和农房设计“三位一体”工作全面铺开，虹星桥镇郑家村“中国3D彩绘特色乡村”品牌打响。

【民生改善致力普惠】 扎实开展“文明创建攻坚年”活动，全面提升城市文明值、群众幸福感和社会和谐度。加强社会保障，社会保险水平不断提升，被征地农民生活保障转职工基本养老保险制度全面落实；社会救助有效加强，出台支出型贫困救助政策；住房保障更加有力，建成各类保障性住房3000套。提升公共服务，教育事业内涵式发展，学前教育三年行动计划深入实施，长兴第一小学完成搬迁，太湖高级中学迁建等工程加快推进；医疗水平全面提升，“双下沉、两提升”工程深入实施，分级诊疗制度全面推行，县人民医院住院楼、中医院二期综合楼等项目扎实推进；文化事业繁荣发展，国际半程马拉松赛、全国围棋甲级联赛和环太湖自行车赛等重大赛事活动成功举办，百叶龙演出有限公司获评“省文化产业示范基地”。创新社会治理，平安创建实现“十连冠”，县领导包案化解信访积案机制进一步健全，完成护航G20杭州峰会任务；法治长兴建设不断深化，司法体制改革稳步推进，公共法律服务三级实体平台加快建设。（刘　峰）

·安吉县·

【概况】 2016年，安吉县实现地区生产总值324.87亿元，同比增长7.1%；完成财政总收入60.33亿元，增长8.1%，其中地方财政收入35.85亿元，增长8.3%；全年固定资产投资186.71亿元，增长13.6%，其中工业投资93.01亿元，增长7.6%；服务业投资93.51亿元，增长20.7%；规模以上工业增加值118亿元，增长5.7%；全年社会消费品零售总额141.11亿元，增长12.3%；合同外资及港澳台资3.24亿美元，实到外资及港澳台资1.82亿美元，分别增长18.4%和20.9%；自营出口总额继续居全市首位，全年完成出口总额183.69亿元，增长15.1%，占全省比重10.4‰。金融机构本外币存款和贷款余额分别为480.23亿元和430.17亿元，分别比年初增加88.81亿元和22.02亿元。全年接待国内外游客1829万人，旅游总收入233亿元，门票收入4.68亿元，分别增长22.3%、32.7%和26.1%。居民收入增速快于经济增速，2016年城镇、农村居民人均可支配收入分别为44358元和25477元，分别增长7.8%和8.2%。通过省"基本无违建"县考核验收，被列为全国唯一"两山"理论实践试点县，承办"二十国集团"智库会议（T20）和第四届国际无人飞行器创新大奖赛等，并成为该大奖赛的永久举办地。安吉县获得首批省级"美丽乡村示范县"榜首。

【产业质效稳步提升】 新旧动能加快转换，全年高新技术产业增加值46.03亿元，占规模以上工业增加值的39%，同比增长7.4%。规模以上工业新产品产值15.68亿元，增长14.9%。绿色家居品牌响亮，实现G20杭州峰会主要活动场所全覆盖，获得"全国产业集群区域品牌建设椅业产业试点地区"，获批第二批"浙江制造"品牌培育试点县、全国质量强县示范县。全县实现服务业增加值154亿元，增长9.7%，占地区生产总值比重比上年提高2.3个百分点，被列入首批省服务业强县试点和全省首批产业集群跨境电商试点示范县，中国电子商务百佳县排名第15名，创建为全国旅游标准化示范县。全年房地产销售72.75万平方米，增长41.4%。现代农业提质增效，新增10个现代生态循环农业示范主体和1个现代生态循环农业示范区，新建标准化粮食生产功能区973.33公顷，获批省级区域性生态循环农业项目。县域茶产业发展综合实力排名全国第六，白茶产值达22.58亿元。

【培大育强成效显著】 深入实施大企业培育和小微企业三年成长计划，40家企业纳入市"双高"培育库，2家成为市"金象金牛"培育企业。全年完成"个转企"223家，"小升规"35家（含新上规企业9家），"限下升限上"66家。新增新三板挂牌企业6家，浙江省股权交易中心创新板挂牌企业23家，前海股权交易中心挂牌企业1家。新培育国家高新技术企业16家、省级科技型企业55家、市级"两化"融合示范企业7家，新增4家省级企业研究院、7家省级高新技术企业研发中心。新增行政认定驰名商标1件，省著名商标4个，省名牌产品3个，培育创建"质量强、标准强、品牌强"企业7家。新增市级农业龙头企业6家，市级示范家庭农场11家、省级13家。

【创新平台加快建设】 科技创业园一期被认定为国家级科技企业孵化器。"天使小镇"成为第二批省级特色小镇创建对象，"影视小镇"进入培育名单。"两山"创客小镇被认定为"省级众创空间""省级科技孵化器"，引进企业76家。金融新业态加快培育，企业融资渠道不断拓宽，蚂蚁金服"千县万亿"计划在安吉县起航，商标质押权融资、科技金融试点有序开展。线上线下融合发展，全年网络零售额62.55亿元，同比增长37.1%。城乡物流体系逐渐完善，已建县级电商公共服务中心1个、乡（镇）电商公共服务中心11个、"村邮乐购"服务站140余个、"美丽乡村·电商e家"和"E邮柜"200余个，完成首条无人机邮路启航，快递业务收入增长62.7%。抓好企业服务，"双创"氛围持续增强，新注册企业2061户，增长41%，注册资本182亿元，增长73%，新增信息经济、环保、健康和旅游等七大产业小微企业492家。

【招商引资成绩突出】 深入开展大产业、大项目谋划招引工作，全面推进"5+1"［绿色家居产业组、装备制造产业组、信息经济产业组、健康（医药）产业组、通用航空产业组、金融产业组］产业组精准招商，全县新引进项目119个，其中工业项目48个，签约1亿元以上项目35个、10亿元以上项目7个、100亿元以上项目1个，安吉上港国际物流园区、"中车互联"集装箱公铁水联运中心相继落户。完成合同外资及港澳台资3.24亿美元，实到外资及港澳台资1.82亿美元，内资实缴注册资金23.92亿元，完成浙商回归省外资金54.43亿元，浙商资本回归14.88亿元，引育国家"千人计划"项目5个、省"千人计划"项目6个、"南太湖精英计划"项目25个，培育国家级"外专"引智项目1个，新建省级博士后工作站3家，完成5位博士后进站，引进高层次人才273人、高技能人才3010人。

【项目建设扎实推进】 全县全年50个重点建设项目完成投资95.8亿元，在19个新建项目中有17个开工建设，新建项目开工率达89.5%。"五大百亿工程"全面启动，长龙山抽水蓄能电站全面开工；商合杭高铁（安吉段）征迁工作基本完成；申嘉湖高速前期加快推进；杭长天子湖互通建成通车；优雅竹城全面实施；新客运中心、白茶城投入使用；省自然博物园、港中旅、美颂广场和金融中心等项目加快建设。安吉旅游集散中心、上影安吉新奇世界和华丰纸业等3个项目被增补为省重大产业项目，新增市"大好高"项目35，其中工业项目13个、服务业项目9个、农业项目8个，外资及港澳台项目5个。

【推进破解"双停"攻坚年】 深

入推进“破解双停攻坚年”，全县列入工业“双停”目录库的企业（项目）80家，进入破解“双停”程序64家，涉及土地面积309.4公顷；取得实质性进展49家，涉及土地面积222.67公顷，其中已经完成盘活企业（项目）29家，累计完成盘活土地面积107.33公顷、租赁方式盘活厂房98665.6平方米。全县列入服务业“双停”目录库的企业（项目）19个，涉及土地面积214公顷，进入破解“双停”程序7个，涉及土地面积115.53公顷，其中已复工建设项目5家，累计盘活土地面积99.53公顷。

【重点改革持续推进】 深化行政审批制度改革，积极探索“互联网+行政审批”“互联网+交易平台”“四张清单一张网”工作，全面落实“五证合一、一照一码”登记制度，落实统一社会信用代码制度，建立统一代码重复核查和信息共享机制。率先在全市开展不动产统一登记工作，完成产权交易电子竞价系统和会员库系统的开发运用。创优政府采购方式，实施办公家具协议定点采购，支持安吉县两大传统产业发展。供给侧结构性改革初显成效，出台《安吉县降低企业成本优化发展环境三十七条》，累计减负金额10.25亿元，贯彻落实差别化水价、居民阶梯气价等价格改革政策，深化资源要素市场化改革。深入推进投融资体制改革，推进PPP合作项目建设。全面推进全县公务用车制度改革，稳步推进机关事业单位养老保险制度改革。

【开放水平不断提升】 强化国际合作，积极融入“一带一路”战略，安吉县成为全省首批外贸转型升级试点示范县、产业集群跨境电子商务发展试点县，加快推进“浙澳经贸合作区”建设。深化“接沪融杭”，杭州至安吉轻轨纳入浙江省铁路网规划，安吉港“安沪通”（H986）快捷通关查验系统启用。加强县、校合作，与浙江大学签订战略合作协议，共建“两山”建设与发展研究中心，推进智库服务、理论实践和产业合作和人才培育等领域全方位合作；与杭州电子科技大学共建智能制造研究院和军民融合协同创新平台，加速装备制造产业科技成果转化。

【要素争取再创佳绩】 全省唯一一个以县（区）为对象的省级“十三五”专项规划《浙江（安吉）泛自然博物园规划》发布。创建为国家级循环经济示范县、全国农村产业融合发展试点示范县等一批国家、省试点示范。争取商合杭（安吉段）征迁优惠政策，争取29个省级厅局单位出台支持安吉县创建“两山”实践示范县政策。年内，争取到中央各类专项建设基金9.76亿元，争取到国家地下综合管廊建设专项债券8.6亿元。推进清洁能源项目建设，完成光伏发电并网38兆瓦，在建115兆瓦，新增用能指标2万吨标准煤。全年消化批而未供土地87.07公顷，完成盘活存量建设用地81.6公顷，完成城镇低效用地再开发57.07公顷，收储、提升存量土地82公顷。

【城乡基础设施更加完善】 全面启动“优雅竹城”五年提升行动，完成投资49.3亿元，完成旧城改造10万平方米，打通断头路3条，完成天荒坪南路、鼎盛路2条道路改造，完成10条背街小巷整治提升。“风情小镇”建设完成投资6580万元，小城镇环境综合整治全面启动。“游运一体化”公交发展模式加快推进，启动“一中心、五换乘、九节点”的场站布局，优化城市公交线路19条、城乡公交线路10条，线网里程增长39.7%，县级旅游集散服务中心基本完工。完善绿色出行公共设施，建设充电桩128个，应用电动汽车877辆，公共交通服务水平进一步提升。

【美丽乡村提档升级】 成为全省首批美丽乡村示范县。被列为省级农房设计落地试点。黄浦江源精品观光带完成提升，新增美丽乡村精品示范村9个、培育村26个。剑山、鄣吴、景溪和南北湖4个村被列入2016年省级宜居示范村创建，双一村被住房和城乡建设部确定为全国第三批美丽宜居示范村庄。创新开展垃圾不落地试点，新增垃圾分类创建村50个，11个乡（镇）实现全覆盖。被评为全国森林旅游示范县，创建为首批省级森林特色小镇4个。

【生态环境持续改善】 启动国家生态文明建设示范县创建，推进乡（镇）领导干部自然资源资产离任审计，全面开展新一轮“山青水净”三年行动，全年拆除违章建筑156万平方米，“三改”621万平方米。城区、城北、天子湖和梅溪污水处理厂改扩建工程竣工投产。苕溪清水入湖、中小河流整治等工程顺利推进，集中式饮用水源水质、主要河流水质和交界断面达标率均为100%。新增农村污水治理行政村32个，受益农户11674户，受益率达90%以上，被评为全国农村生活污水治理工作示范县。新增珍贵彩色森林860公顷，平原绿化400公顷，完成生态修复666.7公顷。治气治霾深入推进。淘汰落后产能企业10家，腾出用能空间1.05万吨标准煤。推动竹制品、膨润土加工行业整治提升，关停“低小散”企业181家，提升167家。完成工业企业小锅炉清洁能源升级替代257家，高污染燃料小茶炉淘汰改造210家，城区小餐饮油烟净化装置安装率达100%，淘汰黄标车151辆，县城空气质量优良率达89%。

【民生保障不断健全】 全县城镇新增就业13742人，城镇失业人员再就业5869人，就业、救助措施不断深化，城镇登记失业率为2.6%以下。全县新增基本养老保险2.07万人、医疗保险1.11万人、失业保险5318人，社会保障卡持卡人数48.3万人。全国首创“四位一体”医保报销服务新模式，将居民基本医疗保险、优抚补助、大病保险和医疗救助实行并网实时报销，开通城乡居民基本医疗保险异地联网结算系统。住房保障不断完善，完成经济适用房70户、公共租赁房490

户，治理改造危旧房68幢，农房改造1326户。农村饮水工程加快推进，新增受益人口5.91万人。养老服务体系进一步完善，完成天荒坪、孝源、上墅、章村和鄣吴5家养老机构布局调整，新增城乡养老服务照料中心62家。残联事业不断发展，7727名残疾人享受困难残疾人生活补贴和重度残疾人护理补贴。完成县气象防灾减灾中心建设，完成地质灾害隐患点治理20个，搬迁17户。

【社会事业协调发展】 教育布局持续优化，灵峰小学、塘铺小学等新扩建校舍投入使用。民营资本参与社会事业程度不断提高，第三人民医院、树兰健康养生城等项目快速推进。分级诊疗试点工作、“一站式”医疗救助服务全面开展。龙山古城遗址入选国家大遗址，昌硕故居荣获“亚太地区文化遗产保护奖”。新增20个行政村文化礼堂。成为全国首批创建社会保险标准化建设“先行城市”、省体育现代化县。国防动员、工青妇、民旅宗教、台侨、慈善、档案、史志和新居民及关心下一代等工作取得新突破。

【公共治理有效加强】 积极推进矛盾“大调解”体系建设，创建“平安安吉”十二连冠，夺得平安金鼎。开展村事务运行清单及运行信息系统平台建设，“三社联动”（社区、社会组织、社会工作）服务能力进一步提升。民主法治村建设全省领先，深化人民调解和法律援助服务机制，调解成功率和法律咨询受援率节节攀升。完成护航G20杭州峰会工作。建成全县食品药品检验检测中心、豆制品集中生产加工中心，建立乡村农贸市场建设管理体系。安全生产管理继续强化，事故起数、死亡人数和接经济损失三项指标保持“零增长”。

（盛　彬）

·吴兴区·

【概况】 2016年年末，吴兴区下辖1个高新区、6个乡镇和6个街道，总面积872平方公里，户籍人口62万。全年实现地区生产总值476.5亿元，同比增长8.2%；财政总收入43.7亿元，其中地方财政收入26.4亿元，分别增长12%和14.2%；固定资产投资291.9亿元，其中工业性投入107.1亿元，增长12.8%；规模以上工业增加值112.1亿元，增长8%；实到外资及港澳台资2.2亿美元；浙（湖州）商回归省外到位资金45.2亿元；城镇和居民人均可支配收入分别达47170元和27391元，分别增长8.3%和8.9%。获评国家级生态区、国家火炬特色产业基地和全国综合实力百强市辖区等。2014～2016年，连续3年获市对县（区）综合考核一等奖。

【转型升级持续加速】 第一、第二和第三产业结构调整为4.3∶42∶53.7。一是工业扩量提质。全年实现工业总产值633.77亿元，同比增长6.9%；规模以上工业增加值112.1亿元，增长8%，工业性投入107.1亿元，增长12.8%。新兴产业培育壮大，装备制造业、高新技术产业和战略性新兴产业增加值分别增长9.6%、7.4%和11.7%。做精童装、砂洗印花和金属管道三大细分传统行业，吴兴工业园区被列入园区循环化改造国家重点支持园区。童装产业集群被列入国家级区域品牌建设试点。深入开展涉污加工户和童装加工户整治提升，关停淘汰418家，185家企业入驻童装产业环境综合整治配套园。成功创建“两化”深度融合国家示范区。二是服务业发展成效显著。全年实现服务业增加值256.02亿元，增长9.5%，对GDP增长的贡献率达60.8%。新引进市服务业“大好高”项目11个，其中10亿元以上项目3个，实现项目开工13个，项目竣工10个，累计完成投资52.30亿元。23个市服务业“双百”项目累计完成投资38.96亿元。以云服务、软件研发等为重点，加快培育特色优势行业，规模以上信息服务业完成主营收入14.28亿元，增长8.9%。大力发展旅游服务业，组建区交通旅游集团，加入省国有旅游集团联盟，融资25.7亿元。三是农业彰显特色。狠抓国家现代农业示范区农业改革与建设试点和国家农业综合开发现代农业园试点两大“国字号”试点工作。加快国家农高园区建设进度，创新农业科技综合服务机制，顺利通过省科技厅组织的“十二五”建设绩效评价，并获优秀。以全国培育新型经营主体发展农业适度规模经营座谈会等全国性会议为抓手，加快推进农业供给侧改革。稳步推进农业“两区”（粮食生产功能区和现代农业园区）建设，新增核心区面积100公顷，引进农业“大好高”项目2个，省级现代生态循环农业样板区启动建设。四是创新驱动战略深入实施。新认定高新技术企业16家，新增省级企业研究院2家，省级研发中心6家。引进海外高层次人才团队65个，入选省“千人计划”6名。每万人发明专利拥有量达19.3件，成功获评国家知识产权强县（区）工程示范区。

【发展后劲明显增强】 一是项目引进精准。举办经贸洽谈会、季度签约仪式等一系列招商活动，成功引进北航投、微软IT学院等一批大好高项目。全年签约产业项目69个，总投资106.5亿元，其中总投资10亿元或1亿美元以上项目8个；新认定市“大好高”项目25个。二是项目推进有力。60个5000万元以上的区重点工业项目稳步推进，全年新开项目31个，竣工投产15个，其中老恒和酿造、东尼电子等5亿元以上重大项目顺利推进，累计完成投资60亿元。60个区重点服务业项目完成投资79.9亿元。3个项目被列入省重大产业项目，44个项目被列入省重点项目，数量均居全市第一。三是平台拓展提升。吴兴经济开发区、西塞山旅游度假区先后获批为省级平台，高新区成功创建为国家火炬现代物流装备特色产业基地，“丝绸小镇”被列入浙江省首批“特色小镇文化建设示范点”，“美妆小镇”入选省级示范特色小镇、行业标杆小镇，共同组成“3+2”省级平台。完成工业平台基础设施投入5.5亿元，拓展面积398.67公顷。开工建设交通基础设施重点工程36个，完成总投入11.26亿元。

【城乡面貌不断改善】 成功创建国家级生态区。一是全力推进“五水共治”。完成治水重点项目171个、完成投资22亿元，省级交接断面水质年度考核为优秀，国控、省控断面均为Ⅱ类和Ⅲ类水质，94条“三河”完成治理，顺利通过省级“清三河”达标县（区）验收，35条河道打造成示范河道。实现“砂洗印花、温室龟鳖、直排养猪、座家船”等四大污染源清零，新增农村生活污水治理受益农户5373户。二是多措并举治气治霾。对8家在产矿山加大治理力度，绿色矿山建设成效显著。完成8家印染行业煤改气、29家木业企业黑烟囱整治和76台高污染燃料小锅炉淘汰，完成餐饮油烟净化器安装276台；秸秆综合利用率达95.5%。全区空气质量指数优良率为61.8%，PM2.5浓度均值为46微克/立方米，同比下降17.9%。三是强势推进“三改一拆”。拆除违法建筑205.2万平方米，整治蓝色彩钢棚183万平方米。累计腾出用地空间12.24公顷，拆后利用率达94%。四是加快提升城乡品质。突出城乡一体化提升，城市化率提高至67%。东部新城加速崛起，万达广场正式开业，新城商品房住宅销售增速稳居全市首位。新城公交首末站基本建成。围绕丝绸小镇、公建配套、基础设施和商业开发四大版块，累计完成投资64.2亿元，45个项目有序推进。织里镇紧扣“十化”目标，围绕商业集聚区、先进制造示范区、扁担街历史文化街区、童装电商小镇“四大片区”加快项目建设。成功创建为省示范文明城区、省文明区。建设美丽乡村，聚力打造美丽乡村精品点、示范带和样板区，创建完成省级美丽宜居示范村5个、市级美丽乡村7个和启动市级美丽乡村精品村4个，推进3个历史文化村落的保护利用，完成投入1.1亿元。

【幸福指数不断提升】 一是社会保障更加完备。全力扩大社会保障覆盖面，全年新增参保2347人。统筹推进重点群体就业创业，新增城镇就业20614人。加快完善城乡居民基本养老、医疗等各类保险体系，城乡居民医保参保33.06万人，参保率达98.7%。二是社会事业加快发展。完成太湖小学、戴山学校等11所乡（镇）学校综合改造。完成改扩建社区卫生服务中心1家和社区卫生服务站2家，并已全部投入使用；开展救护员培训154期、14338人（次）。完成新建文化礼堂21个、中心村健身广场6个；举办文体活动1130场。新建城乡社区居家养老服务照料中心54个，为全区3324名城乡困难老人提供政府购买居家养老服务，占全区老年人口数的2.87%。3家农贸市场均通过省政府放心市场考核验收；创建大型以上餐馆、学校食堂等“阳光厨房”19家。三是社会治理扎实推进。深化“平安吴兴”建设，实现“法治吴兴”三连冠、“平安吴兴”四连冠。不断完善矛盾纠纷多元化解，圆满完成G20杭州峰会安保任务。区、乡（镇）、村（社区）建立三级公共法律服务实体平台，建成率均达100%；吴兴公共法律服务网正式上线运行，整合扩容“12348”公共法律服务专线，并入“12345”政府阳光热线，引导、解决涉法问题。 （罗文欢）

·南浔区·

【概况】 2016年，南浔区认真贯彻落实中共十八大系列会议以及习近平总书记系列重要讲话精神，按照中央和省市委的部署要求，扎实开展“四个年”和“激情实干我带头，敢于担当我争先”比学赶超活动、“大抓项目、大治环境”百日攻坚和再战100天行动，扎扎实实补短板，千方百计谋发展，各项工作取得新成就。全年实现地区生产总值352.5亿元，同比增长5.1%；财政总收入38.3亿元，增长8.62%，其中一般公共预算收入21.73亿元，增长11.65%；完成固定资产投资200.9亿元，增长10.2%；实现社会消费品零售总额152.2亿元，增长11%；城镇、农村居民人均可支配收入分别达到44500元、26480元，增长8.5%、9%。

【三次产业稳步提升】 工业经济克难求进。全年新增规模以上企业86家，新增数居全市第一；实现规模以上工业增加值120.3亿元、同比增长2%。大力实施“新象新牛”大企业培育、企业股改挂牌上市和小微企业成长三年行动计划，新增创新板挂牌企业30家、“个转企”243家和七大产业小微企业650家。深入推进“四换三名”，全省电梯行业“机器换人”现场会在南浔区召开。加快淘汰落后产能，关停“低小散”企业648家。现代服务业实现新突破。大力实施古镇保护利用三年行动计划，完成业态招引提升103家，成功创建省级旅游度假区。全年接待国内外游客1158.6万人（次），实现旅游总收入112.6亿元，分别增长20.1%、36.4%。南浔建材市场成为省重点市场，实现交易额108.9亿元。南浔区被列为全省服务业集聚示范提升发展试点，南浔镇入选省首批旅游风情小镇创建名单，和孚镇创建为省级休闲农业与乡村旅游示范镇。现代生态农业取得新进展。全年实现农业增加值26.2亿元，增长2.5%。农业“两区”（现代农业园区和粮食生产功能区）“接二连三”（农业与二、三产业融合发展）推进全产业链发展模式得到省政府领导批示肯定，桑基鱼塘被列入2016年中国申报全球重要农业文化遗产推荐项目，农业现代化发展水平综合评价居全省第十一位。重点项目建设扎实推进，签约重大项目65个，总投资421.5亿元，其中10亿元以上项目16个；新开工重点项目67个、竣工53个，列入省重点建设项目40个，居全市第二。完成浙商回归省外到位资金62.9亿元；实到外资及港澳台资2.2亿美元。围绕“一区三片区两园”（“一区”指南浔经济开发区，“三片区”指练市片区、双林片区、旧馆片区，“两园”指菱湖工业园、和孚工业园）布局，加快工业平台建设，完成总投入9.1亿元，拓展面积306.67公顷。

【改革创新有力推进】 稳妥开展资源要素市场化配置改革，制定实施《南浔区用能总量指标有偿使用和交易办法》。深化“四张清单一张网”建设，切实加快政府自身改革。深入推行工业投资项目“24天”快速审批和代理审批制，实现“零土地”技改项目由审批制向备案承诺制转变。扎实推进农村土地承包经营权确权登记颁证工作，完成石淙镇试点和全区外业测绘工作。有序推进城南试验区、练市小城市和司法体制等重点改革。全面实施科技创新四大行动计划，成立浙江大学——南浔电机与电器创新中心，新增国家高新技术企业12家、省级科技型中小企业56家，全年实现高新技术产业增加值62.1亿元，占规模以上工业增加值比重达51.6%。电梯产业知识产权联盟被列入国家专利协同运用试点单位。电梯行业成为2016年度省智能制造试点示范区，南浔区被认定为省电梯专业商标品牌基地。在全市率先启动的高层次人才贡献奖励年金工作被列为全省试点，成功入选“国千”1人、“省千”6人，“省千”入选数居全市第一。

【生态环境持续优化】 “五水共治”深入推进，清淤河道300公里、淤泥494万立方米，完成农村生活污水治理15803户，实施8家污水处理厂整改提升工程，完成截污纳管120.6公里，南浔区成为全省唯一的太湖流域农业面源污染治理国家级试点。全区46个水质监测点中，三类水以上断面占比达91.3%；区控以上地表水功能区达标率100%。扎实推进“无违建区”创建，完成拆除违法建筑251万平方米、“三改”960.8万平方米，拆后利用219万平方米，“三改一拆”工作综合排名居全省第二。有序推进“两路两侧”“四边三化”，完成各类问题点拆除整治3470个。完成20个“美丽家园”试点村创建和21个垃圾分类处理试点村试点工作。深入推进大气污染防治，淘汰小锅炉806台，空气优良率达62.1%，PM2.5均值比上年同期下降24.1%。大力开展临乌片区环境整治，实现“一年任务、半年完成”。扎实推进化工、涂装和木业有机废气治理，全区废旧有机玻璃再生加工企业彻底拆除。南浔区创建为国家生态区。

【城乡面貌明显改观】 大力实施中心城区建设管理三年行动计划，完成投资35亿元，新区农贸市场、金象湾保障房二期等项目建成启用。扎实推进练市小城市、湖笔小镇、丝绸小镇荻港片区建设，分别完成固定资产投资25亿元、10.5亿元、6.3亿元，善琏湖笔小镇通过AAA景区创建验收。智能电梯小镇入选省第二批特色小镇培育名单，双林镇被授予中国杜鹃盆景第一镇，首届盆景无国界世界大会在南浔区成功举办。美丽乡村建设扎实有效，新增农房集聚点38个，创建美丽乡村7个、魅力水乡示范村7个，石淙镇成为省首批美丽乡村示范乡（镇），荻港村成为国家级美丽宜居示范村。大力推进城乡路网建设，完成投资17.4亿元，湖苏沪高铁（南浔段）完成线型确定，“三高”（申苏浙皖高速、申嘉湖高速、练杭高速）连接线启动建设，318国道改建工程（南浔段）顺利通车。完成农村公路大中修54.5公里、农村联网公路25.2公里和危桥改造40座。

【社会事业全面发展】 加强社会保障工作，新增城镇就业16310人，实现再就业5010人，城镇登记失业率控制在2.5%以内；新建居家养老服务照料中心54家，新增城乡居民养老保险参保1873人，城乡居民基本医疗保险参保率达到98.29%。以“美丽校园”建设为总抓手，加快一流学校建设，南浔实验幼儿园、湖师院附小二期等项目主体结顶，上海外国语大学附属浙江宏达南浔学校投入使用，中考成绩蝉联全市“五连冠”，成功创建省教育基本现代化区。加快卫生事业发展，区人民医院新建项目内装工程完成50%，菱湖人民医院启动异地迁建，和孚镇卫生院新建项目基本完工，南浔区成为全国基层中医药工作先进单位。文体工作有声有色，“徐迟报告文学奖”永久落户南浔，“中国报告文学馆”主体建筑结顶，全民健身中心对外开放，南浔区成为省农村文化礼堂建设先进区。创新社会综合治理，荣获“全国‘六五’普法先进县（区）”称号，平安南浔创建实现“十二连冠”，成功夺得“平安金鼎”。

（胡凯玲）

人　物

·先进人物·

王建荣　男，1964年2月生，民革党员，研究生学历，珀莱雅化妆品股份有限公司湖州分公司高级工程师。曾荣获“吴兴区劳动模范”“浙江省五一劳动奖章”等称号。

王建荣于2012年进入珀莱雅化妆品股份有限公司湖州分公司工作，凭借自身国际思路、先进理念和积累的深厚行业经验，对珀莱雅生产系统进行优化，潜心开发智能称配系统，实现化妆品行业配料、制造环节的高效、精密和智能称配管理，在化妆品行业开辟智能称配管理的先河，获得国内外化妆品行业专家的肯定。王建荣以全力打造“资源节约型和环境友好型”的化妆品生产基地作为自己的职业目标，先后参与规划设计和实施高效污水处理、太阳能综合利用、空压机热能回收、中水回用和新风循环利用系统等环保项目改造升级，实现水资源和电能的综合循环利用。积极参与企业国际质量管理、环境管理和职业健康安全管理体系等内部管理体制优化，推动企业管理标准化、规范化和系统化。王建荣还创建了珀莱雅慈善救助金，每年投入20余万元用于扶贫救助。积极参与浙江省特色小镇——美妆小镇的建设工作，为繁荣当地经济和社会发展做出了贡献。2016年，获全国五一劳动奖章。

施文美　女，1971年11月生，本科学历，工程师，湖州太平微特电机有限公司研发中心主任。曾荣获“浙江省杰出职工金锤奖”“浙江省职工职业道德建设标兵个人”“全国职工职业道德建设先进个人”“浙江省五一劳动奖章”“湖州市五一劳动奖章”等称号。

施文美从事微电机设计、制造工艺、试验分析开发、直流微电机（伺服测速机组）和分马力电机研制工作20余年，先后担任公司电工车间嵌线工、公司技术员、助理工程师、工程师和公司研发中心主任，凭借自身顽强的毅力和刻苦学习精神，先后完成了电机学、电力学、机械制图、电机设计等专业学科的学习，逐渐成长为微特电机制造方面的专家。施文美发明的多个科研成果产品，被列为国家和省、市的重大专项，研发的上百种个性差异化特色产品，先后创造了10余项国家或省、市重大科技成果；主持申报52项专利（含2项发明），使公司微电机产品年销售额连续20余年保持持续增长，以自主研发产品独当一面，成为行业“隐形冠军”。施文美积极推进省级研发中心的建设工作，以研发中心的研发项目反哺公司，加速公司产品转型升级，不断提升自主创新能力。2016年，获全国五一劳动奖章。

陈峰云　男，1975年8月生，中共党员，本科学历，湖州市气象局观测与预报处处长。曾荣获“全国气象行业地面气象测报技能竞赛个人全能第三名”“全国技术能手”“湖州市劳动模范”“湖州市青年科技奖”“最美湖州人”等称号。

陈峰云自参加工作以来，以严谨的工作作风，不断积累气象观测经验，参与观测场地及设施的改建，在全省率先完成新型自动观测站的安装并投入业务试运行，提升了自动化观测进程。2014年10月至2016年1月，陈峰云参加了中国第31次南极考察队中山站越冬任务，坚持每天按时巡视维护仪器，编发各类报表，完成了二氧化碳、甲烷、水汽的测量和反应性气体、地面臭氧、黑碳气溶胶的监测以及臭氧总量和地面气象观测等任务，采集更换处理记录气溶胶采样膜30余张，温室气体现场样品108瓶，并向中国气象科学研究院、世界气象组织报送臭氧报告50余份、各类数据储量达10余个G。陈峰云积极参与科技创新，主持和参与厅局级课题4项、县处级课题4项，2011年作为编委参与编写了中国气象局大气探测中心出版的《云集图》。2016年，获全国五一劳动奖章。

（蒋华杰）

刘荣华　女，1965年8月出生，中共党员，研究馆员，现任湖州市博物馆党支部书记。曾荣获“湖州市先进女职工”“湖州市优秀党务工作者”“湖州市市直机关优秀党务工作者”“湖州市五一巾帼标兵”“湖州市社科联先进工作者”等称号。

刘荣华在文博战线上工作近20年，长期致力于博物馆藏品保管和研究工作，爱岗敬业，工作勤恳，曾参加湖州市博物馆馆藏三级文物档案制作和珍贵文物数据库的工作，参与完成《湖州市历史文化名城保护规划·弘扬城市的传统文化篇》《湖州地方志·文物篇》《印迹：湖州博物馆建馆50年周年纪念文集》《湖州博物馆藏明清古典家具》《水流云在见文章：吴昌硕致丁啸云手札》等文字编纂工作。刘荣华作为文博专家，专注于湖州地方近代文人、收藏家及其遗物、信札研究，结合物证和文献，先后在国内刊物上发表《翰墨情缘　百年流芳——陆心源与章紫伯的书画收藏与鉴赏》《湖州鉴赏家吴云沈秉成与吴门真率会》和《凌霞（赠琴图）与湖州“苕上七子”》等多篇学术文章。2012年，编辑出版了专著《湖州百年收藏》。

在2013年至2016年第一次全

国可移动文物普查中，作为湖州市普查队队长，刘荣华全程牵头负责湖州地区普查调查登记、文物认定、信息登录和全市的数据审核工作。始终坚持在普查一线岗位上，工作认真，敢于担当，按时并保质保量完成全市普查认定、信息登录、数据审核和宣传、总结、统计、汇报工作。刘荣华荣获国务院第一次全国可移动文物普查领导小组授予的“第一次全国可移动文物普查先进个人”称号。（陆林宝）

卢　铁　男，1989年2月出生，本科学历，2011年，进入中国人民财产保险股份有限公司湖州市分公司理赔中心担任查勘定损岗位。

卢铁在担任查勘定损员工作期间，善于学习，刻苦钻研业务知识，成为本公司理赔能手。2013年10月1日，突如其来的强台风“菲特”打扰国庆的氛围。卢铁立马放弃休息，投身到了现场查勘工作，经过近一个月的艰苦奋战，将手中所有的案件处理完毕，出色地完成了任务。2014年，调任财产保险部从事业务管理工作。从车险查勘员转变为财产险业务管理工作，一切从零开始，凭借坚定的信念和强烈的责任心，在短短一年内便熟练掌握了财产险的所有业务流程及要点。

2016年，金融系统工会组织劳动竞赛，卢铁积极报名参加，利用休息时间学习，反复练习业务流程，为了赛出好成绩，白天坐到柜台上接待客户，下班后，仍然留在单位埋头苦练。2016年9月，卢铁以第一名的成绩获得全省金融系统银行保险证券综合业务技能竞赛财产险项目一等奖，荣获浙江省金融五一劳动奖章。在11月的全国决赛中，卢铁不负众望，获得保险组财产险项目一等奖，并荣获“全国金融五一劳动奖章”。（陈　绮）

施小荣　男，1963年出生，中共党员，本科学历，现任长兴县委党校副校长。主讲党史、形势政策等课程。

施小荣从2009年开始，通过电视宣讲专栏，使宣讲工作走进了千家万户。施小荣义务进行基层理论宣读已有20余年，宣讲近1000场（次），直接听课的党员干部和群众达10万余人（次）。施小荣的宣讲足迹遍布全县机关事业单位、乡镇（街道）、行政村（社区）、学校、医院和企业等各级基层党组织及基层单位。施小荣平时重视学习宣传教育方面的业务知识，注重理论联系实际，善于运用喜闻乐见的群众语言和身边鲜活感人的事例讲道理，用小故事、好故事来增强宣讲的吸引力的感染力，得到了广大党员干部群众的好评。施小荣先后获得“浙江省十大基层优秀宣讲员”“湖州市优秀宣讲员”“湖州市首批十佳优秀思想政治教育工作者”等荣誉称号。2016年12月，施小荣荣获“全国基层理论宣讲先进个人”称号。（陆林宝）

·逝世人物·

明　学　男，俗名冯祖慎，生于1923年3月，浙江湖州人。明学长老自幼受家庭熏陶，信仰佛教。1947年，到苏州市灵岩山寺修持净土念佛法门；1948年，依普陀山三圣堂真达法师出家，同年在南京市宝华山隆昌寺受戒；1949年，至福州舍利院拜慈舟老法师学戒律；1956年任灵岩山寺监院，同年入学北京中国佛学院深造，毕业后仍回灵岩山寺任监院。“文化大革命”期间，被迫下放到苏州天平果园劳动。改革开放后的1979年，明学长老回到灵岩山寺主持恢复工作。于1980年任灵岩山寺方丈，同年在中国佛教协会会长赵朴初的支持下，主持创办中国佛学院灵岩山分院，并以“学修一体化，学僧生活丛林化”为办学宗旨，潜心办学，毕业学僧遍布海内外。明学长老为重振灵岩山寺十方专修净土道场，继承了印光法师制订的寺规，并加以发展，于1981年制定的《灵岩山共住规约》，得到了佛教界的一致认同。明学长老数十年如一日，领众熏修，以身作则，言传身教，使灵岩山寺道风丕振，成为改革开放以来全国三大样板台林之一。明学长老历任中国佛教协会副会长、中国佛学院副院长、中国佛教协会咨议委员会主席；江苏省暨苏州市佛教协会会长、名誉会长；江苏省政协常委；苏州市政协常委；北京法源寺方丈；中国佛学院灵岩山分院院长，中国佛学院南京栖霞山分院院长，苏州寒山书院院长等职。2016年12月2日在苏州安详示寂，世寿94岁。（吴振振）

凌　虚　男，字万顷，1919年7月出生，浙江湖州人，中国著名画家。幼时习画，18岁至上海，师从书法、金石家邓散木，以优异的成绩毕业于上海新华艺专国画系。22岁，在上海举办个人画展，从此将国画作为终身职业，致力于艺术创作、教育和研究。凌虚擅长画金鱼，也善作人物、山水、花卉、走兽等。曾喜画熊猫，早在1947年就被誉为熊猫画史上第一人。凌虚曾任中国美术家协会会员、中国陶行知教育思想研究会会员、苏州市书画研究会顾问、湖州市书画院顾问。其笔下的金鱼图笔墨精炼、意境清雅，有多幅作品被国内外美术馆收藏以及联合国陈列。其创作的具有和平意义的金鱼画作，多次作为国礼赠送给苏联、美国、日本等国家和联合国儿童基金会。

凌虚20世纪50年代迁居苏州，到桃花坞木刻年画社工作，倾几十年之力，深入挖掘、收集、整理和研究传统古版画，并在此基础上创作出大量的、符合时代需要的新版画，在民间版画领域中具有相当高的艺术地位。为此，1994年，文化部、中国出版署、中国美术家协会和中国新闻出版工作者协会联合颁发给凌虚特殊贡献荣誉证书。1987年，凌虚应家乡湖州人民的委托，绘制巨幅扇面《团结快乐》，作为湖州市 的珍贵礼品赠送给结为友好城市的日本岛田市政府。2016年8月19日，凌虚在苏州市逝世，享年98岁。（吴振振）

统计资料

·统 计 表·

2016年湖州市经济社会主要指标

表8

	单位	2016年	±%或百分点
年末常住总人口	万人	297.50	0.8
年末户籍总户数	万户	86.53	0.3
年末户籍总人口	万人	264.84	0.4
#城镇人口	万人	102.40	-16.6
生产总值（GDP）	亿元	2243.06	7.5
#第一产业	亿元	127.75	2.4
第二产业	亿元	1058.14	6.1
#工业	亿元	955.72	6.5
第三产业	亿元	1057.17	9.6
人均GDP（按户籍人口）	元	84875	7.2
人均GDP（按户籍人口、美元）	美元	12778	
人均GDP（按常住人口）	元	75715	6.6
人均GDP（按常住人口、美元）	美元	11399	
规模以上工业增加值	亿元	828.29	6.2
#战略性新兴产业（省口径）	亿元	179.89	7.2
高新技术产业	亿元	347.43	5.6
装备制造业（省口径）	亿元	206.39	5.8
规模以上工业主营业务收入	亿元	4217.38	2.2
规模以上工业利税总额	亿元	427.88	7.1
#利润	亿元	282.81	10.6
农林牧渔业总产值	亿元	223.10	2.5
财政总收入	亿元	360.89	9.8
#地方财政收入	亿元	211.18	9.9
#地方财政税收收入	亿元	182.65	7.9
地方财政支出	亿元	288.62	5.2
城镇居民人均可支配收入	元	45794	8.4
农村居民人均可支配收入	元	26508	8.6
金融机构本外币存款余额	亿元	3552.42	15.0
#住户存款	亿元	1756.02	12.9
金融机构本外币贷款余额	亿元	2757.57	8.8

续表8

	单位	2016年	±%或百分点
金融机构年末本外币不良贷款余额	亿元	34.63	-10.7
金融机构本外币不良贷款比例	%	1.26	-0.28
规模以上工业能源消费量	万吨标准煤	754.63	5.7
#千吨以上企业	万吨标准煤	626.14	3.9
全社会用电量	亿千瓦时	222.20	11.7
#工业	亿千瓦时	165.73	9.6
#制造业	亿千瓦时	150.95	9.7
服务业	亿千瓦时	23.22	18.1
居民生活	亿千瓦时	26.19	21.9
固定资产投资	亿元	1592.18	13.5
#工业	亿元	678.03	10.7
服务业	亿元	901.22	15.3
#房地产	亿元	274.22	-15.2
商品房销售面积	万平方米	557.01	39.5
社会消费品零售总额	亿元	1068.86	11.8
#限额以上	亿元	402.19	13.7
新批利用外资项目个数	个	180	-2.7
合同外资	亿美元	21.32	28.2
实到外资	亿美元	10.01	6.3
进出口总额	亿元	679.94	6.9
#出口	亿元	600.21	8.7
进口	亿元	79.73	-5.0
客运周转量	亿人公里	17.87	-11.3
货运周转量	亿吨公里	152.78	4.1
内河港口货物吞吐量	万吨	8664	7.6
集装箱吞吐量	标箱	206189	11.5
年末民用汽车保有量	万辆	64.23	16.1
#私人汽车	万辆	58.88	16.5
#轿车	万辆	41.84	15.4
机动车上牌量	万辆	11.66	7.0
#小型汽车	万辆	10.34	6.1
城市居民消费价格总指数	%	101.6	0.6
工业生产者出厂价格指数	%	98.7	2.1
工业生产者购进价格指数	%	99.2	7.5
国内旅游人数	万人次	8752.19	25.0
入境旅游人数	万人次	91.62	30.4
旅游总收入	亿元	882.55	26.1
#旅游外汇收入	万美元	35758	23.0
主要景点门票收入	亿元	8.47	21.0
保险业务收入	亿元	78.60	19.4

续表 8

	单位	2016 年	±%或百分点
#财险	亿元	32.65	7.2
寿险	亿元	45.95	30.0
保险赔款和给付支出	亿元	29.72	16.5
#财险	亿元	19.77	26.4
寿险	亿元	9.95	0.9
年末个人证券资金账户	个	456844	20.7
股票交易额	亿元	6161.93	-44.6
#代理 A 股成交额	亿元	6154.79	-44.1
电信业务收入	亿元	32.61	4.2
移动电话用户数	万户	456.19	1.3
#4G 移动电话用户	万户	233.72	65.4
固定电话用户数	万户	81.87	-8.2
#宽带用户	万户	118.49	13.7
年末上市公司数	家	23	增 1
全年出版各类报纸	万份	4076	3.8
#湖州日报	万份	1624	6.6
湖州晚报	万份	2239	3.3
湖州广电报	万份	213	-9.0
全年专利申请量	件	23271	6.6
全年专利授权量	件	13695	-17.8
#发明专利	件	2544	54.5
驰名商标	件	36	增 2
高等教育毛入学率	%	59.31	2.69
十五年教育毛入学率	%	99.42	0.03
医院、卫生院床位数	张	14113	-3.15
卫生技术人员	人	21407	4.14
#医生	人	7619	3.38
城镇基本养老保险参保人数	万人	135.55	1.7
#离退休人员	万人	39.13	13.0
年末城镇职工基本医疗保险参保人数	万人	116.95	5.4
年末城乡居民基本医疗保险参保人数	万人	147.52	-2.9
年末工伤保险参保人数	万人	78.33	3.2
年末生育保险参保人数	万人	66.33	5.6
年末失业保险参保人数	万人	65.61	1.8
结婚登记	对	20326	-3.7
离婚登记	对	7197	13.3
城镇登记失业率	%	2.52	-0.15

说明：1. 因户籍制度改革，2015 年起取消农业和非农划分口径，改用城镇和乡村人口；
2. 表中“#”表式其中项

2016 年湖州市地区生产总值

表 9　　　　单位：亿元

	2016 年	± %
地区生产总值	2243.06	7.5
吴兴区	476.54	8.2
南浔区	352.45	5.1
开发区	140.31	7.5
德清县	425.22	8.3
长兴县	499.14	8.0
安吉县	324.87	7.1
△市区	993.33	7.0
第一产业	127.75	2.4
第二产业	1058.14	6.1
#工　业	955.72	6.5
吴兴区	178.77	7.6
南浔区	180.57	3.5
开发区	39.57	7.9
德清县	205.82	7.7
长兴县	222.14	9.0
安吉县	132.28	5.9
△市区	399.43	5.7
第三产业	1057.17	9.6
#吴兴区	256.02	9.5
南浔区	132.92	8.4
开发区	89.76	8.0
德清县	182.28	10.2
长兴县	216.70	8.3
安吉县	153.99	9.7
△市区	499.84	9.0
#交通运输、仓储和邮政业	79.13	4.5
批发和零售业	290.68	8.5
住宿和餐饮业	76.41	8.1
金融业	152.80	7.6
房地产业	132.32	10.2
其他服务业	318.25	13.2

2016年湖州市人口、婚姻及计划生育

表10

	单位	2016年	2015年	±%或千（百）分点
总户数	户	865329	862779	0.3
#吴兴区	户	207809	206565	0.6
南浔区	户	142190	142385	-0.1
德清县	户	133703	133599	0.1
长兴县	户	228289	226692	0.7
安吉县	户	153338	153538	-0.1
△市区	户	349999	348950	0.3
总人口数	人	2648446	2637139	0.4
#吴兴区	人	622404	617739	0.8
南浔区	人	488747	488877	0.0
德清县	人	438787	436981	0.4
长兴县	人	632382	629430	0.5
安吉县	人	466126	464112	0.4
△市区	人	1111151	1106616	0.4
#乡村人口	人	1624455	1409011	15.3
城镇人口	人	1023991	1228128	-16.6
#男	人	1310823	1306825	0.3
女	人	1337623	1330314	0.5
#18岁以下	人	365317	360498	1.3
18~35岁	人	566814	578638	-2.0
35~60岁	人	1081487	1087831	-0.6
60岁以上	人	634828	610172	4.0
出生人口	人	24675	20237	21.9
人口出生率	‰	9.34	7.67	1.66
死亡人口	人	16974	19166	-11.4
人口死亡率	‰	6.42	7.27	-0.84
自然增长人口	人	7701	1071	619.0
人口自然增长率	‰	2.91	0.41	2.51
迁入人口	人	12105	12151	-0.4
省内迁入	人	3682	3491	5.5
省外迁入	人	8423	8660	-2.7
迁出人口	人	8020	8824	-9.1
迁往省内	人	4950	4745	4.3
迁往省外	人	3070	4079	-24.7
结　婚	对	20326	21112	-3.7
离　婚	对	7197	6353	13.3
计划生育率	%	98.83	97.25	1.58
已婚育龄妇女独生子女领证率	%	33.30	34.75	-1.45

说明：1. 因户籍制度改革，2015年起取消农业和非农划分口径，改用城镇和乡村人口；

2. 表中“△市区”包括吴兴区，南浔区和开发区以及市属单位合计数据

2016年湖州市农林牧渔业总产值及播种面积

表11

	单位	2016年	±%
一、农林牧渔业总产值	亿元	223.10	2.5
#吴兴区	亿元	36.60	2.3
南浔区	亿元	43.20	1.4
德清县	亿元	41.70	4.3
长兴县	亿元	61.40	2.6
安吉县	亿元	40.30	2.0
1. 农业产值	亿元	99.30	0.8
#粮食产值	亿元	18.60	-3.0
油料产值	亿元	1.20	-25.4
蔬菜产值	亿元	26.20	0.7
2. 林业产值	亿元	22.20	-2.0
3. 牧业产值	亿元	36.50	1.7
#蚕茧产值	亿元	1.80	-7.4
4. 渔业产值	亿元	54.60	8.3
5. 农林牧渔服务业	亿元	10.60	6.1
二、农作物播种面积	公顷	166205	
1. 粮食播种面积	公顷	89637	
#晚稻	公顷	60896	
2. 经济作物播种面积	公顷	76568	
#蔬菜面积	公顷	37042	
油菜籽面积	公顷	8233	
花卉苗木面积	公顷	22489	

说明：粮油面积采用粮食监测调查，不可比

2016年湖州市主要农产品产量

表12

	单位	2016年	±%
粮食总产量	吨	629718	
#吴兴区	吨	107641	
南浔区	吨	140853	
德清县	吨	58962	
长兴县	吨	223504	
安吉县	吨	98758	
△市区	吨	248494	
#晚稻	吨	511413	
油菜籽产量	吨	17790	
园林水果产量	吨	135989	-0.6
蔬菜产量	吨	850758	0.6
茶叶产量	吨	10546	-0.6
蚕茧饲养张数	万张	14.13	-9.9
蚕茧产量	吨	7261	-7.9
奶类产量	吨	6058	7.8
水产品产量	吨	387871	7.6
肉类产量	吨	138445	6.7
禽蛋产量	吨	46912	10.1
生猪年末存栏数	万头	26.94	-50.3
生猪全年出栏数	万头	99.85	2.7
羊年末存栏数	万只	36.43	-4.2
羊全年出栏数	万只	43.06	8.0
家禽年末存栏数	万只	1068.06	-27.3
家禽全年出栏数	万只	3904.82	7.0
家兔年末存栏数	万只	24.40	-23.7
牛年末存栏数	头	2714	-16.8

说明：粮油产量采用粮食监测数据，不可比

2016年湖州市规模以上工业增加值

表13 单位：亿元

	2016年	±%
总　　计	828.29	6.2
#吴兴区	112.12	8.0
南浔区	120.33	2.0
开发区	62.01	8.1
德清县	208.07	8.3
长兴县	220.30	9.2
安吉县	117.93	5.7
△市区	294.46	5.4
#大型企业	132.81	8.0
中型企业	202.40	3.8
小微型企业	493.08	6.6
#轻工业	382.09	8.3
重工业	446.20	4.4
1. 分登记注册类型		
国有企业	32.20	7.1
集体企业	0.14	-48.0
股份合作制	0.27	-3.2
有限责任公司	174.84	9.5
股份制企业	54.69	-7.2
私营企业	363.40	5.3
港澳台投资企业	99.43	10.1
外商投资企业	103.33	8.0
2. 分行业大类		
非金属矿采选业	14.72	7.4
农副食品加工业	12.09	18.5
食品制造业	11.00	16.6
酒、饮料和精制茶制造业	9.51	9.2
纺织业	111.51	5.4
纺织服装、服饰业	19.87	-7.1
皮革、毛皮、羽毛及其制品和制鞋业	8.44	20.5
木材加工及木、竹、藤、棕、草制品业	35.63	4.7
家具制造业	48.96	7.8
造纸及纸制品业	8.50	0.4
印刷业和记录媒介的复制业	2.83	8.3
文教、工美、体育和娱乐用品制造业	29.09	24.1
石油加工、炼焦及核燃料加工业	0.24	49.3
化学原料及化学制品制造业	40.54	10.5
医药制造业	12.38	0.2
化学纤维制造业	29.17	33.7
橡胶和塑料制品业	24.83	11.2

续表 13

	2016 年	± %
非金属矿物制品业	71.27	3.3
黑色金属冶炼和压延加工业	32.38	-10.8
有色金属冶炼和压延加工业	18.26	-17.6
金属制品业	28.06	4.9
通用设备制造业	54.57	4.6
专用设备制造业	16.20	11.9
汽车制造业	21.43	13.9
铁路、船舶、航空航天和其他运输设备制造业	1.86	4.6
电气机械及器材制造业	70.43	-0.9
计算机、通信和其他电子设备制造业	12.02	-4.2
仪器仪表制造业	1.83	18.8
其他制造业	3.89	14.0
废弃资源综合利用业	3.00	51.9
电力、热力的生产和供应业	68.09	12.7
燃气生产和供应业	3.53	15.2
水的生产和供应业	2.20	16.3
3. 特色、战略和高新技术产业		
#战略性新兴产业（省口径）	179.89	7.2
#吴兴区	47.77	11.7
南浔区	9.08	-2.9
开发区	13.30	17.8
德清县	45.64	5.3
长兴县	46.82	5.8
安吉县	17.29	2.5
△市区	70.14	10.5
#高新技术产业	347.43	5.6
#吴兴区	37.93	7.4
南浔区	62.12	3.3
开发区	26.66	9.8
德清县	100.74	8.6
长兴县	78.59	5.9
安吉县	46.03	7.4
△市区	126.71	5.1
#装备制造业（省口径）	206.39	5.8
#吴兴区	33.43	9.6
南浔区	43.93	1.8
开发区	19.50	22.1
德清县	44.08	12.1
长兴县	54.32	4.8
安吉县	16.32	3.9
△市区	96.86	7.9

2016年湖州市规模以上工业经济效益（一）

表14　　　　　　　　　　　　　　　　　　　　　　　　　　单位：亿元

	2016年	±%
单位数（个）	2761	
#亏损企业	208	10.1
营业收入	4574.76	4.0
#主营业务收入	4217.38	2.2
营业成本	3927.89	3.2
#主营业务成本	3589.87	1.2
三项费用合计	360.67	8.2
销售费用	124.18	12.2
管理费用	193.68	11.1
财务费用	42.81	-11.5
#利息支出	41.33	-13.7
利税总额	427.88	7.1
利润总额	282.81	10.6
#亏损企业亏损额	10.78	27.8
税金总额	145.08	0.8
#应交增值税	113.69	-2.4
应收账款	644.27	9.7
存货	452.73	7.2
#产成品存货	192.96	2.6
银行贷款余额	563.77	6.9
资产总计	3661.17	8.5
流动资产合计	2071.45	8.1
负债总计	2064.42	9.6
全部从业人员平均数（人）	364658	0.9
应付职工薪酬	197.60	8.1

2016年湖州市规模以上工业经济效益（二）

表15 单位：亿元

	单位数（个）	主营业务收入		利税总额		#利润	
		2016年	±%	2016年	±%	2016年	±%
总计	2761	4217.38	2.2	427.88	7.1	282.81	10.6
#吴兴区	350	594.23	3.5	45.68	12.5	29.23	21.5
南浔区	506	686.33	-3.4	72.51	0.0	49.23	5.5
开发区	140	193.84	1.8	19.53	3.2	11.95	4.0
德清县	681	1088.38	4.4	105.11	10.8	69.78	12.9
长兴县	690	1146.92	3.7	121.32	8.2	82.51	8.7
安吉县	394	507.69	1.1	63.74	5.1	40.11	12.2
△市区	996	1474.40	-0.1	137.72	4.3	90.41	9.9
#大型企业	34	669.10	11.6	72.13	13.5	50.86	17.7
中型企业	189	1058.51	-1.8	112.62	2.5	73.13	5.5
小型企业	2380	2430.89	2.6	238.89	8.4	156.15	11.7
微型企业	158	58.89	-26.8	4.24	-26.0	2.66	-21.6
#轻工业	1450	2069.71	6.0	203.07	15.6	134.57	17.3
重工业	1311	2147.67	-1.2	224.81	0.4	148.24	5.1
1.分登记注册类型							
国有企业	6	68.22	5.9	3.79	-4.3	0.9	-14.5
集体企业	3	0.56	-54.6	0.12	-22.1	0.08	-13.7
股份合作制	3	1.44	-6.2	0.13	18.7	0.07	59.1
有限责任公司	417	879.07	3.3	81.88	3.8	50.30	3.9
股份制企业	73	312.18	-11.8	39.47	4.8	29.31	14.6
私营企业	1806	1911.22	1.2	191.62	8.2	125.51	12.2
港澳台投资企业	233	561.40	8.7	51.02	18.8	35.07	20.8
外商投资企业	220	483.29	7.6	59.85	1.8	41.55	4.9
2.分行业大类							
非金属矿采选业	31	78.45	3.8	12.74	2.9	6.37	2.8
农副食品加工业	56	93.13	15.2	5.41	39.4	3.91	59.0
食品制造业	34	44.38	17.5	6.86	27.1	4.49	38.4
酒、饮料和精制茶制造业	20	47.85	8.3	5.94	1.2	3.51	-8.5
纺织业	603	559.13	4.4	53.95	9.8	37.88	10.0
纺织服装、鞋、帽制造业	102	92.92	-0.7	7.78	-2.0	3.67	-7.3
皮革、毛皮、羽毛（绒）及其制品业	32	24.49	-1.2	2.46	25.0	1.37	34.2
木材加工及木、竹、藤、棕、草制品业	151	227.74	5.9	24.85	18.2	16.85	26.8
家具制造业	164	212.27	10.3	24.41	22.5	14.70	24.6
造纸及纸制品业	40	45.78	-0.9	4.95	8.1	2.60	4.1
印刷业和记录媒介的复制	21	13.41	-0.7	1.31	50.6	0.80	158.2
文教体育用品制造业	72	182.02	5.8	18.95	3.5	14.67	3.7
石油加工、炼焦及核燃料加工业	3	2.40	35.5	0.06	-29.9	0.04	-31.8

续表 15

	单位数（个）	主营业务收入		利税总额		#利润	
		2016年	±%	2016年	±%	2016年	±%
化学原料及化学制品制造业	166	244.57	13.8	30.06	23.0	20.58	28.3
医药制造业	41	39.92	3.7	7.51	-4.8	5.23	-3.4
化学纤维制造业	29	229.78	36.4	15.13	54.3	11.90	154.6
橡胶和塑料制品业	89	92.45	10.3	8.72	8.8	6.12	10.8
非金属矿物制品业	237	283.14	-0.7	28.95	-0.7	16.10	-1.3
黑色金属冶炼及压延加工业	86	258.32	-11.2	18.04	-8.6	11.16	-7.3
有色金属冶炼及压延加工业	55	109.12	-39.7	6.93	-41.7	4.59	-10.2
金属制品业	94	72.81	0.1	5.99	2.4	3.24	-2.7
通用设备制造业	183	256.91	-1.2	35.62	2.8	25.17	7.2
专用设备制造业	68	62.96	3.0	6.10	-7.7	3.48	-10.4
汽车制造业	56	99.46	17.4	10.11	6.4	7.58	13.3
铁路、船舶	11	8.73	-4.3	0.62	-0.3	0.31	3.2
电气机械及器材制造业	207	574.19	-3.3	45.08	12.9	29.12	4.8
通信设备、计算机及其他电子设备制造业	49	59.71	6.2	6.83	30.4	5.10	41.9
仪器仪表及文化、办公用机械制造	8	10.64	-7.7	1.40	-17.2	0.98	-17.0
其他制造业	6	18.26	11.0	2.23	31.9	1.70	32.6
废弃资源综合利用	4	2.85	33.8	-0.05	-139.9	-0.09	-209.1
电力、热力的生产和供应业	24	147.25	4.4	24.79	-9.7	16.25	-11.5
燃气生产和供应业	9	15.92	-0.6	2.71	12.2	2.41	12.9
水的生产和供应业	10	6.42	8.6	1.45	-4.9	1.06	-15.0
3.特色、战略和高新技术产业							
#战略性新兴产业（省口径）		952.82	3.7	95.56	5.7	65.69	7.9
#吴兴区		281.00	3.8	20.52	6.2	13.29	15.9
南浔区		49.27	-5.2	6.58	7.4	4.27	6.7
开发区		66.67	5.3	9.18	10.5	7.36	10.8
德清县		230.83	2.4	25.80	7.9	18.17	12.1
长兴县		234.10	7.1	23.25	1.6	15.61	-2.1
安吉县		90.95	2.8	10.24	3.4	7.00	5.8
△市区		396.94	2.8	36.28	7.5	24.92	12.7
#高新技术产业	818	1812.84	0.4	212.45	11.3	146.42	12.3
#吴兴区	98	212.26	-1.8	20.69	2.8	13.81	0.6
南浔区	139	338.97	0.2	44.17	2.5	30.54	4.7
开发区	60	113.16	-2.4	13.71	13.2	9.96	14.4
德清县	210	512.80	9.2	57.54	15.3	43.17	20.3
长兴县	199	427.17	-9.5	47.46	13.1	30.26	7.2
安吉县	112	208.48	7.2	28.88	22.3	18.69	27.3
△市区	297	664.39	-0.9	78.56	4.3	54.31	5.2

2016年湖州市工业主要产品产量

表16

产品名称	单位	2016年	±%
饲料	万吨	66.96	14.9
精制食用植物油	万吨	23.53	-19.6
罐头	吨	5838	-5.4
冷冻饮品	吨	5051	-1.0
饮料酒	千升	212112	-5.6
#啤酒	千升	68963	-8.4
软饮料	吨	211360	-1.3
精制茶	吨	36143	9.3
纱	吨	107882	18.8
化学纤维纱	吨	82511	24.7
布	万米	79634	-6.0
#棉布	万米	4358	-12.3
化学纤维布	万米	73540	-6.0
印染布	万米	356396	9.0
蚕丝	吨	1593	-5.5
蚕丝及交织机织物	万米	10513	-5.4
无纺布	吨	108775	9.3
服装	万件	13028	-4.2
梭织服装	万件	10629	-1.2
针织服装	万件	2400	-15.4
皮革服装	万件	6	-50.8
人造板	万立方米	80.4	-7.0
人造板表面装饰板	万平方米	3221.89	10.6
实木地板（木地板）	万平方米	2829.36	1.6
家具	万件	6277.68	11.3
#金属家具	万件	4129.94	9.6
机制纸及纸板	万吨	52.58	-2.2
纸制品	吨	467728	5.5
化学农药原药	吨	77875	6.8
涂料（油漆）	吨	232120	9.1
化学药品原药	吨	21492	11.8
塑料制品	吨	549403	6.2
水泥熟料	万吨	1371.45	-0.8
水泥	万吨	1283.19	0.2
#散装水泥	万吨	1127.43	0.9
商品混凝土	万立方米	1109.72	8.1
日用玻璃制品	吨	20844	-32.0
耐火材料制品	万吨	138.29	-4.3
钢材	万吨	304.4	-12.4
铝材	万吨	38.6	-2.5
输送机械	吨	8809	9.4
收获机械	台	10105	-12.5
通信及电子网络用电缆	对千米	5318392	2.1
光缆（光纤通信电缆）	芯千米	4520430	-4.7
铅酸蓄电池	万千伏安时	4242.42	-18.4
家用冷柜（家用冷冻箱）	万台	156.09	6.6
房间空气调节器	万台	151.59	0.4
电光源（灯泡）	亿只	1.77	-9.5
发电量	亿千瓦时	155.65	11.5

2016年湖州市交通运输

表17

	单 位	2016年	2015年	±%
公路通车里程（含村道）	公里	7724	7666	
#不含村道	公里	3931	3951	
#高速公路	公里	289	289	
客运量	万人	5006	6047	-15.9
#公路	万人	4925	5976	-16.2
内河	万人	81	71	14.0
客运周转量	万人公里	178716	209079	-11.3
#△市区	万人公里	90222	103647	-9.6
德清县	万人公里	24975	29390	-11.8
长兴县	万人公里	25175	29921	-12.6
安吉县	万人公里	38344	46121	-13.7
#公路	万人公里	178259	208661	-11.3
内河	万人公里	457	418	9.1
货运量	万吨	14526	13565	7.1
#△市区	万吨	5062	4553	11.2
德清县	万吨	1326	1498	-11.5
长兴县	万吨	5735	5248	9.3
安吉县	万吨	2403	2266	6.0
#公路	万吨	8618	7819	10.2
内河	万吨	5908	5746	2.8
货运周转量	亿吨公里	152.78	146.73	4.1
#△市区	亿吨公里	45.49	44.47	2.3
德清县	亿吨公里	12.13	11.53	5.2
长兴县	亿吨公里	65.42	62.07	5.4
安吉县	亿吨公里	29.74	28.66	3.8
#公路	亿吨公里	65.82	60.24	9.3
内河	亿吨公里	86.96	86.50	0.5
内河港口货物吞吐量	万吨	8664	8052	7.6
#出港	万吨	5183	5455	-5.0
进港	万吨	3481	2597	34.1
集装箱吞吐量	标箱	206189	184906	11.5
年末民用汽车拥有量	辆	642262	553092	16.1
#△市区	辆	300040	260564	15.2
德清县	辆	105843	88370	19.8
长兴县	辆	125705	108535	15.8
安吉县	辆	110674	95623	15.7
#私人汽车	辆	588840	505612	16.5
#△市区	辆	273627	236619	15.6
德清县	辆	95486	80210	19.0
长兴县	辆	116268	99936	16.3
安吉县	辆	103459	88847	16.4
#轿车	辆	418392	362464	15.4
#△市区	辆	202911	177621	14.2
德清县	辆	68116	57722	18.0
长兴县	辆	78677	67636	16.3
安吉县	辆	68688	59485	15.5
年末拥有载客汽车	辆	597612	513621	16.4
年末拥有挂车	辆	1846	1685	9.6
本年机动车上牌量	辆	116623	109017	7.0
#小型汽车	辆	103413	97425	6.1
年末摩托车拥有量	辆	238678	431741	-44.7
#私人摩托车	辆	238067	430859	-44.7

2016年湖州市全社会用电量

表18　　　　单位：亿千瓦时

	2016年	±%
总　　计	222.20	11.7
#吴兴区	49.41	9.1
南浔区	40.92	10.2
德清县	36.91	7.4
长兴县	68.26	14.4
安吉县	24.77	13.2
△市区	92.26	11.2
一、全行业用电	196.01	10.5
1.第一产业	4.46	12.6
2.第二产业	168.33	9.4
工业	165.73	9.6
#吴兴区	30.88	5.6
南浔区	31.90	8.3
德清县	28.23	4.7
长兴县	57.12	13.1
安吉县	15.68	8.8
△市区	64.70	9.2
#轻工业	83.29	11.3
重工业	82.44	8.0
#采矿业	2.17	5.3
制造业	150.95	9.7
#吴兴区	27.30	9.4
南浔区	30.27	9.7
德清县	25.37	3.1
长兴县	54.08	13.3
安吉县	13.93	9.1
△市区	57.57	9.6
#纺织业	42.61	7.7
非金属矿物制品业	24.44	4.6
建筑业	2.60	-1.8
3.第三产业	23.22	18.1
#商业、住宿和餐饮业	9.60	15.6
二、城乡居民生活用电	26.19	21.9
城镇居民	14.16	22.4
乡村居民	12.03	21.3

2016年湖州市规模以上工业企业能源消费量

表19　　单位：万吨标准煤

	规模以上工业		#千吨以上	
	2016年	±%	2016年	±%
总　计	754.63	5.7	626.14	3.9
#吴兴区	71.39	5.0	58.13	4.2
南浔区	104.15	5.8	79.39	4.3
开发区	39.32	6.2	32.12	3.0
德清县	135.77	-3.5	104.93	-9.6
长兴县	320.28	7.9	280.53	7.0
安吉县	83.71	14.2	71.03	15.3
△市区	214.86	5.6	169.64	4.0
#八大高耗能行业	600.04	5.0	531.98	3.8
#非金属矿采选业	11.62	5.4	9.68	-3.9
农副食品加工业	6.55	14.6	3.62	-2.3
食品制造业	3.62	8.1	1.64	3.4
酒、饮料和精制茶制造业	2.59	-2.5	2.22	1.8
纺织业	111.29	6.2	76.11	4.1
纺织服装、服饰业	3.87	-1.6	1.31	0.9
皮革、毛皮、羽毛及其制品和制鞋业	1.64	-14.9	1.03	-18.0
木材加工和木、竹、藤、棕、草制品业	12.98	9.6	6.32	12.2
家具制造业	5.19	6.0	0.67	-6.1
造纸和纸制品业	16.04	-6.5	14.82	-7.2
印刷和记录媒介复制业	1.39	22.9	0.73	33.1
文教、工美、体育和娱乐用品制造业	9.32	-0.3	7.34	0.3
石油加工、炼焦和核燃料加工业	0.02	-80.2		
化学原料和化学制品制造业	45.73	-0.7	37.69	-4.4
医药制造业	4.88	14.1	3.26	14.7
化学纤维制造业	47.60	20.2	45.89	20.7
橡胶和塑料制品业	8.38	6.9	3.34	-5.0
非金属矿物制品业	244.07	3.6	232.67	3.6
黑色金属冶炼和压延加工业	43.35	-1.8	34.90	-11.4
有色金属冶炼和压延加工业	14.67	-27.8	12.70	-32.1
金属制品业	9.07	1.1	5.81	0.8
通用设备制造业	13.58	1.5	7.79	-5.8
专用设备制造业	4.60	20.6	2.09	25.9
汽车制造业	6.69	13.6	2.93	-2.7
铁路、船舶、航空航天和其他运输设备制造业	0.45	9.4	0.28	7.3
电气机械和器材制造业	39.56	14.1	30.54	12.9
计算机、通信和其他电子设备制造业	5.31	6.9	2.71	4.3
仪器仪表制造业	0.20	-15.8		
其他制造业	0.54	34.7		
废弃资源综合利用业	0.48	119.8		
电力、热力生产和供应业	77.27	21.8	77.21	21.7
燃气生产和供应业	0.16	-20.4		
水的生产和供应业	1.89	5.7	0.84	1.7

说明：千吨以上企业统计口径以上年度达到为标准

2016年湖州市固定资产投资

表20　　　　单位：亿元、万平方米

	2016年	±%
一、固定资产投资总额	1592.18	13.5
#非国有投资	1125.21	4.5
#民间投资	1048.41	2.8
国有投资	466.96	43.5
#基础设施投资	467.98	44.3
1.按县区分		
#吴兴区	291.92	13.9
南浔区	200.90	10.2
开发区	149.02	15.1
德清县	304.71	13.7
长兴县	407.75	13.5
安吉县	186.71	13.6
△市区	693.00	13.4
2.按产业分		
第一产业	11.28	35.6
第二产业	679.68	10.9
#工业	678.03	10.7
#吴兴区	107.12	12.8
南浔区	100.28	10.4
开发区	42.35	12.1
德清县	152.51	12.6
长兴县	182.77	10.1
安吉县	93.01	7.6
△市区	249.75	11.1
第三产业	901.22	15.3
#房地产	274.22	-15.2
#住宅	175.82	-22.9
#吴兴区	83.71	0.9
南浔区	22.36	-26.8
开发区	29.69	4.9
德清县	31.84	-28.5
长兴县	55.68	-34.1
安吉县	29.28	3.9
△市区	157.42	-5.3
3.按构成分		
建筑工程	901.97	8.4
安装工程	113.45	32.8
设备工器具购置	364.50	17.2
其他费用	212.25	21.6
#土地购置费	107.17	6.2

续表 20　　　　单位：亿元、万平方米

	2016 年	± %
二、投资项目		
投资项目数（个）	2460	7.5
#新开工项目	1623	12.2
#亿元以上	291	32.3
#工业	149	23.1
第三产业	139	44.8
项目投资额（亿元）	1317.95	22.1
#新开工项目	685.17	23.1
#亿元以上	384.24	35.1
#工业	199.57	26.1
第三产业	182.14	46.9
三、房地产开发		
商品房施工面积	2396.48	-3.0
#住宅	1692.85	-1.1
商品房竣工面积	253.80	-44.1
#住宅	177.21	-44.6
商品房销售面积	557.01	39.5
#住宅	489.79	41.5
#吴兴区	153.77	55.9
南浔区	57.32	43.9
开发区	41.83	-1.5
德清县	117.91	28.0
长兴县	85.01	40.9
安吉县	72.75	41.4
△市区	281.34	44.0
商品房销售额	386.87	40.8
#住宅	332.08	40.1
#吴兴区	111.17	43.1
南浔区	41.40	48.0
开发区	34.87	3.8
德清县	76.20	43.4
长兴县	48.85	34.0
安吉县	51.67	47.7
△市区	210.15	39.9
商品房待售面积	381.12	-11.5
#住宅	171.54	-31.4
#吴兴区	80.78	-36.6
南浔区	54.31	-18.6
开发区	16.36	-33.8
德清县	22.97	-38.2
长兴县	134.58	18.0
安吉县	52.48	40.1
△市区	171.08	-29.2

2016年湖州市预算内财政收入

表21　　　　单位：亿元

	2016年	±%
财政总收入合计	360.89	9.8
#吴兴区	43.70	12.0
南浔区	38.30	8.6
开发区	28.73	14.8
德清县	72.79	8.9
长兴县	79.08	6.3
安吉县	60.33	8.1
△市区	148.70	13.0
一、上划中央“六税”收入合计	149.71	9.7
1.上划中央增值税(75%部分)	63.48	-22.5
2.消费税	10.33	90.6
3.企业所得税(60%部分)	31.39	-2.9
4.个人所得税(60%部分)	26.95	60.4
5.营业税	5.14	
6.改征增值税	12.41	
二、地方财政收入合计	211.18	9.9
#吴兴区	26.37	14.2
南浔区	21.73	21.4
开发区	16.98	21.9
德清县	42.03	11.9
长兴县	45.46	5.2
安吉县	35.85	8.3
△市区	87.83	12.2
(一)税收收入	182.65	7.9
#吴兴区	23.52	12.9
南浔区	19.77	22.3
开发区	15.59	23.7
德清县	37.30	12.1
长兴县	38.18	1.3
安吉县	31.71	6.5
△市区	75.47	10.0
1.增值税	59.45	5.5
#增值税(25%部分)	44.87	64.2
改征增值税	14.58	-49.8
2.营业税	31.73	35.2
3.企业所得税(40%部分)	20.93	-2.9
4.个人所得税(40%部分)	17.97	60.4
5.城市维护建设税	10.52	9.6
6.其他地方各税	30.25	-6.7
7.耕地占用税	1.29	-38.0
8.契税	10.50	-16.7
(二)非税收入	28.53	24.7
#专项收入	17.32	0.7
#教育费附加收入	4.97	6.6
行政事业性收费收入	0.34	56.4
罚没收入	6.80	3.3

2016年湖州市预算内财政支出

表22 单位：亿元

	2016年	±%
预算内财政支出总计	288.62	5.2
#吴兴区	25.80	13.6
南浔区	27.01	13.0
德清县	46.04	-0.5
长兴县	57.46	-2.7
安吉县	57.19	19.6
△市区	127.92	5.4
#一般公共服务	28.92	9.9
#吴兴区	2.27	13.1
南浔区	2.57	21.5
德清县	5.19	6.3
长兴县	4.97	-1.4
安吉县	6.62	15.6
△市区	12.14	13.7
公共安全	23.30	25.4
教育	58.12	8.9
科学技术	9.32	11.0
文化体育与传媒	5.34	14.2
社会保障和就业	25.78	12.5
医疗卫生与计划生育	23.43	0.2
节能环保	11.03	-13.9
城乡社区	14.74	-1.2
农林水事务	40.26	-3.0
交通运输	16.35	-8.3
资源勘探信息等支出	8.82	8.3
商业服务业等支出	5.06	11.5
金融	0.41	-25.5
援助其他地区	0.67	6.9
国土海洋气象等支出	1.65	21.6
住房保障	5.29	-31.9
粮油物资储备	0.45	2.2
一般债务付息及发行费用	6.77	
其他支出	2.90	-54.2
#民生改善支出	216.61	4.0
#吴兴区	21.34	15.6
南浔区	22.41	8.2
德清县	35.72	-3.2
长兴县	43.69	-6.2
安吉县	44.11	20.4
△市区	93.09	5.5

2016年湖州市对外贸易

表23

	单位	2016年	±%
进出口总额	亿元	679.94	6.9
#吴兴区	亿元	82.10	-8.1
南浔区	亿元	81.65	0.2
开发区	亿元	46.79	2.7
德清县	亿元	140.84	2.5
长兴县	亿元	141.11	17.4
安吉县	亿元	187.44	15.5
△市区	亿元	210.55	-2.7
#出口	亿元	600.21	8.7
#吴兴区	亿元	68.20	0.8
南浔区	亿元	70.74	5.9
开发区	亿元	36.03	-2.5
德清县	亿元	121.72	1.0
长兴县	亿元	119.83	18.8
安吉县	亿元	183.69	15.0
△市区	亿元	174.97	2.1
进口	亿元	79.73	-5.0
1. 出口按贸易方式分			
#一般贸易	亿元	554.20	10.6
加工贸易	亿元	40.15	-16.4
其他贸易	亿元	0.03	-39.2
2. 出口按企业性质分			
#生产企业	亿元	371.99	19.6
流通企业	亿元	74.33	-3.1
外资企业	亿元	148.05	-8.3
3. 出口按地区分			
#亚洲	亿元	176.88	6.5
#日本	亿元	26.95	16.7
印度	亿元	18.74	-8.9
非洲	亿元	27.62	3.2
欧洲	亿元	156.14	8.3
拉丁美洲	亿元	45.72	1.0
北美洲	亿元	171.25	13.5
#美国	亿元	157.36	14.5
加拿大	亿元	13.89	2.8
大洋洲	亿元	16.76	3.1
#澳大利亚	亿元	14.72	3.1
4. 出口按产品分			
#纺织原料及纺织制品	亿元	220.78	8.7
#纺织品	亿元	179.66	2.7
纺织服装	亿元	128.81	11.5
机电产品	亿元	50.85	-14.4
化工产品	亿元	62.71	19.3
农副产品	亿元	71.46	-0.4
高新技术产品	亿元	19.10	9.2

说明：分县区进出口含“一达通”数据，其他分类为海关统计口径

2016年湖州市利用外资

表24　　单位：个、亿美元

	2016年	±%
新批准及增减资项目	180	-2.7
#新批外商投资企业	110	2.8
批准增资项目	53	15.2
减资项目	9	-59.1
#总投资千万美元以上项目	76	16.9
外资项目总投资	35.09	28.9
外资项目注册资本	24.51	15.2
合同外资	21.32	28.2
#新批外商投资企业	16.64	24.2
批准增资项目	2.48	-34.2
#总投资千万美元以上项目	15.23	27.2
#第一产业	0.66	224.3
第二产业	6.08	48.4
第三产业	12.35	42.2
#吴兴区	3.67	27.7
南浔区	2.55	117.6
开发区	2.94	-10.4
德清县	1.25	-57.8
长兴县	3.73	3.4
安吉县	3.24	18.4
△市区	13.11	78.8
实际外资	10.01	6.3
#吴兴区	2.24	3.5
南浔区	2.21	363.7
开发区	1.95	-9.5
德清县	0.65	-64.2
长兴县	1.14	-11.9
安吉县	1.82	20.9
△市区	6.40	49.4
#第一产业	0.51	255.4
第二产业	3.55	58.6
第三产业	3.52	-31.5
#香港	3.19	-39.2
投资性公司及其他	0.47	-48.4
美国	0.15	-65.4
澳门	0.07	-73.8
英属维尔京群岛	0.75	1176.9

地方文件选编

中共湖州市委　湖州市人民政府关于印发《湖州市美丽乡村建设“十三五”规划》《湖州市美丽乡村建设2016年行动计划》的通知

湖委发〔2016〕1号　（2016年2月16日）

各县（区）委、县（区）人民政府，市直属各单位：

《湖州市美丽乡村建设“十三五”规划》《湖州市美丽乡村建设2016年行动计划》已经市委、市政府同意，现印发给你们，请结合实际，认真贯彻落实。

湖州市美丽乡村建设“十三五”规划

“十三五”时期（2016—2020年）是我市加快打造美丽乡村升级版的关键期。为进一步提升“十三五”时期全市美丽乡村建设水平，根据中央和省委、省政府关于“三农”工作的部署要求及我市“十三五”规划《纲要》精神，制订本规划。

一、总体思路

全面贯彻党的十八大和十八届三中、四中、五中全会精神，坚定不移照着“绿水青山就是金山银山”这条路走下去，以创新、协调、绿色、开放、共享的发展理念引领赶超发展，以促进农民实现“两富”为核心目标，以深化改革开放和全面创新为强大动力，大力转变农业生产、农村建设、农民生活方式，推动我市美丽乡村建设实现“全域美、持久美、内在美、发展美、制度美”，打造统筹城乡升级版、美丽乡村升级版、休闲农业升级版、农村改革升级版。到2020年底，60%的县区建成省美丽乡村示范县区，70%的乡镇建成市美丽乡村示范乡镇，100%的宜建村建成市级美丽乡村，确保我市美丽乡村建设继续走在全国全省前列，为加快建设现代化生态型滨湖大城市、高水平全面建成小康社会奠定坚实基础。

二、主要目标

——农业现代化水平继续领先。依托农业产业基础，发挥产业比较优势，大力发展高效生态现代农业，农业产业集聚融合和功能拓展有效推进，现代农业产业体系、生产体系、经营体系更加健全，农业综合生产能力、市场竞争力和可持续发展能力不断提升，探索走出“产出高效、产品安全、资源节约、环境友好、融合发展、绿色富民”的具有湖州特色的现代农业发展道路，率先全面实现农业现代化。全市农业增加值达135亿元，年均增长1.5%以上；主要农作物耕种收综合机械化水平达90%；农业科技贡献率达70%以上。

——人居环境优美舒适。坚持人与自然和谐相处的基本导向，完善城乡规划体系和管理体制，美丽乡村全面打造升级版，生态文明建设扎实推进，全市农村更加乐居、乐业、乐游、乐活。全市农村生活污水治理实现全覆盖，农村垃圾分类处理广泛普及，长效运行维护管理机制更加健全。建成一批国家生态文明建设示范村镇，助推国家生态文明先行示范区建设。

——精神文明与物质文明协调发展。坚持“两手抓、两手都要硬”，坚持社会主义先进文化前进方向，加快构建农村公共文化服务体系，农村文化更加繁荣，农村群众性精神文明创建不断深化，文明乡风进一步培育弘扬，农村文明水平不断提升。市级以上文明村镇创建率达60%，文化礼堂覆盖率达60%以上。

——城乡一体化体制机制更加完善。坚持顶层设计和“摸石头过河”相结合，加大改革创新力度，城乡生产要素平等交换体制更加健全，城乡公共资源均衡配置机制更加完善，农村各类所有制经济保护制度更加健全，新型农业经营体系、农业支持保护体系、农业社会化服务体系、农业科技创新体系、农村绿色金融体系更加完善，城乡经济社会发展一体化的体制机制更加成熟。

——农民群众生活殷实幸福。坚持把以人为本作为经济社会发展的出发点和落脚点，促进农民持续增收，加快建设各项基础设施和社会事业，社会多元治理不断深化，发展成果更广泛、更均衡地惠及农村居民，实现更高水平的城乡统筹发展。农村居民人均可支配收入达38000元，年均增长8.5%以上，城乡居民收入比在1.7∶1左右；农村居民享有完善的城乡一体化设施网络、公共服务和社会保障体系，农村社会和谐稳定。

三、工作任务

（一）全面升级现代农业发展水平。围绕加快国家现代农业示范区和现代林业示范市建设目标，深入贯彻绿色农业强省决策部署，大力建设现代循环生态农业试点，以发展高效生态现代农业为重点，以发展休闲农业为新引擎，启动实施“1861”行动计划，加大农业转型升级力度，着力推进农业产业化、信息化、科技化和生态化发展，初步形成“315”发展格局，努力建成长三角地区绿色农产品供应基地、都市型现代农业品质高地、休闲农业与乡村旅游首选之地。

大力做强主导产业。按照“稳定粮油、提升蚕桑，优化畜禽、做强水产，做特果蔬、壮大林茶，发展生产、富裕农民”的要求，着力提升农业八大主导产业，加快产业转型。积极稳定粮食生产，全面落实粮食安全责任制，切实加大对粮食生产的扶持力度，大力开展高产示范创建，粮食播种面积、总产量稳定在184万亩和85万吨左右；划定永久基本农田不低于184.08万亩，严格限制建设占用基本农田，健全完善耕地保护补偿机制，确保耕地占补平衡。加大蚕桑产业保护，生态蚕桑基地面积保持在15万亩左右，年蚕种饲养量稳定在15万张左右。大力发展蔬菜、水果、茶叶、水产、畜禽、笋竹、花卉苗木等特色优势主导产业，重点在优化品种和结构布局、加强产品质量和品牌建设上求提升、求突破；引导主导产业集中连片发展，深化发展“依山”“傍湖”“沿路”三大生态高效农业产业带，完成3个省级农业产业集聚区建设。加强主导产业全产业链培育，加快发展特色优势农产品加工业，支持农产品加工向主产区、优势区集中，重点建成一批高标准原料生产基地，做强一批领军企业，打造一批知名品牌，发展一批流通平台，集成创新一批关键共性技术。建成年产值10亿元以上的农业全产业链10条。

加快提升经营主体。加大现代农业经营主体培育、发展、壮大力度，鼓励创办家庭农（林）场，推进农民专业合作社规范化、联合化发展，支持农业龙头企业进入资本市场。市级以上农业龙头企业、示范性农民专业合作社和家庭农场分别达300家、200家、200家，上市、挂牌农业企业达30家。推进农民学院向实体化建设迈进，建成湖州农民学院八里店综合实验实训基地，充分发挥培养主渠道作用，整合各类培训资源，加快培育领军人才，大力培育新型职业农民，加大农村实用人才培训力度。全市农村领军人才达8000人，农民大学生新增2000名，新型职业农民达1.5万人，实用人才总量达12万人。

着力加强发展支撑。深入实施农业技术研发与推广体制机制创新改革，加大农业科技平台建设力度，健全完善“1+1+N”农推联盟体制机制，深化农业技术入股，稳步推进主导产业研究院所和产业创新团队建设培育，着力提升农业科技支撑水平。农业科技贡献率达70%以上，省农业科技型企业达270家，省农业科技企业研发中心达150家。加大种子种苗工程实施力度，加强湖羊、龟鳖、青虾、桑蚕、白茶等地方特色品种的保护、开发和利用，加强新品种选育示范和传统优势品种改良，加快形成一批具有本地特色、技术领先的新品种。巩固深化农业“两区”建设，完善提升12个省级现代农业综合区，加快推进多种形式的农业园区建设，不断提高农业综合生产能力和抗灾减灾能力。完成81万亩粮食生产功能区建设，建成现代农业园区500个以上。大力发展智慧农业，推进现代农业地理信息系统应用，提升设施农业发展和农业机械化、信息化水平。高效设施农业面积达50万亩，机械化栽植面积达28万亩，农业“两区”内实现现代信息技术和农业智能装备全覆盖。大力实施农田水利标准化建设，全面提升农田灌排能力，持续推进农业节水，新改建机埠990座，新改建农田灌排渠道1185公里，新增高效节水灌溉面积4.1万亩。全面实施农业品牌战略，积极打造安吉白茶、莫干黄芽、长兴紫笋茶、湖丝、湖州青虾、湖州太湖蟹等区域公共品牌。大力推进农业标准化生产，力争“十三五”期末持证无公害农产品700个、绿色食品200个、农产品地理标志5个，农产品“三品”认证率高于全省10个百分点。以积极争创国家农产品质量安全示范市为契机，全面完成农业地质调查，加快农产品质量安全追溯体系建设，农产品质量安全抽检合格率高于全省1个百分点。

着力促进产业融合。大力促进现代旅游理念与农业生产的深度融合，以推进国家级旅游业改革创新先行区建设为契机，高起点组合建设一批综合型的休闲观光、乡村旅游、森林生态休闲养生项目，努力将现代农业综合区建成区域布局合理、产业特征明显、服务功能齐全的示范性休闲农业集聚区，建成“世界丝绸之源”等十大休闲农业风情线。大力促进文化创意、修身养性、教育体验等要素与农业生产的深度融合，创新、挖掘农耕文化，推动农耕文化遗产合理利用，建设一批以“渔桑文化、鲜果节庆、茶香古韵、太湖渔鲜、湖羊文化、竹海诗意”等为主题的农业特色小镇和森林特色小镇，确保完成建设10个以上。大力促进美丽乡村创建成果与农业生产的深度融合，培育和提升农家乐休闲旅游业等农村新型业态，让更多“绿水青山”变成“金山银山”。农家乐休闲旅游实现年游客接待量3000万人次，直接营业收入50亿元，带动农产品销售20亿元。大力促进现代物流业、信息技术与农产品销售的深度融合，强化以信息化为支撑的农产品现代流通体系建设，推进农业物联网应用模式，推动农产品流通新业态发展，力争农产品网上销售额达50亿元。

（二）全面升级人居环境建管水平。围绕建设国家生态文明先行示范区目标，坚持“产村人”融合、“内外魂”并重、“居业游”共进，大力实施农村人居环境改善工程，全面推进示范县区、示范乡镇、精品示范村、美丽庭院和示范带创建，努力打造“乐居、乐业、乐游、乐活”的美丽乡村升级版，全面提升乡村的“山水之美、人文之美、富裕之美、和谐之美”。

强化美丽乡村全域规划。以推进德清、安吉“多规合一”试点为契机，强化全域规划理念，加强全域村庄规划与土地利用总体规划、城镇体系规划、基础设施建设规划、产业发展规划等有机衔接。优化编制县域、乡镇域村庄布局规划，以重点项目征迁为契机，以农村土地综合整治、推进农房自然集聚为抓手，加大农房集聚改造力度，着力优化村庄和人口空间布局。优化编制村庄建设规划，顺应自然、尊重历史、突出乡土、体现文化，塑造特色鲜明的美丽乡村。推进百名规划师联系传统特色村落活动，积极探索保持村庄整体风貌下的新村集聚点和农房规划设计、建设试点，建设一批空间形态与自然风貌相协调的生态社区，着力形成“浙北民居”新范式。

整体提升美丽乡村创建。组织县区积极创建全省美丽乡村建设示范县区，创建比例确保走在全省前列。加强中心镇建设，注重特色小镇、精致小镇培育，推进整乡整镇创建提升，创建一批市美丽乡村示范乡镇。继续推进市级美丽乡村创建，不断提升创建比例；统筹整合中心村、美丽宜居示范村、传统村落、历史文化村落保护利用等政策资源，组织县区筛选一批自然生态好、村庄风貌佳、文化底蕴深、具有发展乡村休闲旅游业潜力的行政村，依托优美山水风光、传统人文资源、生态观光农业、休闲度假项目，对村庄进行景区化改造，对产业进行景观化提升，对设施进行旅游化配置，对人文进行体验式发掘，努力打造一批“特色品牌型”美丽乡村精品示范村，力争建成率达10%。抓好美丽乡村农户细胞建设，深化“美丽庭院”创建，彰显新时期现代农民生活情趣与品质。按照“主题突出、特色鲜明、形象亮丽、可憩可游”的要求，通过新建、提升、延伸等途径，高标准提升22条美丽乡村示范带（网）。

强化以生活污水治理和垃圾处理为重点的全域生态环境建设。全力打好农村生活污水治理攻坚战，进一步健全推进机制，强化村镇主体责任，严格工程监督管理，保障资金投入，确保按时全面高质量完成治理任务，不断巩固提升治理水平。完善现有农村垃圾集中收集处理机制，不断提高农村垃圾有效收集处理水平，积极推进农村垃圾分类处理。开展农村生活垃圾减量化资源化处理的村达500个。大力开展城乡环境卫生整治行动，推进农村无害化卫生厕所建设，覆盖面达96%。深入推进“三改一拆”“四边三化”“五水共治”和新一轮农村环境综合整治，确保全面消灭劣Ⅴ类水、基本消灭违章建筑。全面推行“一把扫帚扫到底”城乡环卫一体化模式，建立健全农村生活污水治理设施运营和管护机制。深入开展全国水生态文明建设试点，健全水生态建设、管理、保护机制，全面推进全市6片中小流域综合治理，开展农村河道生态治理400公里、农村河沟综合整治90公里，全面实施河道清淤轮疏，强化河湖保洁管护。大力发展生态循环农业，继续实施畜禽和温室龟鳖养殖业“双控”，着力开展化肥农药减量、农业废弃物无害化处理等行动，深入推进农业面源污染治理，推进电能替代，努力打造“美丽田野”，农村清洁能源利用率、农作物秸秆综合利用率、畜禽粪便资源化利用率分别达80%、95%、98%以上。加大乡村污染行业、产业治理力度。加快实施村庄平原绿化美化、森林抚育、湿地保护和生态修复工程，森林覆盖率达52%以上，90%的湿地面积得到有效保护。加快竹林碳汇试验区建设，建设竹子低碳可持续经营园区1万亩，辐射面积15万亩，争取实现竹林碳汇造林和碳汇经营增汇碳交易。深入推进生态创建活动，努力建成一批国家生态文明建设示范村镇，助推国家生态文明先行示范区建设。

致力完善农村基础设施。按照城乡基础设施共建共享、同标同质的要求，提升城乡基础设施一体化水平。扎实推进美丽乡村路建设，提高农村公路建设管理水平，实现村村通“四好”路。全面建成太湖流域水环境治理四大项目，启动建设苕溪清水入湖河道整治后续工程、太嘉河及杭嘉湖地区环湖河道整治后续工程、环湖大堤（浙江段）后续工程。加快城乡供水一体化进程，实现广大农村地区饮用水全面提质增效，提升农村安全饮水人口36.1万人。加快农村电网改造升级，提升农村电网供电能力。加强农村通信基础设施建设，推进电信网、广播电视网、互联网“三网融合”，提升农村信息化水平。加强邮政基础服务网络建设，有效解决农村邮件投送难题。完善农村物流系统建设。

（三）全面升级农村民生改善水平。紧紧抓住持续推进农民增收致富这一核心，顺应公共服务体系建设由“扩大覆盖保基本”向“提升内涵谋发展”转变趋势，创新社会平衡与协调机制，抓好农村教育、医疗卫生、社会保障等建设工作，着力解决农民群众最关心、最现实的利益问题，让农民群众更好地共享美丽乡村建设成果，不断增强获得感，积极打造幸福民生。

促进农民持续增收。大力转变农民创业方式，鼓励农民以土地承包经营权、资金等入股形式参与能人带动下的合作创业，全面形成“先创带后创”“人人创业”的格局。适应“机器换人”等新趋势，不断提高农民稳定就业技能，提升农民就业层次，探索多形式就业，扩大就业规模。注重完善优化农民创业就业服务平台，支持组建多形式的劳务合作社，组织未转移农民就近就地灵活就业。强化“互联网+”理念与技术运用，深入推进电子商务进万村工程，大力建设农产品网络销售平台，开展多形式的网上销售业务。建立农产品电商平台100个，电商销售产值10亿元以上。注重强化来料加工等促进农民增收的好业态发展，加快来料加工转型升级步伐。把股份合作制普遍运用到各类经营主体的要素组合和生产、加工、流通等环节的产业联结，让农民平等参与到产业发展中去，稳定获得经营性收入和分红收入。加大改革创新和公共财政投入力度，不断增加农民财产性收入和转移性收入。

精准帮扶低收入农户。深入开展低收入农户收入倍增行动，通过加强产业帮扶、创业就业扶持、财政金融支持等措施，切实提高低收入农户发展能力和收入水平，确保到2017年完成五年帮扶任务。强化相对扶贫理念，完善以缩小收入差距为导向、以减缓相对贫困为重点、以提高低保水平为兜底的扶贫机制，精准核定新的低收入群体，实施精准帮扶。深入开展社会帮扶，加强结对帮扶，引导动员社会力量参与扶贫济困。

优化社会保障和社会事业发展。完善以社区卫生服务为基础的城乡医疗卫生服务体系，加大农村医疗卫生软硬件建设力度，提升基层医疗卫生和计生服务能力；大力推进卫生乡镇创建，落实医疗服务“双下沉、两提升”，加强健康教育阵地建设，开展健康知识“五进”活动。国家卫生乡镇覆盖面达12%以上，居民健康素养水平达25%。加快建立覆盖城乡居民、更加公平更可持续的社会保障制度，建立健全全民参保登记动态管理机制，基本实现法定人员全覆盖；推进基本养老保险、基本医疗保险、失业保险城乡一体化建设，进一步统筹提升城乡居民社保水平。稳步提高低保标准，依法推进新型社会救助体系建设，不断提高社会救助水平。以长兴省级养老服务业综合改革示范点为引领，支持民间资本增加养老服务和产品供给，积极推进以居家为基础、社区为依托、机构为支撑的多层次养老服务体系建设，探索打造智慧养老服务平台。推进城乡教育均衡发展，促进优质教育资源向农村覆盖，着力解决经济薄弱乡镇教育发展面临的突出问题，积极创建教育现代化县区，努力在全省率先实现教育现代化。实施全民健身国家战略，不断增加农村体育活动场所面积和类型，广泛开展大众喜爱的健康体育娱乐活动。完善农村气象基础设施建设，强化城乡公共气象服务保障一体化，提高社会公众气象信息应用能力。

（四）全面升级农村精神文明建设水平。按照物质文明与精神文明协调发展的要求，以全面推进城乡公共文化一体化发展为重点，大力繁荣农村文化，大力塑造优良家风，大力培育文明素养，努力实现“物的新农村”向“人的新农村”迈进。

推动社会主义核心价值观在农村落地生根。精心设计农民群众喜闻乐见的主题实践活动，深入持久开展核心价值观宣传教育，在贯穿结合融入、落细落小落实上下功夫。切实加强农村党员干部理论武装，以基层党校“三联三进”和“百姓百人讲百事”等活动为载体，深入开展中国特色社会主义和中国梦宣传教育，加强法治意识、国家意识、社会责任意识宣传教育。强化形势政策宣传教育，围绕党和政府强农惠农富农各项政策以及农民群众关心关切的问题，解疑释惑、疏导情绪，增强信心、凝聚共识。

大力繁荣农村文化。以农村文化礼堂为主阵地，进一步整合农村宣传文化、科普教育、体育健身等各类资源，打造农村综合性文化服务中心。“十三五”期间，新建文化礼堂300个，全面建成4条文化礼堂特色示范带；开展星级文化礼堂评选活动，促进长效运行；推动所有乡镇宣传文化中心（文化站）达到中心镇的建设标准，中心镇基本建有电影院。建立健全公共文化服务城乡联动机制，深化“送文化、种文化”等活动，实现农村、城市社区公共文化服务资源整合和互联互通。大力扶持民间文艺社团和业余文化队伍，培养农村基层文艺骨干，充分调动农民自办文化的积极性。大力开展历史文化村落保护建设，挖掘乡村故事，整理乡村档案，传承乡村文化。进一步弘扬本土乡贤文化，深入开展道德模范与身边好人评选活动，发挥新乡贤群体的示范引领作用，调动各界成功人士回乡支持美丽乡村建设的积极性，以嘉言懿行垂范乡里。

持续弘扬文明乡风。深入开展文明村镇创建活动，切实提高文明村镇创建水平。“十三五”期间，新增全国文明村镇3个、省级文明村镇10个、市级文明村镇40个。深入实施“双十百千万”文明和谐结对共建工程，不断提升结对共建水平。深化“最美家庭”“星级文明农户”“五好文明家庭”创建，开展弘扬“好家风好家训”活动，切实塑造优良家风。健全完善乡规民约，广泛开展乡风评议活动，大力推进乡风文明墙建设，充分发挥村民议事会、道德评议会、和谐共建会等作用，用民间舆论的力量引导农民自我约束、自我管理、自我提高。加强农村未成年人思想道德建设，加大乡村学校少年宫建设力度，提升“春泥计划”实施质量。加强农村志愿者队伍建设，广泛开展“邻里守望”志愿服务活动。大力整治农村黄赌毒、封建迷信、非法宗教等突出问题。

（五）全面升级基层建设和治理水平。按照全面依法治国和从严治党要求，贯彻落实市委《关于全面加强基层党组织和基层政权建设的意见》，构建统筹城乡党建新格局，不断完善党委领导、政府负责、社会协同、公众参与、法治保障的社会治理格局，综合运用好法治德治自治，推进基层治理体系和治理能力现代化，构建与“三农”发展新形势相适应的乡村治理新格局。

加强基层党建。进一步加强乡镇政权建设，建设一批“五好”服务型乡镇（街道）；加强以村（社区）

为重点的基层党组织建设，开展“百村示范、千村晋位”专项行动，积极探索“党建+”工作方式，通过选派“第一书记”等方式持续推进软弱落后村党组织整转；切实强化基层干部队伍建设，建设“好口碑”乡镇干部队伍，培育“百姓喜爱好书记”，选拔优秀村党组织书记进入乡镇（街道）领导班子，建设“服务意识强、服务能力强”、充满生机活力的党员队伍；持续推进作风建设，深化乡镇“走村不漏户、户户见干部”、村（社区）“联系不漏户、党群心贴心”等机制，着力密切干群关系，解决群众困难。

加强社会治理。以扩大有序参与、推进信息公开、健全议事协商、强化权力监督为重点，积极创新乡村治理机制，探索村民自治有效实现形式；推行“乡贤参事会”，稳步推进基层协商民主；以撤村建居、农民集中居住区建设为切入点，建管并举，同步跟进农村社区管理服务，着力构建社区党组织、业委会、物业公司“三位一体”的治理机制。全面落实“五议二公开”决策程序，推行村级权力清单制度，加强对村干部行使权力的监督制约，将“小微权力”关到笼子里。突出重点人群，用好有效载体，大力开展法治宣传教育、法治文化阵地建设，探索形成民主法治村创建的湖州标准；发挥农村法律顾问的积极作用，完善公共法律服务体系，引导和支持农民运用法律手段、利用合法途径表达诉求，依法维护自身权益；积极行使地方立法权，开展我市农村建设管理和环境保护等方面的立法。运用好“互联网+”，探索和强化社会治理综合平台建设，推进平安建设信息系统与“网格化管理、组团式服务”两网融合；创新发展“枫桥经验”，落实经常性、多元化的矛盾纠纷排查化解机制，努力做到“小事不出村、大事不出镇、矛盾不上交、纠纷早化解”。

加强基层基础。强化财政扶持、用地保障、税费优惠、金融支持等政策的完善与落实，提升“造血式”帮扶成效，确保实现“五年强村计划”目标；谋划实施新一轮帮扶行动，按照“抓两头带中间”的思路，以联合发展物业经济、多渠道多形式开展村庄经营等为重点，不断创新完善发展壮大村级集体经济的思路和措施，大力扶持薄弱村加快发展，帮助一般村持续发展，引领富裕村优化发展。基本消除村级集体经济经常性收入在30万元以下且经营性收入在15万元以下的村，经常性收入在100万元以上的村占比达30%以上。坚持和深化农村工作指导员、科技特派员、党建指导员等制度，不断优化选派与管理，促使指导员（特派员）在加强基层组织建设、加快村级经济发展、维护农村和谐稳定等方面发挥更大作用。

（六）全面升级内生活力激发水平。以健全城乡发展一体化体制机制为方向，坚持面上改革创新与点上改革试验两手抓，勇趟深水区，敢打攻坚战，善啃硬骨头，以法治思维全面深化农村改革，不断取得新突破，实现新发展。

深化农村产权制度改革。在农村“三权”实现确权颁证的基础上，健全农村产权流转交易体系，探索推动“三权”在不同主体之间的优化配置，依法赋予抵押、担保、流转、转让等权能，支持引导进城入户农民依法转让“三权”，更好实现“活权”。推进村集体非经营性资产的股份合作化改革，探索剥离村“两委”集体资产经营管理职能的办法，注重股改后的村社经营管理人才培养，加大“管权”力度。探索多种参股、持股办法与途径，不断扩大农村“股民”队伍。积极推进德清集体经营性建设用地入市试点，加快建立农村集体经营性建设用地产权流转和增值收益分配机制。深化完善长兴农村宅基地用益物权保障制度改革，建立健全宅基地有偿使用和自愿有偿退出机制。开展低丘缓坡“坡地村镇”建设和村级土地民主管理试点。缩小农村土地征收范围，建立兼顾国家、集体、个人的土地增值收益分配机制，合理提高个人收益。不断深化户籍制度改革，促进有能力在城镇稳定就业和生活的农业转移人口举家进城落户，切实维护其土地承包权、宅基地使用权、集体收益分配权。

深化农业经营体制改革。积极推进土地经营权有序流转，发展、巩固、提升多种形式的适度规模经营，提高流转效能。建立工商企业租地经营农业的准入、备案、监管等制度，加强对租赁土地企业的农业经营能力、流转土地用途和风险防范举措的监督。创新家庭经营、集体经营、合作经营、企业经营等共同发展的农业经营方式，创新农业产业链组织形式和利益连接机制，构建农户、合作社、企业之间互利共赢的合作模式，让农民更多分享产业链值收益。围绕全面构建“三位一体”农民合作经济组织体系，着力深化供销合作社改革，联动推进农业经营、农村金融、涉农管理等体制改革，促进农民合作经济组织与各类为农服务组织联合，建立以生产供销信用服务功能为基础的农民合作经济组织体系，并形成与农民联结更紧密、为农服务功能更完备、市场化运营更高效的体制机制。按照主体多元、形式多样、竞争充分的原则，大力培育多种形式的农业经营性服务组织，健全覆盖全程、综合配套、便捷高效的社会化服务体系，全面推进政府向农业经营服务组织购买公益性服务机制创新。

深化农村绿色金融改革创新。以创建全国绿色金融改革创新综合试验区为契机，全面深化农村金融改革。以合作金融为重点，支持发展多种形式的农村金融组织，丰富农村金融服务主体，加快构建多种农村金融主体并存、充满竞争活力的农村绿色金融组织体系。引导鼓励金融机构创新发展涉农业务，深化农村综合产权金融创新，拓宽“三农”直接融资渠道。着力拓展“金融创新与美丽乡村升级互促共进”示范点建设经验，全面提升农行等国有金融机构服务“三农”能力。加快农村信用体系建设，深化绿色支付工程，加快电子支付示范建设，大力推进普惠金融。完善农村担保机制，大力支持政府性涉农融资担保机构发展。加大农业保险支持力度，扩大覆盖范围。

深化农村改革试点推进。围绕强化示范引领，大力深化国家旅游业改革创新先行区建设和吴兴“国家现代农业示范区农业改革与建设试点”、德清城乡体制改革、安吉旅游综合改革等国家、省级改革试点，巩固拓展吴兴区八里店南片、南浔区城南城乡一体化发展试验区等改革建设成效。

四、保障措施

（一）强化组织领导。各级党委、政府要站在全局和战略的高度，坚定不移地把“三农”工作作为重中之重，认真谋划好“三农”发展的思路和办法，切实抓好党在农村各项方针政策的落实，主要领导亲自抓“三农”工作中的重大问题，分管领导靠前抓、具体抓。增强改革创新意识和法治思维，既要重视、敢于、善于改革创新，也要善于运用法治思维和法治方式处理“三农”问题，依法规范各类主体行为，把农村工作纳入法治化轨道。完善工作绩效考评机制，加强对“三农”工作各项责任制落实情况的考评，表扬先进、鞭策后进。加强党委农村工作综合部门建设，切实强化调查研究、参谋咨询、综合协调、检查监督等职能。整合部门资源，健全部门协同机制，加快构建合心合力兴农格局。市级有关部门要从大局出发，切实加强对县区改革的指导，积极争取上级对我市改革的支持。进一步加强“三农”干部队伍建设，充实力量、优化结构、提高素质，不断提高认识问题、分析问题、解决问题的能力。切实加强“三农”工作“智库”和基础数据库建设。重视基层，大抓基层，让基层干部有待遇、有盼头、有动力。

（二）强化推进机制。健全人人负责、层层负责、环环相扣、科学合理、行之有效的工作责任制，落实责任领导、责任单位和具体责任人，做到抓部署、抓统筹、抓方案、抓落实、抓督办、抓宣传等关键环节衔接贯通，一个问题一个问题跟进解决，一个节点一个节点扎实推进，真刀真枪抓好落实。注意方式方法，充分尊重基层首创精神，充分尊重农民意愿，处理好顶层设计与基层参与的关系，畅通参与渠道，健全参与机制，激发广大农民和基层干部的参与热情。各级宣传部门和新闻媒体要加大宣传力度，把握好宣传尺度，为美丽乡村建设营造氛围，确保“三农”工作特别是改革试点试验稳妥推进。

（三）强化有效投入。坚持把美丽乡村建设作为财政支出的优先保障领域，完善投入保障机制，健全财政投入稳定增长机制。完善部门项目和资源整合机制，切实做到“美丽乡村建设的点定到哪里，相关部门的配套建设和公共服务就跟到哪里”；推进县级资金整合使用，提高资金使用效益；切实加大对市本级“三农”特别是农业的财政投入力度。转换财政资金投入方式，通过政府与社会资本合作、政府购买服务、担保贴息、以奖代补、民办公助、风险补偿等措施，带动金融和社会资本投向“三农”。积极拓展融资渠道，引导金融机构增加信贷投入，引导企事业单位、社会团体和个人等社会资金以多种形式参与建设。注重发挥农民主体作用，鼓励农户投工投劳参与美丽家园建设。

（四）强化合作共建。持续深化市校合作，以完善三大平台和加快合作项目实施为主要抓手，大力推进科技、教育、医疗卫生、改革创新、生态文明和法治湖州建设等重点领域合作深化，不断强化浙江大学新农村发展研究院湖州分院、浙江大学湖州医院、湖州国家农高园区、中国安吉竹产业研究院等重大平台项目建设，积极探索新的合作领域和合作项目平台，努力扩大合作成效，彰显品牌效应。深入开展村企结对、军民共建、省部联建等特色共建活动，持续凝聚建设推进合力。

全市美丽乡村建设2016年行动计划

2016年是全市美丽乡村建设“十三五”《规划》实施的开局之年。做好2016年工作的总体要求是：贯彻落实党的十八大和十八届三中、四中、五中全会精神，坚定不移照着“绿水青山就是金山银山”这条路走下去，以创新、协调、绿色、开放、共享的发展理念引领赶超发展，按照“强融合促转型、强建管助升级、强改革激活力、强治理增和谐、强共享惠民生”的思路，以开展“四个年”活动为契机，着力加快转变农业发展方式、农村建设方式、农民增收方式、乡村治理方式，全面提升农村经济发展、美丽乡村建设、农民整体素质水平，不断增强全市农村的美丽度和农民群众的幸福感，为在“十三五”时期打造统筹城乡升级版、美丽乡村升级版、休闲农业升级版、农村改革升级版打下坚实基础。主要预期指标是：全市农业增加值增长1.5%以上，全产业链发展水平进一步提升；农村居民人均可支配收入增长8.5%以上，城乡居民收入比进一步缩小；建成一个省美丽乡村建设示范县，创建一批市美丽乡村建设示范乡镇和精品示范村，市级美丽乡村建成率进一步提高；财政预算内资金用于“三农”的投入增幅确保高于财政经常性支出增幅，财政对农业的投入进一步增加。

一、以融合循环为重点，在发展现代农业上有新突破

按照建设“长三角地区绿色农产品供应基地、都市型现代农业品质高地、休闲农业与乡村旅游首选之地”的目标要求，以发展多种形式农业适度规模经营为核心，以构建现代农业经营体系、生产体系和产业体系为重点，大力发展现代生态循环农业，全面推进农业产业融合发展，加快转变农业发展方式，不断拓展农业发展空间，积极提升主导产业竞争力和农产品质量效益。

（一）优化主导产业。按照“稳定粮油、提升蚕桑，优化畜禽、做强水产，做特果蔬、壮大林茶，发展生产、富裕农民”的要求，高度重视粮食生产，粮食种植面积稳定在184万亩，总产85万吨左右；保护蚕桑产业；优化畜牧业内部结构，控制生猪、家禽存栏总量，全年生猪存栏稳定在60万头左右，深入实施湖羊产业振兴计划；着力发展特种水产产业，加快推进渔业生态化建设；提升发展茶叶、笋竹、花卉苗木产业，内优质量，外拓品牌；大力发展水果、蔬菜，不断扩大设施栽培面积，优化品种，提高品质。加快推进优质粮油、特色畜禽、特种水产、优质名茶、名优水果等十大现代种业工程建设，大力发展现代种业企业和种子种苗示范基地。

（二）完善经营体系。鼓励支持农村土地经营权向新型经营主体流转，促进农业适度规模经营，新增市级以上示范性家庭农场25家。扶持发展做大一批“高新”农业龙头企业，鼓励龙头企业联合重组，推动农业企业挂牌上市，新增市级以上农业龙头企业16家。加强农民合作社规范化建设，健全产权制度、完善分配机制、强化民主管理，推进联合社建设。深入推进新型职业农民培育工程，通过牵头组建合作社、创办家庭农场、发展农产品加工业等方式，推进新型农业职业化、农民职业技能化、学农人才创业化，培育认定新型职业农民2000人。积极鼓励农民通过合作与联合等方式发展规模种植业、农产品精深加工和农村服务业，不断延伸农业产业链，积极推进农民以土地经营权入股农民合作社、农业龙头企业试点，让农民分享产业链增值收益。积极发展专业服务公司、专业服务合作社、专业服务队等经营性服务组织，探索建立政府购买农业公益性服务模式。

（三）推进循环发展。以生态循环农业“一十百千”工程为抓手，继续推进现代生态循环农业示范区和样板区建设，建设完成33个示范主体。积极创新农作制度，大力推广“千斤粮（一亩山）万元钱”种养殖模式，着力创建一批生态循环农业示范区。推广畜禽养殖排泄物、农作物秸秆等农业废弃物及“三沼”资源化利用，规模畜禽养殖场排泄物资源化利用率、农村清洁能源利用率和农作物秸秆综合利用率分别达98%、74%、93%以上。

（四）加快产业融合。按照全产业链发展的思路，加快发展粮食、淡水鱼、茶叶、竹笋和湖羊、生猪、家禽等农产品加工业，支持农产品加工向主产区、优势区集中，新建市级示范性全产业链5条，重点打造粮食、蚕桑、茶叶等5条省级示范性农业全产业链。推广林业综合体发展模式，探索发展林下经济新模式，积极打造集花卉苗木培育销售、花卉旅游观光、休闲养生活动于一体的发展模式。大力发展农产品营销服务，积极推进农产品电商平台建设，在现代农业综合区里建设一批农产品加工园区，配套相应的科研、培训、信息等平台，形成生产、加工和流通互为支撑、互相配套的产业综合体。大力发展休闲农业，出台农家乐休闲旅游业提升发展政策意见，接待游客数增长12%以上，直接经营收入增长15%以上。

（五）强化发展支撑。推进农业“两区”升级，巩固12个省级现代农业综合区建设成果，切实增强综合区辐射能力；新建粮食生产功能区7.4万亩，提升市级特色农业园区60个，新增高效设施农业面积2万亩，全面完成永久基本农田划定工作。健全完善“1+1+N”农推联盟体制机制，进一步强化与省内外高校科研院所合作，推进高校、科研单位专家与本地农技人员、生产经营主体的交流协作；加强农业科技创新平台、农业试验示范基地、农业研究和推广人才体系建设。积极开展智慧农业应用研究，通过农业项目建设，推进现代信息技术和农业智能装备在农业生产经营领域的应用。加快推进“机器换人”“设施换地”，深入实施粮食生产全程机械化和主导产业关键环节机械化示范工程，全面实施坡耕地雨水集蓄旱粮喷灌、农业园区智能化标准型微灌、林园地经济型喷灌、水稻区管道灌溉“四个百万工程”建设。全面推进第二轮小农水重点县建设，整治圩区10万亩。

（六）确保质量安全。加强农业标准体系建设，加快农业标准制定和应用，全力推进农业标准化生产和农产品品牌建设，加强“三品一标”认证监管，加快发展无公害产品、绿色食品、森林食品、有机农产品和地理标志农产品。全年认定无公害农产品50个、绿色食品13个，主要食用农产品中“三品”比率达62%以上，农业标准化率达62.5%以上。稳步推进农产品质量安全追溯体系建设，加大基地农产品检测监测力度，确保初级农产品省级抽检合格率稳定在98.5%以上。

二、以扩面提升为重点，在整乡整镇推进美丽乡村建设上有新突破

按照打造美丽乡村升级版的目标要求，坚持“全域规划、联合整治、城乡联动、区域一体”，持续加大农村生活污水治理力度，创新推进市美丽乡村建设示范乡镇创建，切实强化长效管理，努力实现以点带面、连线成片、全域美丽。

（一）基本完成农村生活污水治理。进一步健全推进机制，强化村镇主体责任，严格工程质量监督管理，保障资金投入，完成184个行政村的生活污水治理，新增受益农户49438户，提升已治理村；强化农村生活污水治理设施运行维护管理工作，建立健全“第三方专业机构为服务主体、县乡村户各司其职”的“五位一体”运行维护管理体系。

（二）注重优化农村生态环境。深入推进“三改一拆”“四边三化”和“无违建”创建等活动，加强农村宅基地审批管理，加大农村环境综合整治力度。积极推进农村生活垃圾减量化资源化处理，不断提高有效收集处理水平，新实施44个村。大力推行“一把扫帚扫到底”城乡环卫一体化模式。深入推进全国水生态文明试点城市建设，力争年底前通过水利部试点验收；全面完成13条重点中小河流治理，完成县乡河道综合整治200公里，完成河道清淤轮疏200公里，进一步完善河长制，扎实推进河湖库标准化管理。深入推进农业面源污染治理，大力实施肥药“双控”减量工程、农业投入品和废弃包装物无害化处理，温室龟鳖养殖面积削减100万平方米，实现病死动物无害化处理全覆盖。实施平原绿化2万亩，建设健康彩色森林6万亩，湿地保护和治理5万亩，启动建设1—2个湿地公园，实施生态修复工程1万亩，建设市级以上森林村庄32个。大力开展各类生态创建活动，巩固国家生态市建设成果。

（三）大力推进城乡基础设施共建共享。扎实推进农村公路改造提升，实施等级提升150公里。全面完成太嘉河、环湖河道整治工程，扎实推进扩大杭嘉湖南排主体工程和苕溪清水入湖河道综合整治工程。加快市本级城乡供水一体化项目实施，确保在年底建成供水。加大邮政基础服务网络建设。加强农村通信基础设施建设，提升宽带网络覆盖能力。健全完善气象防灾减灾体系，不断推进城乡公共气象服务保障一体化建设。

（四）不断提升美丽乡村创建水平。大力推进德清、安吉“多规合一”试点，开展好村庄土地利用总体规划试点工作，优化编制县域、乡镇域村庄布局、村庄建设规划和村庄设计；注重各类规划间的衔接融合，大力推进产村融合，积极培育农业特色小镇。组织县区积极创建全省美丽乡村建设示范县区，确保建成一个。以提升整乡整镇创建水平为重点，开展市美丽乡村建设示范乡镇创建，大力推进中心镇和特色小镇建设，积极培育小城市。继续实施市级美丽乡村创建，扩展提升已创美丽乡村规划保留自然村高标准整治覆盖面，重点提高市本级创建率，创建市级美丽乡村30个；统筹整合美丽宜居示范村、传统村落、历史文化村落保护利用等政策资源，进一步丰富创建内涵，建设一批“特色品牌型”美丽乡村精品示范村。深化“美丽庭院”创建，推进美丽家庭样板户建设。加大美丽乡村示范带（网）建设和提升力度，每个县区提升1条以上。

三、以增收致富为重点，在提升农民共享水平上有新突破

按照不断增强农民群众获得感的目标要求，大力推进农民增收致富，大力帮扶困难群体，大力优化农村民生，大力提升农村文明程度，让农民群众更好更多共享美丽乡村建设成果。

（一）多渠道确保农民持续增收。大力转变农民创业方式，鼓励开展合作创业，逐步形成“先创带后创”“人人创业”的格局；进一步整合教育培训资源，拓展思路、创新方法，深入实施农民素质提升工程，全年完成农村“两创”实用人才培训8200人以上。积极培育发展新型业态，鼓励发展农业众创小镇，推进农业创客孵化器建设；继续推进“电子商务进万村”工程，加大村级服务点和“村淘”网点建设，打造一批“电商村”，鼓励建设区域性农产品销售平台，加强农村电子商务人才培训；不断做大来料加工，推进来料加工转型升级，推动加工品种由式样化向专业化、加工形式由分散型向基地化、业务类型由来料加工向来样加工和来单加工逐步转变。大力推进美丽乡村经营，积极发展美丽经济，为农民增收创造更多途径。

（二）大力开展精准帮扶。抓好促进全市低收入农户收入倍增“12条”政策意见的落实，深入实施特色产业扶持、创业就业扶持、财政金融扶持、结对帮扶、改革创新等措施，加快低收入农户持续普遍较快增收步伐，全市低收入农户人均纯收入增长15%以上。深化农村党群创业互助会建设，建好用好市县创业帮扶（慈善）基金，帮助困难党员群众增收致富。以多村联建规模型产业、物业项目为重点，通过异地建购、参股经营、存量挖潜、服务增收等途径，增强重点帮扶村自我发展能力，使80%的重点帮扶村集体经济经常性收入、经营性收入分别达15万元、10万元。

（三）不断优化公共服务和社会保障水平。推进城乡教育均衡发展，促进优质教育资源向农村覆盖，积极创建教育现代化县区。全面推进城乡公共文化一体化发展，完善城乡互动、供需对接的公共文化服务机制，打造“一乡一品”“一村一韵”特色文化；加大文化礼堂和文化礼堂特色示范带建设力度，新建成80个文化礼堂。不断增加农村体育活动场所面积和类型，广泛开展大众喜爱的健康体育娱乐活动。完善以社区卫生服务为基础的城乡医疗卫生服务体系，加大农村医疗卫生软硬件建设力度，提升基层医疗卫生和计生服务能力。统筹提升社保水平，进一步完善基本养老保险、基本医疗保险、失业保险、被征地农民基本生活保障制度和大病保险制度。稳步提高低保标准，依法推进新型社会救助体系建设，不断提高社会救助水平。以长兴省级养老服务业综合改革示范点为引领，积极推进农村社会养老服务体系建设，探索打造智慧养老服务平台。

（四）持续弘扬文明乡风。大力开展社会主义核心价值观宣传教育，深入开展中国特色社会主义和中国梦宣传教育。加大道德阵地建设力度，推进“道德高地”建设，加强农村未成年人思想道德建设。深化各类文明创建，创建市级以上文明村镇30个。开展弘扬“好家风好家训”活动，深化“最美家庭”创建，不断培育优良家风。大力整治农村黄赌毒、封建迷信、非法宗教等突出问题。

四、以赋权活权为重点，在深化农村改革上有新突破

按照构建城乡发展一体化体制机制的目标要求，以深化农村产权制度改革为重点，全面推进农村赋权活权，大力开展改革试验，不断强化绿色金融支持，持续激发农村发展的内生动力。

（一）持续深化农村产权制度改革。推进土地承包经营权确权登记颁证工作，在完成试点县区、乡镇实地测量的基础上，全市范围全面完成农村承包地实地测量等外业工作。在基本完成“三权”确权登记颁证基础上，注重建立长效管理机制，加强流转土地、宅基地和农房的档案管理和信息电子化建设。全面完成覆盖县区、乡镇、村的农村产权交易平台体系，完善产权交易体制机制建设，鼓励和提倡农户拥有的产权入市流转交易。开展农村集体资产股份合作制改革“回头看”，探索拓展农村集体资产保值增值的实现途径。加快推进不动产统一登记。

（二）大力开展“三位一体”农民合作经济组织体系改革。按照省委、省政府《关于深化供销合作社和农业生产经营管理体制改革构建“三位一体”农民合作经济组织体系的若干意见》，完成德清县和安吉县的试点工作，初步构建起“三位一体”农民合作经济组织体系及有效运转的体制机制。总结推广试点经验，有序在全市推开。

（三）稳步深化农村用地制度改革。以德清为试点，进一步完善相关配套政策，稳妥推进集体经营性建设用地入市，在符合土地规划、城镇规划、产业规划、生态规划的前提下，排出权属清晰、没有纠纷、条件成熟的地块，分期、分批实施入市。做好长兴宅基地用益物权保障机制改革试点总结工作，稳步推进农村宅基地有偿使用、有偿退出机制的完善。开展“坡地村镇”建设和村级土地民主管理试点。

（四）注重抓好改革试验区建设。全力推进德清城乡一体化改革试点，全力破解城乡二元结构中存在的政策性、体制机制障碍。加速推进南浔城南改革试验区建设，确保完成改革试验目标任务，争创更多体制机制改革亮点。大力推进吴兴区国家现代农业示范区农业改革与建设试点、国家现代农业综合开发示范区建设，完善提升八里店南片改革试验区建设。

（五）不断深化农村绿色金融改革。围绕加快农村金融制度创新，支持辖内农村合作银行改制为农村商业银行，支持发展多种形式的农村金融组织。鼓励金融机构发展“整村授信、整村批发”等信贷模式创新，大力发展“农户小额信用贷款”等产品，推动“金融创新与美丽乡村升级互促共进”示范点建设经验向全市拓展。大力推进普惠金融建设，实施绿色支付工程，推行电子支付。加快农村信用体系建设，推进信用乡镇、村、户创建。创新丰富符合农村产权特征的抵押贷款产品，推进德清、长兴土地承包经营权抵押贷款全国试点，不断增加农村产权贷款余额。完善农村担保机制。加大农业保险支持力度，扩大覆盖范围。

五、以依法治理为重点，在推进乡村治理现代化上有新突破

按照实施依法治理的目标要求，切实加强基层党组织和基层政权建设，注重完善社会治理格局，不断推进基层治理体系和治理能力现代化，确保农村社会和谐。

（一）狠抓基层党建。持之以恒抓好市委《关于全面加强基层党组织和基层政权建设的意见》和“浙江农村基层党建经验20条”落实，全面加强农村基层党建。扎实推进“百村示范、千村晋位”，通过选派农村工作指导员联村指导、加强“第一书记”驻点管理等，常态化抓好后进村整转。深入研究城中村、股改村、淘宝村党建工作，理顺组织关系，创新治理模式，强化党组织领导核心地位。探索集服务产业发展、环境保护、生态旅游、农村治理为一体的“党建+生态”新模式。

（二）选优育强队伍。深化“领头雁”队伍建设，精心组织村级组织换届，健全村级后备干部选拔培养链，选优配强基层党组织带头人，健全落实村级小微权力清单、村干部坐班值班、为民服务全程代理制度，督促村干部规范用权。大力选树宣传“百姓喜爱好书记”，加大优秀村（社区）书记激励，乡镇换届时每个县区有3—5名村（社区）党组织书记进入乡镇（街道）领导班子。

（三）完善治理机制。突出重点人群，用好有效载体，大力开展法治宣传教育、法治文化阵地建设和民主法治村（社区）创建，完善公共法律服务体系建设，开展农村建设管理和环境保护等方面的立法，全面建设良好法治环境。以扩大有序参与、推进信息公开、健全议事协商、强化权力监督为重点，积极创新乡村治理机制，探索村民自治有效实现形式。健全完善法治德治自治“三位一体”基层治理模式，进一步加强党组织领导下的村（社区）自治，发挥好乡规民约作用；探索推行“乡贤参事会”，稳步推进基层协商民主；以撤村建居、农民集中居住区建设为切入点，建管并举，同步跟进农村社区管理服务，着力构建社区党组织、业委会、物业公司“三位一体”的治理机制。运用好“互联网+”，探索和强化社会治理综合平台建设，推进平安建设信息系统与“网格化管理、组团式服务”两网融合；创新和发展“枫桥经验”，健全完善基层社会治安防控体系，深化“平安细胞”创建，建立健全多元化矛盾纠纷排查化解机制。

六、以强化保障为重点，努力在完善美丽乡村建设体制机制上有新突破

坚持把美丽乡村建设摆在各级党委政府工作重中之重的位置，进一步加强领导、加大投入，转变作风、凝聚人心，深入合作、形成合力，切实强化美丽乡村建设保障。

（一）完善组织领导体制。县区、乡镇主要领导要牢牢把“三农”工作抓在手上，认真谋划农村改革发展的思路和方法；党委政府分管领导要靠前指挥、狠抓具体。进一步加强各级农村工作综合部门建设，更好发挥其在推进美丽乡村建设中的牵头组织、综合协调、督促检查、指导服务等作用。各职能部门自觉履行职能，密切配合、通力协作。

（二）完善要素保障体制。坚持把“三农”作为公共财政支出重点领域，健全财政投入稳定增长和统筹使用机制，确保专项资金、重点项目向农村倾斜和集聚，提高资金使用效益和规范性。积极拓展融资渠道，以公共财政资金为引导，建立农业产业引导基金，带动金融和社会资金更多投入农业农村。加强用地保障和服务，城乡建设用地增减挂钩周转指标优先满足美丽乡村创建、宅基地置换、空心村整治和各类重大“三农”项目发展的用地需求。广大“三农”干部特别是县区、乡镇干部要加强学习，不断提高新形势下做好“三农”工作的能力水平。注重发挥主体作用，通过科学制定“三农”扶助政策、安排“三农”发展重点项目等，充分调动广大基层干部群众工作热情，积极主动投身美丽乡村建设。

（三）完善工作推进机制。突出践行“三严三实”，持续加强和改进作风建设，强化“局长工作室”、干部返乡走亲等有效载体，切实解决服务群众“最后一公里”问题，不断密切党群干群关系。切实增强担当意识，大力弘扬改革创新精神，围绕农村改革发展中的重点难点问题，积极探索、勇于实践、敢于创新、科学推进。大力弘扬真抓实干的作风，以“抓铁有痕、踏石留印”的精神抓好工作落实、务求取得实效。完善工作考核激励机制，继续把美丽乡村建设绩效作为县区综合考核和衡量干部业绩的重要内容。大力发挥舆论导向作用，及时宣传美丽乡村建设的最新成果，进一步营造有利于“三农”改革发展的浓厚氛围。

（四）完善合作共建机制。全面落实市校合作第九次年会部署，抓好新签合作协议实施；做好合作共建十周年总结和未来十年谋划工作，以改革创新的思路和方式，推进重点领域深化合作和重大平台项目建设，完善全面加强和深化市校合作的体制机制。持续开展村企结对、军民共建、省部联建等特色共建活动，凝聚更强建设合力。

中共湖州市委关于补短板的实施意见

（2016年5月24日中国共产党湖州市第七届委员会第十次全体会议通过）

湖委发〔2016〕12号　（2016年5月30日）

为贯彻落实党的十八大和十八届三中、四中、五中全会精神，全面实施“十三五”规划纲要，确保高水平全面建成小康社会，中共湖州市委七届十次全会根据省委十三届九次全会精神，认真讨论了补短板的问题，并提出如下实施意见。

一、总体要求

认真贯彻党的十八大和十八届三中、四中、五中全会精神和中央经济工作会议精神，深入学习贯彻习近平总书记系列重要讲话精神，坚持发展第一要务，以“四个全面”战略布局为统领，以“八八战略”为总纲，以五大发展理念引领赶超发展，以“六重”工作为抓手，按照“干在实处永无止境，走在前列要谋新篇”的要求，坚持问题导向和效果导向，突出高质量均衡性，强化改革创新，切实补齐制约发展最关键、百姓需求最迫切、今后五年须突破的短板，努力扬长避短，着力厚植优势，奋力赶超发展，加快建设现代化生态型滨湖大城市，确保如期高水平全面建成小康社会。

二、主要任务

遵循发展规律，顺应发展变化，转变发展理念，围绕加快赶超发展、高水平全面建成小康社会的目标任务，着力查补我市经济社会发展中带有根本性、引领性的短板，抓纲带目、精准施策、持续发力，重点补齐经济转型升级、科技创新、交通基础设施、环境治理、区域协调五大发展短板，补齐低收入群体增收、公共服务有效供给两大民生短板，补齐改革落地生根这一制度供给短板。

（一）补齐经济转型升级短板。城市竞争的实质在于产业竞争。目前，我市产业结构仍以传统产业为主，还存在着工业实力不强、农业基础不稳、服务业发展不够、战略性新兴产业有效支撑不足等问题。补齐经济转型升级短板，是加快赶超发展、高水平全面建成小康社会的首要任务。必须坚持“工业强市、产业兴市”不动摇，在加快做大总量的同时，以提高质量和效益为中心，打好转型升级翻身仗，不断提升我市的综合实力。

着力构建新型产业体系。加快实施“互联网+”“生态+”等行动计划，重点培育“4+3+N”产业发展新体系。实施信息经济、高端装备、健康产业、休闲旅游四大发展工程，打造四个千亿级产业集群，力争四大千亿级产业增加值“十三五”期间年均增长12%。实施传统产业提升工程，打造三个五百亿级产业集群。加快培育环保、时尚、金融、地理信息、新能源汽车、生物医药等若干新兴增长点，打造成为支撑湖州未来发展的新产业。

大力提升制造业发展水平。统筹推进战略性新兴产业、装备制造业、高新技术产业发展和传统产业改造提升。推进工业化与信息化深度融合发展。深入实施“金象金牛”大企业、工业“双高”企业、小微企业三年成长等培育计划，增强企业发展信心，激发企业主体活力。开展降低实体经济企业成本行动，切实减轻企业负担。落实和完善企业技改财税政策，加大企业技术改造力度。大力推动纺织服装、竹木加工、电梯、蓄电池等传统块状经济向现代产业集群转变。更加注重运用市场机制、经济手段和法治办法化解产能过剩，继续铁腕整治低小散、高污染、高能耗企业，倒逼家庭作坊企业浴火重生。优化工业布局，重点打造南太湖产业集聚区、省际承接产业转移示范区、省级以上开发区（工业园区）、高新区等十大平台。推动金融业精准服务实体经济，积极防范和化解金融风险。

加快发展现代服务业。促进服务业与农业、制造业之间技术和功能要素融合，提升发展信息、金融、设计、创意、物流等生产性服务业；运用互联网、大数据、云计算等推动发展养老、家政、旅游、健康养生、教育文化、快递等生活性服务业，力争2020年服务业增加值占生产总值的比重达到50%以上。丰富现代服务业业态，争创省级服务业强县区。深化各类服务业改革试点，提升服务业集聚示范区建设水平。突出信息、健康、旅游、金融、物流、文化六大重点领域，打造具有区域影响力的服务业发展平台。

积极推进农业现代化。全面深化农村综合改革，加大政策支持力度，加快转变农业发展方式，提升农业现代化水平。深化国家现代农业示范区建设，着力培育农业产业聚集区和特色农业强镇，积极打造农业“两区”升级版。大力发展生态循环农业，整市推进农产品质量安全示范创建。创新完善新型农业社会化服务体系。培育壮大新型农业经营主体，深入推进新型职业农民培育工程。深化农业科技研发与推广体制机制改革，做强“1+1+N”产业联盟，全面推进技术入股、农业科技创新团队和农业主导产业研究院建设，加大科技兴农力度，提高农业物质装备和技术水平。大力发展休闲农业，推动一二三产业融合发展。加快推进四大重点水利工程和农田水利基础设施建设，进一步改善农业生产条件。

以开放促转型。主动参与和融入“一带一路”、长江经济带和网上丝绸之路建设，着力提升对外开放的内涵和层次。创新完善体制机制，规划建设一批高水平的中外合作产业园，谋划设立综合保税区。着力提高利用外资水平，大力引进境外资金、先进技术和高端产业，探索民营企业以海外上市、引入战略投资者等方式与外商合资合作。转变外贸发展方式，实施以质取胜和品牌国际化、市场多元化战略，加快加工贸易转型升级，扩大一般贸易规模，大力发展服务贸易。深入做好接轨沪杭工作，加强产业、科技、人才、园区等方面的合作，积极吸纳周边大城市的扩散要素，实现借力发展。

（二）补齐科技创新短板。科技创新是创新驱动发展的核心，是转型升级的“发动机”。当前，我市科技创新投入还不大，高品质的科技创新平台、高层次科技创新人才仍然比较缺乏，成为赶超发展中的一块突出短板。要把科技创新作为第一工程，着力破解科技创新“四不问题”，加大创新投入，健全创新体系，提升创新能力，加快建成国家创新型城市。

激发企业创新主体活力。大力培育高新技术企业、创新型企业和科技型中小企业。到2020年，新培育100家符合“高、强、好”标准的工业“双高”企业，力争国家重点扶持高新技术企业达到900家以上，科技型中小微企业达到2500家。加强各类支持企业创新政策的衔接、配套和落实，引导和激励企业加大科技创新投入，力争到2020年企业研发经费占主营业务收入的比重达到1.6%。推进省级企业研究院建设，推动大型工业企业研发机构、规上工业企业技术创新活动两个全覆盖。加强军民两用技术研发交流，推进重点产业“民参军”“军转民”。加强创新型企业家队伍建设，调动企业家创新的积极性主动性。

建设创新大平台。抓住环杭州湾高新技术产业带建设契机，积极对接杭州国家级自主创新示范区，促进共建共享。推动湖州科技城建设，充分整合集聚创新资源，发挥创新极核功能。做大做强国家级、省级高新区，加快打造创新驱动发展引领区和深化科技体制改革试验区。进一步增强南太湖科技创新中心、长兴国家大学科技园、湖州国家农业科技园区等创新平台功能。加快打造众创空间、孵化器、加速器、产业园区的创业孵化链条，重点培育20个以上各具特色的众创空间。

完善科技创新政策机制。以政策创新为引领、科技大市场为重要平台、科技金融为关键支撑，优化全创新链服务，推进科技成果转化。落实国家和省有关科技创新和成果转化政策，完善收益分配、股权激励、成果转化激励、科研经费管理等政策。完善政府科技投入机制，推广使用“科技券”，提高软性投资比例，健全绩效评价机制。完善技术创新市场导向机制，强化科技与经济、创新成果与产业、创新项目与现实生产力、研发人员创新劳动与利益收入“四个对接”。建立覆盖创新全过程的科技创新融资模式，促进科技成果资本化产业化。强化知识产权保护和运用，努力创建国家知识产权强市。到2020年，全市发明专利授权量力争达到2660件。以生态文明标准化建设和“浙江制造”品牌建设等为契机，联动推进质量强市、标准强市和品牌强市建设，加快产业创新升级。

优化人才发展环境。深入实施以“南太湖精英计划”为龙头的系列引才工程，到2020年，力争引进领军型创新创业团队和人才1000个左右，产业紧缺急需人才5000人以上。整体提升文化、教育、卫生等各类人才培养工程，加快实施本土高层次人才特殊支持计划，推动企业家、专业技术人才、高技能人才、社会工作人才、农村实用人才等各支人才队伍建设，进一步提高本土人才创新创业积极性。继续实施“南太湖精英计划”项目成长助推七大行动，打造“南太湖精英计划”企业板块。制定实施“湖州人才新政”，在人才引进、流动、评价、激励等关键环节，推出一批务实管用的政策举措。指导县区建设人才管理改革试验区，试点事业单位特设岗位制度、企业人才职称评审改革、高层次人才贡献奖励年金、人才股权分红激励等改革举措，着力激发人才创新创业活力。

（三）补齐交通基础设施短板。交通是发展的“先行官”。目前，我市现代综合交通网络还不完善，综合枢纽建设相对滞后，交通产业支撑力不够，城市拥堵治理成效还不明显，成为高水平发展的一大瓶颈。要把交通基础设施建设摆在十分突出的位置，创新大交通体制机制，加快综合交通体系建设，提升交通运输业发展水平。

创新大交通体制机制。创新综合交通统筹管理、协调发展体制机制，加快整合交通运输领域职责，逐步实行大交通管理模式。以大交通理念做好交通规划，强化铁公水空多种交通设施和运输方式规划的统筹衔接，统筹安排各种交通基础设施的建设时序。创新交通基础设施投融资体制，加大资源整合力度，做大做强交通融资平台，健全社会化、市场化、多元化的交通基础设施投融资模式。进一步完善交通运输行业管理体制机制，深化农村公路建管养体制改革，健全政府购买公交服务发展模式，深化出租车市场改革，推动“智慧交通”共建共享。

加快建设“南太湖大通道”。着眼于进一步把我市的区位优势转化为发展优势，全面对接省万亿综合交通工程，加快谋划实施一批重大交通项目，显著提升我市对外交通条件。突出湖苏沪铁路“一号工程”，统筹铁公水项目规划建设，加快构建以沪苏浙皖交通通道、杭湖宁交通通道、临杭交通走廊为主体的“两轴一廊”立体化交通网络，形成湖州到周边省市主要城市“一小时交通圈”，为发展都市经济、临港经济、开放经济、美丽经济提供有力支撑。顺应发展趋势，加快推进公共运输机场规划研究和通用机场建设。启动城市地铁的研究谋划，认真做好城市轨道交通建设规划报批等前期工作，加强与杭州都市经济圈的互联互通。

完善提升市域综合交通网络。加快市域交通通道和综合交通枢纽建设，建成中心城区到各县（区）“半小时交通圈”。按照“零距离换乘、无缝化衔接”要求，进一步完善“三纵三横”高速公路网、“六纵五横”干线公路网，加快构建中心城区综合交通主枢纽和县（区）副枢纽，全面提升综合交通运输的运营效率。深入开展城市交通治堵，大力实施公交优先，加快推进城市快速交通系统建设，到2020年，实现城市交通拥堵状况明显改观。深化“美丽乡村路”建设，突出市本级，大力实施农村公路等级改造提升工程，加快农村客货运枢纽建设，推进城乡交通一体化，构建“便捷、畅通、安全、和谐”的农村公路网。

提升现代物流业发展水平。充分发挥丰富的内河水运优势，围绕水运、物流、产业“三位一体”，积极打造国家“内河水运转型发展示范区”，把湖州港建设成为上海港、宁波舟山港向内陆辐射的桥头堡。加强综合物流园区建设，积极扶持和培育物流龙头企业，大力发展多式联运等新型运输组织方式，促进物流业与制造、商贸、电商的联动合作，加快全市物流公共信息平台建设与运行，推动现代物流业发展。

（四）补齐环境治理短板。良好的生态环境是全面小康的必需品，是最基本的公共服务。尽管我市生态建设总体是好的，但环境治理还存在一些问题，尤其是大气污染防治任重道远。要坚定不移走“绿水青山就是金山银山”之路，按照“绝不把违章建筑、污泥浊水和脏乱差环境带入全面小康社会”的要求，以建设国家生态文明先行示范区为引领，扎实开展“811”美丽湖州建设行动，突出重点问题，实施精准治理，完善长效机制，确保我市生态环境继续走在全省前列。

全面消除违建现象。深入推进“三改一拆”，加快完成存量违法违章建筑处理，加快拆后土地有效利用，做到即拆即清、应耕则耕、应绿则绿、宜建则建。深入开展“无违建县（区）”创建工作，全面建立及时发现及时处置的依法治违长效机制。

全面消除污泥浊水现象。持续深化“五水共治”，突出抓好低小散工业、农业面源等重点源头的污染治理，确保稳定达标排放。完善河长制等常态化长效化治理机制，实施河道清淤轮疏，开展生态河道建设。加快城镇截污管网建设和雨污分流改造，提升污水收集率、集中处理率和排放达标率，实现县城和城市建成区污水全收集、全处理、全达标；推动农村生活污水治理设施全面覆盖、长效运维，确保2020年市控以上地表水监测断面Ⅲ类以上水质比例达到95%以上。实施土壤污染防治行动计划，加强源头综合整治，推进土壤污染修复，重点抓好农业“两区”土壤污染防治，到2020年基本消除重金属污染隐患，确保耕地土壤环境质量稳定。

全面消除脏乱差现象。深入开展“四边三化”专项行动，大力实施平原绿化美化、森林抚育、湿地保护和生态修复工程，继续推进矿山减点控量，开展废弃矿山生态修复。加快构建再生资源回收和利用体系，加强城乡生活垃圾和危险废弃物收集处置设施建设，深入推进城乡垃圾分类处理，到2020年实现垃圾分类处理全覆盖。加大对“两路两侧”可视范围内与大地景观不协调的工业建筑及临时设施屋面色彩整治工作，消除违规蓝色屋面和“赤膊房”。加强海绵城市建设。以创建全国文明城市、巩固国家卫生城市创建成果为契机，深化城市有机更新，纵深开展背街小巷、农贸市场、城中村、城乡结合部、水乡平原农村等环境综合整治，全面提升城乡人居环境。

切实改善空气质量。深入实施大气污染防治行动计划，协同推进工业废气、车船尾气、餐饮油烟、秸秆焚烧、烟花爆竹禁放和矿山粉尘、建筑扬尘、道路扬尘治理，大力推进企业大气治理设施提标改造、集中供热、清洁能源替代和燃煤锅炉淘汰工作，积极推广新能源汽车等清洁交通工具，全面淘汰黄标车。建立健全重污染天气监测、预警和应急响应体系，加强大气污染防治联防联控，切实改善大气环境质量，确保PM2.5浓度降幅达到省定要求。

（五）补齐区域协调发展短板。协调发展是高水平全面小康社会的题中之意。目前，我市市本级发展相对滞后，南太湖一体化发展、市区合力发展的体制机制有待进一步完善，城乡统筹发展水平需要进一步提升。要坚持走新型城市化道路，统筹市本级与三县、城市与农村，着力提升城市发展能级，打造美丽乡村升级版，促进高水平均衡协调发展。

推进南太湖一体化发展。坚持举太湖旗、打太湖牌，按照湖州城市形态布局和“基础共享、产业同育、功能互补”的要求，推动主城区与长兴、南浔相向发展，高标准建设南太湖城市带。坚持规划先行、产业为基、项目为重，大力实施项目建设、湿地修复、绿道蓝道完善、乡村人居环境改善、溇港圩田申遗和山体矿坑修复利用等滨湖一体化发展六大行动，加快推进滨湖65公里岸线、266平方公里滨湖区域规划建设，加强56平方公里核心区规划管控，推进长田漾、弁山、图影等区域整体开发，着力把滨湖区域打造成为高端产业集聚区、生态文明示范区和现代化生态型滨湖大城市样板区。

着力做大做强市本级。充分调动吴兴区、南浔区、湖州开发区、太湖度假区等各主体的积极性，市区戮力同心，埋头苦干实干，进一步壮大市本级实力，不断提高在全市的占比。以中心城市“产业集聚、要素集约、功能集成、人口集中”为重点，全面提升中心城市集聚功能，进一步提高中心城市首位度。继续推进集聚区、开发区、度假区等平台整合提升，依托重点平台大力发展总部经济、休闲度假等高端服务业和高端装备、节能环保等先进制造业。加快湖州开发区转型升级和功能提升，推动向城市综合功能区转变，打造全市经济发展的动力核心。深化城市有机更新，加强精细化管理，提升城市功能品质。加强城市经营，盘活闲置资产，增强内在发展活力。以改善出行条件、优化教育布局、整治村庄环境等为重点，提升群众幸福指数。市级机关要牢固树立全局观念，进一步理顺体制机制、提升服务能力、加大政策倾斜，推动力量下沉、权限下放，激发市本级发展活力。

推动城乡统筹协调发展。以全域城市化为目标，以“六个一体化”为抓手，高水平推进新一轮城乡规划建设，打造城乡统筹样板区。积极培育小城市、中心镇，明晰功能定位，创新体制机制，促进差异化发展、特色化竞争。实施特色小镇建设工程，规划建设20个左右特色小镇，着力打造成为经济增长新高地、产业升级新载体、要素集聚新平台、“美丽湖州”新窗口。按照城市有机更新的理念，加快集镇环境的整治提升，建设一批美丽城镇。全面实施美丽乡村标准化建设，加大整乡整镇、连线成片建设力度，着力打造美丽乡村升级版。到2020年底，力争60%的县区建成省美丽乡村示范县区，70%的乡镇创建成市美丽乡村示范乡镇，美丽乡村精品示范村建成率达10%。

（六）补齐低收入群体增收短板。低收入群体增收是高水平全面建成小康社会的重点和难点。要深化收入分配制度改革，落实精准帮扶措施，拓宽农民增收渠道，促进城乡居民持续普遍增收，力争城镇居民收入增长不低于全省平均水平，确保低收入居民收入增长快于居民收入平均增幅，努力实现贫困现象不反复。

深化收入分配制度改革。健全科学的工资水平决定机制、正常增长机制和支付保障机制，完善企业工资集体协商制度和最低工资标准调整机制。健全资本、知识、技术、管理等要素市场决定的报酬制度，提高居民经营性收入，多渠道增加财产性收入。完善就业援助制度，构建和谐劳动关系，促进就业增收。着力缩小收入差距，扩大中等收入者比重，力争居民人均可支配收入“十三五”年均增长8%以上。

完善低收入居民精准帮扶长效机制。健全低收入居民数据库，继续落实扶贫结对帮扶制度。精准投放各类民生保障资源，扩大对低收入居民的覆盖。实施健康扶贫工程，鼓励设立“乡情基金”，提高社会救助水平，完善因病因残因灾致贫返贫帮扶救助机制。稳步提高低保标准，实现低保人口应保尽保。加大教育扶贫力度，提高贫困居民基本素质，切实阻断贫困代际传递。加强产业帮扶、创业帮扶、就业帮扶和金融支持，增强低收入居民自我发展能力。

拓宽农民增收致富渠道。完善强农惠农富农政策，盘活农村集体资产，鼓励农户以承包土地经营权、集体资产股份等参与项目开发经营。深化农村“三权”改革，做好“活权”文章，着力增加农民财产性收入。实施美丽经济发展行动，鼓励农民经营山水、经营村庄、经营家园，大力发展休闲观光和体验农业，延长农业产业链，增强农家乐的吸纳、接待、辐射和创收能力。创新面向“三农”的金融服务产品，推动金融惠农助农。实施光伏小康工程，推进电商进万村行动。市级集体经济欠发达村2016年全部落实“造血”项目。

（七）补齐公共服务有效供给短板。生活质量的差距主要来自公共服务的差距。目前，我市教育、医疗、文化等社会事业发展还不平衡，社会保障水平还不高，公共安全还存薄弱环节，影响了群众的幸福感和满意度。要强化政府公共服务供给职能，鼓励发展民办教育、医疗、养老等社会事业，完善政府购买服务制度，推进基本公共服务均等化标准化，全面提高居民健康水平和生活质量。

全面提高社会保障公平性可持续性。实施全民参保计划，加快实现法定人员全覆盖。进一步完善城乡一体化养老保险制度建设，推进各类养老保险衔接政策的落实。全面实施机关事业单位工作人员职业年金制度，扩大企业年金覆盖面。建立社会保险待遇正常调整机制，适当降低社会保险费率。稳妥推进社会保险基金投资运营，健全监督体系，确保保值增值。健全城乡统一的居民基本医疗保险制度，完善城乡居民大病保险制度，逐步提高大病保险统筹层次和待遇水平。鼓励发展补充医疗保险和商业健康保险。健全社会救助体系，稳步提高低保标准，扩大救助覆盖面。加强基层社会救助队伍建设。大力发展社会福利和慈善事业。

着力提升为老服务水平。积极应对人口老龄化，大力发展养老服务事业和养老服务产业，健全社会养老服务体系。统筹推进城乡设施适老化改造，完善养老服务设施布局，实现城乡社区养老服务照料中心全覆盖。加快建设湖州市养老护理中心等项目，鼓励社会力量兴办养老机构。积极推进医养融合发展，加强医养结合型养老机构建设，将养老机构中设立的符合规定的医药机构纳入基本医疗保险定点医疗机构协议管理范围。把老年教育纳入终身教育体系，迁建湖州老年大学，扩大老年大学向社会开放度，支持社会力量举办老年教育机构。

加快推进教育现代化。推进义务教育学校标准化建设，到2020年，标准化学校比例超过95%。大力发展覆盖城乡的学前教育，到2020年，学前三年教育入园率达到99.5%。统筹城乡义务教育发展，实施集团化办学，打造城乡教育共同体，缩小城乡、县际和校际差距。优化普通高中布局，推进学校特色发展，到2020年，特色示范高中比例达到80%以上。推动湖州师范学院管理体制调整和特色化发展，支持湖州职业技术学院创建高职名校，增强服务地方经济社会发展的能力。加快发展现代职业教育，支持和规范民办教育发展。推进教育现代化县区创建，加快创建教育现代化市。

增强文化发展软实力。充分挖掘和利用湖州崇文重教、诚信经营、邻里和谐等传统文化因子，加强社会公德、职业道德、家庭美德教育，提升市民文明素质和城市文明水平。坚持政府主导、社会参与，大力推进公共文化服务标准化均等化。深化“文化礼堂·幸福八有”工程，推进中心镇“文化广场”、企业“文化车间”、学校“文化校园”建设，全面建成市县（区）乡村四级公共文化设施网络。繁荣哲学社会科学，提高市民人文社科素养。健全扶持激励机制，鼓励支持优秀文艺作品创作生产。

健全大健康服务体系。以人民健康为中心，坚持保基本、强基层、建机制，实施医疗、医保、医药“三医”联动，聚焦制度建设，加快推进分级诊疗、公立医院、医保支付方式、药品流通领域等改革。到2020年，分级诊疗制度基本建立。深化公立医院改革，加快建立现代医院管理制度。促进民营医疗机构规范化、特色化、规模化发展。深化“双下沉，两提升”工作。以市级综合医院为龙头组建医疗集团或医疗联合体，加强县乡村卫生管理一体化建设，推进优质医疗资源逐级下沉和纵向流动，着力提升基层服务能力。加强计划生育、公共卫生、医疗卫生和中医药服务体系建设，完善重大传染病防控和突发公共卫生事件应急机制。完善基本药物制度和医保支付制度。加强儿童医疗服务。加快智慧健康建设。以承办2018年省运会和服务2022年杭州亚运会为契机，完善公共体育服务体系，加大群众性健身场所供给，为开展全民健身运动创造条件。

强化公共安全保障。加快基层社会治理“一张网”建设，构建以信息化为支撑的立体化治安防控体系，加强公共安全视频监控网络建设和联网应用，健全群防群治长效工作机制，增强防范和打击各类犯罪能力。深化特殊人群和流动人口管理服务。深入推进信用体系建设。加强安全生产监管，坚决遏制重特大安全生产事故发生。加强网络安全管理。深化消防安全网格化建设。建立最严格覆盖全过程的食品药品安全监管体系，实施餐桌安全治理行动。加强公共安全应急演练，提升公众突发事件应对能力。加强社会心理疏导，严防个人极端事件发生。

（八）补齐改革落地生根短板。改革是发展的动力之源，改革落地是决定改革见效的关键所在。要突出问题导向、效果导向，建立完善改革工作机制，全力推动重点领域和关键环节改革落地见效，切实发挥全面深化改革的牵引作用。

推进重大改革项目落地见效。聚焦全局性、基础性、引领性重大改革，列出改革项目清单，推动改革举措落地生根。坚持市场取向改革，突出供给侧结构性改革，深化“四张清单一张网”改革，深化干部人事制度改革，转变政府职能，提升行政效能；进一步放宽市场准入，深化资源要素差别化配置改革，激发民营经济活力。大力推进国家生态文明先行示范区、国家旅游业改革创新先行区、德清县城乡体制改革等试点建设，形成一批可供全省及全国面上借鉴示范的经验。

强化改革督察落实。建立重点改革项目责任分工制度，强化各级各部门对本地区本领域改革的主体责任，健全改革落实全流程高效率可核查责任链条体系。完善重大改革项目“年报告、季通报、月联系”制度，及时掌握进展情况。建立分类分层协调制度和分级分项目督察机制，加强专项督查。落实改革效果评估和实绩考核制度，完善改革考核评价体系。

打通惠民惠企改革政策落地“最后一公里”。制定惠民惠企政策清单，明确政策事项、享受标准和服务流程，广泛宣传、强化执行，切实降低企业成本、方便群众生活，给群众和企业带来实实在在的获得感。

三、加强领导

补短板是一项系统工程，既是攻坚战、又是持久战。要切实加强党的领导，为补齐短板提供根本保证。要深入学习贯彻习近平总书记系列重要讲话精神，扎实开展“两学一做”学习教育，不断增强政治意识、大局意识、核心意识、看齐意识，切实把思想行动统一到中央和省市委的重大决策部署上来。要坚持实事求是、与时俱进、求真务实，使干部群众的思想观念更加符合党的十八大和十八届三中、四中、五中全会精神，更加符合“五位一体”总体布局和“四个全面”战略布局，更加符合创新、协调、绿色、开放、共享的发展理念，为赶超发展扫除思想认识障碍。要发挥人大、政协一线作用，激发群团组织活力，紧紧围绕湖州未来发展的重大问题、民生保障中的重点问题、工作推进落实中的难点问题，深入开展调查研究，积极建言献策，加强工作监督。要强化社会舆论与社会心态引导，提升人文素养，建立“亲、清”新型政商关系，充分调动民营经济、社会力量的积极性主动性创造性，汇聚起补短板的强大动能。各级各部门要牢固树立大局观念，以强烈的责任感事业心在补齐短板中勇于担当、尽责尽力，同时找准补好本地区本部门发展的短板，制定具体实施方案，明确量化目标，落实时间表、路线图和责任人，狠抓落实、务求实效。要咬定目标不放松，一以贯之抓到底，以钉钉子的精神坚定不移打好转型升级系列组合拳，坚决打好补短板攻坚战。要加强战略思维，做到辨证施治、综合施策，既加强顶层设计、系统谋划，又鼓励基层改革创新、大胆探索；既立足当前，解决最紧迫、最突出的问题，又着眼未来，为长远发展打基础、增后劲；既眼睛向内、练好“内功”，又放眼世界、加强联动。要善于运用法治思维和法治方式解决问题，切实加强法治建设，强化法治保障。要打好“上、下、管、育、爱”干部工作组合拳，进一步加强好班长好班子好梯队建设，建立激励干部敢干事能干事不出事的机制。坚定不移推进全面从严治党、坚定不移推进党风廉政建设和反腐败斗争，持续抓好正风肃纪，深入治理为官不为，推进干部能上能下，进一步激励干部干事创业担当。高标准落实农村基层党建经验做法，加强新领域新业态党建，实施基层“党建+”，整乡推进、整县提升基层党建。建立容错免责机制，鼓励创新、允许试错、宽容失败，营造补齐短板、推动发展的浓厚氛围。

中共湖州市委　湖州市人民政府
关于加快湖州莫干山高新技术产业
开发区发展的若干意见

湖委发〔2016〕18号　（2016年9月3日）

为贯彻落实《国务院关于同意湖州莫干山高新技术产业园区升级为国家高新技术产业开发区的批复》（国函〔2015〕163号）和省委、省政府有关要求，加快湖州莫干山高新技术产业开发区（以下简称湖州莫干山高新区）发展，现提出如下若干意见。

一、指导思想

深入贯彻落实党的十八大和十八届三中、四中、五中全会精神以及习近平总书记系列重要讲话精神，以“四个全面”战略布局为统领，以“八八战略”为总纲，坚持以创新、协调、绿色、开放、共享的发展理念引领赶超发展，抓住湖州莫干山高新技术产业园区升级为国家高新技术产业开发区的战略机遇，立足新起点，谋求新突破，坚持产城融合，实施创新驱动，深化改革开放，全面提升湖州莫干山高新区的自主创新能力，充分发挥辐射带动作用，为加快建设现代化生态型滨湖大城市、高水平全面建成小康社会做出贡献。

二、总体目标

按照布局集中、产业集聚、用地集约、特色鲜明、规模适度、配套完善的要求，立足科学发展，着力自主创新，完善体制机制，努力使湖州莫干山高新区成为促进技术进步和增强自主创新能力的重要载体，带动区域经济结构调整和经济发展方式转变的强大引擎，高新技术企业走出去参与国际竞争的服务平台和抢占世界高新技术产业制高点的前沿阵地，打造国内领先的国家创新型特色园区。

三、区域范围与功能定位

湖州莫干山高新区管辖区域总面积74.7平方公里，包括四个园区：

（一）城北高新园：管辖面积31.7平方公里，东至杭宁高速公路，西至导流港，南至春晖街、北湖街、德清大道，北至规划莫干山大道、规划杭州二绕以及砂村区块。重点发展生物医药、高端装备、电子信息、绿色家居等高新技术产业。

（二）康乾科教园：管辖面积10.63平方公里，东至东苕溪，西至杭宁高速，南至德清大道，北至规划环城公路、规划莫干山大道。重点发展科技研发、教育培训、金融、商务等高端服务业。

（三）地理信息产业园：管辖面积4.69平方公里，东至玉屏路，西至宣杭铁路，南至规划崇仁街，北至塔山街。重点发展地理信息、金融等产业。

（四）通用航空产业园：管辖面积27.72平方公里，东至09省道、规划钟临公路，西至规划S212、东苕溪，南至规划临杭大道，北至德清大道及新材料园区块。重点发展通用航空、高端装备、新材料、现代物流等产业。

四、管理体制

（一）组织领导。成立由市政府主要领导任组长的湖州莫干山高新技术产业开发区工作领导小组，负责审定湖州莫干山高新区发展思路、发展规划和重要政策，研究解决湖州莫干山高新区发展中的重大问题。领导小组办公室设在湖州莫干山高新区管委会，负责做好领导小组日常工作。

（二）机构设置。设立湖州莫干山高新技术产业开发区党工委，为市委派出机构，与德清县委合署办公；设立湖州莫干山高新技术产业开发区管理委员会，挂“浙江地理信息产业园管理委员会”牌子，为市政府派出机构，与德清县政府合署办公；设立市纪委驻湖州莫干山高新技术产业开发区管理委员会纪检组。撤销原浙江德清经济开发区管理委员会，以及德清县科技新城、临杭工业园、场站新区的管理机构。

（三）干部管理。湖州莫干山高新区党工委、管委会领导班子成员由市委、市政府根据相关规定任免；湖州莫干山高新区管委会干部纳入德清县干部交流范畴，湖州莫干山高新区管委会内设机构和所属企事业单位负责人按照德清县县管干部相关规定任免和管理。

（四）考核激励。湖州莫干山高新区党工委、管委会内设机构、下属机构及工作人员的考核、监督、奖惩工作，由德清县委、县政府统一实施，并按规定实施考核奖励；市级部门派出机构及其工作人员的考核、监督、奖惩工作，由湖州莫干山高新区党工委、管委会会同市级部门共同实施。

五、管理权限

（一）管理职能。湖州莫干山高新区管委会承担湖州莫干山高新区内基础设施建设、招商引资、企业运行和企业服务等经济管理职能。综合执法、平安建设、社会服务等具体社会事务管理职能由县级部门和所在乡镇（街道）负责。

（二）规划编制。湖州莫干山高新区区域范围纳入德清县域总体规划。湖州莫干山高新区区域范围内的控制性详规、城市设计和专项规划，由湖州莫干山高新区管委会组织编制，经县规划局技术审查后，由湖州莫干山高新区管委会和县规划局共同报德清县政府审批。

（三）国土管理。湖州莫干山高新区管委会直辖范围内土地利用规划列入德清县土地利用总体规划，由湖州莫干山高新区管委会会同德清县国土资源局组织开展土地利用规划修编和局部调整的组件报批工作。为确保湖州莫干山高新区建设需要，市政府对湖州莫干山高新区建设用地给予重点倾斜。

（四）审批管理

1. 按照“依法、创新、效率”的原则和“办事不出高新区”的要求，充分赋予湖州莫干山高新区管委会开发建设和经济管理各项职能和审批权限。市级有关部门依照法律、法规、规章的规定，通过委托等方式，将权力下放给湖州莫干山高新区管委会，做到能放尽放。本轮放权涉及5个市级部门，共5项事权（详见附件）。涉及省级部门下放至市级部门权限的，由市级部门配合向省级各部门争取直接下放至湖州莫干山高新区管委会。

2. 设立湖州莫干山高新区投资服务中心，坚持审批和监管分离，推行“模拟审批”“并联审批”、全程代理等模式，深化流程再造，完善审批服务，真正做到一站式服务和一个窗口对外，全面提高审批效能。

六、政策措施

（一）财政税收

1. 建立财权与事权相对应的高新区财政体制，统筹考虑湖州莫干山高新区事权和发展的需要，同口径财政保障力度高于上一轮财政体制。

2. 在符合相关政府产业基金投资方向、运作章程等制度框架内，按照市场化的原则，扶持支持湖州莫干山高新区区域范围内的企业。

（二）科技创新

1. 市科技部门加强对湖州莫干山高新区科技局的业务指导，大力支持开展科技创新工作。

2. 加大对湖州莫干山高新区企业的科技创新政策支持，优先支持其申报省级以上科技计划项目和企业认定，对竞争性申报项目可单列申报数量。

（三）人才保障

1. 支持湖州莫干山高新区管委会制定出台人才引进优惠政策，鼓励用人单位采取多种方式积极吸引优秀人才，对引进的优秀人才予以奖励，支持建设高端人才创业园等人才创新创业基地。

2. 加大人才培育力度，对湖州莫干山高新区入选的“南太湖精英计划”项目、“千人计划”等市级以上重大人才项目，县财政加大资金扶持。

（四）金融支持

1. 支持引进各类金融机构及其分支机构，加快完善金融服务体系。鼓励金融机构创新金融产品和金融服务，相关业务优先向湖州莫干山高新区倾斜，加大有效信贷投放力度，湖州莫干山高新区新增贷款要高于全市平均增幅。

2. 支持符合条件的企业赴多层次资本市场挂牌上市，并通过发行债券、中期票据、股权融资等多种融资方式筹集资金。支持产融结合及投贷联动新模式，培育发展新金融业态，引导社会资本投资参与湖州莫干山高新区建设。

（五）统计管理。为全面反映德清县的国民经济和社会发展情况，湖州莫干山高新区的经济社会数据由湖州莫干山高新区管委会统计汇总后，纳入德清县反映。

（六）改革创新

1．赋予湖州莫干山高新区管委会县级管理权限。优先支持湖州莫干山高新区向国家及省级层面争取改革创新各项试点，研究湖州莫干山高新区经济体制改革的重大问题，提出经济体制改革的实施意见，研究制定和组织实施投融资体制改革方案，提出湖州莫干山高新区经济发展制度创新的政策措施建议，推进湖州莫干山高新区综合性经济体制改革试点。

2．赋予湖州莫干山高新区管委会特色小镇建设县级管理权限。

（七）重大项目支持

1．建立项目招引洽谈机制，在大项目招引上重点向湖州莫干山高新区倾斜，市级有关部门积极参与，提前介入，共同商定大项目优惠政策。

2．建立部门快速响应机制，在大项目签约后，市发改委、市经信委、市国土资源局、市环保局、市金融办和县级相关部门要强化服务，在行政审批、土地供应、用能安排、环境容量、融资等方面给予专门指导和重点倾斜。

3．结合市“大好高”项目引进，市发改委等有关部门研究制定“一企一策”市县联动运行方案，建立协调机制，明确部门责任，推动工作落实。

湖州莫干山高新区开发建设事关湖州发展全局。市、县级各部门要为湖州莫干山高新区开发建设全力创造条件，在经济社会发展规划中突出湖州莫干山高新区的地位。相关职能部门要按照职责分工，对照实施方案，进一步主动配合，切实简政放权，落实措施，确保湖州莫干山高新区区域新的体制机制及时到位运行。相关新闻单位要精心组织，加强宣传，引导广大干部群众进一步统一思想、增强信心，为湖州莫干山高新区健康发展创造良好的舆论氛围。

附件：市级部门向湖州莫干山高新区简政放权事项表

附件

市级部门向湖州莫干山高新区简政放权事项表

表 25

序号	部门	事项名称	放权方式	承接对象	备注
1	市物价局（1项）	重要商品和服务价格制定——电动汽车充换电服务收费标准	委托	湖州莫干山高新区管委会	市政府委托湖州莫干山高新区管委会行使。
2	市教育局（1项）	民办高级中等教育机构筹设、设立、分立、合并、变更、终止审批	委托	德清县教育局	市教育局委托德清县教育局在湖州莫干山高新区范围内行使。
3	市商务局（1项）	除专项法律法规明确规定由省级人民政府审批外，《外商投资产业指导目录》鼓励类、允许类（包括增资）3亿美元以下的外商投资企业的设立、变更审批	延伸机构	湖州莫干山高新区管委会	拟在湖州莫干山高新区设立市商务局分局。
4	市环保局（1项）	总投资10亿元以下含有机合成反应的化工项目（除化工合成医药项目外）环境影响评价文件审批	委托	德清县环保局	采取“一事一请示”的方法，对湖州莫干山高新区范围内污染可控、环境影响较小的项目，由市环保局委托德清县环保局行使。
5	市安全监管局（1项）	危险化学品使用许可	延伸机构	湖州莫干山高新区管委会	拟在湖州莫干山高新区设立市安全监管局分局。

中共湖州市委　湖州市人民政府关于深化人才发展体制机制改革支持人才创业创新的实施意见

湖委发〔2016〕20号　（2016年10月18日）

为深入贯彻习近平总书记系列重要讲话精神，认真落实中共中央《关于深化人才发展体制机制改革的意见》（中发〔2016〕9号）和省委、省政府《关于深化人才发展体制机制改革支持人才创业创新的意见》（浙委发〔2016〕14号），着力打造人才生态最优市，努力把湖州建设成为人才集聚的高地、创业创新的福地、共谋发展的胜地，现就深化人才发展体制机制改革、支持人才创业创新提出如下实施意见。

一、构建市场化、社会化的人才管理体制

（一）推动人才管理部门简政放权。围绕各支人才队伍建设，建立健全宣传、农办、经信、人力社保、民政、教育、卫生计生等部门人才管理服务权力清单和责任清单。清理规范人才招聘、档案管理、职称评审等人才引进、评价、流动、激励环节中的行政审批和收费事项。探索取消人力资源服务机构行政许可。鼓励用人单位发挥人才引进、培养和使用中的主导作用。

（二）培育市场化人才管理服务主体。加快引进培养猎头招聘、成果转化、融资规划、内部管理咨询等专业化服务机构，发展众包、众扶等新型人力资源服务业态。市、县区分别建立统一的人力资源大市场，探索专业团队运营管理，加强政府监管指导职能。积极培育地理信息、物流装备、特色电机等重点行业协会和学会，有序承接政府转移的人才引进、评价、激励等职能。

（三）建立“两高”人才信息云平台。充分运用云计算和大数据等技术，建立全市人才供需信息管理服务平台，动态监测高层次人才、急需紧缺人才和高技能人才等重点人才供需情况，定期发布人才供求、价格等信息，为用人主体和人才提供高效便捷服务。

二、完善以发展需求为导向的人才引进培养机制

（四）加大“南太湖精英计划”等重点人才工程实施力度。围绕创建“中国制造2025”试点示范城市，完善“南太湖精英计划”引才体系，突出人才发展与产业发展深度融合，坚持“高精尖缺”标准，提高入选项目最高资助额度，最高给予600万元项目资助，特别优秀的领军人才、特别重大的项目，实行“一事一议、上不封顶”，引进一批拥有自主知识产权或掌握核心技术，具有爆发式增长潜力的高层次人才项目。改进“南太湖精英计划”项目引进评审制度，继续实施常态化评审，增强评审专家与项目专业的匹配度，提高评审结果的权威性。发挥“金象金牛”、工业“双高”等重点企业引才积极性，创新湖州师范学院、中科院湖州产业化创新中心等高校院所人才身份编制、薪酬待遇等举措，建立健全我市重点产业领域的战略科学家库，发挥院士、“千人计划”等专家以才引才的作用，力争国家、省“千人计划”“万人计划”（“特支计划”）专家和省领军型创新创业团队引进培养实现新突破。总结推广“星期天专家”等柔性引才模式，深化院士智力集聚工程，鼓励企事业单位采取项目攻坚、成果转化、技术问诊等形式，促进高层次人才柔性引进。

（五）推动“千人计划”产业园等人才发展平台建设。加快推进湖州科技城规划建设，实行“特殊区域特殊政策”，重点在投融资、成果转化、股权激励、土地利用、审批服务、生活保障等方面进行创新突破，努力使科技城成为全市高层次人才创业创新集聚地。鼓励有条件的县区创建国家级、省级留学人员创业园和省级“千人计划”产业园，探索专业机构运营管理，完善科技金融保障措施，加强生活配套设施建设，提升平台承载能力。支持县区依托高新区、创业园等平台，创新“产业基金+孵化器+专业团队”引才模式，通过专业团队引进、孵化一批科技人才项目。鼓励重点科技园区与市外知名孵化器合作，建立高层次人才离湖孵化器，推行离湖孵化、回湖创业。鼓励企业兼并收购国（境）外研发机构，或在国（境）外设立研发机构，吸引使用当地优秀人才。强化博士后科研工作站管理，鼓励招收外籍博士后研究人员，加大在站博士后研究人员资助力度，实现省级重点企业研究院博士后工作站全覆盖。

（六）深化“9360”急需紧缺人才引进战略合作联盟建设。围绕我市信息经济、高端装备、健康产业、休闲旅游四大重点主导产业发展，加强与国内相关优势学科的重点高校合作，深化校企人才信息互通、实习基地共建、专题专场招聘等措施，推动高校相关专业的急需紧缺人才、科研创新成果向我市重点产业集聚。

（七）实施“湖州籍人才归雁计划”。加大在外湖州籍人才回归支持力度，制定实施“湖州籍人才归雁计划”，完善工作津贴、购（租）房补贴、金融信贷等方面支持政策。定期举办在外湖州籍人才湖州行等活动，打好“亲情牌”“政策牌”，推动在外的湖州籍高层次、高技能人才回湖创业创新。

（八）建立产教融合技能人才培养模式。支持湖州职业技术学院等职技院校建设，围绕“4＋3＋N”重点产业技能人才需求，优化学科专业设置，建立职技院校学科专业与产业发展需求动态调整机制。加强职技院校与企业合作，探索产教深度融合的办学模式，推进“厂中校”“校中厂”建设，推动规模以上企业设立学生实习和教师实践岗位，促进企业和职业院校成为技能人才培养的“双主体”。全面推行现代学徒制，优化“工学结合、工学交替”等人才培养模式。深化推广企业技能人才自主评价和直接认定工作，推行智能电梯、动力电池、现代纺织等行业自主认定技能人才。

（九）实施“南太湖高层次人才特殊支持计划”。围绕推动本土高层次人才培养，制定实施“南太湖高层次人才特殊支持计划”，整合建立统一项目管理平台，完善工作津贴、项目资助等政策，统筹推进经济社会发展各领域本土高层次人才队伍建设，在信息经济、高端装备、健康产业、休闲旅游四大重点主导产业和金属新材、绿色家居、现代纺织三大传统优势产业，培育一批大师级本土人才。加大教育、科技和其他各类人才工程项目对青年人才的支持力度，提高“1112”人才、“南太湖新技师”、宣传文化优秀创新团队、“名师名校长”等工程青年人才入选比例，鼓励设立青年人才专项，延长青年人才考核周期。

（十）加大本土企业家培养力度。围绕我市金属新材、绿色家居、现代纺织等传统优势产业的发展，强化本土企业家专题培训、联谊交流等措施，建立有利于企业家参与创新决策、凝聚创新人才、整合创新资源的新机制，进一步营造尊重、关怀、宽容、支持企业家的社会文化环境。深化新生代企业家培养“311”领航计划，落实创新论坛、代际交流、导师帮带、挂职锻炼、教育培训等举措，推动新生代企业家成长成才。在市属国有企业有序开展职业经理人制度试点，构建公开招聘、外部寻聘、内部选聘、现有人员转聘等多种聘用渠道，合理提高国有企业经营管理人才市场化选聘比例。

三、创新以能力业绩为核心的人才评价激励机制

（十一）突出品德、能力和业绩评价。制定分类推进人才评价机制改革的实施意见，明确人才评价、项目评审、机构评估时，更加注重人才的岗位业绩和工作实绩，克服唯学历、唯职称、唯论文等倾向。不将论文作为评价应用型人才的限制性条件。加强评审专家库建设，建立评价责任和信誉制度。

（十二）下放重点行业领域中级职称评审权限。分行业建立专业技术人才中级职称评价办法，在地理信息、新能源汽车、节能环保等重点行业，逐步下放职称评审权限，提高行业协会、学会和重点企业评价话语权，加强评价后续监督管理。对职称外语和计算机应用能力考试不作统一要求，将专利创造、标准制订及成果转化作为职称评审的重要依据。制定实施“南太湖精英计划”领军人才及团队核心成员中级职称认定办法。

（十三）提高事业单位科研人员成果转化收入。赋予湖州师范学院、中科院湖州产业化创新中心等事业单位科技成果使用、处置和收益管理自主权。合理分配职务科研成果转化收益，重要贡献人员和团队的收益比例不得低于70%，并鼓励成果优先在市内转化。高校、科研院所等拥有的专利，单位在专利授权后超过一年未实施，且未与发明人、设计人签订实施专利协议的，发明人、设计人可实施该项专利，所得收益归发明人、设计人所有。事业单位对急需紧缺的高层次人才，经主管部门审核，可单独制定收入分配倾斜政策，不纳入绩效工资总量。创新创造、成果转化、社会服务等业绩突出的单位或团队，可适当增加绩效工资总量。

（十四）鼓励企业推行人才股权期权、年金补助等激励措施。支持重点企业采取股权期权等方式，对高层次、高技能人才实施激励，人才一次缴纳个人所得税困难的，且符合相关财税规定的，报主管税务机关备案后，可在5年内分期缴纳税款。鼓励科研机构和企业建立人才贡献奖励年金制度，根据服务年限和工作绩效，给予年金补助。企业引进具有高级技术职称或博士学位等高层次人才，支付的一次性住房补贴、安家费、科研启动经费等费用，可据实在计算企业所得税前扣除。

（十五）加强对有突出贡献人才的荣誉激励。完善人才荣誉体系，对在自然科学、工程科学技术、人文社会科学等领域，或在推动企业转型升级、服务地方社会事业发展等方面做出卓越贡献的杰出人才，认定为“南太湖功勋人才”，并奖励每人10万元。推选宣传一批重才爱才的“好伯乐”和人才创业创新先进典型，营造鼓励创新、宽容失败的社会氛围。

四、健全以简化审批手续、创新编制管理为重点的人才流动机制

（十六）优化海外高层次人才居留许可、企业注册事项。在市、县区高层次人才服务中心开设外籍人才“一站式”服务窗口，集中提供“来华工作许可、工作邀请函、外国专家证、外国人就业证、居留许可”五类证件办理。积极争取公安部试点，降低来湖外籍人才申请永久居留、长期居留门槛，扩大聘雇单位类型范围，取消职务职级限制，放宽居住时限要求。允许符合条件的海外高层次人才创办内资企业，企业注册资本（金）可全部以技术出资。

（十七）创新人才编制岗位动态管理方式。对符合条件的公益二类事业单位逐步实行备案制管理，适

时探索高校、公立医院不再纳入编制管理。改进事业单位专业技术岗位管理模式，在教育、卫生计生等下属事业单位开展探索试点，建立统筹管理、放管结合、动态调整机制。允许有条件的事业单位探索设立专业技术人员特设岗位，引进顶尖人才和急需紧缺人才，不受岗位总量、岗位等级、结构比例限制。

（十八）实施校企人才“双进”制度。鼓励湖州师范学院、湖州职业技术学院、中科院湖州产业化创新中心等高校院所和重点中职院校，吸引优秀企业家、企业“千人计划”和“南太湖精英计划”人才兼职，担任研究生兼职导师或创业导师。高校、科研院所科研人员经所在单位同意，可以在职创业或组织选派到相应企业挂职，并按规定获得报酬。担任公益类、生产经营类事业单位中层领导职务且从事教学科研任务的科研人员，经本单位批准可以在不涉及本人职务影响的企业兼职，是科技成果主要完成人或者对科技成果转化做出重要贡献的，可依法获得现金、股份或者出资比例等奖励和报酬。对担任领导职务的科研人员的兼职、持股、成果转化情况实行公开公示制度。事业单位科研人才可以与单位签订离岗协议，明确离岗期间双方权利义务关系、社会保险、科研成果归属、收益分配等事项后，5 年内保留人事关系离岗创业。

五、强化以分类施策为原则的人才服务保障机制

（十九）制定标准清晰、操作简便的人才团队分类目录。统筹经济社会发展各支人才队伍，根据工作成效、工作年限、工作经历等，科学划分高层次人才和团队层次，为人才享受安家补贴、购（租）房补贴、子女就学、医疗保障等提供分类施策的依据。凡持有“湖州服务绿卡”的高层次人才子女就近安排优质公办幼儿园或中小学入学，本人每年免费安排一次健康体检，政府优先采购国家、省“千人计划”和“南太湖精英计划”企业新产品（技术、服务）。

（二十）加强高层次人才创新成果维权保护。探索制定商业模式、文化创意等新形态创新成果的保护办法。建立引进高层次人才知识产权评议机制，防范知识产权风险。建立创新人才维权援助机制，依法维护人才合法权益。完善知识产权质押融资等金融服务机制，落实风险补偿措施。

（二十一）完善高层次人才创业融资措施。建立健全国家、省“千人计划”和“南太湖精英计划”企业信用信息征集、信用等级评价体系，鼓励科技银行、商业银行等金融机构对符合条件的高层次人才创业融资，给予无须担保抵押的平价贷款。采取政府购买服务的方式，为符合条件的人才创办企业提供法务、财务等咨询服务，规范内部经营管理，引导和鼓励企业利用资本市场实现直接融资。

（二十二）健全高层次人才住房保障政策。制定实施加强高层次、高技能人才住房保障实施办法，采取实物配租、货币补贴等方式，解决高层次、高技能人才住房问题。政府投资建设的公共租赁住房积极保障企业引进的大学本科及以上学历或者中级及以上职称人员。鼓励产业园区和企事业单位利用自用存量用地建设公共租赁住房，面向区内和本单位人才出租。

（二十三）强化人才工作责任落实和考核结果运用。理顺党委和政府人才工作职能部门职责，在市委人才工作领导小组成员单位“三定”规定中补充或加强有关行业、领域人才队伍建设的职能。深化党政领导班子和领导干部人才工作目标责任制考核，考核结果作为县区综合考核、领导干部年度考核以及干部选拔任用的重要依据。将人才工作列为县区党委书记落实党建工作责任制情况述职的重要内容。

（二十四）坚持人才投资优先保障。加大人才发展财政专项投入，建立政府、企业、社会多元化人才投入机制，市、县区财政积极探索设立产业引导子基金，支持人才创业发展。试行股权众筹等新型融资服务，积极探索和规范发展互联网金融，支持创新型中小企业政策性融资担保机构发展。在实施重大工程和重大项目时，同步配套相应的人才开发和培训经费。深入实施人才发展专项资金“阳光工程”，完善人才项目绩效评估、动态退出、经费专账管理制度，拓宽人才券适用范围，加大信息公开和第三方监管力度。

湖州市人民政府关于加快特色小镇培育创建的实施意见

湖政发〔2016〕6 号　（2016 年 3 月 1 日）

各县区人民政府，市政府各部门，市直各单位：

为加快推进我市特色小镇培育创建工作，根据《浙江省人民政府关于加快特色小镇规划建设的指导意见》（浙政发〔2015〕8 号）和《浙江省特色小镇创建导则》（浙特镇办〔2015〕8 号），经市政府同意，现提出如下实施意见：

一、总体要求

（一）重要意义。推进特色小镇培育创建，有利于推动项目谋划，扩大有效投资，弘扬传统优秀文化；有利于集聚人才、技术、资本等高端要素，实现小空间大集聚、小平台大产业、小载体大创新；有利于推动资源整合、项目组合、产业融合，加快推进产业集聚、产业创新和产业升级，形成新的经济增长点。

（二）建立梯度培育创建机制。按照“培育一批、创建一批、命名一批”的工作要求，加快促进形成梯度培育、上下联动、滚动推进的特色小镇创建格局。

（三）明确培育创建目标。通过努力，力争10个以上特色小镇列入省100个特色小镇创建名单，每个县区（含湖州开发区、太湖度假区）不少于1个。

（四）培育创建要求和条件。主导产业以信息经济、环保、健康、旅游、时尚、金融、高端装备制造等七大产业为主，七大产业以外的现代新兴产业和以历史经典产业为主的特色小镇视产业基础、总体规模和发展潜力择优进行培育创建；与列入省创建名单的特色小镇为同一历史经典产业的，原则上不再进行培育创建。环保、健康、时尚、高端装备制造3年内固定资产投资不低于50亿元（不含商品住宅和商业综合体项目），信息经济、金融、旅游不低于30亿元，其中特色产业投资占比不低于70%，且以社会资本投资为主。

二、创建程序

（一）市级特色小镇申报。凡符合特色小镇申报条件的由各县区、湖州开发区、太湖度假区特色小镇联席会议办公室向市联席会议办公室报送拟培育创建特色小镇书面材料，制订创建方案，明确特色小镇的四至范围、产业定位、投资主体、投资规模、建设计划，并附概念性规划。

（二）组织审核。由市特色小镇培育创建工作联席会议办公室组织各成员单位对各地上报的特色小镇进行审核，报市联席会议审定后进入市级特色小镇培育创建名单。原则上每个县区确保一个名额，其中列入省培育名单的特色小镇自动列入市培育创建名单。其他凡符合特色小镇内涵和质量要求的，在总量控制前提下，均可纳入市级特色小镇创建名单。

（三）省级特色小镇申报。申报列入省级创建名单的特色小镇原则上在市级特色小镇培育创建名单中选择，由县区政府按照省申报要求直接向省特色小镇规划建设工作联席会议办公室提交申报材料。湖州开发区、太湖度假区特色小镇由市统一申报。

三、工作举措

（一）强化规划引领。要按照“产业、文化、旅游‘三位一体’和生产、生活、生态融合发展”的要求，高起点、高标准编制好特色小镇建设发展规划。规划面积一般控制在3平方公里左右，建设面积一般控制在1平方公里左右。要加强与土地利用规划、城市建设规划和环境功能区划的衔接，因地制宜、体现特色。同时要加强规划的刚性实施，确保规划目标实现。

（二）完善管理机制。要建立县区一级特色小镇培育创建工作机制，抽调人员，设立办公室，负责抓好特色小镇建设的相关组织协调、统计监测、招商引资和项目推进等工作。要建立特色小镇重大问题协调、产业准入审核、重点项目推进、文化内涵挖掘、生态环境保护等方面的管理机制，确保特色小镇建设有序推进。

（三）狠抓选商择资。要围绕特色小镇特色优势，锁定区域、锁定产业，加大选商择资力度。既要引进一批优质产业项目，也要加大对文化创意、研发设计、时尚展示等服务业项目的引进力度。要着力引进培育一批符合特色小镇产业导向的名企、名品、名家。同时要借助创新创业平台，积极吸引“国千、省千”人才，以及大学生、大企业高管、科技人员创业者、留学归国人员入驻小镇。

（四）坚持示范带动。选择2–3个小镇进行重点培育，加快高端要素集聚，着力打造成为产业高端独特、内涵特征明显、综合效益良好、运作机制创新的示范特色小镇，力争不少于1个特色小镇进入省择优创建名单。通过典型引路，带动其他特色小镇加快培育创建。

四、政策扶持

列入省、市培育创建名单的特色小镇享受以下“十个优先”扶持政策。

（一）财政资金优先支持。市本级列入省级创建名单的特色小镇在创建期间及验收命名后，其规划范围内的新增财政收入上交市财政部分，前3年全额返还，后2年返还一半。同等条件下，特色小镇规划范围内的项目优先申报，争取享受财政各类专项资金的支持。

（二）规划用地空间优先调整。在修编土地利用总体规划和城镇总体规划时，优先调整特色小镇规划用地空间，并在县域内统筹平衡。

（三）建设用地指标优先安排。对在特色小镇规划范围内符合条件的建设项目优先安排用地指标，有条件的县区可建立特色小镇用地指标单列制度。

（四）主导产业优先扶持。积极引导产业基金、金融资本和社会资本优先投入特色小镇主导产业尤其是信息经济、高端装备等七大产业，推动产业技术创新和转型升级。

（五）投资项目优先审批。建立特色小镇投资项目审批绿色通道，享受优先办理，在依法合规基础上，简化各项审批程序。

（六）重点工程优先列入。特色小镇规划范围内的基础设施和特色主导产业项目，在同等条件下，优先列入市、县区重点工程，并优先推荐省重点建设项目和重大产业项目。

（七）行政事业性收费优先返还。特色小镇规划范围内收取的各类行政事业性收费优先返还，返还比例不低于省级中心镇。

（八）新增金融分支机构优先设立。优化金融机构网点布局，指导县域内新增金融机构优先在特色小镇设立分支机构，并推动银行业金融分支机构将存量存款及新增存款大部分用于特色小镇建设。

（九）融资需求优先推荐。积极拓宽融资渠道，特色小镇融资需求优先向金融机构推荐。

（十）专业、适用人才引进优先支持。对特色小镇建设发展需要的各类专业、适用人才要优先保障，加快引进，优先办理各项手续，落实各项人才政策。

各县区和市级有关部门要积极研究制订具体政策措施，整合优化政策资源，给予特色小镇培育创建强有力的政策支持。示范特色小镇所在地的县区要以“一镇一策”方式出台配套扶持政策。

五、保障措施

（一）加强组织领导。建立市特色小镇培育创建工作联席会议制度，负责研究解决特色小镇培育创建过程中的重大问题，由常务副市长担任召集人，市政府秘书长担任副召集人，市委组织部、市委宣传部、市发改委、市经信委、市财政局、市商务局、市统计局、市旅委、市环保局、市金融办、市国土资源局、市科技局、市文广新局、市建设局、市规划局等单位负责人为成员。联席会议办公室设在市发改委，承担联席会议日常工作。同时在联席会议办公室内设湖州丝绸小镇培育创建工作协调小组，统筹协调丝绸小镇跨行政区域规划编制、基础设施建设和产业布局等问题。

（二）加强责任落实。各县区作为特色小镇培育创建的第一责任主体，要把特色小镇培育创建工作列入任期目标责任制，结合当地实际，抓紧研究制定具体政策措施和实施细则，提出明确目标。市特色小镇培育创建工作联席会议成员单位要从各自职责出发，指导和支持特色小镇培育创建工作。

（三）加强考核评价。建立考核制度，将特色小镇培育创建工作纳入市对县区年度综合考核。建立特色小镇动态评价、激励和退出机制，对连续两年未通过考核验收的，自动退出市特色小镇培育创建序列。

（四）加强舆论宣传。各级各部门要统一思想认识，切实把加快特色小镇培育创建作为推动经济转型升级、扩大有效投资、大众创业万众创新和促进产城融合的重大举措来抓。大力宣传特色小镇培育创建的经验做法和成效，营造“比学赶超”的浓厚竞争态势。进一步加大舆论宣传力度，凝聚各方面力量，形成全社会关心、支持特色小镇培育创建的良好氛围。

六、本意见自公布之日起施行。

湖州市人民政府关于加快建立现代财政制度的实施意见

湖政发〔2016〕13号　（2016年5月13日）

各县区人民政府，市政府各部门，市直各单位：

根据党的十八大关于全面深化改革的战略部署、党的十八届三中全会关于深化财税体制改革的目标任务以及省政府《关于加快建立现代财政制度的意见》（浙政发〔2015〕41号）文件要求，为进一步促进我市经济可持续发展、民生可持续改善、生态可持续优化，以制度创新加快推动供给侧结构性改革，现就建立具有湖州特色的现代财政制度提出如下实施意见：

一、总体要求

1．指导思想。以创新、协调、绿色、开放、共享五大发展理念为引领，全面贯彻中央和省有关财税改革的精神，认真落实《中华人民共和国预算法》，树立“促进发展、保障民生、科学理财、加强监管”的理财观，做好“生财、聚财、用财”三篇文章，促进稳增长、调结构、惠民生、优生态，促进政府治理体系和治理能力现代化，为湖州加快赶超发展增添新动力。

2．总体目标。坚持市场化、法治化方向，进一步深化财税体制改革，强化收支管理，加强财政统筹，优化资源配置，履行公共财政责任，到2020年全市财政总收入力争突破500亿元，地方财政收入力争突破300亿元，基本建立具有湖州特色的、有利于“赶超发展、优化生态、改善民生、强化统筹、讲求绩效”的现代财政制度。

3．基本原则。坚持处理好政府与市场、政府与社会、市与区三个关系；坚持区域统筹、城乡统筹、财力统筹；坚持全面规范、公开透明、风险可控；坚持顶层设计、系统谋划、稳步推进。

二、创新理财治税机制

4．持续推进供给侧结构性改革。聚焦去产能，支持企业开展兼并重组和僵尸企业处置，抓好社保政策托底，着力提升微观主体活力；聚焦去库存，发挥好财税政策、公积金政策、商贷政策的组合拳效应，促进房地产市场持续平稳健康发展；聚焦去杠杆，主动化解包括政府性债务风险等在内的各类金融风险，坚决守住不发生系统性和区域性风险的底线；聚焦降成本，降低企业制度性交易成本，落实结构性减税和普遍性降费政策；聚焦补短板，持续创新理财治税体制机制。

5. 转变财政支持产业发展方式。进一步调整财政资金扶持方式。加大拨款改投资力度，扩大产业基金运作范围，探索更多元化的基金运作模式，通过与社会资本的充分结合，加快各类产业基金设立和实质运行。产业发展类专项资金中切出一定比例，对企业技改贷款等进行财政贴息，撬动金融资本更多投入到实体经济领域。产业发展类专项资金进行跨部门实质性整合。推进第三方绩效评价。

6. 大力推动公共基础设施多元化投入。创新公共产品供给机制，大力推广政府和社会资本合作（PPP）模式，对有稳定现金流的成熟项目试点，加快探索建立合理的风险分担和利益共享机制，吸引社会资本参与公共产品和公共服务项目多元化投资、专业化营运管理。加强政府投资引导，强化协调与合作，健全PPP项目联合审查工作机制。加快PPP项目落地，加强项目管理，对发生的违规行为依法追责。

7. 强化多渠道民生保障机制。树立全社会共推民生发展的理念，强化“政府主导、各方共担”的多渠道民生保障机制，逐步提升我市民生保障和基本公共服务均等化水平。发挥政府主导作用，坚持公共财政导向，加大对教育、医疗、就业、社保等民生事业的资金保障力度，确保新增财力的三分之二用于民生。充分发挥市场机制、社会管理和个人能动作用，调动市场、社会和个人持续改善民生的积极性。

8. 积极推进政府购买服务。创新财政供给方式，加快政府职能转移，推进事业单位改革。可以由社会力量提供的公共服务和政府履职辅助性服务，在减人或不增人的前提下，逐步纳入政府购买服务目录。稳步扩大政府购买服务支出规模，激发社会组织活力，提高公共服务的供给质量和效益。

三、深化财政体制改革

9. 完善财政收入分配体制。科学划分市与区财政收入范围、超收分成比例，在现有财力格局基本稳定的基础上，实现财政收入、可用财力的合理分配。准确反映各区财政综合实力、提高各区竞争力。

10. 强化财政调节能力。充分运用财政政策调节能力，促进各区经济结构调整和转型升级。健全生态文明建设财政政策，建立与污染物排放总量挂钩的财政收费制度；助推创新发展，建立高新技术产业税收增长奖励政策；根据区域发展定位，建立省级特色小镇、金融产业等财政扶持政策，促进产业集聚；推进新型城市化建设，进一步完善小城市试点镇收入增长奖励机制。同时进一步强化制度约束，新一轮体制执行期间，除执行上级或市委市政府重要决策外，原则上不出台对区一事一议政策。

11. 逐步建立事权和支出责任相适应的制度。根据政府提供公共产品或公共服务的受益范围、外部性和信息复杂程度等，合理划分市与区政府职能职责。市与区按照既定的事权划分相应分担支出责任。属于市级事权，其支出责任由市级财政承担；属于市和区共同事权，其支出责任由市级财政和区级财政按比例分担；属于区级事权，其支出责任由区级财政承担。市级财政可通过安排转移支付将部分市级事权的支出责任委托区承担。

12. 优化转移支付制度。完善市级一般性转移支付制度，逐步提高市级财力安排一般性转移支付（区域统筹资金）比重。市政府出台重大增支政策形成的区级财力缺口，原则上通过一般性转移支付适当调节。整合规范专项转移支付，市级部门应将现有转移支付资金中目标接近、资金投入方向类同、资金管理方式相近的项目予以整合，并取消一批“小、散、乱”和绩效不明显的项目。对于有明确计算依据、计算标准的专项转移支付项目，纳入专项性一般转移支付管理，采取提前下达、次年结算的方式。市级对区及区以下的补助资金，均应通过财政转移支付的形式办理。转移支付分配应以“因素法”为主，探索与农业转移人口市民化等政策挂钩，不断提高转移支付资金分配的科学性。

13. 改进收入激励奖补政策。在确保实现当年财政收支平衡、确保完成民生改善等政府职责任务的前提下，实行市奖励与各区地方财政税收收入增收额挂钩的办法。奖励资金主要用于支持经济转型升级、产业发展和农业农村加快发展。

四、完善财政预算制度

14. 抓好增收节支，健全预算平衡机制。大力培植财源，依法组织收入，收入预算逐步从约束性转向预期性，不收过头税，严格减免税。逐步提高国有资本经营收益收缴比例，到2020年提高到30%。按照“一要吃饭、二要建设”的原则，分清轻重缓急，依法界定财政支出的边界，区分公共性的层次，建立合理的支出调整机制，确保经常性预算不留缺口，精算平衡、稳健运行。认真贯彻厉行节约的各项规定，规范公务支出标准，严格控制一般性支出。改进年度预算控制方式，建立跨年度预算平衡机制，推动中期财政规划管理。

15. 完善政府预算体系，推进预算公开透明。全面推进政府预算体系建设，将政府收支全部纳入预算管理，做到预算一个“盘子”、收入一个“笼子”、支出一个“口子”。加快完善预算支出定额和标准体系，强化人员编制、资产状况、预算执行率和绩效评价结果与预算安排相挂钩的机制。强化预算绩效管理，凡是使用财政预算资金的部门和项目，都应当对预算支出绩效情况开展绩效评价。同时，加大绩效评价结果在预算资金分配中的应用力度。进一步细化政府预决算公开内容，扩大部门预决算公开范围，加大专项资金和“三公”经费公开力度，除涉密信息外，所有使用财政预算资金的部门和地区都应公开预决算。对预决算公开过程中社会关切的问题，要规范整改、完善制度。

16．加大预算统筹力度，发挥资金使用效益。加大政府性基金预算、国有资本经营预算与一般公共预算的统筹力度，政府性基金结转规模超过该项基金当年收入30%的部分，全部调入一般公共预算，国有资本经营预算收入由财政统筹安排。重点支出根据推进改革的需要和确需保障的内容统筹安排。建立结转结余资金定期清理机制，对结余资金和连续两年未用完的结转资金，一律收回统筹使用。对不足两年的结转资金，不需按原用途使用的，及时统筹用于经济社会发展急需资金支持的领域。严控部门内部项目个数，加大用于自身运行的专项公用类项目压缩和资金统筹力度。继续整合专项资金，推进跨部门资金的统筹使用。对上级政府下达的专项转移支付，在不改变资金类级科目用途的基础上，可结合实际并按规定报批后，将支出方向相同、扶持领域相近的资金统筹使用。

17．加强项目库和支出标准化建设，规范预算编制。加强预算项目库管理，规范项目设置，做细做实项目库。改革先确定专项总额再安排具体项目的办法，从2016年起，财政专项转移支付要在向同级人民代表大会提交的预算报告中明确到地区和项目。从2017年起，基本支出以外的支出需求都要按规定编制项目预算。申请财政资金的支出项目需提前一年编制入库，凡是没有入库的项目，一般不得安排项目预算。纳入项目库的项目实行全周期滚动管理，逐步完善项目退出机制。探索项目支出中期滚动安排机制，试编三年财政规划。建立并逐步完善科学合理的市级部门单位支出标准体系。

18．加强预算执行管理，强化预算约束。硬化预算约束，做到“先有预算、后有支出”。年度预算执行中除救灾等应急支出通过动支预备费解决外，一般不出台增加当年支出的财政政策；确需出台的财政政策，通过以后年度预算安排资金。规范预算变更，各单位的预算支出应当按照预算科目执行，确需调整的，须报同级财政部门审批。加快预算下达和预算执行进度。规范国库现金管理，提高国库资金收支运行效率。各级财政库款余额要达到财政部规定的标准以内。清理整顿财政专户，规范权责发生制核算，探索实施权责发生制的政府综合财务报告制度。

19．强化预算监督，严肃财经纪律。落实税收法定原则，加强收入征管。落实预算法定原则，严格预算管理。强化部门预算主体责任，建立财政资金使用监督问责机制。强化预算编制、执行、监督“三位一体”全过程、全方位财政运行机制。加快推进“数字财政”建设，建立财政财务数据共享机制。建立健全财政运行质量评价考核机制，实施财政收支质量通报问责制度。自觉接受审计监督，认真落实审计整改意见。主动接受人大的监督，听取政协的意见和建议。加快建立内部控制制度，有效防范各类业务风险。严肃查处财经违法、违规行为，落实《中华人民共和国预算法》等法律法规规定的法律责任。

五、防范政府债务风险

20．落实县区政府主体责任。按照“谁举债谁化债谁还债”的主体责任，市级政府对县区（含湖州开发区、太湖度假区）不承担政府债务救助责任。建立县区政府债务风险控制与市对县区转移支付分配挂钩机制。完善债务报告和公开制度，建立考核问责机制，将政府债务指标、化债计划的实施情况及债券资金的还本付息情况纳入党政领导班子政绩考核体系，对防范化解债务不力的，要进行约谈、通报，对违法举债或担保的，责令改正，并按预算法要求追究相关人员责任。

21．严格规范管理。严格举借审批和预算管理。加快政府债券置换政府存量债务进度，降低政府债务成本。政府举借债务只能采取政府债券方式，在省下达的限额内报经本级人民代表大会或其常委会批准后，分类纳入预算管理。地方政府债务只能用于公益性资本支出或适度归还存量债务，不得用于经常性支出。强化地方政府债务限额管理和动态监控，建立债务风险预警和应急处置机制。加强审计监督，严格禁止违规举借、变相融资行为。

22．加快融资平台转型。以提高资产流动性、提升盈利质量为目标，推动有经营收益和现金流的融资平台公司市场化转型，加快平台公司合并、重组。对各平台公司的资产、负债情况进行审计。严格落实偿债责任，涉及重组的相关平台公司，原有债权债务关系及还款责任整体移交给重组后的新公司。平台公司应制定并严格执行滚动还款计划，落实偿债资金来源，并妥善处理在建项目后续融资问题。通过PPP、政府购买服务等措施予以支持，增强化解债务、防范风险能力。

六、工作要求

23．确保各项工作落实到位。建立现代财政制度事关经济社会发展全局，涉及方方面面的利益调整，情况复杂，而且时间紧、任务重。各地各部门要高度重视、提高认识，切实把思想和行动统一到党中央、国务院，省委、省政府和市委、市政府的决策部署上来；要敢于担当，主动作为，切实履行职责，注重协调配合，形成“上下同欲、共谋发展”的良好氛围；要精心组织、周密部署、狠抓落实，确保各项改革工作顺利推进。

湖州市人民政府关于印发湖州市大病保险办法的通知

湖政发〔2016〕23号　（2016年10月16日）

各县区人民政府，市政府各部门，市直各单位：

《湖州市大病保险办法》已经市政府同意，现印发给你们，请认真组织实施。

湖州市大病保险办法

第一条　为进一步完善医疗保障制度，健全多层次医疗保障体系，有效提高城乡居民重特大疾病保障水平，根据《国务院办公厅关于全面实施城乡居民大病保险的意见》（国办发〔2015〕57号）、《浙江省人民政府办公厅关于开展城乡居民大病保险工作的实施意见》（浙政办发〔2012〕150号）、《浙江省人民政府办公厅关于加快建立和完善大病保险制度有关问题的通知》（浙政办发〔2014〕122号）等精神，结合本市实际，制定本办法。

第二条　大病保险实行市级统筹，全市统一政策、统一筹资标准、统一待遇水平，基金实行统收统支。

第三条　参加湖州市城乡居民基本医疗保险、职工基本医疗保险的人员均应参加大病保险。未参加基本医疗保险的人员不能单独参加大病保险。

第四条　大病保险缴费标准按照以支定收的原则确定。城乡居民基本医疗保险参保人员缴费从城乡居民基本医疗保险基金中全额划转；职工基本医疗保险参保人员缴费分别从职工基本医疗保险统筹基金和个人账户中按比例划转（尚未建立个人账户的，由参保人以现金缴付）。

2017年度大病保险缴费标准为每人每年40元，其中职工基本医疗保险统筹基金和个人账户划转金额分别为28元、12元。

今后大病保险缴费标准由市人力资源和社会保障局会同市财政局根据基金收支情况适时调整。

第五条　大病保险基金实行专账管理，独立核算。各县区应根据当年年初城乡居民基本医疗保险参保缴费人数和上年度末职工基本医疗保险参保缴费人数，于每年3月底前一次性从城乡居民基本医疗保险基金、职工基本医疗保险基金中整体划转至市大病保险基金财政专户。其中，各地参保人员当年增减人数的费用按照当年净增人数和缴费标准于当年12月底前结算。

第六条　符合基本医疗保险报销范围的自付和自理费用、浙江省大病保险特殊用药的费用纳入大病保险基金支付范围。

第七条　大病保险按自然年度进行结算，参保人员在一个结算年度内住院和特殊病种门诊发生的、符合大病保险基金支付范围的费用累计超过起付标准（起付标准为3万元）以上部分，由大病保险基金按以下标准支付：起付标准以上至6万元部分支付50%，6万元以上部分支付60%。

大病保险基金最高支付额为45万元。

第八条　大病保险统一纳入全市社会保险信息系统管理。参保人员在联网结算的医疗机构发生的符合大病保险基金支付范围的医疗费用，按规定由大病保险基金支付部分由就诊定点医疗机构实行刷卡记账管理；按规定由个人支付部分由本人个人账户或现金支付。参保人员在市外未联网结算的医疗机构发生的符合大病保险基金支付范围的医疗费用，先由本人垫付，待医疗终结后通过录入医保系统进行审核和支付。

第九条　大病保险原则上采取向商业保险机构购买保险的方式经办，通过政府招标选定承办大病保险的商业保险机构。招标主要包括具体补偿比例、盈亏率、配备的承办和管理力量等内容。

市社会保险管理局作为大病保险的团体投保人，向商业保险机构投保，并签订协议，明确双方的权利、义务、责任。

在正常招投标不能确定承办机构的情况下，大病保险由社会保险经办机构经办。

第十条　承办大病保险的商业保险机构必须具备以下条件：符合保监会规定的经营健康保险的必备条

件；在中国境内经营健康保险专项业务5年以上，具有良好市场信誉，具备完善的服务网络和较强的医疗保险专业能力；配备医学等专业背景的专职工作人员；商业保险机构总部同意分支机构参与当地大病保险业务，并提供业务、财务、信息技术等支持；能够实现大病保险业务单独核算。

第十一条 坚持公开、公平、公正和诚实信用的原则，建立健全招标机制，规范招标程序。将投标人的服务质量和管理水平作为招标文件和综合性评价的重要指标，择优选择商业保险机构，中标结果向社会公示。商业保险机构中标后以保险合同形式承办大病保险，合同期限原则上不低于3年。

第十二条 建立责任分担和风险准备金制度。根据《浙江省大病保险招投标管理指引（暂行）》，建立合理的盈亏风险调节机制。中标保险机构中标价格低于大病保险筹资款的，差额部分资金用于建立大病保险风险准备金。

商业保险机构在承办过程中出现亏损时，由风险准备金适当补助，具体补助标准在保险合同中载明。

第十三条 承保的商业保险机构应在各医保定点医药机构实现大病保险医疗费用结算一站式服务。在各社会保险经办机构的办事大厅设立大病保险待遇支付窗口，配备相应的工作人员，为参保人员提供业务咨询、受理补偿申请并一站式支付费用。大病保险的经办业务和医疗保险服务接受当地医疗保险行政部门及其经办机构的监督、管理和业务考核。

第十四条 人力社保部门应加强监督检查，督促商业保险机构按合同做好大病保险经办业务，对违法违约行为及时进行处理；保险业监管部门要加强商业保险机构从业资格审查以及偿付能力、服务质量和市场行为监管，依法查处违法违规行为；财政部门加强对大病保险招投标活动和基金运行情况的监督检查，完善大病保险的财务和会计制度，加强基金监管；审计部门按规定开展审计工作，确保大病保险基金使用规范、运行安全；发改、卫生计生、民政等部门在各自职责范围内做好相应工作。

第十五条 加强信息公开和开展社会多方参与监督。医保管理部门应当将大病保险委托经办情况以及筹资标准、待遇水平、支付流程、结算效率和大病保险年度收支等信息向社会公开；商业保险机构应当将签订合同情况以及筹资标准、待遇水平、支付流程、结算效率和大病保险年度收支等信息向社会公开，接受社会监督。

第十六条 本办法自2017年1月1日起实施。《湖州市大病保险办法（试行）》（湖发改体改〔2013〕26号）同时废止。

湖州市人民政府关于印发
湖州市供给侧结构性改革总体方案的通知

湖政发〔2016〕25号　（2016年10月24日）

各县区人民政府，市政府各部门，市直各单位：

《湖州市供给侧结构性改革总体方案》已经市政府同意，现予印发，请认真贯彻执行。

湖州市供给侧结构性改革总体方案

为适应和引领经济发展新常态，加快经济发展方式转变和经济结构战略性调整，着力解决我市经济社会发展中面临的深层次矛盾和问题，积极稳妥落实去产能、去库存、去杠杆、降成本、补短板等任务，根据《浙江省人民政府关于加快供给侧结构性改革的意见》（浙政发〔2016〕11号）等文件精神，结合我市实际，制定本方案。

一、总体要求

（一）指导思想

全面贯彻党的十八大和十八届三中、四中、五中全会以及中央经济工作会议精神，认真学习贯彻习近平总书记系列重要讲话精神，坚持以五大发展理念引领赶超发展，坚持以“六重”工作为主抓手，坚持以制度、机制、政策供给为着力点，加快推进供给侧结构性改革，在适度扩大总需求的同时，切实做好去产能、去库存、去杠杆、降成本、补短板等各项工作，不断增强供给结构对需求变化的适应性和灵活性，着力提高供给体系质量和效率，推动我市生产力水平总体提升，为顺利完成“十三五”规划确定的各项目标任务提供强有力支撑。

（二）基本原则

——坚持问题导向。围绕有效供给不足、供需错位、要素配置扭曲等矛盾和问题，坚持正向激励与反向倒逼相结合，综合施策，精准发力，确保取得实效。

——坚持重点突破。在加强系统谋划和总体设计的同时，抓住若干重点领域和关键环节，加大全面深化改革力度，带动各项工作稳妥有序推进。

——坚持创新驱动。大力推进大众创业、万众创新，加大科技投入，加快培育发展新产业、新模式、新技术、新业态等“四新经济”，加快传统产业转型升级和新旧动能转换，不断增强持续发展动力。

——坚持改革统领。充分发挥市场在资源配置中的决定性作用，着力解决产业层面的结构性问题、企业层面的效益问题。更好发挥政府作用，着力解决政府层面的政策问题、体制层面的要素配置问题。

（三）工作目标

经过3－5年努力，供给侧结构性改革的制度、机制、政策不断健全，“三去一降一补”改革任务取得显著成效，发展效益和效率显著提升，供给结构对需求变化的适应性和灵活性显著提高，多层次、高质量的供给体系初步形成。

——去产能方面。到2018年底，基本实现“僵尸企业”市场出清，企业市场化退出长效机制基本健全；列入省淘汰目录的落后产能全面淘汰，“低小散”企业整治提升基本完成，重点行业产能利用率稳定在85%左右。到2020年，去产能任务全面完成，产业结构和产品结构进一步优化，核心竞争力明显增强。

——去库存方面。力争在售商品住宅消化周期保持在10－16个月的合理水平。到2020年，全市区域性、结构性房地产库存全面化解，供需基本平衡，房价总体稳定。

——去杠杆方面。到2018年底，直接融资占全部融资比重稳定在50%左右。到2020年，全市上市企业达到50家，信用贷款提高到15%以上，保证贷款占比下降到30%左右，企业资产负债率下降到合理水平，“两链”风险有效化解，信用环境得到进一步优化。

——降成本方面。通过实施降低成本一系列举措，到2018年底，为全市企业累计减负约300亿元，力争企业综合成本较2015年下降2%。到2020年，促进企业持续发展的良好制度环境基本形成，企业负担稳定在合理水平。

——补短板方面。到2018年，经济转型升级等八个领域补短板取得明显成效。农业现代化水平继续走在前列，工业经济运行质量持续提升，服务业加快发展，规上企业R&D投入占主营业务收入比重达到1.5%以上。到2020年，产业结构进一步优化，单位生产总值能耗超额完成省下达指标，科技创新支撑作用显著增强，经济社会发展的短板基本补齐。

二、主要任务

（一）着力提高存量产业供给质量效率

1．健全传统产能改造提升政策体系。以金属新材、绿色家居、特色纺织三大传统产业为重点，完善引导政策，鼓励企业实施“互联网＋”行动，推进“两化”深度融合，实现规上工业企业电子商务全覆盖。加大财税支持力度，加速传统产能开展现代化技改，促进“机器换人”“机器人换人”，实现产品升级换代。健全促进企业“走出去”政策，通过规划建设跨境电商产业园、鼓励企业到境外设立营销网络、探索设立海关特殊监管区等办法，为企业走出去、拓市场创造有利条件，加快传统产能输出。

2．建立“僵尸企业”处置机制。制定出台湖州市处置“僵尸企业”工作实施意见，健全全市“僵尸企业”评价标准，完善“僵尸企业”处置清单。通过分类、协同、依法、有序、属地处置，三年内基本实现“僵尸企业”市场出清。

3．完善促进企业兼并重组、破产清算政策。落实好国务院以及财政部、国家税务总局、省市已出台的有关促进企业兼并重组（包括破产重整）的税收优惠政策。坚持分类施策，按照兼并重组、债务重组、破产重整、破产清算四类，分别制定财税、金融、土地等专项政策，保障企业处置工作顺利推进。

4．健全淘汰落后倒逼激励机制。全面推行工业企业分类综合评价制度，完善涵盖工业企业的大数据平台，加大资源要素差别化配置力度，严格执行环保、能耗、质量技术、安全生产等控制标准，倒逼落后、过剩产能加快淘汰。建立新建项目与淘汰落后产能相衔接的审批机制，推进产能减量置换。建立落后产能淘汰奖补机制，加大对淘汰落后产能企业的补偿力度，对主动实施关停淘汰和超额完成淘汰落后产能任务的给予一定奖励。

5．建立“低小散”企业整治长效机制。按照“关停淘汰一批、整合入园一批、规范提升一批”的要求，大力开展重污染“低小散”行业环境污染专项整治，坚决关停一批“脏乱差”的企业和作坊。到2018年底，“低小散”企业整治提升基本完成，区域性行业污染问题得到有效解决。

（二）促进房地产健康发展

6．创新征迁安置方式。国有土地征收房屋货币化或购买商品房安置达到60%以上；拆迁农户货币化安置比例力争每年提高10个百分点。开展宅基地分配货币化试点，支持和引导农民自愿有偿退出宅基地。全面推广房票制度，制定中心城市跨行政区域使用办法。

7．完善个人购房政策。延长契税地方补贴政策，执行年限视房地产市场形势确定。扩大公积金缴存范围，逐步将在城镇稳定就业的农民工、个体工商户纳入制度范围；制定实施细则，推进公积金转商业贴息贷款，争取全面打通上海—湖州公积金异地贷款政策。积极争取“中央财政转移支付与农业转移人口市民化、国家建设用地指标与吸纳省外农业转移人口落户数量”的“双挂钩”政策。调整完善引进高端人才和新毕业大学生购房补贴政策。

8．制定出台扶持发展楼宇经济政策。以企业总部型为重点，生产性服务业和生活性服务业为支撑，制定出台扶持发展楼宇经济政策，按照细分、精准、配套和一盘一策，分类明确扶持举措，加快去化商业、办公等非住宅类地产库存。

9．完善住房租赁市场培育政策。采取加大银行信贷资金支持、财政资金补贴等措施，鼓励房地产中介企业、物业服务企业等发展成为以住房租赁为主营业务的专业化企业。鼓励四大国有集团收购或长期租赁库存商品房，以公共租赁住房形式出租。

10．建立商品房供地与库存挂钩办法。建立年度房地产供地计划公告制度，对在售商品住宅库存消化周期超过20个月的，或在建待售及已出让待建商品住宅消化周期超过30个月的县区或区块，暂停商品住宅用地供应，原则上暂停新开工各类保障房工程；对在售商品住宅库存消化周期小于8个月的县区或区块，应及时增加商品住宅用地供应。国土、房地产主管部门要健全工作机制，具体落实商品房供地与库存挂钩办法。

（三）加快“两链”风险化解

11．创新重大担保风险案件处置方式。对涉及多家重点骨干企业的风险案件，银行机构对担保企业承接债务进行重组的，实行降低利率、优化还款方式等优惠政策，严格落实不抽贷、不压贷、不简单提起诉讼、不简单平移债务，在免除罚息和保留对贷款企业追索权的基础上，适当分担贷款损失；对担保企业代偿金额执行优惠利率、分期偿还，代偿金额不计入担保企业授信总额。各级财政部门要制定具体办法，通过多种途径降低银行损失。

12．建立小微企业担保贷款风险分担机制。加快建立以政策性担保为主导的担保体系。建立风险补偿制度，财政安排专项资金，补助资金规模相当于政策性担保机构上年度净损失，保障持续稳健运营。各银行机构要与新型政策性担保机构签订风险分担协议，对由新型政策性担保机构提供担保的贷款，发生风险后，银行机构承担部分损失。

13．积极推进融资方式创新。加大对企业上市、股改以及通过债券、信托、租赁等直接融资工具进行融资的政策支持。推进市属四大国有集团资产证券化，加快政府产业基金实质化运作。建立政府应急转贷基金，缓解企业融资压力。建立信用修复机制，着力发展信用贷款。积极争取金融机构依法持有企业股权试点。争创全国绿色金融改革创新综合试验区。

14．健全金融资源配置引导机制。充分发挥货币政策、监管政策、考核政策引导作用，完善企业信用评级和风险评估机制，引导银行机构加大服务实体经济力度。到2020年，制造业贷款余额占比达到35%以上。

15．完善困难企业分类帮扶机制。落实《湖州市银行业分类帮扶困难企业实施办法》（湖政办发〔2015〕113号），建立健全帮扶组织架构、报送和会商机制，全面开展规上亏损企业排查，对困难企业进行名单制分类帮扶，定期督导帮扶进展和成效，推动银行机构探索帮扶企业新手段、新方法。

16．建立打击“逃废债”联动机制。制定新一轮恶意逃废债“黑名单”，将惩戒范围扩大到企业法定代表人和实际控制人。建立健全逃废债监测、预警、处置三位一体的工作协调机制和逃废债“黑名单”共享信息库，防范企业退出过程中的恶意逃废债行为。

（四）切实降低企业成本

17．全面推行减负“三十六条”政策。全面落实省政府办公厅《关于进一步降低企业成本优化发展环境的若干意见》（浙政办发〔2016〕39号）和我市降成本减负担“三十六条”。以降低企业税费为重点，制定企业减负三年行动计划，开展降低实体经济企业成本专项行动，确保企业综合成本逐年下降。

18．深化审批中介服务改革。加快中介机构脱钩改制，进一步破除中介市场垄断。建立健全涉企涉项目中介机构培育机制。完善审批中介服务收费机制，完善公共资源交易服务收费政策，切实降低收费标准，力争审批中介服务收费平均下降20%。

19．健全降成本价格机制。完善天然气价格形成机制，有效降低企业用气价格。对列入战略性新兴产业的企业实行优惠差别水价政策。为企业提供优化用电服务，降低用电成本支出。建立健全涉企行政事业性收费和政府定价管理的经营服务收费目录清单管理制度，目录清单向社会公示，提高涉企收费政策的透明度。

20．营造促进企业内部挖潜的制度环境。加强服务和政策引导，积极营造有利于激励企业内部挖潜增效的良好制度环境，鼓励企业加快完善现代管理制度，引导企业通过运营模式的优化、营销模式的创新、现代信息技术的应用以及标准化建设等来实现降本提质增效。

（五）加快补齐发展短板

21．健全鼓励科技创新的体制机制。完善创新平台建设机制，打造一批层次分明、各具特色、功能互补的众创空间。建立科技创新投入稳定增长机制，逐步将企业创新投入方式转变为以普惠性税收政策为主，建立并落实符合国际规则的支持创新的公共采购政策。完善技术创新市场导向机制，促进科技成果资本化产业化。加快科技成果处置权益改革，赋予高校、科研单位和国有企事业单位拥有科技成果使用、处置和收益管理自主权，重要贡献人员和团队的科研成果转化收益比例不低于70%。完善知识产权保护和运用的法制、政策和体制，探索实施惩罚性赔偿制度。

22. 创新交通建设工程推进机制。围绕对外通道、区域路网建设等交通短板，建立谋划储备、前期报批、开工建设、竣工投运“四个一批”综合交通工程建设项目滚动推进机制。以南太湖大通道和市域半小时交通圈为抓手，全面对接省万亿综合交通工程，加快推进100个项目、800亿元投资的重大交通基础设施建设。到2020年，现代综合交通运输体系基本形成。

23. 建立健全环境治理长效机制。制定出台湖州市环境治理实施方案，加快建立环境治理长效机制，持续深入开展治水、治气、治矿、治土、治路、拆违等专项行动。力争到2020年，全市市控以上地表水监测断面Ⅲ类以上水质比例达到95%以上，入太湖水质总体保持稳定；环境空气PM2.5下降到42微克/立方米；耕地土壤环境质量稳定，基本消除重金属污染隐患；全面消除脏乱差现象，实现垃圾分类处理全覆盖。

24. 健全促进区域协调发展的体制机制。深入推进国家中小城市综合改革试点；研究制定全面提升中心城市能级举措，进一步增强中心城市首位度。深化完善南太湖一体化规划建设机制，推进“南太湖滨湖区域一体化发展条例”立法。推动湖州开发区向城市综合功能区转变，打造全市经济发展的主引擎和产城融合发展试验区。推动德清县域协调发展先行示范区建设。深化小城市培育试点和中心镇发展改革，强化城乡统筹发展的支点作用。

25. 健全完善低收入群体精准帮扶机制。全面落实低收入农户收入倍增及扶贫重点村加快发展十二条政策意见。深入实施就业帮扶、健康扶贫、旅游扶贫、教育扶贫、电子商务扶贫等分类帮扶工程。加快推进农村产权制度改革，赋予农民更多财产权利。完善城乡居民低保兜底机制，健全救助资金增长机制。

26. 创新公共服务供给方式。完善基本公共服务标准体系，逐步提档升级，基本公共服务标准总体上与经济社会发展水平相适应。加快建立公共服务市场化供给机制，通过特许经营、购买服务等方式，在教育、就业、社保、卫计、住房、文化、环境、安全等领域采取多种形式，扩大公共产品和服务供给，弥补政府公共服务供给的不足。

（六）加快培育发展新动能

27. 建立健全谋大引大推进机制。聚焦信息经济、高端装备、健康、休闲旅游四大主导产业和N个新的经济增长点，按照“六个统一”要求，深入开展谋划大产业、招引大项目工作，健全大产业大项目评估机制和招引督查考核机制，坚持上下联动、左右协调，鼓励各地出新招、出狠招、出实招，合力推进招大引大不断取得突破。

28. 深化完善市场主体培育机制。深入实施“金象金牛”大企业培育计划，积极引导大企业向总部型、品牌型、上市型、高新型、产业联盟主导型的“五型企业”发展。深入实施工业“双高”企业培育计划，着力培育发展一批技术水平高、自主创新能力强、成长性好的“双高”企业。深入实施小微企业三年成长计划，加快形成小微企业创业、培育、成长、升级的梯次发展格局。

29. 优化促进“四新”经济加快发展的制度环境。制定实施“湖州人才新政”，整合各类科技资源，建立鼓励发展众创、众包、众扶、众筹空间的政策体系，激发各类市场经营主体的创业热情。加快湖州科技大市场建设，促进形成科技成果与技术供需对接、交流、展示等多种方式的交易模式。建立新产业用地保障机制，对符合条件的标准厂房，可按土地出让合同进行产权分割；对利用原工业用地兴办众创空间的土地，可按原用途和土地权利类型使用过渡期政策，过渡期满可按新用途办理协议出让手续。

30. 健全完善特色小镇培育创建机制。围绕质量和特色，突出高端产业和产业高端，加快建立特色小镇协调联动推进机制。着力把特色小镇打造成为产业转型升级的示范点、大众创业万众创新的新平台、探索实践供给侧结构性改革的试验地。

31. 构建对外开放合作新机制。建立健全参与“一带一路”和长江经济带战略的对接机制。制定支持中外合作产业园建设的政策意见，到2020年，力争合作建设国际产业园4家以上。把深度接轨上海作为实施开放活市战略的首要任务，制定“十三五”时期深入接轨上海实施意见，加强合作机制建设，实现接轨上海工作的常态化。主动对接上海国际航运中心和舟山江海联运服务中心，形成与海港联动发展新格局。积极争取设立湖州综合保税区；争取“旅游购物”模式在湖州试点。

32. 建立质量标准品牌建设长效机制。扎实开展省食品安全市、县区创建活动，积极争创国家食品安全城市试点。以提升质量品牌为重要抓手，以发展绿色制造为重要方向，全力争创“中国制造2025”试点示范城市。全面实施《关于推进浙江制造品牌建设的实施意见》，大力推进质量标准品牌升级专项行动。强化政策扶持，对牵头制定“浙江制造”产品标准的单位、通过“浙江制造”产品认证的企业分别给予奖励；加大政府购买服务推进“浙江制造”品牌建设力度。力争到2020年，规模以上工业企业有效导入质量管理方法达到90%以上，主导产品采用国际标准或国外先进标准达到70%以上；市级以上工业品牌企业产值占规模以上工业企业总产值达到55%以上。

（七）深化重点领域配套改革

33. 健全政府职能转变机制。推进权力事项标准化和规范化建设，清理缺乏法定依据权力事项。理顺部门职责交叉重叠和职责“真空”等问题，运用责任清单破解慢作为、不作为、乱作为等现象。实施服务型政府建设“1113”行动计划，进一步强化公共服务功能。推进政府部分服务职能向社会组织转移。

34. 深化行政审批制度改革。全面推进市县审批层级一体化改革，基本实现市、县区审批同权。深化企业投资项目高效审批、核准目录外企业投资项目不再审批、工业企业“零土地技改”项目审批方式改革以及产业园区投资项目前置审批“化零为整”改革试点。在德清县开展“政府定标准＋企业做承诺＋部门强监管”的零审批试点。

35. 完善资源要素差别化配置机制。建立健全“亩产效益”综合评价体系，完善差别化资源要素价格机制和城镇土地使用税政策，实现资源配置效益最大化和效率最优化。建立“增量撬动存量”机制，对盘活的存量建设用地按照3:1的比例配置新增建设用地计划。工业用地已竣工投产，土地出让合同中无限制性约定，且具备独立分宗条件的，经属地发展改革、规划、国土资源、环保、消防等部门审核并报同级政府批准后，可进行转让。具体由各县区政府、湖州开发区管委会制定操作办法。

三、保障措施

（一）强化组织领导。成立市供给侧结构性改革工作领导小组，由市长任组长，相关副市长任副组长，市级相关部门和单位主要负责人为成员。领导小组下设办公室，办公室设在市发改委，负责日常工作。各县区、各部门要建立相应工作班子，主要领导亲自抓、分管领导具体抓，形成上下协调联动的工作格局。

（二）强化责任落实。领导小组办公室要根据本方案细化分解各项任务，每年制定推进计划。各改革任务的牵头部门要抓紧提出具体工作方案，并积极协调各相关单位共同推进实施改革任务；各相关单位要全力配合牵头部门做好改革任务推进工作。各县区要结合本地实际，研究制定方案和配套政策，确保改革措施落地见效。

（三）强化要素保障。强化用地保障，坚持向上争取和内部挖潜相结合，积极盘活存量，着力扩大增量，最大限度地满足改革用地需求。强化资金保障，加大财政专项资金统筹整合力度，切实做好改革政策财政资金预算安排，确保改革任务顺利推进。加强人才保障，大力实施“南太湖精英计划”系列引才工程，通过引人、引技、引机构，为深化改革提供智力支撑。

（四）强化宣传引导。充分运用各类传统媒体和新媒体，积极宣传供给侧结构性改革的意义，引导各方面理解改革、支持改革。做好改革总体方案的解读，及时回应社会关切，正确引导社会预期。认真总结推广好的经验做法和成效，调动社会各界的主动性、积极性，共同营造推进供给侧结构性改革的良好氛围。

（五）强化督查考评。建立督查制度，对改革任务落实情况实行全过程跟踪督查。建立评估制度，领导小组办公室每年3月底前形成年度评估报告。建立考核制度，将供给侧结构性改革工作纳入对县区、部门年度目标责任考核体系，作为年度考核等次确定和奖惩的重要依据。

四、本方案自公布之日起施行。

中共湖州市委办公室　湖州市人民政府办公室关于开展转型升级会战年城乡一体提升年文明创建攻坚年基层组织加强年活动的实施意见

湖委办〔2016〕4号　（2016年2月6日）

根据市委七届九次全会暨经济工作会议的部署要求，经市委、市政府研究，现就扎实开展转型升级会战年、城乡一体提升年、文明创建攻坚年、基层组织加强年活动，提出如下实施意见。

一、指导思想

深入学习贯彻党的十八届五中全会和省委十三届八次、市委七届九次全会以及经济工作会议精神，按照“三个坚定不移”的总体要求，紧紧围绕以创新、协调、绿色、开放、共享发展理念引领湖州赶超发展，以转型升级会战年、城乡一体提升年、文明创建攻坚年、基层组织加强年活动为主抓手，引导全市上下更加聚焦重点、精准发力，补齐短板、厚植优势，扎实推进我市经济社会持续健康发展，确保“十三五”良好开局，为建设现代化生态型滨湖大城市、高水平全面建成小康社会奠定坚实基础。

二、目标任务

——转型升级迈出新步伐。牢牢抓住发展第一要务，坚决打好转型升级系列组合拳，谋划实施开局之年的“六重”工作，全面打响产业优化、创新驱动、项目建设、平台提升、主体培育、深化改革“六大战役”，统筹推进一二三产业转型发展，促进经济稳中求进、转中向好。围绕构建“4 + 3 + N”产业体系，大力发展信息经济、高端装备、健康产业、休闲旅游四大重点主导产业，扎实推进金属新材、绿色家居、现代纺织三大传统产业改造提升，加快发展现代服务业，稳步发展现代农业，不断提升产业层次和水平。加大项目引进推进力度，抓好“3211”重点项目计划，深入实施浙（湖）商回归工程，着力在招引“大好高”项目上实现新突破。围绕提升项目承载力，推动各类平台整合扩容提升，进一步完善配套、健全机制，以平台集聚项目，以项目做大产业。加强“金象金牛”大企业和“双高”企业培育，深入实施小微企业三年成长计划，开展降低实体经济企业成本行动，助推企业健康发展。深化国家创新型试点城市建设，加快推进湖州莫干山国家高新技术产业开发区、南太湖科技创新中心、长兴国家大学科技园等创新平台建设，引导企业加大研发投入，深化政产学研合作，促进科技成果转化。

——城乡一体提升新水平。坚持新型城市化方向，加强城市规划、建设和管理，扎实推进中心城市、美丽县城、美丽乡村、交通设施、生态环境“五个大提升”和城乡交通、住房保障、供水、供气、污水处置、垃圾分类处置“六个一体化”，不断提升城乡建设水平。突出全域规划，坚持多规合一，认真抓好城市、城镇总规和村庄布局规划修编，着力形成特色鲜明、功能互补、和谐相融的现代城乡形态。加快城市有机更新和新区开发建设，高标准推进滨湖一体化发展，促进主城区与长兴、南浔城区的融合发展，统筹三县美丽县城、小城市和中心镇建设。深入实施“百村示范、千村整治”工程，高品质建设示范带、示范镇、美丽村和样本户，新打造8条示范带，完成19个省级美丽宜居示范村、33个市级美丽乡村创建，推动美丽乡村建设从“物的新农村”向“人的新农村”迈进，争创省级美丽乡村示范市。加快重大交通设施建设，着力完善“四线一枢纽”高速铁路网和“三纵三横”高速公路网，推动城市基础设施和公共服务向农村地区延伸覆盖。深化城乡体制改革，激发城乡发展活力。

——文明创建取得新进展。围绕增强城市竞争力，着力打好全国文明城市创建、全国生态文明先行示范区建设和国家卫生城市复评“三大攻坚战”，全面提升城市品质、市民素质和生态文明程度。按照“一年打基础、两年上水平、三年创成功”的目标，扎实推进全国文明城市创建，深入实施“市民素质提升”和“城市品质提升”工程，持续深化“双十”行动，完善创建机制，提升创建水平，高水平通过全省城市文明程度指数测评和全国文明城市年度测评。深入推进全国生态文明先行示范区建设，突出“绿色发展、制度创新、环境治理、品牌打造”，全力抓好自然资源资产负债表编制、开展领导干部自然资源资产离任审计和生态文明标准化示范区创建等国家试点，积极探索可复制可推广的“湖州经验”，确保继续走在前列；持续加大“五水共治”“四边三化”“三改一拆”、治气治矿等工作力度，进一步优化生态环境，彰显生态魅力。抓好国家卫生城市复评迎检，深入开展重点区域环境、重点场所公共卫生和流动摊贩、占道经营的整治，着力改进市容市貌、优化卫生设施、提升管理水平，确保顺利通过考核复评。

——基层组织得到新加强。深入贯彻省、市委关于加强基层党组织和基层政权建设的部署要求，围绕全面进步、全面过硬目标，坚持整乡推进、整县提升，重抓“五个一批”，补齐“七项短板”，充分发挥基层党组织推动发展、服务群众、凝聚人心、促进和谐的作用。严格执行干部工作“1 + 6”政策，推行“湖州好干部示范引领标准”，抓住县、乡、村领导班子换届的契机，切实加强基层领导班子和党员干部队伍建设，努力打造一支过得硬、打胜仗的干部队伍。扎实开展“百村示范、千村晋位”行动，深化服务型基层党组织建设，推动先锋示范村打造品牌、全面晋位村增星晋级、后进整转村摘帽晋位。深入实施“党员人才工程”，开展村（社区）党组织书记示范培训班，评选表彰“两优一先”和第二轮“美丽乡村建设优秀带头人”。加强村务监督委员会建设，进一步规范和监督村级权力运行。巩固拓展“三严三实”专题教育成果，探索“党建 +”新模式，引导广大基层党员干部围绕市委、市政府中心工作，敢于担当、创新破难、狠抓落实，充分激发干事创业的积极性、主动性和创造性。

三、组织领导

（一）强化责任落实。“四个年”活动由裘东耀、陈伟俊同志负总责。具体分工：李建平、董立新、杨六顺同志任“转型升级会战年”活动领导小组组长，领导小组办公室设在市经信委。杨建新、杨六顺同志任“城乡一体提升年”活动领导小组组长，领导小组办公室设在市建设局。胡菁菁、闵云、杨六顺同志任“文明创建攻坚年”活动领导小组组长，领导小组办公室设在市委宣传部。金建新同志联系“基层组织加强年”活动，干武东同志任活动领导小组组长，领导小组办公室设在市委组织部。各领导小组要组织人员力量，细化分解任务，确保活动扎实有序开展。

（二）强化统筹推进。“四个年”活动事关发展全局，工作任务重、要求高，必须统筹结合、协调推进。春节后，组织召开全市“四个年”活动暨作风建设动员大会，进行全面部署；年中，结合市委全会，开展专题“看比”活动，总结活动阶段性成效，亮晒工作实绩，营造比学赶超氛围；三季度末，由市领导带队集中开展督导活动，督促指导各项工作深入推进；年底，认真总结活动开展情况及经验做法。同时，把周查问题、月晒指标、季亮项目、年比排名等举措运用到“四个年”活动中去，促进活动取得扎实成效。

（三）强化督查问责。加强活动开展的督促检查，成立由市“两办”牵头，各党政有关部门、人大政协、新闻媒体参与的专项督查组，督查组成员由市委组织部统一抽调。通过明察暗访、督考结合、动态跟踪等方式，每周查摆问题，每月进行通报，每季度市委常委会专题听取督查情况汇报，及时研究和解决工作中面临的问题和存在的不足，切实做到部署有检查、推进有跟踪、落实有反馈。

中共湖州市委办公室　湖州市人民政府办公室印发《关于全面深化落实“河长制”工作的十条实施意见》的通知

湖委办〔2016〕48号　（2016年8月12日）

各县（区）委、县（区）人民政府，市直属各单位：

《关于全面深化落实“河长制”工作的十条实施意见》已经市委、市政府同意，现印发给你们，请结合实际认真贯彻执行。

关于全面深化落实“河长制”工作的十条实施意见

为全面深化落实“河长制”工作，推进“五水共治”长效管理，促进水环境质量持续改善，现结合我市实际，提出如下十条实施意见。

一、优化组织体系

（一）实现河长全覆盖。强化专人专岗，做到定人、定岗、定责，确保每一条河、每个河段都有河长及责任人，避免一人多岗，实行分级挂钩管理。配套搭建河长辅助体系，实现河道警长与河长全配套、河道河段全覆盖，鼓励各县区因地制宜配备民间河长，引导民兵连长、监督员等力量充实河长队伍。

（二）实行河长动态管理。各县区河长办要建立各级河长花名册，并实行动态化更新管理。由于工作调动等原因，需调整河长的，要及时调整到位并做好工作交接，避免出现缺人缺岗现象，确保新老河长在职责、任务、清单等方面无缝交接。

（三）健全组织架构。按照纵向到底、横向到边的要求，进一步完善市、县、乡、村四级河长责任体系。各县区河长办要加强指导、协调、督查、考核，建立健全规章制度。各级河长（村级河长除外）要确定相应的牵头部门负责日常工作。

二、细化职责分工

（四）市级河长统筹协调。市级河长要充分发挥对包干河道的统筹谋划作用，协调推进工作开展。负责审定包干河道的“河长制”工作方案、水环境综合治理方案和年度计划，对“河长制”工作进行全面部署。负责对下级河长开展述职考评，并指导县区开展工作。

（五）县级河长牵头负责。县级河长作为包干河道治理的责任主体，对河道水环境质量负责，制订河道水环境综合治理方案和年度计划，并将目标任务分解落实到下级河长和有关责任单位。制定辖区内河段突发水环境事件应急预案，发现问题及时进行有效处置。负责做好“河长制”信息公开工作。组织开展乡级河长督查考核工作，考核结果及时报告市级河长。

（六）乡级河长具体领办。乡级河长负责或协助责任部门实施上级河长下达的各项治理任务及重点工程项目，做好上级督办及下级河长上报问题的整改落实；对在职责范围内无法解决的问题，及时向上级河长报告并请求协调解决。负责对村级河长的管理和考核，并及时上报考核结果。

（七）村级河长日常管护。村级河长要重点做好河道巡查和保洁工作，定期开展河道巡查，对巡查中发现的保洁问题及时妥善处理，对在职责范围内无法解决的问题，及时向上级河长报告。

（八）河道警长全程护航。协助各级河长履行指导、协调和监督职责。开展治安巡查，做好涉水纠纷、隐患排查工作，依法严惩破坏水环境资源以及盗窃破坏治污、排水、供水设备等城市公共设施的违法犯罪行为。开展联合执法，确保相关执法单位顺利开展工作。

（九）牵头部门协调推进。负责做好信息沟通、关系协调、制度建设、任务分解、跟踪落实等工作，协助河长全面掌握包干河道水质和污染源状况，制订“一河一策”治理方案和年度计划，适时组织开展治理绩效评估。

三、深化信息公开

（十）规范公示格式。各县区应在河道醒目的位置设立河长公示牌，做到内容、样式、材质“三统一”。河长公示牌应包括河道名称、编号、起点、终点、长度、各级河长姓名及职务、乡级及村级河长联系电话（移动电话）、管治保工作目标及任务、监督电话（举报电话）等信息，并同步公开各级河道警长信息及联系电话。

（十一）及时更新信息。建立公示信息定期更新机制，各级河长办定期排查公示牌每年不少于1次，对破损、内容缺失的公示牌及时予以更换。河长信息变动的应同步更新，确保公示牌内容的有效性，杜绝河道没有标识牌、公示信息不准确、监督电话无法接通等现象发生。

（十二）主动接受监督。建立健全河长信息公开制度，做到信息真实有效，充分保障群众知情权，主动接受群众监督。各县区应于每年5月底前在当地主要媒体上公布年度县级以上“河长制”工作目标和重点项目有关信息，包括各级河长名单、年度水环境质量目标及治理工作目标，水环境治理重点项目名称及内容等，每季度在当地主要媒体上公布重点项目进展情况。

四、固化定期巡查

（十三）开展集中巡查。充分发挥河长在河道治理中的带头作用，将每月的第一个周六设定为全市河长的“集体巡河日”，各市级河道牵头部门及县区治水办（河长办）应于当日组织市、县、乡、村四级河长集中开展河道巡查，推动河长一线问水、一线督水、一线治水，进一步营造爱河护河的浓厚氛围，切实提高各级河长的责任意识，强化河长履职担当。

（十四）规范巡查方式。各级河长要加大对包干河道的巡查力度，确保巡查频次，市级河长不少于每月1次，县级河长不少于半月1次，乡级河长不少于每旬1次，村级河长不少于每周1次。突出巡查重点，巡查时要结合区域实际情况，对日常保洁、截污纳管、违法排污、涉水违建等重点内容逐项进行检查。对巡查中发现的问题，要及时联系部门或督促有关部门进行处理。

（十五）规范反馈机制。巡查发现重大污染事故或水环境污染隐患的，要第一时间以联系单的形式报送有关部门。做好巡查记录，每次巡查情况及时记录在河长工作日志上，河长工作日志记录情况由上级河长负责检查，检查结果纳入年终考核。每季度对河道巡查基本情况、发现问题整改情况、投诉举报处理情况等进行汇总并形成巡查报告，于每季首月5日前报市河长办。市级河长巡查报告由市级各牵头部门负责，县级河长巡查报告由各县区治水办（河长办）负责。

五、强化区域联动

（十六）建立联席会议制度。各级河长及相关部门要加强统筹协调，各级河长牵头部门以联席会议形式研究涉及交界区域的重大问题，沟通、协商、解决在联合治水等工作中遇到的实际问题，共同指导相关部门开展工作，形成上下游、左右岸紧密协作、责任共担、问题共商、目标共治的河道治理格局。

（十七）强化信息共享。建立上下游基础信息通报月报制度，各县区河长办每月相互通报两地河流特别是跨行政区域水质监测数据等，对存在异常和争议的监测信息及时进行沟通，并以联合监测等形式及时解决。对全市涉危废企业、涉排污企业信息实行共享。

（十八）实行联防联控。跨界地区每年开展不少于2次的联合执法，对水葫芦等跨区域问题，共同研究制定整改方案，同步推进整改。建立完善跨界水环境预警和应急机制，定期开展跨界环境突发事件的应急演练。

六、健全日常机制

（十九）建立常态化培训机制。各级河长办定期组织各级河长特别是乡级、村级河长开展培训，每年开展培训不少于2次，培训重点包括河长具体工作职能、河长履行职责及河道日常管理要求等，实现河长培训全覆盖，确保所有河长知责明责、履责尽责。

（二十）健全例会和报告制度。各级河长办要制订实施工作例会和报告等制度，市级河长工作例会不少于每季度1次，县级河长不少于每两月1次，乡级河长不少于每月1次。完善投诉举报受理制度，对各类投诉举报做到件件受理、事事回应。

（二十一）完善项目跟踪服务制度。落实重点项目协调推进制度，紧盯重点项目，协调各方关系，主动研究解决重点难点问题，确保重点项目顺利推进。落实督查指导制度，各级河长和牵头部门要加强对下级河长及相关责任单位的督查指导。

七、加强智能管理

（二十二）建立信息化管理平台。加快推进“河长制”管理信息化平台建设，各县区平台应尽快完成建设并接入市级管理平台，初步建成集水质查询、污染源分布、巡查日志、信访举报处理、应急指挥、统计报表等功能于一体的数据库。开发运用“河长工作站”手机APP，建立各级河长工作信息的电子档案，实现河长履职可视化、动态化管理。

（二十三）健全河道智能管护模式。不断推广“河长工作站”、河道视频监控系统、无人机巡航等现代化手段的运用，动态掌握河道保洁、河长巡查等工作情况，有效克服传统监管的时空限制，实现人技双网监管。

八、形成督查合力

（二十四）建立常态化督导机制。各级河长办要成立督查工作组，制定督查办法，市河长办每月随机抽查各县区河道不少于20条，县区治水办（河长办）每月随机抽查乡镇河道不少于5条，同时根据阶段工作重点，对重点项目建设推进情况、督查问题整改落实情况等开展专项督查。

（二十五）健全多层次督查机制。加大随机督查、暗访和“回头看”力度，充分借助用好各级力量，切实发挥人大政协、新闻媒体和社会公众监督作用，通过市领导督查、“两代表一委员”督查、治水办（河长办）考评督查、新闻媒体督查、社会监督等形式，着力构建全方位、多层次的督查体系，切实形成督查合力。

（二十六）完善问题整改通报机制。及时编发督查通报（专报），对督查中发现的问题，以督查建议书或督查整改通知书的形式反馈给责任部门、有关乡镇，并对限时整改的问题开展跟踪督查，对办理不力或在规定期限内未完成办理且无正当理由的责任单位，视情给予警告，确保问题整改到位。

九、优化述考机制

（二十七）建立定期述职机制。按照“一级抓一级”的原则，由下级河长定期向上级河长进行述职。其中，市级河长牵头部门负责组织开展包干河道所涉县级河长述职工作，县级河长牵头部门负责组织开展包干河道所涉各乡级河长述职工作，村级河长的述职由各乡级河长根据实际情况自行组织开展。原则上每半年开展一次述职，时间分别为每年7月和12月。述职重点包括河长履职情况、水质变化改善情况、工作目标完成情况等。

（二十八）严格考核问责机制。将“河长制”落实情况纳入“五水共治”和生态市建设工作考核范围，各县区应将“河长制”落实情况纳入对乡镇（街道）的综合考评。对造成重大污染事故的，已验收河道发生反弹且一个月内未完成整改的，对所在地区“五水共治”工作考核相应降低一个等级，取消“五水共治”各类荣誉称号。将河长履职情况纳入党政领导干部实绩考核，考核结果作为领导干部综合考评的重要依据。对工作不力、考核不合格的，给予行政约谈或通报批评。对因履职不到位或失职渎职导致发生黑臭河严重反弹或重大污染事故的，依法依纪追究相关人员责任。

十、营造共治氛围

（二十九）树立先进典型。充分发挥先进典型的激励、示范和引领作用，通过开展多种形式的典型宣传活动，深入挖掘各级河长工作中的好做法、好经验，树立一批踏实肯干、兢兢业业的基层河长先进典型，组织开展向先进典型学习系列活动，在各级河长中营造比学赶超的浓厚氛围。

（三十）丰富参与载体。积极利用微信、微博等现代传媒，设计一批范围更广、更加便捷的群众参与载体，推广企业河长、民间河长等好做法，不断激发群众护水内生动力，壮大民间护水力量，营造人人是河长、全民来治水的良好格局。充分发挥工青妇等群团组织作用，加强治水志愿服务队伍建设，构建群策群力、共建共享的行动体系。

（三十一）加强宣传引导。充分利用报纸、网络、广播电视等新闻媒体，抓住“世界水日”“世界湿地日”“浙江生态日”“湖州生态文明日”等节点，广泛宣传“河长制”工作成效，强化舆情收集研判应对，积极引导社会各界关心、支持、参与治水，推动全民共享的水生态、水经济、水文化建设，提升广大干部群众文明素养和生态意识，营造共治共管共享的良好氛围。

湖州市人民政府办公室关于发展众创空间推进创新创业的实施意见

湖政办发〔2016〕25号　（2016年3月14日）

各县区人民政府，市政府各部门，市直各单位：

根据《中共中央国务院关于深化体制机制改革加快实施创新驱动发展战略的若干意见》（中发〔2015〕8号）、《国务院办公厅关于发展众创空间推进大众创新创业的指导意见》（国办发〔2015〕9号）及《浙江省人民政府办公厅关于加快发展众创空间促进创业创新的实施意见》（浙政办发〔2015〕79号）等文件精神，为全面激发创新创业活力，打造经济发展新引擎，按照市委、市政府提出的“六重”要求，突出“重大平台”打造，经市政府同意，现就加快发展众创空间、推进创新创业制定以下政策意见。

一、加快众创空间建设

（一）明确发展方向。支持鼓励企业、投资机构、行业组织等社会力量投资建设或管理运营创客空间、创业咖啡、创新工场等新型孵化载体，打造一批低成本、便利化、全要素、开放式的众创空间，并依托高新园区、科技企业孵化器、小企业创业基地和高校、科研院所等，形成一批创新创业、线上线下、孵化投资相结合的新型众创空间。

（二）明确建设目标。争取到2020年全市拥有市级以上众创空间超过20家；集聚各类创新创业人才超过5万人；新增创新创业企业超过1000家；累计孵化培育科技型小微企业2000家以上、国家重点扶持的高新技术企业600家以上；累计培养创业导师500人以上。在全社会逐步形成大众创业、万众创新的生动局面。

（三）探索众创空间建设新模式。鼓励向外招引众创空间、合作共建离湖众创空间，探索符合湖州实际的运行模式。对国内外知名众创空间运行机构在我市建立众创空间的，以及我市与其他机构合作共建离湖众创空间的，湖州市产业基金将对众创空间的建设和运营予以定向支持。

二、加强创新创业主体培育

（四）引育创新创业人才。鼓励大学生创新创业，高校要开设创新创业课程，加强创业培训，允许在校大学生休学从事创业活动，休学时间可视为其参加实践教育时间。大力实施“湖州服务绿卡”制度，为来湖创新创业的高层次人才提供住房公寓、医疗保健、子女教育等全方位服务。引进高层次科技创新创业人才来我市创业，对经认定的众创空间推荐的优秀创业者，可优先申报“湖州市南太湖精英计划”，根据项目等级可获得100万元至300万元不等的创业启动资金。

（五）扶持众创空间发展。对获得国家级、省级、市级认定的众创空间一次性分别给予100万元、50万元、10万元奖励。鼓励各县区、各部门对众创空间的房租、宽带网络、公共软件等给予适当补贴。每培育一家国家重点扶持的高新技术企业，经认定的众创空间可获得奖励5万元。对经认定的众创空间内被纳入“双高”企业培育库满一年的创业企业，给予一次性奖励5万元。湖州科技创业园科技创业种子资金优先支持经认定的众创空间推荐的项目，符合条件的给予10万元项目资助。

（六）强化创新创业专业帮扶。以集聚科技人才、科技成果、科技项目和加快科技成果产业化为目标，努力延伸服务创新和市场两端，着力为创业者提供专业的创业服务。邀请知名企业家、行业专家、创业投资专家、科技金融专员等担任火炬创业导师，每年定期为众创空间内入驻企业开展有针对性的创业教育和培训辅导，大力提升创业者的综合能力，帮助创业企业解决各类经营难题。

三、整合创新创业资源

（七）充分利用存量资源。鼓励各产业园区、各大企业利用已有的商务楼宇、工业厂房、仓储用房等存量房产，在不改变建筑结构、不影响建筑安全的前提下，改建为众创空间。支持特色小镇错位发展众创空间，着力加强各众创空间之间的合作联动与资源开放共享，不断完善富有湖州特色的创业孵化空间布局。

（八）搭建科技创新服务共享平台。依托省科技创新云服务平台，建立创新券运行系统，大力发展市场化、专业化、集成化、网络化的众创空间，为小微企业成长和个人创业提供低成本、便利化、全要素的开放式综合服务平台。积极引导企业和创业者通过云服务平台查询，在线预约开放共享的科研基础设施、仪器设备和技术服务，鼓励众创空间内入驻企业申请使用科技创新券。

四、降低创新创业成本

（九）放宽市场准入。优化创新创业的管理与服务，主动为创新创业者降低门槛，简化办事流程，提供一站式服务。深化商事制度改革，放宽企业注册资本登记条件，高校毕业生创办企业首次出资额允许为零。对经认定的众创空间内创业主体办理注册登记手续，采取开通绿色通道、限时办结、网上预审等措施，全面落实“五证合一”改革意见、加快推动并实现“一照一码”、“一址多照”等改革措施，为创业企业工商注册提供便利。

（十）实行税费减免。高校毕业生、登记失业人员等在经认定的众创空间内创办个体工商户或个人独资企业的，可依法享受税收减免政策。经认定的众创空间内规模（限额）以下创业企业首次升级为规模（限额）以上企业的，以上年实缴税金为基数，当年实缴税金达到50万元以上的，对新增实缴税金地方所得部分三年内给予补助，第一年补助100%，第二年补助50%，第三年补助30%。

五、提供金融服务保障

（十一）优化众创投融资环境。提供综合性金融服务，加快实施科技型中小企业保证保险试点工作，优先为众创空间内企业提供优质融资服务，为符合条件的企业提供全额保费补贴，年度内单个企业保费补贴最高不超过10万元。鼓励社会资本、种子基金、天使投资、众筹基金支持大众创业，引导更多的天使投资人投资早期创业活动，优先投资众创空间内初创企业。

（十二）拓宽众创融资渠道。发挥多层次资本市场作用，加强对众创空间内处于成长期和成熟期科技型小微企业的上市培育辅导，以新三板和创业板为重点积极推进股份制改造，有效利用场外交易市场开展项目融资。在浙江股权交易中心创新板挂牌的，给予企业一次性奖励2万元；在浙江股权交易中心成长板挂牌的，给予企业一次性奖励10万元；在浙江股权交易中心实现融资的，给予融资金额1%的奖励，奖励额度不超过30万元。企业在全国中小企业股份转让系统（新三板）挂牌的，给予企业一次性奖励50万元。

六、完善工作推进机制

（十三）加强统筹协调。成立湖州市众创空间推进工作领导小组，统筹全市众创空间推进工作，研究解决工作中遇到的重大问题。领导小组办公室负责领导小组日常工作，定期通报众创空间推进工作进展情况，协调解决问题和困难；各成员单位要明确推进众创空间工作的责任处室，协调处理相关事宜。各县区人民政府、湖州开发区管委会、太湖度假区管委会要结合实际，成立相应的组织机构，统筹协调和推进众创空间各项工作。将众创空间建设情况纳入县（区）党政领导科技进步目标责任制考核。

（十四）营造创新创业氛围。支持众创空间开展创新创业大赛、创业论坛等活动，对各类国际创客大赛、创客沙龙、创业训练营、院校创新创业大赛等活动中获奖的优秀项目经审核认定后，给予5万元的一次性奖励。优先推荐众创空间内的创业者参与“发现双创之星”活动评比，对被评为我省“发现双创之星”的创业者给予5万元的一次性奖励。大力培育湖州创客文化，在全社会弘扬鼓励创新、宽容失败的创新创业氛围。

（十五）本意见自发布之日起施行，执行期限为三年。

湖州市人民政府办公室关于印发进一步促进企业兼并重组的实施意见

湖政办发〔2016〕29号　（2016年3月21日）

各县区人民政府，市府各部门，市直各单位：

为贯彻落实《国务院关于进一步优化企业兼并重组市场环境的意见》（国发〔2014〕14号）和《浙江省人民政府办公厅关于优化市场环境促进企业兼并重组的若干意见》（浙政办发〔2014〕145号）文件精神，进一步鼓励企业加大兼并重组力度，整合优化资源要素，促进企业做大做强，推动产业转型升级，经市政府同意，提出如下意见：

一、指导思想

认真贯彻党的十八大和十八届三中、四中、五中全会以及中央经济工作会议精神，全面落实省、市委决策部署，以做大做强优势企业为目标，突出重点领域和重点产业，鼓励支持优势企业通过兼并、收购、联合、参股等多种形式开展跨地区、跨行业、跨所有制和跨国（境）兼并重组及投资合作，促进规模化、集约化发展，加快培育一批主业突出、拥有自主知识产权和知名品牌、具有国际竞争力的优强骨干企业，促进湖州产业结构优化升级。

二、基本原则

（一）坚持企业为主体。充分调动和发挥企业的积极性和主动性，尊重企业意愿，坚持企业自主决策、自愿参与兼并重组。

（二）坚持市场化运作。发挥市场在资源配置中的决定性作用，按照公开、公平、公正的市场规则，坚持市场化运作，不断完善市场体系。

（三）坚持优化政府服务。完善产业规划和政策措施，取消限制企业兼并重组和增加企业负担的不合理规定，解决企业兼并重组面临的突出问题，引导企业参与兼并重组。

三、重点导向

（一）引导资源配置更优化。鼓励支持优强企业通过兼并、收购、联合、参股等方式，对资源利用率低、经营困难的企业实施兼并重组，化解过剩产能，淘汰落后产能，缓解要素制约。

（二）引导重点产业链更完善。鼓励支持重点行业的上下游企业联合重组，促进制造业向高端环节延伸，推动产业向价值链高端攀升；引导中小企业向“专、精、特、优”方向发展，为大企业集团提供协作配套。

（三）引导规模效益更明显。鼓励支持优势企业强强联合，提高规模效益，实现优势互补；鼓励大企业以资金、品牌、管理等优势，对列入“南太湖精英计划”等高成长性企业开展兼并重组；鼓励支持有条件的企业加快国际化兼并步伐。

四、政策措施

（一）减轻企业兼并重组负担。落实资产过户税费优惠政策，对企业在进行兼并重组过程中，所发生的涉及房产和土地资产过户有关税收所形成的地方财政收入全额奖励企业；服务性收费减半。落实国家和省有关兼并重组增值税、营业税、土地增值税、契税等优惠政策，符合特殊性税务处理政策要求的，兼并重组中股权支付部分，暂不确认重组所得。企业在债转股过程及重组中因债务豁免所产生的企业所得税（在重组业务完成当年部分），通过“一事一议”方式将地方所得部分一次性予以奖励。

（二）鼓励重组企业加快发展。被兼并重组企业原享受的高新技术企业、省级重点企业研究院、资源综合利用、驰名商标、著名品牌等优惠政策，兼并重组后仍符合相关条件的，经相关行政主管部门审核确认后，可由实施兼并重组的企业按规定继续享受。被重组企业自重组年度起3年内地方财政贡献（增值税、营业税、所得税）超过上年部分，全额奖励企业，最高限额500万元。

（三）健全完善土地使用政策。在符合城镇控制性详细规划、不改变土地用途的前提下，兼并重组后企业扩大生产性用房，或通过新建、扩建、翻建多层厂房，经依法批准提高现有工业用地容积率的，不再增收土地价款，并减免相应的城市基础设施配套费。兼并重组过程中，凡符合不改变土地用途等条件的，按规定补缴土地出让金并完税后，按规定办理变更土地登记手续。因历史原因导致房地产权证书不全的，在兼并重组中在合法依规的前提下，根据有关规定申请补办相关手续。对企业兼并过程中涉及被兼并企业原土地还未完全开发建设到位的，经认定后，重新约定开竣工时间。

五、组织保障

（一）加强组织领导。建立湖州市促进企业兼并重组工作领导小组，由市政府分管副市长任组长，市级相关部门和县区政府分管领导为成员，统筹推进兼并重组工作。领导小组下设办公室，办公室设在市经信委，领导小组办公室收到企业提出的兼并重组政策申请后，召集相关成员单位，讨论研究提出相关意见建议，报经市政府同意后兑现落实。各县区政府也要建立相应的工作体系，指导协调、督促推进本地区企业兼并重组有关工作。

（二）简化行政审批。优化企业兼并重组相关审批流程，市场监管、税务等部门要开辟绿色通道、提前介入、全程指导、优质服务，推行并联式审批，避免互为前置条件。从简限时办理企业兼并重组涉及的工商登记、生产许可、资产权属证明等手续。对兼并重组中涉及环评、安评、能评、资质证明、资产权属证明等相关批准文件的变更，在主要条件不变的情况下应予直接办理变更手续。

（三）强化要素保障。允许实施兼并重组企业直接继承使用被兼并重组企业的用能量、排污总量等指标，可用作有偿转让和交易；市内跨县区范围开展兼并重组的，用能和排污指标区域之间的转移由领导小组办公室组织相关县区政府协商确定。加大对兼并重组企业的信贷支持力度，被兼并企业的原银行债务申请停息、免息的，金融机构要积极给予支持；对重组中划转的贷款，按优惠利率执行。探索建立“政府引导、企业主体、市场化运作”的并购重组基金。

（四）健全服务体系。培育、引进、扶持中介服务机构，提供专业化的兼并重组审计评估、律师、会计、拍卖、财务顾问、投行、产权经纪等中介服务。充分发挥行业协会在企业兼并重组中的作用。通过政府购买服务的形式，为企业提供兼并重组业务培训、并购辅导等。加强并购中的协调和并购后的服务，提高企业并购的质量。对通过司法重组的企业，司法机关应加强与政府部门沟通，积极给予辅导帮扶，并增强信息的透明、公开力度。

六、本意见自发布之日起实施。

本意见所指企业包括工业（含建筑业）、服务业、农业龙头企业，涉及奖励政策仅限市本级范围，三县可参照执行。对于国发〔2014〕14号、浙政办发〔2014〕145号文件已有明确规定而本意见未作规定事项，遵照上述文件规定执行。本政策意见由市经信委、市财政局负责解释。

湖州市人民政府办公室
关于调整失业保险有关政策的通知

湖政办发〔2016〕42号　（2016年5月12日）

各县区人民政府，市政府各部门，市直各单位：

根据《浙江省人民政府办公厅关于进一步降低企业成本优化发展环境的若干意见》（浙政办发〔2016〕39号）、浙江省劳动和社会保障厅等4部门《关于〈浙江省失业保险条例〉实施中若干具体操作问题的通知》（浙劳社就〔2003〕243号）精神，经市政府同意，现就失业保险有关政策通知如下：

一、关于降低失业保险费率。从2016年5月1日至2018年12月31日，对失业保险费单位缴费实行临时性下调，费率由1.5%降为1%；个人缴费比例不变，仍为0.5%。

二、关于户籍由村迁入城镇人员的失业保险待遇。户籍由村迁入城镇社区后，在单位就业的，参保单位可依据户籍变更信息办理录用备案、社会保险参保等相关变更手续，职工个人按城镇职工标准（本人工资的0.5%）缴纳失业保险费。

农民合同制职工户籍由村迁入城镇社区后失业的，其享受待遇期限应分段计算并相加。即其户籍转为城镇前，按相同缴费时间的城镇职工可以享受失业保险待遇期限的50%计算，余数不满1个月的，按照1个月计算；户籍转为城镇后，从本人缴纳失业保险费之月起，按城镇职工规定计算。合并后的享受期限最长为24个月。原《湖州市人民政府办公室关于调整就业和失业保险有关政策的通知》（湖政办发〔2015〕108号）关于“失业保险费缴费标准及失业保险待遇”的规定停止执行。

本通知自公布之日起施行。

湖州市人民政府办公室关于印发湖州市促进电子商务加快发展十条扶持政策的通知

湖政办发〔2016〕52号　（2016年6月28日）

各县区人民政府，市政府各部门，市直各单位：

《湖州市促进电子商务加快发展十条扶持政策》已经市政府同意，现印发给你们，请认真贯彻执行。

湖州市促进电子商务加快发展十条扶持政策

为认真贯彻落实《国务院关于大力发展电子商务加快培育经济新动力的意见》（国发〔2015〕24号）、《浙江省人民政府关于大力发展电子商务加快培育经济新动力的实施意见》（浙政发〔2015〕49号）等文件精神，加快推进“电商换市”工程，进一步优化我市电子商务产业发展环境，助推我市经济转型升级，现结合我市实际，制定以下十条扶持政策。

一、培育电子商务企业做大做强

（一）鼓励企业开展网络零售业务。借助第三方平台开展网络零售业务的企业，年度网络零售额达到3000万元及以上，给予其技术服务费10%的财政补助，最高不超过50万元。借助第三方平台开展农产品、旅游、民宿、农家乐以及湖笔、茶叶、丝绸、黄酒等历史文化产业产品网络零售的企业、专业合作社等，年度网络零售额达到300万元及以上，给予其技术服务费15%的财政补助，最高不超过50万元。

（二）支持企业建设电子商务平台。对年度平台网络交易额首次达到3000万元的本地自建自营平台，给予一次性奖励20万元；首次达到5000万元、1亿元，每档分别追加一次性奖励20万元。（三）引进市外优质电子商务企业。对国内外知名企业在湖州市本级投资设立的电子商务企业，年度市内入库税收（权责发生制）首次达到1000万元的，给予一次性奖励50万元；首次达到3000万元、5000万元、1亿元的，每档分别追加一次性奖励50万元。

（四）培育专业电子商务服务企业。专业从事电子商务金融、信用、数据、代运营的服务企业，年度市内入库税收（权责发生制）首次达到100万元的，给予一次性奖励10万元；首次达到300万元、500万元、1000万元的，每档分别追加一次性奖励10万元。

（五）推动电子商务特色示范创建。对获得国家、省、市级电子商务荣誉称号的示范单位，分别给予一次性奖励50万元、20万元和10万元；对成功创建省级电子商务特色小镇并通过验收的，给予一次性奖励50万元。

二、依托电子商务加快产业集聚

（六）培育跨境电商特色产业集群。鼓励本地特色优势产业抱团开展跨境电子商务，重点支持开展B2B2C业务。对经省认定的跨境电商特色产业集群，给予一次性奖励50万元。

（七）加快线上地方集聚平台建设。对在阿里巴巴“中国产业带”业务板块建设“地方产业带”的建设主体，上线并入驻湖州地区商户达到1000家以上，给予一次性奖励50万元；在浙江省商务厅年度区域产业带考核中被评为优秀的，给予当年度一次性奖励30万元。每年安排不超过100万元资金，用于对经授权在淘宝网“特色中国”、1号店“特产中国”、京东“中国特产”等国内知名电子商务平台上建设湖州馆的运营主体的年度考核奖励。

（八）支持电子商务产业基地建设。对入驻并正常经营的电子商务企业首次达到50家的电子商务产业基地（园区、楼宇），给予建设运营主体一次性奖励10万元；首次达到100家，再追加一次性奖励20万元。当年度被认定为浙江省电子商务产业基地等级评定4A级的，给予一次性奖励5万元；当年度被认定为5A级的，再追加一次性奖励5万元。

三、推进城乡电商服务网络建设

（九）改造提升农村、社区电商服务。鼓励农村电商服务站建设，每年安排不超过100万元用于电子商务专业村、农村电子商务服务站的改造提升。鼓励社区电商服务站（智能投递终端）建设，“E邮柜”按承建单位该项目建设投入扣除省财政补助后的投资额给予50%的补助，每个网点最高不超过1．5万元；其他社区电商服务站按每个网点不超过5000元进行补助。

四、完善电子商务公共服务体系

（十）创新优化电子商务公共服务。每年安排不超过200万元用于组织电子商务展会、创业大赛和资源对接会等活动，以及支持电子商务人才培训和实践、电子商务大数据服务、湖州电商网及“湖州电商”系列网络新媒体平台的运营维护等。

五、附则

市政府每年安排财政专项资金用于支持市本级电子商务发展；若申报奖励总额超出当年度专项资金安排的，则第（一）至（八）条按比例实行奖励补助。本政策适用于市本级乡镇（街道）、村（社区），以及在市本级依法设立，具有独立法人资格且在本地依法申报纳税的电子商务企业、组织或机构。同一项目涉及多项奖励的，实行从高原则，不重复享受。当年度发生违法行为的企业不得享受本政策。

本政策中可享受奖励补助应达到的有关标准的统计从2015年度开始计算。

本政策自公布之日起施行。三县可参照执行。

湖州市人民政府办公室关于补齐科技短板　加快创新驱动的十二条意见

湖政办发〔2016〕81号　（2016年10月14日）

各县区人民政府，市政府各部门，市直各单位：

为深入贯彻党的十八大和十八届三中、四中、五中全会精神，全面落实创新驱动发展战略，按照习近平总书记提出的“创新是引领发展的第一动力，抓创新就是抓发展，谋创新就是谋未来”的重要讲话精神，坚持以五大发展理念引领赶超发展，充分发挥科技创新的支撑引领作用，根据《浙江省人民政府办公厅关于补齐科技创新短板的若干意见》（浙政办发〔2016〕75号）精神，按照市委七届十次全会要求，着力补齐科技创新短板，持续推进科技体制改革，大力增强区域自主创新能力，加快推进国家创新型城市建设，经市政府同意，特制定如下意见：

1．支持企业提升自主创新能力。实施高新技术企业五年倍增计划，培育一批具有核心竞争力和较高知名度的高新技术企业；以培育“高技术、高成长”的“双高”企业为抓手，大力扶持科技型中小企业，对经市科技局认定的“双高”企业，以认定年度上一年所交税收（增值税、企业所得税、权责发生制）产生的地方留成部分为基数，认定年度超基数部分的50%给予一次性补助，最高不超过20万元。完善企业研发中心、企业研究院、重点企业研究院梯度培育机制，继续实施企业研发平台建设、重大瓶颈技术攻关、领军型创新团队培养“三位一体”产业技术创新政策，对考评优秀的省级高新技术企业研发中心最高给予10万元的奖励。进一步加大科技项目支持力度，对企业承担的重点研发项目，单个项目最高可资助50万元，对特别重大的创新项目，可采取“一事一议”的方式予以重点支持。支持企业牵头制订国际和国家技术标准。

2．落实创新财税激励政策。着力落实国家支持企业技术创新的研发费用加计扣除、高新技术企业所得税优惠、固定资产加速折旧、股权激励和分红、技术服务和转让税收优惠等激励政策。对企业符合相关条件的科技补助资金可作为不征税收入，在计算应纳税所得额时从收入总额中减除。以支持科技型中小微企业技术创新为导向，加大财政科技资金整合力度，深化完善普惠制科技创新券制度，将创新券适用范围扩大到检验检测、合作研发、委托开发、研发设计等技术创新活动，优化创新券注册、申请、使用、兑现等程序。根据各区科技创新券使用情况进行绩效奖励，对提供服务的创新载体给予补助。鼓励和引导企业加大研发投入，对企业研发投入占主营业务收入比例列全省前500名的规模以上工业企业给予奖励。

3．引进培育重大创新平台。大力建设湖州科技城，市财政自2017年起连续三年每年安排不少于500万元支持湖州科技城创新平台建设、科技成果转化和科技人才引育等项目建设；对国内外知名高校、科研院所与我市合作共建的从事与我市主导产业和重点培育产业发展相关的独立法人研发机构和产业化创新中心，优先安排入驻科技城或重点保障其建设用地，并根据其投资额分阶段给予最高1000万元运行经费补助。大力建设众创空间，对获得国家、省和市级认定的众创空间一次性分别给予最高100万元、50万元、10万元奖励。对中央直属企业、国内行业龙头企业、知名跨国公司、国家科研机构、全国重点大学在我市设立具有独立法人资格、符合我市产业发展方向、引入核心技术并配置核心研发团队的研发机构和研发总部的，予以最高1000万元支持；对特别重大的创新项目，采取“一事一议”方式给予重点支持。

4．改革科研经费管理使用。改革科技计划管理体制，大力实施重点研发计划、科技攻关和公益性技术研究科技专项，公开发布重点支持领域及申报指南。事后资助项目资金不再限定具体用途，由承担单位自主用于研发活动。强化财政科研项目绩效激励，提高科研经费中的间接费用比重，其中用于人员激励的绩效支出占扣除设备购置费后直接费用的比例，最高可提高到20%。项目经费使用实行授权管理，对劳务费不设比例限制，对参与项目的研究生、博士后及聘用的研究人员、科研辅助人员等均可按规定标准开支劳务费；允许列支购买中间性试验或生产性试制的设施、设备。简化项目预算编制、立项、验收和管理流程。高等学校、科研院所及其科研人员面向企业的科研开发、成果转化的服务活动，实行有别于财政科研项目的管理方式，按合同制管理；项目研发团队可按约定获得劳务报酬，科研人员通过研发取得的科研劳务收入按规定计缴个人所得税，不纳入所在单位的绩效工资总额。

5．促进科技成果转化。深入贯彻执行《中华人民共和国促进科技成果转化法》《浙江省促进科技成果转化条例》。对于财政资金支持形成的，不涉及国防、国家安全、国家利益、重大社会公共利益的科技成果的使用权、处置权和收益权，全部下放给符合条件的项目承担单位。单位主管部门和财政部门对科技成果在境内的使用、处置不再审批或备案，科技成果转移转化所得收入全部留归单位，纳入单位预算，实行统一管理，处置收入不上缴国库。国有企业事业单位对职务发明完成人、科技成果转化重要贡献人员和团队的奖励，计入当年单位工资总额，但不作为工资总额基数。落实在创新中做出重要贡献的技术人员的股权、期权和分红等激励政策，对高新技术企业和科技型中小企业转化科技成果给予个人的股权激励，按国家政策落实税收优惠。

6．强化科技金融支持。探索建立总规模1亿元的科技创新专项引导基金，对重大创新项目、重大创新平台、众创空间、高新技术企业以风投、参股等市场化运作方式予以资本金注入。推广专利权、商标权质押融资，促进科技企业知识变资本。全市国有和商业银行要进一步加大对科技创新的信贷力度，建立健全科技企业融资信贷风险分担机制，鼓励符合条件的银行业金融机构为科技创新创业企业提供股权与债权相结合的新型融资方式；积极开展科技型中小企业专项贷款保证保险试点工作，建立首期1亿元科技型中小企业专项贷款保证保险专项资金，纳入政策性融资担保体系建设，对于众创空间内孵化企业实施的保证保险贷款，给予2%的保费补助；通过政府资金引导，运用市场化操作模式，由保险公司、银行和政府共同分担科技型中小企业贷款风险，降低企业融资成本。

7．加强知识产权创造与保护。加强知识产权创造，对有效授权发明专利进行补助，确保专利数量和质量稳定提升。贯彻落实《浙江省专利条例》，实行严格的知识产权保护制度，完善重点产业、重点企业和流通领域的知识产权保护机制；深入开展专利导航、预警和知识产权评议，实施国家和省专利导航工程试点建设补助；大力扶持专利密集型产业发展，支持知识产权示范园区建设。进一步推动专利权质押融资与专利保险工作。完善知识产权维权援助机制。积极配合浙江省知识产权保护信用系统建设，将恶意侵犯知识产权等违法失信行为信息纳入社会信用体系。

8．加快建设科技大市场。按照“展示、交易、交流、合作、共享”五位一体的建设目标，加快建设湖州科技大市场。搭建和完善网上技术市场综合服务平台。引进从事技术转移、咨询评估、投资融资、知识产权等方面的科技中介服务机构入驻科技大市场，积极开展与国外科技中介服务机构的合作，鼓励和引导国际技术转移机构入驻。培育一批专业化程度高、市场化能力强、品牌信誉好的科技中介服务机构，培育一支既懂产业又懂科研的技术经纪人队伍，提升全市科技中介服务整体能力和水平，加快形成线上线下相融合的科技大市场体系。

9．扩大人才科研自主权。落实市委市政府《关于深化人才发展体制机制改革支持人才创业创新的实施意见》，推进人才发展体制机制改革创新，加大“南太湖精英计划”等重点人才工程实施力度，注重人文关怀，努力营造良好的人才发展环境，最大限度激发人才创业创新活力。推进以项目负责人制为核心的科研组织管理模式，让领衔科技专家享有更大的技术路线决策权、经费支配权、资源调动权。高校及科研院所科研人员在履行岗位职责、完成本职工作的前提下，征得所在单位同意，可在职创业并按规定获得报酬。鼓励研发团队负责人为实施科技成果转化发起成立公司，并在公司控股或成为大股东。改进教学科研人员因公临时出国（境）管理，高等学校和科研院所中直接从事教学科研任务的人员和担任领导职务的专家学者，不计入本单位和个人年度因公临时出国（境）批次限量管理范围，出访团组、人次数和经费单独统计。

10．发挥政府采购支持创新作用。负有编制部门预算职责的各部门在满足机构自身运转和提供公共服务基本需求的前提下，应当预留年度政府采购项目预算总额的 30% 以上，专门面向中小企业采购。在同等条件下，鼓励优先采购科技型中小企业的产品和服务。制订自主创新产品和服务推荐目录，纳入目录并被市级有关部门认定为首购产品的，采购单位可采用单一来源采购方式开展首购活动；对其他产品和服务，采购单位可依法采用非招标采购方式进行采购。建立首台（套）重大技术装备和示范应用项目的保险制度和风险补偿机制，研究探索重大创新产品保险补偿机制。

11．完善创新驱动评价考核体系。构建科技创新、知识产权与产业发展相结合的创新驱动发展评价指标体系。进一步完善市对县区党政领导科技进步和人才工作目标责任制考核办法，加大对发明专利授权量、高新技术产业投资、高新技术产业增加值、技术交易总额、新增高新技术企业数、新增科技型中小微企业数等六大指标的考核力度。健全国家创新型城市和知识产权强市建设推进机制。

12．确保财政科技投入稳定增长。各级政府要加大对科技创新的投入，优先保障并合理提高科学技术经费投入，规范财政科技投入口径，优化支出结构。健全部门间的财政科技资金统筹协调和信息共享机制，提高财政科技经费的使用绩效。建立公开统一、便捷高效、覆盖全市的科技项目和经费管理系统。

本意见自公布之日起实施。

名　录

队队员

·光荣榜·

最美湖州人

刘建峰　长兴县人民医院呼吸科主治医师
张　勇　吴兴区城市管理行政执法支队爱山大队大队长
俞晓明　湖州市环境卫生管理处修理工
赵天福　安吉县天荒坪镇人民政府司法调解员
夏福林　湖州市殡仪馆殡葬火化工
盛　建　湖州市公安局刑侦支队主任科员
章春燕　南浔区人民检察院未成年人刑事检察科科长
湖州师范学院阳光空巢关爱志愿服务队
蒋　谊　湖州市社会保险管理局主任科员
蔡思杰　德清杰创生态农业开发有限公司经理

"最美湖州人"提名奖

王震宇　湖州市国家税务局稽查局检查一科科长
孙琴华　南浔开发区实验学校小学教师、德育副主任
朱胜萱　德清伴城伴乡文化创意有限公司董事
呼格吉乐　湖州师范学院物理实验教学示范中心高级实验师
俞　强　国网湖州供电公司输电运检室检修二班班长
唐正梅　长兴县龙山街道渚山村村民
钱世荣　长兴县公安消防大队画溪中队政治指导员
商　剑　安吉县人民医院麻醉科副主任医师
褚连芳　湖州市长田漾湿地管理处渔山村退休乡村医生
蔡海兵　吴兴区东林镇行政执法中队队员

最美家庭

杨世芬家庭　吴兴区南太湖高新区联漾村
沈玲丽家庭　吴兴区南太湖高新区北塘桥村
徐维丽家庭　吴兴区织里镇秦家港社区
金连江家庭　吴兴区八里店镇移沿山村
汪永江家庭　吴兴区道场乡红里山村
许良国家庭　吴兴区埭溪镇上强村
赵慷慷家庭　吴兴区环渚街道华丰村
霍明泰家庭　吴兴区月河街道东湖家园社区
郑胜圣家庭　吴兴区飞英街道余家漾社区
沈永根家庭　南浔区千金镇东马干村
张和尚家庭　南浔区南浔镇灯塔村
严国钧家庭　南浔区菱湖镇勤劳村
郑方生家庭　南浔区旧馆镇三桥村
姚林法家庭　南浔区善琏镇观音堂村
莫建平家庭　南浔区和孚镇重兆村
黄发宝家庭　南浔区练市镇荃步村
虞安林家庭　南浔区双林镇莲花兜村
王华州家庭　德清县阜溪街道兴山村
汪少甫家庭　德清县雷甸镇中兴社区
沈巧宝家庭　德清县新安镇下舍村
沈丽文家庭　德清县新市镇南昌社区
陈雪丽家庭　德清县禹越镇东港村
邱菊红家庭　德清县钟管镇东舍墩村
唐小英家庭　德清县乾元镇溪街社区
徐伟强家庭　德清县三合乡下杨村
徐煜岑家庭　德清县舞阳街道舞阳社区
章　宬家庭　德清县武康街道永兴社区
蔡田狗家庭　德清县洛舍镇砂村村
王　强家庭　长兴县龙山街道齐北社区
李成国家庭　长兴县雉城街道所前社区
严建民家庭　长兴县虹星桥镇刘井村
金　马家庭　长兴县泗安镇塔上村
杭应芳家庭　长兴县夹浦镇滨湖村
钦建琴家庭　长兴县太湖图影旅游度假区横山桥村
顾吉娣家庭　长兴县太湖街道陆汇头社区
钱　莹家庭　长兴县龙山街道体育场社区
董小白家庭　长兴县雉城街道三狮社区
丁　亮家庭　安吉县递铺街道万亩村
王有林家庭　安吉县章村镇郎村村
厉爱珍家庭　安吉县昌硕街道桃园社区
朱微微家庭　安吉县上墅乡罗村村
张建仁家庭　安吉县杭垓镇磻溪村
张忠法家庭　安吉县灵峰街道碧门村
姚志军家庭　安吉县孝源街道孝源村
曾文革家庭　安吉县孝丰镇老石坎村
陈利军家庭　湖州度假区仁皇山街道仁皇山三社区
查展平家庭　湖州开发区凤凰街道龙溪北路 1188 号
施根毛家庭　湖州度假区仁皇山街道金家兜村
姜新梅家庭　湖州度假区滨湖街道丘城社区
褚连芳家庭　湖州度假区长田漾湿地管理处渔山村

最美班组

湖州金洁实业有限公司自来水安装班组
浙江彩蝶实业有限公司技术部
浙江欧诗漫集团促销培训部
长兴县人民医院急诊科
浙江杭长高速公路有限公司安吉收费所收费肆班
湖州翔顺工贸有限公司翔顺创意设计中心
湖州新奥燃气有限公司维抢修组
湖州市长运汽车运输有限公司湖州绿色车站东站安检班
湖州市中医院血液透析中心
葛洲坝集团长龙山施工项目部长龙山工区责任组

“最美班组”提名奖

珀莱雅化妆品股份有限公司湖州分公司包装二车间自动化 C 班
浙江巨人控股有限公司新产品试制车间
德清县人民医院急诊科
长兴旗滨玻璃有限公司制造二部
浙江惠嘉生物科技股份有限公司微生物发酵班组
湖州太湖旅游度假区公用事业管理有限公司南太湖蓝藻打捞（水上保洁）班
湖州安邦护卫有限公司德清守押中队第 83 号车组
湖州市建设工程质量（安全）监督站安全监督科
湖州市图书馆服务拓展部
中国电信股份有限公司湖州长途电信传输局湖州分局
湖州申通快递有限公司织里科技城投递组

最美窗口

湖州市住房公积金管理中心直属业务部
湖州市公安局出入境接待大厅
湖州市行政服务中心财税窗口
湖州市行政服务中心环保窗口
湖州市道路运输管理局办证中心
湖州市国税局直属分局办税服务厅
湖州市中心医院急诊科
湖州东吴开元名都酒店前台
吴兴区市场监督管理局行政审批许可窗口
吴兴区人民法院诉讼服务中心窗口
中国工商银行湖州吴兴支行营业部
国网湖州供电公司双林供电营业厅
南浔古镇景区游客接待中心
湖州银行城西支行营业部
湖州港华燃气有限公司客服中心
湖州开发区龙溪街道罗师庄便民服务中心
太湖度假区仁皇山四社区便民服务中心
德清县公安局交通警察大队车辆管理所办事大厅
中国旅行社集团长兴有限公司办事大厅
安吉广电杭垓营业厅

·光荣榜·

2016 年，全市农业系统在市委、市政府的领导下，深入贯彻落实党的十八大及三中、四中、五中、六中全会和省、市重要会议精神，深入践行“绿水青山就是金山银山”重要思想，以五大发展理念为引领，以农业供给侧结构性改革为主线，以加快发展生态循环效益农业为重点，以农业增效农民增收为核心，强基础保障、促融合发展、重生态安全、抓改革创新，大力培育新型农业经营主体，着力构建新型农业经营体系，不断提升农业现代化水平。现对 2016 年度新认定 26 家市级重点农业龙头企业，予以通报表彰。

2016 年度市级重点农业龙头企业名单

湖州丰盛湾水产有限公司
湖州吴氏生态农业有限公司
湖州神牛生态农业发展有限公司
湖州南浔华统肉制品有限公司
湖州南浔浔味堂食品有限公司
浙江益祥生物科技有限公司
德清县小根水产养殖场
浙江天杭生物科技股份有限公司
德清县闽冠生态农业开发有限公司
浙江德清乾龙宝岛生态农业有限公司
德清县冢乐舒生物科技有限公司
湖州图龙装饰新材有限公司
浙江永辉家私有限公司
长兴县长岗园林绿化工程有限公司
浙江长兴一龙农业科技有限公司
湖州海皇生物科技有限公司
长兴轩乐诗农业发展有限公司
长兴振华生猪养殖有限公司
浙江长兴百岁爷茶业有限公司
浙江佐力百草中药饮片有限公司
浙江安吉三美竹木制品有限公司
安吉正源塑木装饰材料有限公司
安吉山水灵峰休闲农业发展有限公司
安吉洪利竹木工艺品厂
安吉夏日竹工艺品厂
湖州科奥种业有限公司

·光荣榜·

2016 年，全市人才工作紧紧围绕人才强市和创新驱动发展战略，以创新、协调、绿色、开放、共享五大发展理念为引领，以人才资源集聚、人才平台提升、人才服务优化、人才作用发挥、人才体制创新“五位一体”人才发展体系为抓手，着力聚人才、引项目、兴产业，取得了新成效，新入选国家“千人计划”、省“千人计划”人数均列全省第三，连续三年荣获全省人才工作目标责任制考核优秀市。现对新入选的国家“千人计划”、“万人计划”和省“千人计划”专家，予以通报表彰。

第十三批国家“千人计划”专家入选者（9 名）

唐章俊（湖州越球电机有限公司）
青木功荘（升华集团德清华源颜料有限公司）
李重辉（天能集团）
白旻善（天能集团）
冯　锋（超威电源有限公司）
加瀬究（浙江致晟信息科技有限公司）
王　奔（安吉景卉信息技术有限公司）
孙占奎（中国科学院湖州应用技术研究与产业化中心）
刘文娟〔微宏动力系统（湖州）有限公司〕

第二批国家“万人计划”专家入选

者（1名）
刘太顺（湖州师范学院）

第九批浙江省“千人计划”专家入选者（25名）
陈锦华(湖州久鼎电子有限公司)
宋国文（浙江蓝天海纺织服饰科技有限公司）
王泽峰（湖州思达机械制造有限公司）
史瑞生（湖州维细高分子材料有限公司）
廖越峰（浙江德宏汽车电子电器股份有限公司）
渡边充广（浙江东尼电子股份有限公司）
唐章俊（湖州越球电机有限公司）
刘　锴（浙江金美能源科技有限公司）
胡甫正（湖州圣龙汽车动力系统有限公司）
韩庚欣（湖州三峰能源科技有限公司）
艾瑞驰·乌尔蒂希（久立集团股份有限公司）
富尔玛〔沃克斯电梯（中国）有限公司〕
青木功荘（升华集团德清华源颜料有限公司）
王海侠（中电科技德清华莹电子有限公司）
李重辉（天能集团）
白旻善（天能集团）
冯　锋（超威电源有限公司）
加濑究（浙江致晟信息科技有限公司）
王　奔（安吉景卉信息技术有限公司）
方锡田（浙江安吉策能汽车排放科技有限公司）
孙占奎（中国科学院湖州应用技术研究与产业化中心）
张　洁（中国科学院湖州应用技术研究与产业化中心）
帅　克（中国科学院成都生物研究所湖州生物资源利用与开发中心）
卢　筌（芯启源电子科技有限公司）
秦民民（浙江特瑞思药业股份有限公司）

·光荣榜·

2016年，全市服务业工作按照市委、市政府的决策部署，紧紧围绕“六重”清单，扎实开展“转型升级会战年”活动，聚焦平台项目企业，积极推动全市服务业增量提质，并涌现了一批先进集体和个人。为总结经验，鼓励先进，进一步促进湖州市服务业提质增效，根据《湖州市服务业优强企业排名评选办法》（湖政办函〔2010〕17号)、《2015年度湖州市服务业发展工作考核办法》（湖服务业办〔2015〕18号）和《湖州市省级现代服务业集聚示范区考核办法》(湖服务业办〔2013〕10号）等文件精神，经市服务业领导小组综合评定，现对2016年度市服务业发展工作先进集体、优强企业和先进个人予以通报表彰。

一、服务业发展工作先进集体
一等奖
安吉县人民政府
德清县人民政府
吴兴区人民政府
二等奖
长兴县人民政府
南浔区人民政府
湖州开发区管委会
集聚示范优胜奖
太湖度假区管委会

二、服务业发展重点行业优秀服务单位
一等奖
市委宣传部
市旅委
市商务局
二等奖
市建设局
市交通运输局
市经信委
三等奖
市人行
市金融办
市科技局
市民政局

三、服务业发展联席会议优秀成员单位
一等奖
市发改委
市统计局
市财政局
二等奖
市市场监管局
市质量技监局
市国土资源局
市规划局
三等奖
市文广新局
市教育局
市人力社保局
湖州检验检疫局
湖州海关

四、省级现代服务业集聚示范区考核先进单位
一等奖
南浔古镇文化休闲旅游集聚区
长兴综合物流园区
德清长三角金融后台集聚区
二等奖
南浔国际建材城
湖州织里童装生产性服务业集聚区
湖州太湖旅游休闲集聚区
三等奖
德清临杭物流园区
湖州多媒体产业园
安吉灵峰休闲旅游集聚区
湖州南太湖科研设计服务集聚区
吴兴科创园

五、服务业“双百”计划综合先进单位
一等奖
南浔区人民政府
二等奖
德清县人民政府
太湖度假区管委会
长兴县人民政府
三等奖
安吉县人民政府
吴兴区人民政府
湖州开发区管委会

六、服务业优强企业
1. 零售企业
浙北大厦集团有限公司

湖州奥通汽车有限公司
湖州南浔浙北大厦购物广场有限公司
长兴润瑞商业有限公司
湖州星火百货有限公司
湖州老大房超市有限公司
青岛润泰事业有限公司湖州分公司
长兴县第一百货商店有限责任公司
长兴之星汽车有限公司
湖州荣恒石油化工有限公司
安吉县供销石油有限公司
湖州中海联石油有限公司

2．批发企业

浙江超威动力能源有限公司
中国石化销售有限公司浙江湖州石油分公司
德华兔宝宝装饰材料销售有限公司
中国石油天然气股份有限公司浙江湖州销售分公司
浙江升华物产有限公司
丝绸之路控股集团有限公司
久立集团股份有限公司
浙江华圣药业集团有限公司
国药控股湖州有限公司
湖州富盈再生物资回收有限公司
浙江升华控股有限公司
德清乾盛建材贸易有限公司

3．商品交易市场

湖州市织里商城发展有限公司（浙江织里童装市场）
浙江南浔建材市场开发有限公司（浙江南浔建材市场）
湖州江南粮油副食品综合市场有限公司（湖州江南粮油副食品综合市场）
长兴农副产品综合批发市场
长兴金陵商城发展有限公司（长兴金陵商城）
长兴家之窗现代家居生活广场有限公司（长兴家之窗现代家居广场）
长兴中心农贸市场

4．宾馆、酒店

湖州东吴开元名都酒店有限公司
浙江天籁之梦旅游投资有限公司湖州喜来登酒店
长兴国际大酒店有限公司
浙江银润休闲旅游开发有限公司
长兴紫金实业有限公司新紫金大酒店
浙江湖州丝绸大厦有限公司国际大酒店
湖州南浔花园名都大酒店有限公司
安吉维笙香溢大酒店有限公司
安吉芽芽度假村有限公司君澜度假酒店
安吉美林度假村有限公司

5．新型业态

浙江欧诗漫美容科技有限公司
湖州老娘舅餐饮有限公司
湖州沙力电器有限公司
浙江奥特莱斯置业有限公司
湖州鲜绿多健康农产品产业发展有限公司

6．旅游景区（点）

中南百草原集团有限公司
安吉江南天池度假村有限公司
太湖黄金湖岸景区
浙江南浔古镇旅游发展有限公司
莫干山风景区
德清下渚湖湿地景区
安吉竹子博览园有限责任公司
长兴仙山湖旅游投资开发有限公司
长兴顾渚大唐贡茶院旅游发展有限公司
长兴太湖图影景区经营管理有限公司

7．旅行社

浙江美都旅游有限公司
湖州新国际旅行社有限公司
湖州快乐中旅旅游有限公司
湖州春秋国际旅行社有限公司
浙江省中国旅行社集团长兴有限公司
湖州中青旅旅游有限公司
中国国旅（湖州）国际旅行社有限公司
湖州南浔新国际旅游有限公司
湖州康辉国际旅行社有限公司
长兴万宏交通旅行有限公司

8．文化企业

湖州广播电视传媒集团
湖州日报报业集团
湖州时代德纳国际影城有限公司
湖州王一品斋笔庄有限责任公司
湖州影视城有限公司
湖州海洋城商业管理有限公司
长兴传媒集团
长兴百叶龙文化发展股份有限公司

9．物流企业

浙江兴一物流有限公司
长兴天顺物流有限公司
浙江天跃物流有限公司
湖州鑫达国际物流有限公司
安吉上港国际港务有限公司
浙江百诚物流有限公司
浙江美都物流有限公司
中国邮政速递物流股份有限公司湖州市分公司
湖州长运祥瑞物流中心有限公司
湖州一通物流有限公司
浙江长兴捷通物流有限公司

10．信息服务企业

中国移动通信集团浙江有限公司湖州分公司
中国电信股份有限公司湖州分公司
浙江即富金融数据处理有限公司
浙江省通信产业服务有限公司湖州市分公司
湖州华数广电网络有限公司
湖州宁以远数字科技有限公司
浙江国遥地理信息技术有限公司
浙江中海达空间信息技术有限公司
浙江海瑞网络科技有限公司
湖州联创软件有限公司

11．中介组织

浙江东南建设管理有限公司
浙江宏泰工程项目管理有限公司
湖州嘉业会计师事务所有限公司
浙江广诚律师事务所
湖州金卫知识产权代理事务所（普通合伙）
湖州天佑检测校准有限公司
湖州正立会计师事务所有限公司
浙江联合拍卖有限公司

12．物业管理企业

浙江京兴物业管理有限公司
绿城物业服务集团有限公司湖州分公司
湖州万众房地产物业管理中心
浙江华悦物业服务有限公司
湖州经典物业管理有限公司

13．社区服务企业

长兴县社会服务发展中心
湖州市吴兴区幸福之家养老服务中心
安吉县社会福利中心
湖州市南浔区社会工作服务中心
德清县晨曦社会工作服务中心

七、服务业发展工作先进个人

何方元　牛忠远　于淑芳　沈婧莹
顾　亭　闵菁菁　方　芳　徐　晟

岳海东　俞子娴　王海强　钱中勇
凌　敏　吴张欢　张　峰　林　晖
李　氲　周希强　孙　晔　吴夏平
鲁　敏　沈宁儿　蔡　健　郭旭华
周旭东　胡秀琴　黄丁伟　谭燕华
李梦蕾　孔　亮　施　怡　李明力
徐地强　金中达　郑一栋　蒋　萌
吴春雷　雷　唤　战飞飞　任启北
夏桂玲　孙　瑗

·光荣榜·

2016年，全市重点建设在市委、市政府的正确领导下，强化项目为王理念不动摇，以“六重”工作为主抓手，扎实开展“四个年”活动，持续打好重大项目建设攻坚战，为湖州加快赶超发展提供强有力的支撑保障。全市重点建设项目累计完成投资816亿元，超年度计划26%，提前2个月完成年度目标任务；重点建设项目完成年度投资占全社会固定资产投资达51%，充分发挥了重点建设项目对扩大有效投资的示范引领作用。期间，涌现出一大批先进集体和先进个人。为激发广大建设单位和建设者的积极性、主动性和创造性，进一步推进重点建设工作，市政府决定对2016年度市重点建设和重大项目前期工作以及立功竞赛的先进单位、先进个人予以通报表彰。现将名单公布如下：

一、重点建设和重大项目前期工作推进奖

（一）综合推进奖

吴兴区人民政府
德清县人民政府
长兴县人民政府
湖州市交通运输局

（二）重点建设推进奖

南浔区人民政府
安吉县人民政府
湖州经济技术开发区管理委员会
湖州市水利局
国网浙江省电力公司湖州供电公司

（三）重大项目前期推进奖

湖州太湖旅游度假区管理委员会
湖州市住房和城乡建设局
湖州市旅游委员会

二、重点建设和重大项目前期工作优秀服务奖

湖州市发展和改革委员会
湖州市财政局
湖州市规划局
湖州市国土资源局
湖州市环境保护局
湖州市行政服务中心
湖州市经济和信息化委员会
中国银行业监督管理委员会湖州监管分局
湖州市审计局

三、重点建设工作先进集体

浙江东尼电子股份有限公司
中节能（湖州）环保科技有限公司
湖州万达投资有限公司
湖州市国土资源局吴兴区分局
吴兴区重点项目建设领导小组办公室
南浔区南浔镇人民政府
南浔区双林镇人民政府
南浔区交通局
湖州南浔旅游发展集团有限公司
南浔区重点项目建设领导小组办公室
湖州莫干山高新技术产业开发区管理委员会
德清县钟管镇人民政府
德清县发展和改革委员会
德清县交通运输局
浙江大桥油漆有限公司
长兴县发展和改革委员会
长兴县住房和城乡建设局
长兴县交通运输局
长兴太湖图影旅游度假区管理委员会
长兴经济技术开发区管理委员会
上海龙之梦旅业投资（集团）有限公司
浙江自然博物园核心馆区项目建设指挥部
安吉灵峰旅游度假区管理委员会
安吉县水利建设发展总公司
安吉临港经济区管理委员会
微宏动力系统（湖州）有限公司
永兴特种不锈钢股份有限公司
湖州经济技术开发区行政审批服务中心
湖州经济技术开发区管理委员会发展改革与经济贸易局
湖州经济技术开发区管理委员会审计局
浙江发现岛文化旅游有限公司
湖州太湖旅游度假区管委会建设与交通局
湖州影视城有限公司
湖州市人民政府办公室建设发展处
京杭运河（浙江段）三级航道整治工程湖州指挥部
湖州市公安局
湖州市人民防空办公室
湖州市交通规划设计院
湖州市交通工程质量安全监督站
湖州市城市保障房建设有限公司
湖州市中兴建设开发公司
湖州市水务集团有限公司
湖州市建设工程质量监督站
湖州市太湖水利工程建设管理局
湖州市铁路建设管理处
湖州市总工会
中国工商银行股份有限公司湖州分行
湖州电力设计院有限公司
湖州广播电视传媒集团（总台）
浙江省工程咨询有限公司湖州代建项目部

四、重点建设和重大项目前期工作先进个人

（一）重点建设工作先进个人

杨元江　沈宏伟　张佩方　沈建强
费　菲　詹家峰　姚明星　郑　斌
朱　华　吴晨波　林立群　蔡志伟
姚建强　盛丹华　沈国财　蒋再飞
傅仕松　陈永新　丁　亮　冯　波
毛　军　杨　婷　刘远庆　张咏梅
莫　骄　孔　虹　伍永生　殷小平
郁　峰　侍小伟　刘红飞　倪利锋
潘东敏　朱宏良　闻爱祥　吴艾莉
何仲文　杨涵如　胡佐平　潘一品
邱　原　章金平　李　政　谢敏杰
马建华　朱倩雯　姚学平　沈玉凤
徐永平　李晓华　吴张欢　吴　晓
胡丕国　陈　爱　杨丹琰　徐永平
黄　枫　徐　桦　朱程遥　徐国茂
李　翔

（二）重大项目前期工作先进个人

沈忠明　周洪伟　吴　斌　朱余超
蔡兴敏　沈　莹　窦明松　陈　炜
姚曙红　章军平　徐基财　林　宏
夏吉胜　徐一丹　嵇丽辉　王俊杰

楼小波　黄全文　万　勇　李　枫
钱黎明　吴彦钧　王　斌　费超锋
施彬华　胡川青　俞子娴　慎佳泓
沈指南　褚群如　劳　动　韩丰阳
林世全　邱铭芳　张开林　方夏莹
孙　燕　王新勇　张　峰　潘　磊
王华伟　高寅超　沈梦蔚　彭泽铭
莫林方　陈　晓　杜文超　胡　畅

五、重点建设立功竞赛先进集体

◆上海建工一建集团有限公司
◆中铁十七局商合杭铁路站前十八标项目经理部
◆中国葛洲坝集团股份有限公司长龙山抽水蓄能电站施工项目部
◆湖州市申嘉湖高速公路西延（湖州鹿山至安吉孝源段）项目建设指挥部
◆湖州南浔城市建设发展集团有限公司
◆中国水利水电第十二工程局有限公司杭嘉湖环湖河道整治工程施工2标项目部
◆成道建设（中国）有限公司
◆久盛电气股份有限公司
◆德清县建设投资有限公司
◆湖州市环境卫生管理处

六、重点建设立功竞赛先进个人

施惠隆　汪道静　许伟荣　陈德坤
程剑平　潘春华　吴国清　洪桂堂
朱春根　郑鱼洪

·光荣榜·

2016年，全市上下在市委、市政府的正确领导下，认真贯彻落实党的十八大和十八届三中、四中、五中、六中全会精神，紧紧围绕省委、省政府各项决策部署，按照以五大发展理念引领赶超发展的总要求，以“转型升级会战年”活动为载体，大力实施“生态立市、工业强市、产业兴市、开放活市”战略，主动适应经济发展新常态，坚决打好转型升级组合拳，狠抓供给侧结构性改革，积极应对全球经济复苏缓慢、国内需求仍然不足等情况，突出稳增长、调结构、增后劲、抓改革、强创新、防风险，全市工业和信息化发展呈现出“稳中有进”的良好态势，涌现了一大批先进单位。现予以通报表彰。

2016年度湖州市“金象”企业

天能集团
超威集团
升华集团控股有限公司
巨人通力电梯有限公司
佐力控股集团有限公司
浙江泰普森休闲用品有限公司
久立集团股份有限公司
浙江大东吴集团有限公司

2016年度湖州市“金牛”企业

美欣达集团有限公司
金洲集团有限公司
永兴特种不锈钢股份有限公司
德华集团控股股份有限公司
浙江欧诗漫集团有限公司
桐昆集团浙江恒腾差别化纤维有限公司

2016年度湖州市纳税大户

天能集团
超威集团
升华集团控股有限公司
美欣达集团有限公司
佐力控股集团有限公司
巨人通力电梯有限公司
德华集团控股股份有限公司
永兴特种不锈钢股份有限公司
久立集团股份有限公司
湖州南方水泥有限公司
金洲集团有限公司
浙江泰普森休闲用品有限公司
浙江栋梁新材股份有限公司
浙江大东吴集团有限公司
香飘飘食品股份有限公司
浙江恒林椅业股份有限公司
浙江江森自控电池有限公司
湖州老恒和酿造有限公司
浙江五龙新材股份有限公司
浙江诺力控股有限公司
永艺家具股份有限公司
珀莱雅（湖州）化妆品股份有限公司
浙江辛子精工机械股份有限公司
微宏动力系统（湖州）有限公司

2016年度湖州市政府质量奖企业

浙江佐力药业股份有限公司
浙江中山化工集团股份有限公司
浙江洁美电子科技股份有限公司
湖州老恒和酿造有限公司
沃克斯电梯（中国）有限公司

2016年度湖州市工业行业“隐形冠军”企业

安吉长虹制链有限公司
浙江华立智能装备股份有限公司
浙江明泉工业涂装有限公司
浙江精通科技股份有限公司
湖州凯恩涂层有限公司
浙江奥奇食品股份有限公司
浙江畅通科技有限公司
浙江华飞电子基材有限公司
浙江长兴前进机械铸造有限公司

2016年度湖州市工业强市建设先进县区

德清县
长兴县
吴兴区

2016年度湖州市工业强市建设先进单位

市委组织部（市委人才办）
市委宣传部
市委政法委
市发改委
市科技局
市财政局
市商务局
市环保局
市统计局
市市场监管局
市总工会
市国税局

2016年度湖州市十大工业强镇

八里店镇
织里镇
南浔镇
练市镇
雷甸镇
新市镇
乾元镇
李家巷镇
和平镇
夹浦镇

2016年度湖州市“转型升级会战

年”活动先进县区

吴兴区
德清县
长兴县

2016年度湖州市“转型升级会战年”活动先进部门

市委组织部（市委人才办）
市委宣传部
市科技局
市财政局
市人力社保局
市国土资源局
市建设局
市规划局
市水利局
市商务局
市环保局
市统计局
市旅委
市安全监管局
市市场监管局
市行政服务中心

2016年度湖州市优秀特色产业工业园

一等奖

吴兴现代物流装备产业园

二等奖

南浔电梯产业园
德清生物医药产业园

三等奖

安吉现代家居产业园
吴兴青山机电制造产业园
德清临杭装备制造产业园

2016年度浙江省新型工业化产业示范基地（先进制造业基地）

吴兴现代物流装备
德清装备制造

第一批省级重点企业设计院

浙江泰普森休闲用品有限公司省级重点企业设计院

浙江省第三批“三名”培育试点企业

浙江欧诗漫集团有限公司
湖州老恒和酿造有限公司
永兴特种不锈钢股份有限公司

2016年度浙江省优秀工业新产品（新技术）

一等奖

浙江恒立数控科技股份有限公司
　数控金属板材高速分条机组

二等奖

浙江三星新材股份有限公司
　UMI透视可转换门体
中电科技德清华莹电子有限公司
　六英寸声表面波级黑化妮酸锺单晶片
浙江金三发非织造布有限公司
　FN80吸醒壁纸专用非织造布

三等奖

浙江欧诗漫集团有限公司
　珍珠高活性原生多肤修护生长因子
永兴特种不锈钢股份有限公司
　S32760超级双相不锈钢棒材
微宏动力系统（湖州）有限公司
　动力锂离子电池用离子液体电解质
湖州大平微特电机有限公司
　J52SY350C永磁直流伺服电动机
永兴特种不锈钢股份有限公司
　ER2209双相不锈钢焊接用线材
浙江中科兴环能设备有限公司
　WSJ700污泥固化处理设备
升华集团德清华源颜料有限公司
　磁性氧化铁红GC1399
浙江立泰复合材料有限公司
　破化棚嵌化硅复相陶瓷及其制备方法
浙江天能电源材料有限公司
　一种高效率铅膏脱硫技术
浙江青松轻纺有限公司
　超仿棉/细旦导湿涤纶舒适型丝光绒经编面料
长兴德源环保助剂有限公司
　DY－017高效润湿分散剂
浙江七星电容器有限公司
　超薄型金属化电容蒸镀膜
浙江升华云峰新材股份有限公司
　生态实木定制衣
美意（浙江）空调设备有限公司
　高效三位一体机组

2016年度浙江省装备制造业重点领域首台（套）

湖州惠盛机械有限公司
　自动平网印花机
浙江久立特材科技股份有限公司
　核电蒸汽发生器（SG2）U形管束装置
星光农机股份有限公司
　4LZG－3.0型谷子联合收获机
浙江华立涂装设备有限公司
　工程机械智能化涂装生产线
浙江明泉工业涂装有限公司
　MQTZ节能环保型汽车部件电泳涂装生产线
浙江鼎力机械股份有限公司
　JCPT2212自行走剪叉式高空作业平台

2016年度浙江省技术创新示范企业

浙江久立特材科技股份有限公司
浙江佐力药业股份有限公司

2016年度国家企业技术中心

永兴特种不锈钢股份有限公司技术中心

2016年度“浙江制造精品”

浙江诺力机械股份有限公司
　压杆驱动式助力搬运车
恒达富士电梯有限公司
　微电脑控制型安全防故障自动扶梯
韦伯电梯有限公司
　WP智能测控节能型乘客电梯WP30
英特换热设备（浙江）有限公司
　新型壳管式换热器ETZ（L）012－260
浙江华立涂装设备有限公司
　HL－纳米级高端装饰件涂装生产线
浙江明泉工业涂装有限公司
　MQCZ－H型高吸附模数喷涂设备
美意（浙江）空调设备有限公司
　高效三位一体机（水水机）J052～J210
浙江瑞明节能科技股份有限公司
　AWIT68A铝木复合内平开下悬门窗
浙江瑞明节能科技股份有限公司
　新型隔热保温铝合金节能门窗系列产品
浙江三星新材股份有限公司
　UMI透视可转换门体
浙江晶日照明科技有限公司

JRA7；JRB8；JRD5
长兴恒动光电有限公司
大功率全能 LED 灯
浙江舒友仪器设备有限公司
彭氏多功能手术解剖器（电凝切割器）
浙江中德自控科技股份有限公司
平行双闸板闸阀 VZ44Y
浙江天马轴承有限公司
3mw 风力发电机组用轴承
浙江创为智能装备股份有限公司
全自动覆膜包板机 BM－1600
浙江佳雪微特电机集团有限责任公司
高效干、湿切全自动卧式数控滚齿机（八轴）
浙江恒立数控科技股份有限公司
数控金属板材高速分条机组 ZJL1650－30S \
星光农机股份有限公司
4LZ－5.0Z 全喂入联合收割机

2016 年度浙江省高端装备制造业骨干企业

浙江金洲管道科技股份有限公司
浙江三一装备有限公司
星光农机股份有限公司
浙江久立特材科技股份有限公司
微宏动力系统（湖州）有限公司
永兴特种不锈钢股份有限公司
浙江天马轴承有限公司
浙江诺力机械股份有限公司
浙江天能能源科技有限公司

2016 年智能制造试点示范市县（区）及示范项目

国家智能制造示范项目

浙江天能能源科技有限公司
新能源汽车动力电池生产智能化工厂

浙江省智能制造示范区

湖州市南浔区电梯行业 2016 年智能制造示范区

浙江省智能制造示范项目

浙江久立特材科技股份有限公司
核电蒸发器用 U 形管数字智能化制造试点示范项目

2016 年省级两化融合示范企业

浙江三一装备有限公司
美欣达集团有限公司
浙江恒林椅业股份有限公司
浙江泰普森休闲用品有限公司
超威电源有限公司
浙江欧诗漫集团有限公司
诺力机械股份有限公司
浙江久立特材科技股份有限公司
天能电池集团有限公司

2016 年省级两化融合试点企业

浙江德马科技股份有限公司
浙江金洲管道科技股份有限公司
珀莱雅化妆品股份有限公司湖州分公司
浙江布衣草人服饰有限公司
永兴特种不锈钢股份有限公司
怡达快速电梯有限公司
浙江佐力药业股份有限公司
德华兔宝宝装饰新材股份有限公司
浙江大东吴集团有限公司
浙江中山化工集团股份有限公司
浙江天能能源科技股份有限公司

2016 年省级个性化定制示范试点培育企业

浙江升华云峰新材股份有限公司
浙江恒林椅业股份有限公司
南星家居科技（湖州）有限公司
诺力机械股份有限公司
浙江三一装备有限公司
怡达快速电梯有限公司
浙江德马科技股份有限公司
浙江布衣草人服饰有限公司
浙江泰普森休闲用品有限公司

2016 年度湖州市软件和信息服务业重点骨干企业

湖州日华信息科技有限公司
浙江九州云信息科技有限公司
湖州深蓝计算机科技发展有限公司
湖州市科友电脑通讯工程有限公司
浙江合信地理信息技术有限公司
浙江正元地理信息有限责任公司
长兴县金点软件科技有限公司
安吉县安信信息有限公司
湖州维达电子有限公司
湖州金蝶软件有限公司

第一批浙江省军民融合产业示范基地

长兴县画溪工业功能区

第一批浙江省军民融合产业基地

湖州经济技术开发区军民融合产业基地
南浔特种电磁线产业基地

2016 年度湖州市精细化管理示范企业

浙江天能能源科技股份有限公司
安吉祖名豆制品有限公司
浙江德马科技股份有限公司
华润雪花啤酒（浙江）西湖有限公司
浙江超威创元实业有限公司
浙江永昌电气股份有限公司
微宏动力系统（湖州）有限公司
浙江博泰家具有限公司
湖州绿色新材股份有限公司
浙江宇清热工科技股份有限公司
湖州新开元碎石有限公司
嘉瑞福（浙江）家具有限公司
浙江爱诺药业股份有限公司

2016 年度国家三星级绿色建材评价标识企业

湖州汇能新材料科技有限公司

2016 年湖州市行业“机器换人”十大示范项目

怡达快速电梯有限公司厅、轿门生产线智能化改造提升项目
浙江栋梁新材股份有限公司立体式智能化仓储建设项目
八环轴承（长兴）有限公司高端精密轴承全自动生产线建设项目
浙江鼎力机械股份有限公司大中型高空作业平台生产线建设项目
湖州安达汽车配件有限公司 475D 气缸盖罩机器人自动化（加工岛）改造项目
浙江麦吉士食品有限公司食品生产线技术改造项目
浙江佐力药业股份有限公司中药配方颗粒全自动生产线提升项目
湖州诚基机械有限公司桁架式机器人自动化生产线技改项目
长兴旗滨玻璃有限公司玻璃品质检测和包装机器人改造项目
浙江科宁电机有限公司滚筒洗衣机用串激电机自动化技改项目

·光荣榜·

2016年，全市支持浙（湖）商创业创新工作按照市委、市政府统一部署，精准发力，攻坚克难，圆满完成年初确定的工作目标和重点任务，取得了积极成效，并涌现了一批先进集体和个人。现予以通报表彰。

2016年度湖州市支持浙（湖）商创业创新工作先进集体

县（区）

一等奖

长兴县

吴兴区

二等奖

安吉县

湖州开发区

德清县

三等奖

南浔区

太湖度假区

市级部门

一等奖

市发改委（经合办）

市商务局

市工商联

市委人才办

市委宣传部

市经信委

二等奖

市财政局

市国土资源局

市旅委

市金融办

市市场监管局

市外事侨务办

三等奖

市科技局

市环保局

市公安局

市人力社保局

市农业局

市文广新局

省外湖州商会

一等奖

上海湖州商会

北京湖州商会

二等奖

深圳湖州商会

广东湖州商会

成都湖州商会

2016年度湖州市支持浙（湖）商创业创新工作先进个人

陈玉娟　樊金艳　郁宇力　王国良
鲍慧丽　翁晓敏　袁光宇　闵旭峰
殷　杰　潘振华　龚贵庭　芮　波
孙亚群　凌娅瑛　顾明明　王　磊
陈继中　高建芳　叶蕊荔　周　琦
傅自强　林　兰　张　萍　吴培中
徐地强　徐　彬　张永喜　李泽玲
沈　列　汪炜红　吴娟娟

·光荣榜·

为了在全市广大职工中积极营造争当“最美工人”、唱响“最美声音”的浓厚氛围，市委宣传部和市总工会组织开展了“最美工人”评选活动。经基层推荐、网络投票、组委会评定，决定授予丁金根等10名同志湖州市“最美工人”称号，授予吴小妹等9名同志湖州市“最美工人”提名奖。这些来自基层一线的职工立足本职，甘于奉献，为高质量建设现代化生态型滨湖大城市、高水平全面建成小康社会贡献着自己的力量，现予以表彰。

湖州市“最美工人”

丁金根　浙江久立钢构工程有限公司

薄建妹（女）　浙江智源办公设备制造有限公司

张小红（女）　浙江龙力机械有限公司

王长青　浙江金鸟压滤机有限公司

童卫根　浙江天能动力能源有限公司

张永辉　浙江洁美电子科技股份有限公司

陈敏根　浙江蓝海物业管理有限公司

毛桂初　湖州长运客运中心

胡丽华　中国移动湖州分公司

蒋敏强　顺丰速运（湖州）分公司

湖州市“最美工人”提名奖

吴小妹（女）　湖州吴兴皇冠大酒店

徐慧敏（女）　南浔银行双林支行

蔡美琴（女）　浙江泰达微电机有限公司

洪　涓（女）　中国电信股份有限公司德清分公司

陈仁炳　浙江永达电力实业股份有限公司

田金钱　浙江纳美新材料股份有限公司

俞拥军　湖州炜业锅炉容器制造有限公司

周雪峰　湖州市特种设备检测研究院

吴忠华　湖州太湖旅游度假区公用事业管理有限公司

·光荣榜·

2016年，面对错综复杂的国内外经济环境，全市商务系统紧紧围绕中央、省、市各项决策部署，坚持以五大发展理念引领赶超发展，围绕湖州市“生态立市、工业强市、产业兴市、开放活市”发展战略及“四个年”活动总体部署，扎实推进商务领域各项改革发展任务，全力打好商贸产业提升战、市场开拓攻坚战、国际投资促进战、电商换市深化战、商贸利民巩固战、粮食安全保卫战“六大战役”，全市商务运行保持了平稳健康发展态势，为推动全市经济社会加快发展贡献了力量。为强化典型示范作用，进一步促进湖州市商务经济的发展，决定对2016年度市商务工作先进集体予以表彰。

2016年度湖州市商务工作先进集体表彰名单

一、商务工作先进县（区）

安吉县

吴兴区

长兴县

二、开放型经济工作先进县（区）

安吉县

吴兴区

长兴县

三、利用外资先进开发区
南浔经济开发区
湖州经济技术开发区
安吉经济开发区

四、市第二批电子商务示范单位
浙江妮素网络科技有限公司
湖州华艺盛纺织刺绣有限公司
安吉星号电子商务有限公司
德清县电子商务产业园
湖州德泰恒大药房连锁有限公司
浙江省长兴天能电源有限公司
中源家居股份有限公司
浙江愚公生态农业发展有限公司
湖州市吴兴区易商职业技能培训学校
浙江即富金融数据处理有限公司

五、外商投资“亩产效益”示范企业
巨人通力电梯有限公司
湖州久鼎电子有限公司
天能电池集团有限公司
微宏动力系统（湖州）有限公司
浙江江森自控电池有限公司
沃克斯电梯（中国）有限公司
超威电源有限公司
高田（长兴）汽车安全装置有限公司
浙江欧美环境工程有限公司
湖州融汇嘉恒融资租赁有限公司

六、进出口贸易先进企业
浙江泰普森休闲用品有限公司
浙江恒林椅业股份有限公司
浙江天振竹木开发有限公司
永艺家具股份有限公司
浙江久立集团股份有限公司
高田（长兴）汽车安全装置有限公司
德清德欣时装贸易有限公司
浙江中山化工集团股份有限公司
浙江尤夫高新纤维股份有限公司
浙江诺力机械股份有限公司

·光荣榜·

2016年，全市科技创新工作在市委、市政府的高度重视和正确领导下，深入贯彻落实党的十八届五中、六中全会，全国和全省科技创新大会精神，以建设国家创新型城市为目标，以提升自主创新能力为重点，进一步深化科技体制改革，在创新环境营造、创新主体培育、创新平台建设、科技成果转化、知识产权战略实施等方面取得了新的突破和进展，涌现了一大批先进和典型，现予以通报表彰。

2016年度县区党政领导科技进步目标责任制考核优秀单位
德清县
长兴县
吴兴区
安吉县

2016年度湖州市科学技术进步奖
一等奖（1项）
SCC5000A型500吨履带起重机技术开发与应用
完成单位：浙江三一装备有限公司
二等奖（10项）
热法磷酸生产中节能减排专用装备技术及其产业化
完成单位：浙江诚泰化工机械有限公司、浙江大学、常州大学、云南省化工研究院、清华大学、昆明理工大学
基于物联网的智能物流装备
完成单位：浙江德马科技股份有限公司
CS15G助力转向全电动堆高车
完成单位：诺力机械股份有限公司
MQTZ节能环保型汽车部件电泳涂装生产线
完成单位：浙江明泉工业涂装有限公司
电力信息化智能设备关键技术与系统集成的研发及应用
完成单位：国网浙江省电力公司湖州供电公司、浙江京禾电子科技有限公司、浙江涵普电力科技有限公司、湖州新荣机电设备制造有限公司、杭州西力电能表制造有限公司
蓄电池生产重金属废水污染防治技术开发与应用
完成单位：超威电源有限公司
高腐蚀油气井开采、集输用耐蚀合金管材关键技术开发及应用
完成单位：浙江久立特材科技股份有限公司
4G/5G通信终端用超薄还原钽酸锂晶片应用
完成单位：中电科技德清华莹电子有限公司
结直肠癌肝转移预警、防治策略优化及推广应用
完成单位：湖州师范学院附属第一医院、湖州师范学院
湖州市晚粳稻系列新品种的选育与推广
完成单位：湖州市农业科学研究院、浙江省农业科学院作物与核技术利用研究所
三等奖（40项）略

2016年度新确定省级全面创新改革试验区
长兴县

2016年度新确定国家知识产权试点园区
湖州莫干山高新技术产业开发区

2016年度国家备案众创空间
微总部
金融客吧
吴兴众创空间
地信梦工场
众创实验室

2016年度省级优秀众创空间
金融客吧
微总部

2016年度国家备案“星创天地”
安吉星
极白安吉白茶
安吉阿鲁阿家乡土乐园

2016年度新认定省级重点企业研究院
浙江省尤夫高分子材料重点企业研究院
浙江省永兴特种不锈钢重点企业研究院
浙江省华莹微声晶体材料重点企业研究院

2016年度中国专利奖
中国专利优秀奖：

水平电池
实施单位：超威电源有限公司
一种蓄电池回收分离系统
实施单位：浙江天能电源材料有限公司
核电蒸汽发生器用 800 合金传热管冷加工工艺
实施单位：浙江久立特材科技股份有限公司
一种具有防火防爆装置的锂电池及应用该电池的电动车
实施单位：浙江超威创元实业有限公司
中国外观设计优秀奖：
网椅（1）
实施单位：永艺家具股份有限公司
鸟巢吧椅
实施单位：浙江德慕家具有限公司

2016 年度最具潜力“双高”培育企业

先登高科电气有限公司
浙江南洋传感器制造有限公司
康迪电动汽车（长兴）有限公司
微宏动力系统（湖州）有限公司
湖州睿高新材料有限公司
浙江国遥地理信息技术有限公司
长兴旗滨玻璃有限公司
浙江创盛光能源有限公司
百利得（湖州）汽车安全系统有限公司
中电科技德清华莹电子有限公司
湖州积微电子科技有限公司
安吉腾飞电子有限公司
浙江天草生物科技股份有限公司
浙江金盛钢管塔有限公司
浙江达峰汽车技术有限公司
浙江润阳新材料科技股份有限公司
浙江瀚镪自动化设备股份有限公司
浙江东方基因生物制品有限公司
湖州锐格物流科技有限公司
浙江和也健康科技有限公司

·光荣榜·

2016 年，全市上下在市委、市政府的正确领导下，深入贯彻落实中央、省、市经济工作会议精神，按照以五大发展理念引领湖州赶超发展的总要求，以“提升发展服务年”活动为载体，以“两降三补四育”为抓手，全面推进“小微企业三年成长计划”，始终坚持“转型升级、提质增效”发展导向，不断激发主体活力，强化部门助力，凝聚社会合力，主动适应经济发展新常态，坚决打好转型升级组合拳，全市小微企业呈现持续健康较快发展的良好势头，涌现了一大批先进典型。现予以通报表彰。

一、2016 年度湖州市最具成长型小微企业

浙江百易机器人技术有限公司
浙江日创机电科技有限公司
浙江远特新材料有限公司
湖州函炜服饰有限公司
湖州和晟玻璃机械有限公司
湖州昂朴医学检验有限公司
湖州恒鑫过滤科技有限公司
湖州厚兴服饰有限公司
浙江铭光光电科技有限公司
湖州森诺氟材料科技有限公司
浙江通驰油封科技有限公司
浙江沃尔森电梯有限公司
浙江技鸣电工器材有限公司
湖州市菱湖振新电缆有限公司
湖州善琏盈丰花边有限公司
湖州得裕农业科技有限公司
湖州南浔佳能污泥处理厂
湖州乔派电梯装饰有限公司
浙江海源地理信息技术有限公司
浙江圣博康药业有限公司
德清县宝维同纳米材料有限公司
浙江泽源玻璃科技有限公司
德清方华琴业有限公司
浙江南元泵业有限公司
浙江杭摩欧亿汽车零部件有限公司
德清林海苗木有限公司
德清奥丽门窗有限公司
浙江加百列生物科技有限公司
湖州美科沃华医疗技术有限公司
湖州讯腾电缆材料科技有限公司
浙江绿野仙踪生态农业发展有限公司
长兴昇阳科技有限公司
长兴永盛牧业有限公司
湖州柏特生物科技有限公司
浙江明鑫工业炉有限公司
长兴捷达电炉电器有限公司
长兴大宇科机电有限公司
安吉德迈竹木机械有限公司
安吉芳羽白茶有限公司
安吉菲馨家居用品有限公司
安吉景卉信息技术有限公司
安吉夏华包装有限公司
安吉亚东机电有限公司
安吉亚斐灯具厂
浙江安吉博俨椅业有限公司
浙江华科化工设备有限公司
湖州融汇嘉恒融资租赁有限公司
湖州云水桥精工机械有限公司
浙江汇邦印刷器材有限公司
湖州南太湖环保科技发展有限公司

二、2016 年度湖州市最具创新活力型小微企业

浙江百博机械科技有限公司
湖州鼎康生物科技有限公司
湖州哥伦布物流科技有限公司
湖州维商信息科技有限公司
湖州积微电子科技有限公司
湖州坚美电声元件有限公司
湖州朗田服饰有限公司
浙江麦巴夫农产品有限公司
湖州清维电子科技有限公司
湖州尚翔生态农业有限公司
湖州贝亚克思科技有限公司
湖州华众机械科技有限公司
湖州领航经编新材料有限公司
湖州南浔艾易电子商务有限公司
湖州南浔百思爱特电子商务有限公司
湖州南浔星申商标制带有限公司
湖州市善琏心远笔斋（普通合伙）
湖州逸科电子商务有限公司
德清世佳科技有限公司
浙江德清麦辰家具有限公司
湖州市三利线缆有限公司
德清巨峰机械制造有限公司
德清县圆正粉末有限公司
浙江克劳德智能设备有限公司
德清爱舍宠物用品有限公司
浙江沃杰家具有限公司
浙江劳达制冷科技有限公司
浙江艾欣生物科技有限公司
长兴博乐智能科技有限公司
浙江长兴德纳克斯动力科技有限公司
湖州冠炯机电科技有限公司
长兴林家铺子食品有限公司
浙江欧蓝农业股份有限公司
浙江长兴宝晟炉料有限公司

长兴悍将环保机械制造有限公司
浙江亿帆自动化设备有限公司
湖州至诚精密金属科技有限公司
湖州卡邦科技有限公司
安吉奥创信息技术有限公司
安吉县雅思茶场
安吉迅蚁科技有限公司
安吉八塔机器有限公司
湖州帕克森控制系统有限公司
安吉竹境竹业科技有限公司
灵猫有数（浙江）信息技术有限公司
浙江安吉宋茗茶博园旅游发展有限公司
浙江鼎晶医学检验有限公司
湖州欧锐杰照明科技有限公司
浙江骐远智能科技有限公司
湖州南太湖旅拍平台有限公司

三、2016年度湖州市“小微企业三年成长计划”工作优秀县(区)

长兴县
安吉县

四、2016年度湖州市“小微企业三年成长计划”工作优秀市级部门

市发改委
市经信委
市科技局
市商务局
市财政局
市统计局
市人力社保局
市司法局
市金融办
市银监局

12 月 29 日，中共德清县委书记项乐民在德清县第十四次党代会上代表中国共产党德清县第十三届委员会向大会作报告

中共德清县第十四届委员会常务委员会委员（左起）：陈健、陈亦平、罗芳（女）、敖煜新、项乐民、王琴英（女）、谈斌、陆卫良、蔡惠江、沈志伟

10 月 25 日，全国政协副主席、中国企业投资协会会长陈元（右二）在德清县调研生态文明工作

7 月 5 日， 市委副书记、市长陈伟俊（左三）一行在德清县检查 G20 杭州峰会安保工作

5月7日，“社区协商　共建共享”首届中国乡贤治理论坛在德清县举行，来自全国各地的嘉宾共聚一堂，学习讨论“乡贤参与农村治理”

10月19日至21日，2016中国美丽休闲乡村发布活动暨全国休闲农村与乡村旅游现场会在德清县召开。图为与会人员考察生态文化馆

2016德清投资贸易洽谈会

市委书记裘东耀致辞并宣布开幕

6月18日，2016德清投资贸易洽谈会开幕。来自国内外知名企业客商代表130余人参加洽谈会。会上，20个“大好高”项目达成合作协议，总投资165亿元。此次“德洽会”安排了德清投资贸易洽谈会开幕式暨项目签约仪式、重大项目集中开竣工、院士·千人专家德清行、通航产业与区域经济发展高端论坛和“创新创业·才聚德清”高层次人才项目对接洽谈会等系列活动。

开幕式上项目签约

举办通航产业与区域经济发展高端论坛

国网浙江（湖州）通航华东中心基地项目举行奠基仪式

德清县第七届游子文化节

市委书记裘东耀致辞并宣布开幕

12月17日，2016湖州·德清第七届游子文化节暨投资贸易洽谈会举行。本次文化节以“游子回乡·浙（德）商回归”为主题，由“大好高”项目集中签约仪式、重大项目集中开竣工、乡贤活动、首届莫干山国际大学生电影大赛颁奖仪式、“慈母心、游子情”有故事的家书展示活动、“德清竹马”马拉松和广场欢乐购等内容组成。开幕式上，有20个项目签约，总投资达132.3亿元。

开幕式上项目签约

德清县第十二届运动会

开幕式献艺表演之一

11月23日，德清县第十二届运动会开幕。本次运动会共设置青少年组、成年组和残疾人组三个组别，设有田径、篮球、足球、羽毛球、游泳、跳绳、拔河、中国象棋和登山等项目，来自全县各乡镇（街道）、行业的28个参赛代表团，参赛运动员达3900余人。

开幕式献艺表演之二

12月28日，中共长兴县委书记周卫兵在长兴县第十四次党代会上代表中国共产党长兴县第十三届委员会向大会作报告

中共长兴县第十四届委员会常务委员会委员（左起）：沈洪峰、何志强、徐晓惠（女）、何文全、高胜华、周卫兵、杨中校、沈秋伟、楼秋红（女）、王勇、沈孔鸿

10 月 28 日，浙苏皖省际区域物流中心暨铁路长兴南货场开业。市委书记裘东耀（左五）出席并宣布开业

12 月 13 日，县委书记周卫兵（后排左三）会见荣获第一届“全国文明家庭”称号的董小白一家

2016中国·太湖明珠——长兴国际投资贸易洽谈会

开幕式现场

10月15日，2016中国·太湖明珠——长兴国际投资贸易洽谈会暨第二届长商大会开幕式在长兴大剧院举行。在开幕式现场，有35个项目进行集中签约，总投资达189.02亿元。本届“长洽会”以“创新创业、共享发展”为主题，除了开幕式，还举办了第二届长商大会、首届中国（长兴）新能源小镇发展论坛和中国（长兴）花木大会等活动。

10月15日，举办首届中国（长兴）新能源小镇发展论坛（新能源企业家高端对话）

10 月 15 日，浙江长兴中俄新能源材料技术研究所落户长兴县。图为揭牌仪式现场

10 月 16 日，举行长洽会重大项目集中开竣工活动暨英纳威锂电项目开工仪式

10 月 16 日，2016 中国（长兴）花木大会在长兴县泗安镇开幕。图为花木展销活动现场

3 月 10 日，长兴县举行长兴东鱼坊历史文化街区开工仪式

6 月 30 日，长兴（太湖）博物馆项目开工仪式在长兴县太湖街道项目建设现场举行

4 月 11 日，2016 金立智能手机杯中国围棋甲级联赛在长兴县大唐贡茶院开战

长兴县首次荣获“全国双拥模范县“称号。7 月 30 日，长兴县举行表彰大会

8月14日，中国空中急救医院联盟成立暨长兴首飞仪式在长兴县人民医院举行

10月28日，2016中国·长兴军民融合（智能制造）研讨会暨国防科技工业智能制造技术推广交流会在长兴县举行

12月26日，中共安吉县委书记沈铭权在安吉县第十四次党代会上代表中国共产党安吉县第十三届委员会向大会作报告

中共安吉县第十四届委员会常务委员会委员（左起）：陈旭华（女）、任烽、乐叶俊、赵德清、沈铭权、陈永华、杨新初、吕立、陈建卫、赵怀君

5月18日至19日，习近平系列重要讲话学术论坛（2016）——"两山"重要思想和生态文明思想学术研讨会在安吉县召开

9月10日，浙江省推进"绿水青山就是金山银山"理论实践试点（安吉）县建设启动大会在安吉县召开

6 月 17 日至 19 日，二十国集团智库会议（T20）之一——“创新、新经济与结构改革”国际会议在安吉县召开

8 月 20 日，安吉县召开“护航 G20”决战决胜誓师大会

2016第九届中国美丽乡村·安吉投资贸易洽谈会

开幕式现场

10月22日，2016第九届中国美丽乡村·安吉投资贸易洽谈会开幕式在安吉县举行。本次“安洽会”以“产业融合·绿色发展”为主题，以浓厚的发展氛围，推动绿色发展为目标，邀请包括央企及国内上市公司、大企业集团高层代表等100余位嘉宾出席。会议期间，签约入户项目57个，投资金额达260亿元。本届“安洽会”除了开幕式外，还安排了项目集中开竣工暨安吉绿色家居体验馆开馆仪式、绿色家居产业论坛等8项子活动。

10月18日，举行第九届“安洽会”项目集中开竣工仪式

10月18日，举行安吉绿色家居体验馆开馆仪式。图为参加活动人员参观绿色家居体验馆

10月22日，安吉县天子湖鑫鹰通用航空机场与浙江东华通用航空有限公司签订合作协议

2月18日，安吉县举行2015年度安吉经济发展风云榜颁奖盛典暨2016年经济发展“项目双进提速年、破解双停攻坚年、企业服务增效年”活动启动仪式

11月8日，2016第七届环太湖国际公路自行车赛第三赛段的比赛在安吉县举行

10月19日至23日，“歌尔杯”第四届无人飞行器创新大奖赛暨2016安吉航空嘉年华活动在安吉县天子湖镇举办。图为开幕式现场

国际顶尖的涡喷航模编队比赛现场

12月28日，中共吴兴区委书记吴智勇在吴兴区第四次党代会上代表中国共产党湖州市吴兴区第三届委员会向大会作报告

中共湖州市吴兴区第四届委员会常务委员会委员（左起）：潘永锋、朱剑梁、朱建祥、石一婷（女）、吴智勇、陈江、宋建方、张国英（女）温建飞、陈建良

9月11日，省委副书记、代省长车俊（右一）在吴兴区调研中国美妆小镇

3月23日，副省长梁黎明（前排左三）在吴兴区调研旅游工作

全国农业综合开发工作会议在湖州吴兴区召开

5月23日至24日，全国农业综合开发工作会议在湖州吴兴区召开。会议总结“十二五”以来农业综合开发工作取得的成绩，分析农业农村发展面临的新形势和新任务，交流探讨如何进一步做好农业综合开发工作。

财政部副部长胡静林在会上讲话

与会代表考察老恒和酿造有限公司

工作会议现场

3月29日，以“绿水青山”为主题的儿童电影《千溪》在吴兴区举行启动仪式

5月17日，全省丝绸产业传承发展与特色小镇建设推进工作现场会在吴兴区召开

3月28日，吴兴区举行美妆小镇首批重点项目集中开工仪式

9月30日，第二届中国化妆品行业领袖峰会在吴兴区召开

中国吴兴·2016机器人技术高峰论坛

高峰论坛现场

为进一步推进吴兴机器人与高端智慧装备产业发展，集聚先进装备领域人才，9月29日，以“智慧开创未来”为主题的中国吴兴·2016机器人技术高峰论坛在吴兴区举行。机器人行业“国千”人才、国内知名科研院所、知名高校负责人和机器人行业国内外知名企业负责人等100余人出席。

机器人表演

12月28日，中共南浔区委书记夏坚定在南浔区第四次党代会上代表中国共产党湖州市南浔区第三届委员会向大会作报告

中共湖州市南浔区第四届委员会常务委员会委员（左起）：姚昌喜、杨长海、王建荣、徐昌军、夏坚定、杨卫东、徐娟（女）、朱德清、马骁、金荷新

1月4日，全省扩大有效投资重大项目集中开工仪式（湖州）暨湖州市2016重点建设动员大会在南浔区湖州百成新型汽车电池产业园项目现场召开

12月7日，2016中国（湖州南浔）盆景无国界世界大会暨黑剪刀世界盆景作家大会在南浔区开幕

南浔荻港

——千年古村风景名胜

南苕胜境

御碑亭

崇文园

礼耕堂

社戏台

南浔区推行“红色星期六”党员做义工制度。图为党员志愿者在清除河道淤泥

南浔区善琏镇农业服务中心工作人员，采用无人机开展河道督查保洁，消除河道管理盲区